宋代救荒史稿

SONG DAI JIU HUANG SHI GAO

李华瑞 著

LI HUA RUI ZHU

上

天津出版传媒集团

天津古籍出版社

图书在版编目（ＣＩＰ）数据

宋代救荒史稿 / 李华瑞著. — 天津：天津古籍出版社，2014.4
 ISBN 978-7-5528-0061-6

Ⅰ. ①宋… Ⅱ. ①李… Ⅲ. ①救灾－历史－研究－中国－宋代 Ⅳ. ①D691

中国版本图书馆CIP数据核字(2012)第245912号

宋代救荒史稿

李华瑞/著

出版人/张玮

*

天津古籍出版社出版
（天津市西康路35号　邮编300051）
http://www.tjabc.net
三河市国源印刷厂印刷
全国新华书店发行
开本 787×1092 毫米　1/16　印张 65.5　字数 965 千字
2014 年 4 月第 1 版　2014 年 4 月第 1 次印刷
ISBN 978-7-5528-0061-6
定　价：198.00元（上下册）

首都师范大学史学丛书

编委会（姓名以汉语拼音为序）：
顾问：宁　可　齐世荣
主任：郝春文
委员：迟云飞　何　平　李华瑞　梁占军
　　　宋　杰　徐　蓝　叶小兵

本书得到国家社科基金重点项目"宋朝应对自然灾害的危机管理及历史经验研究"（编号：10AZS006）的资助

绪论：课题的缘起、内容及基本观点

一、课题研究的意义及学术史回顾

自然灾害是世界各国面临的严重挑战，特别是 21 世纪相继发生特大海啸、飓风、大地震等灾害，进一步引起了各国政府对灾害问题的重视。各国学术界都在加强自然灾害的研究，力图探索各种自然灾害发生、演变的规律以及减灾免灾的对策。

在历史上，中国由于幅员辽阔，自然条件复杂，海陆兼备，受季风影响强烈，山地面积广大，地质新构造运动活跃，因而成为世界上灾害种类多、分布广、强度大的国家之一。虽然历史上曾遭受过无数次各种自然灾害的袭击，但中华文明并没有因此而中断。历代中央、地方政府及民间都提出和实施了相应的防灾、救灾政策，并留下了珍贵的文化遗产。开发这部分宝贵的历史资源，对其进行系统整理研究，不仅具有重要学术价值，而且，从中总结中国历代自然灾害的规律和历代政府及民间因应对策得失、经验教训，为今天中国防灾减灾对策提供历史借鉴，具有重大现实意义。宋代是中国历史发展的重要阶段，同时也是荒政大发展的时期，其思想、诸多对策和危机管理制度对后世产生了重大影响。所以，研究宋代面对自然灾害的危机管理及对策，是研究中国历史上自然灾害史不可或缺的重要组成部分。

本课题的研究在 20 世纪 30 年代曾引起过学界关注，其后数十年间则较少论述，直到改革开放以后，才重新受到学界的重视，特别是近十年来有比较多的研究成果问世。如灾害通史方面，30 年代以来主要有邓云特（邓拓）《中国救荒史》①、陈高佣编《中国历代天灾人祸表》②，80 年代以来主要有：谢毓寿、蔡美彪主编《中国地震历史资料汇编》③、中国社科院历史研究所编《中国历代自然灾害及历代盛世农业政策》④、宋正海主编《中国古代重大自然灾害和异常年表总集》⑤、张兰生教授主持编绘《中国自然灾害地图集》⑥、张波等编《中国农业自然灾害史料集》⑦、李向军著《中国救灾史》⑧、高文学主编《中国自然灾害史·总论》⑨、张建民、宋俭著《灾害历史学》⑩、张剑光著《三千年疫情》⑪、孟昭华编著《中国灾荒史记》⑫、复旦大学历史地理研究中心编《自然灾害与中国社会历史结构》⑬、赫治清主编《中国古代灾害史研究》⑭等。

宋代断代灾荒史的研究如：华文煜《宋代之荒政》⑮、邹枋《朱熹的救荒论与经界论》⑯、黄源澂《朱子在籍在官之救荒概略及其评议》⑰、刘子健《刘宰和赈饥——申论南宋儒家的阶级性限制社团发展》⑱、王德毅《宋代灾

---

① 商务印书馆 1937 年版。
② 上海国立暨南大学 1939 年版。
③ 科学出版社 1987 年版。
④ 农业出版社 1988 年版。
⑤ 广东教育出版社 1992 年版。
⑥ 科学出版社 1992 年版。
⑦ 陕西科技出版社 1994 年版。
⑧ 广东人民出版社、华夏出版社 1996 年版。
⑨ 地震出版社 1997 年版。
⑩ 湖南人民出版社 1998 年版。
⑪ 江西高校出版社 1998 年版。
⑫ 中国社会出版社 1999 年版。
⑬ 复旦大学出版社 2001 年版。
⑭ 中国社会科学出版社 2007 年版。
⑮ 《经济统计季刊》1932 年第 1 卷第 4 期。
⑯ 《建国月刊》第 10 卷第 1 期 1934 年 1 月。
⑰ 《国专月刊》1935 年第 1 卷第 1 期。
⑱ 《北京大学学报》1979 年第 3、4 期。

荒的救济政策》①、张文《宋朝社会救济研究》②、《宋朝民间慈善活动研究》③、郭文佳《宋代社会保障研究》④、邱云飞《中国灾害通史·宋代卷》⑤、魏伟《宋代荒政研究》⑥、王志航《宋代荒政思想》⑦、程民生《北宋开封气象编年史》⑧，以及散见于各类学术刊物发表的关于宋代荒政、仓储制度、社会救济、救荒措施、救荒程序、救荒思想等七八十篇论文都不同程度涉猎本课题研究的内容。国外对宋代自然灾害史的研究也主要是在社会救济、荒政研究中有所涉猎⑨。

这些成果为今后的研究打下了坚实基础。但不可否认由于研究重点和范围的不同，以往的研究在以下两方面还留有较大的补充余地。一是关于自然灾害，迄今相关的绝大多数论著主要是依靠《宋史》五行志、本纪、《文献通考》物异的记载叙述宋代自然灾害，而像《续资治通鉴长编》《宋会要辑稿》、宋代方志、宋人文集、宋代碑刻等资料的征引明显不足；二是关于宋代灾害的对策研究，在对宋代救荒政策的演变与发展、中央和地方各级官府的救荒职责、宋代救荒的对应机制、荒政理论、自然灾害与天谴论、禳弭救荒活动及思想等方面还缺少系统性的论述，而对自然灾害的危机管理制度还存在继续拓展和深入研究的空间，如诉灾制度、检田检放制度、抄劄制度、州县仓的救灾作用等。

二、本课题的问题与方法

自周秦以降，救荒问题可以说都是受到中国古代历代政府的高度重视而被列入议事日程的大事。从孔孟的仁政思想、《周礼》的荒政理论、历代政

---

① 台湾商务印书馆 1970 年版。
② 西南师范大学出版社 2001 年版。
③ 西南师范大学出版社 2005 年版。
④ 新华出版社 2005 年版。
⑤ 郑州大学出版社 2008 年版。
⑥ 山东大学硕士论文，2010 年。
⑦ 四川师范大学硕士论文 2012 年。
⑧ 人民出版社 2012 年版。
⑨ 这方面的研究状况，张文先生的《宋代社会救济研究》有较为详细的介绍，另可参见详见本书附录《主要征引书目及参考文献》，此处不赘述。

府奉行的常平、轻重之策,到两千多年间创设的各种救荒举措,这一切在汗牛充栋的中国史籍上本末源流,班班可考。毫不夸张地说,在世界历史上也是绝无仅有的。然而,自 20 世纪初西学东渐,社会学理论大行其道以后,对于中国古代的救荒之政却出现两种截然相反的意见,一种是否定国家在社会经济领域中的干预作用。国家作为统治阶级的专政工具或机器,受到批判,其形象多是负面的,所以也否定国家在救荒及社会救济中的主导作用。对于封建国家和统治者的救灾政策和活动一般斥作是掩盖其剥削压榨人民本质的一种伪善的统治策略和手段,这在 20 世纪 90 年代以前可说是主流意见;一种是 20 世纪 90 年代以后,西方学者因重新发现"官僚制度在饥荒控制方面显然起着最主要、决定性的作用"而受到热捧,如魏丕信先生在《18 世纪的中国官僚制度与荒政》的结论中说:"尽管地方社会上最富裕的、最有影响力的那部分群体具有必要的财力和手段,也愿意致力于救灾活动,但他们也绝不可能做到像 18 世纪的官僚政府所达到的那种程度。18 世纪的集权化官僚政府能够集聚和利用如此大量的资源,并能够进行粮食和资金的区际调运,这使其有可能独立承担起大规模的长时期的救灾活动。"[①] 这两种意见对于中国史学工作者来说都是一桩憾事,前者是在特定的历史环境下昧着历史事实说违心的话,有色眼镜遮住了人们的眼光。后者本是中国历史上的"常识",却被西方学者"重新发现",对于西方学者来说无可厚非,因为在国家与社会关系视域中,西方学者总爱将中国历史附着在西方历史的轨道上,所以一当"发现"与自己所熟知的历史差异,自然很惊奇。其实,西方学者所涉及的救荒史实只是中国史籍上的冰山一角。毋庸置疑,西方学者研究中国历史的方法和视角可作为攻玉的他山之石,自有其独特的借鉴价值,但是,魏丕信先生从一本普通的《赈济书》中重新发现荒政历史,也从一个侧面说明在中国史籍上蕴藏的有关国家或政府救荒的丰富史实有待深入挖掘和"发现"。本课题正是从这个角度,力图在前人研究基础上,再现宋代国家救荒防灾管理体制及其对策的基本史实,并作适当的分析和评议。

[①] (法)魏丕信著,徐建青译:《18 世纪中国的官僚制度与荒政》,江苏人民出版社 2002 年版,第 264 页。

三、本课题研究的主要内容、基本观点

本课题的基本思路和内容分成如下三个部分：

1. 灾情篇。叙述宋代的历史沿革与疆域，自然生态、气候与人文环境，宋代的人口与社会经济，综合灾情和主要灾种水灾、旱灾、风暴潮灾、蝗灾、雹灾、霜雪与南方奇寒雨雪冰冻灾害、地质地震灾害、疫灾等灾情，自然灾害的严重危害及其影响，并充分利用现有的传世文献，借助生物学、气象学、天文学、地理学等自然科学的知识，对宋代自然灾情发生时间、程度和空间分布作出科学的统计。

2. 救灾管理体制及对策篇。叙述荒政决策在两宋的发展与变化，包括北宋前中期对汉唐以来救荒措施的继承和恢复、王安石新法与北宋后期的救荒之政、南宋对荒政管理的加强、朱熹创建社仓对荒政的推动等；救灾管理体制及对策，包括自皇帝至州县各级官府的救灾职责、宋政府对地方官吏救灾实绩的督察和奖惩、诉灾制度、检田检放制度、抄劄制度；临灾及灾后的救助措施，包括宋中央官府对受灾地区的安抚和救助、宋官员救灾实例、设粥（煮粥）、以工代赈、召募饥民为兵、存恤流民、赈济、赈粜、赈贷、"劝分"救荒、捕蝗与祭蝗、鬻售度牒等。

3. 防灾管理体制及对策篇。北宋黄河的管理与河患防治，包括治河对策及论争、北宋河防管理体制、北宋对黄河的治理；祈报之礼与禳弭救荒、两宋各级官府的祈雨活动、祭龙习俗的演变；兴修水利与防灾，包括北宋黄河中下游的农田治理、南方农田水利及其灌溉工程；仓储制度的发展与变化，包括宋代州县仓在临灾救济中的作用、常平仓、义仓、州县仓的合流、常平仓"贵籴贱粜"功能在救荒仓廪中的广泛运用、桩管米与南宋的临灾救济；宋代社会救济机构的设置与发展，包括宋徽宗以前社会救济机构的设置情况、蔡京当政期间居养院、安济坊、漏泽园等救济机构建立和快速发展、南宋社会救助制度走向成熟、南宋私人资助对社会救助制度的推动；宋代官府对疾疫的防治，包括宋代政府对疾疫的认识及态度，从医学诏令看宋代政府对疫病的应对措施；两宋时期救灾防灾思想，包括荒政理论的发展、"损有余，补不足"社会思想在宋代的发展、朱熹禳弭救荒思想以及对南宋地方

社会的影响、《救荒活民书》中的储蓄思想等。

本课题较前人有所推进的论点主要表现在：

(1) 宋代文献关于自然灾害的记述有三个特点：一是都城及其周围地区记载最为详尽，二是经济发达地区、政治重要区域的灾害记载较完整，三是今传文献对宋代经济欠发达地区，或较为偏远地区的灾种、灾情的记载，应有较大的缺漏，这些地区发生自然灾害数量少，不应是风调雨顺的代名词，而只是没有被记载下来的一种反映而已。

(2) 对宋代因自然灾害造成的死亡人数做出较为合理的统计和估算。

(3) 首次较为细致地论述抄劄制度和检田制度。

(4) 宋代实施的募饥民、流民隶军籍、宽减饥民"强盗"死罪、募富民出钱粟，酬以官爵，推广"劝分"救荒，对缓和当时的社会矛盾起了积极的作用，也是宋代荒政进步的重要表现。

(5) 宋代民间社会力量救荒与官府相比居于非常次要的地位。民间社会救荒力量在北宋中期以后到南宋实际上也被纳入官府救荒的管控系统。

(6) 对禳弭救荒和祭龙习俗的演变做了较为完整的梳理。

(7) 系统论述了前人较少涉猎的宋代州县仓在救灾中的作用。

(8) 叙述王安石变法既是一场社会变革运动，同时也是中国历史上统治阶级利用国家政权第一次全面推进荒政的有益尝试。

(9) 对宋代国家救荒防灾政策和措施在前人研究基础上做了迄今为止最为系统全面的论述。

目　录

上

第一章　宋代自然灾害发生的时空变迁 …………………………（ 1 ）
　　一、宋代历史沿革与疆域 ………………………………………（ 1 ）
　　二、自然生态与人文环境 ………………………………………（ 7 ）
　　三、宋代的人口与社会经济 ……………………………………（ 17 ）

第二章　宋代文献记录的自然灾害 ………………………………（ 25 ）
　　一、宋人对自然灾害的定义 ……………………………………（ 25 ）
　　二、宋代文献记录自然灾害的特点 ……………………………（ 28 ）
　　三、宋代自然灾害统计 …………………………………………（ 31 ）

第三章　宋代的水灾情 ……………………………………………（ 47 ）
　　一、霖雨、山洪、江河湖泊泛溢 ………………………………（ 47 ）
　　二、冰雹、雨雹、雷雹 …………………………………………（ 100 ）
　　三、冰、雪、霜冻与奇寒 ………………………………………（ 110 ）
　　四、海啸、海潮 …………………………………………………（ 119 ）
　　五、水灾情的一般特征及时空分布 ……………………………（ 129 ）

第四章　宋代的旱灾、风灾灾情 …………………………………（136）
　　一、宋代的旱灾 ……………………………………………………（136）
　　二、宋代旱灾的一般特征及时空分布 ……………………………（174）
　　三、宋代的风灾（沙尘、飓风、暴风）及特征 …………………（179）

第五章　宋代的蝗螟虫、地震、地质、疾疫灾情 ……………………（192）
　　一、蝗虫、螟虫灾情及时空分布与特征 …………………………（192）
　　二、地震灾情及时空分布与特征 …………………………………（212）
　　三、地质灾情及时空分布与特征 …………………………………（228）
　　四、疾疫灾情及地理空间分布 ……………………………………（232）

第六章　宋代黄河中下游水患对北方经济的破坏 ……………………（243）
　　一、人员伤亡与迁移 ………………………………………………（243）
　　二、对自然环境、农业生产的破坏 ………………………………（249）
　　三、对城镇及交通运输的破坏 ……………………………………（254）
　　四、财富的大量损耗 ………………………………………………（259）

第七章　宋代的自然灾害与饥荒 ………………………………………（262）
　　一、灾民的生存状况 ………………………………………………（262）
　　二、灾荒之年的食人现象 …………………………………………（265）
　　三、饥民、流民规模蠡测 …………………………………………（267）
　　四、宋代饥荒简表 …………………………………………………（271）

第八章　宋代自然灾害死亡人数考 ……………………………………（298）
　　一、见于现存文献记载的死亡统计 ………………………………（298）
　　二、对统计史料的分析 ……………………………………………（318）

第九章　宋代荒政决策的发展与变化 …………………………………（324）
　　一、北宋前中期对汉唐以来救荒措施的继承 ……………………（325）
　　二、王安石新法与北宋后期的救荒之政 …………………………（330）

三、南宋对荒政管理的加强 ………………………………（341）
　　四、朱熹创建社仓对荒政的推动 …………………………（346）
　余论 ……………………………………………………………（350）

第十章　宋代的救灾管理体制 ………………………………（354）
　　一、各级官府的救灾职责 …………………………………（354）
　　二、政府对地方官吏救荒实绩的督察和奖惩 ……………（364）

第十一章　宋代的诉灾、抄劄制度 …………………………（376）
　　一、诉灾制度 ………………………………………………（376）
　　二、抄劄制度 ………………………………………………（384）

第十二章　宋代的检田、检放制度 …………………………（391）
　　一、各级地方官吏的检视、覆检职责 ……………………（391）
　　二、检视内容和放税标准 …………………………………（396）
　　三、检放程序及数量估计 …………………………………（400）
　　四、检放过程中不实现象的表征及其纠治 ………………（403）
　　　附：蠲免和倚阁灾伤租税表 ……………………………（412）

第十三章　宋代的临灾及灾后的救助措施 …………………（421）
　　一、中央官府对受灾地区的安抚和救助 …………………（421）
　　二、地方官员的救灾实例 …………………………………（434）
　　三、设粥（煮粥） …………………………………………（444）
　　四、以工代赈 ………………………………………………（449）
　　五、招募饥民为兵 …………………………………………（454）
　　六、鬻卖度牒 ………………………………………………（458）
　　七、存恤流民 ………………………………………………（464）

下

第十四章　宋代的赈济、赈贷与赈粜 …………………………（473）
　一、赈济 ……………………………………………………（475）
　二、赈贷 ……………………………………………………（498）
　三、赈粜 ……………………………………………………（508）

第十五章　宋代从自愿到强制的劝分 ……………………（525）
　一、劝分在宋代的实施状况 ………………………………（526）
　二、劝分的赏格与对象 ……………………………………（530）
　三、官府对劝分救荒的管理 ………………………………（534）
　四、劝诱性质由自愿向官府强制的发展趋势 ……………（537）
　赘言 …………………………………………………………（544）

第十六章　宋代的捕蝗与祭蝗 ……………………………（545）
　一、宋朝对蝗虫的认识及捕蝗活动 ………………………（545）
　二、捕蝗法与捕蝗条例 ……………………………………（551）
　三、捕蝗的辅助方法 ………………………………………（555）
　四、祭神灵 …………………………………………………（558）

第十七章　宋代的禳弭救荒 ………………………………（566）
　一、祈报之礼与禳弭救荒 …………………………………（566）
　二、各级官府的祈雨活动 …………………………………（573）

第十八章　宋代祭龙习俗的演变 …………………………（596）
　一、从设土龙到画龙 ………………………………………（596）
　二、从五龙到龙王 …………………………………………（603）
　三、"真龙"与拟人 …………………………………………（620）
　结语 …………………………………………………………（626）

第十九章 宋代仓储制度的发展与变化 （627）
引言 （627）
一、宋代的救荒仓廪 （628）
二、州县仓在临灾救济中的作用 （638）
三、常平仓、义仓、州县仓的合流 （646）
四、常平仓"贱籴贵粜"功能在救荒仓廪中的广泛运用 （654）
五、桩管米与南宋的临灾救济 （661）

第二十章 宋代黄河的管理与河患的防治 （670）
一、治河对策及论争 （670）
二、河防管理体制 （683）
三、奖惩问责制 （696）
四、北宋对黄河的治理 （702）

第二十一章 宋代的兴修水利与防灾 （716）
一、北宋黄河中下游的农田治理 （717）
二、南方农田水利及其灌溉工程 （754）

第二十二章 宋代社会救济机构的设置与发展 （774）
一、宋徽宗以前社会救济机构的设置情况 （775）
二、蔡京当政期间社会救济机构的快速发展 （780）
三、南宋时期社会救济机构的发展 （795）

第二十三章 宋代政府对疾疫的防治 （809）
一、宋代政府对疾疫的认识及态度 （809）
二、从医学诏令看宋代政府对疫病的应对措施 （815）
结语 （839）

第二十四章 宋代的救灾防灾思想 （842）
一、北宋对汉唐救荒防灾思想的继承与发展 （842）

二、吕祖谦对南宋荒政理论的推动 …………………………（846）
三、朱熹的救荒思想 ……………………………………………（850）
四、董煟《救荒活民书》中的仓储救荒思想 …………………（866）
结论 …………………………………………………………………（872）

第二十五章 结论 …………………………………………………（873）
一、宋代的自然灾害 ……………………………………………（873）
二、宋代荒政政策与制度 ………………………………………（875）
三、宋代荒政实效蠡测 …………………………………………（879）
四、荒政与宋朝社会 ……………………………………………（884）

附录 宋代自然灾害编年 …………………………………………（889）

主要征引书目及参考文献 …………………………………………（971）

宋代自然灾害地名对照表 …………………………………………（991）

人名索引 ……………………………………………………………（1006）

后记 …………………………………………………………………（1027）

第一章
宋代自然灾害发生的时空变迁

一、宋代历史沿革与疆域

历史上的自然灾害都发生在一定的时间和空间里,而且人类在一定历史阶段对自然灾害的认识和记录又与当时的人文、社会、经济、政治环境有着密不可分的联系,所以,为了科学认识两宋自然灾害及其对策,有必要了解两宋时期历史沿革、地理环境和人文社会发展状况。

后周显德七年(960)正月,赵匡胤发动"陈桥兵变",夺取后周政权,改年号建隆,定国号宋,以开封为都城(东京)。自宋开国至靖康二年(1127)被新兴的金朝灭亡,计167年,史称北宋。北宋灭亡后,宋宗室赵构在南京应天府(今河南商丘)即位,重建宋王朝,以临安(杭州)为都城,至祥兴二年(1279)陆秀夫抱小皇帝投海自尽,计152年,史称南宋。

从宋太祖建隆元年(960)建立北宋伊始到宋真宗景德元年(1004),宋与辽朝订立"澶渊之盟",为宋朝统治的确立时期。自唐朝"安史之乱"后,中国历史走向又一次的分裂割据,至朱梁代唐,在中国的南部先后出现了9个割据政权,在北部有契丹和北汉,而西部则处在吐蕃、党项诸部、夏州李氏、敦煌曹氏、河西回鹘等"种族分散,不相统一"的格局之下。经过二百余年的分裂割据,至后周时,统一又成为新的历史趋势。赵匡胤正是在继承周世宗未竟事业的基础上顺应历史潮流,开始了更大规模的统一行动。首先依照先南后北的战略方针，集中兵力进攻经济富庶的南方诸国，先后灭亡了荆南、湖南、后蜀、南汉、南唐。太宗即位后，吴越献地、漳泉纳土，俯首称臣，太平兴国四年（979）攻破北汉，至此结束了唐末五代时期以来的军阀割据局面，完成了南北统一。西南疆界大致以大渡河划线，其时云南为大理国，青藏高原为吐蕃诸部及黄头回纥，东南际海。但北宋为收复燕云十六州而与辽朝所进行的战争，直到"澶渊之盟"订立才告结束，"澶渊之盟"的订立，使北宋北部的疆界基本界定在雁门关（山西代县北）和白沟（水道流经河北雄县、霸县北及天津市区）一线。

当北宋统一南北、与辽争夺燕云之时，无暇顾及广大的西部地区。党项夏州政权乘势迅速崛起，太宗初期，夏州政权因继承问题发生内讧，李继捧入朝寻求宋廷的支持，但宋太宗不能审势察形，将李继捧的求助同漳泉陈洪进纳土、吴越王钱俶献地一样看待，急急忙忙地派遣文武官吏接管其所领五州八县，并遣使至夏州护继捧缌麻以上亲赴汴京。正当太宗以为"夏州藩部并已宁谧，向之强悍难制者，皆委身归顺……戎人畏威，故不战烦伐，皆相率内附"①，而自我陶醉的时候，李继捧的族弟李继迁对这种类似扣押人质的民族压迫政策，表示强烈的不满和反抗，于是打出抗宋自立的旗帜，从此西部的政治力量发生了较大的变化，并对北宋政治产生重大的影响。李继迁反宋后，宋朝的几次围剿都没有成功，而李继迁仍在不断扩大势力，到宋真宗咸平五年（1002）攻占北宋重镇灵州。景德元年（1004），李继迁死，其子李德明即位，此时正值宋辽订立"澶渊之盟"之时，辽夏互为奥援，宋已不得不正视夏州政权，遂于景德三年（1006）宋夏订立合约，宋夏之间互守疆界。至此北宋西部的疆界在相当长一段时间内，大致界定在秦州、灵州一线，西北以横山（在陕西横山、靖边、吴旗）与西夏接境。其后的宋神宗至徽宗朝，为制服西夏，开熙河之役，并采取蚕食西夏境土的政策，夺取今绥德、米脂、湟水流域、洮河上游和黄河上游贵德一带疆土，西部边界扩展至西宁、兰州一线，以河、湟、洮、岷、剑南西山接吐蕃诸部。

北宋建立后，有鉴于"安史之乱"以来藩镇跋扈与中央皇室分庭抗礼的历史教训，采取了一系列诸如稍夺其权、制其钱谷、收其精兵等强化专制主

---

① 《续资治通鉴长编》卷二五"雍熙元年三月丁巳"条。

义中央集权的措施，特别是对维护和运转中央集权的两个重要工具——军队和官僚机构，宋太祖、太宗采取种种防微杜渐的政策和措施，极力使这两个工具适应专制主义的需要，从而表现了皇帝权力的空前加强，造成了统一的政治局面，为经济文化的高度发展创造了稳定的条件。北宋的政治制度，诸如官僚制度、军事制度、法律制度、科举制度等也在宋太祖、太宗时期初具规模，形成所谓的"祖宗之法"，为后世所遵循。宋真宗即位后，以无事治天下，宰相王旦谓："务行故事，慎所改作。"①

从"澶渊之盟"到元丰八年（1085）宋神宗去世，是北宋社会矛盾丛生与变革的阶段。"澶渊之盟"订立后，西、北边界相对安定，社会经济向前发展，表面上看，宋真宗时期社会较稳定，但是实际上是社会矛盾不断发展并趋于激化。主要表现在三个方面：首先是宋真宗以来奉行"慎所变改"的保守政治，而宋太祖、宋太宗以"防弊之政，作立国之法"，所实行的一些强化君权的政策和措施，转化成为它的对立面，使得统治运行机制出现问题，即被当时士大夫总结和后世人发挥的"三冗"——冗官、冗兵、冗费，由此形成"积贫"局面；其次是民族关系出现问题，由契丹族建立的辽朝和党项族建立的西夏政权，从太宗朝起给宋朝造成严重的边患危机，仁宗庆历以后宋朝每年要向辽、西夏纳岁币合计近百万。战场上的被动挨打和巨额战争赔款，极大地刺激了朝野士人的自尊心，由此形成"积弱"的局面；复次是贫富分化日益严重，赋税不均，占田不均，"富者有弥望之田，贫者无卓锥之地"②，农民的变乱"一年多如一年，一火（伙）强如一火（伙）"③，造成严重的社会问题。

与社会诸矛盾发展日益复杂多变相适应，士大夫感到必须采取措施，摆脱困境，从宋真宗初年王禹偁上疏要求"治之惟新，救之在速"，至仁宗庆历初朝野上下要求革新政治，宋朝已经不能按照旧日的样式统治下去，成为越来越多士大夫的共识。于是就有了庆历年间针对冗官的变革，"庆历新政"的昙花一现，宋朝严重的社会矛盾并未缓和，积弱不振的局面仍在向前发

---

① 《欧阳修全集》居士集卷二二《太尉文正王公神道碑铭》，中国书店1994年版，第157页。
② 《续资治通鉴长编》卷二七"雍熙三年秋七月甲午"条。
③ 欧阳修：《欧阳文忠公文集》卷九八《再论王伦事宜札子》。

展，统治集团感到危机四伏，因而要求改革的呼声在一度沉寂后，很快又高涨起来。于是当欲有大作为的宋神宗起用久负天下大名三十年的王安石为执政，就有了更大规模的熙丰时期针对冗兵、冗官、冗费全面推开的社会变革运动，这场旨在富国强兵的变革运动，把宋朝政治经济改革推到了最高峰。王安石以摧抑兼并，"损有余以补不足"为号召，广开财源，加强国家对财税的控制。如果说宋初三朝完成了政治上的专制主义中央集权，那么王安石变法则从经济上确立了专制主义的中央集权，对后来的历史产生了极为深远的影响。元丰八年（1085），神宗去世，高太后摄政，她起用司马光等反法派，打着"以母改子"的旗号，全面否定"熙丰变法"的各项政治经济措施，史称"元祐更化"。虽然此后仍然存在变法和反变法的斗争，但斗争性质已发生很大变化，因而以"元祐更化"为分界点，至金兵发动第一次灭宋战争，宋徽宗匆忙内禅为止，北宋政治进入变法的更化与蜕变阶段。

元祐时期，反变法派对变法派（新党）的政治清算，为后来的残酷党争埋下伏笔。宋哲宗亲政绍述，变法派重新登台，在形式上恢复了熙丰的各项新法。至蔡京集团上台打着绍述王安石变法，在滥用公权力强行推行新法措施方面比熙丰时期走得更远，因此危害也更大，结果使变法改革在社会上遭到唾弃。由于蔡京集团的倒行逆施，使北宋政治进入黑暗、腐朽的时期。宣和元年、二年（1119、1120）先后爆发了宋江、方腊领导的两次农民起义，宋徽宗、蔡京集团虽然镇压和瓦解了这两次农民起义，渡过了农民起义带来的一场统治危机，但是东北地区女真族的兴起，却使北宋王朝面临覆灭的命运。

宣和七年（1125），金兵灭亡辽朝后，迅即将兵锋指向北宋，发动了旨在灭亡北宋的两次战争。靖康二年（1127）四月，宋徽宗、宋钦宗等皇室被金兵掠向北去，北宋灭亡。金朝虽然灭亡了北宋，但并未全部占领宋的政治版图和彻底摧毁宋的统治基础，赵宋宗室赵构很快在南京应天府聚集人马建立新的政权机构，赵构即是宋高宗。金朝便再次发动灭宋战争。宋朝军民同仇敌忾，奋起反抗，到绍兴四年（1134）以后，宋金间的力量对比逐渐发生变化。用金朝人的话来说，就是"昔我强彼弱，今我弱彼强"[①]，使金的统治

---

① 宇文懋昭：《大金国志校证》下册，第391页。

者认识到对宋战争已不可能用武力取胜，而新建的南宋政权亦无能力收复北方，加之宋高宗、秦桧一味奉行妥协求和政策，以"莫须有"的罪名杀害抗战将领岳飞，于是双方订立了"绍兴和议"。"绍兴和议"的订立，标志着宋金对峙时期的到来，同时也确立了以淮水、秦岭为界的南北政治格局。此后，至嘉定十七年（1224）的八十余年中，又有完颜亮南侵、宋孝宗的隆兴北伐、宋宁宗时的"开禧北伐"，以及宋宁宗时因宋方拒向金交纳岁币而导致的金宣宗南伐，但这些战争均以首先发动战争的一方失败而告终。总之，这一时期，无论是宋高宗以妥协求和与主战派主战为主线索而展开的政治斗争，还是孝宗朝力图革新政治，出现南宋最好的统治形势，都是在宋金之间的对抗矛盾的制约下发生的，故称作宋金和战时期。

从嘉定十七年（1224）到南宋灭亡（1279），是南宋的衰亡期。由于蒙古的崛起，金的统治受到致命打击，金宣宗贞祐二年（1214），金迁都南京开封，苟延残喘，宋廷采纳真德秀的建议停止向金朝输纳岁币，于是金宣宗又分兵南侵，企图扩充疆土补偿对蒙古战争的损失，但由于宋朝军民的坚决抵抗，金宣宗南侵计划宣告失败。金哀宗即位，遂于正大元年（宋嘉定十七年，1224）六月宣布"更不南伐"，并派使臣到宋通好。同时，由于宣宗南伐，使宋在蒙古和金的游移关系中，更主动地和蒙古接近。嘉定十七年（1224）后，宋蒙之间通过其代理人在山东地区的争夺，蒙古武力进攻四川，强行假道宋境，以及端平元年（1234）宋蒙联兵最后灭金等一系列的冲突与合作的关系，也逐渐改变着南宋与金的对峙局面。嘉定十七年（1224），宋宁宗死，史弥远与杨后拥立理宗赵昀，将皇子赵竑废为济王，翌年发生"霅川之变"，史弥远逼令赵竑自缢，理宗形同傀儡，南宋政治愈益腐败，直至灭亡，宋廷皇帝大权旁落，史弥远、贾似道等相继独擅朝政，因而可以说宋理宗登台标志着南宋政治进入衰亡期。南宋理宗端平年间曾因金亡收复黄河以南地区，但很快被蒙古军打败而退出。咸淳七年（1271），蒙古大汗忽必烈改国号为大元。景炎元年（1276），元军攻占临安（杭州），南宋残余势力退居江西、两广和福建沿海一带继续抗元。祥兴二年（1279）二月，帝赵昺（卫王）、陆秀夫一同蹈海，覆没于崖山（今广东新会），南宋亡。

宋代皇帝简况表

北宋（960—1127）

姓名	世系	生卒年月	在位年月	年号	庙号	陵号
赵匡胤	赵弘殷次子	927—976.10①	960.1—976.10	建隆、乾德、开宝	太祖	永昌
赵 炅	赵弘殷第三子	939.10—997.3	976.10—997.3	太平兴国、雍熙、端拱、淳化、至道	太宗	永熙
赵 恒	赵炅第三子	968.12—1022.2	997.3—1022.2	咸平、景德、大中祥符、天禧、乾兴	真宗	永定
赵 祯	赵恒第六子	1010.4—1063.3	1022.2—1063.3	天圣、明道、景祐、宝元、康定、庆历、皇祐、至和、嘉祐	仁宗	永昭
赵 曙	赵炅曾孙	1032.1—1067.1	1063.4—1067.1	治平	英宗	永厚
赵 顼	赵曙长子	1048.4—1085.3	1067.1—1085.3	熙宁、元丰	神宗	永裕
赵 煦	赵顼第六子	1077.7—1100.1	1085.3—1100.1	元祐、绍圣、元符	哲宗	永泰
赵 佶	赵顼第十一子	1082.10—1135.4	1100.1—1125.12	建中靖国、崇宁、大观、政和、重和、宣和	徽宗	永祐
赵 桓	赵佶长子	1100.4—1161.5	1125.12—1127.3	靖康	钦宗	

南宋（1127—1279）

姓名	世系	生卒年月	在位年月	年号	庙号	陵号
赵 构	赵佶第九子	1107.5—1187.10	1127.5—1162.6	建炎、绍兴	高宗	永思
赵 昚	赵匡胤七世孙	1127.10—1194.6	1162.6—1189.2	隆兴、乾道、淳熙	孝宗	永阜
赵 惇	赵昚第三子	1147.9—1200.8	1189.2—1194.7	绍熙	光宗	永崇
赵 扩	赵惇第二子	1168.10—1224.闰8	1194.7—1224.闰8	庆元、嘉泰、开禧、嘉定	宁宗	永茂
赵 昀	赵匡胤十世孙	1205.1—1264.10	1224.8—1264.10	宝庆、绍定、端平、嘉熙、淳祐、宝祐、开庆、景定	理宗	永穆

---

① 此处月数系农历月份，以下同此。

续表

姓名	世系	生卒年月	在位年月	年号	庙号	陵号
赵 禥	赵匡胤十一世孙	1240.4—1274.7	1264.10—1274.7	咸淳	度宗	永绍
赵 㬎	赵禥第二子	1271.9—1323	1274.7—1276.2	德祐	恭帝	
赵 昰	赵禥长子	1269—1278.4	1276.5—1278.4	景炎	端宗	
赵 昺	赵禥第四子	1272—1279.2	1278.4—1279.2	祥兴	（帝昺）	

二、自然生态与人文环境

（一）宋朝的南北气候

在中国历史上两宋与汉、唐、元、明、清等王朝相比，是疆域面积最为狭小的王朝，北宋大约2504987平方千米，南宋约相当于北宋的五分之三。北宋北部和西部的边界线又大约处在农耕区与游牧区的分界线上。在中国西北与东南之间，古长城沿线大体上与农、牧区自然分界线相吻合。"长城以南，多雨多暑，其人耕稼以食，桑麻以衣，宫室以居，城郭以治。大漠之间，多寒多风，畜牧畋渔以食，皮毛以衣，转徙随时，车马为家。此天时地利所以限南北也。"① 嘉定四年（1211），道士丘处机北过张家口野狐岭时亦曰："登高南望，俯视太行诸山，晴岚可爱。北顾，但寒烟衰草，中原之风，自此隔绝矣。"② 因而北宋自然环境的差别最明显表现在南北方的差别。一般地讲，北方与南方的划分，学术界以淮河、秦岭、昆仑山脉一线为界。这是中国暖温带和亚热带的分界线，也是古代旱作农区和稻作农区的大致界线。其次是东西方的差别，东方与西方的划分，可以峡州（湖北宜昌）为中轴，北至商雒山秦岭，南至海南岛，画一南北直线，在这条线的左侧，即宋

---

① 《辽史》卷三二《营卫志中》，中华书局1983年版，第373页。
② 李志常编：《长春真人西游记》卷上。引自杨建新主编《古西行记选注》，宁夏人民出版社1987年版，第195页。

代西方诸路，右侧即为东方诸路。空间距离越远，差别越大，南北差别以气候为最突出，南方多暖，北方多寒；东西差别以沿海与内陆为最突出，东方多水，西方多山与高原。庄绰说：

> 西北春时率多大风而少雨，有亦霏微。故少陵谓："润物细无声。"而东坡诗云："春雨如暗尘，东风吹倒人。"韩持国亦有"轻云薄雾，散作催花雨"之句，至秋则霖霪苦雨，岁以为常。二浙四时皆无巨风，春多大雷雨，霖霪不已，至夏为"梅雨"，相继为"洗梅"，以五月二十日为"分龙"，自此雨不周遍，犹北人呼"隔辙"也。迨秋，稻欲秀熟，田畦须水，乃反亢旱。余自南渡十数年间，未尝见至秋不祈雨，此南北之异也。①

> 岭南无雪，闽中无雪，建、剑、汀、邵四州有之。故北人嘲云："南人不识雪，向道似杨花。"然南方杨柳实无花，是南人非止不识雪，兼亦不识杨花也。大观庚寅季冬二十二日，余时在长乐，雨雪数寸，遍山皆白，土人莫不相顾惊叹，盖未尝见也。余是日召友人吴述正同赏，时南轩梅一株盛开，述正笑曰："如此景致，亦恐北人所未识。"是岁，荔枝木皆冻死，遍山连野，弥望尽成枯枿，至后年春，始于旧根株渐抽芽蘖。又数年始复繁盛。谱云：荔枝木坚理难老，至今有三百岁者，生结不息。今去君谟殁又五十年矣，是三百五十年间未有此寒也。②

> 二浙旧少冰雪。绍兴壬子车驾在钱塘，是冬大寒屡雪，冰厚数寸。北人遂窖藏之，烧地作荫，皆如京师之法。临安府委诸县皆藏，率请北人教其制度。明年五月天中节日，天适晴暑，供奉行宫有司大获犒赏，其后钱塘无冰可收。时韩世忠在镇江，率以舟载至行在，兼昼夜牵挽疾驰，谓之"进冰船"。③

---

① 庄绰：《鸡肋编》卷中，中华书局1983年版，第80—81页。
② 彭乘：《墨客挥犀》卷六《岭南无雪》，中华书局2002年版，第351页。
③ 《鸡肋编》卷中，第52—53页。

这些宋人记载从不同侧面表现了北宋至南宋南北各地不同的地域气候特点。从宏观上看两宋气候变化的总体走向学界有不同的看法。

按照竺可桢先生的观点，北宋建立到中期（宋真宗朝）是处在中国历史上第三个温暖过渡期向第三个寒冷期转变的时期。而从北宋中期到南宋中期以前，具体年代大致是从公元1000年到公元1200年进入第三个寒冷期。南宋中期以后，又进入第四个温暖期[①]。今人对此多有补充和修正[②]。

也有与竺可桢先生相反的观点，认为公元10世纪中叶至13世纪末的宋元时期，是中国历史上典型的气候温暖期，据《文献通考》载：五代后唐长兴四年（933）户部曾上奏诸州府夏税征收条例，其中征收夏税的小麦、大麦、豌豆等谷物的最靠北的州军有延州（今陕西延安）、庆州（今甘肃庆阳）、威塞军（今河北涿鹿）、大同军（今山西大同）、振武军（今山西朔州）等地。这些地区夏税征收的时间变动在夏历五月十五日至六月十日，可见当时这些地区已有冬小麦的种植。宋夏边境一带即今宁夏固原以北和陕西延安以北地区有冬小麦生产。现代甘蔗种植的北界在邵阳、长沙、景德镇、衢州、金华一线，而宋时北界较今日北移了两个纬度。在宋元温暖期内也曾出现过几次低温时期，10世纪中叶至11世纪前10年，中国东北地区出现中世纪温暖期的第一冷谷。1100年以后，中国东部地区气候又转入寒冷阶段。12世纪最冷时期为前二三十年，寒冷气候一直影响到岭南地区，据周去非《岭外代答》记，当时降雪至少南移了一个纬度。在整个12世纪，大部分太湖地区和部分杭州一带河港结冰现象最晚出现在12世纪70—80年代。12世纪末，中国东部地区气候开始转暖，上述茶树、橘树、冬小麦、苎麻种植北界的北移，可以为证。因此可以估计，在13世纪的大部分时间里，中国东部年平均温度比现代偏高0.7—0.8℃，可视为第三个暖峰[③]。

[①] 竺可桢：《中国近五千年来气候变迁的初步研究》，载《考古学报》1972年第1期，后收入《竺可桢文集》，科学出版社1979年版。

[②] 张全明：《中国历史地理学导论》，华中师范大学出版社2006年版，第73—77页。

[③] 邹逸麟编著：《中国历史地理概述》，上海教育出版社2007年版，第15—17页；满志敏、张修桂：《中国东部十三世纪温暖自然带的推移》，载《复旦学报》1990年第5期。

(二) 宋代的行政区划

北宋以开封为首都，号东京，以洛阳为陪都，称西京，1014年以应天府为南京（今河南商丘），1042年又升大名府为北京。宋太祖时仿唐代的做法把地方分作十三道，置转运使以总财赋。太宗时置十五转运司路，以边防、盗贼、刑讼、金谷、按廉皆属之转运使。真宗咸平四年（1001）析为十七路，天禧四年（1020）又改为十八路。神宗元丰八年（1085）定全国为二十三路（开封府单列），是年颁行《元丰九域志》，即以这一区划编制而成。宋徽宗崇宁四年（1105）又增一路为二十四路，宣和四年（1122）一度增设燕山路。

诸路除转运司外，太宗以后又置提点刑狱司，真宗初年置安抚使司，神宗时置提举常平司。转运司总一路利权归上，又称漕司；提点刑狱司掌一路刑狱公事，又称宪司；安抚司主军政、抚恤，又称帅司；提举常平司主一路仓储，又称仓司。宪司分路时或与漕司不同，帅司、仓司并非逐路皆设。一漕司辖区或分设二三帅司，一路诸司或不在一路。下列二十四路漕司路名、治所[①]、今地如下。

路名	治所	治所今地	路名	治所	治所今地
京畿路	陈留县	河南开封东南	淮南西路	楚州	江苏扬州
京东东路	青州	山东益都	江南东路	江宁府	江苏南京
京东西路	同上	同上	江南西路	洪州	江西南昌
京西南路	襄州	湖北襄樊	荆湖南路	潭州	湖南长沙
京西北路	河南府	河南洛阳东	荆湖北路	江陵府	湖北江陵
河北东路	大名府	河北大名东	福建路	福州	福建福州
河北西路	同上	同上	成都府路	成都府	四川成都
河东路	隆德府	山西长治	潼川府路	遂宁府	四川遂宁
永兴军路	京兆府	陕西西安	利州路	利州	四川广元
秦凤路	同上	同上	夔州路	夔州	四川奉节
两浙路	杭州	浙江杭州	广南东路	广州	广东广州
淮南东路	楚州	江苏扬州	广南西路	桂州	广西桂林

[①] 现今有关漕司治所所在地学界有不同说法，今从李昌宪《中国行政区划通史·宋西夏卷》第790页附表4《宣和五年（1123）各路治所一览表》，复旦大学出版社2007年版。

河北、陕西是为边防重地，因此河北路分设四帅司，陕西二路分设六路帅司：

河北东路设大名府路治大名府、高阳关路治河间府（今河北河间）；河北西路设真定府路治真定府、定州路治定州（今河北定县）。

永兴军路设永兴军路治京兆府、鄜延路治延安府（今陕西延安）、环庆路治庆州（今甘肃庆阳）；秦凤路设秦凤路治秦州、熙河路治熙州（今甘肃临洮）、泾原路治渭州（今甘肃平凉）。

路下地方行政区划为州县二级。与州平行的有府、军、监，府位较尊，军一般设于地势冲要，人口少而不能成州的地方，监管理官营工矿业兼理民政。元丰三年（1080）共有府十四、州二百四十二、军三十七、监四，宣和四年（1122）共有府三十八、州二百四十三、军五十二、监四、县一千二百余[①]。

南宋建立后，宋高宗躲避金军追杀，从南京应天府南迁扬州，建炎二年（1128）渡江南逃，直到绍兴八年（1138）南北局面基本稳定，方定都临安府（今浙江杭州）。绍兴和议后，南宋将境内分作十六路，设安抚使司掌一路军民之政，又设转运、提点刑狱等司，路分与安抚司同，而治所时有不同。

路名	治所[②]	治所今地	路名	治所	治所今地
两浙西路	临安府	浙江杭州	两浙东路	临安府	浙江杭州
江南东路	建康府	江苏南京	江南西路	隆兴府	江西南昌
淮南东路	真州	江苏仪征	淮南西路	无为军	安徽无为
荆湖南路	潭州	湖南长沙	荆湖北路	鄂州	湖北武昌
京西南路	襄阳府	湖北襄樊	福建路	建宁府	福建建瓯
成都府路	成都府	四川成都	潼川府路	遂宁府	四川遂宁
利州路	利州	四川广元	夔州路	夔州	重庆奉节
广南东路	广州	广东广州	广南西路	静江府	广西桂林

---

① 谭其骧主编：《简明中国历史地图集》，中国地图出版社1996年版，第51—52页。

② 此处治所系漕司治所，治所所在地根据李昌宪《中国行政区划通史·宋西夏卷》第792页附表6《嘉定元年（1208）各路治所一览表》。

绍兴十四年（1144），分利州路为东西二路，其后时有分合。嘉定元年（1208），利州东路治兴元府，利州西路治沔州（今陕西略阳），潼川府路移治泸州（今四川泸州）。诸路领府二十七、州一百三十二、军三十四、监二。

（三）宋代各地的植被、山川形胜与风土人情

自隋初至宋末的近 800 年间，由于"安史之乱"后和北宋末年中原人口大量迁居南方，一是导致长江以南人口迅速增加，二是原北方人口因习惯面食而把小麦等旱地农作物也带到迁居的南方各地开始逐渐广泛种植。因此，这一时期，南方长江流域一带耕地面积也随着人口的南迁而大幅度地增长。耕地面积的增长一方面是通过毁林垦荒，另一方面是通过对湖泊和滩涂的大规模围垦。史载，至南宋末年，当时浙江山阴、会稽等南方人口较多、开发较早的地区已出现"有山无林"或"有山少林"的状态，湘江下游等洞庭湖地区，也因较多人口的迁入而大规模的伐林垦荒，实行刀耕火种。这种落后的刀耕火种的原始生产方式，既表明这里此前原始植被覆盖良好，同时又使这一地区的森林等植被在当时受到严重破坏。至于江西部分地区，同样由于迁入人口较多，随着农业和手工业中矿冶、制陶、造船等的不断发展，原始森林植被也在迅速减少。

但直至两宋时期，中原周边的秦岭与大别山区、山东半岛的沂蒙山与泰山地区、山西的吕梁山与太行山区以及山西和甘肃交界的陇东南等山地，仍有较大面积的成片森林分布。至于偏僻的北方深山区与江淮以南广袤的南方山区，森林植被仍然覆盖良好。如直到北宋后期，福建及其周边山区仍是"山林险阻，连亘数千里"[①]，岭南两广等地仍然"山林翳密"[②]。而当时的西南云贵高原与东北等地区，则大多仍是未开发的处女地，森林植被大致还是维持在原生状态。同时，广大北方草原地区的次生植被分布范围仍然相当广阔，尤其是高昌、喀拉汗、吐蕃、大理、辽、西夏、金等少数民族政权所属的北方草原、西北边陲或青藏高原的草甸草原地区，除天然沙漠和极个别沙

---

① 《宋史》卷一八三《食货志》，第 4461 页。
② 《宋史》卷九〇《地理志》，第 2248 页。

化地区外,基本上仍然是"草木蒙密"①、水草丰美的青山绿水。至于黄淮平原、四川盆地、黄土高原等开发很早的农耕地区,则主要是农作物等栽培植被的分布②。

对于宋朝诸路的山川形胜与风土人情,《宋史·地理志》有概括的描述:

> 开封府、京东路,分为东西两路,得兖、豫、青、徐之域,当虚、危、房、心、奎、娄之分。西抵大梁,南极淮泗,东北至于海,有盐铁、丝石之饶。其俗重礼义,勤耕纴,浚郊处四达之会,故建为都。政教所出,五方杂居。睢阳当漕舟之路,定陶乃东运之冲。其后河截清水,颇涉艰阻。兖、济山泽险迴,盗或隐聚。营丘东道之雄,号称富衍,物产尤盛。登、莱、高密,负海之北,楚商兼凑,民性愎戾而好讼斗。大率东人皆朴鲁纯直,甚者失之滞固,然专经之士为多。下邳俗尚颇类淮楚焉。③

> 京西南、北路,本京西路。盖《禹贡》冀、豫、荆、兖、梁五州之域,而豫州之壤为多。当井、柳、星、张、角、亢、氐之分。东暨汝、颍,西被陕服,南略鄢、郢,北抵河津。丝、枲、漆、纩之所出,而洛邑为天地之中,民性安舒,而多衣冠旧族。然土地褊薄,迫于营养。盟津、荥阳、滑台、宛丘、汝阴、颍川、临汝,在二京之交,其俗颇同。唐、邓、汝、蔡,率多旷田。盖自唐季之乱,土著者寡。太宗迁晋、云、朔之民于京、洛、郑、汝之地,垦田颇广,民多致富,亦由俭啬而然乎。襄阳为汉南巨镇,淮安、随、枣阳、西城、武当、上庸、东梁、信阳,其习俗近荆楚。④

> 河北路,盖《禹贡》兖、冀、青三州之域,而冀、兖为多。当毕、

---

① 《辽史》卷一九《兴宗本纪》。
② 张全明:《中国历史地理学导论》,华中师范大学出版社 2006 年版,第 73—77 页。
③ 《宋史》卷八五《地理一》,第 2112 页。
④ 《宋史》卷八五《地理一》,第 2117—2118 页。

昂、室、东壁、尾、箕之分。南滨大河，北际幽朔，东濒海（岱）①，西压上党，茧丝、织纴之所出。人性质厚少文，多专经术，大率气勇尚义，号为强伎。土平而近边，习于战斗，有河漕以实边用，商贾贸迁，刍粟峙积。宋初募置乡义，大修战备，为三关，置方田以资军廪。契丹数来侵扰，人多去本，及荐修戎好，益开互市，而流庸复来归矣。大名、澶渊、安阳、临洺、汲郡之地，颇杂斥卤，宜于畜牧。浮阳际海，多鬻盐之利。其控带北地，镇、魏、中山，皆为雄镇云。②

河东路，盖《禹贡》冀、雍二州之域，而冀州为多。当觜、参之分。其地东际常山，西控党项，南尽晋绛，北控云朔，当太行之险地，有盐铁之饶。其俗刚悍而朴直，勤农织之事业，寡桑柘而富麻苎，善治生，多藏蓄，其靳啬尤甚。朔方、楼烦，马之所出，岁增贸市以充盐牧之用。太宗平太原，虑其恃险，徙州治焉。然犹为重镇，屯精兵以控边部云。③

陕西路，盖《禹贡》雍、梁、冀、豫四州之域，而雍州全得焉。当东井、舆鬼之分。西接羌戎，东界潼陕，南抵蜀汉，北际朔方。有铜、盐、金铁之产，丝、枲、林木之饶。其民慕农桑，好稼穑。鄠、杜、南山，土地膏沃，二渠灌溉，兼有其利。大抵夸尚气势，多游侠轻薄之风，甚者好斗轻死。蒲、解本隶河东，故其俗颇纯厚。被边之地，以鞍马、射猎为事，其人劲悍而质木。梁泉少桑麻之利，布泉、盐酪资于他郡。上洛多淫祀，申以科禁，故其俗稍变。秦、陇、仪、渭、泾、原、邠、宁、鄜、延、环、庆等皆分兵屯守，以备不虞云。④

两浙路，盖《禹贡》扬州之域，当南斗、须女之分。东南际海，西控震泽，北又滨于海。有鱼盐、布帛、秔稻之产。人性柔慧，尚浮屠之

---

① 此据文渊阁四库本。
② 《宋史》卷八六《地理二》，第 2130—2131 页。
③ 《宋史》卷八六《地理二》，第 2138 页。
④ 《宋史》卷八七《地理三》，第 2170 页。

教，俗奢靡而无积聚，厚于滋味。善进取，急图利，而奇技之巧出焉。余杭、四明，通蕃互市，珠贝外国之物，颇充于中藏云。①

淮南东、西路，本淮南路，盖《禹贡》荆、徐、扬、豫四州之域，而扬州为多。当南斗、须女之分。东至于海，西抵濉涣，南滨大江，北界清淮。土壤膏沃，有茶、盐、丝、帛之利，人性轻扬，善商贾，廛里饶富，多高赀之家。扬、寿皆为巨镇，而真州当运路之要，符离、谯亳、临淮、朐山，皆便水运，而隶淮服，其俗与京东、西略同。②

江南东、西路，盖《禹贡》扬州之域。当牵牛、须女之分。东限七闽，西略夏口，南抵大庾，北际大江。川泽沃衍，有水物之饶；永嘉东迁，衣冠多所萃止，其后文物颇盛。而茗荈、冶铸、金帛、秔稻之利，岁给县官用度，盖半天下之入焉。其俗性悍而急，丧葬或不中礼，尤好争讼，其气尚使然也。③

荆湖南、北路，盖《禹贡》荆州之域。当张、翼、轸之分。东界鄂渚，西接溪洞，南抵五岭，北连襄汉。唐末藩臣分据，宋初下之。鄂、岳本属河南，安、复中土旧地，今以壤制而分隶焉。江陵国南巨镇，当荆江上游，西控巴蜀。澧、鼎、辰三州，皆旁通溪洞，置兵戍守。潭州为湘、岭要剧，鄂、岳处江、湖之都会。全、邵屯兵，以扼蛮獠。大率有材木、茗荈之饶，金铁、羽毛之利。其土宜谷稻，赋入稍多。而南路有袁、吉壤接者，其民往往迁徙自占，深耕概种，率致富饶，自是好讼者亦多矣。北路农作稍惰，多旷土，俗薄而质。归、峡信巫鬼，重淫祀，故尝下令禁之。④

福建路，盖古闽越之地，其地东南际海，西北多峻岭抵江。王氏窃

---

① 《宋史》卷八八《地理四》，第2177页。
② 《宋史》卷八八《地理四》，第2185页。
③ 《宋史》卷八八《地理四》，第2192也。
④ 《宋史》卷八八《地理四》，第2201—2202页。

据垂五十年。三分其地。宋初，尽复之。有银、铜、葛越之产，茶、盐、海物之饶。民安土乐业，川源浸灌，田畴膏沃，无凶年之忧。而土地迫陋，生籍繁伙，虽硗确之地，耕耨殆尽，亩直浸贵，故多田讼。其俗信鬼尚祀，重浮屠之教，与江南、二浙略同。然多向学，喜讲诵，好为文辞，登科第者尤多。①

川峡四路，盖《禹贡》梁、雍、荆三州之地，而梁州为多。天文与秦同分。南至荆峡，北控剑栈，西南接蛮夷。土植宜柘，茧丝织文纤丽者，穷于天下。地狭而腴，民勤耕作，无寸土之旷，岁三四收。其所获多为遨游之费，踏青、药市之集尤盛焉。动至连月，好音乐，少愁苦，尚奢靡，性轻扬，喜虚称。庠塾聚学者众，然怀土罕趋仕进。涪陵之民，尤尚鬼俗。有父母疾病，多不省视医药，及亲在多别籍异财。汉中、巴东，俗尚颇同，沦于偏方，殆将百年。孟氏既平，声教攸暨，文学之士，彬彬辈出焉。②

广南东、西路，盖《禹贡》荆、扬二州之域。当牵牛、婺女之分。南滨大海，西控夷洞，北限五岭。有犀象、玳瑁、珠玑、银铜、果布之产。民性轻悍。宋初，以人稀土旷，并省州县。然岁有海舶贸易，商贾交凑。桂林、邕、宜接夷獠，置守戍。大率民婚嫁、丧葬、衣服，多不合礼，尚淫祀，杀人祭鬼。山林翳密，多瘴毒。凡命官吏，优其秩奉。春、梅诸州，炎疠颇甚，许土人领任。景德中，令秋冬赴治，使职巡行，皆令避盛夏瘴雾之患，人病不呼医服药。儋、崖、万安三州，地狭户少，常以琼州牙校典治。安南数郡，土壤遐僻，但羁縻不绝而已。③

---

① 《宋史》卷八九《地理五》，第 2210 页。
② 《宋史》卷八九《地理五》，第 2230 页。
③ 《宋史》卷九〇《地理六》，第 2248—2249 页。

三、宋代的人口与社会经济

人口发展状况是衡量中国历史上传统社会发展的重要指标。由于政治相对稳定，社会经济不断发展，宋代人口增长在历史上是极为突出的，下面将宋代人口中户数增长的情况制成一览表①。

北宋			南宋		
年代	公元	户数	年代	公元	户数
宋太祖开宝九年	976	3090504	宋高宗绍兴三十年	1160	11375733
宋太宗至道三年	997	4132576	宋孝宗乾道三年	1167	11800366
宋太宗天禧四年	1020	9716712	宋孝宗乾道四年	1168	11683511
宋真宗天禧五年	1021	8677677	宋孝宗淳熙二年	1175	12501400
宋真宗天圣七年	1029	10162689	宋孝宗淳熙十年	1183	11156184
宋仁宗嘉祐八年	1063	12462317	宋孝宗淳熙十一年	1184	12398309
宋英宗治平三年	1066	12917221	宋孝宗淳熙十六年	1189	12907438
宋神宗熙宁八年	1075	15684529	宋光宗绍熙四年	1193	12302873
宋神宗熙宁十年	1077	14245270	宋宁宗开禧三年	1207	12669310
宋神宗元丰六年	1083	17211713	宋宁宗嘉定十一年	1218	12669684
宋哲宗元祐六年	1091	18655093	宋宁宗嘉定十六年	1223	12670801
宋徽宗崇宁元年	1102	20264307	宋端宗德祐二年	1276	11746000
宋徽宗大观四年	1110	20882258			

据此表可以清楚地看到，宋代人口从宋太祖末年至宋真宗天圣七年（1029），仅半个世纪，人口户数就从三百余万户增长到一千余万，又经过约八十三年，人口户数再上一个台阶，达到二千余万。宋代没有统一的人口口数记载，按照学界公认可以以每户五口略计，则宋代至宋徽宗崇宁元年

---

① 本表和下面区域户数表数据均选自吴松弟《中国人口史》第三卷《辽宋金元卷》，复旦大学出版社 2000 年版，第 346—348、353—354、394 页。

(1102)已突破一亿人口大关,这是中国古代人口发展史上的一个里程碑。南宋国土只有北宋的三分之二,而人口亦在大部分年份保持在六千万左右。

宋代区域户数一览

区域	太平兴国五年	元丰元年	崇宁元年	绍兴三十二年	嘉定十六年
河南	528650	929675	1054797	—	—
山东	747291	1761964	1704562	—	—
河北	624564	1234929	1221262	—	—
河东	269293	671551	762914	—	—
关中	264508	706124	848358	—	—
秦凤	119597	360803	325718	—	—
合计	2553903	5665046	5917611	—	—
淮南	355513	1033732	1081072	201362	345619
荆襄	156973	535121	692609	156513	172671
湖南	205583	1222947	1326009	1109226	1454603
江南	725488	2419582	2580930	2964659	3580000
江西	682408	1773838	2071024	2137098	2680000
福建	467878	1043839	1256656	1390566	1599214
四川	1207554	2117760	2237178	2661226	2590092
两广	158374	835923	898902	1002366	974126
合计	3959771	10982742	12144380		

据上表可以看出地域分布的差异,南方户口占绝对优势,而且随着时间的推移,南方户数所占比重不断上升。宋初,全国区域总户数6513874,其中北方为2553903户,约占39.2%,南方为3959771户,占60.8%;元丰时全国区域总户数16647788,其中北方为5665046,约占34.02%,南方为10982742户,占65.97%;崇宁时全国区域总户数为18061991,其中北方为5917611户,约占32.76%,南方为12144380户,占67.24%。湖北、湖南、两广、江南、江西人口都有较快的增长。北方户口以山东、河北、河南地区

为多，这些地区人口数都在 600 万至 900 万之间，而南方户数则以江南、江西、四川为多，这些地区人口数都在 1000 万以上。

唐中期以前长期以来是土地国有制和地主私有制并存，唐中期以后，土地商品化的历史潮流，终于战胜了汉唐时期土地国有制的旧制度，国家手中不再拥有大量的土地，也不再对它掌握的少量土地进行均田式的再分配，土地国有制作为一种重要的土地制度的时代已一去而不返。在这种情况下，一是地主土地所有制日趋巩固；二是实行不抑兼并的土地政策使得土地公开商品化，宋代官府甚至大量出卖和租佃政府手中握有的一批可观的土地，官田也商品化、租佃化了，宋代的地主公然以"田主"自居，不再承认古代"溥天之下，莫非王土"式的那种皇帝对土地的领有权了。宋朝的社会阶级结构与土地所有制的变化相适应也有了许多巨大变化，这就是魏晋以来的士族门阀及其部曲佃客制，经过多种社会矛盾的碰撞和冲击之后，在唐时基本上已经崩溃了，代之而起的是庶族地主，主要是官僚地主阶级。宋代的品官地主称为官户，是当时统治阶级的上层，是宋王朝的主要统治支柱。宋以后，虽无"官户"的名称，但按品官高低决定其特权地位却成为以后各代政治上的重要特色。与之同时，部曲佃客制瓦解，代之而起的租佃制，佃农正式登入国家户籍，脱离了过去那种只是地主私属的卑贱地位，地主与佃农之间，是一种契约关系联系着，佃农人身依附关系松弛，有了较大程度的人身自由，这种生产关系上的重大变化，无疑是宋以后历朝社会生产力发展的重要前提。

从唐朝中期开始的经济重心南移，到南宋最后完成。从唐朝中晚期至五代、宋朝，南方战乱较少，北方人口大批南迁，带去了先进技术，稻作精耕法得到进一步改革和完善，加上自然条件的变化，使南方农业发展速度加快，逐渐超过北方。随着南方水田的广泛开发，宋代的水稻种植面积得到迅猛发展。由越南传入的占城稻，宋真宗时，推广到东南地区。占城稻成熟早，抗旱力强，适于普遍种植，南方农民还培育出许多优良品种，水稻在宋朝跃居粮食产量首位。长江下游和太湖流域一带地区，成为丰腴的粮仓，出现了"苏湖熟，天下足"或"苏常熟，天下足"的谚语。四川的成都平原、江西、福建等地的农业也相当发达。自宋代开始，除东南地区继续发展外，经济的发展则向湘江以西的西南方向拓展。两广地区得到很大开发。宋代的经济作物,特别是在南方,有相当大的发展。南方各地普遍种植茶树。南宋的产茶州县又比北宋有所增加。北宋至南宋初,植棉地区尚限于广南和福建,到南宋后期,棉花种植区,已向北推进到江淮和川蜀一带。

宋代的手工业技术比前代有很大提高,比如比较普遍地利用石炭来冶铁,采用将生铁嵌在熟铁中锻炼的灌钢炼钢法,普遍采用工少利多的"胆水浸铜法"来生产黄铜,广泛利用木板印刷书籍,利用铜板印刷商业广告,蜡版刻印快报,并发明泥活字印刷术,制造出水罗盘等指南仪器,用于海船远洋航行,按照预先设计的小样打造船只,造出了许多设备比较先进和吨位比较高的海船、车船、万石船、万斛船。广泛应用火药制造武器,并由制造燃烧性的火器发展到制造爆炸性的火器,造出了大批火箭、火球、火炮、火枪等新式武器等等,这些技术的发明和应用在世界科技史上均占有一定的重要地位。南方手工业发展速度明显加快,四川、江浙地区的丝织业,江西景德镇、浙江哥窑的瓷器制造业,广州、泉州的造船业,都有很高的水平,在当时世界范围居于领先地位。

经济重心的逐步南移,对当时的地域政治也产生巨大而深刻的影响。北宋实行崇文抑武、扩大科举选官范围、大兴学校教育等政策,士大夫阶层迅速崛起,并成为北宋政治势力中与皇权共治天下的重要力量,这已是不争的事实,毋庸多言。北宋士大夫崛起具有鲜明的时代特征:即随着南方经济力量在全国经济地位中的日益提高,特别是代表南方新兴的中小地主利益的士人也渐次开始主导和掌控北宋政治的话语权。据研究,宋神宗朝是执政官员由北方胜于南方而转为南方胜于北方的分水岭,北宋前期在执政官员中南方人所占不足20%,到北宋中期以后,约占37%,而到神宗朝以后南方人士所占比重则达到62%。王安石变法的核心集团均出自江西和福建等南方地区,更是显例。

宋朝的赋税制度承袭唐五代,但又有新的变革。一般提到宋朝的赋税制度,都要说及宋朝五赋。所谓五赋,"曰公田之赋,(官庄、屯、营田赋民耕而收其值);曰民田之赋,(百姓各得专之);曰城郭之赋,(宅税、地税之类);曰杂变之赋,(牛革、蚕盐之类,随其所出,变而输之);曰丁口之赋,

(计丁率米)"①。目前学术界较一致认为，"民田之赋"为宋代两税的正宗，但它已与唐代的两税内容有了显著差异。唐代两税征收的依据是户等的高下，而户等则是依照每户丁壮和资产的多少划定的，其资产既包括田产，又包括其杂产。到了宋代，两税的征收依据发生了重大变化。宋太宗至道元年（995）六月，"诏复（造）天下郡国户口版籍。自唐末四方兵起，版籍亡失，故户口、税赋莫得周知，至是，始命复造焉"②。"诏重造二税版籍，颁其式于天下。凡一县所管几户，夏秋二税苗亩、桑功、正税及缘科物，用大纸作长卷，排行实写为帐。"③ 由此可知，宋朝建立以后首次下令重造两税版簿时，从其所颁布的"式"中，是规定只登录户数、苗亩、桑功数以及缘科物（缘科即是杂变之赋）数的。"户"是缴纳二税的单位，而苗亩、桑功则是据以征收二税的赀产。所以就税产而言，宋代两税税产基本上都集中在田产上，比唐代颁行两税法时的税产内容明显减少，亦即田赋根据田地多少交纳。田地因通过买卖和其他原因而发生变化，故每逢闰年（每三年一次）推排物力，验明田亩、物力的多寡，升降户等，作为征税、定役的标准。前述唐代两税的内容表明，户等高下是唐代征收两税的直接依据，宋代户等制在征收两税税额上已不再起任何作用，而起决定作用的是，依田产的多少、肥瘠为差，即大致按上、中、下三等征收，这种税则又叫做"三壤法"④。众所周知，税产的实际内容和税额的决定因素，无疑都是赋税制度的主要方面，而宋代在这方面的显著变化，表明宋代的两税制度已与唐代的两税法有了很大的不同和变革。

至于公田之赋在唐代两税并没有与民田之赋区分开来，只是由于宋代那些"赋民耕而收其租"的官庄、屯田、营田以及后来那些属转运司主管而由民户请佃的天荒逃田，由于在经营形式上与民田十分相似，其地租无论在征收办法还是在用充年额上供上，与民田税亦无二致，于是就成了两税岁入的重要组成部分。唐代两税不分乡村坊郭，是除了"行商"之外，凡是"居

---

① 王应麟：《玉海》卷一七九《食货·贡赋》引《国史·志》。《宋史》卷一七四《食货志》。《文献通考》卷四《历代田赋之制》所载较简略。
② 《宋会要辑稿》食货六九之七八。
③ 《续资治通鉴长编》卷三八"至道元年六月己卯"条。
④ 罗愿：《新安志》卷二。

人"都须缴纳的一种税。宋代则把征自京城及诸州、县、寨、镇的正税冠以"城郭之赋"专称。晚唐五代时，在正税之外增添不同名目的苛捐杂税，宋大都继承下来，"杂变之赋"和"丁口之赋"就是承袭后的类别专称。两者随夏、秋二税或夏税输纳，列入年额上供，都是两税岁入的构成部分之一，但前者随田亩起纳，后者按丁征敛。经长时间的演化，杂变之赋最后并入田税，而丁口之赋则逐步取消[①]。

虽说宋代两税与唐代两税在具体内容方面有了如上一些变化和不同，但唐代实行两税法时所奉行"惟以资产为宗，不以丁身为本"的赋税原则没有变。换言之，宋代两税变化仍然始终受这一赋税原则的制约。宋代五赋的变化，本身就说明是在贯彻这一原则过程中的自我完善。

就商品经济发展而言，不可否认整个中古时期自给自足的自然经济始终占统治地位，但自唐中叶以来，商品经济已有较大程度的发展，由此在前后期也有了显著差别，一是中国郡县城市的主要特点之一，是政治、军事意义大于经济意义。这一特点在前期远较后期为突出，宋以前旧的封闭型的城市坊市制度已为商品经济发展所打破，新的厢坊制度确立起来，工商业者面街而居，随地经营，形成了一个与近代城市同类型的市容面貌，标志着城市经济已成为不可忽视的独立力量，虽说在唐代已有乡村户与坊郭户之分，但将在城市居住的坊郭户作为法定户名则是在宋代确立的。尽管坊郭户及其他城市居民在数量上不构成宋代的主体阶级，大约占总户数的10%左右，然而这一阶层的活动，代表着社会发展的历史走向，因此宋朝正式把坊廓户（城市户口）单独列籍定等，表明中国古代传统经济发生了一个重要变化。

二是商品货币关系有了新发展，北宋真宗初年在以铜、铁钱以及金银作为流通和支付手段之外出现了纸币。这就是益州（今四川成都）的富商自己发行的"交子"。此时的交子尚是一种类似于今天不记名可流通的支票。仁宗天圣元年十一月二十八日（1024年1月12日）宋朝官府设立益州"交子务"，自次年二月起正式在世界首次发行了纸币——交子一百二十五万六千多贯，其面额自一贯到十贯，宝元二年（1039）改为五贯至十贯。此后，交子、会子、钱引等发行量逐步增多，到南宋时就成为主要的流通手段。纸币

---

① 参见梁太济《宋代两税及其与唐代两税的异同》，载日本《中国史学》第一卷。

出现后,虽然因为宋朝官府越印越多,出现了既不备本钱,又不定界限的弊病,往往变为不兑现的纸币,造成了恶性通货膨胀的局面,但是纸币的出现本身却显示了宋代商品经济的发展,反过来也对宋代商品经济的发展起了推动作用。宋代的纸币的产生和推行,标志着中国的货币从金属铸币时期开始演进到信用货币时期。

三是商税在国家财政中的地位提高,商税虽自先秦就已经存在,但只有到两税法,特别是入宋以后,才真正独立。宋初设商税务院征收商税,并颁布《商税则例》张榜于商税务、场门前,令来往客商依法纳税。征税环节,分过税和住税。凡行商行销货物,每千钱课税二十,叫过税;凡城市商人(坐商)销售货物,每千钱课税三十,称住税。过税是商品流通税,住税则是买卖交易税。唐中叶以后,均田制、府兵制瓦解,到宋朝实行募兵制和推行荒年养兵政策,军费开支急剧增加,一般要占财政收入的七八成,为了增加财政收入,扩大税源,宋朝形成了以专卖法为中心的税制和财政体制,工商业、专卖税收逐步上升。北宋仁宗时田赋税在国家财政结构中尚占百分之五六十,而南宋则下降为 20.4%(宋高宗绍兴末)和 15.3%(宋孝宗淳熙末)。财政结构的变化折射出社会经济结构发展的新动向。

四是商品交换关系发达起来,不仅出现了像北宋都城开封、南宋都城临安(杭州)那样有百万人口的国际性大都市,而且在州县城外围郊区以及商品集散地、交通要道逐渐出现了交换产品的草市,这种草市由少到多,由小到大,由临时到定期,沟通城乡经济,使商品流通的范围逐步扩大。

五是指引航路的罗盘针的发明,载量更大的海舶的制造,使宋代的海上交通更加发达,对外贸易更加兴盛。宋代沿海的通商口岸陆续增加到广州、泉州、明州、杭州、密州、秀州等十多处,宋代海舶的航程也更长,最远的地点到达红海口的亚丁甚至东非。据周去非《岭外代答》、赵汝适《诸蕃志》记载,跟宋朝通商的国家有五十多个,其中宋代海舶直接到达的有二十多个。据考古发掘,在东亚、印度、南亚都曾发现宋代的瓷器和残片,这表明,由宋代泉州、广州等海港出发,存在着通往东南亚各地,印度、波斯湾地区和东非各国的"海上丝绸之路"。由此证明,宋代的经济和文化在当时世界上的影响之大。

过去相当长一段时间内,一提到宋代,总是与屈辱、贫弱相联系,但是随着近百年来对宋代社会历史研究的逐步深入,人们对宋代历史的认识,也有了巨大变化。如上所述,在经济方面,宋代是周秦以降古代经济发展迅猛的时期,农业、手工业、商业等方面都取得了突出的、引人注目的成就,关于这一点早在20世纪60年代台港、海外华人学者们在讨论宋代经济的进步时,就一致认为宋代在经济上、生产技术上,为当时全人类农业社会中最繁荣的[1]。在文化方面,宋代亦是高度繁荣时期,在科学技术、哲学思想、教育、文学、艺术、史学等领域,都取得了超迈唐代的长足进步。在各类制度方面,亦有不凡的建树,对后世产生颇大影响。宋代虽然因政治体制和国家政策导致积贫积弱,但绝不是无所作为的时代,这已成为人们的基本共识。可以做这样客观的表述:宋代在中国历史上虽称不上强盛之世,但它无疑是中华民族文明最昌盛的时代之一。

---

[1] 全汉昇:《略论宋代经济的进步》,载《大陆杂志》第28卷第2期,1964年。

第二章
宋代文献记录的自然灾害

一、宋人对自然灾害的定义

本章讨论的宋代自然灾害灾种是：水灾（江河湖泊泛溢、大雨、霖雨、山洪）、旱灾、蝗灾（螟虫）、地震、地质灾害（山摧、泥石流、地陷）、风灾（飓风、沙尘暴、风霾）、雹灾（雨雹、冰雹、雷雹）、海啸（海溢、海侵、海潮、风潮、咸潮、海冰、海雾、赤潮）、寒冻（霜冻）、鼠害和疫灾等。对于自然灾害种类的划分，古今有不同的解释。现代主要从气象、生物、环境、地质、海洋的角度来认识和分类自然灾害。如将水灾、旱灾、风灾、雹灾、雪灾归为气象灾害，将蝗灾、虫灾、鼠兽鸟害、畜疫归为生物灾害，将沙尘暴、水土流失归为环境灾害，将地震、山崩、滑坡、泥石流等归为地质灾害，将风暴潮灾包括海啸、潮灾、海浪、赤潮、海冰、海水入侵等归为海洋灾害。这种划分有时也不是固定不变的，一般说来，水涝、暴雨、寒冻、风、雪冰、雹灾和旱灾是由气候变化和水文变化所造成，但由风害导致的沙暴、河湖海岸线崩坍、河流改道、湖泊的变化，由气候原因造成的冰川、雪崩，由干旱和风沙导致的沙漠化、冻土等，仍属地质灾害范围[①]。

既然本书剖析的是宋代自然灾害，那么了解一下宋人对自然灾害的解释

---

① 李鄂荣、姚清林：《中国地质地震灾害》，湖南人民出版社1998年版，第93页。

是必要的。元朝人编著的《宋史》，其取材主要是来自宋人所修的国史，《宋史·五行志》将自然与社会变异现象按照水、火、木、金、土分成五类：灾沴、灾眚、妖祥、变怪、灾凶。这五类灾害是水、火、木、金、土失性的表现。所谓："润下，水之性也。水失其性，则为灾沴。旧说以恒寒、鼓妖、鱼孽、豕祸、雷电、霜雪、雨雹、黑眚、黑祥皆属之水，今从之。"① "炎上，火之性也。火失其性，则为灾眚。旧说以恒燠、草妖、羽虫之孽，羊祸、赤眚、赤祥之类皆属之火，今从之。"② "曲直，木之性也。木失其性，则为妖祥。旧说以狂咎、木冰、恒雨、服妖、龟孽、鸡祸、青眚、青祥之类，皆属之木，今从之。"③ "从革，金性也。金失其性，则为变怪。旧说以僭咎、恒旸、诗妖、民讹、毛虫之孽、白眚、白祥之类皆属之金，今从之。"④ "稼穑作甘，土之性也。土失其性，则为灾凶。旧说以恒风、脂夜之妖，华孽、蠃虫之孽，牛祸、黄眚、黄祥，皆属之土，今从之。"⑤ 排除休咎、祯祥、妖孽的神秘色彩，可以对宋人理解的自然灾害现象作这样的表述：灾沴包括水灾、恒寒、雨雹、霜雪、雷电、蝗、疫等；灾眚包括火灾、恒燠；妖祥包括木冰、霖雨、鼠害；变怪包括旱灾；灾凶包括饥馑、大风（飓风、沙尘暴、风霾）、螟虫、地震等。

必须指出，宋人虽然仍用五行说来解释自然灾异现象，但有识之士已开始摒弃汉唐以来将天变与人事牵强附会的理论，郑樵在《通志》灾祥序中直言抨击：

> 仲尼既没，先儒驾以妖妄之说，而欺后世。后世相承，罔敢失坠者有两种学：一种妄学，务以欺人；一种妖学，务以欺天。凡说《春秋》者皆谓孔子寓褒贬于一字之间，以阴中时人，使人不可晓解。三传唱之于前，诸儒从之于后。尽推己意而诬以圣人之意，此之谓欺人之学。说《洪范》者，皆谓箕子本河图、洛书，以明五行之旨。刘向创释其传于

---

① 《宋史》卷六一《五行一上·水上序》，第1319页。
② 《宋史》卷六三《五行二上·火序》，第1375页。
③ 《宋史》卷六五《五行三·木序》，第1415页。
④ 《宋史》卷六六《五行四·金序》，第1435页。
⑤ 《宋史》卷六七《五行五·土序》，第1461页。

前，诸史因之而为志于后，析天下灾祥之变，而推之于金木水火土之域，乃以时事之吉凶，而曲为之配，此之谓欺天之学。

夫《春秋》者，成周之典也。《洪范》者，皇极之书也。臣旧作《春秋传》专以明王道，削去三家褒贬之说，所以杜其妄。今作《灾祥略》，专以记实迹，削去五行相应之说，所以绝其妖。且万物之理，不离五行，而五行之理，其变无方。"离"固为火矣，而"离"中有水；"坎"固为水矣，而坎中有火。安得直以"秋大水"为水行之应，成周宣榭火为火行之应乎？况周得木德而有赤乌之祥，汉得火德而有黄龙之瑞，此理又如何邪？岂其晋厉公一视之远，周单公一言之徐，而能关于五行之渗乎？岂其晋申生一衣之偏，郑子臧一冠之异，而能关于五行之渗乎？如是，则五行之绳人甚于三尺矣。

臣窃观汉儒之说，以乱世无如春秋之深，灾异无如春秋之众者，是不考其实也。臣每谓春秋虽三王之乱世，犹治于汉唐之盛时。何哉？春秋二百四十年，而日食三十六，唐三百年而日食过百。举春秋地震五，汉和平中积二十一日而地百二十四动；举春秋山倾者二，汉文帝时一年之间齐楚山二十九所同日圮，举春秋大水者八，后汉延平中一月之间，郡国三十六大水。其他小小灾异则二百四十年之事，不及后世一年也。如李梅冬实、鸜鹆来巢之类，在后世不胜书。使春秋之人而亲见后世事，岂但恸哭流涕而已哉！以春秋视后世，不为乱世也。何哉？后世之法度不及春秋之法度，后世之人才不及春秋之人才，其所以感和气而弭灾异者，又安可望春秋乎？呜呼！天地之间，灾祥万种；人间祸福，冥不可知。奈何以一虫之妖，一气之戾，而一一质之以为祸福之应，其愚甚矣。

宋元之际，马端临在《文献通考》自序中叙述编写"物异考"的缘由时，亦对天人感应说进行了批驳：

记曰：国家将兴，必有祯祥，国家将亡，必有妖孽。盖天地之间，有妖必有祥，因其气之所感而证应随之。自伏胜作《五行传》，班孟坚而下踵其说，附以各代证应为《五行志》，始言妖而不言祥。然则阴阳、五行之气，独能为妖孽而不能为祯祥乎？其亦不达理矣。虽然妖祥之说，固未易言也。治世则凤凰见，故有虞之时有来仪之祥。然汉桓帝元嘉之初，灵帝光和之际，凤凰亦屡见矣，而桓、灵非治安之时也。诛杀过当，其应为恒寒，故秦始皇时，有四月雨雪之异，然汉文帝之四年亦以六月雨雪矣，而汉文帝非淫刑之主也。斩蛇夜哭，在秦则为妖，在汉则为祥，而概谓之龙蛇之孽，可乎？僵树虫文，在汉昭帝则为妖，在宣帝则为祥，而概谓之木不曲直，可乎？前史于此不得其说，于是穿凿附会，强求证应，而罙有所不通。窃尝以为物之反常者，异也。其祥则为凤凰、麒麟、甘露、醴泉、庆云、芝草，其妖则山崩、川竭、水涌、地震、豕祸、鱼孽。妖祥不同，然皆反常而罕见者，均谓之异可也。故今取历代史五行志所书，并旁搜诸史本纪及传记中所载祥瑞，随其朋类附入各门，不曰妖、不曰祥，而总名之曰"物异"。①

是故元史臣总结说："由汉以来，作史者皆志五行，所以示人君之戒深矣。自宋儒周惇颐《太极图说》行世，儒者之言五行，原于理而究于诚；其于《洪范》五行五事之学，虽非所取，然班固、范晔志五行已推本之，及欧阳修唐志，亦采其说，且于庶征惟述灾眚，而休祥阙焉，亦岂无所见欤？"②

二、宋代文献记录自然灾害的特点

宋代文献关于自然灾害的记述有五个特点。特点之一是都城及其周围地区记载最为详尽，如北宋都城东京开封和南宋都城临安的气象、地质资料远非其他地区可以比拟，凡《宋史·五行志》所载水、旱、蝗、风、雹、寒发生时的空间地名不详者，一般即可理解为是发生在京畿地区的；其所以京畿地区的灾害记载最为详尽，有两个原因：其一，灾害发生在帝王和史官的眼前，亲身感受是不能回避的，而其他地区则可能因为路途遥远或官员有意瞒报，不被史官记载下来。其二，"天谴论"在宋代有很大发展，利用灾异是

---

① 《文献通考》自序，考9页。
② 《宋史》卷六一《五行一上·水上序》，第1318页。

士大夫们约束或制约皇权的重要手段，因而京城及周围灾害发生之时，每每会引起在京朝野那些有良知士大夫们的强烈关注，特别是政治反对派更是会借灾害发生作为革新政治或打击政敌的口实，所以被朝野关注的灾害自然也是史官无法回避的。

特点之二是，经济发达地区、政治重要区域的灾害记载较完整。宋代文献记载各地灾害北宋大致以河北、京西、京东、陕西、两浙、淮南、江东、湖南、湖北等地为主[①]，南宋则主要是两浙、淮南、江南、湖南、湖北等地区。这些地区之所以记载较多，有三个原因：一是这些地区是宋朝的国防重地和经济重心所在，派设的官员数量多、素质高，能较为及时地向中央官府反馈灾害情况。二是这些地区是宋朝财政的主要来源地，负担较重，按照宋朝诉灾、检放政策，可以得到适当的减免，故这些地区民众诉灾积极性高涨。因而也能较为及时地将灾情反映到中央官府，而被史官记载下来。三是由于经济发达和战略地位重要，这些地区与中央官府的信息渠道较为畅通，驿传制度相对发达。

特点之三是，《宋史·五行志》和《文献通考·物异考》是记载宋朝各类灾种、灾情最权威的文献，其他文献无可替代。现今所知宋代七八成以上的灾情主要依靠这两部文献的记载。也正是因为这两部文献在记载宋代各类灾种、灾情的特殊地位，它们的缺载或语焉不详，其他文献也无法有更详尽的补充。如宋理宗朝嘉定年以后，由于《宋史》和《文献通考》记载失于简略，也直接影响到对南宋晚期七十年左右灾情的了解，所以这一时期的灾情记载是极不完整的，有很大的缺失。

特点之四是，今传文献对宋代经济欠发达地区或较为偏远地区的灾种、灾情的记载，应有较大的缺漏，这些地区发生自然灾害数量少，不应是风调雨顺的代名词，而只是没有被记载下来的一种反映而已。造成这种状况的原因，一是地处偏远，信息渠道不畅通；二是经济欠发达，民众的经济活动有限，对自然气象、变异的反应也相对迟缓；三是所设官员人数不足以检视各

---

① 程民生《宋代地域经济》（河南大学出版社1992年版，第11页）曾将哲宗时期十八路分成三等五个级别：一等一级：河北、陕西、河东；一等二级：成都府路；二等一级：京东、京西、淮南；二等二级：江东、江西、湖南、湖北、两浙；三等：广东、广西、福建、梓州、利州、夔州。

个地区发生的灾害。"衢州开化县界严、徽、信州之间,万山所环,路不通驿,部使者率数十岁不到,居人流寓,恃以安处。"① 像这样不通邮的地区,灾害自然不能上达。四是有些地区民众因各种原因不向官府诉灾,如蜀道难的四川地区,"今天府之民,九重不远,其诉旱者,尚或半得申明,半遭抑退,况远方之人,其无告必矣!陕、关已西,尤须抚之。伏望朝廷特降诏命,应遭旱州军,委清强官体量,实旱损夏苗去处,特与量减夏税分数,不得容有侥幸。……臣又闻衣食不足,虽尧舜在上,不能使民不为盗贼。若水旱之后,盗贼滋长,势之常也"②。如陈师道说:"郓州阳谷,自国初以来,不诉灾伤。"③ 又如绍兴六年(1136),制置大使席益言,"蜀民自来不晓陈诉灾伤,是致州郡、漕司不曾依条检放,间虽有检放去处,并不以实"④。孝宗乾道三年(1167)八月十六日,起居舍人黄钧言:"缘四川阻远,自来循例,不申灾伤,不行检放,欲望行下四路帅臣监司,从实体量,稍加存恤。"⑤

特点之五是,宋代方志记述灾害灾祥资料较匮乏,也就是说今传宋代方志的零散记载,对补充宋代自然灾害研究资料的作用很有限。这与研究明清时期自然灾害相当大程度依赖方志记载很不相同。宋代方志资料缺乏的原因,一是今传方志数量较少,虽然宋代方志修纂颇为盛行,"有宋一代的州县方志之种数、卷帙当十分巨大",但因种种原因流传至今的"仅区区二十九种五百余卷"⑥。二是卷帙巨大的宋代方志似缺少专门记述自然灾害的门类和体例。如范成大《吴郡志》39门,除水利门外没有专列灾异或灾祥⑦。马光祖、周应合《景定建康志》50卷,有祥瑞,却只记述周至五代广顺年间的灾害⑧。潜说友《咸淳临安志》100卷,有祥瑞,却没有专门记自然灾害⑨。另外《永乐大典方志辑佚》所辑佚的灾害资料亦极有限。方志记载的

---

① 庄绰:《鸡肋编》卷中,第64页。
② 《宋朝诸臣奏议》卷一〇六,余靖:《上仁宗乞宽租赋防盗贼》下册,第1135页。
③ 陈师道:《后山谈丛》卷五,《全宋笔记》第二编之六,大象出版社2006年版,第111页。
④ 《建炎以来系年要录》卷九九"绍兴六年三月壬辰"条,第1633页。
⑤ 《宋会要辑稿》食货一之一二。
⑥ 顾宏义:《宋朝方志考·前言》,上海古籍出版社2010年版,第3—4页。
⑦ 范成大:《吴郡志》,江苏古籍出版社1999年版。
⑧ 马光祖、周应合:《景定建康志》,《宋元方志丛刊》,中华书局1990年版。
⑨ 潜说友:《咸淳临安志》,《宋元方志丛刊》。

缺失对了解宋代地域或区域乃至整体自然灾害造成很大的缺憾。

另外，还有一种情况使得文献缺载灾情，即当政者有意营造盛世局面，而人为地回避"天谴"，如徽宗初登基"有司方言祥瑞，郡国地震，多抑而不奏"[①]。

三、宋代自然灾害统计

根据上述，可以得出一个重要的结论，即任何人对宋代自然灾害发生的频率和次数的统计只是一个相对的参考数据，换句话说，现有的所有统计只是见于文献不完全的记录，并不是两宋时期自然灾害的真实或实际情况的反映。

关于宋代灾害的统计需要说明的是：

本节所作的灾害统计分三个部分，一是对两宋时期各灾种发生的总次数的统计，见表1、表2，由于文献记载较为粗略，很难作跨年度的统计，一般以每年作基本统计单位。

水灾情、风、雹、潮灾情、地质灾情的统计：凡一年中相同时间内（一月之内，下同）不同地区（包括州县）发生的均分次统计，凡一年中不同时间在同一地区发生的亦分次统计。

旱灾情、蝗螟虫灾情、疫灾情、寒冻灾情的统计：凡一年中同一时间内不同地区发生的，均按1次统计，凡一年中不同时间在同一地区发生的亦按1次统计，只有在不同时间不同地区发生的按分次统计，凡文献中出现"是岁"或"是年"记载的，一般按1次统计。

地震灾情统计：凡一年中同一时间在同一地区发生计作1次，同一时间内不同地区发生的分次统计，同一地区在不同时间内连续发生亦按1次统计。

由于文献记载某年某地灾种发生，因信息渠道的不同，或因文献记载歧义，在时间上可能有所出入，故不同时间内相同地区发生的灾种需根据实际情况判断，而不能简单划分次数。

二是灾害等级的划分，见表3。

[①] 《宋史》卷六七，第1486页。

分四个等级：凡明确记载死亡人数逾万人者，或有骨肉相食、积尸满野相类记载，一律视作特大灾情。

凡明确记载死亡逾千人者，或毁坏农田数万顷，或受灾面积"数百里""赤地千里"，或流民数万，或灾害发生后官府有较大赈灾措施的，一般都视作大灾情。

凡明确记载死亡人数逾百人，或灾情发生在两路以上者，或损田数百顷，或毁坏民居、仓库、官署等千区以上，或雹如卵，数县乃至一二十州县受灾、或六级以上、七级以下强烈地震灾害，均视作严重灾情。

凡在以上范围之下发生的灾情，均视作一般灾情。需要指出的是，能记录在《宋史·五行志》等文献上的灾情，大都是比较严重的，故此处所言的一般灾情只是相对于以上三种情况程度略低一些而已。

三是对各灾种发生的年份作统计，亦即统计有多少年发生了哪些灾害，见表4。

表1　两宋各种灾害次数统计表

年次＼灾种	水灾	旱灾	蝗螟	地震	地灾	风灾	雹灾	潮灾	寒冷	疫灾	鼠害	合计
北宋总计	487	166	94	80	18	79	63	43	36	43	4	1113
南宋总计	256	115	55	45	13	95	94	52	49	40	4	818
合计	743	281	149	125	31	174	157	95	85	83	8	1931

表2　两宋各种灾害年次表

年次＼灾种	水灾	旱灾	蝗螟	地震	地灾	风灾	雹灾	潮灾	寒冷	疫灾	鼠害	合计
建隆元年（960）	3	1	1	1	—	—	1	—	—	1	—	8
建隆二年（961）	3	1	3	—	—	—	2	1	—	1	—	11
建隆三年（962）	—	2	2	—	—	—	1	—	2	—	—	7
建隆四年（乾德元年，963）	2	1	2	1	—	—	2	1	—	1	—	10

续表

年次\灾种	水灾	旱灾	蝗螟	地震	地灾	风灾	雹灾	潮灾	寒冷	疫灾	鼠害	合计
乾德二年（964）	4	1	1	—	—	1	5	2	—	—	—	14
乾德三年（965）	7	—	1	1	—	1	1	2	—	—	—	13
乾德四年（966）	9	1	—	—	—	—	—	—	1	—	—	11
乾德五年（967）	3	1	—	—	—	—	—	—	—	—	1	5
开宝元年（968）	3	1	1	—	—	—	—	1	—	—	—	6
开宝二年（969）	6	1	1	—	—	1	—	—	—	1	—	11
开宝三年（970）	2	2	—	—	—	—	—	—	—	—	—	4
开宝四年（971）	6	—	—	—	—	—	—	—	—	—	—	6
开宝五年（972）	7	1	—	—	—	—	—	—	—	—	—	8
开宝六年（973）	7	1	—	—	—	—	—	—	—	—	—	8
开宝七年（974）	3	1	—	—	—	—	—	—	—	—	—	4
开宝八年（975）	4	2	—	—	—	—	1	—	1	—	—	8
开宝九年（太平兴国元年，976）	3	—	—	—	—	1	—	—	—	—	—	4
太平兴国二年（977）	11	1	3	—	—	1	2	—	—	—	—	18
太平兴国三年（978）	4	1	—	—	—	—	—	—	—	—	—	5
太平兴国四年（979）	8	1	—	—	—	1	—	—	—	—	—	10
太平兴国五年（980）	4	1	1	—	—	—	2	—	—	—	—	8
太平兴国六年（981）	3	1	1	—	—	1	—	—	—	—	—	6
太平兴国七年（982）	12	1	5	—	—	1	1	1	1	—	1	23
太平兴国八年（983）	14	—	—	—	—	2	1	—	—	—	—	17
太平兴国九年（雍熙元年，984）	8	2	1	—	—	1	—	—	—	—	—	12
雍熙二年（985）	4	1	1	—	—	—	—	—	1	—	—	7
雍熙三年（986）	1	1	2	—	1	—	—	—	—	—	—	5
雍熙四年（987）	—	1	—	—	—	—	—	—	—	—	—	1

续表

年次 \ 灾种	水灾	旱灾	蝗螟	地震	地灾	风灾	雹灾	潮灾	寒冷	疫灾	鼠害	合计
端拱元年（988）	3	—	—	—	—	2	—	1	—	—		6
端拱二年（989）	—	1	1	—	—	1	—	—	—	—		3
淳化元年（990）	6	1	2	—	—	—	2	—	—	—		11
淳化二年（991）	14	1	4	—	1	1	—	—	—	—		21
淳化三年（992）	5	1	2	—	—	—	—	—	2	1		12
淳化四年（993）	7	2	—	—	—	—	—	—	1	—		10
淳化五年（994）	2	1	—	—	—	—	—	—	—	2		5
至道元年（995）	2	1	—	—	—	—	—	—	—	—		3
至道二年（996）	6	1	3	2	—	1	1	—	—	—		14
至道三年（997）	—	—	1	—	—	—	—	—	—	1		2
咸平元年（998）	3	2	—	—	1	1	—	1	—	—		9
咸平二年（999）	1	2	—	2	1	—	—	—	—	—		6
咸平三年（1000）	6	2	—	—	1	—	1	—	—	1		11
咸平四年（1001）	4	1	—	1	1	1	—	1	—	—		9
咸平五年（1002）	2	1	—	—	—	—	—	—	—	—		3
咸平六年（1003）	3	1	—	1	—	—	2	—	—	1		8
景德元年（1004）	2	2	1	9	—	—	—	—	1	1		16
景德二年（1005）	3	2	1	—	—	2	—	—	—	—		8
景德三年（1006）	4	1	1	—	—	1	—	—	—	1		8
景德四年（1007）	6	—	2	2	1	1	—	1	1	—		14
大中祥符元年（1008）	1	1	—	—	—	—	—	—	—	—		2
大中祥符二年（1009）	8	2	1	1	—	2	—	—	—	2		16
大中祥符三年（1010）	4	1	1	—	—	—	1	—	—	1		8
大中祥符四年（1011）	7	1	2	2	—	—	1	—	—	—		13
大中祥符五年（1012）	6	1	—	—	—	1	1	1	1	—		11
大中祥符六年（1013）	3	—	1	1	—	—	—	—	—	—		5

续表

年次\灾种	水灾	旱灾	蝗螟	地震	地灾	风灾	雹灾	潮灾	寒冷	疫灾	鼠害	合计
大中祥符七年（1014）	5	—	—	—	—	1	—	1	—	1	—	8
大中祥符八年（1015）	2	1	—	—	—	—	1	—	—	1	—	5
大中祥符九年（1016）	5	2	1	—	—	—	—	1	1	—	—	10
天禧元年（1017）	1	1	1	—	—	1	—	—	1	—	—	5
天禧二年（1018）	—	2	1	—	—	1	—	—	1	1	—	6
天禧三年（1019）	2	1	1	1	—	1	—	—	—	—	—	6
天禧四年（1020）	3	2	—	—	—	3	—	—	1	—	—	9
天禧五年（1021）	3	1	—	—	1	—	—	1	1	—	—	7
乾兴元年（1022）	4	—	—	—	—	—	—	2	—	—	—	6
天圣元年（1023）	1	—	—	—	—	1	—	—	—	—	—	2
天圣二年（1024）	—	1	—	—	—	—	—	—	—	—	—	1
天圣三年（1025）	2	1	—	—	—	—	—	—	—	—	—	3
天圣四年（1026）	9	—	—	—	—	—	—	1	—	—	—	10
天圣五年（1027）	4	2	3	1	—	—	—	—	—	—	—	10
天圣六年（1028）	4	1	1	—	—	1	1	—	—	—	—	8
天圣七年（1029）	2	—	—	1	—	—	—	—	—	—	—	3
天圣八年（1030）	—	—	—	—	—	—	1	—	—	—	—	1
天圣九年（1031）	—	—	—	—	1	—	1	—	—	—	—	2
天圣中(1023—1031)	—	—	—	1	—	—	—	—	—	1	—	2
明道元年（1032）	1	2	1	—	—	—	—	—	—	1	—	5
明道二年（1033）	2	3	1	—	—	—	—	—	—	1	—	7
景祐元年（1034）	4	1	1	—	—	2	—	—	—	—	—	8
景祐二年（1035）	1	—	—	—	—	1	—	—	—	—	—	2
景祐三年（1036）	2	1	—	—	—	—	—	2	—	—	—	5
景祐四年（1037）	1	1	1	1	—	—	—	1	—	—	—	5

续表

年次＼灾种	水灾	旱灾	蝗螟	地震	地灾	风灾	雹灾	潮灾	寒冷	疫灾	鼠害	合计
景祐五年（宝元元年，1038）	2	1	—	2	—	—	1	—	—	1	—	7
宝元二年（1039）	—	—	1	—	—	—	—	—	—	—	—	1
康定元年（1040）	1	—	1	—	—	2	—	—	—	—	—	4
庆历元年（1041）	—	1	—	—	—	—	1	—	1	—	—	3
庆历二年（1042）	1	1	—	—	—	—	1	—	—	—	—	3
庆历三年（1043）	1	2	1	1	—	—	—	1	—	—	—	6
庆历四年（1044）	—	1	2	1	—	—	—	—	—	—	—	4
庆历五年（1045）	—	1	—	3	—	—	—	2	—	—	—	6
庆历六年（1046）	4	1	—	2	—	—	2	1	—	—	—	10
庆历七年（1047）	1	1	—	1	—	—	1	—	—	—	—	4
庆历八年（1048）	5	—	—	—	—	—	—	—	—	—	—	5
皇祐元年（1049）	3	1	—	—	—	—	—	—	—	2	—	6
皇祐二年（1050）	4	1	—	1	—	—	—	—	—	—	—	6
皇祐三年（1051）	3	1	—	—	—	1	—	—	1	—	—	6
皇祐四年（1052）	3	1	1	—	—	2	—	—	1	—	—	8
皇祐五年（1053）	—	1	2	—	—	—	1	—	—	—	—	4
至和元年（1054）	—	—	—	1	—	—	—	1	1	—	—	3
至和二年（1055）	1	1	1	—	—	—	—	1	—	—	—	4
至和中（1054—1056）	1	—	—	—	—	—	—	—	—	—	—	1
至和三年（嘉祐元年，1056）	6	1	—	—	—	—	—	—	1	—	—	8
嘉祐二年（1057）	3	—	—	1	—	1	—	—	—	—	—	5
嘉祐三年（1058）	2	2	—	—	—	—	—	1	—	—	—	5
嘉祐四年（1059）	—	—	—	1	—	—	1	—	—	—	—	2
嘉祐五年（1060）	2	1	1	1	—	—	—	—	1	—	—	6

续表

年次\灾种	水灾	旱灾	蝗螟	地震	地灾	风灾	雹灾	潮灾	寒冷	疫灾	鼠害	合计
嘉祐六年（1061）	3	1	—	—	—	—	—	—	—	—	—	4
嘉祐七年（1062）	3	1	—	—	—	—	—	—	—	—	—	4
嘉祐八年（1063）	—	1	—	—	—	1	—	—	—	—	—	2
仁宗时	—	—	—	1	—	—	—	—	—	—	—	1
治平元年（1064）	4	1	—	—	—	2	—	—	—	—	—	7
治平二年（1065）	1	1	—	—	—	2	—	—	1	—	—	5
治平三年（1066）	—	—	—	1	—	—	—	—	—	—	—	1
治平四年（1067）	—	1	—	2	—	1	—	—	—	—	—	4
治平中(1064—1067)	—	—	—	1	—	—	—	—	—	—	—	1
熙宁元年（1068）	5	2	1	7	1	—	1	—	1	1	—	19
熙宁二年（1069）	1	1	—	—	1	1	—	1	—	—	—	5
熙宁三年（1070）	1	1	—	—	—	—	1	—	1	—	—	4
熙宁四年（1071）	6	1	—	—	—	2	—	—	—	—	—	9
熙宁五年（1072）	3	1	1	—	—	1	—	—	—	—	—	6
熙宁六年（1073）	1	2	2	—	1	1	—	—	—	1	—	8
熙宁七年（1074）	4	1	2	—	—	2	1	—	—	1	—	11
熙宁八年（1075）	3	3	2	—	—	—	—	—	1	1	—	12
熙宁九年（1076）	1	2	3	—	—	1	1	1	1	2	—	12
熙宁十年（1077）	6	1	1	—	—	2	2	—	—	2	—	14
元丰元年（1078）	4	1	—	—	—	1	—	—	—	—	—	6
元丰二年（1079）	1	2	—	—	—	1	—	—	—	—	—	4
元丰三年（1080）	3	1	—	—	—	—	—	—	—	—	—	4
元丰四年（1081）	4	1	1	—	—	2	—	—	1	—	—	9
元丰五年（1082）	6	1	—	—	—	2	—	—	1	—	—	10
元丰六年（1083）	3	1	1	—	—	1	1	—	1	—	—	8
元丰七年（1084）	9	1	—	—	—	—	—	—	—	—	—	10

续表

年次＼灾种	水灾	旱灾	蝗螟	地震	地灾	风灾	雹灾	潮灾	寒冷	疫灾	鼠害	合计
元丰八年（1085）	1	1	—	1	1	1	—	—	—	1	—	6
元祐元年（1086）	4	1	—	—	1	—	—	—	—	—	—	6
元祐二年（1087）	2	1	—	1	—	—	—	—	—	—	—	4
元祐三年（1088）	1	1	—	—	—	—	—	—	1	—	—	3
元祐四年（1089）	2	2	—	1	—	—	—	—	—	—	—	5
元祐五年（1090）	2	1	1	—	—	1	—	—	—	—	—	5
元祐六年（1091）	1	1	—	—	—	—	—	—	—	—	—	2
元祐七年（1092）	1	1	—	2	—	1	—	—	—	1	—	6
元祐八年（1093）	2	1	—	—	—	1	—	1	2	—	—	7
元祐九年（绍圣元年，1094）	4	1	—	2	—	—	—	1	—	1	—	9
绍圣二年（1095）	1	—	—	2	—	—	1	—	—	—	—	4
绍圣三年（1096）	1	1	—	2	—	—	1	—	—	—	—	5
绍圣四年（1097）	—	2	—	1	—	—	1	—	—	—	—	4
元符元年（1098）	6	2	1	1	—	—	—	—	—	—	—	10
元符二年（1099）	5	2	—	2	—	—	—	—	1	—	—	10
元符三年（1100）	4	1	—	2	—	—	—	—	—	—	—	7
建中靖国元年（1101）	1	1	1	1	—	—	2	—	—	1	—	7
崇宁元年（1102）	1	1	1	—	—	—	—	—	—	—	—	3
崇宁二年（1103）	1	1	1	—	—	—	—	—	—	—	—	3
崇宁三年（1104）	2	—	1	—	—	—	2	—	—	—	—	5
崇宁四年（1105）	2	—	—	—	—	—	1	—	—	—	—	3
大观元年（1107）	3	1	—	1	—	—	1	—	—	—	—	6
大观二年（1108）	2	—	—	—	—	—	—	—	—	—	—	3
大观三年（1109）	1	1	—	—	—	—	2	—	—	1	—	5
大观四年（1110）	2	—	—	—	—	—	—	—	—	—	—	2

续表

年次\灾种	水灾	旱灾	蝗螟	地震	地灾	风灾	雹灾	潮灾	寒冷	疫灾	鼠害	合计
大观五年（政和元年，1111）	1	1	—	1	—	—	—	—	—	—	—	3
政和元年（1111）	—	—	—	—	—	—	—	—	1	—	—	1
政和二年（1112）	—	—	—	—	—	—	—	—	1	—	—	1
政和三年（1113）	—	2	—	—	—	—	—	—	1	—	—	3
政和四年（1114）	—	1	—	—	—	—	—	—	—	—	—	1
政和五年（1115）	3	—	—	—	—	—	—	—	—	—	—	3
政和六年（1116）	1	—	—	—	—	—	—	—	1	—	—	2
政和七年（1117）	1	—	1	—	2	—	1	—	1	—	—	6
政和八年（重和元年，1118）	2	1	—	—	—	—	—	—	—	—	—	3
宣和元年（1119）	2	2	—	—	1	1	1	—	—	—	—	7
宣和二年（1120）	—	1	—	—	—	—	—	—	—	—	—	1
宣和三年（1121）	2	1	1	—	—	—	—	—	—	—	—	4
宣和四年（1122）	—	1	—	1	—	—	2	1	—	—	—	5
宣和五年（1123）	—	2	1	1	—	—	1	1	—	—	—	6
宣和六年（1124）	1	1	—	1	—	—	—	—	—	—	—	3
宣和七年（1125）	—	—	—	1	—	1	—	—	—	—	—	2
宣和间(1119—1125)	—	—	—	—	1	—	—	—	—	—	—	1
靖康元年（1126）	1	—	—	1	—	5	1	—	—	—	—	8
靖康二年（1127）	—	—	—	—	—	5	—	—	—	1	1	7
北宋总计	487	166	94	80	18	79	63	43	36	43	4	1113
建炎二年（1128）	1	1	1	—	—	2	—	—	—	—	—	5
建炎三年（1129）	1	1	—	—	—	1	—	—	1	—	—	4
建炎四年（1130）	—	—	—	—	—	1	—	—	—	—	—	1
建炎中	—	—	—	—	1	—	—	—	—	—	—	1

续表

年次\灾种	水灾	旱灾	蝗螟	地震	地灾	风灾	雹灾	潮灾	寒冷	疫灾	鼠害	合计
绍兴元年（1131）	2	—	1	—	—	—	1	—	1	1	—	6
绍兴二年（1132）	1	1	1	—	—	—	1	—	—	—	—	4
绍兴三年（1133）	3	1	—	2	—	—	1	—	—	1	—	8
绍兴四年（1134）	2	—	—	1	—	—	1	1	—	—	—	5
绍兴五年（1135）	2	3	—	1	—	—	3	1	1	1	—	12
绍兴六年（1136）	3	1	—	1	—	—	1	—	—	1	—	7
绍兴七年（1137）	1	1	—	1	—	—	1	—	1	1	—	6
绍兴八年（1138）	1	1	—	—	—	1	1	1	—	—	—	5
绍兴九年（1139）	1	1	—	—	—	—	2	—	—	1	—	5
绍兴十年（1140）	—	—	—	—	—	—	2	—	—	—	—	2
绍兴十一年（1141）	1	1	—	—	—	1	1	—	—	—	—	4
绍兴十二年（1142）	—	1	—	—	—	—	—	—	—	—	—	1
绍兴十三年（1143）	—	1	—	—	—	—	4	—	1	—	—	6
绍兴十四年（1144）	2	—	—	—	—	—	—	—	—	—	—	2
绍兴十六年（1146）	1	1	—	—	—	—	—	—	1	1	—	4
绍兴十七年（1147）	—	—	—	—	—	—	2	—	1	—	—	3
绍兴十八年（1148）	2	1—	—	—	—	—	—	1	—	4	—	—
绍兴十九年（1149）	—	1	—	—	—	—	—	—	—	—	—	1
绍兴二十一年(1151)	1	—	—	—	—	—	3	1	—	—	—	5
绍兴二十二年（1152）	2	—	—	—	—	—	—	—	—	—	—	2
绍兴二十三年（1153）	6	1	—	—	—	—	—	—	—	—	—	7
绍兴二十四年(1154)	1	1	—	1	—	—	—	—	—	—	—	3
绍兴二十五年（1155）	1	—	—	1	—	—	—	—	—	—	—	2
绍兴二十六年(1156)	—	—	1	—	—	—	—	—	—	1	—	2
绍兴二十七年（1157）	1	1	—	1	—	—	—	—	—	—	—	3
绍兴二十八年(1158)	3	—	—	1	—	—	1	1	1	—	—	7

续表

年次＼灾种	水灾	旱灾	蝗螟	地震	地灾	风灾	雹灾	潮灾	寒冷	疫灾	鼠害	合计
绍兴二十九年（1159）	1	1	1	—	—	—	1	—	1	—	—	5
绍兴三十年（1160）	2	2	1	—	—	—	—	—	—	—	—	5
绍兴三十一年（1161）	1	1	—	1	—	—	—	—	1	—	—	4
绍兴三十二年（1162）	2	—	2	1	—	1	—	—	—	—	—	6
绍兴末	—	—	—	—	—	—	1	—	—	—	—	1
隆兴元年（1163）	2	1	2	2	—	1	1	—	1	—	—	10
隆兴二年（1164）	1	1	1	1	—	1	7	—	—	2	—	14
乾道元年（1165）	2	1	1	—	—	1	1	1	1	—	—	8
乾道二年（1166）	3	—	—	1	2	—	1	—	1	—	—	10
乾道三年（1167）	6	1	2	—	—	1	1	—	—	—	—	11
乾道四年（1168）	5	1	—	1	—	1	2	1	1	—	—	12
乾道五年（1169）	3	1	—	—	—	2	1	—	1	1	—	9
乾道六年（1170）	2	2	1	—	—	—	1	—	1	1	1	9
乾道七年（1171）	1	1	—	—	—	—	—	—	1	—	—	3
乾道八年（1172）	3	1	—	—	—	1	1	—	1	—	—	7
乾道九年（1173）	3	1	1	—	—	—	1	—	—	1	—	7
淳熙元年（1174）	1	1	—	1	—	—	—	—	1	—	—	4
淳熙二年（1175）	2	1	1	—	—	—	—	—	—	—	—	4
淳熙三年（1176）	2	1	1	—	—	1	1	1	—	—	—	7
淳熙四年（1177）	1	1	2	—	—	2	2	4	—	1	—	13
淳熙五年（1178）	3	1	1	—	—	3	—	—	1	1	—	10
淳熙六年（1179）	3	1	—	1	—	2	2	1	—	1	—	11
淳熙七年（1180）	1	2	1	—	—	1	—	—	1	—	—	6
淳熙八年（1181）	3	2	—	—	—	—	1	—	—	—	—	8
淳熙九年（1182）	—	1	2	1	—	—	—	—	—	—	—	4
淳熙十年（1183）	5	1	1	1	—	—	—	2	—	—	—	10

续表

年次＼灾种	水灾	旱灾	蝗螟	地震	地灾	风灾	雹灾	潮灾	寒冷	疫灾	鼠害	合计
淳熙十一年（1184）	5	2	—	—	—	1	—	—	—	—	—	8
淳熙十二年（1185）	5	1	1	2	—	1	—	1	—	—	—	11
淳熙十三年（1186）	2	1	—	—	—	1	1	—	—	—	—	5
淳熙十四年（1187）	1	1	2	—	—	—	—	—	—	1	—	5
淳熙十五年（1188）	6	1	—	—	—	—	2	—	—	—	9	
淳熙十六年（1189）	9	1	1	—	—	1	1	—	1	—	—	14
绍熙元年（1190）	2	1	—	—	—	1	—	2	—	—	—	6
绍熙二年（1191）	8	3	1	—	—	1	5	—	1	1	—	20
绍熙三年（1192）	4	2	—	—	—	—	—	1	1	—	8	
绍熙四年（1193）	4	2	—	3	2	2	2	1	1	1	—	18
绍熙五年（1194）	3	1	1	—	1	4	—	3	1	—	—	14
庆元元年（1195）	4	1	—	—	—	3	—	1	—	2	—	11
庆元二年（1196）	1	1	—	—	1	—	—	1	—	1	—	5
庆元三年（1197）	2	1	1	—	—	4	2	—	—	1	—	11
庆元四年（1198）	1	1	1	—	—	—	—	—	—	—	—	3
庆元五年（1199）	3	—	—	—	—	—	—	—	1	1	—	5
庆元六年（1200）	2	1	—	1	—	7	—	—	—	—	—	11
嘉泰元年（1201）	—	1	—	—	—	1	3	—	—	—	—	5
嘉泰二年（1202）	2	1	1	—	1	—	2	—	—	—	—	7
嘉泰三年（1203）	2	1	—	—	—	2	—	—	—	1	—	6
嘉泰四年（1204）	2	1	—	—	—	1	1	—	—	—	—	5
开禧元年（1205）	4	1	—	—	—	3	—	—	—	—	—	8
开禧二年（1206）	2	1	—	—	—	—	1	—	—	—	—	4
开禧三年（1207）	7	1	1	—	—	—	—	—	—	1	—	10
嘉定元年（1208）	—	1	1	—	—	1	1	—	1	1	—	6
嘉定二年（1209）	3	1	1	—	—	—	2	2	—	1	—	10

续表

年次\灾种	水灾	旱灾	蝗螟	地震	地灾	风灾	雹灾	潮灾	寒冷	疫灾	鼠害	合计
嘉定三年（1210）	3	—	1	—	—	2	—	1	—	1	—	8
嘉定四年（1211）	2	1	1	—	—	1	—	1	1	1	—	8
嘉定五年（1212）	3	—	—	—	—	—	—	1	—	—	—	4
嘉定六年（1213）	4	1	—	2	1	—	1	1	1	—	—	11
嘉定七年（1214）	1	1	1	—	—	2	—	—	—	—	—	5
嘉定八年（1215）	—	1	1	—	—	2	—	—	1	—	—	5
嘉定九年（1216）	2	1	1	1	2	1	—	—	1	—	—	9
嘉定十年（1217）	4	1	1	1	—	3	—	1	1	—	—	12
嘉定十一年（1218）	1	1	—	—	—	2	—	1	—	—	—	5
嘉定十二年（1219）	1	—	—	2	—	1	—	1	—	—	—	5
嘉定十三年（1220）	—	1	—	—	—	3	—	1	—	—	—	5
嘉定十四年（1221）	2	1	1	2	—	1	—	—	—	—	—	7
嘉定十五年（1222）	1	1	1	—	—	—	1	1	—	1	—	6
嘉定十六年（1223）	2	1	1	—	—	2	1	1	1	1	—	10
嘉定十七年（1224）	1	—	—	—	—	4	—	1	1	—	—	7
宝庆元年（1225）	1	—	1	1	—	—	—	1	—	—	—	4
宝庆二年（1226）	1	—	—	—	1	1	—	—	—	—	—	3
宝庆三年（1227）	1	—	—	—	—	—	—	—	—	—	—	1
绍定元年（1228）	—	1	—	1	—	1	—	—	—	—	—	3
绍定二年（1229）	1	1	—	—	—	—	1	—	—	—	—	3
绍定三年（1230）	1	1	1	—	—	1	—	—	—	—	—	4
绍定四年（1231）	1	—	—	—	—	—	—	—	1	—	—	2
绍定五年（1232）	—	1	—	—	—	—	1	—	—	—	—	2
绍定六年（1233）	2	—	—	—	—	1	—	—	1	—	—	4
端平元年（1234）	—	—	1	—	—	—	1	1	—	—	—	3
端平二年（1235）	—	1	—	—	—	1	—	1	—	—	—	3

续表

年次 \ 灾种	水灾	旱灾	蝗螟	地震	地灾	风灾	雹灾	潮灾	寒冷	疫灾	鼠害	合计
端平三年（1236）	4	—	—	—	—	—	—	—	—	—	—	4
嘉熙元年（1237）	1	1	—	—	—	1	—	1	—	—	—	4
嘉熙二年（1238）	2	—	1	—	1	1	1	1	—	—	—	7
嘉熙三年（1239）	1	1	1	—	—	1	1	—	—	—	—	6
嘉熙四年（1240）	—	1	1	1	—	—	—	—	—	—	—	3
淳祐元年（1241）	—	—	—	1	—	—	—	—	—	—	—	1
淳祐二年（1242）	2	1	1	—	—	—	1	—	—	—	—	5
淳祐四年（1244）	—	1	—	—	—	—	—	1	—	—	—	2
淳祐五年（1245）	—	1	—	—	—	1	—	1	—	—	—	3
淳祐六年（1246）	—	1	—	1	—	—	—	1	—	—	—	3
淳祐七年（1247）	1	1	—	—	—	—	—	—	—	—	—	2
淳祐八年（1248）	—	—	—	—	—	—	2	—	—	—	—	2
淳祐九年（1249）	1	1	—	—	—	—	—	1	—	—	—	3
淳祐十年（1250）	2	—	—	—	—	1	—	—	—	—	—	3
淳祐十一年（1251）	3	1	—	—	—	2	—	—	—	1	—	7
淳祐十二年（1252）	1	1	—	—	—	—	—	—	—	—	—	2
宝祐元年（1253）	1	1	—	—	—	—	—	1	1	—	—	4
宝祐二年（1254）	1	—	—	—	—	—	—	—	1	—	—	2
宝祐三年（1255）	1	—	—	2	—	1	1	1	—	—	—	6
宝祐四年（1256）	—	—	—	—	—	—	1	—	—	—	—	1
宝祐五年（1257）	—	1	—	—	—	—	—	—	—	—	—	1
宝祐六年（1258）	—	1	—	—	—	1	—	1	—	—	—	3
开庆元年（1259）	3	—	—	—	—	1	1	—	1	1	—	7
景定元年（1260）	1	1	—	—	—	—	—	—	—	—	—	4
景定二年（1261）	3	—	—	—	—	—	—	—	—	—	—	3
景定三年（1262）	1	—	1	—	—	—	—	—	—	—	—	2

续表

年次＼灾种	水灾	旱灾	蝗螟	地震	地灾	风灾	雹灾	潮灾	寒冷	疫灾	鼠害	合计
景定四年（1263）	—	1	—	—	—	1	—	1	—	—	—	3
景定五年（1264）	—	1	—	—	—	1	—	—	—	1	—	3
咸淳元年（1265）	1	—	—	—	—	—	—	—	—	—	—	1
咸淳三年（1267）	1	1	—	—	—	—	—	—	—	—	—	2
咸淳四年（1268）	—	—	—	—	—	1	—	—	—	—	—	1
咸淳五年（1269）	—	1	—	—	—	—	—	—	—	—	—	1
咸淳六年（1270）	4	1	—	—	—	—	—	1	—	—	—	6
咸淳七年（1271）	2	—	—	1	—	1	—	1	—	—	—	5
咸淳九年（1273）	—	1	—	—	—	—	—	—	—	—	—	1
咸淳十年（1274）	3	1	—	1	1	2	—	—	—	—	—	8
德祐元年（1275）	—	—	—	1	—	2	—	—	—	1	—	4
德祐二年（1276）	—	—	—	—	—	—	—	—	—	1	—	1
南宋总计	256	115	55	45	13	95	92	52	49	39	4	815

表3　两宋严重灾、大灾、特大灾害统计表

年次＼灾种	水灾	旱灾	蝗螟	地震	地灾	风灾	雹灾	潮灾	寒冷	疫灾	鼠害	各灾种年次合计
严重灾次数	86	65	31	13	5	4	5	16	10	9	3	247
大灾次数	23	10	3	0	1	2	2	2	1	4	0	48
特大灾次数	10	2	0	3	1	1	0	1	0	5	0	23

表4　两宋发生各种灾害年份统计

年次＼灾种	水灾	旱灾	蝗螟	地震	地灾	风灾	雹灾	潮灾	寒冷	疫灾	鼠害	备注
北宋	141	132	67	58	17	56	48	38	36	40	4	—
南宋	112	105	50	38	10	57	62	47	50	38	4	—
南北宋合计	253	237	117	96	27	113	110	85	86	78	8	—

若按灾害的破坏程度而言，上述统计与宋初人的认识大致相同。宋真宗时邢昺曾说："民之灾患，大者有四：一曰疫，二曰旱，三曰水，四曰畜灾。岁必有其一，但或轻或重耳。四事之害，旱暵为甚，盖田无畎浍，悉不可救，所损必尽。"邢昺平素注重从农民中间汲取有关灾患的知识，"上勤政悯农，每雨雪不时，忧形于色，以昺素习田事，多委曲访之。初，田家察阴晴丰凶，皆有状候，老农之相传者率有验，昺多采其说为对"①。他对灾害的分类和分析应是符合当时的实际情况的。不过从有宋一代灾害对社会生活的影响整体情况来看，水灾在对人民生命财产方面的威胁最直接也最大，其次是疾疫，再次是地震，复次是海潮，而造成人民背井离乡和饿殍遍野的饥荒则主要是旱灾所致。

---

① 《宋史》卷四三一《邢昺传》，第12799页。《续资治通鉴长编》卷六七"景德四年十一月辛巳"条，是以宋真宗引邢昺的口气说出相类的话："民之灾患大约有四，一曰人疫，二曰旱，三曰水，四曰牛瘴，必岁有其一，但或轻或重耳。四事之害，旱暵为甚，盖田无畎浍，悉不可救，所损必尽。"

第三章

宋代的水灾情

由于地表温度及气压的存在与变化，水以三种状态存在，即气态（水蒸气）、液态（水）和固态（冰）。也正是由于有了这三种状态的不断转变，以及河流洋流输送液体水、空气运动输送气体水这样的过程，才有了我们现在的气候与天气[①]。根据水的存在状态，本章叙述的水灾情是包括三个类型：一是指大雨暴雨积水、江河湖泊泛溢及山洪滥发对城乡人民的生命财产和社会生产造成危害的灾情。二是指水在凝固状态下如雨雹、冰雹、雪霜给城乡人民的生命财产和社会生产造成危害的灾情。三是指海啸、海潮、海溢等给沿海周边地区人民生命财产和社会生产造成危害的灾情。本节讨论霖雨、山洪、江河湖泊泛溢。

一、霖雨、山洪、江河湖泊泛溢

为了对宋代水灾情有整体的了解，先以《宋史·五行志》为主，兼取《宋史》本纪、志传、《文献通考》（以下简称《通考》）、《续资治通鉴长编》（以下简称《长编》）、《宋会要辑稿》（以下简称《宋会要》）、《建炎以来系年要录》（以下简称《要录》）等文献所载的霖雨、山洪、江河湖泊，冰雹、雨雹、雷雹，冰雪霜冻与奇寒，海啸、海潮资料进行梳理，制成四个概览简表，同时也

---

① （英）迈克尔·阿拉贝著，李欣译：《洪水》，上海科学技术文献出版社2006年版，第13页。

为了把握文献对灾情描述的准确性，叙述时一般引用原文①。

（一）北宋前期霖雨、山洪、江河湖泊泛溢灾情概览

纪年	灾情	资料出处
建隆元年 （960）	十月，棣州河决，坏厌次、商河二县居民庐舍、田畴。 十月，蔡州大霖雨，道路行舟。② 河决齐州临邑公乘渡口，坏城。	《宋史》卷六一，第1319页；卷六五，第1420页；卷八五，第2108页。
建隆二年 （961）	是岁，宋州汴水溢。 孟州河溢，坏堤。 襄州汉水涨溢数丈。	《通考》卷二九六，考2343页。
建隆四年 （乾德元年，963）	八月，齐州河决。 九月，徐州水，损田。	《宋史》卷六一，第1319页。
乾德二年 （964）	三月癸丑，春夏霖雨，则大溢害稼。③ 七月乙亥，春州暴水溺民。 七月，泰州山水暴涨，坏居民庐舍数百区，牛畜死者甚众。 赤河决东平之竹村，七州之地复罹水灾。	《长编》卷五，第122页。《通考》卷二九六，考2343页。《宋史》卷一，第17页；卷九一，第2257页。
乾德三年 （965）	二月丁未，全州大雨。 七月，蕲州大雨水，坏民庐舍。开封府河决，溢阳武。河中府、孟州并河水涨，孟州坏中潬军营、民舍数百区。河坏堤岸石，又溢于郓州，坏民田。淄州、济州并河溢，害邹平、高苑县民田。 八月癸卯，河决阳武县。乙卯，河溢河阳，坏民居。己未，郓州河水溢、没田。 九月辛巳，河决澶州。 十月丙寅，济水溢邹平。	《宋史》卷二，第21、22、23页；卷六一，第1319页。

---

① 《宋史》和《文献通考》文字相同或相近取《宋史·五行志》，同一条材料取文字较为详细者。另外，此后各灾种依据史乘编制简表均同此例，不再赘注。

② 《文献通考》卷二九六，考2343页，系事于建隆二年十月。

③ 此处应指东京开封。

续表

纪年	灾情	资料出处
乾德四年 (966)	四月，郓州东阿县河溢，损民田数百顷。 澶州观城县河决，坏居民庐舍，注大名。 又滑州灵河县堤坏，水东注卫南县境，及曹州南华县城。 七月，郑州荥泽县河南北堤坏。 八月，宿州汴水溢，坏堤。 淄州清河水溢，坏高苑县城，溺数百家及邹平县田畴、民舍。 泗州淮溢，衡州大雨水月余。 闰八月乙丑，曹州言，河水汇入南华县，坏民庐舍。己巳，澶州言，河水汇入卫南县界，民登丘阜以避之。癸未，郓州言，黄河水入界。	《通考》卷二九六，考 2343—2344 页。《长编》卷七，第 177 页。
乾德五年 (967)	夏，京师雨，有黑龙见尾于云际，自西北趋东南。占主大水。明年，州府二十四水坏田庐。 秋七月己酉，诏："夏秋以来，水旱为沴，深虑民庶至于流离。" 是岁，卫州河溢，毁州城，没溺者众，城中水深五尺。	《宋史》卷六二，第 1363 页。《长编》卷八，195 页。《通考》卷二九六，考 2344 页。
开宝元年 (968)	六月癸丑朔，诏民田为霖雨、河水坏者，免今年夏税及沿征物。辛巳，龙出单父民家井中。大风雨，漂民舍四百区，死者数十人。 六月，州府二十三大雨水，江河泛溢，坏民田、庐舍。 八月，集州霖雨河涨，坏民庐舍及城壁、公署。	《宋史》卷二，第 27 页；卷六一，第 1319 页。
开宝二年 (969)	六月丙戌，漳水泛溢，坏浮桥。 七月癸酉，汴水决宋州夏邑县。 八月①，帝驻潞州，积雨累日未止。 九月，京师大雨霖。 是岁，青、蔡、宿、淄、宋诸州水，真定、澶、滑、博、洺、齐、颍、蔡、陈、亳、宿、许州水，害秋苗。	《长编》卷一〇，第 227、230 页。《宋史》卷六一，第 1320 页；卷六五，第 1420 页。

---

① 《文献通考》卷二九六，"八月"作"二月"。

续表

纪年	灾情	资料出处
开宝三年（970）	六月，汴水决宋州宁陵县。 郑、澶、郓、淄、济、虢、蔡、解、徐、岳州水灾，害民田。	《长编》卷一一，第247页。《宋史》卷六一，第1320页。
开宝四年（971）	六月，汴水决宋州谷熟县济阳镇。 又郓州河及汶、清河皆溢，注东阿县及陈空镇，坏仓库、民舍。 郑州河决原武县。 蔡州淮及白露、舒、汝、庐、颍五水并涨，坏庐舍、民田。 七月，汴水决宋州谷熟县。是月，青、齐州水伤田。 十一月庚戌，河决澶州，泛数州。	《宋史》卷六一，第1320页；卷九一，第2257页。《长编》卷一二，第267页。
开宝五年（972）	四月丙午，以水灾，遣左司员外郎侯陟等四人，乘传分视民田。 五月，京师雨，连旬不止。 河大决澶州、濮阳。 河南、河北皆言大雨霖。澶、滑、济、郓、曹、濮六州大水。 绛、和、庐、寿州大水。 六月，河又决开封府阳武县之小刘村。宋州、郑州并汴水决。 忠州江水涨二百尺。	《长编》卷一三，第283页。《宋史》卷二，第38页；卷六一，第1320页；卷六五，第1420页；卷九一，第2258页。《通考》卷二九六，考2344页。
开宝六年（973）	四月，（单州）单父县民王美家龙起井中，暴雨飘庐舍，失族属，及坏旧镇廨舍三百五十余区，大木皆折。 六月，郓州河决杨刘口。 怀州河决获嘉。 颍州淮浑水溢，淹民舍、田畴甚众。 七月，贝州历亭县御河决。 单、濮州并大雨水，坏州廨、仓库、军营、民舍。 是秋，大名府、宋、亳、淄、青、汝、澶、滑州并水，伤田。 水，民饥。	《宋史》卷六二，第1363页；卷六七，第1461页。《通考》卷二九六，考2344页。

续表

纪年	灾情	资料出处
开宝七年 （974）	四月，卫、亳州水。 泗州淮暴涨入城，坏居民五百家。 相州安阳河涨，坏居民庐舍数百区。	《通考》卷二九六，考2344页。
开宝八年 （975）	五月，京师大雨水。 濮州河决郭龙村。 六月，澶州河决顿丘县。 沂州大雨，水入城，坏民居舍、田畴。	《宋史》卷六一，第1320页。
开宝九年 （太平兴国元年，976）	三月，京师大雨水。秋又霖雨。 淄州水害田。	《通考》卷二九六，考2344页。
太平兴国二年 （977）	六月，孟州河溢，坏温县堤七十余步。 郑州坏荥泽县宁王村堤三十余步。 又涨于澶州，坏英公村堤三十步。 开封府汴水溢，坏大宁堤，浸害民田。 忠州江涨二十五丈。 兴州江涨，毁栈道四百余间，郑州管城县焦肇水暴涨，逾京水。 濮州大水，害民田凡五千七百四十三顷。 颍州颍水涨，坏城门、军营、民舍。① 七月，复州蜀、汉江涨，坏城及民田、庐舍。 集州江涨，泛嘉川县民十三户。 秋七月壬戌，河阳言河决温县，郑州言河决荥泽县。乙丑，澶州言河决顿丘，滑州言河决白马。道州言大水坏民庐舍。己酉，汴水溢，坏开封大宁堤，浸民田，害稼。 闰七月己酉，河溢开封等八县害稼。 是岁，道州春霖雨不止，平地水二丈余。	《宋史》卷六一，第1320页；卷六五，第1421页。《宋史》卷四《太宗本纪一》，第56页。《通考》卷二九六，考2344页。《长编》卷一八，第407、409页。

① 《宋会要辑稿》瑞异三之一"六月"作"七月"。

续表

纪年	灾情	资料出处
太平兴国三年（978）	五月，怀州河决获嘉县北注。 又汴水决宋州宁陵县境。 六月，泗州淮涨入南城。汴水又涨一丈，塞州北门。宋州言："宁陵县河溢，堤决。" 十月，滑州灵河已塞复决。	《宋史》卷六一，第1321页；卷九三，第2317页。
太平兴国四年（979）	三月，河南府洛水涨七尺五寸，坏民舍。 泰州雨水害禾稼。 宋州河涨宋城县，卫州河决汲县，坏新场堤。 八月，梓州江涨，坏阁道、营舍。 九月，澶州河涨，郓州清、汶二水涨，坏东阿县民田。 复州沔阳县湖㿖（xiǎo 或 pò）涨，坏民舍、田稼。 是岁，曹、郓、淄三州水。	《宋史》卷六一，第1321页。《通考》卷二九六，考2344页。《长编》卷二〇，第466页。
太平兴国五年（980）	五月，京师连旬雨不止。① 颍州颍水溢，坏堤及民舍。 徐州白沟河溢入州城。 七月，复州江水涨，毁民舍，堤塘皆坏。	《宋史》卷六五，第1421页；卷六一，第1321页。
太平兴国六年（981）	秋七月丙申朔，延州言大水溢入城，坏官寺民舍千六百区。河中府、鄜州皆言大水。 八月庚午，宁州言大水。 是岁，河中府河涨，陷连堤，溢入城，坏军营七所、民舍百余区。鄜、延、宁州并三河水涨，溢入州城；鄜州坏军营，建武指挥使李海及老幼六十三人溺死；延州坏仓库、军民、庐舍千六百区；宁州坏州城五百余步，诸军营、军民舍五百二十区。	《长编》卷二二，第493页。《宋史》卷六一，第1321页。

---

① 《续资治通鉴长编》卷二一，系事于是年六月丙子。

续表

纪年	灾情	资料出处
太平兴国七年（982）	三月，京兆府渭水涨，坏浮梁，溺死五十四人。 四月，耀、密、博、卫、常、润诸州水害稼。 六月，均州溳水、均水、汉江并涨，坏民舍，人畜死者甚众。 又河决临邑县。 汉阳军江水涨五丈。 六月乙亥，齐州言逮捕临济县尉王坦等六人系狱，系狱未具，一夕大风雨，坏狱户，王坦等六人皆压死。 七月，大名府御河涨，坏范济口。 南剑州江水涨，坏居民舍一百四十余区。 河决范济口，淮水、汉水、易水皆溢，关、陕诸州大水。 九月，梧州江水涨三丈，入城，坏仓库及民舍。 十月，河决怀州武陟县，害民田。	《宋史》卷六一，第1321页；卷四，第68页。《长编》卷二三，第522页。
太平兴国八年（983）	五月，河大决滑州韩村，泛澶、濮、曹、济诸州民田，坏居人庐舍，东南流至彭城界入于淮。 六月，陕州河涨，坏浮梁；又永定涧水涨，坏民舍、军营千余区。 河南府澍雨，洛水涨五丈余，坏巩县官署、军营、民舍殆尽。 穀、洛、伊、瀍四水暴涨，坏京城官署、军营、寺观、祠庙、民舍万余区，溺死者以万计。又坏河清县丰饶务仓库、军营、民舍百余区。巩县坏殆尽。 雄州易水涨，坏民庐舍。 鄜州河水涨，溢入城，坏官寺、民舍四百余区。 荆门军长林县山水暴涨，坏民舍五十一区，溺死五十六人。 七月，河、江、汉、滹沱及祁之资、沧之胡卢、雄之易恶池水，皆溢为患。 八月，徐州清河涨丈七尺，溢出，塞州三面门以御之。 九月，宿州睢水涨，泛民舍六十里。 是夏及秋，开封、浚仪、酸枣、阳武、封丘、长垣、中牟、尉氏、襄邑、雍丘等县河水害民田。 十二月，滑州河决。	《宋史》卷九一，第2259页；卷六一，第1321页；卷四，第70、71页。

续表

纪年	灾情	资料出处
太平兴国九年（雍熙元年，984）	春，滑州复言房村河决。 七月，嘉州江水暴涨，坏官署、民舍，溺死者千余人。 八月，延州南北两河涨，溢入东西两城，坏官寺、民舍。 淄州霖雨，孝妇河涨溢，坏官寺、民舍，漂溺人畜。 澶州河涨，坏民田。 孟州河涨，断浮梁，损民田。 雅州江水涨九丈，坏民庐舍。 新州江涨，入南寨，坏军营。	《宋史》卷九一，第2259页；《通考》卷二九六，考2344页。
雍熙二年（985）	秋七月，鼎州言江水溢害稼。 朗州江溢，害稼。 八月，京师大霖雨。① 瀛、莫州大水，损民田。	《长编》卷二六，第597页。《宋史》卷六一，第1322页；卷六五，第1421页。
雍熙三年（986）	六月，寿州大水。	《宋史》卷六一，第1322页。
端拱元年（988）	二月，博州水害民田。 五月，英州江水涨五丈，坏民田及庐舍数百区。 七月，磁州漳、滏二水涨。	《宋史》卷六一，第1322页。
淳化元年（990）	六月，吉州大雨，江涨丈三尺，漂坏民田、庐舍。 蕲州黄梅县堀口湖水涨，坏民田、庐舍都尽。 江州江水涨二丈八尺。 六月，洪州江水涨，坏州城三十堵及民庐舍二千余区，漂二千余户。 秦州陇城县大雨，坏官私庐舍殆尽，溺死者百三十七人。 孟州河涨。 是岁，洪、吉、江、蕲诸州水，河阳大水。	《宋史》卷六一，第1322页；卷五，第86页。《通考》卷二九六，考2344页。

① 《文献通考》卷二九六，第2344页。系事于雍熙三年。

续表

纪年	灾情	资料出处
淳化二年（991）	闰二月，是月，河水溢、汴水决。 四月，京兆府河水涨，坏咸阳县浮梁，漂舰十七。 陕州河涨，坏大堤及五龙祠。 六月乙酉，汴水溢于浚仪县，坏连堤，浸民田。辛卯，又决于宋州宋城县。 博州大霖雨，河涨溢，坏民庐舍八百七十区。 亳州河水溢，东流泛民田，坏庐舍。 七月，齐州明水涨，坏黎济寨城百余堵。 许州沙河溢。 雄州唐河水涨，害民田殆尽。 嘉州江涨丈八尺，溢入州城，毁民舍。 复州蜀、汉二江水涨，坏民田、庐舍。 九月，邛州蒲江等县山水暴涨，坏民舍七十区，死者七十九人。 是秋，荆南北路江水注溢，浸田亩甚众。 溴水泛溢，浸许州民田。	《宋史》卷五，第87页；卷六一，第1322页；卷九四，第2337页。《通考》卷二九六，考2345页。
淳化三年（992）	七月，河南府洛水涨，坏七里、镇国二桥。又山水暴涨，坏丰饶务官舍、民庐，死者二百四十人。 九月，京师霖雨。 十月，上津县大雨，河水溢，坏民舍，溺者三十七人。 河决，（博州）移治于孝武渡西。	《宋史》卷六一，第1323页；卷六五，第1421页；卷八六，第2123页。
淳化四年（993）	五月戊申，溴水泛溢，侵许州民田。 六月，陇城县大雨，牛头河涨二十丈，没溺居人庐舍。 七月，京师大雨十昼夜不止，朱雀、崇明门外积水尤甚。军营、庐舍多坏。 九月，澶州河水涨，冲陷北城，坏居民庐舍、官署、仓库殆尽，民溺死者甚众。 梓州玄武县涪江涨二丈五尺，壅决，流入州城，坏官私庐舍万余区，溺死者甚众。 是秋，自七月初雨，至是不止，泥深数尺，朱雀、崇明门外积水尤甚，往来浮罂筏以济，壁垒庐舍	《通考》卷二九六，考2345页。《宋史》卷六一，第1323页；卷六五，第1421页。《长编》卷三四，第753页。

续表

纪年	灾情	资料出处
	多坏，民有压死者，物价涌贵，近甸秋稼多败，流移甚众。陈、颍、宋、亳、许、蔡、徐、濮、澶、博州霖雨，秋稼多败。 十月，澶州河决西北，流入御河，浸大名府城。知州赵昌言壅城门，御之。	
淳化五年 （994）	四月癸卯，大雨。 秋，开封府、宋、亳、陈、颍、泗、寿、邓、蔡、润诸州雨水害稼。	《宋史》卷五，第94页；卷六五，第1421页。
至道元年 （995）	四月甲辰，京师大雨雷电，道上水数尺。 五月，虔州江水涨二丈九尺，坏城，流入深八尺，毁城门。	《宋史》卷六一，第1232页。
至道二年 （996）	六月，河南府瀍、涧、洛三水涨，坏镇国桥。 七月，建州溪水涨，溢入州城内，坏仓库、民舍万余区。 郓州河水涨，坏连堤四处。 宋州河决谷熟县。 闰七月，陕州河涨，漂大树，坏浮梁，失连舰。 是月，广南诸州并雨水。	《通考》卷二九六，考2345页。
咸平元年 （998）	五月，昭州大雨霖，害民田，溺死者百五十七人。 七月，侍禁、阁门祗候王寿永使彭州回，至凤翔府境山水暴涨，家属八人溺死。 齐州清、黄河泛溢，坏田庐。	《宋史》卷六五，第1421页；卷六一，第1324页。
咸平二年 （999）	十月，漳州山水泛溢，坏民舍千余区。民黄挈等十家溺死。	《宋史》卷六一，第1324页。
咸平三年 （1000）	三月，梓州江水涨，坏民田。 四月丁巳，京师雨雹，飞禽有陨者。 五月，河决郓州王陵埽。 六月甲辰，河决郓州王陵埽，浮钜野入淮、泗，水势激悍，侵迫州城。	《宋史》卷六一，第1324页；卷六二，第1346页。《长编》卷四七，第1018、1019、1026页。

续表

纪年	灾情	资料出处
	己酉，河决，灌济、泗，郓州城中常苦水患，至是，大雨弥月，积潦益甚。 七月，洋州汉水溢，民有溺死者。 八月辛亥，以京东水灾，遣太子中舍张舒，供奉官、阁门祗候张禧诣诸道，遍加安抚。 九月丁酉，遂、果、阆三州遭水灾。	
咸平四年 （1001）	六月，京师大雨，漂坏庐舍，积潦浸路。 丁巳，东川民田为江水所泛。 七月，同州洿谷水溢夏阳县，溺死者数十人。 是岁，梓州水，遣使赈恤。	《通考》卷三〇三，考2390页。《长编》卷四九，第1064页。《宋史》卷六，第116页；卷六一，第1324页。
咸平五年 （1002）	二月，雄、霸、瀛、深、沧州，乾宁军水溢，害民田。 六月，京师大雨，漂坏庐舍，民有压死者，积潦浸道路，自朱雀门东抵宣化门尤甚，皆注惠民河，河复涨溢，军营多坏。① 是秋，霖雨作沴，近畿诸处水潦为灾。	《通考》卷二九六，考2345页。
咸平六年 （1003）	二月己卯，京东、淮南水灾。 九月戊戌，白沟河溢，害民田。	《长编》卷五四，第1180页；卷五五，第1212页。
景德元年 （1004）	九月，宋州汴水决，浸民田，坏庐舍。 河决澶州横陇埽。	《宋史》卷六一，第1324页。
景德二年 （1005）	六月，宁州山水泛溢，坏民舍、军营，多溺死者。 九月壬戌，解州盐池夏秋霖雨，有妨种盐。 十月丙戌，京东水灾。	《宋史》卷六一，第1324页。《长编》卷六一，第1367、1370页。

① 田锡：《咸平集》卷一《上真宗论拣选强壮失信》："臣伏睹去秋以来，霖雨作沴，近畿诸处水潦为灾。"（咸平六年三月上，时为侍御史知杂事。）

续表

纪年	灾情	资料出处
景德三年 (1006)	正月丁未，倚阁京东西、淮南水灾州军逋租。 六月甲午，汴水暴涨。中夜，河溢于城西，毁外堤，坏庐舍，即时完塞。乙未，应天府又言："河决南堤，流亳州，合浪宕河东入于淮。"① 八月，青州大雨，坏鼓角楼门，压死者四人。 青州山水坏石桥。	《长编》卷六二，第1383页；卷六三，第1408页。《宋史》卷六五，第1421页；卷六一，第1324页。
景德四年 (1007)	六月，郑州索水涨，高四丈许，漂荥阳县居民四十二户，有溺死者。 邓州江水暴涨。 南剑州山水泛溢，漂溺居人。 七月己巳，巩县西南积雨河溢，漂露丘冢。 河溢澶州，坏王八埽。 八月丙午，横州江涨，坏营舍。	《宋史》卷六一，第1324页。《长编》卷六六，第1471页。
大中祥符元年 (1008)	六月，开封府尉氏县惠民河决。	《宋史》卷六一，第1324页。
大中祥符二年 (1009)	秋，兖、郓苦雨，河溢害稼。（王嗣宗语） 七月乙亥，京东徐、齐、淄、青、兖等七州水。 八月甲午，京城西积水坏民田。 是月，无为军大风雨，拔木，坏城门、营垒、民舍，压溺千余人。 凤州大水，漂溺居民。 八月，汴水涨溢，自京至郑州，浸道路。诏选使乘传减汴口水势。既而水减，阻滞漕运，复遣浚汴口。 九月戊午，秦州长道县水，漂溺民。 十月庚寅，许州积水害民田，惠民河不谨堤防，每岁决坏。 是月，兖州霖雨害稼。 京畿惠民河决，坏民田。	《长编》卷七二，第1638、1629、1632页。《通考》卷二九六，考2345页。《宋史》卷九三，第2321页；卷七，第141页。

① 《宋史》卷六一。《文献通考》卷二九六"六月"均作"七月"。

续表

纪年	灾情	资料出处
大中祥符三年（1010）	四月，昇州霖雨。 五月辛丑，京师大雨，平地数尺，坏军营、民舍，多压死者。近畿积潦。 六月，吉州临江军并江水泛溢，害民田。 九月，河决河中府白浮图村。	《宋史》卷六五，第1421页。《通考》卷二九六，考2345页。
大中祥符四年（1011）	六月甲子，江、淮南水灾民饥。 七月己丑，诏河北滨、棣州水潦为患。 是月，江、洪、筠、袁州江涨，害民田，坏州城。 八月，河决通利军，大名府御河水溢，合流坏府城，害民田，人多溺死者。 九月，河溢于孟州温县。棣州河决聂家口。 苏州吴江泛溢，坏民庐舍。 十二月乙巳，诏楚、泰等州民为湖水害稼者，给复其租，没溺者，人赐千钱，米一斛。	《长编》卷七六，第1727、1730、1743页。《宋史》卷九一，第2260页。《通考》卷二九六，考2345页。
大中祥符五年（1012）	春正月癸酉，苏州言水灾。 是月，河决棣州聂家口。又决于州东南李民湾，环城数十里民舍多坏。 四月戊申，雄、霸州民因水坏田。 七月，庆州淮安镇①山水暴涨，漂溺居民。 九月，建安军大霖雨，害农事。	《长编》卷七七，第1749、1762页。《通考》卷二九六，考2345页。《宋史》卷六五，第1421页；卷九一，第2260页。
大中祥符六年（1013）	春正月辛丑，倚阁庐、寿、和、泗州所逋去年秋税，以水灾故也。 六月，保安军积雨，河溢，浸城垒，坏庐舍。判官赵震溺死，又兵民溺死凡六百五十人。 十一月甲午，以水潦免滨、棣州牛税一年。	《长编》卷八〇，第1814页；卷八一，第1852页。《宋史》卷六一，第1325页。
大中祥符七年（1014）	六月丙子，诏：棣州经水，流民归业者给复三年。 六月，泗州水溢，害民田。 河南府洛水涨。 秦州定西寨山水暴涨，有溺死者。 八月甲戌，河决澶州大吴埽。 十月，滨州河溢于安定镇。	《长编》卷八三，第1892页。《通考》卷二九六，考2345页。《宋史》卷八，第156页。

---

① 《续资治通鉴长编》卷七八"七月乙未"条作"怀安"，恐误。第1777页。

续表

纪年	灾情	资料出处
大中祥符八年（1015）	春正月壬午朔，缘河、江、淮、两浙民田经水灾者，悉蠲其税。 闰六月庚午，坊州言大雨，河溢，民有溺死者。①	《长编》卷八四，第1911页；卷八五，第1942页。
大中祥符九年（1016）	六月，秦州独孤谷水坏长道县盐官镇城桥及官廨，民舍二百九十五区，溺死六十七人。 七月，延州洎定平、安远、塞门、栲栳四砦山水泛溢，坏堤城。 九月，雄、霸州界河泛溢。 利州水漂栈阁万二千八百间。② 十一月癸丑，果州水灾。	《宋史》卷六一，第1325页。《长编》卷八八，第2029页。
天禧元年（1017）	七月丁未，霖雨，放朝。	《宋史》卷八，第163页。
天禧三年（1019）	六月乙未夜，滑州河溢城西北天台山旁，俄复溃于城西南，岸摧七百步，漫溢州城，历澶、濮、曹、郓，注梁山泊；又合清水、古汴渠东入于淮，州邑罹患者三十二。即遣使赋诸州薪石、楗橛、芟竹之数千六百万，发兵夫九万人治之。 六月，河决滑州城西南，漂没公私庐舍，死者甚众。历澶州、濮、郓、济、单至徐州，与清河合，浸城壁，不没者四板。 七月癸亥，以久雨，命近臣诣庙社、宫观、佛寺、神祠祈祷。甲子，京东、京西、河北转运使言河决坏民田，输税艰阻。丙寅，滑州自今月三日雨，五昼夜未止，河水增涨，北岸逼州城。 八月乙未，徐州言河决，水大至，城不没者四板。 丁亥，滑州龙见，河决。庚戌，遣使抚恤京东西、河北水灾。	《宋史》卷八，第176页；卷六一，第1325页；卷九一，第2263页。《长编》卷九四，第2160、2164页。

① 《宋史》卷六一作"七月"。第1325页。
② 《文献通考》卷二九六，作"一千八百间"。

续表

纪年	灾情	资料出处
天禧四年（1020）	六月望,河复决天台下,走卫南,浮徐、济,害如三年而益甚。帝以新经赋率,虑殚困民力,即诏京东西、河北路经水灾州军,勿复科调丁夫,其守扞堤防役兵,仍令长吏存恤而番休之。 七月,京师连雨弥月。甲子,夜大雨,流潦泛溢,民舍、军营圮坏太半,多压死者。自是频雨,及冬方止。 九月己未,久雨,放朝。	《宋史》卷九一,第2264页;卷六五,第1421页;卷八,第168页。
天禧五年（1021）	三月辛丑,京东、西水灾,赐民租十之五。 七月戊寅,令京畿蚕盐缘科并上纳见钱,以雨水害稼故也。 冬十月癸卯朔,诏蠲开封府、京东西、淮南、两浙水灾州军民租。	《宋史》卷九,第170页。《长编》卷九七,第2250、2255页。
乾兴元年（1022）	春正月戊戌,秀州积水为灾,民艰食。	《长编》卷九八,第2269页。

（二）北宋中期霖雨、山洪、江河湖泊泛溢灾情概览

纪年	灾情	资料出处
乾兴元年（1022）	二月,苏、湖、秀州雨,坏民田。 是岁十月,京东、淮南水灾。	《宋史》卷六五,第1422页;卷六一,第1325页。
天圣元年（1023）	正月戊子,以京东、淮南水灾,遣使安抚。 四月壬寅,徐州仍岁水灾,民颇艰食。 五月甲戌,命鲁宗道按视滑州决河。 天下水旱、蝗生、河决。	《长编》卷一〇〇,第2321页。《宋史》卷九,第177、178页;卷六一,第1325页。《东都事略》卷六四《谢绛》。
天圣三年（1025）	十一月辛卯,襄州言汉水害民田。 汴流浅,特遣使疏河注口。	《长编》卷一〇三,第2392页。《宋史》卷九三,第2322页。

续表

纪年	灾情	资料出处
天圣四年 （1026）	六月丁亥，剑州、邵武军大水，坏官私庐舍七千九百余区，溺死者百五十余人。 庚寅，京师大雨震雷，平地水数尺。 十六日，京师自申时至夜大雨雷电达明方止，平地水数尺，坏官私舍宇，被压溺而死者数百人。自京而西及巩洛以来，悉罹水患。时京师民居舍宇墙垣率多摧坏，于街巷权盖舍宇居住。 二十二日，侯官县界洪水坏沿溪居民舍宇，溺死者甚众。 二十三日，行庆关言，氾河水泛涨，冲注关城，溺死军马不少。时孟州氾水县尉刘文蔚溺死，父母妻男共七口。又氾水漂失盐酒税务官物，监官借职冯益儿女皆溺死。 戊寅，莫州大雨，坏城壁。 是月，河南府、郑州大水。 秋七月乙巳，汴水大涨，众汹汹忧京城。 九月，京东、江淮、两浙、福建诸州军雨水坏民庐舍。 十月乙酉，京山县山水暴涨，漂死者众，县令唐用之溺焉。 是岁，汴水溢，决陈留堤，又决京城西。	《通考》卷三〇三，考2390页。《东都事略》卷五。《宋会要》瑞异三之一。《宋史》卷六一，第1325页；卷六五，第1422页。《长编》卷一〇四，第2412、2423页。《通考》卷二九七，考2347页。
天圣五年 （1027）	三月，襄、颖、许、汝等州水。 七月辛丑，泰州盐官镇大水，民多溺死。 六月丁丑，雨。 七月己亥朔，赈秦州水灾，赐被溺家钱米。	《宋史》卷六一，第1326页；卷九，第183页。
天圣六年 （1028）	七月壬子，江宁府、扬、真、润三州江水溢，坏官私庐舍。 是月，雄、霸州大水。 八月甲戌，永兴军临潼县山水暴涨，民溺死者甚众。 是月，河决王楚埽。①	《宋史》卷六一，第1326页。《通考》卷二九七，考2347页。

---

① 《宋史》卷九一作："河决于澶州之王楚埽，凡三十步。"第2267页。

续表

纪年	灾情	资料出处
天圣七年 (1029)	二月乙酉,以河北水灾,委转运使察官吏,不任职者易之。 四月庚寅,免河北被水民租赋。 自春涉夏,雨不止。 六月,河北大水,坏澶州浮桥。	《宋史》卷九,第186页;卷六五,第1422页。《通考》卷三〇三,考2390页。《宋史》卷六一,第1326页。
明道元年 (1032)	四月壬子,大名府冠氏等八县水浸民田。	《宋史》卷六一,第1326页。
明道二年 (1033)	春正月癸巳,武胜军梁泺积水,废民田数万顷,不能疏导,至郓州徙城以避之。 六月癸丑,京师雨,坏军营、府库。	《长编》卷一一二,第2604页。《宋史》卷六五,第1422页。
景祐元年 (1034)	闰六月甲子,泗州淮、汴溢。 七月,澶州河决横陇埽。 八月庚午,洪州分宁县山水暴发,漂溺居民二百余家,死者三百七十余口。 九月丁酉,范仲淹知睦州,不半岁,徙苏州。州比大水,民田不得耕。仲淹疏五河,导太湖注之海。 冬十月辛酉,大名府言自河决横垄,而德、博以来皆罹水患。	《宋史》卷六一,第1326页。《长编》卷一一五,第2699、2703页。
景祐二年 (1035)	是年,大水坏缘边八州军堤岸。①	
景祐三年 (1036)	六月,虔、吉诸州久雨,江溢,坏城庐,人多溺死。 七月庚子,大雨震电。	《宋史》卷六一,第1326页;卷六五,第1422页。
景祐四年 (1037)	八月甲戌,越州大水,漂溺居民。	《宋史》卷六一,第1326页。

① 《续资治通鉴长编》卷一二〇"景祐四年闰四月癸未"条:"以河北屯田司都监、崇仪副使杨怀敏为北作坊副使、同管勾屯田公事,右侍禁、阁门祗候何九龄为左侍禁。前年大水,坏缘边八州军堤岸,而怀敏等修治有劳,特迁之。"第2829页。

续表

纪年	灾情	资料出处
宝元元年（1038）	建州自正月雨，至四月不止，溪水大涨，入州城，坏民庐舍，溺死者甚众。 是岁，达州大水。	《宋史》卷六一，第1326页；卷一〇，第205页。
康定元年（1040）	九月甲寅，滑州大河泛溢，坏民庐舍。	《宋史》卷六一，第1326页。
庆历二年（1042）	三月乙卯，诏河北比岁积雨坏道涂，其堑官路两旁阔五尺深七尺，民田各于封界阔三尺深五尺，以泄水潦，限半年毕工。	《长编》卷一三五，第3227页。
庆历三年（1043）	十二月丁巳，大雨雪。	《宋史》卷六二，第1342页。
庆历六年（1046）	七月丁亥，河东大雨，坏忻、代等州城壁。 九月庚寅，（梅挚言）伊、洛暴涨，漂庐舍。 浙江溃防。 黄河溢埽。	《宋史》卷六五，第1422页。《长编》卷一五九，第3846页。
庆历七年（1047）	河败德、博间二十一处。（贾昌朝语）	《玉海》卷二二，第449页。
庆历八年（1048）	三月壬戌，以霖雨，录系囚。 六月癸酉，河决商胡埽，决口广五百五十七步。 六月乙亥，河决澶州商胡埽。 是月，恒雨。 七月十八日，卫州言频降大雨，并怀州一带山河水入城，诸军出城走避，数月绝食。 八月己丑，河北、京东西水灾。 是岁，河北大水。 十二月乙丑朔，以霖雨为灾，颁德音，改明年元，减天下囚罪一等，徒一下释之。出内藏钱帛赐三司，贸粟以济河北。	《宋史》卷一一，第225、226页；卷九一，第2267页；卷六一，第1326页。《宋会要》瑞异三之二。《长编》卷一六五，第3965页。

续表

纪年	灾情	资料出处
皇祐元年（1049）	二月甲戌，河北黄、御二河决，并注于乾宁军。① 河朔频年水灾。 八月，诸路奏大水。	《宋史》卷六一，第1326页。《长编》卷一六七，第4013页。
皇祐二年（1050）	六月丙子，包拯等言："比年以来，阴沴过甚，水坏城郭，地复震动，大河决溢，沉溺者众。"② 八月，深州大雨，坏民庐舍。 夏六月乙亥，信州大水。夜漏半，水破城，灭府寺，包民庐舍。③ 是岁，镇、定复大水，并边尤被其害。 闰十一月，河北水，诏蠲民租，出内藏钱四十万缗，绢四十万匹付本路，使措置是岁刍粮。	《长编》卷一六八，第4046页。《宋史》卷六五，第1422页；卷六一，第1326页；卷一一，第230页。
皇祐三年（1051）	春正月乙亥，诏两浙水灾州军四等以下户税特与倚阁。 七月辛酉，河决馆陶县郭固口。 八月，汴河绝流。河涸，舟不通，令河渠司自口浚治，岁以为常。 九月直集贤院刘敞称："乃者……淮汝以西，关陕以东，数千里之间罹于水忧者"，"甚则溺死，不甚则流亡……略计百万人"。④	《长编》卷一七〇，第4077页。《宋史》卷六一，第1326页；卷九三，第2322页。
皇祐四年（1052）	八月癸未，京城大风雨，民庐摧圮，至有压死者。 是月，鄜州大水，坏军民庐舍。 九月戊申，镇、定等路水灾。	《宋史》卷六五，第1422页；卷六一，第1326页。《长编》卷一七三，第4171页。
至和二年（1055）	是岁，京东水，大发仓廪以赈饥民。	《长编》卷一八〇，第4355页。

① 《宋史》卷二九八《陈希亮传》："皇祐元年，移滑州……会河溢鱼池埽，且决。"第9920页。
② 李觏：《李觏集》卷二四《迴向院记》：是月，"盱江大水。龙安其东南乡，盖灾之所自始。视其山破坏如击瓮盎，盎泄所畜，百源一道，且怒且斗，斩大树"。
③ 王安石：《信州兴造记》，《王文公文集》卷三五，上海人民出版社1974年版，第414页，又见黄雷为《记》，《永乐大典方志辑佚》，第1761页。
④ 赵汝愚编，北京大学中国中古史研究中心点校整理：《宋朝诸臣奏议》卷一二七，刘敞：《上仁宗论修商胡口》，上海古籍出版社1999年版，第1396页。

续表

纪年	灾情	资料出处
至和中 (1054—1056)	河决小吴埽，破东堤顿丘口，居民避水者趋堤上，而水至不得达，德舆以巨艘五十，顺流以济之。	《宋史》卷三二六《康德舆传》，第10537页。
至和三年 (嘉祐元年，1056)	夏四月壬子朔，李仲昌等塞商胡北流，入六塔河，隘不能容，是夕复决，溺兵夫、漂刍藁不可胜计。 五月丁未，昼夜大雨。乙亥，雨坏太社太稷坛，自五月京师大雨不止，逾月水冒安上；门关折，坏官私庐舍数万区，城中系桴渡人。 六月，京师及京东西、河北水潦，害民田。雨坏社稷坛及官私庐舍数万区，城中系桴渡人。 七月①，京东西、荆湖北路水灾。 淮水自夏秋暴涨，环浸泗州城。 是岁，夏雨霖，京师大水，坏城及水窗以入诸军营房、社稷、诸祠坛壝并被浸损，都人压溺，系桴以居。 诸路皆奏江河决溢，而河北尤甚。 是岁，诸路江河决溢，河北尤甚，民多流亡。	《长编》卷一八二，第4400、4415页。《通考》卷二九七，考2347页。《宋会要》瑞异三之二。②
嘉祐二年 (1057)	三月戊戌，淮水自夏秋暴涨，浸泗州城。 五月丁未，书（昼）夜大雨。 六月乙亥，雨坏太社、太稷坛。 八月，河北沿边久雨，濒河之民多流移。 十一月己卯，河北大水，民乏食。	《长编》卷一八五，第4473页；卷一八六，第4494页。《宋史》卷六五，第1422页。
嘉祐三年 (1058)	七月丙子，诏："广济河溢，原武县河决，遣官行视民田，赈恤被水害者。" 七月，京、索、广济河溢，浸民田。 八月，霖雨害稼。③	《宋史》卷一二，第243页；卷六一，第1327页；卷六五，第1422页。

① 《宋史》卷六一，系事于嘉祐二年。
② 又见《宋朝诸臣奏议》卷三〇，范镇：《上仁宗论彗出主兵乞速定大议［系第七状］》。上海古籍出版社1999年版，第295页。
③ 《文献通考》卷三〇三，系事于嘉祐四年。

续表

纪年	灾情	资料出处
嘉祐五年（1060）	三月壬子，诏以蝗、涝相仍，敕转运使、提点刑狱督州县振济，仍察不称职者。 七月，苏、湖二州水灾。 河流派别丁魏之第六埽。	《宋史》卷一二，第245页；卷六一，第1327页；卷九一，第2273页。
嘉祐六年（1061）	七月乙酉，泗州淮水溢。 是月，河北、京西、淮南、两浙、江南东西淫雨为灾。 闰八月，京师久雨。是岁频雨及冬方止。 汴水浅涩，常稽运漕。都水奏："河自应天府抵泗州，直流湍驶无所阻。惟应天府上至汴口，或岸阔浅漫，宜限以六十步阔，于此则为木岸狭河，扼束水势令深驶。梢，伐岸木可足也。"	《宋史》卷六一，第1327年；卷六五，第1422页；卷九三，第2322页；卷一二，第247页。
嘉祐七年（1062）	六月，代州大雨，山水暴入城。 七月，窦州山水坏城。 河决北京第五埽。	《宋史》卷六一，第1327页。
治平元年（1064）	六月八日，庆州言淮安镇河水泛涨，摧东山三百余步，居民压溺而没者四十余家。 京师自夏历秋久雨不止，摧真宗及穆献懿三后陵台。 七月，庆、许、蔡、颍、唐、泗、濠、楚、庐、寿、杭、宣、鄂、洪、施、渝州、光化军皆大水。 八月丁巳，以上供米三万石，赈宿、亳州水灾饥民。陈、许、颍、亳等州水灾，遂致骨肉相食，积尸满野。① 九月，陈州水灾。 是岁，畿内、宋、亳、陈、许、汝、蔡、唐、颍、曹、濮、济、单、濠、泗、庐、寿、楚、杭、宣、洪、鄂、施、渝州、光化、高邮军大水，遣使行视，疏治振恤，蠲其赋租。	《宋会要》瑞异三之二至三。《宋史》卷六五，第1422页；卷六一，第1327页；卷一三，第256页。《长编》卷二〇二，第4901页。

---

① 《续资治通鉴长编》卷二〇四"治平二年三月己丑"条，第4954页，司马光语。又见治平二年（1065）八月乙未，司马光上疏曰："去夏霖雨，涉秋不止，京畿东南十有余州，庐舍沉于深渊，浮苴栖于木末，老弱流离，捐瘠道路，妻儿之价，贱于犬豕。许、颍之间，亲戚相食，积尸成丘。"《续资治通鉴长编》卷二〇六，第4985页。

续表

纪年	灾情	资料出处
治平二年 (1065)	八月庚寅，京师大雨，地上涌水，坏官私庐舍，漂人民畜产，不可胜数。是日，御崇政殿，宰相而下朝参者十数人而已。诏开西华门以泄宫中积水，水奔激，殿侍班屋皆摧没，人畜多溺死，官为葬祭其无主者千五百八十人。乙未，司马光上疏曰：陛下即位以来，灾异甚众，日有黑子，江淮之水或溢或涸。……既而历冬无雪，暖气如春，草木早荣，继以黑风，今夏疠疫大作，弥数千里，病者比屋，丧车交路。至秋幸而丰熟，百姓欣然，庶获苏息，未及收获，而暴雨大至，一昼之间，川泽皆溢，沟渠逆流，原隰丘陵，悉为洪波，一苗半穗，荡无子遗。都城之内，道路乘桴，城阙摧圮，官府、仓廪、军垒、民居覆没殆尽，死于压溺者不可胜纪。 八月庚寅，京师大雨，水。癸巳，赐被水诸军米，遣官视军民水死者千五百八十人，赐其家缗钱，葬祭其无主者。乙未，以雨灾，诏责躬乞言。初，学士草诏曰："执政大臣，其惕思天变。"帝书其后曰："雨灾专以戒朕不德，可更曰'协德交修'。"己亥，以水灾罢开乐宴。 九月乙酉，以久雨，遣使祈于岳渎名山大川。	《宋史》卷六一，第1327页；卷一三，第257、258页。《长编》卷二〇六，第4985页。

(三) 北宋后期霖雨、山洪、江河湖泊泛溢灾情概览

纪年	灾情	资料出处
熙宁元年 (1068)	六月，河溢恩州乌栏堤，又决冀州枣强埽，北注瀛。 七月，又溢瀛州乐寿埽。 七月壬午，恩、冀州河决水灾。 八月，冀州大雨，坏官私庐舍城壁。 秋，霸州山水涨溢。 保定军大水害稼，坏官私庐舍城壁，漂溺居民。 河决恩、冀州，漂溺居民。 (滹沱)河水涨溢，诏都水监、河北转运司疏治。	《宋会要》瑞异三之四。《宋史》卷九一，第2274页；卷六五，第1422页；卷六一，第1327页；卷九五，第2352页；卷十四，第269页。

续表

纪年	灾情	资料出处
熙宁二年（1069）	七月壬午，振恤被水州军，仍蠲竹木税及酒课。 八月，河决沧州饶安，漂溺居民，移县治于张为村。	《宋史》卷一四，第271页；卷六一，第1327页。
熙宁三年（1070）	夏四月丁卯，给度僧牒五百，付两浙转运司，分赐经水灾及民田薄收州军。	《长编》卷二一〇，第5095页。
熙宁四年（1071）	七月辛卯，北京新堤第四、第五埽决，漂溺馆陶、永济、清阳以北，遣茂则乘驿相视。 甲午，两浙水灾。 八月，河溢澶州曹村。 八月金州大水，毁城坏官私庐舍。 九月丙戌，郓州州界有黄河决水入故道。 十月，溢卫州王供。时新堤凡六埽，而决者二，下属恩、冀，贯御河，奔冲为一。	《宋史》卷九二，第2281页；卷六一，第1327页。《长编》卷二二五，第5477页；卷二二六，第5511页；卷二二七，第5535页。
熙宁五年（1072）	二月壬子，浙西水灾。死八十万人。① 六月，是月河溢北京夏津。 是秋，濠、寿二州被水。②	《长编》卷二三〇，第5586页；卷二三四，第5693页。
熙宁六年（1073）	十月，是月汴水添涨，其京西四斗门分减不退，以致开决堤岸。	《长编》卷二四七，第6033页。
熙宁七年（1074）	春，河水壅溢，积潦败堤。 六月，熙州大雨，洮河泛溢。 陕州大雨，漂溺陕、平陆二县。	《通考》卷二九七，考2347页。《宋史》卷九三，第2324页。
熙宁八年（1075）	四月，潭、衡、邵、道诸州江水溢，坏官私庐舍。 秋七月甲子，虔州江水涨，坏州城军营。 九月癸酉，大名府大河衍溢，坏民田多者六十村，户至万七千；少者九村，户至四千六百。③	《宋史》卷六一，第1327页。《长编》卷二六六，第6522页；卷二六八，第6569页。

① 苏轼言："臣闻熙宁中，杭州死者五十余万，苏州三十余万，未数他郡。"《续资治通鉴长编》卷四六一"元祐六年秋七月己巳"条，第11082页。

② 《续资治通鉴长编》卷二四二"熙宁六年二月乙酉"条："上批：闻濠、寿二州去秋被水，今春乏食，可令监司体量以闻。"第5902页。

③ 《宋史》卷九二《河渠二》作熙宁七年（1074），"是秋，判大名文彦博言：'河溢坏民田，多者六十村，户至万七千，少者九村，户至四千六百，愿蠲租税。'从之"。第2284页。

续表

纪年	灾情	资料出处
熙宁九年（1076）	七月，太原府汾河夏秋霖雨，水大涨。	《宋史》卷六一，第1327页。
熙宁十年（1077）	七月，温州大风雨，漂城楼、官舍。 七月，河复溢卫州王供及汲县上下埽、怀州黄沁、滑州韩村；己丑，遂大决于澶州曹村，澶渊北流断绝，河道南徙，东汇于梁山、张泽泺，分为二派，一合南清河入于淮，一合北清河入于海，凡灌郡县四十五，而濮、齐、郓、徐尤甚，坏田逾三十万顷。官亭、民舍数万。① 洺州漳河决，注城。 大雨水，二丈河、阳河水湍涨，坏南仓，溺居民。沧、卫霖雨不止，河泺暴涨，败庐舍，损田苗。② （河）又决郑州荥泽。 九月戊辰，苏辙云：（南京商丘）"阴雨为沴，弥月不止。穗者将腐，角者将落。徐方大水，将浸东境。沟洫盈满，流潦横至。"③ 九月庚戌，诏："河决害民田，所属州县疏瀹，仍蠲其税，老幼疾病者振之。"	《宋史》卷六七，第1469页；卷九二，第2284页；卷六一，第1328页；卷一五，第293页。
元丰元年（1078）	六月十七日，苏辙云：（南京商丘）"淫雨不节，水潦横溃，茬菽禾黍，鞠为汙泽。" 八月丁未，诏河北被水者蠲其租。己巳，诏滨、棣、沧三州被水民以常平粮贷之。庚午，诏青、齐、淄三州给流民食。 冬十月壬子，大河以风雨溢韩村埽岸。 是岁，章丘河水溢，坏公私庐舍、城壁，漂溺民居。 舒州山水暴涨，浸官私庐舍，损田稼，溺居民。	《栾城集》卷二六《南京祭神文》。《宋史》卷一五，第295页；卷六一第1328页。《长编》卷二九三，第7151页。

---

① 《续资治通鉴长编》卷二八四"熙宁十年八月丙戌"条："初，水占州县三十四，坏民田三十万顷，坏民庐舍三十八万家。卒事，所活饥民二十五万三千口，壮者就工而食又二万七千人，得七十三万二千工，给当牛、借种钱八万六千三百缗……"第6950页。《宋史》卷三四七《黄廉传》："河决曹村，坏田三十万顷、民庐舍三十八万家。受诏安抚京东，发廪振饥，远不能至者，分遣吏移给，择高地作舍以居民，流民过所毋征算，转行者赋粮，质私牛而与之钱，养男女弃于道者，丁壮则役其力，凡所活二十五万。"第11003页。又见彭百川《太平治迹统类》卷一二《神宗圣政》；皇朝编年纲目备要》卷二〇。

② 《续资治通鉴长编》卷二八三，系事于熙宁十年六月乙亥。"是月，河复溢卫州王供［四年十月，河溢王供］，溢怀州黄、沁，溢卫州汲上下埽、溢滑州韩村，遂大决澶州曹村。"第6942页。

③ 《栾城集》卷二六《南京祭神文》七首。

续表

纪年	灾情	资料出处
元丰二年（1079）	九月丁丑，河北并边州县被水。	《长编》卷三〇〇，第7301页。
元丰三年（1080）	六月丁巳，京东西路提点刑狱司言："缘都水监丞司开决澶州吴村堤水口，致大河水流入濮州，枯河行流，下接横垄口已下，濮、郓州修贴堤道。" 秋七月庚午，澶州孙村、陈埽及大吴小吴埽河决。 甲戌，利路雨水，溪、江泛涨，漂流民田，物价增长，民未安居。 八月辛卯朔，潍州白浪河，每岁淹浸护城堤岸。	《长编》卷三〇五，第7431页；卷三〇六，第7438、7439页；卷三〇七，第7452页。
元丰四年（1081）	春正月甲午，权发遣北外都水丞陈祐甫言："漳沱河自熙宁八年以后，泛滥深州诸邑，为患甚大。" 四月，澶州临河县小吴河溢北流，漂溺居民。 五月庚寅，河决小吴埽，已全夺过大河。己亥，大名府路管下州县被水。癸卯，河决澶州注入御河，恩州极危。 是月，淮水泛涨。 十二月，是岁，秦州大雨，坏庐舍。河北水。	《长编》卷三一一，第7534页；卷三一二，第7574、7576页；卷三二一，第7755页。《宋史》卷六一，第1328页。
元丰五年（1082）	六月，河溢北京内黄埽。 秋，阳武、原武二县河决，坏田庐。 七月，决大吴埽堤，以纾灵平下埽危急。 八月，河决郑州原武埽，溢入利津、阳武沟、刀马河，归纳梁山泺。 九月，河溢沧州南皮上、下埽，又溢清池埽，又溢永静军阜城下埽。 九月癸卯，滑州河水溢。 冬十月辛亥，洛口、广武大河溢。	《宋史》卷九二，第2287页；卷一六，第308页；卷六一，第1328页。
元丰六年（1083）	三月戊戌，黄河涨水注阳武县，凡七处水决。 秋七月丙午，湖北路渠阳县治所基址卑下，近复遭水患。 冬十月庚子，汴水添涨，京西四斗门分减不退，以致开决堤岸。	《长编》卷三三四，第8038页；卷三三七，第8115页；卷三三〇，第8191页。

续表

纪年	灾情	资料出处
元丰七年 （1084）	四月，武济河溃。 六月，青田县大水，损田稼。 甲午，蔡州所部水灾特甚。 七月，河北东西路水，北京馆陶水，河溢入府城，坏官私庐舍。甲辰，伊洛暴涨，冲注城中军营。大名府元城埽河抹岸，决横堤，破城。丁未，河南府被水灾，自大内天津桥、堤堰、河道、城壁、军营、库务等皆倾坏。辛亥，大名府河水暴至，北京数十万众号叫求救。乙卯，雄州拒马河溢，破两输长沙河口。己未，滑州言齐贾小埽河水涨，坏浮桥。 八月，赵、邢、洺、磁、相诸州河水泛溢，坏城郭、军营。 是年，相州漳河决，溺临漳县居民。 怀州黄、沁河泛溢，大雨水，损稼，坏庐舍、城壁。 磁州诸县镇，夏秋漳、滏河水泛溢。临漳县斛律口决，坏官私庐舍，伤秋稼，损居民。 庚午，洺州水灾，漂浸公私庐舍。	《宋史》卷九四，第2329页；卷六一，第1328页。《长编》卷三四六，第8316页；卷三四七，第8322、8323、8324、8327、8333、8334页；卷三四八，第8344页。
元丰八年 （1085）	十月，河又决大名之小张口，河北诸郡皆被水灾。 十月己卯，河决大名。	《宋史》卷九二，第2288页。
元祐元年 （1086）	二月辛酉，以河决大名，坏民田，民艰食者众，诏安抚使韩绛振之。 秋七月己未，保州言河水泛溢。 甲申，淮南自六月大雨，淮水泛溢，泗、宿、亳三州大水，夏田既已不收，秋田亦复荡尽（苏辙语）。 十一月壬午，河北、京东西、淮南等路水灾。（王岩叟语） 楚、海、泗、宿、亳五州水灾最甚。（赵偁语） 是岁，北边州郡多被水灾。①	《宋史》卷一七，第321页。《长编》卷三八二，第9300页；卷三八三，第9341页；卷三九二，第9544、9545页。

---

① 《续资治通鉴长编》卷四〇七"元祐二年十一月甲戌"条，第9903页，监察御史赵挺之言"去年"。

续表

纪年	灾情	资料出处
元祐二年（1087）	河决南宫上埽。 七月丁卯,以雨罢集英殿宴。	《宋史》卷九二,第2297页;卷六五,第1422页。
元祐三年（1088）	河决南宫下埽。	《宋史》卷九二,第2297页。
元祐四年（1089）	夏秋霖雨,河流泛涨。 七月,河决大名西岸宗城中埽。 是岁,浙西有风水之灾。①	《宋史》卷六一,第1328页;卷九二,第2297页。
元祐五年（1090）	八月甲辰,提举东流故道李伟言:"大河自五月后日益暴涨,始由北京南沙堤第七铺决口,水出于第三、第四铺并清丰口一并东流。" 十一月壬申,秀州嘉兴县民数千诣县诉水灾。戊子,苏轼言今月二十一日、二十二日、二十三日,皆连昼夜大风雨,二十四日雨稍止,至夜复大雨。 是岁,浙西水灾。浙西风水之灾,倍于去年。	《宋史》卷九二,第2300页;卷一七,第331页。《长编》卷四五〇,第10816页;卷四五一,第10832、10837页。
元祐六年（1091）	秋七月己巳,苏轼言浙西诸郡大水,苏、湖、常三郡水通为一,农民栖于丘墓,舟栰行于市井,父老皆言,耳目未曾闻见,流殍之势甚于熙宁。 是岁,浙西水。	《长编》卷四六一,第11028页。《宋史》卷一七,第334页。
元祐七年（1092）	绵竹水灾,溺户几千数。②	

---

① 《续资治通鉴长编》卷四五一"元祐五年十一月壬午"条苏轼语,第10837页。邹浩云:(颍昌府)"春夏旱,至五月甲申,大雨穷昼夕不止,凡三日。距府北多广陂,实受西北群山之水,水既骤集,不得泄。于是南注府城,逻卒驰告,方欲土长葛门,而水败门入矣。惟是南北斗起若长堤约水而西,又薄子城,势益怒不可遏,遂决鄢陵门以出,故庐室之在东北隅者,率以漂败,其水所不到则雨为之害焉。民之压溺水死者甚众,老人谓建邦以来,未之有也。"(《道乡集》卷二五《义斋记》)

② 吕陶:《净德集》卷二二《朝奉大夫知洋州杨府君墓志铭》。

续表

纪年	灾情	资料出处
元祐八年（1093）	五月，水官卒请进梁村上、下约，束狭河门，既涉涨水，遂壅而溃。南犯德清，西决内黄，东淤梁村，北出阚村，宗城决口复行魏店，北流因淤遂断，河水四出，坏东郡浮梁。 自四月雨至八月，昼夜不息，畿内、京东西、淮南、河北诸路大水。 八月丁未，久雨。祷山川。壬戌，遣使按视京东西、河南北、淮南水灾。癸亥，减京师囚罪一等，徒以下释之。丁卯，祷于岳渎、宫观、祠庙。戊辰，赦天下。辛未，祷于天地、宗庙、社稷。乙亥，祷于诸陵。 是岁，河入德清军，决内黄口。	《宋史》卷九三，第2304页；卷一七，第336、337页。《宋史》卷六一，第1328页。
绍圣元年（1094）	春，王宗望等虽于内黄下埽闭断北流，然至涨水之时，犹有三分水势，而上流诸埽已多危急，下至将陵埽决坏民田。 七月，京畿久雨，曹、濮、陈、蔡诸州水，害稼。洛水大溢，注于河。 九月癸卯，遣御史刘拯按河北水灾，振饥民。 十二月己丑，漳河决溢，浸洺、磁等州，令计置堙塞。 是岁，京师疫，洛水溢，河北水，发京东粟振之。	《宋史》卷九三，第2307页；卷九四，第2332页；卷六一，第1328页；卷一八，第341页、342页。
绍圣二年（1095）	六月，久雨。 九月，以久雨罢秋宴。	《通考》卷三〇三，考2390页。
绍圣三年（1096）	七月，久雨。哲宗大升辇在道陷泥中。	《通考》卷三〇三，考2390页。
元符元年（1098）	九月丁未，诏以霖雨罢秋谴。辛亥，京师雨久不止，拱圣第六营在安上门，营中水至三尺五寸。 壬子，北京在澶州大河涨溢，溺民田宅。 冬十月乙亥朔，水灌解池。解州盐池为水所冲注。 丁酉，河北、京东路州县黄河涨水，淹溺人户田庐，多致失所。 十一月己酉，齐、郓、滨、沧等州大被水患，为害甚远。 十二月，澶州河溢。	《长编》卷五〇二，第11949、11954、11956页；卷五〇三，第11969、11982页；卷五〇四，第11999页。《宋史》卷一八，第351页。《皇朝编年纲目备要》卷二五，第612页。

续表

纪年	灾情	资料出处
元符二年 （1099）	春正月，是月河溢博州堂邑埽，下入博、郓等州地分流行。 　　五月辛亥，广信城北鲍河，夏秋山雨暴涨，倒流入城，淹浸草场，漂荡舍屋及堡寨。 　　六月，久雨。陕西、京西、河北大水，河溢，漂人民，坏庐舍。① 己亥，河决内黄口，东流断绝。 　　七月乙巳，大名府路安抚使韩忠彦言："黄河大决，府界县镇多已冲淹……" 　　九月，以久雨罢秋宴。 　　是岁，两浙苏、湖、秀等州尤罹水患。	《长编》卷五〇五，第12046页；卷五一〇，第12137页；卷五一一，第12170页。卷五一二，第12186页。《宋史》卷六一，第1328页；卷六五，第1423页。
元符三年 （1100）	四月，河决苏村。 　　五月十一日，河北水灾，啮地千里，荡室庐，泹牛马，老弱转徙，箱筥锜釜，笮辂篮缕，号泣道路。② 　　六月庚申，是日晚大雨。自入夏数雨，山陵桥梁道路多坏。是月十三日，荥阳、汜水、巩县皆大水，漂溺居民，坏汜水行宫，而雨殊未已。③ 　　七月，久雨，哲宗大升舆在道陷泥中。 　　十二月三日，臣僚言：河北滨〔棣〕等数州，昨经河决，连亘千里，为之一空，人民、孳畜没溺死者不可胜计。	《宋史》卷九三，第2309页；卷六五，第1423页。《宋会要》食货六八之一一五，第6311页。
建中靖国元年 （1101）	二月，久雨。	《宋史》卷六五，第1423页。
崇宁元年 （1102）	七月，久雨。坏京城庐舍，民多压溺而死者。 　　是岁，京城水坏庐舍溺人。	《宋史》卷六五，第1422页。《通考》卷二九七，考2347页。
崇宁二年 （1103）	河决内黄。	《宋史》卷三六五，第11375页。

---

① 《续资治通鉴长编》卷五一二，系事于秋七月乙巳、庚戌条。第12187、12189页。
② 李新：《跨鳌集》卷一九《上皇帝万言书》。
③ 《曾公遗录》卷九，《全宋笔记》第一辑第八册，第318页。

续表

纪年	灾情	资料出处
崇宁三年（1104）	三月，诏曰："昨二浙水灾，委官调夫开江，而总领无法，役人暴露，饮食失所，疾病死亡者众。水仍为害。" 六月，久雨。 八月壬寅，大雨，坏民庐舍，令收瘗死者。	《宋史》卷九六，第2384页；卷六五，第1423页；卷一九，第370页。
崇宁四年（1105）	五月，京师久雨。又自七月至九月，所在霖雨伤稼，十月，始霁。 冬十月，自七月雨，至是月不止。 是岁，苏、湖、秀三州水，赐乏食者粟。	《宋史》卷六五，第1423页；卷二〇，第375页。
大观元年（1107）	夏，京畿大水。 河北、京西河溢，漂溺民户。 六月，京师大水。河北、京西河决。 七月，以京城霖雨，水浸居民，道路不通，遣官分督疏导。是月又诏："自京至八角镇，积水妨行旅。转运司选官疏导，修治桥梁，毋使病涉。" 十月，苏、湖水灾。 是岁，京东水，河溢，遣官振济，贷被水户租。	《宋史》卷六一，第1328页；卷九四，第2344页；卷二〇，第379页。《皇朝编年纲目备要》卷二七，第692页。
大观二年（1108）	五月丙申，邢州言河决，陷巨鹿县。① 六月庚寅，冀州河溢，坏信都、南宫两县。②	《宋史》卷九三，第2312页。
大观三年（1109）	七月，阶州久雨，江溢。	《宋史》卷六一，第1328页。
大观四年（1110）	夏，邓州大水，漂没顺阳县。 是岁，夔州江水溢。	《宋史》卷六一，第1329页；卷二〇，第385页。
大观五年（政和元年，1111）	闰五月十一日，诏浙西州军大水……	《宋会要》食货六八之六八。

① 《宋史》卷六一作："秋，黄河决，陷没邢州钜鹿县。"第1328页。
② 《宋史》卷二〇作："大观三年六月'庚寅，冀州河水溢'。"第382页。

续表

纪年	灾情	资料出处
政和五年 (1115)	六月，江宁府、太平、宣州水灾。 八月，苏、湖、常、秀诸郡水灾。 十月丁巳，中书省言冀州枣强埽决。	《宋史》卷六一，第1329页；卷九三，第2313页。
政和六年 (1116)	八月，两浙水。①	《皇朝编年纲目备要》卷二八，第716页。
政和七年 (1117)	是岁，瀛、沧州河决，沧州城不没者三版，民死者百余万。	《宋史》卷六一，第1329页。
政和八年 (重和元年， 1118)	夏，江、淮、荆、浙诸路大水，民流移，漂溺者众。泗州坏官私庐舍。 五月甲辰，诏："孟州河阳县第一埽，自春以来，河势湍猛，侵啮民田，迫近州城止二三里。" 秋七月，东南大水，遣使赈之。②	《通考》卷二九七，考2347页。《宋史》卷九三，第2315页。《皇朝编年纲目备要》卷二八，第722页。
宣和元年 (1119)	夏，雨，昼夜凡数日，京城大水。 五月，大雨，水骤高十余丈，犯都城，自西北牟驼冈连万胜门外马监，居民尽没。前数日，城中井皆浑，宣和殿后井水溢，盖水信也。至是，诏都水使者决西城索河堤杀其势。城南居民冢墓俱被浸，遂坏藉田亲耕之稼。水至溢猛，直冒安上、南薰门，城守凡半月。已而入汴，汴渠将溢，于是募人决下流，由城北入五丈河，下通梁山泺，乃平。 十一月，东南州县水灾。	《宋史》卷六二，第1364页；卷六一，第1329页。
宣和三年 (1121)	六月，河溢冀州信都。 十一月，河决清河埽。③ 是岁，水坏天成、圣功桥，官吏行罚有差。	《宋史》卷九三，第2315页。

① "江、浙大水。"见方勺《泊宅编》卷七，中华书局1983年版，第39页。
② 《皇朝编年纲目备要》卷二八；程俱《北山集》卷三四《延康殿学士中大夫提举杭州洞霄宫信安郡开国侯食邑一千七百户食实封一百户赠正奉大夫王公行状》。
③ 《宋史》卷二二作六月"河决恩州清河埽"，第408页。

续表

纪年	灾情	资料出处
宣和四年 (1122)	十二月戊戌，诏："访闻德州有京东、西来流民不少，本州振济有方，令保奏推恩。余路遇有流移，不即存恤，按劾以闻。"	《宋史》卷六一，第1329页。
宣和六年 (1124)	秋，京畿恒雨。河北、京东、两浙水灾，民多流移。 是岁，秀州大水，田不没者什一，流莩塞路，仓府空虚，无赈救策。① 是岁，两河、京东西、浙西水，环庆、邠宁、泾原流徙，令所在振恤。	《宋史》卷六一，第1329页；卷二二，第415页。
靖康元年 (1126)	四月，京师大雨，天气清寒。又自五月甲申至六月，暴雨伤麦，夏行秋令。	《宋史》卷六五，第1423页。

（四）南宋前期霖雨、山洪、江河湖泊泛溢灾情概览

纪年	灾情	资料出处
建炎二年 (1128)	春，淫雨。 东南郡国水。	《宋史》卷六五，第1423页；卷六一，1329页。
建炎三年 (1129)	二月癸亥，高宗初至杭州，久霖雨。 五月，霖雨，夏寒。	《宋史》卷六五，第1423页。
绍兴元年 (1131)	行都雨，坏城三百八十丈。 是岁婺州雨，坏城。	《宋史》卷六五，第1423页。
绍兴二年 (1132)	闰四月，徽、严州水害稼。	《宋史》卷六一，第1423页。
绍兴三年 (1133)	三月，雨，自正月朔至于二月。 七月丙子，泉州水三日，坏城郭、庐舍。 七月，四川霖雨，至于明年正月。	《宋史》卷六五，第1423页；卷六一，第1329页。

---

① 《宋名臣言行录》续集卷五《洪皓·魏国忠宣公》。

续表

纪年	灾情	资料出处
绍兴四年（1134）	六月，淫雨害稼，苏、湖二州为甚。 九月，久雨。时刘豫连金人入寇。	《宋史》卷六五，第1423页。
绍兴五年（1135）	二月乙巳（是年无乙巳日，当为癸卯），雨雪。 三月，霖雨，伤蚕麦行都雨甚。 秋，西川郡国水。 九月，雨，至于明年正月。	《宋史》卷六五，第1423页；卷六一，第1329页。
绍兴六年（1136）	五月，久雨不止。 冬，饶州雨水坏城四百六十余丈。 是岁，钦、廉、邕州大水。①	《宋史》卷六二，1347页；卷六五，1423页；卷六一，第1329页。
绍兴七年（1137）	十月，高宗如建康，久雨。	《宋史》卷六五，第1423页。
绍兴八年（1138）	三月，积雨，至于四月，伤蚕麦，害稼。	《宋史》卷六五，第1423页。
绍兴九年（1139）	三月十九日，连日阴雨，细民不易。	《宋会要》瑞异三之五。
绍兴十一年（1141）	七月癸亥，大雨。	《宋史》卷二九，第550页。
绍兴十四年（1144）	五月丙寅，婺州水。乙丑，兰溪县水侵县市。丙寅中夜，水暴至，死者万余人。 六月乙未，江、浙、福建同日大水。建州水冒城而入，俄顷深数丈，公私庐舍尽坏，溺死数千人。严州水暴至，城不没者数板。衢、信、处、婺等州民之死者甚众。	《宋史》卷六一，第1329页。《要录》卷一五一，第2440页。
绍兴十六年（1146）	潼川府东、南江溢，水入城，浸民庐。	《宋史》卷六一，第1330页。

---

① 《建炎以来系年要录》卷一一一"绍兴七年六月戊申"条："诏以钦、廉、邕州去岁大水……"，第1806页。

续表

纪年	灾情	资料出处
绍兴十八年（1148）	六月辛亥朔，浙西积水之患，平江为甚。 八月，绍兴府、明、婺州水。	《宋史》卷六一，第1330页。《要录》卷一五九，第2585页。
绍兴二十一年（1151）	夏，襄阳府大雨十余日。	《宋史》卷六五，第1423页。
绍兴二十二年（1152）	淮甸水。 五月，是月襄阳大水，平地丈五尺。汉水冒城而入。 六月辛巳，淮东被水，民多转往淮西。	《宋史》卷六一，第1330页。《要录》卷一六三，第2659页、2660页。
绍兴二十三年（1153）	六月，金堂县大水。 大雨坏军垒民田。 己卯，是日，潼川大水。涪江涨。庚辰，沅江武陵涨水，四面奄至坏城，人方惶骇，争保城西牛头山趾，大溪桥坏，水大至，平地丈五尺，人之死者甚众。 秋七月，光泽县大雨，溪流暴涌，平地高十余丈，人避不及者皆溺，半时即平。 壬辰，平江府、湖、秀州被水。 十月丁丑，宣州大水，其流泛溢至太平州。凡太平境内沿湖诸圩，悉为冲决。	《宋史》卷六一，第1330页。《宋史》卷三一，第578页。《要录》卷一六四，第2687页；卷一六五，第2701页。
绍兴二十四年（1154）	九月乙丑，临安、平江、湖、秀四州低下之田，多为积水浸灌。	《要录》卷一六七，第2728页。
绍兴二十五年（1155）	六月，湖口县赤龙横水中如山，寒风怒涛，覆舟数十艘，士卒溺者数十人。	《宋史》卷六二，第1364页。
绍兴二十七年（1157）	镇江、建康、绍兴府、真、太平、池、江、洪、鄂州、汉阳军大水。	《宋史》卷六一，第1330页。

续表

纪年	灾情	资料出处
绍兴二十八年（1158）	夏，浙东、西田损于风水。 六月丙申，是日嘉陵江水溢入兴州城，坏栈道。利州、大安军皆被水。兴、利二州及大安军大雨水，流民庐，坏桥栈，死者甚众。 九月，江东、淮南数郡水，浙东西沿江海郡县大风雨，平江、绍兴府、湖、常、秀、润为甚。	《宋史》卷一七八，第4341页。《要录》卷一七九，第2972页。《宋史》卷六一，第1330页。
绍兴二十九年（1159）	七月戊戌，是晚福州大雨，沟浍皆盈，湖水因之冒城而入。闽、侯官、怀安三县坏田庐。	《要录》卷一八三，第3044页。《宋史》卷六一，第1330页。
绍兴三十年（1160）	五月辛卯夜，（畿县）於潜、临安，湖州安吉等三县山水暴出，漂民庐，坏田桑，人溺死甚众。是月，久雨，伤蚕麦，害稼。 八月，施州大风雨。	《通考》卷二九七，考2347页。《要录》卷一八五，第3100页；《宋史》卷六五，第1423页。
绍兴三十一年（1161）	八月，建始县大水，流民庐，死者甚众。	《宋史》卷六一，第1330页。
绍兴三十二年（1162）	三月，霖雨，行都坏城郭三百三十余丈。 四月，淮溢数百里，漂民田庐，死者尤众。 四月，是月，大雨，淮水溢数百里，漂溺庐舍，人畜死者甚众。 六月，浙西大霖雨。 六月中旬，霖雨累日，浙西州郡以山涌暴水，漂民舍，坏田覆舟。坏庐屋舟楫，而人被其害。	《宋史》卷六一，第1330页；卷六五，第1423页。《要录》卷一九九，第3367页。
隆兴元年（1163）	三月，霖雨，行都坏城三百三十余丈。三月庚申，以久雨，命有司振灾伤，察刑禁。 是岁，以两浙大水、旱蝗，江东大水，悉蠲其租。浙东、西郡国风水伤稼。 八月，浙东、西州县大风水，绍兴、平江府、湖州及崇德县为甚。	《宋史》卷六五，第1423页；卷三三，第622、625页；卷六七，第1470页；卷六一，第1330页。

续表

纪年	灾情	资料出处
隆兴二年 (1164)	六月，阴雨。 六月辛酉，以淫雨，诏州县理滞囚。丁丑，振江东、两淮被水贫民。 七月，平江、镇江、建康、宁国府、湖、常、秀、池、太平、庐、和、光州、江阴、广德、寿春、无为军、淮东郡皆大水，浸城郭，坏庐舍、圩田、军垒，操舟行市者累日，人溺死者众。越月，积阴苦雨，水患益甚，淮东有流民。 七月，浙西、江东大雨害稼。 八月，风雨逾月。	《宋史》卷六五，第1423 页；卷三三，第627 页；卷六一，第1330 页。
乾道元年 (1165)	二月甲辰，以久雨，避殿减膳，蠲两浙灾伤州县身丁钱绢，决系囚。 六月，常、湖州水坏圩田。	《宋史》卷三三，第631 页；卷六一，第1330 页。
乾道二年 (1166)	四月，是月除浙西围田，以其壅水害民田故也。 四月，诏淫雨为沴，有伤农稼。 九月，是月温州水灾。	《宋史全文》卷二四下；《宋会要》瑞异三之七。
乾道三年 (1167)	五月丙午，泉州大雨，昼夜不止者旬日。 六月，庐、舒、蕲州水，坏苗稼，漂人畜。 七月己酉，临安府天目山涌暴水，决临安县五乡民庐二百八十余家，人多溺死。 八月，湖、秀州上虞县水，坏民田庐。时积潦至于九月，禾稼皆腐。 江东山水溢。 江西诸郡水，隆兴府四县为甚。 淫雨，江、浙、淮、闽禾麻菽麦粟多腐。	《宋史》卷六五，第1424 页；卷六一，第1331 页。
乾道四年 (1168)	四月，阴雨弥月。 夏四月壬辰朔，是月，雷州水。 七月壬戌，衢州大水，败城三百余丈，漂民庐、孳牧，坏禾稼。 诸暨县大水害稼。 江宁、建康府水。 秋七月癸亥，徽州大水。辛未，衢州大水。己丑，以久雨，御延和殿虑囚，减临安府、三衢死罪以下囚，释杖以下。 是岁，饶、信亦水。	《宋史》卷六五，第1424 页；卷六一，第1331 页；卷三四，第644 页。《宋史全文》卷二五上。

续表

纪年	灾情	资料出处
乾道五年（1169）	七月丁巳，建宁府瑞应场大潾、山枣等山暴水涌出，漂民庐，溺死甚众。 七月乙亥，武宁县龙斗于复塘村，大雷雨，二龙奔逃，珠坠，大如车轮，牧童得之。自是连岁有水灾。 冬十月戊子，振温、台二州被水贫民，以守臣、监司失职，降责有差。 是岁夏、秋，温、台州凡三大风，水漂民庐，坏田稼，人畜溺死者甚众。黄岩县连遭风水，淹损屋宇、田稻、农畜，被水大小口计二万七千四十一口。	《宋史》卷六一，第1331页；卷六二，第1348、1364页；卷三四，第646页。《宋会要》瑞异三之一〇。
乾道六年（1170）	五月，连雨六十余日。寒伤稼。 平江、建康、宁国府、温、湖、秀、太平州、广德军及江西郡大水，江东城市有深丈余者，漂民庐，湮田稼，溃圩堤，人多流徙。 十一月，连雨。辛巳，郊祀，云开于圜丘，百步外有澍雨。 是岁，两浙、江东西、福建水、旱。	《宋史》卷六五，第1424页；卷六一，第1331页；卷三四，第650页。
乾道七年（1171）	是岁，浙右水灾。①	
乾道八年（1172）	四月，四川阴雨七十余日。 五月，赣州、南安军山水暴出，及隆兴府、吉、筠州、临江军皆大雨水，漂民庐，坏城郭，溃田害稼。 六月壬寅，四川郡县大雨水，嘉、眉、邛、蜀州、永康军及金堂县尤甚，漂民庐，决田亩。 大雨彻昼夜，至于己酉。	《宋史》卷六五，第1425页；卷六一，第1331页。
乾道九年（1173）	闰正月十四日，诏久雨未止，恐妨农事。 淫雨。 五月戊午，建康、隆兴府、严、吉、饶、信、池、太平州、广德军水，漂民居，坏圩湮田，分水县沙塞四百余亩，采石流民多渡江。 六月，湖北郡县水。	《宋会要》瑞异三之一一。《宋史》卷六五，第1425页；卷六一，第1331页。

① 楼钥：《攻媿集》卷八七《少师观文殿大学士鲁国公致仕赠太师王公行状》。

续表

纪年	灾情	资料出处
淳熙元年（1174）	七月，仁和县濒江二乡坏田圃。 七月十九日，诏："沿江被水之家，令守臣胡与可躬亲巡门相视。如委是贫乏之家，悉具姓名以闻。"既而相视到沿江被水贫乏之家六百三十有八。 冬十月癸亥，以积雨，命中外决系囚。	《宋史》卷六一，第1331页；卷三四，第658页。《宋会要》瑞异三之一一。
淳熙二年（1175）	夏，建康府霖雨，坏城郭。 七月十四日，建因淹浸寨屋一千一百余家；二十八日，镇江水。 九月乙酉，振恤淮南水旱州县。	《宋史》卷六五，第1424页；卷三四，第660页。《宋会要》瑞异三之一一至一二。
淳熙三年（1176）	五月，淮、浙积雨损禾麦。 八月癸未，行都大雨水，坏德胜、江涨、北新三桥及钱塘、余杭、仁和县田，流入湖、秀州，害稼。 浙东西、江东郡县多水，婺州、会稽、嵊、广德军建平三县尤甚。 八月壬午，以久雨，命中外决系囚。 九月，久雨妨稼。 九月十七日，婺州水。 冬十月甲戌，以久雨，命中外决系囚。 是岁，绍兴府、台、婺州水，并振之。	《宋史》卷六五，第1424页；卷六一，第1332页；卷三四，第662页。《宋会要》瑞异三之一二。
淳熙四年（1177）	五月庚子，建宁府、福、南剑州大雨水，至于壬寅，漂民庐数千家。 六月乙巳夜，福清县、兴化军大风雨，坏官舍、民居、仓库及海口镇，人多死者。 是岁，福州、建宁府、南剑州水，并振之。	《宋史》卷六一，第1332页；卷六七，第1471页；卷三四，第664页。
淳熙五年（1178）	六月戊辰，古田县大水，漂民庐，圯县治市桥。 闰月己亥，阶州水，坏城郭。 乙巳，兴化军及福清县及海口镇大水，漂民庐、官舍、仓库，溺死者甚众。	《宋史》卷六一，第1332页。

续表

纪年	灾情	资料出处
淳熙六年（1179）	四月，衢州霖雨。 夏，衢州水。 秋，宁国府、温、台、湖、秀、太平州水，坏圩田，乐清县溺死者百余人。 九月，连雨。己巳，将郊而霁。	《宋史》卷六一，第1322页；卷六五，1424页。
淳熙七年（1180）	五月戊戌，分宜县大水，决田害稼。	《宋史》卷六一，第1332页。
淳熙八年（1181）	四月，雨腐禾麦。 五月辛卯，以久雨，减京畿及两浙囚罪一等，释杖以下，贷贫民稻种钱。 五月，久雨，败首种。 壬辰，严州大水，漂浸民居万九千五百四十余家、垒舍六百八十余区。 绍兴府大水，五县漂浸民居八万三千余家，田稼尽腐；渔浦败堤五百余丈，新林败堤通运河。 七月壬辰，绍兴大水，出秀、婺州、平江府米振粜。丁酉，严州水，诏被灾之家蠲其和买，三等以上户减半。 是岁，江、浙、两淮、京西、湖北、潼川、夔州等路水旱相继，发廪蠲租，遣使按视，民有流入江北者，命所在振业之。 是岁，徽、江二州亦水。	《宋史》卷六五，第1424页；卷六一，第1332页；卷三五，第675、677页。
淳熙十年（1183）	五月，信州霖雨，自甲戌至于辛巳。大水入城，沉庐舍、市井。 襄阳府大水，漂民庐，盖藏为空。 江东、浙东数郡亦水。 六月，是月，两浙水，命赈之。 八月，福州大雨霖，自己未至于九月乙丑。吉州亦如之。 九月乙丑，福、漳州大风雨，水暴至，长溪、宁德县濒海聚落、庐舍、人舟皆漂入海。漳城半没，浸八百九十余家。 丁卯，吉州龙泉县大水，漂民庐，坏田亩，溺死者众。 是岁，福、漳、台、信、吉州水。	《宋史》卷六五，第1424页；卷六一，第1332页；卷三五，第681页。《宋史全文》卷二七上。

续表

纪年	灾情	资料出处
淳熙十一年 (1184)	四月，淫雨。戊寅，建康府、太平州大雨霖。和州水，湮民庐，坏圩田。 五月丙申，阶州白江水溢，决堤圮城，浸民庐、垒舍、祠庙、寺观甚多。 建康府、太平州水。 六月甲申，处州龙泉县大雨，水浸民舍，坏杠梁，汇田害稼。 七月壬辰，明州大风雨，山水暴出，浸民市，圮民庐，覆舟杀人。 十一月十八日，镇江府水。	《宋史》卷六五，第1424页；卷六一，第1333页。《宋会要》瑞异三之一四。
淳熙十二年 (1185)	五月、六月，皆霖雨。 六月，婺州及富阳县皆水，浸民庐，害田稼。 八月戊寅，安吉县暴水发枣园村，漂庐舍、寺观，坏田稼殆尽，溺死千余人。郡守刘藻不以闻，坐黜。 是岁，鄂州自夏徂冬，水浸民庐。 九月六日，湖州安吉县、台州临海县水。	《宋史》卷六五，第1424页；卷六一，第1333页。《宋会要》瑞异三之一四。
淳熙十三年 (1186)	五月，建宁府松溪、政和县水。淹没人家，淤塞田亩，瑞应场淹死者不下千人，被伤者不下二千家。 秋，利州路霖雨，败禾稼穜稑，金、洋、阶、成、岷、凤六州亦如之。	《宋会要》瑞异三之一四。《宋史》卷六五，第1424页。
淳熙十四年 (1187)	三月辛未，汀州水，漂百余家、军垒六十余区。	《宋史》卷六一，第1333页。
淳熙十五年 (1188)	五月，淮甸大雨水，淮水溢，庐、濠、楚州，无为、安丰、高邮、盱眙军皆漂庐舍、田稼，庐州城圮。 荆江溢，鄂州大水，漂军民庐舍三千余，江陵、常德、德安府、复、岳、澧州、汉阳军水。 戊午，祁门县群山暴汇为大水，漂田禾、庐舍、冢墓、桑麻、人畜什六七，浮胔甚众。余害及浮梁县。 六月，建宁、隆兴府、袁、抚州、临江军水圮民庐。 六月十八日，袁州萍乡、分宜两县水。	《宋史》卷六一，第1333页；卷三五，第691页。《宋会要》瑞异三之一四至一五。

续表

纪年	灾情	资料出处
	七月五日，鄂州言五月以来连雨，江水泛滥，居民及军寨被浸近三千家。 七月，黄岩县水败田潴，番易湖溢番易县，漂民舍、田稼，有流徙者。 八月，隆兴府、抚州、临江军被水。十一日，徽州祁门县水。 十月十五日，湖北路诸州沿江湖水泛涨，居民田亩多被淹寖。 （扬州）雨自五月至六月，清河溢，隳城千丈。① 是岁，江西、湖北、两淮、建宁府、徽州水。	
淳熙十六年 （1189）	正月二十二日，襄阳府楚州今岁大水，贫乏阙食民户一万四百余家。 四月，是月，西和州霖雨，害禾麦。 四月甲戌，绍兴府新昌县山水暴作，害稼湮田，漂民庐。 五月，浙西、湖北、福建、淮东、利西诸道霖雨。 五月丙辰，沅、靖州山水暴溢至辰州，常德府城没一丈五尺，漂民庐舍。 汀州大水，浸民庐千五百余家，溺死三千人。分宜县水。 丁巳，阶州白江水溢，浸城市民庐。 六月庚寅，镇江府大雨水五日，浸军民垒舍三千余。 辛卯，潼川府东、南二江溢，决堤，毁桥，浸民庐，涪城、中江、射洪、通泉、郪县没田庐。	《宋会要》瑞异三之一五。《宋史》卷六五，第1424页；卷六一，第1333页。

---

① 《水心文集》卷一八《华文阁待制知庐州钱公墓志铭》。《叶适集》，中华书局1983年版，第344页。

（五）南宋中期霖雨、山洪、江河湖泊泛溢灾情概览

纪年	灾情	资料出处
绍熙元年 （1190）	春，久阴连雨，至于三月。 三月庚午，以久雨，释杖以下囚。 夏，阶、成、岷、凤四州霖雨伤麦。	《宋史》卷六五，第1425页；卷三六，第698页。
绍熙二年 （1191）	二月，赣州霖雨，连春夏不止。坏城四百九十丈，圮城楼、敌楼凡十五所。 三月，宁化县连水漂庐舍、田亩，溺死二十余人。 四月，福建路霖雨，至于五月。 五月戊申，建宁州水。己酉，福州水，浸附郭民庐。怀安、侯官县漂千三百余家，古田、闽清县亦坏田庐。 庚午，利州东江溢，坏堤、田、庐舍。汉州雒县、石泉军龙安县水。 辛未，潼川府东、南江溢。 六月戊寅，又溢，再坏堤桥。水入城，没庐舍七百四十余家，郪、涪、射洪、通泉县汇田为江者千余亩。 七月癸亥，嘉陵江暴溢，兴州圮城门、郡狱、官舍凡十七所，漂民居三千四百九十余，一万九千二百九口。 潼川、崇庆府，绵、果、合、金龙、汉州、怀安、石泉、大安军、鱼关皆水。时上流西蕃界，古松州江水暴溢，龙州败桥阁五百余区，江油县溺死者众。 七月，利州久雨，伤种麦。 癸亥，兴州暴雨连日。 八月，行都久雨。 是岁，建宁府、汀州水。	《宋史》卷六五，第1425页；卷六一，第1333、1334页；卷三六，第702页。
绍熙三年 （1192）	五月，江东、湖北路连雨。常德府大雨彻昼夜，自壬辰至于庚子。宁国府、池州、广德军自己亥至于六月辛丑朔，雨甚，祁门县至于庚戌。 五月壬辰，常德府大雨水，浸民田庐。 乙未，潼川府东、南江溢，后六日又溢，浸城外民庐，人徙于山。	《宋史》卷六五，第1425页；卷六一，第1334页；卷三六，第704页。

续表

纪年	灾情	资料出处
	己亥，池州大雨水连夕，青阳县山水暴涌，漂田庐杀人，盖藏无遗。贵池县亦水。 庚子，泾县大雨水，败堤，圮县治庐舍。 六月辛丑，建平县水，败堤入城，漂浸民庐。甲戌，祁门县水。七月壬申，天台、仙居县大水连夕，漂浸民居五百六十余，坏田伤稼。 襄阳、江陵府大雨水，汉江溢，败堤防，圮民庐，没田稼者逾旬。复州、荆门军水，亦如之，镇江府三县水，损下地之稼。 七月壬申，天台、仙居二县大雨连旬。淮西路、镇江、襄阳府皆害禾麦。 八月，普州雨害稼。 是月，淮西郡国稼皆伤。 是岁，江东、京西、湖北水。	
绍熙四年 （1193）	四月，霖雨，至于五月，浙东西、江东、湖北郡县坏圩田，害蚕、麦、蔬、穄，绍兴、宁国府尤甚。镇江府大雨，自辛未至于丙子，淮西郡县自丙子至于戊寅。 四月，上高县水，浸二百余家。 五月壬申、癸酉，奉新县大雷雨水，漂浸八百二十余家。 五月辛未、丙子，镇江府大雨水，浸营垒六千余区。戊寅，安丰军大水，平地三丈余，漂田庐、丝麦皆空。是月，诸暨、萧山、宣城、宁国县大水，坏田稼。禾稼冲倒百有余里。广德军属县水害稼。筠州水浸民庐。戊寅，进贤县水，圮百二十余家。 六月丙申，兴国军水，池口镇及大冶县漂民庐，有溺死者。戊戌，靖安县水，漂三百二十余家。 是夏，江、赣州、江陵府亦水。 七月乙酉，丰城县水。壬午，临江军水，皆圮民庐。丁亥，新淦县漂浸二千三百余家。 八月辛丑，隆兴府水，圮千二百七十余家。 吉州水，漂浸民庐及泰和县官舍，自夏及秋，江西九州三十七县皆水。	《宋史》卷六五，第1425页；卷六一，第1335页。

续表

纪年	灾情	资料出处
绍熙五年（1194）	五月辛未，石埭、贵池、泾县皆水，圮民庐，溺死者众。 是月，泰州大水。 七月壬申，慈溪县水，漂民庐，决田害稼，人多溺死。 乙亥，会稽、山阴、萧山、余姚、上虞县大风驾海涛，坏堤，伤田稼。 八月辛丑，钱塘、临安、新城、富阳、於潜县大雨水，余杭县尤甚。漂没田庐，死者无算。 安吉县水，平地丈余。 平江、镇江、宁国府，明、台、温、严、常州，江阴军皆水。 是秋，武陵县江溢，圮田庐甚众。 八月，霖雨。畿县，浙东西皆害稼。 九月，雨，至于十月癸巳，大雨三昼夜不止。江东西、福建郡县皆苦雨。 是岁，两浙、淮南、江东西路水旱，振之，仍蠲其赋。	《宋史》卷六一，第1335页；卷六五，第1425页；卷三七，第718页。
庆元元年（1195）	正月，霖雨。 二月，又雨，至于三月，伤麦。 五月，霖雨。 五月二十四日，九江大雨五昼夜，江流暴溢。鸡犬畜产，悉皆漂荡。① 七月甲寅，黄严县水尤甚，常平使者莫漳以缓于振恤坐免。 七月，临安府水。雨，至于八月。 八月，是月都城水。 台、严、湖州水灾。 九月壬午朔，蠲临安府水灾贫民赋。乙酉，以久雨决系囚。己酉，蠲台、严、湖三州被灾民丁绢。	《宋史》卷六五，第1425页；卷六一，第1335、1336页；卷三七，第720页。

① 洪迈：《夷坚志·支戊卷四·德化鸳兽》，第1079页。

续表

纪年	灾情	资料出处
庆元二年 (1196)	六月壬申,台州淼风暴雨连夕。① 秋,浙东郡国大水。 八月,行都霖雨五十余日。	《宋史》卷六五,第1425页;卷六一,第1335页。
庆元三年 (1197)	七月,雨连月。 九月,绍兴府属县二、婺州属县二,水害稼。	《宋史》卷六五,第1425页;卷六一,第1335页。
庆元四年 (1198)	八月丁卯朔,以久雨,决系囚。	《宋史》卷三七,第724页。
庆元五年 (1199)	五月,行都雨坏城,夜压附城民庐,多死者。 六月,浙东、西霖雨,至于八月。 秋,台、温、衢、婺水,漂民庐,人多溺死。 是岁,饶、信、江、抚、严、衢、台七州、建昌、兴国军、广东诸州皆水,振之。	《宋史》卷六五,第1425页;卷六一,第1335页;卷三七,第726页。
庆元六年 (1200)	五月庚午,严州霖雨,连五昼夜不止。 五月,建宁府、严、衢、婺、饶、信、徽、南剑州及江西郡县皆大水,自庚午至于甲戌,漂民庐,害稼。 十二月,是岁,建宁府、徽、严、衢、婺、饶、信、南剑七州水。	《宋史》卷六五,第1425页;《宋史》卷六一,第1335页;卷三七,第728页。
嘉泰二年 (1202)	六月,福建路连雨,至于七月。丁未,大风雨为灾。 七月丙午,上杭县水,圮田庐,坏稼,民多溺死。建安县漂军民庐舍百二十余,山摧,覆民庐七十七家,溺压死者六十余。丁未,长溪县漂民庐二百八十余家,古田县漂官舍、民庐甚众,溺死者二百七十。剑浦县圮二百五十余家,死者亦众。 七月,汀州、建宁、福州、南剑及江西郡邑水害苗稼。 十二月,是岁,建宁府、福、汀、南剑、泸四州水。	《宋史》卷六五,第1424页;卷六一,第1355页;卷三八,第733页。《通考》卷二九七,考2348页。

① 《宋史》卷六二"庆元二年六月辛未"条载:"(台州)黄岩县大石自陨,雷雨甚至,山水瀵涌。"第1372页。

续表

纪年	灾情	资料出处
嘉泰三年 （1203）	四月，江南郡邑水害稼。 八月，久雨。	《宋史》卷六一，第1335页；卷六五，第1425页。
嘉泰四年 （1204）	四月甲辰，振恤江西水旱州县。 十月十二日，洋州灙水河暴涨，其水发源在北山谷中，属真符县化洽乡第十都十六都一带，沿流人家被水，漂荡屋宇、水硙、什物之类，流入汉江，真符县界漂损一十七户，化洽乡七十七家被水。	《宋史》卷三八，第735页。《宋会要》瑞异三之一九。
开禧元年 （1205）	七月，利州郡县霖雨害稼。 闰月，盱眙军阴雨，至于九月，败禾稼。 十月，行都淫雨，至于明年春。 九月丙戌，汉、淮水溢，荆襄、淮东郡国水，楚州、盱眙军为甚，圮民庐，害稼。 十二月，是岁，两淮、京西、湖北诸州水。	《宋史》卷六五，第1426页；卷六一，第1336页。《两朝纲目备要》卷八。
开禧二年 （1206）	春，淫雨，至于三月。 五月庚寅，东阳县大水，山千七百三十余所同夕崩洪，漂聚落五百四十余所，湮田二万余亩，溺死者甚众。	《宋史》卷六五，第1426页；卷六一，第1336页。
开禧三年 （1207）	六月十五日，临安府言："钱塘县五月二十六日安吉山南管系边江去处，被上江洪水，入浦潮水相冲，涌入本乡，浸没田亩并大路，民间住屋、驿路去处，水没约八尺有余。" 同日，严州并管下六县，自五月以来，晓夜骤雨不止，溪水泛涨，冲突直入城市，淹浸居民。 十九日，绍兴府萧山县、诸暨、嵊县、山阴、会稽、上虞等诸邑，自五月二十四日以后，至今月九日以水伤乞赈恤。 二十三日，徽州自五月中旬以来，连日雨势转急，溪水涌溢，城里外居民多被淹浸。 七月五日，福建崇安县自五月初旬以来，连雨暴作，忽东、西两溪洪水泛涨，浸上县街；五月二十日，政和县梅雨连绵，势不少缓，遂至溪流泛溢。	《宋会要》瑞异三之一九、二〇、二一、二二、二三。《两朝纲目备要》卷一〇。《宋史全文》卷二九下。《宋史》卷六一，第1336页；卷三八，第747页。

续表

纪年	灾情	资料出处
	秋七月乙酉，比者郡邑间被大水，加以飞蝗为孽。 江、浙、淮郡邑水，鄂州、汉阳军尤甚。 是岁，沿江诸州水。	
嘉定二年 （1209）	五月己亥，连州大水，败城郭百余丈，没官舍、郡库、民庐，坏田亩聚落甚多。 六月辛酉，西和州水，没长道县治、仓库。 利州、成州、阆州、遂宁皆水。丙子，昭化县水，没县治，漂民庐。成州水，入城，圮垒舍。同谷县及遂宁府、阆州皆水。	《宋史》卷六一，第1336页。《通考》卷二九七，考2348页。
嘉定三年 （1210）	三月丙辰，以久雨释两浙州县系囚。 三月，阴雨六十余日。五月，淫雨，至于六月，首种多败，蚕、麦不登。 四月甲子，新城县大水。 五月，严、衢、婺、徽州，富阳、余杭、盐官、新城、诸暨、淳安大雨水，溺死者众，圮田庐、市郭，首种皆腐。 行都大水，浸庐舍五千三百，禁旅垒舍之在城外者半没，西湖溢。濒湖民居皆圮。 是岁，临安、绍兴府、严、衢州大水。	《宋史》卷三九，第754页；卷六五，第1426页；卷六一，第1336页。《通考》卷二九七，考2348页。《两朝纲目备要》卷一二。
嘉定四年 （1211）	七月二十三日，庆元府慈溪县金州乡洪水发作，冲损民屋、陆种、淹死人民计二百六十六家。 八月，霖雨，至于九月。	《宋会要》瑞异三之二五；《宋史》卷六五，第1426页。
嘉定五年 （1212）	春，淫雨，至于三月，伤蚕麦。 三月戊辰，以久雨，诏大理、三衙、临安府、两浙州县决系囚。 五月庚戌，严州水。 六月丁丑，台州及建德、诸暨、会稽县水，坏田庐。	《宋史》卷三九，第757页；卷六五，第1426页；卷六一，第1336页。

纪年	灾情	资料出处
嘉定六年 (1213)	春，淫雨，至于二月。丁亥，雨雪集霰。 五月，阴雨经日。辛酉，严州霖雨。 六月戊子，绍兴府大风雨，浙东、西雨至于七月。 六月丁丑，淳安县山涌暴水，陷清泉寺，漂五乡田庐百八十里，溺死者无算，巨木皆拔。丁亥，於潜县大水。戊子，诸暨县风雷大雨，山涌暴作，漂十乡田庐，溺死者尤多。钱塘县、临安、余杭、於潜、安吉县皆水。洪水泛溢至湮没民田，冲倒屋宇，道路不通，民居被浸，雨势未止，民情皇皇。 六月，严州及临安、绍兴、湖州属县皆水。 是岁，两浙诸州大水。	《宋史》卷六五，第1426页；卷六一，第1336页；卷三九，第760页。《通考》卷二九七，考2348页。
嘉定七年 (1214)	九月丙戌，以久雨，释大理、三衙、临安府杖以下囚。 九月，阴雨，至于十月，害禾麦。	《宋史》卷三九，第761页；卷六五，第1426页。
嘉定九年 (1216)	四月，霖雨。 五月，行都及绍兴府、严、衢、婺、台、处、信、饶、福、漳、泉州、兴化军大水，漂田庐，害稼。 六月，大雨霖二十余日，浙东、西郡县为灾。 六月戊申，振恤浙西被水州县，宽其租税。 九月甲申，诏两浙、江东监司核州县被水最甚者，蠲其租。	《宋史》卷六五，第1426页；《通考》卷三〇三，考2390页。《宋史》卷六一，第1336页；卷三九，第764页。
嘉定十年 (1217)	三月，连雨，至于四月。 五月辛巳，以久雨，释大理、三衙、临安府杖以下囚，蠲茶盐赏钱。 六月辛未，东川大水。 十月，霖雨害稼。 冬，浙江涛溢，圮濒江庐舍，覆舟，溺死甚众。 蜀、汉二州大江没城郭。	《宋史》卷六一，第1336页；卷四〇，第767、768页。
嘉定十一年 (1218)	六月辛酉，诏湖州振恤被水贫民。 六月戊申，武康、安吉县大水，漂官舍、民庐，坏田稼，人畜死者甚众。 六月，霖雨，浙西郡县尤甚。	《宋史》卷四〇，第770页；卷六一，第1337页；卷六五，第1426页。

续表

纪年	灾情	资料出处
嘉定十二年（1219）	六月，霖雨弥月。	《宋史》卷六五，第1426页。
嘉定十四年（1221）	建康府大水。 是岁，沔、成、阶、利四州水。	《宋史》卷六一，第1327页；卷四〇，第778页。
嘉定十五年（1222）	七月，绍兴水，衢、婺、徽、严暴流，与江涛合，圮田庐，害稼。 七月，浙东、西霖雨为灾。	《通考》卷二九七，考2348页。《宋史》卷六五，第1426页。
嘉定十六年（1223）	五月，江、浙、淮、荆、蜀郡县水，平江府、湖、常、秀、池、鄂、楚、太平州、广德军为甚，漂民庐，害稼，圮城郭、堤防，溺死者众。鄂州江湖合涨，城市沉没，累月不泄。 是秋，江溢，圮民庐。余杭、钱塘、仁和县大水。 福、漳、泉州、兴化军水坏稼十五六。 五月，霖雨。浙西、湖北、江东、淮东尤甚。八月，大风雨害稼。 八月二十八日，江南东路自五六月间，霪雨不止，江、河、山溪之水，一时暴涨，居民多遭巨浸，低田率皆淹没。……今建康濒江之圩田茫然与江混而为一，不复可见畦町，而太平州圩田埂埠虽存，坍损实多，荡然几与江湖无异，至于宁国之宣城、广德之建平、池之铜陵，凡曰圩田，大率相似。 武陵县水涝为沴，荡民田庐。① 十二月辛巳，命淮东、西总领及沿江被水州募江西、湖南民入米补官。	《宋史》卷六一，第1337页；卷六五，第1426页；卷四〇，第780页。《宋会要》瑞异三之二八。

---

① 《永乐大典方志辑佚》第四册，第2405页。

续表

纪年	灾情	资料出处
嘉定十七年（1224）	五月，福建大水。漂水口镇民庐皆尽，侯官县甘蔗砦漂数百家，人多溺死。建宁府没平政桥，入城，南剑州圮郡治，城楼、郡狱、官舍、城坏，民避水楼上者皆死。乙卯，建昌军大水，城不没者三板，漂民庐，圮官舍、城郭、桥梁，害稼。 七月二日，闽中诸郡因五月二十一日积雨之后，溪流暴涨，为灾特甚，自建宁、南剑以至福州水口，沿溪居民荡然一空。福之城中西南两门水高七尺以上，侯官县甘蔗寨漂流数百家，多有溺死者。南剑冲突尤甚，水势直至郡治，城楼、邮亭、司理院狱，悉皆淹浸类毁。城中人家初见水来，尽挈笼仗上楼，未几，与楼俱去，诚可悯念。市西地名铁冶岭一带，皆为弥漫之所，建宁平政桥最为高处，水没其上，汹涌入城，即此而观，则其他城外低下去处，及诸外县被水害可知。 八月，霖雨。	《宋史》卷六一，第1337页；卷六五，第1426页。《宋会要》瑞异三之三二。

（六）南宋后期霖雨、山洪、江河湖泊泛溢灾情概览

纪年	水情	资料出处
宝庆元年（1225）	七月，滁州大水。	《宋史全文》卷三一。
宝庆二年（1226）	三月癸酉，以久雨，诏大理寺、三衙、两浙运司、临安府诸属县榷酒所，凡赃赏等钱，罪已决者，一切勿征，毋锢留妻子。自是霖潦、寒暑皆免。	《宋史》卷四一，第788页。
宝庆三年（1227）	秋七月丁酉，诏振赡被水郡县，其竹木等税勿征。 七月庚子，以久雨，命从臣日一人祷于天竺山。	《宋史》卷四一，第790页。《宋史全文》卷三一。

续表

纪年	水情	资料出处
绍定二年（1229）	天台、仙居县大水。 九月丁卯，台州水。①	《宋史》卷六一，第1337页。《宋季三朝政要笺证》卷一，第37页。
绍定三年（1230）	四月癸酉，绍兴府余杭、上虞县民户水灾。	《宋史全文》卷三一。
绍定四年（1231）	沿江水灾。	《宋史》卷六一，第1337页。
绍定六年（1233）	六月，归德连日暴雨，平地水数尺，军士漂没甚众。 十二月丁酉，襄汉被水。	《宋季三朝政要笺证》卷一，第64页。《宋史全文》卷三二。
端平三年（1236）	三月辛酉，蕲州大雨水，漂民居。 七月戊申，二浙诸郡雨水为沴，禾稼害于垂成。 是年，英德府、昭州及襄、汉江皆大水。	《宋史》卷六一，第1337页。《宋季三朝政要笺证》卷一，第93页。《宋史全文》卷三二。
嘉熙元年（1237）	饶、信州水。	《宋史》卷六一，第1337页。
嘉熙二年（1238）	浙江溢。浙江水灾。 秋七月壬午，以霖雨不止，烈风大作，诏避殿、减膳、彻乐，令中外之臣极言阙失。	《宋史》六一，第1337页；卷四二，第817页。《宋季三朝政要笺证》卷一，第105页。
嘉熙三年（1239）	五月己亥朔，江潮为沴。	《宋史全文》卷三三。

---

① "台州大水。"高斯得：《耻堂存稿》卷一《直前奏事》[原注淳祐十二年七月尝以秘书少监兼侍立官]。

续表

纪年	水情	资料出处
淳祐二年 (1242)	绍兴府、处、婺州水。 六月,是月,盛夏积雨,浙右大水。 秋七月辛巳朔,常、润、建康大水,两淮尤甚。	《宋史》卷六一,第1337页;卷四二,第824页。
淳祐七年 (1247)	正月戊寅,建宁、邵武诸郡被水。	《宋史》卷六一,第1337页。
淳祐九年 (1249)	严州水患。	《宋史全文》卷三四。
淳祐十年 (1250)	八月甲寅,台州大水。 九月戊寅,以严州水,复民田租。严州水。	《宋史》卷四三,第842页;卷六一,第1337页。
淳祐十一年 (1251)	八月甲辰,汀州山水暴至,漂人民。 九月,江陵水。 是年,江、浙多水,饶州亦水。	《宋史》卷六一,第1337页。
淳祐十二年 (1252)	六月①,建宁府、严、衢、婺、信、台、处、南剑州、邵武军大水,冒城郭,漂室庐,死者以万数。 六月以来,饶州、衢、婺、台、处、严陵、建宁、南剑、邵武诸州同时大水,败坏官寺、屋庐,流杀人民以千、万计,父老咸谓数十百年所无此,非小变也。 信州(饶州)"郡再有水,水高与城等,怀襄之祸尤烈于前,城复坏,水平城如踞斯啮,东北隅以南一带弥望几无一瓦,非复畴曩之城矣!"② 夏六月辛酉,(严州)大水被九州,阛阓为壑,五日乃缩,坏公私庐舍亡数,民苦溺且饥。③	《宋史》卷六一,第1338页。
宝祐元年 (1253)	七月,温、台、处、信、饶州大水。	《宋史》卷六一,第1338页。

---

① 高斯得:《耻堂存稿》卷一《直前奏事》原注为:"淳祐十二年七月。"
② 《上饶志》,《永乐大典方志辑佚》,第1762页。
③ 方仁荣、郑瑶:《景定严州续志》卷二,第4365页。《宋元方志丛刊》,中华书局1990年版。

续表

纪年	水情	资料出处
宝祐二年 （1254）	九月丙寅，诏："山阴、萧山、诸暨、会稽四县水，其除今年田租。"	《宋史》卷四四，第853页。
宝祐三年 （1255）	五月，久雨。浙西大水。	《宋史》卷四四，第855页。
开庆元年 （1259）	三月，滁州水灾。 五月己未，婺州水，漂民庐。 是岁，滁、严州水。	《宋季三朝政要笺证》卷三，第244页。《宋史》卷六一，第1338页。
景定元年 （1260）	高斯得云："庚申以来，大水为灾，浙西之民死者数百、千、万。"①	
景定二年 （1261）	六月乙未，诏霖雨为沴，避殿、减膳、彻乐。乙巳，诏近畿水灾，安吉为甚，亟讲行荒政。 六月乙巳，近畿被水，安吉为甚。 秋七月暴雨，仁安山洪流迸出，决湖趣江，湖涸遂芜。② 秋七月戊寅，浙右大水，湖、秀为甚，至于冬十月不退。③ 八月，浙右水涝。 九月辛酉，上曰：湖秀二郡被水最甚。诏湖、秀二郡水灾，守令其亟劝分，监司申严荒政。 浙东水。	《宋史》卷四五，第877、878页。《宋史全文》卷三六；《宋史》卷六一，第1338页，《宋季三朝政要笺证》卷三。
景定三年 （1262）	二月，临安、安吉、嘉兴属县水涝，溺死颇众。	《宋史全文》卷三六
咸淳元年 （1265）	闰（五）月乙巳，久雨，京城减直粜米三万石。自是米价高即发廪平粜，以为常。丁未，发钱二十万赡在京小民，钱二十万赐殿、步、马司军人，钱二万三千赐宿卫。自是行庆、恤灾，或遇霖雨雪寒，咸赐如上数。	《宋史》卷四六，第894页。

① 《耻堂存稿》卷一《彗星应诏对事》。
② 《新定续志》，《永乐大典方志辑佚》，第615页。
③ 方仁荣、郑瑶：《景定严州续志》卷二，第4365页。

续表

纪年	水情	资料出处
咸淳三年（1267）	八月壬申，久雨，命在京三狱、赤县、直司、签厅择官审决狱讼，毋滞。	《宋史》卷四六，第898页。
咸淳六年（1270）	五月，大雨水。 十月己卯，诏台州发义仓米四千石并发丰储仓米三万石，振遭水家。 闰十月己酉，安吉州水，免公田租四万四千八十石。 十一月丁丑，嘉兴、华亭两县水，免公田租五万一千石，民田租四千八百一十石。	《宋史》卷六一，第1338页；卷四六，第905、906页。
咸淳七年（1271）	五月甲申，诸暨县大水，漂庐舍。 是月，重庆府江水泛溢者三，漂城壁，坏楼橹。	《宋史》卷六一，第1338页。
咸淳十年（1274）	三月，庐州水。 四月，绍兴府大雨水。 八月，临安府水，安吉、武康县水。	《宋史》卷六一，第1338页。

二、冰雹、雨雹、雷雹

雹是雷雨云中水汽和水滴凝结成 5—100 毫米落向地面的固体水形态，一般称作冰雹。直径小于 5 毫米的小冰雹又称冻雨，史书上所言的雨雹即指此。冰雹形成需要有强上升气流的对流云，因此常伴有雷暴，故史书上亦有雷雹之称。下面根据史乘将两宋时期见于记载的雹情制成简表，其后再作讨论。

（一）北宋冰雹、雨雹、雷雹灾情概览

年代	雨雹、雷雹、冰雹	资料出处
建隆元年（960）	十月，临清县雨雹伤稼。	《宋史》卷六二，第1345页。

续表

年代	雨雹、雷雹、冰雹	资料出处
建隆二年（961）	七月，义川、云岩二县大雨雹。 十月辛丑，丹州大雨雹。	《宋史》卷六二，第1345页；卷一，第10页。
建隆三年（962）	七月丁卯，潞州大雨雹。	《宋史》卷一，第12页。
建隆四年（乾德元年，963）	四月，后蜀遂州方义县雨雹，大如斗，五十里内飞鸟六畜皆死。① 七月，海州风雹。	《宋史》卷六二，第1345页。
乾德二年（964）	四月，阳武县雨雹。宋州宁陵县风雨雹伤民田。 六月，潞州风雹。 七月，同州郃阳县雨雹害稼。 八月，肤施县风雹霜害民田。 九月戊子，延州雨雹。	《宋史》卷六二，第1345页；卷一，第18页。
乾德三年（965）	四月，尉氏、扶沟二县风雹，害民田，桑枣十损七八。	《宋史》卷六二，第1346页。
开宝二年（969）	风雹害夏苗。	《宋史》卷六一，第1346页。
太平兴国二年（977）	六月，景城县雨雹。 七月，永定县大风雹害稼。	《宋史》卷六二，第1346页。
太平兴国五年（980）	四月，是月，寿州风雹，冠氏县雨雹。 四月，冠氏、安丰二县风雹。	《宋史》卷四，第64页；卷六二，第1346页。
太平兴国七年（982）	五月，芜湖县雨雹伤稼。	《宋史》卷六二，第1346页。
太平兴国八年（983）	五月，相州风雹害民田。	《宋史》卷六二，第1346页。

---

① 后蜀广政二十六年（963），张唐英：《蜀梼杌》卷下，《全宋笔记》第一辑第八册，第60页。

续表

年代	雨雹、雷雹、冰雹	资料出处
端拱元年（988）	三月，霸州大雨雹，杀麦苗。闰五月，润州雨雹伤麦。	《宋史》卷六二，第1346页。
淳化元年（990）	六月，许州大风雹，坏军营、民舍千一百五十六区。鱼台县风雹害稼。	《宋史》卷六二，第1346页。
至道二年（996）	十一月，代州风雹伤田稼。	《宋史》卷六二，第1346页。
咸平元年（998）	九月，定州北平等县风雹伤稼。	《宋史》卷六二，第1346页。
咸平三年（1000）	四月丁巳，京师雨雹，飞禽有陨者。	《宋史》卷六二，第1346页。
咸平六年（1003）	四月甲申，京师暴雨雹，如弹丸。	《宋史》卷六二，第1346页。
大中祥符三年（1010）	八月丙辰，京师雨雹。	《通考》卷三〇五，考2403页。
大中祥符五年（1012）	八月丙辰，京师雨雹。	《通考》卷三〇五，考2403页。
天禧元年（1017）	九月，镇戎军彭城砦风雹，害民田八百余亩。	《宋史》卷六二，第1346页。
天圣元年（1023）	五月丙辰，大雨雹。	《宋史》卷六二，第1346页。
天圣二年（1024）	七月壬午，大雨雹。	《宋史》卷六二，第1346页。
天圣六年（1028）	京师雨雹。	《宋史》卷六二，第1346页。
天圣八年（1030）	五月丙辰，大雷雹。①	《长编》卷一〇九，第2539页。

① 《皇朝编年纲目备要》卷九"天圣八年夏五月"条作"大雨雹"。

续表

年代	雨雹、雷雹、冰雹	资料出处
宝元元年（1038）	春正月，陕西大雨雹。	《皇朝编年纲目备要》卷一〇，第223页。
庆历二年（1042）	秋七月戊午，大雨雹。	《宋史》卷一一，第214页。
庆历六年（1046）	五月，雷雹①、地震。 五月甲申，京师雨雹，地震。	《宋史》卷六二，第1351页；卷一一，第221页。
皇祐三年（1051）	十二月戊寅朔，诏环州向以风雹霜旱之灾，蕃部阙食，其贷弓箭手种粮。	《长编》卷一七一，第4119页。
嘉祐四年（1059）	四月丙戌，震雷雨雹。	《宋史》卷六二，第1346页。
熙宁元年（1068）	秋，鄜州雨雹。	《宋史》卷六二，第1346页。
熙宁三年（1070）	七月，京师雨雹。	《宋史》卷六二，第1346页。
熙宁七年（1074）	四月五月，京师雨雹。	《宋史》卷六二，第1346页。
熙宁八年（1075）	夏，鄜州、泾州雨雹。	《宋史》卷六二，第1346页。
熙宁九年（1076）	二月，京师雨雹。	《宋史》卷六二，第1346页。
熙宁十年（1077）	夏，鄜州雨雹。秦州大雨雹。	《宋史》卷六二，第1346页。
绍圣二年（1095）	十月辛未，西南方有雷声，次大雨雹。	《宋史》卷六二，第1346页。

① 《续资治通鉴长编》卷一五八"庆历六年五月甲申"条作"京师雨雹、地震"第3827页。

续表

年代	雨雹、雷雹、冰雹	资料出处
绍圣三年（1096）	十月十五日，西南方有雷声，次雨雹。	《宋史》卷六二，第1351页。
绍圣四年（1097）	闰二月癸卯，京师雨雹，自辰至申。	《宋史》卷六二，第1346页。
建中靖国元年（1101）	二月丙申，京师雨雹。五月辛酉（朔），京师大雨雹。	《宋史》卷六二，第1347页。
崇宁三年（1104）	二月，雨雹。十月辛丑，京师雨雹。	《皇朝编年纲目备要》卷二七，第680页。《宋史》卷六二，第1347页。
崇宁四年（1105）	二月，雨雹。	《皇朝编年纲目备要》卷二七，第684页。
大观元年（1107）	十月己巳，京师大雨雹。	《宋史》卷六二，第1347页。
大观三年（1109）	五月戊申，京师大雨雹。十月戊子，大雷雹而雨。	《宋史》卷六二，第1347页、1351页。
政和七年（1117）	六月，京师大雨雹，皆如拳，或如一升器，几两时而止。	《宋史》卷六二，第1347页。
宣和元年（1119）	十二月，大雨雹。	《皇朝编年纲目备要》卷二八，第730页。
宣和四年（1122）	二月癸卯，京师雨雹。三月朔，雨雹。	《宋史》卷六二，第1347页。
宣和七年（1125）	三月癸酉朔，雨雹。①	《宋史》卷二二，第415页。
靖康元年（1126）	十二月己卯、庚辰，京师雨雹。	《宋史》卷六二，第1347页。

① 《宋史》卷六一作"宣和四年"，恐误。第1347页。《通考》卷三〇五，考2403页，未见此条。

(二) 南宋冰雹、雨雹、雷雹灾情概览

年代	雨雹、雷雹、冰雹	资料出处
建炎三年（1129）	八月甲戌，大雨雹。	《宋史》卷六二，第1347页。
绍兴元年（1131）	二月壬辰，高宗在越州，雨雹震雷。	《宋史》卷六二，第1347页。
绍兴二年（1132）	二月丙子，临安府大雨雹。	《宋史》卷六二，第1347页。
绍兴三年（1133）	正月，雨雹震雷。	《宋史》卷六二，第1347页。
绍兴四年（1134）	三月己未，大雨雹伤稼。	《宋史》卷六二，第1347页。
绍兴五年（1135）	闰月乙巳朔，雨雹而雪。 十月丁未夜，秀州华亭县大风电，雨雹，大如荔枝实，坏舟覆屋。 十二月戊辰，雨雹。	《宋史》卷六二，第1347页。
绍兴七年（1137）	二月癸丑，雨雹。先一夕雷，后一日雪，癸丑又雹。	《宋史》卷六二，第1347页。
绍兴八年（1138）	六月丙辰，大雨雹。	《宋史》卷六二，第1347页。
绍兴九年（1139）	二月甲戌，雨雹伤麦。 十二月辛未，雨雹。	《宋史》卷六二，第1347页。
绍兴十年（1140）	二月辛亥，大雨雹。 十二月庚辰，雨雹。	《宋史》卷六二，第1347页。
绍兴十一年（1141）	正月辛酉，雨雹。	《宋史》卷六二，第1347页。
绍兴十三年（1143）	二月甲子，雨雹伤麦。 五月戊午夜，雹。 七月庚午、壬申，雹害稼。 十一月己未，雨雹。	《宋史》卷六二，第1347页。

续表

年代	雨雹、雷雹、冰雹	资料出处
绍兴十七年 (1147)	正月庚辰，雨雹。 五月丙寅，又雹。	《宋史》卷六二，第1347页。
绍兴二十一年 (1151)	二月甲寅夜，雨雹。 三月丁丑，雨雹。 三月己卯，雹伤禾麦。	《宋史》卷三〇，第572页；卷六二，第1348页。
绍兴二十八年 (1158)	四月辛亥，雨雹。	《宋史》卷六二，第1348页。
绍兴二十九年 (1159)	二月戊戌，雹损麦。①	《宋史》卷六二，第1348页。
隆兴元年 (1163)	三月丙申夜，雨雹。	《宋史》卷六二，第1348页。
隆兴二年 (1164)	二月丁丑，雹与霰俱。 四月庚午，雹。 六月，雨雹。 七月丁未，雨雹。 十月辛卯，雨雹。 十二月己亥，雨雪而雹。 闰月，雨雹。	《宋史》卷六二，第1348页；卷三三，第630页。
乾道元年 (1165)	二月庚寅夜，雹。	《宋史》卷六二，第1348页。
乾道二年 (1166)	十月辛卯，雨雹。	《宋史》卷六二，第1348页。
乾道三年 (1167)	二月壬午，雪；癸未，雹。	《宋史》卷六二，第1348页。
乾道四年 (1168)	正月癸未夜，雹，有霰。 二月丁酉、癸丑，雨雹；乙卯，雹而雪。	《宋史》卷六二，第1348页。

① 《建炎以来系年要录》卷一八一"绍兴二十有九年二月戊戌"条作"是日，雪，又雨雹"，第3004页。

续表

年代	雨雹、雷雹、冰雹	资料出处
乾道五年（1169）	二月丙午，雹损麦。	《宋史》卷六二，第1348页。
乾道六年（1170）	二月壬午，亦如之（雹损麦）。	《宋史》卷六二，第1348页。
乾道八年（1172）	七月壬辰，雨雹。	《宋史》卷六二，第1348页。
淳熙三年（1176）	四月丁亥，雨雹。癸巳，天台、临海二县大风雹，伤麦。	《宋史》卷六二，第1348页。
淳熙四年（1177）	正月，建康府雨雹。 五月丙寅，雨雹。	《宋史》卷六二，第1348页。
淳熙五年（1178）	建康府雨雹者再。	《宋史》卷六二，第1348页。
淳熙六年（1179）	正月丁丑，雹伤麦。 三月壬申夜，大雨雹。	《宋史》卷六二，第1348页。
淳熙八年（1181）	十二月甲寅，雨雹。	《宋史》卷六二，第1348页。
淳熙十二年（1185）	二月辛酉夜，雨雹。	《宋史》卷六二，第1348页。
淳熙十三年（1186）	闰（七）月丙午，雨雹。	《宋史》卷六二，第1348页。
淳熙十五年（1188）	二月丁亥，雨雪而雹。 六月丁卯，雨雹。	《宋史》卷六二，第1348页。
淳熙十六年（1189）	二月己卯，雹而雨。	《宋史》卷六二，第1348页。
绍熙元年（1190）	二月丙申，雪；丁酉，雹。	《宋史》卷六二，第1348页。

续表

年代	雨雹、雷雹、冰雹	资料出处
绍熙二年 (1191)	正月戊寅，大雨雹，震雷电以雨，至二月庚辰，大雪连数日。是月庚寅朔，建宁府大风雨雹，仆屋杀人。 三月癸酉，大风雨雹，大如桃李实，平地盈尺，坏庐舍五千余家，禾麻、蔬果皆损；瑞安县亦如之，坏屋杀人尤众。秋，祐川县大风雹，坏粟麦。 三月癸酉，温州大风雨，雷雹，田苗桑果荡尽。	《宋史》卷六二，第1348页；卷三六，第700页。
绍熙四年 (1193)	六月甲子，雨雹。 七月丙寅，大雨雹。	《宋史》卷三六，第706页。
庆元三年 (1197)	二月戊辰，雪；己巳，雹。 四月乙丑，雨雹，大如杯，破瓦，杀燕爵。	《宋史》卷六二，第1349页。
嘉泰元年 (1201)	三月丙寅，雨雹三日。 五月丁丑，雨雹。 七月癸亥，大雨而雹。	《宋史》卷六二，第1349页。
嘉泰二年 (1202)	四月庚寅，雨雹伤稼。 六月庚子，大风雹而寒。	《宋史》卷六二，第1349页。
嘉泰四年 (1204)	正月壬辰，雪而雹。	《宋史》卷六二，第1349页。
开禧二年 (1206)	正月己酉，雹而雷。	《宋史》卷六二，第1349页。
嘉定元年 (1208)	闰月壬申，雨雹害稼。	《宋史》卷六二，第1349页。
嘉定二年 (1209)	三月丙申，雨雹。 三月乙未，雨雹。	《宋史》卷三九，第752页；卷六二，第1349页。
嘉定六年 (1213)	夏，江、浙郡县多雨雹害稼。	《宋史》卷六二，第1349页。

续表

年代	雨雹、雷雹、冰雹	资料出处
嘉定十五年（1222）	九月癸丑，大震雨雹。	《宋史》卷六二，第1349页。
嘉定十六年（1223）	秋，雨雹。	《宋史》卷六二，第1349页。
绍定元年（1228）	五月丁酉，雨雹。	《宋史》卷六二，第1349页。
绍定五年（1232）	九月壬寅，雨雹。	《宋史》卷六二，第1349页。
绍定六年（1233）	三月丙辰，大雨雹。	《宋史》卷六二，第1349页。
端平二年（1235）	五月乙未，雹。丙申，大雨雹。	《宋史》卷四二，第808页；卷六二，第1349页。
端平三年（1236）	六月庚戌，大雨雹。	《宋史》卷四二，第810页。
嘉熙元年（1237）	二月壬辰，雨雹。	《宋史》卷六二，第1349页。
嘉熙二年（1238）	（四月前）风雹为灾。	《宋季三朝政要笺证》卷一，第105页。
嘉熙三年（1239）	十月，风雹为灾。	《宋季三朝政要笺证》卷二，第117页。
淳祐二年（1242）	四月壬申，雨雹。	《宋史》卷六二，第1349页。
淳祐八年（1248）	二月壬辰[①]，雨雹。 三月乙丑，雨雹。	《宋史》卷六二，第1349页。

---

① 《宋史》卷四三作"癸巳"，第839页。

续表

年代	雨雹、雷雹、冰雹	资料出处
淳祐九年（1249）	正月，雨雹。	《宋史》卷六二，第1349页。
宝祐三年（1255）	五月，嘉定府大雨雹。	《宋史》卷六二，第1349页。
宝祐四年（1256）	二月戊辰，雨雹。	《宋史》卷四四，第856页。
开庆元年（1259）	五月辛亥，雨雹。	《宋史》卷六二，第1349页。
景定元年（1260）	二月庚申，雨雹。	《宋史》卷六二，第1349页。

三、冰、雪、霜冻与奇寒

　　雪和冰都是固态的水。水因寒冷结成的固体即是冰。雪花是水或冰在空中凝结再落下的自然现象，陆地积水或江河湖泊因寒冷可以凝结成大面积的固体，如冰川、冰封的河床江面。霜是水的气体形态。冰、雪、霜等都是在寒冷温度下形成的不同形式的固态水。在海平面气压条件下，纯水在4℃时的密度最大。在这个温度以下，水分子开始形成冰晶[①]。霜点也称露点，是指空气等压冷却到0℃以下，是空气中的水汽达到饱和时结成的温度。冰封雪霜寒冻都会给人们的生命财产、社会生产造成危害，甚至极大的破坏。下面根据史实制成简表，以便于全面了解宋代的冰雪霜冻灾情。

---

① （英）迈克尔·阿拉贝：《气候变化》，上海科学技术文献出版社2006年版，第35页。

（一）北宋冰、雪、霜冻与奇寒概览

年代	冰、雪、霜冻、奇寒	资料出处
太祖建隆三年（962）	三月戊午朔，厌次霣霜杀桑。 夏四月乙未，延州大雨雪。丙申，宁州大雨雪，沟洫冰。壬寅，丹州雪二尺。 春，延、宁二州雪盈尺，沟洫复冰，草木不华。丹州雪二尺许。	《宋史》卷一，第11页；卷六二，第1341页；卷六二，第1344页。
太宗太平兴国七年（982）	三月，宣州霜雪害桑稼。	《宋史》卷六二，第1341页。
雍熙二年①（985）	冬，南康军大雨雪，江水冰，胜重载。	《宋史》卷六二，第1341页。
端拱元年（988）	闰五月，郓州风雪伤麦。	《宋史》卷六二，第1341页。
淳化三年（992）	三月，商州霜，花木皆死。 九月，京兆府大雪杀苗稼。	《宋史》卷六二，第1345、1341页。
淳化四年（993）	二月，商州大雪，民多冻死。	《宋史》卷六二，第1341页。
咸平元年（998）	十一月庚戌，雨，木冰。	《通考》卷三〇五，考2404页。
咸平四年（1001）	三月丁丑，京师及近畿诸州雪损桑。	《宋史》卷六二，第1341页。
咸平六年（1003）	十一月庚戌，雨木冰。	《宋史》卷六五，第1418页。
景德元年（1004）	二月，保顺军城壕冰，隐起文为桃李华、杂人物之状。	《通考》卷三〇五，考2404页。

---

① 《文献通考》卷三〇五，系事于雍熙四年，考2400页。

续表

年代	冰、雪、霜冻、奇寒	资料出处
景德四年 (1007)	七月,渭州瓦亭寨早霜伤稼。	《宋史》卷六二,第1345页。
大中祥符五年 (1012)	正月戊寅,京师雨,木冰。	《宋史》卷六五,第1418页。
大中祥符九年 (1016)	正月,霸州渠冰,有文如花葩状。 十二月,大名府、澶州相州並霜害稼。①	《通考》卷三〇五,考2404页。《宋史》卷六二,第1345页。
天禧元年 (1017)	十一月,京师大雪,苦寒,人多冻死,路有僵尸,遣中使埋之四郊。②	《宋史》卷六二,第1342页。
天禧二年 (1018)	正月,永州大雪,六昼夜方止,江、溪鱼皆冻死。	《宋史》卷六二,第1342页。
天禧五年 (1021)	正月戊寅,京师雨木冰。	《宋史》卷六五,第1419页。
庆历三年 (1043)	十二月丁巳,大雨雪,雨木冰。	《宋史》卷六二,第1342页;卷六五,第1419页。
至和元年 (1054)	正月,京师大雪,贫弱之民冻死者甚众。	《宋史》卷六二,第1342页。
至和二年 (1055)	河东自春至夏陨霜杀桑。	《宋史》卷六二,第1345页。
嘉祐元年 (1056)	正月甲寅朔,御大庆殿受朝。前一夕,殿庭设仗卫既具,而大雨雪折宫架。是日,帝因感风眩,促礼行而罢。壬午,大雨雪,泥途尽冰。都民寒饿,死者甚众。雨木冰。	《宋史》卷六二,第1342页;卷六五,第1419页。
嘉祐三年 (1058)	闰十二月,京师大雪,民冻馁而死者十七八。	《文忠集》附录卷五《事迹》。

---

① 《文献通考》卷三〇五作"十一月",考2400页。
② 《文献通考》卷三〇五作"十二月",考2400页。

续表

年代	冰、雪、霜冻、奇寒	资料出处
嘉祐四年（1059）	正月，自冬雨雪泥涂尽冰，都民饥寒死于道路者甚众。	《通考》卷三〇五，考2400页。
治平二年（1065）	十月乙巳，雨木冰。	《宋史》卷六五，第1419页。
熙宁元年（1068）	二月八日，诏："近来诸州府军监逐时降雨雪，多以为常事，不即上闻。虽有先降指挥，官吏上下以其年岁深远，便生怠慢。其令诸路检会旧条，今后并即时具的实尺寸闻奏。仍令转运司逐季举行。"	《宋会要》瑞异二之一六。
熙宁三年（1070）	十月，京师雨木冰。	《宋史》卷六五，第1419页。
熙宁八年（1075）	正月，京师雨木冰。	《宋史》卷六五，第1419页。
熙宁九年（1076）	正月，京师雨木冰。	《宋史》卷六五，第1419页。
元祐二年（1087）	冬，京师大雪连月，至春不止。久阴恒寒，罢上元节游幸，降德音诸道。 十一月二十七日，诏："雪寒异常岁，民多死。宜厚加存恤，以钱谷给之。死者无亲属，则官为收瘗。十二月七日，以大雪寒，赐诸军薪炭钱。以钱百万令开封府赐贫民。"	《宋史》卷六二，第1342页。《宋会要》瑞异二之一七。
元祐三年（1088）	正月八日，诏以春雪寒，展给卖薪炭十五日。时自去冬大雪寒，至于是月二十八日。	《宋会要》瑞异二之一六。
元祐八年（1093）	二月，京师大寒，霰、雪、雨木冰。 十一月，京师大雪，多流民。	《宋史》卷六五，第1419页；卷六二，第1342页。
元符二年（1099）	正月甲辰朔，御大庆殿受朝贺，以雪罢。	《宋史》卷六二，第1342页。

续表

年代	冰、雪、霜冻、奇寒	资料出处
政和三年（1113）	十一月，大雨雪，连十余日不止，平地八尺余。冰滑，人马不能行，诏百官乘轿入朝。飞鸟多死。	《宋史》卷六二，第1342页。
政和七年（1117）	十二月，大雪。诏收养内外乞丐老幼。	《宋史》卷六二，第1342页。
宣和五年（1123）	十月乙酉，雨木冰。	《宋史》卷六五，第1419页。
靖康元年（1126）	十月乙卯，雨木冰。闰十一月，大雪，盈三尺不止。天地晦冥，或雪未下时，阴云中有雪丝长数寸堕地。	《宋史》卷六五，第1419页；卷六二，第1342页。
靖康二年（1127）	正月丁酉，大雪，天寒甚，地冰如镜，行者不能定立。雨木冰。是月乙卯，车驾在青城，大雪数尺，人多冻死。	《宋史》卷六二，第1342页；卷六五，第1419页。

（二）南宋冰、雪、霜冻与奇寒概览

年代	冰、雪、霜冻、奇寒	资料出处
建炎三年（1129）	五月，霖雨，夏寒。 六月，久阴霖雨而寒。 六月，寒。	《通考》卷三〇五，考2401页。《宋史》卷六二，第1343页。
绍兴元年（1131）	二月寒食日，雪。	《宋史》卷六二，第1342页。
绍兴五年（1135）	二月乙巳，雨雪。	《宋史》卷六二，第1343页。
绍兴六年（1136）	二月癸卯（是年无癸卯日，当为乙巳）雪。	《宋史》卷六二，第1343页。
绍兴七年（1137）	二月庚申，霜杀桑稼。	《宋史》卷六二，第1345页。

续表

年代	冰、雪、霜冻、奇寒	资料出处
绍兴十三年（1143）	三月癸丑，雨雪。十五日，大雪盈尺。	《宋史》卷六二，第1343页。《宋会要》瑞异二之一七。
绍兴十七年（1147）	二月丙申，雪。	《宋史》卷六二，第1343页。
绍兴十八年（1148）	二月癸卯，雪。	《宋史》卷六二，第1343页。
绍兴二十年（1150）	十一月，建昌军新城县永安村大风雪。夜半，若数百千人行……凝寒阴黑，咫尺莫（办）[辨]。明旦，雪中有人畜、鸟兽蹄迹，流血污染十余里，入山乃绝。	《宋会要》瑞异二之一七。
绍兴二十八年（1158）	三月丙寅，雨雪。	《宋史》卷六二，第1343页。
绍兴二十九年（1159）	二月戊戌，大雪。	《宋史》卷六二，第1343页。
绍兴三十一年（1161）	正月戊子，大雨雪，至己亥逾旬不止，禁旅垒舍有压者。时久雪寒甚。	《宋会要》瑞异二之一七。
隆兴元年（1163）	正月二十七日，雪降非时。	《宋会要》瑞异二之一六。
乾道元年（1165）	二月，大雪。 二月，行都及越、湖、常、润、温、台、明、处九郡寒，败首种，损蚕麦。 三月，暴寒，损苗稼。	《宋史》卷六二，第1343页；卷六五，第1424页。
乾道二年（1166）	春，大雨寒，至于三月，损蚕麦。 夏寒，江浙诸郡损稼，蚕麦不登。	《通考》卷三〇五，考2401页。《宋史》卷六五，第1424页。
乾道四年（1168）	二月癸丑，大雪。	《宋史》卷六二，第1343页。

续表

年代	冰、雪、霜冻、奇寒	资料出处
乾道五年 (1169)	二月戊子，雪。	《宋史》卷六二，第1343页。
乾道六年 (1170)	五月，大风雨，寒，伤稼。	《宋史》卷六二，第1343页。
乾道七年 (1171)	二月丙辰，雨雪。	《宋史》卷六二，第1343页。
淳熙十二年 (1185)	淮水冰，断流。是冬，大雪。自十二月至明年正月，或雪，或霰，或雹，或雨水，冰冱尺余，连日不解。台州雪深丈余，冻死者甚众。	《宋史》卷六二，第1343页。
淳熙十六年 (1189)	二月十三日，雪。 四月戊子，成州天水县大雨雪，麦皆冻死。 七月，阶、成、凤、西和四州霜，杀稼尽。	《宋会要》瑞异二之一六。《通考》卷三〇五，考2401页。
绍熙元年 (1190)	二月十二日，雪。 三月，留寒至立夏不退。 十二月，建宁府大雪深数尺。查源洞寇张海起，民避入山者多冻死。	《宋会要》瑞异二之一六。《宋史》卷六二，第1343页。
绍熙二年 (1191)	正月，行都大雪积冱，河冰厚尺余，寒甚。是春，雷雪相继，冻雨弥月。 二月十三日，雪。	《宋史》卷六二，第1343页。《宋会要》瑞异二之一六。
绍熙三年 (1192)	九月丁未，和州陨霜连三日，杀稼。是月，淮西郡国稼皆肃于霜，民大饥。	《通考》卷三〇五，考2401页。
绍熙四年 (1193)	二月己未，雪。	《宋史》卷六二，第1343页。
绍熙五年 (1194)	十一月辛亥，雨木冰。	《宋史》卷六五，第1419页。
庆元五年 (1199)	二月庚午①，雪。	《宋史》卷六二，第1344页。

① 《宋会要辑稿》瑞异二之一六作"庚子"。

续表

年代	冰、雪、霜冻、奇寒	资料出处
庆元六年（1200）	二月乙酉，雪。五月，亡暑，气凛如秋。	《宋史》卷六二，第1344页。
开禧三年（1207）	二月戊申，雪。二日戊申，其日雪降非时。	《宋史》卷六二，第1344页。《宋会要》瑞异二之一六。
嘉定元年（1208）	二月甲寅，雪。	《宋史》卷六二，第1344页。
嘉定四年（1211）	二月丙子，雪。其日雪降非时。	《宋史》卷六二，第1344页。《宋会要》瑞异二之一六。
嘉定六年（1213）	二月丁亥，雪。 六月，亡暑，夜寒。	《宋史》卷六二，第1344页。
嘉定九年（1216）	二月乙酉、丙申，雪。十三日丙申，其日雪降非时。	《宋史》卷六二，第1344页。《宋会要》瑞异二之一六。
嘉定十年（1217）	二月庚申、壬戌，雪。其日雪降非时。	《宋史》卷六二，第1344页。《宋会要》瑞异二之一六。
嘉定十六年（1223）	春三月癸丑，雪。	《宋会要》瑞异二之一六。
嘉定十七年（1224）	三月癸丑，雪。	《宋史》卷六二，第1344页。
宝庆元年（1225）	四月辛卯，雪。	《宋史》卷六二，第1344页。
绍定四年（1231）	二月己巳，雨雪。 七月丙戌，建、剑之间秋霜害稼。湖、秀、严、徽春霜损桑，水潦为沴。	《宋史》卷六二，第1344页。《宋史全文》卷三二。

续表

年代	冰、雪、霜冻、奇寒	资料出处
绍定六年（1233）	三月壬子，雨雪。	《宋史》卷六二，第1344页。
端平元年（1234）	二月癸酉，雨雪。	《宋史》卷六二，第1344页。
端平二年（1235）	三月乙未，雨雪。	《宋史》卷六二，第1344页。
嘉熙元年（1237）	三月，霜。	《宋史》卷六二，第1345页。
嘉熙二年（1238）	二月乙未，雨雪。	《宋史》卷六二，第1345页。
淳祐六年（1246）	二月壬申，雨雪。	《宋史》卷六二，第1344页。
宝祐元年（1253）	二月壬子，雨雪。	《宋史》卷六二，第1344页。
宝祐二年（1254）	三月戊子，雨雪。	《宋史》卷六二，第1344页。
宝祐六年（1258）	二月，雨雪。	《宋史》卷六二，第1344页。
开庆元年（1259）	二月庚辰，雨雪。	《宋史》卷六二，第1344页。
开庆二年（景定元年）（1206）	雨雪。	《宋会要》瑞异二之一六。
景定五年（1264）	二月辛亥，雨雪。	《宋史》卷六二，第1344页。

四、海啸、海潮

海啸、海潮、海溢是水灾情重要的组成部分,宋代因经济重心南移,沿海地区成为重要的经济活动区域,因而海啸、海潮、海溢对沿海地区造成的危害和破坏在文献记载上也有了较多的反映。海啸是由海上台风、飓风或海底地震、火山爆发造成海面恶浪并伴随着巨响的自然现象。海啸是一种具有强大破坏力的海浪,宋代文献一般把海啸称作"飓风驾浪""海浪""海溢"或"海潮"。但海潮与海啸是不尽相同的,海潮是由于月球和太阳的引潮力作用,使海洋水面发生的周期性涨落现象。海啸破坏力虽大但不是经常发生,而海潮有周期性特别是当月亮和太阳对地球的引潮力加在一起,引起不同寻常的大潮,对沿海岸地区的生命财产和社会生产以及近海捕捞业的危害和破坏更多更大。下面据史乘编制成简表,以便于了解宋代海啸、海潮、海溢等造成的灾情。

(一) 北宋海啸、海潮灾情概览

纪年	灾情	资料出处
建隆二年 (961)	七月,(泰州)潮水涨,坏居民庐舍数百,溺牛甚重。①	
建隆四年 (乾德元年, 963)	七月,泰州潮水害民田。②	
乾德二年 (964)	四月,扬州广陵、扬子等县,潮水害民田。 七月,泰州潮水复涨,坏居民庐舍数百区,牛畜死者甚众。③	《宋史》卷六一,第1319页。

---

① 路人骥编:《中国历代灾害性海潮史料》,范宝俊主编:《灾害管理文库》第二卷,当代中国出版社1999年版,第1241页。按:此书大量采录明清地方志,其部分材料来源,于今传宋代文献无考,特志于此。
② 《中国历代灾害性海潮史料》,第1241页。
③ 《中国历代灾害性海潮史料》,第1241页。

续表

纪年	灾情	资料出处
乾德三年（965）	六月，（泰州）潮溢，损田禾。① 七月，泰州潮水损盐城县民田。	《宋史》卷六一，第1319页。
乾德四年（966）	夏四月，扬子等县潮水害民田。②	
开宝元年（968）	七月，泰州潮水害稼。	《宋史》卷六一，第1319页。
开宝八年（975）	十月，广州飓风起，一昼夜雨水二丈余，海为之涨，飘失舟楫。	《宋史》卷六七，第1468页。
太平兴国七年（982）	十二月戊午朔，琼州言："飓风坏官寺民舍几尽。"	《长编》卷二三，第530页。
景德四年（1007）	十一月，潮水害田，人多溺者。③	
大中祥符四年（1011）	十一月，楚、泰州潮水害田，人多溺死。	《宋史》卷六一，第1325页。
大中祥符五年（1012）	杭州言："浙江击西北岸益坏，稍逼州城，民居危之。"	《宋史》卷九七，第2396页。
大中祥符七年（1014）	（杭州）涛水方大溢。④	
大中祥符九年（1016）	九月丁卯，诏："如闻杭州葺江岸卒，执役水中，苦足疾而死者甚众。宜令知州马亮拯疗之。……先是，江涛大溢，调兵筑堤，而工未就，诏问亮所以捍江之策。亮至，祷于伍员祠下，明日潮为之却，又出横沙数里，堤遂以成。"⑤	

---

① 《中国历代灾害性海潮史料》，第1242页。
② 《中国历代灾害性海潮史料》，第1242页。
③ 《中国历代灾害性海潮史料》，第1243页。
④ 《中国历代灾害性海潮史料》，第1244页。
⑤ 周淙：《乾道临安志》卷三，《南宋临安两志》，浙江人民出版社1983年版，第53页。

续表

纪年	灾情	资料出处
天禧四年（1020）	六月，浙江潮溢。①	
天禧五年（1021）	暴风，（杭州）江潮溢，决堤。②	
乾兴元年（1022）	十月己酉夜，沧州盐山、无棣二县海潮溢，坏公私庐舍，溺死者甚众。 是岁，苏州水，沧州海潮溢，诏赈恤被水及溺死之家。	《宋史》卷六一，第1325页；卷九，第177页。
天圣四年（1026）	八月丁亥，诏修泰州捍海堰。先是，堰久废不治，岁患海涛冒民田。	《长编》卷一○四，第2419页。
天圣九年（1031）	十月十二日，中书门下言，广东经略转运使等言，潮州海阳潮涨，推流屋舍田苗，死失人口。	《宋会要》食货六八之三八。
景祐三年（1036）	夏四月，杭州暴风，江潮溢，决堤。 暴风，江潮溢决堤，大发卒凿西山，作堤数十里，民以为便。	《宋史》卷三○○，《俞献卿传》，第9977页。
景祐四年（1037）	六月乙亥，杭州大风雨，江潮溢岸，高六尺，坏堤千余丈。	《宋史》卷六一，第1326页。
庆历元年（1041）	夏六月，大风驱潮，堤再坏。	《咸淳临安志》卷三一，第3645页。
庆历五年（1045）	夏，海溢，杀人万余。③ （台州）海溢复大坏（城），部使者田瑜以闻，诏新之。	陈耆卿《嘉定赤城志》卷二，第7290页。
庆历六年（1046）	九月庚寅，海水入台州，杀人民。浙江溃防。	《长编》卷一五九，第3846页。

---

① 《中国历代灾害性海潮史料》，第1244页。
② 《中国历代灾害性海潮史料》，第1244页。
③ 《中国历代灾害性海潮史料》，第1246页。

续表

纪年	灾情	资料出处
庆历七年（1047）	海潮大至，坏台州城，人皆逃散，没溺者甚众。①	
皇祐五年（1053）	二月，齐大风，海水溢岸。②	
熙宁二年（1069）	八月，泉州大风雨，水与潮相冲泛溢，损田稼，漂官私庐舍。	《宋史》卷六一，第1327页。
熙宁九年（1076）	十一月癸酉，海阳、潮阳两县飓风、潮，害居民田稼。	《宋史》卷六七，第1469页。
元丰元年（1078）	七月初四日夜，（苏州）大风雨，潮高二丈余，漂荡尹山，到吴江塘岸，洗涤桥梁，沙土皆尽。惟石仅存。昆山张浦沙人家有六百漂尽，惟余五户空屋，人亦不存。③	
元丰四年（1081）	七月甲午夜，泰州海风作，继以大雨，浸州城，坏公私庐舍数千间。（通州）静海县大风雨，毁官私庐舍二千七百六十三楹。	《宋史》卷六七，第1469页。
元丰五年（1082）	郭祥正《漳南书事》：秋七月十九日，"猛风终夜发，拔木坏庐室，须臾海涛翻，倒注九溪溢。湍流崩重城，万户竞仓卒。万牛岂复辨，涯渚恍已失。婴老相携扶，回首但凄栗，忧心漫如焚。"④	
元丰六年（1083）	钱塘江泛溢。	《宋史》卷九六，第2386页。
元祐八年（1093）	福建、两浙海风驾潮，害民田。	《宋史》卷六七，第1470页。

---

① 《范仲淹全集》，四川大学出版社2002年版，第369页。
② 《中国历代灾害性海潮史料》，第1247页。
③ 《中国历代灾害性海潮史料》，第1248页。
④ 《青山续集》卷二。

续表

纪年	灾情	资料出处
绍圣元年（1094）	秋，苏、湖、秀等州海风驾潮，害民田。	《宋史》卷六七，第1470页。
政和元年（1111）	（海宁）海溢，诏民塞之，复置石囤。①	
政和二年（1112）	七月，兵部尚书张阁言："臣昨守杭州，闻钱塘江自元丰六年泛溢之后，潮汛往来，率无宁岁。而比年水势稍改，自海门过赭山，即回薄岩门、白石一带北岸，坏民田及盐亭、监地，东西三十余里、南北二十余里。"	《宋史》卷九六，第2386页。
政和六年（1116）	杭州汤村海溢，坏居民田庐，凡数十里。	方勺《泊宅编》卷中。
宣和四年（1122）	盐官县亦溢，县南至海四十里，而水之所啮，去邑聚才数里，邑人甚恐。	方勺《泊宅编》卷中。
宣和五年（1123）	盐官县蜀山、雷山一带沙涨，而静海并海十里内沙再毁。	方勺《泊宅编》卷中。

（二）南宋海溢、海潮灾情概览

纪年	灾情	资料出处
绍兴四年（1134）	七月，（兴化县）风激海潮，没兴田庐。②	
绍兴五年（1136）	七月初四日，（海盐）大风潮害稼。十月八日丁未夜，大雨，电激如箭，格舟坏屋，海水大溢。③	

---

① 《中国历代灾害性海潮史料》，第1249页。
② 《中国历代灾害性海潮史料》，第1250页。
③ 《中国历代灾害性海潮史料》，第1251页。

续表

纪年	灾情	资料出处
绍兴八年（1138）	秋八月十八日，潮至，惊涛坏桥，压溺死数百人。①	
绍兴二十年（1150）	大雨雹，激射如箭，覆舟坏屋，海水大溢。……己未大饥，道馑相望。②	
绍兴二十一年（1151）	四月辛卯，上谓大臣曰："钱塘江石岸毁裂，每潮水漂涨，民不安居。"	《要录》卷一六二，第2636页。
绍兴二十八年（1158）	七月壬戌，平江府大风雨驾潮，漂溺数百里，坏田庐。	《宋史》卷六七，第1470页。
绍兴末（1162）	钱塘石岸毁裂，潮水漂涨，民不安居。	《宋史》卷九七，第2396页。
乾道元年（1165）	八月，（处州）海溢至（青田）县治，溺死者甚众。③	
乾道二年（1166）	八月丁亥，温州大风，海溢，漂民庐、盐场、龙朔寺，覆舟溺死二万余人。江滨骸骼尚七千余。④	《宋史》卷六一，第1330页。
乾道三年（1167）	（余姚县）山洪暴发，海水泛溢，田庐尽遭瓢没，人民靡有孑遗。⑤	
乾道四年（1168）	八月一日，雷州因飓风发作，海潮暴涨，淹浸东南乡居民，其水直至东南城门。 九月，（绍兴府）大风雨海溢，溺死四十余人。⑥ 十二月二十六日，雷州言八月一日，海潮暴涨，淹浸东南乡民阙食者众，诏令礼部给降度牒。	《宋会要》瑞异三之九、食货六八之六五。

① 《中国历代灾害性海潮史料》，第1251页。
② 《中国历代灾害性海潮史料》，第1251页。
③ 《中国历代灾害性海潮史料》，第1252页。
④ 王十朋云："海溢于温，死者以数万计，今岁川蜀、荆南赤地千里，迩者天作淫雨，害于粢盛，江、浙之间，被害尤甚。"（《宋王文忠公文集》卷四《除知湖州上殿札子》。）
⑤ 《中国历代灾害性海潮史料》，第1253页。
⑥ 《中国历代灾害性海潮史料》，第1253页。

续表

纪年	灾情	资料出处
乾道八年（1172）	六月丙辰，惠州飓风，坏海舰三十余。时枢密院调广东经略司水军，四舰覆其三，死者百三十余人。	《宋史》卷六七，第1471页。
乾道九年（1173）	钱塘庙子湾一带石岸，复毁于怒潮。诏令临安府筑填江岸，增砌石塘。	《宋史》卷九七，第2396页。
淳熙元年（1174）	七月，钱塘大风涛，决临安府江堤一千六百六十余丈，漂民居六百三十余家。仁和县濒江二乡坏田圃。	《宋史》卷六一，第1331页。
淳熙三年（1176）	八月辛巳，台州大风雨，至于壬午，海涛、溪流合激为大水，决江岸，坏民庐，溺死者甚众。	《宋史》卷六一，第1331页。
淳熙四年（1177）	五月己亥夜，钱塘江涛大溢，败临安府堤八十余丈。庚子，又败堤百余丈。明州濒海大风，海涛败定海县堤二千五百余丈、鄞县堤五千一百余丈，漂没民田。 九月丁酉、戊戌，大风雨驾海涛，败钱塘县堤三百余丈，余姚县溺死四十余人，败堤二千五百六十余丈，败上虞县堤及梁湖堰及运河岸，定海县败堤二千五百余丈，鄞县败堤五千一百余丈。 九月，明州大风驾海潮，坏定海、鄞县海岸七千六百余丈，及田庐、军垒。	《宋史》卷六一，第1332页；卷六七，第1471页。
淳熙六年（1179）	十一月，鄂州大风，覆舟，溺人甚众。	《宋史》卷六七，第1471页。
淳熙十年（1183）	八月辛酉，雷州飓风大作，驾海潮伤人，禾稼、林木皆折，死者甚众。 九月，福、漳州大风雨，水暴至，长溪、宁德县濒海聚落、庐舍、人舟皆漂入海，漳城半没浸八百九十家。	《宋史》卷六一，第1332页；卷六七，第1471页。
绍熙四年（1193）	是岁，兴化军大风激海涛，漂没田庐尤多。	《宋史》卷六一，第1335页。

续表

纪年	灾情	资料出处
绍熙五年（1194）	七月乙亥，会稽山阴、萧山、余姚、上虞县大风，驾海涛，坏堤，伤田稼。 七月乙亥，绍兴府、秀州大风，驾潮害稼。 秋，明州飓风，驾海潮，害稼。	《宋史》卷六七，第1471页；卷六一，第1335页。
庆元元年（1195）	六月壬申，台州及属县大风雨，山洪、海涛并作，漂没田庐无算，死者蔽川，沉没，旬日至千。	《宋史》卷六一，第1335页。
庆元二年（1196）	六月壬申，台州暴风雨驾海潮，坏田庐。	《宋史》卷六七，第1471页。
嘉定二年（1209）	七月壬辰，台州大风雨激海涛，漂圮二千二百八十余家，溺死尤众。 八月二十九日，台州临海县管下沿海地名章安礁头一带，枕近海门边江居民屋宇多被水，漂流及倒损淹死人命……溺死共三百一十七户，倒塌、淹浸共一千九百六十六户。	《宋史》卷六一，第1336页。《宋会要》瑞异三之二四。
嘉定三年（1210）	五月，盐官大水，溺死甚众。①	
嘉定四年（1211）	八月，山阴县海败堤，漂民田数十里，斥地十万亩。	《宋史》卷六一，第1336页。
嘉定五年（1212）	二月，江潮冲啮海塘。②	
嘉定六年（1213）	十二月，余姚县风潮坏海堤，亘八乡。	《宋史》卷六七，第1472页。
嘉定八年（1215）	（余姚）海潮坏堤。③	
嘉定十年（1217）	冬，浙江涛溢，圮濒江庐舍，覆舟，溺死甚众。	《宋史》卷六一，第1336页。

① 《中国历代灾害性海潮史料》，第1259页。
② 《中国历代灾害性海潮史料》，第1259页。
③ 《中国历代灾害性海潮史料》，第1259页。

续表

纪年	灾情	资料出处
嘉定十一年（1218）	（盐官）海水泛涨，湍激横冲，沙岸每一溃裂，常数十丈。日复一日，浸入卤地，芦州港渎，荡为一壑。①	《宋史》卷九七，第2401页。
嘉定十二年（1219）	盐官县海失故道，潮汐冲平野三十余里，至是侵县治，庐州（芦洲）、港渎及上下管、黄湾冈等盐场皆圮。蜀山沦入海中，聚落、田畴失其半，坏四郡田，后六年始平。	《宋史》卷六一，第1337页。
嘉定十三年（1220）	潮怒啮堤，由候潮门抵新门溃，实不可遏，漂庐舍。泊城郭。日益甚。②	
嘉定十五年（1222）	七月，萧山县大水。时久雨，衢、婺、徽、严暴流与江涛合，圮田庐，害稼。	《宋史》卷六一，第1337页。
嘉定十六年（1223）	是秋，江溢，圮民庐。余杭、钱塘、仁和县大水。	《宋史》卷六一，第1337页。
嘉定十七年（1224）	海坏畿县盐官地数十里，先是，有巨鱼横海岸，民脔食之，海患共六年而平。	《宋史》卷六二，第1354页。
宝庆二年（1226）	秋，（绍兴府）大风海溢，溺居民百十家。③	
绍定二年（1229）	九月，台州海溢，死者二万余人，天台西溪民流没，一、二十里无人烟。④	
端平初年（1234）	大水，上封事曰："海潮毁隘，侵迫禁城。"	《宋史》卷四一三《赵必愿传》，第12410页。
嘉熙二年（1238）	秋，潮由海门捣月塘头，日胶月削，民庐、僧舍坍四十里。	《咸淳临安志》卷三一。

① 《中国历代灾害性海潮史料》，第1260页。
② 《中国历代灾害性海潮史料》，第1260页。
③ 《中国历代灾害性海潮史料》，第1261页。
④ 《中国历代灾害性海潮史料》，第1262页。

续表

纪年	灾情	资料出处
嘉熙三年（1239）	赵与欢：《英卫阁记》："嘉熙己亥夏六月，与欢被命再尹京，时水失故道，湍激波荡无虚日，沙若沈而陷，岸若坠而陨，曩时，潮所不及地，遇大汛，弥望七八十里间，溃为洪流，月塘真如号古刹，亦宛在水中。"	《咸淳临安志》卷七一。
淳祐四年（1244）	八月，（盐城）海水大溢，近海居民漂没者无数，流越范堤，几误城邑。①	
淳祐五年（1245）	夏五月三十日，（东莞、新会）大雨水，飓风大作，夜潮不得退，淫潦频至，濒海之民溺者百余家。②	
宝祐元年（1253）	（临安）江潮冲啮。③	
宝祐三年（1255）	十一月，监察御史兼崇政殿说书李衢言："国家驻跸钱塘，今逾十纪，惟是浙江东接海门，胥涛澎湃，稍越故道，则冲啮堤岸，荡析民居，前后不知其几。"	《宋史》卷九七，第2397页。
景定四年（1263）	九月，（临安）潮坏江塘。④	
咸淳六年（1270）	大风海溢，（萧山）新林被虐为甚，岸址荡无存者。⑤	
咸淳七年（1271）	五月，（余姚）大风，海溢坏堤。⑥	

---

① 《中国历代灾害性海潮史料》，第1263页。
② 《中国历代灾害性海潮史料》，第1263页。
③ 《中国历代灾害性海潮史料》，第1263页。
④ 《中国历代灾害性海潮史料》，第1263页。
⑤ 《中国历代灾害性海潮史料》，第1264页。
⑥ 《中国历代灾害性海潮史料》，第1264页。

五、水灾情的一般特征及时空分布

(一) 水灾情的一般特征

自古以来,我国是典型的东亚季风气候,全年降水量的季节分布和地区分布有很大差异。此外,从青藏高原向东呈阶梯状向太平洋倾斜的地貌特点,进一步加剧了气候的地区差异,加剧了降水的不均匀性。从东南沿海到西北内陆,年降水量从1600毫米以上递减到不足200毫米,多寡悬殊。东部地区不仅降水多,而且全年降水量的60%—80%大多集中于6月至9月的4个月里,其中最大一个月的降雨,又往往占全年降水的30%—50%,因此,东部地区常常发生暴雨洪水[1]。宋代降雨积水、山洪暴发、江河湖泊泛溢的情形基本受此气候条件的制约。

根据上表宋代水灾情主要发生在黄河、长江、汴河、淮河流域等四大水系。先看北宋时期黄河溢涨决口有以下几个特点:

其一,与汉唐相比[2]北宋的河患次数有明显的增长,单就发生决溢的年份而言达84年,平均两年就有决溢发生,正如宋人所言:"大河为患,岁岁决溢。……大抵壅之于东则奔于南,障之于西则注于北,而不见其素所谓河者果安在也。"[3] "河之为患,乘涨以溢,被溢益溃,非旦暮之患也。"[4]

其二,黄河决溢主要集中发生在黄河下游滑州、澶州、大名府一带。

其三,如果以宋神宗朝将北宋分为前后时期,前期决溢明显高于后期,前期约56个年份,后期则只发生了28个年份。而且后期决溢明显向北流下游移动,恩、冀、沧州决溢9次。同时黄河泛向徐、泗,北宋前期有4次,后期有2次,这说明自庆历八年(1048)黄河改道后北流实际上要比东渡安居许多,因而宋人自仁宗以后的闭北流,回河东流的努力有悖于黄河的自然流向。(后详)

---

[1] 周魁一:《中国科学技术史·水利卷》,科学出版社2002年版,第11页。
[2] 参见岑仲勉《黄河变迁史》。
[3] 《净德集》卷二〇《究治上》。
[4] 《演山先生文集》卷四六《黄河利害》。

其四，景祐元年（1034）、庆历八年（1048）澶州2次大决口，造成黄河变迁史上的2次大改道①，景祐元年（1034）七月河决澶州横陇埽，于汉唐旧河之北另辟一新道横陇河。庆历八年（1048）六月河决澶州商胡埽，河道改由北流经河北平原中部，汇入御河至今天津地区，合界河（今海河）入海②。

及宋钦宗靖康元年（1126）金兵南下灭宋，利河夺淮，翌年，北宋灭亡，黄河流域为金朝所占，南宋以后已不在宋的管辖范围之内。

淮河流域在北宋前期亦时常泛涨，神宗时期浚治洪泽河和开龟山运河之后，淮水相对较为安定。

汴河在隋朝时称通济渠，北宋时仍袭用其名，一般情况下则称作汴河，为联络长江、淮河与黄河的重要运河。

淮水、汴河泛溢除自然降水超常等因素外，受黄河水势和浊水流入的影响较大。

再看长江溢决。宋代江患，以长江上中游流域的四川、荆湖北、江南西为重。如嘉陵江、汉水、均水、涢水、朗江、武陵江、扬子江等，终宋之世，江患不绝。长江上中游地区之所以患害较重，乃是因从青藏高原以下四川至武汉地区山脉纵横，地势较为险峻，水的落差较大，故上游的水灾情常以山洪暴发居多，而中游以下地区地势渐次开阔，江流面积增大，在洞庭湖、鄱阳湖、太湖形成大的积水泛溢给低洼区造成较大损害。郑侠在《英州应龙祠记》中曾说，南方春夏之际降雨量大而多，易造成江河泛溢。"大率南方易雨，而雷风迅烈，乃其常春夏之交，重云积阴，不辨早夜，涉旬逾月，其大至如倾泻，不二三日，即河江流泄不逮，而上水泛溢，圮坏室庐，浸渍苗稼，民不得宁居。每江涨将至，间巷即扶老携幼，负任相望，升丘陵以避，而室宇不暇顾矣。甚者，舟从其栋甍过，故大水每退，市井如遭寇盗，其过适，盖若此。"③

两宋时期的珠江流域尚处在经济开发阶段，南宋中期以后由湘江西南向

---

① 在北宋时期，黄河还有程度不同的改道，参见王颋《黄河古道考辨》，华东理工大学出版社1995年版。
② 参见邹逸麟《北宋黄河下游横陇北流诸道考》，《文史》第十二辑，中华书局1981年版。
③ 郑侠：《西塘先生文集》卷三《英州应龙祠记》。

珠江流域开发的速度加快，基于这个原因，珠江流域的水灾情反映在史乘上的记载较少。

雹情见于记载大致是152次，但直接记载雹引起灾伤如"伤稼""伤麦""害田""损麦""坏屋舍""仆屋杀人""为灾"大约只有36次，且大多数是发生在北方地区，尤以京师地区为多。像建隆三年（962）后蜀遂州方义县雨雹"大如斗，五十里内飞鸟、六畜皆死"①。绍熙二年（1191），"三月癸酉，大风雨雹，大如桃李实，平地盈尺，坏庐舍五千余家，禾麻、蔬果皆损；瑞安县亦如之，坏屋杀人尤众"②，属于极少见的大灾情。

与雹灾情很相似，冰雪寒冷灾情见于记载大致85次，而直接导致灾伤，如"草木不华""害桑稼""伤麦""杀苗稼""损桑""杀稼尽""飞鸟多死"，甚至"冻死"的次数也是36次。大多数也发生在北方地区，京师之地的灾情明显高于其他地区。值得注意的是，南宋临安有49个年份在十一月至翌年二月降雨雪。

海潮发生地以两浙为主，亦即长江口南北海岸地带、杭州湾南北两岸：北岸海宁到杭州沿海一带，南岸萧山到绍兴一带以及长江口、长江三角洲、钱塘江口和北岸的杭州到海盐一带。海啸则主要发生在两广和福建沿海，又以广州至琼州为多。海潮的危害主要是对沿岸地区农田设施及民居的损害，而海啸造成的巨大破坏主要表现在对沿岸人民生命财产的损害。

咸潮，又称咸潮上溯、盐水入侵，它与海潮的发生原理相似，也是由太阳和月球对地表海水的吸引力引起的。多发生在河海交汇处，如长江三角洲。《宋史》对嘉定年间盐官咸潮有较详细的记录：

> 盐官海水：嘉定十二年，臣僚言："盐官去海三十余里，旧无海患，县以盐灶颇盛，课利易登。去岁海水泛涨，湍激横冲，沙岸每一溃裂，常数十丈。日复一日，浸入卤地，芦洲港渎，荡为一壑。今闻潮势深入，逼近居民。万一春水骤涨，怒涛奔涌，海风佐之，则呼吸荡出，百里之民，宁不俱葬鱼腹乎？况京畿赤县，密迩都城。内有二十五里塘，

---

① 后蜀广政二十六年（963），张唐英：《蜀梼杌》卷下，《全宋笔记》第一辑第八册，第60页。
② 《宋史》卷六二，第1348页。

直通长安闸，上彻临平，下接崇德，漕运往来，客船络绎，两岸田亩，无非沃壤。若海水径入于塘，不惟民田有咸水淹没之患，而里河堤岸，亦将有溃裂之忧。乞下浙西诸司，条具筑捺之策，务使捍堤坚壮，土脉充实，不为怒潮所冲。"从之。

（嘉定）十五年，都省言："盐官县海塘冲决，命浙西提举刘垕专任其事。"既而亶言："县东接海盐，西距仁和，北抵崇德、德清，境连平江、嘉兴、湖州，南濒大海，元与县治相去四十余里。数年以来，水失故道，早晚两潮，奔冲向北，遂致县南四十余里尽沦为海。近县之南，元有捍海古塘亘二十里。今东西两段，并已沦毁，侵入县两旁又各三四里，止存中间古塘十余里。万一水势冲激不已，不惟盐官一县不可复存，而向北地势卑下，所虑咸流入苏、秀、湖三州等处，则田亩不可种植，大为利害。详今日之患，大概有二：一曰陆地沦毁，二曰咸潮泛溢。陆地沦毁者，固无力可施。咸潮泛溢者，乃因捍海古塘冲损，遇大潮必盘越流注北向，宜筑土塘以捍咸潮。所筑塘基址，南北各有两处：在县东近南则为六十里咸塘，近北则为袁花塘。在县西近南亦曰咸塘，近北则为淡塘。亦尝验两处土色虚实，则袁花塘、淡塘差胜咸塘，且各近里，未至与海潮为敌。势当东就袁花塘、西就淡塘修筑，则可以御县东咸潮盘溢之患。其县西一带淡塘，连县治左右，共五十余里，合先修筑。兼县南去海一里余，幸而古塘尚存，县治民居，尽在其中，未可弃之度外。今将见管桩石，就古塘稍加工筑叠一里许，为防护县治之计。其县东民户，日筑六十里咸塘。万一又为海潮冲损，当计用桩木修筑袁花塘以捍之。"上以为然。①

---

① 《宋史》卷九七，第 2401—2402 页。

(二) 水灾情时空分布[①]

北宋水灾情分布统计

	960—979	980—999	1000—1019	1020—1039	1040—1059	1060—1079	1080—1999	1100—1127	总计
开封府	11	9	11	11	12	5	13	12	84
京东西路	17	10	8	3	2	1	5	0	46
京东东路	8	5	5	1	1	1	3	0	24
京西北路	15	12	8	4	0	3	6	1	49
京西南路	1	2	2	1	1	3	2	3	15
河北东路	12	12	14	7	7	5	6	3	66
河北西路	7	5	2	1	6	4	7	3	35
河东路	4	1	0	0	2	2	1	0	10
永兴军路	5	12	8	1	1	4	1	0	32
秦凤路	0	3	5	0	0	3	2	1	14
利州路	3	0	3	0	0	0	1	0	7
夔州路	2	0	0	0	0	2	0	0	4
梓州路	2	1	3	0	0	0	1	0	7
成都府路	0	3	0	0	0	0	1	0	4
两浙路	0	3	2	2	2	5	5	6	25
淮南东路	8	4	8	2	2	2	3	1	30
淮南西路	1	3	5	1	0	3	1	1	15
江南东路	2	2	2	0	1	1	0	2	10
江南西路	0	2	2	2	0	2	0	1	9
荆湖北路	2	5	0	0	1	1	1	1	11
荆湖南路	3	1	1	0	0	1	0	1	7
福建路	0	3	1	1	1	0	0	0	6
广南东路	0	4	0	0	0	0	0	0	4
广南西路	0	2	1	0	0	0	0	0	3
诸州	3	1	0	0	2	0	1	1	8
诸路	2	0	2	2	2	3	0	0	11
总计	108	103	95	39	43	51	60	37	536

---

① 本表数据统计不以发生次数为目的，而重点是在说明不同地域即以路级行政区域为单位发生各自然灾种的情况和频率。故在时空统计上与第一章中的《宋代自然灾害统计》的标准不尽相同，所统计的数据也不一致，这是需要特别说明的。以后二章情况与此相同，不再出注说明。

北宋时期水灾情从纵向来看，宋初三朝是灾情多发期，其次是神宗元丰至哲宗时期，仁宗和徽宗时期相对较少。从横向空间分布来看，开封84次、河北东西路101次、京东东西70次、京西南北64次、陕西46次、淮南东西45次、两浙25次、四川22次、江南东西19次、荆湖南北18次，其他路分在10次以下。北方水灾情远高于南方发生的频率。北方水灾情居于首位的是黄河泛溢，其次是冰雪霜寒冻。南方水灾情则以长江中上游泛溢和海啸、海潮破坏表现最突出。

南宋水灾情时空分布统计

	1127—1146	1147—1166	1167—1186	1187—1206	1207—1226	1227—1246	1247—1266	1267—1279	总计
临安府	26	20	27	23	25	14	10	2	147
两浙东路	4	7	8	7	7	3	5	2	43
两浙西路	4	12	14	9	13	5	7	0	64
江南东路	4	5	12	5	5	1	3	0	35
江南西路	1	3	7	9	3	0	1	0	24
淮南东路	0	5	2	5	3	0	1	0	16
淮南西路	0	4	4	6	2	1	0	1	18
京西南路	0	2	1	3	0	1	0	0	7
荆湖南路	0	0	0	1	1	0	0	0	2
荆湖北路	0	1	2	5	2	1	0	0	11
利州东路	2	1	2	4	1	0	0	0	10
利州西路	0	1	3	4	2	0	0	0	10
夔州路	2	2	1	0	0	0	0	1	6
潼川府路	3	1	1	4	0	0	0	0	9
成都府路	2	0	2	2	1	0	1	0	8
广南东路	0	0	0	1	1	1	0	0	3
广南西路	1	0	2	0	0	1	0	0	4
福建路	2	2	6	10	3	0	3	0	26
总计	51	66	94	98	69	28	31	6	443

南宋水灾情从纵向来看，从建炎年到孝宗时期水灾情呈递增的态势，宁宗统治时期达到最高值，而后又呈递减的趋势，到度宗时达到最低值。理宗以后水灾情减少趋势除自然界降雨外，很可能与理宗以后文献缺载和所控版图日渐减少有关。从横向来看，灾情集中发生在江南六路以及四川、福建，临安147次、两浙107次、江南东西59次、四川43次、淮南东西34次、福建26次，这与前揭宋代文献记述灾情的特点相吻合，即经济发达和政治军事重要的区域灾情能够较为及时地反映。南宋南方地区比北宋时期南方水灾情发生的频率有明显的增长，几乎增长了一倍以上，这种变化并不完全表明气候气象发生的明显变化，而是南宋建都临安，北宋时期距离首都较远的地区不仅是经济重心也成为政治活动中心，灾情受到较多的关注，因而报道也就比较多。

第四章

宋代的旱灾、风灾灾情

一、宋代的旱灾

旱灾一般是指长时间的高温和降水极少，使土地干裂、龟裂的农田寸苗不生，庄稼基本绝收或大量减产。下面依据史乘编制宋代旱灾情简表，以供其后讨论。

（一）北宋前期旱灾概览

纪年	旱情	资料出处
建隆元年 （960）	八月甲戌，命宰相祷雨。	《宋史》卷一，第7页。
建隆二年 （961）	京师夏旱。 六月壬子，祈雨。 冬又旱。	《宋史》卷一，第9页；卷六六，第1438页。
建隆三年 （962）	京师春夏旱。 河北大旱，霸州苗皆焦仆。 又河南、河中府、孟、泽、濮、郓、齐、济、滑、延、隰、宿等州，并春夏不雨。 三月癸亥，祷雨。	《宋史》卷六六，第1438页；卷一，第11页。《长编》卷三，第69、70、76页。

续表

纪年	旱情	资料出处
	夏四月乙未，赵、卫二州旱。 五月甲子，幸相国寺祷雨。癸未，命使检河北诸州旱。甲申，复幸相国寺祷雨。乙酉，齐、博、德、相、霸五州自春不雨，以旱减膳撤乐。 六月己亥，德音：减京畿及河北诸州死罪以下囚，旱故也。 七月辛巳，遣给事中刘载等十一人，按行河北诸州旱田。 十二月，是岁，河北、陕西、京东诸州旱、蝗，河北尤甚，悉蠲其租。	
建隆四年 （乾德元年， 963）	京师夏秋旱。 又怀州旱。 夏四月，旱。甲申，以旱，分命使臣遍祷京城祠庙，是夕雨。 五月壬子朔，祷雨京城。甲寅，遣使祷雨岳渎。 冬，京师旱。 闰十二月甲寅，命近臣祈雪。	《宋史》卷一，第13、14、16页；卷六六，第1438页。《长编》卷四，第88页。
乾德二年 （964）	正月，京师旱。夏，不雨。 三月丁酉，遣使祈雨于五岳。 夏四月戊申，诏诸州长吏视民田旱甚者，即蠲其租，勿俟报。 冬，无雪。 是岁，河南府、陕、虢、麟、博、灵州旱，河中府旱甚。	《宋史》卷六六，第1438页；卷一，第17页；卷六三，第1384页。《长编》卷五，第125页。
乾德四年 （966）	春，京师不雨。江陵府、华州、涟水军旱。 七月庚辰，令华州民无出今年租，旱故也。	《宋史》卷六六，第1439页。《长编》卷七，第174页。
乾德五年 （967）	正月，京师旱。 秋七月己酉，诏："夏秋以来，水旱为沴，深虑民庶至于流离。宜令诸州长吏告民无转徙，被灾者蠲其赋。" 秋，复旱。 冬，无雪。	《宋史》卷六六，第1439页；卷六三，第1384页。《通考》卷三〇四，考2396页。《长编》卷八，第195页。

续表

纪年	旱情	资料出处
开宝元年（968）	冬，京师无雪。	《宋史》卷六三，第1384页。
开宝二年（969）	夏至七月，京师不雨。 冬，无雪。	《宋史》卷六六，第1439页；卷六三，第1384页。
开宝三年（970）	春夏，京师旱。 邠州夏旱。 夏四月丁亥，幸建隆观、相国、开宝寺，祷雨。	《宋史》卷六六，第1349页。《长编》卷一一，第245页。
开宝五年（972）	春，京师旱。 冬，又旱。 十二月乙酉朔，祈雪。	《宋史》卷六六，第1439页；卷三，第39页。
开宝六年（973）	冬，京师旱。 十二月壬午，命近臣祈雪。	《宋史》卷六六，第1439页；卷三，第41页。
开宝七年（974）	二月癸卯，命近臣祈雨。 京师春夏旱，冬，又旱。河南府、晋、解州夏旱。滑州秋旱。 十一月丁亥，秦、晋旱，免蒲、陕、晋、绛、同、解六州逋赋，关西诸州免其半。 十二月辛亥，命近臣祈雪。	《宋史》卷三，第41、43页；卷六六，第1439页。
开宝八年（975）	三月己丑，命祈雨。 春，京师旱。 是岁，关中饥，旱甚。	《宋史》卷三，第44页；卷六六，第1439页。
太平兴国二年（977）	正月，京师旱。	《宋史》卷六六，第1439页。
太平兴国三年（978）	春正月辛亥，命群臣祷雨。 夏四月乙卯朔，命群臣祷雨。 春夏，京师旱。	《宋史》卷四，第57、58页；卷六六，第1439页。

续表

纪年	旱情	资料出处
太平兴国四年（979）	冬，京师旱。	《宋史》卷六六，第1439页。
太平兴国五年（980）	夏，京师旱。 秋，又旱。	《宋史》卷六六，第1439页。
太平兴国六年（981）	二月，命宰臣祷雨。 夏四月辛未，幸太平兴国寺祷雨。 春夏，京师旱。	《宋史》卷四，第66页；卷六六，第1439页。
太平兴国七年（982）	春，京师旱。孟、虢、绛、密、瀛、卫、曹、淄州旱。 二月庚午，诏开封府："近者蝗旱相仍，民多流徙，宜设法招诱，并令复归……" 三月乙巳，以旱分遣中黄门遍祷方岳。 四月己卯，命客省使翟守素权知河南府。属岁旱艰食，民多为盗，上忧之，守素既至，渐以宁息。	《宋史》卷六六，第1439页；卷四，第67页。《长编》卷二三，第512、518页。
太平兴国九年（雍熙元年，984）	夏，京师旱。 秋，江南大旱。	《宋史》卷六六，第1439页。
雍熙二年（985）	秋七月，江南灾旱甚。 冬，京师旱。	《长编》卷二六，第596页。《宋史》卷六六，第1439页。
雍熙三年（986）	冬，京师旱。 十一月丙戌，幸建隆观、相国寺祈雪。	《宋史》卷六六，第1439页；卷五，第79页。
雍熙四年（987）	冬，京师旱。 十二月壬寅，幸建隆观、相国寺祈雪。	《宋史》卷六六，第1439页；卷五，第81页。
端拱二年（989）	五月戊戌，以旱虑囚，遣使决诸道狱。 五月，京师旱。 秋七月至十一月，旱。 是岁，河南、莱、登、深、冀旱甚，民多饥死。	《宋史》卷五，第84页；卷六六，第1439页。

续表

纪年	旱情	资料出处
淳化元年（990）	正月至四月，不雨，京师民饥。帝蔬食祈雨。河南、凤翔、大名、京兆府，许、沧、单、汝、乾、郑、同等州旱。 夏四月庚戌，遣中使诣五岳祷雨，虑囚，遣使分决诸道狱。 秋七月，是月，开封、陈留、封丘、酸枣、鄢陵旱。 八月，是月，京兆长安八县旱。 冬十月，是月，以乾、郑二州、河南寿安等十四县旱，州蠲今年租十之四，县蠲其税。 是岁，开封、大名管内及许、沧、单、汝、乾、郑等州，寿安、长安、天兴等二十七县旱。深、冀二州、文登、牟平两县饥。	《宋史》卷六六，第1439页；卷五，第85、86页。
淳化二年（991）	春，京师大旱。 闰二月戊寅，祷雨。 三月己巳，以岁蝗旱祷雨弗应，手诏宰相吕蒙正等："朕将自焚，以答天谴。" 十一月己酉，幸建隆观、相国寺祈雪。 是岁，大名、河中、绛、濮、陕、曹、济、同、淄、单、德、徐、晋、辉、磁、博、汝、兖、虢、汾、郑、亳、庆、许、齐、滨、棣、沂、贝、卫、青、霸等州旱。 冬，京师无冰。	《宋史》卷六六，第1439页；卷五，第87、88页；卷六三，第1384页。
淳化三年（992）	春，京师大旱。 五月己酉，以旱遣使分行诸路决狱。 冬，复大旱。 是岁，河南府，京东西、河北、河东、陕西及亳、建、淮阳等三十六州军旱。①	《宋史》卷六六，第1439页；卷五，第89页。
淳化四年（993）	二月，江淮、两浙、陕西，比岁旱灾，民多转徙，颇恣攘夺，抵冒禁法。 夏，京师不雨，河南府、许、汝、亳、滑、商州旱。	《长编》卷三四，第745页。《宋史》卷六六，第1439页。

① 《文献通考》卷三〇四，考2396页，系事于淳化二年。

续表

纪年	旱情	资料出处
淳化五年（994）	六月，京师旱疫。	《通考》卷三〇四，考2396页。
至道元年（995）	二月甲申，命宰相祷雨。戊戌，以旱虑囚，减流罪以下。 夏四月壬寅，虑囚。 六月，是月，大热，民有暍死者。 京师春旱。 冬，无雪。	《宋史》卷五，第97、98页；卷六三，第1385页。《通考》卷三〇四，考2396页。
至道二年（996）	三月丙寅，以京师旱，遣中使祷雨。戊辰，命宰臣祀郊庙、社稷，祷雨。 春夏，京师旱。 五月辛丑，令开封府判官杨徽之等三人按行管内诸州民田，旱甚者蠲其租。 冬，无雪。 十二月，命宰臣以下百官诣寺观祷雪。	《宋史》卷五，第99页；卷六三，第1385页。《通考》卷三〇四，考2396页。《长编》卷三九，第832页。
咸平元年（998）	春夏，京畿旱。 又江、浙、淮南、荆湖四十六军州旱。 夏四月，旱。壬辰，祷白鹿山。 五月甲子，幸大相国寺祈雨。	《宋史》卷六六，第1440页；卷六，第107页。
咸平二年（999）	春，京师旱甚。 又广南西路、江、浙、荆湖及曹、单、岚州、淮阳军旱。 闰三月丁亥，以久不雨，诏天下系囚非十恶、枉法及已杀人者，死以下减一等。戊子，幸太一宫，天清寺祈雨。 秋七月癸巳，蠲淮阳军田租十之三，旱故也。壬寅，陈尧叟自广南使还，上言："西路诸州旱。" 冬十月庚戌朔，以两浙、荆湖旱，命库部员外郎成肃等四人分路体量赈恤。癸酉，免杭州中等户今岁丁身钱，旱故也。	《通考》卷三〇四，考2396页。《宋史》卷六，第108页。《宋会要》瑞异二之二一。《长编》卷四五，第956、957、965、967页。

续表

纪年	旱情	资料出处
咸平三年（1000）	春，京师旱。江南频年旱歉，多疾疫。冬，旱。① 是岁，畿内、江南、荆湖旱。	《通考》卷三〇四，考 2396 页。《宋史》卷六，第 113 页。
咸平四年（1001）	京畿正月至四月不雨。 二月丁未，祈雨，丁巳，幸大相国寺、上清宫祈雨。	《宋史》卷六六，第 1440 页；卷六，第 114 页。
咸平五年（1002）	七月戊戌，幸启圣院、太平兴国寺、上清宫致祷。	《长编》卷五二，第 1141 页。
咸平六年（1003）	十一月癸巳，环州蕃部灾旱。 是岁，河北、兴元府、遂、郢州大热。	《长编》卷五五，第 1216 页。《宋史》卷七，第 123 页。
景德元年（1004）	三月戊子，定州属久旱。 夏四月壬午，诏北面诸州军休役兵，赐衣服、缗钱有差，以岁旱，大热故也。 京师夏旱，人多暍死。 九月戊辰，诏户部判官工部员外郎李防、右正言直史馆张知白等，分诣江南东、西路理系囚，访民疾苦，祠境内山川，旱故也。	《长编》卷五六，第 1232、1235 页；卷五七，第 1262 页。《宋史》卷六六，第 1440 页。
景德二年（1005）	二月甲申，江浙、荆湖旱。遣使乘传祠其境内山川。 九月庚戌，以淮南旱歉，诏转运司疏理管内系囚。	《长编》卷五九，第 1316 页；卷六一，第 1364 页。
景德三年（1006）	夏，京师旱。	《宋史》卷六六，第 1440 页。
大中祥符元年（1008）	春正月庚午，河北安抚司言，幽州民以久旱，求市麦种，诏许之。	《长编》卷六八，第 1520 页。

---

① 《续资治通鉴长编》卷四八"咸平四年二月戊午"条，第 1046 页。

续表

纪年	旱情	资料出处
大中祥符二年（1009）	二月庚寅，陕西旱。乙巳，幸大相国寺、上清宫、景德、开宝寺祈雨。 四月壬辰，河北旱。 五月辛未，陕西旱歉。壬申，遣盐铁判官、太常博士杨可驰驿往，疏决系囚，减流罪已下一等，死罪情可悯者上请。 春夏，京师旱。河南府及陕西路、潭、邢州旱。 五月庚辰，陕西旱。遣使祷太平宫、后土、西岳、河渎诸祠。 京师冬温，无冰。	《长编》卷七一，第1593、1596、1601、1608页。《宋史》卷六六，第1440；卷七，第140、141页；卷六三，第1385页。
大中祥符三年（1010）	夏，京师旱，江南诸路、宿州、润州旱。 是岁，陕西饥。江、淮南旱。	《宋史》卷六六，第1440页；卷七，第145页。
大中祥符四年（1011）	五月庚寅，京兆府旱。	《长编》卷七五，第1722页。
大中祥符五年（1012）	五月戊辰朔，上以江、淮、两浙路稍旱即水田不登，乃遣使就福建取占城稻三万斛分给三路，令择民田之高仰者莳之，盖旱稻也。 八月庚戌，淮南旱。	《长编》卷七七，第1764页。《宋史》卷八，第151页。
大中祥符八年（1015）	二月癸酉，祈雨。 京师旱。	《宋史》卷八，第158页；卷六六，第1440页。
大中祥符九年（1016）	秋，京师旱。大名府、澶州、相州旱。 八月戊子，诏以旱罢近臣社日饮会，又罢秋宴。 九月丁未，命辅臣分祈天地、庙社、神祠、宫观、佛寺，旱故也。 冬十月戊寅，京东、淮南蝗旱。	《宋史》卷六六，第1440页。《长编》卷八七，第2006页；卷八八，第2014、2023页。

续表

纪年	旱情	资料出处
天禧元年 (1017)	京师春旱，秋又旱。夏，陕西旱。 三月辛丑，以不雨祷于四海。壬寅，不雨。 三月丁卯，是春，京畿旱。 四月乙未，陕西河中府、解、虢州旱。 五月庚戌，京东、西、河北、陕西、江南、两浙遭旱。 六月丁丑，华、虢等州夏旱，损苗稼。 秋七月壬寅，泗州旱。	《宋史》卷六六，第1440页；卷八，第162页。《长编》卷八九，第2052、2057、2060页、卷九〇，第2069、2072页。
天禧二年 (1018)	五月壬戌朔，登州仍大旱歉。 十二月丁酉，同、耀、邠、宁、泾、原、渭、华、虢、陇州及河中府永乐、虞乡二县旱歉。 是岁，陕西旱，赈之。	《长编》卷九二，第2115、2130页。《宋史》卷八，第166页。
天禧三年 (1019)	十月甲午，免卫州民三年科率，以蝗旱流移，新复业故也。 十二月辛亥，淮南转运使言，宿、亳等十六州军仍岁旱。 府州蕃部旱。①	《长编》卷九四，第2168、2175页。
天禧四年 (1020)	春，利州路旱。 夏，京师旱。 三月甲子，令府州赈贷蕃部，去岁旱故也。 四月丙戌，以旱遣近臣分诣诸宫庙、寺观祷雨。	《宋史》卷六六，第1440页。《长编》卷九五，第2184、2187页。
天禧五年 (1021)	冬，京师旱。	《宋史》卷六六，第1440页。

① 《续资治通鉴长编》卷九五"天禧四年三月甲子"条，第2184页。

（二）北宋中期旱灾概览

纪年	旱情	资料出处
天圣二年 （1024）	春，不雨。 八年（恐是八月之误）辛未，开封府言：阳武等一十三县大旱，伤苗。①	《宋史》卷六六，第1440页。
天圣三年 （1025）	二月戊寅，诏陕西灾伤州军，盗廪谷非伤主者，刺配邻州牢城，徒减一等。 八月丙寅，诏陕西旱灾州军免今年租税。	《宋史》卷九，第180页。《长编》卷一〇三，第2387页。
天圣五年 （1027）	夏秋，大暑，毒气中人。大旱。 五月，是月，京畿旱。 六月甲戌，祈雨于玉清昭应宫、开宝寺。 七月庚戌，诏以大暑，自今不御前殿终月。初，王曾等言："夏秋大旱，毒气中人。" 九月乙巳，陕西同、华等州旱，蚜蚄虫食苗。 十一月丁酉朔，京兆府旱蝗。	《宋史》卷六三，第1385页；卷六六，第1440页；卷九，第183页。《长编》卷一〇五，第2443、2447、2455页。
天圣六年 （1028）	四月，不雨。	《宋史》卷六六，第1440页。
明道元年 （1032）	三月戊戌，江淮之间，仍岁旱暵。 五月，畿县久旱伤苗。	《长编》卷一一一，第2580页。《宋史》卷六六，第1440页。
明道二年 （1033）	二月庚子，南方大旱，种饷皆绝，人多流亡，因饥成疫气，相传死者十二三，官虽作粥糜以饷之，然得食辄死，村聚墟里几为之空。 三月己卯，司封员外郎、知安州刘楚言："本州仍岁旱灾，流民亡者八十余家。" 秋七月戊子，诏以旱蝗作沴，去尊号中"睿圣文武"四字，告于天地宗庙，令中外直言阙政。 九月辛卯，梓州路仍岁旱疫。	《长编》卷一一二，第2605、2606、2627页；卷一一三，第2637页。

---

① 《文献通考》卷三〇四作"八年"，恐系笔误，应为八月。考2396页。

续表

纪年	旱情	资料出处
景祐元年（1034）	正月八日，太子洗马致仕邢中和言："自去冬雨雪愆亢……"九日，诏："开封府令街坊人户依古法精虔祈求雨雪，十九（日）以获应报谢。" 四月二十六日，诏："河东路愆雨，令逐州军长吏躬诣名山、祠庙、宫观、寺院，依古法精虔祈求。"	《宋会要》礼一八之八。
景祐三年（1036）	六月庚戌，河北久旱，遣使诣北岳祈雨。	《长编》卷一一八，第2790页。
景祐四年（1037）	五月乙卯，以旱遣使决三京系囚。	《长编》卷一二〇，第2831页。
宝元元年（1038）	益州路自夏至秋不雨，两蜀大旱。	《通考》卷三〇四，考2396页。
庆历元年（1041）	三月，汴流不通。 九月丁未朔，遣官祈雨。	《宋史》卷六六，第1440页；卷六一，第1326页。
庆历二年（1042）	六月戊寅，祈雨。	《宋史》卷六六，第1440页。
庆历三年（1043）	京师自春至夏不雨。遣使诣岳渎祈雨。 五月庚辰，幸相国寺、会灵观祈雨。己丑，幸相国寺、会灵观祈雨。谏官余靖言："春夏以来，旱势至广。" 十二月，是冬，大旱。河中、同、华等十余州军物价翔贵，饥民相率东徙。	《通考》卷三〇四，考2396页。《长编》卷一四一，第3377、3380页；卷一四五，3520页。
庆历四年（1044）	春，京师及诸路久不雨。 三月乙丑，江淮以南，今春大旱，至有井泉枯竭，牛畜瘴死，鸡犬不存之处，九农失业，民庶嗷嗷。（欧阳修语） 丙寅，遣内侍两浙、淮南、江南祠庙祈雨。 五月戊寅，诏淮南比年谷不登，今春又旱蝗，其募民纳粟与官，以备赈贷。	《通考》卷三〇四，考2396页。《宋史》卷六六，第1440页。《长编》卷一四七，第3554页；卷一四九，第3612页。

续表

纪年	旱情	资料出处
庆历五年（1045）	二月，诏："天久不雨，令州县决淹狱。"又幸大相国寺、会灵观、天清寺、祥源观祈雨。	《宋史》卷六六，第1440页。
庆历六年（1046）	四月壬申，遣使祈雨。 六月丙寅，开封府久旱，民多喝死。	《宋史》卷六六，第1440页。《长编》卷一五八，第3831页。
庆历七年（1047）	正月，京师不雨。 二月丙寅，遣官岳、渎祈雨。 三月癸巳，自冬讫春，旱暵未已，五种弗入，农失作业。辛丑，幸西太乙宫祈雨。所过神祠，皆遣中使致祷。	《宋史》卷六六，第1440页。《长编》卷一六〇，第3865、3868页。
皇祐元年（1049）	五月丁未，遣官祈雨。	《宋史》卷六六，第1441页。
皇祐二年（1050）	三月甲午，遣官祈雨。己亥，分遣朝臣诣天下名山大川祠庙祈雨。 六月己巳①，再颁先朝祈雨雪法，令所在置严洁处。	《长编》卷一六八，第4034、4035、4045页。
皇祐三年（1051）	恩、冀诸州旱。 三月，分遣朝臣诣天下名山大川祠庙祈雨。 五月庚戌朔，诏恩、冀等州旱，其令长吏精虔祷雨，决系囚，无或淹滞，仍令转运司体量，今年夏税以闻。 十二月戊寅朔，诏："环州向以风雹霜旱之灾，蕃部阙食，其贷弓箭手种粮。"	《宋史》卷六六，第1441页。《长编》卷一七〇，第4091页、卷一七一，第4119页。
皇祐四年（1052）	三月丁卯，遣官祈雨。戊辰，上谓辅臣曰："开封府奏妇人阿齐为祈雨断右臂，恐惑众，不可以留京师，其令徙居曹州。"	《长编》卷一七二，第4140页。
皇祐五年（1053）	十月丁巳，自春陟夏，蝗旱为灾。	《长编》卷一七五，第4238页。

① 《宋会要辑稿》礼一八之一〇，系事于是年八月十五日。

续表

纪年	旱情	资料出处
至和二年（1055）	正月二十一日，赵抃云："又去冬连今春，京东西路及陕右、川蜀诸郡，旱暵不雨，麦苗焦死，民既艰食，寇攘必兴。"① 三月丁丑，以旱除畿内民逋负二十七万及去年秋逋税。 四月甲午，遣官祈雨。 三十日，赵抃云："自去冬今春夏以来，京东、河北连接畿甸不雨，既久，麦苗焦死，物价涌贵，秋田复无所望，流民饿殍充满道路，亢旱已甚，疫疠渐兴，人心彷徨，忧畏不宁。"②	《长编》卷一七九，第 4324、4329 页。《宋史》卷六六，第 1441 页。
至和三年（嘉祐元年，1056）	欧阳修云："又闻两浙大旱，赤地千里，国家运米，仰在东南，今年灾伤若不赈济，则来年不惟民饥，国家之物亦自阙供，此不可不留心也。"③ 夏五月，南豳大旱④。	
嘉祐三年（1058 年）	七月癸巳，夔州路旱饥。 八月丁未，京西比岁旱。	《长编》卷一八七，第 4518、4519 页。
嘉祐五年（1060）	梓州路夏秋不雨。	《宋史》卷六六，第 1441 页。
嘉祐六年（1061）	冬，京师无冰。	《宋史》卷六三，第 1385 页。
嘉祐七年（1062）	春旱。 三月甲子，罢春燕，以久旱故也。辛丑，西太乙宫祈雨。	《宋史》卷六六，第 1441 页。

① 《赵清献公文集》卷六《奏疏论灾异乞择相》（正月二十一日）。
② 《赵清献公文集》卷七《奏状论久旱乞行雩祀》。
③ 《欧阳修全集》卷一一〇《再论水灾状》。
④ 文同：《丹渊集》卷一《问神词》并序。

续表

纪年	旱情	资料出处
嘉祐八年（1063）	九月十二日，司马光云："臣窃闻京西、陕西两路，自夏末以来，殊少雨泽。秋田丰稔者，所收不过五分，枯旱之处，所得尤薄。而官司或务为聚敛，民有诉旱者，不肯受接，道路嗷嗷，颇多怨讟，已有流移就食他方者。"①	
治平元年（1064）	春，京师逾时不雨。郑、滑、蔡、汝、颍、曹、濮、洺、磁、晋、耀、登等州、河中府、庆成军旱。夏四月甲午，祈雨于相国天清寺、醴泉观。 四月十七日，司马光云："今春少雨，麦田枯旱，禾种未入，仓廪虚竭，闾里饥愁。"② 闰五月十五日，司马光云："以开封府界、京东、京西、河北、河东、陕西、西川等路自去冬少雪，今春少雨。麦田已无所收，昨得五月十三日雨，方种秋田，自后又经一月无雨，萌芽始生，随复焦槁，农民嗷嗷，大率无食，弃去乡里，流离道路，顾妻卖子，以接糇粮。"③	《宋史》卷六六，第1441页；卷一三，第255页。
治平二年（1065）	春，不雨。	《宋史》卷六六，第1441页。

（三）北宋后期旱情概览

纪年	旱情	资料出处
治平四年（1067）	五月辛巳，以久旱，命宰臣祷雨。 冬十月庚戌，陕西霜旱。 冬，无雪。	《宋史》卷一四，第266、267页；卷六三，第1385页。

---

① 司马光：《传家集》卷二八《乞体量京西陕西灾伤札子》。
② 《传家集》卷三〇《乞车驾旱出祈雨札子》。
③ 《传家集》卷三一《乞罢修感慈塔札子》。

续表

纪年	旱情	资料出处
熙宁元年 (1068)	春正月丁丑，以旱，减天下囚罪一等，杖以下释之。壬辰，幸寺观祈雨。 夏四月戊申，命宰臣祷雨。 十一月癸未，命宰臣祷雪。 十二月己亥朔，命宰臣祷雪。癸丑，祷雪于郊庙、社稷。 是岁，河南、齐、晋旱。①	《宋史》卷一四，第268、269、270页。
熙宁二年 (1069)	三月，旱甚。 丙戌，命宰臣祷雨。乙未，以旱虑囚。	《宋史》卷六六，第1441页；卷一四，第270页。
熙宁三年 (1070)	诸路旱。 六月，畿内旱。 八月，卫州旱。 庚申，分命辅臣祈雨。陕西秋旱。丙寅，以久旱御崇政殿，疏决系囚，杂犯死罪以下第降一等，杖笞释之。诏闻长安、同华等州秋旱特甚，已有流民往京西路就食。庚午，卫州极旱。 十二月癸未，(司马光言)陕西境内，流移之民，道路相望，询访闾里，皆云今夏大旱，禾苗枯瘁，河、渭以北，绝无所收。 是岁，振河北、陕西旱饥，除民租。	《宋史》卷六六，第1441页；卷一五，第278页。《长编》卷二一四，第5198、5199、5202、5203页；卷二一八，第5312页。
熙宁四年 (1071)	二月丁丑，祷雨。	《宋史》卷一五，第279页。
熙宁五年 (1072)	五月，北京自春至夏不雨。 六月丙子，畿县及辅郡民被旱灾。	《宋史》卷六六，第1441页。《长编》卷二三四，第5692页。

---

① 《宋史》卷三四七《黄廉传》，第11002页。

续表

纪年	旱情	资料出处
熙宁六年（1073）	三月二十六日，郑侠言："去年大蝗，秋冬亢旱，以至于今经春不雨，麦苗枯焦，黍粟麻豆粒不及种，旬日以来，街市米价暴贵，群情忧惶，十九惧死，方春斩伐，竭泽而渔，大营官钱，小求升米，草木鱼鳖亦莫生。"① 秋七月己酉，祷雨。 九月戊申，润州旱甚。 冬十月甲戌，常、润二州岁旱民饥。 十一月癸丑，冬至，奉安中太一神象。德音："应诸路灾伤民户，本名税物失诉违省限，不该检放者，监司体量检放。其阙食之民，安抚、提举司优加振救，无致流移。除河北路负官物已指挥外，余路负官物，被灾伤放税及五分以上，并权停。"先是，上以久旱，欲因冬至发德音，顺承太一之贶，手诏令辅臣相度。②	《宋史》卷一五，第284页。《长编》卷二四七，第6011、6020页；卷二四八，第6045页。
熙宁七年（1074）	自春及夏，河北、河东、陕西、京东西、淮南诸路久旱。 二月己丑，祷雨。 三月十三日，以旱遣官分祈祷京城并畿内诸祠，其五岳四渎并委长吏致祷祭。 五月壬子，诏开封府白马县界旱及十分，其芰滩地租草与倚阁。 夏，金陵旱，疾乘其饥馑易以致疾死者□□□□□□所以祷诸鬼神，盖无不至……③	《宋史》卷六六，第1441页；卷一五，第285页。《宋会要》礼一八之一二。《长编》卷二五三，第6195页；卷二五四，第6210页；卷二五五，第6220、6242页；卷二五五，第6242页。

① 《西塘先生文集》卷一《上皇帝论新法进流民图》（熙宁六年三月二十六日）。
② 郑侠言："自熙宁六年冬，流离相继，至七年春夏间，不知其几千万人。每风沙霾曀，大者车乘，小者负担，扶老携幼，蔽塞道路，或二三十人，或三五百人，各各自有群伴。然而衣服蓝缕，虽车乘之上，亦止是锅釜一二只，破笼、弊甑、瓦器之类。问其徙之因，皆曰仍岁蝗旱，走南方趁熟其实，亦兵师之方，百物踊贵，无计自活，乃如是流移离去其邦土，过京而南东，皆陂栖野宿，采凫茈野菜之类以为食。"（《西塘先生文集》卷一《流民》）
③ 《瘟神殿记》，引自《宋代石刻文献全编》第二册，北京图书馆出版社2003年版，第226页。

续表

纪年	旱情	资料出处
	六月辛巳，夏国旱蝝，拥羊马牧于缘边河。 七月癸卯，上批："陕西路亢旱，秋种未入，令转运司访名山灵祠祈雨。" 八月庚寅，诏："河北旱灾，民方艰食，惟河防急切及修城，许量调春夫，余并权罢一年。"环庆安抚司言"熟户大旱阙食，乞贷庆州粮七万石、环州三万石。从之。" 九月，诸路复旱，时新复洮、河亦旱。羌户多殍死。	
熙宁八年 （1075）	春正月己未，去岁夏秋旱，羌户殍死者众。 二月甲戌，上批："闻河东路旱灾，百姓多流入外界。" 四月，真定府大旱。 闰四月壬子，诏："闻永兴等路亢旱，其令转运司访名山灵祠，委长吏精祷。"甲寅，又诏"闻真定府界旱甚，其令孙固亲祷名山灵祠。"乙卯，分遣辅臣祷雨。 六月辛卯朔，上批："闻淮南旱甚，其令转运司委州军长吏祷名山灵祠。"壬子，诏淮南、两浙、江南、荆湖路转运司具旱灾州军以闻。 八月，淮南、两浙、江南、荆湖等路旱。 九月丙寅，御史蔡承禧言："今岁江、淮大旱，畿甸蝗蝻，苗谷不登。" 十一月己未朔，诏倚阁辰、沅州今年秋税，以察访蒲宗孟言二州夏旱故也。	《长编》卷二五九，第6324页；卷二六〇，第6338页；卷二六三，第6446、6450页；卷二六五，第6484、6497页；卷二六八，第6561页；卷二七〇，第6619页。《宋史》卷六六，第1441页。
熙宁九年 （1076）	六月壬子，淮甸、两浙、江东、西、湖南、北州县，仍岁旱蝗，陂泽竭涸，野无青草，人户流散，穷荒极敝。（张方平言） 八月，河北、京东、京西、河东、陕西旱。 九月丙子，上批："闻开封府界诸县遭旱人户所纳秋色苗税，可第等疾速量与蠲减。"	《长编》卷二七六，第6758页；卷二七七，第6785页；《宋史》卷六六，第1441页。

续表

纪年	旱情	资料出处
熙宁十年（1077）	春,诸路旱。 京师春旱。夏,京辅大旱。①	《宋史》卷六六,第1441页。
元丰元年（1078）	春正月庚戌,诏河北转运司,令所在长吏躬祷名山灵祠,旱故也。壬子,命辅臣祈雨。 十一月乙酉,又诏:"闻京西、河北、陕西诸路自冬无雪,并边山田麦苗已旱,令转运司访名山灵祠,委长吏祈祷。"	《长编》卷二八七,第7011页;卷二九四,第7166页。
元丰二年（1079）	春,河北、陕西、京东、西诸郡旱。 四月庚戌,又批:"广西春旱特甚。其令安抚转运司,访名山灵祠祈祷。"	《宋史》卷六六,第1441页。《长编》卷二九七,第7232页。
元丰三年（1080）	三月辛未,遣官求雨。己丑,手诏:"旱气日甚,夏秋之田卒将被灾,宜择日再遣官恳祷天地、宗庙、社稷。"庚寅,诏辅臣祈雨。 四月丁未,诏:"开封府界、京东西、河北、河东、陕西等路久苦旱灾。"庚戌,西北诸路久旱。 八月丁未,开封府奏:"畿县夏旱,甚者十分,其次不减七分,已节次检放。今秋农有望,而民力未充,其残欠税租,乞赐倚阁。"从之。	《长编》卷三〇三,第7365、7372、7381、7383页;卷三〇七,第7464页。
元丰五年（1082）	夏四月甲寅,自春亢旱。	《长编》卷三二五,第7815页。
元丰六年（1083）	五月庚寅,以畿内旱,御崇政殿疏决系囚。	《长编》卷三三五,第8068页。
元丰七年（1084）	三月癸丑,分命辅臣祈雨。十四日,诏:"淮南、京东、京西路,即今阙少雨泽,可令转运司各访寻管下名山灵祠,所在委长吏躬视精虔祈祷。"	《长编》卷三四四,第8257页。《宋会要》礼一八之一五。

---

① 张邦基:《墨庄漫录》卷九《罗汉兴雨》,中华书局2002年版,第248页。魏泰:《东轩笔录》卷四,中华书局1997年版,第45页。

续表

纪年	旱情	资料出处
元丰八年 (1085)	旱。 冬，无雪。	《通考》卷三〇四，考2396页。《宋史》卷六三，第1385页。

元祐元年
(1086)
	春，诸路旱。
	  正月，帝及太皇太后车驾分日诣寺观祷雨，是冬复旱。
	  夏四月己丑，淮南旱甚，物价踊贵。辛卯，（三省言）府界、诸路久旱，夏苗灾伤。①（王岩叟言）
	  淮南春夏大旱，民间乏食。流徙道路。②（苏辙语）
	  冬，无雪。
		《宋史》卷六六，第1441页；卷六三，第1385页。《长编》卷三七四，第9057、9066页。

元祐二年
(1087)
	春，旱。
	  夏四月辛卯，诏："时雨久愆，旱灾甚广。可自今月十一日后，避正殿，减常膳，仍于诏内深责予躬，庶几修省，以消天变。""自冬迄夏，旱暵为虐，四方之内，被灾者广，生民嗷嗷，无所告劳。"
	  知潞州梁焘上奏曰："臣伏见去冬苦寒，今秋大旱，被灾之民如卧焦灼。"③
		《宋史》卷六六，第1441页。《长编》卷三九八，第9703页。

元祐三年 (1088)	秋，诸路旱。京西、陕西尤甚。	《宋史》卷六六，第1441页。

元祐四年
(1089)
	春，京师及东北旱，罢春燕。
	  二月己巳，今内自畿县，外及诸路，率皆旱暵。（刘安世言）
	  夏四月乙巳，吕大防等以久旱求罢政，诏答不允。
	  十一月初四日，苏轼云："浙西七州军冬春积水，不种旱稻，及五六月水退，方插晚秧，又遭干旱，早晚俱损，高下并伤，民之艰食，无甚今岁。"④
	  冬，京师无雪。
		《宋史》卷六六，第1441页；卷六三，第1385页。《长编》卷四二二，第10229页；卷四二五，第10267页。

---

① 《续资治通鉴长编》卷三七六"元祐元年四月己酉"条三省言："诸路久旱灾伤处已降指挥赈济外，准条……"中华书局1982年版，第9114页。

② 《栾城集》卷三九《言淮南水潦状》。

③ 《历代名臣奏议》卷二四五，上海古籍出版社1989年版，第3222页。

④ 《苏轼文集》卷三十《奏议·乞赈济浙西七州状》，中华书局1986年版，第849页。

续表

纪年	旱情	资料出处
元祐五年（1090）	旱。 二月辛丑，诏三省、枢密院："去冬愆雪，今未得雨，外路旱暵阔远，宜权罢修黄河。"癸卯，祷雨岳渎。 夏四月丁巳，诏以旱避殿减膳。 苏辙言："去冬无雪，今岁春夏时雨绝少，二麦不收，秋种未入，旱势阔远，岁事可虑。"① 冬，无冰雪。 是岁，东北旱。	《通考》卷三〇四，考2396页。《长编》卷四三八，第10554页。《宋史》卷一七，330、331页；卷六三，第1385页。
元祐六年（1091）	十一月，颍州汝阴县旱伤，稻苗全无。②	
元祐七年（1092）	三月丁酉，太皇太后深以旱暵为忧。 十二月庚午，祈雪。	《长编》卷四七一，第11248页。《宋史》卷一七，第335页。
元祐八年（1093）	秋，旱。 苏颂云："淮南系灾伤路分，又得转运司牒，经冬未有雨雪，请差官祈求。"③	《宋史》卷六六，第1441页。
元祐九年（绍圣元年，1094）	春，旱。疏决四京、畿县囚。 四月壬寅朔、十六日丁巳，苏轼云："定州军州'既徂岁而不登，又历时而未雨，公私并竭，农末皆伤，麦将槁而禾未生，民既流而盗不止，丰凶之决，近在浃辰，沟壑之忧。'"④ 夏四月丙午，以旱诏恤刑。四月壬寅朔、二十六日丁卯，苏辙云："汝州军州'自春徂夏，旱饥为苦。麰麦殄悴，禾未出亩。'"⑤ 十一月壬子，以冬温无雪，决系囚。 十二月庚辰，命诸路祈雪。	《宋史》卷六六，第1441页；卷一八，第341、342页。

① 《栾城集》卷四二《为旱乞罢五月朔朝会札子》。
② 《苏东坡全集·奏议集》卷一〇《奏淮南闭籴状》，中国书店1996年版，第530页。
③ 《苏魏公文集》卷二〇《奏乞罢起夫修支家河》。
④ 《苏东坡全集·后集》卷一六《北岳祈雨祝文》上册，第632页。
⑤ 《栾城后集》卷一九《汝州谢雨文》。

续表

纪年	旱情	资料出处
绍圣三年（1096）	江东大旱，溪河涸竭。	《宋史》卷六六，第1441页。
绍圣四年（1097）	夏，两浙旱。 五月辛酉，以亢旱，决四京囚。 五月三日，诏令陕西、河东、京东路阙雨州军，应管下岳渎及名山大川并诸祠庙，自来祈祷感应之处，并令长吏精虔祈求；其合用祝文，令学士院依例修撰。 九月辛亥朔，左司谏郭知章言两浙岁旱，淮南又不全稔，乞下本路监司按视。 十二月癸卯，开封府东明县旱伤。	《宋史》卷六六，第1441页；卷一八，第347页。《宋会要》礼一八之一六。《长编》卷四九一，第11646页；卷四九三，第11718页。
元符元年（1098）	东南旱。 五月癸亥，泾原久旱。	《宋史》卷六六，第1441页。《长编》卷四九八，第11852页。
元符二年（1099）	春，京畿旱。 三月乙丑，祈雨。 夏四月丙戌，京城久愆雨泽，诸路亦颇旱干。丁亥，以旱，减四京囚罪一等，杖以下释之。（邹浩言） 秋七月乙巳，盛暑，中外决系囚。 是岁，"（安陆）己卯，大旱"。①	《宋史》卷六六，第1441页；卷一八，第352页。《长编》卷五〇八，第12107页。
元符三年（1100）	（安州安陆）大旱。②	

---

① 王得臣《麈史》卷下《占验》："安陆地宜稻，春雨不足，则谓之'打干种'，盖人、牛、种子倍费。元符己卯大旱，岁暮，农夫告曰：'来年又打干矣。'盖腊日牛骤泥中则然，明年果然。"上海古籍出版社1986年版，第83页。

② 王得臣《麈史》卷下《占验》："安陆地宜稻，春雨不足，则谓之'打干种'，盖人、牛、种子倍费。元符己卯大旱，岁暮，农夫告曰：'来年又打干矣。'盖腊日牛骤泥中则然，明年果然。"上海古籍出版社1986年版，第83页。

续表

纪年	旱情	资料出处
建中靖国元年（1101）	衢、信等州旱。 是岁，江、淮、两浙、湖南、福建旱。	《宋史》卷六六，第1441页；卷一九，第363页。
崇宁元年（1102）	是岁，江、浙、熙、河、漳、泉、潭、衡、郴州、兴化军旱。	《宋史》卷一九，第366页。
崇宁二年（1103）	春，河内久旱，越三月。①	
大观元年（1107）	是岁，秦凤旱。	《宋史》卷二〇，第379页。
大观二年（1108）	八月，诏："常、润岁旱河浅，留滞运船，监司督责浚治。" 淮南、江东西诸路大旱，自六月不雨至于十月。②	《宋史》卷九六，第2385页；卷六六，第1442页。
大观三年（1109）	江、淮、荆、浙、福建旱。 （安州安陆）己丑大旱，人相食，弃子不可胜数。③ 大观己丑，（黄州）旱荒，迄百余日。④ 是岁，江淮大旱。自六月不雨至于十月。	《宋史》卷二〇，第383页。《宋史全文》卷一四。
政和元年（1111）	夏四月丁巳，以淮南旱，降囚罪一等，徒以下释之。 是岁，淮南旱。	《宋史》卷二〇，第386页；卷六六，第1442页。
政和三年（1113）	是岁，江东旱。 从去年冬，蜀无雪，迄夏五月雨不濡土，民始告病，宰吏惴恐。⑤	《宋史》卷六六，第1442页。

---

① 《河内县志·送沐涧祷雨感应记》，《宋代石刻文献全编》第三册，北京图书出版社2003年版，第762页。
② 《文献通考》卷三〇四《宋史全文》卷一四均作"三年"。
③ 王得臣：《麈史》卷下《占验》，上海古籍出版社1986年版，第84页。
④ 洪迈：《夷坚志》补卷九《董助教》第四册，第1630页。
⑤ 《宋龙洞碑》，《宋代石刻文献全编》第二册，第893页。

续表

纪年	旱情	资料出处
政和四年 （1114）	旱。诏赈德州流民。	《宋史》卷六六，第1442页。
政和末 （1118）	岁旱，帝以为念。①	
宣和元年 （1119）	二月，诏汝、颍、陈、蔡州饥民流移，常平官勒停。 秋，淮南旱。 十一月戊辰，以淮甸旱，饥民失业，遣监察御使察访。②	《宋史》卷六六，第1442页；卷二二，第405页。
宣和二年 （1120）	是岁，淮南旱。 有上封事告淮南连岁荒旱，饥民相食。③	《宋史》卷二二，第407页。
宣和三年 （1121）	是岁，京师至关西旱。④	
宣和四年 （1122）	二月丙申，以旱祷于广圣宫。 东平府旱。	《宋史》卷二二，第409页；卷六六，第1441页。
宣和五年 （1123）	夏，秦凤路旱。 是岁，燕山府路旱。	《宋史》卷六六，第1442页。
宣和六年 （1124）	常州夏旱。⑤	

① 《宋史》卷三四八《黄葆光传》，第11029页。
② 《宋史全文》卷一四："遣监察御史周武仲察访淮南。先是臣僚上言：'淮东大旱，下户流离，康衢之间百钱卖一儿，斗粟易一女，父不能保子，夫不能保妻，而部使者安坐略不介意。而武仲有此命。'"
③ 杨时：《龟山先生全集》卷三六《周宪之墓志铭》。
④ 庄绰：《鸡肋编》卷上："宣和壬寅岁，自京师至关西，槐树皆无花。老农云：'当应来年之旱，与二麦不登。'已而，信然。"中华书局1983年版，第16页。
⑤ 孙觌：《鸿庆居士集》卷二二《常州资圣禅院兴造记》。

（四）南宋前期旱灾情概览

纪年	旱情	资料出处
建炎二年（1128）	夏，旱。 七月辛丑，诏以春霪，夏旱，飞蝗为沴。	《宋史》卷六六，第1442页。《要录》卷一六，第340页。
建炎三年（1129）	五月（临汀）不雨至七月，苗将就槁。①	
绍兴二年（1132）	常州大旱。	《宋史》卷六六，第1442页。
绍兴三年（1133）	四月，旱，至于七月，帝蔬食露祷，乃雨。 秋七月己巳，诏以久旱，令两浙宪臣行所部虑囚。丙子，（以久旱）诏诸路监司分按州县，亲录囚徒，以察冤滞。	《宋史》卷六六，第1442页。《要录》卷六七，第1130、1133页。
绍兴五年（1135）	五月，大燠四十余日，草木焦槁，山石灼人，暍死者甚众。 五月，浙东、西旱五十余日。己亥，诏以盛暑，命诸路监司分往所部虑囚。 六月，江东、湖南旱。 秋，四川郡国旱甚。 六月辛亥，（赵鼎言）以旱乞分委侍从官等，遍走群祀祈雨泽。甲寅，自五月丙子不雨，今越四旬。 秋七月丙申，言者论今岁亢旱滋久，荒歉日广，民穷盗起，深可为虑。 冬十月庚子朔，江浙、荆湖旱。 十一月丁酉，江西旱伤最甚。	《宋史》卷六三，第1385页；卷六六，第1442页。《要录》卷八九，第1494页；卷九〇，第1501、1504页；卷九一，第1525页；卷九四，第1551页；卷九五，第1578页。

---

① 《临汀志》，《永乐大典方志辑佚》第二册，中华书局2004年版，第1451页。

续表

纪年	旱情	资料出处
绍兴六年 (1136)	春正月甲午，以江湖、福建、浙东旱。命监司帅臣修荒政。 三月辛未，蠲旱伤州县民积欠钱帛租税。 二月乙巳，右谏议大夫赵霈言："去秋旱伤，连接东南，今春饥馑，特异常岁，湖南为最，江西次之，浙东、福建又次之。" 秋七月己巳，翰林学士朱震言："湖南去岁大旱，民多流亡，今夏又复旱。" 夔、潼、成都郡县及湖南衡州皆旱。 是岁，湖、广、江西旱。	《要录》卷九七，第1606页；卷九八，第1611页；卷一〇三，第1679页。《宋史》卷二八，第524页；卷六六，第1442页；卷一七八，第4340页。
绍兴七年 (1137)	春，旱七十余日。时帝将如建业，随所在分遣从臣有事于名山大川。 六月，又旱。江南尤甚。 秋七月癸酉，以旱祷于天地、宗庙、社稷。癸未，以久旱命中外臣庶实封言事。 八月，是月，诸路大旱，江、湖、淮、浙，被害甚广。	《宋史》卷六六，第1442页；卷二八，第531页。《要录》卷一一三，第1836页。
绍兴八年 (1138)	冬，不雨。	《宋史》卷六六，第1442页。
绍兴九年 (1139)	六月，旱六十余日，有事于山川。 丁丑，临安府、秀州旱。	《宋史》卷六六，第1442页。《要录》卷一二九，第2093页。
绍兴十一年 (1141)	七月，旱。戊申，有事于岳渎。乙卯，祷雨于圜丘、方泽、宗庙。 庚子，上以临安旱，蔬食请祷。决滞狱，出系囚。	《宋史》卷六六，第1442页。《要录》卷一四一，第2261页。
绍兴十二年 (1142)	三月，旱六十余日。秋，西京、淮东旱。 十二月，是岁，初陕西连岁不雨，至是泾、渭、灞、浐皆竭，五谷焦槁，秦民无以食，争西入蜀，川陕宣抚副使郑刚中以誓书所禁，不敢纳，皆散去，饿死。其壮者，北人多买为奴婢，郡邑荡然矣。	《宋史》卷六六，第1442页；卷六七，第1488页。《要录》卷一四七，第2373页。

续表

纪年	旱情	资料出处
绍兴十三年（1143）	（安成）是岁绍兴十三年适大旱。①	
绍兴十六年（1146）	广州清远县、韶州翁源县、英德府真阳县鼠食稼，千万为群，时广东久旱，凡羽鳞皆化为鼠……自夏徂秋为患数月方息。岁为饥。	《通考》卷三一四，考2465页。
绍兴十八年（1148）	六月，是夏，浙东、西、淮南、江东旱。绍兴府大旱。 十有二月乙卯朔，绍兴饥民有渡江者。时明、越、秀、润、徽、婺、饶、信州皆旱，民多流散。	《宋史》卷六六，第1442页；卷三〇，第568页。《要录》卷一五八，第2572页。
绍兴十九年（1149）	常州、镇江府旱。 大旱饥，谷石五千二百足钱。②	《宋史》卷六六，第1442页。
绍兴二十三年（1153）	浙东大旱，衢州饥，民啸聚。③	
绍兴二十四年（1154）	浙东西旱。	《宋史》卷六六，第1442页。
绍兴二十七年（1157）	冬十月辛酉，诏四川诸司察旱伤州县，损其税，振其饥民。	《宋史》卷三一，第588页。
绍兴二十九年（1159）	二月，旱七十余日。秋，江浙、郡国旱。 四月辛丑，诏修临安府至镇江运河堰闸，时久旱河涸……	《宋史》卷六六，第1442页。《要录》卷一八一，第3012页。
绍兴三十年（1160）	春，阶、成、凤、西和州旱。 秋，江、浙郡国旱，浙东尤甚。	《宋史》卷六六，第1443页。
绍兴三十一年（1161）	冬，无雪。	《宋史》卷六三，第1385页。

① 王庭珪：《卢溪先生文集》卷二《寅陂行》。
② 叶适：《水心文集》卷一二《石庵藏书目序》，《叶适集》，中华书局1983年版，第203页。
③ 汪应辰：《汪文定公集》卷一二《显谟阁学士王公墓志铭》。

续表

纪年	旱情	资料出处
隆兴元年 (1163)	七月乙巳，以旱蝗、星变，诏侍从、台谏、两省官条上时政阙失。 江、浙郡国旱，京西大旱。 是岁，以两浙大水、旱蝗，江东大水，悉蠲其租。	《宋史》卷三三，第624、625页；卷六六，第1443页。
隆兴二年① (1164)	台州春旱。兴化军、漳、福州大旱，首种不入，自春至于八月。甲申，温州大旱，草根木实俱尽。孝宗大惊曰："温州荒耶？"②	《宋史》卷六六，第1443页。
乾道元年 (1165)	（乾道初）（池州）江左大旱蝗，流民襁负相属。③	
乾道三年 (1167)	春，四川郡县旱。至于秋七月。绵、剑、汉州、石泉军尤甚。 冬十月，是月，成都府路旱，诏降僧牒四百道充籴本措置赈济。 冬温，少雪无冰。④	《宋史》卷六六，第1443页；卷六三，第1385页。《皇宋中兴两朝圣政》卷四六。
乾道四年 (1168)	五月乙丑，以邛州安仁县荒旱，失于蠲放，致饥民扰乱，守、贰、县令降罢追停有差。 夏六月，旱。时，襄阳、隆兴、建宁亦旱。 八月，诏颁皇祐祀龙法于郡县。	《宋史》卷三四，第643页；卷六六，第1443页。
乾道五年 (1169)	夏秋，淮东旱。盱眙、淮阴为甚。 秋，冬不雨，淮郡麦种不入。 冬温，无雪。	《宋史》卷六六，第1443页；卷六七，第1464页；卷六三，第1385页。
乾道六年 (1170)	夏，浙东、福建路旱。温、台、福、漳、建为甚。 蜀中久旱。⑤ 冬温，无雪冰。	《宋史》卷六六，第1443页；卷六三，第1385页。

① 《文献通考》卷三〇四误作"三年"。
② 叶适：《水心文集》卷一七《刘子怡墓志铭》，《叶适集》，第333页。
③ 真德秀：《西山先生真文忠公文集》卷四三《宋通直范君墓志铭》。
④ 《宋史全文》卷二三上，系事于绍兴三十一年。
⑤ 洪迈：《夷坚志·支癸》卷二《武当真武祠》第三册，第1231页。

续表

纪年	旱情	资料出处
乾道七年 (1171)	春，江西东、湖南北、淮南、浙婺、秀州皆旱。 夏秋，江、洪、筠、潭、饶州，南康、兴国、临江军尤甚。首种不入，冬，不雨。 八月，湖南、江东西路旱。 湘中辛卯之旱，浮徙者无数，徙者后来得归十无二三。① 九月壬申朔，以江西、湖南旱，命募民为兵。 是岁，湖南、江东西路旱，振之。	《宋史》卷六六，第1443页；卷一七八，第4341页；卷三四，第652页。
乾道八年 (1172)	是岁，隆兴府、江、筠州、临江、兴国军大旱。	《宋史》卷三四，第654页。
乾道九年 (1173)	二月壬申，蠲江西旱伤五州通负米。 婺、处、温、台、吉、赣州，临江、南安诸军、江陵府皆久旱，无麦苗。 十一月辛亥，臣僚言："访闻今岁旱伤非特浙东被害，如江西诸州例皆阙雨，禾稻不收，而赣、吉二州尤甚。江东之太平、广德，淮西之无为军、和州，多是先被水患，继之以旱，自今民以艰食其间。" 是岁，浙东、江东西、湖北旱。	《宋史》卷三四，第655页；卷六六，第1443页。《宋史全文》卷二五下。
淳熙元年 (1174)	夏六月，湖州旱。② 浙东、湖南郡国旱。台、处、郴、桂为甚，蜀关外四州旱。	《宋史》卷六六，第1443页。
淳熙二年 (1175)	秋，江、淮、浙皆旱。绍兴、镇江、宁国、建康府，常、和、滁、真、扬州，盱眙、广德军为甚。	《宋史》卷六六，第1443页。
淳熙三年 (1176)	春正月甲寅，以常州旱，宽其逋负之半。 夏，常、昭、复、随、郢、金、洋州，江陵、德安、兴元府，荆门、汉阳军皆旱。 是岁，京西、湖北诸州、兴元府、金、洋州旱。	《宋史》卷六六，第1443页；卷三四，第661、662页。

① 张栻：《新刊南轩先生文集》卷二一《答朱元晦秘书》。
② 洪迈：《夷坚志》补卷二三，第四册，第1765页。

续表

纪年	旱情	资料出处
淳熙四年（1177）	春，襄阳府旱，首种不入。	《宋史》卷六六，第1443页。
淳熙五年（1178）	常、绵州、镇江府及淮南、江东西郡国旱，有事于山川群望。	《宋史》卷六六，第1443页。
淳熙六年（1179）	衡、永、楚州、高邮军旱。 是岁，和州旱。	《宋史》卷六六，第1443页；卷三五，第671页。
淳熙七年（1180）	湖南春旱，诸道自四月不雨，行都自七月不雨，皆至于九月。 秋七月癸丑，诏二广帅臣、监司察所部守臣臧否以闻。丁卯，以旱，决系囚，分命群臣祷雨于山川。 绍兴、隆兴、建康、江陵府，台、婺、常、润、江、筠、抚、吉、饶、信、徽、池、舒、蕲、黄、和、浔、衡、永州，兴国、临江、南康、无为军皆大旱，江、筠、徽、婺州，广德军、无锡县尤甚，祷雨于天地、宗庙、社稷、山川群望。 秋九月，新安岁大旱，廪无余积，民无宿藏，人心皇皇。① 是岁，江、浙、淮西、湖北旱，蠲租，发廪贷给，趣州县决狱，募富民振济补官。故岁虽凶，民无流殍。	《宋史全文》卷二六下。《宋史》卷六六，第1443页；卷三五，第673、674页。
淳熙八年（1181）	正月甲戌，积旱始雨。 二月壬午，诏去岁旱伤郡县，以义仓米日给贫民，至闰三月半止。 七月，不雨至于十一月。临安、镇江、建康、江陵、德安府，越、婺、衢、严、湖、常、饶信、徽、楚、鄂、复、昌州，江阴、南康、广德、兴国、汉阳、信阳、荆门、长宁军及京西、淮郡皆旱。 夏五月，蜀旱。冬，民饥。②	《宋史》卷六六，第1444页；卷三五，第674、676页。

---

① 吴儆：《竹洲文集》卷一〇《相公桥记》，第545页。
② 度正：《性善堂稿》卷一一《华藏义冢记》，第242页。

续表

纪年	旱情	资料出处
	辛丑，（高邮）大旱，千里如赭，民无所食，强者思为盗，弱者束手待尽。① 八月丙午，以旱，罢招军。 十一月甲戌，以旱伤，罢喜雪宴。 十二月辛亥，蠲诸路旱伤州军明年身丁钱物。	
淳熙九年 （1182）	夏五月，不雨至于秋七月。江陵、德安、襄阳府，润、婺、温、处、洪、吉、抚、筠、袁、潭、鄂、复、恭、合、昌、普、资、渠、利、阆、忠、涪、万州，临江、建昌、汉阳、荆门、信阳、南平、广安、梁山军，江山、定海、象山、上虞、嵊县皆旱。 十月甲子，蠲诸路旱伤州军淳熙七年八年逋赋，出县官缗钱以偿户部。 仁化县自六月不雨，至于八月，苗之槁者过半矣。②	《宋史》卷六六，第1444页；卷三五，第679页。
淳熙十年 （1183）	六月，旱，至于七月，江淮、建康府、和州、兴国军、恭、涪、泸、合、金州、南平军旱。 秋七月乙丑，以不雨，决系囚。丙寅，幸明庆寺祷雨。甲戌，以夏秋旱暵，避殿减膳，令侍从、台谏、两省、卿监、郎官、馆职各陈朝政阙失，分命群臣祷雨于天地、宗庙、社稷、山川。左丞相王淮等以旱乞罢，不许。 是岁，京西、金、沣州，南平、荆门、兴国、广德军，江陵、建康、镇江、绍兴、宁国府旱。	《宋史》卷六六，第1444页；卷三五，第680、681页。
淳熙十一年 （1184）	三月甲午，上津、洵阳旱。 四月，不雨至于八月。兴元府，吉、赣、福、泉、汀、漳、潮、梅、循、邕、宾、象、金、洋、西和州、建昌军皆旱。兴元、吉尤甚。 冬，不雨，至于明年二月。	《宋史》卷三五，第681、683页；卷六六，第1444页。《宋史全文》卷二七上。

---

① 陈造：《江湖长翁文集》卷二一《孙宰轩亭记》，第564页。
② 《龙王灵感记》，《宋代石刻文献全编》第四册，第543页。

续表

纪年	旱情	资料出处
	七月，是月以泉、福州、兴化军饥，诸州水，兴元府旱，并命赈之。 是岁，江东、浙西诸州水，福建、广东、吉、赣州、建昌军、兴元府、金、洋、西和州旱。	
淳熙十二年 （1185）	五月，以地震应诏上书曰……自频年以来，两浙最近则先旱，江淮则又旱，湖广则又旱，流徙者相续，道殣相枕，而常平之积，名存而实亡。①	
淳熙十三年 （1186）	七月十日，太常寺言："元阳为沴，检照国朝典礼，凡京都旱则祈岳、镇、海、渎及诸山川能兴云雨者，于北郊望告。"又祈宗庙、社稷及雩祀上帝、皇地祇。诏命宰臣已下分诣祭告。 是岁，江西诸州旱。	《宋会要》礼一八之二四。《宋史》卷三五，第686页。
淳熙十四年 （1187）	五月，旱。 六月戊寅，有事于山川群望。班画龙祈雨法。甲申，帝亲祷于太乙宫。 七月己酉，大雩于圜丘，望于北郊，有事于岳、渎、海，凡山川之神。时，临安、镇江、绍兴、隆兴府、严、常、湖、秀、衢、婺、处、明、台、饶、信、江、吉、抚、筠、袁州、临江、兴国、建昌军皆旱。越、婺、台、处、江州、兴国军尤甚。至于九月乃雨。 是岁，两浙、江西、淮西、福建旱，振之。②	《宋史》卷六六，第1444页；卷三五，第686、688页。
淳熙十五年 （1188）	舒州旱。	《宋史》卷六六，第1444页。
淳熙十六年 （1189）	闰五月二十三日，诏："近闻建康府阙少雨泽，令守臣精加祈祷，务要速获感应。仍将见禁公事疾速决遣，毋致淹延。如本路更有阙雨去处，令帅臣依此施行。"	《宋会要》礼一八之二四至二五。

---

① 《宋史》卷四三三《儒林三·杨万里》，第12864—12866页。

② 陆九渊著，钟哲点校《陆九渊集》卷二八《陆修职墓表》："淳熙丁未，江西岁旱，抚为甚，抚五邑，金溪为甚。"中国书店1992年版，第211页。

(五) 南宋中后期旱灾概览

纪年	旱情	资料出处
绍熙元年 (1190)	六月十九日，诏：雨泽稍愆，恐妨禾稼，可日轮侍从一员，诣上天竺灵感观音前精加祈祷，务要速获感应。 重庆府、蕲、池州旱。	《宋会要》礼一八之二五。《宋史》卷六六，第1444页。
绍熙二年 (1191)	五月，真、扬、通、泰、楚、滁、和、普、隆、涪、渝、遂、高邮、盱眙军、富顺监皆旱。简、资、荣州大旱。 十二月壬寅，资、简、普、荣四州及富顺监旱。 是岁，阶、成、西和、凤四州及淮东旱。	《宋史》卷六六，第1444页；卷三六，第702页。
绍熙三年 (1192)	春，潼川路久旱，日、月、星皆有赤气。春，潼川路久旱。 夏，鄂、扬、和州大旱。秋，简、资、普、荣、叙、隆、富顺监亦大旱。 四月、五月，四川旱。 冬，潼川路不雨，气燠如仲夏，日月皆赤，荣州尤甚。	《宋史》卷六四，第1413页；卷六六，第1444页；卷六三，第1385页。
绍熙四年 (1193)	七月丙子，以不雨，命诸路提刑审断滞狱。戊寅，命临安府及三衙决系囚，释杖以下。 八月癸丑，诏三省议振恤郡县水旱。戊午，振江东、浙西、淮西旱伤贫民。 绵州大旱，亡麦。简、资、普、渠、合州、广安军旱。 江、浙自六月不雨至于八月。镇江、江陵府、婺、台、信州、江西、淮西旱。	《宋史》卷三六，第706页；卷六六，第1444页。
绍熙五年 (1194)	春，浙东西自去冬不雨，至于夏秋。镇江府、常、秀州、江阴军大旱。庐、和、濠、楚州为甚。江西七郡亦旱。 夏四月壬寅，以久不雨命大理、三衙、临安府及两浙决系囚，释杖以下。 是岁，两浙、淮南、江东西路水旱。	《宋史》卷六六，第1444页；卷三六、三七，第708、718页。

续表

纪年	旱情	资料出处
庆元元年 (1195)	冬,无雪。	《宋史》卷六三,第1385页。
庆元二年 (1196)	五月,不雨。 辛巳,以旱祷于天地、宗庙、社稷。 冬,无雪。	《宋史》卷六六,第1444页;卷六三,第1385页;卷三七,第721页。
庆元三年 (1197)	潼、利、夔路十五郡旱,自四月至于九月,金、蓬、普州大旱。 四月壬子,祷于天地、宗庙、社稷。	《宋史》卷六六,第1444页;卷三七,第722页。
庆元四年 (1198)	冬,无雪。越岁,春燠而雷。	《宋史》卷六三,第1385页。
庆元六年 (1200)	四月,旱。 五月丙辰,以旱,决中外系囚。 五月辛未,祷于郊丘、宗社。镇江府、常州大旱,水竭。淮郡自春无雨,首种不入,及京、襄皆旱。 冬燠,无雪。桃李华,虫不蛰。 是岁,建宁府、常、润、扬、楚、通、泰、和州、江阴军旱。	《宋史》卷六六,第1444页;卷三七,第727、728页;卷六三,第1385页。《宋史全文》卷二九上。
嘉泰元年 (1201)	五月,旱。丙辰,祷于郊丘、宗社。戊辰,大雩于圜丘,浙西郡县及蜀十五郡皆大旱。 五月戊辰,以旱祷于天地、宗庙、社稷。 五月戊午,以旱祷于天地、宗庙、社稷,诏大理、三衙、临安府、两浙州县决系囚。 七月丁巳,以旱复祷于天地、宗庙、社稷。 是岁,浙西、江东、两淮、利州路旱。	《宋史》卷六六,第1444页;卷三八,第730、731页。
嘉泰二年 (1202)	春,旱,至于夏秋。 七月庚午,大雩于圜丘,祈于宗社。浙西、湖南、江东旱,镇江、建康府、常、秀、潭、永州为甚。 是岁,邵州旱。	《宋史》卷六六,第1445页;卷三八,第733页。
嘉泰三年 (1203)	五月庚辰,以旱诏大理、三衙、临安府释杖以下囚。	《宋史》卷三八,733页。

续表

纪年	旱情	资料出处
嘉泰四年 (1204)	五月,不雨,至于七月。浙东西、江西郡国旱。 秋七月甲子,以旱诏大理、三衙、临安府,两浙及诸路决系囚。戊辰,祷于天地、宗庙、社稷。	《宋史》卷六六,第1444页;卷三八,第736页。
开禧元年 (1205)	夏,浙东西不雨百余日。衢、婺、严、越、鼎、澧、忠、涪州大旱。 秋七月癸未,以旱诏大理、三衙、临安府,两浙及诸路决系囚。 八月丙戌朔,蠲两浙阙雨州县赃赏钱。 冬十月甲子,汀州守臣陈铸以岁旱,图瑞禾来献,诏夺一官。 是岁,江浙、福建、二广诸州旱。	《宋史》卷六六,第1445页;卷三八,第738、739页。
开禧二年 (1206)	南康军、江西、湖南北郡县旱。 秋七月辛巳,罢旱伤州军比较租赋一年。	《宋史》卷六六,第1445页;卷三八,第741页。
开禧三年 (1207)	二月,不雨。庚申,以旱诏大理、三衙、临安府决系囚。辛未,以旱祷于天地、宗庙、社稷。 五月己丑,祷于郊丘、宗社、社稷。 冬,少雪。 是岁,浙西旱蝗。	《宋史》卷六六,第1445页;卷三八,第747页;卷六三,第1385页。
嘉定元年 (1208)	夏,旱。闰月辛卯,祷于郊丘、宗庙。 闰月壬申,诏大理、三衙、临安府及诸路阙雨州县决系囚,释杖以下。 闰月癸未诏大理、三衙、临安府及诸路阙雨州县决系囚,释杖以下。辛卯,以旱,祷于天地、宗庙、社稷。癸巳,减常膳。乙未,蠲两浙阙雨州县贫民逋赋。命大理、三衙、临安府、两浙州县决系囚。丙申,幸太乙宫、明庆寺祷雨。丁酉,以旱,诏求言。辛卯,以旱祷于天地、宗庙、社稷。癸巳,减常膳。乙未,蠲两浙阙雨州县贫民逋赋,命大理、三衙、临安府、两浙州县决系囚。丙申,幸太一宫、明庆寺祷雨。 冬燠如夏。	《宋史》卷六六,第1445页;卷三九,第750页;卷六三,第1385页。《宋史全文》卷三〇。

续表

纪年	旱情	资料出处
嘉定二年 （1209）	夏四月，旱。首种不入。庚申，祷于郊丘、宗社。 五月丁酉，以旱诏诸路监司决系囚，劾守令之贪残者。己未，以旱诏群臣上封事。庚申，祷于天地、宗庙、社稷。是岁旱。 六月乙酉，又祷。至于七月乃雨。浙西大旱，常、润为甚。 是岁，诸路旱蝗。淮东西、江东、湖北皆旱。	《宋史》卷六六，第1445 页；卷三九，第752 页。《宋史全文》卷三〇。
嘉定四年 （1211）	资、普、昌、合州旱。	《宋史》卷六六，第1445 页。
嘉定六年 （1213）	五月，不雨，至于七月。江陵、德安、汉阳军旱。丁卯，以旱命大理、三衙、临安府决系囚。 闰九月己丑，诏湖北监司、守令振恤旱伤。 冬，燠而雷，无冰，虫不蛰。	《宋史》卷六六，第1445 页；卷三九，第759 页；卷六三，第1385 页。
嘉定七年 （1214）	六月辛丑，以旱命诸路州军祷雨。	《宋史》卷三九，第760 页。
嘉定八年 （1215）	春，旱，首种不入。 三月乙亥。以旱命诸路祷雨，丙戌，释江、淮阙雨州郡杖以下囚。 夏四月乙未，幸太一宫、明庆寺祷雨。辛丑，避正殿，减膳。壬寅，祷雨于天地、宗庙、社稷。癸卯，诏中外臣民直言时政得失。乙巳，减临安及诸路杂犯死罪以下囚，释杖以下。 夏五月，大燠，草木枯槁，百泉皆竭，行都斛水百钱，江、淮杯水数十钱，喝死者甚众。 五月庚申，大雩于圜丘，有事于岳、渎、海，至于八月乃雨。江、浙、淮、闽皆旱，建康、宁国府、衢、婺、温、台、明、徽、池、真、太平州、广德、兴国、南康、盱眙、安丰军为甚。行都百泉皆竭，淮甸亦然。 八月丁未，权罢旱伤州县比较赏罚。 是岁，两浙、江东西路旱蝗。	《宋史》卷三九，第762、763 页；卷六六，第1445 页；卷六三，第1385 页。

续表

纪年	旱情	资料出处
嘉定九年（1216）	春正月辛巳，罢诸路旱蝗州县和籴及四川关外科籴。 冬，无雪。	《宋史》卷三九，第763页；卷六三，第1385页。
嘉定十年（1217）	秋七月丙子朔，日有食之。戊寅，以旱，释诸路杖以下囚。 七月，不雨，帝日午曝立，祷于宫中。	《宋史》卷四〇，第768页；卷六六，第1445页。
嘉定十一年（1218）	秋，不雨，至于冬。淮郡及常州镇江、建宁府、常州、江阴、广德军旱，蔬麦皆枯。	《通考》卷三〇四，考2397页。
嘉定十三年（1220）	冬，无冰雪。越岁，春暴燠，土燥泉竭。	《宋史》卷六三，第1386页。
嘉定十四年（1221）	浙、闽、广、江西旱。明、台、衢、婺、温、福、赣、吉州、建昌军为甚。	《宋史》卷六六，第1446页。
嘉定十五年（1222）	三月丁巳，诏江西提举司赈恤旱伤州县。 五月，不雨至七月，赣州大旱。	《宋史》卷四〇，第778页。《通考》卷三〇四，考2397页。
嘉定十六年①（1223）	五月，不雨，岳州旱。	《通考》卷三〇四，考2397页。
绍定元年（1227）	四月癸亥，命临安府祷雨于天竺山。	《宋史全文》卷三一。
绍定二年（1228）	五月，成都、潼川路岁旱民歉。	《宋史》卷四一，第791页。
绍定三年（1229）	夏六月，福建（闽县）不雨，至于七月，遍走群祀，未效。②	
绍定五年（1231）	闰九月癸丑，诏诸路监司体量旱歉州县，依条检放，察守令之贪廉仁暴以闻。	《宋史全文》卷三二。

① 《宋史》卷六六，系事于十五年，第1446页。
② 《闽中金石志略》，《鼓山请雨记》，《宋代石刻文献全编》第四册，第430页，又见第四册第662页。

续表

纪年	旱情	资料出处
端平二年（1235）	六月庚辰，祈雨。	《宋史》卷四二，第808页。
嘉熙元年（1237）	夏，建康府旱。	《宋史》卷六六，第1446页。
嘉熙三年（1239）	旱。 三月甲午，诏："春事已深，膏泽未洽，深虑旱暵为虐，靡神不宗，一雨应期，方慰农望，风雹为沴，朕甚惧焉。" 夏四月壬寅，祈雨。 九月辛卯，以江湖、浙东、建、剑、汀、邵旱伤，诏诸路提举常平司覆所部州县常平、义仓之储，以备赈济。	《宋史》卷六六，第1445页；卷四二，第818页。《宋史全文》卷三三。
嘉熙四年（1240）	六月甲午朔，江、浙、福建大旱。乙未，祈雨。①	《宋史》卷四二，第820页。
淳祐元年（1241）	秋七月壬辰，祈雨。	《宋史》卷四二，第822页。
淳祐二年（1242）	徐鹿卿云："比者畿甸旱暵，赤地千里，不惟河流断绝，而井泉且枯矣。"②	
淳祐四年（1244）	夏四月乙未，祈雨。 秋七月己亥朔，祈雨。	《宋史》卷四二，第830页。
淳祐五年（1245）	六月甲申，祈雨。 秋七月癸巳朔，日有食之。旱。辛丑，镇江、常州亢旱，诏监司、守臣及沿江诸郡安集流民。甲辰，祈雨。	《宋史》卷四三，第833页。

① 杜范云："以至尸骸遍野，相食成风。""去岁旱饥，京辅为甚。田野小人龁糠籺以延旦暮之命，糠籺不足，取草木根实以继之，根实又不足，弱者则殣于道、填于壑，所至秽积，无异豞兽。强者未甘饥死，而相食之风盛行，始不过剒剔遗胔，以赡枵腹，甚则不待气绝，已施利刃。又甚则生致而烹之，虽其子而且忍焉。哀哉！此何等气象，而见于畿辅之间也。"[《杜清献公集》卷一二《经筵已见奏札》（辛丑十一月）；卷一一《辛丑四月直前奏札》。]

② 徐鹿卿：《清正存稿》卷二《壬寅进故事》。

续表

纪年	旱情	资料出处
淳祐六年（1246）	六月丙午，以祷雨，诏中外决系囚，杖以下释之。臣僚言："旱势可虑，乞分命臣僚遍祷群望，仍令有司疎决淹狱，及下诸路劝谕富家接济细民，以弭盗贼。"从之。	《宋史全文》卷三四。
淳祐七年（1247）	旱。 三月庚午，祈雨。 五月甲寅，祈雨。乙亥，御集英殿策士，诏求直言弭旱。 六月戊申，诏："旱势未释，两淮、襄、蜀及江、闽内地，曾经兵州县，遗骸暴露，感伤和气，所属有司收瘗之。" 十月癸未，严州旱。甲寅，镇江府旱。 十二月庚寅，近畿旱。	《宋史》卷六六，第1446页；卷四三，第837、838页。《宋史全文》卷三四。
淳祐九年（1249）	三月癸酉朔，衢、信州旱。	《宋史全文》卷三四。
淳祐十一年（1251）	闽、广及饶州旱。 王柏云："辛亥之秋，婺当大歉。"①	《宋史》卷六六，第1446页。
淳祐十二年（1252）	五月甲申朔，祈雨。	《宋史》卷四三，第846页。
宝祐元年（1253）	六月戊申朔，江、湖、闽、广旱。庚午，祈雨。	《宋史》卷四三，第848页。
宝祐五年（1257）	闰四月己酉，祈雨。 六月丁酉，祈雨。 秋七月丙辰，祈雨。	《宋史》卷四四，第860页。
宝祐六年（1258）	三月辛亥朔，祈雨。 夏四月庚辰朔，诏："自冬徂春，天久不雨，民失东作，自四月一日始，避殿，减膳，仰答谴告。"	《宋史》卷四四，第861页。

① 王柏：《鲁斋王文宪公文集》卷一五《述民志》。

续表

纪年	旱情	资料出处
景定元年（1260）	五月甲申，祈雨。 高斯得云："庚申以来，大水为灾，浙西之民死者数百、千、万，继以连年旱暵，田野萧条，物价大翔，民命如线，景象急迫，至此极矣。"①	《宋史》卷四五，第874页。
景定四年（1263）	六月壬子，祈雨。	《宋史》卷四五，第885页。
景定五年（1264）	秋七月丙申，祈雨。	《宋史》卷四五，第888页。
咸淳二年（1266）	秋七月壬辰，祈雨。	《宋史》卷四六，第896页。
咸淳五年（1269）	秋七月庚申，祈雨。	《宋史》卷四六，第903页。
咸淳六年（1270）	江南大旱。	《宋史》卷六六，第1446页。
咸淳九年（1273）	十二月丁丑，沿江制置使所辖四郡夏秋旱涝，免屯田租二十五万石。	《宋史》卷四六，第917页。
咸淳十年（1274）	庐州旱，长乐、福清二县大旱。	《宋史》卷六六，第1446页。

二、宋代旱灾的一般特征及时空分布

（一）旱灾的一般特征

从灾害对人的生命财产的破坏程度来讲，旱灾恐不如海啸、黄河决口、地震、地质灾害等那么直接和惨烈，但对依靠自然气候为主的农业社会来

---

① 高斯得：《耻堂存稿》卷一《彗星应诏封事》。

说，旱灾对人们生活的影响却是其他任何灾种所不及的。其他自然灾害袭击过后，人们可以重建家园、重新开始他们的生活，干旱却不会这么快就过去，一旦地下含水层干涸，流向湖泊和河流的水流就会减缓，然后逐渐停止不动。干旱一直侵袭到地下很深的地方，除非含水层中的水得到重新补充，否则大地无法真正从干旱中恢复过来。所以因其持续时间较长，旱灾对农业生产和人们生活的影响与其他灾种有很大不同。

从学科分类来讲，干旱又可分为气象干旱、农业干旱、水利干旱、社会经济意义上的干旱。目前国际上还没有统一的标准。"公开发表的干旱定义一共有150多个。"在英国，连续15天不下雨，或者在这期间，每天的降雨量不超过1.25毫米就可称作干旱。而美国气象局对干旱下的定义是持续21天或21天以上，降雨量低于该地区往年同时期降雨量的30%[①]。中国百度网"干旱"词条把干旱分成四个等级。"小旱：连续无降雨天数，春季达16—30天、夏季16—25天、秋冬季31—50天。损失小。特点：降水较常年偏少，地表空气干燥，土壤出现水分轻度不足，对农作物有轻微影响。中旱：连续无降雨天数，夏季26—35天、秋冬季51—70天。损失小。大旱：连续无降雨天数，春季达46—60天、夏季36—45天、秋冬季71—90天。损失较大。特大旱：连续无降雨天数，春季在61天以上、夏季在46天以上、秋冬季在91天以上。"这些现代意义上的讨论对理解宋代的旱灾情都是很有益处的。本书讨论的旱灾情主要属于农业干旱。

宋代虽然没有像如今这样的科学分类和定义，但是从文献描述中亦可窥其一斑。首先是不同的地理环境对干旱的理解和表述也不相同。福州地区"自四月甲子至五月辛巳凡十有八日不雨，田已忧旱"[②]。"七闽之农，凿山堤海以为田，雨旸之节小失其常，则有旱涝之忧。"[③] 宣州"被山带江，民耕于高，无灌溉之利，而仰泽于天，故阅月不雨，则以旱告"[④]。"大率南方易雨……已而旱干，或连月经时不雨者，南土去日至近，火处其方，山原硗瘠，大雨且过，不数日，而干燥坚不可斫，连月不雨则泽涸，高原剥裂而苗

[①] （英）迈克尔·阿拉贝：《干旱》，上海科学技术文献出版社2006年版，第132—136、第131页。
[②] 曾巩：《南丰先生元丰类藁》卷四〇《题祷雨文后》"元丰元年戊午"条。
[③] 朱松：《韦斋集》卷一二《代福州祷雨诸祠文》。
[④] 张耒：《柯山集》卷四八《敬亭广惠王求雨文》四首。

可望乎。"① "高邮下泽,水田万井,逾月不雨,沟塍皆涸,吏民嗷嗷。"② 虔州"负江而城,即山而田,十日而雨民忧为鱼,十日而旸时则狼顾"③。江浙之地"谚语曰:田怕秋旱,人畏老贫。又曰:夏旱修仓,秋旱离乡。岁自处暑至白露不雨,则稻虽秀而不实,吴地下湿,不积一凶则饥矣"④。这些描述都说明宋代南方旱情一般是在15天到30天之间。

宋人对北方地区旱情的描述与南方很不相同。庆历时,王安石《读诏书》云:"去秋东出汴河梁,已见中州旱势强,日射地穿千里赤,风吹沙度满城黄。近闻急诏收群策,颇说新年又亢阳。贱术纵工难自献,心忧天下独君王。"⑤旱灾情持续半年多。皇祐三年(1051)三月,河朔地区"自正月至三月不雨,民复震骇"⑥。皇祐六年(1054),北方大旱"去岁历秋冬逮今,雨雪不时降,细民骇嗟,以田为忧者,实半天下"⑦。至和二年(1055),"自去冬今春夏以来,京东、河北连接畿甸,不雨既久,麦苗焦死,物价涌贵,秋田复无所望,流民饿殍充满道路"⑧。嘉祐八年(1063),司马光:"臣窃闻京西、陕西两路,自夏末以来,殊少雨泽,秋田丰稔者,所收不过五分,枯旱之处,所得尤薄。"⑨治平元年(1064),"以开封府界、京东、京西、河北、河东、陕西、西川等路,自去冬少雪,今春少雨,麦田已无所收,昨得五月十三日雨,方种秋田,自后又经一月无雨,萌芽始生,随复焦槁"⑩。由这些记载可知北方的旱情持续时间少则一两个月多则三五月甚至更长时间。而上表反映出北方旱灾情多集中在春夏,南方旱情则主要是在农历四月雨季到来之前,以及农历五六月梅雨之后。

---

① 郑侠:《西塘先生文集》卷三《英州应龙祠记》。
② 华镇:《云溪居士集》卷三〇《代高邮县祈雨祭诸庙文》。
③ 汪藻:《浮溪集》卷一八《虔州神惠庙记》。
④ 陈师道:《后山先生文集》卷一九《谈丛》。
⑤ 王安石:《临川先生文集》卷二五《读诏书》。
⑥ 韩琦:《安阳集》卷四二《北岳谢雨文》。
⑦ 韩琦:《安阳集》卷四二《诸庙祈雨文》。
⑧ 赵抃:《赵清献公文集》卷七《奏状论久旱乞行雩祀》(四月三十日)。
⑨ 司马光:《传家集》卷二八《乞体量京西陕西灾伤札子》(嘉祐八年九月十二日上)。
⑩ 司马光:《传家集》卷三一《乞罢修感慈塔札子》(治平元年闰五月十五日上)。

（二）旱灾情的时空分布

北宋旱情频率简表

	960—979	980—999	1000—1019	1020—1039	1040—1059	1060—1079	1080—1099	1100—1127	总计	备注
开封府	17	16	8	6	5	5	6	1	64	
京东西路	1	3	2	0	1	4	1	1	13	
京东东路	1	3	3	0	1	2	0	0	10	
京西北路	3	5	1	0	1	4	3	2	19	
河北东路	2	4	3	1	2	5	1	2	20	
河北西路	2	3	5	1	1	6	2	1	21	
河东路	3	2	2	0	0	3	2	0	12	
永兴军路	5	4	5	2	3	9	2	1	31	
秦凤路	1	2	3	1	0	7	3	3	20	
北方总计	35	42	32	11	14	45	20	11	210	
利州路	0	0	0	2	0	0	0	0	2	
夔州路	0	0	0	0	1	0	0	0	1	
梓州路	0	0	0	1	2	1	0	1	5	
成都府路	0	0	0	1	1	0	0	1	3	
京西南路	0	0	0	0	0	1	1	1	3	
两浙路	0	3	0	0	1	4	2	4	14	
淮南东路	2	4	1	1	1	3	1	6	19	
淮南西路	0	2	1	1	1	3	1	6	15	
江南东路	0	4	1	1	1	2	1	5	15	
江南西路	0	4	1	1	1	2	0	4	13	
荆湖北路	1	2	0	0	0	2	0	2	7	
荆湖南路	0	2	0	0	0	2	0	3	7	
福建路	0	0	0	0	0	0	0	3	3	
广南东路	0	0	0	0	0	0	0	0	0	
广南西路	0	1	0	0	0	1	0	0	2	
南方总计	3	22	4	8	9	21	6	36	109	
诸州诸路	2	2	2	2	6	9	13	1	37	
南北总计	40	66	36	21	29	74	39	42	347	

从上表可知，北宋前期三朝旱情发生较多，仁宗朝最少，神宗朝最多，哲宗、徽宗与前三朝相仿。北方旱情发生频率明显高于南方，发生旱情的次数，北方依次是开封 64 次、陕西 51 次、河北 41 次、京东 23 次、京西 22 次、河东 12 次；南方依次是两淮 34 次、江南东西 28 次、荆湖 14 次、两浙 14 次、四川 11 次、福建 3 次、两广 2 次。

南宋旱情频率简表

	1127—1146	1147—1166	1167—1186	1187—1206	1207—1226	1227—1246	1247—1266	1267—1279	合计
临安府	8	0	10	3	5	7	8	2	43
两浙东路	4	7	19	5	4	2	0	0	41
两浙西路	5	6	18	7	4	2	3	0	45
江南东路	3	6	14	8	2	3	3	1	40
江南西路	3	10	19	7	3	2	1	1	46
淮南东路	2	5	9	6	2	0	0	0	24
淮南西路	1	5	4	8	2	0	0	0	25
京西南路	1	5	7	3	0	0	0	0	16
荆湖南路	2	4	6	2	0	1	1	0	16
荆湖北路	2	7	9	1	3	1	1	0	24
利州东路	1	3	5	2	0	0	1	0	12
利州西路	0	3	3	0	0	0	0	0	6
夔州路	2	3	6	3	0	0	0	0	14
潼川府路	2	4	7	3	1	1	0	0	18
成都府路	2	3	7	2	0	1	0	0	15
广南东路	2	1	3	1	1	0	2	0	10
广南西路	1	1	2	0	1	0	2	0	7
福建路	2	2	5	2	2	3	2	0	18
诸路	2	0	3	2	3	4	5	2	21
总计	45	75	160	65	33	27	29	7	441

南宋旱灾情在 152 年的纵向分布上，南宋前 80 年为高发期，其中高宗初期至孝宗朝呈逐步上升的趋势，在孝宗朝达到最高峰值后开始呈递减趋势，孝宗朝的旱灾情是两宋最为严重的时期。在地理横向分布上，依次是两

浙 86 次、江南 86 次、四川 65 次、两淮 49 次、两湖 40 次、福建 18 次、两广 17 次。南宋时期南方地区的旱灾情发生频率高于北宋时期的南方地区。

三、宋代的风灾（沙尘、飓风、暴风）及特征

宋人孙升解释《洪范》咎征时云："暴风无节，谓之恒风。"① 这是从天人感应的理论对能够造成危害的风的一种解释。现代指称能够造成灾害的风有暴风、大风、台风或飓风以及沙尘暴。大风等级采用蒲福风力等级标准。风灾一般可划分为三个等级：一般大风，主要破坏农作物，对民居、建筑、工程设施不会造成破坏，大致相当于 6—8 级风力；较强大风，是在破坏农作物的同时对林木、民居、工程设施亦能造成不同程度的破坏，大致相当于 9—11 级风力；特强大风，在前两项基础上还对工程设施、船舶、车辆等造成严重破坏，并严重威胁人的生命财产。风灾的形成除海上台风或飓风外，陆地上的大风、暴风和沙尘暴在很大程度上与干旱密切相关，因为干旱造成土壤侵蚀、沙尘肆扬和庄稼被毁的现象。下面依据史乘制成简表，以便全面了解宋代暴风、飓风、大风和沙尘暴灾情。

（一）北宋风灾（沙尘、飓风、暴风）灾情概览

纪年	灾情	风级	资料出处
乾德二年（964）	五月，扬州暴风，坏军营舍仅百区。	特强	《宋史》卷六七，第1467页。
乾德三年（965）	六月，扬州暴风，坏军营及城上敌棚。	较强	《宋史》卷六七，第1467页。
开宝二年（969）	三月，车驾驻太原城下，大风一夕而止。	一般	《宋史》卷六七，第1468页。
开宝九年（976）	四月，宋州大风，坏甲仗库、城楼、军营、民舍，凡四千五百九十六区。	特强	《通考》卷三〇六，考2407页。

---

① 《续资治通鉴长编》卷四四二"元祐五年五月壬辰"条，第10645页。

续表

纪年	灾情	风级	资料出处
太平兴国二年（977）	六月，曹州大风，坏济阴县廨及军营。	较强	《宋史》卷六七，第1468页。
太平兴国四年（979）	八月，泗州大风，浮梁竹笮、铁索断，华表石柱折。	较强	《宋史》卷六七，第1468页。
太平兴国六年（981）	九月，高州大风雨，坏廨宇及民舍五百区。	较强	《宋史》卷六七，第1468页。
太平兴国七年（982）	八月，琼州飓风，坏城门、州署、民舍殆尽。	特强	《宋史》卷六七，第1468页。
太平兴国八年（983）	九月，太平军飓风拔木，坏廨宇、民舍千八十七区。 十月，雷州飓风，坏廪库、民舍七百区。	特强 特强	《宋史》卷六七，第1468页。
太平兴国九年（984）	八月，白州飓风，坏州廨、民舍。	较强	《宋史》卷六七，第1468页。
端拱二年（989）	京师暴风起东北，尘沙曀日，人不相辨。	一般	《宋史》卷六七，第1468页。
淳化二年（991）	五月，通利军大风害稼。	一般	《宋史》卷六七，第1468页。
淳化三年（992）	正月乙卯，京师雨土。 六月丁丑，黑风自西北起，天地晦暝，雷震，有顷乃止。先是，都下大热，疫死者众，及此风至，疾疫遂止。	一般	《宋史》卷六七，第1481页。《通考》卷三〇六，考2407页。
至道二年（996）	八月，潮州飓风，坏州廨、营寨。	特强	《宋史》卷六七，第1468页。
咸平元年（998）	八月，涪州大风，坏城舍。	较强	《宋史》卷六七，第1468页。
咸平四年（1001）	八月丙子，京师暴风。	一般	《宋史》卷六七，第1468页。
景德二年（1005）	六月甲午，大风吹沙折木。 八月，福州海上有飓风，坏庐舍。	较强 较强	《宋史》卷六七，第1468页。

续表

纪年	灾情	风级	资料出处
景德三年（1006）	七月丙寅，京师大风。	一般	《宋史》卷六七，第1468页。
景德四年（1007）	三月甲寅夕，京师大风，黄尘蔽天，自大名历京畿，害桑稼。唐州尤甚。	一般	《宋史》卷六七，第1468页。
大中祥符二年（1009）	四月乙未，大风起京师西北，连日不止。 九月，无为军城北暴风雨，昼晦不可辨，拔木、坏城门、营垒、民舍，压死千余人。遣内侍张景宣驰驿邺，视坏屋者，无出来年夏租，压死者家赐米一斛，无主者官瘗之。①	一般 特强	《宋史》卷六七，第1468页。《通考》卷三〇六，考2407页。
大中祥符五年（1012）	八月，京师大风。	一般	《通考》卷三〇六，考2407页。
大中祥符七年（1014）	三月②戊辰，京师大风，扬沙砾，是日，百官习仪恭谢坛，有随仆者。	一般	《宋史》卷六七，第1469页。
大中祥符八年③（1015）	六月辛亥，京师风起巳位，吹沙扬尘。	一般	《宋史》卷六七，第1469页。
天禧二年（1018）	正月，永州大风，发屋拔木，数日止。	较强	《宋史》卷六七，第1469页。
天禧三年（1019）	五月，徐州、利国监大风起西南，坏庐舍二百余区，压死十二人。	特强	《宋史》卷六七，第1469页。
天禧四年（1020）	四月丁亥，大风起西北，飞沙折木，昼晦数刻。 五月乙卯，暴风起西北有声，折木吹沙，黄尘蔽天。 十一月己巳，是日，大风扬尘，昼晦。	一般 一般 一般	《宋史》卷六七，第1469页。《长编》卷九六，第2226页。

---

① 王栐：《燕翼诒谋录》卷三："（大中祥符二年八月）十六日，风雨，林木、城门、营垒尽坏，压死千余人，夜三鼓方止。"中华书局1981年版，第22页。
② 《文献通考》卷三〇六，考2407页作"二月"。
③ 《文献通考》卷三〇六，考2407页误作"六年"。

续表

纪年	灾情	风级	资料出处
天圣六年（1028）	二月庚辰，大风昼暝。	一般	《宋史》卷六七，第1473页。
天圣九年（1031）	十二月辛酉，大风三日止。	一般	《宋史》卷六七，第1469页。
景祐元年（1034）	六月己巳，无锡县大风发屋，民被压死者众。 九月甲寅夜漏上，风自丑起有声，摆木鸣条。	特强 一般	《宋史》卷六七，第1469页。
景祐二年（1035）	六月戊寅平明，风自未来，占者以为百谷丰衍之候。	一般	《宋史》卷六七，第1469页。
康定元年（1040）	三月丙子，大风，昼暝，经刻乃复。是夜有黑气长数丈。 是岁，黑风昼晦。	一般 一般	《宋史》卷六七，第1472页；卷一〇，第207页；卷六二，第1359页。
皇祐四年（1052）	七月丁巳，大风起西北方，拔木。 八月癸未，诏开封府，比大风雨，民庐摧圮压死者，官为祭敛之。	较强 较强	《宋史》卷六七，第1469页；卷一二，第233页。
嘉祐二年（1057）	正月元日平旦，有风从东北来，遍天有苍黑云，占云："大熟多雨。"	一般	《宋史》卷六七，第1469页。
嘉祐八年（1063）	十一月丙午，大风霾。	一般	《宋史》卷六七，第1473页。
治平元年（1064）	三月壬戌，雨土。 十二月己亥，雨黄土。（乙巳，雨土。）	一般 一般	《宋史》卷六七，第1481页。
治平二年（1065）	二月甲辰，大风，昼晦。 二月乙巳，大风，昼晦。	一般 一般	《宋史》卷六七，第1473页。
治平四年（1067）	正月庚辰朔，大风霾，是日，上尊号，廷中仗卫皆不能整。时帝不豫，后七日崩。	一般	《宋史》卷六七，第1473页。

纪年	灾情	风级	资料出处
熙宁二年 (1069)	韩维云："畿甸诸道尚未有得雨处，而都下风霾，日夕发作。"①	一般	
熙宁四年 (1071)	二月辛巳，京东自濮州至河北旁边，大风异常，百姓惊恐。 四月癸亥，京师大风霾。	一般 一般	《宋史》卷六七，第1469、1473页。
熙宁五年 (1072)	十二月癸未，雨黄土。	一般	《宋史》卷六七，第1481页。
熙宁六年 (1073)	四月，北京馆陶县黑风。	一般	《宋史》卷六七，第1469页。
熙宁七年 (1074)	三月戊午，雨黄土。 夏四月丁酉，京师风霾，旱灾相仍。②	一般 一般	《宋史》卷六七，第1481页。《长编》卷二五二，第6180页。
熙宁八年 (1075)	五月丁丑，雨黄土兼细毛。	一般	《宋史》卷六七，第1481页。
熙宁九年 (1076)	恩州武城县有旋风自东南来，望之插天如羊角，大木尽拔。俄顷，旋风卷入云霄中。既而渐近，所经县城官舍民居略尽，悉卷入云中。县令儿女、奴婢卷去，复坠地，死伤者数人。民间死伤亡失者不可胜计，县城悉为丘墟。③	特强	
熙宁十年 (1077)	六月，恩州武城县大风，坏县廨，知县李愈妻、主簿寇宗奭妻之母压死。 七月，温州大风，雨漂城楼、官舍。	特强 较强	《通考》卷三〇六，考2407页。
元丰二年 (1079)	十一月丁亥，雨土。	一般	《宋史》卷六七，第1481页。

① 《南阳集》卷二五《乞不受尊号札子》。
② 郑侠云："安石既已恳辞去位，遂出知金陵而荐吕惠卿代己。即除参知政事，惠卿拜职之日，京师大风霾，黄土翳席逾寸。"（周应合：《景定建康志》卷四八《直臣传·郑侠》）
③ 沈括：《（元刊）梦溪笔谈》卷二一《异事》，第28页。

续表

纪年	灾情	风级	资料出处
元丰四年（1081）	六月，邕州飓风，坏城楼、官私庐舍。 七月甲午夜，润州丹阳县大风雨，溺居民，毁庐舍。丹徒县大风潮，飘荡沿江庐舍，损田稼。	较强 较强	《通考》卷三〇六，考2408页。
元丰五年（1082）	三月乙巳，雨土。 八月，朱崖军飓风，毁庐舍。	一般 较强	《宋史》卷六七，第1481、1470页。
元丰六年（1083）	四月辛未，雨土。	一般	《宋史》卷六七，第1481页。
元丰八年（1085）	十二月己丑，侍御史刘挚言："又一月以来，日昏无光，风霾昏翳。"①	一般	《长编》卷三六三，第8694页。
元祐五年（1090）	五月，是月，侍御史孙升言臣……洪范五事之咎征则曰蒙，恒风若，僭，恒旸若，久旱不雨，谓之恒旸。暴风无节，谓之恒风。……然自春以来，雨泽衍期，暴风无节……	一般	《长编》卷四四二，第10646页。
元祐七年（1092）	正月戊午，天雨尘土，主民劳苦。	一般	《宋史》卷六七，第1481。
元祐八年（1093）	二月末，京师风霾，大寒。	一般	《通考》卷三〇六，考2409页。
宣和元年（1119）	三月庚午，雨土著衣，主不肖者食禄。	一般	《宋史》卷六七，第1481页。
靖康元年（1126）	正月望夜，大风起西北有声，吹沙走石，尽明日乃止。 二月戊申，大风起东北，扬尘翳空。 三月己巳夜五更，大风乍缓乍急，声如叫怒。 十一月丁亥，大风发屋折木。 闰十一月甲寅，大风起北方，雪继作盈数尺，连夜不止。	一般 一般 一般 较强 一般	《宋史》卷六七，第1470页。

---

① 《宋诸臣奏议》卷四三《上哲宗论亢旱》。《忠肃集》卷四《岁旱乞修政事奏》。

续表

纪年	灾情	风级	资料出处
靖康二年（建炎元年）（1127）	正月辛卯朔，大风霾。丁酉，风霾，日色薄而有晕。（大风吹石折木。）己亥，天气昏瞳，狂风迅发，竟日夜，西北阴云中如有火光，长二丈余，阔数尺，民时时见之。庚戌，大风雨。	较强	《宋史》卷六七，第1470、1473页。
	二月乙酉，大风折木，晚尤甚。	较强	
	三月①丁酉，汴京风霾，日无光。是日，张邦昌僭位。己亥，大风。	一般	
	四月庚申朔，大风吹石折木。辛酉，北风益甚，苦寒。	较强	
	十二月乙酉，大风拔木。	较强	

（二）南宋风灾（沙尘、飓风、暴风）灾情概览

纪年	灾情	风级	资料出处
建炎二年（1128）	七月癸未，风雨昼晦，是日，东京留守宗泽薨。	一般	《通考》卷三〇六，考2410页。
	十一月甲子，北京大雾四塞，是夕，城陷。	一般	
建炎四年（1130）	三月乙丑，四方雾下如尘。	一般	《宋史》卷六二，第1362页。
绍兴八年（1138）	三月甲寅，昼晦，日无光，阴雾四塞。乙卯，昼夜云气昧浊。	一般	《通考》卷三〇六，考2410页。
绍兴十一年（1141）	主管成都等路茶事冯康国言，三月庚申，房居长安，昼晦。面不相睹，房亡之象也。	一般	《通考》卷三〇六，考2410页。《宋史》卷六七，第1481。
	三月庚申，泾州雨黄沙。	一般	
绍兴三十二年（1162）	七月戊申，大风拔木。温州大风，坏屋覆舟。	较强	《宋史》卷六七，第1470页。

---

① 《宋史》卷六七作"二月"。

续表

纪年	灾情	风级	资料出处
隆兴元年（1163）	浙东、西郡国风水伤稼。	一般	《宋史》卷六七，第1470页。
隆兴二年（1164）	八月，大风雨，漂荡田庐。	一般	《宋史》卷六七，第1470页。
乾道四年（1168）	三月己丑，雨土若尘。	一般	《宋史》卷六七，第1482。
乾道五年（1169）	正月甲申，昼霾四塞。 十月，台州大风水，坏田庐。	一般 较强	《通考》卷三○六，考2410页。《宋史》卷六七，第1471页。
淳熙三年（1176）	六月，大风连日。	一般	《宋史》卷六七，第1471页。
淳熙四年（1177）	二月戊戌，雨土。 六月乙巳夜，福清县、兴化军大风雨，坏官舍、民居、仓库及海口镇，人多死者。	一般 特强	《宋史》卷六七，第1482、1471页。
淳熙五年（1178）	正月庚戌，大风。 二月壬午、甲申，雨土。 四月丁丑，尘霾昼晦，日无光。雨土。	一般 一般 一般	《宋史》卷六七，第1482、1471页。《通考》卷三○六，考2410页。
淳熙六年（1179）	十一月，鄂州大风覆舟，溺人甚众。 十一月乙丑，雨土。	较强 一般	《宋史》卷六七，第1482、1471页。
淳熙七年（1180）	二月，江陵府大风，火及舟，焚溺死者尤众。	一般	《宋史》卷六七，第1471页。
淳熙十一年（1184）	正月辛卯、甲寅，雨土。	一般	《宋史》卷六七，第1482。
淳熙十三年（1186）	正月壬寅，雨土。	一般	《宋史》卷六七，第1482。
淳熙十六年（1189）	六月，行都钱塘门启，黑风入，扬沙石。	一般	《宋史》卷六二，第1360页。

续表

纪年	灾情	风级	资料出处
绍熙二年 （1191）	二月①癸酉，温州瑞安县大风仆屋、拔木、杀人。	特强	《通考》卷三〇六，考2408页。
绍熙四年 （1193）	七月，兴化军海风害稼。 十月甲寅，雨土。	一般 一般	《宋史》卷六七，第1482、1471页。
绍熙五年 （1194）	四月癸卯，雨土。 七月乙亥，行都大风拔木，坏舟甚众。 十月甲戌，行都大风拔木。 十一月辛亥，雨土。	一般 较强 较强 一般	《宋史》卷六七，第1482、1471页。
庆元元年 （1195）	二月己卯，昼暝，四方昏塞。 二月己卯，天雨尘土。 十一月己丑，天雨尘土。	一般 一般 一般	《通考》卷三〇六，考2410页。《宋史》卷六七，第1482页。
庆元三年 （1197）	二月丁卯，昼晦，昏雾四塞。 正月丙子，天雨尘土。 四月丙午，天雨尘土。 十二月甲申，天雨尘土。	一般 一般 一般 一般	《通考》卷三〇六，考2410页。《宋史》卷六七，第1482页。
庆元六年 （1200）	正月己巳，雨土。 闰月丁未②，雨土。 三月甲子，大风拔木。 夏，常风当夏而寒。 九月③辛丑，天雨尘土。 十月己丑，雨土。 十一月辛卯，天雨尘土。	一般 一般 较强 一般 一般 一般 一般	《宋史》卷六七，第1471、1482页。《通考》卷三〇六，考2408页。
庆元九年④	十二月乙未，天雨霾。	一般	《宋史》卷六七，第1473页。

---

① 《宋史》卷六七作"三月"第1471页。
② 《宋史》卷三七《宁宗本纪》作"二月己巳"，第726页。
③ 《宋史》卷三七《宁宗本纪》作"十月辛丑"，第728页。
④ 庆元无九年，此处恐有误。

续表

纪年	灾情	风级	资料出处
嘉泰元年 （1201）	六月己卯，天雨尘土。 九月己未，天雨尘土。 十二月辛丑，天雨尘土。	一般 一般 一般	《宋史》卷六七，第1482页。
嘉泰三年 （1203）	十月丁未，暴风。 十一月癸未，大风。	一般 一般	《宋史》卷六七，第1471页。
嘉泰四年 （1204）	正月乙亥，大风。	一般	《宋史》卷六七，第1471页。
开禧元年 （1205）	正月壬午，雨霾。 四月乙卯，大风。 九月庚戌，大风。	一般 一般 一般	《宋史》卷三八，第737页；卷六七，第1473、1471页。
嘉定元年 （1208）	九月乙丑，大风。	一般	《宋史》卷六七，第1471页。
嘉定三年 （1210）	正月丙午，天雨尘土。 八月癸酉，大风连日，大木皆拔，折禾穗，堕果实。上露祷至于丙子乃息。后御史朝陵于绍兴府归奏，风坏陵殿宫墙六十余所，折陵木二千余株。	一般 特强	《通考》卷三〇六，考2408页。《宋史》卷六七，第1482页。
嘉定四年 （1211）	闰月丁未，大风。	一般	《宋史》卷六七，第1471页。
嘉定七年 （1214）	正月庚辰，江州灯夕，黑云暴风暮作，郡治游人相践，死于门者二十余人。 十一月二日甲寅，大风。	一般 一般	《通考》卷三〇六，考2408页。
嘉定八年 （1215）	二月己未，天雨尘土。 五月辛未，天雨尘土。	一般 一般	《宋史》卷六七，1482页。
嘉定九年 （1216）	十二月癸巳，天雨土。	一般	《宋史》卷六七，1482页。

续表

纪年	灾情	风级	资料出处
嘉定十年 （1217）	正月乙未，昼霾。大风拔木。 二月癸巳，雨土。 二月癸巳，日蒙无光。 十一月丁丑，大风。	较强 一般 一般 一般	《通考》卷三〇六，考2410页。《宋史》卷六七，第1482、1474、1472页。
嘉定十一年 （1218）	二月甲寅，大风。 十月戊午，大风。	一般 一般	《宋史》卷六七，第1472页。
嘉定十二年 （1219）	二月癸巳，天雨尘土。	一般	《宋史》卷六七，1482页。
嘉定十三年 （1220）	三月辛卯，天雨尘土。 十一月庚戌、壬子，大风。 十二月戊午，大风。	一般 一般 一般	《宋史》卷六七，第1482、1472页。
嘉定十四年 （1221）	六月辛巳，大风。	一般	《宋史》卷六七，第1472页。
嘉定十六年 （1223）	二月戊子，天雨尘土。 秋，大风拔木害稼。	一般 一般	《宋史》卷六七，第1482、1472页。
嘉定十七年 （1224）	秋，福州飓风大作，坏田损稼。 冬，鄂州暴风，坏战舰二百余。寿昌军坏战舰六十余，江州、兴国军亦如之。	一般 较强	《宋史》卷六七，第1472页。
宝庆二年 （1226）	秋七月戊辰，雷电雨，昼晦大风。诏大理寺、三衙、两浙州军系囚杖以下释之。侍读乔行简因进读奏风变，上曰："比者大风可畏，皆朕不德有以致之。"行简奏曰："陛下引咎责躬，此意上通于天，在祖宗朝皆有已行典故，臣已略具敷陈，欲乞陛下思所以应天之实。上嘉纳。"讲毕，上曰："卿适所陈风变甚善，朕当益加修省。比以害稼为忧。常令体访，知早稻已获，晚稻未花，又幸不崇朝而止。"	一般	《宋史》卷四一，第788页。《宋史全文》卷三一。
绍定三年 （1230）	三月丁酉，雨土。	一般	《宋史》卷六七，第1482页。

续表

纪年	灾情	风级	资料出处
嘉熙二年（1238）	四月甲申，雨土。	一般	《宋史》卷六七，第1472页。
嘉熙三年（1239）	风雹。 三月辛卯，天雨尘土。	一般 一般	《宋史》卷六七，第1472、1482页。
淳祐五年（1245）	二月丙寅朔，天雨尘土。	一般	《宋史》卷六七，1482页。
淳祐十年（1250）	二月乙卯，雨土。	一般	《宋史》卷四三，第842页。
淳祐十一年（1251）	泰州风。 三月乙亥，天雨尘。	一般 一般	《宋史》卷六七，第1472、1482页。
宝祐三年（1255）	三月己未，雨土。	一般	《宋史》卷六七，第1483页。
宝祐六年（1258）	二月壬辰，天雨尘土。	一般	《宋史》卷六七，1483页。
开庆元年（1259）	三月辛酉，雨土。	一般	《宋史》卷六七，1483页。
景定四年（1263）	十一月，福州飓风。	一般	《宋史》卷六七，第1472页。
景定五年（1264）	二月辛未，雨土。	一般	《宋史》卷六七，第1483页。
咸淳四年（1268）	闰月丁巳，大风雷雨，居民屋瓦皆动。	较强	《宋史》卷六七，第1472页。
咸淳七年（1271）	五月甲申，绍兴府大风。	一般	《宋史》卷六七，第1472页。
咸淳十年（1274）	正月乙巳，雨土。 四月，绍兴府大风拔木。	一般 较强	《宋史》卷六七，第1472页。
德祐元年（1275）	三月庚寅，雨土。 三月辛巳，终日黄沙蔽天，或曰"丧氛"。	一般 一般	《宋史》卷四七，第928页；卷六七，1483页。

宋代的风灾有四个特点：一是宋代的风灾南宋比北宋多，北宋特强大风 11 次、较强大风 20 次，一般大风 48 次，总计 79 次；而南宋特强大风 3 次，较强大风 12 次，一般大风 80 次，总计 95 次。二是特强大风和较强大风除南北宋的首都外，多发生在南方。三是宋代文献中出现的昼晦、扬尘、吹沙、风霾、昼霾、日蒙无光、扬尘翳空、天气混曀、雾下如尘、雨土、雨黄土等词汇大致都可释作沙尘暴，沙尘暴在宋代风灾中所占比重较大，北宋有 34 次，南宋 57 次，总计 91 次，占风灾总数的 1/2 强。四是濒海多飓风。宋人通过观察对飓风的生成过程与危害有形象的描述："小坡苏过叔党赋云：断霓饮海而北指，赤云夹日而南翔，此飓之渐也。发则排户破牖，殒瓦擗屋，礧击巨石，揉拔乔木，势翻浮瀚，响振坤轴。鼓千尺之清澜，翻百仞之陵谷，济之以雨，尤为可畏。禾已花实而值之，则阖境绝穗，俗之所当备也。"[①]

---

① 罗浚：《宝庆四明志》卷一《郡志一风俗》。

第五章

宋代的蝗螟虫、地震、地质、疾疫灾情

一、蝗虫、螟虫灾情及时空分布与特征

蝗虫属直翅目蝗科，一般指飞蝗。蝗虫种类很多，在中国境内的多属东亚飞蝗，蝗虫俗称蚂蚱。蝗虫主食禾本科植物，如小麦、水稻、玉蜀黍等，是农业害虫。蝗虫分布于热带、温带的草地和沙漠地区。螟虫，属鳞翅目、有喙亚目螟蛾科。蝗虫以食水稻为主，是南方主要害虫。螟在文献上有时亦泛指食禾害虫。另外，文献上还记有蚜蚄、蠓虫、蜴虫、黑虫等食农作物的害虫。下面据史乘编制简表，以便全面了解宋代蝗虫、螟虫灾情。

（一）北宋前期蝗、螟虫灾情概览

纪年	灾情	资料出处
建隆元年（960）	七月，澶州蝗。	《宋史》卷六二，第1355页。
建隆二年（961）	五月，濮州范县蝗。 六月，澶、濮、曹、绛等州蝗，命长吏以牢礼祭之。 九月，华州渭南县蚜蚄虫害稼。	《通考》卷三一四，考2463、2464页；卷八八，考806页。

续表

纪年	灾情	资料出处
建隆三年（962）	七月，兖、济、德、磁、洺五州有蝝生。真定府深州蝻虫生。 十二月甲辰，河北、陕西、京东诸州旱蝗，河北尤甚，悉蠲其租。	《通考》卷三一四，考2463页。《长编》卷三，第77页。
建隆四年（乾德元年，963）	六月，澶、濮、曹、绛等州有蝗。 七月，怀州蝗生。	《宋史》卷六二，第1355页。
乾德二年（964）	四月，相州蝻虫食桑。 五月，赵州昭庆县有蝗，东西四十里，南北二十里。是时，河北、河南、陕西诸州皆蝗。 六月辛未，河南北及秦诸州蝗，惟赵州不食稼。 是月，河北、关西诸州蝗。	《宋史》卷六二，第1355页；卷一，第17页。《长编》卷五，第128页。
乾德三年（965）	七月，诸路有蝗。淄州民韩赟断手指以祭。	《宋史》卷六二，第1355页。《通考》卷三一四，考2463页。
开宝元年（968）	七月，阶州蚐蚄虫生。	《通考》卷三一四，考2464页。
开宝二年（969）	八月，真定府、冀、磁州蝗。	《通考》卷三一四，考2463页。
太平兴国二年（977）	六月，磁州有黑虫群飞食桑，夜出昼隐，食叶殆尽。 七月，邢州巨鹿、沙河二县步屈虫食桑麦殆尽。 闰七月，卫州蝻虫生。	《通考》卷三一四，考2464页。《宋史》卷六二，第1355页；卷六七，第1475页。
太平兴国五年（980）	七月，潍州蚐蚄虫生，食稼殆尽。	《宋史》卷六七，第1474页。
太平兴国六年（981）	七月，河南府、宋州蝗。	《宋史》卷六二，第1355页。

续表

纪年	灾情	资料出处
太平兴国七年（982）	二月庚午，诏开封府，近者蝗旱相仍，民多流徙，宜设法招诱，并令复归。 三月辛酉，唐州言北阳县蝗生，飞鸟数万食之皆尽。 五月己酉，大名府言蝗生。庚申，陕州言蝗。 是月，大名府、陕州、陈州蝗。 七月，郓州阳谷县蛹虫生。 九月癸丑，邠州言蝗食稼。①	《长编》卷二三，第512、515、520、521、527页。《宋史》卷六二，第1355页。
太平兴国九年（雍熙元年，984）	七月，泗州蟓虫②食桑。	《通考》卷三一四，考2463页。
雍熙二年（985）	四月，天长军蟓虫③食苗。	《通考》卷三一四，考2463页。
雍熙三年（986）	春正月戊寅，沂州飞蝗入境。 七月，濮州鄄城县有蛾，蝗自死。	《长编》卷二七，第602页。《宋史》卷六二，第1355页。
端拱二年（989）	七月，施州蚄蚄虫生，害稼。	《通考》卷三一四，考2464页。
淳化元年（990）	四月，郓州中都县蛹虫④生。 七月，单州砀山县蝗。曹州济阴县有蝗自北来，飞亘天，有声。淄、澶、濮州、乾宁军有蝗，沧州蝗蛹虫食苗，棣州飞蝗自北来，害稼。 是岁，曹、单二州有蝗，不为灾。	《通考》卷三一四，考2463页。《宋史》卷六二，第1355页；卷五，第86页。

---

① 《宋史》卷六七作"九月，邠州蚄蚄虫生，食稼"，第1475页。
② 《宋史》卷六七作"蠓虫"，第1475页。
③ 《宋史》卷六七作"蠓虫"，第1475页。
④ 《宋史》卷六七作"蜴虫"，第1475页。

续表

纪年	灾情	资料出处
淳化二年（991）	闰二月，是月，鄄城县蝗。 三月，亳州蝻虫生，遇雨而死。 三月己巳，以岁蝗旱祷雨弗应。手诏宰相吕蒙正等：朕将自焚以答天谴。翌日而雨，蝗尽死。 六月，是月，楚丘、鄄城、淄川三县蝗。 淄、澶、濮州、乾宁军，并蝗生。 七月，宁边军有蝗蝻，沧州蝻虫食苗，棣州有飞蝗自北来，害稼。	《宋史》卷五，第87页。《通考》卷三一四，考2463页。
淳化三年（992）	六月甲申，京师有蝗起东北，趣至西南，蔽空如云翳日。飞蝗自东北来，蔽天经西南而去，是夕，大雨，蝗尽死。 七月，真、许、沧、沂、蔡、汝、商、兖、单等州、淮阳军、平定、彭城军蝗蛾抱草自死。 己巳，是月许、汝、兖、单、沧、蔡、齐、贝八州蝗。	《宋史》卷五，第89页；卷六二，第1355页。
至道二年（996）	六月，亳州、宿、密州蝗生，食苗。 七月，长葛、阳翟二县有蝻虫食苗。历城、长清等县有蝗。 八月辛丑，密州言蝗不为灾。	《宋史》卷六二，第1355页；卷五，第99页。
至道三年（997）	七月，单州蝻虫生。	《宋史》卷六二，第1355页。
景德元年（1004）	八月，陕、宾、棣州虫暝害稼。 是岁，江南东西路饥，陕、滨、棣州蝗①，害稼，命使振之。	《宋史》卷六七，第1474页；卷七，第127页。
景德二年（1005）	六月，京东诸州蝻虫生。	《宋史》卷六二，第1356页。
景德三年（1006）	八月，德、博州蝼生。	《宋史》卷六二，第1356页。

① 《文献通考》卷三一四"蝗"作"虫"，考2463页。

续表

纪年	灾情	资料出处
景德四年（1007）	九月，陈州宛丘县、郓州东阿、须城二县蝗。 是岁，雄州安肃、广信饥，宛丘、东阿、须成县蝗，不为灾。	《通考》卷三一四，考2463页。《宋史》卷七，第135页。
大中祥符二年（1009）	五月，雄州螟虫食苗。	《宋史》卷六二，第1356页。
大中祥符三年（1010）	六月，开封府咸平、尉氏二县螟虫生。	《通考》卷三一四，考2463页。
大中祥符四年（1011）	六月甲子，开封府言祥符县有飞蝗。 七月，河南府及京东蝗生，食苗叶。 八月，开封府祥符、咸平、中牟、陈留、雍丘、封丘六县蝗生。兖州蚜蚄虫生，有虫青色随啮之，化为水。 是岁，畿内蝗。兖州蚜蚄虫不为灾。	《长编》卷七六，第1726页。《宋史》卷六二，第1356页；卷六七，第1475页；卷八，第150页。
大中祥符六年（1013）	九月，陕西同、华等州蚜蚄虫食苗。	《宋史》卷六七，第1475页。
大中祥符九年（1016）	六月，京畿、京东、西、河北路蝗螟继生，弥覆郊野，食民田殆尽，入公私庐舍。 七月辛亥，过京师，群飞翳空，延至江、淮南，趣河东，及霜寒始毙。丙辰，开封府祥符县蝗附草死者数里。癸亥，以畿内蝗下诏戒郡县。 八月丙子，令江、淮发运司留上供米五十万以备饥年。磁、华、瀛、博等州蝗不为灾。 九月戊申，虢州言飞蝗越境，秋稼丰茂。甲寅，督诸路捕蝗。戊辰，青州飞蝗赴海死，积海岸百余里。	《宋史》卷六二，第1356页。《宋史》卷八，第160、161页。《长编》卷八七，第1998、2000页；卷八八，第2015页。
天禧元年（1017）	二月，开封府、京东西、河北、河东、陕西、两浙、荆湖百三十州军，蝗螟复生，多去岁蛰者。和州蝗生卵，如稻粒而细。 五月己未，诸路蝗食苗。诏遣内臣分捕，仍命使安抚。	《宋史》卷六二，第1356页；卷八，第162、163、164页。

续表

纪年	灾情	资料出处
	六月戊寅,陕西、江淮南蝗,并言自死。(江淮大风多吹蝗入江海,或抱草木僵死。) 九月戊申,以蝗罢秋宴。 是岁,诸路蝗。	
天禧二年 (1018)	四月,江阴军蛹虫生。	《宋史》卷六二,第1356页。
天禧三年 (1019)	十月甲午,免卫州民三年科率,以蝗旱流移,新复业故也。	《长编》卷九四,第2168页。

(二) 北宋中期蝗、螟虫灾情概览

纪年	灾情	资料出处
天圣五年 (1027)	五月戊辰,磁州虫食桑。 七月丙午,邢、洺州蝗。甲寅,赵州蝗,不食苗。 十一月丁酉朔,以陕西旱蝗,减其民租赋。 是岁,京兆府旱蝗。	《通考》卷三一四,考2464、2463页。 《宋史》卷九,第184页。
天圣六年 (1028)	五月乙卯,河北、京东蝗。	《宋史》卷六二,第1356页。
明道元年 (1032)	十月甲寅,濠州蝗。	《通考》卷三一四,考2463页。
明道二年 (1033)	七月庚辰,开封界、京东、西、河北、河东、陕西蝗。	《通考》卷三一四,考2463页。
景祐元年 (1034)	春正月甲戌,诏募民掘蝗种,给菽米。 六月乙卯,开封府、淄州蝗,诸路募民掘蝗子万余石。 是岁,开封府、淄州蝗。	《宋史》卷一〇,第197、199页;卷六二,第1356页。
景祐四年 (1037)	五月,滑州灵河县民黄庆家蚕自成被,长二丈五尺,阔四尺。	《宋史》卷六七,第1475页。

续表

纪年	灾情	资料出处
宝元二年① (1039)	六月癸酉，曹、濮、单三州蝗。	《宋史》卷六二，第1356页。
康定元年 (1040)	十二月癸巳，诏天下诸县，民掘飞蝗遗子一升者，官给以米豆三升。	《长编》卷一二九，第3059页。
庆历三年 (1043)	十一月壬辰，淮南、江浙经春少雨，麦田半损，蝗蝻复生。（余靖语）	《长编》卷一四五，第3511页。
庆历四年 (1044)	春，淮南旱蝗。 是岁，京师飞蝗蔽天。	《宋史》卷六二，第1356页。
皇祐四年 (1052)	集贤殿修撰、知梓州何郯云："近日累差内臣往诸路监督州郡官吏捕蝗。"	《历代名臣奏议》卷二四三，第3202页。
皇祐五年 (1053)	冬十月丁巳，诏以蝗旱，令监司谕亲民官上民间利害。 建康府蝗。	《宋史》卷一二，第235页；《宋史》卷六二，第1356页。
至和二年 (1055)	四月乙卯，许、汝、郑等处蝗蝻复生。②（范镇语）	《长编》卷一七九，第4332页。
嘉祐五年 (1060)	三月壬子，诏以蝗、涝相仍，敕转运使、提点刑狱督州县赈济，仍察不称职者。	《宋史》卷一二，第245页。

（三）北宋后期蝗、螟虫灾情概览

纪年	灾情	资料出处
熙宁元年 (1068)	淮、浙飞蝗。③ 秀州蝗。	《宋史》卷六二，第1356页。

---

① 《文献通考》卷三一四作"宝元元年"考2463页。
② 王令：《广陵先生文集》卷四《梦蝗》："至和改元之一年，有蝗不知自何来。朝飞蔽天不见日，若以万布筛尘灰。暮行啮地赤千顷，积迭数尺交相埋。树皮竹颠尽剥枯，况又草谷之根荄。"
③ 《宋史》卷三七四《黄廉传》，第11002页。

续表

纪年	灾情	资料出处
熙宁五年（1072）	是岁，河北大蝗。	《长编》卷二四一，第5888页。
熙宁六年（1073）	四月，河北诸路蝗。 是岁，江宁府飞蝗自江北来。	《宋史》卷六二，第1356页。
熙宁七年（1074）	夏，开封府界及河北路蝗。 七月癸亥，诏河北两路捕蝗。壬子，中书奏，自应天至淮以南有蝗，已得旨差官监捕。是月，开封府界提点司言咸平县有鹳鹆食蝗蝻。① 是秋，江左大蝗，有无名子题诗赏心亭，曰："青苗免役两妨农，天下嗷嗷怨相公。惟有蝗虫感恩德，又随钧旆过江东。"② 冬十月癸巳，诏赐淮南路常平米二万石下淮南西路提举司，易饥民所掘蝗种。	《宋史》卷六二，第1356页；卷一五，第286页。《长编》卷二五四，第6222、6227页；卷二五七，第6282页。
熙宁八年（1075）	秋七月壬申，诏京东路监司各具有飞蝗州军及所扑灭、所害田苗分数以闻。 八月，淮西蝗，陈、颖州蔽野。 癸巳，诏有蝗处，委县令佐亲部夫打扑。如地里广阔，分差通判、职官、监司提举。仍募人得蝻五升或蝗一斗，给细色谷一升。蝗种一升，给粗色谷二升。给价钱者，依中等实直。仍委官视烧瘗。乙未，手诏："闻陈、颖州蝗蝻所在蔽野，初无官司督捕，致重复孳生，自飞蝗以降，大小凡十余等。"	《长编》卷二六六，第6524页；卷二六七，第6543、6545页。《宋史》卷六二，第1356页。
熙宁九年（1076）	夏，开封府畿、京东、河北、陕西蝗。 五月，荆湖南路地生黑虫，化蛾飞去。全州生黑虫食苗，黄雀来食之皆尽。 七月庚申，关以西蝗蝻、蚱蜢生。	《宋史》卷六二，第1356页；卷一五，第291页。《通考》卷三一四，考2463页。

① 孔武仲：《三孔先生清江文集》卷一七《蝗说》："熙宁甲寅秋七月……登高而望，见群飞而至者，若烟若雾，若大军之尘，自西而东，前后十余里相属不绝。野夫奔走相告曰：'蝗至矣。'予曰：'蝗之来如何？'曰：'食我之田，啮我之桑，使我终岁无褐与粮。'余曰：'嗟乎，害无酷于此者。'"

② 岳珂：《桯史》卷九《金陵无名诗》，中华书局1981年版，第106页。

续表

纪年	灾情	资料出处
熙宁十年（1077）	三月辛未，虑囚，降死罪一等，杖以下释之。壬申，诏州县捕蝗。	《宋史》卷一五，第293页。
元丰二年（1079）	二月庚申，诏诸路方春阙雨，虑生蝗蝻害田，其令河北、陕西、京东西等路监司，常戒州县扑灭，毋致滋生。	《长编》卷二九六，第7213页。
元丰四年（1081）	六月，河北蝗。戊午，诏河北诸郡蝗蝻渐炽，可专委东路提举官李宜之督捕。癸未，诏命提点开封府界诸县镇公事杨景略、提举开封府界常平等事王得臣，分诣诸县提举捕蝗。秋，开封府界蝗。	《宋史》卷六二，第1356页。《长编》卷三一三，第7583、7595页。《宋史》卷六二，第1357页。
元丰六年（1083）	夏，又蝗。五月，沂州蝗。	《宋史》卷六二，第1357页。
元祐五年（1090）	沂州蝗。	《通考》卷三一四，考2463页。
元符元年（1098）	八月，高邮军言飞蝗抱草死。十一月戊申，户部上捕蝗法，从之。	《宋史》卷六二，第1357页。《长编》卷五〇四，第11999页。
建中靖国元年（1101）	是岁，京畿蝗。	《宋史》卷一九，第363页。
崇宁元年（1102）	是岁，京畿、京东、河北、淮南蝗。	《宋史》卷一九，第363页。
崇宁二年（1103）	诸路蝗，令有司酺祭。	《宋史》卷六二，第1357页。
崇宁三年（1104）	是岁，诸路蝗。	《宋史》卷六二，第1357页。
崇宁三至四年（1104—1105）	连岁大蝗，其飞蔽日，来自山东及府界，河北尤甚。	《宋史》卷六二，第1357页。

续表

纪年	灾情	资料出处
政和七年 （1117）	诸郡多蝗，既□□□食竹木之叶，牛羊之毛且尽，民惧而祷之，故环庙数十里蝗不敢入。①	
宣和三年 （1121）	是岁，诸路蝗。	《宋史》卷六二，第1357页。
宣和五年 （1123）	蝗。	《宋史》卷六二，第1357页。

（四）南宋前期蝗、螟虫灾情概览

纪年	灾情	资料出处
建炎二年② （1128）	六月，京师、淮甸大蝗。 七月辛丑，诏以春霪夏旱飞蝗为沴，命监司郡守条政事之未便于民者。 八月庚午，令长吏修酺祭。	《宋史》卷六二，第1357页。《要录》卷一六，第340页。
绍兴元年 （1131）	秋，绍兴府、湖州螟。浙东西郡国螟多为谷灾。	《通考》卷三一四，考2464页。
绍兴二年 （1132）	台州螟。	《通考》卷三一四，考2464页。
绍兴十五年 （1145）	秋七月，是月，金国旱，飞蝗蔽日。诏蠲民租。	《要录》卷一五四，第2480页。
绍兴二十六年 （1156）	淮、宋之地将秋收，粟稼如云，而蝗虫大起，翩飞蔽天，所遇田亩，一扫而尽。③	

---

① 《（兴化军）祥应庙记》，《宋代石刻文献全编》第四册，北京图书出版社2004年版，第647页。
② 《宋史》卷二五作"建炎三年"。
③ 洪迈：《夷坚志》支甲卷一《护国大将军》，中华书局1981年版，第719页。

续表

纪年	灾情	资料出处
绍兴二十九年 (1159)	七月，盱眙军、楚州金界三十里，蝗为风所堕，风止，复飞还淮北。 秋，浙东江东西郡县螟。 九月丙申，为太后祈福，蠲中下户所欠税赋及江、浙蝗潦州县租。	《宋史》卷六二，第1357页；卷六七，第1476页；卷三一，第593页。
绍兴三十年 (1160)	十月，江、浙郡国螟螽。	《宋史》卷六七，第1476页。
绍兴三十二年 (1162)	六月，江东、淮南北郡县蝗，飞入湖州境，声如风雨。自癸巳至于七月丙申，遍于畿县，余杭、仁和、钱塘皆蝗。丙午，蝗入京城。 八月，山东大蝗。癸丑①，颁祭醮礼式。 周必大云："七月丙申朔，先天节假，连日蜚蝗，自宣、湖入临安界，绵亘数十里，所过赭其山，而不甚害稼。江、浙间三十余年前尝有之。"②	《宋史》卷六二，第1357页。
隆兴元年 (1163)	秋，浙东西郡国螟，害谷，绍兴府、湖州为甚。 七月，大蝗。乙巳，以旱蝗、星变，诏侍从、台谏、两省官，条上时政阙失。 八月壬申、癸酉，飞蝗过都，蔽天日。徽、宣、湖三州及浙东郡县，害稼。京东大蝗，襄、随尤甚，民为乏食。 丙子，以飞蝗、风、水为灾，避殿减膳。 是岁，以两浙大水、旱蝗，江东大水悉蠲其租。	《宋史》卷六七，第1476页；卷三三，第624、625页；卷六二，第1357页。
隆兴二年 (1164)	夏，余杭县蝗。 五月丁未，蝗。 台州螟。	《宋史》卷六二，第1357页；卷三三，第627页；卷六七，第1476页。
乾道元年 (1165)	六月，淮西蝗。	《宋史》卷六二，第1357页。

---

① 是年八月无"癸丑"，恐有误。
② 周必大：《周益公文集》卷一六四《龙飞录》。

续表

纪年	灾情	资料出处
乾道三年 （1167）	八月，江东郡县螟螣。淮、浙诸路多以青虫食谷穗为灾。 　　是岁，江东、西、湖南、北路蝗。	《通考》卷三一四，考2464页。《宋史》卷三四，第642页。
乾道六年 （1170）	秋，浙西、江东螟虫为害。	《通考》卷三一四，考2464页。
乾道九年 （1173）	秋，吉、赣州、临江、南安军皆有螟。	《通考》卷三一四，考2464页。
淳熙二年 （1175）	秋，浙、江、淮郡县间有螟害。	《通考》卷三一四，考2464页。
淳熙三年 （1176）	八月，淮北飞蝗入楚州、盱眙军界，如风雷者逾时，遇大雨皆死，稼用不害。	《宋史》卷六二，第1358页。
淳熙四年 （1177）	五月甲子，进呈盱眙军报淮北岸多有蝗虫…… 　　秋，昭州螟。	《宋史全文》卷二六上。《通考》卷三一四，考2464页。
淳熙五年 （1178）	昭州荐有螟螣。	《通考》卷三一四，考2464页。
淳熙七年 （1180）	秋，永州螟。	《通考》卷三一四，考2464页。
淳熙八年 （1181）	秋，江州螟。	《通考》卷三一四，考2464页。
淳熙九年 （1182）	六月，滁州全椒县、和州历阳、乌江县蝗。乙卯，飞蝗过都遇大雨，堕仁和界芦荡茅穗。（令徙瘗之） 　　七月，淮甸大蝗，真、扬、泰州窖扑蝗五千斛，余郡或日捕数十车，群飞绝江，堕镇江府，皆害稼。（令淮浙郡国捕除） 　　八月庚子，淮东、浙西蝗。壬子，定诸州官捕蝗之罚。	《通考》卷三一四，考2463页。《宋史》卷三五，第678页。

续表

纪年	灾情	资料出处
淳熙十年 (1183)	春正月丁丑，命州县掘蝗。 六月，蝗遗种于淮、浙，害稼。	《宋史》卷三五，第679页；卷六二，第1358页。
淳熙十二年 (1185)	八月，平江府有虫聚于禾穗，惟油可堕。一夕，大雨尽涤。	《通考》卷三一四，考2464页。
淳熙十四年 (1187)	秋，江州、兴国军螟。 七月，仁和县蝗。丙辰，命临安府捕蝗。 八月，淮东蝗。	《通考》卷三一四，考2464页。《宋史》卷六二，第1358页；卷三五，第687页。
淳熙十六年 (1189)	秋，温州螟。	《通考》卷三一四，考2464页。

（五）南宋中后期蝗、螟虫灾情概览

纪年	灾情	资料出处
绍熙二年 (1191)	七月，高邮县蝗至于泰州。	《宋史》卷六二，第1358页。
绍熙五年 (1194)	八月，楚、和州蝗。	《宋史》卷六二，第1358页。
庆元三年 (1197)	秋，浙东萧山、山阴县、婺州、浙西富阳、盐官、淳安、永兴县、嘉兴府皆螟。	《通考》卷三一四，考2464页。
庆元四年 (1198)	秋，江东铅山县虫食谷，田无遗穗。	《通考》卷三一四，考2464页。
嘉泰二年[①] (1202)	浙西诸县大蝗，自丹阳入武进，若烟雾蔽天，其堕亘十余里。常之三县捕八千余石，湖之长兴捕数百石。时浙东近郡亦蝗。	《宋史》卷六二，第1358页。

---

① 《宋史》卷六二作"嘉定二年"，误。

续表

纪年	灾情	资料出处
开禧三年（1207）	夏、秋，久旱大蝗，群飞蔽天，浙西豆粟，皆既于蝗。 六月初二，蝗虫蔽野，屡伤禾黍。①	《宋史》卷六二，第1358页。
嘉定元年（1208）	闰四月二十六日，颁《闵雨求言诏》："朕惟祖宗传祚之重，祗惧靡遑，而自去岁以来，蝗蝻为灾，冬既无雪，春又不雨，以至于今，陂泽扬尘，种未入土，夏且半矣。"② 五月，江、浙③大蝗。乙丑，以飞蝗为灾减常膳。 六月乙酉，以蝗祷于天地、社稷。 七月，又酺，颁酺式于郡县。壬戌，以飞蝗为灾。 "嘉定初元，当兵荒之余，久旱飞蝗，人情惶惑。"④	《宋史》卷六二，第1358页；卷三九，第750页。
嘉定二年（1209）	夏四月乙丑，诏诸路监司督州县捕蝗。又蝗。 五月丁酉，令诸郡修酺祀。 五月辛丑，申命州县捕蝗。 六月辛未，飞蝗入畿县。 是岁，诸路旱蝗，扬、楚、衡、郴、吉五州、南安军盗起。	《宋史》卷三九，第752页；卷六二，第1358页。
嘉定三年（1210）	八月，是月，临安府蝗。	《宋史》卷六二，第1358页。
嘉定四年（1211）	真德秀云："臣伏观近岁以来，旱蝗频仍，饥馑相踵。"⑤	
嘉定七年（1214）	六月，浙郡蝗。	《宋史》卷六二，第1358页。

---

① 《栝苍金石志》《甘泉惠应庙勅牒碑》，《宋代石刻文献全编》第三册，北京图书馆出版社2004年版，第834页。
② 楼钥：《攻媿集》卷四二。
③ 《文献通考》卷三一四，《宋会要辑稿》瑞异三之四六均作"江浙"。
④ 《陈中书舍人希点神道碑》，《宋代石刻文献全编》第三册，第884页。
⑤ 真德秀：《西山先生真文忠公文集》卷二《辛未十二月上殿奏札一》。

续表

纪年	灾情	资料出处
嘉定八年 (1215)	四月，飞蝗越淮而南，江、淮郡蝗，食禾苗、山林草木皆尽。乙卯，飞蝗入畿县。己亥，祭酺。令郡有蝗者如式以祭。自夏徂秋，诸道捕蝗者以千百石计，饥民竞捕，官出粟易之。 是岁，两浙、江东西路旱蝗。①	《宋史》卷六二，第1358页；卷三九，第763页。
嘉定九年 (1216)	春正月辛巳，罢诸路旱蝗州县和籴及四川关外科籴。 五月，浙东蝗。丁巳，令郡国酺祭。 是岁，荐饥，官以粟易蝗者千百斛。	《宋史》卷三九，第763页；卷六二，第1358页。
嘉定十年 (1217)	四月，楚州蝗。	《宋史》卷六二，第1358页。
嘉定十四年 (1221)	明、台、温、婺、衢蟊螣为灾。	《通考》卷三一四，考2464页。
嘉定十五年 (1222)	秋，赣州螟。	《通考》卷三一四，考2464页。
嘉定十六年 (1223)	秋，永道州螟。	《通考》卷三一四，考2464页。
宝庆元年 (1225)	五月，沿淮旱蝗，连岁薄收。	《宋季三朝政要》卷一。
绍定三年 (1230)	福建蝗。②	《宋史》卷六二，第1358页。
端平元年 (1234)	五月，当涂县蝗。③	《宋史》卷六二，第1358页。

---

① 《宋会要辑稿》刑法二之一四〇"嘉定八年八月二十二日条"云："窃见两浙、江淮等路今岁旱魃为虐，种不入土者什七八，加之飞蝗肆毒，所过一空，民心嗷嗷，甚可忧也。"
② 《宋史》卷六七作"福建螟"，第1477页。
③ 《宋史》卷六七作"当涂县螟"，第1477页。

续表

纪年	灾情	资料出处
嘉熙二年（1238）	七月，武城蝗，自北来，蔽映天日。有崔四者，行田而仆，其子寻访，但见蝗聚如堆阜，拨视之，见其父卧地上，为蝗所埋。须发皆被啮尽，衣服碎为筛网，一时顷方苏。①	
嘉熙三年（1239）	七月戊辰朔，诏诸路提举常平司下所部州县，募人捕蝗，给米易之。	《宋史全文》卷三三。
嘉熙四年（1240）	六月甲午朔，江、浙、福建大旱，蝗。秋七月乙丑，诏："今夏六月恒旸飞蝗为孽，朕德未修，民瘼尤甚，中外臣僚其直言阙失毋隐。"建康府蝗。	《宋史》卷四二，第820页；《宋史》卷六二，第1359页。
淳祐二年（1242）	五月，两淮蝗②。	《宋史》卷六二，第1358页。
景定三年（1262）	五月，蝗蝻得雨不为灾。八月，两浙蝗③。	《宋季三朝政要》卷三，第294页。《宋史》卷六二，第1358页。

附：鼠灾

纪年	灾情	资料出处
建隆元年（960）	夏，相、金、均、房、商五州，鼠食苗。	《通考》卷三一四，考2465页。
建隆二年（961）	春正月壬子，商州言群鼠食苗。	《通考》卷三一四，考2465页。

---

① 周密：《癸辛杂识》别集卷下《武城蝗》，中华书局1997年版，第276页。
② 《宋史》卷六七，第1477页，作"两淮螟"。
③ 《宋史》卷六七，作"浙东、西螟"，第1477页。

续表

纪年	灾情	资料出处
乾德五年（967）	九月，金州鼠食苗。	《宋史》卷六五，第1432页。
太平兴国七年（982）	十月①，岳州田鼠食稼。	《宋史》卷四，第69页；卷六五，第1432页。
绍兴十六年（1146）	广州清远县、韶州翁源县、英德府真阳县鼠食稼，千万为群。时广东久旱，凡羽鳞皆化为鼠，有获鼠于田者，腹犹蛇文，渔者夜设网，旦视数百鳞，皆鼠。自夏徂秋为患，数月方息。岁为饥。	《通考》卷三一四，考2465页。
乾道六年（1170）	楚州黑鼠伤稼。②	
乾道九年（1173）	隆兴府鼠害稼，千万为群，甚于螟蝗。	《通考》卷三一四，考2465页。
淳熙五年（1178）	八月，淮东通、泰、楚、高邮黑鼠食禾，田无遗穗，淮民大饥。时江陵府十五里外，群鼠以千万计，蔽塞通逵，其色黑、白、青、黄相杂，与人并行，为车马所践死者不可胜计，凡三月乃息。③	《通考》卷三一四，考2465页。

从上表可知两宋大的蝗灾情有：大中祥符九年（1016）六月，京畿、京东西、河北路蝗蝻继生，弥覆郊野，食民田殆尽，入公私庐舍。天禧元年（1017）二月，开封府、京东西、河北、河东、陕西、两浙、荆湖百三十州军，蝗蝻复生，多去岁蛰者。和州蝗生卵，如稻粒而细。明道二年（1033）七月庚辰，开封界、京东西、河北、河东、陕西蝗。"至和改元之一年，有

---

① 《文献通考》卷三一四作"十一月"考2465页。
② 《宋会要辑稿》食货六八之七九："乾道七年四月十五日，光州观察使、高邮军驻扎御前武锋军都统制兼知楚州陈敏言，本州去年因黑鼠伤稼兼秋间水旱，农民饥馑……"
③ 《宋史全文》卷二六下，淳熙六年三月，"是月，高邮军、通、泰等州，去年以田鼠为灾，田谷绝收，命赈之"。

蝗不知自何来。朝飞蔽天不见日，若以万布筛尘灰。暮行啮地赤千顷，积叠数尺交相埋。树皮竹颠尽剥秸，况又草谷之根荄。"①绍兴二十六年（1056）"淮宋之地将秋收，粟稼如云，而蝗虫大起，翾飞刺天，所遇田亩，一扫而尽"。嘉定八年（1215）四月，飞蝗越淮而南，江、淮郡蝗，食禾苗、山林草木皆尽。可见蝗螟虫对农业的破坏很大。

蝗、螟灾情一般多发生在夏历 4—8 月之间，亦即夏秋季节。

宋代鼠害记录虽只有 7 次，但横跨几个州县，其规模也是相当恐怖的，且造成的危害也很大。蝗、螟、鼠害的发生往往与干旱的气候密切相关。

（六）宋代蝗、螟虫灾情的时空分布及特征

北宋蝗、螟虫灾情时空分布统计

	960—979	980—999	1000—1019	1020—1039	1040—1059	1060—1079	1080—1099	1100—1127	总计
开封府	0	2	6	2	1	2	1	3	17
京东西路	2	8	4	3	0	3	0	2	22
京东东路	0	5	3	3	0	2	2	2	17
京西北路	1	1	2	0	1	1	0	1	7
河北东路	5	4	3	2	0	2	1	2	19
河北西路	7	0	2	4	0	2	1	2	18
河东路	1	0	2	1	0	0	0	0	4
永兴军路	3	1	2	2	0	1	0	0	9
秦凤路	3	0	1	1	0	1	0	0	6
北方总计	22	21	25	18	2	14	5	12	119
利州路	0	0	0	0	0	0	0	0	0
夔州路	0	0	1	0	0	0	0	0	1
梓州路	0	0	1	0	1	0	0	0	2
成都府路	0	0	0	0	0	0	0	0	0
京西南路	0	1	0	0	0	0	0	0	1

---

① 王令：《广陵先生文集》卷三《梦蝗》。

续表

	960—979	980—999	1000—1019	1020—1039	1040—1059	1060—1079	1080—1099	1100—1127	总计
两浙路	0	0	2	0	1	1	0	0	4
淮南东路	0	5	1	0	2	1	1	1	11
淮南西路	0	0	1	1	2	2	0	1	7
江南东路	0	0	1	0	2	2	0	0	5
江南西路	0	0	1	0	1	0	0	0	2
荆湖北路	0	0	1	0	0	1	0	0	2
荆湖南路	0	0	1	0	0	1	0	0	2
福建路	0	0	0	0	0	0	0	0	0
广南东路	0	0	0	0	0	0	0	0	0
广南西路	0	0	0	0	0	0	0	0	0
南方总计	0	6	10	1	9	8	1	2	37
诸州诸路	1	0	1	1	3	1	2	5	14
总计	23	26	36	20	14	23	8	19	170
大蝗灾	0	0	2	1	0	0	0	0	3

北宋时期蝗、螟虫灾情的时间分布，每个20年段落的发生频率差距不太大，仁宗朝和哲宗朝相对较少。在地理空间方面的分布，大致依次是：京东路39次、河北37次、两淮18次、开封17次、陕西15次、京西8次、江南7次、两湖4次、两浙4次、四川3次、福建0次、两广地区0次。北方高达119次，而南方则只有37次。北方集中在黄河下游地区，南方则多集中在东南六路。

南宋蝗、螟灾情时空分布统计

	1127—1146	1147—1166	1167—1186	1187—1206	1207—1226	1227—1246	1247—1266	1267—1279	总计
临安府	1	1	0	1	1	0	0	0	4
两浙东路	1	2	3	2	4	1	1	0	14
两浙西路	2	3	6	3	4	1	1	0	20

续表

	1127—1146	1147—1166	1167—1186	1187—1206	1207—1226	1227—1246	1247—1266	1267—1279	总计
江南东路	0	4	2	1	1	2	0	0	10
江南西路	0	2	3	1	2	1	0	0	9
淮南东路	1	3	6	3	3	1	0	0	17
淮南西路	1	3	4	0	2	1	0	0	11
京西南路	0	1	0	0	0	0	0	0	1
荆湖南路	0	0	2	0	1	0	0	0	3
荆湖北路	0	0	1	0	0	0	0	0	1
利州东路	0	0	0	0	0	0	0	0	0
利州西路	0	0	0	0	0	0	0	0	0
夔州路	0	0	0	0	0	0	0	0	0
潼川府路	0	0	0	0	0	0	0	0	0
成都府路	0	0	0	0	0	0	0	0	0
广南东路	0	0	0	0	0	0	0	0	0
广南西路	0	0	2	0	0	0	0	0	2
福建路	0	0	0	0	0	2	0	0	2
诸路	0	2	1	0	3	2	0	0	8
总计	6	21	30	11	21	11	2	0	102

南宋蝗螟虫灾情的时间分布以高宗后期至孝宗朝、宁宗朝为高发期，而孝宗朝达到最高峰值。其他时间发生率较低。在地理空间的分布上，发生率依次是两浙34次、江南19次、两淮18次、两湖4次、临安4次、福建2次、两广2次。由此可看出东南六路是蝗螟高发区，比北宋时期有较大的增长，尤其是两浙再加上临安高达38次，几占南宋各地发生蝗灾情的三分之一强。

二、地震灾情及时空分布与特征

地震是地球内部介质局部发生急剧的破裂产生的震波,从而在一定范围内引起地面振动的现象。古代文献又称为地动。我国自古以来地震灾害频发,宋代亦然。现据史乘制成简表,以便全面了解宋代的地震及其灾情[①]。

(一) 北宋地震灾情概览

纪年	灾情	资料出处
建隆三年 (962)	九月庚戌,夜,(吴越)本境地震,响如雷。[②]	
乾德元年 (963)	四月,泉州地震。[③]	
乾德三年 (965)	京师地震(史失日月)	《宋史》卷六七,第1483页。
至道二年 (996)	五月癸卯,灵州,地震二百余日。 九月十九日未时,永兴、环州、庆州、延州、清远军、隰州同日同时六处地震,塌损城墙,毁坏庐舍……泊灵州送粮草回来,死者十有余万。(田锡语) 九月丙戌,秦、晋诸州地昼夜十二震。 十月,潼关西至灵州、夏州、环、庆等州地震,城郭庐舍多坏。	《长编》卷三九,第834页;卷四一,第870页。《宋史》卷五,第100页;卷六七一,第1483页。
咸平二年 (999)	九月,常州地震,坏鼓角楼、罗务、军民庐舍甚众。 十二月戊午(初九)前,邢州地屡震,城堞摧圮。[④]	《宋史》卷六七,第1483页。

[①] 编制简表参考了谢毓寿、蔡美彪主编《中国地震历史资料汇编》第一卷,科学出版社1983年版。

[②] 范垌、林禹:《吴越备史》卷四。按:吴任臣《十国春秋》卷七八作"所在地震",其与"本境地震"意同。又是月丙辰朔,无庚戌。

[③] 《续资治通鉴长编》卷四"乾德元年四月庚子"条:"清源留后张汉思,年老醇谨,不能治军旅,事皆决于副使陈洪进。汉思诸子并为牙将,颇不平,图害洪进。汉思亦患其专,乃大飨将吏,伏甲于内,将杀洪进。酒数行,地忽大震,栋宇倾侧,坐立皆不自持,同谋者惧,以告洪进,洪进亟出,众惊悸而散。"第89页。又见《宋史》卷四八三《陈氏世家》,第13960页。

[④] 《中国地震历史资料汇编》,第110页。

续表

纪年	灾情	资料出处
咸平二年至三年（999—1000）	淮南地震,江南地震尤甚。①	
咸平四年（1001）	九月,庆州地震者再。	《宋史》卷六七,第1483页。
咸平六年（1003）	正月,益州地震。	《宋史》卷六七,第1483页。
景德元年（1004）	正月丙申夜,京师地震。辛丑,京师地再震。癸卯夜,复震。丁未夜,又震。屋宇皆动,有声。移时方止。 癸丑,冀州地震。 二月戊寅,益、黎、雅州地震。 三月,邢州地震不止。 四月丙辰,邢州地震不止。己卯②夜,瀛州地震。 五月,邢州地复震不止。 十一月壬子,日南至,京师地震。癸丑,石州地震。	《宋史》卷六七,第1483页;卷七,第123页。
景德四年（1007）	七月丙戌,益州地震。己丑,渭州瓦亭寨地震者四。	《宋史》卷六七,第1484页。
大中祥符二年（1009）	三月,代州地震。 五月庚辰,代州地震。	《宋史》卷六七,第1484页;卷七,第141页。
大中祥符四年（1011）	六月,昌、眉州并地震。 七月,真定府地震,坏城垒。	《宋史》卷六七,第1484页。
大中祥符六年（1013）	泉州地震逾月。③	

① 《续资治通鉴长编》卷四六"咸平三年三月"条："是春,吏部郎中直集贤院知泰州田锡上疏曰……"第1004页。又见《中国地震历史资料汇编》,第110页。
② 《宋史》卷七《真宗二》作"景德元年四月丁卯",第123页。
③ 《中国地震历史资料汇编》,第115页。

续表

纪年	灾情	资料出处
天禧三年（1019）	二月乙未，河南府地震。	《宋史》卷八，第166页。
天圣五年（1027）	三月戊申，秦州地震。	《宋史》卷六七，第1484页。
天圣七年（1029）	十月丙午，京师地震。①	《宋史》卷六七，第1484页。
景祐四年（1037）	十二月二日丙夜，京师地震，移刻乃止。定襄同日震，至五日不止。坏庐寺、杀人畜，几十之六。大河之东，弥千五百里，而及都下。② 十二月甲子，京师地震③。甲申，忻、代、并三州言：地震坏庐舍，覆压吏民。忻州死者万九千七百四十二人，伤者五千六百五十五人，畜牧死者五万余；代州死者七百五十九人，并州千八百九十人。④知忻州祖百世、都监王文恭、监押高继芳、石岭关监押李昊并伤，而前忻州监押薛文昌、并州阳兴寨监押苗整皆死。诏赐百世、整及文昌之家钱各十万，文恭、继芳、昊各五万，其军民死伤者皆赐有差。自是河东地震连年不止，或地裂泉涌，或火出如黑沙状，一日四五震，民皆露处。 丙辰⑤，京师地震。 冬，雷、地震，星象数变。⑥	《通考》卷三〇一，考2382页。《长编》卷一二〇，第2840页。

---

① 《苏舜钦集》卷五《地动联句》（天圣己巳十月二十二日作）："大荒孟冬月，（叔才）末旬高春时。日腹昏盲伥，（子美）风口鸣呜咻。万灵困阴戚，（叔才）百植嗟阳衰。浓寒有胜气，（子美）天冻无败期。六指忽摇拽，（叔才）群跂初奔驰。丸铜落蟾吻，（子美）始昇张浑仪。列宿犯天纪，（叔才）预念汉志辞。民薨函鼓舞，（子美）禁堞强崩离。坐隩市声死，（叔才）立怖人足跂。坦途重车偾，（子美）急传壮马敧。陵阜动抚手，（叔才）砾块当扬箕。停污有乱浪，（子美）僵木无静枝。众喙不敢息，（叔才）沓嶂惊欲飞。踊塔撼铎碎，（子美）安流荡舟疲。……南北顿儵忽，（叔才）西东播戎夷。四镇一毛重，（子美）百川寸涔微。……轰雷下檐瓦，决玉倾仓窯。双颠太室吻，（叔才）四跃宸庭螭。万宇变旋室，（子美）百城如转机。念此大灾患，（叔才）必由政瑕疵。……"上海古籍出版社1981年版，第56页。
② 《续资治通鉴长编》卷一二〇"景祐四年十二月壬辰"条，直史馆叶清臣上疏，第2844页。
③ 《宋史》卷六七，原有："十二月甲子，京师地震。"是年十二月无甲子，恐有误。第1484页。
④ 《宋史》卷一〇，压死人数作："三万二千三百六人，伤五千六百人。"第203页。
⑤ 王称：《东都事略》卷五《仁宗纪》，李埴：《皇宋十朝纲要》卷五，是年十二月无丙辰。
⑥ 《中国地震历史资料汇编》，第117页。

续表

纪年	灾情	资料出处
宝元元年（1038）	正月庚申，并、忻、代三州地震。（地大震裂，涌水，坏屋庐城堞，杀民畜几十万，历旬不止。会忻州地震出火，郛国屋□，焚荡几尽，郡人昼夜哭不已。①） 春正月乙卯，河东地大震裂，涌水，坏屋庐城堞，杀民畜几十万，历旬不止。（苏舜钦语） 十二月甲子，京师地震。	《长编》卷一二一，第2851页。《宋史》卷六七，1484页。
庆历三年（1043）	五月九日，忻州地大震。 是岁，河北降赤雪，河东地震五六年不止。谏官孙甫推《洪范五行传》及前代变验，上疏曰："……忻州赵分，地震六七年每震，则有声如雷，前代地震，未有如此也。……"	《宋史》卷六七，第1484页。《长编》卷一四五，第3518页。
庆历四年（1044）	五月庚午②，忻州地震，西北有声如雷。	《宋史》卷六七，1484页。
宝元初—庆历五年（1045）	自宝元初，定襄地震，坏城郭，覆庐舍，压死者以数万人。殆今十年，震动不已……③	
庆历五年（1045）	七月十四日，广州地震。 八月庚午④，荆南府、岳州地震。 十二月癸丑，监察御史包拯，还自契丹，上言："……况河北、河东同时地震，变异如此，不可不惧。……" 是岁，地震雄、霸、沧、登，旁及荆湖，幅员数千里。虽往日定襄之异，未甚于此。⑤	《宋史》卷六七，第1484页。《宋史》卷一一，第220页。《长编》卷一五七，第3811页。

---

① 《中国地震历史资料汇编》，第117—118页。
② 《宋史》卷一一作"五月乙酉"第218页。
③ 《中国地震历史资料汇编》，第119页。
④ 《文献通考》卷三〇一作"己卯"考2383页。
⑤ 《中国地震历史资料汇编》，第120页。

续表

纪年	灾情	资料出处
庆历六年 (1046)	二月戊寅，青州地震。 三月庚寅，登州地震，岠嵎山摧，自是震不已。每震，则海底有声如雷。 五月甲申，京师地震。 九月辛卯，知青州叶清臣言登州地震不止，请增屯禁军，以防兵寇之变。从之。 十月甲戌，上谓辅臣曰："山东连岁地震，又有巨木浮海而出，宜防未然之变。其下登州严饬武备，仍具所蓄兵械名数以闻。"御史中丞张方平言："臣伏见诸路地震，自荆湖、川峡、山东、河北、河东、陕西至于岭表相继未止。比者忻州地震，于后兵难，及今适定。此际登、莱山崖摧圮，灾异所示，恐不徒然。" 是岁，京东、两河地震，登、莱尤甚。①	《宋史》卷六七，第1484页。《长编》卷一五九，第3846、3848页。
庆历七年 (1047)	十月乙丑，河阳、许州地震。	《宋史》卷六七，第1484页。
皇祐二年 (1050)	十一月丁酉夜②，秀州地震，有声自北起如雷。	《宋史》卷六七，第1484页。
至和元年 (1054)	十一月辛巳至乙酉镇戎军地震，一夕三发。③	
嘉祐二年 (1057)	三月三日，雄、霸等州并言二月十七日夜地震。至四月二十一日，雄州又言幽州地大震，大坏城郭，覆死者数万人。 是岁，河北数地震。	《宋会要》瑞异三之三四。
嘉祐四年 (1059)	五月，雷雹、地震。④	《宋史》卷六二，第1351页。

---

① 《中国地震历史资料汇编》，第121页。
② 《宋史》卷一二作"闰十一月丙寅"第230页。
③ 《中国地震历史资料汇编》，第122页。
④ 《宋史》卷六七《五行一》下，校勘记（六）云：按编年顺序，本条应移置上文"嘉祐四年"之前，第1373页。

续表

纪年	灾情	资料出处
嘉祐五年（1060）	五月己丑，京师地震。	《宋史》卷六七，第1484页。
仁宗时	太原地震（悬瓮）山坼，巨石摧坏，北齐天保三年所凿悬瓮寺亦废。①	
治平三年（1066）	十月前，地震河东、陕西。②	
治平中（1064—1067）	河北地震，民乏粟，率贱卖耕牛以苟朝夕。	《宋史》卷三二四，《刘涣传》，第10494页。
治平四年（1067）	秋，漳、泉、建州、邵武、兴化军等处皆地震，潮州尤甚，拆裂泉涌，压覆州郭及两县屋宇，士民、军兵死者甚众。 八月己巳③，京师地震。 九月二十七日，潮州地大震，拆裂泉涌，压覆两县寺观、居民舍屋，并本州楼阁营房等，士民军兵僧道死者甚众。 冬十月丙午，漳、泉诸州地震。戊申，建州、邵武、兴化军地震。	《宋史》卷六七，第1485页。《宋会要》瑞异三之三四。《宋史》卷一四，第267页。
熙宁元年（1068）	七月甲申，河北地大震，坏城郭、屋室，瀛州为甚。是日，再震，民讹言大水且至，惊欲出走。谏议大夫李公肃之为高阳关路都总管安抚使、知瀛州事，使人分出慰晓，讹言乃止。是日大雨，公私暴露，仓储库积，无所覆冒。公开示便宜……④	《宋史》卷一四，第269页；卷六七，第1485页。《宋会要》瑞异三之三四、三五。

① 《中国地震历史资料汇编》，第123页。
② 《中国地震历史资料汇编》，第124页。
③ 《宋会要辑稿》瑞异三之三四作"八月二十四日"。
④ 曾巩：《南丰先生元丰类稿》卷一八《瀛州兴造记》。《宋会要辑稿》瑞异三之三四："河北州军地大震。是岁，自秋距冬，河北地震，而缘边尤甚，至有声如雷而动，移时累刻不止者。诏经地震压死贫民，令都转运司勘会给钱有差，无骨肉者，官为瘗埋。又诏差厢军五千人赴河北都转运司，葺治本路地震摧毁城壁楼橹等工役。"（《清夜录》："熙宁元年，河北霖雨地震，城壁皆压。发卒数十万治之。"）

纪年	灾情	资料出处
	七月甲申，京师地震。乙酉，又震。大雨。辛卯，以河朔地大震，命沿边安抚司及雄州刺史候辽人动息以闻，赐压死者缗钱。京师地再震。① 七月二十八日，同提点广东刑路刑狱公事王咸服奏："潮州地震未止，今又再震，欲委本州知州为军民祈福，建置道场，以慰安民心。"上批："可指挥广东、福建转运司应有地震未已州军，并令所在长吏精严祈祷。" 七月，望都，连旬大雨，水深三丈，地震累月不息。② 八月壬寅，京师地震。甲辰，又震。是月，须城、东阿二县地震终日，沧州清池、莫州亦震，坏官私庐舍、城壁。是时，河北复大震，或数刻不止，有声如雷，楼橹、民居多摧覆，压死者甚众。 郑獬云："臣窃见去岁自京师西南，至于海隅，地皆震。今岁自京师而北，至于朔方，又大震，迄今不已。城郭陷入地，民庐悉摧仆，长河决溢灌深、冀间，兹岂细故哉。"③ 九月戊子，莫州地震，有声如雷。 十一月乙未，京师及莫州地震。 十二月癸卯，瀛州地大震。 丁巳，冀州地震。辛酉，沧州地震，涌出沙泥、船板、胡桃、螺蚌之属。是月，潮州地再震。 是岁，数路地震，有一日十数震，有逾半年震不止者。	
熙宁四年（1071）	刘挚云："伏念大河之北，自戊申以来地大震，水大溢，民大失职，离乡内徙，空虚塞下，至于今三年，而地震未已。"④	

① 赵汝愚：《宋诸臣奏议》卷四二，钱顗《上神宗论地震》："臣伏以今月甲申至辛卯，京师连日地震者五。"上海古籍出版社1999年版，第429页。
② 《中国地震历史资料汇编》，第127页。
③ 《宋诸臣奏议》卷四二《上神宗论水灾地震》，第429页。
④ 《忠肃集》卷六《论备契丹奏》。

续表

纪年	灾情	资料出处
元丰八年（1085）	二月甲戌，宾州岭方县地陷。 五月丙午，京师地震。	《宋史》卷六七，第1485页。
元祐二年（1087）	二月辛亥，代州地震有声。	《宋史》卷六七，第1485页。
元祐四年（1089）	春，陕西、河北地震。	《宋史》卷六七，第1485页。
元祐七年（1092）	九月己酉，兰州、镇戎军、永兴军言地震。 十月庚戌朔，环州地再震。 冬，凉州地大震。①	《长编》卷四七七，第11377页。《宋史》卷六七，第1485页。
元祐九年（绍圣元年，1094）	九月二十一日，长洲县地震，自西北方来，树木皆摇动。② 十一月二十八日，太原府地震不及刻止。	《宋史》卷六七，第1485页。《宋会要》瑞异三之三七。
绍圣二年（1095）	十月二十九日③，河南府地震。 十一月三十日，河南府又震。 是岁，苏州自夏迄秋地震十。	《宋会要》瑞异三之三七。《宋史》卷六七，第1485页。
绍圣三年（1096）	三月戊戌夜，剑南东川地震。 九月己酉，滁州、沂州地震。	《宋史》卷六七，第1485页。
绍圣四年（1097）	六月己酉，太原府地震有声。	《宋史》卷六七，第1485页；卷一八，第348页。《通考》卷三〇一，考2383页。《宋会要》瑞异三之三七。
元符元年（1098）	七月壬申夜，京师地震。云黟蔽天，地震良久。	《宋史》卷六七，第1485页。

① 《中国地震历史资料汇编》，第133页。
② 《中国地震历史资料汇编》，第133页。
③ 《宋史》卷一八作"十月辛卯"，第343页。

续表

纪年	灾情	资料出处
元符二年① (1099)	正月壬申，恩州地震。 八月甲戌，太原府地震。	《宋史》卷六七，第1485页；卷一八，第353页。
元符三年 (1100)	正月，黄山地震"休宁、太原县民三人来浴，凌晨水变赤如流丹，惊相视，不敢发言。顷之，地势倾动，波沸涌，声如雷，屋舍皆震"。② 五月己巳，太原府又震。	《宋史》卷六七，第1486页。
建中靖国元年 (1101)	十二月辛亥③，太原府、潞、晋、隰、代、石、岚等州、苛岚、威胜、保化、宁化军地震弥旬，昼夜不止，坏城壁、屋宇，人畜多死。自后有司方言祥瑞，郡国地震，多抑而不奏。	《宋史》卷六七，第1486页。
崇宁元年 (1102)	春正月丁丑，太原等十一郡地震，诏死者家赐钱有差。	《宋史》卷一九，第363页。
大观元年 (1107)	十月辛酉，苏州地震。	《宋史》卷二〇，第379页。
政和元年 (1111)	大理地大震，损十六寺。④	
政和七年 (1117)	六月，诏曰："熙河、环庆、泾原路地震经旬，城砦、关堡、城壁、楼橹，官私庐舍，并皆摧塌，居民覆压死伤甚众，而有司不以闻，其遣官按视之。" 秋七月壬辰，熙河、环庆、泾原地震旬日。	《宋史》卷六七，第1486页；卷二一，第398页。
宣和初 (1119)	（黄潜善）为左司郎。陕西、河东地大震，陵谷易处，徽宗命潜善察访陕西，因往视。潜善归，不以实闻，但言震而已。⑤	

---

① 《文献通考》卷三〇一作"三年"，误。
② 《中国地震历史资料汇编》，第135页。
③ 《宋史》卷六七作"十一月辛亥"，是月无辛亥，误。
④ 《中国地震历史资料汇编》，第136页。
⑤ 《宋史》卷四七三《奸臣三·黄潜善传》，第13743页。

续表

纪年	灾情	资料出处
宣和四年 （1122）	北方用兵，雄州地大震。 五月戊寅、己卯、庚辰，连数夕有大流星若盂椀自紫微、文昌间出不一。或犯天河、河鼓等，越天汉、牛女间亦不一。所皆南向而奔，曳光如匹练，每夕自初夜动数十流，至夜半方渐疏。至是十余夕，犹或南流不已。其占惧如西晋象，实令人忧疑，然太史皆屏不奏。又方用兵，雄州地震。已而，雄之正寝，忽元武见，龟大如钱，朱蛇仅若箭，每行必相逐。二帅拜之，藏以银合，置于城北楼真武庙。明日启合视之，龟蛇皆死矣。①	《宋史》卷六七，第1486页。
宣和五年 （1123）	十二月，是月，京师地震。②	《宋史全文》卷一四。
宣和六年 （1124）	正月，京师连日地震，宫殿门皆动有声。 春，东都地震。后三月又震，宫殿门皆动，有声。既而兰州地及山之草木，悉没入地，而山下麦苗乃在山上。驿书闻朝廷，徽祖为之侧席。……会遭右司郎中黄潜善按视回，乃没其实，以不害闻。③ 是岁，京师、河东、陕西大震。④	《宋史》卷六七，第1486页。
宣和七年 （1125）	七月己亥，熙河路地震，有裂数十丈者。兰州尤甚。陷数百家，仓库俱没。河东诸郡或震裂。	《宋史》卷六七，第1486页。
靖康元年 （1126）	八月初，护甲山（山西武乡西北）地震，殷殷如雷声。⑤	

---

① 徐梦莘：《三朝北盟会编》卷七，引《北征纪实》，上海古籍出版社1987年版，第47页。
② 《历代名臣奏议》卷三〇七，杨万里奏作"五年十月"，第3974页。
③ 岳珂：《桯史》卷一五《黄潜善》，中华书局1981年版，第179页。
④ 《中国地震历史资料汇编》，第138页。
⑤ 《中国地震历史资料汇编》，第139页。

(二) 南宋地震灾情概览

纪年	灾情	资料出处
建炎二年前	戈窝（今戈窝顶，属西藏芒康）大地震，群山震动。①	
建炎二年（1128）	正月戊戌，长安地大震。金将娄宿围城，弥旬无外援，乘地震而入，城遂陷。	《宋史》卷六七，第1486页。
绍兴三年（1133）	七月，是月，四川霖雨、地震。 八月甲申，地震，平江府、湖州尤甚。 八月，行在所地震，未几有金虏寇淮甸之役。②	《宋史》卷二七，第506页；卷六七，第1486页。
绍兴四年（1134）	四川地震。	《宋史》卷六七，第1486页。
绍兴五年（1135）	五月，行都地震。	《宋史》卷六七，第1486页。
绍兴六年（1136）	六月乙巳夜，地震自西北，有声如雷，余杭县为甚。	《宋史》卷六七，第1486页。
绍兴七年（1137）	（临安）地震。	《宋史》卷六七，第1486页。
绍兴二十四年（1154）	正月戊寅，（临安）地震。	《宋史》卷六七，第1486页。
绍兴二十五年（1155）	三月壬申，（临安）地震。	《宋史》卷六七，第1486页。
绍兴二十七年（1157）	吴、越大水、地震。③	
绍兴二十八年（1158）	八月甲寅夜，地震。	《宋史》卷六七，第1486页。

---

① 《中国地震历史资料汇编》，第140页。
② 《历代名臣奏议》卷三〇七，杨万里应诏上奏，第3974页。
③ 《宋史》卷三八二《曾及传》，第11768页。

续表

纪年	灾情	资料出处
绍兴三十一年（1161）	三月壬辰，地震。	《宋史》卷六七，第1486页。
绍兴三十二年（1162）	七月十三日夜，临安府地震，自东北而来。	《宋会要》瑞异三之三八。
隆兴元年（1163）	五月，是月，成都地震三。 十月丁丑①，地震。六月甲寅②，又震。	《宋史》卷三三，第623页；卷六七，第1486页。
隆兴二年（1164）	春正月，是月，福建诸州地震。	《宋史》卷三三，第625页。
乾道二年（1166）	九月丙午，地震自西北方。	《宋史》卷六七，第1486页。
乾道四年（1168）	十二月壬子，石泉军地震三日，有声如雷，屋瓦皆落，时绵竹有冤狱云。	《宋史》卷六七，第1486页。
淳熙元年（1174）	十二月戊辰，地震自东北方。	《宋史》卷六七，第1486页。
淳熙六年（1179）	冬，南康军地震有声。③	
淳熙九年（1182）	十二月壬寅夜，地震。	《宋史》卷六七，第1486页。
淳熙十年（1183）	十二月丙寅，地震。	《宋史》卷六七，第1486页。

---

① 是年二、四、六月有丁丑，当为六月。
② 是年六月无甲寅，当为七月。
③ 《中国地震历史资料汇编》，第147页。

续表

纪年	灾情	资料出处
淳熙十二年 （1185）	五月庚寅，地震。辛卯，福州地震。① 七月二十四日，近日漳、汀二州地震特甚。②（宋孝宗语） （漳州）淳熙十二年，地震，门坏。③	《宋史》卷六七，第1486页。《宋会要》瑞异三之三八。
绍熙四年 （1193）	八月半闻蜀中大震，墙屋往往倾摧。楚布寺（今西藏堆龙德庆西），约在八月份，开始不断出现发声、发光和地震等现象，而且日渐发展。④ 十月己酉夜，地震。庚戌夜，地又震。 十一月初一至初二，连续地震。⑤	《宋史》卷三六，第706页。
庆元六年 （1200）	九月，东北地震。 十一月甲子，地震东北方。	《宋史》卷六七，第1487页。
嘉定六年 （1213）	四月，行都地震。 六月丙子，（严州）淳安县地震。	《宋史》卷六七，第1487页。
嘉定九年 （1216）	二月辛亥，东、西川地大震四日。 三月乙卯，（东西两川）又震。甲子，（东西两川）又震。马湖夷界山崩八十里，江水不通。丁卯，（东西两川）又震。壬申，（东西两川）又震。 六月辛卯，西川地震。壬辰，（西川）又震。乙未，（西川）又震。黎州山崩。 冬十月癸亥，西川地震。甲子，（西川）又震。	《宋史》卷六七，第1487页；卷三九，第763、764页。
嘉定十年 （1217）	二月庚申，地震自东南。	《宋史》卷六七，第1487页。

① 赵汝愚云："臣所治福州，五月初九日丑时地震。臣自梦中惊觉，悸惧不知所以，但觉所卧床榻动荡，如船在波浪中，窗户栋榱，互相摩戛，皆杂然有声，如是良久方定。臣询问此方父老，皆云前此所未尝有。臣实忧惧，因询问得往来士大夫，窃闻江浙、闽广数路皆然，而本路漳州独甚，时动止经涉五日方定。居民屋舍，颇多摧陷，一时居民亦有被压致死者。"《历代名臣奏议》卷三〇七《以地震乞降诏求言疏》。

② 此处原文字迹不清，似为淳熙三年（1176），而在"三年"之"三"的第一横上又有一小竖，故判作十二年。

③ 《清漳志》，《永乐大典方志辑佚》，第1153页。

④ 《中国地震历史资料汇编》，第150页。

⑤ 《中国地震历史资料汇编》，第151页。

续表

纪年	灾情	资料出处
嘉定十二年（1219）	五月，地震。 六月，西川地震。 六月辛巳，西川地震，太白昼见。	《宋史》卷六七，第1487页；卷四〇，第773页。
嘉定十四年（1221）	正月乙未夜，地震，大雷。 五月丙申，西川地震。	《宋史》卷六七，第1487页。
宝庆元年（1225）	八月己酉，地震。	《宋史》卷六七，第1487页。
绍定元年（1228）	八月初三日二鼓，雷雨之声自东北来，地遂震。四鼓再震。 九月十三日夜，又震。①	
嘉熙四年（1240）	十二月丙辰，地震。	《宋史》卷六七，第1487页。
淳祐元年（1241）	十二月庚辰夜，地震。	《宋史》卷六七，第1487页。
淳祐六（九）年（1246）	大理地震。②	
宝祐三年（1255）	五月辛酉，嘉定大雨雹，与叙南同日地震。 是岁，蜀地震。	《宋史》卷六七，第1487页。
景定五年（1264）	楚布寺（今西藏堆龙德庆西）所在地两天内发生六次地震。楚布寺柱绳震断，诸画匠被砸死。③	
咸淳七年（1271）	夏五月以来，嘉定府城（地）震者三。 七月壬午，嘉定府城地震者再。	《宋史》卷六七，第1487页。
咸淳十年（1274）	十月己巳，闽中地震。	《宋史》卷四七，第923页。
德祐元年（1275）	三月乙亥，闽中地复大震。	《宋史》卷四七，第927页。

① 周密：《癸辛杂识》续集上《地连震》，中华书局1997年版，第127页。
② 《中国地震历史资料汇编》，第158页。
③ 《中国地震历史资料汇编》，第158页。

（三）宋代地震时空分布及特征

北宋地震灾情时空分布统计

	960—979	980—999	1000—1019	1020—1039	1040—1059	1060—1079	1080—1099	1100—1127	总计	特大蝗灾
开封府	1		2	3	2	3	2	2	15	
京东西路										
京东东路						1			1	
京西北路			1		1		1		3	
河北东路			1		2	1	3	1	8	
河北西路		1	2						3	
河东路		1	2	2	2	2	5	6	20	
永兴军路		1	2	1	1		1	4	10	
秦凤路						1	1	2	4	
北方总计	1	3	10	6	9	7	13	15	64	
利州路							1		1	
夔州路										
梓州路										
成都府路			4						4	
京西南路										
两浙路	1	1			1		1	1	5	
淮南东路			1				1	1	3	
淮南西路										
江南东路			1						1	
江南西路										
荆湖北路										
荆湖南路					1				1	
福建路	1		1			1			3	
广南东路					1				1	
广南西路										
南方总计	2	1	7		3	1	3	2	19	
诸州诸路										
总计	3	4	17	6	12	8	16	17	83	

北宋地震在时间分布上北宋前期发生率由低向高到真宗时达到峰值最高的 17 次,仁宗时回落略有波动,哲宗和徽宗地震发生频率持续走高。在地理空间分布上北方 64 次、南方 19 次,南方仅是北方的三分之一弱。地震灾害主要在北方,依次是河东 20 次、开封 15 次、陕西 14 次、河北 11 次、四川 5 次、两浙 5 次、两淮 3 次、福建 3 次、京西 3 次、江南 1 次、两广 1 次、京东 1 次、两湖 1 次。开封虽然地震次数较多,但强地震很少。文献记录北宋"毁坏庐舍"、"塌损城墙"的地震约 12 次,造成"山崖摧圮"1 次,造成房屋倒塌、人员伤亡 6 次,景祐四年(1037)到宝元元年(1038)的河东大地震伤亡五万余人是北宋见于记载最强的一次地震。

南宋地震灾情时空分布统计

	1127—1146	1147—1166	1167—1186	1187—1206	1207—1226	1227—1246	1247—1266	1267—1279	总计
临安府	4	5	2	2	2	3	0	0	18
两浙东路	0	0	0	0	0	0	0	0	0
两浙西路	1	1	0	0	1	0	0	0	3
江南东路	0	0	0	0	0	0	0	0	0
江南西路	0	0	0	0	0	0	0	0	0
淮南东路	0	0	0	0	0	0	0	0	0
淮南西路	0	0	0	0	0	0	0	0	0
京西南路	0	0	0	0	0	0	0	0	0
荆湖南路	0	0	0	0	0	0	0	0	0
荆湖北路	0	0	0	0	0	0	0	0	0
利州东路	0	0	0	0	0	0	0	0	0
利州西路	0	0	0	0	0	0	0	0	0
夔州路	0	0	0	0	0	0	0	0	0
潼川府路	0	0	0	0	0	0	0	0	0
成都府路	2	1	1	1	3	0	1	1	10
广南东路	0	0	0	0	0	0	0	0	0
广南西路	0	0	0	0	0	0	0	0	0
福建路	0	1	2	0	0	0	0	2	5
诸路	0	0	0	0	0	0	0	0	0
总计	7	8	5	3	6	3	1	3	36

南宋时期四川、南方地震发生频率比北宋时的四川、南方地区几乎少了一半，发生地区集中在临安周围和四川地区。且没有震度很强的地震发生，只有绍熙四年（1193）蜀中地震造成毁坏庐舍、塌损城墙。

三、地质灾情及时空分布与特征

地质灾害主要包括山崩（山摧、山圮）、滑坡、泥石流、地裂缝、地面沉降、水土流失等，地震、火山造成损坏也属地质灾害。下面依据史乘制成简表，以便全面了解宋代的地质灾害。

（一）北宋地质灾情概览

纪年	灾情	资料出处
雍熙三年（986）	阶州福津县常峡山圮，壅白江水，逆流高十许丈，坏民田数百里。	《宋史》卷六七，第1488页。
淳化二年①（991）	五月，名山县大风雨，登辽山圮，壅江水逆流入民田，害稼。 八月己丑，雅州言登辽山崩。	《宋史》卷六七，第1488页；卷五，第88页。
咸平元年（998）	七月庚午，宁化军汾水涨，坏北水门，山石摧圮，军士有压死者。	《宋史》卷六七，第1488页。
咸平二年（999）	七月庚寅，陕州灵宝县暴雨崖圮，压居民，死者二十二户。	《宋史》卷六七，第1488页。
咸平三年（1000）	三月辛丑夜，秦州大泽县三阳砦大雨崖摧，压死者六十二人。	《宋史》卷六七，第1488页。
咸平四年（1001）	正月，秦州成纪县山摧，压死六十余人。	《通考》卷三〇二，考2387页。
景德四年（1007）	七月，秦州成纪县崖圮，压死居民。	《通考》卷三〇二，考2387页。

---

① 《文献通考》卷三〇二作"淳化三年"考2387页。

续表

纪年	灾情	资料出处
天禧五年（1021）	五月，襄州凤林镇道侧涌起，高三尺许，长三丈，阔八尺，知州夏竦以闻。	《通考》卷三〇二，考2387页。
天圣中（1023—1032）	嘉陵江泥石流。①	
熙宁元年（1068）	潭州益阳县雷震山裂出米。	《通考》卷三〇二，考2387页。
熙宁二年（1069）	十月庚戌，南郊东壝门内地陷。	《通考》卷三〇二，考2387页。
熙宁三年（1070）	京辅猛风大雪，草木皆稼，厚者冰及数寸，既而华山震，阜头谷圮折数十百丈，荡摇十余里，覆压甚众。②	
熙宁五年（1072）	九月丙寅，华州少华山前阜头峰越八盘领及谷，摧陷于石子坡。东西五里、南北十里，溃散坟裂，涌起堆阜，各高数丈，长若堤岸。至陷居民六社，凡数百户，林木、庐舍亦无存者。并山之民言："数年以来，峰上常有云，每遇风雨，即隐隐有声，是夜初昏，略无风雨，山上忽雾起，有声渐大，地遂震动，不及食顷而山摧。"③	《宋史》卷六七，第1488页。
熙宁六年（1073）	华山阜头峰崩。峰下一岭一谷，居民甚众，皆晏然不闻，乃越四十里外平川，土石杂下如簸扬。七社民家压死者几万人，坏田七八千顷。④	

---

① 陆游：《入蜀记》乾道六年十月"十四日，留驿中，晚以小舟渡江南，登山至江渎南庙，新修未毕，有一碑。前进士曾华旦撰，言因山崩石壅成此滩，害舟不可计。于是奉令自十月至二月禁行舟。知归州、尚书都官员外郎赵诚闻于朝，疏凿之，用工八十日，而滩害始去，皇祐三年也。盖江绝于天圣中，至是而复通。"

② 《东轩笔录》卷五，中华书局1997年版，第59页。

③ 《续资治通鉴长编》卷二三八"熙宁五年九月丙寅"条，5800页。又见同书卷二三九"熙宁五年十月戊寅"条知华州吕大防言，第5806页。

④ 陆游：《老学庵笔记》卷七，中华书局1979年版，第87页。又邵博《邵氏闻见后录》卷三〇："熙宁中，少华山崩，压七村之人，不可胜计。先是，穴居虎豹之属尽避去，人独不知，遂罹祸。山以夜崩，声震百里外。（华）州距山才二十里，初不闻，其异如此。"中华书局1983年版，第234页。

续表

纪年	灾情	资料出处
元丰八年（1085）	二月甲戌，宾州岭方县地陷。	《通考》卷三〇二，考2387页。
元祐元年（1086）	十二月，郑县界小敷谷山颓，伤居民。	《宋史》卷六七，第1488页。
宣和间（1119—1125）	王蕃子宣自侍从出帅秦川，一日，境内积雨山崩。令僚属往视之。①	

（二）南宋地质灾情概览

纪年	地质灾情	资料出处
建炎中	河东某县地自陷，居人尽没。②	
乾道二年（1166）	三月丙午夜，福清县石竹山大石自移，声如雷。石方可九丈，所过成溪，才四尺，而山之木石如故。 五月壬子，闻南山地陷，围数十丈，深倍之，下浊水，四傍之田皆偾裂，水泉涌出，他山亦然。其地在永和南五里。③	《宋史》卷六六，第1438页。
绍熙四年（1193）	秋，南岳祝融峰山自摧。剑门关山摧。	《宋史》卷六七，第1488页。
绍熙五年（1194）	十二月，临安府南高峰山自摧。	《宋史》卷六七，第1488页。

---

① 王明清：《投辖录》《王子宣》。
② 洪迈：《夷坚志·支戊卷七·河东道人》：" 钱公载（盖）镇长安，有道人从河东来谒。钱与之有旧，问其所以来之故，曰吾本寓某县，比见风气绝不佳，一邑人当有灾殃甚剧，若不舍去必死。是时，虏患方炽，但意其为是而转徙也。后月余，得邻郡报，彼县白日地陷，居人尽没。钱嗟异其前知，欲呼语之，且将有所遗，会日暮，至平旦乃招下。店人言道人房正在店墙下，昨夜过半，墙忽颓，遂遭压死。尸犹埋于土中。俟申知官司，乃敢掘取耳。钱大惊叹，谓此人能知于前，而不能审于后，岂冥数已定，非智虑算度所可脱耶。"中华书局1981年版，第1109页。
③ 周必大：《周益公文集》卷一六六《闲居录》。

续表

纪年	地质灾情	资料出处
庆元二年（1196）	六月辛未，台州黄岩县大雨水，有山自徙五十余里，其声如雷，草木、冢墓皆不动，而故址溃为渊潭。时临海县清潭山亦自移。	《宋史》卷六七，第1488页。
嘉泰二年（1202）	七月丁未，闽建安县山摧，民庐之压者六十余家。	《宋史》卷六七，第1488页。
嘉定六年（1213）	六月丙子，严州淳安县长乐乡山摧水涌。	《宋史》卷六七，第1488页。
嘉定九年（1216）	三月，（两川）马湖夷界山崩八十里，江水不通。六月乙未，黎州山崩。	《宋史》卷三九，第763页。
宝庆二年（1226）	秋七月戊辰，遂安、休宁两县界山裂，洪水坏公宇、民居、田畴。	《宋史》卷四一，第788页。
咸淳十年（1274）	八月癸丑，大霖雨，天目山崩，水涌流，安吉、临安、余杭民溺死者亡算。	《宋史》卷四七，第922页。

从上表可知，两宋时期见于记载的山崩（山圮、崖圮）20次、泥石流4次、山裂2次、地陷4次、山崩形成堰塞湖1次。地质灾害损坏民田、伤稼有3次，压死军民9次，其中熙宁年间华州少华山山崩，死伤近万人，可谓是一次特大的地质灾害。除了有比较明确年代记载的地质灾害外，还有一些没有明确年代，但其损坏程度相当大，如刘敞《新滩诗》描述了北宋中期秭归地区一次大的泥石流："忆昔秭归之山崩，震惊千里如雷霆。江水逆流洞庭竭，至今蓄怒犹腾凌。泂渊沉沉色如墨，仿佛半露峰峦形。悬波一泻三百仞，鱼鳖蛟龙俱不宁。天公高居漏天隔，无故设险忧群生。时无伯禹真已矣，坐念疏凿何由能。"[①] 又如陆九渊记载了一次地陷："近闻饶之浮梁负郭一寺中，井泉涌溢而地陷，漂庐浮尸不可胜数。水后舟行者，见沿流居民收积漂材往往如堵，所败伤不少矣。"[②]

---

① 刘敞：《公是集》卷一八《新滩行》。
② 《陆九渊集》卷九《与王谦仲二》。

四、疾疫灾情及地理空间分布

疾是疾病、疾患，疫是急性传染病流行的统称。疾疫的发生和流行，与气候异常、地理环境、自然灾害、生活行为、公共卫生、战争伤亡有密切关系。本章主要是从自然灾害、气候异常等三个方面，依据史乘制成宋代疾疫简表，以供讨论。

（一）北宋疾疫灾情概览

纪年	疫灾	资料出处
建隆四年（乾德元年，963）	七月癸亥，湖南疫，赐行营将校药。	《宋史》卷一，第14页。
开宝二年（969）	闰五月己酉，暑雨，疾疫。	《皇朝编年纲目备要》卷二，第31页。
开宝八年（975）	秋七月，时金陵未拔……方秋暑，军中又多疾疫。	《长编》卷一六，第343页。
淳化三年（992）	六月丁丑，大风昼晦，京师疫解。（先是，京师大热，疫死者众，及此风至，疫疾遂止。）	《宋史》卷五，第89页；卷六七，第1468页。
淳化五年（994）	六月，都城大疫。分遣医官煮药给病者。六月，京师疫，遣太医和药救之。是年，宋、亳数州牛疫死者过半。官借钱，令就江淮市牛。	《宋史》卷五，第94页；卷六二，第1370页；卷一七三，第4159页。
至道三年（997）	江南频年多疾疫。	《宋史》卷六二，第1370页。
咸平三年（1000）	春，江南频年旱歉，多疾疫。六月，宋真宗以两浙灾疫，深所轸念，命三馆检讨灵迹以闻，于是遣使遍祭其山川祠庙，为民祈福。两浙大饥，民疫死。	《通考》卷三〇四，考2396页；卷二八九，考2291页。《长编》卷四七，第1019页。

续表

纪年	疫灾	资料出处
咸平六年（1003）	五月癸丑，京城疫，分遣内臣赐药。	《宋史》卷七，第122页。
景德元年（1004）	六月壬午，暑甚。诏罢京城工役，遣使赐喝者药。	《宋史》卷七，第124页。
景德三年（1006）	五月，铎督又言部落疾疫。诏赐白龙脑、犀角、硫黄、安息香、白紫石英等药，凡七十六种。	《宋史》卷四九二，《吐蕃传》，第14158页。
大中祥符二年（1009）	四月壬寅，诏医官院处方并药赐河北避疫边民。 七月辛未，初置养病院。 八月，令澶州勿禁牛渡河。先是，上谓王旦曰："闻河北牛疫，京东有以耕牛往贸易者，澶州河梁津吏止之，此甚不便，当谕周莹任其所适。" 九月甲戌，遣使赍辟瘴药赐戎、泸州军民。	《宋史》卷七，第140页。《长编》卷七二，第1625、1630、1635页。
大中祥符三年（1010）	四月乙卯，陕西民疫，遣使赍药赐之。 五月壬午，以西凉府觅诺族瘴疫，赐药。	《宋史》卷七，第143页。
大中祥符七年（1014）	是岁，诸州牛疫，诏民买卖耕牛，勿算。继令群牧司选医牛古方，颁之天下。	《宋史》卷一七三，第4162页。
大中祥符八年（1015）	七月丙辰，以诸州牛疫，免牛税一年。	《宋史》卷八，第158页。
天禧二年（1018）	闰四月辛亥，皇城司言拱圣营之西南，自去年营卒有见龟蛇者，因就建真武祠，今泉涌祠侧，汲之不竭，疫疠者饮之多愈。	《长编》卷九一，第2111页。
天圣中（1023—1031）	天下水旱、蝗起、河决滑州，（谢）绛上疏曰：去年京师大水，败民庐舍，河渠暴溢，几冒城郭。今年苦旱，百姓疫死，田谷焦槁，秋成绝望，此皆大异也。	《宋史》卷二九五，第9843页。
明道初（1032）	虫螟水旱，几遍天下。始之以饥馑，继之以疾疫，民之转流死亡，不可胜数。	《宋史》卷二九四，第9812页。

续表

纪年	疫灾	资料出处
明道二年 (1033)	二月庚子，先是，南方大旱，种饷皆绝，人多流亡，困饥成疫气，相传死者十二三，官虽作粥糜以饲之，然得食辄死，村聚墟里几为之空。 九月辛卯，诏梓州路仍岁旱疫，令转运使亲按所部民，蠲其租。 其年诸道旱蝗，人复疾疫，于关中为甚，百姓转于沟壑。①	《长编》卷一一二，第2605页；卷一一三，第2637页。
景祐五年 （宝元元年，1038）	京师疫。②	
庆历元年 (1041)	吴、越龙蛇年，大旱千里赤……炎暑发厉气，死者道路积。	《苏舜钦集》卷二，《吴越大旱》。
庆历四年 (1044)	三月乙丑，江、淮以南，今春大旱，至有井泉枯竭，牛畜瘴死，鸡犬不存之处，九农失业，民庶嗷嗷。（欧阳修语）	《长编》卷一四七，第3554页。
皇祐元年 (1049)	二月戊辰，以河北疫，遣使颁药。 尝因京师大疫，命太医和药，内出犀角二本，析而视之。……	《宋史》卷一一，第226页；卷一七八，第4338页。
皇祐三年 (1051)	五月二十六日，内降札子，臣僚上言："臣昨南方州军连年疾疫瘴疠，其尤甚处，一州有死十余万人。"③	
皇祐四年 (1052)	十月丁亥，以诸路饥疫，并征徭科调之烦，令转运使、提点刑狱、亲民官条陈救恤之术以闻。	《宋史》卷一二，第233页。
至和元年 (1054)	春正月壬申，碎通天犀和药以疗民疫。 二月庚子，诏治河堤民有疫死者，蠲户税一年，无户税者，给其家钱三千。	《宋史》卷一二，第236页。

① 杜大珪：《名臣碑传琬琰之集》中卷一〇范仲淹：《范忠献公雍墓志铭》。
② 祝穆：《古今事文类聚》别集卷三二《人事部》。
③ （唐）王焘户撰，（宋）林亿等补：《外台秘要方》《外台秘要方札子》。

续表

纪年	疫灾	资料出处
嘉祐五年（1060）	五月戊子朔，京师民疫，选医给药以疗之。	《宋史》卷一二，第245页。
治平二年（1065）	八月辛卯，司马光言："今夏疠疫大作，弥数千里，病者比屋，丧车交路。"	《长编》卷二〇六，第4985页。
熙宁元年（1068）	江南疫疠。（黄廉语）	《宋史》卷三四七，第11002页。
熙宁六年（1073）	冬十月丙申，赐江南东路常平米七万石，赈济灾疫。	《长编》卷二四七，第6031页。
熙宁七年（1074）	八月戊寅，又诏："成都府、利州路转运等司赈济饥疫，具次第以闻。"	《长编》卷二五五，第6236页。
熙宁八年（1075）	夏，吴、越大饥疫，死者过半。抃尽救荒之术，疗病埋死，而生者以全。下令修城，使得食其力。①	
熙宁九年（1076）	春，越州大疫，（赵抃）为病坊，处疾病。② 十一月乙亥，以安南行营将士疾疫，遣同知太常礼院王存祷南岳，遣中使建祈福道场。	《宋史》卷一五，第292页。
熙宁十年（1077）	六月丁酉，诏："今岁岭外大热，病瘴者多。方屯兵为解……"③ 秋七月丙子，诏三司蠲江宁府等州军民去年秋税之半，余倚阁。以江东转运司言民因疫疠失耕种也。	《长编》卷二八三，第6926、6941页。
元丰二年（1079）	三月庚午朔，权御史中丞蔡确言："畿内及诸路阙雨，宿种未长，重虞疾疫。"	《长编》卷二九七，第7216页。
元丰六年（1083）	八月，先是，（范）子渊献议，役五万人开修（京西北路）温县大河陂直河，以回河流。既而雨水、瘴疫继作，死亡者甚众。	《长编》卷三三八，第8152页。

---

① 《宋史》卷三一六《赵抃传》，第10324页。
② （旧题）曾巩：《南丰先生元丰类稿》卷一九《越州赵公救灾记》。
③ 蔡絛：《铁围山丛谈》卷二。

续表

纪年	疫灾	资料出处
元丰中 (1078—1086)	（朱服）以直龙图阁知润州，徙泉、婺、宁、庐、寿五州。庐人饥，守便宜振护，全活十余万口。明年大疫，又课医持善药分拯之，赖以安者甚众。①	
元祐七年 (1092)	五月壬子，浙西饥疫大作，苏、湖、秀三州人死过半。（苏轼语）	《长编》卷四七三，第11296页。
绍圣元年 (1094)	十二月，是岁，京师疫。	《宋史》卷一八，第342页。
建中靖国初 (1101)	淮阳军，岁大疫。②	
大观三年 (1109)	江东疫。	《宋史》卷六二，第1370页。
靖康二年 （建炎元年，1127）	三月，金人围汴京，城中疫死者几半。	《宋史》卷六二，第1370页。

（二）南宋疾疫灾情概览

纪年	疫灾	资料出处
绍兴元年 (1131)	六月，浙西大疫，平江府以北，流尸无算。秋冬，绍兴府连年大疫，官募人能服粥药之劳者，活及百人者度为僧。	《宋史》卷六二，第1370页。
绍兴三年 (1133)	二月，永州疫。	《宋史》卷六二，第1370页。
绍兴五年 (1135)	江东西羊大疫。	《通考》卷三一二，考2444页。
绍兴六年 (1136)	四川疫。	《宋史》卷六二，第1370页。

---

① 《宋史》卷三四七《朱服传》，第11004页。
② 《宋史》卷三四五《邹浩传田昼附》，第10959页。

续表

纪年	疫灾	资料出处
绍兴七年（1137）	七月甲申，蠲诸路民积年逋租，以建康疫盛，遣医行视，贫民给钱，葬其死者，命疏决滞狱。	《宋史》卷二八，第531页。
绍兴九年（1139）	湖北牛马皆疫，牛死者十八九，而鄂州界獐、鹿、野猪、虎、狼皆死，至于蛇虺亦僵于路傍。	《鸡肋编》卷下，第113页。
绍兴十六年（1146）	夏，行都疫。	《宋史》卷六二，第1370页。
绍兴二十六年（1156）	夏，行都又疫。高宗出柴胡制药，活者甚众。	《宋史》卷六二，第1370页。
隆兴二年（1164）	冬，淮甸流民二三十万避乱江南，结草舍遍山谷，暴露冻馁，疫死者半，仅有还者亦死。 是岁，浙之饥民疫者尤众。 十二月二十六日，诏两淮经房人踩践，流移之民饥寒暴露，渐有疾疫，令和剂局疾速品搭修合用药四万帖，赴淮东西总领所交割。	《宋史》卷六二，第1370页。《宋会要》食货五九之四一。
乾道元年（1165）	行都及绍兴府饥，民大疫。浙东、西亦如之。	《宋史》卷六二，第1371页。
乾道二年（1166）	是岁，海盐县疫歉。①	
乾道五年（1169）	广西市马，全纲疫死。	《通考》卷三一一，考2440页。
乾道六年（1170）	春，民以冬燠，疫作。	《宋史》卷六二，第1371页。
乾道八年（1172）	夏，行都民疫，及秋未息。江西饥民大疫。隆兴府民疫，遭水患，多死。	《宋史》卷六二，第1371页。
淳熙四年（1177）	真州大疫。	《宋史》卷六二，第1371页。

① 徐硕：《至元嘉禾志》卷七《学校》，《宋元方志丛刊》，中华书局1990年版，第4461页。

续表

纪年	疫灾	资料出处
淳熙六年（1179）	十二月，宕昌西马、金州马，皆大疫。	《宋史》卷六二，第1365页。
淳熙八年（1181）	夏四月丙辰，以临安疫，分命医官诊视军民。行都大疫，禁旅多死。宁国府民疫死者尤众。	《宋史》卷三五，第675页；卷六二，1371页。
淳熙十四年（1187）	春，都民、禁旅大疫。浙西郡国亦疫。	《宋史》卷六二，第1371页。
淳熙十六年（1189）	潭州疫。	《宋史》卷六二，第1371页。
绍兴(熙)二年（1191）	春，涪州疫死数千人。	《宋史》卷六二，第1371页。
绍熙三年（1192）	资、荣二州大疫。	《宋史》卷六二，第1371页。
绍熙四年①（1193）	春，淮西牛大疫死。	《通考》卷三一一，考2442页。
庆元元年（1195）	四月戊辰，临安大疫，出内帑钱为贫民医药、棺敛费，及赐诸军疫死者家。行都疫。淮、浙牛多疫死。	《宋史》卷三七，第719页；卷六二，第1371页。《通考》卷三一一，考2442页。
庆元二年（1196）	五月，行都疫。	《宋史》卷六二，第1371页。
庆元三年（1197）	三月，行都及淮、浙郡县疫。	《宋史》卷六二，第1371页。
庆元五年（1199）	五月戊申，以久雨，民多疫，命临安府振恤之。	《宋史》卷三七，第725页。

① 《文献通考》卷三一一原作"光宗绍熙十四年"，误。

续表

纪年	疫灾	资料出处
嘉泰三年（1203）	五月，行都疫。	《宋史》卷六二，第1371页。
嘉定元年（1208）	夏，淮甸大疫。官募掩骼及二百人者度为僧。是岁，浙民亦疫。	《宋史》卷六二，第1371页。
嘉定二年（1209）	夏，都民疫死甚众。淮民流江南者，饥与暑并，多疫死。	《宋史》卷六二，第1371页。
嘉定三年（1210）	四月，都民多疫死。	《宋史》卷六二，第1371页。
嘉定四年（1211）	三月，亦如之（都民多疫死）。四月戊申，出内库钱瘗疫死者贫民。	《宋史》卷六二，第1371页；卷三九，第756页。
嘉定十五年（1222）	赣州疫。	《宋史》卷六二，第1371页。
嘉定十六年（1223）	永、道二州疫。	《宋史》卷六二，第1371页。
淳祐十一年（1251）	十一月乙酉，诏："江东西、湖南北、福建、二广有灾伤瘴疠去处，虽已赈恤，犹虑州县奉行不虔，可令监司守臣体认德意，多方拯救。"①	《宋史全文》卷三四。
开庆元年（1258）	五月丁巳，诏湖北诸郡，去年旱潦饥疫，令江陵、常、澧、岳、寿诸州，发义仓米振粜，仍严戢吏弊，务令惠及细民。	《宋史》卷四四，第866页。
德祐元年（1275）	六月庚子，是日，四城迁徙，流民患疫而死者不可胜计。天宁寺死者尤多。	《宋史》卷六二，第1371页。
德祐二年（景炎元年，1276）	闰三月，数月间，城中疫气薰蒸，人之病死者不可以数计。	《宋史》卷六二，第1371页。

① 《宋史全文》卷三四"淳祐十二年春正月庚子"条："诏二广、福建、江西、湖南，去岁疫疠，州县人户有绝世者，令监司、守臣稽其财产，即其族命继给之。"

宋代疾疫发生的特点之一是在灾后的春夏之间，如苏轼所言："……臣亲见，即非传闻。春夏之间，流殍、疾疫必起。"① 特点之二是牛、羊、马、鸡犬等家畜瘟疫传染灾情较为严重，其中以牛疫为重，有8次记录。特点之三是疾疫致生命损失的程度可居各项灾种之首，如明道二年（1033），"先是，南方大旱，种饷皆绝，人多流亡，困饥成疫气，相传死者十二三，官虽作粥糜以饲之，然得食辄死，村聚墟里几为之空"。又如皇祐三年（1051），"南方州军连年疾疫瘴疠，其尤甚处，一州有死十余万人"，元祐七年（1092），"浙西饥疫大作，苏、湖、秀三州人死过半"。隆兴二年（1164），"淮甸流民二三十万避乱江南，结草舍遍山谷，暴露冻馁，疫死者半，仅有还者亦死"。

（三）疾疫的地理空间分布

北宋疫灾时空分布及特点

	960—979	980—999	1000—1019	1020—1039	1040—1059	1060—1079	1080—1099	1100—1127	总计	大疫灾
开封府	0	2	4	3	2	1	1	1	14	
京东西路	0	1	0	0	0	0	0	0	1	
京东东路	0	0	0	0	0	0	0	1	1	
京西北路	0	0	0	0	0	0	0	0	0	
河北东路	0	0	1	0	1	0	0	0	2	
河北西路	0	0	0	0	1	0	0	0	1	
河东路	0	0	0	0	0	0	0	0	0	
永兴军路	0	0	1	0	0	0	0	0	1	
秦凤路	0	0	2	0	0	0	0	0	2	
北方总计	0	3	8	3	4	1	1	2	22	
利州路	0	0	0	0	0	0	0	1	1	
夔州路	0	0	0	0	0	0	0	0	0	
梓州路	0	0	1	1	0	0	0	0	2	
成都府路	0	0	0	0	0	1	0	0	1	
京西南路	0	0	0	0	0	0	0	0	0	

---

① 《续资治通鉴长编》卷四五六"元祐六年三月乙酉"条，第10925页。

续表

	960—979	980—999	1000—1019	1020—1039	1040—1059	1060—1079	1080—1099	1100—1127	总计	大疫灾
两浙路	0	0	1	0	0	2	1	0	4	
淮南东路	0	1	0	0	1	1	0	0	3	
淮南西路	0	0	0	0	1	0	0	0	1	
江南东路	0	1	1	0	1	3	0	1	7	
江南西路	0	1	1	0	1	1	0	0	4	
荆湖北路	0	0	0	0	0	0	0	0	0	
荆湖南路	1	0	0	0	0	0	0	0	1	
福建路	0	0	0	0	0	0	0	0	0	
广南东路	0	0	0	0	0	1	0	0	1	
广南西路	0	0	0	0	0	0	0	0	0	
南方总计	1	3	4	1	4	10	1	1	25	
诸州诸路	1	0	2	1	3	0	0	0	7	
总计	3	6	14	5	11	11	2	2	54	

南宋疫病频率简表

	1127—1146	1147—1166	1167—1186	1187—1206	1207—1226	1227—1246	1247—1266	1267—1279	总计
临安府	1	1	2	6	3	3	0	2	18
两浙东路	0	1	1	1	1	1	0	0	5
两浙西路	1	1	0	3	1	1	0	0	7
江南东路	1	0	0	0	0	0	1	0	2
江南西路	1	0	2	0	1	1	1	0	6
淮南东路	0	1	1	1	2	2	0	0	7
淮南西路	0	1	0	2	2	2	0	0	7
京西南路	0	0	0	0	0	0	0	0	0
荆湖南路	1	0	1	1	2	1	1	0	7
荆湖北路	0	0	0	0	0	0	2	0	2
利州东路	1	0	0	0	0	0	0	0	1
利州西路	1	0	0	0	0	0	0	0	1
夔州路	1	0	0	1	0	0	0	0	2
潼川府路	1	0	0	1	0	0	0	0	2
成都府路	1	0	0	0	0	0	0	0	1

续表

	1127—1146	1147—1166	1167—1186	1187—1206	1207—1226	1227—1246	1247—1266	1267—1279	总计
广南东路	0	0	1	0	0	0	1	0	2
广南西路	1	0	2	0	0	0	1	0	4
福建路	0	0	1	0	0	0	0	0	1
诸路	0	0	1	0	0	0	0	0	1
总计	11	5	12	16	12	11	7	2	76

从上表可知，北宋疾疫的地理分布依次为开封 14 次、江南 11 次、两浙 4 次、两淮 4 次、陕西 3 次、四川 3 次、京东 2 次、河北 3 次、荆湖 1 次、两广 1 次。除开封因在天子脚下受到较多关注有 14 次记录外，疾疫发生地以东南地区最多，其次是黄河中下游地区。南宋与北宋相似，除首都临安外，亦以东南地区为高发区，即临安 18 次、两浙 12 次、两淮 14 次、江南 8 次、荆湖 9 次、四川 7 次、两广 6 次、福建 1 次。值得注意的有三点：一是南宋南方疾疫发生频率明显较北宋时有较大增加，二是据研究，宋代瘴疾主要集中在两广、福建、四川、江西、荆湖南、琼州等地，其中又以两广地的烟瘴、疟疾等疾病较为突出①。但是这种情况在上述统计中未有足够的反映，这主要是统计的着眼点不同。前者着眼于医学，本章着眼点在于疾疫与自然灾害和气候异常的灾害状况。

---

① 参见左鹏《宋元时期的瘴疾与文化变迁》，《中国社会科学》2004 年第 1 期。

第六章

宋代黄河中下游水患对北方经济的破坏[①]

一、人员伤亡与迁移

在黄河中下游地区河流频繁决溢的过程中,水灾所造成的严重危害之一,即是引发人口的大量亡溺。这种诸多人员的伤亡,除了直接受河流决溢的影响外,在实施河决救治中也多有发生。现仅就相关史籍中的记载加以粗略统计:

时间	起因	人员伤亡概况	资料来源
乾德四年（966）	八月,淄州清河水溢。	溺数百家。	《宋史》卷六一,第1319页。
乾德五年（967）	黄河决溢于卫州,毁坏州城。	没溺者甚众。	《宋史》卷六一,第1319页。
太平兴国七年（982）	三月,京兆府渭河涨,坏浮梁。	溺死五十四人。	《宋史》卷六一,第1321页。

[①] 本章由郭志安先生撰写。

续表

时间	起因	人员伤亡概况	资料来源
太平兴国七年（982）	七月，京兆府咸阳渭水涨，坏浮梁。	工人溺死五十四人。	《宋史》卷六一，第1321页。
太平兴国八年（983）	六月，谷、洛、伊、瀍四水暴涨。	溺死者以万计。	《宋史》卷六一，第1322页。
淳化三年（992）	九月，澶州黄河涨，冲陷北城。	民溺死者甚众。	《宋史》卷六一，第1323页。
景德四年（1007）	六月，郑州索水涨，高四丈许。	漂荥阳县居民四十二户，有溺死者。	《宋史》卷六一，第1324页。
大中祥符四年（1011）	八月，黄河决通利军，大名府御河溢。	人多溺死。	《宋史》卷六一，第1324页。
大中祥符六年（1013）七月	七月甲寅，保安军境内河流暴涨。	军民多有溺死者。	《长编》卷八一，第1843页。
大中祥符八年（1015）	七月庚午，坊州言大雨河溢。	民有溺死者。	《长编》卷八五，第1942页。
天禧三年（1019）	六月，黄河决滑州城西南。	死者甚众。	《宋史》卷六一，第1325页。
皇祐三年（1051）	九月，直集贤院刘敞称："乃者……淮汝以西，关陕以东，数千里之间罹于水忧者……"	"甚则溺死，不甚则流亡……略计百万人。"	《宋朝诸臣奏议》卷一二七，第1396页。
皇祐五年（1053）	堵塞商胡决口失败。	"澶、魏、滨、棣、德、博多水死。"	《临川先生文集》卷八七《赠司空兼侍中文元贾公神道碑》。
至和元年（1054）二月庚子		朝廷诏称："乃者调民治河堤，疫死者众。"	《长编》卷一七六，第4253页。

续表

时间	起因	人员伤亡概况	资料来源
嘉祐元年（1056）	四月壬申，宋廷导黄河水入六塔河失败。	"溺没兵夫性命不少"；"河溃浸数州，死者以万计"。	《鸡肋集》卷六六《尚书司封员外郎胡公墓志铭》；《长编》卷一八二，第4405页。
嘉祐五年（1060）	正月，蔡挺、李仲昌等人开修六塔河失败。	"滨、棣、德、博民多水死"；宦官刘恢奏称："水死者数千（按：当为'十'）万人。"	《宋史》卷二八五，第9620页；《宋史》卷九一，第2273页。
治平二年（1065）	八月，京师大雨引发水灾，此次水灾被司马光称为"旷古之极异，非常之大灾"。①	"漂人民畜产不可胜数"，"官为葬祭其无主者千五百八十人"。	《宋史》卷六一，第1327页。
熙宁元年（1068）	秋，黄河决恩州、冀州。	漂溺居民。	《宋史》卷六一，第1327页。
熙宁二年（1069）	八月，黄河决沧州饶安。	漂溺居民。	《宋史》卷六一，第1327页。
元丰二年（1079）	六月癸丑，导洛通汴中"大河注汴，坏堤覆舟"。	人多溺死。	《长编》卷二九八，第7257页。
元丰四年（1081）	四月，澶州临河县小吴河溢北流。	漂溺居民。	《宋史》卷六一，第1328页。
元丰六年（1083）	夏，大雨引发伊河、洛河泛滥。	"伊、洛间民被溺者十五六。"	《宋史》卷三一五，第10304页。
元丰七年（1084）	相州漳河决。	溺临漳县居民。	《宋史》卷六一，第1328页。

---

① 《续资治通鉴长编》卷二〇六"治平二年八月庚寅"条，第4985页。

续表

时间	起因	人员伤亡概况	资料来源
元丰七年（1084）	七月，伊、洛暴涨。	水北军民被害。	《长编》卷三四七，第8323页。
元符二年（1099）	六月，陕西、京西、河北大水，黄河溢。	漂人民。	《宋史》卷六一，第1328页。
大观元年（1107）	夏，河北、京西黄河溢。	漂溺民户。	《宋史》卷六一，第1328页。
政和七年（1117）	瀛州、沧州黄河决。	民死者百余万。	《宋史》卷六一，第1328页。

在对其他诸河的修治中，也多有人员的伤亡。如在宋廷对汴河的经常性修治中，也常常是"遇春首，辄调数州之民，劳费不赀，役者多溺死"①。以上仅仅是部分见诸史籍记载的人员伤亡，在此之外的实际人员伤亡自然也为数不少。如此众多的伤亡，其对北宋社会发展所造成的影响也是多方面的，它不仅造成大量民众生命的丧失、农业生产的破坏，也对河流沿岸的民众在心理上构成一种无形的压力。北宋时期人口的大量迁移，河患对人身安全、财产的威胁无疑是诸多因素中的一个重要方面。而反映到北宋政治生活中，这也为士大夫抨击时政提供了口实。如元祐元年（1086），御史吕陶弹劾范子渊等人大兴东流之役的罪状之一，即是"护堤压埽之人，溺死无数"②。元祐四年（1089）十月，给事中范祖禹抨击朝廷又兴回河之役，即称此举乃"自困民力，自竭国用，又多杀人命，有不可胜言之害"③。

黄河的频繁决溢与修治，也导致北方地区"工役罕有虚岁"④，给黄河中下游地区民众带来了沉重的经济和劳役负担。自北宋伊始，河役就已成为重难之役，被民众视为畏途。尤其是地处黄河中下游地区的河东路、河北西路、河北东路、京东西路、京东东路等地，黄河水灾更是频繁，夫役征发更

---

① 李濂撰，周宝珠、程民生点校：《汴京遗迹志》卷六《河渠》，中华书局1999年版。
② 《宋史》卷九二《河渠志二·黄河中》，中华书局1985年版，第2288页。
③ 《宋朝诸臣奏议》卷一二七《上哲宗论回河》，第1402页。
④ 晁说之：《嵩山文集》卷一《元符三年应诏封事》，四部丛刊本。

显沉重，这就严重加剧了对北方经济，尤其是对农业的巨大破坏。如嘉祐六年（1061），在开修六塔河的过程中，"六塔水微通，分大河之水不十分之三，滨水之民，丧业者已三万户"①。王安石称："举天下之役，其半在于河渠堤埽。"② 而这种"河渠堤埽"也主要集中于对黄河的治理之中。即使是灾荒之年，河役的征发也并不会因此而止。对此，王安石即曾称："河北民，生近二边长苦辛……今年大旱千里赤，州县仍催给河役。"③ 元祐年间，苏辙抨击回河东流之役，也称河役致使"公私困竭，河北、京东西之民，为之不聊生矣"④。大观年间，"黄河调发人夫修筑埽岸，每岁春首，骚动数路，常至败家破产"⑤。而以河北为例，"河北系黄河行流、人使经由道路，每年人户应副工役，比于它路尤为劳费"⑥。北宋时期，河役的长期开展导致黄河沿岸地区"每岁春首骚动良民，数路户口不获安居……科夫数多，常至败家破产以从役事。民力用苦，无计以免"⑦。这样，在水灾频繁、农业生产严重受损而繁重的河役又"无计以免"的压力下，为躲避河患，黄河中下游地区的人口即逐渐大量向他处迁移和流动。如早在开宝五年（972）六月，宋廷即诏令："沿（黄）河州县官吏，勤恤所部民勿令转徙，田亩致损者籍其数以闻。"⑧ 这就说明，至少在北宋太祖时期，因黄河决溢而造成的沿岸地区居民的迁移即已引起统治者的关注，朝廷也为此开始采取措施力图加以扭转。大中祥符五年（1012）二月，宋廷也于诏令中称："以（黄）河决滨、棣州，畎亩积水，民不安其居，委本路转运使及长吏倍加安抚。"⑨ 天圣六年（1028），沧州境内因黄河而引发的涝灾，造成大量民众逃亡，"虽有归心，奈以养种不得，无由复业"⑩。陈襄在其《古灵集》中记载，商胡埽决口之际，"傍郡调发，以军法促办，时州当输粟十万斛，伐官竹数十万个，舟

---

① 《续资治通鉴长编》卷一八二"嘉祐六年六月戊寅"条，中华书局2004年版，第4415页。
② 《临川先生文集》卷六二《看详杂议》。
③ 王安石：《王文公文集》卷五一《河北民》，上海人民出版社1974年版，第579页。
④ 苏辙：《栾城集》卷四六《论黄河东流札子》，影印文渊阁四库全书本。
⑤ 《宋史》卷九三《河渠志三·黄河下》，第2311页。
⑥ 《宋朝诸臣奏议》卷一〇八《上徽宗乞罢河北榷盐》，第1177页。
⑦ 《宋会要辑稿》方域一五之二三，台湾新文丰出版公司1965年版，第7557页。
⑧ 《续资治通鉴长编》卷一三"开宝五年六月丁酉"条，第284页。
⑨ 《续资治通鉴长编》卷七七"大中祥符五年二月丙寅"条，第1758页。
⑩ 《宋会要辑稿》食货六一之六〇，第5889页。

车之役暴率于民,上下骚然……水灾之余,田庐荡溺,流离饿殍之民,相望道路,集于河内者十余万口"①。可见,水灾的严重破坏和威胁,造成大量民户逃离家园,成为流民。如嘉祐二年(1057),诸路江河决溢频繁,而其中"河北尤甚,民多流亡"②。熙宁十年(1077)七月黄河决口于曹村埽,不仅造成大量民居被损、民田被毁,也引发大量灾民的流动,"流殍满野"③。而沉重的河役征发,也成为推动黄河中下游地区大量居民外迁和转移的重要因素,诸多民户为躲避河患和河役而大批外迁。如康定元年(1040)十二月时,欧阳修即称:"自京以西,土之不辟者不知其数,非土之瘠而弃也,盖人不勤农与夫役重而逃尔。"④ 实际上,造成大量农户外迁的原因,主要是因当地河役之频、"夫役重"及河决对农业生产所造成的严重破坏,而决非缘于"人不勤农"。这一状况,在宋廷的诏令中也有着鲜明的体现。如宋廷在庆历八年(1048)十二月的诏令中即称:"自春夏之交……壇溢堤防,河北之民尤罹弊苦,粒食罄缺,庐室荡空,流离乡园,携挈老幼,十室而九。自秋徂冬,嗷嗷道途沟壑为虑,愍其失业弥甚。"⑤ 元祐二年(1087)三月,右司谏王觌也在上奏中指出:"臣伏见河北人户转徙者多,朝廷责郡县以安集,空仓廪以赈济者,久矣……滨(黄)河之民,居者无安土之心,去者无还业之志……忧夫役者,虽非凶年,亦有转徙之意。"⑥ 由此可见,正是缘于黄河决溢对民田的巨大破坏,进而导致大量沿岸居民被迫迁徙,直接引发黄河沿岸地区人口的外迁和减少。对此,元祐二年(1087)四月时,苏辙在上奏中也谈到:"伏见二年以来……灾沴荐至,非水即旱……河北流移,道路不绝;京东困弊,盗贼群起。"⑦ 元符三年(1100)十二月,有臣僚奏称:"河北滨(棣)等数州,昨经(黄)河决连亘,千里为之一空,人民孳畜没溺死者不可胜计。今年所在丰稔,而此数州之民失业,是以至今米斗不下三四百钱,饥冻而死者相枕藉,甚可哀也。乞朝廷选郎官,乘传同本路监司守

---

① 陈襄:《古灵集》卷二〇《驾部陈公墓志铭》,影印文渊阁四库全书本。
② 《宋史》卷六一《五行志一上·水上》,第1327页。
③ 《宋史》卷三四七《龚鼎臣传》,第11014页。
④ 《续资治通鉴长编》卷一二九"康定元年十二月乙巳"条,第3068页。
⑤ 《宋会要辑稿》礼五四之八,第1562页。
⑥ 《续资治通鉴长编》卷三九六"元祐二年三月丙子"条,第9660—9661页。
⑦ 《宋朝诸臣奏议》卷四三《上哲宗论水旱乞许群臣面对言事》,第450页。

令体量拯救。"① 这一建议为宋廷所采纳。建中靖国元年（1101）正月，右正言任伯雨奏称："臣闻前日河北水灾，居民流移，自永静以北，居民所存三四；自沧州以北，所存一二。其他郡大率类此。千里萧条，间无人烟。"② 同年，给事中上官均也称："昨因大河移改决溢，潴浸田庐，又累年饥荒，流移饿殍人数不少。"③ 宣和六年（1124）十一月时，朝廷在其诏书中也谈及，"河北、京东夏秋水灾，民户流移，系踵于道"④。除却大量民众因水患而实施的迁移外，在外迁和流动的人口中，也包括一部分士大夫家族。据楼钥《攻媿集》记载，王速的祖辈原本定居大名府内，后来即因"避大河之患"而移居济南⑤。又如李清臣，"世为魏人，至公（李清臣）始以河患徙家洛师"⑥。类似李清臣等士大夫家族的这种情况，也应不在少数。

二、对自然环境、农业生产的破坏

北宋时期，人类活动对自然环境的破坏，较之前代更为严重。就北方地区而言，黄河中下游地区河流治理活动的开展，也在其中扮演了极其重要的角色。随着北宋时期黄河治理活动的开展，为筹集埽料，对木材开采的空间范围也是逐步扩展，由黄河中下游的太行山、吕梁山、秦岭、陇山等地区逐渐扩展和延伸到黄河上游地区。范纯仁于熙宁二年（1069）时即谈到，朝廷在陕府虢、解等州与绛州每年差夫约二万人至西京等处采伐梢木，后来竟至"令人夫于山中寻逐采斫"⑦，可见长期的采伐对山区森林所造成的严重破坏。当然，在这期间，这种大规模的森林开采，建筑耗材、生活用柴和商业采伐也是其中的一个重要方面。同时，伴随着宋代人口的大量增加，在耕地压力逐渐增强的情况下，人们也开始大规模向山地扩垦土地，如"河东山

---

① 《宋会要辑稿》食货五九之六，第5827页。
② 《宋朝诸臣奏议》卷四五《上徽宗论月晕围昂毕》，第471页。
③ 《宋朝诸臣奏议》卷一〇八《上徽宗乞罢河北榷盐》，第1177页。
④ 《宋会要辑稿》食货六八之五六，第6267页。
⑤ 楼钥：《攻媿集》卷九〇《王速行状》，四部丛刊本。
⑥ 《鸡肋集》卷六二《资政殿大学士李公行状》。
⑦ 范纯仁：《范忠宣集》奏议卷上《条列陕西利害》，影印文渊阁四库全书本。

崄，地土平阔处少，高山峻坂，并为人户耕种"①，这种情况的发展也加剧了水土流失，造成自然条件的破坏并增加了河流决溢的危险。这些因素综合到一起，共同造成黄河沿线地区森林资源和植被的严重破坏，加剧了黄河中上游，尤其是黄河中游地区的水土流失，从而也成为黄河水患加重的一个重要而直接的因素。这种追求一时之利而又不采取措施对森林加以恢复的做法，对黄河沿途地区的植被破坏所造成的后果是极为严重的。同时，因黄河的决溢，其对黄河中下游地区土壤的沙化也产生了重要影响。据《续资治通鉴长编》记载，滑州地区因在天禧年间频繁遭受黄河决口的侵害，土壤沙化较为严重，到熙宁五年（1072）时宋廷将其撤州而改隶开封府，即与该地区土壤严重沙化存在着密切联系②。如王安石在其诗文中曾描绘到："去秋东出汴河梁，已见中州旱势强。日射地穿千里赤，风吹沙度满城黄。"③ 这虽然只是对开封一地的描绘，但它也无疑是黄河中下游地区饱受黄河决溢之害的一个缩影。罗大经也曾谈到："宋朝都大梁，地势平旷，每风起，则尘沙扑面，故侍从跨马，许重戴以障尘。"④ 这种状况的出现，在很大程度上是与黄河泛溢对本地区的影响直接相关的，也从而对该地区农业生产环境、生态环境和人们的社会生活等方面都带来了严重的破坏和影响。

除却黄河等河流对沿岸地区水土、植被的严重破坏之外，其对黄河中下游地区众多湖泊、河流的不断淤积，也严重削弱了其防洪、蓄洪功能，使其调节水文的功能大大受损。如真宗初年，黄河决溢并与济水合为一流，后来黄河虽恢复故道，但济水河原本正常的流径却因黄河泥沙的淤积而受阻，以致济水河长期被滞留在郓州、济州等地，"民良田百万顷水宅焉。三十年民不得一垅耕、一穗收"。直至天圣十年（1032）新济水河修成后，这一状况才得以改观，"民得是良田，播殖五谷以衣食之，新济之功，此益为大"⑤！由此可见，此次黄河决溢就其对郓州、济州等地农业经济的破坏而言，后果

---

① 欧阳修：《文忠集》卷——六《乞罢刘白草札子》，影印文渊阁四库全书本。
② 《续资治通鉴长编》卷二三七"熙宁五年八月辛巳"条，第5759页。
③ 《王文公文集》卷七六《读诏书》，第809页。
④ 罗大经：《鹤林玉露》卷六《风水》，影印文渊阁四库全书本；以上另参见程遂营《唐宋开封的气候和自然灾害》，载《中国历史地理论丛》2002年第1期。
⑤ 石介：《徂来石先生文集》卷一九《新济记》，中华书局1984年版。

是相当严重的。熙宁五年（1072），沧州北三堂等湖泊为黄河所注，"其后大河改道，两泊遂淤溦"。为救治北三堂等湖泊，程昉曾主持开修琵琶湾，引黄河水对其加以灌溉，但并未成功。最终，朝廷采纳阎士良的建议，"堰绝御河，引西塘水灌之"①，北三堂等湖泊湮塞的危险才有所缓解。熙宁十年（1077），文彦博奏称："臣于去年冬奏，卫州王供埽下开堤取黄河水作运河，置闸引水入御河，深为不便，以为大则决溢，小则淤溦，寻闻差官定夺利害。今来果致黄河水入运河，防遏不住，沫过闸口，冲注下流州府县镇，为患甚大。"② 元丰元年（1078）六月，京东路体量安抚黄廉也曾称："本路被水后……梁山、张泽两泺累岁填淤，浸民田。"③ 到宋室南渡时，"（黄）河益南徙，梁山泺渐淤"④。绍圣三年（1096）四月，河北路转运使吴安持提议，"御河自元丰四年，因小吴决溢，大河北流，遂至湮塞。今大河趋，御河复出，请委前都水丞李仲专提举开导"⑤，获得宋廷的同意。

受黄河等河流决溢的影响，农业生产所受的最直接破坏，即是诸多农田的受损。仅据《续资治通鉴长编》《宋史》等史籍统计，即有如下记载：

时间	农田损毁概况	资料来源
建隆元年（960）	十月，黄河决于棣州，坏厌次、商河二县居民庐舍、田畴。	《宋史》卷六一，第1319页。
乾德三年（965）	七月，黄河先后溢于郓州、淄州、济州，损坏邹平、高苑等县民田。	《宋史》卷六一，第1319页。
乾德四年（966）	黄河又溢于东阿县，毁其境内民田。	《宋史》卷六一，第1319页。
太平兴国二年（977）	闰七月己酉，汴水溢，坏开封大宁堤，浸民田，害稼。	《长编》卷一八，第409页。

---

① 《宋会要辑稿》食货六一之一〇〇，第5909页。
② 文彦博：《潞公文集》卷二三《再奏运河利害》，影印文渊阁四库全书本。
③ 《宋会要辑稿》食货六一之一〇三，第5911页。
④ 胡渭：《禹贡锥指》卷五《大野既潴东原底平》，影印文渊阁四库全书本。
⑤ 《宋会要辑稿》方域一七之一一，第7588页。

续表

时间	农田损毁概况	资料来源
太平兴国七年（982）	十月，黄河决怀州武陟县，"坏民田"。	《宋史》卷六一，第1321页。
太平兴国八年（983）	五月，黄河决滑州房村，径澶、濮、曹、济诸州，浸民田，东南流入淮。	《宋史》卷六一，第1321页。
太平兴国八年（983）	夏、秋，开封、浚仪、酸枣、阳武、封丘、长垣、中牟、尉氏、襄邑、雍丘等县黄河水害。民田	《宋史》卷六一，第1322页。
太平兴国八年（983）	九月，朝廷诏称："近年以来河堤频决……坏田亩，数郡被其灾。"	《宋大诏令集》卷一八一，第654页。
太平兴国九年（984）	正月丙辰，户部推官、监察御史索湘、元忧按行河决所坏民田。 八月，孟州黄河涨……损民田。	《宋太宗实录》卷二八，第25页；《宋史》卷六一，第1322页。
太平兴国九年（984）	八月壬寅，澶州言河涨，损民田。	《宋太宗实录》卷三一，第54页。
雍熙二年（985）	八月辛丑，瀛、莫二州上言大水损民田。	《宋太宗实录》卷三三，第81页。
淳化二年（991）	六月，汴水溢于浚仪县，坏连堤，浸民田。	《宋史》卷六一，第1322—1323页。
咸平元年（998）	七月，齐州清河、黄河泛溢，坏田庐。	《宋史》卷六一，第1324页。
景德元年（1004）	九月，宋州汴水决，浸民田。	《宋史》卷六一，第1324页。
大中祥符元年（1008）	十月，京畿惠民河决，坏民田。	《宋史》卷六一，第1324页。
大中祥符四年（1011）	八月，黄河决通利军，大名府御河溢，合流害田。	《宋史》卷六一，第1324页。

续表

时间	农田损毁概况	资料来源
天圣六年（1028）	受黄河水涝影响，无棣、饶安、临津、乐陵、盐山等五县民田多被水占，不曾耕种。	《宋会要》食货六一之六〇，第5889页。
皇祐元年（1049）	三月庚子，户部副使包拯称，"近年黄河决溢，水灾尤甚……而农亩荒废，流亡未复"。	《长编》卷一六六，第3992页。
嘉祐元年（1056）	四月，蔡挺、李仲昌等人导黄河入六塔河失败，"河北被害者凡数千里"。	《三朝名臣言行录》卷二《参政欧阳文忠公》。
嘉祐三年（1058）	七月乙亥，京、索、广济、黄河水决溢浸民田。	《长编》卷一八七，第4516页。
嘉祐三年（1058）	七月丙戌，广济河溢，害东明县民田。原武县河决汴堤长城口，漂浸封邱等处苗稼。	《长编》卷一八七，第4516页。
熙宁七年（1074）	六月丙申，因黄河于大名府境内频繁决口，以致"水势散漫，淹浸民田"。	《长编》卷二五四，第6218页。
熙宁八年（1075）	九月癸酉，黄河再次于大名府内决溢，"坏民田多者六十村"。	《长编》卷二六八，第6569页。
熙宁十年（1077）	黄河河道南徙，"凡灌郡县四十五，而濮、齐、郓、徐尤甚，坏田逾三十万顷"。	《宋史》卷九二，第2284页。
元丰五年（1082）	秋，阳武、原武二县黄河决，坏田庐。	《宋史》卷六一，第1328页。

河流决溢对农田所造成的破坏，不仅波及广泛，而且其影响也是深远的。如包拯在其上奏中即谈到，"（河北）东路又值横陇商胡决溢，占民田三分之二"①。庆历七年（1047）六月，知沧州郭劝在追忆天圣六年（1028）黄河决溢之害时也称，当时受决溢后水涝的影响，沧州境内无棣、饶安、临津、乐陵、盐山五县内民田长期被水所占，不曾耕种，当地居民为之大量外

---

① 包拯著，杨国宜校注：《包拯集》卷七《请将邢洺州牧马地给人户依旧耕佃·第一章》，黄山书社1999年版。

迁①。而熙宁十年（1077）的黄河河道南徙，则造成濮州、齐州、郓州、徐州等地三十多万顷土地被淹②。另据政和元年（1111）时前提举河北西路常平王靓奏："河北郡县地形倾注，诸水所经，如滹沱、漳、塘类，皆湍猛不减黄河流势，转易不常，民田因缘受害；或沙积而淤昧，或波啮而昏垫。昔有者今无，昔肥者今瘠。"③ 可见，伴随着河流的决溢，往往容易造成农田的大面积受损，而其对土地质量的下降所构成的危害也是极为深远的。大量受灾土地地力的恢复，则需一个较为漫长的过程。

三、对城镇及交通运输的破坏

伴随着黄河中下游河流治理活动的开展，黄河等河流的频繁决溢也给沿岸地区城镇的发展带来了诸多弊端。受河流决溢的威胁，其沿岸城镇多有迁移或废置，引发北宋行政区划的一些变动；而河流沿岸城镇遭受的损坏乃至毁灭性打击，对北宋社会政治、经济乃至军事等多方面都造成深远的影响，成为社会发展的一大障碍，也为日常交通运输的运行带来诸多破坏。在此之中，有些城镇的迁移，主要即是在当时有限的条件下，缘于躲避河患的目的而做出的一种无奈选择。

首先，频繁的河流决溢，直接导致一些城镇的损坏乃至毁灭。类似的事例，在史籍中也多存记载：

时间	城镇损毁情况	资料来源
乾德三年（965）	七月，孟州段黄河水涨溢，坏民舍数百区。	《宋史》卷六一，第1319页。
乾德四年（966）	六月，澶州观城县河水溢入大名府，坏庐舍。	《宋会要》方域一四之一。

---

① 《宋会要辑稿》食货六一之六〇，第5889页。
② 《宋史》卷九二《河渠志二·黄河中》，第2284页。
③ 《宋会要辑稿》食货一之四。

续表

时间	城镇损毁情况	资料来源
乾德四年（966）	闰八月乙丑，曹州黄河水汇入南华县，坏民庐舍。	《长编》卷七，第177页。
乾德四年（966）	黄河又决于观城县，"坏居民庐舍"。	《宋史》卷六一，第1319页。
开宝四年（971）	六月，郓州黄河及汶河、清河皆决溢，"注东阿县及陈空镇"，坏仓库、民舍。	《宋史》卷六一，第1320页。
太平兴国二年（977）	七月己丑，道州言大水坏民庐舍。	《长编》卷一八，第407页。
太平兴国六年（981）	七月丙申，延州言大水溢入城，坏官寺民舍千六百区。	《长编》卷二二，第493页。
太平兴国六年（981）	河中府黄河涨，"陷连堤，溢入城，坏军营七所、民舍百余区"。	《宋史》卷六一，第1321页。
太平兴国八年（983）	五月，黄河大决滑州曹村，坏澶、濮、曹、济诸州居人庐舍。	《宋史》卷九一，第2259页。
太平兴国八年（983）	六月，谷、洛、伊、瀍四水暴涨，坏京城官署、军营、寺观、祠庙、民舍万余区……又坏河清县丰饶务仓库、军营、民舍百余区。	《宋史》卷六一，第1322页。
太平兴国八年（983）	七月辛巳，鄜州言河水涨溢入城，坏官寺、民庐舍四百余区。河南府言黄河水涨五丈七尺，坏河清县丰饶务仓库、军垒、民庐舍千余。区	《宋太宗实录》卷二六，第6页。
淳化二年（991）	六月，博州黄河涨，坏民庐舍八百七十区。	《宋史》卷六一，第1323页。
淳化三年（992）	九月，澶州黄河涨，冲陷北城，坏居人庐舍、官署、仓库殆尽。	《宋史》卷六一，第1323页。
淳化三年（992）	十月，澶州黄河决，水西北流入御河，浸大名府城。	《宋史》卷六一，第1323页。

续表

时间	城镇损毁情况	资料来源
咸平五年（1002）	七月京师霖雨，沟洫壅，惠民河溢泛道路，坏庐舍。	《宋会要》方域一六之二二。
景德三年（1006）	六月甲午，中夜，汴河溢于开封城西，毁外堤，坏庐舍。	《长编》卷六三，第1408—1409页。
大中祥符四年（1011）	八月，黄河决通利军，大名府御河溢，合流坏府城。	《宋史》卷六一，第1324页。
大中祥符六年（1013）	七月甲寅，保安军言河流暴涨，浸城垒，坏庐舍。	《长编》卷八一，第1843页。
天禧三年（1019）	六月，黄河决滑州城西南，漂没公私庐舍……浸城壁，不没者四板。	《宋史》卷六一，第1325页。
天圣初年	黄河决白马东南，泛滥十余州，与淮水相通，徐州城上垂手可掬水。	《涑水记闻》① 卷一五，第299页。
康定元年（1040）	九月，滑州大河泛溢，坏民庐舍。	《宋史》卷六一，第1326页。
至和三年（1056）	五月，坏官私庐舍数万，社稷诸祠坛被浸损。	《宋会要》瑞异三之二。
熙宁十年（1077）	宋廷自王供埽下开堤取黄河水作运河，置闸引黄河水入御河，至次年竟致"防遏不住，沫过闸口，冲注下流州府县镇"，为害甚大。	《潞公文集》卷二三《再奏运河利害》。
元丰七年（1084）	七月，北京馆陶水，黄河溢入府城，坏公私庐舍。	《宋史》卷六一，第1328页。
元丰七年（1084）	七月甲辰，伊、洛暴涨，冲注城中军营。	《长编》卷三四七，第8322页。
元丰七年（1084）	八月，赵、邢、洺、磁、相诸州黄河水泛溢，坏城郭、军营。	《宋史》卷六一，第1328页。

---

① 司马光：《涑水记闻》，中华书局1989年版。

续表

时间	城镇损毁情况	资料来源
元丰七年（1084）	怀州黄、沁河泛溢，大雨水，损稼，坏庐舍，城壁。	《宋史》卷六一，第1328页。
元符二年（1099）	六月，久雨，陕西、京西、河北大水，黄河溢，坏庐舍。	《宋史》卷六一，第1328页。
元符二年（1099）	七月庚戌，王祖望奏称"深州当大河之冲，势不可守，宜迁徙州民"。	《长编》卷五一二，第12190页。
崇宁二年（1103）	秋，黄河涨入御河，行流浸大名府馆陶县，败庐舍。	《宋史》卷九五，第2357页。
大观二年（1108）	秋，黄河决，邢州钜鹿县陷没，迁县城于高地。	《宋史》卷九三，第2312页。
政和七年（1117）	瀛、沧州黄河决，沧州城不没者三版。	《宋史》卷六一，第1328页。

其次，频繁的河流决溢，也导致城镇的被迫迁移及行政区划的变动。伴随着黄河中下游地区河流的频繁决溢，沿岸一些长期遭受水患危害的城镇被迫迁往他处，以躲避水患。如咸平三年（1000）六月，黄河决口于郓州王陵埽，朝廷遣阁承翰护塞，"时议徙郓州以避河患"[①]，最终徙郓州城于东南五十里处的汶阳乡高地[②]。大中祥符四年（1011）九月和次年正月，黄河相继于棣州聂家口、李民湾决口，此后屡治屡决，当地"（黄）河势高民屋殆逾丈矣，民苦久役，而终忧水患"[③]，棣州官员请求迁徙棣州城。对此，真宗并未准许，而是遣使堵塞决口。但是，宋廷最终仍被迫将州城迁往州治北七十里处的阳信八方寺以避河患[④]。而迁城后不久，原棣州城即为黄河水吞没[⑤]。

---

① 傅泽洪：《行水金鉴》卷一〇《河水》，影印文渊阁四库全书本。
② 《续资治通鉴长编》卷四七"咸平三年六月己酉"条，第1019页。
③ 《宋史》卷九一《河渠志一·黄河上》，第2260—2261页。
④ 《宋史》卷九一《河渠志一·黄河上》，第2261页。
⑤ 《续资治通鉴长编》卷八四"大中祥符八年正月戊戌"条，第1915页。

明道二年（1033）十二月，为躲避黄河水患，宋廷将大名府朝城县县治移至社婆村，同时"废郓州之王桥渡、淄州之临河镇"①。皇祐元年（1049）二月，河北转运使奏称，因黄河、御河并注乾宁军，"请迁其军于瀛州之属县"②，最终朝廷只令徙兵马于瀛州。熙宁二年（1069）八月，张巩在勘察二股河后回奏称，"今相度下流怯薄堤防，并未曾施功，深恐危急，别致决溢"，因此建议"计置其妨碍水行县镇，且令固护，仍一面相度迁移，侯河事定叠，即归本司"③。而在是月，沧州饶安在经历严重的黄河水灾之后，最后即将其县治移往张为村④。熙宁十年（1077）时，黄河大决于澶州曹村，黄河河道南徙，"凡灌郡县四十五，而濮、齐、郓、徐尤甚"⑤。时任徐州刺史的苏轼，曾著诗对当时水灾过后的徐州加以描绘："岁寒霜重水归壑，但见屋瓦留沙痕。"⑥ 由此可以想见，此次黄河南流对徐州等城镇的破坏是极为严重的。元丰五年（1082）八月，据高阳关路安抚使韩忠彦奏称，"转运司欲移乾宁军于沧州乾符寨，废军为县，以避（黄）河患，人不以为便"。之后，在大臣的反对下，为安定民心，朝廷终止了乾宁军徙城之议⑦。但到元祐二年（1087）三月时，据河北路都转运司奏称："乾德军申，旧有乾宁、倚郭县，自商胡口决，人户流散，废并入本军。"⑧ 由此看来，在元丰五年至元祐二年之间，乾宁军实际上相继经历了废军为县和并入乾德军的调整。元祐三年（1088）闰十二月，也是出于躲避黄河水患的威胁，经河北转运司提请，"迁大名府南乐县于金堤东曹节村"⑨。政和五年（1115）八月，都水监提议，"大河以就三山通流，正在通利之东，虑水溢为患。乞移军城于大伾山、居山之间，以就高仰"⑩，为宋廷所采纳。

---

① 《续资治通鉴长编》卷一一三"明道二年十二月戊申"条，第2654页。
② 杨仲良：《续资治通鉴长编纪事本末》卷四七《再修澶州决河》，台湾文海出版社1966年版，第1521页。
③ 《宋会要辑稿》方域一四之二一。
④ 《宋史》卷六一《五行志一上·水上》，第1327页。
⑤ 《宋史》卷九二《河渠志二·黄河中》，第2284页。
⑥ 《行水金鉴》卷三五《河水》。
⑦ 《续资治通鉴长编》卷三二九"元丰五年八月乙亥"条，第7925页。
⑧ 《宋会要辑稿》方域五之三○。
⑨ 《续资治通鉴长编》卷四一九"元祐三年闰十二月癸卯"条，第10143页。
⑩ 《宋史》卷九三《河渠志三·黄河下》，第2313页。

再次，频繁的河流决溢，也对桥梁、道路和运河造成极大的损坏。如太平兴国七年（982）三月，"京兆府渭水涨，坏浮梁"。太平兴国八年（983）六月，陕州境内黄河暴涨，也致使浮梁被毁坏①。太平兴国九年（984）八月，"孟州（黄）河涨，坏浮梁"②。淳化三年（992）七月，河南府境内洛水暴涨，"坏七里、镇国二桥"。而等到至道二年（996）六月时，因河南瀍、涧、洛三水暴涨，镇国桥再次被毁坏③。是年闰七月，据陕州奏报，黄河水"涨一丈三尺……冲坏浮梁，失巨舰一"④。不仅如此，黄河等河流的决溢，也直接造成水道运输的阻滞。如天圣六年（1028）七月，驾部员外郎阎贻庆奏称，"五丈河下接济州，合蔡镇梁山泺至郓州，久来舟运。自（黄）河决淤昧合蔡而下漫散，不胜舟济"⑤。熙宁年间，苏辙也指出："昔大河在东，御河自怀、卫经北京，渐历边郡，馈运既便，商贾通行。今河既西流，御河湮灭，失此大利。"⑥元丰五年（1082），开封府界内因决水弥漫，道路被阻，"漫水所至县，百姓有聚在高阜不通往来，致绝粮食者"⑦。元祐六年（1091）四月，刑部在其上奏中称："御河粮纲初系六十分重难差遣，其后以河道平稳，改作六十分优轻。今因小吴决口注，为黄河水势险恶，乞复为重难。"⑧可见，因受黄河决溢的影响，原本较为平缓的御河水运条件也转为"重难"。

四、财富的大量损耗

黄河中下游地区水患的频繁发生和救护的长期开展，也令北宋王朝为之耗费了巨额的社会财富，尤其是黄河水灾的不断产生和救治的广泛开展，"每岁河堤常须修补"⑨，在这一方面体现得最为明显。仅反映到北宋士大夫

---

① 《宋史》卷六一《五行志一上·水上》，第1321页。
② 《宋史》卷六一《五行志一上·水上》，第1322页。
③ 《宋史》卷六一《五行志一上·水上》，第1323页。
④ 钱若水撰，燕永成点校：《宋太宗实录》卷七八"至道二年闰七月己亥"条，甘肃人民出版社2005年版，第185页。
⑤ 《宋会要辑稿》方域一六之二〇。
⑥ 《栾城集》卷四二《论开孙村河札子》。
⑦ 《宋会要辑稿》食货六八之一一三。
⑧ 《宋会要辑稿》食货四三之四。
⑨ 《宋会要辑稿》方域一四之一。

的言论中，对水灾所引发的社会财富的大量损耗就多有论及。

北宋前期，因黄河中下游地区河流的治理主要是进行河堤的修建与维护，并无大规模河役的开展，所以其对财富损失所造成的影响也是相对有限的。随着庆历之后黄河决溢频繁、大型河役不断，宋廷为此所投入的财富也与日俱增。如仁宗即位初"会东都塞决河"，崔立受命提举受纳梢草，"是时所费既广，旁逮数路之民皆被科扰，公度兴功过半，薪楗山积，而所逋之数尚数百万"①。庆历八年（1048）十二月，判大名府贾昌朝也曾指出："朝廷以朔方根本之地，御备契丹，取财用以馈军师者，惟沧、棣、滨、齐最厚。自横垅决，财利耗半，商胡之败，十失其八九。"② 由此可见，为应对黄河的大肆决溢，宋朝北方地区所投入的财富是相当可观的。至和二年（1055），欧阳修在其上奏中，也对朝廷在治理黄河中失于谋虑、仓促兴役而造成的严重经济后果多有指责。他指出："且如（黄）河决商胡，是时执政之臣，不慎计虑，遽谋修塞。凡科配梢芟一千八百万，骚动六路一百余军州，官吏催驱，急若星火，民庶愁苦，盈于道途。或物已输官，或人方在路，未及兴役，寻已罢修，虚费民财。"③ 吕陶也曾称："大河为患，岁岁决溢，朔方诸郡冲溃不常，生民之死于垫溺者为不少，幸得保其余生而力困于河者亦多矣……洪流之害可谓极矣。"④ 尤其是之后伴随着东流、北流之役的出现，其财富投入更是规模浩瀚。这一状况，也进一步加重了河流沿岸地区民众的经济负担。元丰元年（1078）五月，堵塞曹村黄河决口之役所耗资材浩瀚，"用工一百九十余万、木一千二百万有奇，钱米各三十万，堤长一百四十里"⑤。由此次河役的庞大规模可见，其财富耗损数量惊人。元丰年间，吕元钧在上奏中也指出："国之大费六：宗枝之禄也，万官之养也，冗兵之食也，二边之赐也，郊祀之锡也，河防之备也。"⑥ 可见，反映到当时士大夫的言论中，黄河治理的河费开支也是被视为"国之大费"之一来看待的。孙觌

---

① 韩琦：《安阳集》卷五〇《故尚书工部侍郎致仕赠工部尚书崔公行状》，影印文渊阁四库全书本。
② 《续资治通鉴长编》卷一六五"庆历八年十二月庚辰"条，第3977页。
③ 《宋史》卷九一《河渠志一·黄河上》，第2267—2268页。
④ 吕陶：《净德集》卷二〇《究治上》，影印文渊阁四库全书本。
⑤ 陈均：《皇朝编年纲目备要》卷二〇"元丰元年五月"条，中华书局，2006年，第489页。
⑥ 杨士奇、黄淮等：《历代名臣奏议》卷三八《治道》，上海古籍出版社，1989年，第521—522页。

在其《鸿庆居士集》中曾称，京西路"大河之防，陵寝之奉，视他路为剧，往往丐请于朝，或移用他司钱佐其乏"①。以本路之财力，有时竟不能应付河役支出，尚需自其他途径筹集资金。元祐元年（1086）时，御史吕陶曾严厉抨击黄河治理耗资巨大，"修堤开河，縻费巨万"②，而其总体财富投入却是远不止于此。元祐二年（1087），王岩叟即指出，仅就河北转运司而言，其治河费用即"陷租赋以百万计"③。元祐三年（1088）十一月，户部侍郎苏辙在其奏议中，自财政角度出发，对"河议失当，赋役横起"深表忧虑。他指出，相对于旱灾、西夏暂时不足以构成大患的情形，"唯有黄河西流，议复故道，争之经岁，役兵二万人，蓄聚梢椿等物三千余万。方河朔灾伤困敝之余，而兴必不可成之功，吏民窃叹……近闻回河大议已寝不行，臣平日过忧顿然释去"。但尽管如此，"然尚闻议者固执开河分水之策，虽权罢大役，而兵工小役竟未肯休。如此，则河北来年之忧，亦与今年何异？……两河并行，不免各立堤防，其为费耗又倍今日矣"④，"自置修河司以来，使过朝廷应副见钱四十九万余贯，其他公私所费，犹不在此数……今为分水之故，添为两河，东西四岸内北流横添四十五埽，使臣三十四员，河清兵士三千六百余人，物料七百一十六万三千余束，其为耗蠹，何可胜言"⑤。元祐七年（1092）三月前，赵偰于其上奏中也称："自顷有司回（黄）河几三年，功费骚动半天下"⑥。财富损耗之大可见一斑。

---

① 孙觌：《鸿庆居士集》卷三四《朱彦美墓志铭》，影印文渊阁四库全书本；以上部分另参见程民生《中国北方经济史》，人民出版社2004年版，第373页。
② 《宋史》卷九二《河渠志二·黄河中》，第2288页。
③ 《宋史》卷九二《河渠志二·黄河中》，第2290页。
④ 《宋朝诸臣奏议》卷一二七《上哲宗论回河》，第1400—1401页。
⑤ 《栾城集》卷四六《论黄河东流札子》。
⑥ 《宋史》卷九二《河渠志二·黄河中》，第2301页。

第七章

宋代的自然灾害与饥荒

各种自然灾害造成的另一个严重后果是饥荒。虽然水灾、地震、地质灾害、风暴潮寒等灾都可以造成不同程度的饥荒，但是旱灾或者旱蝗是造成饥荒的主要灾种。宋真宗曾引邢昺的话说："民之灾患大约有四，一曰人疫，二曰旱，三曰水，四曰牛瘴，必岁有其一，但或轻或重耳。四事之害，旱暵为甚，盖田无畎浍，悉不可救，所损必尽。"① 宋人对饥歉程度的认识大致仍是继承先秦以来的看法。端拱二年（988），知制诰王禹偁上疏曰："臣尝读墨子有七患一篇言水旱凶饥之事，虽本小说，似有裨于时政，大抵一谷不收谓之馑，二谷不收谓之旱，三谷不收谓之凶，四谷不收谓之馈，五谷不收谓之饥。"② 下面从灾荒之年灾民的生存状况、饥民食人风习和饥民规模三方面做一些考察。先看士大夫们笔下所描述的饥民悲惨的生存状况。

一、灾民的生存状况

明道二年（1033）七月，范仲淹时为右司谏、江淮体量安抚，他在《封进草子乞抑奢侈》中描述太平州检旱时看到饥饿贫民的生活状况："臣昨到太平州界体量安抚，本处检会广德军判官钱中孚、当涂县主簿兼嘉祥县尉温

---

① 《续资治通鉴长编》卷六七"景德四年十一月辛巳"条，第1507页。
② 《续资治通鉴长编》卷三〇"端拱二年九月戊子"条，第688页。

宗贤等状称，往诸乡检旱，窃见贫民多食草子，名曰乌昧，并取蝗虫曝干，摘去翅足，和野菜合煮食，别无虚妄者。臣窃思之，东南上供粮米每岁六百万石，至于府库物帛皆出于民。民于饥年艰食如此，国家若不节俭，生灵何以昭苏？"①

庆历四年（1044）三月乙丑，谏官欧阳修言："风闻江淮以南，今春大旱，至有井泉枯竭，牛畜瘴死，鸡犬不存之处，九农失业，民庶嗷嗷。"②

至和二年（1055）四月三十日，赵抃在奏疏中说："自去冬今春夏以来，京东、河北连接畿甸不雨，既久，麦苗焦死，物价涌贵，秋田复无所望，流民饿殍，充满道路。亢旱已甚，疫疠渐兴，人心彷徨，忧畏不宁。"③

陈襄说："臣访闻黄河近自许家港决溃东流，经历大名、恩、永、静、沧、棣、德、博数州军之地，水势弥漫五百余里，居民田庐县镇淹没荡尽，自沧而北灾害尤甚，死者不知其数。而存者已无生业。""郡水灾之余，田庐荡溺，流离饿殍之民，相望道路。"④

王安石变法期间，灾害频仍，反变法派曾以此攻击新法，郑侠曾在熙宁七年（1074）绘制《流民图》上呈宋神宗，虽然郑侠的本意在反对新法，但他的描述也较为可观地展现了灾害造成的流民背井离乡的实况：

> 自熙宁六年冬，流离相继，至七年春夏间，不知其几千万人。每风沙霾暗，大者车乘，小者负担，扶老携幼，蔽塞道路，或二三十人，或三五百人，各各自有群伴。然而衣服蓝缕，虽车乘之上，亦止是锅釜一二只，破笼弊甑瓦器之类。问其徙之因，皆曰："仍岁蝗旱，走南方趁熟。"其实，亦兵师之方百物踊贵，无计自活，乃如是流移，离去其邦土。过京而南东，皆陂栖野宿，采皂荚野菜之类以为食。其间有稍富者，问其徙之因，曰："贫富大小之家，皆相依倚以成。贫者依富，小者依大，所以养其贫且小。富者亦依贫以成其富，而大者亦依小以成其大。富者、大者，不过有财帛仓廪之属，小民无田宅，皆客于人，其负

---

① 范仲淹：《范仲淹全集》补编卷一。
② 《续资治通鉴长编》卷一四七，第3554页。
③ 赵抃：《赵清献公文集》卷七《奏状论久旱乞行雩祀》。
④ 陈襄：《古灵先生文集》卷八《乞赈恤大名等州被水灾之民札子》；卷二五《驾部陈公墓志铭》。

贩耕耘，无非出息，以取本于富且大者，而后富者日以富，而以其田宅之客为力。今贫者、小者既已流迁，田无人耕，宅无人居，财帛菽粟之在廪庾，众暴群至，负之而去，谁与守者？此所以不得不随而流迁者也。"①

元祐六年（1091）三月二十三日，龙图阁学士、左朝奉郎、前知杭州苏轼状奏："窃以浙西二年水灾，苏、湖为甚。虽访闻已详，而百闻不如一见，故自下塘路由湖入苏，目睹积水未退。下田固已没于深水，今岁必恐无望；而中上田亦自渺漫，妇女老弱日夜车救，而淫雨不止，退寸进尺，见今春晚并未下种。乡村阙食者众，至以糟糠杂芹蓴食之，又为积水占压，薪刍难得，食糟饮冷，多至胀死，并是臣亲见，即非传闻。春夏之间，流殍疾疫必起。"②

　　自古凶年饥岁，民无以食，往往随所值以为命。……吾州外邑，嵊崌山在乐平德兴境，李罗万斛山在浮梁乐平鄱阳境，皆绵亘百余里，山出蕨萁。乾道辛卯、绍熙癸丑，岁旱，村民无食，争往取其根，率以昧旦荷锄往掘，深至四五尺。壮者日可得六十斤，持归捣取粉，水澄细者，煮食之，如粗敉状，每根二斤，可充一夫一日之食。冬晴且暖，田野间无不出者，或不远数十里，多至数千人，自九月至二月终，蕨抽拳则根无力，于是始止。盖救饿羸者半年。天之生物，为人世之利至矣。古人不知用之，传记亦不载，岂他邦不产此乎。③

朱熹笔下的灾民生活实录："民情嗷嗷，日甚一日，不独下户乏食，而士子、宦族、第三等人户有自陈愿预乞丐之列者，验其形骸，诚非得已。兼自秋来，卖田拆屋，斫伐桑柘，鬻妻子，货耕牛，无所不至。不较价之甚贱，而以得售为幸。典质则库户无钱，举贷则上户无力。艺业者技无所用，

---

① 《西塘先生文集》卷一《流民》。
② 苏轼：《苏轼文集》卷三二《再乞发运司应副浙西米状》。
③ 洪迈：《容斋三笔》卷六《蕨萁养人》。

营运者货无所售。鱼虾螺蚌久已竭泽，野菜草根取掘又尽，百万生齿，饥困支离，朝不谋夕。其尤甚者，衣不盖形，面无人色，扶老携幼，号呼宛转，所在成群，见之使人酸辛怵惕，不忍正视，其死亡者，盖亦不少。"①

嘉定二年（1209）十二月十四日，臣僚言："都城内外一向米价腾踊，钱币不通，间（阎）细民饘粥不给，为日已久。今又值大雪，无从得食。赢露形体，行乞于市，冻饥号呼，仅存喘息，累累不绝。闭门绝食，枕藉而死，不可胜数。甚者路傍亦多倒毙。弃子于道，莫有顾者。"②

真德秀描写的旱蝗景象："近因舟行过大城埭一带，见蝗虫飞泊芦苇间，绵亘十数里，未几，遂入府城，皆由东北而来，蔽天障日，遇其所落草木为空；又据诸处申到，若建康府之上元、江宁、溧水，池州之贵池、铜陵；宁国府之宣城，皆有蝗蛹生发，所未申者尚不及，知此一路旱蝗之大略也。"③

陈造亲历的旱灾实况："某淮人也，淮乡之民情利害，知之甚熟。十余年来，若水、若旱、若鼠与蟹之为灾，率无丰岁，间亦小熟矣，然收不饱饥，重以今岁之旱，赤地千里，闻之故老，六七十年无此恶岁。淮乡土旷人稀，虽荒岁穷窘，其民食草根、木皮，犹无饿死者。今草根、木皮亦复无余，去麦尚半年，而麦之熟否，特未可知。民之僵仆，可立而待。而监司、郡守钱粒不余，长号大嗟，束手无措，目今所谓赈济，不及千百之一，民情嗷嗷，如鱼游铛釜之中，望执爨者之撤其薪，而济以杯勺之水，可谓迫矣。"④

二、灾荒之年的食人现象

灾荒之年出现人食人的现象，自古以来就史不绝书。两宋时期，当大灾大难来临之时，食人风习便不断再现，对此士大夫也有很沉重的记述。

治平二年（1065）四月十九日，司马光说："臣伏见陈、许、颍、亳等

---

① 《朱文公文集》卷一六《奏捄荒事宜状》，四部丛刊初编缩本，第242页。
② 《宋会要辑稿》食货六八之一〇六。
③ 真德秀：《西山先生真文忠公文集》卷六《奏乞蠲阁夏税秋苗》六月一日上。
④ 陈造：《江湖长翁文集》卷二四《与奉使袁大著论救荒书》。

州止因去秋一次水灾，遂致骨肉相食，积尸满野。"①

元祐三年（1088）秋，京西大旱，十室半饥。京东、河北大饥，甚者至人相食②。十一月甲辰，签书枢密院事赵瞻又言……京东、河北累岁饥歉，民多流移。近兖州称民有夫妻相食，而村野新殡，率被发掘，啖其尸肉。使天下生灵有至于此，而议者犹欲配夫出钱，州县且将敛率，鞭棰驱索于门③。

"（荆湖北路安州安陆）己丑（1109）大旱，人相食，弃子不可胜数。"④

北宋末年至南宋绍兴初，江浙一带旱蝗连年，疫灾并起，加之金兵灭宋战争肆虐，可谓天灾人祸，遂致惨烈的人吃人现象达到令人发指的地步。庄绰写道：

> 自靖康丙午岁，金人乱华，六七年间，山东、京西、淮南等路，荆榛千里，斗米至数十千，且不可得。盗贼、官兵以至居民，更互相食。人肉之价，贱于犬豕。肥壮者一枚，不过十五千。全躯暴以为腊。登州范温率忠义之人，绍兴癸丑岁，泛海到钱塘，有持至行在犹食者。老瘦男子廋词谓之"饶把火"，妇人少艾者，名为"不羡羊"，小儿呼为"和骨烂"。又通目为"两脚羊"。唐止朱粲一军，今百倍于前世，杀戮、焚溺、饥饿、疾疫、陷堕，其死已众，又加之以相食。杜少陵谓"丧乱死多门"，信矣。不意老眼亲见此时。呜呼，痛哉。⑤

洪迈笔下易换亲生子女而食的惨烈景象：

> 自古凶年饥岁，兵革乱离之时，易子而食者有之矣！予所闻二事，抑又甚焉。滕彦智居宋都，闻其父兄言近郭朱氏，有男女五人，长子曰陈僧，年十六七，能强力耕桑，最为父母所爱。值宣和旱歉，麻菽粟麦

---

① 司马光：《传家集》卷三五《言钱粮上殿札子》。
② 《续资治通鉴长编》卷四二一"元祐四年春正月辛卯"条："尚书左丞王存等奏、己亥御史中丞李常言。"第10191、10200页。
③ 《续资治通鉴长编》卷四一六，第10108页。
④ 王得臣：《麈史》卷下《占验》，上海古籍出版社1986年版，第84页。
⑤ 庄绰：《鸡肋编》卷中，第43页。

皆不登，无所谋食，尽鬻四子而易他人食之。独陈僧在，每为人言："此儿有劳于家，恃以为命，不可灭。"他日，诸滕过之，但二翁媪存，不见所谓陈僧者，询所在，翁泣曰："饥困不可忍，乃与某家约，给此子使往闻讯，既之，执而烹之矣。"①

嘉熙四年（1240），杜范奏札中展现的京辅地区大旱之后饥民的生存惨象：

> 旱饥，京辅为甚，田野小人，龁糠籺以延旦暮之命；糠籺不足，取草木根实以继之；根实又不足，弱者则殣于道，填于壑矣，所至秽积，无异毙兽。强者未甘饥死，而相食之风盛行。始不过剔剐遗骸，以赡枵腹。甚则不待气绝，已施利刃。又甚则生致而烹之，虽其子而且忍焉。哀哉，此何等气象！而见于畿辅之间也。②

三、饥民、流民规模蠡测

两宋时期，灾荒年间饥民和流民人数众多，规模相当庞大，下面可以从史乘留下不多的统计数据管窥一斑。当然这些统计数据主要是从史书记载官府或官员救荒德政存活饥民数中反映出来的。

年代	灾情地区及灾种	饥民或流民数	资料出处
淳化二年（991）	四月癸未，岁歉，陕西转运使郑文宝诱豪民出粟三万斛，活饥者八万六千余人。	86000人	《长编》卷三二，第712页。
天禧元年（1017）	虢州蝗灾，知虢州查道发州麦四千斛给种农民，全活万余人。	10000人	《长编》卷八九，第2055页。

---

① 洪迈：《夷坚志》补卷九《饥民食子》，中华书局1981年版，第1629页。
② 杜范：《杜清献公集》卷一一《辛丑（淳祐元）四月直前奏札》。

续表

年代	灾情地区及灾种	饥民或流民数	资料出处
天禧二年（1018）	闰四月戊申，知并州薛映言民饥设糜粥济之，计三十余万人。	30万人	《长编》卷九一，第2111页。
明道二年（1033）	范雍知陕州，旱蝗，减廪禄复捐民有余以赈之，活数万人。①	20000人以上	
宝元二年（1039）	十二月癸酉，益、梓、利、夔路饥。韩琦活饥民一百九十余万。	190万人	《长编》卷一二五，第2947页。
庆历三年（1043）	十二月，是冬，大旱，河中、同、华等十余州军，物价翔贵，饥民相率东徙。（韩琦、许宗寿）所活凡二百五十四万二千五百三十七人。	2542537人	《长编》卷一四五，第3520页。
庆历八年（1048）	河北、京东西大水，大饥，人相食。流民入京东者。	应在20万人以上	《通考》卷二六，考252页。
皇祐元年（1049）	二月辛未，初，河北大水，流民入京东者不可胜数，凡活五十余万人。募而为兵者又万余人。	51万人	《长编》卷一六六，第3985页。
皇祐三年（1051）	九月淮汝以西，关陕以东，数千里之间罹于水忧者，甚则溺死，不甚则流亡……略计百万人。	100万人	《宋朝诸臣奏议》②卷一二七《上仁宗论修商胡口》，第1396页。
熙宁八年（1075）	二月丁亥，苏州饥。丙子，河北真定府、邢、洺、磁、相、赵州饥。河东路赈济饥民，多聚一处，太原府舍以空营，约及万人。	10000人	《长编》卷二六〇，第6339、6342、6347页。
熙宁十年（1077）	八月丙戌，初，水占州县三十四，坏民田三十万顷，坏民庐舍三十八万家，所活饥民二十五万三千口，壮者就功而食又二万七千人。	28万人	《长编》卷二八四，第6950页。

① 杜大珪编：《名臣碑传琬琰之集》中卷一〇范仲淹：《范忠献公雍墓志铭》。
② 赵汝愚编，北京大学中国中古史研究中心点校整理：《宋朝诸臣奏议》，上海古籍出版社1999年版。

续表

年代	灾情地区及灾种	饥民或流民数	资料出处
元丰中	庐人饥,守便宜振护,全活十余万口。	10万人	《宋史》卷三四七《朱服传》,第11004页。
元丰二年（1079）	二月二十六日,知沧州张问言,民饥至相食,今州仓大豆四万九千余石可支五年,渐有陈腐,乞留二年外,斥其余以赐饥民,可活良民三万口。	30000人	《宋会要》食货六八之四○至四一。
元丰七年（1084）	七月辛亥,大名府河水暴至,数十万众号叫求救。	20万人以上	《长编》卷三四七,第8327页。
元符三年（1100）	河北水灾,啮地千里,荡室庐,汩牛马,老弱转徙……州县畏其聚而无给,则更劫而递遣占富人之田者,未暇耕凿而死者已十八九。	应在20万人以上	李新《跨鳌集》卷一九《上皇帝万言书》。
重和元年（1118）	十二月十九日诏："淮南被水,楚州山阳、盐城二县下户饥孚,三万二千余人无业可归。"	32000人	《宋会要》食货六八之五三。
宣和二年（1120）	六月癸酉,开封府民饥。四日,开封府赈济乞丐二万二千余人。	22000人	《宋史》卷二二,第407页。
绍兴七年（1137）	二月丙辰,四川饥馑,米斗价钱三千,细民艰食,流为饥孚者十室而五。	应在100万人以上	《要录》卷一○九。
绍兴七年（1137）	八月,是月,诸路大旱江湖淮浙被害甚广,所存活不知其几千、万人。	20000人	《要录》卷一一三。
绍兴六年至乾道五年（1136—1169）	（广汉）虻之枵而铺瘠而腴殪而苏者,至是枚举其至二百七万一千三百有奇。	每年平均62000人	《诚斋集》卷七六《广汉李氏义概堂记》。
绍兴十八年（1148）	冬,浙东、江淮郡国多饥,绍兴尤甚。民之仰哺于官者,二十八万六千人。	286000人	《宋史》卷六七,第1464页。

续表

年代	灾情地区及灾种	饥民或流民数	资料出处
隆兴二年（1164）	闰十一月十九日，淮南水灾，流移百姓见在江浙州军，无虑十数万众。	12万人以上	《宋会要》食货六八之六三。
隆兴二年（1164）	平江府、常、秀州饥，华亭县人食粃糠。行都及镇江府、兴化军、台、徽州亦艰食，淮民流徙江南者数十万人。	20万人以上	《宋史》卷六七，第1464页。
乾道元年（1165）	春，行都、平江、镇江、绍兴府、湖、常、秀州大饥，殍毙者不可胜计。	应在10万人以上	《宋史》卷六七，第1464页。
乾道三年（1167）	四月十八日，温州永嘉平阳瑞安乐清四县逃移、死绝人丁，共一万四千七百九十五。	14795人	《宋会要》食货六三之二七。
乾道四年（1168）	春，蜀、邛、绵、剑、汉州、石泉军大饥，邛为甚。盗延八郡，汉饥民至九万余。	90000人	《宋史》卷六七，第1464页。
乾道五年（1169）	是岁，夏、秋，温、台州凡三大风，水漂民庐，坏田稼，人畜溺死者甚众，被水大小计口二万七千四十一口。	27041人	《宋会要》瑞异三之一〇。
乾道八年（1172）	二月八日，隆兴府、江、筠州、临江、兴国军五郡，各系灾伤及七八分以上，先行赈给缘人口几及百万。①	100万人	《宋会要》食货六八之七二。
乾道八年（1172）	江西亡麦。隆兴府荐饥。南昌、新建县饥民仰给者二万八千余。	28000人	《宋史》卷六七，第1464页。
淳熙八年（1181）	冬，行都、宁国、建康府、岩婺、太平州、广德军饥。徽、饶州大饥。流淮郡者万余人，南康饥民一十二万二千有奇，兴国饥民七万二千有奇。	30万人	《宋史》卷三五，第676页；卷六七，第1465页。《通考》卷二六，考256页。

① 《宋史》卷三八五《龚茂良传》："乾道年间，除直显谟阁、江西运判兼知隆兴府，乾道八年，疫疠大作，命医治疗，全活数百万，进待制敷文阁，赏其救荒之功。"第11843页。

续表

年代	灾情地区及灾种	饥民或流民数	资料出处
淳熙九年（1182）	蜀潼、利、夔三路郡国十八皆饥，流徙者数千人。	2000人以上	《宋史》卷六七，第1465页。
淳熙十六年（1189）	正月二十二日，襄阳府、楚州大水，贫乏阙食民户一万四百余家。	70000人	《宋会要》瑞异三之一五。
绍熙三年（1192）	是年，资、荣州亡麦。普、叙、简、隆州、富顺监皆大饥，亡麦，殍死者众，民流成都府至千余人，威远县弃儿且六百人。	1600人	《宋史》卷六七，第1465页。
庆元六年（1200）	冬，常州大饥，仰哺者六十万人。	60万人	《宋史》卷六七，第1466页。
嘉定元年（1208）	淮民大饥，流于江、浙者百万人。	100万人	《宋史》卷六七，第1466页。

四、宋代饥荒简表

北宋前期饥荒简表

年代	饥荒状态	资料出处
建隆元年（960）	夏四月乙酉，遣使分诣京城门，赐饥民粥。是岁，河南诸州乏食。	《宋史》卷一，第6页；卷六七，第1461页。
建隆二年（961）	三月，以金、商、延州鼠食田苗，民饥，遣使赈之。 闰三月丁丑，金、商、房三州饥，振之。 十一月癸未，诏以濠楚民饥，令长吏开仓赈贷。	《宋会要》食货六八之二八。《宋史》卷一，第9页。《长编》卷二，第56页。
建隆三年（962）	春正月己巳，淮南饥，扬、泗饥民多死郡中。 三月甲子，诏以沂州民饥，赐以种食。 六月辛卯，振宿州饥。 十二月戊戌，蒲、晋、慈、隰、相、卫六州饥，振之。	《宋史》卷一，第10、11、13页。《长编》卷三，第76页。

续表

年代	饥荒状态	资料出处
乾德元年 (963)	二月辛亥,澶、滑、卫、魏、晋、绛、蒲、孟八州饥,命发廪振之。 是年,齐、隰等州饥。	《宋史》卷一,第13页;卷六七,第1461页。
乾德二年 (964)	二月癸丑,遣使振陕州饥。 四月戊申,振河中饥。己巳,灵武饥,转泾粟以饷。 是年,州府二十二,饥。	《宋史》卷一,第17页;卷六七,第1461页。
乾德三年 (965)	三月癸酉,诏诸道发义仓赈饥民者,勿待报。	《长编》卷六,第149页。
乾德四年 (966)	三月己卯,淮南诸州言江南饥民数千人来归,令所在发廪赈之。 四月辛酉,江南浡饥。	《长编》卷七,第168、170页。
开宝元年 (968)	春正月甲午,陕之集津、绛之垣曲、怀之武陟饥。 五月丁未,江南民饥。 七月,是月,令诸州察民有饥者,即发廪贷之。	《宋史》卷二,第27页。《长编》卷九,第202、206页。
开宝四年 (971)	是年,州府六水、一旱,诸州民乏食。	《宋史》卷六七,第1461页。
开宝五年 (972)	是岁,大饥。	《宋史》卷二,第39页。
开宝六年 (973)	二月丙申,曹州饥,漕太仓米二万石,振之。 四月戊申,先是,江南饥,诏谕国主借船漕湖南米麦以赈之。 是年,水,民饥。	《宋史》卷三,第39页。卷六七,第1461页。《长编》卷一四,第300页。
开宝七年 (974)	春正月甲戌,遣使发廪赈扬、楚等州饥民。 六月戊子,河中府及绛州民饥。	《长编》卷一五,第316、321页。
开宝八年 (975)	是年,平江南诏出米十万石,赈城中饥民。	《通考》卷二六,考252页。
开宝九年 (976)	是年,州府十二饥。	《宋史》卷六七,第1462页。

续表

年代	饥荒状态	资料出处
太平兴国二年（977）	四月乙卯，延州民饥。 六月癸卯，秦州民饥益甚，转死沟壑者愈众。	《长编》卷一八，第403、406页。
太平兴国四年（979）	是年，太平州饥。	《宋史》卷六七，第1462页。
太平兴国八年（983）	是年，同州饥。	《通考》卷二六，考252页。
雍熙二年（985）	三月己未，江南民饥。 夏四月乙亥朔，遣使行江南诸州，振饥民及察官吏能否。	《宋史》卷五，第75页。
雍熙三年（986）	八月丁未，剑州民饥。	《宋史》卷五，第79页。
端拱二年（989）	三月戊午，京畿民饥。 八月，乾宁军民饥。	《宋史》卷五，第84页。《宋会要》食货六八之二九。
端拱中（988—989）	吴中大饥，民死大半。①	
淳化元年（990）	二月九日，京东转运使何士宗言：登州岁饥，文登、牟平两县民四百一十九人饿死。二十六日，河北转运使樊知古言：深、冀州民饥。是月登州再言文登县民二千六百六十二人饥死。诏悉令赈恤。 七月河南府言洛阳等八县民饥。	《宋会要》食货六八之二九。
淳化二年（991）	闰二月，以郑文宝为陕西转运使，许便宜从事，恣用库钱。会岁歉，文宝诱豪民出粟三万斛，活饥者八万六千余人。 四月，是月，河水溢，虞乡等七县民饥。 秋七月己亥，诏陕西缘边诸州，饥民鬻男女入近界部落者，官赎之。	《长编》卷三二，第712页。《宋史》卷五，第87、88页。

---

① 曾慥编：《类说》卷八《录异记·蚕飞》。

续表

年代	饥荒状态	资料出处
淳化三年（992）	二月，汝州言岁饥。 是岁，润州丹徒县饥，死者三百户。	《宋会要》食货六八之三〇。《宋史》卷五，第90页。
淳化四年（993）	二月己卯，江、浙、淮、陕饥。	《宋史》卷五，第91页。
淳化五年（994）	春正月己巳，宋、亳、陈、颍州民饥。甲戌，诏诸州能出粟贷饥民者，赐爵。 是年，京东西、淮南、陕西水潦，民饥。	《宋史》卷五，第93页；卷六七，第1462页。
至道元年（995）	二月丙午，亳州、房州、光化军饥。	《宋史》卷五，第97页。
咸平元年（998）	九月，诏两浙路留诸州运米以济饥民。	《宋会要》食货六八之三〇。
咸平二年（999）	三月丙辰，江、浙发廪振饥。辛丑，江南转运使言："宣、歙竹生米，民采食之。"丙午，诏江、浙饥民入城池，渔采勿禁。 秋七月壬寅，广南西路诸州民饥。 十一月辛丑，常、润州民饥。	《宋史》卷六，第108页。《长编》卷四五，第957、969页。
咸平三年（1000）	正月二十五日，（田锡）所进实封为霸州、乾宁军死伤人户等，自二十六日至今，又据莫州奏饥死一十六口，沧州奏全家饥死一十七户。① 三月，是春，上以手诏……吏部郎中、直集贤院、知泰州田锡上疏……臣又以江南、两浙，自去年至今，民饿者十八九。……又问疾疫死者多少人，称饿死者不少，无人收拾，沟渠中皆是死人，却有一僧人收拾埋葬，有一千人作一坑处，有五百人作一窨处。……又问饥馑疾疫去处，称越州最甚，萧山县三千余家逃亡死损并尽，今并无人。其余明、杭、苏、秀等州积尸在外沙及运河两岸不少，虽未审虚实，然屡有听闻。兼闻常、润等州死损之人，村保各随地分埋瘞。	《长编》卷四六，第1003页；卷四七，第1022页。《宋会要》食货六八之三一。

① 《宋朝诸臣奏议》卷一〇六田锡：《上真宗乞赈给河北饥民》。

续表

年代	饥荒状态	资料出处
	七月丁酉，江、浙饥歉。是月，广南西路诸州旱饥。	
咸平四年（1001）	闰十二月庚寅，上（真宗）以河北饥，豆粟踊贵，出麻滓、蓬实示宰相，曰："民食此矣，即今蠲秋赋，罢官籴。"	《长编》卷五〇，第1102页。
咸平五年（1002）	二月，雄、霸、瀛、莫、深、沧州、乾德军民饥。 是岁，河北、郑、曹、滑州饥。	《宋会要》食货六八之三一。《宋史》卷六，第119页。
景德元年（1004）	二月己巳，陈、蔡、沂、密州饥。 是岁，江南东、西路饥。	《长编》卷五六，第1230页。《宋史》卷七，第127页。
景德二年（1005）	春正月甲寅，河北饥。丁巳，蕲、黄州饥。丙寅，淮南诸州饥。甲戌，荆湖北路、淮南诸州饥。戊寅，天雄军、澶州两处饥。 二月庚辰，襄、许、陈、蔡等州民饥。戊子，澶州饥。 三月壬申，大名府饥。 夏四月乙酉，鄂州民饥。 是岁，淮南、两浙、荆湖北路饥。	《长编》卷五九，第1309、1310、1312、1314、1315、1318、1326、1327页。《宋史》卷七，第127、129页。
景德三年（1006）	正月丁卯，青、齐、淄、潍、登、莱等州民饥。己巳，澶、滨、棣、德、博州民饥。 是岁，京东西、河北、陕西。	《长编》卷六二，第1384页。《宋史》卷七，第132页。
景德四年（1007）	六月乙卯，雄州、安肃、广信军人饥。 是岁，雄州、安肃、广信饥。	《长编》卷六五，第1464页。《宋史》卷七，第135页。
大中祥符元年（1008）	春正月戊辰，夏州饥。 四月，府州言民饥。 六月，环庆民饥。	《宋史》卷七，第135页。《宋会要》食货六八之三三。

续表

年代	饥荒状态	资料出处
大中祥符二年 (1009)	春正月乙酉，陕西民饥。 四月丁未，陕西民饥。	《宋史》卷七，第140页。
大中祥符三年 (1010)	六月丙辰，诏前岁陕西民饥，有鬻子者，官为购赎，还其家。 八月甲子，淮南饥。 是岁，陕西饥。	《宋史》卷七，第143、145页。《长编》卷七四，第1685页。
大中祥符四年 (1011)	四月丁未，登、莱州饥民。 四月十六日，同、华州饥民有鬻子者。 六月甲子，江淮南水灾，民饥。是月，剑、利、阆、集、壁、巴等州饥。 八月庚戌，荆州言南和县民饥。 是岁，河北、陕西、剑南饥。	《长编》卷七五，第1712、1718页；卷七六，第1727、1732页。《宋会要》食货六八之三四。《宋史》卷八，第150页。
大中祥符五年 (1012)	二月癸丑，京西诸州军民饥。 四月壬寅，慈州言民饥。 十二月乙酉，泗州饥。 是岁，京城、河北、淮南饥。	《长编》卷七七，第1756、1761页。《宋史》卷八，第152页。
大中祥符六年 (1013)	二月乙亥，泰州言海陵县民饥。 夏四月庚辰，淮南民饥。 七月二月，泰州淮阳军言民饥。 十月，淮南饥。	《长编》卷八〇，第1819页。《宋史》卷八，第153页。
大中祥符七年 (1014)	二月，泰州淮阳军民饥。 三月辛丑，仪州饥。 十月己未，淮南饥。 是岁，淮南、江、浙饥。	《宋会要》食货六八之三五。《宋史》卷八，第155、157页。《长编》卷八三，第1898页。
大中祥符八年 (1015)	二月，淮南路民饥。 十二月丁酉，同、耀等州民饥。 是岁，陕西饥。	《宋会要》食货六八之三五。《长编》卷八五，第1960页。《宋史》卷八，159页；卷六七，第1462页。

续表

年代	饥荒状态	资料出处
大中祥符九年（1016）	二月甲午，延州蕃部饥。 二月辛卯，陕西民饥。 三月戊申，京兆府言民饥。 夏四月丙申，延州蕃族饥。	《宋史》卷八，第159、160页。《长编》卷八六，第1972、1975页。
天禧元年（1017）	春正月甲子，令京东、河北、陕西、淮南、江、浙灾伤州军，出榷务酒糟济贫民。 三月八日，卫州民饥。十八日，衢、润二州阙食。 四月四日，河北大名府、磁、相、澶州、通利军，两浙越、睦、处州，去秋灾伤，民多阙食。十一日，赵州民饥。二十八日，江、淮去岁乏食，有富民出私廪十六万石粜施饥民。 四月戊子，邵州野竹生实，以食饥。 八月丁卯，赐阳翟县僧怀峤茶帛，以其设粥救饥民也。辛未，知并州周起言河北民逐熟至州境者，州民施饭一月。 冬十月丙寅朔，高邮军岁歉民饥。 是岁，诸路蝗，民饥。	《长编》卷八九，第2038页；卷九〇，第2074、2075、2082页。《宋会要》食货六八之三五之三六。《宋史》卷八，第162、164页。
天禧二年（1018）	春正月壬寅，振河北、京东饥。 二月己卯，京西转运使言，管内饥民甚多。 闰四月戊申，知并州薛映言民饥，设糜粥济之，计三十余万人。 十月，同、耀州饥，民多流亡。	《宋史》卷八，第164页。《长编》卷九一，第2101、2111页。《宋会要》食货六八之三七。
天禧三年（1019）	是岁，江、浙及利州路饥。	《宋史》卷八，第167页。
天禧四年（1020）	二月癸未，淮南、江浙、利州民饥。 三月戊午，淄州民饥。己亥，益、梓民饥。 夏四月壬辰，襄州民饥。	《宋史》卷八，第168页。《长编》卷九五，第2188页。

北宋中期饥荒简表

年代	饥荒状态	资料出处
乾兴元年（1022）	二月癸卯，苏、湖、秀州民饥。 六月乙丑，两浙转运司言："苏、秀二州湖田生圣米，颇济饥民。"	《宋史》卷八，第171页。《长编》卷九八，第2287页。
天圣元年（1023）	四月丙辰，以岁饥，权罢修西京太微宫、白马寺。	《长编》卷一〇〇，第2321页。
天圣三年（1025）	十一月辛卯，晋、绛、陕、解州饥。	《宋史》卷九，第181页。
天圣四年（1026）	十二月丁丑，畿内饥。	《宋史》卷九，第182页。
天圣五年（1027）	十月癸巳，诏陕西饥，免流民所过渡钱。	《长编》卷一〇五，第2454页。
天圣六年（1028）	四月丁丑，邢、赵、沧、瀛、怀、卫等州民饥尤甚。	《长编》卷一〇六，第2470页。
天圣七年（1029）	二月乙酉，河北沿边水灾，民饥。 三月辛巳，诏契丹饥民，所过给米，分送唐、邓等州，以闲田处之。	《长编》卷107，第2498页。《宋史》卷九，第186页。
明道元年（1032）	春正月，是月，池州言民饥。 二月丙寅，淮南民大饥。 三月乙亥，诏淮南饥民有愿隶军而不中者，听隶下军。戊子，诏淮南灾伤州军募人输粟，以济饥民。 八月丙午，诏淮南灾伤州军作糜粥，以济饥民。庚申，诏淮南荐饥，长吏有能抚存流亡者，转运使具以闻。 冬十月甲寅，寿州言岁饥，乏稻种。丁巳，汉阳军民饥。 十一月癸巳，淮南、江东民饥。 十二月己未，上封者言："比诏淮南民饥，有以男女雇人者，官为赎还之。"从之。 是岁，京东、淮南、江东饥。	《长编》卷一一一，第2576、2577、2578、2585、2591、2594、2597页。《宋史》卷一〇，第194页。

年代	饥荒状态	资料出处
明道二年（1033）	二月壬子，两川饥。 四月甲子，京东饥。 七月丙戌，永兴军，是岁饥疫，关中为甚。戊子，京东饥，民多流亡。 八月己亥，京东饥。 十一月丙寅，密州岁饥，多盗。辛未，梓、遂、资、普四州岁饥。 十二月甲辰，京东饥。 是岁，淮南、江东、两川饥。	《长编》卷一一二，第2606、2615、2626、2627页；卷一一三，第2632、2643页。《宋史》卷一〇，第194、197页。《通考》卷三〇一，考2377页。
景祐元年（1034）	春正月甲子，京东饥。丙寅，开封府界诸县饥。诸灾伤州军亦如之。甲申，淮南饥。 二月丙申，登、莱岁饥。戊申，麟、府州饥。 三月乙酉，出内藏库绢五十万，下发运司市籴军储，发运使李绎言百姓凶饥之余，不宜重扰。诏止之。 六月己亥，延州缘边民饥。 闰六月辛巳，诏比因饥馑，民有雇鬻妻子，及遗弃幼稚而为人收养者，并听从便。	《宋史》卷一〇，第197、198页。《长编》卷一一四，第2668、2672、2678、2682页。
景祐二年（1035）	是岁，镇戎军荐饥。	《宋史》卷一〇，第201页。
宝元二年（1039）	八月，两川自夏至秋不雨，民大饥。 九月乙卯，益、梓、利、夔路饥。 十月甲申，两川饥。 十二月癸酉，以益、梓、利、夔路饥，罢皇子降生进奉，从韩琦之请也。异时有司督责赋役烦急，收市上供物不以其直，琦悉为轻减蠲除之，逐贪残不职吏，罢冗役六百六十余人，活饥民一百九十余万。	《长编》卷一二四，第2922页；卷一二五，第2947页。《宋史》卷一〇，第206页。
庆历元年（1041）	八月甲午，知谏院张方平言……今京东、西路颇为饥歉，民既艰食，居常犹为寇盗……	《长编》卷一三三，第3166页。

续表

年代	饥荒状态	资料出处
庆历二年 （1042）	陕西饥民流亡者众，同、华、河中尤甚，往往道路遗弃小儿。 京城大雪之后，民间饥寒之人甚多，至有子母数口一时冻死者。①	
庆历三年 （1043）	四月壬戌，发康定军粟以济饥民。 十二月，韩琦既至陕西，属岁大饥，群盗啸聚…… 是冬，大旱，河中、同、华等十余州军物价翔贵，饥民相率东徙。（韩）琦即选官分诣州县，发省仓赈之，奏差提点刑狱许宗寿专切往来提举蒲、华、同三州，所活凡二百五十四万二千五百三十七人，他州人数称是。	《长编》卷一四〇，第3367页；卷一四五，第3520页。
庆历四年 （1044）	二月丙申，陕西饥。 三月乙丑，谏官欧阳修言："臣伏见近出内库金帛，赐陕西以救饥民。风闻江、淮以南，今春大旱，至有井泉枯竭，牛畜瘴死，鸡犬不存之处，九农失业，民庶嗷嗷，然未闻朝廷有所存恤。" 五月戊寅，淮南饥。	《宋史》卷一一，第217、218页。《长编》卷一四七，第3554页。
庆历八年 （1048）	二月己卯，赐瀛、莫、恩、冀州缗钱二万，赎还饥民鬻子。 秋七月戊戌，以河北水，令州县募饥民为军。 河北、京东西大水，大饥，人相食。诏出二司钱帛赈之，流民入京东者不可胜数。	《宋史》卷一一，第225、226页。《通考》卷二六，考252页。
皇祐元年 （1049）	二月辛未，知青州、资政殿学士、给事中富弼为礼部侍郎。初，河北大水，流民入京东者不可胜数。弼择所部丰稔者五州，劝民出粟，得十五万斛，益以官廪，随所在贮之。择公私庐舍十余万区，散处其人，以便薪水。……凡活五十余万人。募而为兵者又万余人。	《长编》卷一六六，第3985页。

---

① 《历代名臣奏议》卷二四三欧阳修《论乞赈救饥民札子》《论救赈雪后饥民札子》，第3201页。

续表

年代	饥荒状态	资料出处
皇祐二年（1050）	春正月癸卯，以岁饥，罢上元观灯。 吴中大饥，殍殣枕路。	《宋史》卷一二，第229页。《元刊梦溪笔谈》卷一一，第14页。
皇祐三年（1051）	八月丙戌，京东、淮南、两浙、荆湖、江南饥。 十二月庚辰，诏开封府，民有饥寒死于道路而无主者，官给钱葬之。	《宋史》卷一二，第231页。《长编》卷一七一，第4119页。
皇祐四年（1052）	三月丙辰，江南岁饥。 十月癸未，诏河北、江南东西、荆湖南北、淮南、两浙路应灾伤州军，委长吏募人输米，官为作糜粥，以饭饥民。	《长编》卷一七二，第4139页；卷一七三，第4176页。《宋史》卷一二，第233页。
皇祐五年（1053）	六月乙未，河北荐饥。 秋七月乙巳，荆湖北路灾伤州军民饥。	《宋史》卷一二，第234页。《长编》卷一七五，第4219页。
至和元年（1054）	三月乙酉，京西民饥。	《宋史》卷一二，第236页。
至和二年（1055）	六月乙卯，是岁，京东水，民饥。 七月丁卯，延州等处饥民流入岚、石诸州。	《长编》卷一八〇，第4355、4357页。
嘉祐元年（1056）	秋七月乙酉，京东西、湖北饥。	《宋史》卷一二，第240页。
嘉祐三年（1058）	五月庚午朔，京西岁饥。 七月癸巳，夔州路旱，饥。	《长编》卷一八七，第4509、4518页。
嘉祐四年（1059）	春正月，自冬雨雪，泥涂尽冰，都民饥寒死于道路者甚众。	《通考》卷三〇五，考2400页。
嘉祐五年（1060）	九月戊戌，梓州路今春饥，夏秋闵雨……	《长编》卷一九二，第4645页。

续表

年代	饥荒状态	资料出处
治平元年（1064）	八月丁巳，宿、亳州饥。	《长编》卷二〇二，第4901页。
治平二年（1065）	二月辛丑，京畿诸县及京东西、淮南州军类多饥歉，民有饿殍……①	《长编》卷二〇四，第4944页。
治平四年（1067）	河北饥，流民蜂拥。②	
熙宁元年（1068）	二月壬戌，河东饥。 五月甲戌，募饥民补厢军。 宿州民饥，多盗。	《宋史》卷一四，第268页。《通考》卷二六，考254页。
熙宁三年（1070）	四月丁卯，两浙民饥。 十一月戊子朔，诏："河北饥民流徙京西，令安抚、转运、提点刑狱司，责州县官多方赈救存。" 十二月癸未，司马光奏疏……况关中饥馑，十室九空，为贼盗者纷纷已多，县官仓库之积所余无几。 是岁，振河北、陕西旱饥，除民租。	《长编》卷二一〇，第5095页；卷二一七，第5271页；卷二一八，第5314页。《宋史》卷一五，第278页。
熙宁四年（1071）	二月十三日，贝、冀彻边少雨雪州军乏食饥歉。 五月壬子，诏闻恩、冀、莫、雄、沧州、永静、信安、保定、乾宁军，自夏灾伤……赈济饥民。 六月丁巳，河北饥民为盗。 河北旱，饥。	《宋会要》食货六八之三九。《长编》卷二二三，第5437页。《宋史》卷一五，第279页；卷六七，第1462页。
熙宁五年（1072）	九月壬子，南京、宿、亳、泗州饥。	《长编》卷二三八，第5796页。

① 韩维云："臣窃闻去年开封府并陈、蔡、许、颍州，例各不熟。今春以来，民困尤甚。朝廷虽发仓廪，转米谷，以加赈救，而死者不可胜数。其甚者至于遗弃幼稚，号哭道路，骨肉之间，自相啖食，僵尸暴骸，所在狼藉，闻之可为伤痛。"[治平二年上时为修起居注]《宋朝诸臣奏议》卷一〇六《上英宗乞遣使救济饥民》。第1137页。

② 六月，司马光云："臣窃见朝廷差官支拨粳米于永泰等门，遇有河北路流民逐熟经过，即大人每人支与米一斗，小人支与米五升，仰子细告谕，在京难以住泊，令速往近便丰熟州军存活者。……此特河北流民路过京师者耳，切闻其他灾伤之处，流民亦为不少。"《宋朝诸臣奏议》卷一〇六《上神宗乞选河北监司赈济饥民》，第1138页。

续表

年代	饥荒状态	资料出处
熙宁六年 （1073）	十月丙戌，两浙、江、淮饥。淮南、江东、剑南、西川、润州饥。	《宋史》卷一五，第284页；卷六七，第1462页。
熙宁七年 （1074）	二月辛未，河阳饥。 五月戊戌朔，河北饥。 六月丁卯朔，怀、卫州阙食，饥民聚而为盗。 八月丁丑，环庆汉蕃民饥。 冬十月戊寅，常、润州饥。癸巳，以常平米于淮南西路易饥民所掘蝗种。 是年，京畿、河北、京东、西、淮西、成都、利州、延、常、润、府州、威胜、保安军饥。	《宋史》卷一五，第285、286页；卷六七，第1462页。《长编》卷二五三，第6187页；卷二五四，第6205页；卷二五七，第6276、6282页。
熙宁八年 （1075）	春正月戊戌，秦凤路饥。甲寅，永兴、秦凤、河东路民饥，死者相属。己未，洮西饥歉。 二月丁亥，苏州饥。丙子，河北真定府、邢、洺、磁、相、赵州饥。己卯，诏："闻河东路赈济饥民，多聚一处，太原府舍以空营，约及万人。方春虑生疫疠……"丁亥，苏州常熟县民饥。 三月丁酉，润州饥。庚戌，京东徐、单、沂州、淮阳军，比岁灾伤，虽今夏丰熟，百姓尚饥。癸丑，常、润饥。乙卯，河东路察访使李承之言，饥民羸困，老弱疾病，及遗弃男女未有所归……己未，怀州武陟、卫州共城民饥。 五月己丑，遣使振鄜、延、环、庆饥。 六月丁巳，上（神宗）批："河东饥民流往京西，其间甚有丐食道路，羸瘠不保旦暮之人，其赈济官程之才等宜令速往。" 九月丁丑，江南东路转运司乞米三五万石，赈济饥民。诏淮南东、西、两浙、江南东路共更留上供米十五万石，赐灾伤州军。① 是岁，两河、陕西、江南、淮、浙饥。 淮浙大旱，米价腾涌，人多殍饥。②	《长编》卷二五九，第6309、6319、6324页；卷二六〇，第6339、6342、6347页；卷二六一，第6361、6364、6365页；卷二六五，第6516页。《宋史》卷一五，第287页。《长编》卷二六八，第6570页。《宋史》卷六七，第1462页。

① 另，元祐五年（1090）九月戊辰，苏轼言："只缘本路奏乞后时不及于事，卒死五十万人。"《续资治通鉴长编》卷四五一。

② 江少虞：《事实类苑》卷六〇《杭人好饰门窗什器》。

续表

年代	饥荒状态	资料出处
熙宁九年（1076）	二月壬寅，提举市易司言："在京酒户岁用米三十万石，比江、浙荐饥，米价翔贵。……"从之。 八月乙未，永兴军路荐饥。雄州饥。	《长编》卷二七三，第6685页；卷二七七，第6777页。《宋史》卷六七，第1463页。
熙宁十年（1077）	四月辛巳，漳、泉州、兴化军民饥。 五月癸亥，淮、浙饥。 八月丙戌，诏监察御史里行黄廉为京东路体量安抚。廉既受命，条举百余事。……初，水占州县三十四，坏民田三十万顷，坏民庐舍三十八万家，卒事，所活饥民二十五万三千口，壮者就功而食又二万七千人。	《长编》卷二八一，第6890页；卷二八二，第6906页；卷二八四，第6950页。
元丰元年（1078）	春正月己未，徐州、淮阴军水灾民饥。 闰正月十三日，诏河北路以常平米赈济饥民。	《长编》卷二八七，第7014页。《宋会要》食货六八之四〇。
元丰二年（1079）	正月癸巳，阶、成州去后灾伤，难食之民，流者未止。 二月乙卯，兖、郓、齐、济、滨、棣、德、博州饥甚，艰食之民颇多。乙丑，沧州饥。知沧州张问言民饥至相食。 三月庚午朔，京东、河北饥，青齐沧棣尤甚。 夏四月庚戌，滨、棣、沧州饥。	《长编》卷二九六，第7200、7210页。《宋会要》食货六八之四〇。《宋史》卷一五，第297页。《长编》卷二九七，第7217、7232页。
元丰四年（1081）	十二月，凤翔府、凤、阶州饥。	《宋史》卷六七，第1463页。
元丰五年（1082）	夏四月癸亥，诏闻凤翔府、凤、阶、成等州饥民，流移东来以数万。 六月，宜州管勾溪峒安化三州连岁荐饥。	《长编》卷三二五，第7819页。《宋会要》食货六八之四一。
元丰七年（1084）	是岁，河东饥。	《宋史》卷一六，第313页。

北宋后期饥荒简表

年代	饥荒状态	资料出处
元祐元年 （1086）	二月癸亥，淮南东西路饥歉。 七月甲申，右司谏苏辙言：臣窃见淮南春夏大旱，民间乏食，流徙道路。朝廷哀愍饥馑，发常平、义仓及截留上供米，以济其急……自六月大雨，淮水泛溢，泗、宿、亳三州大水，夏田既已不收，秋田亦复荡尽，前望来年夏麦，日月尚远，势不相接，深可忧虑。 十二月辛亥，永静军斛斗渐贵，民户艰食。	《长编》卷三六六，第8755页；卷三八三，第9341页；卷三九三，第9583页。
元祐二年 （1087）	夏四月己亥，中书舍人苏辙言："臣伏见二年以来……灾沴荐至，非水即旱。淮南饥馑，人至相食，河北流移，道路不绝，京东困弊，盗贼群起。"	《长编》卷三九八，第9718页。
元祐三年 （1088）	二月乙酉，德音："减囚罪一等，徒以下释之，工役权放一年，流民饥贫量与应副。" 三月乙亥，京东民饥。 秋，京西大旱，十室半饥。京东、河北大饥，甚者至人相食。① 诸路灾歉，京西、陕西人至相食。②	《宋史》卷一七，第326页。《长编》卷四〇九，第9962页。
元祐四年 （1089）	春正月甲申，右正言刘安世界言："臣伏见去冬以来，时雪愆亢，询问四方，亦多旱暵，关、陕、淮、浙民已艰食，物价翔踊，日益增甚。虽朝廷广行赈贷，而岁事失望，荐饥可忧。"	《长编》卷四二一，第10188页。
元祐五年 （1090）	十月，苏州饥民死者，日有五七百人，饥、疫更甚于熙宁时。湖州贫人入城死者相继，遗弃男女，官为收养，据此则灾伤轻重亦可知矣。③	
元祐六年 （1091）	八月乙卯，监察御史虞策言："两浙灾伤州县收米多为贩夫、公吏相结冒籴，次及强壮之人。其饥赢者转受困饿，或被踩躏死伤。"	《长编》卷四六四，第11095页。

---

① 《续资治通鉴长编》卷四二一"元祐四年春正月辛卯"条，尚书左丞王存等奏、己亥，御史中丞李常言，第10191、10200页。
② 《续资治通鉴长编》卷四二四"元祐四年三月乙酉"条，中书舍人彭汝砺同曾肇言，第10250页。
③ 范祖禹：《太史范公文集》卷二〇《封还臣僚论浙西赈济事状》。

续表

年代	饥荒状态	资料出处
元祐七年（1092）	五月壬子，知扬州苏轼言："臣访闻浙西饥疫大作，苏、湖、秀三州人死过半。虽水稍退，露出泥田，然皆无土可作田塍。有田无人，有人无粮，有粮无种，有种无牛，殍死之余，人如鬼腊。"	《长编》卷四七三，第11296页。
元祐八年（1093）	十一月乙未，京城民饥。	《宋史》卷一七，第337页。
绍圣元年（1094）	九月癸卯，河北水灾民饥。 十一月丁巳，河北饥，诸路恤流亡。	《宋史》卷一八，第341页。
绍圣二年（1095）	春正月辛巳，河北饥。	《宋史》卷一八，第342页。
绍圣三年（1096）	十二月甲戌，遗弃饥贫小儿三岁以下，听收养为真子孙。	《宋史》卷一八，第345页。
绍圣四年（1097）	是岁，两浙旱饥。	《宋史》卷一八，第349页。
元符元年（1098）	二月庚辰朔，陕西关中饥馑。	《长编》卷四九四，第11741页。
元符二年（1099）	闰九月辛未，大名府饥。 是岁，饥。	《长编》卷五一六，第12264页。《宋史》卷六七，第1463页。
元符三年（1100）	五月癸巳，河北、河东、陕西饥。	《宋史》卷一九，第359页。
崇宁元年（1102）	是岁，江、浙、熙河饥。	《宋史》卷六七，第1463页。
大观三年（1109）	是岁，秦、凤、阶、成饥。	《宋史》卷六七，第1463页。
大观四年（1110）	三月庚子，募饥民补禁卒。	《宋史》卷二〇，第384页。

续表

年代	饥荒状态	资料出处
政和六年 (1116)	江、浙大水,秋籴贵,饿莩盈路。	方勺:《泊宅编》卷七,第39页。
重和元年 (1118)	十二月十九日,诏:"淮南被水,楚州山阳、盐城二县下户饥莩三万二千余人。"	《宋会要》食货六八之五三。
宣和元年 (1119)	十一月戊辰,淮甸旱饥,民失业。 是岁,京西饥。	《宋史》卷二二,第405页。
宣和二年 (1120)	六月癸酉,开封府民饥。四日,开封府赈济乞丐二万二千余人,当职官吏推恩有差。 十月九日,淮南灾伤饥民流离。	《宋史》卷二二,第406页。《宋会要》食货六八之五四。
宣和五年 (1123)	是岁,河北、京东、淮南饥。	《宋史》卷二二,第413页。
宣和中	京西大歉,人相食,炼脑为油以食,贩于四方。	庄绰《鸡肋编》卷上,第32页。

南宋前期饥荒简表

年代	饥荒表征	资料出处
建炎元年 (1127)	汴京大饥,米升钱三百,一鼠直数百钱,人食水藻、椿槐叶,道殣,骼无余胔。	《宋史》卷六七,第1463页。
建炎三年 (1129)	三月,山东郡国大饥,人相食。时金人陷京东诸郡,民聚为盗,至车载干尸为粮。	《宋史》卷六七,第1463页。《要录》卷二一,第460页。
绍兴元年 (1131)	行在、越州及东南诸路郡国饥,淮南、京东西民流常州、平江府者,多莩死。 五月庚申,鄂州大饥,米斗三千五百,民多饿死。	《宋史》卷六七,第1463页。《要录》卷四四,第804页。
绍兴二年 (1132)	春,两浙、福建饥,米斗千钱。时饷馈繁急,民益艰食。 八月戊戌,福建民饥。	《宋史》卷六七,第1463页。《宋史》卷二七,第500页。

续表

年代	饥荒表征	资料出处
绍兴三年（1133）	吉、彬、道州、桂阳监饥。	《宋史》卷六七，第1463页。
绍兴五年（1135）	湖南大饥，殍死，流亡者众。① 夏，潼川路饥，米斗二千，人食糟糠。兴元饥，民流于果、阆。 秋，温、处州饥。	《宋史》卷六七，第1463页。
绍兴六年（1136）	正月甲午，振江、湖、福建、浙东饥民。 二月乙巳，右谏议大夫赵霈言："去秋旱伤连接，东南今春饥馑，特异常岁，湖南为最，江西次之，浙东、福建又次之。" 三月壬辰，制置大使席益言："去秋西川水潦，东川旱暵，即今粒食昂贵，斗米钱两贯，利路近边去处，又增一倍。民人饥流死者相枕藉于道。" 春，浙东、福建饥。湖南、江西大饥，殍死甚众，民多流徙，郡邑盗起。 夏，蜀亦大饥，米斗二千，利路倍之，道殣枕藉。 是岁，果州守臣宇文彬献《禾粟九穗图》，吏部侍郎晏敦复言："果、遂饥民未苏，不宜导谀。"坐黜爵。	《宋史》卷二八，第523页。《要录》卷九八，第1611页；卷九九，第1633页。《宋史》卷六七，第1463页。
绍兴七年（1137）	三月，是春广西大饥，斗米千钱，桃李互实皆可食，凡物多类此。 夏，钦、廉、邕州饥。 闰十月乙丑，京西、湖北民饥。	《宋史全文》卷二〇上。《宋史》卷六七，第1463页；卷二八，第532页。
绍兴九年（1139）	江东西、浙东饥，米斗千钱，饶、信州尤甚。	《宋史》卷六七，第1463页。
绍兴十年（1140）	浙东、江南荐饥，人食草木。	《宋史》卷六七，第1463页。
绍兴十一年（1141）	京西、淮南饥。	《宋史》卷六七，第1463页。

① 荆湖南路转运判官、权安抚司公事薛弼言："一年备兼五大：大兵、大火、大旱、大饥、大雪。"《建炎以来系年要录》卷九八，"绍兴六年二月庚戌条"。

续表

年代	饥荒表征	资料出处
绍兴十二年（1142）	七月癸卯，吴璘又言："胡世将尝招得数千人，近缘（川、陕）岁饥皆饿死，今必有流民愿就招者。"	《要录》卷一四六，第2336页。
绍兴十三年（1143）	三月丙午，淮南民饥。	《宋史》卷三〇，第559页。
绍兴十八年（1148）	六月，是月，福州侯官县有竹实如米，饥民采食之。① 十一月辛亥，振绍兴府饥。 冬，浙东、江淮郡国多饥，绍兴尤甚。民之仰哺于官者二十八万六千人，不给乃食糟糠、草木，殍死殆半。 十有二月乙卯朔，上（高宗）谓大臣曰：闻绍兴饥民有渡江者，可令临安优给路费遣还。时明、越、秀、润、徽、婺、饶、信州皆旱，民多流散。	《宋史》卷三〇，第568、569页；卷六七，第1464页。《要录》卷一五八，第2572页。
绍兴十九年（1149）	春夏，绍兴府大饥，明、婺州亦如之。 二月辛巳，诏临安府日下给米赈济流民，时浙东大饥，其小民行乞都市，有馁死者。 大旱饥，谷石五千二百足钱。②	《宋史》卷六七，第1464页。《宋史全文》卷二一下。
绍兴二十四年（1154）	衢州饥。	《宋史》卷六七，第1464页。
绍兴二十七年（1157）	十月辛酉，诏四川诸司察旱伤州县，捐其税，振其饥民。	《宋史》卷三一，第588页。
绍兴二十八年（1158）	八月己丑，检放风水灾伤州县苗税，仍振贷饥民。 平江府饥。	《宋史》卷三一，第590页；卷六七，第1464页。
绍兴二十九年（1159）	春正月庚午，振湖、秀诸州饥民。 绍兴府荐饥。	《宋史》卷三一，第591页；卷六七，第1464页。

① 《建炎以来系年要录》卷一五八"绍兴十有八年八月丙子"条，集英殿修撰、知福州薛弼言："本州亢旱，既而大雨，忽传侯官县有竹实如米，老稚采取，所得几万斛，饥者赖以济。"第2566页。
② 叶适：《水心文集》卷一二《石庵藏书目序》，《叶适集》，中华书局1983年版，第203页。

年代	饥荒表征	资料出处
绍兴三十二年 (1162)	二月庚子，振两淮饥民。	《宋史》卷三二，第608页。
隆兴元年 (1163)	绍兴府大饥，四川尤甚。平江、襄阳府、随、泗州、枣阳、盱眙军大饥。随、枣间米斗六七千。	《宋史》卷六七，第1464页。
隆兴二年 (1164)	平江府、常、秀州饥，华亭县人食秕糠。行都及镇江府、兴化军、台、徽州亦艰食，淮民流徙江南者数十万人。 　赵令良帅绍兴，是时流民聚城郭待赈济，饿而死者不可胜计。①	《宋史》卷六七，第1464页。
乾道元年 (1165)	二月乙酉，两淮州县民饥。 二月癸卯，两浙以涝饥，民流徙未复业。 　春，行都、平江、镇江、绍兴府、湖、常、秀州大饥，殍徙者不可胜计。 　夏，亡麦。 　是岁，台、明州、江东诸郡皆饥。②	《宋史》卷三三，第631页。《宋史》卷六七，第1464页。
乾道二年 (1166)	二月丁丑，振两浙、江东饥。③ 夏，亡麦。	《宋史》卷三三，第633页；卷六七，第1464页。
乾道三年 (1167)	九月，不雨，麦种不入。	《宋史》卷六七，第1464页。
乾道四年 (1168)	春，蜀、邛、绵、剑、汉州、石泉军大饥，邛为甚。盗延八郡，汉饥民至九万余。 　四月癸卯，遣使抚问蜀二州饥民为乱者。是月，振绵、汉等州饥。	《宋史》卷六七，第1464页；卷三四，第643页。

---

① 董煟：《救荒活民书》卷三《赵令良赈济法》。

② "乾道元年秋七月庚戌"条，知池州鲁詧申称本州营下竹生穗，实如米，饥民采食之。仍图竹实之状，缄囊其物以献。臣僚论："歉岁饥民食其不当食之物，诚出于饥饿迫切而已。今池之民采竹实而食，其亦迫切甚矣。詧任在牧民，顾以为美事，不谓之奸谀，不可也，较其罪与姚岳同科，欲望圣断，将詧罢黜施行。"诏从之。《宋史全文》卷二四下。

③ 杨万里：《诚斋集》卷一二五《宋故华文阁直学士赠特进程公墓志铭》："乾道二年，二浙大饥。"

续表

年代	饥荒表征	资料出处
	五月乙丑,以邛州安仁县荒旱失于蠲放,致饥民扰乱,守贰县令降罢,追停有差。丁亥,以饶、信二州、建宁府饥民啸聚,遣官措置振济。	
乾道五年（1169）	夏,饶、信州荐饥,民多流徙。徽州大饥,人食蕨、葛。台、楚州、盱眙军亦饥。 秋、冬,不雨,淮郡麦种不入。	《宋史》卷六七,第1464页。
乾道六年（1170）	冬,宁国府、广德军、太平、湖、秀、池、徽、和州皆饥。	《宋史》卷六七,第1464页。
乾道七年（1171）	夏四月,楚州饥。 秋,江东西、湖南十余郡饥。江、筠州、隆兴府为甚。人食草实,流徙淮甸。诏出内帑收育弃孩。淮郡亦荐饥。金人运麦于淮北岸易南岸铜镪,斗钱八千。江西饥,民流光、濠、安丰间,皆效淮人私籴,钱为之耗。荆南亦饥。 冬十月,是月赈饶州饥。①	《宋史》卷六七,第1464页。《宋史全文》卷二五下。
乾道八年（1172）	江西亡麦。隆兴府荐饥。南昌、新建县饥民仰给者二万八千余。	《宋史》卷六七,第1464页。
乾道九年（1173）	春,成都、永康、邛三州饥。 秋,台州饥。温、婺州亦饥。	《宋史》卷六七,第1464页。
淳熙元年（1174）	浙东、湖南、广西、江西、蜀关外皆饥。台、处、郴、桂、昭、贺尤甚。	《宋史》卷六七,第1465页。
淳熙二年（1175）	淮东西、江东饥,滁、真、扬州、盱眙军、建康府为甚。 是岁,镇江、宁国府、常州、广德军亦艰食。	《宋史》卷六七,第1465页。

---

① "上（孝宗）因览知州王秬赈济画一,曰饥岁民多遗弃小儿,已付诸路收养,如钱物不足,可具奏来,于内藏支降。"《宋史全文》卷二五下。

续表

年代	饥荒表征	资料出处
淳熙三年（1176）	春正月甲寅，淮东饥。 淮甸饥。 夏，台州亡麦。 冬，复、施、随、郢州、荆门军、襄阳、江陵、德安府大饥。	《宋史》卷三四，第661页；卷六七，第1465页。
淳熙四年（1177）	春，尤饥。 三月壬子，贷随、郢二州饥民米。 七月辛丑，振襄阳饥民。	《宋史》卷六七，第1465页；卷三四，第663页。
淳熙六年（1179）	春正月戊辰，振淮东饥民。 三月辛未，再振淮东饥民。 冬，和州饥。通、泰、楚州、高邮军大饥，人食草木。	《宋史》卷三五，第669、670页；卷六七，第1465页。
淳熙七年（1180）	十一月癸丑，诏边吏存恤江西过淮饥民。 镇江府、台州、无为、广德军民大饥。 是岁，江、浙、荆、湘、淮郡皆饥。	《宋史》卷三五，第673页；卷六七，第1465页。
淳熙八年（1181）	春，江州饥，人采葛而食，诏罢守臣章骙。 冬，行都、宁国、建康府、严、婺、太平州、广德军饥。徽、饶州大饥，流淮郡者万余人。 十一月己亥，振临安府及严州饥民。庚子，再诏临安府为粥，食饥民。是月诏诸路赈饥。 江南南康饥民一十二万二千有奇，江西兴国饥民七万二千有奇。	《宋史》卷三五，第676页；卷六七，第1465页。《宋史全文》卷二七上。《通考》卷二六，考256页。
淳熙九年（1182）	春，大亡麦。行都饥，於潜、昌化县人食草木。绍兴府、衢、婺、严、明、台、湖州饥。徽州大饥，稑稑亦绝。湖北七郡荐饥。蜀潼、利、夔三路郡国十八皆饥，流徙者数千人。 六月，是夏饶州饥，命赈之。 十一月庚午，振夔路饥。	《宋史》卷三五，第679页；卷六七，第1465页。《宋史全文》卷二七上。
淳熙十年（1183）	合、昌州荐饥，民就振相蹂死者三十余人。 十一月，是月命赈京西饥。	《宋史》卷六七，第1465页。《宋史全文》卷二七上。

续表

年代	饥荒表征	资料出处
淳熙十一年（1184）	七月,是月,泉、福州、兴化军饥。 泉、汀、漳州、兴化军亡禾。邕、宾、象州饥。	《宋史全文》卷二七上。《宋史》卷六七,第1465页。
淳熙十二年（1185）	福建饥,亡麦。江西、广东、西饥。金州饥,有流徙者。	《宋史》卷六七,第1465页。
淳熙十三年（1186）	是岁,利州路饥。	《宋史》卷三五,第686页。
淳熙十四年（1187）	春正月癸亥,金、洋州及关外四州民饥。 七月辛酉,江西、湖南饥。给度僧牒,鬻以籴米备振粜。是月,秀州饥,有流徙者。临安府九县饥。 八月辛未,绍兴府饥。 金、洋、阶、成、凤、西和州人乏食。	《宋史》卷三五,第686、687页;卷六七,第1465页。
淳熙十五年（1188）	六月,赈临安饥。	《宋史全文》卷二七下。
淳熙十六年（1189）	正月二十二日,襄阳府言楚州今岁大水,贫乏阙食民户一万四百余家。 夏,成州亡麦。 冬,阶、成、凤、西和州荐饥。	《宋会要》瑞异三之一五。《宋史》卷六七,第1465页。

南宋中后期饥荒简表

年代	饥荒史实	资料出处
绍熙二年（1191）	是年,蕲州饥。夔路五郡饥。渝、涪为甚。阶、成、凤、西和州亡麦。	《宋史》卷六七,第1465页。
绍熙三年（1192）	九月,是月,淮西郡国稼皆肃于霜,民大饥。 是年,资、荣州亡麦。普、叙、简、隆州、富顺监皆大饥,亡麦,殍死者众,民流成都府至千余人。威远县弃儿且六百人,扬州亦饥。	《通考》卷三〇五,考2401页。《宋史》卷六七,第1465页。

续表

年代	饥荒史实	资料出处
绍熙四年 (1193)	二月丙寅，江陵民饥。 简、资、普州饥。绵州亡麦。 夏，绍兴府亡麦。安丰军大亡麦。	《宋史》卷三六，第705页；卷六七，第1466页。
绍熙五年 (1194)	冬，亡麦苗，行都、淮、浙西东、江东郡国皆饥。常、明州、宁国、镇江府、庐、滁、和州为甚。人食草木。	《宋史》卷六七，第1466页。
庆元元年 (1195)	春，常州饥，民之死徙者众。楚州饥，人食糟粕，淮、浙民流行都。 二月，岁凶，百姓饥病。	《宋史》卷六七，第1466页；卷一七三，第4178页。
庆元三年 (1197)	浙东郡国亡麦，台州大亡麦，民饥多殍。襄、蜀亦饥。	《宋史》卷六七，第1466页。
庆元四年 (1198)	秋，浙东西荐饥，多道殣。	《宋史》卷六七，第1466页。
庆元六年 (1200)	冬，常州大饥，仰哺者六十万人。润、扬、楚、通、泰州、建康府、江阴军亦乏食。	《宋史》卷六七，第1466页。
嘉泰元年 (1201)	浙西郡国荐饥。常州、镇江、嘉兴府为甚。	《宋史》卷六七，第1466页。
嘉泰二年 (1202)	四川饥。广安、淮安军、潼川府大亡麦。衡、郴州、武冈、桂阳军乏食。	《宋史》卷六七，第1466页。
嘉泰三年 (1203)	春，邵、永州大饥，死、徙者众，民多剽盗。 夏，行都艰食。	《宋史》卷六七，第1466页。
嘉泰四年 (1204)	春，抚、袁州、隆兴府、临江军大饥，殍死者不可胜瘗，有举家二十七人同赴水死者。	《宋史》卷六七，第1466页。
开禧二年 (1206)	绍兴府、衢、婺州亡麦。湖北、京西、淮东西郡国饥，民聚为剽盗，南康大安军、忠、涪州皆饥。	《宋史》卷六七，第1466页。
嘉定元年 (1208)	九月壬子，江淮民饥。 淮民大饥，食草木，流于江、浙者百万人。 是岁，行都亦饥，米斗千钱。	《宋史》卷三九，第751页；卷六七，第1466页。

续表

年代	饥荒史实	资料出处
嘉定二年（1209）	春，两淮、荆、襄、建康府大饥，米斗钱数千，人食草木。淮民刲道殣食尽，发瘗胔继之，人相搤噬。流于扬州者数千家，度江者聚建康，殍死日八九十人。 是秋，诸路复大歉，常、润尤甚。 秋七月壬寅，命两淮转运司给诸州民麦种。癸卯，募民以赈饥免役。 八月丙戌，发米十万石，振两淮饥民。 十一月甲午，诏浙西监司募饥民修水利。乙未，以岁饥罢雪宴。 冬，行都大饥，殍者横市，道多弃儿。	《宋史》卷六七，第1466页；卷三九，第753、754页。
嘉定三年（1210）	春，建康府大饥，人相食。 五月，衢州饥，颇聚为剽盗。	《宋史》卷六七，第1467页。
嘉定四年（1211）	真德秀云："近岁以来，旱蝗频仍，饥馑相踵。"①	
嘉定七年（1214）	台州大亡麦。	《宋史》卷六七，第1467页。
嘉定八年（1215）	七月丙子，江东民饥。 淮、浙、江东西饥，都昌县饥民聚为盗者三十六党。	《宋史》卷三九，第762页；卷六七，第1467页。
嘉定九年（1216）	行都饥，闾巷有殍。	《宋史》卷六七，第1467页。
嘉定十年（1217）	台、衢、婺、饶、信州饥，剽盗起，台为甚。蜀石泉军饥，殍死殆万余人。	《宋史》卷六七，第1467页。
嘉定十一年（1218）	秋，淮、浙、江东饥馑，亡麦苗。	《宋史》卷六七，第1467页。
嘉定十二年（1219）	春，潼川府饥而不害。	《宋史》卷六七，第1467页。

① 《西山先生真文公文集》卷二《辛未十二月上殿奏劄一》（时为著作佐郎）。

续表

年代	饥荒史实	资料出处
嘉定十三年（1220）	春，福州饥，人食草根。	《宋史》卷六七，第1467页。
嘉定十六年（1223）	春，海州新附山东民饥。京东、河北路新附山西民亦饥。湖南永、道州大饥。 三月丁卯，道州民饥。 是岁，行都、江、淮、闽、浙郡国皆亡麦禾。	《宋史》卷六七，第1467页；卷四〇，第779页。
嘉定十七年（1224）	春，余杭、钱塘、仁和三县饥，镇江府饥，真、鄂州亦乏食。 夏四月辛卯，庐州民饥。 金坛县春啼饥者载道。①	《宋史》卷六七，第1467页。《宋史》卷四〇，第780页。
嘉熙元年（1237）	正月丙寅，淮、襄避地流民饥寒。	《宋史全文》卷三三。
嘉熙四年（1240）	绍兴府荐饥。临安府大饥。严州饥。	《宋史》卷六七，第1467页。
淳祐六年（1246）	秋七月壬戌，泉州岁饥。	《宋史》卷四三，第835页。
淳祐十二年（1252）	六月癸亥，发米三万石振衢、信饥。	《宋史》卷四三，第846页。
宝祐六年（1258）	五月丁巳，湖北诸郡去年旱潦饥疫。②	
咸淳二年（1266）	六月壬午，衢州饥。	《宋史》卷四六，第896页。

---

① 嘉定十六年，暴不胜寒，谷入大减，菜亦不熟，越明年，春啼饥者载道。(《金坛县嘉定甲申粥局记》，《宋代石刻文献全编》第二册，第330页。）

② 开庆元年五月丁巳，诏湖北诸郡，去年旱潦饥疫，令江陵、常、澧、岳、寿诸州发义仓米振粜，仍严戢吏弊，务令惠及细民。《宋史》卷四四，第866页。

续表

年代	饥荒史实	资料出处
咸淳七年（1271）	三月戊寅，和州无为、镇巢、安庆、诸州饥。乙酉，平江府饥。吉州饥。 六月丙申，瑞州民及流徙者饥乏食。戊午，绍兴府饥。 江南大饥。	《宋史》卷四六，第906页；卷六七，第1467页。
咸淳八年（1272）	冬，襄阳饥、人相食。	《宋史》卷六七，第1467页。
德祐元年（1275）	五月甲午，饶、信州饥。	《宋史》卷四七，第930页。
德祐二年（1276）	正月，扬州饥。 三月，扬州谷价腾踊，民相食。	《宋史》卷六七，第1467页。

根据上表，两宋时期见于记载的饥荒年份共计195年，其中发生在三个州至一路较大范围的饥荒年计58年。

第八章

宋代自然灾害死亡人数考

一、见于现存文献记载的死亡统计[①]

为了便于讨论，根据文献记载将有关统计数据制成一览表。

纪年	灾种及发生地域	死亡数	资料出处
乾德四年（966）	八月，淄州清河水溢，溺数百家。	1000人以上	《宋史》卷六一，第1319页。
乾德五年（967）	黄河决溢于卫州，毁坏州城，没溺者甚众。		《宋史》卷六一，第1319页。
开宝元年（968）	六月辛巳，龙出单父民家井中。大风雨，漂民舍四百区，死者数十人。	20人以上	《宋史》卷二，第27页。
太平兴国二年（977）	六月癸卯，秦州民饥益甚，转死沟壑者愈众。		《长编》卷一八，第406页。
太平兴国六年（981）	是岁，鄜、延、宁州并三河水涨，溢入州城；鄜州坏军营，建武指挥使李海及老幼溺死六十三人。	63人	《宋史》卷六一，第1321页。

---

① 本统计不包括火灾、战争、农民变乱造成的死亡，所言灾害主要是指水、旱、蝗、地震、海潮（海啸）、飓风，其统计包括直接造成的生命损失和由灾害引起饥荒、疫病造成的死亡。

续表

纪年	灾种及发生地域	死亡数	资料出处
太平兴国七年（982）	六月乙亥，齐州言逮捕临邑尉王坦等六人，系狱未具，一夕大风雨，坏狱户，王坦等六人皆压死。 七月，京兆府咸阳渭水涨，坏浮梁。工人溺死五十四人。	66人	《长编》卷二三，第522页。《宋史》卷六一，第1321页。
太平兴国八年（983）	六月，榖、洛、伊、瀍四水暴涨，坏京城官署、军营、寺观、祠庙、民舍万余区，溺死者以万计。荆门军长林县山水暴涨，溺死五六十人。	10000人以上	《宋史》卷六一，第1322页。
太平兴国九年（984）	七月，嘉州江水暴涨，坏官署、民舍，溺死者千余人漂溺人畜。 淄州霖雨，孝妇河涨溢，坏官寺、民舍。	1000人	《通考》卷二九六，考2344页。
端拱二年（989）	是岁，河南、莱、登、深、冀旱甚，民多饥死。		《宋史》卷六六，第1439页。
端拱中（988—989）	吴中大饥，民死大半。		曾慥：《类说》卷八《录异记·蚕飞》。
淳化元年（990）	二月九日，登州文登、牟平两县岁饥。民四百一十九人饿死。二十六日，文登县饥，民二千六百六十二人饥死。	3081人	《宋会要》食货六八之一九。
淳化二年（991）	六月，陇城县大雨，坏官私庐舍殆尽，溺死者百三十七人。 七月，泗州招信县大雨，山河涨，死者二十一人。 九月，邛州蒲江等县山水暴涨，坏民舍七十区，死者七十九人。	237人	《宋史》卷六五，第1421页；卷六一，第1323页。
淳化三年（992）	六月丁丑，先是，都下大热，疫死者众。 七月，河南府洛水涨，坏七里、镇国二桥。又山水暴涨，坏丰饶务官舍、民庐，死者二百四十人。	1800人	《宋史》卷六七，第1468页；卷六一，第1323页；卷五，第90页。

续表

纪年	灾种及发生地域	死亡数	资料出处
	十月，上津县大雨，河水溢，坏民舍，溺者三十七人。 是岁，润州丹徒县饥，死者三百户。		
淳化四年 （993）	九月，澶州河水涨，冲陷北城，坏居民庐舍、官署、仓库殆尽，民溺死者甚众。 梓州玄武县涪江涨二丈五尺，壅决，流入州城，坏官私庐舍万余区，溺死者甚众。		《宋史》卷六一，第1323页。
咸平元年 （998）	五月，昭州大雨霖，害民田，溺死者百五十七人。 七月庚午，宁化军汾水涨，坏北水门，山石摧圮，军士有压死者。	157人	《宋史》卷六五，第1421页；卷六七，1488页。
咸平二年 （999）	七月庚寅，陕州灵宝县暴雨崖圮，压居民。死者二十二户。 十月，漳州山水泛溢，坏民舍千余区。民黄挐等十家溺死。	约160人	《宋史》卷六七，第1488页；卷六一，第1324页。
咸平三年 （1000）	正月二十五日，（田锡）所进实封为霸州、乾宁军死伤人户等，自二十六日至今又据莫州奏饥死一十六口，沧州奏全家饥死一十七户。① 三月，是春，上（真宗）以手诏……吏部郎中、直集贤院、知泰州田锡上疏……臣又以江南、两浙，自去年至今，民饿者十八九。……又问疾疫死者多少人，称饿死者不少，无人收拾，沟渠中皆是死人，却有一僧人收拾埋葬，有一千人作一坑处，有五百人作一窖处。……又问饥馑疾疫去处，称越州最甚，萧山县三千余家逃亡死损并尽，今并无人。 三月辛丑夜，秦州大泽县三阳砦大雨，崖摧，压死者六十二人。 两浙大饥，民疫死。	约100人 20000人以上 62人	《长编》卷四六，第1003页。《宋史》卷六七，第1488页。《通考》卷三〇二，考2387页。

① 《宋诸臣奏议》卷一〇六田锡《上真宗乞赈给河北饥民》。

续表

纪年	灾种及发生地域	死亡数	资料出处
咸平四年（1001）	正月，秦州成纪县山摧，压死六十余人。七月，同州浖谷水溢夏阳县，溺死者数十人。	约100人	《宋史》卷六七，第1488页；卷六一，第1324页。
咸平五年（1002）	六月，京师大雨，漂坏庐舍，民有压死者。		《宋史》卷六一，第1324页。
景德二年（1005）	六月，宁州山水泛溢，坏民舍、军营，多溺死者。		《宋史》卷六一，第1324页。
景德三年（1006）	八月，青州大雨，坏鼓角楼门，压死者四人。		《宋史》卷六五，第1421页。
景德四年（1007）	六月己亥，郑州言索水暴涨，漂荥阳居民四十二户，有溺死者。戊午，邓州江水暴涨，南剑州山水泛溢，漂溺居人。七月，秦州成纪县崖圮，压死居民。	200人	《长编》卷六五，第1462页。《宋史》卷六七，第1488页。
大中祥符二年（1009）	八月，无为军大风雨拔木，压溺千余人。凤州大水，漂溺居民。九月戊午，秦州长道县水，漂溺民。	1000人	《宋史》卷六五，第1421页；卷六一，第1324页。《长编》卷七二，第1632页。
大中祥符三年（1010）	五月辛丑，京师大雨，平地数尺，坏军营、民舍，多压死者。		《宋史》卷六五，第1421页。
大中祥符四年（1011）	八月，大名府御河水溢合流，人多溺死者。十一月，楚、泰州潮水害田，人多溺者。		《宋史》卷六一，第1325页。
大中祥符五年（1012）	七月，庆州淮安①镇山水暴涨，漂溺居民。		《宋史》卷六一，第1325页。
大中祥符六年（1013）	六月，保安军积雨河溢，判官赵震溺死，溺死兵民六百五十人。	650人	《宋史》卷六一，第1325。

① 《续资治通鉴长编》卷七八七月乙未作"怀安"，第1777页。

续表

纪年	灾种及发生地域	死亡数	资料出处
大中祥符七年（1014）	六月，秦州定西寨山水暴涨，有溺死者。		《宋史》卷六一，第1325。
大中祥符八年（1015）	闰六月庚午①，坊州大雨河溢，民有溺死者。		《长编》卷八五，第1942页。
大中祥符九年（1016）	六月，秦州独孤谷水坏长道县盐官镇城桥及官廨、民舍二百九十五区，溺死六十七人。 九月丁卯，诏："如闻杭州葺江岸卒，执役水中，苦足疾，死者甚众。"②	67人	《宋史》卷六一，第1325页。
天禧元年（1017）	十二月，京师大雪苦寒，人多冻死，路有僵尸。		《宋史》卷六二，第1342页。
天禧三年（1019）	五月，徐州利国监大风起西南，坏庐舍二百余区，压死十二人。 六月，河决滑州城西南，死者甚众。	12人	《宋史》卷六七，第1488页；卷六一，第1352页。
天禧四年（1020）	七月甲子，京师夜大雨，流潦泛溢……多压死者。		《宋史》卷六五，第1421页。
乾兴元年（1022）	十月己酉夜，沧州盐山、无棣二县海潮溢，坏公私庐舍，溺死者甚众。		《宋史》卷六一，第1325页。
天圣四年（1026）	六月丁亥，剑州、邵武军大水，溺死者百五十余人。 六月二十二日，侯官县界洪水坏沿溪居民舍宇，溺死者甚众。 十月乙酉，京山县山水暴涨，漂死者众。	150人	《通考》卷三〇三，考2390页。《宋会要》瑞异三之一。《宋史》卷六一，第1325页。
天圣五年（1027）	七月辛丑，泰州盐官镇大水，民多溺死。		《宋史》卷六一，第1325页。
天圣六年（1028）	八月甲戌，永兴军临潼县山水暴涨，民溺死者甚众。		《宋史》卷六一，第1325页。

① 《宋史》卷六一"作七月"，第1325页。
② 《乾道临安志》卷三《牧守·马亮》，浙江人民出版社1983年版，第53页。

续表

纪年	灾种及发生地域	死亡数	资料出处
天圣七年（1029）	秋七月戊午朔，河北民被水，溺死而不能收殓者，官为瘗埋。		《长编》卷一〇八，第2518页。
天圣九年（1031）	十月十二日，潮州海阳潮涨，死失人口。		《宋会要》食货六八之三八。
天圣中	天下水旱、蝗起，河决滑州，百姓疫死。		《宋史》卷二九五《谢绛传》，第9843页。
明道元年（1032）	虫螟水旱，几遍天下。始之以饥馑，继之以疾疫，民之转流死亡，不可胜数。		《宋史》卷二九四，《苏绅传》第9812页。
明道二年（1033）	二月庚子，南方大旱，种饷皆绝，人多流亡，困饥成疫气，相传死者十二三，官虽作粥糜以饷之，然得食辄死，村聚墟里几为之空。		《长编》卷一一二，第2605页。
景祐元年（1034）	八月庚午，洪州分宁县山水暴发，漂溺居民二百余家，死者三百七十余口。	370人	《宋史》卷六一，第1326页。
景祐三年（1036）	六月，虔、吉诸州久雨，江溢，坏城庐，人多溺死。		《宋史》卷六一，第1325页。
景祐四年（1037）	八月甲戌，越州大水，漂溺居民。 十二月二日，定襄同日震，至五日不止。坏庐寺、杀人畜，几十之六。 十二月甲子①，京师地震。甲申，忻、代、并三州地震，坏庐舍。覆压吏民，忻州死者万九千七百四十二人，伤者五千六百五十五人，畜扰死者五万余；代州死者七百五十九人；并州千八百九十人。②	22391（32306）人	《宋史》卷六一，第1326页。《通考》卷三〇一，考2382页。《长编》卷一二〇，第2840页。

① 《宋史》卷六七原有："十二月甲子，京师地震。"是年十二月无甲子，误，第1484页。
② 《宋史》卷一〇，压死人数作"三万二千三百六人伤五千六百人"，第203页。

续表

纪年	灾种及发生地域	死亡数	资料出处
宝元元年（1038）	春正月乙卯，河东地大震裂，涌水坏屋庐、城堞，杀民、畜几十万①。 建州自正月雨，至四月不止，溪水大涨入州城，坏民庐舍，溺死者甚众。	10万	《长编》卷一二一，第2851页。《宋史》卷六七，1484页。
庆历元年（1041）	吴越龙蛇年，大旱千里赤……炎暑发厉气，死者道路积。		苏舜钦：《苏学士集》卷二：《吴越大旱》。
庆历六年（1046）	六月丙寅，以久旱民多喝死。 九月庚寅，海水入台州，杀人民。		《长编》卷一五八，第3831页；卷一五九，第3846页。
庆历七年（1047）	台州黄岩县海潮大至，没溺者甚众。		《范文正集》卷一三《太子中舍致仕范府君墓志铭》。
皇祐三年（1051）	五月二十六日，内降札子，臣僚上言："臣昨南方州郡连年疾疫瘴疠，一州有死十余万人。"②	100万人以上	
皇祐三年（1051）	九月直集贤院刘敞称："乃者……淮汝以西，关陕以东，数千里之间罹于水忧者。""甚则溺死，不甚则流亡……略计百万人。"		《宋朝诸臣奏议》③卷一二七《上仁宗论修商胡口》，第1396页。
皇祐中	大疫，死者横道。		黄庭坚：《宋黄文节公全集·别集》卷一〇《承议郎致仕李府君墓铭》。
至和元年（1054）	正月，京师大雪，贫弱之民冻死者甚众。		《宋史》卷六二，第1342页。

---

① 《宋史全文》卷八下"庆历五年夏四月丁亥朔"条，御史李京言自宝元初定襄地震，压死者数万人。
② （唐）王焘撰，（宋）林亿等补：《外台秘要方》《外台秘要方札子》。
③ 赵汝愚编、北京大学中国中古史研究中心点校整理：《宋朝诸臣奏议》，上海古籍出版社1999年版。

续表

纪年	灾种及发生地域	死亡数	资料出处
至和元年（1054）	二月庚子，朝廷诏称："乃者调民治河堤，疫死者众。"		《长编》卷一七六，第4253页。
至和三年（嘉祐元年，1056）	正月壬午，大雨雪，泥涂尽冰，都民寒饿死者甚众。 夏四月壬子朔，李仲昌等塞商胡北流，入六塔河，隘不能容，是夕复决，溺兵夫、漂刍藁不可胜计，人、畜死者不知其数。 是岁，夏雨霖，京师大水。①		《宋史》卷六二，第1342页。《长编》卷一八二，第4400页。
嘉祐元年（1056）	四月，宋廷导黄河入六塔河失败。"溺没兵夫性命不少"，"河溃浸数州，死者以万计"。②	10000人	《长编纪事本末》卷四七《再修澶州决河》，第1531页。
嘉祐二年（1057）	雄州北界幽州地大震，大坏城郭，覆压者数万人。	20000人以上	《宋史》卷六七，第1484页。
嘉祐三年（1058）	闰十二月，京师大雪，民冻馁而死者十七八。		《欧阳修全集》附录卷五《事迹》。
嘉祐四年（1059）	春正月丁酉，自去年雨雪不止，民饥寒死道路甚众。		《长编》卷一八九，第4547页。
嘉祐五年（1060）	正月，蔡挺、李仲昌等人开修六塔河失败，"滨、棣、德、博民多水死"；宦官刘恢竟奏称"水死者数千、万人"。 五月戊子朔，诏："京师大疫，贫民为庸医所误死者甚众。"	10000人以上	《宋史》卷二八五，第9620页；卷九一，第2273页。《长编》卷一九一，第4622页。
治平元年（1064）	六月八日，庆州言怀安镇河水泛涨，摧东山三百步，居民压溺而没者四十余家。 八月丁巳，陈、许、颍、亳等州水灾，遂致骨肉相食，积尸满野。③	200人	《宋会要》瑞异三之二至三。《宋史》卷六一，第1327页。

① 欧阳修：《欧阳修全集》卷一一〇《论水灾疏》。
② 晁补之：《鸡肋集》卷六六《尚书司封员外郎胡公墓志铭》。
③ 《续资治通鉴长编》卷二〇二"治平元年八月丁巳"条，第4901页；卷二〇四"治平二年三月己丑"条，司马光语，第4954页。

续表

纪年	灾种及发生地域	死亡数	资料出处
治平二年（1065）	八月，京师大雨引发水灾，此次水灾被司马光称为："旷古之极异，非常之大灾。"① "漂人民畜产不可胜数。""官为葬祭其无主者千五百八十人。"		《长编》卷二〇六"治平二年八月庚寅"条，第4985页；《宋史》卷六一，第1327页。
治平四年（1067）	秋，漳、泉、建州、邵武、兴化军等处皆地震，潮州尤甚，士民军兵死者甚众。		《宋史》卷六七，第1485页。
熙宁元年（1068）	秋，霸州山水涨溢。漂溺居民。 保定军大水害稼，坏官私庐舍、城壁，河决恩、冀州，漂溺居民。 八月壬寅，京师地震。河北复大震，或数刻不止，压死者甚众。 巫咸水溢入县城，民多溺死。		《宋史》卷六七，第1485页。《宋史》卷六一，第1327页；卷四五九，第13475页。
熙宁二年（1069）八月	黄河决沧州饶安，漂溺居民。		《宋史》卷六一，第1327页。
熙宁三年（1070）	十二月癸未，司马光奏疏曰……况关中饥馑，十室九空，为贼盗者纷纷已多，县官仓库之积所余无几。		《长编》卷二一八，第5314页。
熙宁五年（1072）	二月壬子，浙西水灾。	80万②	《长编》卷二三〇，第5586页。

---

① 是年八月乙未，司马光上疏曰："京畿东南十有余州，庐舍沉于深渊，浮苴栖于木末，老弱流离，捐瘠道路，妻儿之价，贱于犬豕。许、颍之间，亲戚相食，积尸成丘。既而历冬无雪，暖气如春，草木早荣，继以黑风，今夏疠疫大作，弥数千里，病者比屋，丧车交路。至秋幸而丰熟，百姓欣然，庶获苏息，未及收获，而暴雨大至，一昼之间，川泽皆溢，沟渠逆流，原隰丘陵，悉为洪波，一苗半穗，荡无孑遗。都城之内，道路乘桴，城阙摧圮，官府、仓廪、军垒、民居覆没殆尽，死于压溺者不可胜计。"《续资治通鉴长编》卷二〇六，第4985页；又见《宋会要辑稿》瑞异三之三；《宋史》卷六一，第1327页；《文献通考》卷二九七，考2347页；《文献通考》卷三〇三，考2390页。

② 苏轼言："臣闻熙宁中，杭州死者五十余万，苏州三十余万，未数他郡。"《续资治通鉴长编》卷四六一"元祐六年秋七月己巳"条，第11082页。

续表

纪年	灾种及发生地域	死亡数	资料出处
熙宁六年（1073）	华山阜头峰崩。峰下一岭一谷，居民甚众，皆晏然不闻，乃越四十里外平川，土石杂下如簸扬。七社民家压死者几万人，坏田七八千顷。①	10000人	
熙宁七年（1074）	九月，诸路复旱，时新复洮、河亦旱，羌户多殍死。		《宋史》卷六六，第1441页。
熙宁八年（1075）	夏，吴越大饥疫，死者过半。饿死者什五六。② 两浙饥馑，卒死五十万人。③	50万人	《宋史》卷三一六，第10324页。
熙宁九年（1076）	十月，潮州海阳、潮阳二县海潮涨溢，坏庐舍，溺居民。 恩州武城县有旋风自东南来，望之插天如羊角，大木尽拔。俄顷，旋风卷入云霄中，既而渐近，所经县城官舍民居略尽，悉卷入云中，县令儿女、奴婢卷去，复坠地，死伤者数人。民间死伤亡失者不可胜计，县城悉为丘墟。④		《通考》卷二九七，考2347页。
熙宁十年（1077）	五月癸亥，两浙旱蝗，米价踊贵。饿死者什五六。 河决曹村，坏田三十万顷、民庐舍三十八万家。受诏安抚京东，发廪振饥，远不能至者，分遣吏移给，择高地作舍以居民，流民过所毋征算，转行者赋粮，质私牛而与之钱，养男女弃于道者，丁壮则役其力，凡所活二十五万。		《长编》卷二八二，第6906页。《宋史》卷三四七，第11003页。

① 陆游：《老学庵笔记》卷七，中华书局1979年版，第87页。又见邵博：《邵氏闻见后录》卷三〇："熙宁中，少华山崩，压七村之人，不可胜计。先是，穴居虎豹之属尽避去，人独不知，遂罹祸。山以夜崩，声震百里外。（华）州距山才二十里，初不闻，其异如此。"中华书局1983年版，第234页。
② 《续资治通鉴长编》卷二八二，熙宁十年五月癸亥纪事，第6906页。
③ 《续资治通鉴长编》卷四五一"元祐五年十一月戊子"条，苏轼又言："又勘会熙宁八年两浙饥馑，朝旨截拨江西及本路上供斛斗一百二十五万石，赐本路赈济，只缘本路奏乞后时，不及于事，卒死五十万人。"第10833页。
④ 沈括：《（元刊）梦溪笔谈》卷二一《异事》，第28页。

续表

纪年	灾种及发生地域	死亡数	资料出处
元丰元年（1078）	春，吴越民大饥，疫死者相枕藉。①		
元丰二年（1079）	六月癸丑，导洛通汴中"大河注汴，坏堤覆舟"，人多溺死。		《长编》卷二九八，第7257页。
元丰四年（1081）	四月，澶州临河县小吴河溢北流，漂溺居民。		《宋史》卷六一，第1328页。
元丰六年（1083）	夏，伊、洛间民被溺者十五六。		《宋史》卷三一五，第10304页。
元丰七年（1084）	相州漳河决，溺临漳县居民。		《宋史》卷六一，第1328页。
元祐元年（1086）	十二月，郑县界小敷谷山摧，伤居民。		《宋史》卷六七，第1488页。
元祐五年（1090）	十月二十四日云："苏州饥民死者，日有五七百人，饥、疫更甚于熙宁时。湖州贫人入城死者相继，遗弃男女，官为收养，据此则灾伤轻重亦可知矣。"②		
元祐六年（1091）	秋七月己巳，苏轼言浙西诸郡大水，苏、湖、常三郡水通为一，农民栖于丘墓，舟楫行于市井，父老皆言，耳目未曾闻见，流殍之势甚于熙宁。		《长编》卷四六一，第11028页。
元祐七年（1092）	五月壬子，浙西饥疫大作，苏、湖、秀三州人死过半。（苏轼语） 绵竹水灾，埋瘗溺户几千数。	5000	《长编》卷四七三，第11296页。《净德集》卷二二《朝奉大夫知洋州杨府君墓志铭》。

① 《续资治通鉴长编》卷四九一"绍圣四年九月壬子"条，曾布又言："熙宁乙卯岁十月，在翼轸吴楚分野之外，寻有交州之变，光芒扫长沙。明年春民大饥疫，死者相枕藉。"
② 范祖禹：《太史范公文集》卷二〇《封还臣僚论浙西赈济事状》。

续表

纪年	灾种及发生地域	死亡数	资料出处
元符二年（1099）	六月，陕西、京西、河北大水，黄河溢，漂人民。		《宋史》卷六一，第1328页。
元符三年（1100）	五月十一日，河北水灾，啮地千里，荡室庐，汩牛马，老弱转徙，箱筥锜釜，笐络篮缕，号泣道路，州县畏其聚而无给，则更劝而递遣。占富人之田者，未暇耕凿而死者，已十八九。① 十二月三日，臣僚言："河北滨等数州，昨经河决，连亘千里，为之一空，人民孳畜没溺者不可胜计。"		《宋会要》食货六八之一一五。
建中靖国元年（1101）	十二月辛亥②，太原府、潞、晋、隰、代、石、岚等州，岢岚、威胜、保化、宁化军地震。人畜多死。		《通考》卷三〇一，考2383页。
崇宁元年（1102）	春正月丁丑，太原等十一郡地震，诏死者家赐钱有差。 七月，久雨。坏京城庐舍，民多压溺而死者。		《宋史》卷一九，第363页；卷六五，第1422页。
崇宁三年（1104）	八月壬寅，大雨，坏民庐舍，令收瘗死者。		《宋史》卷一九，第370页。
大观元年（1107）	夏，京畿大水，河北、京西河溢，漂溺民户。		《宋史》卷六一，第1328页。
大观二年（1108）	八月十九日，邢州钜鹿下埒大河水注钜鹿县，被水漂溺身死人户。		《宋会要》食货六八之一一六。
大观三年（1109）	六月二十八日，诏冀州宗齐镇被水身死人户，并为官埋葬。		《宋会要》食货六八之一一六。

---

① 李新：《跨鳌集》卷一九《上皇帝万言书》。
② 《宋史》卷六七作"十一月辛亥"，是月无辛亥，误。

续表

纪年	灾种及发生地域	死亡数	资料出处
政和七年 （1117）	六月，"熙河、环庆、泾原路地震，居民覆压死伤甚众。" 是岁，瀛、沧州河决，沧州城不没者三版。民死者百余万。①	100万	《宋史》卷六七，第1486页；卷六一，第1329页。
政和八年 （重和元年） （1118）	夏，江、淮、荆、浙诸路大水，民流移，漂溺者众。 十二月十九日，诏："淮南被水，楚州山阳、盐城二县下户饥殍三万二千余人。"	32000人	《通考》卷二九七，考2347页。《宋会要》食货六八之五三。
宣和七年 （1125）	七月己亥，熙河路地震，有裂数十丈者，兰州尤甚，陷数百家。		《通考》卷三〇二，考2387页。
宣和中	京西大歉，人相食，炼脑为油以食，贩于四方。		庄绰：《鸡肋编》卷上，第32页。
靖康二年 （1127）	正月丁酉，大雪，天寒甚，地冰如镜，行者不能定立。是月乙卯，车驾在青城，大雪数尺，人多冻死。		《宋史》卷六二，第1342页。
建炎元年 （1127）	三月，金人围汴京，城中疫死者几半。		《宋史》卷六二，第1342页。
绍兴元年 （1131）	六月，浙西大疫，平江府以北。流尸无算。 秋冬，绍兴府连年大疫，官募人能服粥药之劳者，活及百人者，度为僧。		《宋史》卷六二，第1342页。
绍兴三年 （1133）	九月，泉州水，埋瘗被水淹死其无主尸骸。		《宋会要》食货六八之一二一。
绍兴六年 （1136）	二月庚戌，积阴雨雪不止，自下旬雪霰交作，间有雷电，冰凝不解，深厚及尺，饥冻僵仆不可胜数。		《要录》卷九八。《宋史》卷六七，第1463页。

---

① 《宋会要辑稿》食货六八之五二纪事云："政和八年七月十六日，诏高阳关路去岁赈济，全活百余万人，河间府、沧州为多。安抚使吴玠特降诏奖谕，官吏推恩有差。"

续表

纪年	灾种及发生地域	死亡数	资料出处
	春，浙东、福建饥。湖南、江西大饥，殍死甚众，民多流徙，郡邑盗起。夏，蜀亦大饥，米斗二千，利路倍之，道殣枕藉。		
绍兴七年（1137）	七月甲申，建康疫盛。贫民给钱葬其死者。		《宋史》卷二八，第531页。
绍兴十二年（1142）	七月癸卯，吴璘又言，胡世将尝招得数千人，近缘（川、陕）岁饥皆饿死，今必有流民愿就招者。 十二月，是岁初陕西连岁不雨，至是泾、渭、灞、沪皆竭，五谷焦槁，秦民无以食，争西入蜀，川陕宣抚副使郑刚中，以誓书所禁，不敢纳。皆散去饿死。其壮者，北人多买为奴婢，郡邑荡然矣。		《要录》卷一四六，第2336页。《要录》卷二四七，第2373页，据洪迈《夷坚乙志》。
绍兴十四年（1144）	五月丙寅，婺州水。乙丑，兰溪县水侵县市。丙寅中夜，水暴至，死者万余人。 六月乙未，建州水，溺死数千人。 衢、信、处、婺等州大水，民之死者甚众。	10000人以上 2000人以上	《宋史》卷六一，1329页。《要录》卷一五一，第2440页。
绍兴十八年（1148）	冬，浙东、江淮郡国多饥，绍兴尤甚。民之仰哺于官者二十八万六千人，不给乃食糟糠、草木，殍死殆半。	143000人	《宋史》卷六七，第1464页。
绍兴二十三年（1153）	六月庚辰，沅江武陵涨水，人之死者甚众。		《要录》卷一六四，第2687页。
绍兴二十八年（1158）	六月，兴、利二州及大安军大雨，死者甚众。 七月壬戌，平江府大风雨驾潮，漂溺数百里。		《要录》卷一七九，第2970页。《宋史》卷六七，第1470页。
绍兴三十年（1160）	五月辛卯，畿县於潜、临安，湖州安吉等三县山水暴出，人溺死甚众。		《要录》卷一八五，第3100页。

续表

纪年	灾种及发生地域	死亡数	资料出处
绍兴三十一年（1161）	八月二十四日，夔州路被水，埋瘞溺死之人。建始县大水，流民庐，死者甚众。		《宋会要》食货六八之一二五。《宋史》卷六一，第1330页。
绍兴三十二年（1162）	四月，淮水溢数百里，人畜死者甚众。 六月中旬霖雨累日，浙西州郡以山水发洪，人被其害。		《要录》卷一九九，第3367页；卷二〇〇，第3391页。
隆兴二年（1164）	七月，平江、镇江、建康、宁国府、湖、常、秀、池、太平、庐、和、光州、江阴、广德、寿春、无为军、淮东郡皆大水，人溺死者众。 冬，淮甸流民二三十万避乱江南，结草舍边山谷，暴露冻馁。疫死者半，仅有还者亦死。 赵令良帅绍兴，是时流民聚城郭待赈济，饿而死者不可胜计。①	20—30万	《宋史》卷六一，第1330页；卷六二，第1370页。
乾道元年（1165）	正月二十一日，绍兴诸县米价腾踊，饥民阙食，沿湖之民多有死损。		《宋会要》食货六八之六四。
乾道二年（1166）	八月丁亥，温州大风，海溢，溺死二万余人江滨骼胔尚七千余。	27000人	《宋史》卷六一，第1330页。
乾道三年（1167）	七月己西，临安府天目山涌暴水，决临安县五乡民庐二百八十余家，人多溺死。		《宋史》卷六一，第1331页。
乾道五年（1169）	七月丁巳，建宁府瑞应场大潦、山枣等山暴水涌出，溺死甚众。 是岁夏秋温、台州凡三大风，水漂民庐，人畜溺死者甚众。		《宋史》卷六一，第1331页。《宋会要》瑞异三之九。
乾道八年（1172）	夏，隆兴府民疫，遭水患，多死。 六月丙辰，惠州飓风，坏海舶三十余，死者百三十余人。	130人	《宋史》卷六二，第1371页；卷六七，第1471页。

① 又见董煟：《救荒活民书》卷三《赵令良赈济法》。

续表

纪年	灾种及发生地域	死亡数	资料出处
淳熙元年（1174）	七月壬寅、癸卯，钱塘大风涛，漂居民六百三十余家。		《宋史》卷六一，第1331页。
淳熙二年（1175）	七月十四日，建因淹浸寨屋一千一百余家。		《宋会要》瑞异三之一一至一二。
淳熙三年（1176）	八月辛巳，台州大风雨至于壬午，海涛溪流合激为大水，溺死者甚众。		《宋史》卷六一，第1331页。
淳熙四年（1177）	六月乙巳夜，福州福清县、兴化军大风雨，坏官舍、民居、仓库及海口镇。人多死者。 九月丁酉、戊戌，大风雨驾海涛。余姚县溺死四十余人。①		《宋史》卷六七，第1471页；卷六一，第1332页。
淳熙五年（1178）	闰六月乙巳，兴化军及福清县及海口镇大水，溺死者甚众。		《宋史》卷六一，第1332页。
淳熙六年（1179）	秋，宁国府、温、台、湖、秀、太平州水，乐清县溺死者百余人。 十一月，鄂州大风，覆舟，溺人甚众。	100人	《宋史》卷六一，第1332页；卷六七，第1471页。
淳熙七年（1180）	二月，江陵府大风，焚溺岸舟，死者尤众。		《宋史》卷六七，第1471页。
淳熙八年（1181）	五月壬辰，严州大水，漂浸民居万九千五百四十余家，绍兴府大水，五县漂浸民居八万三千余家。 行都大疫。禁旅多死。宁国府民疫死者尤众。		《宋史》卷六五，第1424页；卷六二，第1371页。
淳熙十年（1183）	八月辛酉，雷州（今海康县）大风激海涛，没濒海民舍，死者甚众。 九月丁卯，吉州龙泉县大水，溺死者众。合、昌州荐饥，民就振相踩死者三十余人。		《宋史》卷六一，第1332页；卷六七，第1465页。

---

① 《中国历代灾害性海潮史料》作"乾道四年"，误。

续表

纪年	灾种及发生地域	死亡数	资料出处
淳熙十二年（1185）	八月戊寅，安吉县暴水发枣园村，溺死千余人。 是冬，大雪自十二月至明年正月，台州雪深丈余，冻死者甚众。	1000人	《宋史》卷六一，第1333页；卷六二，第1343页。
淳熙十三年（1186）	五月，建宁府松溪、政和县水，瑞应场淹死者不下千人，被伤者不下二千家。	1000人	《宋会要》瑞异三之一四。
淳熙十五年（1188）	五月戊午，祁门县群山暴汇为大水，人畜什六七，浮胔甚众。		《宋史》卷六一，第1333页。
淳熙十六年（1189）	五月丙辰，汀州大水，浸民庐千五百余家，溺死三千人。	3000人	《宋史》卷六一，第1333页。
绍熙元年（1190）	十二月，建宁府大雪深数尺，查源洞寇张海起民避入山者多冻死。		《宋史》卷六二，第1343页。
绍熙二年①（1191）	春，涪州疫。死数千人。 三月，宁化县连水，溺死二十余人。 七月，江油县水，溺死者众。	2000人以上	《宋史》卷六二，第1371页；卷六一，第1333页。
绍熙四年（1193）	五月戊寅，进贤县水，圮百二十余家。 六月丙申，兴国军水，池口镇及大冶县漂民庐，有溺死者。戊戌，靖安县水，漂三百二十余家。 七月乙酉，丰城县水。壬午，临江军水，皆圮民庐。丁亥，新淦县漂浸二千三百余家。 八月辛丑，隆兴府水，圮千二百七十余家。		《宋史》卷六五，第1425页；卷六一，第1335页。
绍熙五年（1194）	七月壬申，慈溪县水，人多溺死。 八月辛丑，钱塘、临安、新城、富阳、於潜县大雨水，余杭县尤甚，死者无算。		《宋史》卷六一，第1335页。

---

① 原文作"绍兴二年"，根据上下文，应为绍熙二年，故改。

续表

纪年	灾种及发生地域	死亡数	资料出处
庆元元年（1195）	四月戊辰，临安大疫，贫民、诸军人疫死。 六月壬申，台州及属县大风雨，山洪海涛并作，漂没田庐无算，死者蔽川。 甲寅、乙卯岁，浙西先旱后水，湖、常州死无虚室，县梁河堤，积尸千数。①	1000人	《宋史》卷三七，第719页；卷六一，第1335页。
庆元五年（1199）	五月，行都雨，坏城。夜压附城民庐，多死者。 秋，台、温、衢、婺水漂民庐，人多溺死。		《宋史》卷六五，第1425页；卷六一，第1335页。
庆元六年（1200）	冬，常州大饥，仰哺者六十万人。润、扬、楚、通、泰州、建康府、江阴军亦乏食。		《宋史》卷六七，第1466页。
嘉泰二年（1202）	七月丙午，上杭县水，民多溺死。 建安县漂军民庐舍百二十余，山摧，覆民庐七十七家，溺压死者六十余。 丁未，长溪县漂民庐二百八十余家，古田县漂官舍、民庐甚众，溺死者二百七十。 剑浦县圮二百五十余家，死者亦众。	330人	《宋史》卷六一，第1335页；《通考》卷二九七，考2348页。
嘉泰四年（1204）	春，抚、袁州、隆兴府、临江军大饥，殍死者不可胜瘗，有举家二十七人同赴水死者。		《宋史》卷六七，第1466页。
开禧二年（1206）	五月庚寅，东阳县大水，溺死者甚众。		《宋史》卷六一，第1335页。
嘉定元年（1208）	夏，淮甸大疫。官募掩骼及二百人者，度为僧。 九月壬子，江淮民饥。 淮民大饥，食草木，流于江、浙者百万人。先是淮郡罢兵，农久失业，米斗二千，殍死者十三四，炮人肉，马矢食之。诏所至郡国振恤归业，时邦储既匮，郡计不支，去者多死，亦有俘掠而北者。		《宋史》卷六二，第1371页；卷三九，第751页；卷六七，第1466页。

① 叶适：《水心文集》卷一七《胡崇礼墓志铭》，见《叶适集》，中华书局1983年版，第337页。

续表

纪年	灾种及发生地域	死亡数	资料出处
嘉定二年（1209）	春，两淮、荆、襄、建康府大饥，米斗钱数千，人食草木。淮民剥道殣食尽，发瘗骼继之，人相搤噬。流于扬州者数千家，度江者聚建康，殍死日八九十人。 夏，临安、江南疫，都民疫死甚众。淮民流江南者，饥与暑并多疫死。 七月一日，台州临海县被水，溺死共三百一十七户。壬辰，台州大风雨激海涛，漂圮二千二百八十余家，溺死尤众。	1500人以上	《宋史》卷六七，第1466页；卷六二，第1343页；卷六二，第1371页；卷六一，第1336页。《宋会要》瑞异三之二四至二五。
嘉定三年（1210）	四月，都城疫。都民多疫死。 五月，严、衢、婺、徽州，富阳、余杭、盐官、新城、诸暨、淳安大雨水，溺死者众。		《宋史》卷六二，第1371页；卷六一，第1336页。
嘉定四年（1211）	四月戊申，疫。瘴疫死者贫民。 七月二十三日，庆元府慈溪县、金州乡洪水发作，淹死人民计二百六十六家。	1300人	《宋史》卷三九，第756页。《宋会要》瑞异三之二五。
嘉定六年（1213）	六月丁丑，淳安县山涌暴水，溺死者无算。戊子，诸暨县风雷大雨，山涌暴作，漂十乡田庐，溺死者尤多。		《宋史》卷六一，第1336页。
嘉定七年（1214）	正月庚辰，江州灯夕黑云，暴风暮作，郡治游人相践，死于门者二十余人。	20人	《宋史》卷六七，第1472页。
嘉定十年（1217）	冬，浙江涛溢，圮濒江庐舍，覆舟。溺死甚众。蜀石泉军饥，殍死殆万余人。	10000人	《宋史》卷六一，第1336页；卷六七，第1467页。
嘉定十一年（1218）	六月戊申，武康、安吉县大水，人畜死者甚众。		《宋史》卷六一，第1338页。
嘉定十七年（1224）	五月，福建大水，侯官县甘蔗砦漂数百家，人多溺死。 七月二日，闽中诸郡因五月二十一日积雨之后，溪流暴涨为灾特甚，自建宁、南剑以至福州水口，沿溪居民荡然一空。		《宋史》卷六一，第1338页。《宋会要》瑞异三之三二。

续表

纪年	灾种及发生地域	死亡数	资料出处
绍定五年（1232）	五月，金汴京大疫，凡五十日，诸门出柩九十余万，贫不能葬者不在是数。	100万以上	《宋史纪事本末》卷九十，第1016页。
绍定六年（1233）	六月，归德连日暴雨，平地水数尺，军士漂没甚众。		《宋季三朝政要笺证》卷一，第64页。
淳祐十二年（1252）	六月，建宁府、严、衢、婺、信、台、处、南剑州、邵武军大水，死者以万数。① 信州（饶州）"郡再有水，水高与城等，怀襄之祸尤烈于前，城复坏，水平城如踞斯啮，东北隅以南一带弥望几无一瓦，非复畴曩之城矣"。②	10000	《宋史》卷六一，第1338页。
景定元年（1260）	高斯得云："庚申以来，大水为灾，浙西之民死者数百、千、万。"	10000人以上	《耻堂存稿》卷一《轮对奏札》。
景定三年（1262）	二月临安安吉、嘉兴属县水涝，溺死颇众。		《宋史全文》卷三六。
咸淳十年（1274）	八月癸丑，大霖雨，天目山崩，水涌流，安吉、临安、余杭民溺死者亡算。		《宋史》卷四七，第922页。
德祐元年（1275）	六月庚子，是日，四城迁徙流民患疫，死者，不可胜计。天宁寺死者尤多。		《宋史》卷六二，第1371页。
德祐二年（1276）	闰三月，数月间，城中疫气薰蒸人，病死者，不可以数计。		《宋史》卷六二，第1371页。

以上是有明确纪年的统计和记载，文献上还有许多没有明确纪年的记载如：庄绰《鸡肋编》卷中："自中原遭胡虏之祸，民死于兵革、水火、疾饥、坠压、寒暑、力役者，盖已不可胜计。"朱熹《朱文公文集》卷三四《答吕

---

① 高斯得：《耻堂存稿》卷一《直前奏事》云："六月以来，饶州、衢、婺、台、处、严陵、建宁、南剑、邵武诸州同时大水，败坏官寺、屋庐，流杀人民以千万计，父老咸谓数十百年所无此，非小变也。"原注"淳祐十二年七月"。

② 《上饶志》，《永乐大典方志辑佚》，第1762页。

伯恭》:"闻浙中水潦疾疫死者甚众,闻之令人酸鼻。"

二、对统计史料的分析

1. 据上表不完全统计,自然灾害直接致死人生命(包括间接)的年份有149年,在149年中共发生190次。致死人生命的灾种依次是:水灾125次,其中,黄河决溢死亡22次;海啸(台风、海潮)致死23次;山洪、降水、暴雨等致死80次;疫病致死23次;饥饿致死10次;地震致死9次;寒冷致死9次;山摧(泥石流)致死8次;大风(龙卷风)致死6次。

2. 从上表可看出按照千人以上死亡的灾害发送生了25次,22个年份。其中,水灾18次,地震4次,旱蝗饥饿2次,疫病1次。

3. 死亡达万人以上有17次,其中,海啸1次,黄河泛溢3次,大水5次,地震3次,饥饿3次。其中记载最多的是政和七年(1117),黄河在下游瀛、滨一带决口死亡达百余万人,这个数据学者们一般认为不可信,因为瀛、滨两州人口全部计算也才五六十万。第二个数据熙宁五年(1072)浙西大水,杭州、苏州死亡80万人。这是苏轼在熙宁五年(1072)之后追忆的数据。第三个数据是熙宁八年(1075)越州发生饥荒死亡达50万人,这也是苏轼后来追忆的数据。

4. 表中还有一些死亡数不详,但可根据记载提供的信息作推算估测。下面依次进行。

端拱中,吴中大饥,民死大半。据《太平寰宇记》,宋初苏州户数为35195户,按五口计约17万人,是年死亡约11万人。

明道二年(1033),南方大疫,相传死者十二三,官虽作粥糜以饷之,然得食辄死,村聚墟里几为之空。这里所言的南方大致主要指江淮之间,"江、淮之间,仍岁旱暵"[①]当包括两浙路、淮南东西路、江南东西路等六路,这六路太平兴国时户数为1756709户,元丰时为5202598户,取其中数约350万,再按每户五口计,共有人口1750万。相传死者十之二三,当在400万左右。若按一半州郡疫,死者为200万,若按1/5州郡疫,死者在

---

① 《续资治通鉴长编》卷一一一,第2580页。

80万，若按 1/10 州郡疫，死者在 40 万。明道年间是北宋时期屈指可数的大灾年，司马光说："若遇如明道年之蝗，康定年之旱，至和年之水，则其为国家大患，岂可尽言。"① 而且这一年不仅是南方大疫，"其年诸道旱蝗，人复疾疫，于关中为甚，百姓转于沟壑"②。明道元年（1032）二月，"丙寅，诏淮南民大饥，有聚为盗者"③。再以"村聚墟里几为之空"的严重灾情衡量，所以明道二年（1033）实际死亡人数在 80—200 万之间是可信的。

庆历五年（1045），是岁，地震雄、霸、沧、登，旁及荆湖，幅员数千里。虽往日定襄之异，未甚于此④。此处所言"往日定襄之异"应指的是景祐四年（1037）发生在河东忻州定襄县波及京师的大地震，这次地震死亡 23000—32000 人，牲畜 50000 余，像这样的大地震"未甚于此"，那么庆历五年（1045）发生在河北雄霸沧等地的大地震，损失应当不低于景祐四年（1037），故可估计死亡至少在 23000—32000 人。

皇祐三年（1051），南方州郡连年疾疫瘴疠，一州有死十余万人。这里所言南方州郡的范围也应与明道二年（1033）相仿，南方有 54 个州军监，若平均按 1/5 的州军疫，1/5 的人疫死，这年死亡人数在 80—100 万人之间，若按平均 1/10 州军疫，死亡人数在 40—50 万之间，应当是较为合理的推算。

嘉祐三年（1058）闰十二月，京师大雪民冻馁而死者十七八，元丰时开封府 235599 户，嘉祐时以 20 万户 100 万口计，死者十之七八，这里的死者主要是贫下户，扣除驻军、官员家庭、富商大户，若按 1/5 算，大致死亡人数在 14—16 万。

元丰六年（1083）夏，伊河、洛河泛滥"伊、洛间民被溺者十五六"，伊洛间主要是河南府，元丰时有户 115675、60 万人口，被溺者十五六，死亡人数超过 10 万当是可信的。

元祐七年（1092）五月壬子，浙西饥疫大作，苏、湖、秀三州人死过半。元丰时苏州有 173969 户、湖州有 145121 户，秀州有 139137 户，三州合计有 458227 户约 230 万口，死者过半约为 120 万。

---

① 司马光：《传家集》卷四七《乞罢保甲札子》（元丰八年七月三日上）。
② 杜大珪编：《名臣碑传琬琰之集》卷一〇范仲淹《范忠献公雍墓志铭》。
③ 《续资治通鉴长编》卷一一一，第 2577 页。
④ 《中国地震历史资料汇编》，第 120 页。

元符三年（1100）十二月三日，臣僚言："河北滨等数州，昨经河决，连亘千里为之一空，人民孳蓄没溺者不可胜计。"前面提到政和七年（1117），瀛、滨等州河决死者百余万，学者以为不可信，这里"连亘千里为之一空"，死亡"不可胜计"，其在百万左右当为可信。

隆兴二年（1164）冬，淮甸流民二三十万避乱江南，结草舍遍山谷，暴露冻馁。疫死者半，仅有还者亦死。死亡20余万应是保守的估计。

5. 表中还有一些没有具体数量含义而难以推算的数据表述，如"没溺者甚众""民多饥死""疫死者众""民溺死者甚众""漂溺居民""没溺者甚众""死者横道""死者甚众""人畜死者不知其数""民饥寒死道路甚众""遂致骨肉相食，积尸满野""漂杀人民畜产，不可胜数""漂溺居民""疫死者相枕藉""民饥至相食""饿殍盈路""人相食""流尸无算""饥冻僵仆不可胜数""皆散去饿死，郡邑荡然矣""人民靡有孑遗""民之死者甚众""人之死者甚众""漂溺数百里""死者甚众""人畜死者甚众""沿湖之民多有死损""死者甚众""冻死者甚众""死者无算""近海居民漂没者无数""死者不可胜计""病死者，不可以数计"。这些表述如果是一县一镇一乡，它或许是指死亡数十人，乃至数百人，而如果是数州或更大的范围，那么死亡的人数少则数百数千，多则万人、十数万或者上百万也是可以合理推测的。如："治平四年秋，漳、泉、建州、邵武、兴化军等处皆地震，潮州尤甚，折裂泉涌，压覆州郭，及两县屋宇，士民军兵死者甚众。"这次地震烈度应当与"嘉祐二年雄州北界幽州地大震，大坏城郭"相似，而嘉祐二年（1057）"覆压者数万人"，据此有理由推测治平四年（1067）潮州地震死亡数万人是可信的。

再者像治平元年（1064）八月，"陈、许、颍、亳等州水灾，遂致骨肉相食，积尸满野"；元丰元年（1078）春，"吴越民大饥疫，死者相枕藉"；宣和中，"京西大歉，人相食，炼脑为油，以食贩于四方"；绍兴元年（1131）六月，"浙西大疫，平江府以北，流尸无算，秋冬，绍兴府连年大疫，官募人能服粥药之劳者，活及百人者，度为僧"；嘉定元年（1208）夏，"淮甸大疫，官募掩骼及二百人者，度为僧"；嘉定二年（1209）夏，"临安、江南疫，都民疫死甚众"。淮民流江南者，饥与暑并多疫死等等如此惨烈的死亡场景，那不会是死亡数百、数千所能表现出来的，这些年份的死亡数也应在 10 万至 100 万之间。

而像元符二年（1099）六月"陕西、京西、河北大水，黄河溢，漂人民"；大观元年夏，"京畿大水，河北、京西河溢，漂溺民户"；政和六年，"江浙大水，秋籴贵，饿殍盈路"；政和八年（重和元）夏，"江、淮、荆、浙诸路大水，民流移，漂溺者众"；绍兴三十二年（1162）四月，"淮溢数百里，人畜死者甚众"；隆兴二年（1164）七月，"平江、镇江、建康、宁国府、湖、常、秀、池、太平、庐、和、光州、江阴、广德、寿春、无为军、淮东郡皆大水，人溺死者众"；庆元元年（1041）六月壬申，"台州及属县大风雨，山洪海涛并作，漂没田庐无算，死者蔽川，漂沉旬日"；嘉定三年五月，"严、衢、婺、徽州，富阳、余杭、盐官、新城、诸暨、淳安大雨水，溺死者众"等年份发生的大范围水灾能溺死多少人，若参照太平兴国八年（983）、皇祐三年（1051）、嘉祐元年（1056）、嘉祐五年（1060）、熙宁五年（1072）、政和七年（1117）、淳祐十二（1252）年等年水灾动辄万人、十数万人，乃至上百万，相信应当与此相去不远。

这些数据的推测还可从两方面得到反证。一是从为数不多记载大灾之年救活灾民人数众多的事例得到反证，宝元二年（1039）十二月癸酉，以益、梓、利、夔路饥，韩琦请"罢皇子降生进奉"，"异时有司督责赋役烦急，收市上供物不以其直，琦悉为轻减蠲除之，逐贪残不职吏，罢冗役六百六十余人，活饥民一百九十余万"①。庆历三年（1043）十二月，"是冬大旱，河中、同、华等十余州军，物价翔贵，饥民相率东徙"。韩琦"选官分诣州县，发省仓赈之，奏差提点刑狱许宗寿专切往来提举蒲、华、同三州，所活凡二百五十四万二千五百三十七人"②。皇祐元年（1049）二月辛未，河北大水，流民入京东者，不可胜数。富弼救灾有方"凡活五十余万人。募而为兵者又万余人"③。这三个实例说明在大范围发生水灾、旱灾之时，流民、饥民数额庞大，其规模往往达百万人之众，而像韩琦、富弼这样的"循吏"救荒有方，虽然在宋朝不乏其人④，但是如韩琦、富弼这样大规模救助，全活如此

---

① 《续资治通鉴长编》卷一二五，第 2947 页。
② 《续资治通鉴长编》卷一四五，第 3520 页。
③ 《续资治通鉴长编》卷一六六，第 3985 页。
④ 《救荒活民书》卷下、祝穆《古今事文类聚》前集卷五，都对此有所记载。

众多灾民似很少见。所以推算大范围灾害死亡时，不仅要估算灾害直接导致的生命损失，而且要估算灾害引起的饥荒、疫病导致的死亡，由此再看上述比较保守的估算，也是较为可信的。二是从神宗对全国灾害引起的死亡数的估计得到反证。熙宁三年（1070）八月，宋神宗说："庆历中，西事所陷没不过十万人许，天下一岁饥馑疾疫，所死何啻十万人！于天下未觉有损也。"① 这里没有包括灾害直接引起的死亡，同时"何啻十万人"，即说明每年死于饥馑疾疫的人数至少十万人。由此推测大灾之年死亡数十万乃至上百万也是合乎逻辑的推理。

根据以上统计和对史料分析的结果，制成宋代自然灾害死亡万人以上统计（估算）表

宋代自然灾害死亡万人以上统计表

纪年	致死生命灾种	死亡人数	备注
太平兴国八年（983）	穀、洛、伊、瀍四水暴涨。	1万	
端拱中（988—989）	苏州饥荒。	11万	此为估算数
明道二年（1032）	南方大疫。	80—200万	此为估算数
景祐四年（1037）	京师、河东地震。	22390（32306）	
庆历五年（1045）	地震雄、霸、沧、登，旁及荆湖，幅员数千里。	2.5—3.5万	此为估算数
皇祐三年（1051）	南方州郡疾疫。	40—50万	此为估算数
嘉祐元年（1056）	澶州黄河溃堤。	1万	
嘉祐二年（1057）	雄州北地震。	2万	
嘉祐三年（1058）	京师寒冻。	14—16万	此为估算数
嘉祐五年（1060）	黄河决堤，滨、棣、德、博民多水死。	1万	
治平四年（1067）	潮州地震。	1万	此为估算数
熙宁五年（1072）	浙西水灾。	80万	杭州50万，苏州30万

---

① 《续资治通鉴长编》卷二一四"熙宁三年八月戊午朔"条，第5196页。

续表

纪年	致死生命灾种	死亡人数	备注
熙宁六年（1073）	华山阜头峰崩。	1万	
熙宁八年（1075）	两浙饥馑。	50万	
元丰六年（1083）	伊、洛河泛溢。	10万	此为估算数
元祐七年（1092）	浙西疾疫。	100万以上	此为估算数
政和七年（1117）	黄河决口。	100万	
政和八年（1118）	楚州山阳、盐城二县饿莩。	3.2万	
绍兴十四年（1144）	兰溪水暴至。	1万以上	
绍兴十八年（1148）	浙东、江淮郡国多饥。	14.32万	
隆兴二年（1164）	江南、淮南水灾、饥饿、疾疫。	20余万	此为估算数
乾道二年（1166）	温州海溢。	2.7万	
嘉定十年（1217）	蜀石泉军饥。	1万	
淳祐十二年（1252）	福建水灾。	1万	
景定元年（1260）	浙西水灾。	1万以上	

要之，对宋代灾害死亡人数的估算可以作这样的表述：全国一般灾荒之年死亡人数在10万以上，中等程度的灾害之年死亡在30万至80万之间，大灾大荒之年死亡在百万人以上。

第九章

宋代荒政决策的发展与变化

"荒政"一词最早出自儒家经典。它有两个含义：一是荒废政事，一是救荒之政。前者见于《尚书》中的"怠忽荒政"，疏家释曰："虑怠惰忽略，不能恪勤，则荒废政事。"① 后者则见于《周礼》："以荒政十有二聚万民。"② 从《周礼》所示的荒政内容来看，实际上就是儒家倡导"仁政"的一种翻版或诠释。虽然荒政一词出现甚早，而先秦至宋以前历代官府在救荒之政方面也有诸多建树，诚如南宋人吕祖谦在《历代制度详说·荒政》和董煟在《救荒活民书》中较为系统的梳理和总结，但是广泛使用"荒政"指称官府救荒的行为、政策、措施，则是在北宋中期以后，乃至影响到王安石变法，及至南宋，随着理学的发展和朱熹大力倡导推行"荒政"，荒政在国家大政方针中的地位得到空前提高，并对后世产生了巨大影响③。

---

① （汉）孔氏传，（唐）陆德明音义，孔颖达疏《尚书注疏》卷一七。
② （汉）郑氏注，（唐）陆德明音义，贾公彦疏《周礼注疏》卷一〇："一曰散利、二曰薄征、三曰缓刑、四曰弛力、五曰舍禁、六曰去几、七曰眚礼、八曰杀哀、九曰蕃乐、十曰多昏、十有一曰索鬼神、十有二曰除盗贼。注：荒，凶年也。郑司农云：救饥之政，十有二品，散利，贷种食也；薄征，轻租税也；弛力，息徭役也；去几，关市不几也；眚礼，掌客职所谓凶荒杀礼者也；多昏，不备礼而娶昏者多也；索鬼神，求废祀而修之，云汉之诗所谓'靡神不举，靡爱斯牲'者也；除盗贼，急其刑以除之，饥馑则盗贼多，不可不除也；杜子春读蕃乐为藩乐，谓闲藏乐器而不作乐，谓去几，去其税耳；舍禁，若公无禁利。眚礼谓杀，吉礼也。杀哀谓省凶礼。"
③ 与宋代荒政相关的研究成果主要有王德毅《宋代灾荒的救济政策》，台湾商务印书馆1970年版，张文《宋朝社会救济研究》，西南师范大学出版社2001年版等。另有多篇散见各类刊物的论文，不具引。

一、北宋前中期对汉唐以来救荒措施的继承

北宋建立在唐末五代的乱世之后，其统治者为了长治久安，在革除唐末五代种种弊端和积极发展经济文化的同时，把救荒之政放在十分重要的位置来对待。"水旱、蝗螟、饥疫之灾，治世所不能免，然必有以待之……宋之为治，一本于仁厚，凡振贫恤患之意，视前代尤为切至。"[①] 宋太祖建隆三年（962），"遣使赈贷扬、泗饥。户部郎中沈义伦使吴越还，言扬、泗饥民多死郡中，军储尚有余万斛，倘以贷民，至秋收新粟，公私俱利，有司沮之，曰：'若来岁不稔，孰任其咎。'义伦曰：国家以廪粟济民，自当召和气致丰年，宁忧水旱邪？此当断自宸衷。"宋太祖采纳了沈义伦的意见[②]。建隆四年（963）三月，"多事之后，义仓寝毁，岁或少歉，失于预备，宜令诸州于属县各置义仓，自今官中所收二税，每石别输一斗，贮之以备凶歉，给与民人"[③]。虽然这道诏令只执行了四年就因劳扰而停废，但它是有宋一代恢复汉唐仓廪救荒的最初尝试，也可看出宋太祖在百废待兴之时而不忘对救荒之政的建设。

雍熙二年（985），宋太宗对宰相说："国家以百姓为本，百姓以食为命，故知储蓄最为急务。昨江南灾旱甚，亟遣使振贷，果无流亡盗贼之患，若非积聚，何以救之？"[④] 端拱二年（989），京师及河南、河北大旱，宋太宗"以岁旱，减膳，遍走群望，皆弗应。是夕，手诏赐宰相赵普等曰：'万方有罪，罪在朕躬，自星文变见以来，久愆雨雪，朕为人父母，心不遑宁，直以身为牺牲，焚于烈火，亦足以答谢天谴。当与卿等审刑政之阙失，念稼穑之艰难，恤物安民，庶祈眷佑'"[⑤]。淳化二年（991），河北、京东等地旱蝗，宋太宗手诏吕蒙正等曰："元元何罪！天谴如是，盖朕不德之所致也。卿等当

[①]《宋史》卷一七八《食货志·振恤》，第4335页。
[②]《文献通考》卷二六《国用考四赈恤》，考252页。
[③]《玉海》卷一八四《宋朝义仓》，第3377页。
[④]《续资治通鉴长编》卷二六"雍熙二年秋七月"条，第596页。
[⑤]《续资治通鉴长编》卷三〇"端拱二年九月戊子"条，第688页。

于文德殿前筑一台，朕将暴露其上，三日不雨，卿等共焚朕以答天谴。"①虽然宋太宗两次要以投火自焚的方式来答谢天谴，很有政治做秀之嫌，但在唯我独尊的皇权时代，这样做已是非常的难能可贵，它毕竟表现了太宗对消弭灾荒的认真关切态度。"太宗恭俭仁爱，谆谆劝民务农重谷，毋或妄费。是时，惠民所积，不为无备，又置常平仓，乘时增籴，唯恐其不足。真宗继之，益务行养民之政，于是推广淳化之制，而常平、惠民仓殆遍天下矣。"②对此，南宋人董煟评论说："汉之常平止立于北边，李唐之时亦不及于江淮以南，本朝常平之法遍天下，盖非汉唐之所能及也。"③

体恤下情，关心民瘼，重视人的生命价值是北宋前期统治者救荒之政的一大特点。乾德元年（963）夏四月，"诏诸州长吏视民田旱甚者，则蠲其租，不俟报。"董煟对照他所处的现实（宁宗嘉泰年间）情况比较说："臣见今时州县或遇灾伤两次，差官检覆，使生民先被骚扰之苦，然后量减租入之数，所得几不偿所费矣。"因此对太祖的做法甚为推崇："宜以乾德之诏为法。"至道二年（996），"诏官仓发粟数十万石贷京畿及内郡民为种，有司言请量留以供国马。太宗曰：'民田无种不能尽地利，且竭廪以给之，国马以菊稿可矣'。"董煟评论说："厩焚，子退朝曰：'伤人乎'？不问马。孟子曰：'厩有肥马，民有饥色，野有饿莩，此率兽而食人也'。圣人、贵人贱物如此。饥荒之年，其忍以菽粟给马哉！？""（大中）祥符中，澶州上言：'民诉水旱二十亩以下求蠲租者，所伤不多，望勿受其诉。'真宗曰：'若此贫民田少者常不及矣，朕以灾沴蠲租正为贫民下户，岂以多少为限耶，独虑诸州不晓此意，当遍戒之。'"对此董煟曰："自田制坏而兼并之法行，贫民下户极多，而中产之家赈贷之所不及，一遇水旱，狼狈无策，只有流离饿莩耳。今真宗以灾沴蠲租正为贫民下户，此非圣谟宏远，灼见闾阎之病乎！？"④董煟上述的评论，中肯而有见地。

宋太祖、太宗时期对后世救荒之政产生较大影响的政策还有如下几项：其一，募饥民、流民隶军籍是宋初以来的重要救荒措施。（详见后论）邵博

---

① 《续资治通鉴长编》卷三二 "淳化二年三月己巳"条，第713页。
② 《宋史》卷一七八《食货·振恤》，第4337页。
③ 《救荒活民书》卷一，宣帝五凤四年。
④ 《救荒活民书》卷一。

在《闻见后录》中载道:"太祖既定天下,尝令赵普等二三大臣,陈当今已施行、可利及后世者。普等历言大政数十,太祖俾更言其上者,普等历毕思虑,无以言,因以为请。太祖曰:'吾家之事唯养兵为百代之利,盖凶年饥岁,有叛民而无叛兵,不幸乐岁变生,有叛兵而无叛民。'"① 这项政策为太祖之后诸朝奉为圭臬传承不息。范仲淹、王安石等人在"庆历新政"和"熙宁变法"时都曾想改革因无节制募兵而造成的冗兵冗费弊政,均遭到宋最高统治者的反对而未果。所以邵博说:"予谓议者以本朝养兵为大费,欲复寓兵于农之法,书生之见,可言而不可用者哉。"元符三年(1100),晁以道说:"行之至今百四十有一年矣。"② 南宋时期这一政策仍被延续,孝宗时张栻推荐吴儆入朝召对,首陈恢复大计,他在《论募兵》中发展了太祖的养兵思想,其云:

> 臣闻饥岁莫急于防民之盗,而防盗莫先于募民为兵。盖饥困之民不能为盗而或至于相率而蚁聚者,必有以倡之。闾里之间,桀黠强悍之人不事生业,而其智与力足以为暴者,皆盗之倡也。因其饥困之际,重其衣食之资,募以为兵,则其势宜乐从。桀黠强悍之人,既已衣食于县官而驯制之,则饥民虽欲为盗,谁与倡之?是上可以足兵之用,下可以去民之盗,一举而两得之,孰有便于此者。③

其二,宽减饥民"强盗"死罪。按宋朝法律,"因饥持杖劫人家藏粟,止诛为首者,余悉以减死论"。淳化五年(994),蔡州饥民多相率持棒投券富家取其粟,坐强盗弃市者甚众,张渚等318人皆犯死罪。当时知州张荣、推官江嗣宗共议,取其为首者杖脊,余悉减杖。并以其事上报朝廷。太宗"下诏褒之。令本州大发廪振饥民,遣使分诣诸道巡抚"。太宗对所遣使人说:"彼皆平民,因饥取糇粮,以图活命尔。若其情非巨蠹,悉为末减,不

---

① 《邵氏闻见后录》卷一,中华书局1983年版,第1页。
② 《景迂生集》卷一《元符三年应诏封事》。
③ 《竹洲文集》卷二。

可从强盗之科。其凶狠难制为患闾里者，可便宜从事。"于是获全活者甚众①。宋真宗咸平元年（998），"时京兆府言：'本府谷贵，民多持杖发窖藏，合从强盗法。察其情本止为艰食，请自今犯者，特贷死，徒罪减等，俟麦登仍旧。'从之"②。《宋史》刑法志云：宋仁宗天圣初，"有司尝奏盗劫米伤主，仁宗曰：'饥劫米可哀，盗伤主可疾。虽然，无知迫于食不足耳。'命贷之"③。天圣三年（1025）诏："陕西灾伤州军，持仗劫人仓廪，非伤主者，减死，刺配邻州牢城，非首谋者又减一等，仍令长吏密以诏书从事。自是，诸路灾伤，即降下有司敕，而民饥盗取谷食，多蒙矜减，赖以全活者甚众。"④对于这项政策，部分士大夫持反对意见。史载："帝尝御迩英阁经筵，讲《周礼》'大荒大札，薄征缓刑'。杨安国曰：'缓刑者，乃过误之民耳。当岁歉则赦之，悯其穷也。今众持兵杖劫粮廪，一切宽之，恐不足以禁奸。'帝曰：'不然，天下皆吾赤子也，一遇饥馑，州县不能振恤，饥莩所迫，遂至为盗，又捕而杀之，不亦甚乎？'"⑤

其三，募富民出钱粟，酬以官爵，推广"劝分"救荒。淳化五年（994）正月诏："诸州军经水潦处，许有物力户及职员等情愿自将斛斗充助官中赈贷，当与等第恩泽酬奖：一千石赐爵一级，二千石与本州助教，三千石与本州文学，四千石试大理评事、三班借职，五千石与出身奉职，七千石与别驾，不签书本州公事，一万石与殿直、太祝"⑥。宋真宗大中祥符九年（1016）九月诏："灾伤州军，有以私廪振贫民者，二千石与摄助教，三千石与大郡助教，五千石至八千石第授本州文学、司马、长史、别驾。"⑦ 这个政策作为救荒之政的重要措施为后来者所继承，只不过是在北宋时仅是官府赈灾的补充措施之一，到南宋中后期则成为官府赈灾不可或缺而备受依赖的主

---

① 陈均：《皇朝编年纲目备要》卷五："淳化五年春正月，宽饥民罪。"中华书局2006年版，第96页。
② 《皇朝编年纲目备要》卷六："咸平元年春三月，宽饥民罪。"
③ 《宋史》卷二〇〇《刑法志》，第4987页。
④ 《续资治通鉴长编》卷一〇三"仁宗天圣三年三月戊寅"条，第2378页。
⑤ 《宋史》卷二〇〇《刑法志》，第4988页。另：英宗时，司马光也曾表示过与杨安国相类的意见，见《传家集》卷三三《言除盗札子》，治平元年十月十日上，第1094—313页。
⑥ 《宋会要辑稿》职官五五之二九。
⑦ 《续资治通鉴长编》卷八八"大中祥符九年九月己巳"条，第2020页。

要救荒措施。

宋仁宗、英宗统治时期经济文化高度发展，社会矛盾尖锐，自然灾害频仍，但这一时期的救荒之政得到旧史家的好评。马端临曾对宋仁宗、英宗朝的救荒政策及措施有如下概括的叙述：

> 仁宗、英宗一遇灾变，则避朝变服、损膳彻乐。恐惧修省，见于颜色。恻怛哀矜，形于诏令。其德厚矣。灾之所被，必发仓廪赈贷，或平价以粜。不足，则转漕他路粟以给；又不足，则诱富人入粟，秩以官爵。灾甚，则出内藏，或奉宸库金帛，或鬻祠部度僧牒。东南则留发运司岁漕米，或数十万，或百万石济之。赋租之未入，入未备者，或纵不取，或寡取之，或倚阁以须丰年。宽逋负、休力役，赋入之有支移、折变者省之，应给蚕盐，若和籴及科率追呼不急、妨农者罢之。薄关市之征，鬻牛者免算。利有可与民共者不禁，水乡则蠲蒲、鱼、果、蔬之税。民流亡者，关津毋责渡钱；过京师者，分遣官诸城门振以米，所至舍以官第，为淖糜食之，或赋以闲田，或听隶军籍，老幼不能自存者，听官司收养。因饥疫若厌溺死者，官为瘗埋祭之，厌溺死者加赐其家钱粟；蝗为害，则募民捕，以钱若粟易之，蝗子一升至易菽粟三升或五升。下诏州郡戒长吏存拊其民，缓缧系、省刑罚，饥民劫囷窖者薄其罪，且以戒监司俾察官吏之老疾，罢懦不任职者。间遣内侍存问，灾甚则遣使安抚。其前后所施，大略如此。①

元史臣亦有类似的评价：

> 庆历初，诏天下复立义仓。嘉祐二年，又诏天下置广惠仓，使老幼疾贫者皆有所养。累朝相承，其虑于民也既周，其施于民也益厚。……若是之政，不可悉书，故于先王救荒之法为略具焉。②

---

① 《文献通考》卷二六《国用考四·赈恤》，考252页。
② 《宋史》卷一七八《食货志·振恤》，第4337页。

这两段概述虽然字里行间不免有溢美之词，但也基本上反映了当时救荒之政的基本特色。宋仁宗、英宗时期，救荒之政出现新的变化，这就是随着儒学复兴运动的高涨和士大夫在政治上的崛起，儒学经典中的《易经》《春秋》《周礼》受到特别重视，由此儒家荒政思想开始受到重视和传播。士大夫们在推进政府救灾救荒之政时，往往在奏疏中以《周礼》的荒政思想作为阐述自己观点的理论基础。如司马光《论荒政上殿札子》："臣窃闻淮南、两浙今岁水灾，民多乏食，往往群辈相聚，操执兵仗……盖由所司榷之太急，故抵冒为奸，臣闻《周礼》以荒政十有二聚民，近者朝廷略以施行，惟舍禁、除盗贼二者似未留意……"①《言除盗札子》（治平元年十月十日上）："臣窃闻降敕下京东、京西灾伤州军，如人户委是家贫，偷盗斛斗……若果如此深为不便。臣闻《周礼》荒政十有二，散利、薄征、缓刑、弛力、舍禁、去几，率皆推宽大之恩，以利于民，独于盗贼愈更严急……"②李觏《刑禁第六》："狱市不可以不治，奸人不可以不禁。大司徒'以荒政十有二聚万民'，其三曰：'缓刑'，而十有二曰：'除盗贼'，是救饥之政，虽则缓刑，至于盗贼不可不急……"③又如前揭杨安国、司马光以《周礼》荒政"除盗贼"反对宋廷宽减饥民为盗政策等等。"荒政"一词出现在宋廷的诏令似始于仁宗时的《约束提转赈济诏》"探荒政之前典，能究心于事"④。绍圣四年（1097）则明确："诏两浙路转运、常平司应荒政并举行及预那移廪粟。"⑤更为重要的是，儒家荒政思想被直接贯穿到宋神宗朝的王安石变法之中。

二、王安石新法与北宋后期的救荒之政

宋神宗起用王安石变法是北宋历史上的一件大事。王安石变法既是最高统治者为改变长期积弱不振的国势、缓和社会矛盾进行的一场政治自救运

---

① 《传家集》卷二二，第1094—224页。
② 《传家集》卷三三，第1094—313页。
③ 《李觏集》卷一〇。
④ 《宋大诏令集》卷一八五，第673页。
⑤ 《宋会要辑稿》食货六八之四九。

动，也是一场士大夫们欲实践其回到三代政治理想的社会变革运动。王安石的政治思想深受孔孟以来儒家正统派的影响，推崇孟子的"仁政"思想是王安石进行变法的重要理论基础。宋神宗熙宁八年（1075）颁行《三经新义》，四库馆臣以为："皆本王安石经说，三经：书、诗、周礼也。……然则三经义中惟《周礼》为安石手著矣。"① 说王安石以《周礼》乱宋，也是自王安石变法失败后，历代批评王安石的学人所共同持有的一个观点。因而可以说，王安石新法中的青苗法、免役法、方田均税法、农田水利法、保甲法等新法措施就是对《周礼》散利、薄征、弛力、缓刑、去盗贼等救荒之政的新发展。也因此可以说王安石变法把汉唐以来以临灾救济和时断时续的常平、义仓等为主要内容的救荒之政，提高到作为国家大政方针重要组成部分的新阶段。

青苗法是对宋初建立的常平仓制度的改革。宋代常平仓始建于景德三年（1006）。正月，"始置常平仓也。先是，言事者以为水旱灾诊，有备无患，古有常平仓，今可复置。请于京东西、河东、陕西、江淮、两浙，计户口多少，量留上供钱，自千贯至二万贯，令转运使每州择清干官主之。专委司农寺总领，三司无得辄用。每岁夏秋，准市估加钱收籴，贵则减价出粜，俟十年有增羡，则以本钱还三司。诏三司集议，请如所奏，而缘边不增置。于是，司农官吏创廨舍，藏籍帐，度支别置常平仓。案大率万户岁余万石，止于五万石，或三年以上不经粜，则回充粮廪，别以新粟补之，其后，又诏灾伤州军粜粟，斗勿过百钱。"② 司马光称常平仓为："三代之良法也。"即所谓："常平仓法，以丰岁谷贱伤农，故官中比在市添价收籴，使蓄积之家无由抑塞农夫，须令贱粜。凶岁谷贵伤民，故官中比在市减价出粜，使蓄积之家无由邀勒贫民，须令贵籴。物价常平，公私两利。"③ 但是常平仓制度从建立至宋仁宗朝就出现种种弊端，不能充分发挥作用。李觏为此作过专门的论述，他说："其所未至则有三焉。"其一，数少之弊："一郡之粜不过数千万，其余毕入于贾人。至春当粜，寡出之，则不足于饥也，多出之，则可计日而

---

① 《四库全书总目》卷一九，中华书局1987年版，第149—150页。
② 《续资治通鉴长编》卷六二"景德三年正月辛未"条，第1385页。
③ 《传家集》卷五六《乞趁时收籴常平斛斗白札子》（元祐元年上）。

尽也。于是贾人深藏而待其尽，尽则权归于贾人矣。"其二，道远之弊："仓储之建，皆在郡治，县之远者，或数百里，其贫民多籴则无资，少籴则非可，朝行而暮归也，故终弗得而食之矣。"其三，吏奸之弊："举掌之人，政或以贿，概量不均，行滥时有。及其出也，或减焉、或杂焉，名曰裁价，实则贵矣。"①枢密直学士杜衍亦尝批评说："常平仓制度不立，有名而无实。""今豪姓蓄贾，乘时贱收，而拙业之人，旋致罄竭。水旱则稽伏而不出，须其翔踊以牟厚利；而农民贵籴。九谷散于穰岁，百姓困于凶年，虽劝课官家至日见，亦奚益于事哉。"不特如此，常平仓所储钱谷又常常以"供军为名而假借"②，致使仓空本竭。熙宁二年（1069）九月四日，制置三司条例司指出："比年灾伤，赈贷多出省仓……此朝廷所以难于施惠，而凶年百姓或不被上之德泽也。"③故颁行新法：

> 今诸路常平广惠仓略计可及千五百万以上贯石，敛散之法未得其宜，故为人之利未博，以致更出省仓赈贷。今欲以常平广惠仓见在斛斗，遇贵量减市价［出］粜，遇贱量增市价［收］籴，其可计会转运司苗税及钱斛就便转易者，亦许兑换。仍以见钱依陕西青苗钱例，取民情愿预给，令随税输纳斛斗，［半为夏料，半为秋料］，内有愿给本色，或纳时价贵愿纳钱［者］，皆许其便。［务在优民］。如遇灾伤，亦许于次料收熟日纳钱。［若此行之］，非惟足以待凶荒之患，又民既受贷，则于田作之时，不患厥食，因可选官劝诱，令兴水土之利，则四方田事自加修益。……常平广惠之物，收藏积滞，必待年歉物贵然后出粜，而所及者大抵城市游手之人而已。今通一路之有无，贵贱发敛，以广蓄积、平物价，使农人有以赴时趋事，而兼并不得乘其急。……④

青苗法的具体做法是：其一，将常平广惠仓现有的一千五百万贯石粮

---

① 李觏：《李觏集》卷一六《富国策第六》。
② 《续资治通鉴长编》卷一一五"景祐元年秋七月乙巳"，第2691页。
③ 《宋会要辑稿》食货四之一六。
④ 引自漆侠《王安石新法校正》《王安石变法》（增订本），河北人民出版社2001年版，收入氏著《漆侠全集》；河北大学出版社2008年版，第二卷，第238页。

米，由各路转运司兑换为现钱，而以现钱普遍借贷给城乡居民；其二，为了有效地推行青苗法，各路设常平官专司其事，全国共四十一员，各州置常平案，由通判一类官员负责转移出纳事宜，而在各县，则由县令、佐直督率耆、户长，管理借贷；其三，借贷遵循民户自愿的原则，借贷钱粮可以互折，但不许亏蚀官本。每年在正月、五月分夏秋两次借贷，并随夏秋二税缴纳贷款，即在五月、十月前。遇有荒灾，则于下次收成之日归还。归还之时在原额外还得缴纳百分之二十的利息。一年两次贷款，故利息率实际上是百分之四十①。

农田水利法，或称农田利害条约，颁行于熙宁二年（1069）十一月十三日，这项新法主要是鼓励各地开垦荒田，兴修水利，建立堤防，修筑圩岸，由受益人户按户等高下出资兴修。如："工役浩大，民力不能给者，许受利人户于常平广惠仓系官钱斛内，连状及借贷支用。仍依青苗例，作两限或三限送纳。如是系官钱斛支借不足，亦许州县劝谕物力人出钱借贷，依例出息，官为置簿及催理。诸色人能出财力、纠众户、创修兴复农田水利，经久便民，当议随功利多少酬奖。其出财颇多兴利至大者，即量才录用。"② 在王安石的倡导下，一时形成"四方争言农田水利"的高潮。

保甲法颁行于熙宁三年（1070）十二月九日。"凡十家为一保，选主户有［材干］心力者一人为保长。五十家为一大保，选主户最有心力及物力最高者一人为大保长。十大保为一都保，仍选主户最有行止、心力材勇为众所伏及物力最高者为都副保正。"施行保甲法主要有两个目的，一是寓兵于农，兵农合一，逐步替代募兵制。二是维护地方治安，即"每一大保逐夜轮差五人于保内往来巡警，遇有贼盗，画时声鼓告报，大保长以下同保人户实时前去救应追捕"。"同保内有犯强窃盗、杀人放火、强奸、略人、传习妖教、造畜蛊毒，知而不告，并依从伍保法科罪。"③ 前者因触犯祖宗养兵家法，没能得到宋神宗的大力支持，保甲法的功效主要在于后者。

方田均税法，熙宁五年（1072）八月甲申，诏司农寺以方田均税条约并

---

① 参见漆侠《王安石变法》（增订本），第122—124页。
② 引自漆侠《王安石新法校正》《王安石变法》（增订本），第239—241页。
③ 引自漆侠：《王安石新法校正》，《王安石变法》（增订本），第248—249页。

式颁之天下。此法分作方田和均税两部分，规定每年九月由官丈量土地，以东南西北各千步为一"方"计四十一顷六十六亩多。依据方、庄帐籍，检验土地肥瘠，分为五等，规定税额。同时，各县以原有税数为定额，禁止使用合零就整等手段超溢此额。荒地归于耕佃之家，不必追查。瘠卤不毛之地，允许占有佃种。方田均税法主要是为改变"天下之税，割移逃徙，多或不均"①的状况而制定。

免役法，又称募役法。此法从熙宁二年（1069）开始酝酿，到熙宁四年（1071）十月一日方正式颁行："天下土俗不同，役重轻不一；县大民庶而富，输钱少易募，僻而贫、输多难招。然大县事众役烦，募直故多；县僻事简役少，募直亦寡。以一州一县之力供一州一县之费，以一路之力供一路之费，诸路从所便为法。凡当第人户以等第出钱，名'免役钱'。其坊郭等第户及未成丁、单丁、女户、寺观、品官之家旧无色役出钱者，名'助役钱'。凡敷钱先视州若县应用雇直多少，而随户等均取。雇直既已足用，又率其数增取二分，以备水旱欠阁。虽增，毋得过二分，谓之'免役宽剩钱'"②。免役法的实施，希望达到的目的是："所宽优者村乡朴蠢不能自达之穷甿，所裁取者乃仕宦并兼能致人语之豪户。"

总括而言，若从救荒之政的角度考察，王安石变法的终极目的是为了培育农民抵御自然灾害的能力和建立合理的社会救济制度，从而赋予新的时代内容，即将摧抑兼并与救荒之政紧密的联系起来。"凡所以使之有丰而无凶，损有余以补不足，皆王政之纲也。"③青苗法条令中的"［是］亦先王散惠兴利以为耕敛补助，哀多补寡而抑民豪夺之意也。""非惟足以待凶荒之患"，就表达了这层含义，元丰五年（1082），宋神宗在殿试进士策问中亦表达了这层含义：

> 朕闻王道之始，必本于农，故为之常平之政，使仓廪之积，农夫得以取其陈。为之免役之法，使官府之徭，耕者无或妨其力。然天下之民

---

① 引自漆侠：《王安石新法校正》，《王安石变法》（增订本），第244—245页。
② 引自漆侠：《王安石新法校正》，《王安石变法》（增订本），第238—239页。
③ 程珌：《程端明公洺水集》卷五《弭盗救荒》。

犹且力本者寡，趋末者众，一遇水旱之灾，则强者散而之四方，弱者转而蹈沟壑。朕甚悯焉，永惟所以强本抑末之道，而未得其方也。呜呼！井田废而为阡陌疆理之法，不可复讲矣；口分世业之田坏而为兼并限田之令，不可复行矣，然则率市廛之民，归南亩之业，使天下游手者寡，土著者固，丰年足以乐室家，凶岁有以御冻馁。子大夫以为何道而能臻此乎？！①

宋神宗的殿试策问深刻揭示了"天下之民犹且力本者寡，趋末者众，一遇水旱之灾，则强者散而之四方，弱者转而蹈沟壑"的社会根源在于唐中叶以降土地制度发生了很大变化："口分世业之田坏而为兼并，限田之令不可复行矣"，也就是说土地占有不公既是贫富分化的根源，也是救荒之政不能有效实施的根源。所以摧抑兼并，"损有余以补不足"成为宋神宗、王安石乃至北宋中后期及南宋救荒之政的主要内容。

类似的科举考试议题还有数次。如：

  问：水旱有常数，虽尧汤不能免，而谈者以谓能为之备也。夫损上以益下，非惠而不费之道，而古语有之，三年耕，有一年之食，三十年之计，则有九年之水，七年之旱，无足忧者。此其所谓备耶？国家承平百年，未效臻此，其故何也？究观古今儒者之论，富之之道，无夺其时，今田里之民以时耕敛，则其弊安在？愿闻二三子之说，以观政焉。②

  问：水旱之变，阴阳之数也。圣王在上，道赞化育，亦岂能使之不臻于其时哉。能为之备，使不冻馁吾民而已矣。其先事也，崇五涂、浚五沟，谨乐岁之蓄而不敢懈，故虽遭变而民不忧。其后事也，薄征以纾其财，弛力以蠲其役，颁其兴积，唯民所便，故虽引久而民不病。非特如此，祈祷之事，人情所不能免者，亦未始忽焉，此其所以无冻馁之民也。比年以来，率土之内，不水则旱，每每有之，民之重困，不堪见闻。朝廷所以仁之者，固无歉乎古先之时矣，知治者犹谓以有限之费，

---

① 王安礼：《王魏公集》卷四《元丰五年殿试进士策问》。
② 陈师道：《后山先生集》卷一四《学试策问四首》其三。

待难忧莫测之变，可暂而不可常，则先事而图之者又其可以已乎？然沟涂之利可修而耕必有蓄可复乎？不知出此，而惟祈祷是严，殆非所谓祝史荐信者也。昔董仲舒相江都，闭纵阴阳，以救水旱，行之一国，未尝不得所欲。其法亦可行于今乎？幸明计之。[①]

科举考试关乎国家大政方针，实乃是荒政日益受到宋朝最高统治集团高度重视的重要标识。

王安石新法颁行之后，由于触犯了官僚、皇室、豪强兼并势力的既得利益，因而新法受到朝野许多士大夫们的反对，变法派与反变法派之间的斗争异常尖锐激烈。虽然每项新法在推行之后，新法本身都会产生一些或大或小的弊端，有的是因变法派自己改变了初衷，有的是因执行新法出现了偏差，但总的来讲还是部分地收到了预期效果。孙觌在南宋初期入对建议恢复常平使制度时，曾评议宋神宗朝的救荒之政：

> 臣伏见神宗皇帝修讲常平之政，置提举官，行其法于天下。尔时钱谷充斥府县，大县至百万，小县犹六七十万，贯朽粟陈，不可胜校。臣又闻役法初行，取宽剩钱不得过二分，以备水旱。至元丰八年，计所积有三千余万贯石。元祐二年，京东转运使范纯粹欲以此钱米买田，举行熙宁给田募役，如边郡招弓箭手之法，是时宽剩钱米尚有此数，则常平之积，在天下不可胜校可见矣。[②]

方田均税法至元丰八年（1085）十月废止之时，在开封府界、河北、陕西、河东、京东等五路共清丈了2484349顷田地，约占当时全国征税田亩的54%。

农田水利法推行七年后，据统计，全国共兴修水利工程10793处，水利田36万余顷，疏浚河汉、湖港之类不计其数。

值得一提的是，青苗法实施后，原常平仓的平籴功能被借贷所替代，但

---

① 邹浩：《先生邹忠公文集》卷二九《策问（九）》。
② 《鸿庆居士集》卷二七《给事中上殿乞复常平札子》。

是常平仓原来的赈济功能不仅没有被削弱，而且因府库仓廪的充实和新的措施的实施得到新的增强。首先是青苗法对农田水利事业发展的推动，把临灾救济与灾后重建紧密结合在一起的方法，为救荒之政另辟了新的途径。这就是：在兴修水利、垦辟荒田的地方，贷予的青苗钱归还限期和年息都享受优惠政策，限期可延至一年至二年，年息只收10％。在若干灾荒地区，则将三五万贯石乃至十万贯石的常平钱谷赈济饥饿的贫民，使他们兴修水利。"熙宁六年六月七日，中书门下言：'检正刑房公事沈括状，乞今后灾伤年分，大段饥歉更合赈救者，并须预具合修农田水利工役人夫数目，及召募每夫工直申奏，当议特赐常平仓斛钱，召募阙食人户，从下项约束兴修。如是灾伤本处不依敕条赈济，并委司农寺点检察举。'从之。"① 许多地区如淮南、京东、两浙一带，都是在这种办法下减轻了灾情。在贫苦农民的紧张劳动下，那些积年湮塞了的陂湖河港得到了修浚②。

其次，常平钱直接用于赈贷或赈济。青苗法实施之初，明确规定在出售原常平广惠仓本钱谷时，须留一定数量用于赈济。熙宁三年（1070）五月丁未"诏青苗钱委诸路转运、开封府界提点、提举司，每年相度留钱谷，以备非时赈济出粜……"③ 这一规定在后来的实施过程中得到贯彻执行，并随着常平钱的增加，赈济功能亦得到加强。熙宁四年（1071）春正月壬辰，"诏罢天下广惠仓田为三路及京东常平本，其当赈济，即以广惠、常平等仓所贮粟麦给之"④。熙宁五年（1072）二月壬子"赐两浙转运司常平谷十万石，赈济浙西水灾州军，仍募贫民兴修水利"⑤。熙宁六年（1073）五月丙午，"诏出常平钱万缗，赈贷延州诸县阙乏户"⑥。同年冬十月丙申，"赐江南东路常平米七万石，赈济灾疫"⑦。熙宁七年（1074）冬十月戊寅"诏两浙西路提举司出米三万石，赈济常、润州灾伤。癸巳，诏赐淮南路常平米二万石下淮南西路提举司，易饥民所掘蝗种。又赐五万石下河北东路提点刑狱司，赈济流

---

① 《宋会要辑稿》食货六八之三九。
② 参见漆侠：《王安石变法》（增订本），第130—131页。
③ 《续资治通鉴长编》卷二一一，第5131页。
④ 《续资治通鉴长编》卷二一九，第5321页。
⑤ 《续资治通鉴长编》卷二三〇，第5586页。
⑥ 《续资治通鉴长编》卷二四五，第5950页。
⑦ 《续资治通鉴长编》卷二四七，第6031页。

民,许出粜,仍先于常平仓拨见钱赈济。"① 熙宁八年（1075）三月丁酉,"赐两浙路常平米二万石,赈济润州饥民"②。元丰元年（1078）闰正月己丑"又诏河北路以常平米赈济饥民"③。此类材料颇多,因文繁,不具引。

在充分估计宋神宗、王安石变法时期对荒政实施取得巨大效果的同时,也应对这一时期滥用公权力强行推行青苗法、免役法、农田水利法等所造成的危害也要有足够的认识。像青苗法中摊派、配额式的借贷、免役法向本不承担差役的民户征钱、农田水利法中的某些急功近利行为,都在不同程度上使本欲救民、济民的好政策、好措施变为被救助对象的负担,甚至走向反面。

元丰八年（1085）三月,宋神宗病逝,10岁的幼子宋哲宗嗣位,由宋英宗高氏以太皇太后身份处理军国大事。高太后起用反变法派代表人物司马光等执政,王安石新法很快遭到反变法派的废除。恢复旧常平法、差役法等,号称"元祐更化"。元祐八年（1093）高太后病逝。宋哲宗亲政,又继承和恢复神宗时期的政治路线,名为绍述,绍圣元年（1094）颁行《常平免役敕令》④,元符元年（1098）,"以常平、免役、农田水利、保甲,类著其法,总为一书",名《常平、免役敕令》,颁行全国⑤。在哲宗统治后期,各项新法稍加改革,基本上按照熙宁、元丰时期的模式进行。

元符三年（1100）正月,哲宗病逝。哲宗无子。宋神宗第十一子赵佶即位,是为宋徽宗。徽宗继续执行哲宗以来的新法政策,但宋徽宗与蔡京等人所奉行的新法已逐渐失去立法原意,而成为他们搜刮民财的口实。宋神宗以来由宽剩、常平所积"天下不可胜校"的钱粮也被徽宗、蔡京等人挥霍殆尽。不过,需要指出的是,尽管宋徽宗、蔡京等人在继承和执行常平、免役、方田均税等新法上偏离了宋神宗、王安石确定的原本政治意义,但在继承和发展宋仁宗、英宗、神宗以来建立社会救济制度方面,却可大书一笔。

---

① 《续资治通鉴长编》卷二五七,第6276、6282页。
② 《续资治通鉴长编》卷二六一,第6356页。
③ 《续资治通鉴长编》卷二八七,第7030页。
④ 苏颂:《苏魏公文集》卷四三《谢赐常平免役勅令》。
⑤ 《宋史》卷一七八《食货上六·役法下》,第4330页。《续资治通鉴长编》卷四九九"元符元年六月戊子"条,第11876页。

宋仁宗时期，为收养鳏寡孤独不能自存之人，在都城开封设置东西福田院，"以廪老疾孤穷丐者，其后给钱粟者才二十四人"。宋英宗时扩大东西福田院的官舍规模，"日廪三百人。岁出内藏钱五百万给其费，后易以泗州施利钱，增为八百万"。同时又增置南北福田院。除了在京城设置福田院外，还诏令"州县长吏遇大雨雪，蠲僦舍钱三日，岁毋过九日，著为令"。宋神宗熙宁二年（1069）以后，京师福田院遇雪寒季节，收养"老疾孤穷丐者"不再限制人数。"听于四福田院额外给钱收养，至春稍暖则止。""凡鳏寡、孤独、癃老、疾废、贫乏，不能自存应居养者，以户绝屋居之，无则居以官屋，以户绝财产充其费，不限月，依乞丐法给米豆，不足则给以常平息钱。"而且在熙宁九年神宗接受知太原韩绛的建议，将河东地区雪寒之季接济"诸老疾"的法定时间"自十一月一日，州给米豆至次年三月终"，改为"自十月一日起支，至次年二月终止，如有余即至三月终"。宋哲宗时继续了神宗的做法，各地陆续建置收养老弱的居养院。

宋仁宗、神宗时，不仅注意收养雪寒季节无助的贫困之人，对不能安葬的死尸也令官府协助寺院予以妥善安葬，"天禧中，于京畿近郊佛寺买地，以瘗死之无葬者"。"诏开封府界，僧寺旅寄棺柩，贫不能葬，令畿县各度官不毛地三五顷，听人安厝，命僧主之"。

过去学界对宋徽宗统治时期的治世评价甚低，一般多认为是北宋政治上最黑暗、最腐朽的时期，不过从朝廷或官府推动荒政的角度来审视，宋徽宗时期呈现两个鲜明的特点。一是蔡京等人打着绍述王安石变法，在滥用公权力强行推行新法措施方面比熙丰时期走得更远，因此危害也更大。二是宋徽宗时期，蔡京主政，社会救济制度有较大发展，他把此前设置于京师地区和部分地区的救济机构，运用国家的行政力量向全国推广：崇宁初年，"蔡京当国，置居养院、安济坊，给常平米，厚至数倍。差官卒充使令，置火头，具饮膳，给以衲衣絮被。州县奉行过当，或具帷帐，雇乳母、女使，靡费无艺，不免率敛，贫者乐而富者扰矣"①。其中，居养院，就是在福田院的基础上改造和扩大；安济坊，则是与现代救治病患的医院相仿的机构。

宋徽宗崇宁三年（1104），在蔡京的主持下，宋廷又设置了漏泽园，即

---

① 《宋史》卷一七八《食货志·振恤》，第4338—4339页。

将宋神宗时协助寺院妥善安葬死尸的做法制度化,"至是,蔡京推广为园,置籍,瘗人并深三尺,毋令暴露。监司巡历检察安济坊,亦募僧主之"。大观、政和期间,更下令:"诸城砦、镇市户及千以上有知监者,依各县增置居养院、安济坊、漏泽园,道路遇寒僵仆之人,及无衣丐者,许送近便居养院,给钱米救济。孤贫小儿可教者,令入小学听读,其衣襕于常平头子钱内给造,仍免入斋之用。遗弃小儿,雇人乳养,仍听宫观寺院养为童行。"① 居养院、安济坊、漏泽园等,于是得以广泛设立于全国主要的州县。无论从哪个角度上讲,这都是值得大书特书的历史成就,是宋代文明进步的重要体现。

另外,宋初欲建立的义仓制度,经过几次反复后,也最终于宋徽宗朝蔡京执政时期得以确定,南宋理宗时人说:"义仓我朝乾德创之,未几而罢。元丰复之,未几亦罢。迨绍圣,复以石输五升,大观又以石输一斗。至于今日,而义仓输官之法,始定焉"②。义仓的粮食主要来源于主户,特别是三等户以上的主户,义仓设置从宋初至宋神宗元丰时期几起几落难以为继,不能不与豪强兼并势力强大密切相关。庆历元年,王琪复上建义仓之策,宋仁宗"纳之",但很快遭到豪强兼并的反对,"已而众论纷然,以为不便,遂诏第令上三等户输粟,寻复罢"③。而宋哲宗、宋徽宗时期义仓其所以得以建置,这可以说是王安石变法以来推行"摧抑兼并"政策的直接后果。所以北宋义仓建置过程从一个侧面折射出宋朝官府运用国家权力大力推动荒政的发展历程。

综上所述,笔者对北宋时期荒政的发展有以下几点认识:

1. 北宋对汉唐以来荒政的继承和发展主要表现在两个方面:一是仓储制度日趋完善,二是集汉唐以来各类救荒措施之大成。

2. 北宋中期以后儒家荒政思想日益引起宋代最高统治者和朝野士人的重视,并得到有力的传播和推广。王安石变法,既是一场社会变革运动,同时也是我国历史上统治阶级利用国家政权第一次全面推进荒政的有益尝试。

---

① 《宋史》卷一七八《食货志·振恤》,第 4339—4340 页。
② 林駉:《古今源流至论》后集卷一〇《常平义仓》。
③ 《续资治通鉴长编》卷一三三"庆历元年九月乙亥"条,第 3183 页。

3. 北宋初期以来所实施的募饥民、流民隶军籍、宽减饥民"强盗"死罪、募富民出钱粟，酬以官爵，推广"劝分"救荒，以及中后期不断改进的社会救济制度，对缓和当时的社会矛盾起了积极的作用，也是宋代荒政进步的重要表现。

4. 北宋时期的荒政对后世产生了深远影响，儒家的荒政思想随着理学在南宋的发展得到极大的推广，谈论荒政几乎成了一项专门的学问。王安石变法虽然遭到了否定和批判，但是王安石变法所体现出的儒家"损有余、补不足"精神，在南宋得到继承和发扬，不同的只在于王安石是用国家的力量推行"荒政"，到南宋更多的则是朝野士人在地方和民间以自己的实际行动推演"荒政"。像在南宋产生重大影响的朱熹"社仓法"，就是直接导源于王安石新法中的"青苗法"。而且，常平仓的平粜功能，在南宋官府和民间的仓廪制度中，也得到了广泛的运用。宋徽宗时期的多项社会救济制度，亦得到了长足的发展，南宋的地方志在记载各地居养院、安济坊、漏泽园的建置和发展情况时，往往都将其缘起追溯至宋徽宗大观、政和年间。

三、 南宋对荒政管理的加强

南宋荒政管理的加强，主要表现在以下两方面：

首先，南宋初年在政治上虽然否定了王安石变法，但是继承了设置常平官的做法。当然这种继承经过了一些反复。宋廷南渡以后，高宗表示"朕最爱元祐"，并把北宋亡国之罪由蔡京集团追及王安石，王安石新法被彻底否定①。建炎元年（1127），将提举常平司合并于提刑司。建炎二年（1128）十月十一日，三省进呈复置常平官事，"拟诏语曰：'近缘臣僚论列，已复置常平提举官……可除青苗散敛法依已降指挥永不施行外，应见行条法，委侍从官三员专一讨论……'上（高宗）以手指'青苗散敛永不施行'八字，顾谓宰臣曰：'此事宜令进奏院先报行，使远近闻之，知朕复常平官实为民

---

① 参见拙作：《王安石变法研究史》，人民出版社2004年版，第3—6页。

也。"① 翌年，又诏诸路复置提举常平官指挥勿行。其后常平之政隶属不一，至绍兴七年（1137）设常平主管官，绍兴八年（1138），李光请罢常平主管官，上（高宗）曰："常平本汉耿寿昌，今岂可以王安石废之，而提举自可复置，庶几不陷失一司钱谷。"② 十五年（1145）八月，常平司与茶盐司合并，通置提举常平茶盐官。专职常平官的主要职责是总领常平、义仓、免役等诸事。熊克说："自建炎初省诸路提举常平官，并其职于提刑司。次年，朝议复置，且讨论其非，书成未颁，而上南渡。继而言者谓常平之法不可行，遂寝。中间常平之职尝隶发运司，亦隶经制司，已而复隶提刑司。至是王铁言：'常平一司，钱谷敛散，宜专使领之，乞复置诸路提举官。'已亥，诏以诸路提举茶盐官为提举茶盐常平公事。川广以宪臣兼领。"③ 李心传亦说："提举常平官……建炎元年五月，复罢。二年八月，复诸道常平官，还其籴本，自青苗钱不散外，常平、免役之政皆掌之。（绍兴）九年，置经制司，改常平官为经制某路干办常平等公事。未几，经制司罢，复为常平官。久之，复置提举，东南以茶盐司兼领，四川、广西以提刑司兼领，仍别置官吏，及岁举升改员。"④ 从常平官的复置过程来看，南宋朝廷虽然否定了青苗法，但对于王安石为推行青苗法而设负责常平专职官的做法，还是有保留地予以继承，只是职责已不尽相同。"建炎、绍兴以来诏令为常平而下者相踵，使名虽仍旧贯，而参绎润色则非二二条矣，亦可得而悉数乎？"⑤ "然常平钱皆取以赡军，今特掌义仓及水利、役法、振济等事而已，无复平籴之政矣。"⑥ "中兴以来，讲明荒政，常平钱谷专委一司而无陷失之弊。"⑦ 可见，提举常平司至南宋中后期成为中央管理地方荒政的主要机构，宋宁宗庆元四年（1198），臣僚请求朝廷加强提举常平司对各地义仓的管理，"乞明诏诸路提举常平官讲求措置，亟去前弊，责令诸州每季以本州及属县收支常平、义

---

① 《宋会要辑稿》职官四三之一五，参见梁太济、包伟民：《宋史食货志补正》，杭州大学出版社1994年版，第345—346页。

② 林駉：《古今源流至论》后集卷一〇《常平义仓》。

③ 熊克：《中兴小纪》卷三二"绍兴十五年九月戊午"条，福建人民出版社1985年版，第385页。

④ 《建炎以来朝野杂记》甲集卷一一《提举常平茶盐》，中华书局2000年版，第227页。

⑤ 《东莱吕太史外集》卷一《策问》。

⑥ 《建炎以来朝野杂记》甲集卷一一《提举常平茶盐》。

⑦ 林駉：《古今源流至论》后集卷一〇"常平义仓"。

仓等钱米，逐项细数申常平司，不得泛言都数，然后参照条法，逐一审订，稍有失收失支，勒令填纳，或有情弊，必真于法"①。宋理宗嘉熙三年（1239）九月辛卯，"以江、湖、浙东、建、剑、汀、邵旱伤，诏诸路提举常平司核所部州县常平、义仓之储，以备赈济"②。

其次，加强对地方官吏躬行荒政的督责。救荒之政主要靠各级地方官吏奉行③，他们的努力与否直接关乎救灾措施执行的成败。南宋自高宗朝起就很重视这个问题，对地方各级官吏救灾是否"存恤有方"或"奉行不谨"，作出了相应的赏罚规定。史载："绍兴六年春正月甲午，以江湖、福建、浙东旱，命监司帅臣修荒政。辅臣进呈戒约旱灾路分监司帅守赈济饥民等文字。"宋高宗说："岁饥民多流殍，朕心恻然。官为发廪以赈给之，则民受实惠，苟为不然，虽诏令数下，恐徒文具耳。宜申饬有司多方措置米斛，江东、西、湖南、北、福建、浙东路，令逐路监司行下旱伤州县，恪意遵行，如奉行有方，别无流亡，当行旌赏。如流亡稍众，或聚而为盗，即重行窜责。并令帅臣、监司比较优劣，保明来上，取旨赏罚。"李心传在这段文字后，引《中兴圣政》作者留正的评论，以为是种创举："至于戒饬监司，督州县以存恤有方与奉行不谨者，而为之赏罚，则自太上皇帝（即宋高宗）始"④。此后这种做法亦为后世所继承。宋宁宗嘉定四年（1211）闰二月，"诏恪守赈恤令：诸路帅守、监司、守、令，恪守朝廷赈恤之"。⑤绍定二年五月"诏：成都、潼川路岁旱歉，制司、监司其亟振恤，仍察郡县奉令勤惰以闻。"⑥绍定五年十一月甲寅，"臣僚奏乞戒饬诸道常平使者遵用淳熙诏令，每岁核州县丰歉分数或灾伤重处，即与赈恤，不许隐敝不实，违者台谏按劾。"⑦宋理宗淳祐七年（1180）八月壬寅，"诏监司守臣宜亟讲荒政，以

---

① 《文献通考》卷二一《籴考二》，考213页。
② 《宋史全文》卷三三"嘉熙三年九月辛卯"条。
③ 董煟：《救荒活民书》卷三"救荒杂录"把南宋荒政的实施者分作"人主、宰执当行"和"监司、太守、县令当行"两部分，后者当行之事多达46项，包括了解灾情、评估灾情、应对措施、安抚救济等等。
④ 《建炎以来系年要录》卷九七，绍兴六年春正月午条，中华书局1985年版，第1606页。
⑤ 佚名，汝企和点校《续编两朝纲目备要》卷一二，中华书局1995年版，第228页。
⑥ 《宋史》卷四一，第791页。
⑦ 《宋史全文》卷三二。

赈乏绝。税租有合蠲减者，具实以闻"①。景定二年（1261）九月辛酉，宋理宗对大臣说："湖、秀二郡被水最甚，闻守、令不以荒政为意，民户吝于劝分，宜立赏罚，以示信必。（贾）似道奏此事，监司、守令不得辞其责，即当宣布圣训，更加戒饬。"②

  与此相应，督责官吏遵奉朝廷宽恤诏令的文件汇编也随之问世。绍兴二十三年（1153）八月乙酉，"左朝奉郎郑康佐知惠州代还，言陛下临御以来，诏令为民而下者，十常八九，所以天祐一德，民怀有仁。然亲民莫如守令，按察莫如监司，若监司巡历或不周遍，则遐方僻壤郡邑官吏，循习弛怠，奉行必有不谨者，望申饬有司。自中兴以来，省刑罚，薄税敛，凡恤民宽厚之诏令，编类成书，以赐守令，仍令监司岁内分巡所部，要务周备，以察奉行诏令之当否，官吏之勤惰，庶几咸思报举庶职，惠养黎元，以称励精求治之意，诏敕令所编类。"③ 宋高宗欣然同意他的建言："命敕令所编辑中兴以后宽恤诏令。"至绍兴二十五年（1155）九月丁巳，秦桧上《绍兴宽恤诏令》④，凡二百卷⑤，其后遂成定制，为南宋历朝所遵奉。宋孝宗淳熙六年秋七月戊辰，班《隆兴以来宽恤诏令》于诸路。淳熙十一年（1184）六月辛酉，"进呈王淮等上表，为敕令所编类宽恤诏令成书，乞颁降施行。上（孝宗）曰：'可谓详备，凡事在人举行，斟酌轻重尽之矣。'"⑥ 十二年（1185）四月戊辰，班《淳熙宽恤诏令》⑦；宋宁宗庆元二年（1196）十一月壬辰，上《太上皇帝宽恤诏令》。壬辰，京镗等上《孝宗皇帝宽恤诏令》；三年（1197）六月戊辰，颁《淳熙宽恤诏令》；六年（1198）五月丙辰，有司上《庆元宽恤诏

---

① 《宋史全文》卷三四"淳祐七年八月壬寅"条。
② 《宋史全文》卷三六"景定二年九月辛酉"条。
③ 《建炎以来系年要录》卷一六五，第 2696—2697 页。又《建炎朝野杂记》甲集卷四《绍兴淳熙庆元宽恤诏令》《续编两朝纲目备要》卷五"庆元五年十二月"条云："宽恤诏令者，始绍兴二十二年八月，王瞻叔（王之望）知荆门军代还入见，请命有司编集中兴以来宽恤诏令，而知惠州郑康佐者，亦言守令奉行诏书不虔，请编类成书以赐。从之。"第 95 页。
④ 《宋史》卷三一《高宗八》，第 582 页。
⑤ 《续编两朝纲目备要》卷五"庆元五年十二月"条，第 95 页。
⑥ 《宋史全文》卷二七上"淳熙十一年六月辛酉"条。
⑦ 《宋史》卷三五《孝宗三》。中华书局 1977 年版，第 683 页。

令》①。嘉泰元年（1201）三月戊辰，颁《庆元宽恤诏令》②；嘉定六年（1206）五月戊辰，"修庆元六年以来宽恤诏令"③。嘉定十四年（1221）五月乙巳，颁《庆元宽恤诏令》④；宋理宗景定四年（1263）七月壬辰，"敕令所进《宁宗以来宽恤诏令》"⑤。这些宽恤诏令虽不完全都是针对救荒所发，但是以救荒为主，则是无疑的。马端临说："宋以仁立国，蠲租已责之事，视前代为过之，而中兴后尤多。州郡所上水旱、盗贼、逃移、倚阁钱谷，则以诏旨径直蠲除，无岁无之，殆不胜书。"⑥

宋宁宗以后，国势渐衰。但宋廷用于赈济、赈贷、赈粜的钱粮数额仍相当可观。宋理宗端平元年（1234）八月，"以河南州军新复，令江淮制置大使司科降米麦一百万石振济。淳熙（祐）十一年，福建诸郡旱，锡米二十五万石振粜，一万石振贫，乏细民"。景定元年（1260），"临安府平粜仓旧贮米数十万石，粜补循环，其后用而不补，所存无几，有旨令临安府收粜米四十万石，用平粜仓钱三百四万七千八百五十九贯，封桩库十七界会子一千九十五万二千一百余贯，共凑十七界一千四百万贯，充粜本钱。二年，以都城全仰浙西米斛，诱人入京贩粜，赏格比乾道七年加优"。咸淳元年（1265），"有旨丰储仓拨公田米五十万石付平粜仓，遇米贵平价出粜"。咸淳七年（1271），"以咸淳三年以前诸路义米一百一十二万九千余石减价发粜，薄收郡县听民不拘关、会、见钱收粜"⑦。这些数据与北宋中期常平广惠仓有一千五百万贯石的本钱谷相比，已是小巫见大巫，但考虑到衰败的国势，至少可以说明南宋晚期经济仍有很强的再生能力；同时也表明元史臣所言："宋之为治，一本于仁厚。凡振贫恤患之意，视前代尤为切至。"是一直持续到南宋的最后阶段的。

---

① 《宋史》卷三七《宁宗一》，第722、727页。《宋史全文》卷二九上。
② 《宋史》卷三八《宁宗二》，第729页。
③ 《宋史》卷三九《宁宗三》，第759页。
④ 《宋史》卷四〇《宁宗四》，第777页。
⑤ 《宋史》卷四五《理宗五》，第885页。
⑥ 《文献通考》卷二七《国用考五·蠲贷》，考261页。
⑦ 《宋史》卷一七八《食货志·振恤》，第4343—4344页。

四、朱熹创建社仓对荒政的推动

朱熹对南宋荒政的推动表现在创建具有互助性质的社仓上。虽然社仓的名称和形式并不始于朱熹，但是在南宋得到广泛推广的社仓制度则是由朱熹创建。在朱熹之前，建阳一带百姓常因岁歉艰食而啸聚"易动"，名士魏掞之为此建社仓以安百姓。绍兴二十年（1150），"及秋，乃请于本路提举常平公事袁复一，得米千六百斛以贷民，至冬而取，遂置仓于长滩铺，自是岁敛散如常，民赖以济，草寇遂息。议者谓掞之所请，乃古社仓遗意，使诸乡各有之，则缓急可以无忧，而民之从乱者鲜矣"①。魏掞之的做法对朱熹有直接影响。朱熹创建社仓始自乾道四年（1168），成于乾道七年（1169）。朱熹《建宁府崇安县五夫社仓记》较详细地叙述了社仓的由来，其初衷是为远离州县城镇的乡村寻求抵御灾荒的途径："山谷细民无盖藏之积，新陈未接，虽乐岁不免出倍称之息贷食豪右，而官粟积于无用之地，后将红腐，不复可食。愿自今以来，岁一敛散，既以纾民之急，又得易新以藏，俾愿贷者出息什二，又可以抑侥幸，广储蓄，即不欲者勿强。岁或不幸，小饥则弛半息，大祲则尽蠲之，于以惠活鳏寡，塞祸乱原，甚大惠也，请著为例。""请放古法为社仓以储之，不过出捐一岁之息。"这些设想都得到官府的支持，"且命以钱六万助其役，于是得籍坂黄氏废地而鸠工度材焉。经始于七年五月而成于八月，为仓三、亭一、门墙守舍，无一不具"②。

虽说朱熹创建社仓其渊源可上溯至隋朝的义仓，但从朱熹的陈述来看，其具体做法和主旨显然是直接取法于王安石新法中的青苗法。当时朱熹好友理学家张栻就曾批评说：朱熹以"王介甫所行独有散青苗一事是耳，奋然欲作社仓记以述此意，某以为此则过矣"③。朱熹对此并不否认，且指出社仓制度对青苗法的改进和不同："凡世俗之所以病乎此者，不过以王氏之青苗为说耳。以予观于前贤之论，而以今日之事验之，则青苗者其立法之本意固

---

① 《建炎以来系年要录》卷一六一"绍兴二十年九月丙申"条，第2623页。
② 《朱文公文集》卷七七，四部丛刊初编缩本，第1427页。
③ 张栻：《新刊南轩先生文集》卷二〇《答朱元晦秘书》。

未为不善也，但其给之也以金而不以谷，其处之也以县而不以乡，其职之也以官吏而不以乡人士君子，其行之也以聚敛疕疾之意，而不以惨怛忠利之心，是以王氏能以行于一邑，而不能以行于天下。子程子尝极论之，而卒不免于悔其已甚而有激也。"① 如果朱熹创建社仓仅限于建宁府崇安县，那它的作用和社会意义就很有限了。朱熹并不满足于此，崇安社仓创设十四年后，淳熙八年（1181），时任提举两浙东路常平茶盐公事的朱熹至临安上奏，详述崇安社仓的成功经验，请求向全国推广：

> 窃谓其法可以推广，行之他处，而法令无文，人情难强，妄意欲乞圣慈特依义役体例，行下诸路州军，晓谕人户，有愿依此置立社仓者，州县量支常平米斛，责与本乡出等人户，主执敛散，每石收息二斗，仍差本乡土居或寄居官员、士人有行义者，与本县官同共出纳，收到息米十倍本米之数，即送原米还官，却将息米敛散，每石只收耗米三升。其有富家情愿出米作本者，亦从其便。息米及数，亦当拨还。如有乡土风俗不同者，更许随宜立约，申官遵守，实为久远之利。其不愿置立去处，官司不得抑勒，则亦不至搔扰。此在今日言之，虽无所济于目前之急，然实公私储蓄预备久远之计。及今歉岁施行，人必愿从者众，其建宁府社仓见行事目，谨录一通进呈，伏望圣慈详察，特赐施行。②

朱熹的奏疏在朝廷上引起不小的争议，主要原因是攻讦社仓取法青苗法，但几经酝酿朝廷还是接受户部的意见，将社仓法推向全国，淳熙八年（1181）十二月甲子，"下朱熹社仓法于诸路"③。朱熹创建社仓的意义有二：其一，社仓制度的主旨与青苗法"耕敛补助，哀多补寡而抑民豪夺之意也"的主旨颇为相近，也有"摧抑兼并"的意味。不同的是，青苗法是以国家的权力压抑豪强兼并，而朱熹追求的是人人各遂其所生的社会蓝图④，贫富相

---

① 《朱文公文集》卷七九《婺州金华县社仓记》，第 1449 页。
② 《朱文公文集》卷一三《辛丑延和奏札四》，第 196 页。
③ 《宋史》卷三五《孝宗三》第 677 页，又见《朱文公文集》卷九九《社仓事目》敕命并跋语附。
④ 参见梁庚尧《中国历史上民间的济贫活动》，《宋代社会经济史论集》下册，台湾允晨文化实业股份有限公司 1997 年版。

恤正是实现这种蓝图的途径之一。而贫富相恤的中心思想是启动和建立完备的民间救济机制。朱熹的弟子黄榦在《袁州萍乡县西社仓絜矩堂记》中就综采其师的思想阐发设置社仓的社会意义：

> 榦闻之师曰：絜，度也；矩，所以为方也。……富者田连阡陌而余粱肉，贫者无置锥而厌糟糠，非方也。社仓之创，掇此之有余，济彼之不足，絜矩之方也。君子之道，必度而使方者，乾父坤母，而人物处乎其中，均禀天地之气以为体，均受天地之理以为生，民特吾兄弟，物特吾党与，则其林然而生者，未尝不方也。①

其二，改变常平仓、义仓难以惠及乡村的弊端。常平仓、义仓是汉唐以来备受推崇的救荒制度，但是自实施之初就伴生了种种弊端，其中，常平、义仓都设在远离乡村的州县而遭到历代有识之士的诟病。北宋王安石改旧常平制度为青苗法就与此有很大关系，南宋初年彻底否定王安石变法，恢复常平旧制和实施义仓制度，其远离乡村的弊端并未改变。朱熹在创建社仓之制时就指出："常平、义仓尚有古法之遗意，然皆藏于州县，所恩不过市井惰游辈，至于深山长谷力穑远输之民，则虽饥饿濒死而不能及也。"② 显然朱熹将社仓建在广大乡村，无疑是对常平义仓的一种补益。"社仓之设，其常平之辅乎？有余则敛，不足则散，与常平无以异，然常平裒聚于州县，而社仓分布于阡陌，官无远运之劳，民有近籴之便，足以推广常平赈穷之意，此所谓辅也已。"③ 从而使得救济乡村贫穷农民的措施落到实处，才使得协助边远偏僻农民储蓄以改善生存环境成为可能。由于朱熹和他的弟子们的不懈努力，社仓制度至宋理宗时已遍行南宋全国，成为仓储制度中不可缺少的一环。当时社仓分成官设和民设两种。民间的社仓，多是由地方人或居乡的官员设立，这些社仓有些出自一家一族之力，如建昌军南城县贡士包扬的学徒吴伸、吴伦兄弟，发家谷四千斛，响应社仓。隆兴府武宁县的田伦、田佐兄

---

① 《勉斋先生黄文肃公文集》卷一九。
② 《朱文公文集》卷七七《建宁府崇安县五夫社仓记》。刘一止在绍兴九年（1102）也提出过这类改革意见，《苕溪集》卷一四《转对奏状》。
③ 袁燮：《絜斋集》卷一〇《洪都府社仓记》。

弟和侄子田可简及家族子弟,取法朱熹之义,聚谷米六百石作贷本,称为希贤社仓。也有由地方士绅共同合作设立的,如淳熙十六年(1189)袁州萍乡县成立九所社仓,就是由当地人钟诇、袁公修等人分别主持社务,提供贷本;合州巴川县士人景元一等设立的社仓,则有 20 家共同参与。即使是官府设立的社仓,也常延请地方士人参与管理,民间组织的性质仍很强①。

宋孝宗以后,社仓出现了四个新变化:其一,以田产作社仓的贷本,借田租的收入取代利息。其二,以常平仓经营方式移用于农村,出现平粜式社仓。其三,社仓和举子仓、义役两种社会互助组织相结合。其四,政府在社仓组织中所任角色增强。尽管有这些变化,社仓惠及乡村和以民间为主导的优势没有变。特别是民间组织辅以政府的协调、监管,保持其扶助农民的功用,是南宋社仓所以能继续发展的重要因素;而社仓的民间组织性质之所以能够维持不辍,是与有一批宗奉理学仁政思想的士人在家乡主持各项事业,造福乡里分不开。如在镇江府金坛县设立社仓的刘宰,刘宰于举进士之后,入仕十余年,以不乐仕进,归隐乡里,买田百亩以自给,在家乡中联结乡人,设社仓,倡义役,修桥补路,普及医药常识,遇灾荒则设粥局赈济灾民。"儒家思想便是在这种社会结构中,转化成为社仓此一制度,而发挥其稳定社会的力量。"②

朱熹对南宋荒政的推动还表现在其任职南康军和提举浙东常平茶盐事时遇旱灾而大修荒政,为一方表率。黄榦《朱熹行状》云:"岁值不雨,讲求荒政。凡请于朝言无不尽,官物之检放、倚阁、蠲减、除豁、带纳,如秋苗、夏税、木炭、月桩、经总制钱之属,各视其色目为之条奏,或至三四,不得请不已。并奏请截留纲运,乞转运、常平两司发钱米充军粮,备赈济,申严邻路断港遏籴之禁。选官吏授以方略,俾视境内,具知荒歉分数,户口多寡,蓄积虚实,通商劝分,多所全活。其设施次第,人争传录以为法。讫事,奏乞依格推赏纳粟人者凡数四。郡濒大江,舟舣岸者,遇大风辄沦溺,因募饥民筑堤捍舟,民脱于饥,舟患亦息。先生视民如伤,至奸豪侵扰细

---

① 参见陶晋生、黄宽重、刘静贞:《宋史》,台湾空中大学 2004 年版,第 312—313 页。
② 以上详见梁庚尧:《南宋的社仓》,《宋代社会经济史论集》下册。

民，挠法害政者，惩之不少贷，由是豪强敛戢，里间安靖。"①

　　用现代手段检索《文渊阁四库全书》经、史、子、集四部，查询具有救荒之政含义的"荒政"一词得知：汉唐著述偶有提及或解释，而到宋朝，著述中出现的频率陡然剧增。以集部别集为例，汉唐五代别集类汉至五代112部1518卷提及荒政只有3次；北宋别集建隆至靖康122部3370卷提及荒政36次，南宋别集类南宋建炎至德祐277部4978卷附录1部6卷提及荒政343次，金元别集类金至元175部2112卷提及荒政40次，明朝别集类明洪武至崇祯240部4254卷提及荒政87次，清朝乾隆前别集43部1661卷提及荒政27次。这在一定程度上说明南宋是从汉唐以来迄清初历代中最讲求荒政的历史时期，而南宋又主要是在朱熹、吕祖谦之后。统计表明，南宋别集提及荒政343次中朱、吕之前的别集只提及42次，之后则高达301次。这从一个侧面表明朱熹、吕祖谦积极倡导荒政的影响。正如宋理宗淳祐十一年（1251），侍御史陈垓所奏："朱熹近世大儒，有功斯道，曾任浙东常平使者，适值旱歉，讲荒政，立义仓，流风善政，逮今未泯。"②

余　论

　　下面再对马端临的一条有关南北宋救灾的记载，做一些分析，是为余论。（淳熙）十年（1183），江东宪臣尤袤云：

> 东南民力凋弊，中人之家，至无数月之储。前年旱伤，江东之南康、江西之兴国，俱是小垒。南康饥民一十二万二千有奇，兴国饥民七万二千有奇。且祖宗盛时，荒政著闻者，莫如富弼之在青州，赵抃之在会稽，在当时已是非常之灾。夷考其实，则青州一路饥民止十五万，几及南康一军之数，会稽大郡，饥民才二万二千而已，以兴国较之，已是三倍。至于赈赡之米，弼用十五万，抃用三万六千。今江东公私合力赈救，为米一百四十二万。去岁江西赈济兴国一军，除民间劝诱所得，出

---

① 《勉斋先生黄文肃公文集》卷三四。
② 《宋史全文》卷三四"淳祐十一年闰十月丁巳朔"条。

于官者，自当七万，其视青州一路，会稽一郡，所费实相倍蓰，则知今日公私诚是困竭，不宜复有小歉。①

这段材料揭示了两个重要问题，一是表明南宋时期官府调集救灾粮食的能力和范围似比北宋有所提高。文中提及富弼、赵抃救非常之灾事，分别发生在宋仁宗皇祐元年（1049）和宋神宗熙宁八年（1075），②富弼、赵抃安集流民有方，宋代文献多有总结，其中尤值得注意的是救灾粮主要来自民间，富弼"逐醵于民，得粟十五万斛"，"第一等二石，第二等一石五斗，第三等一石，第四等七斗，第五等四斗，客户三斗，已上并米豆中半送纳"。赵抃"检富人所输及僧道士食之羡者，得粟四万八千余石佐其费"③。富弼、赵抃这样做，是官廪无储吗？不是，其时"其间近河五州颇熟"，那么原因何在呢？"缘仓廪所收，簿书有数，流民不绝，济赡难周"，"故事：岁廪穷人，当给粟三十石而止"。显然原因是人为的，是救荒制度缺乏变通所致。这与南宋的通融有无很不相同。江东一路为赈灾筹集142万石是一个不小的数目，如果仅靠一县一州是很难筹集到的。尤袤正是通过"通融有无"的制度方才做到。史载尤袤"除淮东提举常平，改江东。江东旱，单车行部，核一路常平米，通融有无，以之振贷"④。董煟称："通融有无，真救荒活法，然而其法有公有私。何谓公？曰支拨官廪，借充内库，如假军储，以救民饥者是也。何谓私？曰劝人发廪，劝人籴贩，劝诱商贾率钱贩米归乡，共济乡人者是也。"⑤显然尤袤所言公私合力当包括江东一路之间各州府常平仓、义仓、各级桩管及劝诱豪户所得粮食。由此可见，南宋政府在调集救灾粮食应对灾伤方面比北宋有较大的进步，从而也从一个侧面说明南宋官府救灾能力比北宋有所提高。

二是表明南宋时期民间抗灾自救能力比北宋有所下降。前引文中所言北

---

① 《文献通考》卷二六《国用考四·赈恤》，考256页。
② 《续资治通鉴长编》卷一六六"皇祐元年二月辛未"条，第3985页；董煟：《救荒活民书》卷三《富弼青州赈济行道》《赵抃救灾记》。
③ 《救荒活民书》卷三《富弼青州赈济行道》。
④ 《宋史》卷三八九《尤袤》，第11924页。
⑤ 《救荒活民书》卷二《通融有无》。

宋皇祐元年（1049）青州、熙宁八年（1075）越州饥民数与南宋淳熙八年（1181）饥民数相比，其中青州饥民是"河北流移之民，逐熟青、淄五州，非如本界分灾伤而行赈济也"，而非青州当地因灾出现的饥民，故与南宋受灾的南康军、兴国军没有可比性。现看熙宁八年（1075）越州户数为152922，按五口之家估算，约75万口。而南康军、兴国军在北宋最高的户数统计是70615、63422①，按照一户五口之家计算，大致分别是35万、31万左右，到南宋淳熙时经过宋金战争的摧残其人口很难恢复到北宋时期的最高统计数。就按北宋时期的人口算，熙宁八年（1075）越州22000饥民只占总人口的1/30，而淳熙八年南康军、兴国军的饥民则分别占到总人口的1/3和1/4强。两两相交，充分说明南宋江南地区民间抗灾自救的能力比北宋时有很大的下降。饥民数额的剧增是民间缺乏储粮最直接的反映。虽然这只是一地的比较，但有典型性。因为东南是南宋的粮仓所在，尚且"民力凋敝，中人之家至无数月之储"，其他地区更可以想象；"中人之家"尚且储粮不足，那贫弱之家无储积也是可以想象的。

那么，何以造成民间储积不足呢？究其原因有二，一是土地集中，两极分化严重。从南宋初期大将张俊岁收租米六十万斛②，到南宋晚期，"今百姓膏腴皆归贵势之家，租米有及百万石者"③，"至于吞噬千家之膏腴，连亘数路之阡陌，岁入号百万斛，则自开辟以来未之有也"④。土地日益集中，粮食也由此日益集中到少数富贵者的粮仓，"小民百亩之田，频年差充保役，官吏诛求百端，不得已，则献其产于巨室……兼并浸盛，民无以遂其生"⑤。而贫弱之民则日渐贫困，"下五等人户，所仰数亩之田，以为卒岁之计"⑥，"有田十亩，岁收不过十石，供输之外，赡养良难"⑦。这尚不包括占南宋总

---

① 吴松弟：《中国人口史·第三卷辽宋金元时期》，复旦大学出版社2000年版，第128、129页。
② 《建炎以来系年要录》卷一三五"绍兴十年四月乙丑"条，第2162页。
③ 《宋史》卷一七三《食货志上一》，第4180页。
④ 《后村先生大全集》卷五一《备对札子三》（端平元年九月），四部丛刊初编本，上海书店1989年版。
⑤ 《宋史》卷一七三《食货志上一》，第4180页。
⑥ 《宋会要辑稿》瑞异三之二八。
⑦ 《陈傅良先生文集》卷四四《桂阳军劝农文》，浙江大学出版社1999年版，第563页。

户数35%左右"率属役富贵者"的"耕田之夫"[①]。可见占农村户口总数90%的下户、客户[②]，一遇非常之灾，只能是嗷嗷待哺，饿殍遍野。二是南宋时期粮食商品化、社会化程度已进入一个比较高的阶段。中家之"民计每岁种、食之外，余米尽以贸易"[③]，"田家自给之外，余悉粜去，曾无久远之积"[④]。于是造成"岁虽熟而小歉辄不耐，地之所产，米最盛而中家无储粮"，"故每遇小歉，闾里不能自相给，惟仰州县赈救"[⑤] 的境况。

[①] 《文献通考》卷二《田赋考二》，考43页。
[②] 梁庚尧：《南宋的农村经济》，新星出版社2006年版，第89页。
[③] 《水心文集》卷一《上宁宗皇帝札子二》，《叶适集》，中华书局1983年版，第2页。
[④] 周去非著，杨武泉校注：《岭外代答校注》卷四《常平》，中华书局1999年版，第176页。
[⑤] 《水心文集》卷一《上宁宗皇帝札子二》，《叶适集》中华书局1983年版，第3页。

第十章

宋代的救灾管理体制

一、各级官府的救灾职责

宋代的救荒管理体制，依据宋代的行政体制运行特点大致可分为两个系统五个层次。两个系统即中央和地方，五个层次可以董煟《救荒杂说》所论救荒之政，分作"有人主所当行者，有宰执所当行者，有监司、太守、县令所当行者"。在这里人主即是皇帝和宰执属于中央决策系统，监司、太守、县令属于路、府州军、县级地方执行系统。在实施救荒之政过程中，不同层次的施政者有不同的分工，所谓："监司、守令所当行，人主、宰执之所不必行；人主、宰执之所行，又非监司、太守、县令之所宜行。"下面根据董煟的分类，略作解释和补充。

中央救灾系统。皇帝救荒所当行的职责有六项：1. 恐惧修省。2. 减膳撤乐。3. 降诏求直言。4. 遣使发廪。5. 省奏章而从谏诤。6. 散积藏以厚黎元。

宋代皇帝居于权力金字塔的最顶端，握有行政、军事、财政、立法、司法大权，"凡军国庶务，一听裁决"[1]。因而皇帝的态度对救荒实施效果有着

---

[1] 《宋大诏令集》卷七《宣和传位诏》，第 29 页。

至为关键的决定作用。按照董煟的议论，皇帝救荒所当行的职责前三项深深打上了周秦以来儒家政治理论的烙印，即自然灾害或灾异是与统治者的行政行为有密切关系。灾害或灾异的发生是对统治者行政的失误或失策的警告和谴责，所以要避免灾害或灾异发生，平时就需要实行符合天意和民心的政策和措施，一旦发生灾害或灾异，为了表示对天的敬意和畏惧，也为了减缓灾情，皇帝就需要"恐惧修省""减膳彻乐""降诏求直言"，而这些举措是通过颁罪己诏以及相关诏令的形式表现出来。有宋一代发布的罪己诏或与之相关的诏令达数百通，仅《宋大诏令集》卷第一五一至卷一五五，《儆灾》一至五就收有99通诏令，下面仅举七例。

宋太宗端拱二年（989）十月辛未《以旱罪己御札》：

> 万方有罪，罪在朕躬。顾兹雨雪愆期，应是祅星所致。为人父母，莫敢遑宁，直以身为牺牲，焚于烈火，亦未足以答谢天谴。当与卿等审刑政之阙失，念稼穑之艰难，恤物安人，以祈元祐。①

宋仁宗庆历七年（1047）三月癸巳，诏曰：

> 自冬讫春，旱暵未已。五种弗入，农失作业。朕惟灾变之来，应不虚发，殆不敏不明以干上帝之怒，咎自朕致，民实何愆，与其降灾于人，不若移灾于朕。自今避正殿，减常膳，中外臣僚指当世切务，实封条上，三事大夫，其协心交儆，称予震惧之意焉。②

宋神宗熙宁七年（1074）三月辛亥，《旱灾避殿损膳宰臣等上表请复不允批答》：

> 朕德弗格，无以媚于上下神祇。天降之灾，旱虐为甚，历日弥久，害及嘉生。故自贬损，冀欲销去。而精诚不至，报应未蒙。侧身以思，

---

① 《宋大诏令集》卷一五一，第561页。
② 《续资治通鉴长编》卷一六〇，第3865页。

深用震悼。而卿等反以敌使之来，诞辰之庆，宜复常膳，何其遽也？①

宋哲宗元祐二年（1087）四月辛卯，《以旱避正殿减常膳诏》：

> 朕承祖宗之休，获绍大统，而陟道日浅，昧于政治，万事失中，以干阴阳之和。乃自冬讫夏，旱旸为虐，四方之内，被灾者广，生民嗷嗷，无所告劳。永惟灾变之来，盖不徒发。意者，朕之听纳不傅于理欤？赏罚失当，而赋税无节欤？民力屈竭，而土木营欤？抑忠言壅于上闻，而德泽不下流欤？何大异滋至也。非克己思过，洗心修德，其何以答塞天变，协致大和。可自今月十一日后，避正殿，减常膳。公卿大夫，其勉修厥职，共图消复。②

绍兴六年（1136）春正月辛未，宋高宗以雪寒，细民艰食，命有司赈之。翌日，谓尚书右仆射张浚曰："朕居燠室，尚觉寒，细民甚可念。若湖南、江西旱灾去处，亦宜早措置赈济。民既困穷，则老弱者转于沟壑，强悍者流为盗贼。朕为民父母，岂得不忧。"已卯，手诏：

> 朕以菲德，致兹旱灾，痛念斯人，流离穷苦。屡诏诸路，常加抚存。尚虑未能深体此怀，奉承弗谨。今仰三省检会，累次降旨宽恤事件，布告中外，悉力推行，务在实惠及民，毋使诏书徒为文具。又勘会荆湖南北、江南东西路旱伤，湖南委吕颐浩，江西委李纲，各选差近上属官，分诣管下往来点检赈济，其湖北、江东并委帅守依此。③

宋孝宗隆兴元年（1163）八月十七日，诏曰：

> 比日飞蝗益多，人闻诸路州县风水为灾，螟螣害谷，咎证罔测，朕

---

① 《宋大诏令集》卷一五四，第 573 页。
② 《宋大诏令集》卷一五四，第 575 页。
③ 《建炎以来系年要录》卷九七，第 1600 页。

甚惧焉！朕自今月十八日避正殿，减常膳，侧身修行，以祈消弭。重惟政事之阙，致扞和气，二三大臣其尽忠省过，辅朕不逮。监司、郡守各务身率，缉贪禁暴，平察冤狱，以安民庶。所在灾伤，悉行具奏，依条赈恤、检放。如有隐匿不以闻者，重寘典宪。师徒未息，科调繁兴，江、淮、襄、蜀，尤极劳扰，疆场之吏，宜加安辑，蠲省苛敛，以称德意。①

宋宁宗嘉定元年（1208）闰四月二十六日，颁《闵雨求言诏》：

朕惟祖宗传祚之重，祗惧靡遑。而自去岁以来，蝗螟为灾，冬既无雪，春又不雨，以至于今，陂泽扬尘，种未入土。夏且半矣，祈禬不应。间有霡霂，未能通济。天灾流行，固亦有之，在于今兹，关系实重。边鄙甫定，流徙未复，漕运不至，籴价日增。苟失岁事，何以保邦？朕于宫中斋心致祷，又将躬谒于灵神，且饬臣邻广求民瘼，六官帅漕各令条具可以慰安人心消弭天变者矣。载惟《云汉》之诗，"靡神不举，靡爱斯牲，祈年孔夙，方社不莫"。祈于天以及父母先祖，不见责躬之言。盖宣王谓周家祈禳之典既已备举，而旱既太甚，是必在我有以得罪于天。其遇灾而惧，侧身修身之意，蔼然见于言外，朕心慕焉。固知大军之后，必有凶年，不敢以此自解也。《传》不云乎，"屋漏在上，知之在下"。人苦不能自知，其播告中外，凡朕躬之不逮，朝政之缺失，与夫田里愁叹之由，军民疾苦之状，尽言无隐，朕将采而用之。庶几以实应天，冀消灾沴，以迄康年。无小无大，惟既乃心，称朕意焉。②

用今天的眼光来看，尽管上述罪己诏反映了当时人们对自然灾害或灾异认识的局限，但也从一个侧面表明了宋统治者对救荒之政的重视态度，这种重视态度对各级官府推行荒政具有直接和巨大的鞭策督责作用。

皇帝救荒责任的第五项"省奏章而从谏诤"，有两层含义，一是平素要

---

① 《宋会要辑稿》食货六八之一二五。
② 楼钥：《攻媿集》卷四二。

"兼听广纳，则贵臣不得壅蔽，而下情得以上通也"①。这是行仁政的前提条件。能行仁政，上明下清，和谐阴阳，就会减少灾害或灾异的发生。二是灾荒发生时能够集思广益，采取积极有力的救荒措施。第六项救荒责任，"散积藏以厚黎元"，详见前论宋代荒政决策发展一章，此处不赘。

宰执救荒所当行的职责有八项：1. 以燮调为己责。2. 以饥溺为己任。3. 启人主警畏之心。4. 虑社稷颠危之渐。5. 陈缓征固本之言。6. 建散财发粟之策。7. 择监司以察守、令。8. 开言路以通下情。

宰执在宋代主要是宰相与执政官的合称。宋代宰相在神宗元丰改制前后略有不同，宋初至元丰改制，以同中书门下平章事为宰相，元丰改制，恢复三省制度，以尚书左仆射、尚书右仆射为宰相，左仆射兼门下侍郎为左相，行侍中之职，右仆射兼中书侍郎为右相，行中书令之职，其后又有变动，到南宋孝宗以后"左右丞相为宰相"。执政官是指参知政事等副相（包括元丰新制门下侍郎、中书侍郎、尚书左丞、尚书右丞），以及枢密院长贰，即枢密使、知枢密院事、枢密副使、同知枢密院事、签书枢密院事、同签书枢密院事的总称。不过这里需要补充的是，在宋代中央决策机构中，除了宰执而外，侍从官也是重要的组成部分，翰林学士、给事中、六部尚书、侍郎，为内侍从官；带诸阁学士、直学士、待制者，为在外侍从官。他们皆是文学极选，以备顾问，有侍从献纳之责、荐士举官之任。因而也是朝廷内外大政方针制定的积极参与者。从董煟开列的宰执（包括侍从官）当行救荒的职责来看，前五项和第八项也多属应对儒家政治理论中的"天谴论"所昭示的内容。这可从熙宁七年（1074）三月至四月反变法派与变法派就当时严重的旱灾所展开的政治角逐对宋神宗施政的影响得到充分说明。

从熙宁六年（1073）冬到七年春，久旱不雨。在熙宁七年的三月中下旬内，当翰林学士韩维入对延和殿时，宋神宗说："久不雨，朕夙夜焦劳，奈何？"韩维进言："陛下忧闵旱灾，损膳避殿，此乃举行故事，恐不足以应天变。书曰：'惟先格王正厥事。'愿陛下痛自责己，下诏广求直言，以开壅蔽，大发恩令，有所蠲放，以和人情。"过了几天韩维又对神宗说："近日畿内诸县，督索青苗钱甚急，往往鞭挞取足，至伐桑为薪以易钱货。旱灾之

---

① 《资治通鉴》卷一九二"贞观二年正月丁巳"条，第 6047 页。

际，重罹此苦。夫动甲兵，危士民，匮财用于荒夷之地，朝廷处之不疑，行之甚锐，至于蠲除租税，宽裕逋负以救愁苦之良民，则迟迟而不肯发。望陛下自奋英断行之。过而养人，犹愈于过而杀人也。"复请对面论，神宗感悟，遂下《旱灾求言诏》。诏曰：

> 朕涉道日浅，晻于致治。政失厥中，以干阴阳之和。乃自冬迄春，旱暵为虐。四海之内，被灾者广。间诏有司，损常膳，避正殿，冀以塞变，历日滋久，未蒙休应。嗷嗷下民，大命失恃。中夜以兴，震悸靡宁。永惟其咎，未知攸出，意者：朕之听纳不得于理欤，狱讼非其情欤，赋敛失其节欤，忠谋谠言郁于上闻，而阿谀壅蔽以成其私者众欤，何嘉气之久不效也。应中外文武臣僚，并许实封直言朝政阙失，朕将亲览，考求其当，以辅政理。三事大夫，其务悉心交儆，成朕志焉。①

这道诏书的主旨实际上反映出宋神宗接受反变法派借旱灾"天变"对王安石青苗法、开边等新法措施的质疑。其后，宋神宗仍"以久旱，忧见容色，每辅臣进见，未尝不叹息恳恻，欲尽罢保甲、方田等事"。于是王安石反击反变法派的论点，向神宗进言："水旱常数，尧、汤所不免，陛下即位以来，累年丰稔，今旱暵虽逢，但当益修人事，以应天灾，不足贻圣虑耳。"可是神宗还是不能排解心中的焦虑："此岂细事，朕今所以恐惧如此者，正为人事有所未修也。"这里所谓"人事有所未修"，当指新法多有不合天意。也就是说神宗仍在坚持前此颁布的诏令中的意见。而在此期间，反变法派的司马光、郑侠、滕甫等也都相继应诏，奏陈天变之际不应忽视，新法之必须废除等等。于是王安石不得不坚辞相位②。这场借旱灾"天变"而展开的政治角逐，处处都体现着宰执、侍从官们"以燮调为己责""以饥溺为己任""启人主警畏之心""虑社稷颠危之渐""陈缓征固本之言"的精神实质。不同的只是双方所持的立场相异而已。

---

① 《续资治通鉴长编》卷二五一"熙宁七年三月乙丑"条，第6137、6138页。《宋大诏令集》卷一五〇，第573页。
② 《续资治通鉴长编》卷二五二"熙宁七年夏四月己巳"条，第6147—6148页，参见邓广铭《北宋政治改革家王安石》，三联书店2007年版，第241—243页。

而董煟开列宰执救荒职责的第六、第七项则主要是辅佐皇帝妥善处理和应对灾荒。赵汝愚《宋朝诸臣奏议》卷三七至卷四五《天道门·灾异》、卷一○六《财赋门·荒政》、卷一○七《财赋门·常平义仓》等，以及明人黄淮、杨士奇编《历代名臣奏议》卷二四三至二四八《荒政》、卷二四九—二五三《水利》、卷二九五—二三四《灾祥》、卷三一七—三一九《弭盗》，都收有大量宋宰执以及其他官员有关救荒的建言和议论。下面举两个典型的事例。

天圣五年八月，河北大水。上（仁宗）谓辅臣曰："比令内侍往沿边视水灾，如闻有龙堰于海口，可遣致祭。"王曾对曰："边郡数大水，正《洪范》所谓不润下之证，海口恐非龙堰，宜宽民赋，以应天灾。"于是下诏河北水灾州军，免今年秋税。①

元祐三年冬，频雪，民苦寒，多有冻死者，吕公著为相日，与同列议所以救御之术，乃发官米、炭，遣官数十，分置场于京师，贱鬻以惠贫民。又出内库钱十万缗，委开封府官吏走遍闾阎周视而赈之。又遣官按视四福田院，存抚丐者，给以日廪，须春暮而止。农民贷种粮。流移在道者，所过州县存恤，寓以官舍，续其食。流配罪人，随所在寄禁，亦委官吏安存之。或为饘粥汤药以救疾，或为毡笠绵衣以御寒。民有弃老稚于路者，皆设法救养之，凡待赈而活者，一路或数十万口，赖贷以济者又倍焉。②

再看地方执行系统。宋代地方主要是州（府、军、监）县两级。州长官称知某州军州事，简称知州、太守、郡守、守臣等，州有设通判一员（帅府州二员），宋初通判有"监郡"之意，元丰改制后，明令通判为副贰，凡本州兵民、钱谷、户口、赋役、狱讼听断之事可否裁决，与知州通签施行。南宋以后通判主要分掌常平、经总制钱等财赋之属。幕职官是州府属官，协助州军府长官，总理诸案文移，斟酌受理、转发、奏禀等事宜，有各类判官、推官、掌书记等名称。县长官称县令、知某县事，"掌总治民政，劝课农桑，

---

① 《救荒活民书》卷三《王曾令水灾宜宽赋》。
② 《救荒活民书》卷三《吕公著赈济》。

平决狱讼，有德泽禁令，则宣布于治境。凡户口、赋役、钱谷、振济、给纳之事皆掌之。以时造户版及催理二税，有水旱，则有灾伤之诉，以分数蠲免，民以水旱流亡，则抚存安集之，无使失业"①。简称令、知县、县尹等。县设置县丞、县主簿、县尉。县丞佐理县事，监督群吏。县主簿掌本县官物出纳、注销簿书，县尉主掌维持一县治安②。在中央和州县之间，宋朝又设监察区路，即宋初设置的转运司、太宗以后设置的提点刑狱司、真宗以后设置安抚司、神宗以后设置的提举常平司，这些司构成完整的监察区"路"制机构，统称为"监司"。（行政区划可参见第一章）

转运司，俗称漕司。主管一路财赋，权力很大。长官为转运使、副使、判官等。地方州县救灾所需粮食、布帛等物品，需要经其筹措、运输、调剂。转运司作为地方州县的上级主管，地方州县的灾伤救济申请须经转运使批准。但转运使虽可以在所辖一路中筹措、调剂救灾物资，但作为替中央负责上供的部门，也不能擅做主张，必须服从中央的命令。

常平司，俗称仓司。长官为提举常平官。主管常平仓、义仓、广惠仓及各路役钱、水利、茶盐等事。常平仓本义为平抑物价，由于宋代灾荒频仍，常平仓职能更多地便体现在灾荒赈济上。常平官的职责是负责接受地方上的报灾，调配赈济物资，核查赈济事宜。但与转运司一样，常平粟要用于赈灾，必须上报朝廷，得到批准后才能从常平使那里调配到粮食。

这两个机构应该是承担灾荒赈济最主要的路级机构。

提点刑狱司，俗称宪司。长官为提点刑狱公事或提点刑狱，负责一路的司法刑狱与治安巡查。据研究，提点刑狱司所负责的民政职能包括：劝课农桑、兴修水利、赈救灾民、管理常平、广惠仓、检点户籍、招诱流亡、监管社会救济机构等③，实际上也就是宋朝推行的荒政内容。具体到救灾过程中对于出现这样那样官吏徇私舞弊、损公肥私、挪用挤占、贪污救灾物资，上报灾情不实等事，都是由提点刑狱司负责督察和案件的处理。如大中祥符九年（1016）九月，"诏：如闻广西（南）东、西路物价稍贵，宜令转运司、

---

① 《宋史》卷一六七《职官志七·诸县令丞簿尉》，第3977页。
② 详见龚延明：《宋代官制辞典》第十编《地方官类之二——府州县官》，中华书局1997年版。
③ 参见王晓龙：《宋代提点刑狱司制度研究》，人民出版社2008年版，第310—320页。

提点刑狱官分路抚恤，发官廪减价赈粜"①。元祐元年（1086）三月，"诏府界并诸路提点刑狱司体访州县灾伤，即不限放税分数及有无披诉，以义仓及常平米斛进行赈济，无致流移"②。或者有些地方没有常平司，提刑司便担负了常平司的赈灾职能。

安抚司，俗称帅司。长官为安抚使，并设副使、安抚都监。宋初，以诸路遭灾害或边境用兵，特遣安抚使措置赈济、或抚平边衅等，事毕即罢。真宗以后安抚使为一路帅臣掌抚绥良民，察治盗贼奸宄。南宋初，安抚使总一路兵政，兼及民政，绍兴以后渐趋虚名。

北宋徽宗政和六年（1116）改走马承受公事为廉访使者，置廉访所，不受所设路分监司节制，直达奏闻公事。在救灾过程中主要是督察地方官吏是否奉公守法、认真履行职责。

根据董煟的议论，宋代路级官府监司救荒所当行的职责有十项：1. 察邻路丰熟上下，以为告籴之备③。2. 视部内旱伤大小，而行赈救之策。3. 通融有无④。4. 纠察官吏。5. 宽州县之财赋。6. 发常平之滞积。7. 无崇遏籴⑤。8. 毋启抑价⑥。9. 无厌奏请。10. 无拘文法。

---

① 《宋会要辑稿》食货五七之五至六。
② 《宋会要辑稿》食货五七之九。
③ 此项告籴是向丰收的周围路区求购粮食。《国语·鲁语上》："国有饥馑，卿出告籴，古之制也。"
④ 董煟曰："通融有无，真救活法，然而其法有公、有私，何谓公？曰：'支拨官廪，借免内库，如假军储以救民饥者是也。'何谓私？曰：'劝人发廪，劝人粜贩，劝人商贾率钱贩米归乡共济乡人者是也。'"《救荒活民书》卷二《通融有无》。另外《救荒活民书》卷三《刘安世救荒》中云："刘安世请删常平之法，将一路所有钱袠同应副一路之中，不得偏聚一州，一州之境不得偏聚一县，各随户口之多寡以置粜，此通融有无之法，但今亦ँ行，然为政者当识前辈规模广大不局一隅之意。"
⑤ 董煟曰："嘉祐四年，谏官吴及言春秋之时，诸侯相倾，窃地专封固，不以天下生灵为忧，然同盟之国有救患分灾之义。秦饥，晋闭之籴，而春秋诛之。圣朝恩施动植，视民如伤，然州郡之间，官司各专其民，擅造闭籴之令，一路饥则邻路为之闭籴，一郡饥则邻郡为之闭籴。夫以上所宜国休戚而宣布主恩，坐视流离，又甚于春秋之时，岂圣朝所以子育兆民之意者。故丁丑诏：诸路转运司，凡邻郡灾伤而辄闭籴者，以违制坐之。"《救荒活民书》卷二《禁遏籴》。又见《救荒活民书》卷一《政和七年九月条》，董煟按语。
⑥ 董煟曰："常平令文：诸粜籴不得抑勒。谓之不得抑勒，则米价随时低昂，官司不得禁抑可知也。比年为政者，不明立法之意，谓民间无钱，须当藉定其价，不知官抑其价，则客米不来，若他处腾涌而此间之价独低，则谁肯兴贩，兴贩不至，则境内乏食。上户之民有蓄积者，愈不敢出矣。饥民手持其钱，终日皇皇无告籴之所，其不肯甘心就死者，必起而为乱，人情易于扇摇，此莫大之患，何者？饥荒之年，人虽卖妻鬻产，以延旦夕之命，亦所不顾，若客贩不来，上户闭籴，有饥死而已耳，有劫掠而已耳。可不思所以救之哉。惟不抑价，非惟舟车辐凑，而上户亦恐后时，争先发廪而米价亦自低矣。"《救荒活民书》卷二《不抑价》。又见《救荒活民书》拾遗。

第十章 宋代的救灾管理体制 363

地方州县是最基层、最直接、最具体的赈灾机构。负责灾伤的检视、受灾民户的抄劄、灾荒的申报、赈灾物资的发放等等。工作最琐碎、最繁杂，然而也最重要。他们工作的效率以及扎实细致程度如何，直接关系到对灾民救济的速度快慢和公平与否。根据董煟的议论，州府长吏救荒所当行的职责有十六项：1. 稽考常平以赈粜。2. 准备储蓄以赈济。3. 视州县三等之饥而为之计①。4. 视邻郡三等之熟而为之备②。5. 申明遏籴之禁。6. 宽弛抑价之令。7. 计州用之虚盈③。8. 察县吏之能否④。9. 委诸县各条赈济之方。10. 因民情各施赈救之术。11. 差官祈祷。12. 存恤流民。13. 早检放以安人情⑤。14. 预措备以宽州用。15. 因所积以济民饥。16. 散药饵以救民疾。

根据董煟的议论，县令救荒所当行的职责有二十项：1. 闻旱则诚心祈祷。2. 已旱则一面申州。3. 告旱不可邀阻。4. 检旱不可后时。5. 申上司乞常平以赈粜。6. 申上司觅义仓以赈济。7. 劝巨室之发廪。8. 诱富民之兴贩。9. 防渗漏之奸。10. 戢虚文之弊。11. 听客人之粜籴⑥。12. 任米价之低昂。（即不人为抑价。）13. 请提督。14. 择监视。15. 参考是非。16. 激劝功劳。17. 旌赏孝弟以励俗⑦。18. 散施药饵以救民⑧。19. 宽征催。20. 除盗贼⑨。

总括上述各级地方官救荒职责可以归纳为，监司的职责主要在于筹备一路救荒蓄积，调配和协调各州府军监救荒之需，防止地方狭隘的保护主义，监督州县官吏实施救荒策略，最大限度地让皇帝和中央政府了解灾情以及获得救助支持。州府级的职责相应地是筹备一州救荒蓄积，调配和协调各县救荒之需，了解和查访各县灾情，实施具体的救灾措施，安抚流民，救济孤弱，防止疾病疫情发生或传播。县一级官府的职责主要是核查灾情，及时向

---

① 小字在注曰："小饥则劝分发廪，中饥则赈济、赈粜，大饥则告朝廷截上供、乞度牒、乞鬻爵、借内库钱以籴本。"
② 小字注曰："才觉旱涝，先发常平钱遣牙吏于邻郡丰熟处告籴，以备赈粜，米豆杂料皆可。"
③ 小字注曰："存下一岁官吏支遣，余皆以救荒，不给则籴他郡。"
④ 小字注曰："县令不职，劾罢，则有迎送之费，姑委佐官以辅之，不然对移他邑之贤者。"
⑤ 参见后论诉灾、检放、抄劄制度。
⑥ 这里"客人"指商贩。
⑦ 小字注曰："饥荒之年有骨肉不相保者，今妇有逊食于姑孙能养其祖父母者，密物色之。"
⑧ 小字注曰："饥荒之际，必有疾病。"
⑨ 董煟：《救荒活民书》卷三《救荒杂说》。

州府申报灾情，核查灾区蠲免租税，请求州府及时开仓救荒，劝诱富豪粜米救助，创造条件吸引商贩买卖粮草，督察县吏乡役籴粜，核查受灾人户的行为，救荒过程奖励互助友爱、尊老携幼的风尚，救助孤弱病残饥民，防止和及时制止灾民变乱。县级官府是救荒的基层和实际承担者。

二、政府对地方官吏救荒实绩的督察和奖惩

在中央集权制日趋强化的宋代，各级官府在救灾救荒过程中的重要作用无疑是无可替代的。各级官吏特别是直接承担实施救灾的地方官吏的表现能与否、勤与否，对于能否及时救济灾民和取得实绩的多寡就显得尤为关键。宋朝统治者对此是极为清楚的。这一方面是由于"宋廷以防弊之政为立国之本，对于'纠察官邪，肃正纲纪'尤为重视。中央监察机构，主要是御史台和谏院；而地方路级职能机构，特冠以'监司'之名，在管理本区域本部门事务的同时，皆专举刺之事。""在宋代历史上，中央王朝十分重视地方吏治，重视对地方官员的考核与监察。"① 而赈灾救荒是考核与监察的重要方面。如太祖建隆时，"所有增添户口、租税课绩，并兵戈灾沴，并准《长定格》处分"②。宋神宗熙宁二年（1069），把"及能赈恤困穷，不致流移，虽有流移之人，而多方招诱，却令复业，一任之中住客户比旧籍稍有增衍"列为考校知县县令"抚养之最"的重要内容③。直到南宋宁宗庆元年间实施的"知州县令四善四最"仍然把"屏除奸盗，人获安居，赈恤困穷，不致流移；虽有流移而能招诱复业，城野遗骸无不掩葬，"作为"养葬之最"④。对于监司的考核，赈恤抚灾也是重要内容。

> 监司考较事件，转运、提点刑狱、提举常平依下项：劝农桑。（如增垦田亩，或创修堤防水利，或修整隳废，劝课栽植桑、柘、枣之类）；招流亡，增户口。（具招集逃户归业，或招人户请佃田土而非分烟析生，

---

① 邓小南主编：《政绩考察与信息渠道——以宋代为中心》，北京大学出版社2008年版，第39页。
② 《宋会要辑稿》职官五九之一。
③ 《宋会要辑稿》职官五九之九。
④ 《庆元条法事类》卷五，第70页。

比旧额增数,及本年有无灾伤,本官曾如何经画赈恤安存,或失于赈恤致有逃亡。)①

虽然朝廷三令五申重视对地方官吏赈恤抚灾的考核,但是在实际操作时又往往很难考核实绩,"朝廷施行一事,付之监司,监司付郡守,郡守付县令。各了一司文移之具,不问其有无实惠及民"②。"今之县令孰无爱民之心,顾惟一有荒歉,县道固难支吾矣,而上司责令赈救,供报纷然,费扰不一"③。另一方面,高度集权的政治体制,形成上下相维,唯命是从的官僚性格,"今之太守号曰牧民,一遇水旱牵掣顾望,不敢专决"④。由于利害关系,官员个人品质、能力素质等因素影响,有时在救灾问题上互相推诿、扯皮,影响到了救灾效果。如南宋后期人高斯得所讲的问题在宋代颇有代表性:"予尝病近世士大夫不知职分,为连帅者曰:'缮甲治兵,式遏寇虐,吾之职也。惠养非吾事也。'主转漕者曰:'总揽利权,毋乏供馈,吾之职也。惠养非吾事也。'治刑狱者曰:'谳平岸狱,使民不冤,吾之职也。惠养非吾事也。'任常平者曰:'摘山煮海,以佐国用,吾之职也。惠养非吾事也。'呜呼……居其位而交委其责,然则蚩蚩者将听其自生自死而已乎!"⑤ 因此为了督察地方官吏切实推行荒政,宋廷还常在灾荒之年专门发布诏令,进行督责和奖惩地方官吏。下面将搜集到相关材料中记述的史实汇集成简表,以便概览。

年代	赏罚、督责	资料出处
淳化元年(990)	二月九日,京东转运使何士宗言:"登州岁饥,文登、牟平两县民四百一十九人饿死。"诏遣使发仓粟赈贷。死者官为藏瘗,以钱五百千分给之。其逐州官吏不早具奏,仍劾罪以闻。	《宋会要》食货六八之二九。

---

① 《庆元条法事类》卷五,第69页。
② 《历代名臣奏议》卷一七二,上海古籍出版社1989年印本,第2259页。
③ 《救荒活民书》卷一"大历二年秋霖损稼"条。
④ 《救荒活民书》卷一"武帝时河内失火"条。
⑤ 高斯得:《耻堂存稿》卷四《江东提刑司新创药局义阡记》。

续表

年代	赏罚、督责	资料出处
天禧元年（1017）	三月甲辰，京东提点刑狱、阁门祗候常希古言：去岁夏蝗秋旱，民廪空乏。望朝廷责转运使、知州、通判、令佐等劝课耕桑，所冀野无旷土，户有余粮。凡奏举亲民之官，悉令条析劝农之绩，以殿最黜陟之。上曰：朝廷诏令非不备也，但州县未遵守耳。 五月戊戌朔，诏奖知临江军新淦县殿直张崇浚，以其亲率县民减价粜粟济饥乏也。	《长编》卷八九，第2048、2058页。
天圣七年（1029）	二月乙酉，赈河北沿边水灾饥民，州县有不任职者，转运使亟选所部官代之。	《长编》卷一〇七，第2498页
明道元年（1032）	八月丙午，诏淮南灾伤州军作糜粥，以济饥民。庚申，诏淮南荐饥，长吏有能抚存流亡者，转运使具以闻。	《长编》卷一一一，第2587页。
景祐元年（1034）	八月乙未，罢京东安抚使知青州、礼部尚书夏竦加刑部尚书，赐转运使刑部郎中杨日严，兵部员外郎张存三品服，以所部岁饥而赈济有劳也。	《长编》卷一一五，第2692页。
皇祐五年（1053）	六月乙未，诏河北涝饥，流民未复。安抚、转运使察州县长吏能招辑劳徕者上其状，不称职者举劾之。	《长编》卷一七四，第4214页。
嘉祐中（1056—1063）	河北蝗涝，时伯州文水县不依编敕告示灾伤，百姓诉及本州不以时差官检视，转运以为言。上（仁宗）曰：朝廷之政寄于郡县，郡县之政寄于守令，守宰之官最为亲民，民无灾伤，尚当存恤，况有灾伤而不为管理，岂有心于恤民乎？主簿赵师锡罚锡（铜）九斤，司户晁舜之、录事参军周约、判官冯泌，各罚铜八斤；通判王嘉锡罚铜七斤，知县雷守臣冲替。上谓左右曰：所以必行罚者，欲使天下官吏知朝廷恤民之意。	《救荒活民书》卷一，"仁宗每见天下有奏灾伤条"。
熙宁三年（1070）	十一月戊子朔，诏："河北饥，民流徙京西，令安抚、转运、提点刑狱司责州县官多方赈救存抚，察苛扰、昏耄、弛慢不职者以闻。辛卯，御史薛昌朝言陕西、河北路今岁秋夏饥民就食于商、虢、襄、邓等州。知商州吴世长殊不存恤，至令市人闭籴。诏陕西宣抚、转运、提点刑狱司体量以闻。"	《长编》卷二一七，第5272页。

续表

年代	赏罚、督责	资料出处
熙宁七年（1074）	冬十月戊辰，检详枢密院兵房文字、太子中允刘载监杭州龙山税，坐前知司农寺丞京东体量赈济灾伤，擅立关子式，牒诸州军付饥人，于积蓄之家假贷，违法也。	《长编》卷二五七，第6270页。
熙宁十年（1077）	春正月辛巳，诏天章阁待制楚建中罚铜三十斤，坐前知庆州赈济饥民，给散钱粮不当，去官特断也。	《长编》卷二八〇，第6858页。
元丰三年（1080）	九月辛酉，权知都水监丞公事苏液言："河北、京东两路缘河决被患人户，蒙朝廷优恤赈放税，计钱谷等共七十二万七千二百七贯石有畸，而灵津庙碑失载其实，乞以其事付史官。"从之。	《长编》卷三〇八，第7475页。
元丰五年（1082）	十一月乙巳，诏提点开封府界诸县镇公事、承议郎杨景略，降一官。管勾官欧阳棐、任元渥各罚铜二十斤。并坐迁本司廨舍违滞，及景略不亲督趣捕蝗，虽会恩，特责也。	《长编》卷三三一，第7979页。
元祐元年（1086）	四月四日，诏：开封府诸路灾伤，逐县令、佐专切体量，人户委有阙食，速具事实申州及监司……此外，若令、佐别有良法，使民不乏食而免流移者，申州及监司相度施行。半月一具赈济次第闻奏，仍体量令、佐有能用心存恤阙食人户，虽系灾伤并不流移者，保明闻奏，当议优与酬奖。其全不用心赈济，致户口多有流移者，取勘闻奏，特行停替。从三省请也。	《宋会要》食货六八之四二至四三。
元祐三年（1088）	三月乙亥，朝请郎、河东路转运副使井亮采知滑州。亮采前自京东路转运判官徙河东，及是，京东民饥，无以赈给，故黜之。	《长编》卷四〇九，第9962页。
绍圣元年（1094）	十一月十九日，诏："何（河）北路州县当职官赈济有方，能抚存饥民，才能显著者，具事状以闻。"	《宋会要》食货六八之四八。
绍圣二年（1095）	二月十一日，诏："河北、京东路赈济灾伤，各令转运、提刑、提举司依先分定州县巡历，如官吏奉行不尽，或措置乖方，以名闻。仍令逐路安抚司常切觉察。"	《宋会要》食货六八之四八。

续表

年代	赏罚、督责	资料出处
政和八年（重和元年，1118）	十二月十九日，诏：淮南被水，楚州山阳、盐城二县下户饥殍，三万二千余人无业可归，县官悉令散放，遂携老扶幼号诉监司。而常平官告谕为乞米未下，各令归业，转于沟壑者已不少。指挥到日，于已截斛斗支拨赈救，不足，于邻州邻路发义仓兑换支遣。其郡守、知县、常平官先次勒停，受诉监司降两官，并令提刑司取勘，限十日奏。	《宋会要》食货六八之五三。
宣和元年（1119）	正月七日，诏：昨降御笔，截上供米赈济饥民，非不丁宁，而奸吏公然违慢，不行截拨，更于阙食之地收籴以充赈给，是乃重困饥民，乖方若此。仰提刑司并廉访使者验实，人吏依法决讫配千里。转运司官追三官勒停。其后，转运司奏：已支拨赈济米四十万石，足备无阙。诏副使蒋彝以应奉宣力，特免勒停追官，改作降官，依旧在职。 二月十八日，诏京西路颖（颍）、汝、陈、蔡等州，见今民已流移饥殍，监司、州郡并不申奏，运司庇隐，不放租税，致不得依灾伤赈济，遂使斯民转于沟壑，吏为奸罔，不奉法令，以致如此，为之恻伤。可令新京西漕臣李祐放谢辞，星夜乘骑前去体量。常平官孙延寿先次勒停，余监司并守臣一一并具名奏。应一路义仓，可并特通融支拨赈济施行，应灾伤流移地分，并令依法放免租税，疾速行下。 四月二日，京西路转运判官李祐言："……唐、邓州县已法检校放税租外，赈济管下诸县饥殍流民共三万八千余人，均、房州诸县放税不尽，致自冬及春以来，往往聚为盗贼。诏以房州知、通，逐县知县并冲替，汝州知、通各降一官，唐、邓州知、通各转一官。"	《宋会要》食货六八之五二至五三、五四、一一九。
宣和二年（1120）	六月四日，诏开封府赈济乞丐二万余二千余人，当职官吏推恩有差。	《宋会要》食货六八之五四。

续表

年代	赏罚、督责	资料出处
宣和四年 （1122）	十二月十三日，诏：德州有京东路西来流民不少，本州知、通张拜（邦）荣、王景温等见行赈济，于在城并安德、平原县三处措置宿泊计六百三十一户，除已该给券还乡外，尚有五百余户各得均济。仰本路提点刑狱司究实闻奏，取旨量推恩。其余路分遇有流移人户，不即依条存恤者，并仰监司、廉访使者按劾以闻。	《宋会要》食货六八之五五。
绍兴六年 （1136）	春正月甲午，以江、湖、福、建、浙东旱，命监司帅臣修荒政。辅臣进呈戒约旱灾路分监司帅守赈济饥民等文字。上曰：岁饥民多流殍，朕心恻然，官为发廪以赈给之，则民受实惠，苟为不然，虽诏令数下，恐徒具文耳。宜申饬有司多方措置米斛，江东西、湖南北、福建、浙东路，令逐路监司行下旱伤州县，恪意遵行，如奉行有方，别无流亡，当行旌赏，如流亡稍众，或聚而为盗，即重行窜责。并令帅臣、监司，比较优劣，保明来上，取旨赏罚。 四月二十三日，诏：筠州高安、上高两县当职官各先次特降一官放罢，令本路提刑司取勘，具案闻奏。以提举常平司言：赈济乖方，至有盗贼窃发，殍亡暴露，田亩荒莱，饥民失所。故有是命。 五月二十六日，诏知婺州周纲除直龙图阁，知抚州刘子翼除直秘阁，并特令再任。以中书言并治郡有方，赈济宣力，故有是诏。 八月二十九日，诏韶州李绍祖特与减二年磨勘，以广西提举常平韩璜言起发湖南赈粜米有劳故也。 冬十月乙巳，诏：潼川府守臣景兴宗进职一等，广安军守臣李瞻、果州守臣王鹭、宗正少卿冯檝，并进一官。去年蜀中旱，兴宗等率民赈贷，檝居遂宁府，自出米数百斛以率乡人，乡人竞趋之，饥者赖以济。制置大使席益闻于朝，故赏之。鹭，郫县人也。 十二月十四日，尚书省言：江东、西、湖南路去岁旱伤，近据申奏，赈济饥民万数不少，其逐路帅司及常平官措置有方，甚称委寄。除江东帅臣叶宗谔已	《要录》卷九七，第1606页；卷一〇六，第1722页。《宋会要》食货六八之五九。

续表

年代	赏罚、督责	资料出处
	别作施行外,诏帅臣吕颐浩、李纲,提举赵不已、吴序宾,令学士院降诏奖谕。同日,尚书省言:去秋江、湖旱伤,人民阙食,朝廷支拨米斛,及委帅臣、监司并州县令赈给。窃虑其间奉行灭裂,却致死损、流移数多,合行比较优劣。诏令逐路帅臣、监司于本路旱伤州县各比较三两处,保明取旨赏罚。十五日,诏:四川去岁旱荒之后,继以疾疫,流亡甚众,深用恻然。其郡守、县令有能赒给困穷,抚存凋瘵,善状最著者,令席益体(访)诣实,保明来上,当议奖擢,以为能吏之劝。或废慢诏令,坐视不恤,按劾闻奏。亦当重寘典宪。	
绍兴七年(1137)	十月八日,诏潼川府守臣景兴宗升一职,广安军守臣李瞻、果州守臣王璵、前吏部郎官冯楫、汉州守臣王梅各转一官,知成都府席益命学士院降诏奖谕,仍令四川安抚大使司开具其余合转官人职位、姓名以闻。以四川安抚制置使席益言诸州赈贷有方,活饥民甚众,内冯楫出米四百石以助赈济,故有是命。	《宋会要》食货六八之五九。
绍兴九年(1139)	十一月六日,臣僚言:囊者旱暵为灾,官尝发廪劝粜,而州县奉行,奸计百出。有民户初非情愿,均令认数以应期限,而平时储积之家得以幸免者,有所在初无收成,勒令转粜以赈城郭,而本乡流离不暇顾恤者。愿诏执事选择廉谨强明之吏,推行德意,务使实惠及民,尽革前弊。诏令户部约束。	《宋会要》食货六八之五九至六〇。
绍兴十四年(1144)	六月十五日,上(高宗)宣谕辅臣曰:福建、浙东被水灾去处,已令宽恤赈济,尚恐州县灭裂。诏令逐路监司各躬亲前去悉力奉行,务要实惠及民,不得徒为文具。	《宋会要》食货六八之六〇。
绍兴十八年(1148)	八月癸未,执政进呈监察御史陈夔论州郡岁以常平米廪给贫民,今多移用,乞令监司觉察。上曰此诚仁政所先,比年州县奉法不虔,或侵支盗用,而监司失于检察,或赈济无术,而僻远穷困之民不得均被其惠,非所以称朕矜恤元元之意,宜令户部措置。	《要录》卷一五八,第2567页。

续表

年代	赏罚、督责	资料出处
绍兴十九年 （1149）	二月十九日，诏逐路灾伤去处，可令县官措置赈发米斛就乡村赈给。逐州委通判点检，逐路委提举常平官按察，仍令御史台觉察弹劾。 　　四月六日，上（高宗）谕辅臣曰：两浙等路灾伤去处，可令提举常平官亲诣所部借贷种粮，务要实及饥贫民户，毋令州县及当行人侵克，徒为文具。 　　九月十三日，诏两浙东路提举常平秦昌时除直秘阁、两浙东路提点刑狱公事。以安抚司言：绍兴府、明、婺州水旱灾伤，昌时悉力赈济，乞赐褒擢。故有是诏。	《宋会要》食货六八之六〇。
绍兴二十四年 （1154）	六月一日，上（高宗）谕辅臣曰：官司赈济，止及近郭游手之人，其乡村远处，宜令提举官及州县常平官躬亲措置，务使实惠及于贫下。	《宋会要》食货六八之六一。
绍兴二十九年 （1159）	十月九日，诏福建路提点刑狱樊光远降一官，转运判官赵不溢放罪。以福州水灾，光远权州事，不即躬亲括责阙食人户赈济，故镌一官；不溢以不曾承受本州申到，故释其罪，有是诏。	《宋会要》食货六八之一二四。
隆兴元年 （1163）	三月二十九日，诏曰：霖雨为沴，虽侧身修行，尚恐诚意未孚。可令诸路监司、守令应遇灾伤去处，常切赈恤困穷，纠察刑禁。仍各条具闻奏。	《宋会要》食货六八之六二。
乾道元年 （1165）	正月二十一日，同日，诏：浙西州军被水灾去处，已令赈济。访闻湖、秀州流移之人甚众，窃虑州县奉行不虔，可令曾悏躬亲前去，多方措置赈济，毋令失所。将州县官吏措置有方保明闻奏，其弛慢去处，具名按劾。从中书门下请也。 　　二月三日，诏：两淮（浙）、江东州军缘去岁间有水伤去处，至今春米价翔踊，细民流移，甚可矜恤。仰守、令多方措置赈济，于本州应管钱米内取拨应副。仍籍定数目，随管内寺观大小，均定人数，赈济柴钱，责付主守掌管支用，务令实惠均及流民，毋致殍饿。如奉行灭裂，仰提刑司按劾，重真典宪，赈	《宋会要》食货六八之六四—六五。

续表

年代	赏罚、督责	资料出处
	济有方，具名闻奏，当议旌赏。六日，中书门下省言：两浙东、西路缘水伤，细民艰食，累降指挥，令诸州赈济，及劝上户粜米，并造粥给食，非不详尽。窃虑州县奉行灭裂，未见实惠及民。诏浙西委吏部郎官鲁訔、浙东委司封郎官唐阆，躬亲遍诣诸路州县检察，如有违戾去处，具当职官姓名申尚书省。其措置有方，亦仰保明闻奏。 　　二月九日，诏：临安府诸县赈济，窃虑奉行不虔。差监察御史程叔达日下躬亲前去检察，如有违戾去处，具当职官姓名申尚书省，其措置有方，亦保明闻奏。十一日，中书门下省言：临安府内外饥民颇多，窃虑有赈济未尽者。诏委姜诜、韩彦古同临安府专一措置赈济，毋致失所，仍约束所差官吏不得作弊灭裂。 　　四月十三日，尚书度支员外郎曾惇言：今岁浙西灾伤，诸县劝谕大姓出米赈济者，即是给与；赈粜者，姑损其直；赈贷者，责认其伤（偿）。欲乞将逐县劝谕到赈济米，谓如三千石者，知县与减一年磨勘，计其多寡，以为之等差。赈济（贷）三百硕，比赈济一百硕。州郡于诸县数外自措置到赈济、赈粜数，及委令佐分乡劝谕者，守臣与令、佐赏亦如之。大、小麦，减米数之半以计其数。诏令有司第赏格行下，浙西提举常平保奏施行。	
乾道二年 （1166）	五月二十五日，诏：江西以至浙右今岁雨潦，颇害农事。宜令诸路监司、守、令察今秋有田米不熟之处，预先讲求救灾恤荒之政，如将来有水旱去处，却致无备必寘于罚。如预备有方，赏（当）议推赏。	《宋会要》食货六八之一二六。
乾道七年 （1171）	七月十六日，诏：江西路今岁间有旱伤州县，责在守、令究心赈恤。可令本路帅臣将旱伤州县守、令精加审量，如内有老谬不能究心职事之人，先次选择清强能吏前去对易，措置赈济存恤施行，开具已对易官职位、姓名，及见作如何赈恤事件闻奏。	《宋会要》食货六八之六九至七〇、七一。

续表

年代	赏罚、督责	资料出处
	八月八日，两浙路转运判官胡坚常言：昨蒙朝廷委以赈粜，平江府常熟知县赵善括，劝诱上户米数倍于诸邑；昆山知县闻人大雅，委之吏辈，寅缘为奸。欲望朝廷将此二人量赐惩劝。诏赵善括特转一官，闻人大雅特降一官。 十月七日，诏……可令江东帅、漕、提举官多出文榜，督责守、令多方措置存恤，岁终比较殿最。如官吏奉行灭裂，委御史台察觉，按劾以闻。 十一月十二日，知建康府供（洪）遵言：太（平）州芜湖知县吕昭问以和籴米为名，禁止米斛不得下河。饶州旱伤，前来收籴米七百五十余硕，本县抄劄，不令交还。诏吕昭问降一官放罢。	
乾道八年（1172）	十月十五日，诏陈寅特转一官，徐大观、向士俊、翁蒙之各减三年磨勘，李宗质、王日休、江溥、向澹、戴达先、王泞、胡振、蒲尧仁、汪赓各减二年磨勘，谢谔、刘清之、薛斐、董述、黄霆、赵不比、王杞、郑著、赵永年、赵公迥各减一年磨（勘），以赈济有劳，从江西安抚龚茂良之奏也。 十一月六日，诏应材与转一官，罗全略、王阮、陈符、陈确、吕忻已、孙逢辰各减三年磨勘。以赈济有劳，从湖南安抚使陈弥作、提举湖南常平胡仰之奏也。同日，道州营道县主簿禹大和籴到赈济米四万硕，与减二年磨勘。从湖南提举常平胡仰之请也。	《宋会要》食货六八之七三。
乾道九年（1173）	诏江、淮、闽、浙，或荐告饥馑者，水利不修，失所以为旱备，朕将即官吏勤惰行殿最，各殚厥心，毋蹈后悔。	《救荒活民书》卷一，第24页。
淳熙三年（1176）	七月五日，诏：去岁江东荒歉，安抚使刘珙赈济有方，米价不至翔踊，居民并无流移。可令学士院降诏奖谕。	《宋会要》食货六八之七五。

续表

年代	赏罚、督责	资料出处
淳熙八年（1181）	七月辛卯，赏监司、守臣修举荒政者十六人。 十一月己未，知隆兴府张子颜言：曩乾道之旱，江西安抚龚茂良有请欲明谕州县于赈济毕日，按籍比较稽其登耗而为守、令赏罚，以此流移者少。今岁旱伤，欲乞许臣依茂良所请，以议守、令赏罚。从之。	《宋史》卷三五，第675页。《宋史全文》卷二十六下，第446页。
淳熙十一年（1184）	二月十四日，诏：金州洵阳、上津两县阙食民户，令利州路提刑勾跃行下所委官，同金州知、通等措置存恤，务要实惠及民，毋致流移失所。	《宋会要》食货六八之八三。
淳熙十二年（1185）	正月二十四日，福建安抚使赵汝愚言：福、泉等州旱甚重，询问得广东潮、梅、循州，江西赣州、建昌军去岁亦甚旱，米价甚贵，汀、漳数县正与三路相连，其地皆深山穷谷，平时固多盗贼，实为可忧。乞下三路转运、提举司蹔宽逐郡财赋，仍多方般运米斛，责委守、令措置赈给。如措置乖方，致有盗贼窃发，守、令乞先次取旨责罚。其有奉行如法，能使一方之民不至失所，许令逐司公共保奏，特与推赏。诏检坐已降指挥，札下赵汝愚照会施行。如逐路守、令奉行不虔，仰本路安抚、转运、提举司公共觉察，按劾以闻。	《宋会要》食货六八之八三。
淳熙十五年（1188）	六月十九日，知临安府韩彦质言：昨承指挥，于丰储仓借拨米一十一万石，应副钱塘等九县赈粜、赈给饥民。彦质遂与宗正寺主簿张澈、监文思院上界游九言面议，斟量旱伤轻重去处，均拨米斛付诸县官赈粜赈给。今来诸县申到昨赈给月日保明，自去秋至目下即无流移之人，并已结局。诏韩彦质令学士院降诏奖谕，张澈、游九言各转一官。	《宋会要》食货六八之八九。
绍熙四年（1193）	八月十九日，御笔：诸道郡县类有水旱去处，理宜拯恤，三省条画以闻。仍行下监司、守臣，令疾速各具赈捄之方，务使实惠及民，毋徒为文具。朕将考其殿最，以示劝惩。	《宋会要》食货六八之九四。

续表

年代	赏罚、督责	资料出处
绍熙五年（1194）	闰十月二十一日，臣僚言：两浙、两淮灾伤州军，各已节次给降米斛、钱会、交子、官告、度牒，分拨下州县措置赈粜、赈济，及贴助支遣。尚虑州县奉行不虔，稽缓卤莽，以致虚坏官物，小民不沾实惠。……其州县措置失当，监司常切觉察，随宜改更，务令合理。其官吏弛慢，致有流离殍死去处，即行按劾。仍速委官权管，毋令失所，以称朝廷优恤之意。从之。	《宋会要》食货六八之九七至九八。

第十一章

宋代的诉灾、抄劄制度

一、 诉灾制度

宋朝自然灾害发生后,诉灾亦称披诉,是灾民获得官府救助的必要程序。宋代的灾后诉灾制度直接承袭唐五代。根据唐代的律令,"诸部内有旱涝、霜雹、虫蝗为害之处,主司应言而不言,及妄言者,杖七十"。这里所言的"主司",疏议释作:"谓里正以上。""里正须言于县,县申州,州申省,多者奏闻。"① 这种由里正诉于县的制度至五代有了变化,即诉灾者是由受灾农户直接诉于县。"周世宗显德二年正月甲戌,谓侍臣曰:'去岁齐州临邑民来诉灾沴,寻命使臣遍与通简,所望供输咸得均济,昨闻广种植户民不欲通简,咸怨其诉灾者,至有潜爇其家产者。朕自闻之极深轸悯。'侍臣对曰:'时季已来,民多狡恶。'帝曰:'非民之狡,盖朕治之未至,亦犹亲人之官未当耳。此后尤宜精求令长,免使黎民受弊。'"② 文中提到的"临邑民"显然不是"里正",而是一般的民户。由里正诉灾变为受灾民户直接诉

---

① 《(重详定)宋刑统》卷一三,法律出版社1999年版,第233页。又见《唐律疏议》,第269—270页。
② 王钦若等:《册府元龟》卷一七五《帝王部·悔过罪己》,中华书局1956年版,第2113页。

灾起于何时，现还不甚清楚。宋朝的诉灾制度承袭了后周的做法。唐代自下而上申诉自然灾害灾种包括"旱涝、霜雹、虫蝗"，到宋代则有很大变化，即宋不以灾种为诉灾的主要对象，而是将灾种附于诉灾时限之内。王栐有一明确的记载：

> 民间诉水旱，旧无限制，或秋而诉夏旱，或冬而诉秋旱，往往于收割之后，欺罔官吏，无从核实，拒之则不可，听之则难信。故太宗淳化二年正月丁酉，诏荆湖、江淮、二浙、四川、岭南管内州县诉水旱，夏以四月三十日，秋以八月三十日为限。自此遂为定制。①

王栐的记载主要反映的是宋朝统一南方后，对太祖开宝三年（970）时"诏民诉水旱灾伤者，夏不得过四月，秋不得过七月"②规定所做的调整。开宝三年的规定大致主要针对北方而言，淳化二年（991）的规定照顾到南方。其后诉灾制度关照南北时令，成为两宋遵行的通制：南宋绍兴重申这个规定："诸官私田灾伤，夏苗以四月，秋苗以七月，水田以八月，听经陈诉，至月终止，诉在限外，不得受理。"③"民户披诉灾伤，陆田以七月终，水田以八月终"④，"诸官私田灾伤，夏田以四月，秋田以七月，水田以八月，听经县陈诉，至月终止。若应诉月并次两月过闰者，各展半月。诉在限外，不得受理（非时灾伤者不拘月分，自被灾伤后限一月）"⑤。

五代到宋，里正（熙丰以后是为保正）不直接诉灾，并不表明完全与诉灾无关。由于里正负有督税的职责，在民户诉灾时有义务向州县政府提供受灾地的山川地貌，或丰歉情况，以便检视或检覆（详见后论）。刘宰提及的里正（即保正，）需"申被旱之图"⑥，大致就是这类作法。有的官员为了阻

---

① 王栐：《燕翼诒谋录》卷四，中华书局1981年版，第42页。又见《宋会要辑稿》刑法三之四三。
② 《续资治通鉴长编》卷一"开宝三年秋七月壬寅"条，第247页。
③ 王之望：《汉滨集》卷五《潼川路放税利害状》。
④ （明）杨士奇等：《历代名臣奏议》卷二四六，叶梦得《又奏乞措置江浙夏旱状》，上海古籍出版社1989年版，第3232页。
⑤ 董煟：《救荒活民书》卷二《淳熙令》。
⑥ 刘宰：《漫塘刘先生文前集》卷一五《谢辛待制弃疾》。

挠民户诉灾，往往让他们隐瞒灾情。"今之守令专办财赋，贪丰熟之美名，讳闻荒歉之事，不受灾伤之状，责令里正伏熟，里正者亦虑委官经过所费不一，故妄行供认，以免目前陪费"①，所谓"伏熟"叶梦得曾指出："自来多是州郡灭裂，不预先采访，漫不知省，受诉之后，不即差官，或不亲至地头，容受弊幸，虚实相乱，或不敢放过分数，抑令改易元诉，谓之伏熟。"②可见里正或保正在乡村民户诉灾过程中扮演着重要角色。

虽然从诏令上看，民户诉灾适合于宋朝全境，但是实际上有的地方在相当长时间内，百姓受灾后诉灾等不到应有的处理，以致偏远地区的百姓并不诉灾，"今天府之民，九重不远，其诉旱者，尚或半得申明，半遭抑退，况远方之人，其无告必矣！陕、关已西，尤须抚之。伏望朝廷特降诏命，应遭旱州军，委清强官体量，实旱损夏苗去处，特与量减夏税分数，不得容有侥幸"③。如陈师道说："郓州阳谷，自国初以来，不诉灾伤。"④又如绍兴六年（1136），制置大使席益言："蜀民自来不晓陈诉灾伤，是致州郡、漕司不曾依条检放，间虽有检放去处，并不以实。"⑤孝宗乾道三年（1167）八月十六日，起居舍人黄钧言："缘四川阻远，自来循例，不申灾伤，不行检放，欲望行下四路帅臣监司，从实体量，稍加存恤。"⑥这些地方不诉灾的原因复杂，很值得探讨。

宋初州县对受灾田亩面积较小的贫下民户所上诉状不愿受理，雍熙元年（984）澶州言："民诉水旱二十亩以下求蠲税者，所需孔多，请勿受其诉。"宋太宗对此表示反对，他说："若此，贫民田少者，恩常不及矣。灾沴蠲税，政为穷困，岂以多少为限耶？""犹虑诸道不晓此意。辛未，诏：自今民诉水旱，勿择田之多少，悉与检视。"⑦

宋代民户诉灾的管理以限定时限为主，因而对于超时限发生的霜冻没有特旨一般不受理。这与唐代略有不同。唐代诉灾范围大致有"诸部内有旱

---

① 董煟：《救荒活民书》卷二《检旱》。
② （明）杨士奇等：《历代名臣奏议》卷二四六，叶梦得：《奏乞措置江浙夏旱状》，第3233页。
③ 《宋朝诸臣奏议》卷一〇六余靖《上仁宗乞宽租赋防盗贼》下册，第1135页。
④ 陈师道：《后山谈丛》卷四《全宋笔记》，大象出版社2006年版，第111页。
⑤ 《建炎以来系年要录》卷九九"绍兴六年三月壬辰"条，第1633页。
⑥ 《宋会要辑稿》食货一之一二。
⑦ 《续资治通鉴长编》卷二五"雍熙元年春正月乙丑"条，第572页。

涝、霜雹、虫蝗为害之处"①虽然《宋刑统》沿用了唐和后周的律令，但实际上宋朝州县因时间限制，大致只受理水旱、蝗虫一类便于稽考的灾种。洪迈曾说：

> 庆元四年，饶州盛夏中，时雨频降……九月十四日，严霜连降，晚稻未实者，皆为所薄，不能复生，诸县多然。有常产者，诉于郡县，郡守孜孜爱民，有意蠲租，然僚吏多云："在法无此两项"，又云"九月正是霜降节，不足为异"。案：白乐天《讽谏杜陵叟》一篇曰：'九月霜降秋早寒，禾穗未熟皆青干。长吏明知不申破，急敛暴征求考课。'此明证也。予因记元祐五年，苏公守杭日，与宰相吕汲公书论浙西灾伤，曰："贤哲一闻此言，理无不行，但恐世俗谄薄成风，揣所乐闻与所忌讳，争言无灾，或有灾而不甚损。八月之末，秀州数千人诉风灾，吏以为法有诉水旱，而无诉风灾，闭拒不纳，老幼相腾践，死者十一人。由此言之，吏不喜言灾者，盖十人而九，不可不察也。"苏公及此，可谓仁人之言，岂非昔人立法之初，如所谓风灾，所谓旱霜之类，非如水旱之田可以稽考，惧贪民乘时，或成冒滥，故不轻启其端。今日之计，固难添创条式，但凡有灾伤出于水旱之外者，专委良守、令推而行之，则实惠及民，可以救其流亡之祸，仁政之上也。②

从上文原意讲，不论是诉风灾还是诉霜冻，都错过了宋朝规定的受理诉灾的最后时限，无法可依，遭到县吏的拒绝。如绍兴五年（1135）八月，广南东路因飓风亢旱损伤禾稼，高宗所颁德音"在法自有合放数"③，显然这次受灾时间在法令规定期限里，因而并不因是飓风造成的损害而不受理。又如魏了翁在一篇墓志铭中提到的"庆元四年，秋霜杀稻，郡为甚，民大艰食，吏以令诉灾伤者毋过八月十五，却不复听。君因入对为上言：'令固云尔，然霜灾率后此时，令弗及也。'且援苏文忠在杭日上时宰书论风灾事，

---

① 《唐律疏议》，卷一三，第247页。
② 洪迈：《容斋五笔》卷七《风灾霜旱》。参见《苏轼文集》卷四八《上吕仆射论浙西灾伤书》，中国书店1996年版，第352—353页。
③ 《宋会要辑稿》食货一之八。

乞下敕局增修旧令"①。由此可见，宋朝对民户诉灾主要是从诉灾时限进行控制，而不是从受灾灾种进行管理。唐宋之间诉灾由灾种向时限的变化，大致与唐中叶赋税制度由以人丁为主的租庸调法变为以田亩为主的两税法密切相关：一、宋代起征田亩税的夏秋时间是五月和九月，恰恰分别是在夏苗、秋苗诉灾时限四月和八月的后一个月；二、宋代诉灾后所得放税一般只是田租。张方平奏云："且民田二税，水旱检放，自有常制。"② 董煟曰："水旱检放，止免田租而已。"③

民户诉灾按规定要填写诉状，又称"词状"或称"牒状"。哲宗时，御史蔡蹈言："臣窃见本台近日节次接过开封府东明县百姓六百九十八状，计一千八百五十九户，为陈论今岁夏旱，依条披诉灾伤，本县不为收受。内一百十七状，计二百七十六户，称系泾县，不押；不显官员名位，外五百八十一状，计一千五百八十三户，称主簿权，不押。"④ 蔡蹈所言东明县百姓的诉灾状，是有一定格式的，天圣八年（1030）十二月诏："人户限一月日，各仰自陈手状，具本户地土顷亩都数及逐段四止，夏秋合纳税物色数，各别开坐，每五户至七户相保所供地亩税数别无隐漏。如有欺隐，许人陈告，并据所隐田土，给与告人充赏，犯人科断。"⑤ 这个手状既是国家征税的凭证，也是朝廷于灾伤时放免租税的依凭。既包含着税户的义务，也隐含着税户的权力，且负有法律的责任。《救荒活民书》所保存南宋孝宗淳熙时的"敕诉灾伤状"，大致就是由这种手状发展而来。

某县某乡村姓名今具本户灾伤如后

一、户内元管田若干顷亩，某都计夏秋税若干
夏税某色若干，秋税某色若干
（非已业田，依此别为开拆）

---

① 魏了翁：《重校鹤山先生大全文集》卷七一《知南剑州洪公墓志铭》，文渊阁四库本第1173册，第123页。
② 《续资治通鉴长编》卷二七七"熙宁九年九月辛巳"条，第6790页。
③ 《救荒活民书》卷一"建炎二年七月十九日"条。
④ 《续资治通鉴长编》卷四九三"绍圣四年十二月癸卯"条，第11718页。
⑤ 《宋会要辑稿》食货七〇之一六三。

一、今种到夏或秋某色田若干顷

计某色若干田系旱伤损（或损余灾伤处随状言之）

某色若干田苗色见存（如全损亦言灾伤及见存田并每段开折）

右所诉田段，各立土堆牌子。如经差官检量，却与今状不同，先甘虚妄之罪，后此额下询。

谨状。

年月日　姓名。①

按宋制民户诉灾，得到州县的认可后，即可检放一定数额的租税，诉灾与地方财税密切相关。因而民户诉灾就出现了两个方面的问题，一是地方政府官员在一定程度上不愿过多地受理民户的诉灾。大中祥符九年（1016），"博州蝗旱，民有诉而州县抑输常赋，运司不为之理"②。熙丰时"王丞相由此知君（陈耿），其始至阆中，岁大旱，郡守希转运使意，不听民诉灾，民遮君自言。君即诣府请之，犹不许，因趋出，悉取民所诉状属吏，以令蠲其租，而公文上转运使，转运使初不悦，后无如之何"③。宋哲宗时苏轼言："讳言灾伤，只如近日秀州嘉兴县因不受诉灾伤词状，致踏死四十余人。大率所在官吏皆同此意，但此一处以踏死人多，独彰露耳。"④御史中丞苏辙言："孙述知长垣县，决杀诉灾无罪之人。""秀州倚郭嘉兴县人诉灾，州县昏虐，不时受理，临以鞭朴，使民相惊，自相蹴藉，死者四十余人。"⑤右正言邹浩奏："州县互相观望，虽行检放，亦非实数，甚者公然抑勒，不令申诉灾伤。民间窘无所出，重以威势督之，遂至质卖妻孥，委弃父母，转徙沟壑，无以自存，为害甚大，不可不察。"⑥"（元绛）调楚州淮阴县主簿，岁恶蟹蝗害稼，民户诉灾，转运使按状以为无损。"⑦宋高宗时为江南东路安抚

---

① 董煟：《救荒活民书》卷二《敕诉灾伤状》。
② 《续资治通鉴长编》卷八八"大中祥符九年九月己未"条，第 2018 页。
③ 刘敞：《公是集》卷五三《朝散大夫殿中丞知汝州叶县骑都尉陈君墓志铭》。
④ 《续资治通鉴长编》卷四五一"元祐五年九月戊寅"条，第 10835 页。《苏轼文集》卷三一，《奏议·相度准备赈济第二状》，第 895 页。
⑤ 《续资治通鉴长编》卷四五四"元祐六年春正月丁卯"条，第 10880 页。
⑥ 《续资治通鉴长编》卷五一一"元符二年六月己亥"条，第 12171 页。
⑦ 苏颂《苏魏公文集》卷五二《太子少保元章简公神道碑》，第 781 页。

大使叶梦得在《奏乞措置江浙夏旱状》曰:"臣伏闻江、浙夏旱……契勘民户披诉灾伤……自来多是州郡灭裂,不预先采访,漫不知省,受诉之后,不即差官,或不亲至地头,容受弊幸,虚实相乱,或不敢放过分数,抑令改易元诉,谓之伏熟,力农之家先已被困,则赈济百色,何由举行。"① "郡守希转运使意,不听民诉灾。"② 董煟曰:"今之守、令专办财赋,贪丰熟之美名,讳闻荒歉之事,不受灾伤之状,责令里正伏熟。为里正者,亦虑委官经过所费不一,故妄行供认,以免目前陪费,不虑他日流离饿莩劫夺之祸,良可叹也。"很显然州县乃至转运使司以各种借口不受理或为难民户诉灾,在宋代是一个较为普遍的现象。

二是乡村大户和胥吏勾结谎报灾情。舒璘在《再与前人论荒政》中所揭示的情况很具典型性:"窃谓救荒无十全良策,盖奸民多妄诉,而穷民多不能诉。在法,虽各于田亩立土峰牌子标字号、亩步,以俟检视,然阡陌连亘,虽官司不惮勤劳,有意核实者,终不能履亩而视。大率不过遍走都保,挑十数田段以验其虚实,然奸民与吏囊橐,而官不能尽究地理,吏得所欲,则引诸荒歉之处,而匿其丰熟之地,遂尽指以为歉;吏不得所欲,则引诸丰熟而匿其荒歉之处,遂尽指以为熟。指为歉,则奸民之不歉者,必以虚诉而获利;指为熟,则穷民之实歉者必以妄诉而遭罪。不歉而获利,是固可罪,实歉而遭罪,则含冤茹苦,死无所告,故尤不可不尽心。"③ 这里所言的"奸民"大致就是横行于乡村的豪横势力。

还有一种情况,是乡书手、贴司等胥吏代民户书写诉灾牒状,将小水旱无灾伤诉成大灾伤,欺瞒官府,以求得放税,而后从贫民手中诈取好处。绍兴二年(1132)十一月十二日,江浙、荆湖、广南、福建路都转运使张公济言:"人户田苗实有灾伤,自合检视分数蠲放,若本县界或邻近县分小有水旱,人户实无灾伤,未敢披诉,多是被本县书手、贴司先将税簿出外,雇人将逐户顷亩一面写灾伤状,依限随众赴县陈过(述),其检灾官又不曾亲行检视,一例将省税蠲减,却于人户处敛掠钱物不赀。"④

---

① (明)杨士奇等:《历代名臣奏议》卷二四六叶梦得《又奏乞措置江浙夏旱状》。
② 刘敞:《公是集》卷五三《朝散大夫殿中丞知汝州叶县骑都尉陈君墓志铭》。
③ 舒璘:《舒文靖集》卷下《再与前人论荒政》。
④ 《宋会要辑稿》食货一之六。

豪强与胥吏勾结谎报灾情造成严重后果，不仅会受到处罚，而且还会成为官府怀疑民户诉灾诚信力的借口，如刘宰所言的就很有代表性，"常年小有旱涝，披诉灾伤侥幸之民，或容有此。今浙西灾害甚，大民已流散乞食，迫于死亡，方且疑其习为骄虚，而不之信，何其忍哉"①。甚至成为民间斗殴的一种口实"民有怨家互讦，以诉灾不实，聚众挺刃，夹桥欲鬭。"②

对上述两种情况宋廷都出台了相应的法律条文进行处罚。关于州县、转运使司接受诉状的规定：皇祐五年（1053）八月丁酉朔，诏："民诉灾伤而监司不受者，听州军以状闻"③。"诸县灾伤应诉而过时不受状，或抑遏者，徒二年。州及监司不觉察者，减三等"④。"自往受诉状，复通限四十日，具应放税租色额外分数榜示，元不曾布种者，不在放限，仍报县申州，州自受状。……诸官私田灾伤而诉状多者，令、佐分受置籍具载，以税租簿勘同。受状五日内，缴申州，本州限一月以闻。诸诉灾伤状不依全式者，即时籍记退换理元下状日月，不得出违申州日限。"⑤

关于禁止乡书手、贴司代写诉状的规定，"户部检坐到《绍兴敕》：'诸揽状为人赴官诉事，及知诉事不实若不应陈述而为书写者，各杖一百，因而受财赃重，坐赃论加一等。'诏依诏，告获，每名支赏钱五十贯。"⑥"诸乡书手、贴司代人户诉灾伤者，各杖一百。因而受乞财物赃重者，坐赃论，加一等，许人告。""告获乡书手、贴司代人户诉灾伤状者，每名钱五十贯（三百贯止）。"⑦

关于谎报灾情的处罚规定："告获诈称灾伤减免税租者，杖罪，钱一十贯；徒罪，钱二十贯；流罪，钱三十贯。"⑧

对于民户谎报灾情，如果州县检覆官能够尽职尽责，也是可以防患于未然的。仁宗时期，知常州宜兴县的王罕就以事先绘制本县乡村形胜图的做

---

① 范祖禹：《太史范公文集》卷二〇《封还臣僚论浙西赈济事状〔二十四日〕》。
② 刘宰：《漫塘刘先生文前集》卷二九《故仙都隐吏知县洪朝散墓志铭》。
③ 《宋史》卷一二，第 235 页。
④ 董煟：《救荒活民书》卷二《淳熙敕》。
⑤ 董煟：《救荒活民书》卷二《淳熙令》。
⑥ 《宋会要辑稿》食货一之七。
⑦ 董煟：《救荒活民书》卷二《淳熙格》。
⑧ 董煟：《救荒活民书》卷中《淳熙格》。

法，应对那些企图侥幸获放免租税的民户："县临泖湖，民岁诉水，多幸免，罕因农休，召封内父老，各列其田之高下，绘而为图。明年，既得诉状，乃亲往按之，其临一乡，辄曰：某户输可免，某户不可免，众环视无一辞。"他的做法受到当时知润州范仲淹的赞赏："乃奏罕检田法，下诸路。"宋神宗熙丰变法时，参知政事吕惠卿在所撰著的《治县法·灾伤门》中吸纳王罕的做法，更进一步总结出一套行之有效的办法："要使实被灾者不至枉纳分数，而不被灾者莫敢妄诉以求幸免，则宜居常按视县图，究知乡村地形高下，仍以小图子分为九等，出入下乡，复更穷按，有不尽者，随手改正。遇有水旱，于未收刈前，先行巡省，已知被灾人户、田土多寡之大数。其积水所占年例，灾伤田土皆先度见顷亩数目。至披诉时，将状内顷亩比对，即免夹带之弊。"① 虽然前有王罕的做法被推广于诸路，后有吕惠卿的《治县法》，甚至到南宋后期还得以继续推行，如黄榦在《赈济条目》中提及的"每村各画一图，要见山水道路、人户居止，各置一籍，抄劄人户姓名及其家艺业"②。但是，侥幸获得放免租税的事情还是经常发生。在北宋元丰时期，吕大防说："天下二税，有司检放灾伤，每岁侥幸而免者，无虑三二百万。"③ 可见事态还是很严重的。

　　法律规定和严密的措施其所以不能严禁和杜绝上述弊端的发生，究其原因，一方面与吏治腐败得不到治理密切相关，而那些兢兢业业、尽职尽责的官员在那个时代毕竟是少数，因而侥幸者也就难以杜绝。另一方面当时的统计手段尚不能提供了解具体情况的可靠信息。

二、抄劄制度

　　两宋时期对受灾民众的救助，按受灾程度采取不同的救助措施。如何确定救助对象，如何使救助真正落实到该救济者的头上，抄劄是一道重要程序或方法。抄劄的含义与现今的统计、登记、核查、排查相似。"抄劄姓名，

---

① 郑克著，刘俊文点校、译注：《折狱龟鉴译注》卷六《核奸·王罕按图》，上海古籍出版社1988年版，第342页。
② 黄榦：《勉斋先生黄文肃公文集》卷三一《汉阳军管下赈荒条件又赈济条目》。
③ 《续资治通鉴长编》卷三一四"元丰四年秋七月壬辰"条，第7603页。

审核给历，直计口食"，这里的"给历"，就是官方经核实灾民身份后发给的一种领取救济口粮的凭证。抄劄的数据是官府实施赈济的基本依据。从现存文献看，抄劄大致出现在北宋中期，据董煟《救荒活民书》载，富弼皇祐年间在青州发大水灾时，已经依据抄劄进行救灾。熙宁二年（1069），富弼在《上神宗论河北流民到京西乞分给田土》又提到抄劄："……臣每逢见逐队老小，一一问当，及令逐旋抄劄。只路上所逢者，约共六百余户、四千余口。其逐州逐县镇以至道店中已安下。"① 看来富弼主持救灾很注意运用抄劄方法来达到让生活无助的灾民得到官府最大限度的救助。

抄劄广泛运用于救灾活动可能是在熙宁七年（1074）吕惠卿创"手实簿法"之后，手实法，旨在清查户籍等级，以平役钱。使用的方法即是抄劄。据苏辙言，手实簿法"以根括民产，不遗毫发为本，以奖用悋悋，许令告讦为要。估计家产，下至橡瓦，抄劄畜产，不遗鸡豚。天下骚然，如被兵火。纸笔涌贵，鞭笞恣行"②。虽然手实簿法因骚动全国引起民愤，很快就被废止，但是由于在全国范围进行抄劄，这为大规模核实救助灾民提供了很好的借鉴，因而其后救灾活动中广泛运用抄劄便多出现在史乘上。神宗熙宁九年（1076）十二月乙未，"诏河东地寒，九月内许抄劄不能自存之人，自十月一日起支米豆，至次年二月终住给。如额定米豆有剩，即尽数支，至三月终"③。哲宗元祐六年（1091），太湖泛溢，苏湖秀等州城、市并遭水浸，范祖禹担心朝廷"逐县逐村须遣人抄劄庐舍、人口、田土数目，饥荒之际此等行遣，必为烦扰"④，同时期的苏轼也曾"只用出粜常平米一事，更不施行。余策若欲抄劄贫民，不惟所费浩大，有出无收，而此声一布，贫民云集；盗贼疾疫，客主俱毙。惟有依此条，将常平斛斗出粜，即官司简便，不劳抄劄……"⑤ 虽然范祖禹、苏轼都担忧抄劄实施过程出现的副作用会影响救灾的实效，但这也从一个侧面恰恰说明元祐以后抄劄已广泛运用于救荒活动中。

宋高宗建炎年间，江浙旱灾，叶梦得上书中建议其"存恤民户，无使流

---

① 赵汝愚编《宋诸臣奏议》卷一〇六"财赋门荒政"条，上海古籍出版社1999年版，第1139页。
② 《续资治通鉴长编》卷三七九"元祐元年六月戊戌"条，第9212页。
③ 《续资治通鉴长编》卷二七九，第6835页。
④ 范祖禹：《太史范公文集》卷二〇《封还臣寮论浙西赈济事状》（二十四日）。
⑤ 董煟：《救荒活民书》卷二《常平》。

移":"契勘兵火之余，所在杀戮、逃避，十室九空……欲望严戒州县应灾伤地分，乡村阙食户，尽行抄劄，无致遗漏，多方措置，但使蠲放以实，无输纳之苦；展阁以法，无催科之扰；给贷以时，无乏绝之患；役使以理，无劳困之惧；人之常情，孰不重迁。既有生路，自然眷恋乡土。"①叶梦得的建议表明，排查核实受灾人户对于稳定民心、恢复重建具有非常重要意义。

抄劄在官府赈济活动中所起的作用主要有两个方面：其一，在灾后出现大量流民时，分辨流寓之民和非流民，以便能够确保对流民的救济。皇祐年间，富弼救济流寓到青州的灾民就很有典型性。为了防止非流民人员冒充，富弼对抄劄给历作了很细致的规定，且看《支散流民斛斗画一指挥》：

一、指挥差委官抄劄给历子时，子细点检逐处流民。如内有虽是流民，见今已与人家作客锄田养种及有钱本机织贩舂诸般买卖图运过日不致失所人，更不得一例抄劄姓名，给与历子，请领米豆。

一、应保流民，虽有房舍，权时居住，只是旋打州柴草，日逐旋求口食人等，并尽底抄劄，给与历子，令请领米豆。

一、应系土居贫穷、年老、残患、孤独、见求乞贫子筹（等），仰抄劄流民官员躬亲检点，如果不是虚伪，亦各给历子；令依此请领米豆。

一、指挥差委官员，须是于十二月二十五日已前，抄劄集定流民家口数，给散历子了当。须管自皇祐元年正月一日起首，一齐支给，不得拖延有误。至日支散，亦不得日数前后不齐。

一、缘已就门抄劄见流民逐家口数及岁数，则支散日更不令全家到来，只每家一名亲执历子请领。

一、指挥所差官员，除抄劄籍定、给散流民外，如有逐旋新到流民，并须官员亲到审问，子细检点本家的实口数、安泊去处，如委不是重迭虚伪，立便给与历子，据所到日分起请。如有已得历子流民起移，仰居停主人画时令流民将元给历子于监散官员处毁抹。若是不来申报及

---

① （明）杨士奇等编：《历代名臣奏议》卷二四六，叶梦得《又奏乞措置江浙夏旱状》，上海古籍出版社1989年版，第3233页。

称带却历子，并仰量行科决，不得卤莽重迭给印历子，亦不得阻滞流民。

一、州县镇城郭内流民，只差委本处见任官员，亦先且躬亲排门抄劄逐户家口数，依此给与历子，每一度并支五日米豆，候食尽，挨排日分，接续支给米豆，一般施行。

一、逐州县镇，候差定官员，将印行指挥画一抄劄一本，付逐官收执，照会施行。①

其二，宋朝赈济的对象有两类人，一类如前揭灾伤程度达到可赈济分数以上的灾民；另一类是贫困无助的饥民，这一类饥民在同一灾区，大致不受灾伤分数的限制。"水旱饥馑，委乡官抄劄鳏寡孤独、跛眇废疾不能自存之人"②，为了保证贫困无助的饥民能得到确实救济，各地官府、官员实施抄劄各有特色，如徐宁孙建赈济三策所提到的"赈济饥民令。请自本州县当职官，多方措置，从实抄劄实系孤老残疾并贫乏不能自存阙食饥民大人小儿数目，籍定姓名，将义仓斛斗各逐坊巷、逐村逐镇分散赈济，不必聚落。""赈济。当支散日，用五色旗分为五处。每处分差指使二员、吏人二名，抄劄饥民，每一名给与牌子并小色旗，候支俵及数，前来赈济所报覆。一处先了，先令赴请。所贵分头集事，又且饥民不致并就一处喧闹。"③ 苏次参在澧州赈济，"患抄劄不公，给印历一本，用纸半幅，上书某家口数若干，大人若干，小儿若干，合请米若干，实贴于各人门首壁上，内声迹如有虚伪，许人告首，甘伏断罪，以备委官检点"④。而李珏赈济法则按财产多寡分四个等级抄劄，借以确定实际的赈济人群："将灾伤都分作四等抄劄，仁字系有产税、物业之家；义字系中下户，虽有产税，灾伤实无所收之家；礼字系五等下户及佃人之田并薄有艺业而饥荒难于求趁之人；智字系孤寡、贫弱、疾废、乞丐之人。除仁字不系赈救，义字赈粜，礼字半济半粜，智字并（全）济，并给历计口如常法。惟济米预散榜文，十月（日）一次，委官支。毗陵

---

① 董煟：《救荒活民书》卷三《支散流民斛斗画一指挥》。
② 董煟：《救荒活民书》卷三《程迥代能仁院赈济疏》。
③ 董煟：《救荒活民书》卷三《徐宁、孙聿赈济三策》。
④ 董煟：《救荒活民书》卷三《苏次参赈济法》。

与鄱阳常行此法,民至于今称之。"① 董煟对李珏的做法甚表赞赏:"饥荒大小不同,傥不分都分等降,则惠不均而力不给,今五分已上赈济,五分已下赈粜。其法固简易,然三分以下都分穷弱狼狈之人亦多,不若四等抄劄为均济也。"② 李珏的做法在南宋后期可能得到推广,嘉泰四年(1204)三月二十七日,"知抚州陈耆寿言:'本州土瘠民贫,秋苗之数不多,去(岁)旱歉,抄劄到三万九千户,计一十八万五千六百九十口。有产业无经营人,赈贷;无产业有经营人,赈粜;无产无业无经营及鳏寡孤独之人,赈济。赈贷之米,则取诸常平司;赈粜之米,则劝谕上户;惟是赈济,非劝谕之所及,常平米数又少,乞于本州今岁合发淮西总领所米纲内截拨一万石应副赈济,庶几贫下细民不为饿殍,亦免流徙。'诏于本州今合岁核发淮西总领所米内截拨七千石赈济使用"③。理宗时,庆元府大致亦施行了相类似的分等抄劄救灾法。"窃睹大府颁下抄劄格式,厘为三等,有力自给之家为天字号,不粜不济;其次则地字者粜;人字者济。彼有力自给之家固为易见,若其以粗有田产艺业者为地字;鳏寡孤独,癃老疾病贫乏不能自存者为人字。"④

抄劄对于保障贫困无助饥民得到及时救助,无疑不失为一个较好的制度,但是就像宋朝其他好的制度一样,在执行过程中往往出现种种弊端:"赈济之弊如麻,抄劄之时,里正乞觅,强梁者得之,善弱者不得也;附近者得之,远僻者不得也;胥吏里正之所厚者得之,鳏寡孤独疾病无告者未必得也。"⑤ "臣尝亲任州县救荒,不先措置,临时仓卒,鞭挞里正抄劄,大段卤莽。迨抄劄既毕,未见施行,村民扶携入郡请米,官司米即支散,裹粮既竭,馁死纷然,是以赈济之名,误其来而杀之也。"⑥ 嘉定八年(1215)七月十九日,臣僚言:"二曰括责之弊,夫户之贫富,口之多寡,虽有籍而不足凭,故欲行赈恤,必先括其户口以为据,此数一定,牢不可改,至所当谨也。然厥耆、保正习为吏胥巧取之弊,每遇抄劄,肆为欺罔,赂遗所至,则

---

① 董煟:《救荒活民书》拾遗《李珏赈济法》。
② 董煟:《救荒活民书》拾遗"淳熙八年敕浙西常平司"条按语。
③ 《宋会要辑稿》食货六八之一〇二。
④ 戴栩:《浣川集》卷四《论抄劄人字地字格式札子》。
⑤ 董煟:《救荒活民书》卷二《义仓》。
⑥ 董煟:《救荒活民书》拾遗《杂记条画》。

资身之有策者可以为无业，丁口之稀少者可以为众多，如其不然，则啼饥号寒者反置而不录，老弱猥众者仅指其二三，不均不平，莫甚于此。"① 对此，有些士人和官员提出修改建议，"抄劄最当留意，急则卤莽多遗落，缓则玩弛不及事。其间有多徇私意者，须明赏罚以励之，断在必行，不当姑息，仍多出手榜，严行禁约，更用苏次参实粘姓名口数于门首之法。""检点抄劄，须逐县得人以行之。然其法繁琐，奸弊最多，若夫要法有三，城市则减价出粜常平米，村落则一顿支散义仓钱。其不系赈济之人，则有逐都上户领钱兴贩循环粜籴之法，简要便民，无逾于此。"② 各级官府也采取了一些应对措施。如官府加强制度管理，将抄劄方法与乡村保甲制度相结合："今行抄劄之时，自五家为甲，递相保委，同其罪罚，曰某人为游手，某人为工，某人为商，某人为农，而官之赈给，以农为先，浮食者次之，此诱民务本之一术也。"③"今用四等之法，每知县到任，责令用心抄劄，存留当县，以备缓急，庶免临期里正卖弄之弊，一遇荒歉，按籍可凭赈救矣。"④

朱熹积极倡导荒政的推行，对选择担任抄劄的官吏能否秉公办事和抄劄是否真实最为关注，因而他期望在制度上给以保障，对抄劄做出很详细的规定。《行下三县抄劄赈粜人户》：

> 照对近委官抄劄三县管下赈粜人户姓名、大小口数申军，寻将已申到帐拖照得合赈粜人户，并不见声说见住地名去处，恐有漏落增添情弊，难以稽考。合行下逐县，将逐都塌画地图，画出山川水陆路径、人户住止去处。数内不合赈粜人户，用红笔圈栏，合赈粜人户，用青笔圈栏，合赈济人户，黄笔圈栏。逐一仔细填写姓名，大小口数，令本都保正长等参考诣实缴申，切待差官点摘管实。⑤

南宋后期人舒璘曾总结朱熹的做法时说：

---

① 《宋会要辑稿》食货六八之一〇六至一〇七。
② 董煟：《救荒活民书》拾遗《杂记条画》。
③ 董煟：《救荒活民书》卷二《恤农》。
④ 董煟：《救荒活民书》拾遗《杂记条画》。
⑤ 《朱文公文集》别集卷九，第1947页。

向见晦翁在浙东颁条目于州县，请寄居为赈济官，俾赈济官乡择二人为乡官，乡官都择二人为都正。其抄劄户口，虽委之保正、长，必令都正为究实。每都就寺院或要害处置一场算所抄大数，给与之米。其所抄劄到人户，各给与历，令都正五日一散。其运米则委之等第之家，以防折阅。是时，敝邑歉甚，某亦尝任其事，虽乡都不能尽得其人，亦十得五六。然抄劄在秋末，给散乃在深冬，散米之日，饥饿者众，与抄劄时事体不同，又须赈济官通变措置。是时，州县先以当来抄劄户口申上司，拘文畏责，不敢更易，遂使应抄劄者不沾惠，而不应抄劄者反得之。若非赈济官得人，要须上司许其斟酌通变，庶得尽力，不然则一应文逃责，以罔上司耳。①

---

① 舒璘：《舒文靖集》卷下《再与前人论荒政》，第1157册，第544页。

第十二章
宋代的检田、检放制度

检田、检放是宋廷根据州县核实民户诉灾状后,实施放免民田税租的一种制度。由于检田对象多是在旱荒时节的受灾民田,故又称作检旱。检旱是一种概括性的说法,实际上通常称作检视、覆检、检覆等。检视、检覆,在一般情况下又分成两阶段,一是受理诉状的州县派官检查核实民户的实际受灾程度,定出受灾等级亦即分数。二是中央(三司、户部、君主)根据地方政府的受灾报告决定放免租税后,遣官核实蠲免或倚阁的落实情况。后一种情况已进入检放的实际执行阶段,故放在后面专门讨论。

一、各级地方官吏的检视、覆检职责

宋制:"令、佐受诉,即分行检视,白州遣官覆检。"[①] 这是宋初通行的制度,根据县的大小,所设置的县令、县丞、主簿、县尉在遇水旱则"有灾伤之诉"[②] 的职责。仁宗明道二年(1033),右司谏、江淮体量安抚范仲淹在奏疏中提到太平州"当涂县主簿兼嘉祥县尉温宗贤等状,称往诸乡检旱"[③]。神宗元丰四年(1081),吕大忠批评诸县不认真检视灾情:"民披诉灾伤状,

---

① 《宋史》卷一七三,第4162页。
② 《宋史》卷一六七,第3977页。
③ 范仲淹:《范文正集补编》卷一《封进草子乞抑奢侈》(明道二年七月)。

多不依公式，诸县不点检，所差官不依编敕起离月日程限，托故辞避。"特提出："乞详定立法。"中书房回应说："熙宁编敕约束详尽，欲申明行下。"得到神宗的同意①。元丰五年（1082）九月壬辰，诏诸县给纳月分，无丞处主簿非检覆本县灾伤勿差出，遇壅，并权免县事②。为了避免县级官吏在有水旱灾伤时不认真履行职责，宋徽宗政和时，臣僚建言："令转运司下所属绘逐县、诸村地形高下图，遇非时旱涝，专委县令子细体度，具被灾月日、伤稼穑去处，次第申上，以备检察。"③

县级检视完毕，上报州府，州府负有覆检的责任。州府多由通判和幕职官担任检覆任务。政和年间，臣僚言："州下依条委通判、司录同县令检覆，而差曹椽（掾）、簿、尉前去。……检覆官先委通判、司录同县令，如实有故，即依差试官法，不支当月请给；不亲至其处，亦重立断罪告赏条法。"诏户、刑部立法处分④。文中司录是开封府属官，曹椽（掾）是大观时改诸州诸司曹官而来，均属州府属官。绍兴年间，"依法以元状差通判或职官同令、佐诣田所，躬亲检视申州，具放税租色额分数榜示"⑤。淳熙令："诸受诉灾伤状，限当日量伤灾，每少元状，差通判或幕职官（本州缺官即申转运司差），州给籍用印，限一日起发。仍同令、佐同诣田所，躬亲先检见存苗亩，次检灾伤田亩，具所诣田所，检村及姓名、应放分数注籍，每五日一申州。其籍候检毕，缴申州，州以状对籍点检。"⑥南宋时，为统一州府官检覆的事项及责任，特制定规范的公文格式。淳熙《检覆灾伤状》：

> 检覆官具位：准某处牒帖，据某乡申人户被诉灾伤某等，寻与本县某官姓名诣所诉田段，检覆到合放税租数，取责村乡，又结罪保证状入案。如后：
>
> 某县据某人等若干户某月终以前（两县以上各依此例）披诉状为某

---

① 《续资治通鉴长编》卷三一四"元丰四年秋七月壬辰"条，第7603页。又见《宋会要辑稿》食货一之四。
② 《续资治通鉴长编》卷三二九，第7930页。
③ 《宋会要辑稿》食货一之五。
④ 《宋会要辑稿》食货一之五。
⑤ 《宋会要辑稿》食货一之九。
⑥ 董煟：《救荒活民书》卷二《淳熙令》。

色灾伤（如限外非时灾伤，则别具某日月至某月日投披诉之外）。

正色共若干，合放每色若干，租课作正税。

右件状如前所检后，只是权放某年夏或秋一料内租，即无夹带，种时不敷。及无状披诉，并不系灾伤，妄破税租，保明是实，如后具（异）同，甘俟朝典。谨具申某处谨状年月日依例常式。①

州县官中的令佐、通判、幕职官到乡村检覆时，通常会有人数不等的吏胥随从操办具体的事宜。宋代县一级的吏胥又称做县役人，而乡役人包括北宋前中期的里正、户长，北宋熙宁、元丰以后的保正、保长。南宋时随从人数过多，每次检覆都引起不小的骚动。宋孝宗时，朱熹认为州县"差官遍往乡村检视，每见差出官员多是过数将带人从，反行须索，摇动村落。以纳图册为名，不论人户高低，每亩科配项亩头牲之类，又不亲行田亩，从实检校，反将诉荒人户，非理监系，勒令服（伏）熟。"因此他建议缩减检视人员，以减轻乡村百姓的应酬负担。州县吏胥"止得带厅子一名，吏贴一人，当直八名"，而不许骚扰乡役人"保正副及大小保长。须亲行田亩，从实检放"②。

北宋前期由三司根据州府检覆报告确定蠲免或倚阁租税分数，即所谓："三司定分数蠲税，亦有朝旨特增免数，及应输者许其倚格。"宋真宗咸平年间，"有言三司官吏，积习依违，文牒有经五七岁不决者，吏民抑塞，水旱灾沴，多由此致，请委逐部判官检覆判决。如复稽迟，许本路转运使闻奏，命官推鞫，以警弛慢"。同知枢密院事陈尧叟、冯拯奉命"同三司使议减烦冗，参决滞务。……凡省去烦冗文帐二十一万五千余道，又减河北冗官七十五员"③。天禧二年（1118）十月，"诏：自今差官检勘逃户并灾伤民田，令三司写造奏帐式二本，一付检校田官，一送诸道州、府、军、监"④。天禧四年（1120）十月甲辰，"诏经雨及河水冲浸秋苗，宜令三司据诸处检覆到合放分数外，依敕文更放一分，其已放九分者悉蠲之"⑤。由于北宋前期三朝

---

① 董煟：《救荒活民书》卷二《检覆灾伤状》。
② 《朱文公文集》卷九九《约束检旱》，四部丛刊初编缩本，第1777页。
③ 《宋史》卷二八四《陈尧佐附陈尧叟传》，第9586页。
④ 《宋会要辑稿》食货一之二。
⑤ 《续资治通鉴长编》卷九六，第2221页。

确定放税蠲除的职责出自三司，故对地方灾伤的检覆是由朝廷直接遣使进行检视。"太祖时，亦或遣官往外州检视，不为常制。伤甚，有免覆检者。至是，又以覆检烦扰，止遣官就田所阅视，即定蠲数。"① 太平兴国年间，宋太宗对宰相说："民诉水旱，即使检覆，立遣上道，犹恐后时。颇闻使者或逗遛不发，州县虑赋敛违期，日行鞭棰，民亦竢检覆改种。若此稽缓，岂朕勤恤之意乎？自今遣使检覆灾旱，量其地之远近、事之大小，立限以遣之。"② 但随着转运司总一路财赋的体制日益健全，"于一路之事无所不总"，"天下物宜，民间利病，惟转运使得以周知"③。在宋真宗朝，灾伤检放夏秋苗税的职责便逐渐由转运使承担。大中祥符九年（1016）冬十月壬申，"大名府民伐登闻鼓诉秋旱，且言本部吏不纳其辞。诏遣官按视，蠲其赋"。十一月戊申，"大名府、澶、相州民伐登闻鼓诉霜旱，宰臣请令转运使体量"。宋真宗说："比者转运使固言无灾伤，故州县不为蠲减，虽虑支计不充，然朝廷矜恤之意不可稽也。即命常参官分往按视而蠲复焉。"④ 由这段宋真宗与宰臣的对话，可见至迟在大中祥符九年（1016）前，转运使已集检覆、呈报灾情和蠲复于一身。所以除了从其他渠道反映地方灾情与州县——转运使所报灾情有较大出入外，朝廷一般不再直接遣使臣检覆或检放。

宋神宗熙丰变法时期，增置提举常平司负责借贷、赈济等事宜；元丰时改革官制，户部取代三司成为主财机构；至南宋大致形成"以检放展阁责之运司；粜给借贷责之常平；觉察妄滥责之提刑；体量措置责之安抚"⑤ 的体制。由此可看出处理诉灾和蠲免租税的实际工作仍由转运司直接负责。庆元条法："诸州县条具雨旸及二麦、黍、禾、稻分数，（自四月一日至九月终。）县五日一申州，州十日一申安抚、转运司，逐司类聚，四川、二广每月，余路每半月，开具闻奏。诸州县丰熟灾伤，转运司约分数奏闻。其未收成，监司、知州不许预奏丰熟。"⑥ 宋理宗时，"臣僚奏：乞申饬诸路州县，自今遇

---

① 《宋史》卷一七三，第 4163 页。
② 《续资治通鉴长编》卷二四"太平兴国八年九月乙丑"条，第 553 页。
③ 《宋朝事实》卷九，丛书集成初编本，第 155 页。
④ 《续资治通鉴长编》卷八八"大中祥符九年十一月戊申"条，第 2021 页、2027 页。
⑤ 《宋史》卷一七八，第 4343 页。参见《宋会要辑稿》食货五九之四九；《文献通考》卷二六《国用考四·赈恤》。
⑥ 《庆元条法事类》卷四，第 40 页。

诉灾伤，邑委佐官，州委幕职，于秋成以前，务核的实，蠲减田租，仍以分数揭之通衢，如或稽慢，守令镌斥，漕臣觉察不严，一体议罚。"①从之。这两道敕令说明州府、转运使司构成南宋检覆放税的主要职能部门。

京畿地区属特别独立行政单位，其政策亦有专门规定。淳化四年（993）十月二十七日，诏："开封府管内人户，近为雨水害及田苗，已分遣朝臣、使臣与令、佐体量通检。虑人户未得尽知，及有迟滞，宜令差去京朝官、使臣及令、佐等详前降敕命，疾速通检，具分数以闻，当议特与除放。"②这即是所谓："京畿则特遣官覆检。"天圣元年（1023）闰九月乙未，诏开封府六曹官，自今无得差出外，其府界检覆灾伤，并令下审官院差待阙京朝官③。神宗熙宁四年（1071）八月癸亥，权发遣开封府推官晁端彦言："畿内诸县，或遇夏秋灾伤，旧自中书差官检覆，不得亟至。欲乞自今本府奏闻日，直牒审官东院差官检覆，免烦中书降札子，所请被差官速至逐县。"从之④。绍圣二年（1095）十月十九日，侍御史翟思言："酸枣、封丘两县民诣台陈诉，户下田旱，诣县乞行检放，县不为受理，反决妄诉。请下府界选官同本县官长周行检视，如民田实荒，即当蠲放。诏府界提点司选差官体量以闻。"⑤

苏颂亦曾上书体量放税："臣伏见开封府界诸县，见有人户披诉旱灾。旧例本府奏乞，朝廷差官同本县知、佐依条亲诣逐户田段，一一检覆。臣累曾密切体访得委是旱损苗稼甚多，其低下曾得雨处虽有薄熟，亦所收无几，况乡民见各候雨布种秋田，若更勾集祗应检覆，诚恐有妨农事。畿甸之民，所宜朝廷倍加存恤，臣欲乞特降指挥，今来所差官许令与当职官一员，只于诸县逐乡村体量蠲放苗税，更不亲诣逐户田段，所冀行遣简便，不至劳扰。"⑥

---

① 《宋史全文》卷三二"绍定四年二月壬戌"条，第667页。
② 《宋会要辑稿》食货一之一。
③ 《续资治通鉴长编》卷一〇一，第2336页。
④ 《续资治通鉴长编》卷二二六，第5504页。
⑤ 《宋会要辑稿》食货一之四。
⑥ 苏颂：《苏魏公文集》卷一八《奏乞体量放税》。

二、检视内容和放税标准

检视的内容。通常的做法是"先检视存苗亩,次检灾伤田段,盖欲趁得人户未及收刈之际,略见荒熟大概的实分数,然后豁出熟田,细检荒旱去处,不致猾吏、奸民通同作弊"①。如果受灾后,官府未能及时前来检覆,灾民须留下稻麦的根槎,作为检覆的重要凭据。景祐二年(1035)前,诉灾者要等到检覆后,方容许改耕受灾田,致使农民多误农时。"先是诉灾者未得改耕,待官检定方听耕薅,民苦耕种失时,重以失所",故景祐二年(1035)十月十三日,诏革之,于是颁行编敕:"人户披诉灾伤田段,各留苗色根槎,未经检覆,不得耕犁改种,虑妨人户及时耕种,今后人户诉灾伤,只于逐段田头留三两步苗色根槎准备检覆,任便改种,故作弊幸州县,检覆官严切觉察,不在检放之限。"②此后检视根苗或根槎成为定制。熙宁七年(1074)苏轼上奏说:"寻常检放灾伤,依法须是检行根苗,以定所放分数。"③"如未检覆而改种者,并量留根查,以备检视。不愿作灾伤者,听。"④淳熙时所颁法令:"如未检后而即种者,并量留根查,以备检视(不愿作灾伤者,听)。"⑤

检旱官员赋诗留下检覆时的观感,由此可管窥当时检覆场景之一斑。

刘攽《检覆郏城旱田示同官及寄河南诸贤》一诗,真实记录了他奉诏在京西北路汝州郏城县检旱时的见闻和感受:

> 昔岁歉无年,今夏仍荐饥。罢民去南畎,贱价捐东菑。藉藉道路间,饿者何累累。藜藿不充肠,薾然尩与倪。嗟我禄代耕,每食为不怡。徒怀仲由志,身贱那得施。属城上民讼,比牒皆苦词。奉诏实有无,百闻谢一窥。星言说桑田,行与父老期。触热不敢休,重趼宁告

---

① 《朱文公文集》别集卷九《管下县相视约束及开三项田段》,四部丛刊初编缩本,第 1944 页。
② 《宋会要辑稿》食货一之二至三。《续资治通鉴长编》卷一一七"景祐二年十月甲子"条,第 2760 页。
③ 《苏轼文集》卷二六《论河北京东盗贼状》。
④ 王之望:《汉滨集》卷五《潼川路放税利害状》,第 728 页。
⑤ 董煟:《救荒活民书》卷二《淳熙令》。

疲。郊原赤如赭，秉穗无孑遗。垦艺不可分，四旁生蒺藜。流行诚代有，愚弱岂易欺。附上亦有刑，残下罪攸司。鄙夫不忍此，告吏咸敕之。庶兹咻噢恩，足以苏惸嫠。大农急经费，言利析毫厘。二吾犹不足，一切宁谓宜。国侨敏争承，郑邑用不危。冯煖焚券书，田氏人若归。区区二小邦，两士能若斯。当官在必行，匪石安可移。诸公悉吾友，此志良弗非。当令徇路人，一听狂者诗。①

再看检放或称放税的标准：唐代前期在灾伤时对租庸调的蠲免有明确规定："诸田有水旱虫霜为灾处，据见营田，州县检灾，具帐申省，十分损四已上，免租；损六已上，免租、调；损七已上，课役俱免。若桑麻损尽者，各免调。若已役、已输者，听折来年，经二年后，不在折限。"② 据此归纳有4/10、6/10和7/10以上三种受灾标准。两税法下对"损免"标准也有一定的规定。如贞元八年（792）八月，"江、淮、荆、湘、陈、宋至于河朔连水灾"；十二月，德宗诏："其州县府田苗损五六者，免今年税之半，七已上者皆免。"③ 元和四年（809）正月，宪宗诏："元和三年诸道应遭水旱所损州府合放两税钱米等，损四分已下者，宜准此处分。损四分已上者，并准元和元年六月十八日敕文放免。"④ 据此可知两税钱米的"损免"，作物受灾4/10以下的有常规即"式"的规定；若受灾程度达5/10、6/10、7/10的，减免税收的数量又不同，但二者之间似无对应关系⑤。

北宋以元丰元年（1078）为界，此前灾伤蠲免根据受灾程度按十分计，依分数等级放税，并无特别的规定，据《宋会要》的记载，北宋初以来至元丰，受灾放税有二分、三分、四分、五分、七分、十之二、十之三、十之六、十之七等⑥。其他文献亦有相类似的记载：宋真宗大中祥符九年（1016）冬十月戊寅，"诏京东、淮南蝗旱所伤田，据遣官按定合放数外，所纳税物

---

① 刘攽：《彭城集》卷五《五言古诗》。
② 仁井田升：《唐令拾遗》二三，长春出版社1989年版，第604页。
③ 《册府元龟》卷四九一《邦计部·蠲复三》，第5870页。
④ 《册府元龟》卷四九一《邦计部·蠲复三》，第5872页。
⑤ 详见陈明光：《唐宋田赋的"损免"与"灾伤检放"论稿》，《中国史研究》2003年第2期。
⑥ 《宋会要辑稿》食货七〇之一五六至一七二。

三分以下者，并与倚阁，四分已上者，更放一分"①。庆历二年（1042）秋，旱，官司检放产税，例及九分②。司马光说："放税多及十分，是大饥之岁。"③ 熙宁四年（1071），"未经检放秋税，各以分数蠲除，仍发广惠仓粟赈济饥民"④。"京东自夏秋旱蝗相仍，民被灾流徙者十六七，虽检放租税，而一县通较，类不及五分，盖恐碍倚阁青苗本息"，"河北东路转运、提举司言，夏秋灾伤，放税八九分以上，乞倚阁第四等以下秋料役钱，及当纳去年倚阁青苗钱。从之"⑤。这是元丰以前的状况。

元丰以后情况发生变化，受灾放免租税与青苗法放贷相结合。元丰元年（1078）八月六日，"诏河北转运司体量被水户灾伤及七分，蠲其税，不及七分者并检覆，即依法施行"⑥。元丰三年（1080）三月四月丁未，又诏转运、提点司体量灾伤，七分以上，蠲其夏税；不及七分，检覆如常法。提点刑狱、提举司察不如法者以闻⑦。这两项法令对灾伤救助有两层含义：一是受灾民户借贷青苗钱以七分为界"必待灾伤放税七分已上方许贷借，而第四等以下方免出息"⑧。二是国家以灾伤七分为界，将救济分成赈粜和赈济，七分以下，官府通过平籴、平粜手段使灾户在粮市上得到赈粜的救助，而七分以上，官府则或开仓或劝谕富户救济灾民⑨。元丰七年（1084）六月一日，诏五路提举保甲司，已拨常平粮，准备赈济，令相度保甲户遇灾伤不及五分，当如何等第赈济，条具以闻。后提举河东路保甲王崇拯言，赈济灾伤保丁四等以下，本户灾伤及五分以上，即依常平司七分以上法，从之。河北、

---

① 《续资治通鉴长编》卷八八，第 2023 页。
② 蔡襄：《蔡襄集》卷二六《乞复五塘札子》。
③ 《传家集》卷三三《言蓄积札子》。
④ 《续资治通鉴长编》卷二二三"熙宁四年五月壬子"条，第 5437 页。
⑤ 《续资治通鉴长编》卷二六九"熙宁八年冬十月癸巳、十一月丁酉"条，第 6595 页；卷二五八"熙宁七年十一月丁酉"条，第 6288 页。
⑥ 《宋会要辑稿》食货一之四。《续资治通鉴长编》卷二九一"元丰元年八月丁未"条，第 7112 页。
⑦ 《续资治通鉴长编》卷三〇三，第 7381 页。
⑧ 《续资治通鉴长编》卷三九二"元祐元年十一月壬午"条，第 9543 页。
⑨ 《救荒活民书》卷二《赈粜》云："此系用常平米，其法在于平准市价，默消闭籴之风，如市价三十文一升，常平以等粜时本钱，或十五六至二十文一升出粜。"《赈济》云："此系用义仓米，其法当在老幼残疾孤贫不能自存之人，使无告者免于夭亡。"

陕西、开封府界准此①。元祐元年（1086）三月二十六日，夔州路提举常平官傅传正言："已依灾伤及七分以上赈济。"②"户部言灾伤县放税及七分，赈济廪粮，不足者，令、佐劝谕积贮之家，减价出卖，或以钱粟借与贫家乏人户。"③

这两项法令在元祐时期，因反变法派上台后受到质疑，"祖宗赈济旧法，灾伤无分数之限，人户无等第之差，皆得贷借"④，因而略作调整，元祐三年（1088），"诏遇灾伤放税及六分已下，其带纳欠负，即随放税（外）分数催纳，若放税七分已上，并行倚阁"⑤。可见，受灾七分是分别赈粜和赈济以及放免租税程度的标准，这个标准大致一直持续到南宋初年没有改变⑥。大观二年（1108）八月十九日，"工部言：邢州奏：巨鹿下埒大河水注巨鹿县，本县官私房屋等尽被淹浸。诏：见在人户依放税七分法赈济，如有孤遗及小儿，并送侧近居养院收养。内有人户尽被漂失屋宇或财物，仍许依七分法借贷，不管却致失所，仍具赈济居养存恤次第事状闻奏"⑦。政和三年（1113）三月二十三日，"诏润州丹阳、丹徒两县灾伤，放税及七分以上。常平赈贷在法至三月终罢。缘今岁有闰，田事必晚，可展至四年（月）终，应有类此灾伤州县，亦依此施行，可疾速行"⑧。

南宋初期否定王安石新法，但以七分为放税的标准依然在试行。绍兴十五年（1145）七月三日，"知泉州吴序宾言：汀、虔盗贼聚集，泉南七县罹

---

① 《宋会要辑稿》食货六八之四一。《续资治通鉴长编》卷三四六"元祐元年六月己巳"条，第8304页。
② 《宋会要辑稿》食货六八之四二。
③ 《续资治通鉴长编》卷四六五"元祐六年闰八月庚辰"条，第11114页。
④ 《续资治通鉴长编》卷三九二"元祐元年十一月壬午"条，第9543页。
⑤ 《续资治通鉴长编》卷四一二"元祐三年七月戊辰"条，第10031页。
⑥ 不过，绍圣初期曾施行过灾伤放税五分法。"绍圣元年九月二十九日，诏府界、京东、京西、河北路应流民所过州县，令当职官存恤诱谕，遣还本土。内随行别无资蓄者，仍计口给历，经州县排日给食。至本处如合赈济，依灾伤放税五分法。内老幼疾病未能自还及不愿还者，计口给。十月二十一日，诏：河北东、西路被灾经放税户虽不及五分，所欠借贷钱斛并抵当牛钱等倚阁，候丰熟日，分十斛输。其非被灾放税户所欠钱斛视此，仍除给（结）保均陪之，令流民在他路者，官吏以至意谕晓使归业，结券使所过续食，不愿者，所在廪给之。"（《宋会要辑稿》食货六八之四七）十二月六日，诏京东、西、河东路提举司，将放税不及五分者，审验得灾伤稍重，阙食不能自存，或老幼疾病之人，并权依五分法赈济。（《宋会要辑稿》食货六八之四八）
⑦ 《宋会要辑稿》食货六八之五〇。
⑧ 《宋会要辑稿》食货六八之五一。

其荼毒,且致饥饿,虽军储不足,而义仓积粟见存七万石,欲开仓赈贷。内残破四县,乞比附灾伤七分之法,各借种子三千石,自第四等以下户委县官随便借贷。诏每县于义仓米内支拨二千石应副借贷"①。直到高宗绍兴后期才又有新的调整。绍兴二十八年（1158）九月二十九日,诏:"在法水旱检放苗税及七分以上赈济。缘田土高下不等,若通及七分方行赈济,窃虑饥荒人户无以自给。可自今后灾伤州县检放及五分处,即令申常平司取拨义仓米量行赈济。"②"诏出常平米赈粜,更令以义仓赈济。在法水旱检放及七分以上者济之。诏自今及五分处,即拨义仓米赈济。"③自此以后五分成为是否赈济和蠲免租税的标准,"淳熙八年敕:浙西常平司奏:本路去岁旱伤轻重不均,在法五分以上方许赈济,今来逐县各乡都分有分数不等,若以逐县言之,则不该赈济,若据各乡都分,有旱至重去处,则理当存恤,除已逐一从实括责,五分以上量行赈济,五分以下量行赈粜。得旨依行"④。

三、检放程序及数量估计

以上对宋代诉灾、检田、检放制度分别做了考察,为了准确和全面了解宋代这一制度程序的全过程,现可从朱熹《申仓部及运司检放三县苗米数》所记述南康军星子、都昌、建昌三县检放苗米过程和数目,管窥一斑,故全文录下:

> 本军照对管属星子、都昌、建昌三县自六月以来,天色亢阳,阙少雨泽,田禾干枯……今来诸乡旱禾多有干损,及备据税户陈德祥等披诉,所布田禾缘雨水失时,旱禾多有干槁,不通收刈,申乞委官检视,除放苗米。本军除已依条行下诸县,令人户供投土段文帐,差官检视,及于七月十六日具录奏闻,并申朝省及诸监司照会施行。遂选差委迪功郎、司户参军毛大年前去星子县,及委迪功郎、星子县主簿李如晦前去

---

① 《宋会要辑稿》食货六八之六〇。
② 《宋会要辑稿》食货六八之六一、食货五七之二一。
③ 《文献通考》卷二六《国用考四·赈恤》,考255页。
④ 《救荒活民书》拾遗。又见《宋会要辑稿》食货六八之八〇。

都昌县，及委从政郎、司法参军陈祖永前去建昌县，同逐县知县躬亲诣旱伤田段地头，逐一对帐检视。续据所委官具到已检放过人户灾伤田段，共放过米三万七千四百五十硕一斗二升三合一勺申军。本军今照星子、都昌、建昌三县淳熙七年分管催人户苗米四万六千五百一十九硕六斗五升四合五勺四抄七撮，数内除豁所委官检放过米共三万七千四百五十硕一斗二升三合一勺，统均计放八分以上外，实催米九千六十九硕五斗三升一合四勺四抄七撮。本军已具奏闻，乞存留上件米支遣官兵外，今开具诸县检放实催米数下项，合具状供申行在尚书仓部及申转运司使衙照会

星子县管催米六千五百三十石七斗三升二合六勺，已委司户毛迪功同知县王文林下乡检视。

检放米五千三百六十八石七斗二合一勺，检放计八分一厘二毫。

先放五斗以下四百石三升二合七勺，所委官检踏放四千九百六十八石六斗九合四勺。

实催米一千一百六十二石六斗六升五勺。

都昌县管催米一万九千七百七十五石五升一合四勺八抄七撮，已委星子县主簿李迪功同权县孙迪功下乡检视。

检放米一万六千八十四石二斗七升一合，放八分一厘三毫四系，先放五斗以下一千八百六十四石八斗七升七合。

所委官检踏放一万四千二百一十九石三斗九升四合，实催米三千六百九十石七斗八升四勺八抄七撮。

建昌县管催米二万二百一十三石八斗七升四勺六抄，已委司法陈从政同知县林宣教下乡检视。

检放米一万五千九百九十七石七斗八升，放七分九厘一毫五系，先放五斗以下米五百四十一石六斗七升

所委官检踏放一万五千四百五十六石一斗一升。

实催米四千二百一十六石九升四勺四抄。①

---

① 《朱文公文集》别集卷一〇，第1949—1950页。

张方平奏云："且民田二税,水旱检放,自有常制。"①"河东路安抚使吕惠卿言:'本路太原、汾等一十四州军正税之外,别有和籴之名而未尝用钱,又不得与灾伤检放倚阁及不随敕恩蠲免。'"②董煟曰:"水旱检放止免田租而已。"③但实际上可能并不如此。五代时,"明宗能蠲二百万缗,潞王能蠲三百万石"已被时人誉为:"岂非衰乱之时,盛德之事哉。"④庆历四年(1044)六月,辅臣答仁宗手诏所问,说道:"水旱无备,税赋不登,减放之数,动逾百万。"⑤宋神宗时,"前河北转运判官吕大忠言,天下二税,有司检放灾伤,每岁侥幸而免者,无虑三二百万"⑥,每年侥幸而免租税已达三二百万,确实因受灾而免的租税数目从概率估计大致不应少于侥幸获免的数目。这是目前仅见到能反映北宋全国范围检放的数据。

南宋孝宗淳熙七年(1180)九月癸亥,"二浙、江东西、湖北、淮西伤旱,检放并赈济计之合二百万缗斛"⑦。淳熙八年(1181)六月戊午,户部言:"去岁两浙、江东西、湖北、淮西旱伤,共检放上供米一百三十七万九千余石,随苗经总头子勘合等钱,计二十六万六千余贯,诏并与蠲放。"⑧淳熙十一年(1084),"诸路州军检放旱伤米数近六十万石"⑨。宁宗时,真德秀上书说潭州"今诸县申到检放旱田,凡三百一十六万九千三百余亩"⑩。

理宗时孙梦观出守于宣州,"尝考五年版籍,额二十五万余石,除灾伤检放、运司寄纳、诸县截留、远年逃阁人户拖欠之数,所入多则十万余石,少则六七万石,若并以斛面而谕之,农寺、总制所以苦不足而截上供,以充府用者,止万余石。官兵请给,宗子孤遗归养济囚粮,杂支乃至六万余石,移东补西,委难支吾。宣为藩府,犹且若此,其他小垒,抑又可知"⑪。"本

---

① 《续资治通鉴长编》卷二七七"熙宁九年九月辛巳"条,第6790页。
② 《续资治通鉴长编》卷三六四"元祐元年春正月丁巳"条,第8731页。
③ 《救荒活民书》卷一"建炎二年七月十九日"条。
④ 《文献通考》卷三《田赋考三·历代田赋之制》,考52页。
⑤ 《续资治通鉴长编》卷一五〇"庆历四年六月辛卯"条,第3622页。
⑥ 《续资治通鉴长编》卷三一四"元丰四年秋七月壬辰"条,第7603页。
⑦ 《宋史全文》卷二六下。
⑧ 《宋史全文》卷二七上。又:关于检放范围,《宋史》卷三五称"诸路旱伤",第675页。
⑨ 《宋史》卷一七四"食货上二方田赋税",第4219页。
⑩ 真德秀:《西山先生真文忠公文集》卷一〇《申尚书省乞拨和籴米及回籴马谷状》。
⑪ 孙梦观:《雪窗集》卷一《癸丑轮对第二札(论州县财计)》。

州今年秋旱，同谷县人户所诉二万五千余灾，其所检校放者一万三千余，栗亭县诉一万三千余灾，而检放者八千五百余。"①

四、检放过程中不实现象的表征及其纠治

宋孝宗曾一针见血地指出："检放之弊，惟在于后时而失实。"② 所谓"后时而失实"之弊的第一个表现，即官府以种种借口不检查民户诉灾后在田间留下的根槎，使民户失去放税的根据："又旱田收割日久，检踏后时，致有无根查者，乃是州郡差官迟缓之罪，而检官反谓人户违法，不为检定。其有检定申到者，州郡亦不为蠲放，就中下户所放不多，尤被其害。访闻本路州县亦有似此去处"③"（朱）熹询访见得本府诸县检放，委有不实去处，但今田土多是已种二麦，及为饥民采取凫茈，锄掘殆遍，无复禾稻根查，可见荒熟分数"④，"近来官吏不曾考究令文，但据传闻，云诉旱至八月三十日断限，遂至九月方检旱田，则非惟田中无稼之可观，至于根查亦不复可得而见矣。于是将旱损早田，一切不复检踏蠲放，穷民受苦，无所告诉，而其狡猾有钱赂吏者，则乘此暗昧以熟为荒，瞒官作弊，皆不可得而稽考，去岁本路诸州大率皆然"⑤。"契勘今岁旱伤，委官下乡检踏成熟田段，外有旱田人户，一面犁翻种麦，量留根查，听候别有官前来检收，切虑游手胁持之人，见人户旱田已经犁翻耕种，妄作乡村虚声首熟，欺诈乞觅，使善良人户不敢犁翻，以至种麦失时，不能安业，今仰人户知悉，若实有旱田，即依条量留根查，以备检放，一面犁翻种麦，免致失时，如有似此胁持妄称陈诉欺诈之人，仰被扰人户经官陈理，切待追取送狱，根勘断罪施行"⑥。"乞即差官检踏旱伤，抄劄户口，检放虽曰有定时，往往率意迟缓，民不能待耕荒以布麦，所差官不见腐苗朽穗，不敢多申分数，所谓检放者，止得蠲少秋赋，而

---

① 晁说之：《景迂生集》卷一五《与宋运使书》。
② 《朱子语类》卷一二七，第3060页。
③ 《朱文公文集》卷一三《延和奏札三》，第192页。
④ 《朱文公文集》卷二一《乞赈粜赈济合行五事状》，第322页。
⑤ 《朱文公文集》卷一七《奏救荒画一事件状》，第255页。
⑥ 《朱文公文集》别集卷九《约束游手不许胁持良民》，第1946页。

夏税科赋凡十余色之费，固无所从出，况又秋赋蠲放不实，民力必至大困。"①

所谓"后时而失实"之弊的第二个表现，即地方官府讳言灾伤，不按受灾程度的实际分数放免租税。太宗时，"开封府以岁旱蠲十七县民租，时有飞语闻，上（宋真宗）言按田官司欲收民情，所蠲放皆不实。太宗不悦，御史台探帝意，请遣使覆实，乃诏东西诸州选官阅视，亳州当按太康、咸平二县，州遣钦若行，钦若覆按甚详，抗疏言：'田实旱，开封止放七分，今乞全放。'既而他州所遣官，并言诸县放税过多，悉追收所放税物，人皆为钦若危之。逾年而上（真宗）即位，于是擢用钦若，因以其事语辅臣曰：'当此时，朕亦自惧，钦若小官独敢为百姓伸理，此大臣节也。'"② 在当时像王钦若这样敢于据实据理力争者，毕竟是少数人，大多数的官吏都是希望朝廷多收财税之意，或看顶头上司的眼色而行事，于此亦可看出，从宋初开始，检田不实就是一个普遍存在的社会现象。

哲宗元祐元年（1086）十一月，左司谏王岩叟言："灾伤放税，多是监司以聚敛为急，威胁州县，州县又承望风旨，不复体念朝廷以灾伤的实分数除放。若放及七分者，灾伤已是十分……"③ 元符二年（1099）七月，右正言邹浩奏称："近年官吏，讳言百姓灾伤等事，习成风俗。故虽朝廷遣使出外，亦多不以实闻。"④ 苏轼在元祐五年（1090）七月上《奏浙西灾伤第一状》所说的："臣近者每观邸报，诸路监司，多是于三四月间，先奏雨水匀调，苗稼丰茂，及至灾伤，须待饿殍流亡，然后奏知。此有司之常态，古今之通患也。"⑤

徽宗建中靖国元年（1101）八月二十一日，臣僚言："……府界近京各有被旱蝗去处，及江、淮、两浙、福建路亦有旱灾去处，其监司、郡守或不以闻，或虽闻而不敢尽以实告。州县承望转运司意旨，不肯依法受接人户

---

① 王柏：《鲁斋王文宪公文集》卷一五《述民志》。
② 《续资治通鉴长编》卷四二"至道三年十一月丙寅"条，第888页。
③ 《续资治通鉴长编》卷三九二元祐元年十一月壬午条，第9543页。
④ 《续资治通鉴长编》卷五一二"元符二年七月庚戌"条，第12189页。
⑤ 《苏轼文集》卷三一，中华书局1986年版，第886页。

诉状。"①

高宗绍兴四年（1134）十一月，"又虑检放不实，乞下宪司，委官核实，如所委官隐蔽，许监司互察。……中书舍人王居正言：陛下仁恤百姓之心，形于诏旨，行于赦令，四方守令，固未必能上体圣意，使实惠及人。今州县一有开阁逃田及检放灾伤去处，则监司便指以为官吏作弊，欲寘之于法"②。

孝宗时朱熹曾言："然而州郡多是吝惜财计，不以爱民为念，故所差官承望风指，已是不敢从实检定分数，及至申到帐状，州郡又加裁减，不肯依数分明除放。"③ "逐官自当从实检视、减放，却乃观望本州守臣意指，不以恤民为念，不曾逐一亲诣田头检视，辄敢欺罔灭裂，将七八分以上灾伤作一厘一毫八丝六忽检放，是致被灾人户困于输纳追呼，监系决罚之苦，流移四出。而贫下之民无从得食，岁前寒雨，死亡甚众，有伤圣朝子育黎元、救恤灾患之意。"④

朱熹所弹奏的李峄，在当时应是不留意荒政官员中的一个典型代表："大水之后，知州事、朝散郎李峄专务掩蔽，不以实闻。及转运司访闻，差官验问，既得其实，反为李峄执称无水。而其亲戚方在政路，曲为主张，遂再下提刑司体究，欲以遂其奸诈。幸所差官不肯曲从，方欲具以实闻，又为李峄生事把持，至今未竟。及既遭旱，峄又妄申诸司，称民不阙食，未至流移。后来甚不得已，然后差官检视。所差之官，受其风旨，早田之旱，例不为检，晚田又不尽实。如常山一县，被灾最甚，通计无虑七八分，而峄乃只作一分六厘减放，至开化县，被灾不减常山，而其所放则又仅及一厘一毫而已。"⑤

董煟说："今之守令专办财赋，贪丰熟之美名，讳闻荒歉之事，不受灾伤之状，责令里正伏熟。里正者亦虑委官经过所费不一，故妄行供认，以免目前陪费，不虑他日流离饿莩劫夺之祸，良可叹也。" "淳熙元年，孝宗御札

---

① 《宋会要辑稿》食货五九之六。
② 《建炎以来系年要录》卷八二"绍兴四年十一月辛未"条，第1356页。《宋会要辑稿》食货一之七。
③ 《朱文公文集》卷一三《延和奏札三》，第192页。
④ 《朱文公文集》卷一七《奏张大声孙孜检放旱伤不实状》，第248页。
⑤ 《朱文公文集》卷一七《奏衢州守臣李峄不留意荒政状》，第247页。

委帅臣、监司，令从实检放，不得信凭保正伏熟。时宪司揭榜许人户经本州陈状，别差官检放，时已十一月矣。及帐目到户部，户部以令文八月终止，出限者不合受理，皆不为除放，而人户恃宪司榜示，不肯输纳，鞭挞过多，反为民害。"①

真德秀说："近岁州县长官多以趣办财赋为能，鲜以保全民命为急。下吏承风，辄怀观望，且如去岁宣城、南陵、芜湖、繁昌、贵池、铜陵、青阳等县，皆被水灾，检放之时，多不及数目。自臣到任，来诉者多，事已后时，无从核实，而参之众言，宣城尤甚，故前者辄上倚阁残零之请。"②

对于检放过程存在的不实弊端，应当说宋廷还是比较重视的，也采取一些有力措施。首先，从制度上采取监督机制，由提点刑狱司等机构监督州县乃至转运使司的检放程序。宋哲宗朝范祖禹曾说："转运司主财，不欲多费，故祖宗以来，赈济委提刑司，盖恐转运惜物也。"③熙宁十年（1077）五月十八日，开封府界提点司言，诸县夏旱灾伤，乞令检覆官同令、佐体量的寔灾伤分数，保明蠲放。从之④。哲宗元祐元年（1086）三月，诏："府界并诸路提点刑狱司，体访州县灾伤，即不限放税分数及有无披诉，以义仓及常平米斛速行赈济，无致流移。"⑤四月四日，三省言："开封府、诸路灾伤，转运、提点刑狱官并据本路灾伤州县分定，亲诣检校，从之。"⑥宋徽宗崇宁二年（1103）十月十四日，"诏两浙杭、越、温、婺、登州秋苗不登，人户失于披诉，运司惮于阁放……细民不易，其官司并不申奏，显是提举、转运司不职，令本路提刑司体量闻奏"⑦。高宗绍兴十八年（1148）十一月二十七日，户部言得悉江浙、淮南灾伤，欲行检视并放免租税，州县检覆完毕"申所属监司检察，即有不当，监司选差邻州官覆检，失检察者，提点刑狱司觉察取勘，具案以闻"⑧。乾道七年（1171）九月，"臣僚言：诸路旱伤，请以检放

---

① 《救荒活民书》卷二《检旱》。
② 真德秀：《西山先生真文忠公文集》卷六《奏乞蠲阁夏税秋苗六月一日上》。
③ 《宋朝诸臣奏议》卷一〇六，范祖禹《上哲宗封还臣僚论浙西赈济事》，第1146页。
④ 《宋会要辑稿》食货七〇之一七〇。
⑤ 《宋会要辑稿》食货六八之四二。
⑥ 《宋会要辑稿》食货一之四。
⑦ 《宋会要辑稿》食货七〇之一七八。
⑧ 《宋会要辑稿》食货一之九。

展阁责之运司,籴给借贷责之常平,觉察妄滥责之提刑,体量措置责之安抚。"①

其次,处罚检放不实的官员。北宋前期,因蠲免租税由三司确定,因而对官员检放不实的监督和处罚可能是比较认真执行的。"仁宗每见天下有奏灾伤州郡,必加存恤。嘉祐中,河北蝗涝,时霸州文水县不依编敕告示灾伤,百姓状诉及本州不以时差官检视,转运以为言,上(仁宗)曰:朝廷之政寄于郡县,郡县之政寄于守令,守宰之官最为亲民,民无灾伤尚当存恤,况有灾伤而不为管理,岂有心于恤民乎,主簿赵师锡罚铜九斤,司户晁舜之、录事参军周约、判官冯泌,各罚铜八斤,通判王嘉锡罚铜七斤,知县雷守臣冲替。上谓左右曰:所以必行罚者,欲使天下官吏知朝廷恤民之意"。董煟对此评论说:"祖宗之时,州县灾伤不时差官检踏,虽主簿、司户至微之官姓名亦彻于上,至劳圣断责罚,可见下情无壅,圣主留意饥民如是也。"② 又如王巩所载的一条逸闻:"柳庭俊作官江西,被差检放旱,以漕司喻意,不敢以实闻。一日,宿于高明使者观,梦伟丈夫转簿示之曰:'柳庭俊放税不实,使上泽不得流行,杖一百。'惊悟,战汗浃体。"③

至北宋中后期,转运使司负责放税,很多检放不实多出自转运使,故对州县官的监督和处罚就不能与北宋前期比。洪迈说:"比年以来,但有因赈济虚数而冒赏者,至于蠲租失实,于民不便者,未尝小惩。"但北宋末期对地方官员检放不实的处置,却受到洪迈的称赞:"宣和之世,执政不能尽贤,而其所施行,盖有慰人意。京西运判李祐奏,房州民数百人,陈言灾伤,知州李悝取其为首者,杖而徇之城市,以戒妄诉,用此其州蠲税不及一厘。诏李悝除名,签书官皆勒停。祐又奏:唐、邓州蠲灾赈乏,悉如法令,均、房州不尽减税,致有盗贼。诏均、房州守令悉罢。唐、邓守、贰各增一官秩。百姓见忧出于徽宗圣意,而大臣能将顺也。"④ 南宋后期亦较重视对官吏检放的督察,宋宁宗嘉定四年(1211)闰二月,"诏诸路帅臣、监司、守令格

---

① 《宋史》卷一七八《食货上振恤》,第4341—4342页。
② 董煟:《救荒活民书》卷一"仁宗每见天下有奏灾伤州郡必加存恤"条按语。
③ 王巩:《随手杂录》,《全宋笔记》第二编六,大象出版社2006年版,第66页。
④ 洪迈:《容斋三笔》卷一四《检放灾伤》。

朝廷赈恤之令及盗发不即捕者，重罪之"①。宋理宗绍定四年（1231）二月壬戌，"臣僚奏，乞申饬诸路州县，自今遇诉灾伤，邑委佐官，州委幕职，于秋成以前务核的实，蠲减田租，仍以分数揭之通衢，如或稽慢，守、令镌斥，漕臣觉察不严，一体议罚。从之"。绍定五年（1232）闰九月癸丑，"诏诸路监司体量旱歉州县，依条检放，察守令之贪、廉、仁、暴以闻"②。

其三，加强法律规定，逐渐细化。"及检放毕，申所属监司检察，即监放有不当，监司选差邻州官覆检（若非亲检次第照依州委官法）。失检察者，提举刑狱司觉察究。以上被差官不许辞避。"③"诸州县及被差检覆灾伤，于令有违者杖一百。检放官不躬亲遍诸田者，以违制论。诸诈称灾伤减免税租者，论回避诈匿，不论律，许人告。"④孝宗隆兴元年（1163），臣僚言："检放灾伤，守、令未尝加意，乞再展限一月。州县晓示，许人户从实陈诉，委县令同所差州官验视检放，知州觉察诸县，监司觉察诸州，如有不行觉察，御史台弹劾，从之。"⑤乾道六年（1170）六月二十七日，"户部尚书曾怀言：'乞委诸路漕臣，应灾伤去处，仰民户依条式于限内陈状，仍录白本户砧基、田产数目四至投连状前，委自县官将砧基点对坐落乡村、四至亩步，差官核实检放。如辄敢妄移丰熟乡分在灾伤地分，侥幸减免，许人陈告，依条断罪。仍将妄诉田亩并拘没入官，以一半给告人充赏。或有丰熟去处，收割禾稻了当，却开掘围岸放水入田，瞒昧官司之人，亦乞依此施行。若州县奉行灭裂，从漕臣按治，重置典宪。'诏依诸路遇有灾伤，令监司、守令依此施行"⑥。后来朱熹即依此道诏令规范南康军旱伤的检视⑦。

其四，针对转运司和州县官员滥用职权的行为，宋朝特别是南宋三令五申允许灾民越级申诉，如宣和六年（1124）三月，徽宗诏："……今后人户经所属诉灾伤，而检放不实，州郡监司不为伸理，许赴本路廉访所及尚书

---

① 《宋史》卷三九，第756页。
② 《宋史全文》卷三二。
③ 董煟：《救荒活民书》卷二《淳熙令》。
④ 董煟：《救荒活民书》卷二《淳熙敕》。
⑤ 《宋史全文》卷二十四上"隆兴元年八月戊寅"条。
⑥ 《宋会要辑稿》食货一之一二至一三。
⑦ 《朱文公文集》别集卷六《检坐乾道指挥检视旱伤》，第1943页。

省、御史台越诉。"① 绍兴十八年（1148）十二月，高宗谕辅臣曰："灾伤去处，已降指挥检放税苗，可申严行下：'逐路当职官须管依实检放。'如有不尽，许人户经尚书省越诉。"② 绍兴二十五年（1155）十一月十九日赦文称："勘会两浙、江东、淮（南）路间有因风水伤损田苗去处，除节次已降指挥存恤赈粜外，委逐路漕司行下。州县不体至意，检放失实；或漕司不为除豁，致人户虚受苗税，如有似此违戾去处，仰提刑司觉察按劾，仍许人户越诉。"③ 孝宗隆兴元年（1163）八月，臣僚言："州县检放灾伤，奉行不虔，守令未尝加意……应今年经水旱、蝗螟灾伤去处，许人户从实经县陈理，不拘早晚收接。委县令躬亲同所差州官前去地头检视，著实分数，依条检放。仍委知州专一觉察诸县，监司觉察诸州，如有奉行违戾，并委监司郡守将所委官按劾，人吏编配施行。如监司、郡守不行觉察，并许人户越诉，御史台弹劾以闻。"④

其五，简省检覆程序。咸平五年（1001），宋真宗"赐深、霸等九州民租有差，水故也"。是年七月，"诏水灾州军伺候检覆，虑有劳扰，宜令转运使体量，即与蠲放，仍遣使赍诏驰往"⑤。"以检覆扰民，俟奏稽缓，但量其所伤而优复之。"⑥ 仁宗嘉祐元年（1056），"诏京东西、荆湖北路转运使、提点刑狱公事，分行赈贷水灾州军，若漂荡庐舍，听于寺院及官屋寓止，仍遣官体量放今年税，其已倚阁者，勿复检覆"⑦。嘉祐五年（1060），"诏梓州路，今春饥，夏秋闵雨，其人户诉灾伤者，令转运使速遣官体量，蠲其赋租，仍勿检覆"⑧。神宗元丰八年（1085），"知河南府韩绛言：'山陵役兵病死，方盛暑之际，臣权宜与免检覆。'然辄违诏条，自劾以闻。工部言：'人

---

① 《宋会要辑稿》食货一之六。
② 《宋会要辑稿》食货一之九至一〇。
③ 《宋会要辑稿》食货一之一〇。
④ 《宋会要辑稿》食货一之一一。详见陈明光《唐宋田赋的"损免"与"灾伤检放"论稿》，《中国史研究》2003年第2期。
⑤ 《续资治通鉴长编》卷五二"咸平五年七月庚子"条，第1142页。
⑥ 《续资治通鉴长编》卷五一"咸平五年四月丙戌"条，第1126页。
⑦ 《续资治通鉴长编》卷一八三"嘉祐元年秋七月乙酉"条，第4423页。
⑧ 《续资治通鉴长编》卷一九二"嘉祐五年九月戊戌"条，第4645页。《宋会要辑稿》食货七〇之一六七。

命所系，恐致欺蔽。诏特依绛所奏，仍放罪。'"① 哲宗元祐元年（1086），"三省言：'府界诸路久旱，夏苗灾伤人户披诉，访闻州、县多不为收接，使被灾之民重困。'欲令户部指挥府界、诸路监司，分诣辖下州县有灾伤处，体量被灾人户，不问限内外、曾与不曾披诉，实灾伤合放分数，更不检覆，便行除放讫奏。从之"②。"诏府界、诸路监司分诣辖下诸州县，体量被灾人户合放分数，更不检覆，便行除放讫闻奏。"③ 又元祐元年（1086），"又诏淮南灾伤，令转运提刑狱官诸州县体量，不俟检覆披诉，苗税直蠲之"④。（淳熙）十一年（1184）"户部奏：诸路州军检放旱伤米数，近六十万石。上谕王淮曰：'若尽令核实，恐他年郡县怀疑，不复检放。惟宁国数最多，可令漕司核实而蠲之。'"⑤

其六，亡羊补牢，未为晚矣。熙宁六年（1073）十一月，德音："应诸路灾伤民户，本名税物失诉违省限，不该检放者，监司体量检放。其阙食之民，安抚、提举司优加振救，无致流移。"⑥ 元丰五年（1082），"诏京东路转运司，闻徐、沂二州去年已灾伤，失于检放；今夏旱灾，本司亦未容百姓陈诉，分析以闻。"⑦ 乾道九年（1073），臣僚言："访闻今岁旱伤，非特浙东被害，如江西诸州例皆阙雨，禾稻不收，而赣、吉二州尤甚。江东之太平、广德，淮西之无为军、和州，多是先被水患，继之以旱，自今民以艰食其间，州郡或有讳言境内灾伤，不即申陈，致失检放条限，或有虽曾申闻措置赈济事件，朝廷未与行下切缘救荒之政，譬如拯溺救焚，势不可缓，今欲从朝廷专委逐路提举官自行巡历灾伤去处，如委系失收，不曾检放，或减放不实者，仰将今年苗米依合减分数，权行倚阁，令候来年秋熟带纳，其有和籴米斛抛降，马料及诸色科买并权与住罢一年。应合赈粜、赈济去处，许提举官将一路见管常平、义仓米通融拨借，应副其有诸州已条画到措置赈济事件，

---

① 《续资治通鉴长编》卷三五七"元丰八年六月丙戌"条，第8548页。
② 《续资治通鉴长编》卷三七四"元祐元年夏四月辛卯"条，第9066页。
③ 《宋会要辑稿》食货七〇之一七五。
④ 《续资治通鉴长编》卷三七七"元祐元年五月戊午"条，第9149页。
⑤ 《宋史》卷一七四《食货上二》，第4219页。
⑥ 《续资治通鉴长编》卷二四八"熙宁六年十一月癸丑"条，第6045页。
⑦ 《续资治通鉴长编》卷三二六"元丰五年五月癸巳"条，第7849页。

朝廷速降指挥，庶几官吏便可奉行，百姓早被实惠。诏从之。"①

虽然，如上所述宋廷三令五申督察和戒律地方官员认真检放，但是对这些措施细究起来，就会发现，大致属于两个层面，一是制度上的监督和戒律，一是属于补救性质的，依靠这些措施来医治检田不实显然是很不够的，因为制度上的监督和戒律主要是靠人执行，当负责检覆的官员与督缴税收的官员同出于州县——转运系统，这时制度上的监督和戒律能起多大的作用，是可以想象的。而简省检覆程序和亡羊补牢式的措施，毕竟只是一时性的，事实上这些措施的实施也是屈指可数的。因此这些措施对于造成检田不实的根源并没有触及。检田不实的根源在于宋廷对于财税的巨大追逐。众所周知，租税在以农业立国的古代既是国家财政的主要来源，也是统治阶级维护和稳定社会秩序的基础，所以在放免与攫取租税之间，宋朝从地方到中央都不能不更看重对租税的攫取，正如马端临引致堂胡氏所议论的："胥吏利于督租，固小人常情也。长民者，士大夫也，不恤百姓，而以胥吏所利者，为生财之术，无穷之源，则于胥吏何责焉。前代著令曰：凡言放税者，不得过四分。每有水旱许诉灾伤，或下赦令尽蠲之，而有司征督如故，农氓不谕，乃有'黄纸放，白纸催'之谣。盖不知令甲之文也，是则赦令行一时之恩，以收人心，令甲著永久之制，恐失财赋，阴行虐政，阳行惠泽，岂先王之用心哉。三司吏不肯释除逋负，非独其利在焉，亦以在上之意，吝于与而严于取也。此百姓膏肓之病也。"② 这段议论深刻地揭示了一时放免租税的恩赦之令与恐失财赋的永久之制之间所存在的不同利害关系，以及不可跨越的巨大鸿沟。这就是地方官员检放不实现象层出不穷的根本原因所在。另外，诚如学者所论，检放不实还与检放程序过于繁琐，于民于官都有力不从心之处；灾伤检放与地方官员考课制度之间存在一定的矛盾；地方财政利益与灾免放税的矛盾等原因密切相关③。

---

① 《宋史全文》卷二五下"乾道九年十一月辛亥"条。
② 《文献通考》卷三《田赋考三·历代田赋之制》，考52页。
③ 详见陈明光《唐宋田赋的"损免"与"灾伤检放"论稿》，《中国史研究》2003年第2期。

附：蠲免和倚阁灾伤租税表

年代	蠲免、倚阁史实	资料出处
乾德四年（966）	华州言旱，诏令无出今年租。	《宋会要》食货七〇之一五五。
乾德五年（967）	七月，诏夏秋以来，水旱作沴，言念民庶，恐致流离。委诸道州府长吏，预告人民，有灾伤处，并放今年租赋。	《宋会要》食货七〇之一五五。
乾德六年（968）	六月，诏曰："暑雨滂沱，堤防（泛）决，行潦所至，多稼用伤。忧民方轸于焦劳，常赋宜行于蠲免。应诸道州县民田有经霖雨及河水损败者，今年夏租及缘纳物，并予放免。"	《宋会要》食货七〇之一五五。
开宝七年（974）	十一月，放蒲、晋、陕、绛、同、解六州所欠租税，关西诸州特蠲其半，以灾伤故也。	《宋会要》食货七〇之一五五。
太平兴国二年（977）	二月，诏以河决郑州荥泽县、孟州温县，而民被水灾，并蠲其税。	《宋会要》食货七〇之一五五。
太平兴国八年（983）	七月，诏开封府管内酸枣、阳武、封丘、长垣等四县民田为黄河水所害，及开封、浚仪、中牟、尉氏、襄邑、雍丘等六县民田为蔡河、广济、白沟河溢及水涝所损者，并蠲其税。	《宋会要》食货七〇之一五六。
淳化元年（990）	十月，诏：乾州、郑州旱，损夏苗，遣官覆检，皆称及时改种。合依常例收租赋者，乾州三千三百九十一顷，郑州三千六百九十顷。除旱损全放外，其合纳今夏正税并缘纳，乾州十分中特减五分。见催者，许以秋米豆折纳。 十一月，诏大名府管内夏苗六百八十顷旱损，并权放今年夏税，内百三十顷各已耕种，合输纳者，特于十分中放三（分）。	《宋会要》食货七〇之一五七。

续表

年代	蠲免、倚阁史实	资料出处
淳化三(二)年(991)	七月，大名、河中府、绛、濮、陕、曹、济、同、淄、单、德、徐、晋、耀、磁（砖）汝、兖、虢、汾、郓、阶、亳、庆（陈）、许、齐、滨、沂、贝、卫、青、霸等州皆言岁旱无麦。诏遣使分路体量，凡三十八处，旱损苗五万二千八百三十七顷六十八亩，其合纳今年夏正税并缘料，并各除放。	《宋会要》食货七〇之一五七。
至道元年(995)	正月，诏："眷彼淮阳，民多艰食，虽继行于赈恤，而尚睹于流亡。言念本州，犹科残赋。冀苏疲瘵，宜示蠲除。其令郑州据民见欠零残秋税及缘科约（物）并蠲之。"	《宋会要》食货七〇之一五八。
至道二年(996)	十一月七月（日），京西转运使姚铉言："陈、许等九州并光化军民，经灾伤及死损牛具。今年夏税望与免放减。"帝（太宗）览奏，悯然曰："水潦作（沴），害民农亩，岂可吝兹赋税，以重困吾民也。"其后，夏税并缘科钱物并与减放。	《宋会要》食货七〇之一五八至一五九。
咸平元年(998)	六月，免开封府等二十五州军田租，旱故也。 七月二日，免畿内旱损户夏税之半。 十月，遣朝官一员赍诏蠲放两浙管内七州诉旱人户苗税。	《宋会要》食货七〇之一五九。
咸平二年(999)	正月，除江南升、洪等十五州军去年秋税，旱故也。 二月，度支判陈尧叟广南使还，言西路诸州旱。命国子博士彭文宝往权转运司事，量所损蠲其税赋。	《宋会要》食货七〇之一五九。
咸平四年(1001)	六月一日，诏："近畿数郡春雪损桑，令京朝官分往察视，蠲其正税及缘科等物，无令折纳丝帛。" 十七日，诏："东川民田先为江水所泛者，除其税。"	《宋会要》食货七〇之一五九至一六〇。
咸平五年(1002)	七月，诏水灾州军伺候检覆，虑有劳扰。宜令转运司体量，即予蠲放。仍遣使赍诏驱往。	《宋会要》食货七〇之一六〇。

续表

年代	蠲免、倚阁史实	资料出处
大中祥符二年（1009）	十一月，诏：徐州、淮阳军不诉水灾户，今年田租特放十之三。帝以是州军虽已蠲赋，尤虑民间失于民间（赈济），故申命焉。	《宋会要》食货七〇之一六一。
大中祥符四年（1011）	七月，诏滨、棣（棣）州水潦为患，比降赦命免其租十之三，今纳七分，可更蠲其半年。 十一月，免雄、霸、莫州、信安、乾宁、保定军今年夏税十之七，又免澶州沿河民田秋税，水潦故也。 十二月，诏建、秦州民为潮水害稼者，蠲其租税。	《宋会要》食货七〇之一六一。
大中祥符五年（1012）	正月六日，诏：蠲苏州民张训等租米二千斛，以吴江涨害田稼也。十四日，免苏州民苏照等税粮，以水灾也。二十一日，诏以霖潦害稼，开封府民所欠秋税并除之。 八月，诏：江、淮、两浙今来灾伤民户夏税及承前倚阁、赈贷、逋欠者，并除之。	《宋会要》食货七〇之一六一。
大中祥符九年（1016）	七月乙卯，分命内臣，开封府、河东、淮南路各三人，京东、京西、河北路各五人，与转运使、诸州通判、职官按视蝗伤苗稼以闻，仍许即时改种，悉除其租。 十月戊寅，诏京东、淮南蝗旱所伤田，据遣官按定合放数外，所纳税物三分以下者，并与倚阁，四分已上者，更放一分。	《长编》卷八七，第2000页；卷八八，第2023页。
天禧元年（1017）	春二月乙亥，三司言：河北昨买绢三十万匹，本路以蝗旱，减其三之一。戊寅，河东提点刑狱司言：晋、绛蝗旱，物价腾踊，百姓流移，望阁去秋残税。诏可。 四月辛未，王旦言：曹、济、徐、郓州、广济、淮阳军，每年船运上供斛斗三十七万石，去岁蝗旱，望免夏税一料支移。诏可。 七月辛酉，诏开封府、河北路，经蝗虫伤处，夏税特延限一月，孤贫者倚阁之。	《长编》卷八九，第2040、2041、2053页；卷九〇，第2074页。

续表

年代	蠲免、倚阁史实	资料出处
天圣五年（1027）	十一月丁酉朔，陕西体量安抚王沿等言京兆府旱蝗，乞减长安等四县秋税十之三，咸阳等九县十之二，从之。	《长编》卷一〇五，第2455页。
天圣九年（1031）	二月五日，河北西路提刑司言，邢、怀州连年灾伤，若令应副十分，春夫必难胜任，欲乞特赐，免放一半。从之。	《宋会要》食货六八之三八。
明道二年（1033）	七月庚辰，诏开封府界、京东西、河北、河东、陕西蝗，其除民田租，仍免差官检覆，亟令改之。 十二月甲辰，以京东饥，出内藏库绢二十万下三司，代本路上供之数。	《长编》卷一一二，第2622页；卷一一三，第2647页。
景祐元年（1034）	春正月甲申，以淮南岁饥，出内藏绢二十万下三司，代其岁输。	《长编》卷一一四，第2661页。
皇祐四年（1052）	三月丙辰，蠲江南东、西路民所贷种粮。初，上谓辅臣曰："顷江南岁饥，贷种粮数十万斛，且屡经倚阁，而转运司督索不已，如闻民贫不能尽偿，非遣使安抚，远方无由上达，其蠲之。"	《长编》卷一七二，第4139页。
嘉祐五年（1060）	九月戊戌，诏梓州路"今春饥，夏秋闵雨，其人户诉灾伤者，令转运司速遣官体量，蠲其赋租，仍勿检覆"。	《长编》卷一九二，第4645页。
熙宁四年（1071）	二月十三日，诏河北转运提刑司，体量贝、冀彻边少雨雪州军乏食饥歉人户，多方赈贷，存恤，其见欠残零税赋并权与倚阁。 五月壬子，诏闻恩、冀、郑、雄、沧州、永静、信安、保定、乾宁军自夏灾伤，其令转运副使王广廉、提点刑狱孔嗣宗分行体量，未经检放秋税，各以分数蠲除，仍发广惠仓粟赈济饥民。	《宋会要》食货六八之三九。《长编》卷二二三，第5437页。
熙宁八年（1075）	冬十月辛丑，诏庐、寿、濠、常、润、扬州、江宁府累经灾伤州军，见督民间所逋常平钱物，贫不能输者，如开封府界法，欠役钱者候岁丰催理。陕西、河东甚灾伤处准此。	《长编》卷二六九，第6600页。

续表

年代	蠲免、倚阁史实	资料出处
熙宁九年（1076）	二月五日，河北西路提刑司言："邢、怀连年灾伤，若令应副十分春夫，必难胜任，欲乞特免放一半。"从之。	《宋会要》食货六八之一一二。
元丰元年（1078）	正月二十三日，诏河北路权停折纳。为经水灾，粮草贵也。	《宋会要》食货六八之一一二。
元丰二年（1079）	三月一日，诏：两浙路灾重，民负户绝田产价钱者，展半年输官。	《宋会要》食货六八之一一三。
元丰三年（1080）	八月十七日，开封府言：畿县夏旱，甚者十分，其次不减七分，已节次检放。今秋农有望，而民力未充，其残欠租税，乞赐倚阁。从之。 九月二日，权知都水监丞公事苏液言：河北、京东两路缘河决，被患人户蒙朝廷忧恤赈济放税。河平，计钱谷等共七十二万七千二百七贯硕有畸，而灵津庙碑失载其实，乞以其事付史馆。从之。	《宋会要》食货六八之一一三。
元丰四年（1081）	二月二十九日，诏："闻阶、成、凤、岷州人户阙食流移，令逐路第四等以下人户借支常平粮斛，每户不得过两硕，仍免出息。如有去年未纳诸税并诸般欠负等，并权倚阁。其有住诸处逐熟带兴贩物，税钱一百以下，并经过河渡合纳官私渡钱处，并令验认免放。" 八月二日，诏蠲河北东路灾伤州军今年夏料役钱。	《宋会要》食货六八之一一三。
元丰七年（1084）	六月二十六日，知蔡州黄好谦言，所部水灾特甚，乞放税。诏尚书户部速施行。	《宋会要》食货六八之一一三。
元祐三年（1088）	十月二十四日，诏灾伤放免税及六分以下，其带纳欠员即随放税外分数催纳；七分以上，并行倚阁。	《宋会要》食货六八之一一四。
元祐四年（1089）	六月十八日，资政殿学士、知陈州胡宗愈言：本州霖雨相继，河流泛涨，今年夏税递展限一月。从之。	《宋会要》食货六八之一一四。

续表

年代	蠲免、倚阁史实	资料出处
绍圣二年（1095）	三月四日，诏河北东、西路并京东路淄、齐、郓、濮、济州灾伤人户，催去年秋料，残零税租，并行倚阁。四月五日泾原安抚司言，本路被灾人户，已令逐州军倚阁租税逋欠。从之，仍原擅行之罪。	《宋会要》食货六八之一一四。
绍圣三年（1096）	四月十一日，诏权倚阁陕西路今年诸逋负，以转运司言本路灾荒故也。	《宋会要》食货六八之一一四至一一五。
崇宁五年（1106）	四月十六日，诏蠲两浙水灾人户租税。	《宋会要》食货六八之一一六。
大观三年（1109）	十一月十二日，诏：东南诸路应今岁旱灾地分，人户放税及五分以上者，本户税租苗役条限满日，特与展限一季。支移者，仰转运司相度那融就近，折变者，量与宽减施行。 十二月十六日，诏：秦、凤、阶、成州灾伤人户税赋已权行倚阁，候至丰岁催理，疾速施行。	《宋会要》食货六八之一一六。
政和八年（1118）	八月四日，又诏：平江府第四等以下户合纳二税并借过围田常平钱物，权行倚阁。 十月二十日，江南东、西路廉访使者徐衡言：南康军并管下建昌县、及江州并管下德安、瑞昌县，兴国军，坊郭舍屋被水淹浸，漫没屋脊，人户各已般移。除系自己屋业外，其间赁官、私屋居住人户，尚依旧管认元认房郭地基等钱，欲下诸州军豁除彼淹月日，特与放免。从之。仍诏余依此计其寔日，即不得虚伪，通不得过一季。	《宋会要》食货六八之一一八。
宣和六年（1124）	七月九日，诏：两浙州县人户积欠常平及围田钱米，元降指挥展限三年起催，今已限满。访闻本路春夏水潦害民田，民至流徙，已令将赈粜官米拯济艰食。所有积欠及围田钱米，特更展限一年，候丰熟日，依条催理。	《宋会要》食货六八之一一九。
建炎二年（1128）	七月辛丑，诏：以春霾夏旱，飞蝗为沴，命监司、郡守条政事之未便于民者，其大水飞蝗最甚之地，令百姓自陈，量轻重捐其租焉。	《要录》卷一六，第340页。

续表

年代	蠲免、倚阁史实	资料出处
绍兴六年（1136）	三月二十五日，诏（成都、潼州府、夔州、利州路）如委系灾伤，失于检放，予权行倚阁一半，其灾伤至重去处，全行倚阁。并候将来秋成日，依已降指挥催理。	《宋会要》食货六三之六。
绍兴十五年（1145）	秋七月，是月，金国旱，飞蝗蔽日。诏蠲民租。	《要录》卷一五四，第2480页。
绍兴二十八年（1158）	十二月二十二日，诏（绍兴、平江府、湖州，被水灾伤田亩）于已放分数各予添放一分。二十六日，诏：访闻太平州今秋亦有被水灾伤田亩，可将第四等以下已经赈济人户今年以前积欠税赋，并予除放。	《宋会要》食货六三之一六。
绍兴二十九年（1159）	正月二十八日，有诏：诸路沙田、芦场已立定租课，缘去秋有风水损伤去处，其二十八年租课予减一半。 　　三月二十二日，诏曰：诸路人户积年逋欠，昨降冬祀赦文，已放免至二十五年终。朕念贫民下户艰于输纳，官司催理搔扰，有失惠养之意。可将二十六年、二十七年分第四等以下人户违欠夏秋岁（税）租、和买、丁产请色官物并予除放。州县官吏宜体朕意，不得依前巧作名目，暗行催理，如有违戾，许被催之家越诉，监司按劾以闻。当重真典宪，仍多出榜文，遍行晓谕。二十四日，诏常州、镇江府寔被水第四等以下人户，并湖州、平江府、绍兴府下户未经赈济之前已自流寓未曾除放之人，下转运司委官见诣寔，并依绍兴二十八年九月二十七日指挥施行。 　　九月十六日，诏：两浙、江东、西去岁水潦赈贷去处，在法合于今秋成熟之后具数还官，可特行蠲免。浙东、江东西近日以雨泽少愆，颇生螟螣，委监司、守郡体访，如寔有损稻去处，量行减放今年租税。	《宋会要》食货六三之一六至一七。
绍兴三十年（1160）	八月三日，诏：临安、於潜两县被水，居民漂溺，生生之具皆尽者二百六十六户，罹此横灾，深可悯恤，可予各免应户应干苗税科敷及丁身钱等，甚者与免四料，其次免三料，余免两科（料）。	《宋会要》食货六三之一八。

续表

年代	蠲免、倚阁史实	资料出处
绍兴三十一年（1161）	七月二十六日，知高邮军吕令问言：高邮县税户诉霖雨连绵，冲决堤岸，乞将人户残零积欠并今夏折帛当限税役、酒店官钱权行蠲免。从之。	《宋会要》食货六三之一八。
隆兴二年（1164）	二月十六日，诏：秀州去岁被水灾伤人户拖欠绍兴三十一年以前苗税，特予放免。	《宋会要》食货六三之二一。
乾道三年（1167）	闰七月二十六日，诏：蠲免临安府临安县五乡人户二百八十家夏、秋二税有差，以天目山洪水暴发，冲损居民故也。	《宋会要》食货六三之二七。
乾道五年（1169）	十月五日，诏：台州黄严、临海县被水冲损田产屋宇牛畜之家，乾道三年、四年、五年未纳税赋，特予蠲放，其私债，候至来年秋成理索。	《宋会要》食货六三之三〇。
乾道六年（1170）	闰五月二十四日，诏：江东转运司，将建康府、太平州寔被水县分第四、第五等人户，今年身丁钱，并予放免一年。	《宋会要》食货六三之三〇。
乾道八年（1172）	正月二十二日，知秀州丘崈言：华亭县云间、仙山、胥浦、白沙四乡民田以咸潮为害，官失苗米岁二万九千二百一十石，税绢五千三百七十五匹，乞赐蠲放。诏逐乡被浸乡田合纳苗税，特与放免三年。	《宋会要》食货六三之三一。
乾道九年（1173）	五月八日，诏：江东路饶州、南康军并系向来荒旱最重去处，所有见催人户乾道七年分残欠苗米，可并予尽数蠲放。十一日，诏：江西路江、筠州、隆兴府、临江、兴国军，并系向来荒旱最重去处，所有见催人户带纳乾道六年、七年分残欠苗米，可并予以尽数蠲放。其逐州军营田谷麦，乾道六年以前残欠，并乾道七年寔系旱伤未纳之数，即与苗米事体一同，可并予尽数蠲放。	《宋会要》食货六三之三三。
淳熙七年（1180）	九月癸亥，诏：印会子百万缗，均给江、浙，代纳旱伤州县月桩钱。是岁，二浙、江东西、湖北、淮西伤旱，检放并赈济计之合二百万缗斛。	《宋史全文》卷二六下。

续表

年代	蠲免、倚阁史实	资料出处
淳熙年间	淳熙令：课利场务经灾伤者，各随夏秋限，依所放分数，于租额除豁。	《救荒活民书》卷一。
绍熙四年（1193）	六月十九日，诏四川制置司、总领所各行下逐路旱伤州军，多方赈恤，毋令失所，如旱荒州军有未催税赋，及公私债负，与权行倚阁，候丰熟日带还，务要实惠及民，如有流移，其当职官吏重作施行。	《宋会要》食货六八之九四。
嘉定九年（1216）	春正月辛巳，罢诸路旱、蝗州县和籴及四川、关外科籴。	《续编两朝纲目备要》卷一五，第277页。

第十三章
宋代的临灾及灾后的救助措施

一、中央官府对受灾地区的安抚和救助

如果说以上皇帝诸项责任主要表现在政治理念的层面，务虚的成分大于实际操作的话，那么皇帝救荒的第四项责任"遣使发廪"则是皇帝实施的实实在在的救荒措施。遣使发廪在宋代大致有两种情况，一是由中央直接派出官员到受灾地区进行安抚和督责救荒；二是委托地方大员主要是监司代为安抚和督责救荒。前一种情况主要见于北宋时期，特别是北宋前期，常平仓、义仓制度还未建立完备，中央遣使发廪是中央官府救灾的主要形式。"安抚使，诸路灾伤或边境用师，皆特遣使安抚，事已，则罢。"[①] 宋真宗以后，虽然地方遭灾中央所遣使臣不一定以安抚使为名，但仍具有安抚的性质。这种临时差遣的"安抚使"一直持续到北宋后期，南宋时期似很少见于记载。后一种情况是随着转运使司在宋真宗以后作为地方长官职能的确立渐次开始的，到宋神宗时期监司成为中央督责州县救荒的主要代行机构，是故中央政府遣使发廪的职责便渐次由中央直接派员改为委托监司代行完成。到南宋时

---

① 《宋会要辑稿》职官四一。安抚使在宋代有两种含义，一是如本条材料所引是一种临时差遣，大致维持在北宋时期；一是宋真宗景德以后，在诸路设置安抚使，均以路分内首府、州的知府或知州充。掌抚一路绥良民，察治盗贼、奸宄，是为一路帅臣。南宋初总一路兵政，绍兴年以后安抚使已有名无实。参见李昌宪《宋代安抚使考》。

这一类"遣使发廪"便成为主要形式。"今但责监司、郡县推救荒之实政，则民受其惠，不然民方饥饿，官方窘匮。"① 为了便于了解中央政府遣使发廪的运行情况，依据相关文献制成如下二表。

宋代中央临时差遣使臣安抚灾区简表

年代	遣 使	资料出处
建隆元年（960）	正月，命使往诸州赈贷。 秋七月戊午，澶州蝗，遣使督官吏分捕。	《宋会要》食货六八之二八。《长编》卷一，第19页。
建隆二年（961）	三月，以金、商、延鼠食田苗，民饥，遣使赈之。	《宋会要》食货六八之二八。
建隆三年（962）	五月丙子，河北诸州旱，遣中使视之。又命司勋郎中何幼冲等六人，乘传检旱苗。	《长编》卷三，第67页。
建隆四年（乾德元年，963）	二月，命使臣往澶、滑、魏、卫、晋、绛、蒲、孟等州，发廪赈饥民。	《宋会要》食货六八之二八。
乾德二年（964）	二月，陕州言，民饥。遣给事中刘载往赈之。	《宋会要》食货六八之二八。
开宝五年（972）	夏四月丙午，以水灾遣左司员外郎侯陟等四人乘传分视民田。	《长编》卷一三，第283页。
开宝七年（974）	正月，诏通事舍人杜继儒赴扬、楚等州，开仓赈贷。	《宋会要》食货六八之二八。
太平兴国二年（977）	秋七月戊寅，遣左卫大将军李崇矩驰驿自陕至沧、棣，按视河势，视堤岸之缺，亟缮治之。民田被水灾者，悉蠲其租。	《长编》卷一八，第408页。
太平兴国八年（983）	九月丁丑，上（太宗）以河决未塞，遣枢密直学士张齐贤乘传诣白马津，用以太牢加璧以祭。	《长编》卷二四，第554页。

---

① 《救荒活民书》卷二《遣使》，第14页。

续表

年代	遣 使	资料出处
淳化五年 （994）	正月十六日，命直史馆陈尧叟、赵况、曾会、王纶等并内臣四人，往宋、亳、颖等州出粟，以贷饥民，并（每）州五千石及万石，仍更不理纳。	《宋会要》食货六八之三〇。
至道元年 （995）	二月六日，遣将作监丞荣宗范驰往漳、泉州、兴化军，赈贷贫民，以去年旱艰食故也。十七日，亳州、房州、光化军言岁饥，民乏食。诏遣使者分往，发仓粟贷之，人五斗。	《宋会要》食货六八之三〇。
咸平二年 （999）	三月，遣度支郎中裴庄、内殿崇班阁门祇候史睿、秘书丞李防、供奉官阁门祇候杜睿，分往河南、两浙诸州，发仓廪赈贷饥民。 七月，度支判官陈尧叟广南使还，言西路诸州旱，命国子博士彭文宝往权转运司事，赈饥民。 十月，以两浙、荆湖旱，命库部员外郎成肃、比部员外郎刘照、太常博士李通微、阁门祇候李成象，往体量赈恤。	《宋会要》食货六八之三〇、三一。
咸平三年 （1000）	八月，以京东州郡夏雨连绵，河防冲决，民避灾流徙，颇废农业，遣太子中舍张舒、阁门祇候张禧遍往逐州军县镇安抚，候到，同共体量。应经黄河水淹浸并避水权徙他处者，所在长吏倍加安抚，不得搔扰。及令逐州军具析水全坏田产及只浸田苗者人户数，无致虚破省税，不经水灾人户，亦仰州县安抚，不得接便差扰。	《宋会要》职官四一之八一。
咸平四年 （1001）	闰十二月，命左司谏、知制诰梁颢，供备库副使潘惟吉往河北东路；礼部郎中、知制诰薛映，西京左藏库使李汉赟往河北路，发仓廪赈饥民。帝（真宗）召宰臣以河北诸州物价示之，其中陈豆、红粟斗不下百钱，又出麻滓、蓬实，曰：民已食此矣，速当拯济，故命颢等焉。	《宋会要》食货六八之三一。
咸平五年 （1002）	二月，遣中使诣雄、霸、莫、深、沧州、乾宁，为粥以赈饥民。	《宋会要》食货六八之三一。

续表

年代	遣　使	资料出处
咸平六年（1003）	二月，遣朝臣使臣分往京东、西，淮南水灾州军，赈恤贫民，疏理冤狱。	《宋会要》食货六八之三一。
景德元年（1004）	二月，陈、蔡、沂、密等州言民饥。命太常丞梁象、秘书丞李逷乘传发粟以赈之。	《宋会要》食货六八之三一。
景德二年（1005）	二月甲申，江浙荆湖旱，遣使乘传，祠其境内山川。 二月十日，命太常丞艾仲孺乘傅诣澶州，以陈粟四万石分赈饥民。	《长编》卷五九，第1316页。《宋会要》食货六八之三二。
景德三年（1006）	正月六日，遣著作佐郎刘昱往开封府诸县，与令、佐等于近便出粟米赈救灾伤之民，家给两硕，仍贷与种粮。十四日，又遣太常博士王汝励、殿中丞李道、太子中允严登、耿诜、著作佐郎张士逊、陈从易等，驰传分往尉氏、陈留、襄邑、雍丘、太康、咸平等县，发廪赈贫民，及贷种粮。十七日，令京西转运司出仓粟米赋贫民，仍命著作佐郎周仪驰传诣汝州赈贷。十八日，诏京西转运司体量辖下州军，民有不能自结者，时分遣职官径往逐处，出廪粟赈贷。二十五日，遣殿中丞王穆、太子中允朱友直、太子洗马卢昭华，分往封丘、酸枣、长垣等县，发廪贷贫民，仍给种粮。二十六日，诏京东转运司：应齐、淄、青、潍、登、莱等州人户有阙食者，依近降敕命，于封桩仓分支遣赈贷，不得差民转般。如近西州军，即委三司自京津置往彼支遣。屯田郎中杨覃驰往河北，与转运使体量澶、滨、（棣）德、博等州民，如有阙食处，即出廪粟赈贷。	《宋会要》食货六八之三二、三三。
大中祥符二年（1009）	九月甲子，初，汴水涨溢自京至郑州浸道路。诏选使臣知水者乘传减汴口水势，图上利害。既而水势斗减，阻滞漕运，复遣使浚汴口。	《长编》卷七二，第1633页。

续表

年代	遣　使	资料出处
大中祥符三年（1010）	八月，帝将祀汾阴，属江淮不稔，令诸路各带安抚使。乃命知升州张咏兼江南东路安抚使，本州驻泊；都监李重睿、阁门祗候蔚信并为都监；知洪州王济兼江南西路，文思使蕲怀德、洪州都监张英并为都监；知扬州凌策兼淮南东路，文思使杨继卿、阁门祗候程君济并为都监；知庐州高绅兼淮南西路，东染院使刘汉凝、阁门祗候耿缓并为都监。仍出手扎谕咏等：辖下州军虽不系灾伤处，亦常安抚，无令堕，扇摇逃移。……	《宋会要》职官四一之八三、八四。
大中祥符四年（1011）	夏四月己未，同州饥民有鬻子者，遣官驰驿存抚赈济。 六月，诏曰：朕以寡德，临兹庶方，靡忘中旰之勤，冀洽阜康之治。眷言江介，迄彼淮滨，水旱相仍，田畴几废，缅念黎庶，子怀恻然。宜令起居舍人、直史馆李迪为江淮南安抚使，阁门祗候张利用为都监，存问里闾，察访官吏，讯详犴狱，宽节财征，务适便宜，用图安集。	《长编》卷七五，第1720页。《宋会要》职官四一之八四、八五。
大中祥符八年（1015）	八月癸未，以河中府、陕、同、虢州岁歉民流，命侍御史李行简乘传安抚，仍与转运使议发仓廪出粜及赈贷之。	《长编》卷八五，第1944页。
大中祥符九年（1016）	六月丁酉，知陈州冯拯言：境内有蝗，寻遣官祭告，焚捕已尽，田稼无害，近频得雨，麦菽滋茂，上遣中使督诸州捕蝗，至襄州，知州孙冲不出迎，中使怒，乃奏蝗唯襄为甚，而州将恝置无恤民意。 七月乙卯，分命内臣，开封府、河东、淮南路各三人，京东、京西、河北路各五人与转运使、诸州通判、职官按视蝗伤苗稼以闻。 九月戊申，侍御史李行简使陕西还言：关外蝗伤民田，登实者十之七。	《长编》卷八七，第1997、2000页；卷八八，第2014页。

续表

年代	遣　使	资料出处
天禧元年 （1017）	五月，诏曰：仍岁之内，蝗旱为灾，稼事靡登，流民相属，诧居人上，情用悯然。临遣使车，循行方郡。询访谣俗，安集里间。式宣宽大之恩，副兹勤恤之意。宜令殿中侍御史张廓往京东路，薛奎河北路，判三司盐铁勾院张绅两浙路，判三司度支勾院韩庶、阁门祗候贾象之江南路，判三司都催欠凭由司张师德、阁门祗候曹珣淮南路，体量安抚。所至不得乐宴游从，及多借官犍舟舡，长吏无得迎送。仍谕廓等，除依累降诏旨出粜斛斗账贷外，劝诱富民以斛斗，减价出粜，仍速具数以闻。当依例酬奖。民有流庸失所者，多方诏诱。 五月丙辰，开封府及京东、陕西、江淮、两浙、荆湖路百三十州军并言：二月后蝗蝻食苗。诏遣使臣与本县官吏焚捕，每三五州命内臣一人提举之。	《宋会要》职官四一之八七。《长编》卷八九，第2061页。
天禧二年 （1018）	九月，遣三司度支判官周驰实驿往同、耀州，河中府体量招抚，各令归业。应经灾伤人民有折变拨移税赋者，依近降勑除检放外，据合纳分数与免折变，止就本州送纳，如愿校勘折斛斗，依仓式例折纳。	《宋会要》职官四一之八七。
天禧三年 （1019）	八月，诏曰：近以洪河溢于东郡，申戒官吏，即谋缮修……特遣使车，往伸存抚。宜令判度支勾院方仲旬往京东路，判户部勾院刘烨往京西路，盐铁判官刘平往河北路，体量安抚人民，应有合宽恤改更事件，与转运使副、所在长吏会议施行。	《宋会要》职官四一之八七、八八。《宋大诏令集》卷一五二。
天禧四年 （1020）	春正月戊午，以滑州将塞决河，命翰林学士盛度乘传致祭。 二月一日，以淮南、江、浙灾伤州军谷贵民饥，命都官员外郎韩亿、阁门祗候王若讷乘传安抚，发常平仓粟，减直出粜以赈之。十一日，以利州路及阶、成州民饥，遣侍御史姜遵、阁门祗候张士安驰驿安抚。 三月，命知制诰吕夷简、引进副使曹仪往益、梓路安抚，以两路物价翔贵故也。 六月，太常少卿、直史馆陈靖言，朝廷每遇水旱不稔之岁，望遣使安抚，设法诱富民纳粟，以助赈贷，从之。	《长编》卷九五，第2178页。《宋会要》食货六八之三七；职官四一之八八。

续表

年代	遣使	资料出处
天禧五年（1021）	春正月，京东路水灾，乙未，命直史馆章得象、阁门祗候张士安乘传安抚。 五年正月，以职方员外郎、直史馆章得象、阁门祗候张士安驰驿京东路体量安抚，以水灾故恤之。	《长编》卷九七，第2178页。《宋会要》职官四一之八八。
仁宗天圣元年（1023）	正月，以三司盐铁判官张传、阁门祗候张永德往京东、淮南水灾州军体量安抚。	《宋会要》职官四一之八八。
天圣四年（1026）	七月，命三司户部判官高觌、如京副使高志宁往河北路应经水灾州军体量安抚。 六月七日①，以扬州、润州、江宁府江水涨溢，漂溺居民及怀（坏）官司舍宇数千间，遣太常博士、直史馆高觌、阁门祗候刘永证，往淮南、两浙体量安抚，所至不得宴乐游佚，及令官吏迎送，并多差公人，别致劳扰。 八月，命三司户部副使王融充河北沿边安抚使，六宅使康州刺史刘承颜副之，以水灾故也。	《宋会要》职官四一之八九。
天圣五年（1027）	七月甲寅，赵善言：蝗自邢州南来，才二顷，余不食苗。上（仁宗）谓辅臣曰：但虑州郡所奏不实耳，其遣官按视之，速捕瘗以闻。	《长编》卷一〇五，第2443页。
天圣七年（1029）	七月，命三司户部副使钟离瑾为河北安抚使，西京作坊使范仲淹副之，以水灾故也。	《宋会要》职官四一之八九。
皇祐三年（1051）	八月，诏遣使体量安抚诸路。御史知杂李允，西染院副使王道恭京东路；起居舍人、同知谏院陈升之，左藏库副使李赓淮南、两浙路；侍御史韩贽，内殿承制郑余懿荆（湖）南北路；三司户部判官韩绛，内殿崇班翁日新江南东西路。时七路艰食而长吏多非其人，及转运司颇肆科率而民不聊生，帝因命中书择使，以按视之。	《宋会要》职官四一之九〇。

---

① 原书将此段材料排在上段文字之后，而又没有标注新一年起始。

续表

年代	遣　使	资料出处
至和元年 （1054）	五月，以御史知杂郭申锡为河北体量安抚使，西上阁门副使张希一副之。初，河朔荐饥，民多流徙，至是稍复归业，故遣使安辑之。续诏申锡经制边事，当须密行文字，毋或张皇。	《宋会要》职官四一之九一。
嘉祐二年 （1057）	四月，以右司谏吕谨（景）初、左藏库副使李绶为河北路体量安抚，以河北数地震故也。	《宋会要》职官四一之九二。
嘉祐三年 （1058）	六月，命侍御史丁翊为夔州路体量安抚，以本路旱灾也。	《宋会要》职官四一之九二。
嘉祐六年 （1061）	七月，以起居舍人、同知谏院龚鼎臣为淮南路体量安抚，侍御史陈经两浙路体量安抚，以水灾故也。	《宋会要》职官四一之九二。
治平二年 （1065）	正月二十六日，命知制诰王陶为陈、许、颖（颍）、蔡州，开封府界诸县安抚使，权三司户部副使张焘为南京、宿、亳、曹、濮、济、单州、广济军安抚使，以灾伤故也。	《宋会要》职官四一之九二。
治平四年 （1067）	四月十九日，（神宗即位未改元）命诸路体量安抚使、龙图阁直学士韩维陕西路，天章阁待制陈荐河北路，天章阁待制孙永京东路，三司度支副使苏寀京西路，并只往灾伤州军。维免，以（赵）邵亢代之。上以亢未尝历陕西任，以永代之，而差李中归京东。	《宋会要》职官四一之九三。
熙宁五年 （1072）	春正月壬寅，诏两浙察访李承之先体量本路灾伤，同监司一面擘画赈济以闻。	《长编》卷二二九，第5572页。
熙宁七年 （1074）	九月甲辰，泾原路安抚使王广渊言，民饥流徙而仓储将阙，计一月所支凡四万七千石，乞降度僧牒五百，借封桩粟，尽行赈济。上曰，泾原虽灾伤，然不如广渊所言之甚，岂有不问贫富一例赈济之乎。遣太常博士刘定乘驿体量当赈济事，驰驿以闻。	《长编》卷二五六，第6250页。

续表

年代	遣　使	资料出处
熙宁八年（1075）	六月甲寅，诏两浙淮东阙雨，令相度淮东役法，王古因便体量灾伤，当赈济州军以闻。丁巳，上批河东饥民流往京西，其间甚有丐食道路羸瘠不保旦暮之人，其赈济官程之才等宜令速往。 秋七月癸未，命权发遣提举永兴军等路刑狱、太常博士刘定、大理寺丞知司农寺丞汪辅之体量根究泾原、环庆、鄜延路赈济汉蕃灾伤户有无不当贷官谷及措置乖失事以闻。	《长编》卷二六五，第6514页；卷二六六，第6532页。
元丰七年（1084）	秋七月丙午，诏户部员外郎张询、勾当御药院刘惟简赈济西京被水灾军民，并催督救护官物、城壁等其合行事，如有违碍，从宜施行。河北路转运司言：河水围绕大名府，透入府城，乞多差兵夫、船筏救护。遣金部员外郎井亮采、勾当御药院梁从政按视合赈济事，如西京指挥。	《长编》卷三四七，第8323页。
元祐二年（1087）	二月丁亥，诏左司谏朱光庭乘传诣河北路，与监司一员遍视灾荒，按累降指挥措置赈济。有未尽未便事，并得从宜。事体稍重，即奏禀，仍访本路从来如何赈济，今流移倍多，如缘官吏奉法不虔，即按劾以闻。	《长编》卷三九五，第9626页。
元祐六年（1091）	六月丁未，吏部郎中岑象求为两浙路转运副使，左承议郎杨璹宝为转运判官，仍赐米百万斛钱二十余万缗，从苏轼所奏，令象求等赈济灾伤也。	《长编》卷四六〇，第11001页。
绍圣元年（1094）	九月六日，诏：遣监察御史刘拯乘传按河北东、西路水灾州军，赈济阙食人户，应合行事，令条具以闻。	《宋会要》食货六八之四七。
元符三年（1100）	十二月三日，臣僚言：河北滨、（棣）等数州昨经河决，连亘千里，为之一空，人民孳蓄没溺者，不可胜计……乞朝廷选郎官乘传，同本路监司、守令体量拯救。从之。	《宋会要》食货六八之一一六。

续表

年代	遣 使	资料出处
政和八年（重和元年，1118）	七月二十九日，诏：东南部诸路山水暴涨，至坏州城，人被漂溺，不能奠居。可差廉访使者六员分行诸路，检举常平灾伤七分法推行。法所不载，随宜赈救讫奏，仍许借诸司斛斗赈给，或劝诱上户借贷，仍多作船筏济度，及权以官物搭盖屋宇，广令安泊。其被溺之人，并官给棺殓。	《宋会要》食货六八之一一八。

中央官府委托或责成地方官员安抚灾区简表

年代	遣 使	资料出处
景德三年（1006）	三月，诏：开封府，京东、西，淮南，河北州军县人户阙食处，已行赈贷。其客户宜令依主户例量口数赈贷，孤老及病疾不能自存者，本府及诸路转运使、副并差去臣僚，同共体量，出省仓米救济，仍便告示，更不收理。	《宋会要》食货六八之三三。
大中祥符五年（1012）	十月十日，诏：如闻建安军等处自秋霖雨，颇妨农事，宜委转运、发运使体量赈恤。	《宋会要》食货六八之三四。
天圣九年（1016）	十月十二日，中书门下言，广东经略、转运使等言，潮州海阳潮涨，推流屋舍田苗，死失人口，乞令本路提刑司躬亲前去，依条存恤。从之。	《宋会要》食货六八之三八。
皇祐五年（1006）	十月丁巳，诏自春涉夏蝗旱为灾，其令监司谕亲民官访民间利害以闻。	《长编》卷一七五，第4238页。
嘉祐五年（1060）	三月壬子，诏曰：天灾流行，蝗潦相继。虽发廪蠲赋，而民之捐瘠者尚多，或鬻卖妻子，或转死沟壑。方春之时，群物欣豫，乃令吾民不聊若此，朕心惨怛，恝焉靡宁。其令灾伤路转运使、提点刑狱督州县营济之，察不称职者。	《长编》卷一九一，第4616页。
熙宁四年（1071）	三月辛丑，诏判永兴军郭逵，本路州郡有饥荒处，并以官廪赈济，仍体量放税逃移民户，设法招诱还业以闻。	《长编》卷二二一，第5382页。

续表

年代	遣使	资料出处
熙宁四年（1071）	五月壬子，诏闻恩、冀、莫、雄、沧州、永静、信安、保定、乾宁军，自夏灾伤，其令转运副使王广廉、提点刑狱孔嗣宗，分行体量，未经检放秋税，各以分数蠲除，仍发广惠仓粟赈济饥民。	《长编》卷二二三，第5437页。
熙宁七年（1074）	七月癸亥，又批访闻陈留等县下户已是阙食，县官又不许百姓披诉，多行决罚，人情惶扰，极为可忧。乃诏开封府界、淮南路提点、提举司遍检覆蝗旱灾伤甚者，具合赈恤事以闻，赐米十五万石赈给河北西路灾伤。	《长编》卷二五四，第6226页。
元丰二年（1079）	春正月，上批闻陕西、河北、京东自去冬无雪，可令转运司访名山灵祠祈祷。又批闻阶、成州去后灾伤，难食之民流者未止，官司初不经画赈济，可下司农寺并本路提举司速施行。	《长编》卷二九六，第7200页。
元丰四年（1081）	五月丁酉，诏河东路提点刑狱刘定专赈济河水灾伤人民。	《长编》卷三一二，第7575页。
元丰七年（1084）	秋七月戊午，诏河北、河东被水保甲，令州县考实，赈济小保长、保丁一石，大保长二石，都副保正三石，提举保甲官分诣诸州照管，具赈济人数以闻。	《长编》卷三四七，第8334页。
元祐元年（1086）	二月庚申朔，辛酉，又诏大名府自经水灾民田多淹浸，耕种未得，人户艰食，向虽赈济，尚虑官司拘制，使被灾之民未蒙恩泽，可委大名府安抚使韩绛询访赈济。癸亥，诏淮南东西路提举常平司体量饥歉，以义仓及常平斛斗依条赈济讫奏。	《长编》卷三六五，第8744、8755页。
元祐六年（1091）	七月二十二日，侍御史贾易言：浙西灾荒，朝廷选差转运使岑象求、判官杨璪宝，赐米百万斛、钱二十余万缗，俾之拯救，州县自亦依条赈济。欲乞明诏本路具灾荒分数赈贷，次第以闻。	《宋会要》食货六八之四五。《长编》卷四六二，第11037页。
元符三年（1098）	五月二十七日，诏知太原府范纯粹专切体量赈恤河东流亡饥殍之人，河北、陕西帅臣准此。	《宋会要》食货六八之四九。

续表

年代	遣使	资料出处
崇宁二年 （1103）	七月九日，诏：府界诸路监司前去，亲诣蝗虫生法去处，监督当职官……如官司阻节许人户经监司陈诉。	《宋会要》食货六八之一一五。
政和八年 （重和元年， 1118）	八月二十五日，诏江、淮、荆、浙被水州军涨水已退，残潦余浸占田无艺，民不得耕，比屋摧圮，无以奠居。可令郡守、令、佐悉心赈救。监司虽非本职，并许通行管干，分定州县前去巡按，具以改救济事件、人数奏。监司、郡守自今应水旱、盗贼，敢有隐救不奏，或不尽言，并以违御笔论。	《宋会要》食货六八之一一八。
宣和元年 （1119）	二月十八日，诏：京西路颖（颍）、汝、陈、蔡等州，见令民已流移饥殍，监司、州郡并不申奏，运司庇隐，不放租税，致不得依灾伤赈济，遂使斯民转于沟壑。吏为奸罔，不奉法令，以致如此，为之恻伤。可令新京西漕臣李佑放谢辞，星夜乘骑前去体量。常平官孙延寿先次勤（勒）停，余监司并守臣一一并具名奏。应一路义仓，可并特通融支拨赈济施行，应灾伤流移地分，并令依法放免租税，疾速行下。	《宋会要》食货六八之五三、五四。
绍兴六年 （1136）	七月十八日，尚书省言，广西钦、廉、鼍州缘去岁大水，即今米价踊贵，细民难（艰）食，欲令本路常平官体访，如委是诣实，即立便前去，及分委官属各躬亲遍诣逐州，取拨常平米斛赈济。……从之。	《宋会要》食货六八之一二二。
绍兴十四年 （1144）	六月乙未，上谓大臣曰：浙东福建被水灾处，可令监司躬往悉力赈济，务使实惠及民，毋为文具。	《要录》卷一五一，第2440页。
绍兴十八年 （1148）	十有二月丙寅，诏提举常平官分遣属吏赈济流民且贷其春耕之费。	《要录》卷一五八，第2572页。
绍兴二十四年 （1154）	六月癸未朔，上谓辅臣曰：官司赈济止及近郭游手之人，其远处宜令提举官及州县常平官亲往措置，务使实惠及于贫民。	《要录》卷一六六，第2717—2718页。

续表

年代	遣　使	资料出处
乾道二年（1166）	十月一日，诏：温州近被大风驾潮，淹死户口，推倒屋舍，失坏官物，其灾异常，合行宽恤。可令度支郎中唐珣同提举常平宋藻、知州刘孝韪共议，参酌措置条具闻奏。	《宋会要》食货六八之一二六。
乾道三年（1167）	八月五日，知绍兴府洪适言：上虞县近有水灾，飘流居民。上（孝宗）曰：近所在或有山发洪处，可令常平司常切抚存，赈济被水之家。	《宋会要》食货六八之一二六。
乾道九年（1173）	五月十二日，诏：久雨为灾，水患必广，可令逐路漕臣行下州县寔被水贫乏之户，多方措置存恤，依条赈给。内浸损秋苗去处，优借种本。或劝谕上户应副借贷，接续栽种，无致失业。 十有一月辛亥，臣僚言：访闻今岁旱伤，非特浙东被害，如江西诸州例皆阙雨，禾稻不收。而赣、吉二州尤甚。江东之太平、广德，淮西之无为军、和州，多是先被水患，继之以旱，自今民以艰食其间。州郡或有讳言境内灾伤，不即申陈，致失检放条限；或有虽曾申闻措置赈济事件，朝廷未与行下。切缘救荒之政，譬如拯溺救焚，势不可缓，今欲从朝廷专委逐路提举官，自行巡历灾伤去处，如委系失收不曾检放，或减放不实者，仰将今年苗米依合减分数权行倚阁。……从之。	《宋会要》食货六八之一二七。《宋史全文》卷二五下，第331—382页。

从以上所列史实，可看出中央遣使的救灾活动大致有四种情况：

1. 安抚灾民、体量赈恤、开仓赈济，赈济灾民，安辑流民："存问里间，察访官吏，讥详犴狱，宽节财征，务适便宜，用图安集"；"询访谣俗，安集里间"；"出粜斛斗账贷外，劝诱富民以斛斗，减价出粜，仍速具数以闻。当依例酬奖，民有流庸失所者，多方诏诱"；"以官物搭盖屋宇，广令安泊，其被溺之人，并官给棺殓"。

2. 检查灾情、核实受灾程度，包括检查旱苗、民田；核查州县申报灾情是否属实，"但虑州郡所奏不实耳，其遣官按视之"。

3. 协同地方官员处理具体的救灾事宜："应经灾伤人民，有折变拨移税赋者，依近降勑除检放外，据合纳分数与免折变，止就本州岛送纳，如愿校勘折斛斗，依仓式例折纳"；"使人民应有合宽恤改更事件，与转运使副所在长吏会议施行"；"同监司一面擘画赈济以闻"；"有未尽未便事，并得从宜。事体稍重，即奏禀，仍访本路从来如何赈济，今流移倍多，如缘官吏奉法不虔，即按劾以闻"；"应合行事，令条具以闻"；"同本路监司、守令体量拯救"。

4. 捕蝗、祈雨、祭奠水神。

委托地方官员（监司长贰）代表中央巡历灾区的职责除了救济存恤灾民，"俾之拯救"，"体量放税逃移民户，设法招诱还业以闻"而外，大致主要表现在两个方面：

1. 对州县救灾渎职或不尽职官员进行监察："其令灾伤路转运使、提点刑狱督州县营济之，察不称职"；"监督当职官"。

2. 对州县有意瞒报灾情或阻碍民户诉灾进行监管，并据实情体量："敢有隐救不奏，或不尽言，并以违御笔论"；"县官又不许百姓披诉，多行决罚，人情惶扰，极为可忧。乃诏开封府界、淮南路提点、提举司遍检覆蝗旱灾伤甚者，具合赈恤事以闻"；"州郡或有讳言境内灾伤，不即申陈，致失检放条限；或有虽曾申闻措置赈济事件，朝廷未与行下。切缘救荒之政，譬如拯溺救焚，势不可缓，今欲从朝廷专委逐路提举官"；"监司州郡并不申奏，运司庇隐不放租税，致不得依灾伤赈济，遂使斯民转于沟壑，吏为奸同不奉法令，以致如此为之恻伤，可令新京西漕臣李佑放谢辞，星夜乘骑前去体量"。

二、地方官员的救灾实例

虽然有宋一代实行崇文抑武政策，任职地方的士大夫或文职官员享受较好的待遇，政治地位在中国历代也是较为突出的，但是宋朝的吏治总体情况并不很好。王安石《上仁宗皇帝言事书》论及宋朝文职官员的素质时说："夫出中人之上者，虽穷而不失为君子。出中人之下者，虽泰而不失为小人。惟中人不然，穷则为小人，泰则为君子。计天下之士，出中人之上下者，千百而无十一；穷而为小人，泰而为君子者，则天下皆是也。"① 王安石的概括议论具有代表性和普遍性的意义，由此可把文职官员分做理念、进取的，平庸的和渎职的三种类型。平庸的官员居多数，奸佞的官员次之，理念、进取类的官员最少，他们是极少数领袖，亦即传统所谓君子。平庸类的特点是因循守旧，照惯例常情奉行公事，无过之望，胜于有功之心，以年资考绩取胜。渎职类主要表现为贪污和弄权②。从这三类官员来观察他们在宋代整个救荒过程中的表现，即可明了大多数平庸的官员都是奉行上级官府的指令和事关考核政绩，能够按部就班的从事救灾工作，但一般不会积极主动承担义务和职责，特别是非常时期，往往显得被动和不敢越雷池一步。只有那些理念进取型亦即所谓的君子在救荒中，充分发挥主观能动性，想方设法为民排忧解难，其救灾的方式方法不仅极大的解救灾民于水深火热之中，而且也为他们在身后赢得清誉而彪炳史册。现以董煟《救荒活民书》所载为主，将宋代地方官员救灾事迹分作三类介绍如下：

第一类是在常规的救灾活动中，采取灵活机动而又切实可行的工作方法，使得灾民能够得到及时而实惠的救助。

张詠减价粜米：

> 张詠守蜀，季春粜廪米，其价比时减三之一，以济贫民。凡土户为保，一家犯罪，一保皆坐，不得粜，民以此少敢犯法。王文康知益州，献议者变詠之法，穷民无所济，复为寇，文康奏复之。蜀人大喜，为之谣曰：蜀守之良，先张后王，惠我赤子，俾无流亡，何以报之，俾寿而康。③

> 宣和五年正月四日，臣僚言：闻蜀父老谓本朝名臣治蜀非一，独张詠德政居多，如赈粜米事，著在皇祐甲令，常刻石遵守，至今行且百年。其法一斗止粜小钱铁钱三百五十文，人日二升，团甲给历，赴场请籴，岁计六万石。始二月一日，至七月终。贫民阙食之际，悉被朝廷实

---

① 《临川先生文集》卷三九。
② 参见刘子健《王安石曾布与北宋晚期官僚的类型》，《两宋史研究汇编》，台湾联经出版事业股份有限公司2005年版，第117—142页。
③ 董煟：《救荒活民书》卷三，第10—11页。

惠。比年漕臣不职，米直渐增，或陈腐不堪，杂以糠粃，不独损六万之数，且几察不严。乞赐施行。诏漕臣检会皇祐条例，措置以闻。①

文彦博减价粜米：

文彦博在成都，米价腾贵，因就诸城门相近寺院，凡十八处，减价粜米，仍不限其数，张榜通衢。翌日，米价遂减，前此或限升斗出粜，或抑市井价直，适足以增其气焰，而价终不能平，大抵临事须当有术。臣谓此非特能止腾涌，亦以陈易新之法也。②

韩琦平价济村民：

韩琦论自来常平仓，遇年岁不稔，物价稍高，合减元价出粜。出粜之时，令诸县取逐乡近下等第户姓名，印给关子，令收执赴仓，每户粜与三石或两石，惟是坊郭则每日零细粜与浮居之人，每日五升或一斗，故民受实惠，甚济饥乏，即未曾见坊郭有物业人户乃来零粜常平仓斛斗者。前贤处事精审如此。

臣谓谷可留，而米不可久留，若过三年已上，则不可食，不于饥荒之时粜钱，它日易新，则终化埃尘而已。③

王尧臣乞饥民减死：

尧臣知光州，岁大饥，群盗发民仓廪。吏以法当死，尧臣曰：此饥民求食尔，荒政之所恤也。乃请以减死论。其后遂以著令，至今用之。真宗时，陈从易知处州事，岁饥，有持杖盗发囷仓者，请一切减死论，于是全活千余人。④

---

① 《宋会要辑稿》食货六八之五五。
② 《救荒活民书》卷三，第4页。
③ 《救荒活民书》卷三，第4页。
④ 《救荒活民书》卷三，第8页。

刘彝给米收弃子：

刘彝所至多善政。其知处州也，会江西饥歉，民多弃子于道上。彝揭榜通衢，召人收养，日给广惠仓米二升，每月一次，抱至官中看视。又推行于县镇。细民利二升之给，皆为字养，故一境生子无夭阏者。①

赵令良赈济法：

赵令良，隆兴二年帅绍兴，是时流民聚城郭待赈济，饿而死者不可胜计，通判王恬、阎立宁、孙建策云：今尽常平、义仓之米赈给之，至来年麦熟止，恐无以为继，况旬给斗升之米，官不胜其劳，民不胜其病，莫若计其地里之远近、日数之多寡，人给两月之粮，令归治本业，不犹愈于聚于城郭待斗升之给困饿而死乎？赵行其言，委官抄劄给粮以遣之，不旬日间，城中无一死人，欢呼盈道，全活者甚众，此用曾南丰之美意。②

苏次参赈济法：

苏次参澧州赈济，患抄劄不公，给印历一本，用纸半幅，上书某家口数若干、大人若干、小儿若干、合请米若干，实贴于各人门首壁上。内声迹如有虚伪，许人告首，甘伏断罪，以备委官检点。又患请米冗，并令几人为一队，逐队用旗引，卯时一刻，引第一队；二刻，第二队；以至辰巳，皆用前法，则自无冗杂，且老幼、疾病、妇女皆得均籴。又任澧阳司户日，权安乡县，正值大涝，始至，令典押将县图逐乡抹出，全涝者用绿，半涝者用青，无水之乡用黄，不以示人。又令乡司抹麦参合，方请乡耆逐乡为图，复以青、绿、黄色别其村分，出图参验，故不

---

① 《救荒活民书》卷三，第9页。
② 《救荒活民书》卷三，第29页。

检涝而可知分数,催科、赈济亦视此为先后,其法甚简要也。①

第二类是用自己的俸禄、田产赈济灾民,表率一方,从而推进民间的自救。

向经以圭田租赈饥民:

> 向经知河阳,大旱蝗,民乏食。经度官廪岁支无余,乃先以已圭田所入租赈救之。已而富人皆争效慕出粟,所全活甚众。②

扈称出禄米赈济:

> 仁宗时,扈称为梓州路转运使。属岁饥,道殣相望。称先出禄米赈民,故富家大族皆愿以米输入官,而全活者数万人。降敕奖谕。③

冯楫劝谕赈济诗:

> 绍兴辛未,岁歉米贵,泸帅冯楫出俸钱买米减价粜卖,赈济救民,赋诗示干事人。"我昔未第日,乡间逢岁饥。两率间里人,相共行赈济。饥民仅得食,免困饿而毙。及我登第后,被罪归田里。寻复拜召命,迤逦治行计。忽见道途间,小儿有遗弃。复自劝乡邦,割己用施惠。日饭八千人,八旬乃休止。于时已麦熟,粮食相接济。我始趋行朝,蒙恩长宗寺。初本不望报,人以为能事。制司具切奏,还官不容避。今年又少歉,我适帅泸水。无户备饭食,所济俱用米。聊舍三百斛,十中活一二。又以一千石,减价平行市。每石减十钱,庶几无涌贵。更有不熟

---

① 《救荒活民书》卷三,第 31 页。
② 《救荒活民书》卷三,第 11 页。按:向经是神宗向皇后外戚,卒于熙宁九年(1076),史称:"(向)经所至,勤于吏事,筦库米盐,簿书期会皆亲之。故事:州镇刺史以上别赐公使钱,例得私以自奉,去又尽人其余费。经一切付主吏,惟供飨劳宾客军师之用,无一毫他费。"《续资治通鉴长编》卷二七三"熙宁九年二月乙未"条,第 6681 页。圭田,古代卿、大夫、士祭祀用的田地。
③ 《救荒活民书》卷三,丛书集成初编本,第 59 页。

处，资简潼川类。计用减价粜，所祈均获济。我非财有余，但愍民不易。一时所施行，乐为之识记。"①

第三类是面临大灾大难，表现出大智大勇，视民如伤，以果敢有力的行政组织才能，使灾伤损失减少到最低点，从而最大限度地保护民众的生命财产。

富弼青州救灾：

> 皇祐元年，富弼"加给事中，移知青州兼京东路安抚使。河朔大水，民流京东，公择所部丰稔者五州，劝民出粟，得十五万斛，益以官廪，随所在贮之。得公私庐舍十余万区，散处其人以便薪水，官吏自前资待阙寄居者，皆给其禄，使即民所聚，选老弱病瘵者廪之，山林河泊之利有可取以为生者，听流民取之，其主不得禁。官吏皆书其劳，约为奏请，使他日得以次受赏于朝。率五日，辄遣人以酒肉糗饭劳之，出于至诚，人人为尽力，流民死者为大冢葬之，谓之丛冢，自为文祭之。明年，麦大熟，流民各以远近受粮而归，凡活五十余万人，募而为兵者又万余人。上闻之，遣使劳公，即拜礼部侍郎，公曰：救灾守臣职也，辞不受。前此救灾者，皆聚民城郭中煮粥食之，饥民聚为疾疫，及相蹈藉死，或侍次数日不食，得粥皆僵仆，名为救之而实杀之，自公立法简便周至，天下传以为法至于今，不知所活者几千万人矣"。②

晁补之活饥民葬遗体：

> 晁补之知齐州，岁饥，河北流民道齐境不绝。补之请粟于朝，得万斛，乃为流民者治舍次，具器用，人既集居，又日给糜粥、药物。补之皆躬临治之，凡活数千人，择高原以葬死者，男女异墟。使者颇媢其

---

① 《救荒活民书》卷三，第29页。
② 杜大珪：《名臣碑传琬琰之集上》卷五苏轼《郑公弼显忠尚德之碑》，影印文渊阁四库全书本，第450—43页。吕祖谦：《宋文鉴》卷一四七苏轼《富郑公神道碑铭》。详见董煟《救荒活民书》卷三《富弼青州赈济行道》《擘画屋舍安泊流民事指挥》《宣问救济流民事劄子》。

功，欲有以挽之，既至境按视，乃更叹服。①

越州赵公（抃）救灾记：

　　熙宁八年夏，吴越大旱。九月，资政殿大学士、右谏议大夫、知越州赵公，前民之未饥，为书问属县：灾所被者几乡，民能自食者有几，当廪于官者几人，沟防构筑可僦民使治之者几所，库钱仓粟可发者几何，富人可募出粟者几家，僧道士食之羡粟书于籍者其几具存，使各书以对，而谨其备。州县吏录民之孤老疾弱、不能自食者，二万一千九百余人以告。故事，岁廪穷人当给粟三千石而止，公敛富人所输及僧道士食之羡者，得粟四万八千余石，佐其费，使自十月朔，人受粟日一升，幼小半之，忧其众相躏也，使受粟者男女异日，而人受二日之食，忧其且流亡也，于城市郊野为给粟之所，凡五十有七，使各以便受之，而告以去其家者勿给，计官为不足用也，取吏之不在职而寓于境者，给其食而任以事，不能自食者，有是具也。能自食者，为之告富人，无得闭粜。又为之出官粟，得五万二千余石，平其价予民。为粜粟之所，凡十有八，使籴者自便，如受粟。又僦民完城四千一百丈，为工三万八千，计其佣与钱，又与粟再倍之。民取息钱者，告富人纵与之，而待熟，官为责其偿，弃男女者，使人得收养之。

　　明年春，大疫，为病坊，处疾病之无归者，募僧二人，属以视医药饮食，令无失所持。凡死者，使在处随收瘗之。法，廪穷人尽三月当止，是岁尽五月而止，事有非便文者，公一以自任，不以累其属。有上请者，或便宜多辄行。公于此时，蚤夜惫心力不少懈，事细巨必躬亲。给病者药食，多出私钱。民不幸罹旱疫，得免于转死，虽死得无失敛埋，皆公力也。是时，旱疫被于吴越，民饥馑疾厉，死者殆半，灾未有巨于此也。天子东向忧劳，州县推布上恩，人人尽其力，公所拊循，民尤以为得其依归。所以经营绥辑先后始终之际，委曲纤悉，无不备者。

　　其施虽在越，其仁足以示天下。其事虽行于一时，其法足以传后。

---

① 《救荒活民书》卷三，第9页。

盖灾沴之行，治世不能使之无，而能为之备。民病而后图之，与夫先事而为计者，则有间矣。不习而有为，与夫素得之者，则有间矣。予故采于越，得公所推行，乐为之识其详，岂独以慰越人之思，将使吏之有志于民者，不幸而遇岁之灾，推公之所已试，其科条可不待顷而具，则公之泽岂小且近乎？公元丰二年以大学士加太子少保致仕，家于衢。其直道正行在于朝廷，岂弟之实在于身者，此不著。著其荒政可师者，以为《越州赵公救灾记》云。①

毕仲游救荒：

耀州大旱，野无青草。仲游谓郡县赈济多后时，力愈劳而民不救，故先民之未饥，多揭榜示曰：郡将赈济，且平粜若干万石，实大张其数，劝谕以无出境，民皆欢然安堵。已而，果渐艰食，乃出粟以赈，且平粜以给之。邻境流散殆尽，而耀民之当徙就食者，乃十七万九千口，顾所发粟不及万石，以民粟继之，而家给人足，无一人逃者。监司乃故搜于长安，得二人焉，曰此耀之流民也，送还郡，仲游验问，皆中民之逐利者，所赍持自厚，即非流民，监司愧沮。②

滕达道赈济：

滕达道知郓州，岁方饥，乞淮南米二十万石为备。后淮南、东京皆大饥，达道独有所乞米，召城市富民，与约曰：流民且至，无以处之，则疾疫起并及汝矣。吾得城外废营田，欲为席屋以待之。民曰：诺。为屋二千五百间，一夕而成，流民至，以次授地，井灶器用皆具，以兵法部勒，少者炊，壮者樵，妇女汲，民至如归。上遣工部侍郎王古按视，庐舍道巷，引绳棋布，肃然如营阵，古大惊，图上其事。有诏褒美，所

---

① 曾巩：《元丰类稿》卷一九。又见《救荒活民书》卷三《赵抃救灾记》，第27页。
② 《救荒活民书》卷三，第3页。毕仲游，字公叔，郑州管城人。历仕州县，哲宗朝"改秘阁校理、知耀州，是岁大旱，仲游先之未饥，揭喻境内曰：郡振施与平粜若干万硕，实虚张其数，富室知有备，亦相劝发廪，凡民就食者十七万九千口，无一人去其乡"。《宋史》卷二八一，第9524页。

活者，凡五万人。①

彭思永赈救水灾：

彭思永通判睦州。会海水夜败台州城郭，人多死。诏监司择良吏往抚之。思永选行。将至，吏民皆号诉于道。思永悉心救养，不惮劳苦，至忘寝食。尽葬溺死者，为文以祭之。问疾苦，赈饥乏，去盗贼，抚赢弱。其始至也，城无全舍，思永周行相视，为之规画，朝夕暴露，未尝憩息。民贫不能营葺者，命工伐木以助之。数日而公私舍毕完，人复安其居。思永视故城颓坏，仅有仿佛，思为远图。召僚属而谓之曰：郡濒海而无城，此水所以为害也，当与诸君图之。程役劝功，民忘其劳，城遂为永利。天子嘉之，锡书奖谕。后去台还睦，二州之民，喜跃啼恋者，交于道。②

黄廉抗洪救灾：

（熙宁十年八月）诏河北东路、京西路体量安抚安焘改河北路。以中书言两路盗贼衰止，仍被水灾，宜各委官赈恤，故焘专安抚河北。续诏监察御史里行黄廉为京东路体量安抚。

廉尝言都检正俞充结中人，徼幸富贵，不宜使佐具瞻之地，并言王中正任使太重，恐为后忧，又面论之甚切。上曰："且置此事。河决曹村，京东尤被其害，今以累卿。"廉既受命，条举百余事，大略疏张泽泺至滨州，以纾齐、郓，而济、单、曹、濮、淄、齐之间积潦皆归其壑。郡守县令能救灾养民者，劳来劝诱，使即其功，发仓廪府库以赈不给。水占民居，未能就业者，择高地聚居之，皆使有屋。避水回远，未能归者，遣吏移给之，皆使有粟。所灌郡县，蠲赋弃责，流民所过毋得

---

① 《救荒活民书》卷三，第3页。滕达道，宋仁宗、神宗时人。早年为范仲淹门客，熙宁初为御史中丞（王明清：《挥麈后录》卷一）。
② 《救荒活民书》卷三，第4页。彭思永，《宋史》有传。

征算,使吏为之地道,止者赋居,行者赋粮。忧其无田而远徙,故假官地而劝之耕;恐其杀牛而食之,故质私牛而予之钱。弃男女于道者,收养之;丁壮而饥者,募役之。

初,水占州县三十四,坏民田三十万顷,坏民庐舍三十八万家,卒事,所活饥民二十五万三千口,壮者就功而食又二万七千人,得七十三万二千工,给当牛借种钱八万六千三百缗,归而论荐士大夫,后多朝廷所收用云。①

洪皓救荒法:

宣和六年,浩为秀州录事。秋大水,田不没者十一,流民塞路,仓库空虚,无赈救策。公白于郡守,以荒政自任,悉籍境内粟,留一年食,发其余,粜于城之四隅。不能自食,官为主之。立屋于西南两废寺,十人一室,男女异处。防其觳伪,涅黑子,识其手,东五之,南三之,负爨樵,汲有职。民赢不可杖,有侵牟斗嚣者,乱其手文,逐之。借用所掌发运名钱,且尽,会浙东纲常平米斛四万过城下,公遣吏锁津栅,谕守使截留。守禁不肯,曰:此御笔所启也,罪死不赦。浩曰:民仰哺当至麦熟,今腊犹未尽,中道而止,则如弗救。宁以一身易十万人命,讫留之。居无何,廉访使者王孝竭至郡,曰:平江哀号诉饥者旁午,此独无,何也?守具以对,郡延公如两寺验视。孝竭曰:吾尝行边,军法不过是也。违制抵罪,为君脱之。又请得二万石,所活九万五千余人。后诸卒以城畔虏掠,无一家免,过门曰:此洪佛子家也,汝毋得入。②

---

① 《续资治通鉴长编》卷二八四"熙宁十年八月"条,第6950页。
② 《救荒活民书》卷三,第29页。另见李幼武《宋名臣言行录》续集卷五《洪皓魏国忠宣公》。

袁甫救死扶伤：

袁甫，字广微，宝文阁直学士燮之子，嘉定七年进士。……移提举江东常平，适岁旱，亟发库庾之积，凡州县窠名隶仓司者，无新旧皆住催，为钱六万一千缗、米十有三万七千、麦五千八百石，遣官分行赈济，饥者予粟，病者予药。尺籍之单弱者，市民之失业者，皆曲畛之。又告于朝曰：江东或水而旱，或旱而水，重以雨雪连月，道殣相望，至有举家枕藉而死者。此去麦熟尚赊，事势益急。诏给度牒百道助费。时江、闽寇迫饶、信，虑民情易动，分榜谕安之，檄诸郡，关制司，闻于朝，为保境捍患之图，寇迄不犯。遂提点本路刑狱兼提举，移司番阳，霜杀桑，春夏雨久，湖溢，诸郡被水，连请于朝，给度牒二百道赈恤之。……岁大旱，请于朝，得度牒、缗钱、绫纸以助赈恤。疫疠大作，创药院疗之。前后持节江东五年，所活殆不可数计。[①]

三、设粥（煮粥）

设糜粥，或称煮粥是突发大灾和饥荒发生时采取的一项维持灾民最低生活之需的救助措施。在北宋前中期曾得到官府的着力推行。

景德二年正月二十六日，命常参官二人分往荆湖北路、淮南诸州，出官粟作糜粥以养饥民。仍令择幕职使臣强干者专司其事，长吏常按视之，每十日具所赋（赈）糜粥之数以闻。自是全活者甚众。[②]

大中祥符三年八月戊辰，时刑部郎中王济知洪州，躬督官吏为糜粥，日亲尝而给之，录饥民为州兵，所全救甚众。[③]

大中祥符六年四月庚辰，诏淮南诸州所给饥民糜粥，俟麦登乃止。[④]

[①]《宋史》卷四〇五《袁甫传》，第12238—12239页。
[②]《宋会要辑稿》食货六八之三一至三二。
[③]《续资治通鉴长编》卷七四，第1686页。
[④]《续资治通鉴长编》卷八〇，第1823页。

大中祥符八年二月乙亥，诏淮南路廪粟为糜粥，以济饥民。①

大中祥符八年十二月丁酉，令同、耀等州为糜粥济饥民。②

天禧元年三月丁巳，两浙提点刑狱合肥钟离瑾言："衢、润二州阙食，官设糜粥，民竞赴之，有妨农事，请下转运司二万石赈给，家不得过一斛。"从之。转运使张宝亦言："所部民饥，州设糜粥，外邑地远，虑废耕作。已令就给米，人日三合，颇济穷乏。"③

天禧元年八月丁卯，赐阳翟县僧怀峤茶帛，以其设粥救饥民也。④

天禧二年正月二十二日，青州请以官廪粟豆二千斛设粥，米万斛减价出粜，以惠贫民。从之。二十五日，诏诸路灾伤州军并设粥，贱粜，以惠贫民。⑤

天禧二年春正月癸丑，令大名府官设糜粥济饥民。丙辰，知青州戚纶请以官廪菽粟二千斛设粥，米万斛减直出粜，以济贫民。从之。己未，诏诸路灾伤州军，并设粥、贱粜官粟，以惠贫民。夏四月乙丑，诏如闻京城作贫民糜粥，不至精洁，或糅以灰。宜遣中使按察，不得复然。（闰四月）戊申，知并州薛映言："民饥设糜粥济之，计三十余万人。"⑥

仁宗明道元年八月丙午，诏淮南灾伤州军作糜粥，以济饥民。⑦

明道二年二月庚子，先是，南方大旱，种饷皆绝，人多流亡，困饥成疫气，相传死者十二三，官虽作粥糜以饲之，然得食辄死，村聚墟里几为之空。⑧

景祐元年春正月丙寅，诏开封府界诸县作糜粥以济饥民，诸路灾伤州军亦如之。⑨

---

① 《续资治通鉴长编》卷八四，第1919页。
② 《续资治通鉴长编》卷八五，第1960页。
③ 《续资治通鉴长编》卷八九，第2050页。
④ 《续资治通鉴长编》卷九〇，第2074页。
⑤ 《宋会要辑稿》食货六八之三六。
⑥ 《续资治通鉴长编》卷九一，第2097、2098、2106、2111页。
⑦ 《续资治通鉴长编》卷一一一，第2585页。
⑧ 《续资治通鉴长编》卷一一二，第2605页。
⑨ 《续资治通鉴长编》卷一一四，第2659页。

庆历八年，大水，岁饥，流民满道。韩琦大发仓廪，并募人入粟，分命官吏设粥食之。日往按视，远近归之，不可胜数。①

皇祐四年十月癸未，诏河北、江南东西、荆湖南北、淮南、两浙路应灾伤军州，委长吏募人输米官为作糜粥，以饭饥民。其能用心救存者，当议甄奖。②

嘉祐四年春正月丁酉，自去年雨雪不止，民饥寒，死道路甚众。诏遣官分行京城，视孤穷老病者，人赐百钱，小儿五十，畿县委令佐，赈以糜粥。③

熙宁八年春正月己未，洮西缘边安抚司言："去岁夏秋旱羌户殍死者众。自收复洮、河，羌人止知畏威，而未识朝廷之惠。今此饥歉，若官为糜粥，振其饥急，计米一升可给三人，则百石当济三千人矣。自二月尽五月，给米千五百石，费不多而惠极博。"④

熙宁八年五月戊寅，上（神宗）批：河东一路……比来灾旱相继，民力憔悴，殆无生理。即今饥民不少，自四月后，官罢粜米、散粥，人情皇皇，日就死所。⑤

这项救助措施，自北宋中期以后受到朝野士人的批评。其一是批评实施过程中出现的一些人为的弊端："救灾者皆聚民城郭中，煮粥食之。饥民聚为疾疫，及相蹈藉死，或待次数日不食，得粥皆僵仆，名为救人，而实杀之。"⑥理学的创始人程颐也说："今时州县济饥之法，或给之米豆，或食之粥饭，来者与之，不复有辨，中虽欲辨之，不能也。谷贵之时，何人不愿得，但仓廪既竭，则殍死者在前，无以救之矣。鸡鸣而起，亲视俵散官吏，后至者必责怒之，于是流民歌咏至者日众，未几谷尽，殍者满道。愚尝矜其用心，而嗤其不善处事。救饥者，使之免死而已，非欲其丰肥也。当择宽广

---

① 董煟：《救荒活民书》卷三《救荒报应》。
② 《续资治通鉴长编》卷一七三，第4176页。
③ 《续资治通鉴长编》卷一八九，第4547页。
④ 《续资治通鉴长编》卷二五九，第6324页。
⑤ 《续资治通鉴长编》卷二六四，第6475页。
⑥ 《续资治通鉴长编》卷一六六"皇祐元年二月辛未"条，第3985页。

之处宿戒,使辰入,至巳则阖门不纳,午而后与之食,申而出之(给米者午时出),日得一食,则不死矣。其力自能营一食者,皆不来矣。比之不择而与者,当活数倍之多也。"①

其二,是批评这种措施只能治标而不能治本。与其消极俵散粥饭,还不如以工代赈,于民于官都有益。熙宁八年(1075),王安石与宋神宗的对话就表达了这层意思。王安石言:"司农欲令定州煮粥散饥民,此非便,向已修条贯。今及未困,募之兴利,而诸路多且如旧,不肯推行。"上曰:"河东煮粥李承之云须至如此,人得米乃食生米。"安石曰:"人食生米未知虚实,不知何故有米乃不能炊煮,假令有此,亦由官司失于措置。若聚人每大口日给一升,小口给半升,即饥民须废业待给,如此则容有不暇炊煮者。今救饥俵饭凡半年,若以作饭之米,计口俵与,令各与营生,官所费无加,而饥民得实惠,不妨经营衣食,犹胜于聚,而俵粥饭不能救死,徒成疫疠也。"②

其三是从救荒宜早不宜迟的角度批评。司马光就说:"欲加存恤,莫若察其乏食之初,早加赈赡,使各安土,不至流移,官费既省,民不失业,此上策也。若已流移,官虽作擘画,散米煮粥,徒聚为饿莩,无益也。"③

或许是因为这几位对士人和官府都很有影响的大儒的议论,北宋后期到南宋,作为一项救助措施,设粥或煮粥在官府的诏令中已很少出现。但是正如南宋人吕祖谦所说:"若设糜粥,其策又其下者。大抵荒政统而论之,先王有预备之政,上也;使李悝之政修,次也;所在蓄积有可均处使之流通,移民移粟,又次也;咸无焉,设糜粥,最下也。虽然,如此各有差等,有志之士,随时理会便其民。战国之时,要论三十年之通计,此亦虚谈,则可以行平籴之法,如汉、唐坐视无策,则移民通财,虽不及先王,亦不得不论。又不得已而为糜粥之养,随所过之时,就止,而措置得有法,亦可。大抵论荒政体统如此。"④ 事实上也是如此,设粥或煮粥在南宋时依然是地方官员和民间不可或缺"有不得已而为之"的重要救荒措施。如朱熹"巡历到婺州

---

① 董煟:《救荒活民书》卷三《程颐论赈济》。
② 《续资治通鉴长编》卷二六四"熙宁八年五月丙寅"条,第6458页。
③ 《续资治通鉴长编》卷三六四"元祐元年春正月丁巳"条,第8733页。
④ 《历代制度详说》卷八《荒政·详说》。收入黄灵庚、吴战垒主编:《吕祖谦全集》第九册,浙江古籍出版社,2008年,第111页。

界……逐日煮粥以给城市乡村艰食之人，亦已颇有伦绪"①。又如叶适笔下所记："震电大雪，冰厚尺余，席益煮粥于市。"② 而刘宰的两篇《嘉定己巳金坛粥局记》《甲申粥局记》更是详尽描述了嘉定二年（1209）和嘉定十七年（1224），润州金坛县士人乡绅设粥局救济同乡饥民之始末。"纠合同志，用大观洮湖陈氏，及绍兴张君之祖八行故事，为粥以食饿者"：

事始于其年十月朔，而终于明年三月晦。经始之日，孩稚数不盈十。后以渐增，阅月，登三百，乃十有二月，合老者、疾者、妇人之襁负者，逾千人。比月末，倍之，开岁，少壮者咸集，则又倍之。间以阴晴异候，增损不齐。其极也，日不过四千，概以大观所纪成数，仅增五之一。始置局于县之东偏广仁废庵，中于岳祠，终于慈云寺，为其隘也。就食者，先稚，次妇人，后男子。俾先后以时，出入相待，为其拥也。孩稚之居养者，朝暮给食。非居养而来者，日不再给，为其难于继也。居养之人，听从去来。疾病者，异其寝处，至自旁邑与远乡者，结屋以待之，而不限其必入，裹粮以归之，而不阻其后来，虑积久而疾疫熏染也。

最凡用之数，米以石，凡九百六十有二；钱以缗，凡二千二十有二。而用籴米者过半，薪以束大者三千九百，小者一万四千二百；苇席以藉地、障风雨，及葬不幸死者，凡三千四百六十；食器三百，循环给食，中间随失随补，凡一千三百九十……③

即岳祠空庑，春而糜之，以与饥者共。其始来者，才数百。窃自喜，日虽多，可无乏事。其后稍增，尽三月，乃盈万人。……未几，钱谷沓至，乃四月朔更端，俾炀者增灶，奔走者增员。史执笔以书，而受给不欺，阍执朴以徇，而去来无壅，又所用米皆精凿，自平时中下之家不能有，乃今以食饥者，以是远近流传，来者至万有五千，每捧食执饮

---

① 《朱文公文集》卷一六《奏上户朱熙绩不伏赈粜状》，第245页。
② 叶适：《水心文集》卷二二《故知广州敷文阁待制薛公墓志铭》，《叶适集》，中华书局1983年版，第426页。
③ 刘宰：《漫塘刘先生文集》卷二〇《嘉定己巳金坛粥局记》。

者，至必举首仰天三叩齿，而后敢食。①

四、以工代赈

灾荒之年，饿殍遍地。成群结队，扶老携幼，四处流徙的饥民，既是社会动荡不安的潜在因素，也是廉价剩余劳动力最集中的来源。宋朝运用以工代赈和募饥民为兵的救荒新举措，不仅有效安抚和解救了广大饥民的生命财产，而且成功化解了可能导致社会动荡不安的潜在威胁，应当说是宋朝值得称道的救灾救荒措施。

先说以工代赈。从目前宋代文献留下的记载来看，宋朝以工代赈的救灾措施大致是在宋仁宗前期开始的。天圣七年（1029）五月六日，"中书门下言：'户房闻灾伤路分募人工役，多不预先将合用人数告示，以致饥民聚集，却无合兴工役。并依所（欲乞）下司农寺，令逐路有合兴工役，并依所计工数晓示，逐旅入役，免致饥民过有聚集，以致失所。'"② 这条材料说明至迟在天圣七年（1029），宋朝以工代赈已广泛实施，尽管在管理上还有许多疏漏。其后这种救灾措施的实施和创造性地发挥都与范仲淹的名字联系在一起。景祐元年（1034）秋，范仲淹徙"苏州。州大水，民田不得耕，仲淹疏五河，导太湖注之海，募人兴作，未就，寻徙明州。转运使奏留仲淹以毕其役。许之"③。此次范仲淹在苏州遭水灾之后，"募人兴作"，有理由可以确定所募之人应以遭水灾的灾民为主。这与前面提到的以工代赈没有多少的区别，但是皇祐二年（1050），吴中大饥，殍殣枕路，范仲淹创造性的给以工代赈赋予新的内容：

> 是时范文正领浙西，发粟及募民存饷，为术甚备。吴人喜竞渡，好为佛事，希文乃纵民竞渡。太守日出宴于湖上，自春至夏，居民空巷出游。又召诸佛寺主首谕之曰："饥岁工价至贱，可以大兴土木之役。"于

---

① 刘宰：《漫塘刘先生文集》卷二二《甲申粥局记》。参见刘子健《刘宰和赈饥》，《两宋史研究汇编》，台湾联经出版社事业股份有限公司2005年版。
② 《宋会要辑稿》食货六八之三八。
③ 《宋史》卷三一四《范仲淹传》，第10269页。

是诸寺工作鼎兴。又新敕仓吏舍，日役千夫。监司奏劾杭州不恤荒政，嬉游不节，及公私兴造，伤耗民力。文正乃自条叙所以宴游及兴造，皆欲以发有余之财，以惠贫者，贸易饮食工技服力之人，仰食于公私者，日无虑数万人，荒政之施，莫此为大。是岁，两浙唯杭州晏然，民不流徙，皆文正之惠也。岁饥发司农之粟，募民兴利，近岁遂著为令。既已恤饥，因之以成就民利，此先王之美泽也。①

沈括对范仲淹创造性地以工代赈赞誉有加，他所言"岁饥，发司农之粟，募民兴利，近岁遂著为令"指的是熙宁时期将以工代赈引入大兴水利的变法活动中。北宋后期是以工代赈最兴盛的时期，它被广泛运用于兴修农田水利、修筑城池和其他土木工程。

（一）兴修农田水利

时间	事例	资料出处
熙宁五年（1072）	二月壬子，赐两浙转运司常平谷十万石，赈济浙西水灾州军，仍募贫民兴修水利。 九月壬子，诏司农寺出常平粟十万石，赐南京、宿、亳、泗州，募饥人浚沟河。	《长编》卷二三〇，第5586页；卷二三八，第5796页。
熙宁六年（1073）	六月己卯，诏："自今灾伤年分，除于法应赈济外，更当救恤者，并豫计合兴农田水利工役人夫数及募夫工直，当赐常平钱谷，募饥民兴修。如系灾伤，辄不依前后救赈济者，委司农寺点检奏劾以闻。" 九月戊申，诏各拨常平司粮三万石，（真、扬、润三州）募饥民兴修农田水利。 十月甲戌，相度两浙路水利事沈括言，常、润二州岁旱民饥，欲令本路计合修水利钱粮募阙食人兴工。从之。 十二月癸未，赐淮南西路转运司常平米三万石，募饥民兴修水利。	《长编》卷二四五，第5966页；卷二四七，第6011、6020页；卷二四八，第6059页。

---

① 《（元刊）梦溪笔谈》卷一一，文物出版社1975年版，第15页。

续表

时间	事例	资料出处
熙宁七年 (1074)	二月①辛未，诏赐（河阳）常平谷万石兴修水利，以赈济饥民。 八月甲戌，诏京西转运司具赈济流民事状，司农寺具所兴修农田、水利次第。 十二月辛未，淮南东路转运司乞增赐上供粮十万石，募饥人修水利。诏司农寺与上供粮五万石。	《长编》卷二五〇，第6082页；卷二五五，第6234页；卷二五八，第6298页。
熙宁八年 (1075)	三月庚戌，赐京东常平米五万石，以上批："闻京东徐、单、沂州、淮阳军，比岁灾伤，虽今夏丰熟，百姓尚饥，可赐米万石，责监司以时募民修水利，及完浚城堑，庶人不乏食。"故也。	《长编》卷二六一，第6361页。
嘉定二年 (1209)	十一月甲午，诏浙西监司募饥民修水利。	《宋史全文》卷三〇。

（二）修缮城池

时间	事例	资料出处
熙宁五年 (1072)	十二月壬寅，诏鄜延经略司："应缘边灾伤城寨，速体量赈济，仍相度乘人力未至乏，募阙食汉蕃人修近便城寨及诸工役。如支常平钱、谷，无得过二万贯石。"	《长编》卷二四一，第5887页。
熙宁六年 (1073)	八月丁酉，令依近降指挥，募人修筑城池之类，赈济饥谨弓箭手。	《长编》卷二四六，第5999页。
熙宁七年 (1074)	五月戊戌朔，诏募河北饥民，修瀛州城。	《长编》卷二五三，第6187页。
熙宁八年 (1075)	吴越大旱，赵抃以资政殿大学士知越州。又僦民修城四千一百丈，为工三万五千。	《救荒活民书》卷二。

---

① 《救荒活民书》卷一作"正月"。

续表

时间	事例	资料出处
	河决澶、濮，水泛诸郡，方完城垒，提举京东西路常平仓范子仪请募饥民给粮，以役之，计工十有九万。	范纯仁：《范忠宣集》卷一六《范大夫墓表》。
元符二年（1099）	闰九月辛未，知大名府韩忠彦奏，乞顾募饥流民修城。从之。	《长编》卷五一六，第12264页。
宣和元年（1119）	正月二十七日，鄠县和雇灾民，修葺永兴军城壁。	《宋会要》食货六八之一一八。

（三）其他工役

时间	事例	资料出处
熙宁七年（1074）	三月乙丑，诏京西路监司官分定州军速检计，随处当兴大小工役，募流民给钱粮兴修。	《长编》卷二五一，第6139页。
熙宁七年①	五月六日，令逐路有合兴工役，并依所计工数晓示，逐旋入役，免致饥民遇有聚集，以致失所。 十一月戊戌，知耀州阎充国乞募流民修添水堤，诏省仓给豆、粟各万石。	《宋会要》食货六八之一一二。《长编》卷二五八，第6288页。
元丰元年（1078）	八月二十九日，诏："青、济、淄三州被水流民所在州县，募少壮兴役。"	《宋会要》食货六八之四〇。
元祐六年（1091）	十二月二十五日，许常平斛斗招募饥民工役。②	
绍圣四年（1097）	九月辛亥朔，两浙岁旱……诏："两浙路转运、提举常平司相度……本路如有运河、沟洫、浅淀，合行开修，将来优给雇直，招募人夫开淘。"	《长编》卷四九一，第11646页。

① 原作"月"，恐是年字之误。
② 《苏轼文集》卷三《乞赐度牒斛斗准备赈济淮浙流民状》。

南宋时虽然官府大规模举行以工代赈已不如北宋，但是许多地方官吏仍延续了北宋的做法。如，绍兴七年（1137），镇南军节度使、开府仪同三司、新两浙西路安抚制置大使兼知临安府吕颐浩曾募饥民补筑潭州学①。吴芾在绍兴府募饥民浚治鉴湖，"发常平米募饥民以就其役，既成，取凡奏请施行之语，刻石湖上"②。朱熹任地方官时间不长，但在任期期间也积极推行以工代赈的做法。"行下逐州通判检计有合兴修水利去处，将来广募饥民给食工作"③；"郡滨大江，舟舣岸者，遇大风辄沦溺，因募饥民筑堤捍舟，民脱于饥，舟患亦息"④。

南宋中后期，朝廷亦屡有诏令颁行。淳熙二年（1175）闰九月丁卯，诏浙东今岁间有旱伤州军，仰转运、提举日下委官兴修水利，招募本处阙食人，支给钱米，因此存济，趁时修筑，不得因而科扰⑤。嘉定二年（1209）十一月甲午，诏浙西监司募饥民修水利⑥。

对于以工代赈的特点和效果，南宋人陈造在《与奉使袁大著论救荒书》一文中有很中肯的议论。他建议乘大旱之际，募饥民以浚泰州之海安、西溪、楚州、盐城等地的盐运二河，可以事倍功半，有两大益处：一是可以安抚解救饥民的困苦："今兹之旱，民不幸矣，而堤与河之利则幸可议。浚河取土以培其堤，而平时规模可以渐复。今民之携负老幼、奔骛无归者不知其几，优募此辈，使从是役，此赵清献、范文正公遗策也。不惟河浚堤固，农田可溉，而赈济之利，实与俱举。一夫日与米五升，钱百五十。人食二升，用钱五十，其余劣可饱二三口，彼何患不乐从？一家二人从役，则六七口免涂殍矣。某亲见熟乡之募人垾田，食之而日与百钱，民奔趋之，则百五十钱、五升之米，足以来之，而足以利之，可以知矣。"二是可以省工费"及今诸县办畚臿、釜薪之类，春而兴工，二三月而毕，毕而不妨农，麦亦指日冀，民虽枵腹而俟，不惮也。异时以河淤堤薄之故，州县修塞无虚岁，所费

---

① 《建炎以来系年要录》卷一〇九"绍兴七年三月辛巳"条，第 1776—1777 页。
② 《宋史》卷三八七《吴芾传》。《朱文公文集》卷八八《龙图阁直学士吴公神道碑》。
③ 《朱文公文集》卷一七《御笔回奏状·签黄》。
④ 黄榦：《勉斋先生黄文肃公文集》卷三六《朝奉大夫文华阁侍制赠宝谟阁直学士通议大夫谥文朱先生行状》。
⑤ 《宋史全文》卷二六。
⑥ 《宋史》卷三九，第 754 页。《续编两朝纲目备要》卷一二。

不赀。近岁旱,不见此尔。又运河以淤浅,故一遇使客,钉闸坝流,无所不至,兴役之民蚁集,而民劳功少,商旅阻滞。兹未足论。而盐河浅淀,雨足水漫,犹苦重舟胶涩。今舟断不通,承盐之亏其课,以袋计之,盖四万八千。向使已浚而通小舟,亦可趁其半,计其半二万四千之盐,则七十余万缗矣。不计此而目前之费是计,望之常人可已"。所以陈造认为是一举两得的长久之策:"此策一行,不惟饥民沾利而已,雨泽以时,则州县免塞堤之病,岁虽旱也,盐米之运自若,河水所溉之田,又数倍于今,此长策也。"①

陈造此番议论虽仅是针对泰州募饥民浚治盐运二河而发,但实际上也可看作是对有宋一代以工代赈特点和效果的最好概括。

五、招募饥民为兵②

凶年募饥民为兵,原是宋太祖自以为得意可以利百代的传家大政。据元符年间晁以道的转述:

> 臣窃闻太祖既得天下,使赵普等二三大臣陈当今之大事可以为百代利者,普等屡为言,太祖俾更思其上者。普等毕思虑无以言,乃请于太祖。太祖为言:"可以利百代者惟养兵也。方凶年饥岁有叛民而无叛兵,不幸乐岁而变生,则有叛兵而无叛民。"普等顿首曰:"此圣略非臣下所能及。行之至今百四十有一年矣。天下有泰山之安,而无一日飞尘之警,何劳措意于其间耶。"③

宋太祖这一养兵政策为赵氏子孙后代始终奉为圭臬。

> 国初因之……或募饥民以补本城。④

---

① 《江湖长翁文集》卷二四,宋集珍本丛刊,第60册,第599页。
② 本节参考了淮建利《宋朝厢军研究》,中州古籍出版社2007年版,第34—35页。
③ 晁以道:《景迂生集》卷一《元符三年应诏封事》。邵博《闻见后录》卷一,中华书局点校本,1983年,第1页。
④ 《宋史》卷一九三《兵七》,第4799页。

大中祥符三年（1010）八月戊辰，"以江、淮不稔，命升、扬、庐州长吏各兼本路安抚使。时刑部郎中王济知洪州，躬督官吏为糜粥，日亲尝而给之，录饥民为州兵，所全救甚众"①。

明道元年（1032）三月乙亥，诏淮南饥民有愿隶军而不中者，听隶下军。②

明道二年七月戊子，"京东体量安抚使陈执中言：'饥民多流亡，请择少壮者一切募为军，部送京师，如不愿，听隶本城。'从之"③。

庆历八年（1048）秋七月戊戌，"诏河北水灾，其令州县募饥民为军"④。

皇祐元年（1049）二月辛未，"知青州、资政殿学士、给事中富弼为礼部侍郎。初，河北大水，流民入京东者不可胜数。弼择所部丰稔者五州，劝民出粟……凡活五十余万人。募而为兵者又万余人"⑤。

治平元年（1064）九月己卯，"初募开封府界及京东西、淮南饥民，少壮者为厢禁军"⑥。

熙宁元年（1067），"诏诸州募饥民补厢军"⑦。

熙宁三年（1069）五月，"诏河朔流民寓京东者，如旧制招募教阅，以为忠果二十指挥，分隶河北总管司，以除盗恤饥"⑧。

元丰二年（1079）二月乙卯，又诏："兖、郓、齐、济、滨、棣、德、博州饥甚，艰食之民颇多，可遣官分往诸州，益募民为兵，以补开封府界、京东、京西将兵阙额"⑨。

元丰四年（1081）六月己未，诏："河北被水之民有少壮者，招填诸州阙额厢军，止支一半例物。民间有农具计折当常平粮斛，候水退日收赎。"⑩

---

① 《续资治通鉴长编》卷七四，第1686页。
② 《续资治通鉴长编》卷一一一，第2578页。
③ 《续资治通鉴长编》卷一一二，第2627页。
④ 《续资治通鉴长编》卷一六四，第3957页。《宋史》卷一一，第226页。
⑤ 《续资治通鉴长编》卷一六六，第3985页。
⑥ 《续资治通鉴长编》卷二〇四"治平二年春正月壬午"条注文，第4941页。
⑦ 《宋史》卷一九三《兵七》，第4801页。
⑧ 《宋史》卷一八九《兵三》，第4643页。
⑨ 《续资治通鉴长编》卷二九六，第7210页。
⑩ 《续资治通鉴长编》卷三一三，第7584页。

大观四年（1110）三月庚子，募饥民补禁卒①。

绍兴十有二年（1142）七月癸卯，胡世将尝招得数千人，近缘岁饥皆饿死，今必有流民，愿就招者……②

凶年招募饥民为兵的主旨在主观上是为了防范农民叛乱，在客观上则在一定程度上减缓了灾荒时饥民、流民的痛苦，对救灾救荒具有一定的积极作用。宋朝招募饥民一般是少壮者填充禁军，较怯弱者则填充地方厢军。欧阳修在《原弊》中对当时的招募有很形象的描写：

> 古之凡民，长大壮健者，皆在南亩，农隙则教之以战。今乃大异，一遇凶岁，则州郡吏以尺度量民之长大而试其壮健者，招之去为禁兵；其次不及尺度而稍怯弱者，籍之以为厢兵（一作军）。吏招人多者有赏，而民方穷时争投之。故一经凶荒，则所留在南亩者，惟老弱也。而吏方曰：不收为兵，则恐为盗噫。苟知一时之不为盗，而不知其终身骄惰而窃食也。③

> 皇祐中，河北水灾，农民流入京东三十余万。安抚使富弼募以为兵，拔其尤壮者得九指挥，教以武技，虽廪以厢兵，而得禁兵之用，且无骄横难制之患。诏以其骑兵为教阅骑射、威边，步兵为教阅壮武、威勇，分置青、莱、淄、徐、沂、密、淮阳七州军，征役同禁军。④

但总体来说，似以招募为厢军为多。

当然对宋廷的这一募兵政策曾引起许多士大夫的担忧和批评，如司马光就认为，招募饥民为军虽可救一时之急，但造成冗兵为害甚大。他说："臣又闻即日灾伤之处，军无见粮煮薄粥以饲饥民，犹不能给，况刺以为兵，将以何物养之终身乎。且畎亩农民止因一时饥馑，故流移就食，若将来丰稔则各思复业，今既刺以为兵，是使之终身失业也。于官于民皆为非便，谋策之

---

① 《宋史》卷二〇《徽宗二》，第 384 页。
② 《建炎以来系年要录》卷一四六，第 2336 页。
③ 《欧阳修全集》卷六〇《原弊》，第 870 页。
④ 《宋史》卷一八九《兵三》，第 4642—4643 页。

失,孰甚于此。"① 但是从宋朝的长治久安和减缓饥民痛苦的角度,赞成凶年募兵政策的士大夫大致要多于批评者。南宋人吴儆在《论募兵》一文中对凶年招募饥民为兵的意义有概括性的评论:

> 臣切见朝廷平时以募兵为急而应募者少,今岁正是募兵之时而未闻广募,臣不知其故何也。臣闻饥岁莫急于防民之盗,而防盗莫先于募民为兵。盖饥困之民不能为盗而或至于相率而蚁聚者,必有以倡之。闾里之间,桀黠强悍之人不事生业,而其智与力足以为暴者,皆盗之倡也。因其饥困之际,重其衣食之资,募以为兵则其势宜乐从,桀黠强悍之人既已衣食于县官而驯制之,则饥民虽欲为盗,谁与倡之?是上可以足兵之用,下可以去民之盗。一举而两得之,孰有便于此者。臣愚欲望圣慈特降指挥,行下诸路旱伤州军,委自守臣专切措置,召募强壮及格堪充披带之人,分送诸军交管。其召募例及起发路费,并照前后招募三衙诸军体例施行。如州郡匮乏去处,许令截拨上供钱物充费,或自特旨降付官会,使之钱物有余,则事易办集。②

洪适《乞刺壮健乞丐人札子》亦有相似的看法。

> 臣伏见临安府街市间,乞丐人颇有壮健者,恐是盗贼徒党托此为名,以伺察人家之贫富,门巷之曲折。今辇毂之下,时有剽劫之患,不可不曲为之防。臣愚欲乞睿断行下临安府选委官属,因赈济之时,鸠集乞丐之人,尽皆拣择,如非老弱疾病,其人可用,即与刺充厢军。既免其啼饥号寒之苦,若使有穿窬之志,亦可使灭心铄谋矣。③

显然,"募饥民为兵,不仅可以稳定社会,间接降低救灾成本,而且可以扩大兵源,把潜在的反对力量化为统治阶级的工具,真可谓是一举三得的

---

① 《传家集》卷三五《言招军札子》(治平二年二月五日上)。
② 吴儆:《竹洲文集》卷二《奏议·论募兵》,宋集珍本丛刊,第46册,第518页。
③ 《盘洲文集》卷四三。

妙法"①。

六、鬻卖度牒

度牒是度僧牒和道士度牒（紫衣师号）的简称，因其由礼部发放又称作"祠部牒"。度牒是由官府旨在掌控民众想要披剃出家为僧、道的一种许可证。出售度牒，唐代已有之，但并不常有。宋朝用出卖度牒筹集财政经费②始于宋仁宗嘉祐初年③，而用出卖度牒赈济灾荒始于宋神宗初年。神宗熙宁元年（1068）秋七月，知谏院钱公辅言："祠部遇岁饥、河决，鬻度牒以济急。"④ 其后出卖度牒成为宋朝筹集救荒救灾资金和粮食的重要手段。主要表现在三个方面：

（一）直接用作筹集赈济灾民的资金款项

年代	度牒用于赈济或赈粜事例	数额	资料出处
治平四年（1067）	十月庚戌，给陕西转运司度僧牒，令籴谷振霜旱州县。	不详	《宋史》卷一四，第267页。
熙宁元年（1068）	降空名度牒五百道，付两浙运司，令分赐本路召人纳米或钱赈济。	五百道	《通考》卷二六，考254页。
熙宁二年（1069）	四月，降空名祠部五百道，付两浙转运司，令分赐本路曾经水灾及民田薄收州军，相度灾伤轻重，均其多寡，召人纳米或钱，以备赈济。	五百道	《宋会要》食货六八之三八。
熙宁三年（1070）	四月丁卯，给度僧牒五百，付两浙转运司，分赐经水灾及民田薄收州军，召人纳米或钱赈济饥民。	五百道	《长编》卷二一〇，第5095页。

---

① 淮建利：《宋朝厢军研究》，中州古籍出版社2007年版，第35页。
② 参见汪圣铎《两宋财政史》上册，中华书局1995年版，第348—349页。
③ 《续资治通鉴长编》二六八"熙宁八年九月辛巳"条。《建炎以来朝野杂记》甲集卷一五《祠部度牒》："祠部度牒，自治平四年冬始鬻之。"恐有误，不取。第331页。
④ 陈均：《皇朝编年纲目备要》卷一八《初鬻度牒》条，第412页。

续表

年代	度牒用于赈济或赈粜事例	数额	资料出处
熙宁七年（1074）	四月乙亥，赐河北路常平司募人入米赈济。	一千道	《长编》卷二五二，第6156页。
熙宁七年（1074）	八月丁丑，赐环庆安抚司度僧牒千，以备赈济汉、蕃饥民也。	一千道	《长编》卷二五五，第6235页。
熙宁七年（1074）	冬十月壬申，京西南北路各赐僧牒二百、州助教敕告各二十，以助赈济。	二百道	《长编》卷二五七，第6272页。
元祐四年（1089）	十一月甲午，浙西复得赐度牒百道，易米以救饥者。	一百道	《长编》卷四三五，第10495页。
元祐五年（1090）	正月，赐浙西度牒三百道以助赈济。（苏轼语）	三百道	《长编》卷四五一，第10829页。
元祐六年（1091）	七月辛未，支拨见钱、度牒约计二十万贯，振两浙水灾。	不详	《长编》卷四六二，第11033—11034页。
绍圣元年（1094）	诏给度牒五百，付河北东西路提举司，召人入钱粟充赈济。	五百道	《通考》卷二六，考254。
大观四年（1110）	四月二日，给降空名度牒二十道（度牒二百贯）赈荆湖北路去岁灾歉，推行赈济及召民入粟。	二十道	《宋会要》食货六八之五〇。
大观七年（1113）	四月四日，给降度牒二十道，赈东南六路灾伤，并依湖北路已得指挥施行。	二十道	《宋会要》食货六八之五〇。
绍兴三年（1133）	九月丙辰，诏民之（泉州）被害者除其税，其当济给及营缮者，以度牒二百赐之。	二百道	《宋史全文》卷一八下。
绍兴五年（1135）	夏，吕颐浩乞降助教敕、度僧牒，诱上户粜米，赈湖南旱灾。①	不详	
乾道三年（1168）	八月癸亥，四川旱，赐制置司度牒四百，备振济。	四百道	《宋史》卷三四，第641页。

① 李幼武：《宋名臣言行录》别集下卷二《宋成国忠穆公》。

续表

年代	度牒用于赈济或赈粜事例	数额	资料出处
乾道四年（1169）	四月是月，以饶、信及建宁府等州饥，降僧牒一百道，付建宁府；荆南府僧牒二百道，衢州一百道。雷州水，赐十道。	四百一十道	《宋史全文》卷二五上。
乾道四年（1169）	十二月二十六日，诏令礼部给降度牒十道，付雷州。	十道	《宋会要》食货六八之六五。
乾道七年（1172）	九月十一日，诏："访闻湖南今岁亢旱，民颇流离，令礼部给降度牒一百道。"	四百十道	《宋会要》食货六八之七〇。
淳熙八年（1181）	十二月甲寅，以度僧牒募闽、广民入米。	不详	《宋史》卷三五，第676页。
淳熙十四年（1187）	秋七月辛酉，江西、湖南饥，给度僧牒，鬻以籴米备赈粜。	不详	《宋史》卷三五，第687页。
淳熙十四年（1187）	八月辛未，赐度牒一百道，备赈绍兴府饥。	一百道	《宋史》卷三五，第687页。
绍熙三年（1192）	四月十三日，诏礼部给度牒一百道，前去四川制置司交割，仰本司均拨付旱伤州军变转钱，专充籴米赈济。	一百道	《宋会要》食货六八之九三。

（二）用作治理黄河及其他水利工程的资金

年代	治河事例	度牒数额	资料出处
熙宁四年（1071）	十二月十四日，赐河北转运司度僧牒五百，开修二股河上流，并修塞第五埽决口。	五百道，紫衣师号各二百五十	《宋会要》方域一四之二三。
熙宁八年（1075）	春正月壬子，赐外都水监丞程昉度僧牒千，给浚汴河工费。	一千道	《长编》卷二五九，第6319页。
熙宁八年（1075）	六月戊戌，赐都水监丞司度僧牒二百，市埽岸物料。	二百道	《长编》卷二六五，第6485页。

续表

年代	治河事例	度牒数额	资料出处
元丰元年（1078）	三月二十七日，赐度牒二百道付河北转运司，以市年计修河物料。	二百道	《宋会要》方域一五之一。
元丰元年（1078）	六月四日，"赐度僧牒五十"，奖励权都大主管巡护惠民河杨琰塞曹村河决口，省人功、物料钱百余万缗。	五十道	《宋会要》方域一五之三。
元丰元年（1078）	八月丁巳，赐度僧牒六百付都水监，分给开封府界提点及河北转运司鬻卖，豫买修河物料，以其半市梢草还诸埽。	六百道	《长编》卷二九一，第7122页。
元丰五年（1082）	秋七月壬辰，赐河北东路提举司度僧牒千，兑钱与黄河堤防司，应副新河。	一千道	《长编》卷三二八，第7897页。
元丰五年（1082）	秋七月丁未，赐南外都水监丞司度僧牒六十，备广武上下埽。	六十道	《长编》卷三二八，第7908页。
元丰五年（1082）	九月丁酉，诏给度僧牒八百，付都水监应副原武、天台、齐贾三埽物料。	八百道	《长编》卷三二九，第7934页。
元丰五年（1082）	冬十月壬申，赐京西转运司度僧牒二百，应副原武埽。	二百道	《长编》卷三三〇，第7959页。
元丰六年（1083）	闰六月乙未，赐开封府提点司度僧牒五百，市阳武等埽物料。	五百道	《长编》卷三三六，第8102页。
元丰六年（1083）	八月甲子，赐河中府度僧牒二百八十，修浮桥、堤岸。	二百八十道	《长编》卷三三八，第8143页。
元丰七年（1084）	六月丙戌，赐都水监度僧牒二百，应副滑州诸埽梢草。	二百道	《长编》卷三四六，第8313页。
元祐二年（1087）	十二月壬辰，以度牒五百给都水监。	五百道	《长编》卷四〇七，第9907页。
元祐五年（1090）	五月壬辰，赐度僧牒五十，令杭州开西湖。	五十道	《长编》卷四四二，第10644页。
元祐八年（1093）	十二月十八日，与北外丞司五百道，与南外丞司五百道，令乘时计置梢草。	一千道	《宋会要》方域一五之二〇。

续表

年代	治河事例	度牒数额	资料出处
元符元年（1098）	春二月丁卯，"给度牒八百二十一道"，充黄河埽岸并诸河雇春夫（三万六千五百人）。	八百二十一道	《长编》卷四九四，第11732页。
宣和元年（1119）	正月二十七日，"诏特支二百道"，和雇人夫，修葺永兴军城壁。	二百道	《宋会要》食货六八之一一八。

（三）作为常平仓的籴本

年代	事例	度牒数额	资料出处
熙宁五年（1072）	十一月甲子，诏赐广南西路常平司度牒千，为籴本。	一千道	《长编》卷二四〇，第5834页。
熙宁七年（1074）	秋七月戊申，赐度牒二千五百，赈贷泾原、环庆路汉、蕃饥民，及为永兴路常平籴本。	二千五百道	《长编》卷二五四，第6221页。
乾道八年（1172）	八月壬子，浙东提举郑良嗣言：收籴常平尚少钱五万三千二十余贯，诏礼部纽计度牒给降。	不详	《宋史全文》卷二五下。
绍熙四年（1093）	八月二十四日，诏礼部各给降度牒一百道，下江东、浙东提举司，每道价钱作八百贯，令两司措置出卖，人户原输米，依市价入中，请买度牒者听，其卖到价钱，循还作专一籴米，斟量州县旱伤轻重，分拨粜、济。	一百道	《宋会要》食货六八之九四。
绍熙五年（1094）	二月十四日，诏礼部给降度牒三十道付江州，每道价钱作八百贯，措置出卖，收籴米斛，专充赈济支用。	三十道	《宋会要》食货六八之九六。
庆元四年（1098）	正月十一日，诏降礼部给降度牒三十道付本司（利州路提举司），仍具籴到米数申尚书省。	三十道	《宋会要》食货六八之一〇一。

度牒一道的价格从已知宋神宗朝的一百三十贯（缗）到南宋后期八百贯（缗）乃至一千二百贯，期间起伏不定有很大的变化①。宋朝在卖度牒的同时，还有用度牒换米的做法。如元祐时期苏轼在杭州救灾时就提到："复得赐度牒百道，易米以救饥者。"② 又如："淳熙九年救勘会已降指挥，令广东、福建帅臣晓谕，愿为僧道之人，每名备米三百石，请换度牒一道。续降指挥，给到空名度牒一百道，付绍兴府，每道许人户以米二百石请换。虑恐米数稍多，圣旨每道特与减五十石，余依已降指挥。今乞依仿孝宗之法施行，然须州郡相度申请可也。"③

对于用出卖度牒救荒救灾，宋朝朝野有不同意见，王安石变法时期，主张用卖度牒所得的钱款充作常平仓的籴本，理学家程颢颇不赞成。熙宁二年（1069），宋神宗对王安石说："程颢言：不可卖祠部度牒作常平本钱，如何？"王安石回答说："颢所言自以为王道之正，臣以为颢所言未达王道之权。今度牒所得，可置粟凡四十五万石。若凶年人贷三石，则可全十五万人性命，卖祠部所剃者三千人头，而所可救活者十五万人性命，若以为不可，是不知权也。"④ 董煟也认为："度牒换米，盖亦一时权宜所当行，议者咸谓度牒广行，人丁丧失，不知今日游民甚多，而所谓童行者，不可数计。今日度牒一本，一人为僧，而活有十人之命，何惮而不为。然平时所以不轻出者，正为缓急之举也。"⑤

北宋晚期到南宋前期，由于漫无节制，度牒发放太滥，朝野一时批评的声音很高，绍兴二十七年（1157）八月辛亥，宋高宗就说："见士大夫奉佛，其间议论多有及度牒者。朕谓目今田业多荒不耕而食，犹有二十万人。若更给度牒是驱农为僧，且一夫受田百亩，一夫为僧即百亩之田不耕矣。佛法自东汉明帝时流入中国，终不可废。朕亦非有意绝之，正恐僧徒多则不耕者众矣。"⑥ 所以度僧牒的出卖时断时续，正如李心传所言："顷朱晦翁为浙东提

---

① 可参见王栐《燕翼贻谋录》卷五《出卖僧道度牒》，中华书局1981年版，第50页；《建炎以来朝野杂记》甲集卷一五《祠部度牒》；《续编两朝纲目备要》卷一一"宁宗嘉定元年十一月"条。
② 《宋史全文》卷一三。
③ 《救荒活民书》卷二《度僧》。
④ 《宋史全文》卷一一"熙宁二年九月戊辰"条。
⑤ 《救荒活民书》卷二《度僧》。
⑥ 《宋史全文》卷二二下。

举,遇饥岁,亦请度牒于朝,以备籴济。盖自绍兴以来,已为缓急所仰,不可复废矣。(度牒初以黄纸,五年易以绢,七年又易以绫。)"①

七、存恤流民

大灾之后,如果灾区未能得到及时救助,或地方官府一时无力救助,饥饿的人群就会结队形成浩大的流民潮。宋人描述灾民转徙流移悲惨状况的记载史不绝书。熙宁五年(1072),北方秋至大蝗、亢旱,以至熙宁六年(1073)三月,"经春不雨,麦苗枯焦,黍粟麻豆粒不及种,旬日以来,街市米价暴贵,群情忧惶,十九惧死。方春斩伐,竭泽而渔,大营官钱,小求升米,草木鱼鳖亦莫生"②。于是,河南、陕西一带的大规模的灾民流向京师,选人郑侠绘制"流民图"上进朝廷,引起朝廷上下很大震动。董煟说:"流民如水之流……所以离乡井、去亲戚、弃坟墓,皆非其所得已也。臣亲见浙人流移过淮甸者,始焉扶老携幼,接踵于道,或转死于沟壑者。"③由于流动的灾民极易转变为农民的变乱,"百姓不惟阙食,农乏谷种,田事殆废,粒食绝望,纠集为盗,实可矜悯。若不优加赈恤,恐转致连结群党,难于擒捕,陷溺良民,投之死地"④。南宋初,"惟西江之奥区,乃上流之重地,控引淮浙,襟带湖湘,洊罹兵火之余,重以旱灾之甚,流移者十室而六七,耕垦者百亩之二三"⑤。南宋后期永嘉一带"流民扶老携幼,颠顿暴露,不知息肩之所。其有亲戚知识以为归者无几,率皆茫然远去,以侥幸万一。未至淮上,其狼狈于道者,已多至而失所,则老弱转乎沟壑,壮者不为盗贼,则或为好人诱略北去以为奴婢,无复生还之日,又可虑、可哀也。"⑥所以从长治久安的战略高度,宋朝对于灾后流民的安置和救助是极为重视的,也形成了一系列的救助办法,概言之大致有如下几种。

---

① 李心传:《建炎以来朝野杂记》甲集卷一五《祠部度牒》,第332页。
② 郑侠:《西塘先生文集》卷一《上皇帝论新法进流民图》。
③ 《救荒活民书》卷二《存恤流民》。
④ 《续资治通鉴长编》卷二六一"熙宁八年三月己亥"条,第6357页。
⑤ 《李纲全集》卷一三一"谢宰相制置江西启"条,岳麓书社2004年版,第1263页。
⑥ 楼钥:《攻媿集》卷二一《论流民》。

（一）妥善安置，以防继续流移

首先是为流动的灾民提供居留处。

天禧元年（1021）五月戊戌朔，诏灾伤流民所至之处，官吏倍加存恤，无居室者许于寺观公舍安泊，勿令失所①。

宝元二年（1039）八月十七日，河东郡（路）转运司言：陕西及晋、绛州人值旱，分往河北，已令州军应系有河去处，不收渡钱。店舍寓止不取宿直。诏流民经过诸处，公私渡钱，随身将带盘缠见钱合收税者，并与放免，许寓止宫观寺庙②。

神宗熙宁元年（1068）八月二日，诏：令京东西路转运司辖下州县，应河北遭水流民到彼，并仰于寺庙空闲处安泊。如内有老幼疾病的然不能管，主者即官计口给米，大小有差，候至深秋，告谕各令归业种作，贫者更给路粮③。

熙宁八年二月己卯，诏："闻河东路赈济饥民，多聚一处，太原府舍以空营，约及万人。方春虑生疫疠，其令察访、转运司谕州县据人所受粮计日并给，遣归本贯，即自它州县流至而未能自归者，分散处之以闻。"④

绍圣元年（1094）三月二十二日，三省言："准诏赈恤流民，令还本业。昨已降指挥，应流民支与口食，遣还本土。所在官司辟官屋权令宿止，疾病者医治，仍不限户口，米豆石斗赈济，令户部指挥灾伤路分监司，严加督责州县推行，务要民受实惠，如更合有行赈恤事，令速施行。"⑤ 十月二十三日，诏："近者大河东提防未及增缮，以故濒河被害者众，南来者多留京师，流离暴露。隆冬日迫，陷于死亡，坐视不恤，其谓朝廷何？既诏有司悉意赈赡，其令开封府即京城门外行视寺院官舍以居之，至春谕使复业。"⑥

宣和四年（1122）十二月十三日，诏："德州有京东路西来流民不少，

---

① 《续资治通鉴长编》卷八九，第2058页。
② 《宋会要辑稿》食货六九之四〇。
③ 《宋会要辑稿》食货六九之四一。
④ 《续资治通鉴长编》卷二六〇，第6342页。
⑤ 《宋会要辑稿》食货六八之四六。
⑥ 《宋会要辑稿》食货六八之四七。

本州知、通张拜（邦）荣、王景温等见行赈济，于在城并安德、平原县三处措置宿泊计六百三十一户，除已该给券还乡外，尚有五百余户各得均济。仰本路提点刑狱司究实闻奏，取旨量推恩，其余路分遇有流移人户，不即依条存恤者，并仰监司、廉访使者按劾以闻。"①

绍兴六年（1136）正月二十六日，诏：令江东西、湖南北、福建、浙东提举常平官体认前后诏令……如有流移人户，亦仰措置踏逐寺院及系官屋宇，多方安存，依条支破钱米养济。仍仰帅臣严察督责所委属官，并逐州通判职官、诸县令、佐，各仰依此极力推行，无致少有流移死损②。

淳熙八年（1181）八月二日，臣僚言：今岁江、浙州县水旱相继，细民往往徙江北诸郡。乞令监司、守臣多方赈济，许于诸寺院及空闲廨宇安存。如愿种本处官田，即令借给口食，拨田耕种③。十二月四日，诏：江、浙、两淮帅、漕、提举司，各行下所部州县，将流移到人户，多方赈济，来春如愿归业耕种，即量支钱米给据津遣④。

淳熙九年（1182）二月十五日，臣僚言："乞下诸路监司、郡守，令所部县令劝谕上户，遇有流移之民未复业者，收为佃户，借与种粮。秋成之时，量收其息。其旱伤州县，佃户贫乏不能布种者，亦令佃主依此。庶几者还乡居者安业，贫富相资，不违农时。"从之⑤。

淳熙八年⑥九月二十四日，淮南运判赵彦逾言："和州、无为军渡口有江浙等处流移人颇多，已行下所指州县，路（踏）逐寺观及空闲屋宇安存，量给口食赈济外，缘本路今岁亦系旱伤去处，方赈救不暇。窃虑冬深流民益众，州县不能瞻给，乞督责逐州守臣务加安集，毋令流徙。"⑦

绍熙二年（1191）正月九日，湖广总领所"遂劝谕税户，令招集流民以为佃客，假借种粮屋宇，使之安存"⑧。

---

① 《宋会要辑稿》食货六八之五五。
② 《宋会要辑稿》食货六九之五五。
③ 《宋会要辑稿》食货六九之六五。
④ 《宋会要辑稿》食货六九之六五至六六。
⑤ 《宋会要辑稿》食货六九之六六。
⑥ 此处纪年在淳熙九年和十年之间，恐有误。见《宋会要辑稿》食货六八之八一。
⑦ 《宋会要辑稿》食货六八之八一。
⑧ 《宋会要辑稿》食货六九之六七。

(二) 召集流民，考课官吏

皇祐元年（1049）正月，诏：“河北水灾，流亡甚众，其存者又无种食，方春东作，宜令三司支钱二十万贯下转运司市谷种，分给中等已下户。其令、佐能招辑流亡及劝课耕种，候秋成日，皆考寔以闻。”①

皇祐五年（1053）六月，诏：“河南、北比年灾伤，流民未复，州县长吏有能招辑劳徕者，安抚、转运司条具能否以闻。”②

政和八年（1118）闰九月十一日，诏：“江、淮、京、浙、广南、福建路被水，官吏失于循抚，民多流移。在法当招诱复业。官吏坐视不恤，使民转徙重困。可令监司督责劝谕还业，计一州县随户口数具流移与复业人，比较多寡，各具数以闻。其最多、最少官吏，并当量行赏罚。候到，仰三省将上取旨。”③

绍熙四年（1193）六月一日，三省言：“诸路州郡有被水去处，窃恐州县不能存恤，致有流移。诏江、浙、两淮、荆湖等路安抚、转运、提举司，将被水去处，须管同守臣多方措置赈恤，毋令失所。如将来人户或有流移，定将当职官吏重行责罚。”④

(三) 收养安葬

皇祐二年（1050）三月己酉，诏：“两浙流民男女不能自存者，听人收养，后不得复取。”⑤

至和二年（1055）四月二十八日，诏：“访闻饥民流移，有男女或遗弃道路，令开封府、京东、京西、淮东、京畿转运司应有流民雇卖男女，许诸色人及臣僚之家收买。或遗弃道路者，亦听收养。”⑥

乾道元年（1165）四月二十二日，诏：“两浙州军去岁水涝，流移阙食

---

① 《宋会要辑稿》食货六九之四〇。
② 《宋会要辑稿》食货六九之四〇。
③ 《宋会要辑稿》食货六九之四二。
④ 《宋会要辑稿》食货六九之六八。
⑤ 《续资治通鉴长编》卷一六八，第4036页。
⑥ 《宋会要辑稿》食货六九之四一。

人颇众,朝廷措置赈粜,存济甚多。比因疾气传染,间有死亡,深可悯怜。可令行在翰林院差医人八员,遍诣临安府城内外,每日巡门体问看诊,随证用药,其药令户部于和剂局应副。在外州军,亦仰依法,州委驻泊医官、县镇选差善医之人多方救治,药钱于逐州岁赐合药钱内,县镇于杂收钱内支给。务要实惠及民。并仰接续给散夏药,侯(候)秋凉日住罢。从中书门下省请也。五月六日,诏:"两浙路诸州县饥民多有疾疫,理宜矜恤,除下逐州守臣措置医治外,如有死亡遗弃在路之人,亦仰委官同巡尉检察,支给官钱埋瘗,不得令狼藉道路。"①

(四)劝谕和设法招诱灾民归业

太宗太平兴国元年(976)二月,诏:"开封府近年蝗旱,流民甚众,委本府设法招诱,并令复业,只计每岁所垦田亩,桑枣输税,至五年复旧。旧所遗欠,悉从除免。违者以所(垦)桑土,许他人承佃。承佃人岁输租调,亦如复业之制。民愿归业而官司邀滞者,许人陈告,犯者决配。"②

太平兴国七年(982)二月庚午,诏开封府:"近者蝗旱相仍,民多流徙,宜设法招诱,并令复归,满百日不至,其桑土并许他人承佃,便为永业。"③

淳化二年(991)正月,诏:"陕、华、同、永兴、凤翔管内逃户,念彼农民,值兹旱岁,迫于饥馑,遂至流移。谅有失于耕桑,固莫充于衣食。达于予听,深用轸怀。宜示优恩,俾归旧业。以年宽限其税赋,以口数贷其种粮,使复乡间,再修田亩。"④

明道二年(1033)十二月甲寅,诏:"开封府及京东西、淮南、江东、河北、河东路,明道二年以前流民去乡里者,限一年令归业,仍蠲赋役一年,限满不至者,听人请佃之。"⑤

绍圣元年(1094)三月二十二日,三省言:"准诏赈恤流民,令还本业……上(哲宗)曰,闻京东、河北之民乏食流移,未归本土,宜加意安

---

① 《宋会要辑稿》食货六八之一二六。
② 《宋会要辑稿》食货六九之三六。
③ 《续资治通鉴长编》卷二三,第512页。
④ 《宋会要辑稿》食货六九之三六。
⑤ 《续资治通鉴长编》卷一一三,第2648页。

恤，给粮种，差官就谕，使还农桑。"①

绍圣元年九月二十九日，诏："府界、京东、京西、河北路应流民所过州县，令当职官存恤诱谕，遣还本土。内随行别无资蓄者，仍计口给历，经州县排日给食。至本处如合赈济，依灾伤放税五分法。内老幼疾病未能自还及不愿还者，计口给。"②

绍圣元年十月二十三日，诏："滑州委官于浮桥北岸，谕南来流民，以朝廷宽逋移粟赈恤曲折使归业。"③

绍兴二十四年（1154）五月十七日，尚书省言，衢州阙食人户，令本路常平官赈济外，窃虑未到之前，人户阙食，有妨归业。诏令本州日下赈济，仍晓谕各令归业④。

嘉定二年（1209）四月四日，临安府言，江、浙流民八百五十户，计三千六百七十六人，津发回归本贯复业。所有淮民，更与赈给钱米两月津发。江、浙流民合用钱九百九十一贯三百七十五文，米九十九石一斗，赈给淮民两月用钱二千三百三十二贯九百八十文，米一千七百九十六石四斗，乞划下丰桩库、丰储仓照数支降。从之⑤。

嘉定十三年四月二日，临安府言："自嘉定十二年三月三日，有两淮流民节次到府，逐（遂）差总辖使臣审实到乡贯户口，分拨寺院存著，各以人丁大小日支拨米食用，并津遣元系严、婺等州及本府属县人事欲归本贯之人，及给养两淮未愿回归之饥民，与津遣归本贯复业之人，其合用钱、米，乞拨下本府应副给散津发。诏令封桩库于见桩管会子内支拨……及下丰储仓所支拨米……"⑥

嘉定十六年正月九日，臣僚言："江、浙水灾……仍劝谕人户归业，趁时布种。如阙粮种，官为借贷。"⑦

---

① 《宋会要辑稿》食货六八之四六。
② 《宋会要辑稿》食货六八之四七。
③ 《宋会要辑稿》食货六八之四七。
④ 《宋会要辑稿》食货六八之六一。
⑤ 《宋会要辑稿》食货六八之一〇四至一〇五。
⑥ 《宋会要辑稿》食货六八之一〇八。
⑦ 《宋会要辑稿》食货六八之一〇九。

(五) 灾后重建

太宗淳化四年（993）十一月，诏："应开封府管内百姓等，霖霪作沴，水潦荐臻。多稼既被于天灾，尽室不安于地著，遂至转徙，其将畴依？先是，今年三月辛亥诏书：应流民限半年复业，限满不复，即许乡里承佃，充为永业。又念民之常性，安土重迁，离去旧国，盖非获已。自今年十一月已前，因水潦流移人户，任其归业。如至明年夏不归业者，即以辛亥诏书从事。"①

天禧三年（1019）十月甲午，免卫州民三年科率，以蝗旱流移，新复业故也②。

仁宗天圣六年（1028）五月，河北路体量安抚王沿言："自邢、赵、真定府等处，各令支借种粮与归业人户，并与倚阁今年夏秋赋，及令逐处倍加安恤。从之。"③

仁宗明道二年（1033）三月十四日，知安州刘楚言："本州旱歉三年，流亡者八千八百余户，检详绍（天）圣编敕，应因灾伤逃户，限半年许令归业，免一料催科。"又明道元年十一月甲戌敕书："京东、江、淮南灾伤州军流移人户，各令归业，免夏、秋两料税赋。令（今）流亡之人已出敕命，虑富室强户，肆为兼并，贫弱者归业无期，必恐州县户口咸耗，欲望申限半年，优免徭赋。"诏："灾伤之地悉如楚奏，特展半年，许流人归业，免两料差徭赋税。"④

仁宗庆历五年（1045）三月，德音："因灾伤逃移，限一年令归业，与免三料催科及支移折变，不因灾伤逃移，限半年，与免一料支移折变。"⑤

元丰四年（1081）二月丙戌，诏："闻阶、成、凤、岷州人户阙食流移，令逐州第四等以下人户支借常平粮斛，每户不得过两石，仍免出息。如有去年未纳秋税，并诸般欠负等，并权倚阁。其有往诸处逐熟带兴贩物货，税钱

---

① 《宋会要辑稿》食货六九之三七。
② 《续资治通鉴长编》卷九四，第2168页。
③ 《宋会要辑稿》食货六八之三七至三八。
④ 《宋会要辑稿》食货六九之三九。
⑤ 《宋会要辑稿》食货六九之四〇。

一百以下，并经过河渡合纳官私渡钱处，并令验认免放。如更有合行赈济事件，令陕府西路转运司、经制熙河路边防财用司、秦凤等路提举司疾速条具以闻。"①

哲宗元祐七年（1092）四月十七日，尚书省言："灾伤处逃移人户，或邻人亦逃移，或官司未暇检覆，至归业，即官司以不经申报检覆，不与放税，遂使优恤之法泽不下究。望许依归业放税条。从之。"②

徽宗宣和元年（1119）十二月十六日，监察御史周武仲言："淮甸旱暵……所在系官山林、塘泊有可推以利民者，乞暂绝其禁，听饥民采食。其利商旅般运，应邻近路分及沿江州军载斛米舟车，并乞与免沿路力胜钱，堰闸、关津不得稽留。从之。仍许通一路义仓兑拨支给，其流移地分如合放免租税，并令依条，内豪民出粟，不得仰勒。"③

徽宗宣和五年十一月十九日，诏："京西路累年灾伤，民力匮乏，州县失于措置，颇多逃移。今岁虽熟，若将积欠伴行催理，显见未易出办。可将宣和三年已前拖欠税租并与权行倚阁，应逃移未归业人户，仰转运、常平司官督责守、令，多方措置，招诱归业，仍将归业人户未归以前见欠租税及系官诸般欠负，并特与免除。"④

绍兴二十三年⑤（1153）二月一日，户部言："勘会在法：因灾伤逃田限一年，不因灾伤者限半年，避赋役者百日，许归业。不因灾伤再逃者，不在归业之限，不经检阁税租及供输钱物而见有人承佃供输者，限六十日许归业，限满者，许人指射，无人请射者，亦听归业。诸田归业及诸佃若买而权佃人已施功力者，偿其费，即已布种者，收毕交割。"⑥

绍兴三十二年（1162）二月三日，诏："两淮归业民户难（艰）于食用，令本路常平司赈济。如阙米，于浙西、江东常平米内各取拨一万石，应副支散。"⑦

---

① 《续资治通鉴长编》卷三一一，第 7547—7548 页。
② 《宋会要辑稿》食货六九之四二。
③ 《宋会要辑稿》食货六八之一一九。
④ 《宋会要辑稿》食货六九之四三。
⑤ 根据上下文，此处应为绍兴三十二年。
⑥ 《宋会要辑稿》食货六九之六〇。
⑦ 《宋会要辑稿》食货六八之六二。

隆兴元年（1163）九月二十七日，诏："百姓贫乏下户，或因赋税或因饥馑逃亡，其抛下田土，官司即时抄劄拘籍，不复归业，遂至失所。令州县申严敕文五年之限，应逃亡人户有愿归业者，即给还。如州县违戾，监司按闻劾奏。"①

隆兴二年（1164）三月二十七日，德音："高、藤、雷、容州应曾被焚劫逃避人户……依灾伤法赈恤，即虽归业而无力耕种者，令提刑司以牛具、种粮借贷之。"②

嘉泰三年（1203）十一月十一日，南郊赦文："官员职田，在法以官荒及五年以上逃田拨充。访闻州县不问年限。辄行拘占，致人户无业可归，间有灾伤，却令依旧数输纳租课。并仰日下依条改正、除放。"③

如上所述，宋朝政府为存恤流民，实施了诸多有效的措施，对于安置因灾伤而流移四方的民众，并促使他们回归本业应当说是起到一定的积极作用。但这些措施都是在临灾后采取的应急措施，因而当时的士人以为要消除灾伤之后的流民潮，首要对策应是在平时而不是在灾后，只有培育民众抵御灾害的能力才能使他们"安土重迁"，而这种能力即需要官府平素采取轻徭薄赋的政策，如董煟所言："治其源则易为力，遏其末则难为功。若本处地分赋敛稍宽，自然安土重迁，谁肯移徙？"至于临灾之际，已然形成流民潮，在安置流民时亦应采取灵活和安全的措施使民众得到真正的救助和安置，不至于为了截留流民而流于官样文章。董煟对此有中肯的意见："然本处不可存活，而抑之使不得动，于理固逆。至于一动之后，中途官司禁遏抑勒，使之复回，此又非所宜也。臣谓今未流者，固宜赈救。已流者，莫若令所过州县多方存恤，推行富弼之法以济之。"④

---

① 《宋会要辑稿》食货六九之六一。
② 《宋会要辑稿》食货六八之六二。
③ 《宋会要辑稿》食货六九之六八。
④ 《救荒活民书》卷二《存恤流民》。

宋代救荒史稿

LI HUA RUI ZHU

李华瑞 著

下

天津出版传媒集团
天津古籍出版社

第十四章

宋代的赈济、赈贷与赈粜

赈济、赈贷和赈粜是宋代临灾时的基本救灾措施。赈济、赈贷和赈粜之"赈",《宋史》写作"振"。《宋史》将有宋一代的救荒、抚恤等社会救助通称作"振恤"①。这里的"振"是先秦秦汉时期救助的原本意义。南宋人吴曾对"振"和"赈"的流变有较为详细的叙述:

> 颜师古《匡谬正俗》曰:"赈济,当用振字。《说文》曰:振,举也,救也。诸史籍所云:振给,振贷,振业者,其义皆同,尽当为振字。今人之作文书者,以其事涉货财,改振为赈。按《说文解字》云富也。左氏《魏都赋》曰:'白藏之藏,富有无堤。同赈大内,控引世资。'此则训不相干,何得混杂。诸云振给、振贷者,并以饥馑穷厄,将就困毙,故举救之,使得存立耳。宁有富事乎?"以上皆颜说。予以颜说甚当,但未有据,按《春秋传》文公十六年,楚人出师,自庐以往,振廪同食。注云:"庐,今襄阳中庐县也。振,发廪仓也。同食,上下无异馈也。"然则振济,当以左氏为据。今字书止云赈,言其富,盖言于利,能不失时,则可以致富矣。汉《汲黯传》:"发河内仓粟,以振贫民。"亦作此振字。②

---

① 《宋史》卷一七八《食货上六》,第 4335—4344 页。
② 吴曾:《能改斋漫录》卷七《事实·赈济振济》,上海古籍出版社 1960 年点校本,第 167 页。

虽然吴曾的小考证很有道理，但是宋代大多数文献记述救荒、抚恤等措施时都使用"赈"字，所以本节也一仍其旧。赈济、赈贷和赈粜都是临灾时的救助措施："诸州岁歉，必发常平、惠民诸仓粟，或平价以粜，或贷以种食，或直以振给之，无分于主客户。"① "有曰贷粮种子者；有曰借助振贷者，以息振济者也；有曰振粜者，减价粜谷以振之也；有曰赈济者，直与以赈之也。"② 但是救助对象不尽相同。南宋人指出："朝廷荒政有三：一曰赈粜，二曰赈贷，三曰赈济，虽均为救荒而其法各不同。市井宜赈粜，乡村宜赈贷，贫乏不能自存者宜赈济。"③ "救荒有二名，一曰赈济，二曰赈粜。夫赈济者，皆老幼病患、无依倚、无经纪之人也。既抄劄姓名，审核给历，直计口食而供养之而已。若此者，料亦不为甚多，既有常平之米，又有社仓、广惠仓之积，皆当拨为赈济。""夫赈粜者，减价收钱而授米也，价不减无以谓之赈，价太减或能激其穹，视市价之低昂而略损之可也，使人人知州郡有米，其如此之多，而不知者无所规利，价亦不至于太穹，价不穹而市有米，荒政举矣。"④ 前面论及抄劄制度时，所引"李珏赈济法"即是按财产多寡分四个等级抄劄，借以确定实际的救济人群："将灾伤都分作四等抄劄，仁字系有产税、物业之家；义字系中下户，虽有产税，灾伤实无所收之家；礼字系五等下户及佃人之田并薄有艺业而饥荒难于求趁之人；智字系孤寡、贫弱、疾废、乞丐之人。除仁字不系赈救，义字赈粜，礼字半济半粜，智字并（全）济，并给历计口如常法。惟济米预散榜文，十月（日）一次，委官支。毗陵与鄱阳常行此法，民至于今称之。"⑤ 由上可知，赈粜和赈贷的对象主要是城乡有一定资产的中下户，而赈济的对象则以贫乏不能自存的人群为主。赈粜是官府通过平抑粮食价格，保障粮食供应，使有一定资产的人户借助市场度过灾歉。而赈贷则是以低息或无息向三、四等户借贷粮种，帮助他们恢复生产，从而达到自救的目的。赈济是各级官府直接向受灾的贫困无助户发放口粮，以维持延续他们的生命。赈粜一般多在中等及以下灾情发生时

---

① 《宋史》卷一七八《振恤》，第4335页。
② 陈均：《皇朝编年纲目备要》卷一九"熙宁四年夏四月"条，第446页。
③ 《宋会要辑稿》食货六八之九八至九九。
④ 王柏：《鲁斋集》卷一五《述民志》。
⑤ 董煟：《救荒活民书》拾遗《李珏赈济法》。

实施，在大灾、特大灾发生时则主要采取赈济措施，并辅之以赈粜。如前揭，北宋神宗元丰以前，按受灾伤十分等级实施相应对等的救助方式，并没有严格区分赈贷、赈粜、赈济的界限，元丰以后至南宋绍兴后期，以七分为界，七分以下为赈粜，七分以上为赈济和赈贷。绍兴后期至南宋灭亡大致是以五分为界划分赈贷、赈粜和赈济。

> 淳熙八年敕：浙西常平司奏本路去岁旱（旱）伤轻重不均，在法五分以上方许赈济，今来逐县各乡都分有分数不等，若以逐县言之，则不该赈济，若据各乡都分有旱至重去处，则理当存恤，除已逐一从实括责，五分以上量行赈济，五分以下量行赈粜，得旨依行。①

所以赈粜是宋代赈灾中使用最广泛、最常见的救荒措施。

宋太宗以后，随着常平仓和义仓制度的逐步建立和完善，一般来讲，常平仓主要承担赈粜和赈贷，义仓则主要是赈济。当然在实际救灾时，两者并不是不可越雷池一步，而是随宜而动。下面依次对其具体实施状况作简要介绍。

一、赈济

如上所述，赈济主要是在灾歉时对贫乏无助之人的救助措施，但这里所言的贫乏无助之人有两层含义，一是城乡贫困户及鳏寡孤独病残人群，二是大灾、特大灾年导致灾民流离失所的流民。这里也包括有一定资产的城乡中下户。赈济的粮食来源理论上应是由义仓提供，如董煟所言："水旱，先发常平赈粜，义仓赈济"②。"救荒之法不一，而大致有五：常平以赈粜，义仓以赈济。"③但实际上并不如此，义仓在北宋时期经过几次反复直到哲宗朝才真正建立起来，南宋绍兴以后又与常平仓合流，所以赈济的粮食来源，北

---

① 董煟：《救荒活民书》拾遗《杂记条画》。
② 董煟：《救荒活民书》卷一"庆历四年二月"条。
③ 董煟：《救荒活民书》卷二《序》。

宋时以省仓、常平仓、义仓和截留上供米为主，南宋时则由常平义仓、大军仓、封桩粮、上供米等提供。董煟在论述州府长官救荒职责时说："视州县三等之饥而为之计。"其注曰："小饥则劝分发廪，中饥则赈济、赈粜，大饥则告朝廷截上供、乞度牒、乞鬻爵、借内库钱为粜本。"①

另外，北宋神宗以后似建有专门的赈济机构——赈济司。据黄庭坚为高密乔彦柔所作墓志铭，得知神宗至哲宗时陕西有赈济司，乔彦柔的先人"罢石州调中牟主簿，陕西转运司闻其材，辟赈济司勾当公事"②。苏辙亦言元祐九年（1094）二月（是年四月改元绍圣）"滑州已支山陵余粮万石与之，可以支持一两月耳。兼京东赈济司准备粮食太多……"③ 据这两条材料可知当时至少在北方州郡设有赈济司一类机构，至于如何设置，又如何运作，现尚未发现更多的材料能够说明，故存之有待继续深入发掘和研究。

宋代赈济概览

年代	赈济灾民	资料出处
建隆元年（960）	四月乙酉，遣使分诣京城门，赐饥民粥。	《长编》卷一，第13页。
建隆二年（961）	三月，以金、商、延州鼠食田苗，民饥，遣使赈之。	《宋会要》食货六八之二八。
建隆三年（962）	正月，以扬、舒、滁、和、庐、寿、光、黄、濠、泗、楚、海、通、泰等十四州民乏食，令逐路长史开仓赈给之。 六月，诏宿州发廪赈饥民。 十二月，蒲、晋、磁、隰、相、卫六州饥，诏所在发廪赈之。	《宋会要》食货六八之二八。
建隆四年（乾德元年，963）	二月，命使臣往澶、滑、魏、卫、晋、绛、蒲、孟等州，发廪赈饥民。	《宋会要》食货六八之二八。

---

① 董煟：《救荒活民书》卷三《赈贷》。
② 黄庭坚：《黄庭坚全集·三集》卷三〇《凤州团练推官乔君墓志铭》。
③ 苏辙：《龙川略志》卷九《议赈济相滑等州流民》，中华书局1982年版，第58页。

续表

年代	赈济灾民	资料出处
乾德二年（964）	二月，陕州言：民饥，遣给事中刘载往赈之。 四月，灵武言：饥殍者甚众，命以泾州官廪谷三万石赈之。	《宋会要》食货六八之二八。
乾德三年（965）	三月癸酉，诏诸道发义仓赈饥民者，勿待报。	《长编》卷六，第149页。
乾德四年（966）	三月己卯，淮南诸州言：江南饥民数千人来归，令所在发廪赈之。 四月辛酉，诏以江南沴饥，许沿江百姓过江樵采贸易，独商旅禁之如故。	《长编》卷七，第168、170页。
乾德六年（开宝元年）（968）	正月，诏陕州集津镇、绛州垣曲县、怀州武陟县民饥，发廪以赈之。 五月丁未，赐江南米十万斛，民饥故也。	《宋会要》食货六八之二八。《长编》卷九，第202页。
开宝六年（973）	二月，曹州言：民饥，诏运太仓米二万石，往赈之。	《宋会要》食货六八之二八。
开宝七年（974）	春正月甲戌，遣使发廪赈扬、楚等州饥民。 六月戊子，河中府及绛州民饥。丙申，诏发河中军储三万石以赈之。	《长编》卷一五，第316、321页。
太平兴国二年（977）	六月癸卯，知秦州张炳言：先受诏以仓粟粜与贫民，使者刘文保复赍诏诏臣罢之，民饥益甚，转死沟壑者愈众。臣与文保矫诏开仓，救百姓倒垂之急，愿以属吏诏释其罪。	《长编》卷一八，第406页。
太平兴国八年（983）	三月，同州言：岁饥，发仓粟四万石赈之。	《宋会要》食货六八之二九。
雍熙三年（986）	八月，剑州言：谷贵，诏遣使以官粟赈饥民。	《宋会要》食货六八之二九。
端拱二年（989）	八月，乾宁军言：民饥，诏以官粟二万石赈之。	《宋会要》食货六八之二九。
淳化二年（991）	闰二月，岁歉，陕西转运使郑文宝诱豪民出粟三万斛，活饥者八万六千余人。	《长编》卷三二，第712页。

续表

年代	赈济灾民	资料出处
咸平元年（998）	九月，诏两浙路留诸州运米，以济饥民。	《宋会要》食货六八之三〇。
咸平二年（999）	三月丙辰，命度支郎中裴庄等，分诣江南、两浙，发廪粟赈饥民。 十一月辛丑，两浙转运使请出常、润州廪米十万石，赈饥民，从之。	《长编》卷四四，第930页；卷四五，第969页。
景德元年（1004）	二月己巳，遣使赈陈、蔡、沂、密州饥民。	《长编》卷五六，第1230页。
景德二年（1005）	春正月甲寅，令河北转运使赈饥民，口一斛，户五斛。 正月八日，令蕲、黄州赈恤饥民。十七日，令淮南诸州以上供军储赈饥民。二十六日，命常参官二人分往荆湖北路、淮南诸州，出官粟，作糜粥，以养饥民。仍令择幕职使臣强干者专司其事，长吏常按视之，每十日具所赋（赈）糜粥之数以闻。自是，全活者甚众。二十九日，河北转运司卢琰言：天雄军见管米叁万九千五百余斤，澶州四万二千二百余斤，诏给两处饥民。 二月十日，命太常丞艾仲儒乘传诣澶州，以陈粟四万石分赈饥民。 三月，大名府饥。命转运司发廪赈救。 四月八日，命鄂州发惠民仓赈饥民。	《宋会要》食货六八之三一至三二。《长编》卷五九，第1309页。
景德三年（1006）	春正月庚申，令京西转运司出仓粟赈贫民。丁卯，青、齐、淄、潍、登、莱等州民饥。己巳，诏京东转运司赈之。又遣屯田郎中杨覃乘驿与河北转运司赈澶、滨、棣、德、博州饥民。	《长编》卷六二，第1384页。
大中祥符元年（1008）	四月，府州言，民饥，命振之。	《宋会要》食货六八之三三。
大中祥符二年（1009）	四月丁未，令陕西州军发廪以赈饥民。	《长编》卷七一，第1604页。

续表

年代	赈济灾民	资料出处
大中祥符四年（1011）	四月十六日，同、华州饥民有鬻子者，遣太常博士舒贲驰驿存抚赈济之。 六月，剑、利、阆、集、壁、巴等州饥，诏赈之。	《宋会要》食货六八之三四。
大中祥符五年（1012）	十二月二十二日，泗州饥，官给米十万石以赈之。	《宋会要》食货六八之三四。
大中祥符六年（1013）	四月十九日，诏：如闻淮南诸州罢糜粥之赐，尚虑贫民未济，可令依旧，俟其足食乃止。 七月二日，泰州、淮阳军言：民饥，诏发官粟赈之。三月（日），仪州言：民饥，诏发官粟赈之。十月（日），淮南饥，诏本路转运发运使发廪赈恤。	《宋会要》食货六八之三五。
大中祥符八年（1015）	二月，令淮南路发廪粟为糜粥，以济饥民。 十二月丁酉，令同、耀等州为糜粥济饥民。	《宋会要》食货六八之三五。《长编》卷八五，第1960页。
大中祥符九年（1016）	二月辛卯，以陕西民饥，发廪粟赈之。 三月戊申，京兆府言民饥，诏赈之。 八月丙子，令江、淮发运司岁留上供米五十万，以备饥年赈济。	《长编》卷八六，第1972、1975页；卷八七，第2003页。
天禧元年（1017）	三月十八日，两浙提点刑狱钟离瑾言：衢、润二州阙食，官设糜粥，民竞赴之，有妨农事。请下转运司量赈米二万石，家不得过一斗。从之。 四月四日，诏：河北大名府、磁、相、澶州、通利军，两浙越、睦、处州，去秋灾伤，民多阙食，令转运司运米赈济之。十一日，以赵州民饥，出廪粟万石赈之。 八月六日，知并州周起言，河北民逐熟至州境者，州民施饭一月。诏奖起，仍令召出米人宴犒之。	《宋会要》食货六八之三五至三六。
天禧二年（1018）	春正月癸丑，令大名府官设糜粥济饥民。 十月，同、耀州饥民多流亡，诏转运司赈之。	《长编》卷九一，第2098页。《宋会要》食货六八之三七。

续表

年代	赈济灾民	资料出处
天禧四年（1020）	夏四月壬辰，京西转运使言，知襄州夏竦劝部民出粟八万余石赈济饥民，诏奖之。	《长编》卷九五，第2188页。
天圣三年（1025）	三月，京西转运使张意言：襄、颍（颖）、许、汝等州经水，损恶斛斗八万余石，不堪支遣，请分给阙食之民。从之。 十一月丁酉，诏晋、绛、陕、解等州岁饥，其令本路发廪谷以赈之。	《宋会要》食货六八之三五至三六。《长编》卷一〇三，第2392页。
天圣六年（1028）	四月丁丑，其邢、赵、沧、瀛、怀、卫等州民饥尤甚，亟发廪赈救之。	《长编》卷一〇六，第2470页。
明道元年（1032）	十一月癸巳，淮南、江东民饥，诏制置发运司转米三十万斛赈济之。	《长编》卷一一一，第2594页。
明道二年（1033）	春正月己卯，诏：发运使以上供米百万斛，振江淮饥民。遣使督视。 八月己亥，御史中丞范讽请转漕河阳、河阴仓粟，以赈京东饥，从之。	《长编》卷一一二，第2603页；卷一一三，第2632页。
景祐元年（1034）	春正月甲子，遣使督江、淮漕米，以赈京东饥民。丙寅，诏开封府界诸县作糜粥以济饥民，诸路灾伤州军亦如之。	《长编》卷一一四，第2659页。
庆历三年（1043）	四月壬戌，发康定军粟以济饥民。 十二月，是冬大旱，河中、同、华等十余州军物价翔贵，饥民相率东徙，（韩）琦即选官分诣州县发省仓赈之。奏差提点刑狱许宗寿专切往来提举蒲、华、同三州，所活凡二百五十四万二千五百三十七人，他州人数称是。	《长编》卷一四〇，第3367页；卷一四五，第3520页。
至和二年（1055）	六月乙卯，（郓州）是岁，京东水，大发仓廪，以赈饥民。 七月丁卯，诏：比闻延州等处饥民流入岚、石诸州，其令河东安抚司赈恤之。	《长编》卷一八〇，第4355、4357页。

续表

年代	赈济灾民	资料出处
嘉祐四年（1059）	春正月丁酉，自去年雨雪不止，民饥寒，死道路甚众。诏遣官分行京城，视孤穷老病者，人赐百钱，小儿五十，畿县委令佐，赈以糜粥。	《长编》卷一八九，第4547页。
治平元年（1064）	八月丁巳，以上供米三万石赈宿、亳州水灾饥民。	《长编》卷二○二，第4901页。
治平二年（1065）	春正月丁丑，赐许、蔡州见钱钞十万贯，令和籴米以救饥人，仍命驾部员外郎李希逸提举。	《长编》卷二○四，第4941页。
熙宁元年（1068）	七月，诏：恩、冀州洒（河）决水灾，令省仓赐粟。	《宋会要》食货六八之三八。
熙宁四年（1071）	三月十六日，诏：判永兴军郭逵，如本路州县有饥荒处，并以官廪赈济。	《宋会要》食货六八之三九。
熙宁七年（1074）	七月戊午，诏：提举永兴军路常平等事、太常博士章楶体视环庆路灾伤，相度赈济以闻。 八月丙子，又诏闻镇、赵、邢、洺、磁、相之民南涉者人数不少，可令河北西路转运常平仓司疾速具见令赈济，次第以闻。戊寅，诏京西路安抚司，流民依乞人法，日给口食，至九月止。不足以常平米充。又诏成都府、利州路转运等司赈济饥疫，具次第以闻。	《长编》卷二五四，第6225页；卷二五五，第6234、6236页。
熙宁八年（1075）	春正月戊戌，诏：秦凤路转运判官刘定、提举常平等事章楶提举赈救饥民。初，定言泾原路民阙食，常平米不足，乞借省仓渭州二万石，泾州、德顺军、镇戎军万石，许之。至是，又诏定等提举。甲寅，诏："闻永兴、秦凤、河东路民饥，死者相属。累戒监司给钱谷赈济，而官吏未悉究心，其令逐路转运司及所差官诣所部州军救恤，具死亡埋瘗数上司农寺。"己未，洮西缘边安抚司言："去岁夏秋旱，羌户殍死者众。自收复洮、河，羌人止知畏威，而未识朝廷之惠。今此饥歉，若官为糜粥，振其饥急，计米一升可给三人，则百石当济三千人矣。自二月尽五月，给米千五百石，费不多而惠极博。"上批：依奏。速令经	《长编》卷二五九，第6309、6319、6324页；卷二六○，第6347页；卷二六一，第6356、6357、6363页；卷二六八，第6570页；卷二六九，第6600—6601页。《宋会要》食货六八之三九。

续表

年代	赈济灾民	资料出处
	略安抚司指挥相度，于蕃市聚集之地给散，如数少即量增之。 　　二月丁亥，出常平米万石，赐苏州赈济饥民，以常熟县民田灾伤故也。 　　三月丁酉，赐两浙路常平米二万石赈济润州饥民。己亥上批：沂州、淮阳军灾伤特甚，百姓不惟阙食，农乏谷种，田事殆废，粒食绝望，纠集为盗，实可矜悯，若不优加赈恤，恐转致连结群党，难于擒捕，陷溺良民，投之死地，可速指挥。遂诏京东东路转运、提举司发常平钱、省仓米等第散给，及贷以和买绢钱，孤贫户听差待阙得替官就乡村依乞人赈济，道殣无主，官为收瘗之。癸丑，诏：两浙路常平司续给米二万石，赈济常、润州饥民。 　　九月丁丑，江南东路转运司乞米三五万石，赈济饥民。诏淮南东西、两浙江南东路共更留上供米十五万石，赐灾伤州军。 　　冬十月辛丑，又诏江浙、淮南灾伤州军，除用常平借贷兴利外，更赐上供米三十万石赈济，令体量安抚司均给措置。 　　十二月二日，诏：河东岁歉，移屯戍兵马五千归营。以其余粮赈济饥民，仍具次第以闻。	
熙宁十年 （1077）	四月辛巳，诏：以福州常平司检校崇胜院粮三万八千余石，赈济漳泉州兴化军饥民。	《长编》卷二八一，第6890页。
元丰元年 （1078）	闰正月十三日，诏：河北路以常平米赈济饥民。三十日，诏河北被水户如过河逐熟，即于白马县河桥差官赈之。 　　八月二十九日，诏：青、济、淄三州被水流民，所在州县募少壮兴役，其老幼疾病无依者，自十一月朔依乞丐人例给口食。候归本土及能自营，或渐至春暖，停给。	《宋会要》食货六八之四〇。
元丰二年 （1079）	正月二十三日，上批：闻阶、成州去秋灾伤，艰食之民流者未止，官司初不经画赈济。可下司农并本	《宋会要》食货六八之四〇至四一。

续表

年代	赈济灾民	资料出处
	路提举司疾速施行。 　　二月二十六日，知沧州张问言，民饥至相食，今州仓大豆四万九千余石，可支五年，渐有陈腐，乞留二年外，斥其余以赐饥民，可活良民三万口。上批，可下提举常平事李孝纯速相度施行。 　　四月十二日，诏：河北东路提举常平仓司，所散滨、棣、沧州饥民食，至五月止。	
元丰七年 （1084）	夏四月甲午，河东路提举常平司言：去年灾伤民户阙食，义仓谷不多，乞于常平封桩粮支三五万石赈济。从之。 　　六月己巳朔，诏：五路提举保甲司已拨常平粮准备赈济，令相度保甲遇灾伤不及五分，当如何等第赈济条具以闻。其后提举河东路保甲王崇拯言：赈济灾伤保丁四等以下，本户灾伤及五分以上，即依常平司七分以上法。从之。河北、陕西、开封府界准此。 　　七月九日，诏：尚书户部员外郎张询、干当御药院刘惟简，赈济西京、大名府被水灾军民。二十一日，诏河北东路被水保甲，令州县考实赈济，小保长保丁一石，大保长二石，都、副保正三石，提举保甲官分诣诸县照管，具赈济人数以闻。 　　八月十四日，诏：洺州水灾，许借邻近州县常平仓米麦、小豆共五万石。	《长编》卷三四五，第8280页；卷三四六，第8304页。《宋会要》食货六八之四一至四二。
元祐元年 （1086）	二月一日，诏：大名府自经水灾，民田尚多淹浸，人户艰食，向虽赈济，尚虑官吏拘文，使被灾之民未蒙恩泽，宜委大名府路安抚使韩绛询访赈济。四日，诏：淮南东、西路提举常平司体量饥歉，以义仓及常平斛斗依条赈济讫闻奏。 　　三月二十六日，诏：府界并诸路提点刑狱司体访州县灾伤，即不限放税分数及有无披诉，以义仓及常平米斛速行赈济，无致流移。 　　六月壬子，诏：河北路监司分诣诸州，以义仓、常平谷赈济被水阙食人户。	《宋会要》食货六八之四二。《长编》卷三八〇，第9243页。

续表

年代	赈济灾民	资料出处
元祐二年（1087）	十一月六日，诏：运淮南、二浙谷四十万斛赈济京东路。 十二月，赈饥穷，以大寒，出禁钱十万缗，赐贫民。	《宋会要》食货六八之四五。《皇朝编年纲目备要》卷二二，第549页。
元祐三年（1088）	二月六日，诏："以常平钱、谷给在京乞丐人，至季春止。" 十二月十六日，知永兴军韩缜言：本路比岁灾伤阙食，请于法所给米豆更不限数。从之。	《宋会要》食货六八之四五。
元祐四年（1089）	春正月己亥，诏罢回河及修减水河。先是御史中丞李常言……去年京东、河北大饥，甚者至人相食，朝廷发常平粟赈济，不足，又继以上供米数十万斛。	《长编》卷四二一，第10200页。
元祐八年（1093）	十二月十四日，以京师流民，诏特出米各十万付开封府，计口支给。	《宋会要》食货六八之四六。
绍圣元年（1094）	九月二十九日，诏府界、京东、京西、河北路应流民所过州县，令当职官存恤诱谕，遣还本土。内随行别无资蓄者，仍计口给历，经州县排日给食。至本处如合赈济，依灾伤放税五分法。内老幼疾病未能自还及不愿还者，计口给。 十月十七日，诏："京西南北路提举司官躬按州县，督视赈济，无令流殍，旬具所存活数申尚书省。" 十二月六日，诏京东西、河东路提举司，将放税不及五分者，申验得灾伤梢重，阙食不能自存，或老幼疾病之人，并权依五分法赈济。	《宋会要》食货六八之四七至四八。
绍圣二年（1095）	二月十四日，诏内藏库支钱十万贯、绢十万匹，分赐河北东、西两路提举司，准备赈济。从御史董敦逸请也。	《宋会要》食货六八之四九。
崇宁三年（1104）	正月二十四日，户部言，新两浙路提点刑狱公事周谊奏：常、润两州去秋蝗旱，春夏之际粮食尤阙，欲乞量展赈济月分至四月末（末）。看详：欲下两浙转运、提刑、提举司体度，如委有灾伤人户阙食，至三月终未可住罢。从之。	《宋会要》食货六八之四九。

续表

年代	赈济灾民	资料出处
崇宁五年（1106）	正月二十五日，诏两浙路提举司赈济水灾乏食者。	《宋会要》食货六八之四九。
大观二年（1108）	八月十九日，工部言：邢州奏钜鹿下埽大河水注钜鹿县，本县官私房屋等尽被淹浸。诏：见在人户依放税七分法赈济……不管却致失所，仍具赈济居养存恤次第事状闻奏。	《宋会要》食货六八之五〇。
大观三年（1109）	八月十七日，诏：常、润州米价踊贵，可量发常平斛斗赈济人民。 九月六日，诏：东南路比闻例有灾伤，斛斗踊贵。仍下诸路监司，仰依实检放秋苗分数，仍依条赈济。	《宋会要》食货六八之五〇。
大观四年（1110）	三月二十六日，诏：润州、饶州灾伤至甚，赈济米、豆并展至四月终。	《宋会要》食货六八之五〇。
政和六年（1116）	三月十日，诏：浙西常、湖、秀州、平江府等处自去岁水灾，秋成尚远，其贫乏阙不济人户，仰本路提举常平司通融那移一路应管常平、义仓，与朝廷分（封）桩米斛，权依乞丐人法，不限户口、石数，特加赈给。 七月六日，知杭州徐铸言：奉诏赈给钱塘、仁和、盐官、余杭、富阳县去岁水灾贫阙人户，自四月十五日接续赈给，止六月十五日，尚未有米谷相继上市，已一面行下展至六月终。从之。 八月十八日，两浙提举常平言：奉诏常、秀、湖州、平江府等处水灾，权依乞丐人法赈给。本据逐州管下共二十五县，赈济总四十三万余口，乞至收成日住给。从之。 十月十九日，诏平江府管下属县有水灾去处，令依十分法赈济。	《宋会要》食货六八之五一至五二。
政和八年（1118）	七月十六日，诏高阳关路去岁赈济，全活百余万人，河间府、沧州为多。安抚使吴玠特降诏奖谕，官吏推恩有差。	《宋会要》食货六八之五二；食货五七之一五。

续表

年代	赈济灾民	资料出处
	八月二十五日，诏：江、淮、荆、浙被水州军涨水已退，残潦余浸占田无艺，民不得耕，比屋摧圮，无以奠居。可令郡守令佐悉心赈救，提举司于上供或封桩斛斗内，量人户多寡截充赈济，即不得争占，候将来丰熟，于常平司拨还，上等四十万石，中等三十万石，下等二十万石。 九月二十七日，诏：江、淮、荆、浙以被水人户多寡，分上中下三等，许截上供斛斗赈济，可依已降处（分），亦作三等截留四十万。如违，以大不恭论。 十月八日，诏：诸路民被水患深浅不同，州县赈给，不可一概，限满住罢，仰监司、州县悉心体究，如被水尤甚，民力未能自营，不得便住赈给，务在存活人命，亦不可滥冒惠奸。	
宣和二年 （1120）	六月四日，诏开封府赈济乞丐二万二千余人，当职官吏推恩有差。 十月九日，诏：淮南灾伤，饥民流离，常平官其躬至所部，竭力赈济。	《宋会要》食货六八之五四。
宣和五年 （1123）	十月二十八日，诏：大河暴涨，由恩州河清（应作清河）县王余渡东向泛溢，冲荡大名府采（宗）城县，本县被水人户，令本州提举常平官请诣流移所在，遍行赈济。	《宋会要》食货六八之五五。
宣和六年 （1124）	五月十三日，前知平阳军府事商守拙言：契勘诸路州县给散乞丐人米，依条立期五日一给，不以所居远近，皆集一处给散。欲乞遇风雪权令就近支散，庶不失所。从之。 十月二十七日，诏浙西诸郡夏、秋水灾，谷贵艰食，民户流移，已降指挥。于所在依条赈济。访闻常平司见管米斛数少，可于本路实有见在米或见起上供米内截拨五七万石付提举常平官，躬亲往常、秀、平江等处随宜分擘，应副赈给，务令实惠均及饥民。 十一月十七日，诏：河北、京东夏秋水灾，民户流移，系（继）踵于道，可令应所过州军随宜接济。若常平、义仓不足，即发封桩应干斛斗赈给，令实惠及人。	《宋会要》食货六八之五五至五六。

续表

年代	赈济灾民	资料出处
绍兴五年（1135）	十二月九日,诏：雪寒,细民阙食,可令临安府分委官措置,依赈济人例支米三日。后又展三日。	《宋会要》食货六八之一二二。
绍兴六年（1136）	正月十三日,诏令湖南转运司于已科拨去年上供米内存留三万石,从本路帅司量度灾伤轻重,分拨付州县专充赈济使用。二十六日。上宣谕辅臣曰：岁饥,民多流殍,朕心恻然,官为拨廪以赈给之。则民受实惠,苟为不然,虽诏令数下,恐徒为文具耳。宜申饬有司多方措置米斛。 二月一日,诏令江西转运司于去年上供米内支拨一万石,付本路帅司勘量灾伤轻重,与常平米相兼均俵,赈济支用。	《宋会要》食货六八之五八。
绍兴七年（1137）	闰十月乙丑,发米二万石振京西、湖北饥民。	《宋史》卷二八,第532页。
绍兴十年（1140）	三月十九日,臣僚言,诸处粜米赈济只及城郭之内,而远村小民不沾实惠。向陈正同通判婺州,赈济极有条理,虽穷谷深山之民,无不普沾实惠,而州县之吏亦不至劳。乞令陈正同条具赈济事件,付户部看详,遍下诸路依此施行。从之。	《宋会要》食货六八之六〇。
绍兴十八年（1148）	十一月二十三日,上谕辅臣曰：绍兴府灾伤,阙食人户以义仓米赈济,无使失所。如别有灾伤去处,亦令户部多方措置。	《宋会要》食货六八之六〇。
绍兴十九年（1149）	二月辛巳,诏临安府日下给米赈济流民。时浙东大饥,其小民行乞都市,有馁死者,上闻闵焉,故有是命。	《要录》卷一五九,第2577页。
绍兴二十八年（1158）	八月十六日,上谕辅臣曰：浙东、西频江海去处,田苗为风水所损,平江府最甚,绍兴次之。已将常平米赈济,尚虑贫弱下户去秋成尚远,无钱可籴,深轸朕怀。卿等可令发义仓米赈济。宰臣沈该等奏曰：在法,灾伤及七分以上,合行赈济,当遵禀圣训,就委赵子潚、都絮依次施行。诏：绍兴、平江府	《宋会要》食货六八之六一。

续表

年代	赈济灾民	资料出处
	被风水损伤，可令赵子潇、都絜体访委是灾伤去处，将第四等以下阙食人户量行赈济，候晚禾成日住罢。仍具逐处赈济人户及支拨过米数申尚书省。 九月二十九日，诏：在法，水旱检放苗税及七分以上赈济。缘田土高下不等，若通及七分方行赈济，窃虑饥荒人户无以自给。可自今后灾伤州县检放及五分处，即令申常平司取拨义仓米量行赈济。	
绍兴三十一年（1161）	正月二十四日，诏：闻临安府内外有贫乏不能自存之家，可令抄劄具数，限日下申尚书省。二十五日，临安府言抄劄到贫乏之家。诏令本府分委有心力官日下巡门俵散赈济，每名支钱二百文，米一升。二十六日，上谓辅臣曰，百姓虽已赈济，尚恐贫乏之家不能自存者，更令特支柴碳。今并于内藏库支拨给与，务令实惠及物，然辅郡当此雪寒，细民不易，可令常平官依条赈济。	《宋会要》食货六八之一二四。
隆兴元年（1163）	九月二十四日，诏：绍兴府饥民，以义仓米依绍兴十八年例赈济之。从知府事吴芾请也。 十月二十七日，兵部尚书兼湖北荆（京）西路制置使虞允文言：京西一路今岁旱蝗，乞下本路常平司，后（候）开春日，将所管常平、义仓米广行赈济。从之。	《宋会要》食货六八之六二。
隆兴二年（1164）	八月二十八日，诏：访闻淮东有被水去处，人户迁徙，可令钱端礼于本路见管米斛内支拨一万石，措置赈济。如不足，于淮东总领所大军米内取支。 九月四日，知镇江府方滋言，丹徒、丹阳、金坛三县，秋雨伤稼稿，已委官诣金坛县取拨义仓米二千石，丹阳县一千石，各依乞丐法赈济。十九日，诏：令秋霖雨害稼，细民艰食，出内库银四十万两付户部变转，收籴米斛赈济。二十一日，中书门下省言：今岁浙西、江东州军内有水伤去处，损害禾稼，窃虑民户流移阙食，乞下江西常平司，于见管常平、义仓米内取拨二十万硕赈济。从之。	《宋会要》食货六八之六二至六三。

续表

年代	赈济灾民	资料出处
乾道元年（1165）	三月十三日，诏：严、衢、婺、处州荒歉，发常平米以赈之。从殿中侍御史章服请也。	《宋会要》食货六八之六四。
乾道二年（1166）	九月七日，诏：浙东提举常平宋藻前去温州，将常平、义仓米赈济被水阙食人户。十一日，诏：温州水灾，差度支郎中唐琢（珣）同提举常平宋藻、守臣刘孝甚遍诣被水去处，核实赈济。	《宋会要》食货六八之六五。
乾道三年（1167）	十二月二十六日，左朝散郎孙观国言：四川州郡亢旱，内绵、剑州尤甚，乞遣金字牌行下制总诸司多方赈济。上曰：此去麦熟尚远，想见饥民狼狈，当依所奏。	《宋会要》食货六八之六五。
乾道四年（1168）	六月四日，诏：建宁府、衢州、袁州、建昌军米价翔踊，人民阙食，并出常平米赈济之。二十六日，诏襄阳府水旱民饥，令本府寄桩大军米内支降二万石赈济之。 十二月二十六日，雷州言：八月一日，海潮暴涨，淹浸东南乡民，阙食者众。诏令礼部给降度牒十道付广西提刑司变卖，措置赈济。	《宋会要》食货六八之六五至六六。
乾道五年（1169）	三月六日，提举江东常平公事翟绂言：……委官赈粜外，其池州建德县与饶州接连，饥荒尤甚，乞将常平米内支拨七百一十九硕六斗二升，并拘到乾道四年义仓米内支拨二百二十硕一斗七升，将约度被水第四等、第五等以下大小人口，量行赈济。从之。 四月十五日，诏：应福建路有贫乏家生子者，许经所属具陈，委自长官验实，每生一子，给常平米一石、钱一贯，助其养育。余路州军依此施行。 十月十四日，诏：台州出常平义仓米赈济被水之民。	《宋会要》食货六八之一二六。《宋会要》食货六八之六六。
乾道七年（1171）	正月二十二日，利州观察使、知襄阳府韩彦直言：去岁秋苗不登，乞于本府寄桩大军米内支降三万硕赈济。从之。	《宋会要》食货六八之六八至七〇。

续表

年代	赈济灾民	资料出处
	八月一日，同日诏：饶州旱伤，除已存留米一万硕赈粜外，可于本州米内更存二万硕，日下措置赈济。二十三日，资政殿学士、知建康府洪遵言：饶州、南康军，今岁旱灾非当（常），早种不入土，晚禾枯槁，两郡饥民聚而为益（盗），乞检照江西、湖南已行赈济体例，凭遵施行。从之。	
乾道八年（1172）	二月八日，权发遣隆兴府龚茂良言：本路去岁荒旱异常，如隆兴府、江、筠州、临江、兴国军五郡，各系灾伤及七八分以上，虽已依条将老幼疾病之人先行赈给，缘人口几及百万，委是赈给不周。乞将已得旨取拨到米一十万硕，并更劝谕上户赈济给散。庶几稍宣德意。诏将续拨义仓米五万硕令龚茂良充赈给使用。 八月七日，诏：四川自入夏以来，阴雨过多，沿流州县多被其患，如嘉、眉、邛、蜀等州最甚，令四川安（宣）抚司审实被水去处，措置赈恤。从知成都府王震请也。	《宋会要》食货六八之七二。
乾道九年（1173）	闰正月十七日，诏：雪寒，细民艰食，令临安府将贫乏不能自存之家，令左藏南库支会子六千贯，丰储仓拨米三千硕，付临安府分委有心力官，日下巡门依散赈济，每口支钱二百文，米一斗，务在实惠，不得减克。	《宋会要》食货六八之七三。
淳熙元年（1174）	二月二十一日，诏：台、处州去秋大旱，仰于逐州桩管常平宋（米）内，令守贰约合用实数申常平司，速行取拨赈济。衢、婺之间似此去处，比类施行。	《宋会要》食货六八之七四。
淳熙二年（1175）	十月九日，诏：建康府灾伤，可于桩管朝廷米内借米五万石，令守臣刘珙措置赈济。	《宋会要》食货六八之七四。
淳熙三年（1176）	九月十六日，诏：湖北州军间有旱伤处，于常平司疾速措置赈济，毋致人户失业。 十月三日，诏：湖北州军间有旱伤处，已令常平司疾速依条赈济。其京西州县可依湖北已措置事理施行。	《宋会要》食货六八之七四至七五。

续表

年代	赈济灾民	资料出处
淳熙八年 （1181）	春正月庚午，知台州唐仲友言：鳏寡孤独老幼疾病之人，乞依乾道九年例取拨常平义仓赈给。上曰：常平米令低价出粜，若义仓米，则本是民间寄纳在官，以备水旱。既遇荒岁，自合还以与民，况台州自有义仓米，可令赈济。 二月壬午，诏去岁江浙、湖北、淮西路郡县间有旱伤去处，已令多出桩积等米广行赈粜，今虽闻诸路米价低平，其间鳏寡孤独贫乏不能自存之人，无钱收籴，深所矜悯，可令州县镇寨乡村抄籍姓名，将义仓米赈济，务要实惠及民。如州县奉行不虔，仰本路漕臣及提举常平官觉察以闻，重置典宪。 九月十三同日诏：镇江府以常平米赈济外，更于桩管米内取拨三万石贴助赈济（以守臣曾逮言本州旱甚故也。）。十七日，诏：淮西转运司差官检踏本州军实有旱伤处，依条赈济（从知舒州李异请也）。二十三日，秀州守臣言：本州旱歉，见措置赈济，用米甚多，本州并诸县共有常平义仓米十五万余石，恐未足用，乞于本州旧桩管和籴米内支拨一十万石省，著作郎兼权吏部郎官袁枢往淮南，将作主簿王谦往两浙、江东，躬亲按视点检，有措置事件，开具以闻。二十七日，诏：丰储仓拨米三万石付临安府属县，二万石付严州及诸县赈济。二十八日，知临安府王佐言：奉诏措置赈济城外饥民，已于诸处寺院差官监视煮糜粥，给散养济。更乞拨省仓米三千石。从之。 十二月，诏：左藏南库支会子二十万贯，浙东路常平义仓钱内支一十万贯，付浙东提举朱熹措置循环籴米，充一路赈济。	《宋史全文》卷二七，第449页。《宋会要》食货六八之七七至七八。《宋史》卷三五，第676页。
淳熙八年① （1181）	八月十八日，诏：两淮州县今岁间有不熟处，深虑民间阙食。可令漕臣于逐路桩管米内各取拨二万石，以补救荒，仍多方赈恤，务令安业。 九月二十四日，诏令临安府、宁国府、徽、严、婺州守臣各行下诸县，将阙食人户多方赈济，不管更有流徙，仍令赵彦逾委所部守、令加意存恤，毋致失所。	《宋会要》食货六八之八〇至八一。

---

① 《宋会要辑稿》食货六八之八〇，原文作"淳熙八年"，但按上下文的时间顺序似应为淳熙十年。

续表

年代	赈济灾民	资料出处
淳熙九年 (1182)	正月十一日，诏镇江府于见桩管会子内取拨三万贯，付淮南运判赵彦逾贴助赈济。二十一日，诏严州拨米三万石专充赈粜，可改作赈济。 二月十三日，诏复州将见管湖广总领所籴到桩管米内支拨一千石，补助本州赈济饥民（从守臣请也）。 三月一日，诏四川制置司分拨米斛，于恭、涪、忠、万州赈济。（从制置陈岘请也）。十一月（日），诏德安府于桩管米内借拨三千石付江陵府。二千石付信阳军并充赈济。十三日，知镇江府钱良臣言，乞于本府转运般仓米内支米一万石，接续赈济。从之。二十一日，诏降空名度牒二十道付合州，专籴米以备赈给（从守臣何正仲请也）。二十五日，诏平江府于桩管米内支四千石应副常州赈济（从提举张均请也）。 七月十三日，降空名度牒三百道，及于南库支会子一十五万贯，令浙东提举朱熹量度州郡旱伤轻重，均拨专籴米赈济，毋得他用。 九月十七日，诏：昌、合、普、资四州旱荒，可于四川总领新桩管钱引内支十万贯，随宜给散。	《宋会要》食货六八之七八至七九。
淳熙十年 (1183)	二月八日，诏四川总领所支钱引一万道、米五千石付潼川运副张玜，专用赈济（以玜言旱伤故也）。二十二日，知潭州李椿言：去年本州诸县缘阙雨旱伤，乞下本路提举常平司措置仓米二万石下本州，从已降指挥赈济。从之。 三月十二日，右谏议大夫张大经言，乞令两浙、江东、西漕司戒饬旱伤州军县分措置赈恤，毋令流徙。从之。 九月十五日，诏：江西提举司于邻州支米二万石付兴国军，充赈济、赈粜（从安抚程叔达请也）。 十二月十五日，诏：建康府于见桩管籴米内支拨一万九千石，委本路帅、漕、提举司通融应副本州赈济，务要实惠及民（从帅臣漕司请也）。	《宋会要》食货六八之八一至八二。

续表

年代	赈济灾民	资料出处
淳熙十二年（1185）	二月四日，权发遣兴元府张恣言：本路金、洋州、兴元府去年阙雨，窃虑今春合行赈济。一、金州已将常平司银二万两、籴米钱五千六百余道、制置司钱二千二百道收籴斛斗，通常平、义仓见在并总领所发到桩积斛斗三万二千余石，可足用外，尚余钱六千七百三十余道，银二十二两有零。一、洋州见在常平斛斗不多，已移文利州路常平司，将金州余在钱银补洋州之不足，又于本司那拨钱引一千五百道送洋州收籴，准备赈济。兴元府自今物价甚平，亦无流徙之人，见行措置钱米，准备赈济。诏依。仍行下逐州府，各将赈济斛斗务要实惠及民，不致阙食。	《宋会要》食货六八之八四。
淳熙十三年（1186）	十二月二十二日，诏：右司员外郎京镗同临安府通判应藏密依已降指挥，于封桩库、丰储仓支拨钱、米，将城内外贫乏老疾之人措置计口赈济，候韩彦质归府，一就同共给散。既而知临安府韩彦质等言：奉旨赈济细民，令京镗同应藏密侯（候）韩彦质归府，一就同共给散。今措置：欲以二十万人为率，将所委官当日抄劄到贫乏老疾之家人口，每名先支钱四百文、米二斗，计钱八万贯，米四万石。候抄劄尽绝，将散不尽钱、米再行均给。从之。	《宋会要》食货六八之八四。
淳熙十四年（1187）	正月二十二日，兵部侍郎兼知临安府韩彦质言：恭奉圣旨支降钱一十万贯，米五万石，令臣同京镗等措置赈济实系贫乏老病之人，已具奏闻，每口支钱四百文，米二斗，分委府官及差人吏遍于城内外巡门抄劄，及别委官俵散。唯是城外南、北两厢地分极阔远，贫乏之家甚多，今欲于本府有管钱米内支拨，接续俵散赈济。从之。 十一月十八日，诏令丰储而（西）仓先次拨米一万石付临安府，专充旱伤县分赈济。	《宋会要》食货六八之八五。《宋会要》食货六八之八八。
淳熙十五年（1188）	正月二十九日，诏：建康府将所籴桩管米取拨二万石，赈济贫民（以本府诸县旱伤，从守臣钱良臣请也）。	《宋会要》食货六八之八九。

续表

年代	赈济灾民	资料出处
淳熙十六年（1189）	三月六日，诏：昨令濠州支桩管米五千石，赈粜本府去年被水土著及归正主、客户，尚虑逐色人阙钱收籴，可特改作赈济。 六月十一日，诏：临安府城内外细民理宜存恤，可令封桩库支见钱二十三万贯，委守臣将贫乏老疾之人措置赈给，大人每名一贯，小儿伍伯（佰），仍委官巡门俵散。 十一月十八日，诏：四川总领所于阶、成、西和、凤州桩积陈次物斛内各借一万石，拨隶利州路运司，准备将来贷济阙食人户。以利州运判兼提举宋运请也。 十二月八日，诏浙东提举司将温州灾伤县分阙食人户，更加存恤，毋致失所流移。	《宋会要》食货六八之八九至九〇。
绍熙元年（1190）	十月十四日，夔路提举常平杨虞仲言：本路亢旱，细民阙食。乞于邻路有备去处，共借拨三四万石。诏四川制置司总领所公共详所奏事理，于邻近有米去处措置借拨，以备赈济支用，毋致阙食。如见得合行赈济，仰虞仲将今来所借米斛一面措置赈济施行（二年正月，四川总领所于阆州籴买场内支拨三万石应副赈济）。	《宋会要》食货六八之九一。
绍熙二年（1191）	二月六日，诏：近日雪寒，细民不易，可令丰储仓支米五万石，令户部同临安府守臣措置，将城内外委系贫乏老疾之人计口赈济，务要实惠及民，具已赈济人数闻奏。 五月二十一日，四川制置司言：夔路重庆府等州去处（岁）旱伤，目今青黄未接，民户乏食，遂将本司已运过米，并岳霖籴到米，忠、涪等州、本司赈济米，通总令（领）所米计五万一千六百余石，并令遂（逐）州充赈济支用。从之。	《宋会要》食货六八之九一。
绍熙三年（1192）	四月十三日，四川制置使京镗言：去秋成都、潼川两路资、荣、普、叙、简、隆、富顺等七处歉岁艰食，已措置赈济。资、荣二州旱荒尤甚，乞将二州租	《宋会要》食货六八之九三。

续表

年代	赈济灾民	资料出处
	赋尽免，仍照去年奏乞度牒四百道旱（早）赐颁降及卖籴米，以为四路日后水旱之备。诏：礼部给度牒一百道前去四川制置司交割，仰本司均拨付旱伤州军变转钱，专充籴米赈济。仍先次措置，许令人户纳米请买，出给公据，候度牒到日，即行给付，仍令总领所于近便有管米内纳融应副。 七月二十九日，诏：江东提刑、提举司行下广德军、宁国府、徽州、池州，将被水之家更切赈济，优与存恤，从本路两司所请也。	
绍熙四年 （1193）	十二月十八日，知江陵府王蔺言：本府去年灾伤，蒙朝廷拨米四万石，内将一万石赈济，三万石赈粜，乞将所拨米从去年例，于内拨一万石专充赈济，从之。二十四日，诏：淮西转运司见桩管铁钱、交子内共支拨三万贯，专充赈济使用。	《宋会要》食货六八之九五。
绍熙五年 （1194）	二月二十五日，诏信州于上供米内截拨一万石，专充赈济使用。	《宋会要》食货六八之九六。
庆元元年 （1195）	正月十五日，诏令临安府于见赈粜米内取拨二千石，以备赈济。二十六日，诏：临安府阴雨，细民不易，令临安府将见赈粜人户特与赈济五日。以守臣徐谊言，临安诸县自昌化得熟之外，其余八邑俱被水灾，目今虽蒙降米斛减价赈粜，饥民无钱收籴，至有糟糠不充、憔悴骨立、濒死者甚众，畿邑之内，均为陛下赤子，当此荒歉，其惠爱理宜均一，乞将管下八邑见今赈粜者，与府界之民一体赈济五日，庶得人户俱被上恩，有以见陛下加惠京邑，一视同仁之意。从之。 二月三日，诏：令内藏库支钱一万贯，丰储仓更支米三千石，付临安守臣徐谊，措置给贫病之民，务要实惠均济。 四月二十六日，诏：内藏库支钱二万贯，付临安给散贫病之家医药棺敛钱。窃恐止据所降钱给散，不能遍及，可更切相度，如或支散不敷，速具闻奏，更当接续支降，务在均济。 六月十日，又诏：疾疫未及，更于内藏库支拨钱一万贯接续支散。	《宋会要》食货六八之九八。《宋会要》食货六八之一〇〇。

续表

年代	赈济灾民	资料出处
庆元五年（1199）	五月十七日，诏：临安府守臣支给常平钱米，日下差官抄劄城内外实系贫乏老病及在旅店病患阙食之人，量行赈济。	《宋会要》食货六八之一〇一。
嘉泰四年（1204）	三月二十七日，诏于本州（抚州）今岁合发淮西总领所米内截拨七千石赈济使用。	《宋会要》食货六八之一〇二。
开禧二年（1206）	正月十一日，诏：雪寒，细民不易，可丰储仓支米五万石，令临安府守臣措置，将城内外委系贫乏老疾之人，计口赈济，务要实惠及民，具已赈济人数闻奏，仍令尚书省给降黄榜晓谕。 十一月二十五日，枢密院言：两淮北来人，已分拨州军赡养外，当此寒月，理宜存恤。诏令镇江、平江、建康府、江阴、广德军、嘉兴府、湖、常、衢、婺、信、饶州守臣，各仰体认朝廷优恤远来之意，常切躬亲抚存，仍措置稳便去处安泊，无令失所。如见得实系贫病不能自存之人，即仰除见给钱米外，于常平窠名内更与量行赈给，务要实惠。毋为文具。	《宋会要》食货六八之一〇三。
开禧三年（1207）	五月二十三日，江东提刑司言，去岁南康军都昌县十分全旱，据都昌县申，本县土瘠民贫，连岁饥馑，民不聊生，非广行赈济，决无生全之理。乞将建昌县义仓米五千石听本军县随宜赈济，以救一县垂死之命。从之。	《宋会要》食货六八之一〇三至一〇四。
嘉定元年（1208）	十二月十八日，诏令封桩库支降会子二千贯，丰储仓拨米二钱石，专充赈给流民支用，以临安府言：见存淮、浙州军流民共五百六十户，计二千八十一人，在府城内外客店及分拨寺院安泊，自十二月二十一日以后，每大人日支一十文、米一升，申乞量赐支拨钱米，应副本府急阙给散。故有是诏。	《宋会要》食货六八之一〇四。
嘉定二年（1209）	四月四日，临安府言：江、浙流民八百五十户，计三千六百七十六人，津发回归本贯复业。所有淮民，更与赈给钱米两月津发。江、浙流民合用钱九百九十一贯三百七十五文，米九十九石一斗，赈给淮民	《宋会要》食货六八之一〇四至一〇五。《宋史全文》卷三〇。

续表

年代	赈济灾民	资料出处
	两月用钱二千三百三十二贯九百八十文,米一千七百九十六石四斗,乞札下丰桩库、丰储仓照数支降。从之。八日,监行在登闻检院陈孔硕等言:承降指挥,置拘(局)修合汤药,给散病民。其间请药之人,类皆细民,一染疫气,即便废业,例皆乏食。其间亦有得药病愈之后,因出求趁,再以劳复病患,委是可悯,已具申朝廷,蒙给降会子二千贯,米一千石,除已措置支散外,所存不多,又有增添患民,必是支散不敷。乞照元申尽数给散钱米,下局接续支散。诏令封桩库更支降会子三千贯,丰储仓取拨米二千石,接续支散,毋得漏落泛滥。 八月丙戌,出米十万石赈两淮饥民。	
嘉定七年(1214)	十月一日,诏雨水连绵,细民不易,可令封桩库支拨官会子七万贯,今临安府守臣措置,将城内外委系贫乏老疾之人,计口赈给,务要实惠及民,具已赈给过人数闻奏。	《宋会要》食货六八之一〇六。
嘉定八年(1215)	十一月三日,广东提举司言:本司体访西、北江郡州涝水,泛浸居民屋宇。窃虑阙食,寻行下逐州府被水泛浸去处,如有阙食,即照条于所管义仓米内支给赈济,开具数目供申,不得泛滥支破。今来据英德府、封州、德庆府、韶州各状申闻事,诏令广东提举司更切优加存恤,毋致失所。侯(候)赈恤了毕,具已赈恤过钱米数目申。 淮、浙、江东西饥,都昌县饥,民聚为盗者三十六党。(自秋至于明年夏,县官出钱三百三十三万缗,粟四百八十五万石以赈。)	《宋会要》食货六八之一〇八。《通考》卷三〇一,考2379页。
嘉定十二年(1219)	十二月九日,都省言,岁晚严寒,细民不易,合仪(议)优恤。诏丰储仓所于桩管米内支拨二万石赴临安府,日下分头差官疾速抄劄的实贫乏人户,即遍置场赈济五日,务要实惠及民,毋得迟延,容令吏胥作弊。候赈济毕日,开具帐状供申。	《宋会要》食货六八之一〇八。

续表

年代	赈济灾民	资料出处
嘉定十五年（1222）	十二月乙亥朔，赈临安民，出米五万石赈济临安府贫民。	《两朝纲目备要》卷一六。
嘉定十六年（1223）	二月辛酉，赈山东流民，命淮东制置司赈济。 三月丁卯，诏以米五万二千五百石赈道州饥。 十月九日，诏：台州近因溪流泛涨，漂浸居民，可支义仓米赈济。其积欠籴米本钱并折帛钱绢，自来年为始，分限三年。	《续编两朝纲目备要》卷一六，第301页。《宋史全文》卷三〇。《宋会要》食货六八之一一〇。
宝庆元年（1225）	四月辛亥，出丰储仓米八万石赈济临安贫民。	《宋史全文》卷三一。
宝庆三年（1227）	春正月，雪寒。上命出米以济饥民。 赈济畿甸水灾。	《宋季三朝政要笺证》卷一。
嘉熙元年（1237）	正月丙寅，诏以淮、襄避地流民饥寒可念，令沿江诸郡委官赈济之。	《宋史全文》卷三三。
嘉熙三年（1239）	诏核州县义仓以备赈济。	《宋季三朝政要笺证》卷二，第112页。
淳祐二年（1242）	赈济绍兴、处、婺水涝。 六月癸亥，发米三万石振衢、信饥。	《宋季三朝政要笺证》卷二，第133页。《宋史》卷四三，第885页。
咸淳七年（1271）	三月戊寅，发屯田租谷十万石，振和州、无为、镇巢、安庆诸州饥。乙酉，平江府饥，发官仓米六万石。吉州饥，发和籴米十万石，皆减直振粜。 六月丙申，瑞州民及流徙者饥乏食，发义仓米一万八千石，减直振粜。戊午，绍兴府饥，振粮万石。	《宋史》卷四六，第906—907页。

二、赈贷

如前所述，赈贷与赈济不尽相同，其差异主要表现在救助的时间和对象上，即赈贷一般多是在灾害发生后的恢复阶段，在这一阶段如是冬春青黄不接之际，受灾民众的生产和生活难以为继而需要救助。其救助对象"专及中等之户，与夫农民耕夫之无力者"，所以借给粮种和牲畜饲料在赈贷活动中占有较大比例。赈贷原则是借多少还多少，不加利息，"既不取息，其势必偿，此真得以陈易新之术，家计不过一石"。王安石变法因其用常平、广惠仓粮行借贷之法，向民众收取二分息，其后赈贷亦有收取低息的做法。当然救助对象也有不能偿还者，"其间实系流亡，或有不能偿者，姑已之譬之赈济，一散无收，亦岂有责，其必偿哉"。对于赈贷粮食的来源和赈贷过程中保证有序进行以及救荒的宗旨，董煟论赈贷时都有专门的论列："此系截留上供米，或者省仓米，为为朝廷乞封桩米，故于诸色仓厫权时挪用，一面申奏朝廷，乞内库、乞度牒，籴米补还。""但支给之际，戒有虚伪；催索之时，戒有搔扰；交纳之时，戒有乞觅。仍不得用小斗量出，大斗交入，须用收支斗斛一同。又不得取民间头子、朱墨勘合、抄纸等钱。""此乃官司一时救荒之举，纵有陪费失陷居上者，亦当以社稷根本为念，是乃利国家之大者也。"[①]

宋代赈贷概览

年代	借贷事例	资料出处
建隆元年（960）	正月，命使往诸州赈贷。	《宋会要》食货六八之二八。
建隆二年（961）	十一月诏以濠、楚民乏食，令长史开仓赈贷。	《宋会要》食货六八之二八。
建隆三年（962）	三月，赐沂州民种粮。	《宋会要》食货六八之二八。
乾德二年（964）	四月，诏延州贷粟五千石，济麟州饥民。	《宋会要》食货六八之二八。
开宝元年（968）	七月，是月，令诸州察民有饥者，即发廪贷之。	《长编》卷九，第206页。

---

① 董煟：《救荒活民书》卷二《赈贷》。

续表

年代	借贷事例	资料出处
开宝四年（971）	二月，诏：诸道赈贷，借人户义仓斛斗。是月，平刘铱。诏：广南管内州县应乡村不接济人户阙少粮食者，委本州官吏取逐县委实户数，于省仓内量行赈贷，候丰稔日，令只纳元数。	《宋会要》食货六八之二八。
开宝七年（974）	正月，诏通事舍人杜继儒赴扬、楚等州开仓赈贷。	《宋会要》食货六八之二八。
太平兴国二年（977）	四月，诏延州以仓粟二万斛贷与贫民，岁饥乏食故也。	《宋会要》食货六八之二八。
淳化元年（990）	二月二十六日，河北转运使樊知古言：深、冀州民饥，诏遣殿直成庭玉驰传，发仓粟贷之，人五斗。 七月，河南府言：洛阳等八县民饥，诏发仓粟赈之，人五斗。	《宋会要》食货六八之二九。
淳化二年（991）	正月，诏永兴、凤翔、同、华、陕等州岁旱，民多流亡，宜令长史（吏）设法招携，有复业者以官仓粟贷之，人五斗，仍给复二年。	《宋会要》食货六八之二九。
淳化三年（992）	二月，汝州言：岁饥，诏以官仓米贷之，人三斗。	《宋会要》食货六八之三〇。
淳化四年（993）	二月，怀州言：去年谷不登，民无槁秸以食牛，牛多死。诏本州官草留三年准备外，余悉贷之。	《宋会要》食货六八之三〇。
淳化五年（994）	正月十六日，命直史馆陈尧叟、赵况、曾会、王纶等，并内臣四人，往宋、亳、陈、颍等州出粟以贷饥民。	《宋会要》食货六八之三〇。
至道元年（995）	二月六日，遣将作监丞荣宗范驰往漳、泉州、兴化军，赈贷贫民，以去年旱艰食故也。十七日，亳州、房州、光化军言：岁饥，民乏食，诏遣使者分往发仓粟贷之，人五斗。 三月丁未朔，诏以官仓菽数十万石贷京畿及内郡民为种。	《宋会要》食货六八之三〇。《长编》卷三七，第809页。

续表

年代	借贷事例	资料出处
咸平元年（998）	十月，诏两浙转运使察管内七州乏食处，赈贷讫以闻。	《宋会要》食货六八之三〇。
咸平二年（999）	正月，江南两浙制置盐茶王子舆言：两浙诸州经旱，民户未至饥孚，赈贷斛斗，亦皆有备。帝览奏，因诏群县长吏常切体量，如稍有饥民，画时支与口食，无令失所。 闰三月，筠州请发廪赈贷。从之。	《宋会要》食货六八之三〇至三一。
大中祥符三年（1010）	八月，诏淮南诸州发廪米赈贷及贱粜以济贫民。	《宋会要》食货六八之三四。
大中祥符八年（1015）	八月，诏京兆府、河中府、陕、同、华、虢州以麦种借之贫民。	《宋会要》食货六八之三五。
天禧元年（1017）	三月八日，卫州民饥，命发仓廪粟万石贷之。 八月二十五日，诏河北州军，令（今）年夏麦不丰，民乏种粮者，官贷之。 九月十五日，诏京东西、陕西、河北灾伤州军，民阙麦种者，发官廪贷之。十六日，诏河东流民有复业者，发廪粟赈之。	《宋会要》食货六八之三五至三六。
天禧二年（1018）	三月，知虢州查道言：春雨滋洽，麦苗尤甚，民间多乏种粮，州仓麦除留赡用外，余四千石，望以赈贷。从之。	《宋会要》食货六八之三六。
天禧四年（1020）	正月，令利州路转运司赈贷贫民，以旱故也。 二月，诏曹、濮、郓、单、徐州、淮阳军赈贷民，以河决为害故也。 三月一日，令淄州以粟贷州民饲牛。七日，令府州赈贷藩部，以去岁旱故也。	《宋会要》食货六八之三七。
乾熙(兴)元年（1022）	二月八日，苏、湖、秀州雨坏民田，谷贵民饥，命出仓粟赈贷之。十一日，徐州民饥，诏发廪粟赈贷。	《宋会要》食货六八之三七。

续表

年代	借贷事例	资料出处
天圣元年（1023）	夏四月壬寅，诏徐州仍岁水灾，民颇艰食，已尝发常平仓及以种粮，贷中下户。	《长编》卷一〇〇，第2320页。
天圣六年（1028）	三月，成德军言：元氏县民饥，请支借斛斗。从之。 四月丁丑，遣开封府推官监察御史王沿、左侍禁阁门祗候郭立往河北灾伤州军体量安抚。降敕榜逃户归业者免今年田税，官为贷种食，县乡毋得追扰。其邢、赵、沧、瀛、怀、卫等州民饥尤甚，亟发廪赈救之。 五月，河北路体量安抚王沿言：自邢、赵、真定府等处，各令支借种粮，与归业人户，并与倚阁。	《宋会要》食货六八之三七。《长编》卷一〇六，第2470页。
明道元年（1032）	冬十月甲寅，寿州言岁饥，乏稻种，请于浙西市三万斛以贷民，从之。丁巳，令汉阳军发廪粟以赈饥民。	《长编》卷一一一，第2591页。
景祐元年（1034）	六月己亥，贷延州缘边饥民米，户三斛。	《长编》卷一一四，第2678页。
庆历二年（1042）	春正月庚戌，又诏京西转运司速发省仓粟贷民，户二石。	《长编》卷一三五，第3213页。
熙宁二年（1069）	七月十八日，诏：水灾州军，令本路转运判官、提点刑狱分往被灾处照恤。贫民阙食者支广惠仓斛斗赈济。如不足，量支省仓物。仍于人户便近处减常平物价就粜。若贫人无钱，相度赊粜，令至秋送纳。其非税户，即与远立日限纳价钱，并委就近施行讫奏。	《宋会要》食货六八之三八至三九。
熙宁四年（1071）	二月十三日，诏：河北转运、提刑司体量贝、冀彻边少雨雪州军乏食饥歉人户，多方赈贷存恤。其见欠钱零税赋并权与倚阁。	《宋会要》食货六八之三八至三九。
熙宁七年（1074）	六月丁卯朔，诏赐提举河北常平仓司卫州封桩粮四万九千余石，贷共城、获嘉、汲三县中等阙仓（食）户。	《长编》卷二五四，第6205页。

续表

年代	借贷事例	资料出处
元丰元年（1078）	四月七日，诏：以瀛州陈次米依灾伤及七分例，贷第四等以下户，不得抑配，免出息。 八月二十八日，诏：滨、棣、沧三州第四等以下被水灾民，令十户以上立保，贷请常平粮，四口以上户借一石五斗，五口以上户借两口（石），免出息，物税百钱以下，权免一季。	《宋会要》食货六八之四〇。
元丰四年（1081）	二月二十九日，诏：闻阶、成、凤、岷州人户阙食流移，令逐路第四等以下人户支借常平粮斛，每户不得过两口（石），仍免出息。	《宋会要》食货六八之四一。
元丰六年（1083）	六月二十七日，诏：甚灾伤处，第四等以下户阙乏粮种，虽非给散月，许结保借请，虽有欠阙，亦听支给，限一月，免纳息。	《宋会要》食货六八之四一。
元祐元年（1086）	四月四日，诏：开封府诸路灾伤，逐县令、佐专切体量，人户委有阙食，速具事实申州及监司。仍许一面将本县义仓、常平谷斛赈贷，据等第逐户计口给历。大者日二升，小者日一升，各从民便。五日或一（十）日至半日（月），赍历诣县请印给遣。若本县米谷数少，先从下户给，有余则并及上户。 十一月二十八日，权发遣淮南路转运副使赵禼言：楚、海等州水灾最甚，乞发运司于常、润州收籴稻种十万石，以备楚、海等州来春布种，以粜以贷。从之。同日，户部言：左司谏王岩叟言：赈济人户必待灾伤放税七分以上，方许贷借，而第四等以下方免出息，殊非朝廷本意。乞如旧法，不限灾伤分数，并容借贷，不均等第，均令免息。看详：《元丰令》"限定灾伤放税分数，支借种子"条，合依旧外，应州县灾伤人户阙乏种食，许结保借贷常平谷。从之。	《宋会要》食货六八之四二至四三、四四。
元祐三年（1088）	二月六日，诏：开封府界自冬至春阴雪，民间有愿借粮种者，令提刑司量度户第等第给贷讫，具数以闻。	《宋会要》食货六八之四五。

续表

年代	借贷事例	资料出处
元祐六年（1091）	七月二十二日，侍御史贾易言：浙西灾荒，朝廷选差转运使岑象求、判官杨瑰宝赐米百万斛，钱二十余万缗，俾之拯救，州县自亦依条赈济。欲乞明诏本路具灾荒分数赈贷，次第以闻。	《宋会要》食货六八之四五。
元祐八年（1093）	四月十一月（日），两浙路转运、提刑司申：检会浙西州县累经（灾）伤，蒙朝廷相继发米赴本路赈济，除接续赈粜过外，其逐州有见管淮南、江西等路发到赈粜不尽米四十余万石，别无支用，欲趁此蚕月，乡民阙食之际，各许令人户赴官请借，每一斗候至向去秋成，纳新米八升还官，仍限四年均随本户苗税带纳。诏：其米许兑充军粮外，余数仰置场减价出粜。	《宋会要》食货六八之四六。
绍圣元年（1094）	十月二十一日，诏：河北东、西路被灾经放税户虽不及五分，所欠借贷钱斛并抵当牛钱等倚阁，候丰熟日，分十料输。其非被灾放税户所欠钱斛视此，仍除给保均陪之。令流民在他路者，官吏以至意谕晓使归业，结券使所过续食不愿者，所在廪给之。	《宋会要》食货六八之四七。
绍圣四年（1097）	九月一日，左司谏郭知章言：两浙岁旱，淮南又不常全稔。乞下本路监司按视，早备赈贷。诏：两浙路转运、常平司应荒政并举行，及预那移廪粟。	《宋会要》食货六八之四九。
大观二年（1108）	八月十九日，工部言：邢州奏：钜鹿下埚大河水注钜鹿县，本县官私房屋等尽被淹浸。诏：如有孤遗及小儿，并送侧近居养院收养，内有人户尽被漂失屋宇或财物，仍许依七分法借贷。 九月二十九日，水部员外郎陈长孺言：奉诏体量邢州钜鹿县，被患甚重，欲旨挥本路监司下所属，疾速将本县被水第三等人户亦依第四等敕条赈贷。从之。	《宋会要》食货六八之五〇。
政和三年（1113）	三月二十三日，诏：润州丹阳、丹徒两县灾伤，放税及七分以上，常平赈贷在法至三月终罢。缘今岁有闰，田事必晚，可展至四年终，应有类此灾伤州县，亦依此施行，可疾速行（下）。	《宋会要》食货六八之五一。

续表

年代	借贷事例	资料出处
宣和元年（1119）	五月二十九日，诏：淮、浙去岁被水，田业多荒，今两旸顺适，耕种是时，民无力施工，可令两路提举常平官散仓廪广行借贷，毋或失时。施行讫，具奏。从两浙转运司请也。	《宋会要》食货六八之五四。
绍兴十八年（1148）	十二月十二日，上（高宗）宣谕辅臣曰：近令提举常平官躬亲诣灾伤去处赈济。窃恐所辖州县阔远，点检迟滞，可更令分委属官悉力赈济，将来春耕合用种粮，须令预先措置。临期借给，使之耕种及时，则赡养、供输公私两济。	《宋会要》食货六八之六○。
绍兴十九年（1149）	二月四日，上（高宗）谕辅臣曰：春雨膏润，于农事极利。农事种粮为急，若种粮不足，则秋成无望。昨已降指挥，灾伤去处，令提举常平司借给，可更丁宁户部应副。 四月六日，上（高宗）谕辅臣曰：两浙等路灾伤去处，可令提举常平官亲诣所部借贷种粮，务要实及饥贫民户，毋令州县及当行人侵克，徒为文具。	《宋会要》食货六八之六○。
乾道二年（1166）	二月三日，两浙路转运判官姜诜言：浙西州县灾伤，民户阙食。乞下谕州军府官守臣疾速措画，其阙食民户量行赈济，劝谕田主豪右之家借贷种粮。诏令浙西提举常平官相度措置。	《宋会要》食货六八之六五。
乾道三年（1167）	八月二十五日，诏：诸路州县约束人户，应今年生放借贷米谷，只备本色交还，取利不过五分，不得作米钱算息。	《宋会要》食货六八之六五。
乾道六年（1170）	闰五月十一日，诏：浙西州军大水，令吕正已前去措置赈济。既而臣僚言：已差吕正已措置浙西被水居民，乞就委漕臣于本路取见州县被水实数，官为贷其种谷，再种晚稻，将来秋成，绝长补短，犹得中熟。诸路如有似此去处，亦乞依此施行。从之。	《宋会要》食货六八之六八。

续表

年代	借贷事例	资料出处
淳熙三年 （1176）	正月十三日，诏：淮东旱伤，已节次支降米斛赈粜。其赈贷等事，令常平官依条以时奉行，务要实惠及民。二十一日，淮东总领钱良臣言：去岁淮东旱伤州军，今来中下之家无种可种。本所见有马料稻子一万二千七百余石，欲行借拨，应副作种，至秋拘收桩管。从之。	《宋会要》食货六八之七五。
淳熙五年 （1178）	十一月二十三日，诏：高邮军、楚州于高邮军桩管米内各支一万石，泰州于本州支一万五千石，通州、楚州并于镇江府赈粜米内各支一万五千石，并充赈贷。以淮东提举司言：通、泰、楚州、高邮军已熟之米为田鼠所伤，乞于逐处桩管米内支给赈济。故有是命。	《宋会要》食货六八之七六。
淳熙六年 （1179）	十二月二十四日，诏：和州近缘雨雪，冻馁者多，可于本州桩积米内支借一万石赈贷（从守臣请也）。	《宋会要》食货六八之七六。
淳熙九年 （1182）	正月二十一日，诏：严州拨米三万石专充赈粜，可改作赈济，仍更拨米三万石，招集流移，作借贷计办种子（从知州杨布请也）。 十月二日，诏：和州旱伤，令无为军于见桩管陈次米内支拨二万石，付本州借贷阙食人户，候来岁得熟，却行拘纳新米桩管。	《宋会要》食货六八之七八至七九。
淳熙十年 （1183）	六月四日，诏：临安府富阳县及严、婺州遭水处，可于常平钱米内给借种粮。	《宋会要》食货六八之八一。
淳熙十一年 （1184）	正月二十三日，湖广总领蔡戡言：知襄阳府王卿月申：本府今春播种，中下人户并无种粮。臣已逐急权借谷四万石应副，其借贷过谷，并乞令知、通认数置籍，候今年秋成日，拘收新谷入府城桩管。从之。 六月二十二日，诏：诸路转运司行下所部州军，自今年为始，得逐色稻种，并每岁约度措置籴买桩管，准备人户欠阙支借。	《宋会要》食货六八之八二至八三。

续表

年代	借贷事例	资料出处
淳熙十四年（1187）	正月二十一日，诏：访闻金、洋及关外四州，缘去秋雨水频并，今岁艰食，可令四川总领所于逐州桩积米内各借一万石，共六万石，拨隶利州路提刑廉（兼）提举张缜躬亲前去措置贷、济。	《宋会要》食货六八之八五。
绍熙元年（1190）	七月七日，权利州路提刑朱致知言：阶、成、西和、凤州最系极边，连年灾伤赈济，其所管常平钱斛自今年赈济之后，已是支遣尽绝。乞预行措置收籴斛斗，专一准备缓急贷、济支用。诏：四川总领所更切契勘，如将来委有欠少，即于逐州见桩积陈次物斛内更加斟量借拨，毋致阙误。 十月二日，诏：四川总领所，将阶、成、西和、凤州借贷过斛斗均作二年理还。	《宋会要》食货六八之九〇至九一。
绍熙三年（1192）	二月十九日，诏：淮东提举张涛于本路州军桩管马料稻内斟量取拨二万石，借贷人户作种，候秋成日拘还数足，依旧桩管。	《宋会要》食货六八之九三。
绍熙四年（1193）	三月二十五日，诏：庐州桩管稻内借支五万石应副本州阙食人户，以守臣高夔请也。	《宋会要》食货六八之九四。
绍熙五年（1194）	九月二十八日，三省言：已降指挥，灾伤州第三等以下带产户将来无力耕种者，仰州县核实，许结甲互保，将常平米量行赈贷。约来年秋熟纳还，不得收息。今来种麦是时，窃恐小民无力耕种，州县不能体认矜恤之意，是致借贷失时。诏令两浙、两淮路提举司照应已降指挥，应灾伤去处，将常平钱措置收籴麦种，并给降米斛，疾速赈贷施行，毋致有失布种。 闰十月十三日，淮西提举张同之言：本路连遭荒歉，民贫已甚，今年被害尤酷。近来雨水连绵，得熟禾稼又多伤损，若不优加存恤，必致饥寒所迫。乞将阙食之家分三等抄劄粜济，于本路桩管上供铁钱或交子换到铁钱内科拨五六万缗，斟量州县旱伤轻重均拨，责付守臣晓示不熟地分有税产之家结甲赴官借支施行。如借钱纳米、钤束官吏阙防诡名等弊，臣当纤悉措置，无容乖戾。诏权拨钱五万贯。余依。	《宋会要》食货六八之九六至九七。

三、赈粜

如前所述，赈粜是通过平抑粮价达到救助灾民的一种方法，亦即常平法的基本职能。"其法在于平准市价，默消闭籴之风，如市价三十文一升，常平只等籴时本钱，或十五六至二十文一升出粜。"① 宋初建立常平仓，在相当长时间内，较好地发挥了平准功能，至宋仁宗朝出现吏缘为奸，常平仓存粮不足，救助只及城镇难及乡村等弊端，于是至王安石变法时实行了常平新法（青苗法）。但是常平仓的平籴功能并不因此而遭到废弃。在南宋不仅常平仓依然是最基本的救荒粮仓，而且不论是官府新设，还是民间自筹兴建的救荒粮仓大都具备贵籴贱粜的基本功能。另外，北宋中期以后随着商品经济的广泛发展，各阶层民众对商品粮的依赖程度越来越高，在中小灾害（即灾伤不及五分②）发生之时，或灾后恢复阶段，或青黄不接之际，赈粜往往成为最为重要的救助措施和方法。用于赈粜的粮食在制度规定上主要取自常平仓，"此系用常平米"，但实际上，其来源与赈济和赈贷相仿，大量依赖州县仓、上供粮草，甚至军备粮草。南宋中后期利用粮商和劝分富裕人户粜卖粮食成为赈粜的重要形式。

赈粜的对象主要是家中无粮食积蓄的下层民众，但由于赈粜需设置在有一定规模买卖市场上才能进行，因而较为偏远的乡村、经济欠发达地区、生活极为贫困的下层民众，难以享受到赈粜带来的所谓救助"恩泽"。

宋代赈粜概览

年代	赈粜史实	资料出处
雍熙五年（端拱元年，988）	正月，成都府言：部内比岁不稔，谷价翔贵，请发公廪赈粜，以济贫民。从之。	《宋会要》食货六八之二九。

---

① 董煟：《救荒活民书》卷二《赈粜》。
② 《宋会要辑稿》食货六八之八〇：淳熙八年（1181）正月十六日，"诏浙西州军去岁旱伤处，五分以上，量行赈济，五分以下，量行赈粜"。

续表

年代	赈粜史实	资料出处
淳化元年（990）	七月，以京师米贵，遣使臣开仓减价分粜，以赈饥民。	《宋会要》食货六八之二九。
淳化四年（993）	十二月，诏民被水潦之患，饥馑者众，令开仓减价粜贫穷乞丐者，为淖糜以赐之。	《宋会要》食货六八之三〇。
咸平二年（999）	十一月，两浙转运司请出常、润州廪米十万石赈粜。从之。	《宋会要》食货六八之三一。
景德元年（1004）	九月，鄂州言民饥，诏开仓减价出粜以救之。	《宋会要》食货六八之三一。
景德二年（1005）	二月庚辰，京西转运使言：襄、许、陈、蔡等州民饥，请减价粜仓粟赈救。从之。 夏四月癸巳，京师谷贵，命减价粜仓粟。	《长编》卷五九，第1315、1327页。
景德四年（1007）	六月乙卯，雄州、安肃、广信军人饥，戊午，诏河北转运司减价粜米万斛以济之。	《长编》卷六五，第1464页。
大中祥符元年（1008）	正月，陕西转运王观言庆州麦粟踊贵。诏出官米万斛减价粜之。 四月，府州言民饥，命赈之。 六月，环庆民饥，发廪粟贱粜以济之。	《长编》卷六八，第1523、1534页；卷六九，第1548页。
大中祥符二年（1009）	二月辛丑，分遣使臣出常平仓粟麦，于京城四面开八场，减价粜之，以平物价。戊申，诏司农寺京师所粜常平仓粟，前诏虽已减价，可更斗减五钱，自是迄六月，凡粜九千余斛，京市物价以故稍平。 五月，诏西京出廪粟贱粜，以惠贫民。 六月五日，令韶州出廪赈粜，以济贫民。	《长编》卷七一，第1595页。《宋会要》食货六八之三三。
大中祥符三年（1010）	八月甲子，淮南饥。诏罢诸州和籴，减直粜廪米及赈贷贫民。	《长编》卷七四，第1685页。
大中祥符四年（1011）	十二月十一日，江淮发运使邵晔言：淮南路准诏赈贷及减价出粜，计廪米三十万石。十六日，京城谷贵，诏发惠民仓粟贱粜以济之。	《宋会要》食货六八之三四。

续表

年代	赈粜史实	资料出处
大中祥符五年（1012）	正月壬辰，京城常平仓置七场，分粜米粮，趋市者众，或至壅隘。诏分为十四场以便民。令滑州出常平仓粟贱粜，以赈穷乏。 二月戊申，诏经灾沴处，皆倚阁之余，则宽其限。令定州出常平仓粟，贱粜以惠民。癸丑，京西诸州军民饥处，令转运使谕告积蓄之家有能赈济及以粮斛减半价出粜者，并具名闻，第行恩奖。 五月丙戌，令江淮南发运司留上供米二百万斛，以备赈粜。 十二月六日，令三司出炭四十万秤，减价之半以济贫民。时连日大雪，苦寒，京城鬻炭者，每秤钱二百，故有是命。仍遣使臣十六人分置场，以内供奉官二人提之。自是小民奔凑，至有践死者，乃命都巡检张旻遣军校领徒巡护，赐死者家缗钱，无亲族者，官为埋瘗，仍令三司常贮炭五七十万秤，如常平仓之制，遇价贵贱出之。	《长编》卷七七，第1752、1755、1756、1766页。《宋会要》食货六八之三四。
大中祥符九年（1016）	二月十六日，诏陕西州军减价粜粟，以赈贫乏。令本路都转运使李迪提举。 九月，诏：如闻广南东西路物价稍贵，宜令转运司、提点刑狱官分路抚恤，发官廪减价赈粜。 十二月，诏江南、淮南诸州军谷价稍贵，人民阙食，其无常平仓处，令本路转运司以省仓斛斗除留准备外，接续出粜。即不得粜与兴贩及形势之家，违者，重寘之法。	《宋会要》食货六八之三五。
天禧元年（1017）	二月辛巳，发常平仓粟，置场十四，出粜以济贫民，京市物贵故也。 八月，知并州周起又请发仓粟万石减价出粜，以赈饥乏，亦从之。 十二月，遣使置场，减价鬻官炭十万秤。以寒故也。	《长编》卷八九，第2042页；卷九〇，第2075页。《宋会要》食货六八之三六。

续表

年代	赈粜史实	资料出处
天禧二年（1018）	正月八日，诏江、淮运米十万斛付京东，及令河北转运使出廪赈粜。以两路粟贵故也。癸丑，令大名府官设糜粥济饥民。己未，以京东民饥，命内侍杨庆余驰驿察视，所至谕守臣令倍加安抚。诏诸路灾伤州军，并设粥、贱粜官粟，以惠贫民。 二月，京西转运司言，管内贫民甚多，无以赈济，望发绛州粟十万斛赴白波出粜。从之。 三月丁未，陕西转运使段煜言劝诱庆成军豪民，出谷万一千九百石减价赈饥民。诏奖之。	《宋会要》食货六八之三六。《长编》卷九一，第2097、2098、2104页。
天禧四年（1020）	二月癸未朔，以淮南、江、浙谷贵民饥，命都官员外郎韩亿、阁门祗候王若讷乘传安抚，发常平仓粟减直出粜，以赈之。癸巳，令并代忻三州减直粜常平仓，以济饥民。辛丑，令唐、邓等八州发常平仓粟，减价出粜，以济贫民。 五月，令永兴、凤翔减价粜粮，以济阶、成、秦、凤州流民。	《长编》卷九五，第2179、2182、2183页。《宋会要》食货六八之三七。
天圣六年（1028）	五月，河北路体量安抚王沿言：保州、永定军百姓艰食，已令逐处发仓廪各万石，减价出粜。	《宋会要》食货六八之三七。
庆历四年（1044）	春正月，陕西谷价翔贵，丁丑，诏转运使出常平仓谷米贱粜贫民。 二月丙申，遣内侍赍奉宸库银三万两下陕西，博籴谷麦以济饥民。	《长编》卷一四六，第3533、3535页。
皇祐五年（1053）	秋七月乙巳，诏荆湖北路灾伤州军，先发常平仓以赈饥民。	《长编》卷一七五，第4219页。
熙宁二年（1069）	七月十八日，诏：水灾州军，令本路转运判官、提点刑狱分往被水灾处照恤。贫民阙食者，支广惠仓斛斗赈济，如不足，量支省仓物。仍于人户便近处或常平物价就粜，若贫人无钱，相度赊粜，令至秋送纳……	《宋会要》食货六八之三八。

续表

年代	赈粜史实	资料出处
熙宁七年（1074）	五月甲辰，真定府路安抚司言：真定灾伤欲以常平及省仓陈谷五万石，减价出粜。候丰熟偿足。从之。 九月辛丑，诏真定府路出省仓粮十五万石，减价粜，许民间用金银等物博买，户毋过两石。 冬十月癸巳，又赐五万石下河北东路提点刑狱司，赈济流民，许出粜，仍先于常平仓拨见钱赈济，粗色粮听给价钱。	《长编》卷二五三，第6193页；卷二五六，第6250页；卷二五七，第6282页。
熙宁十年（1077）	五月癸亥，知越州资政殿大学士赵抃知杭州。抃知越州时，两浙旱蝗，米价踊贵，饿死者什五六。诸州皆榜衢路，立告赏，禁人增米价。抃独榜衢路令有米者任增价粜之，于是诸州米商辐辏诣越，米价更贱，民无饿死者。先是，淮、浙饥，诏出本界上供米，损市价粜，以活饥民。发运副使卢秉言："价虽贱，贫者终不得米，请偿籴本，尽以其余赈恤流民。"诏可。	《长编》卷二八二，第6906页。
元丰元年（1078）	正月十二日，赐广济河辇运司上供米一（十）万石，付徐州、淮阳军，粜与水灾饥民。	《宋会要》食货六八之四〇。
元丰二年（1079）	二月十二日，诏：闻齐、兖、郓州谷价贵甚，斗直几二百，艰食流转之民颇多。司农寺其谕州县，以所积常平仓谷通比元入斗价不及十钱，即分场广粜。滨（棣）、沧州亦然。同日，广济河所漕谷二十万石减价粜。从之。	《宋会要》食货六八之四〇。
元祐元年（1086）	四月初二日，左司谏王岩叟言，访闻淮南旱甚，物价踊贵，本路监司殊不留意。诏发运司截留上供米一十万石，比市价量减出粜与阙食人户，每户不得过三石。 四月四日，诏：开封府、诸路灾伤，逐县令、佐专切体量，人户委有阙食，速具事实申州及监司。……候夏秋成熟日，据所贷过数随税纳。阙食之民，贫乏不能自存，或老幼疾病不任力役者，依乞丐法给米豆，其赈济粜谷并据乡村阙食应粜之数给历，许五日或十日一粜，无令抑遏。二十六日，殿中侍御史林旦言：都城比来米麦价长，若翔踊不已，恐细民蒙害。望下户部，依条通计米麦元价，令司农寺止以逐仓官吏每月更代管勾，置四场出粜，以济阙乏。从之。仍户部差官置场。	《宋会要》食货六八之四二至四三。

续表

年代	赈粜史实	资料出处
元祐二年（1087）	十二月，赈饥穷，以大寒出禁钱十万缗赐贫民，明年又发京西谷五十余万石赈粜。	《皇朝编年纲目备要》卷二二，第549页。
元祐三年（1088）	正月十二日，诏：发京西南路阙额禁军粮谷五十余万斛，减市价出粜，至夏麦熟日止。（以）雪寒，物价翔踊也。	《宋会要》食货六八之四五。
元祐六年（1091）	八月二十八日，监察御史虞策言：两浙灾伤州县粜米，多为贩夫与公吏相结冒籴，次及强壮之人，其饥赢者转受困饿，或被蹂躏死伤。乞下本路监司觉察，转运、提刑司、提举分布诸处赈粜，务要实惠饥民，内兴贩及强壮者不得一例粜散，如官吏措置乖方，及公人用情，并令依法。	《宋会要》食货六八之四六。
绍圣元年（1094）	十一月二十三日，权发遣河北路转运副使张景光言：恩、冀（冀）、瀛、莫、雄州、顺安、广信军，约定合行粜、贷粮斛，共五十三万石，缘本路斛斗不多，虑有阙乏。诏逐州除准备军粮及赈济外，方许出粜，仍不得一例借贷。	《宋会要》食货六八之四八。
元符三年（1100）	三月二十六日，户部言：河北被灾诸郡，近据东路提举常平司申，拨赐到措置斛斗四十五万石，若赈给至四月终，委有余剩数目，即许接续出粜。其西路下提举常平司，将来罢赈济后民仓尚艰，即令披（依）条减价出粜常平斛斗，并候二麦权成日住罢，其行商与贩斛斗往灾伤去处粜卖，乞依已得朝旨，与免商税，至五月终。从之。 十二月六日，诏以大雪，令有常（司）损价出粜仓米，以惠纳（细）民。	《宋会要》食货六八之四九。
崇宁三年（1104）	十月十四日，诏：两浙杭、越、温、婺州秋苗不收，人户失于披诉，并量与检放。其孤贫不济人户，仰提举司广行赈济，如物价增长，即速以常平米平价出粜。	《宋会要》食货六八之四九。
大观三年（1109）	八月十七日，诏常、润州米价踊贵，可量发常平斛斗赈济人民。	《宋会要》食货六八之五〇。

续表

年代	赈粜史实	资料出处
政和三年（1113）	十一月二十日，诏：时雪苦寒，道路阻滞，常平仓米麦以衮合价钱二等出粜，硬石碳每秤减价十钱。	《宋会要》食货六八之一一六至一一七。
政和六年（1116）	二月十七日，福建路提举常平黄静言，建州蒲城知县饶遇岁遇民饥，能权诱民户赈粜，乞加赏典。诏迁一官。 七月十九日，淮南路转运司言，淮河水泛流，濠、寿、楚、泗河道与邻近民田为一淹浸，州城缘此斛斗不入，细民不易。淮东西州军见桩管提举司斛斗三十六万余石，欲依元价出粜，救济被水细民。从之。	《宋会要》食货六八之一一七。
宣和六年（1124）	八月十九日，诏：两浙路州县违法闭粜，邀阻客人，米价翔踊。仰提刑、廉访体究水灾去处，令常平司赈济，州县闭粜邀阻，速令禁止。	《宋会要》食货六八之一一九。
绍兴二年（1132）	八月十一日，诏福建路亢旱，米价翔贵，令本路提刑司将泉、福州寄卸广南米，取拨三万石赈粜，仍斟量逐州军丰歉次第分拨。	《宋会要》食货六八之五六至五七。
绍兴六年（1136）	三月七日，诏令赵开除应副军粮外，将其余应干米斛、宽剩拨付四川安抚制置大使司，量度逐路灾伤去处，均行赈粜。	《宋会要》食货六八之五八。
绍兴十二年（1142）	三月二日，诏：绍兴府旱伤秋苗，令义仓米内支拨一万石，置场出粜。	《宋会要》食货六八之六〇。
绍兴二十八年（1158）	九月八日，浙西常平司言：平江府已于在城觉报寺等八处并吴、长两县尉司置场赈粜，共三万七千石，今来本府米价渐平，已行住粜。诏令平江府凑足元拨五万石数，均下诸县，仍行赈粜。	《宋会要》食货六八之一二四。
绍兴三十一年（1161）	正月二十二日，诏：雪寒，细民艰食，令临安府并属县取拨常平米，依市价减半，分委官四散置场，广粜十日。	《宋会要》食货六八之一二四。

续表

年代	赈粜史实	资料出处
隆兴二年（1164）	三月十日，诏：徽州旱蝗为灾，可将常平、义仓米出粜赈济，如本路州军亦有似此去处，依此施行。 八月二十三日，诏：临安府米价增贵，细民艰食。令常平出米二万石赈粜。 九月四日，知镇江府方滋言：丹徒、丹阳、金坛三县，金秋雨伤稼穑……丹阳县添拨八百石，丹徒县拨五百石，并各减价，每升作二十五文省，置场赈粜，每人日籴不得过二升……从之。 十二月十三日，诏：两浙路州军内有灾伤民户阙食去处，专委本州守、倅以常平米措置减价赈粜。	《宋会要》食货六八之六二至六三、六四。
乾道元年（1165）	六月十八日，知宣州王佐言：本州自五月七日至二十六日，雨如倾注，山发洪，被水之人，阙食者众，欲将见管常平粜米钱八万余贯循环作本，差官收籴米斛赈济。从之。	《宋会要》食货六八之六五。
乾道四年（1168）	四月十一日，司农少卿唐琢言：福建、江东路自今春米价稍高，民间阙食。郡县虽已赈粜，止是行之坊郭。其乡村远地不能周遍。诏逐路提举常平官疾速措置，津发见桩米斛，分委州县清强官广行赈粜，或劝谕积谷之家接续出粜，不得因而抑勒搔扰，诸路依此。	《宋会要》食货六八之六五。
乾道五年（1169）	四月十四日，诏饶、信州连岁旱涝，细民艰食。可出常平义仓米以赈之。同日，权发遣江南东路计度转运副使赵彦端等言：……乞备申朝廷，于桩留米内支拨二万硕添助赈粜。臣等照得饶州合发上供米斛除桩留外，尚有合起赴行在米一万一千九百六十硕，臣等除已一面逐急行下饶州，于内先次取拨一万硕量度市直减价赈粜外，候信州起到米一万石，却行拘收，理充合起之数，兼虑信州亦有似此阙食去处。臣等已行下信州取拨米五千硕，依此减价赈粜去讫。所有饶州前后桩留米四万硕，欲乞早降指挥，许再拨一万硕更令接续赈粜。从之。 十月六日，诏令两浙转运司差拨人船，于近便州	《宋会要》食货六八之六六至六七。

续表

年代	赈粜史实	资料出处
	军户部桩管米及常平义仓米内取拨三万硕，前去台州，委官于被水去处减价出粜，其粜到钱，令本司拘收，拨还元取米去处。十七日，新权发遣福建路转运副使赵彦端言：窃见饶、信之间，地濒湖、江，连有水患。欲望每岁于饶、信两州上供米内各截留数万硕，若次年不曾出粜，或有出粜米尽之数，即行起发，却以当年新米代充，稍仿常平以新易陈之意。诏今后每岁逐州各截留三万硕，准备出粜。 十一月十五日，诏：今岁淮东州军间有旱伤去处，窃虑冬春之交，米价增长，民间或致阙食，可将淮东见管常平米三万六千六百余硕，令淮东常平司相度委官置场，量行减价赈粜。粜到价钱，令项桩管，候将来秋成日，却行收籴补还。	
乾道六年（1170）	六月十二日，权江南东路转运副使张松言，宁国府、建康府、太平州、广德军均（圩）田均被渰没，委实灾伤，逐州差官赈济被水人户，一依太平州例，每月支散钱米，所有第四等人户依条不该赈济，乞将常平米减价出粜。从之。 八月二十四日，诏淮南路转运司于庐州桩积米内取拨三千硕，应副濠州赈粜。 九月十四日，诏于建康府桩管米内取拨一十万硕，限一月津发赴庐、和州桩管，准备赈粜。 十月二十一日，诏淮东总领所于扬州桩管米内，拨一万硕应副楚州赈粜，五千硕应副盱眙军赈粜。 十二月二日，诏江东转运司将江西路合起赴建康府米三十万硕内，取拨十万硕赴太平州，五万硕赴池州桩管，准备赈粜。九日，诏湖州将桩积和籴米五万硕赈粜水灾之民。同日，诏淮东总领所于扬州见管米内取拨一万硕，分淮东州军赈粜。二十六日，诏和州旱涝，禾麦损伤，可借拨米一万硕，赈粜饥民。	《宋会要》食货六八之六八。
乾道七年（1171）	正月八日，诏两浙路转运判官胡坚常同浙西路提举常平司措置赈粜，务施实惠。十三日，江东转运副使沈度言：广德军灾伤尤重……诏令沈度取拨二万	《宋会要》食货六八之六八、六九、七〇、七一、七二。

续表

年代	赈粜史实	资料出处
	硕，措置津运赴广德军，委本军守、倅赈粜。二十九日，诏浙西常平司于平江府常平义仓米内借拨五万硕，应副湖州赈粜，接济饥民。从知州向均之请也。 二月六日，诏招信县荒歉，已支米二千石赈济，更于扬州桩管米内拨三千硕赈粜。八日，权知高邮军刘彦言：本军高邮兴化县人户旱涝，又有黑鼠伤稼，乞于本军大军仓内取拨米一万硕，每斗作价钱一百五十文省出粜。遇丰熟日，却从收籴。从之。 四月十五日，诏令本路常平司，将通州米拨五千硕疾速科拨应副（光州）。 七月六日，诏：江西州军间有阙雨去处，合行措置收籴米斛，准备赈粜。…… 八月一日，诏江州今岁旱伤，见今已有流民，守臣坐视，不据实申奏。专委漕臣一员日下起发前去江州，同守臣将见管常平义仓米斛四万四千余硕措置赈粜。如不足即仰收籴客米。或尚阙少，仰于本州见桩管朝廷米内逐急借允赈粜。仍具已如何措置及赈粜过数目，并委官起发月日以闻，从中书门下请也。同日，诏饶州旱伤，除已存留米一万硕赈粜外，可于本州米内更存二万硕，日下措置赈济。 八月二十三日，诏本路提举常平司更于附近州军取拨常平义仓米五万硕付饶州，五万硕付南康军，应副赈粜。 九月七日，诏：江南西路诸司申到江州旱伤最甚，除已降指挥许截留并令诸司科拨米外，可令刘孝韪日下躬亲前去江州，将本路常平米接续赈粜。十一日，诏：访闻湖南今岁亢旱，民颇流离，令礼部给降度牒一百道，左藏南库支降会子一十万贯，付湖南提举胡仰之收籴大（米）斛，措置赈粜。 十月七日，诏：江州旱伤，节次已降指挥，取拨本州常平义仓米四万四千余硕，及充截上供米六千五百余硕，劝谕上户认粜米二万八千六百余硕，截留赣州米一万硕，及支籴本钱四万余贯收籴米斛，并令漕臣取拨本路常平米一十万硕，吉、筠等州见起建康米	

续表

年代	赈粜史实	资料出处
	八万余硕，未起朝廷桩管米九万七千余硕，及江州元管收籴米，均拨付本州赈粜。并立赏格，劝谕上户出米赈济、赈粜，倚阁夏税，检放秋苗，地主、佃户资助赈给，并将禁军、土军、弓手免起发，存留防贼。可令帅、漕、提举官多出文榜，候岁终比较殿最。如官吏奉行灭裂，委御史台觉察，按劾以闻。同日诏：饶州旱伤，已降指挥取拨本州常平义仓米八万余硕，及于附近州县常平义仓米内取拨五万，并截留本州，见起桩管上供米三万硕，及献助米二千硕付本州，并劝谕上户赈粜、赈济，又倚阁夏税，检放秋税，及地主、佃户资助赈给，并将禁军、土军、弓手并免起发，存留防贼。可令江东帅、漕、提举官多出文榜，督责守、令，多方措置存恤，岁终比较殿最，如官吏奉行灭裂，委御史台觉察，弹劾以闻。 十一月十九日，湖南转运副使吴龟年、司马倬等言：本路旱伤，唯潭最甚，昨来黄钧趱剩米四万硕，乞充赈粜使用。诏粜到价钱，循环作本收粜米斛赈粜。	
淳熙元年（1174）	四月七日，诏：访闻关外四州去岁秋旱灾伤，米价踊贵，窃虑民间阙食，致有流移，可令户部郎官、四川总领赵公亮同本路提举常平官，日下津运常平义仓米，并附近桩积米前去赈粜。	《宋会要》食货六八之七四。
淳熙二年（1175）	九月七日，诏淮南今岁间有水旱，民户艰食，流移失业，可令淮南运判赵思日下取拨常平义仓米赈粜。 闰九月二日，诏：诸路常平司每岁于秋成日，视所部郡县丰歉，其合赈粜给处，仰约度所用及见管米斛，或阙少合如何措置移运，仍须于九月初旬条具闻奏（以中书门下省言诸路监司言灾伤故也）二十八日，诏淮东总领钱良臣体访淮东旱伤次第分数，于朝廷见桩管米斛内量行取拨，减价出粜，杨（扬）州米一万五千硕就本州支，真州一万硕于杨（扬）州般运，滁州一万石就便于建康府桩管米内取拨，高邮军五千二百石就本军支，楚州五千石于高邮军般运，盱眙军四千八百石就本军支。从良臣请也。	《宋会要》食货六八之七四至七五。

续表

年代	赈粜史实	资料出处
	十月二十五日，淮南漕臣言：今岁和州旱伤尤甚，乞将屯田庄所管稻谷比市价减粜，及濠州桩积米四千五千余石取拨赈粜。从之。	
淳熙三年（1176）	十月一日，诏金、洋州、兴化府间有旱伤，窃虑民户艰食，可令四川总领李蘩分差官属前去，将桩积米粟减价出粜，其粜到价钱，候丰熟日补籴，依旧桩管。	《宋会要》食货六八之七五。
淳熙六年（1179）	四月二十七日，诏：衢州遭水，米价踊贵，可于义仓米内拨米五千石出粜赈济。	《宋会要》食货六八之七六。
淳熙七年（1180）	二月十七日，诏湖南安抚辛弃疾于前守臣王佐所献桩积米内支五万石，应副邵州二万石、永州三万石赈粜（以弃疾言溪流不通，舟运艰涩故也）。 八月十三日，诏：近缘河港浅涩，行在米价稍增，可令司农寺行下诸仓，于朝廷桩管米内共分拨一十万石，专委临安府守臣措置，多差官属，分头置场，低价出粜，务要惠细民，不许上户及米铺户计嘱籴买。二十一日，诏：今岁旱伤，令户部于诸仓拨米十万石，低价令临安府置场一十五处，委官出粜。访闻所委官多至已时出粜，午时闭场，致所粜不广。令自今须至申时住粜，不得阻节，及不得将糠秕和杂作弊。如违，重寘典宪。 九月十三日，诏：今岁江东州军亢旱，令本路提举常平司将所部州军应管常平义仓钱米通融宽数，支拨赈粜。广德军、南康军将去年未起米一万石添助。以三州旱犹甚故也。 十二月，诏：左藏南库支会子二十万贯，浙东路常平义仓钱内支一十万贯，付浙东提举朱熹措置循环籴米，充一路赈济。十七日，诏：行在米价稍增，可于诸仓桩管米内，共取拨七万石，专委临安府守臣差官置场赈粜。	《宋会要》食货六八之七六至七八。

续表

年代	赈粜史实	资料出处
淳熙七（八）年①（1181）	九月十七日同日，江西漕司言：本路旱伤，细民阙食，本司旧有上供米一十四万石，见在诸州桩管，乞令逐州知、通认数赈粜。从之。二十一日，江东安抚使陈俊卿、运判王师愈言：本路九郡除太平州外，余皆阜（旱）伤，乞行赈粜。同日，诏：饶州旱伤处，令本路提举将常平义仓钱米通融宽数支拨外，其淳熙六年桩留米尽行赈粜（从守臣徐清请也）。 十二月十七日，诏：行在米价稍增，可于诸仓桩管米内共取拨七万石，专委临安府守臣差官置场赈粜。	《宋会要》食货六八之七七至七八。
淳熙九年（1182）	正月十一日，诏浙西州军去岁旱伤处，可于镇江府见桩管陈次米内支拨二万石，付提举司通融赈济、赈粜（从提举张均请也）。二十六日，诏江州守臣于本州见桩管米内借拨一万石，专充赈粜。二十七日，诏京西常平司于见桩管米内借拨五千石，于本路通融赈粜。 二月十二日，诏荆门军于见桩管米内支一千八百石，借拨三千石，按（接）续赈粜。 三月九日，诏郢州旱伤，可于屯田谷内借拨八千石赈粜。 七月六日，知隆兴府留正言：本路州军旱伤之甚，诸郡常平义仓米约有三十万余石，及漕司桩管米十万余石，通共四十万有余石，乞立价预行赈粜。从之。 九月十七日，诏：昌、合、普、资四州旱荒，可于四川总领新桩管钱引内支十万贯，随宜给散，令守臣多方措置，收籴米麦菽粟之属，二分赈（缺文）应副赈粜。诏借五万石。二十八日，诏：台州今岁旱伤，细民阙食，于平江府见管淳熙四年和籴米内借拨二万石，专作赈粜（以本府请也）。 十月十九日，诏：兴国军旱伤差重，已令借拨总领所米五千石，恐未能均济，可更于江州大军仓取拨一万石赈粜。	《宋会要》食货六八之七八至七九、八〇。

---

① 《宋会要辑稿》食货六八之七七。原文恐有误。

续表

年代	赈粜史实	资料出处
	十一月四日，诏绍兴府将今年合纳湖田米五万石在州赈粜（从本府请也）。 十二月十五日，诏：江西转运司斟酌江州旱伤轻重，将许借发准纳和籴桩管米分拨前去应副赈粜。	
淳熙十年①	正月十六日，诏浙西州军去岁旱伤处，五分以上，量行赈济，五分以下，量行赈粜（从提举常平赵伯泳请也）。 四月十三日，知广德军耿秉言：去岁旱伤，赖朝廷赈救，今去秋成之日犹远，欲于镇江府桩管陈次米内支二万石出粜。从之。 六月十一日，知绍兴府张子颜言，今岁诸县民田淹没大半，复须赈济，所有见管义仓斛数少，乞依去年例，将诸县湖田米就府送纳，应副赈粜。从之。 八月十五日，江西转运司言，本路旱伤，乞将诸州军桩管准纳等米一十四万余石，令知、通认数减价赈粜。从之。	《宋会要》食货六八之八〇至八一。
淳熙十一年（1184）	正月二十七日，知襄阳府王卿月言，本府今岁旱伤，米价腾贵，民间阙食。乞于本府见管桩积米内更赐支拨米六七千石，以充赈粜、赈济。诏令王卿月更于本府见桩管米内借拨五千石，专充赈粜支用，仰将逐项粜到价钱，并行桩管，却于秋成籴还。 十月十六日，中书门下省言：广东诸郡，闻有因夏旱，早米薄收、米价翔踊去处。诏本路漕臣、提举官，各将所部内似此郡县乡村措置赈粜，毋致阙食。	《宋会要》食货六八之八三。
淳熙十四年（1187）	十二月十七日，两浙转运副使赵不流等言：承省札，据本路州军奏请荒政事件，诏令臣等审度闻奏。数内一项，严州乞拨钱六万贯文发下本州，充六县接续赈济等事，照得严州今岁旱伤最重，提举司近拨米一万石，凑本州所管常平义仓米共一万五千石，准备	《宋会要》食货六八之八八至八九。

---

① 《宋会要辑稿》食货六八之八〇，原文作"淳熙八年"，但按上下文的时间顺序似应为淳熙十年（1183）。

续表

年代	赈粜史实	资料出处
	粜济。续据本州申：从来体例，止是将钱责付上户自备舟船，于丰熟去处运米出粜，循环作本。今来若令溯流般运，水脚费重。止乞拨米五千石，其余却乞拨钱。提举司已拨钱二万贯，及就平江府拨米五千石，通本州所管共一万五百石。今来所乞，量行支借，发下本州守臣责令交管，措置运米接济出粜，候将来荒政结局日，令本州尽数拘纳，发还元措（借）去处。诏令封桩库借拨桩管会子二万贯，余依。	
绍熙二年 (1191)	三月二十二日，诏：蕲州于见桩管米数内取拨一万石，措置接济赈粜，务在实惠及民。	《宋会要》食货六八之九一。
绍熙三年 (1192)	正月四日，诏淮南运判赵师罿于真州军粮等仓陈次米内支拨五万石，改充赈济，却令淮东安抚、转运司于本路桩管米内支五万石，专充赈粜。先是师罿言：本路今岁灾伤，虽蒙朝廷拨降米一十万石赈粜，缘尚有半年不敷，乞更支拨一十万石赈粜赈济。姑有是命。 十一月三日，知襄阳府张构言：本府系居极边，殊无储蓄，入秋江涨，居民陆种尽被水伤。本府逐岁所仰，皆自江陵、荆门、复州等处般贩前来，遂至在市无米。今常出粜已尽，深虑边民乏食。诏许于见管粳粟米内借拨八千石充赈粜，二千石充赈济。	《宋会要》食货六八之九三至九四。
绍熙四年 (1193)	二月二十九日，诏：江陵府于桩管米内取拨七万石，将四万石充赈济之用，三万石赈粜。其粜到价钱，候秋成日一并籴还，依旧桩管。 十月十五日，诏：广德军将元管湖、秀州赈粜米一万一千四百九十七石赈粜接济广德、建平两县饥民，其粜到价钱，提举司督令别项桩管，候丰熟日，仍旧收籴补还。从江东提举陈士楚言也。 十二月十三日，诏江西转运司于淳熙十三年漕臣王回和籴米内取拨七万石，赈粜本路被伤饥民。从本路漕司请也。十八日，知江陵府王蔺言：本府去年灾伤，蒙朝廷拨米四万石，内将一万石赈济，三万石赈粜。乞将所拨米从去年例，于内拨一万石，专充赈济。从之。	《宋会要》食货六八之九四至九五。

续表

年代	赈粜史实	资料出处
绍熙五年（1194）	二月十一日，诏：于建康府、太平州桩管米内各取拨四万石，斟量逐州旱伤轻重分拨，专委守臣措置赈粜。从江东提举陈士楚请也。	《宋会要》食货六八之九五。
庆元六年（1200）	八月十九日，诏令镇江府于转般仓桩管陈次米内借拨七万石，内三万石专充赈济，四万石充赈粜，其粜到钱，即便措置循环粜籴，不得有亏元数。候粜济毕日，申取朝廷指挥。（以本府言管属三县土薄民贫，岁无积谷，故降是诏）同日，诏令建康府于赈粜桩管米内借拨十万石专充赈粜。其粜到钱，即便措置循环粜籴，不得有亏元数，候赈粜毕日，申取朝廷指挥（以本府言诸县旱伤最甚，故降是诏）。 十月十五日，淮东提举高子溶言：所部扬、楚等处旱伤，本路运司有收籴到朝廷桩积米在诸州军桩顿，乞借拨二十万石，应副本司分拨赈粜等。诏于内借拨十五万石应副赈粜使用，将粜到价钱令项桩管，候来岁秋成，依数收籴补还，不得有亏元数（又诏，于内将五万石改充赈济）。	《宋会要》食货六八之一〇一至一〇二。
嘉泰四年（1204）	三月二十五日，诏令江西转运司于逐处桩管米内取拨抚州一万石，临江军一万石，隆兴府二千石，袁州一千石，同提举司委官多方措置，以七分赈粜，三分赈济，务要实惠及民，毋令流移失所。仍具已赈粜赈济，并粜价钱数目申尚书省（以江西提举司申，本路去岁多有旱伤去处，常平米斛不足接济故也。）。	《宋会要》食货六八之一〇二。
嘉定元年（1208）	八月甲午，赈江、淮流民。出米二十万石赈粜。寻又出安边所钱一百万缗，命江、淮制置大使司籴米赈饥民。	《续编两朝纲目备要》卷一一，第199页。
嘉定八年（1215）	五月乙酉，出米六万石赈粜临安府贫民。 秋七月丙子，出米三十万石赈粜江东饥民。	《续编两朝纲目备要》卷一五，第270页。《宋史全文》卷三〇。
嘉定十七年（1224）	夏四月辛卯，赈庐州饥。诏本州赈粜。	《续编两朝纲目备要》卷一六，第302页。

续表

年代	赈粜史实	资料出处
端平三年（1236）	七月癸巳，以久雨，诏出端平仓米千石赈粜，以平市直。	《宋史全文》卷三二。
嘉熙三年（1239）	三月癸未，出丰储米二十万石，赈粜临安贫民。	《宋史全文》卷三三。
淳祐七年（1247）	十月癸未，以严州旱，诏丰储仓给米万石赈粜。	《宋史全文》卷三四。
宝祐四年（1256）	二月庚午，以久雨，诏临安府发平籴仓米二万石赈粜。	《宋史全文》卷三五。
景定二年（1261）	七月辛未，月犯斗。上（理宗）曰：米舟虽至，价犹未平。（贾）似道奏：已将丰储米五万石赈粜，又借本市粜以平其直。	《宋季三朝政要》卷三，第175页。
景定四年（1263）	（夏）发福建义仓赈粜贫民。	《宋季三朝政要》卷三，第300页。

第十五章

宋代从自愿到强制的劝分

"劝分"作为一种社会救助现象在先秦时代已出现,其意是指劝导人们有无相济①。到了宋代"劝分"更是成为救荒的重要举措,"人户灾伤,在法以常平钱谷应付,不足,方许劝诱有力之家,出办粜、贷"②。"救荒之法不一,而大致有五,常平以赈粜,义仓以赈济,不足则劝分于有力之家。……"③"况荒政之行,当以赈济为主,劝分为辅,盖有司不惜官廪以惠民,然后可责富室不私藏以惠乡里。"④ 黄震说:"劝分者,劝富室以惠小民也。损有余而补不足,天道也,国法也。富者种德,贫者感恩,乡井盛事也。"⑤ 在制度上也有新的发展。"劝分"成为官府通过以爵位官职、优惠价格、免役等条件为号召,鼓励或激励富民、士人、商贾等有力之家将储积的粮食拿出来赈济、赈贷和赈粜灾民的一种救荒补助办法。对于宋代劝分学界已有所涉猎,但有些问题还需要拓展,故再作探讨,以期加深对这个问题乃至宋代救荒政

---

① 《左传·僖公二十一年》:"修城郭,贬食,省用,务穑,劝分,此其务也。"杜预注:"劝分,有无相济。"杨伯峻注:"劝分者,劝其有储积者分施之也。"《国语·晋语》:"懋穑劝分,省用足财。"韦昭注:"劝有分无。"
② 《宋会要辑稿》食货六八之五七,中华书局1997年影印本。
③ 董煟:《救荒活民书》卷二。
④ 真德秀:《西山先生真文忠公文集》卷一二《奏乞将知宁国府张忠恕亟赐罢黜》。
⑤ 《黄氏日抄》卷七八《(咸淳七年)四月十三日到州请上户后再谕上户榜》。

策的认识①。

一、劝分在宋代的实施状况

劝分又称做劝粜，这大致是因为劝分在赈济、赈贷和赈粜三项活动中，是以"赈粜"形式为主的缘故。这种补助救荒的方法，大致与宋朝历史相始终，从以下列表可以看出有宋一代实施劝分的基本情况。

为了便于考察宋代实施劝分的状况，现将相关材料制成简表。

年代	实施状况	资料出处
淳化五年（994）	正月二十一日，诏诸道州府被水潦处，富民能出粟以贷饥民者，以名闻，当酬以爵秩。	《宋会要》食货六八之三〇。
咸平四年（1001）	闰十二月，遣使赈河北饥。即命梁灏、薛映分往东西两路发廪，及募富民出廪赈之。	《皇朝编年纲目备要》卷六，第126页。
大中祥符五年（1012）	二月癸丑，京西诸州军民饥处，令转运使谕告积蓄之家，有能赈济及以粮斛减半价出粜者，并具名闻，第行恩奖。	《长编》卷七七，第1756页。
天禧元年（1017）	三月二十五日，诏：诸州官吏如能劝诱蓄积之民以廪粟赈恤饥乏，许书历为课。夏四月甲申，翰林学士、知通进银台司兼门下封驳事晁迥、李维上言："中书门下札子付登州，据牟平县学究郑河状，以本州民阙食，愿出粟五千六百石赈济，望赐弟巽班行，奉圣旨不行者，臣等商度，损余补乏，为利亦大，望令宰臣定议，特从其请，俟丰稔即止。庶储积之家有所劝率，大济饥乏，上宽圣虑。"诏补巽三班借职。自是，纳粟者率以为例。	《宋会要》食货六八之三五。《长编》卷八九，第2056页。《宋会要》食货六八之三六。

---

① 有关研究劝分救荒的论著主要有：王德毅：《宋代灾荒的救济政策》，台湾商务印书馆1970年版，第147—154页；张文：《荒政与劝分：民间利益博弈中的政府角色——以宋朝为中心的考察》，《中国社会经济史研究》2003年第4期；张文：《宋朝民间慈善活动研究》，西南师范大学出版社2005年版，第237—242页。

续表

年代	实施状况	资料出处
	五月二十四日，殿中侍御史张廓言：奉诏京东安抚，民有储蓄粮斛者，欲劝诱举放，以济贫民，俟秋成，依乡例偿之。如有欠负，官为理赏。从之。 八月六日，知并州周起言：河北民逐熟至州境者，州民施饭一月。诏奖起，仍令召出米人宴犒之。	
天禧四年 （1020）	二月一日，民有以粮储济众者，第加恩奖，其乏食持仗盗粮者，并减等论罪。 六月，太常少卿、直史馆陈靖言：朝廷每遇水旱不稔之岁，望遣使安抚，设法诱富民纳粟，以助赈贷。从之。	《宋会要》食货六八之三七。
庆历四年 （1044）	五月戊寅，诏淮南比年谷不登，今春又旱蝗，其募民纳粟与官，以备赈贷。	《长编》卷一四九，第3612页。
至和元年 （1054）	三月乙酉，诏京西民饥，宜令所在劝富人纳粟以赈之。	《长编》卷一七六，第4256页。
熙宁九年 （1076）	十二月十三日，诏淮西（南）东西、两浙路：应劝诱人户所出赈济斛斗免欠未纳数目，特与免放。其熙宁八年已后劝谕已纳斛斗人户，候向去合行劝诱，即拟数却与免放。	《宋会要》食货六八之三九。
元祐六年 （1091）	闰八月庚辰，户部言：灾伤县放税及七分，赈济廪粮不足者，令佐劝谕积贮之家，减价出卖。或以钱粟借与贫家乏人户，虽有利息，候丰熟日，官为受理。从之。	《长编》卷四六五，第11114—11115页。
绍圣元年 （1094）	十月二十五日，诏：河北路监司，令州县官谕富民有积粟者，毋闭籴，官为酌立中价，毋得过，犯者坐之。二十六日，诏：给空名假承务郎敕十，太庙斋郎补牒十，州助教不理选限敕三十，度牒五百，付河北东、西路提举司，召人入钱、粟充赈济。	《宋会要》食货六八之四七至四八。
大观四年 （1110）	四月二日，诏：荆湖北路去岁灾歉，推行赈济，本路仓廪物斛所蓄不多，不接支用，可相度给降空名度牒二十道，借、奉职、假将仕郎告敕各七道，量度数目多寡，并逐色所直钱数目，付本路监司，与席贡同共分	《宋会要》食货六八之五〇至五一。

续表

年代	实施状况	资料出处
	擘……奉职六千贯,借职四千五百贯,假将仕郎二千二百贯,度牒二百贯。 　　四日,诏:东南六路灾伤,仓廪物斛不接支用,江南西路给降奉职、借职、假将仕郎告各七道,度牒二十道,江南东路、淮南、两浙、湖南路各给降奉职告三道,借职告四道,将仕郎补牒三道,度牒二十道,并依湖北路已得指挥施行。	
绍兴元年 (1131)	五月十四日,诏诸路见今米价踊贵,细民阙食,令州军将常平仓见在米,量度出粜,仍广行劝诱富家,将原(愿)粜米谷具数置历出粜……	《宋会要》食货六八之五六。
绍兴六年 (1136)	三月二十九日,殿中侍御史周秘言:去岁旱伤,小民艰食,命所在劝诱积粟之家,置历出粜,过三千石者,等第推恩。 　　五月戊辰朔,湖南制置大使吕颐浩又乞降助教敕、度僧牒,诱上户籴米,民不能耕,则借之粮种,夏税亦俟秋成并输,全活甚众。	《宋会要》食货六八之五八。《要录》卷一〇一。
隆兴元年 (1163)	十月二十一日,知绍兴府吴芾言:本府今年灾伤异常,豪右之家闭粜待价,欲招诱出粜最多之人,从本府保明,申取朝廷详酌推恩。从之。	《宋会要》食货六八之六二。
隆兴二年 (1164)	七月二十四日,臣僚言:建康、镇江、平江府、常、秀等州今年秋淫雨不止,大水为灾。目今米价见已翔踊,乞命提举司依条赈济农民,不可使至流徙。仍行下诸州,劝谕居停米谷之家,平价出粜。从之。	《宋会要》食货六八之六二。
淳熙八年 (1181)	九月,是月以江、浙、湖北旱,出爵募民赈济。	《宋史全文》卷二七。
绍熙四年 (1193)	八月十二日,诏:逐路安抚、转运、提举司,如实有旱伤州县,许劝谕官民户有米之家赴官输米,以备赈济,委知、通交量,认数桩管,相度荒歉轻重,申取朝廷指挥,方许支拨。其出米及格人,仰遂(逐)司保奏,依立定格目推赏施行。不得科抑。从都省检会也。	《宋会要》食货六八之九四。

年代	实施状况	资料出处
开禧二年（1206）	四月甲子，下纳粟补官之令。	《宋史》卷三八，第740页。
景定二年（1261）	九月辛酉，上曰：湖、秀二郡被水最甚，闻守、令不以荒政为意，民户吝于劝分，宜立赏罚，以示信命。	《宋史全文》卷三六。
咸淳二年（1266）	六月壬午，以衢州饥，命守、令劝分诸藩邸发廪助之。	《宋史》卷四六，第896页。

以上是中央官府以行政命令的方式推进劝分赈济救荒，那么地方执行的如何呢？下面所举事例可以管窥一斑。

刘颜为济州任城县主簿，会岁饥，发大姓所积粟，以活千人[1]。夏竦知襄州，"岁饥，发公廪、募富人出粟，尝全活数万人，赐诏褒谕"[2]。"皇祐中，岁大艰，通判州事黄师旦以令劝分，府君（李子平）为之率人争应令。既而大疫，死者横道，又皆为之棺椁。"[3] 高继勋知瀛州"属岁大饥，谷价翔起，即召诸里富人谓曰：'今半境之人将转而入之沟壑，若等家固多积粟，能发而济赈之，若将济州将之命。'于是皆争出粟，王亦以其直予之，蒙活者万余人。"[4] 罗彦辅在溧阳"又劝有米家，量力而出，下皆乐输。而就哺者，至不远百里地，赖公以生者，不可胜计"[5]。绍兴六年（1136），李纲与江南路监司"协力推行，分遣僚属，督责州县，劝诱出粟，庶几实惠及民，以称诏旨。凡赈济饥流民五万有余，以积粟粜者二十余万石"[6]。绍兴时期，上饶岁大祲，循吏石昼问"劝分不以赀产，先察畜米多寡谕教，故倚郭得米二十余万斛，它邑各以万计，境内置回环场四十七所，各给本钱且籴且粜，

---

① 李元纲：《厚德录》卷三，丛书集成初编本。
② 李元纲：《厚德录》卷四，丛书集成初编本。
③ 黄庭坚著，刘琳、李勇先王蓉贵点校：《黄庭坚全集·别集》卷十《承议郎李子平墓志铭》，第1665页。
④ 王珪：《华阳集》卷四九《穆武高康王神道碑铭》。
⑤ 李之仪：《姑溪居士文集》卷四八《罗大夫墓志铭》。
⑥ 李纲：《李纲全集》卷一六一《皇帝御笔赈济诏书跋尾》，第1485页。

循环无穷,择土官信实者主之。"① 乾道五年(1169)五月十日,"今饶州并诸县申到依应劝谕得上户愿粜米谷,共计一十九万六千六百硕六斗五升"②。黄度在孝宗时,"是岁劝分所粜及献助所给,凡为米三万二千石,给居三之一,减价于市亦三之一"③。吕师愈"致富虽纤微,然遇旱饥,辄再出稻子数千斛,助州县赈贷。其知取舍盖如此"④。南宋末期,黄震在抚州,从咸淳七年(1271)三月二十八日到七月一日,近百天时间,共发关于赈济事项或相关文榜二十余道,其中绝大部分都是为劝谕富民出粜而发的。一共募集到十一万余石粮食⑤。

二、 劝分的赏格与对象

以官职劝诱有力之家的做法,最早可追溯至宋太宗淳化年间:"募富民出粟,千石济饥民者,爵公士阶陪戎副尉,千石以上迭加之,万石乃至太祝、殿直"⑥。这与宋代实行的纳粟卖官或纳粟补官很相似⑦。宋人说:"纳粟补官,始以拯饥,后以募民实粟于边。"⑧ "纳粟补官,国初无。天禧元年四月,登州牟平县学究郑巽出粟五千六百石赈饥,乞补第巽,不从。晁迥、李维上言乞特从之,以劝来者,丰稔即止。诏补三班借职(今承信郎)。自后援巽例以请者,皆从之。然州县官不许接坐,止令庭参。"其后纳粟补官与劝诱豪民救荒联系在一起。"熙宁元年(1068)八月,诏给将作监主簿、斋郎、助教牒募民实粟于边。此古人募民实粟塞下遗意也。"⑨ "熙宁八年十二月甲辰,赐荆湖南路上供米十万石,试监主簿、斋郎补牒、州助教敕,总

---

① 周必大:《周益公文集》七五《循吏石大夫(昼问)墓志铭(嘉泰三)》。
② 《宋会要辑稿》食货六八之六六。
③ 袁燮:《絜斋集》卷一三《龙图阁学士通奉大夫尚书黄公行状》。
④ 《水心文集》卷之一四《吕君墓志铭》,《叶适集》第一册,中华书局1983年版,第267页。
⑤ 详见张文:《宋朝民间慈善活动研究》,西南师范大学出版社2005年版,第239—242页。
⑥ 《续资治通鉴长编》卷三六"淳化五年九月"条,第799页。
⑦ 参见王曾瑜:《宋朝卖官述略(附论:秦汉至隋唐五代卖官述略)》,时间:2006年7月18日,来源:象牙塔网。
⑧ 王栐著,诚刚点校:《燕翼诒谋录》卷五,中华书局1981年版,第52页。
⑨ 王栐著,诚刚点校:《燕翼诒谋录》卷二,第12页。

十五道，以察访蒲宗孟言本路被灾伤为甚，乞赈济故也。"① 南宋初大力推行劝诱豪民救荒，才又有新的规定出现。高宗绍兴元年（1131），"五月十四日，诏诸路见今米价踊贵，细民阙食，令州军将常平仓见在米，量度出粜，仍广行劝诱富家将原粜米谷具数置历出粜，州委通判，县委令、佐。如粜及三千石以上之人，与守阙进义副尉；六千石以上，与进武副尉；九千石以上，与下班祗应；一万二千石以上，与进义校尉；一万五千石以上，与进武校尉；二万以上，取旨优异推恩。如已有官荫，不愿补授名目，当比类施行"②。绍兴五年（1135）十二月七日，江南西路转运司请求："仍令州县劝谕有力之家，入纳粳米每一千石，补迪功或承信郎，便作官户免丁身差役，本路帅司举辟合入差遣，入纳稻谷每二千石，依入纳米斛补官例，第四等已下户，本户秋料全放十分者，并赈贷为种，更不取息。"③ 对此宋廷答复："诏令乞支苗米难议施行，内劝谕人纳稻谷，依入纳米补官便作官户一节，见别作施行外，余并依。仍委知、通劝谕有力之人出粜斛斗接济，不得搔挠。"④ 孝宗时期大力推行荒政，用爵位和补官劝诱有力之家参与救荒的举措力度更大也更完善。

乾道七年（1171）八月一日，中书门下省言，湖南、江西间有旱伤州军，切虑米价踊贵，细民艰食，富室上户如有赈济饥民之人，许从州县审究诣实，保明申朝廷，依今来立定格目给降付身，补受名目。无官人：一千五百硕，补进义校尉（愿补不理选限将仕郎者听）；二千硕，补进武校尉（如系进士，与免文辞一次，不系进士，候到部，与免短使一次）；四千硕，补承信郎（如系进士，与补上州文学）；五千硕，补承节郎（如系进士，补迪功郎）。文臣：一千石，减二年磨勘（如系选人，循一资）；二千硕，减三年磨勘（如系选人，循两资。）仍各与占射差遣一次；三千硕，转一官（如系

---

① 《续资治通鉴长编》卷二七一，第 6645 页。
② 《宋会要辑稿》食货六八之五六。另：《文献通考》系年于高宗建炎元年，恐有误，不取。
③ 《建炎以来系年要录》卷九六"绍兴五年十有二月乙巳"条。另，《宋会要辑稿》食货六八之五七至五八的记载文字略有差异："令州县劝谕有力之家人纳粳米，每一千石，或稻谷每二千石，如系曾得文解人，三代中有文官无刑责，补迪功郎，余人补承信郎，依献纳人例理选限升陟，从本州保奏，给降付身，便作官户免身丁、差役，免审量，令本路帅司举辟合入差遣。其入纳到米，即减价赈粜，并令州县出给公据……"
④ 《宋会要辑稿》食货六八之五八。

选人，循两资。）仍各与占射差遣一次；五千石以上（取旨优与推恩）。武臣：一千硕，减二年磨勘，升一年名次；二千石，减三年磨勘，占射差遣一次；三千石，转一官，占射差遣一次；五千硕以上（取旨优与推恩）。其旱伤州县劝谕积粟之家，出米赈济，系敦尚义风，即与进纳事体不同。诏依，其赈粜之家，依此减半推赏，如有不实，官吏重作施行。（寻诏江南东路、荆湖北路依此制）①。

乾道七年（1171）以后此项赏格为后世沿用，但亦有不少冲改"检准淳熙宽恤诏令，自乾道七年以后，累准朝廷指挥，劝诱富室上户赈济饥民与补官资，却缘前后冲改，多有不同"。

嘉定二年（1209），有大臣根据用官职劝诱有力之家参与救荒举措响应者范围有限的实际情况，提出用免役为号召的变通办法："赏有常典，多有者至命以官，固足以示劝矣。然应格沾赏者无一二，偏方小郡号为上户者，不过常产耳。今不必尽责以赈济，但能随其力之所及，或出粟赈粜以平粜价，或假贷蠲息以赒贫民……量其多寡而与之免役，多者免一次，少者一年或半年，夫民之惮役甚于寇盗，今既与之免役，彼将欣然乐从而无难色，此诱之之术也。乞行下旱歉州军，今后富民上户有能赈粜、赈贷者，并令常平司典之斟酌免役，庶几官不失信，而人皆乐从，诚旱备之助也。"对此建言，宋廷给以充分的肯定而付诸实施②。

劝分的主要对象是有力之家，"谓上户固所当劝……所谓上户者，田亩之跨连阡陌，蓄积之红腐相因"。这主要是针对乡村而言，实际上在宋代囤积粮食的有力之家还有富商巨贾。董煟说："天下有有田而富之民，有无田而富之民。有田而富者，每岁输官固藉苗利，一遇饥馑，自能出其余以济佃客。至于无田而富者，平时射利，浸渔百姓，缓急之际，可不出力斡旋以救饥民，为异时根本之地哉！汉家重困商贾，盖为此耳。今饥馑之年，劝诱此

---

① 《宋会要辑稿》食货六八之六九至七〇。《救荒活民书》卷二记载与此相同。《通考》卷三五，系年于淳熙七年，恐误，不取。

② 《宋会要辑稿》食货六八之一〇五。另：曹彦约《昌谷集》卷九《湖北提举司申乞赈济赏格状》"元降指挥：无官人，米一千五百石，补义校尉；四千石，补承信郎，或上州文学；五千石，补承节郎。计钱一万贯，承信郎、上州文学；计钱八千贯，进武校尉；计钱四千贯，进义校尉；计钱三千贯，进武副尉；计钱二千贯，不理选限，将仕郎；计钱一千贯，诸州助教；计钱五百贯，则合以绍熙五年九月指挥为定。"

曹使出钱籴贩，初非重困，又况救荒，乃暂时之役，彼亦安得而辞。"① 劝诱商贾在北宋时似不常见，但到南宋则开始出现并得到迅速发展。如：绍兴五年（1135）九月七日，"殿中侍御史王缙言，应民旅般贩米斛往旱伤州县出粜，依日前指挥，许就官司判状执据，与免经由场务力胜，亦赈救之一也。从之。"② 绍兴五年（1135）十二月乙巳"仍令州县劝诱商贾，出给公据，往秋收处收籴斛斗，免纳斛斗力胜税钱，仍每米一百石，许附带别色行货，约计一百贯，沿路与免收税钱三分，令州县密切询访，停塌兴贩、见有斛斗之人，劝谕令依元收籴时价，量取利息，责认石斗，数目出粜，接济阙食之民"③。隆兴二年（1164）九月四日，方滋言："今岁江东、二浙皆是灾伤去处，独湖南、广南、江西稍熟，相去既远，客贩亦难，势当有以诱之，欲乞朝廷多出文榜，疾速行下湖、广诸路州军，告谕客人，如般贩米斛至灾伤州县出粜，仰具数目，经所属陈乞，并依赏格，即与推恩……从之。"④

从这些记载来看，官府劝诱商贾贩运粮谷到饥荒处的政策主要是在于掌控适当的价格和给以优惠的通商补助。当然商贾愿意响应官府出具的职官赏格，也是官府欢迎的，而且地方官员更希望宋廷采取优异推赏，放宽补官的限度。乾道七年（1171）八月二十五日，权发遣隆兴府龚茂良言："本州已立下价直，每硕止一贯五百四十文足，比之市价，折钱七百六十文足，以一名若认粜二万硕，共折钱一万五千二百余贯足，若不优异推赏，恐无人愿就，今进纳迪功郎系八千贯文省，比之以二万硕米中籴入官折阅之数，不啻过倍，欲乞补充迪功郎有官人许转一官资，及见系理选限将仕郎并许参部注受合入家便差遣。从之。"⑤ 这里需要指出"优异推恩"是根据"官为立中价，不得过为亏损"，否则，"若依市价以收厚利，商贾之流贩贱卖贵，较其石数则尽合补授，如此赏典皆可滥及，饥民不蒙其利"⑥。

除了用官职、免役、优商等政策劝诱外，还有一种官府向豪民提供籴粜

---

① 董煟：《救荒活民书》卷二《劝分》。
② 《宋会要辑稿》食货六八之五七。
③ 《建炎以来系年要录》卷九六第1585页。
④ 《宋会要辑稿》食货六八之六三。
⑤ 《宋会要辑稿》食货六八之七〇。
⑥ 《宋会要辑稿》食货六八之七一。

粮食资金的办法。乾道五年（1169）十月（十）六日，权发遣两浙路转运副使刘敏士言："温、台二州近因风水飘损屋宇禾稼……臣今措置，欲令各州劝募上户，官借其赀，往浙西诸州丰熟去处般贩米粮，中价出粜，至来年秋间，却输纳钱本还官。庶几般贩既多，米稍停蓄，其价自平。今来温州已募上户，借与钱本，见行措置，唯是台州财赋窘迫，无以为计。臣欲支钱五七万贯给与台州，令劝募上户般贩米斛，以济饥民。""诏令两浙转运司差拨人船，于近便州军户部桩管米及常平义仓米内取拨三万硕，前去台州，委官于被水去处减价出粜，其粜到钱，令本司拘收，拨还元取米去处。"①

除了富民商贾外，有力之家还应包括闲居乡里的待阙士人。乾道七年（1171）九月二十二日，"敷文阁侍制、提举江州太平兴国宫张运言：居闲躬耕，储粟二千余石，适逢合（今）岁旱歉，敢助赈济。诏令学士院，降诏奖谕。"②淳熙元年三月，"进呈浙西帅、宪司保明进士施浦等，各出米五千石赈济，欲遵格补官。上（孝宗）曰：朕不鬻爵，以清入仕之源。今以赈济补官，却是为百姓。"③

三、 官府对劝分救荒的管理

宋官府对劝分救荒的管理有两种形式，一是对地方官吏劝诱有力之家进行赏罚；二是各级官吏负有督察劝分实施的责任。先说前一种。

为了激励地方官员积极劝诱富民赈灾，天禧元年（1017）二十五日，诏诸州官吏，如能劝诱蓄积之民，以廪粟赈恤饥乏，许书历为课④。天禧四年（1020）夏四月壬辰，京西转运使言，知襄州夏竦劝部民出粟八万余石，赈济饥民。诏奖之⑤。从目前的记载来看，这一奖惩措施在北宋时期的类似记载并不多见，说明劝分救荒在北宋官府救荒之政中所占比重可能有限，南渡以后随着劝分救荒在官府救荒之政中所占比重日益增大，随之得到广泛

---

① 《宋会要辑稿》食货六八之六六至六七。
② 《宋会要辑稿》食货六八之七〇。
③ 《宋史全文》卷二六。
④ 《宋会要辑稿》食货六八之三五至三六。
⑤ 《续资治通鉴长编》卷九五，第2188页。

推行。

高宗绍兴元年（1131）五月十四日，并令州军保奏，通判、令、佐劝诱人户出粜数多，令本路监司保奏，等第推恩，务要实惠及民，即不得虚桩数目，陈乞推恩。仍令监司觉察，如违，按劾取旨，重作责罚①。

绍兴三年（1133）六月十二日，荆湖南路宣谕薛徽言，已檄州县劝诱上户借贷种，本月给考历，以多寡为殿最。其上三名与免公罪杖一次，稍多者又与免科役一次，优异者保明申本司②。

宋孝宗乾道元年（1165）四月十三日，尚书度支员外郎曾愭言……欲乞将逐县劝谕到赈济米，谓如三千石者，知县与减一年磨勘，计其多寡，以为之等差……诏令有司第赏格行下，浙西提举常平保奏施行③。

> 所谓赏抹荒之官者，如乾道江西之旱，赏小官者四人，如淳熙浙西之旱，并赏常平使者擢而登朝之类是也。④

乾道七年（1171）八月八日，"平江府常熟知县赵善括劝诱上户米数倍于诸邑"，"诏赵善括特转一官"⑤。

《乔幼闻特转一官制》敕："具官某。民困于役久矣，江东常平使者以义劝分，政莫良于此，吏奉行类不虔，尔邑克成，尔惟克勤，乃事其增一秩，用风励字民者。"⑥

此类酬奖对地方官吏是颇有激励作用的，这种激励作用的后果一方面无疑对推进救荒是积极的。另一方面，后来在饥荒之年出现地方官吏"但欲认米之足数，假劝分之美名，欺罔上司，以图观美，不知适以病民也"⑦的弊端恐怕与此也有一定的关系。

再看地方官吏对劝诱有力之家实施赈灾过程的督察，这又分做两种情

---

① 《宋会要辑稿》食货六八之五六。
② 《宋会要辑稿》食货六八之五七。
③ 《宋会要辑稿》食货六八之六四至六五。
④ 杨万里：《诚斋集》卷六二《旱暵应诏上疏》。
⑤ 《宋会要辑稿》食货六八之七〇。
⑥ 袁甫：《蒙斋集》卷九。
⑦ 《救荒活民书》卷二《劝分》。

况。其一，防止有力之家乘饥荒之机，坐拥囤粮"闭籴"。"豪右闭籴，盖其常态。况当饥岁，彼孰知恤，全在州责之守，县责之令，多方劝谕上户，估定中价，俾以所食之余，各行出籴，稍济贫乏，务在均平。"① 为此宋廷于绍兴六年（1136）三月颁诏谕以管制，"诏：浙东州县守令，劝诱上户，广行出籴，如籴及三千石已上之家，依已降旨等第补官。若有顽猾上户，依前闭籴之人，亦抑断遣，仍令提举官躬亲检察。尚书省奏，婺州积米之家，乘时射利，闭仓遏籴，缘此细民，转致艰食，偷生为盗，故有是旨"②。对富民坐拥厚自"闭籴"的行为予以严惩。乾道八年（1172）三月十五日，"潭州安化县上户进武校尉龚德兴，平时兼并，遂至巨富，以进纳补官，比至旱伤阙食，独拥厚资，略不体认国家赈恤之意。诏龚德新进武校尉一官勒停，送五百里外州军编管"③。

其二，宋官府常平仓、义仓的赈灾活动往往是在州县城进行，而广大乡村的灾民则受惠很有限。"然自来官中赈济多在城郭，遂致乡村细民不能遍及。"官府劝诱富民出米谷救灾很大程度是希望能对此缺憾有所补救，但在实际实施过程中富民仍愿把米谷拿到城镇赈籴，因而宋官府就责成地方官吏督察监视富民在乡村置场赈籴。绍兴六年（1136）二月，有臣僚建言："愿以上户所认米数，统计城郭乡村之户多寡，分擘米数，县差丞、簿，于在城及逐乡要闹处，监视出籴，计口给数照支，或支五日，或并十日，其交筹收钱，并令人户亲自掌管，官不得干预，既无所扰，人亦愿从，此惠而不费之道，损有余、补不足之术也。"从之。④

防止富民赈贷之时放高利贷，也是宋官府管理劝分的重要内容。乾道三年（1167）八月二十五日，"诏：'诸路州县约束人户，应今年生放借贷米谷，只备本色交还，取利不过五分，不得作米钱算息。'以臣僚言：'临安府诸县及浙西州军，旧来冬春之间，民户阙食，多诣富家借贷，每借一斗，限至秋成交还，加数升或至一倍。自近年岁歉艰食，富有之家放米人立约，每米一斗，计钱五百。细民但救目前，不惜倍称之息，及至秋收，一斗不过百

---

① 《建炎以来系年要录》卷九八"绍兴六年二月乙巳"条。
② 《建炎以来系年要录》卷九九"绍兴六年三月己巳"条。
③ 《宋会要辑稿》食货六八之七二。
④ 《建炎以来系年要录》卷九八"绍兴六年二月乙巳"条。

二三十，则率用米四斗方粜得钱五百，以偿去年斗米之债。农民终岁勤动，止望有秋，旧逋宿欠，索者盈门，岂不重困，夫民之贫富有均，要是交相养之道，非贫民出力，则无以致富室之饶，非富民假贷，则无以济贫民之急，岂可借贷米斛，却要责令还钱。'故有是命。"①

四、劝诱性质由自愿向官府强制的发展趋势

宋朝劝诱富民出粟赈灾，起初大致是能够遵奉自愿原则的。宋真宗天禧元年（1017）四月，"濮州侯日成上言：本州富民储蓄斛斗不少，近来不住增其价直，乞差使臣与通判点检，逐户数目，量留一年之费外，依祥符八年秋时每斛上收钱十五文省，尽令出粜，以济贫民"。这条材料表明宋真宗时，地方官吏已有强迫富民出粟的消息，所谓"逐户数目，量留一年之费外"，已非自愿。只是当时宋真宗"诏只依前后敕旨，劝诱出粜，余不得行，虑扰民也"，未同意侯日成的请求。董煟对此感叹道："富民有米，本欲粜钱，官司迫之，愈见藏匿，须当有术以出之。""然则祖宗不从日成上言，真识大体。"② 其后官府强制性的劝诱至迟到宋神宗时已较明显。熙宁九年（1076）十二月十三日，"诏淮西（南）东西、两浙路：应劝诱人户所出赈济斛斗免欠未纳数目，特与免放。其熙宁八年已后劝谕已纳斛斗人户，候向去合行劝诱，即拟数却与免放"③。这里虽说是减免劝诱人户应出而未出的"赈济斛斗"，但同时也说明宋真宗时富民"逐户数目，量留一年之费外"，出粟赈灾的事实是存在的，且已见于官府的诏令。不过，在这一时期对于官吏以救荒名义擅自违法骚扰富民是要受到惩罚的。"检详枢密院兵房文字、太子中允刘载，监杭州龙山税，坐前知司农寺丞京东体量赈济灾伤擅立关子式，牒诸州军付饥人，于积蓄之家假贷违法也。"④

南宋初期百废待兴，劝诱民户赈粜在救荒中的作用日益重要。"今日赈救有二，一则发廪粟减价以济之，二则诱民户赈粜以给之。""诸路固尝许借

---

① 《宋会要辑稿》食货六八之六五。
② 董煟：《救荒活民书》卷一"天禧元年四月"条。
③ 《宋会要辑稿》食货六八之三九。
④ 《续资治通鉴长编》卷二五七"熙宁七年冬十月戊辰"条，第6270页。

常平义仓米，又常令州县赈粜，艰难之际，兵食方阙，州县往往遂（逐）急移用，无可赈给，唯劝诱赈粜尤为实惠。"①官府一方面完善各种劝诱的"设法"，另一方面也在继续北宋以来的强制"劝诱"的做法。绍兴六年（1136），"诏：浙东州县守令，劝诱上户，广行出粜，如粜及三千石已上之家，依已降旨等第补官。若有顽猾上户，依前闭籴之人，亦抑断遣，仍令提举官躬亲检察。尚书省奏，婺州积米之家，乘时射利，闭仓遏籴，缘此细民，转致艰食，偷生为盗，故有是旨。"这道诏令虽是针对富民"闭仓遏籴"所发，但是它赋予地方官吏强制即"断遣"的权力，因而这道诏令发布不久就有臣僚上疏指出可能出现的弊端，"臣但闻其劝分矣，未闻其迫之也。今止令州县劝诱，犹惧其抑勒，若更许之以断遣，则彼将何所不至。臣恐州县官吏，不复问民之有无，而专用刑威，逼使承认，奸贪之吏，因得济其私，而善良之民，或有被其害者矣"。于是要求："再降指挥，专委诸路提举官，遍诣所部，戒约守、令，多方劝诱，务令民户乐从，或因今来酌情断遣指挥，辄有分毫骚动，并令提举官奏劾。"②为此宋廷再下诏："依令诸路提举常平官躬亲遍诣所部州县巡按觉察，如有违戾去处，按劾闻奏，其提举官失觉察，令御史台纠劾。"③对地方官吏只是约束而已，其赋予"断遣"的权力并未减去。绍兴六年（1136）四月十二日，江南路安抚制置大使兼知洪州李纲言："已尊睿训劝诱，出榜置历，差官分诣诸州，委知、通、县官，召上户积米之家，许留若干食用，其余依市价量减，尽数出粜。从之。"④"当日又准尚书省札子，备奉圣旨指挥节文，停蓄之家尚敢不从劝诱，依前闭粜，量度轻重，一面断遣。除已备录全文印榜晓示外，今具遵依圣训，措置劝诱下项：本路逐州军使司各置印历一道，差官分诣，委自知、通行下诸县。每县州给印历一道，备录使司指挥，差官分诣，监督令、佐，分定乡分，躬亲就乡询究的实有米人户，使其自陈。截自指挥到日，见有积米之数，许乞存留若干食用外，其余尽数依市价量减，施行出粜，责令邻保对定着实有米人户，于历上亲书著字所委官，限五月周遍赴县攒数，令佐就历同书结罪名，

---

① 《宋会要辑稿》食货六八之五八。
② 《建炎以来系年要录》卷九九"绍兴六年三月己巳"条。
③ 《宋会要辑稿》食货六八之五九。
④ 《宋会要辑稿》食货六八之五九。

次日缴纳本州……如敢吝惜不肯出粜，抗拒官司之人，审究见在着实盛顿米谷去处，盘量见数，具情节申取使司指挥，当议酌情断遣枷项号令。"① 至此，"劝诱"已完全名不副实，实乃成为强制出粜的别名。其后这种趋势得到不断加强，下面的这两条材料充分说明了这一点。

隆兴二年（1164）闰十一月十九日，臣僚言，"淮南流移百姓见在江、浙州军，无虑十数万众，虽欲赈济，缘官司米斛例有限。近降指挥，有田一万亩，出粜米三千硕，其余万亩以下，却有不曾经水灾收蓄米斛之家，粜价倍于常年。今相度，欲委逐州见不曾经水灾处，占田一万亩以下，八千亩以上，立定出粜米一千五百硕。如此，可以广有出粜之数，应接急阙支遣。从之"。②

绍熙五年（1194）十月十二日，中书门下省言：乞下帅臣、监司更切多方晓谕，令巨室富家约度岁计食用之外，交相劝勉，将所余米斛趁价出粜，或就在城自占地分置场，或自占某县，或自占某乡，或占几都几保，置立场铺，随时量减价直，接济细民，官为稽察数目，大概但能使所占之地，百姓安业，无流离饥殍，候及食新之日，许帅臣、监司、守臣保明申奏，次第推赏。其出米最多、济民最众，特与优加旌擢，风示天下。如豪右之家产业丰厚，委有藏积，不遵劝谕，故行闭籴者，并令核实奏闻，严行责罚，仍度其岁计之余，监勒出粜，其州县不恤邻境遏籴自便者，亦仰监司、帅臣按劾以闻，重真典宪。从之③。

当然对于不经官府劝分而自愿出资救助乡里的行为，朝廷仍按劝分赏格给予奖励。淳祐六年（1246）秋七月壬戌，泉州岁饥。其民谢应瑞非因有司劝分，自出私钱四十余籴米以振乡井，所全活甚众，诏补进义校尉④。这个材料从一个侧面说明南宋后期地方乡里不论是自愿还是不自愿的救助行为都被纳入劝分范围，也就是说即便有个别纯属自愿的救助行为也按劝分来对待。

南宋出现强制性劝诱的第二种表现，是扩大劝诱范围，中下等民户也被

---

① 李纲著，王瑞明点校：《李纲全集》卷八六《画一措置赈济历并缴奏状》，第857页。
② 《宋会要辑稿》食货六八之六三。
③ 《宋会要辑稿》食货六八之九六。
④ 《宋史》卷四三《理宗三》，第835页。

硬性科勒摊派。董煟说："只缘官司以户等高下一例科配。"此种做法在淳熙年间已较普遍，故有大臣指陈其弊："州县劝谕赈粜，乃有不问有无，只以户等高下，科定数目，俾之出备赈粜。于是吏乘为奸，多少任情，至有人户名系上等家，实贫窭，至鬻田籴米以应期限，而豪民得以计免者，其余乘中户之急，济其奸利，缘此多受其害。"① 宋理宗以后更趋严重，在很大程度上已成为地方官府的一大弊政。受到士大夫们越来越多的尖锐批评：

"救荒无出劝分，米价翔踊，谁不爱惜，中产力薄何暇及，人所以皆不乐从，名劝而实强之。"②

予观郡县年饥劝粜之令，何尝不太息哉，积米之终归于粜，富而仁者亦不待劝。官于荒政类亡具也，而劝粜为第一策。当其未讲行之先，贫者持钱告籴，犹有所也。富者视时增直，犹有渐也。令一出，立异矣。夫富非一概甚富之谓，劝之粜者，虽仅仅自给之家亦与焉。彼生理索薄，计口而食之外，犹有余粮，未有不以易钱，虽欲待价，不能待也。官呼而谕之曰，尔粜数若干，以某月某日，违吾令罪尔。归则相戒曰，吾虽有米，今不可自粜矣。自粜而一空，如其无以应官命，且奈何？昨者粜，今者闭，不得已也。又有名虽为富，而米实无余者，以情告而官不信也。纵信之，则谕之曰：尔不足于米而有余于钱，如之何可免？承命而退，趋而就积米之家，籴而为之备，不敢后他人也。转籴争先，而积米者执增直之权以要之，暮视旦不同矣。大率此令常在冬春之交，而行之于六七十日之后已，令未行之间，官与富者为扰扰，而贫者受闭籴之害，受增直之害，二害皆官趣之。及粜之日，直愈高而不可复下，虽强为裁抑，无救也。又有行之猝遽而立取办者，敷之贫弱而不堪命者，一切听于吏而奸欺百出矣。嗟乎，此得谓之荒政乎？③

吾邦自庚子之春讲行劝分，于今三年。一举而民犹乐从，再举而民力已竭，三举则元气必绝矣。是以讲行于吴侍郎之时，不劳趣办，上下

---

① 《救荒活民书》卷二《劝分》。
② 袁燮：《絜斋集》卷一三《龙图阁学士通奉大夫尚书黄公行状》。
③ 欧阳守道：《巽斋文集》卷一七《吉州吉水县存济庄记》。

欢然；讲行于赵都承之时，科扰程督，费力殊甚；讲行于今日，实无良策。盖富家巨室赤立以待新令，先有啼饥之忧，况弱户乎。是故劝分之令，难以复举。①

其次则有劝分一说，今郡之所见行累年劝分，其弊百出，不可不察也。劝分者，待官司行下开场日分者也。往时仓使徐侯守郡，冬月米贵，即尝禀知徐使君，请榜谕富家一面从便及时自粜，止要民间有处可籴，不必听候劝分。是时富家听信，米却自出。其后郡遇凶年，无不劝分，而行之未有善者，何以言之？盖城郭富家之有米多寡不一，未必人人有余也。岂惟城郭，乡都亦然，甚有余者所未论，请论名为富家者，而其米未甚多者，一自劝分，久为定例，于是此等所谓富家者不复前期私粜，但谨闭蓄之，以待公家一旦之命。盖不俟命而先自私粜，不足以塞官司后日之责，私粜而米竭，后日无以应命，罪且随之，彼止有此数也。②

另外，宋廷以官职赏格为号召，劝诱富民出粟赈灾，但实际上又很少兑现"推恩"，在某种程度上也可视作是变相的强制。客观地讲，官府的赏格有时也会得到兑现，如陈傅良所记"外制"就说明了这一点：《张宗况张宗愈转一官与干官差遣》《乡贡进士方权输米补迪功郎》《程需输米特补承信郎》③。但多数情况下是难以兑现的，如朱熹在出任浙东提举常平茶盐公事前，劝谕商户张世亨出米五千石，刘师舆四千石，张邦献五千石，黄澄五千石，共一万九千石。按乾道七年（1171）朝廷发布的赏格应推赏补官，但朝廷一直未予推赏，后经朱熹反复上书力陈利害关系和数辞除授官职之后④，才补授张世亨承节郎，刘师舆承信郎，张邦献和黄澄皆迪功郎⑤。更有甚

---

① 王柏：《鲁斋集》卷九《水灾后札子》。
② 欧阳守道：《巽斋文集》卷四《与王吉州论郡政书》。
③ 陈傅良著，周梦江点校：《陈傅良先生文集》卷一〇八，浙江大学出版社1999年版，第260、261页。
④ 《宋史》卷四二九《朱熹传》："乃除熹提举江西常平茶盐公事，旋录救荒之劳，除直秘阁，以前所奏纳粟人未推赏，辞。会浙东大饥，宰相王淮奏改熹提举浙东常平茶盐公事，即日单车就道，复以纳粟人未推赏辞职名。纳粟赏行，遂受职名。"
⑤ 朱熹：《朱文公文集》卷一〇六《奏劝谕到赈济人户状》。四部丛刊本。

者,杨万里所记四川绵竹人李发从绍兴六年(1136)起,三十年间不懈救助乡里,"至是枚举其人,至二百七万一千三百有奇;斛计其粟,至一万四百六十有奇"。直到乾道五年(1169)才被新任守官上闻部使者,又经过四年,"转运使赵公公说亟以闻宣抚使,枢使王公炎又以闻,后宣抚使薛公良朋又以闻,后转运使王公璠、赵公不息又以闻,孝宗皇帝嘉之曰:尔以布衣居于下土,乃因年饥多所全活,仁心义概彻于听闻,乃锡赞书,官以九品,时乾道九年正月九日也"。虽然李发最终得以授官,且是极为优等,但历经三十余年,其应格者补官之难于此可略见一斑①。王栐在《燕翼诒谋录》中记载:"因记淳熙间,诏以旱故,募出粟拯民,二千石补初品官,而龙舒一郡,应格者数人,郡以姓名来上,孝宗皇帝疑而不与,仲父轩山先生力谏以为失信于人,恐自后歉岁无应募者,孝宗亟从之,已而应募者众。"②王栐在文中提到的"仲父轩山先生",经考证是在淳熙十六年(1189)曾任参知政事、知枢密院事的王蔺。宋孝宗于淳熙十六年(1189)正月退位,此前王蔺为礼部尚书③。可知经由这样地位的大臣"力谏",孝宗才准予补官,其应格者补官之难于此又可略见一斑。所以应格者得到推赏与得不到推赏之间的比例差异是不言而喻的。

杨万里说:"所谓信劝分之赏者,朝廷非无赏格也,常患于不信而已。如淳熙十一年吉州之旱,守臣赵师䎺设赏以募富民,有钟其姓者出粟万斛以输之官,州县闻之,朝廷至今无一级之爵。今江西又告旱矣,来岁富民之粟肯从官司之劝分乎?此可虑也。"④

朱熹在《上宰相书》中论"速行赏典激励富室",更是痛斥朝廷言而无信:

> 盖此一策本以诱民,事急则籍之,以为一时之用,事定则酬之,以为后日之劝。旋观今日,失信已多,别有缓急,何以使众?欲望明公察

---

① 杨万里:《诚斋集》卷七五《广汉李氏义概堂记》。
② 王栐著,诚刚点校:《燕翼诒谋录》卷二,第12页。
③ 王栐著,诚刚点校:《燕翼诒谋录》点校说明,中华书局1981年版;徐自明著,王瑞来校补《宋宰辅编年录校补》,第1277页。
④ 杨万里:《诚斋集》卷六二《旱暵应诏上疏(淳熙丁未七月十三日上)》。

此事理,特与敷奏,照会元降,即与推恩。使已输者无怨恨、不满之意,未输者有歆艳、慕用之心。信令既行,愿应者众,则缓急之间,虽百万之粟可指挥而办。况是此策不关经费,揆时度事,最为利宜。而乃迁延岁月,沮抑百端,使去岁者至今未及沾赏,而今岁者方且反复却难,未见涯际。是失信天下,固足以为今日之所甚忧,而自坏其权宜济事之策者,亦今日之所可惜也。谋国之计,乖戾若此。①

要之,尽管宋朝士大夫们对"劝分"救荒,有很多尖锐的批评,但是他们不是针对劝分本身而发,从上面列举的事实可以清楚地看出,他们批评的是不分户等的科配而殃及中下贫户,他们批评的是立了赏格又不认真兑现而失信于民的做法。对于劝分救荒本身他们持积极的支持态度,因为这与他们追求贫富相济、损有余而补不足的儒家仁政分不开。"摧豪强,惠小民,王者政教之美也。"②"天之所生,地之所养,以之足斯民之用有余也,特有偏而不均之患耳,富者庾满,则贫者甔空,势也。于是均平之政生焉,曰常平,曰劝分,曰由狭徙宽,凡所以使之有丰而无凶,损有余以补不足,皆王政之纲也"③;"劝分以均贫富"④;"大抵劝分之政,为富而积粟者设,为愚而嗜利者设","故曰赈荒之要,损有余而补不足者此也"⑤;"劝分未遽害也,科于富厚之家,又复何说"⑥;"照对救荒之法,惟有劝分。劝分者,劝富室以惠小民,损有余而补不足,天道也,国法也。富者种德,贫者感恩,乡井盛事也。"⑦

像这一类议论在宋人的史乘中俯拾即是。所以南宋中后期,随着中央财政的日渐窘迫,随着土地兼并贫富分化日益加剧,劝分救荒的作用也愈益重要,所谓"救荒之政,莫急于劝分"⑧,"今之守令为救荒之策者,不过曰劝

---

① 朱熹:《朱文公文集》卷二六。
② 宋祁:《景文集》卷二八《乞损豪强优力农札子》。
③ 程珌:《程端明公洺水集》卷六《弭盗救荒》。
④ 曹彦约:《昌谷集》卷一九《故利州路提点刑狱陈君墓志铭》。
⑤ 王柏:《鲁斋集》卷七《赈济利害书》。
⑥ 徐经孙:《宋学士徐文惠公存稿》,卷一《陈政事四条》。
⑦ 黄震:《黄氏日抄》卷七八《(咸淳七年)四月十三日到州请上户后再谕上户榜》。
⑧ 《文献通考》卷二六《国用考四·赈恤》。

分，曰通商而已。"①

赘　言

  近些年来受美国唐宋变革论的影响，许多学者以为社会主导地位的阶层，在 12 世纪末中国经济最发达的南方地区，开始形成一种自存性的地方精英集团，他们掌握着地方社会主要的经济政治资源，已不如前代的精英阶层那么关心在全国政治中建功立业，而是将注意力更多地转向了地方的安定与家族的进德延嗣。他们反对国家政权过多干涉地方事务，因此，从中可以看到明清时期缙绅阶层的雏形。由这种认识导引出对南宋时期士人阶层、富裕民户在公共领域诸如兴办教育、兴修水利、救荒赈济等活动的关注和研究，并给以很高的评价，似乎由士人阶层和富裕民户构成的"公心好义之士"在"公共领域"扮演着主角的角色。但是从以上对宋朝官府主导的"劝分"救荒的论述来看，至少在救荒赈济活动中，"公心好义之士"的作为不会有太大的空间和作用，因为主动出钱出粮赈荒与被强制出钱出粮赈荒本质上没有太大的区别，都是在官府的主导之下，"劝富室以惠小民，损有余而补不足，天道也，国法也。富者种德，贫者感恩，乡井盛事也"②。所以所谓在中央与地方基层之间存在一个"中间领域"与宋朝历史的实际存在较大的距离。

---

① 黄榦：《勉斋先生黄文肃公文集》卷二二《汉阳条奏便民五事·二广储蓄》。
② 黄震：《黄氏日抄》卷七八《（咸淳七年）四月十三日到州请上户后再谕上户榜》。

第十六章

宋代的捕蝗与祭蝗

一、宋朝对蝗虫的认识及捕蝗活动

从现代生物学的角度观察宋代的蝗虫，大致主要属于东亚飞蝗，它的生物特性表现在：发育快、繁殖力强、数量众多、种群密度大、迁飞能力高、喜食水稻、小麦等草本科作物，对农业有极大的危害性。唐代以前，我国对蝗虫认识局限性很大，视为神物。唐以后开始有了较为科学的认识，入宋以后则又有新的进展。

蝗一生九十九子，皆联缀而下，入地常深寸许，至春暖始生。初出如蚕，五日而能跃，十日而能飞。喜旱而畏雪，雪多则入地愈深。不能复出。蝗为人掩捕，飞起蔽天，或坠陂湖间，多化为鱼虾。有渔人于湖侧置网，蝗坠压网至没，渔辄有喜色，明日举网，得虾数斗。①

蝗才飞下即交合，数日，产子如麦门冬之状，日以长大。又数日，其中出如小黑蚁者八十一枚，即钻入地中。《诗》注谓螽斯一产八十一子者，即蝗之类也。其子入地，至来年禾秀时乃出，旋生翅羽。若腊雪凝冻，则入地愈深，或不能出。俗传雪深一尺，则蝗入地一丈。东坡

---

① 彭乘：《墨客挥犀》卷五《蝗化为虾》，中华书局2002年版，第330页。

《雪》诗云"遗蝗入地应千尺"是也。①

天禧元年（1017）三月辛丑，"入内高班王怀正言真州铜山去年蝗蛰，今春稍有飞者，兼生蝻虫。"②

天禧元年三月癸丑，"和州言蝗生卵，状如稻粒差细。……辛酉，宿州言灵璧镇蝗虫生。"③

天禧元年五月戊戌朔，"屯田员外郎谢商言：伏见去岁蝗虫为害，伤食田苗……又散子在野，未免再生……深虑旷慢之人，但引灾咎，扇惑民众，更致迁延，所宜及蝻栽苏，并功扑灭，则冀秋苗无害，其子未生，欲望特降诏命，下去岁灾伤州郡，应诸县有蝗蝻再生之处……"④

景祐元年（1034）正月己卯，"诏去岁飞蝗所至遗种，恐春夏滋长。其令民掘蝗子，每一升给菽米五斗。既而诸州言得蝗种万余石"⑤。

据以上记载可知，宋人至迟在宋真宗天禧元年（1017）时已知飞蝗生命周期经过了三个阶段：由卵发育成蝻，由蝻生成为蝗。而且知晓飞蝗在由蝻生成为蝗的过程中可以越冬的现象。由于宋人对飞蝗的生命周期已有较准确的认识，因而对蝗虫的防治也有很大进步。先看一看宋官府组织和开展的捕蝗活动。

宋代捕蝗活动简表

时间	事例	捕杀方式	出处
建隆元年（960）	七月戊午，澶州蝗，遣使督官吏分捕。		《长编》卷一，第19页。
大中祥符九年（1016）	六月丁酉，知陈州冯拯言：境内有蝗，寻遣官祭告，焚捕已尽，田稼无害。 七月癸丑，亦有豪族设长堑埋瘗而益多者。丙寅，令河东转运使陈尧佐规度焚瘗，无使复生。 九月甲寅，令诸路转运使督民焚捕蝗蝻，无使滋育。	焚捕、掩埋飞蝗及蝗蝻	《长编》卷八七，第1997、1999、2001页。 《长编》卷八八，第2016页。

---

① 罗大经：《鹤林玉露》丙编卷三《蝗》，中华书局1983年版，第280页。
② 《续资治通鉴长编》卷八九，第2048页。
③ 《续资治通鉴长编》卷八九，第2049、2052页。
④ 《续资治通鉴长编》卷八九，第2058页。
⑤ 《续资治通鉴长编》卷一一四，第2661页。

续表

时间	事例	捕杀方式	出处
天禧元年（1017）	三月辛丑，入内高班王怀正言真州铜山去年蝗蛰，今春稍有飞者，兼生蝻虫。命本州设祭焚捕。 五月戊戌朔，屯田员外郎谢商言：伏见去岁蝗虫为害，伤食田苗……而又散子在野，未免再生。……深虑旷慢之人，但引灾咎，扇惑民众，更致迁延。所宜及蝻裁苏，并功扑灭，则冀秋苗无害，其子未生。欲望特降诏命，下去岁灾伤州郡，应诸县有蝗蝻再生之处，本所耆长、壮丁限当日申县。本县即时申所属州军，立选职官，与令佐同领人夫打捕令尽。丙辰，开封府及京东、陕西、江淮、两浙、荆湖路百三十州军，并言二月后蝗蝻食苗。诏遣使臣与本县官吏焚捕，每三五州命内臣一人提举之。	焚捕	《长编》卷八九，第 2048、2058、2061 页。
景祐元年（1034）	春正月己卯，诏去岁飞蝗所至遗种，恐春夏滋长。其令民掘蝗子，每一升给菽米五斗。既而诸州言得蝗种万余石。 十月乙亥，诏诸路募民掘蝗子，一升给二十钱。	掘虫卵	《长编》卷一一四，第 2661 页；卷一一五，第 2705 页。
康定元年（1040）	十二月癸巳，诏天下诸县民，凡撅飞蝗遗子一升者，官给以米豆三升。	撅虫卵	《长编》卷一二九，第 3059 页。
熙宁六年（1073）	夏四月戊戌，上批："闻河北诸郡有蝗蝻，可令监司督官吏扑灭。"	捕灭蝗蝻	《长编》卷二四四，第 5944 页。
熙宁七年（1074）	夏四月庚午，开封府界提点司督责诸县捕蝗，得雨即时以闻。 七月壬子，中书奏："自应天至淮以南有蝗，已得旨差官监捕，上批与免朝辞。"癸亥，上批："闻河北路有蝗害稼，而所在多以未至滋盛，不即加意剪扑，具次第以闻。" 冬十月癸巳，诏赐淮南路常平米二万石下淮南西路提举司，易饥民所掘蝗种。	剪扑 掘虫卵	《长编》卷二五二，第 6150 页；卷二五四，第 6222、6226 页；卷二五七，第 6282 页。

续表

时间	事例	捕杀方式	出处
熙宁八年（1075）	八月癸巳，诏有蝗处委县令佐亲部夫打扑。如地里广阔，分差通判、职官、监司、提举，仍募人得蝻五升或蝗一斗，给细色谷一升。蝗种一升，给粗色谷二升。给价钱者，依中等实直。仍委官视烧瘗。监司差官覆案以闻。即因穿掘打扑损苗种者，除其税，仍计价，官给地主钱谷，毋过一顷（新纪书募民捕蝗易以粟苗，损者偿之，仍复其赋。）乙未，手诏闻陈、颍州蝗蝻所在蔽野，初无官司督捕，致重复孳生，自飞蝗已降，大小凡十余等。虽自此渐得雨泽，麦种亦未敢下，盖惧苗出即为所食，根亦随坏。若至秋深，播种失时，则来岁夏田又无望矣。公私之间，实非细故。其令京西北路监司、提举司严督官吏，速去除之。仍具析不督捕因依以闻。	打扑蝗虫卵烧瘗	《长编》卷二六七，第6543—6544、6545页。
熙宁九年（1076）	七月庚申，上批："自关以西……近忽生蝗蝻好蚧，可令监司速分定州军，往来督趣官吏打扑，静定以闻。"	打扑蝗虫卵及蝗蝻	《长编》卷二七七，第6768页。
熙宁十年（1077）	三月壬申，诏时雨稍愆，令开封府界泊诸路监司分察州县，检举除殄蝗虫种子法施行，无使滋生。	打捕蝗虫卵	《长编》卷二八一，第6886页。
元丰二年（1079）	二月庚申，又诏诸路方春阙雨，虑生蝗蝻害田，其令河北、陕西、京东西等路监司常戒州县扑灭，毋致滋生。	扑灭蝗蝻	《长编》卷二九六，第7213页。
元丰四年（1081）	六月戊午，诏河北诸郡蝗蝻渐炽，可专委东路提举官李宜之督捕。戊辰，诏闻河北飞蝗极盛，渐已南来，速令开封府界提举司、京东西路转运司遣官督捕，仍告谕州县收获先熟禾稼。癸未，诏命提点开封府界诸县镇公事杨景略、提举开封府界常平等事王得臣，分诣诸县提举捕蝗。	捕蝗	《长编》卷三一三，第7583、7587、7595页。
元符元年（1098）	十一月戊申，户部上捕蝗法，并从之。	捕蝗	《长编》卷五〇四，第11999页。

续表

时间	事例	捕杀方式	出处
建炎二年（1128）	六月丁丑，命京畿、淮甸捕蝗。	捕蝗	《要录》卷一六，第331页。
嘉定二年（1209）	夏四月乙丑，诏诸路监司督州县捕蝗。 五月辛丑，申命州县捕蝗。	捕蝗	《续编两朝纲目备要》卷一一，第205页。
嘉熙三年（1039）	七月戊辰朔，诏诸路提举常平司下所部州县，募人捕蝗，给米易之。	捕蝗	《宋史全文》卷三三。

从上表所示宋代捕蝗的主要方式是焚烧、瘗埋、驱散、打捕等，而挖掘蝗虫卵从仁宗以后大致是捕蝗和防止蝗害的主要手段。欧阳修用诗的语言所描述的捕蝗过程。具体而形象，是记录宋朝捕蝗最真实的写照：

> 捕蝗之术世所非，欲究此语兴于谁？
> 或云丰凶岁有数，天孽未可人力支。
> 或言蝗多不易捕，驱民入野践其畦。
> 因之奸吏恣贪扰，户到头敛无一遗。
> 蝗灾食苗民自苦，吏虐民苗皆被之。
> 吾嗟此语只知一，不究其本论其皮。
> 驱虽不尽胜养患，昔人固已决无疑。
> 秉蟊投火况旧法，古之去恶犹如斯。
> 既多而捕诚未易，其失安在常由迟。
> 诜诜最说子孙众，为腹所孕多蜫蚔。
> 始生朝亩暮已顷，化一为百无根涯。
> 口含锋刃疾风雨，毒肠不满疑常饥。
> 高原下隰不知数，进退整若随金鼙。
> 嗟兹羽孽物共恶，不知造化其谁尸？
> 大凡万事悉如此，祸当早绝防其微。
> 蝇头出土不急捕，羽翼已就功难施。

> 只惊群飞自天下，不究生子由山陂。
> 官书立法空太峻，吏愚畏罚反自欺。
> 盖藏十不敢申一，上心虽恻何由知。
> 不如宽法择良令，告蝗不隐捕以时。
> 今苗因捕虽践死，明岁犹免为螟灾。
> 吾尝捕蝗见其事，较以利害曾深思。
> 官钱二十买一斗，示①以明信民争驰。
> 敛微成众在人力，顷刻露积如京坻。
> 乃知孽虫虽甚众，嫉恶苟锐无难为。
> 往时姚崇用此议，诚哉贤相得所宜。
> 因吟君赠广其说，为我持之告采诗。②

从时间上看宋神宗以后由中央官府主导的捕蝗活动明显减少，这大致有两方面的原因：一是宋神宗以后随着路一级地方官府建置已趋完善，中央通过路级监司完全控制地方也随之成形，故而救灾救荒的政务自然由中央直接主导或督导地方向中央委托地方实施转变，中央直接派员或遣使主导捕蝗活动减少大致与这一趋势相吻合；二是中央遣使或派员主导地方捕蝗往往造成大规模的骚扰，给民众带来新的负担。"蝗虫亘野，坌入郛郭，而使者数出，府县监捕驱逐，蹂践田舍，民不聊生。"③

仁宗皇祐四年（1052）知梓州何郯在《上仁宗乞专责守宰捕蝗》中言：

> 臣伏闻近日累差内臣往诸路监督州郡官吏捕蝗，缘内臣是出入宫掖亲信之人，以事势量之，州县必过有迎奉，往来行李亦须要人。州郡犹有兵士给使，至于县邑，即须差贫人户。虫蝗未能除去，人民被此劳役，已先起一害矣。如去岁遣内臣入蜀祈雨，所至差百姓五七十人担擎行李，盖外方不知朝廷恤民本意，苟见贵近之臣，即向风承迎，不顾劳

---

① 一作亦。
② 《欧阳修全集》卷五三《答朱寀捕蝗诗》，第751页。
③ 董煟：《救荒活民书》卷三《谢绛论救蝗》。

扰，非必使人自要如此也。况捕蝗除害，本系民事，乃郡县守宰之职。今舍守宰不任，而朝廷为之遣人监捕，即是容官司之慢，而不责其职业也。

伏乞特降敕命，应有蝗虫生长处，专责知州、通判督促属县官吏速行打捕。委本路转运司严切提举部内州郡，候屏除尽日，具实以闻。如经奏报后，却致滋长为害，其知州、通判、知县、主簿并行停殿，转运司黜降差遣。如此严行督责，官司必自能究心除害。圣意如何？乞速降指挥，其见在逐处内臣，仍乞抽回。①

故"捕蝗不必差官下乡"后来被写入《捕蝗法》中，因而遣使减少不能不与此有密切关系。

二、捕蝗法与捕蝗条例

两宋时期，中央政府首次以诏令的形式，向全国推行统一而科学的捕蝗方法。宋代捕蝗法可能始于宋仁宗时期，有的学者以为始于熙宁时期，这一说法通常是根据董煟《救荒活民书》卷二《捕蝗》所加按语而来，"臣谨按：熙宁八年八月，诏有蝗蝻处，委县令、佐躬亲打扑，如地里广阔，分差通判、职官、监司、提举，仍募人得蝻五升，或蝗一斗，给细色谷一斗，蝗种一升给粗色谷二升，给价钱者作中等实直。仍委官烧瘗，监司差官覆按以闻。即因穿掘打扑损苗种者，除其税仍计价，官给地主钱数，毋过一顷，则本朝之法，尤为详悉"。实际上从《宋代捕蝗活动简表》可以看出，在仁宗时期类似的诏令已露端倪，熙宁八年（1075）是在这些诏令的基础上加以完善的，而且随着时间推移还在不断完善。元符元年（1098），户部曾专门上《捕蝗法》，得到朝廷的准许。现今能见到颁于宋孝宗时期的《捕蝗法》，大致是延续继承和发展景祐、熙宁、元符时期的《捕蝗法》。

根据董煟的记载，宋代捕蝗法的内容是：

---

① 《宋朝诸臣奏议》卷一〇六，第1135页。

蝗在麦苗禾稼深草中者，每日侵晨，尽聚草梢食露，体重不能飞跃，宜用筲箕栲栳之类，左右抄掠，倾入布袋。或蒸焙、或浇以沸汤、或掘坑焚火，倾入其中。若只瘗埋，隔宿多能穴地而出，不可不知。

蝗最难死，初生如蚁之时，用竹作搭，非惟击之不尽，且易损坏，莫若只用旧皮鞋底或草鞋、旧鞋之类，蹲地捆搭，应手而毙，且狭小不损伤苗稼。一张牛皮，或裁数十杖，散与甲头，复收之。北人闻亦用此法。

蝗有在光地者，宜掘坑于前，长阔为佳，两旁用板及门扇接连八字铺摆，却集众用木板发喊，赶逐入坑。又于对坑用扫帚十数把，俟有跳跃而上者，复扫下，覆以干草，发火焚之。然其下终是不死，须以土压之，过一宿乃可（一法先燃火于坑然后赶入）。

捕蝗不必差官下乡，非惟文具，且一行人从未免蚕食里正，其里正又只取之民户。未见除蝗之利，百姓先被捕蝗之扰，不可不戒。

附郭乡村即印捕蝗法作手榜告示。每米一升，换蝗一斗。不问妇人、小儿，携到即时交与。如此，则回环数十里内者，可尽矣。

五家为里，姑且警众，使知不可不捕。其要法只在不惜常平、义仓钱米，博换蝗虫，虽不驱之使捕，而四远自临凑矣。然须是稽考钱米必支，倘或减克邀勒，则捕者沮矣。国家贮积，本为斯民，今蝗害稼，民有饿殍之忧，譬之赈济，因以捕蝗，岂不胜于化为埃尘，耗于鼠雀乎。

烧蝗法：掘一坑，深阔约五尺，长倍之，下用干柴茅草。发火正炎，将袋中蝗虫倾下坑中，一经火气，无能跳跃。此《诗》所谓秉畀炎火是也。古人亦知瘗埋可复出，故以火治之。事不师古，鲜克有济。诚哉是言。

右件虽不仁之术，倘不屏除，则遗种昌炽，诚何以堪。姚崇所谓杀虫救人，祸归于崇，不以诿公，真贤相识见也。[1]

上述捕蝗法除了对前代的继承，如焚烧、瘗埋之外，宋人的发展有三大贡献：一是掘虫卵，这是我国古代防治蝗虫方法上的一大飞跃；二是用以蝗

---

[1] 《救荒活民书》拾遗《捕蝗法》。

易粟的奖励方法，与以工代赈具有异曲同工之妙，既减少蝗灾危害，又同时救助了灾民，是一种积极的救荒措施①；三是把捕蝗活动提升到各级政府的议事日程上来，使之制度化、法理化，表明宋官府对捕蝗的高度重视。

为了保障捕蝗法的贯彻落实及其实施效果，宋官府还颁布了有关的法律条文。如宋孝宗淳熙年间颁布的"除蝗条令"。

淳熙敕：

> 诸虫蝗初生，若飞落，地主、邻人隐蔽不言，耆保不实时申举扑除者，各杖一百。许人告。当职官承报不受理，及受理而不即亲临扑除，或扑除未尽而妄申尽静者，各加二等。
>
> 诸官私荒田（收地同）经飞蝗住落处，令佐应差募人取掘虫子，而取不尽，因致次年生发者，杖一百。
>
> 诸蝗虫生发飞落及遗子而扑掘不尽致再生长者，地主、耆保各杖一百。
>
> 诸给散捕取虫蝗谷而减克者，论如吏人、乡书手、揽纳税受乞财物法。
>
> 诸系公人因扑掘虫蝗乞取人户财物者，论如重禄公人因职受乞法。
>
> 诸令佐遇有虫蝗生发，虽已差出而不离本界者，若缘虫蝗论罪并依在任法。②

这些敕令条款显然是旨在保障捕蝗法的推行和督责地方官吏及乡役人秉公办理捕蝗事宜，防止他们借机骚扰地方百姓。这些法律条款对地方官吏具有很大的震慑力。下面这则故事就很能印证："米元章为雍丘令，适旱，蝗大起。而邻尉司焚瘗后，遂致滋蔓，即责里正并力捕除。或言尽缘雍丘驱逐过此，

---

① 孙逢吉《职官分纪》卷三九，"获蝗一斗给禄粟一斗"条下注曰："五代赵莹为晋昌军节度使，时天下大蝗，境内捕蝗者获一斗，给禄粟一斗，使饥者获济，远近嘉之。"这种方法虽不始自宋代，但有官府以诏令形式推广则是从宋代开始的。另：朱熹在提举浙东茶盐公事时曾用以钱易粟的方法捕蝗："具位臣朱熹：臣昨具奏绍兴府会稽县广孝乡蝗虫，臣已同本府发钱，专令本县令、尉亲在地头召人捕获，收买焚埋，每得大者一斗，给钱一百文，小者每升，给钱五十文。"《朱文公文集》卷一○七《御笔回奏状》，第253页。

② 《救荒活民书》拾遗《除蝗条令》。

尉亦轻脱,即移文载里正之语,致牒雍丘,请各务打扑,收埋本处地分,勿以邻国为壑者。时元章方与客饭,视牒大笑。取笔大批其后,付之云:'蝗虫元是空飞物,天遣来为百姓灾。本县若还驱得去,贵司却请打回来。'传者无不绝倒。"①

叶梦得亦记有一个与此相仿佛的故事:"钱穆甫为如皋令,会岁旱蝗发,而泰兴令独绐郡将云:'县界无蝗',已而,蝗大起,郡将诘之,令辞穷,乃言县本无蝗,盖自如皋飞来,仍檄如皋,请严捕蝗,无使侵邻境。穆甫得檄,辄书其纸尾,报之曰:'蝗虫本是天灾,即非县令不才。既自敝邑飞去,却请贵县押来。'未几,传至郡下,无不绝倒。"②

这两则故事中的雍丘邻县官吏唯恐打捕不尽而招致责罚,不惜归罪于米芾,和泰兴县令不敢据实向知州通报蝗情而归罪钱穆甫,虽都是笑话小品,但于此亦可见官吏畏惧责罚之一斑。

章甫的捕蝗诗从一个侧面描写了地方官吏不辞劳苦地奔走在捕蝗第一线:"相逢每叹俱飘流,尊酒作意同新秋。蝗虫日来复满野,府帖夜下还呼舟。江天尚黑客骑马,草露未晞人牧牛。路长遥想兀残梦,家在风烟兰杜洲。""江头晓日方瞳瞳,仆夫喘汗天无风。茅檐汲井洗尘土,野寺煮饼烧油葱。平生忧国寸心赤,在处哦诗双鬓蓬。村民喜识长官面,树阴可坐毋匆匆。"③"自从作吏洝泥滓,故书蛛网尘满窗。海田无雨种十一,是处犇走祈渊龙。龙慵不报蝗四起,茹草啖叶无留踪。早击暮遮夜秉火,遗子已复同蜩螀。吏无功德可销变,勉力与尔争长雄。"④

朱熹任提举浙东茶盐公事时上的两个奏疏对捕蝗亦有详细描述:

《奏蝗虫伤稼状》

> 臣昨于今月初四日,闻得绍兴府会稽县蝗虫颇多,即遣人走探。昨已据所差人孙胜回报,会稽县白塔寺相对东山下有蝗虫数多,收拾得大者一篮,小者一袋。其地头村人皆称蝗虫遇夜食稻。臣已具事状并大小

---

① 何薳:《春渚纪闻》卷二《杂记·雍丘驱蝗诗》,中华书局1983年版,第30页。
② 叶梦得:《避暑录话》卷下,《全宋笔记》第二编第十册,大象出版社2006年版,第348页。
③ 章甫:《自鸣集》卷三《王梦得捕蝗二首》。
④ 戴栩:《浣川集》卷二《捕蝗回奉化泊剡源有感》。

蝗虫二色申尚书省，乞赐敷奏去讫。臣遂即时乘船出门，向晓至蝗虫地头，广孝乡第十都、第十七都，同会稽令、尉步行亲到田间看视，其虫大者不多，小者无数，集于稻苗之上。其未结实者，茎叶皆为咬伤。其已结实者，谷苗皆为咬落，委是为灾，有害苗稼。绍兴府先已支钱一百贯文，付会稽县募人打扑，赴官埋瘗。本司亦已支钱一百贯文付县，添贴收买。据本县申，两日内已买到七石三斗八升五合。臣亦与帅臣王希吕一面询究祈祷、打扑、焚瘗外，须至奏闻者。右谨录奏闻，谨奏。

《御笔回奏状》：

御笔：览奏，知绍兴府界蝗颇为灾，朕心忧惧，今不欲专遣使人，降香二合付卿等，宜即虔洁，分诣祈祷。又闻蝗之小者滋育甚多，可更支赏，召人收捕，务速殄灭，毋使遗种，以为异日之害。故兹札示，当体至怀。

具位臣朱熹：臣昨具奏，绍兴府会稽县广孝乡蝗虫，臣已同本府发钱，专令本县令、尉亲在地头召人捕获，收买焚埋，每得大者一斗给钱一百，小者每升给钱五十文。续奉御札，令臣分诣祈祷，更行支赏，召人收捕，务速殄灭。臣恭禀圣训，夙夜不遑，即同帅臣王希吕就府治设醮祈禳。又发钱出榜晓谕，于先支赏钱之外，更行倍加增贴，召人收捕。仍差茶盐司干办公事沈大雅前去监视督责，及敦请乡官二员同县官分头给赏收捕。今据申到，截今月十三日，通计收到大虫一石五斗三升六合，小虫二十五石九斗三升九合。并已埋瘗。目今尚有一分以上未至尽绝。①

三、 捕蝗的辅助方法

宋人在积极探索和完善捕蝗方法的同时，对于能致死蝗虫的自然力（主要是天文、气候变化）和天敌也有细致观察和记载。

---

① 朱熹：《朱文公文集》卷一七《奏状》，四部丛刊初编缩本，第252—253页。

时间	事例	蝗死因	资料出处
太平兴国七年（982）	三月辛酉，唐州言："北阳县蝗生，飞鸟数万食之皆尽。"	飞鸟食之	《长编》卷二三，第515页。
淳化三年（992）	六月庚申，有蝗自东北来，蔽天，经西南而去。是夕，大雨蝗尽殪。	雨水	《长编》卷三三，第737页。
景德四年（1007）	九月丙子，陈州宛丘、郓州东阿、须城等县蝗，不害稼，抱草死。	抱草死	《长编》卷六六，第1488页。
大中祥符九年（1016）	六月甲申，"李士衡言：'河北螟虫多不入田亩，村野间有蚁食之。'又蝗飞空中有身首断而殒者，有自溃其腹有小虫食之者。" 七月庚戌，中使自嵩山来，言蝗飞至山南，遇雨悉殒于涧中，殆数千斛。乙卯，开封府言："祥符县赤冈村蝗附草而死者数里，撷其草来上。" 八月己卯，中使张文昱等言："博州、通利军以霜寒，悉毙于田野间。"	蚁食之 雨水 霜寒冻死	《长编》卷八七，第1995、1998、2000、2003—2004页。
天禧元年（1017）	六月甲申，陕西、江、淮路并言部内蝗蝻抱草木死及大风吹入海。壬辰，知苏州梅询言：飞蝗入境，悉于丛薄间抱枝干僵死。又群飞投太湖。 七月庚戌，知永兴军寇准言："部内民稼蝗伤之后，茎叶再茂，蝗多抱草死。"	抱草死	《长编》卷九〇，第2071、2072页。
熙宁七年（1074）	七月，是月，开封府界提点司言："咸平县有鹲鸰食蝗蝻。"	鹲鸰食	《长编》卷二五四，第6227页。
元符元年（1098）	八月乙巳，高邮军言："飞蝗抱草死。"	抱草死	《长编》卷五〇一，第11946页。

晁补之记录了蟋蟀食蝗虫："居贫得田不百亩，天赐时雨苗氤氲，迟明当熟晚未刈，灾蝗夜至如惊军。秋风吟茅雨洗瓦，叶上穗落青纷纷，常嫌莎鸡[①]

[①] （晋）崔豹《古今注》卷中《鱼虫第五》："莎鸡一名促织，一名络纬，一名蟋蟀。促织谓鸣声如急织，络纬谓其鸣声如纺绩也。"四部丛刊三编，上海书店1985年版。

耗麦垄，纺车细掉喧晨昏。莎鸡可怜尔吻利，驱蝗逐蝻群披分，岂惟秋蝉畏螳斧，蝗亦为尔森跳奔。天下灾蝗凡几郡，安得尔辈盈千群，扬眉振羽如屯云，尔虽强耗谁烦闻。"①

宋人不仅注意观察，而且利用蝗虫的天敌作为捕蝗的辅助手段。蝗的重要天敌鸟类、蛙类、蜘蛛、昆虫和菌类对飞蝗发生有抑制作用。"朝廷禁捕蛙，以其能食蝗也。"②《襄信、新蔡两令言飞蝗所过，有大鸟如鹳数千为群，啄食皆尽，幕府从事往按视如言，因作短歌记其实》"广州奇禽鸿鹄群，劲羽长翼飞蔽云。啸俦命侣自其职，饮水栖林余不闻。今年飞蝗起东国，所过田畴畏蚕食。神假之手天诱衷，此鸟乃能去螟贼。数十百千如合围，搜原剔薮无孑遗。历寻古记未曾有，细察物理尤应稀。"其喜悦赞叹之情溢于言表③。"绍兴二十六年，淮、宋之地将秋收，粟稼如云，而蝗虫大起，翾飞刺天，所过田亩，一扫而尽。未几，有水鸟名曰鹭，形如野鹜而高且大，胫有长嗉，可贮数斗物，千百为群，更相呼应，共啄蝗，盈其嗉，不食而吐之，既吐复啄。连城数十邑皆若是。才旬日，蝗无孑遗。岁以大熟，徐泗上其事于房庭，下制封鹭为护国大将军。"④ 不论是宋廷保护食蝗的蛙，还是金朝封食蝗的水鸟为护国大将军（尽管有点荒诞不经），但是在对自然力抵御能力还很薄弱的时代，这也是一种利用天敌抑制蝗虫的美好愿望。

宋人已知蝗虫不喜欢食用麻、豆一类植物，因此有以多种植麻豆以抑制蝗虫。大中祥符九年（1016）八月戊寅，宋真宗对宰相说："诸路使臣言飞蝗多不食苗。"王旦等曰："前月蝗飞度河北，乡民方备焚扑，连日西北劲风，由是不及远，自澶以北，少害稼者。今麻、豆坚实，不复为虑矣。"⑤ "吴遵路知蝗不食豆苗，且虑其遗种为患，故广收豌豆，教民种食。非惟蝗虫不食，次年三四月间，民大获其利。"⑥

---

① 晁补之：《鸡肋集》卷一一《莎鸡食蝗》。
② 车若水：《脚气集》。
③ 刘敞：《公是集》卷一八《七言古诗》。
④ 洪迈：《夷坚志》支甲卷一《护国大将军》，第719页。
⑤ 《续资治通鉴长编》卷八七，第2003页。
⑥ 《救荒活民书》卷二《捕蝗》。

四、祭神灵

宋代捕蝗在用较为科学的方法上取得历史巨大进步的同时，运用现今看来颇具迷信色彩的祭祀祈祷方法也有长足的发展。这种情况的出现有两个原因。一是限于历史的条件，宋代防治蝗虫的综合能力尚不足以减轻大规模蝗灾所造成的痛苦。看看孔平仲笔下《长芦咏蝗》描述的是怎样一幅图景：

飞蝗乎飞蝗乎，谁使汝为飞蝗而如此之孽也。一气所生乃自然，百虫之中何为者。若岁大旱汝则多，人虽畏之可奈何。来时漫不见首尾，往往蔽日连数里。河南却集河北岸，东村西村闹如蚁。捕逐百千才十一，入地如锥又生子。山林所过为一空，万口飒飒如雨风。稻粱黍稷复何有，田畴已尽腹未充。农夫去岁望得雪，千耦辈作乘春发。耕耘喜及苗已长，与汝何冤乃遭啮。忍见深冬瘦如腊，征赋繁兴蓄积缺。我有薄田在江州，五岁之中三不收。流灾得无及彼土，拚手安敢期高秋。阴阳调和非我事，冻馁逼迫同民忧。有生所往随有累，不及饮啄波中鸥。①

像这类人们在大蝗灾面前无能为力的描述，翻开宋代荒政文献可谓比比皆是：大中祥符九年（1016）七月癸丑，"京中蝗蝻颇多，闻城西隅有田家，粟止数亩，睹蝗至，相顾而泣"②。"翁妪妇子相催行，官遣捕蝗赤日里。蝗满田中不见田，穗头枅枅如排指。凿坑爇火齐声驱，腹饱翅短飞不起。囊提籯负输入官，换官仓粟能得几。虽然捕得一斗蝗，又生百斗新蝗子。只应食尽田中禾，饿杀农夫方始死。"③ "麦秋飞从淮北过，遗子满野何其多。扑灭焚瘗能几何，羽翼已长如飞蛾。"④ "自夏而秋，蝗子之在土数寸其厚。"⑤ "近因舟行过大城埭一带，见蝗虫飞泊芦苇间，绵亘十数里。未几，遂入府

---

① 孔平仲：《清江三孔集》卷二二。
② 《续资治通鉴长编》卷八七，第 1999 页。
③ 郑獬：《郧溪集》卷二六《捕蝗》。
④ 章甫：《自鸣集》卷三《分蝗食》。
⑤ 陈造：《江湖长翁文集》卷二四《与奉使袁大著论救荒书》。

城,皆由东北而来,蔽天障日,遇其所落草木为空。"① 更有甚者:"戊戌七月,武城蝗自北来,蔽映天日。有崔四者,行田而仆,其子寻访,但见蝗聚如堆阜,拨视之,见其父卧地上,为蝗所埋,须发皆被啮尽,衣服碎为筛网,一时顷方苏。"②

当人们在超强的自然力面前无能为力或不足与之抗衡之时,就会转向敬畏和祈求神灵。这是祭拜祷告盛行的根本原因。

二是自古以来,祭祀或祭拜神灵就是民众防治蝗虫的重要方法。董煟对此曾有很精到的议论,现录于下:

> 窃谓本朝捕蝗之法甚严,然蝗虫初生,最易捕打,往往村落之民,惑于祭拜,不敢打扑,以故遗患未已。是未知姚崇、倪若水、卢怀慎之辩论也。臣今录于后,或遇蝗蝻生发去处,宜急刊此,作手榜散示,烦士夫父老转相告谕,亦开晓愚俗之一端也。开元四年,山东大蝗。民祭拜,坐视食苗不敢捕。宰相姚崇奏云:"秉彼蟊贼,付畀炎火,此古除蝗义也。"乃出御史为捕蝗使,分道杀蝗。使汴州刺史倪若水上言:"除天灾者,当以德。刘聪除蝗不克而害愈甚。"崇移书诮之曰:"聪伪王,德不胜妖,今妖不胜德,古者良守,蝗避其境。今坐视食苗,因以无年。刺史其谓何?"若水惧,乃纵捕得蝗十四万石。时议者喧哗,帝疑复问,崇曰:"庸儒泥文不知变,且讨蝗纵不能尽,不愈于养以遗患乎!"帝然之。卢怀慎曰:"凡天灾,安可以人力制也,且杀蝗多,必戾和气。"崇曰:"昔楚王吞蛭而厥疾瘳,叔敖断蛇而福乃降。今蝗幸可驱,若纵之,谷且尽。杀虫救人,祸归于崇,不以诿公也。"蝗害遂息。③

又如南宋初年的名臣李纲的《酺祭》诗所表达了类似的思想:"闻旱意不乐,驾言游近坰。田父纷在野,祭酺方乞灵。借问何以然?东皋产蝗螟。主张有

---

① 真德秀:《西山先生真文忠公集》卷六《奏乞蠲阁夏税秋苗》六月一日上,四部丛刊初编本。
② 周密:《癸辛杂识》别集卷下《武城蝗》,中华书局1988年版,第276页。
③ 《救荒活民书》拾遗《捕蝗》。

神物，薄礼羞微馨。神欣庶灾熄，敢爱酒满瓴。导我试往观，戢戢初插翎。剪穗齐若刀，抱秆牢如钉。异哉天壤间，孕此妖孽形。群族既蕃衍，气类屯臊腥。仲尼所不堪，纪异垂《麟经》。异火见《周雅》，捕瘗闻唐庭。人力自足胜，何须诘冥冥？聪明实依人，正直神所听。区区觞豆间，厥德安足铭？谁能起云师？霡雨驱疾霆。一洗羽孽息，寥落如晨星。"①

董煟力图用借古讽今来开启"愚俗"，和李纲"人力自足胜，何须诘冥冥"，虽然都是一种很有见识的良好愿望，但是现实生活中广大民众仍然是"惑于祭拜，不敢打扑"，"田父纷在野，祭醑方乞灵。借问何以然，东皋产蝗螟。主张有神物，薄礼羞微馨。神欣庶灾熄，敢爱酒满瓴。"可见传统的力量之巨大和顽强，而且官府在很大程度上也对用祈求祷告的方法消弭蝗灾起着推波助澜的作用。

下面从三个方面对宋代祭拜活动进行叙述。

（一）官府的祭祀

时间	事例	资料出处
乾德元年（963）	六月己亥，潭、濮、曹、绛等州言：有飞蝗在野，各命其长吏祭以牢醴，后皆言蝗不为灾。	《长编》卷四，第95页。
雍熙三年（986）	春正月戊寅，德彝为右千牛卫大将军判沂州。时年十九，属飞蝗入境，吏民请坎瘗火焚之。德彝曰上天降灾，守土之罪也。乃责躬引咎，斋戒致祷而蝗自殪。	《长编》卷二七，第602页。
淳化二年（991）	三月己巳，上以岁旱蝗，手诏吕蒙正等曰：元元何罪，天谴如是，盖朕不德之所致也。卿等当于文德殿前筑一台，朕将暴露其上，三日不雨，卿等共焚朕以答天谴。蒙正等惶恐谢罪，匿诏书。翌日而雨，蝗尽死。	《长编》卷三二，第713页。
大中祥符九年（1007）	七月，河东转运使言：潞州致祭，蝗悉飞出境。邻州或祭、或驱，皆渐殒散。辛亥，飞蝗过京城，上诣玉清昭应宫、开宝寺、灵感塔，焚香祈祷，禁宫城音乐五日。甲寅，遣官分诣京城寺观焚香，以蝗灾也。癸亥，以蝗灾，遣官祀九宫贵神。乙卯，申禁京城音乐十日。	《长编》卷八七，第1998、1999、2000、2001页。

---

① 《李纲全集》卷一五《次韵王尧明四旱诗其三〈醵祭〉》，岳麓书社2004年版，第185页。

续表

时间	事例	资料出处
明道二年（1033）	七月戊子，诏以旱蝗作沴，去尊号中睿圣文武四字，告于天地宗庙，令中外直言阙政。	《长编》卷一一二，第2672页。
嘉定五年（1212）	六月乙酉，以蝗祷于天地、社稷。	《宋史》卷三九，第750页。

上表所示祭拜祷告神灵属于祈报之礼的范畴，即是对众神灵的祈求。自宋仁宗朝开始，专门用于祭拜祷告的酺神渐次成为蝗灾发生时的主要祭祀对象。故材料显示仁宗朝以后，形成蝗灾时祭拜酺神与祭拜众神灵并行的格局。楼钥所撰《禳蝗祝文》就很有代表性，其祈告的神灵就有《天地》《社稷》《酺神》《雩祀祝文》《前一日奏告太宗室》《上帝》《太宗》《皇地祇》《再奏告宗庙别庙》《太社大稷岳镇海渎五方山林》①。它包括了皇室的天地祖宗、家庙祠堂、山川圣贤和酺神。

（二）祭酺神

祈报之礼中"又有酺神之祀"。在宋代祭祀酺神主要是为消弭蝗虫之害，但这类祈报之礼有一个发展和演变的过程。《宋会要》是这样记载的：

> 按《太常因革礼》。庆历四年六月，臣僚言："天下螟蝗颇为民物之害，乞京师内外并修祭酺。"诏送礼院详定。礼院称："《周礼·族师》，'春秋祭酺'，酺为人物灾害之神。郑康成云：'校人职有冬祭马步，则未知此酺者，螟蝗之酺欤？人鬼之步欤？盖亦为坛位如雩禜云。'然则校人职有冬步，是与马为害者，此酺盖人物之害也。汉时有螟蝗之酺神，又有人鬼之酺神，康成未审果从何酺，故两言之。历代书史悉无祭酺仪式，欲准祭马步仪施行，坛在国城西北，祭仪、礼料并属小祠。乞差官就马坛设祭，称为酺神。祝文系学士院撰定。若外州者，即略依禜礼。"是岁仪注，先择便方，除地，设营缵为位。营缵谓立表施绳以代

---

① 楼钥：《攻媿集》卷四八《禳蝗祝文》，四部丛刊初编。

坛。其致斋、行礼、器物等,并如小祠。上香,币以白。祝文曰:'维某年岁次月朔某日,州县具官姓名,敢昭告于醋神:蝗螟荐生,害于嘉谷,惟神降祐,应时消殄。请(谨)以清酌、制币、嘉荐昭告于神。尚飨。①

从这段记载可知庆历年以前,祭醋神的含义较广,既为消弭蝗螟之害,也为消弭其他灾异。即便为蝗害所进行的祭祀活动,如上所述似也非专门祭醋神。大致可以说为蝗害行醋神之祀,规范于宋仁宗庆历年间。南宋人楼钥《祭醋神祝文》将祭醋神的源流说得很清楚"惟《周礼·族师》之职,春秋祭醋。郑康成云,'螟螣之醋'。庆历之制,有蝗虫则祭。熙宁议臣,欲每岁春秋行礼,终不果行。乃闰五月丙戌,以虫螟为害,祭以致祷。赖神之赐,随即衰息。兹当晚禾秀茂之际,又有食其心者,士民以前日之灵异来请,不惮再渎,复举斯典。《诗》云:'靡神不举,靡爱斯牲。'而况明神,见之《礼经》,著之祀典。专职于螟螣者,吏不敢辞其劳,神其不倦于应。俾田祖之神界之炎火,以全岁事于垂成,不亦休哉。"② 至和年间,宋祁所作《醋神文》已显指为消弭蝗害祭醋神所作:"比以旱气构沴,炎腾群翔。方谷之蕃,敕民勤捕。致祫祠典,祈穑农秋。至诚如答,飞孽无害。噍类讫息,粢盛迪尝。惟神之贶,届夫多祉。匪曰嘉荐,聊用谢成。"③

南宋绍兴年间,又重申祭醋神,"绍兴祀令:虫蝗为害,则祭醋神"④。绍兴三十二年(1162)八月,礼部太常寺上言:

> 看详醋祭事,欲依绍兴祀令,虫蝗为灾,则祭之。俟得旨,本寺择日依仪祭告。其祭告之所国城西北无坛壝,乞于余杭门外西北精进寺,设位行礼,所差祭告官并合排办事,并依常时祭告小祀礼例。在外州县,无虫蝗为害处,得旨令户部行下。有蝗虫处,即依仪式一面差令设位祭告施行。⑤

---

① 《宋会要辑稿》礼一八之三九。
② 楼钥:《攻媿集》卷八二,四部丛刊初编。
③ 《景文集》卷四八。
④ 《宋史》卷一〇三《礼六》,第2523页。
⑤ 《文献通考》卷八八《郊社二十一》,考807页。

宋宁宗嘉定元年（1208）五月，江浙大蝗，命祭酺，七月"颁酺式于郡国"①。嘉定八年（1215）六月，"以飞蝗入临安界，诏差官祭告。又诏两浙、淮东西路州县，遇有蝗入境，守臣祭告酺神"②。同年八月十四日，"都省言：飞蝗所至去处，合行祭告酺神。诏令诸路转运、提举司，各行下所部州军，如有飞蝗去处，并仰守令躬亲祭告，精加祈祷，毋为文具。"③

（三）应对天谴

应对天谴主要有：向天下下罪己诏，求直言、避正殿、减常膳、降德音等。

> 庆历四年六月甲寅，上谓辅臣曰：方岁旱而飞蝗滋甚，百姓何罪而罹此。默祷上帝，愿归咎于眇躬。章得象对曰：臣等不能辅理宣化，致灾斯民，且贻陛下忧。今圣言及此，必有以上感天心矣。④

> 建炎二年秋七月辛丑，诏略曰：乃者春多雨霾，夏仍旱暵，飞蝗为沴，余寇尚存。弗能道天地之和，何以弭邦家之患。永惟厥咎，当在眇躬。应政事有未便者，俾郡守监司条上。被灾处验实，与免租税，禁囚淹延，趣其结绝。⑤

> 绍兴三十有二年五月甲辰，宰执奏，近探报皆言黄河南北蝗虫为灾，今已数年，天意可见，而江淮之间，蚕麦大稔，此实圣德所召。⑥

隆兴元年（1163）六月，旱蝗。诏：近臣条上阙政，许自今郡守须以二年方许移易。诏曰：比日飞蝗益多，又闻诸路州县风水为灾。朕避正殿、减常膳……⑦七月，以旱蝗星变，诏近臣条上阙政⑧。八月，以灾伤避殿减膳。降诏略云：比日飞蝗益多。又闻诸路州县风水为灾。朕避正殿、减常膳，二

---

① 《文献通考》卷三一四《物异二十》，考2064页。
② 《宋史》卷一〇三《礼六》，第2523页。
③ 《宋会要辑稿》礼一八之四〇。
④ 《续资治通鉴长编》卷一五〇，第3638页。
⑤ 《中兴小纪》卷四，福建人民出版社1985年版，第40页。
⑥ 《建炎以来系年要录》卷一九九，丛书集成初编本，第3370页。
⑦ 《续宋编年资治通鉴》卷八"隆兴元年七月"条。
⑧ 《宋史全文》卷二四"隆兴元年七月庚寅朔"条。

三大臣其尽忠省过，监司、郡守各务身率，戢奸禁暴，平冤察狱，所在灾伤，依条振恤检放，师徒未息，科调繁兴。江、淮、襄、蜀尤极劳扰，疆场之吏，宜加安辑，蠲其苛敛，以称德意①。

开禧三年（1207）秋七月乙酉，诏曰：朕德弗类，致天之灾。比者郡邑，间被大水。加以飞蝗为孽，永惟咎证，震悼于衷，二三大臣，其助朕思，正厥事以迪百工，俾内无诞慢私诐之风，外无贪墨暴刻之政。其有灾伤，当行赈恤者，具状以闻，毋得蒙蔽。矧今兵戍久劳，疮痍未息，一念及此，痛如朕躬，疆场之吏，尤当极力绥辑，称朕闵恤元元之意焉②。

开禧三年十二月丁卯，诏改明年元。诏曰：频年相继，环宇多虞。边衅遽开，顾生灵之何罪？虫蝗为孽，与旱潦之相仍，皆权臣误国之致斯，在菲质应天之敢后。今则典刑，以正纲纪。益张乃因，正月之和；适际三阳之泰诞，扬大号宣告多方，其以明年为嘉定元年③。

宁宗嘉定元年（1208）四月丁酉，"诏求言，旱故也。诏曰：朕惟祖宗传序之重，只惧靡遑，而自去岁以来，蝗蝻为灾，冬既无雪，春又不雨，夏且半矣，祈祷不应。天灾流行，固亦有之。在于今兹，关系实重，边鄙甫定，流徙未复，漕运不至，粜价日增，苟失岁事，何以保邦。《传》不云乎，屋漏在上，知之在下。其播告中外，凡朕躬不逮，朝政阙失，田里愁叹，军民疾苦，尽言无隐，朕将采而用之。无小无大，惟既乃心，称朕意焉"④。五月乙丑，"以飞蝗为灾减常膳。六月乙酉，以蝗生祷于天地、社稷。"⑤

嘉定二年五月乙卯，释大理、三衙、临安府、两浙州县杖以下囚，除茶盐赏钱⑥。

嘉定三年五月甲辰，以去岁旱蝗，百官应诏封事，命两省择可行者以闻⑦。

嘉熙四年（1240）六月壬子，录行在系囚诏，六月亢阳，日事祷祈，邈无报应，且闻飞蝗为孽，朕心惕然。自七月一日避正殿、减常膳，应中外臣

---

① 《宋史全文》卷二四"隆兴元年八月戊寅"条。
② 《续编两朝纲目备要》卷一〇。
③ 《宋史全文》卷二九。
④ 《续编两朝纲目备要》卷一一，第198页。
⑤ 《续编两朝纲目备要》卷一一，第198页。
⑥ 《续编两朝纲目备要》卷一一，第207页。
⑦ 《宋史》卷三九，第755页。

僚并许直言朝廷阙失①。

这类应对天谴的做法,虽然很有点政治作秀的意味,但是却不能轻易否定,因为它是那个时代荒政文化中不可或缺的重要一环,虽与抵御蝗灾发生的实际无补,但它至少表现了最高统治者对蝗灾的高度重视,有裨于救灾活动的开展,这也是无可置疑的。

不特君主需应对天谴,地方官吏也有这方面的道义和责任。譬如南宋后期,李曾伯撰写的《代禳蝗意旨》就表达了这层含义:"位联辅政,道昧调元,未能十雨九风之维时,适值一旱二蝗之继踵,殍殣相望,菜芜多荒。嗟汝农人,一稔正期于卒岁,害我田穉,群飞倏见于刺天。近从畿辅之郊,远暨江淮之境,若时为孽,厥类实繁。深怀中夏之安危,实系有秋之登歉。天非弗变,人益阻饥。系民生之何辜,皆臣等之有咎。用祈景贶,辅作康年。去其螟螣之灾,贻我稻粱之庆。俾纾国力,允荷帝休。"②这类祷告文字流传至今不胜枚举,虽然只是一种形式,但字里行间还是透露出些许的虔诚。有时的祈求和自责也会有很真诚的表演,南宋后期有这样一则故事:"徐帅安民守汉阳,时外境旱蝗,上下巴河啮草木净尽。次第入境,同官父老皆以为法当禳祓,或驱而杀之。翁不然。一日四鼓,小骑径之境上,望蝗所祀天曰:'汉阳民悉力耕耨,幸而中熟,今境外蝗有将及境者,此皆臣政事不明,德意不宣。愿蝗飞入臣口,宁臣死毋坏百姓。'顷之,大雨。明日,报蝗已尽出境矣。"③虽然结局有点巧合,但那时的人们还是宁愿相信这是循吏心诚则灵的表现。

要之,尽管蝗灾禳祓在宋代的发展有其合理性,但它毕竟是那个时代的悲哀。人类社会抵御蝗灾的综合能力不足以减轻大规模蝗灾所造成的痛苦,是人们祈求和贿赂神灵的主要动因。而对神灵的敬畏和迷信,又使人们在蝗灾面前不敢大有作为,从而形成一个恶性循环的怪圈,最终大大妨碍了对蝗灾的治理,造成更大的灾难和痛苦,这是在充分肯定宋朝救治蝗灾取得历史进步的同时需要特别指出的一点。

---

① 《宋史全文》卷三三。
② 李曾伯:《可斋杂稿》卷二四。
③ 《东南纪闻》卷一。

第十七章

宋代的禳弭救荒

一、祈报之礼与禳弭救荒

（一）宋代祈报之礼梗概

朱熹曾对他的弟子说过："自古救荒只是两说：第一感召和气，以致丰穰；其次只有储蓄之计。"① 朱熹所说的感召和气，以致丰穰，在宋代又可分作两部分。一是禳弭救荒，即通过对某种超越自然力量的祈求来减少、消除灾害，其祈求的方式则表现为通过各种祭祀天地、山林川泽、风雷云雨之神，乃至宇宙主宰者的活动来实现。这也就是宋人所说的："旱雩水禜，虽欲竭精尽诚，而本职常务，所分过半矣。故祈祷散在庶民，遍满天下，久以为常。"② "政之大端二，曰治民，曰事神。自天子达于郡邑，外此无大务。然肃于神，亦急于民而已，其事虽二，其本一也。"③

二是对人的行为，特别是对统治者行为的调整。自秦汉以降随着天人感应观念的发展，以及与阴阳五行说结合，那种认为人类社会的一切行为皆可

---

① 《朱子语类》卷一〇六，第 2643 页。
② 陆九渊：《陆九渊集》卷二六《石湾祷雨文》，中国书店 1992 年版，第 197 页。
③ 陈造：《江湖长翁文集》卷二一《高邮社坛记》。

影响自然的秩序，导致天象的变化，而自然的一切变化也都对应着人世间的所有活动的思想愈益受到社会的普遍认同。

《宋史》卷四十八，《天文志序》云：

> 夫不言而信，天之道也。天于人君有告诫之道焉，示之以象而已。……箕子《洪范》论休咎之征曰："王省惟岁，卿士惟月，师尹惟日。""庶民惟星，星有好风，星有好雨。"《礼记》言体信达顺之效，则以天降膏露先之。至于周《诗》屡言天变，所谓"旻天疾威，敷于下土"。又所谓"雨无其极，伤我稼穑"，"正月繁霜，我心忧伤"，以及"彼月而微，此日而微"。"烨烨震电，不宁不令"。孔子删《诗》而存之，以示戒也。他日约鲁史而作《春秋》，则日食、星变屡书而不为烦。圣人以天道戒谨后世之旨，昭然可睹矣。①

《宋史》卷六十一，《五行志序》云：

> 天以阴阳五行化生万物，盈天地之间，无非五行之妙用。人得阴阳五行之气以为形，形生神知而五性动，五性动而万事出，万事出而休咎生。和气致祥，乖气致异，莫不于五行见之。……人之一身，动作威仪，犹见休咎，人君以天地万物为体，祯祥妖孽之致，岂无所本乎？故由汉以来，作史者皆志五行，所以示人君之戒深矣。②

因而禳除灾害多指向帝王失德、苛政、吏治败坏以及社会道德沦丧等行为和现象③。这里主要说禳弭救荒。

要说明宋代禳弭救荒，了解一下宋代祭祀礼仪的概貌是必要的。《宋史》卷九十八《礼一》云：

---

① 《宋史》卷四八《天文志序》，第949—950页。
② 《宋史》卷六一《五行志序》，第1317页。
③ 参见（日）小岛毅：《宋代天谴论的政治理念》，《中国的思维世界》，江苏人民出版社2006年版。

五礼之序。以吉礼为首，主邦国神祇祭祀之事。凡祀典皆领于太常，岁之大祀三十：正月上辛祈谷，孟夏雩祀，季秋大享明堂，冬至圜丘祭昊天上帝，正月上辛又祀感生帝，四立及土王日祀五方帝，春分朝日，秋分夕月，东西太一，腊日大蜡祭百神，夏至祭皇地祇，孟冬祭神州地祇，四孟、季冬荐享太庙、后庙，春秋二仲及腊日祭太社、太稷，二仲九宫贵神。中祀九：仲春祭五龙，立春后丑日祀风师，亥日享先农，季春巳日享先蚕，立夏后申日祀雨师，春秋二仲上丁释奠文宣王、上戊释奠武成王。小祀九：仲春祀马祖，仲夏享先牧，仲秋祭马社，仲冬祭马步，季夏土王日祀中霤，立秋后辰日祀灵星，秋分享寿星，立冬后亥日祠司中、司命、司人、司禄，孟冬祭司寒。其诸州奉祀，则五郊迎气日祭岳、镇、海、渎，春秋二仲享先代帝王及周六庙，并如中祀。州县祭社稷，奠文宣王，祀风雨，并如小祀。凡有大赦，则令诸州祭岳、渎、名山、大川在境内者，及历代帝王、忠臣烈士载祀典者，仍禁近祠庙咸加祭。有不克定时日者，太卜署预择一季祠祭之日，谓之"画日"，凡坛壝、牲器、玉帛、馔具、斋戒之制，皆具《通礼》。后复有高禖、大小酺神之属，增大祀为四十二焉。①

从这段记述可知宋代每年祭祀活动的种类甚为繁多。南宋初，权工部尚书韩肖胄就说："祖宗以来，每岁大、中、小祀百有余所。"② 这大抵是指全国的情况而言，庄绰曾较详细地记述了北宋东京一年的祭祀活动的细目："国朝祠令，在京大中小祀，岁中凡五十。"③

虽然这些祭祀活动并非全都是针对水旱灾异而专门举行，但是这些祭祀活动的主旨多与祈求和感谢上苍赐予的风调雨顺、五谷丰登有关。譬如在《宋大诏令集》辑录的三十一道北宋诸帝为举行规格最高、最大的南郊大礼所下的诏书和御札中就有典型的反映。《建隆四年有事南郊诏》："朕自抚中区，行周四载，稼穑继闻于丰稔，邦家屡集于休祯，岂凉德之升闻，感兹多

---

① 《宋史》所记与庞元英：《文昌杂录》卷四所载有异。参见汤勤福、王志跃：《宋史礼志辨证》上册，上海三联书店，第60页。
② 《宋史》卷九八《礼一》，第2426页。
③ 庄绰：《鸡肋编》卷中，中华书局1983年版，第57页。

祐。盖上穹之降鉴，赐我小康，得不祗率前文，躬行大礼，式展奉先之志，虔申报本之诚，用答天休，且符人欲。"《太平兴国六年有事南郊诏》："今夏雨泽愆期，虫蝗为患。朕躬撤常膳，心祈上元，亟命使车，并走群望，桑林之祷靡惮，朽索之惧实深，至诚感通，冥贶昭答，膏泽频降，甫田载滋，飞蝗尽殪，炎火不秉，皆苍昊之鉴，祖宗之储祥，俾予冲人，享是多福，不伸大报之典，曷展益恭之诚。"①

在了解了宋代祀法的总体概貌之后，再回过头来透视宋代的禳弭救荒。宋代为水旱蝗灾异举行的祭祀活动，可统称为祈报之礼。"国朝凡水旱灾异，有祈报之礼，祈用酒、脯、醢，报如常礼。"②"或亲祷诸寺观，或再幸，或彻乐、减膳、进蔬馔，或分遣官告天地、太庙、社稷、岳镇、海渎，或望祭于南北郊，或五龙堂、城隍庙、九龙堂、浚沟庙，诸祠如子张、子夏、信陵君、段干木、扁鹊、张仪、吴起、单雄信等庙，亦祀之。或启建道场于诸寺观，或遣内臣分诣州郡，如河中之后土庙、太宁宫，亳之太清、明道宫，兖之会真、景灵宫、太极观，凤翔之太平宫，舒州之灵仙观，江州之太平观，泗州之延祥观，皆函香奉祝，驿往祷之。凡旱、蝗、水潦、无雪皆禜祷焉。"③"凡京都旱，则祈岳、镇、海、渎及诸山川能兴云雨者，于北郊望而祭之。又祈宗庙、社稷。每七日一祈，不雨，还，从北郊如初。旱甚则雩，雨足则报。祈用酒、脯、醢，报如常祀，皆有司行事。已斋及未祈而雨者，皆报祀。"④陈旉《农书》专辟一节论祈报之礼对"事于农者"的重要性：

"记曰：有其事，必有其治，故农事有祈焉、有报焉，所以治其事也。载芟之诗，春籍田而祈社稷。良耜之诗，于秋冬所以报也，则祈报之义，凡以治其事者，可知矣。匪直此也，凡法施于民者，以劳定国者，能御大灾者，能捍大患者，皆在所祈报也。故山川之神，则水旱疠疫之灾，于是乎禜之；日月星辰，则雪霜风雨之不时，于是乎禜之。是以先王载之典礼，著之令式而秩祀焉。""至于祈报之礼，盖蔑如也，其

---

① 《宋大诏令集》卷一○八《典礼三》，中华书局1962年版，第400—401页。
② 《宋会要辑稿》礼一八之二。
③ 《宋史》卷一○二《礼五》，第2500页。
④ 《宋会要辑稿》礼一八之四。

所以频年水旱、虫蝗为灾害，饥馑荐臻，民卒流亡，未必不由失祈报之礼，而匮神乏祀，以致其然。"①

南宋人唐仲友在《农事祈报异同之谱》中引经据典详述自古以来，历代帝王经世对农事祈报之重视和所行的祈报典礼，其后所加按语云：

> 古之圣王，先成民而后致力于神，非为己求福。有祈有报，莫非为民，而于农事尤多。郊、社、方、望、雩、索、荣、酺、禴祠烝尝、寒暑送迎、开冰荐衣、尝新之礼，皆有常典。惟雩、索二礼最备而有变，所以求助于鬼神祇者，备矣。《诗》《周礼》《春秋》皆周制，祭法有七代之制，《月令》秦制，故大同而小异。今故举其时月，辨其典礼，明其常变，为谱如右，观者察焉。先王制祭祀之意，思过半矣。《易·困之九五》利用祭祀，尧、汤之水旱，困于天地，反乎中而直，则利用祭祀，祀则受福桑林之祷也。然则旱暵之雩，荒政之索，亦先王之致命。遂志焉。②

（二）雩礼及祈雨雪之法

宋代祈报之礼涉及面较广，但最主要的是雩礼及祈雨雪之法。还包括祈晴等。

雩礼自周秦以降，即使求雨大祭，通常是在孟夏四月，以盛大的舞乐队伍，由天子亲祷天帝，并命有关部门为民祈祀山川百源，以求甘雨。宋代的雩礼是承前代而来，"宋制孟夏雩祀昊天上帝为大祀"。宋真宗景德三年（1006），诏有司详定诸祠祭事。有司言：

> 今年四月五日，雩祀昊天上帝。十三日立夏，祀赤帝。按《月令》立夏之日，天子迎夏于南郊。注云："迎夏为祀赤帝于南郊。"又云：

---

① 陈敷：《农书》卷上《祈报篇》，丛书集成初编本。
② 唐仲友：《帝王经世图谱》卷一一《四库全书总目》云："（唐）仲友字与政，金华人。绍兴中，登进士第，复中宏词科。后守台州，与朱子相忤，为朱子所论罢，故宋史不为立传。惟王象之《舆地纪胜》称其博闻洽识，尤尚经制之学。"

"是月也，大雩。"注云："《春秋传》曰：龙见而雩。"谓建巳之月，阳气盛而常旱，万物待雨而长，故祭天以祈雨。龙星谓角、亢也，立夏后，昏见于东方。又按《五礼精义》云："自周以来，岁星差度，今则龙见或在五月，以祈甘雨，于时已晚，但四月上旬卜日。"今则唯用改朔，不待时节，祭于立夏之前，违兹旧礼之意，苟或龙见于仲夏之时，雩祀于季春之节，相去辽阔，于理未周。欲请自今并于立夏后卜日，如立夏在三月，则待改朔，庶节气协于纯阳，典礼符于旧史。①

宋英宗治平元年（1064）夏四月，根据胡宿的上言加祀唐以来专司水旱的九宫贵神②。

> 诏礼院详议。于是礼官议以国朝旧制每岁雩祀外，水旱稍久，则遣官告天地、宗庙、社稷及诸寺观、宫庙、九宫贵神。今列大祀，亦宜准此，命官就坛祈祷。诏从之。③

宋神宗元丰四年（1081）十月，详定郊庙奉祀礼文所言：

> 近诏宗祀明堂以配上帝，其余从祀群神悉罢。今祈谷大雩，犹循旧制，皆群神从祀，恐与诏旨相戾。请孟春祈谷，孟夏大雩，惟祀上帝。以太宗皇帝配，余从祀群神悉罢。又请改筑雩坛于国南门，以严祀事，并从之。

元丰五年（1082）七月，根据礼部言，将雩坛立于圜丘之左巳地，"其高一丈，广轮四丈，周十二丈，四出陛，为三壝，各二十五步，周垣四门，

---

① 《文献通考》卷七七《郊社十》，考711页。
② 胡宿任两浙转运使、知制诰，论祀九宫贵神。奏曰："臣窃见前书载九宫贵神实司水旱，虽不经见，而当时尊祀次于昊天上帝。唐明皇、肃宗尝亲祠事之。虽大和降为中祀，至于会昌复重其礼，仍以宰相往修祠事。国家祗若旧典，列于常祀。至和中，因修时祭，光禄小史慢牲，雷雨震死者二人。威灵所传，耳目未远。今首夏垂尽，而时雨尚愆，有恻上仁，遍走群望。昔宣王遭旱，《云汉》之诗曰：'上下奠瘞，靡神不宗。'况司水旱之神，又可阙诸。愚以为宜因此时特遣近臣，并祀九宫贵神，以虔斋祷。"当时，知谏院包拯亦有类似奏疏。（明）杨士奇等撰《历代名臣奏议》卷一二六。
③ 《续资治通鉴长编》卷二〇一"治平元年五月己亥"条，第4865页。

一如郊坛之制。"① 南宋绍兴以后，"孟夏雩祀上帝，在西惠昭院望祭，斋宫行礼，其后又于圜坛行礼"②。

南宋孝宗时特别强调了祭祀社稷的重要性。淳熙十年（1183）秋七月庚午，"礼部太常寺言：《开宝通礼》州县水旱则祈社稷，典礼具存。《政和五礼新仪》虽不该载，见今朝廷或遇水旱，亦行祈祷。今欲从臣僚所陈，遇有水旱，令州县先祈社稷，委合典礼。乞朝廷指挥，从礼部太常寺修定仪注行下。诏从之。先是，臣僚言：州县遭水旱，神祠佛宫无不遍走，而社稷坛壝阒然，莫或顾省。彼五土、五谷之神，百代是尊是奉，岂应祈报，独不得与群祀同享精纯。于是下礼寺看详而有是命"③。这可能与朱熹的推动不无关系。朱熹在《鄂州社稷坛记》中云：

> 熹按：社实山林川泽，丘陵坟衍，原隰五土之祇，而后土勾龙氏其配也。稷则专为原隰之祇，能生五谷者，而后稷周弃氏其配也。风师箕也，雨师毕也，是皆著于《周礼》，领于大宗伯之官。唯社稷自天子之都至于国里通得祭，而风雨之神，则自唐以来诸郡始得祀焉。至于雷神，则又唐制所与雨师同坛共牲而祀者也。国朝礼文，大抵多袭唐故，故今郡国祀典自先圣、先师之外，唯是五者。盖以为二气之良能，天地之功用，流行于覆载之间，以育万物而民生赖焉者，其德惟此为尤盛。是以于其坛壝、时日之制，牲币、器服之品，降登、馈奠之节，莫不参订讨论，著之礼象，颁下郡国，藏于礼官。有司岁举行之，而部刺史又当以时循行，察其不如法者。盖有国家者，所以昭事明神，祈以降祥锡福于下，其勤如此。顾今之为吏者，所知不过簿书期会之间，否则笾豆舞歌，相与放焉而不知反，其所敬畏崇饰而神事之者，非老子、释氏之祠，则妖妄淫昏之鬼而已。其于先王之制、国家之典，所以治人事神者，曷尝有概于其心哉！呜呼！人心之不正，风俗之不厚，年谷之不登，民生之不遂，其不亦以此欤？④

---

① 《宋史》卷一〇〇《礼三吉礼三》。
② 《文献通考》卷七七《郊社十》。
③ 《宋史全文》卷二七。
④ 《朱文公文集》卷七九，四部丛刊初编缩本，第1446页。

这个社稷坛记虽作于淳熙十年（1183），但朱熹常以准确、全面继承和恢复三代以来礼制为己任。此后，社稷成为南宋中后期水旱灾时祭祀的主要神祇。

以上这种雩礼，只具有节日气氛和象征意义。"岁雩祀外，水旱稍久，皆遣官告天地、宗庙、社稷及诸寺观、宫庙"及九宫贵神[1]。所以，因天旱不定时举行的祈雨活动是另一类"雩礼"。而这种雩礼才具有实际的针对性。宋太祖建隆二年（961）夏旱，翰林学士王著请令近臣按旧礼告祭天地、宗庙、社稷及望告岳、镇、海、渎于北郊以祈雨，诏用其礼[2]。建隆四年（963）五月一日，以旱命近臣遍祷天地、社稷、宗庙、宫观、神祠寺，遣中使驰驿祷于岳渎，"自是凡水旱皆遣官祈祷"[3]。

二、各级官府的祈雨活动

下面根据《宋会要》礼一八《祈雨》《长编》《宋史》等文献的记载，将两宋各级官府的祈雨活动制成简表，以便阅览。

年代	官府祈雨活动	资料出处
建隆元年（960）	八月甲戌，命近臣分诣京城诸祠庙祷雨。	《长编》卷一，第20页。
建隆二年（961）	六月十九日，翰林学士王著上言："秋稼将登，将稍愆时雨，望令近臣按旧礼告祭天地、宗庙、社稷及望告岳、镇、海、渎于北郊，以祈雨。"昭（诏）用其礼。惟不祀配座及名山大川；雨足，报祭如礼。	《宋会要》礼一八之二至三。
建隆三年（962）	三月癸亥，分命近臣于京城祠庙祷雨。 五月甲子，幸相国寺祷雨。甲申，复幸相国寺祷雨。乙酉，齐、博、德、相、霸五州自春不雨，以旱减膳撤乐。	《长编》卷三，第63、67页。《宋史》卷一，第11页。

---

[1] 《宋史》卷一〇三《礼六》第2507页。
[2] 《宋会要辑稿》礼一八之二。
[3] 《宋会要辑稿》礼一八之三。

续表

年代	官府祈雨活动	资料出处
建隆四年 （乾德元年） （963）	五月一日（甲申），以旱，命近臣遍祷天地、社稷、宗庙、宫观、神祠、寺，遣中使驰驿祷于岳、渎。自是凡水旱皆遣官祈祷，唯有变常礼则别录。 七月丁丑，分命近臣于京城祠庙祷雨。	《宋会要》礼一八之三。《长编》卷四，第99页。
乾德二年 （964）	三月丁酉，遣左拾遗梁周翰等驰驿，分诣五岳祈雨。	《长编》卷五，第124页。
开宝三年 （970）	四月丁亥，幸建隆观、相国、开宝寺祷雨。	《长编》卷一一，第245页。《宋史》卷二，第31页。
开宝五年 （972）	五月乙丑，命近臣祈晴。 十二月乙酉朔，祈雪。	《宋史》卷三，第38、39页。
开宝六年 （973）	十二月壬午，命近臣祈雪。	《宋史》卷三，第41页。
开宝七年 （974）	二月癸卯，分命近臣于京城祠庙祷雨。 十二月辛亥，命近臣祈雪。	《长编》卷一五，第318页。《宋史》卷三，第43页。
开宝八年 （975）	三月癸巳①，命近臣祈雨于在京祠庙。	《长编》卷一六，第337页。
开宝九年 （太平兴国元年） （976）	三月庚寅，大雨，分命近臣诣诸祠庙祈晴。 七月丙戌，命近臣祈晴。丁亥，命修先代帝王及五岳四渎祠庙。	《宋史》卷三，第47、48页。
太平兴国三年 （978）	正月辛亥，命近臣祷雨于京城寺观、祠庙。后二日雨足，又遣使分赛焉。 四月乙卯，命群臣祷雨。	《长编》卷一九，第421页。《宋史》卷四，第58页。
太平兴国五年 （980）	五月辛酉，命宰相祈晴。	《宋史》卷四，第64页。

① 《宋史》卷三《太祖三》作"己丑"，第44页。

续表

年代	官府祈雨活动	资料出处
太平兴国六年（981）	二月己卯，命宰臣祷雨。 夏四月辛未，幸太平兴国寺、相国寺祷雨。	《宋史》卷四，第66页。《长编》卷二二，第492页。
太平兴国七年（982）	三月乙巳，以旱分遣中黄门遍祷方岳。	《宋史》卷四，第67页。
雍熙三年（986）	八月丁亥，大雨，遣使祷岳渎。 十一月丙戌，幸建隆观、相国寺祈雪。	《宋史》卷五，第79页。
雍熙四年（987）	十二月壬寅，幸建隆观、相国寺祈雪。	《宋史》卷五，第81页。
端拱二年（989）	九月戊子，上以岁旱减膳，遍走群望，皆弗应。是夕，手诏赐宰相赵普等曰："万方有罪，罪在朕躬，自星文变见以来，久愆雨雪。朕为人父母，心不遑宁，直以身为牺牲，焚于烈火，亦足以答谢天谴。当与卿等审刑政之阙失，念稼穑之艰难，恤物安民，庶祈眷佑。"时普被疾请告，即以授吕蒙正等。 十月辛未，先是，彗星谪见之后，自七月不雨，至是，凡五岳四渎，名山大川，无不遍祷，殊无响应。帝忧念烝民，不遑安寝，故有是诏。	《长编》卷三〇，第688页。《宋会要》礼一八之三。
淳化元年（990）	四月五日，命中使分诣五岳祈雨。	《宋会要》礼一八之三。
淳化二年（991）	闰二月戊寅，祷雨。 三月己巳，以岁蝗旱祷雨弗应，手诏宰相吕蒙正等："朕将自焚，以答天谴。"翌日而雨，蝗尽死。 十一月己酉，幸建隆观、相国寺祈雪。	《宋史》卷五，第87、88页。
淳化三年（992）	九月丙申，遣官祈晴京城诸寺观。	《宋史》卷五，第90页。

续表

年代	官府祈雨活动	资料出处
至道元年（995）	二月甲申，命宰相及群臣分于京城寺观、祠庙祷雨。又命中使分祀五岳。故事，御署祝版以遣之。翰林学士王禹偁上言，准礼，五岳视三公，今虽加王爵，犹人臣尔。天子称名，恐非古制。请自今更不御署，庶尊卑适序典礼无差。上亲批其纸尾曰：昔唐德宗犹屈拜风雨，且国朝典礼素定，岂可废也。朕为万民祈福桑林之祷，犹无所惮，至于亲署，又何损焉。	《长编》卷三七，第809页。《宋史》卷五，第97页。
至道二年（996）	三月十五日（丙寅），以岁宿戒，亲诣诸寺观祈雨。会大风，不果出，遣宣政使王继恩以下分祷。命有司讲求故实。太常礼院上言："按典礼，凡京都旱，则祈岳、镇、海、渎及诸山川能兴云雨者，于北郊望而祭。又祈宗庙、社稷，每七日一祈，不雨，还从北郊如初。旱甚则雩，雨足则报。祈用酒、脯、醢，报如常祀，皆有司行事。已斋及未祈而雨者，皆报祀。"遂遣参知政事李昌龄祠北郊，张洎（泊）、寇准分祠太庙、社稷。又命官诣皇建院、宝相寺、天寿院、启圣院、观音院、普净院、定力院、天寿显静寺、显圣寺、等觉院、天清寺祈祷。	《宋会要》礼一八之四。
咸平元年（998）	三月八日（丁丑），诏曰：农功伊始，膏泽未沾。爰伸至诚，庶获嘉应。宜遣官告祈天地、宗庙、社稷、岳渎，京城祠庙、寺观。 四月四日（壬辰），以京东、河北旱，遣使于卫州白鹿山百门庙祈雨（后以祈应，赐名灵源庙）。五日，诏曰：时雨未洽，宿麦可忧，恻然疚怀，再伸勤请。宜特遣工部侍郎毕士安祠五龙堂，刑部侍郎郭贽、给事中柴成务、知制诰李若拙祠太一宫。令以今月九日早赴逐处焚香虔祈，以副朕意。 五月七日（甲子），幸相国寺焚香祷雨，升殿而雾霈，复冒雨幸太平兴国寺、启圣院、建隆院观，赐僧道钱帛茶荈。	《宋会要》礼一八之四至五。

续表

年代	官府祈雨活动	资料出处
咸平二年（999）	三月十四日，以旱，诏有司祠雷师、雨师。 闰三月戊子，幸太一宫、天清寺祈雨。	《宋会要》礼一八之五。《宋史》卷六，第108页。
咸平三年（1000）	六月一日，诏：遣使祠两浙境内名山、大川、祠庙。先是，帝以其地灾疫，深所轸念，命三馆检讨祈福灵迹以闻，至是命使祷祭，以祈福应。	《宋会要》礼一八之五。
咸平四年（1001）	二月丁未，兵部郎中、直昭文馆韩援等八人分诣岳渎祈雨。 二月丁巳（十五日），幸大相国、开宝、天寿寺、上清宫祈雨。翌日，雨。自去冬至是，雨雪稍愆，帝忧轸至甚，每御蔬食。是日临轩，御衣沾湿，左右进盖，却而不御。	《长编》卷四八，第1045、1046页。《宋会要》礼一八之五。
咸平五年（1002）	七月戊戌，幸启圣院、太平兴国寺、上清宫致祷。雨霁。	《长编》卷五二，第1141页。
景德元年（1004）	五月辛巳，命知制诰晁迥诣北岳祈雨。甲午，遣常参官诣五岳、四渎祈雨。是日大雨，遂留不遣。 六月壬戌（九日），命知制诰陈尧咨诣北岳祈雨。 七月己丑，上谓侍臣曰：近颇亢旱，有西州入贡胡僧，自言善咒龙祈雨。朕令精舍中试其术，果有符应。事虽不经，然为民救旱，亦无所避也。	《长编》卷五六，第1235、1237、1244页。《宋会要》礼一八之六。
大中祥符二年（1009）	二月戊子，诏如闻近岁命官祈雨，有司第给祝板，不设酒脯。按令文凡祈以酒及脯、醢，报准常祀，宜令有司自今祈报虔遵礼令，务在蠲洁。乙巳，幸大相国寺、上清宫、景德开宝寺祈雨。戊申，又遣官祀太一。又祀元冥五星于北郊。 四月十日，以河北久旱，遣祠北岳。 五月庚辰，陕西旱，遣使祷太平宫、后土、西岳、河渎诸祠。 七月二十日，诏：诸路祈祷雨雪所须礼料，并从官给。	《长编》卷七一，第1592、1596页。《宋会要》礼一八之七。《宋史》卷七，第141页。

续表

年代	官府祈雨活动	资料出处
大中祥符三年（1010）	八月六日，以升、洪、润州亢旱火灾，遣内侍驰往抚问军民、犒设将校、耆老，及醮祷管内名山、大川、神祠有益于民者。	《宋会要》礼一八之七。
大中祥符八年（1015）	春正月戊申，分遣侍臣祷雨于玉清昭应宫、庙、社诸神祠。 二月十七日，命宰臣以下份诣寺观祈雨，遣官祷岳渎。癸酉（二十二日），亲谒玉清昭应宫。幸开宝寺、上清宫祈雨。	《长编》卷八四，第1915、1918页。《宋会要》礼一八之七。
大中祥符九年（1016）	九月十三日，以自秋不雨，帝虑首种失时，忧形于色，灭膳彻乐，遍走群望，命辅臣分祈天地、宗庙、社稷、（神）祠、宫观、佛寺。即日雨降，分遣官致谢于所祷之处。甲寅，时以愆亢，有龟山僧智悟请就开宝寺福圣塔断左手祈雨。是日雨降，自秋不雨。上忧形于色，减膳彻乐，遍走群望，及是沾霈，中外忻庆，分遣官致谢于所祈处。上作《甘雨应祈》诗，近臣毕和。 二十八日，诏曰：虞衡所职，斩伐以时。属直馆之并兴，顾地材而毕取。落成伊始，美报爰申，俾展精修，用符昭贶。宜令京东、西、陕西、淮西、江南、两浙、荆湖南路，应曾经采木石处，遣长吏及佐官建道场，内兴功大处七日，小处三日，仍设请（清）醮，以伸报谢。	《长编》卷八八，第2016页。《宋会要》礼一八之八。
天禧元年（1017）	三月辛丑，以不雨祷于四海。	《宋史》卷八，第162页。
天禧三年（1019）	七月癸亥，以久雨，命近臣诣诸庙社、宫观、佛寺、神祠祈祷。	《长编》卷九四，第2160页。
天禧四年（1020）	四月丙戌，以旱遣近臣分诣诸宫庙寺观祷雨。	《长编》卷九五，第2187页。
天圣二年（1024）	三月二十三日，诏：以仲春农事兴，畿甸久无雨泽。遣官诣五岳、四渎祈求，仍诣会灵观池上塑龙。翌日雨足。诏在京宫观祠庙择日赛谢，岳渎在外者，止就会灵观望祭，更不差官。	《宋会要》礼一八之八。

续表

年代	官府祈雨活动	资料出处
天圣五年（1027）	六月甲戌，幸玉清昭应宫及开宝寺祈雨。丙子，诏开封府诸县决系囚无或淹滞，以近州皆雨而畿甸独未雨故也。丁丑，雨。	《长编》卷一〇五，第2441页，
明道元年（1032）	三月丙申，遣官祈雨。	《长编》卷一一一，第2579页。
明道二年（1033）	三月丁亥，祈雨于会灵观、上清宫、景德、开宝寺。	《长编》卷一一二，第2609页。
景祐元年（1034）	正月八日，太子洗马致仕邢中和言：自去冬雨雪愆亢，圣心祈祷未应。臣克课正月九日、十八日必降甘雨，望遣官躬祀九宫贵神、十精太一，必有灵应。诏差两制官一员，精虔祈祷。九日，诏：开封府令街坊人户依古法精虔祈求雨雪。十九日，以获应报谢。 四月二十六日，诏：河东路愆雨，令逐州军长吏躬诣名山、祠庙、宫观、寺院，依古法精虔祈求。 五月二十二日，幸灵感塔、上清宫、祥源观，以衍雨应期报谢。 七月十一日，幸慈孝寺、会灵观，以秋稔报谢。	《宋会要》礼一八之八至九。
景祐三年（1036）	六月庚戌，以河北久旱，遣官诣北岳祈雨。一日，诏：河北路愆雨，差朝臣诣北岳，及令转运使、州军长吏诣名山祠庙寺观，依古法祈求。	《长编》卷一一八，第2790页。
庆历二年（1042）	六月戊寅，祈雨。	《宋史》卷六六，第1440页。
庆历三年（1043）	四月丙辰，遣官诣五岳四渎祈雨。 五月庚辰，幸相国寺、会灵观祈雨。	《长编》卷一四〇，第3366页；卷一四一，第3377页。
庆历四年（1044）	三月丙寅，遣内侍诣两浙、江、淮祠庙祈雨。 夏四月己未，遣官祈雨。	《长编》卷一四七，第3555页；卷一四八，第3592页。

续表

年代	官府祈雨活动	资料出处
庆历五年（1045）	二月辛亥，祈雨于相国、天清寺、会灵、祥源观。	《长编》卷一五四，第3748页。
庆历六年（1046）	夏四月二十一日，以陕西旱，遣内侍往宁州要册湫建道场祈求。	《宋会要》礼一八之九。
庆历七年（1047）	二月丙寅，遣官五岳、四渎祈雨。 三月辛丑，幸西太一宫祈雨。所过神祠，皆遣中使致祷。	《长编》卷一六〇，第3864、3868页。
庆历八年（1048）	六月壬辰，以久雨斋祷。	《宋史》卷一一，第225页。
皇祐元年（1049）	五月丁未，遣官祈雨。 七月五日，定州少雨。初，知州韩琦言：河朔久不雨，而祷祈无应。若兴自圣怀，祷于天地山川，宜获嘉泽。寻遣秘阁校理张子思以默词祈于北岳，至是以雨足闻奏。	《长编》卷一六六，第4000页。《宋会要》礼一八之一〇。
皇祐二年（1050）	三月甲午，遣官祈雨。己亥，分遣朝臣诣天下名山大川祠庙祈雨。 六月己巳①，再颁先朝祈雨雪法令，所在置严洁处。 十二月二十一日，知制诰胡宿言：事神保民，莫先祭祀。比年以来，水旱相仍，切意有所未至。望令天下具名山大川能兴云雨者增入祀典，春秋祷祀。从之。	《长编》卷一六八，第4034、4035、4045页。《宋会要》礼一八之一〇。
皇祐三年（1051）	五月庚戌朔，诏恩、冀等州旱，其令长吏精虔祷雨。决系囚无或淹滞，仍令转运司体量今年夏税以闻。 六月丁酉，上谓辅臣曰，近遣内侍往嘉州祈雨，而本州诸僧道威仪，迎俟境上，如此，则远人多扰矣。其令转运司禁止之。	《长编》卷一七〇，第4091、4093页。
皇祐四年（1052）	三月丁卯，遣官祈雨。戊辰，上谓辅臣曰，开封府奏妇人阿齐为祈雨断右臂，恐惑众不可以留京师，其令徙居曹州。	《长编》卷一七二，第4140页。

① 《宋会要辑稿》作八月十五日。

续表

年代	官府祈雨活动	资料出处
至和二年（1055）	夏四月甲午，遣官祈雨。	《长编》卷一七九，第4329页。
嘉祐七年（1062）	三月十八日，幸西太一宫、普安禅院祈雨。	《宋会要》礼一八之一〇。
治平元年（1064）	夏四月十九日，命辅臣祷雨于天地、宗庙、社稷及遣使祷五岳、四渎、名山、大川、诸祠庙。甲午（二十八日），祈雨于相国、天清寺、醴泉观。 五月四日，诏：自今水旱，命官祷于九宫贵神。从枢密副使胡宿请。 闰五月十四日，诏：久旱，将以十七日祷雨于禁中。宰臣请以是日分祷于宫观、寺院。从之。 二十三日，以应祈，复命报谢。	《宋会要》礼一八之一〇至一一。《长编》卷二〇一，第4864页。
治平二年（1065）	正月二十八日，以旱，命宰臣已下自二月二日分诣诸宫观、寺院祈求。三月获应，复命报谢。 三月六日，诏：五岳、四渎、名山、大川处，差知州、通判祈雨。 九月乙酉，以久雨，遣使祈于岳渎、名山大川。	《宋会要》礼一八之一一。《宋史》卷一三，第258页。
治平四年（1067）	五月十三日，诏：差朝臣五岳、四渎诸水府祈雨。十九日，以感，复命报谢。	《宋会要》礼一八之一一。
熙宁元年（1068）	正月十九日，幸相国、天清寺、集禧、醴泉观祈雨。又下诏举望祭礼，及诸处遍祈。二十一日，诏：古者有望祭山川之礼，今独阙此，宜令礼官讲求故事，以时举行。令在京差官分祷，宜各就本司先致斋三日，然后行事。诸路择端诚修洁之士分祷东海、四镇、五岳、四渎、名山、大川。至祠所洁斋行事，毋得出谒、宴饮、贾贩，及诸烦扰。仰监司察访闻奏，诸路神祠、灵迹、寺观虽不系祀典，祈求有应者，并委州县差官洁斋致祷。二十七日，幸西太一宫谢雨。 四月十二日，诏：河北、京东尚未得雨，可指挥雨路阙雨州军长吏亲祷所在名山神祠。 七月二十八日，以霖雨未至，遣官祈天地及宗	《宋会要》礼一八之一一至一二。《宋史》卷一四，第269页。

续表

年代	官府祈雨活动	资料出处
	庙、社稷、五岳、四渎。仍令辅郡长吏斋洁祈祭所在名山灵祠，开在京寺观，纵士庶焚香五日。 十一月癸未，命宰臣祷雨。 十二月己亥，命宰臣祷雪。癸丑，祷雪于郊庙、社稷。	
熙宁二年 (1069)	三月丙戌，命宰臣祷雨。 四月三日，幸集禧观、醴泉观、大相国寺祈雨。	《宋史》卷一四，第270页。《宋会要》礼一八之一二。
熙宁三年 (1070)	八月庚申，分命辅臣祈雨。	《长编》卷二一四，第5198页。
熙宁四年 (1071)	二月丁丑，分命辅臣祈雨。	《长编》卷二二〇，第5357页。
熙宁五年 (1072)	六月一日，诏：时雨未降，辅郡名山圣祠可指挥所在长吏精虔祈祷。辛亥（三日），幸集禧观大相国寺祈雨。九日，复幸谢雨。	《长编》卷二三四，第5672页。
熙宁六年 (1073)	五月戊申，分命辅臣祈雨。 秋七月庚申，分命辅臣祈雨于郊庙社稷。己酉分命辅臣祈雨。 九月戊戌，分命辅臣祈雨。	《长编》卷二四五，第5950页；卷二四六，第5983页；卷二四七，第6016页。
熙宁七年 (1074)	二月丙戌，以河北、京东、陕西久旱，诏转运司各遣长吏祈雨。己丑，分命辅臣祈雨。 三月庚子（十三日），以旱遣官分祷京城、畿内诸祠、五岳、四渎，各委长吏致祭。 五月甲辰（九日），诏：河东路转运司见阙雨州军，令逐处长吏访寻所在名山灵祠能兴云雨者，开设道场，精虔祈求。 六月壬午，分命辅臣祈雨。 七月七日，诏：陕西路亢旱，秋种未入，令转运司访名山灵祠祈雨。壬子，分命辅臣祈雨。癸亥，分命辅臣祈雨于郊庙、社稷。 八月十一日，诏：久旱，祷雨未应，其令长吏躬	《长编》卷二五〇，第6099页；卷二五一，第6108页；卷二五三，第6192页；卷二五四，第6210、6222、6226页；卷二五五，第6234页。《宋会要》礼一八之一二至一三。

续表

年代	官府祈雨活动	资料出处
	祷岳渎。十八日，诏：诸监司访名山灵祠，委长吏祈雨。又遣辅臣告于中太一宫。是日，又诏：京师久旱，祈祷多日，未获感应，可差官就中太一宫致告十神太一，并开建道场，差宰臣以下致告。又令诸路转运、提点司访寻辖下州县名山灵祠，委长吏精虔祈祷。丙子，诏久旱祷雨未应，其令长吏躬祷岳渎闻。 九月三日，命辅臣分诣天地、社稷、宫、寺等处谢雨，五岳四渎仰逐处长吏虔行祠赛三日。	
熙宁八年 (1075)	三月二十一日，河北西路转运使刘航言：自冬颇愆雨雪，乞遣中使于曲阳大茂山真令洞投龙以祷。从之。 闰四月乙卯（十九日），诏：定州路自春阙雨，令知州薛向躬祷北岳。二十一日，诏：永兴等路亢旱，令转运司访名山灵祠，委长吏祈祷。二十三日，诏真定府界旱甚，令孙固亲祷名山灵祠。 五月丙寅，命辅臣祷雨于天地、宗庙、社稷。 六月一日，诏：淮南旱甚，令转运司委州军长吏祈祷名山灵祠。 七月二十三日，诏：诸色晚田见阙雨泽，选日差官祈祷。又诏：淮南、两浙等路久苦旱灾，遣尚书职方员外郎张维祈祷，仍令逐路有载在祀典灵显祠庙，所在（长）吏精虔祈祷。	《宋会要》礼一八之一三至一四。《长编》卷二六三，第6451页；卷二六四，第6458页；卷二六五，第6492页。
熙宁九年 (1076)	六月己亥，又诏访闻京西路须阙雨泽，西京尤甚，速令所在访名山灵祠，长吏精虔祈祷。 九月十三日，诏：辅臣诣天地、社稷、宗庙、寺观祈雨。	《宋会要》礼一八之一四。《长编》卷二七六，第6748页。
熙宁十年 (1077)	三月辛亥朔，分命辅臣祈雨。辛酉，分命辅臣祈雨于郊庙、社稷。仍诏开封府界、京东西、河北转运、提点刑狱司，各访名山灵祠，委长吏请祷。 四月壬寅，内出蜥蜴祈雨法，试之果验。诏附宰鹅祈雨法，颁行之。十二日，诏：诸路少雨州军，令转运司访境内名山灵祠，委长吏祈祷，如获感应，旋具奏闻。 秋七月甲寅，祷雨。	《长编》卷二八一，第6881、6883、6894页。《宋会要》礼一八之一四。《宋史》卷一五，第293页。

续表

年代	官府祈雨活动	资料出处
元丰元年 (1078)	春正月庚戌，诏河北转运司，令所在长吏躬祷名山灵祠，旱故也。壬子，命辅臣祈雨。乙卯，又诏京西、淮南路转运司，访名山灵祠，委长吏祷雨雪。①丙辰，幸相国寺祈雨。 二月二十三日，诏：辅臣分诣天地、宗庙、社稷等处祈雨，仍令京东西、河北、河东、陕西、淮南等路雨泽愆少州军转运司，访寻管下名山灵祠，委长吏精虔祈祷。二十八日，诏：河北、河东、陕西，久愆时雨，渐见害稼，可分遣礼官躬亲东西北岳、五台山祈祷。 三月九日，诏：中书门下，时雨未足，可选日遣官祭祷风伯、雨师、雷师。十六日，又遣官祭祷真（玄）冥五星以下。 四月十二日，诏：闻兖、郓、徐、济等州久无雨泽，谷麦失望，人情不安。近虽已差内臣见在东岳道场，可遣礼官诣彼祈祷。所有广西今春亢旱，可下安抚、转运司，访名山灵祠，所在差官祷雨。 六月甲寅，命辅臣祈雨。 十一月乙酉，诏：闻京西、河北、陕西诸路，自冬无雪，并边山田麦苗已旱，令转运司访名山灵祠，委长吏祈祷。	《长编》卷二八七，第7011、7012页；卷288，第7051页；卷二九○，第7088页；卷二九四，第7166页。《宋会要》礼一八之一四至一五。
元丰三年 (1080)	二月辛丑，命辅臣祈雨。丁巳，命辅臣祈雨。 三月辛未，遣官祈雨。己丑，手诏：旱气日甚，夏秋之田卒将被灾，宜择日再遣官恳祷天地、宗庙、社稷。庚寅，诏辅臣祈雨。 四月丙申，分遣辅臣祈雨。 七月七日，诏：西北诸路久愆雨泽，令知定州韩绛躬诣北岳祈祷。东西中岳，令所在知州依此。	《长编》卷三○二，第7352、7358页；卷三○三，第7365、7372页。《宋会要》礼一八之一五。

---

① 《宋会要辑稿》礼仪八之一四，"元丰元年正月九日，诏：'京南、京西、淮南转运司，访管内名山灵祠，委长吏躬亲祈祷雨雪。'自后二年、三年、五年、六年、七年，诸路或雨旸失时，即诏转运司移文郡县，并如元年正月九日"。

续表

年代	官府祈雨活动	资料出处
元丰四年（1081）	四月三日，诏：辅臣谢雨于天地、宗庙、社稷。初，自春不雨，祈祷备至，及是雨尺余。	《宋会要》礼一八之一五。
元丰五年（1082）	二月乙亥，分命辅臣祈雨。	《长编》卷三二三，第7789页。
元丰六年（1083）	五月甲申，分命辅臣祈雨。十六日，诏：访闻陕西诸路见苦少雨，守臣祈祷，久未感应。宜令转运司更切访名山灵祠，所在择日恭致朝命，委官虔祈。	《长编》卷三三五，第8257页。《宋会要》礼一八之一五。
元丰七年（1084）	三月癸丑，分命辅臣祈雨。十四日，诏：淮南、京东、京西路即今阙少雨泽，可令转运司各访寻管下名山灵祠，所在委长吏躬亲精虔祈祷。	《长编》卷三四五，第8257页。《宋会要》礼一八之一五。
元祐元年（1086）	春正月二十四日，太上皇后诣中太一宫集禧观。二十七日，皇帝诣大相国寺，皆以祈雨。	《宋会要》礼一八之一五。
元祐二年（1087）	三月甲寅，诏辅臣分诣寺观祈雨。丁丑，开寺观祈雨。夏四月丁酉，诏：旱暵为灾，减膳责躬，修勤缺政，以祈消复。	《长编》卷三九六，第9646、9664页；卷三九八，第9709页。
元祐四年（1089）	三月二十四日，诏：京西路阙雨，中岳、河渎及淮济，各委长吏祈祷。仍遣内侍斋香就建道场。丁酉，诏诸路阙雨，中岳、西岳、江渎、河渎、淮渎委逐处长吏选日躬诣本庙，精洁祈祷。	《宋会要》礼一八之一五。《长编》卷四二四，第10255页。
元祐五年（1090）	二月癸卯，祷雨岳渎。五月十二日，诏：昨为阙雨，差官诣兖州东岳等处祈求，名山大川就差本处长吏祈祷。已获感应去处，就委本处长吏选日恭诣赛神。	《宋史》卷一七，第330页。《宋会要》礼一八之一五至一六。
元祐八年（1093）	八月丁未，久雨，祷山川。	《宋史》卷一七，第336页。
绍圣元年（1094）	四月八日，诏：时雨稍愆，令开封府及诸路依例祈求，畿内诸祠即提点司选官精祷。十八日，诏诸州长吏躬诣五岳四渎祈祷。十二月庚辰，命诸路祈雪。	《宋会要》礼一八之一六。《宋史》卷一八，第336页。

续表

年代	官府祈雨活动	资料出处
绍圣四年（1097）	五月三日，诏令陕西、河东、京东路阙雨州军，应管下岳渎及名山大川并诸祠庙，自来祈祷感应之处，并令长吏精虔祈求。其合用祝文，令学士院依例修撰。	《宋会要》礼一八之一六。
元符二年（1099）	二月二十七日，诏陕西路阙雨去处，令逐州军长吏选诸境内名山、大川、祠庙精祷。 三月十一日，诏辅臣分诣宫观、寺院祈雨。二十二日，诏辅臣分诣天地、宗庙、社稷、宫观、寺院等处祈雨。诸路阙雨州军，令长吏于管下岳渎、名山并诸祠庙自来祈祷感应之处，选日精虔祈求，其合用祝文，令学士院依例修撰。	《宋会要》礼一八之一六。《长编》卷五〇七，第12074、12084页。
元符三年（1100）	五月二十四日，诏：诸路如有阙雨去处，令逐州军长吏选日诣境内名山、大川、祠庙精祷。	《宋会要》礼一八之一六。
崇宁五年（1106）	五月二十四日，宰官（臣）以愆雨祈求。	《宋会要》礼一八之一六。
政和二年（1112）	五月二十六日，差近臣诣宫观、寺院祈雨。未及祷而雨，改报谢。	《宋会要》礼一八之一六。
宣和四年（1122）	二月丙申，以旱祷于广圣宫，即日雨。 六月八日，令宰执率侍从官诣越州圆通观音院祈雨，合用香令入内内侍省请降。自后凡用香并如之。绍兴元年十九日亦用此礼。	《宋史》卷二二，第409页。《宋会要》礼一八之一六至一七。
绍兴元年（1131）	七月二日，诏：宰执率侍从官诣天庆观、圆通寺谢雨。 十月二十二日，诏：就圆通院开建祈雨道场，日轮侍从官一员烧香，每五日宰执官前去祈祷。 十二月五日，诏：雨雪稍愆，日轮侍从一员诣上天竺灵感观音前，精加祈祷，务在速获感应。（三年十一月如之。）	《宋会要》礼一八之一七、三二。
绍兴二年（1132）	八月二十六日，诏：令签书枢密院事权邦彦诣天竺（寺）祈雨。	《宋会要》礼一八之一七。

续表

年代	官府祈雨活动	资料出处
绍兴三年（1133）	六月二十一日，诏：访闻两渐东路稍愆雨泽，令本路帅司差官诣寺观庙宇严洁祈祷。 七月四日，诏：轮宰执、从官一员诣上天竺寺祈雨。十六日，上（高宗）以愆雨，谓辅臣曰：朕宫中素食已累日，尚未降泽，令断屠。精祷虽至，然尚虑政事未平，刑狱冤滥，可速令疏决平反。在外州县令提刑亲行疏决，务在刑清也。至是就法慧寺祈雨，断屠宰三日。	《宋会要》礼一八之一七。
绍兴五年（1135）	正月，都省言，近降指挥祈求雨雪，已获感应。诏令轮至侍从于初五致谢。 二月二十五日，诏：雨泽稍愆，恐妨农事，应临安府界载在祀典，及名山大川、神祠、龙洞，在内分差从官，在外遣职事官，亲诣祈雨。 六月辛亥，赵鼎进呈，以旱乞分委侍从官等，遍走群祀祈泽。十三日，诏：访闻湖南久愆雨泽，可令帅臣席益恭诣南岳庙祈祷，应合用祠察之物并于上供钱内支破，务要精洁，庶获感应。二十二日，中书门下省言：昨日稍愆雨泽，祈祷天地、宗庙、社稷、岳渎、四海、雨师、雷师、应临安府界载在祀典及名山大川神祠、龙洞，今已获感应，望并令元差官各诣逐处报谢。从之。自是每祈晴雨有应，并依此礼。	《宋会要》礼一八之三二、一七、一八。 《要录》卷九〇，第1501页。
绍兴七年（1137）	二月九日，诏：应平江府界载在祀典及名山大川、神祠、龙洞，在内分差侍从，在外委所属县分知县，亲诣祈雨。二十六日，诏：雨泽稍愆，恐妨农事，应建康府界载在祀典及名山大川、神祠、龙洞，在内分差侍从官，在外委所属县分知县，亲诣祈雨。 六月七日，诏：诸路如有阙雨去处，令转运司行下逐州县差官祈祷。（七月八日）并同此制。 七月八日，诏：诸路如有阙雨去处，令转运司行下逐州县，差官祈祷。 七月十三日，宰臣张浚等言，雨泽稍阙，乞率从官祷雨。又乞弛役、虑囚等事，因奏：如浙西诸郡及宣州、广德军地形下，未觉旱，如镇江、建康府地	《宋会要》礼一八之一八。

续表

年代	官府祈雨活动	资料出处
	形高，最觉阙雨。上（高宗）曰：朕患唯不知四方水旱之实，宫中种两区稻，其一地下，（其一地）高，昨日亲阅之，地高者其苗有槁矣。须精加祈求，庶早得雨泽。（六月二十日，诏：已迎请上天竺观音就法慧寺祈求雨泽，令临安府禁屠宰三日，并鸡鸭之类并不得宰杀。）	
绍兴九年（1139）	秋七月己亥，秦桧言陛下斋居蔬食以祈雨泽，考之典礼，惟当损大官常膳。上曰虽损膳，岂免日杀一羊，天意好生，朕实不忍。既而雨应。	《要录》卷一三〇，第2101页。
绍兴十一年（1141）	七月六日，诏：雨泽稍愆，令太常寺祈祷九宫费（贵）神。 十二月，尚书省言：旱暵为灾，深恐害稼，依礼例，合差官祈祷天地、宗庙、社稷、岳镇、海渎、雨师、雷神。从之。	《宋会要》礼一八之一九。
绍兴二十一年（1151）	十二月十五日，上（高宗）宣谕辅臣曰：连日小雨，腊雪未应期，已遣使祈祷太乙祠。是日晚，雪作。	《宋会要》礼一八之二〇。
绍兴二十九年（1159）	三月癸亥，上谓宰执曰：祈雨略应，未至霶霈，且令断屠三日，所禁止是猪羊，民间竞食鸡鹅鱼虾之属，害物命多过百倍，可令断三日，生命微物悉禁之。	《要录》卷一八一，第3008页。
乾道四年（1168）	六月十二日，诏：临安府于今月十三日早，如法迎请观音入城祈雨。十七日，尚书省言：迎（近）日雨泽稍愆，临安府奉上天竺观音，就明庆寺祈祷。诏日轮侍从官一员烧香。又诏：应临安府界载在祀典及名山大川、神祠、龙洞，在内分差侍从，在外委所属县知县，亲诣祈雨。合用香，令入内内侍省请降，仍令本府具合祈祷处，日下尚申书省。二十七日，诏：雨泽稍多（衍），令临安府止屠宰三日，及鸡鸭鱼虾应生命之属，并行禁断。 八月六日，礼部言，两浙安抚司以祭龙求雨法来上，乞布之天下。	《宋会要》礼一八之二〇至二一。

续表

年代	官府祈雨活动	资料出处
乾道七年（1171）	五月十七日，诏：临安府已迎请天竺观音就明庆寺祈雨，令宰执十八日前诣烧香，自十九日轮侍从官一员祈祷。及应临安府界载在祀典并名山大川、神祠、龙洞，在内分差侍从官，在外委所属县知县亲诣祈雨。合用香，令入内内侍省请降。仍令本府具合祈祷处，日下申尚书省。其湖、秀、常州、平江、镇江府阙雨，亦令所属县亲诣祈雨。 七月十六日，宣谕临安府少尹：见祈雨泽，可禁屠宰三日。关报浙西州军，依此严切禁断，仍精加祈祷。 十一月二十四日，诏：近日阙雨，令临安府精加祈祷，及令两浙安抚、转运司行下所部守令，务在严洁。应感，每五日一次具雨泽状申尚书省。 七月丁卯，以旱分命群臣祷雨于山川。	《宋会要》礼一八之二一至二二。《宋史》卷三五，第673页。
淳熙九年（1182）	六月十二日，诏：遣内侍关礼诣绍兴府降香祷雨。	《宋会要》礼一八之二三。
淳熙十年（1183）	七月四日，车驾诣景灵宫行礼，次幸明庆寺拈香祈雨。乙丑，以不雨决系囚。丙寅，幸明庆寺祷雨。甲戌，以夏秋旱叹，避殿减膳，令侍从、台谏、两省、卿监、郎官、馆职各陈朝政阙失，分命群臣祷雨于天地、宗庙、社稷、山川。	《宋会要》礼一八之二三。《宋史》卷三五，第680页。
淳熙十三年（1186）	六月十四日，幸太一宫，次明庆寺观音前焚香祷雨。 七月十日，太常寺言：元（亢）阳为沴。检照国朝典礼，凡京都旱，则祈岳、镇、海、渎及诸山川能兴云雨者，于北郊望告。又祈宗庙、社稷，及雩祀上帝、皇地祇。诏命宰臣已下分诣祭告。 八月三日，已获感应复命报谢。	《宋会要》礼一八之二四。
淳熙十四年（1187）	六月戊寅，以久旱，班画龙祈雨法。甲申，幸太一宫、明庆寺祷雨。	《宋史》卷三五，第686页。

续表

年代	官府祈雨活动	资料出处
淳熙十六年（1189）	闰五月二十三日，诏：近闻建康府阙少雨泽，令守臣精加祈祷，务要速获感应，仍将见禁公事疾速决遣，毋致淹延，如本路更有阙雨去处，令帅臣依此施行。	《宋会要》礼一八之二四至二五。
绍熙元年（1190）	六月十九日，诏：雨泽稍愆，恐妨禾稼，可日轮侍从一员诣上天竺灵感观音前精加祈祷，务要速获感应。	《宋会要》礼一八之二二五。
绍熙五年（1194）	四月二十一日，为阙雨，诏差太府少卿林湜诣临安洞霄宫，秘书监薛叔似诣径山龙潭，司农卿万钟诣天目山龙洞祈祷。至五月十三日获应，命元差官报谢。同日诏：祈雨未获感应，令临安迎请上天竺灵感观音，就明庆寺精加祈祷，仍禁屠宰三日。 七月九日，诏：雨泽稍愆，日轮侍从官一员诣上天竺灵感观音前精加祈祷，务要速获感应。凡遇祈祷及获应日，宫观、祠庙则命元差官，上天竺观音前、霍山广惠庙则命日轮至官致谢。其香皆系入内内侍省请降。① 八月二十四日，诏：近日雨泽稍多（愆），日轮侍从一员诣上天竺灵感观音前，精加祈祷。②	《宋会要》礼一八之二五至二六。
庆元元年（1195）	十一月二十三日，诏：瑞雪稍愆，日轮侍从一员诣上天竺灵感观音前，精加祈祷，务获感应。③	《宋会要》礼一八之三二。

---

① 另外，庆元元年六月、二年三月、三年四月、五年四月、嘉泰元年四月、六月、三年四月、开禧元年七月、二年六月、三年五月、嘉定元年四月、二年五月、六年五月、七年六月、八年三月、五月、九年五月、十年六月、十一年五月、十月、十三年六月、十四年正月、十七年六月，亦如之。

② 另外，庆元元年正月、五月、二年八月、四年四月、七月、八月、五年八月、嘉泰三年三月、开禧元年九月、二年三月、三年八月、嘉定三年五月、四年八月、五年三月、八月、六年正月、七月、七年九月、九年八月、十年四月，亦如之。

③ 另外，二年十一月、三年十一月、四年十二月、五年十一月、六年十一月；嘉泰元年十一月、二年十二月、三年十一月、四年十二月、嘉定元年十一月、二年十一月、三年十二月、四年十二月、五年十二月、七年十一月、八年十二月、九年十二月、十年十二月、十一年十二月、十二年十一月、十四年十一月，亦如之。

续表

年代	官府祈雨活动	资料出处
庆元二年（1196）	十二月十二日，诏祈求雨雪，临安府载在祀典神祠及名山大川，令本府日下委官前去精加祈祷，务获感应。二十一日，三省言：时雪未降，合行祈祷。诏令宰执、侍从分诣祈祷天地、宗庙、社稷、天庆观、报恩光孝观、太一宫、九宫贵神、岳、镇、海、渎、雨师、风师。	《宋会要》礼一八之三二。
庆元三年（1197）	三月二十六日，诏：雨泽稍愆，令临安府守臣诣天竺山精加祈祷，务获感应。自后凡遇雨旸愆期，并有是命。① 四月九日，诏：雨泽稍阙，令宰执、侍从分诣祈祷天地、宗庙、社稷、岳、镇、海、渎、群神。②	《宋会要》礼一八之二六。
庆元六年（1200）	四月二十四日，宰执进呈次，谢深甫等奏：日来诸处阙雨，前日乞轮侍从祈祷，随即倾注，但未滂沛。惟陛下发一念之诚，庶几感应必速。上曰：止得一日之雨，未能沾足。二十七日，诏：雨泽稍愆，令临安府迎请上天竺灵感观音就明庆寺，同所轮侍从精加祈祷，务获感应。③ 五月四日，诏：令逐路转运司行下所部阙雨州县，仰守令躬诣管内寺观神祠，更切严洁，精加祈祷，务要速获感应。仍自指挥到日，禁屠宰三日。④ 同日，都省言：阙雨祈祷未应。诏分遣官诣临安府洞霄宫、径山龙潭、天目山龙洞祈祷，仍令临安府及安抚司差近上官三员同赍祝及安抚司差近上官三员同赍祝版前去。⑤ 同日，诏：祈雨未应，遣官赍御封香、	《宋会要》礼一八之二六至二七。

① 另外，自后凡遇雨旸愆期，并有是命。
② 另外，嘉泰元年五月、开禧三年五月、嘉定八年四月，亦如之。
③ 另外，嘉泰元年五月、开禧元年七月、嘉定元年闰四月、七年六月、八年三月、十年六月、十四年正月，亦如之。
④ 另外，开禧二年六月、嘉定元年闰四月、七年六月、八年三月，亦如之。
⑤ 另外，嘉泰元年五月、开禧元年七月、嘉定元年四月、七年六月、八年三月、十四年正月，亦如之。后又命官诣龙井惠济庙祈祷。

续表

年代	官府祈雨活动	资料出处
	祝版前去广德军,同守臣躬诣广惠庙精加祈祷①。十四日,都省言:亢阳为沴,祈祷未获感应。检照典礼,凡京都旱,则再祈岳、镇、海、渎及诸山川能兴云雨(者)于北郊望告,又祈宗庙、社稷,及雩祀于圜坛。诏宰臣以下分诣祭告。②	
嘉泰元年(1201)	五月七日,诏:雨泽稍愆,分差卿监、郎官诣临安府东岳天齐仁圣帝、吴山忠武英烈威显灵祐王、天王神、城隍庙、福顺王庙、旌忠观祈祷。③ 七月丁巳,以旱复祷于天地、宗庙、社稷。	《宋会要》礼一八之二七。《宋史》卷三八,第730页。
嘉泰二年(1202)	七月庚午,以旱祷于天地、宗庙、社稷。	《宋史》卷三八,第732页。
嘉泰三年(1203)	九月二十日,诏:雨泽稍多,分遣卿监诣东岳天齐仁圣帝、吴山忠武英烈威灵显祐王、天王神、城隍庙、旌忠观祈祷。④	《宋会要》礼一八之二八。
嘉泰四年(1204)	七月戊辰,祷于天地、宗庙、社稷。	《宋史》卷三八,第736页。
开禧二年(1206)	十一月二十八日,诏:祈雪未获感应,令临安府迎请上天竺灵感观音就明庆寺,同所轮侍从严洁精加祈祷,务在远(速)获感应。⑤ 十二月四日,诏:祈雪未应,分遣卿监、郎官诣东岳天齐仁圣帝、吴山忠武英烈威显灵祐王、天王神、城隍庙、福顺王庙、旌忠观,精加祈祷。	《宋会要》礼一八之三二至三三。

---

① 另外,嘉泰元年五月、开禧三年二月、嘉定元年闰四月、七年十月、八年三月、十四年正月,亦如之。
② 另外,嘉泰元年五月、嘉定八年四月,亦如之。
③ 另外,开禧元年六月、三年五月、嘉定八年三月、十年六月、十四年正月,亦如之。
④ 另外,开禧三年五月、嘉定五年九月、六年正月、十年四月,亦如之。
⑤ 另外,开禧三年十二月,亦如之。

续表

年代	官府祈雨活动	资料出处
开禧三年 (1207)	二月十一日，诏：雨泽稍愆，两浙州军令本路转运司行下所部阙雨州县，委自守令亲诣管下灵应神祠精加祈祷，务获感应。① 五月二十九日，以雨泽稍多，诏令执政、侍从分诣祈祷天地、宗庙、社稷、宫观、岳镇海渎、风雷雨师。	《宋会要》礼一八之二六。
嘉定元年 (1208)	闰四月癸未，诏大理、三衙、临安府及诸路阙雨州县决系囚，释杖以下。辛卯，以旱祷于天地、宗庙、社稷。癸巳，减常膳。丙申，幸太乙宫、明庆寺祷雨。 六月乙酉，以蝗祷于天地、社稷。	《宋史》卷三九，第750页。
嘉定二年 (1209)	五月庚申，祷于天地、宗庙、社稷。 六月乙酉，复祷于天地、宗庙、社稷。	《宋史》卷三九，第752、753页。
嘉定五年 (1212)	十二月五日，诏：祈雪未获感应，分遣卿监、郎官诣东岳天齐仁圣帝、吴山忠武英烈威显灵祐王、天王神、城隍庙、福顺王庙、旌忠观祈祷。②	《宋会要》礼一八之三二。
嘉定七年 (1214)	六月辛丑，以旱命诸路州军祷雨。甲辰，诏诸路监司、守令，速决滞讼。丙午，蠲两浙路诸州赃赏钱。壬子，释大理、三衙及两浙路杖以下囚。	《宋史》卷三九，第760页。
嘉定八年 (1215)	三月乙亥，命诸路州县祷雨。丙子，蠲临安府茶盐赏钱，释两浙诸系囚。丙戌，释江淮阙雨州郡杖以下囚。 夏四月乙未，幸太乙宫、明庆寺祷雨。辛丑，避正殿、减膳。壬寅，祷雨于天地、宗庙、社稷。癸卯，诏中外臣民直言时政得失。 五月癸未，复命有司祷雨。庚申，大雩于圜丘，有事于岳、渎、海，至于八月乃雨。	《宋史》卷三九，第762页；卷六六，第1445页。

① 另外，嘉定元年闰四月，亦如之。
② 另外，嘉定七年十一月、十三年十二月，亦如之。

续表

年代	官府祈雨活动	资料出处
嘉定十年（1217）	六月八日，诏：令两浙漕臣诣上天竺灵感观音前及诣霍山广会庙行祠祈雨。	《宋会要》礼一八之三一。
嘉定十四年（1221）	正月七日，诏：岁暮以来，雨泽未应。当此春首，农事渐兴，令两浙州军监司、守臣以下精严祈祷。仍于各州军应城内外有灵坛、古迹、寺观及龙潭、灵祠等处，守臣躬亲前去。如其地里隔涉，州委职官，县委佐官，各行前去，务要精虔，速获感应。	《宋会要》礼一八之三一。
绍定元年（1228）	四月癸亥，命临安府祷雨于天竺山。	《宋史全文》卷三一。
端平二年（1235）	六月庚辰，祈雨。	《宋史》卷四二，第808页。
嘉熙三年（1239）	四月壬寅，祈雨。 八月戊戌，以浙江潮患，告天地、宗庙、社稷。	《宋史》卷四二，第818页。
嘉熙四年（1240）	六月乙未，祈雨。	《宋史》卷四二，第820页。
淳祐元年（1241）	七月壬辰，祈雨。	《宋史》卷四二，第822页。
淳祐四年（1244）	四月乙未，祈雨。 七月己亥朔，祈雨。	《宋史》卷四三，第830页。
淳祐五年（1245）	六月甲申，祈雨。 七月甲辰，以祷雨奏告天地、宗庙、社稷、宫观。戊申，命从臣日一人祷雨于天竺山。	《宋史》卷四三，第833页。《宋史全文》卷三四。
淳祐六年（1246）	六月丙午，以祷雨，诏中外决系囚，杖以下释之。臣僚言旱势可虑，乞分命臣僚遍祷群望，仍令有司疏决淹狱，及下诸路劝谕富家接济细民，以弭盗贼。从之。	《宋史全文》卷三四。

续表

年代	官府祈雨活动	资料出处
淳祐七年（1247）	二月庚午，命从臣一人祷雨于天竺山。 四月庚戌，以祷雨未应，诏录中外系囚，并减一等，杖以下释之。蠲大理寺、三衙、临安府属县见监赃赏钱。 五月乙卯，以祷雨未应，诏诸路提刑司及州县见拘罪囚非情理巨蠹者，并释之。	《宋史全文》卷三四。
淳祐十二年（1252）	五月甲申朔，祈雨。甲午，以祷雨，出封桩库十八界、楮二十万给散诸军有差。 十二月癸亥，诏海神为大祀，春秋遣从臣奉命往祠。	《宋史》卷四三，第846、847页。《宋史全文》卷三四。
宝祐元年（1253）	六月庚申，祈雨。	《宋史》卷四三，第848页。
宝祐五年（1257）	闰四月己酉，祈雨。 六月丁酉，祈雨。 七月丙辰，祈雨。	《宋史》卷四四，第860页。
宝祐六年（1258）	三月辛亥朔，祈雨。	《宋史》卷四四，第861页。
景定元年（1260）	五月甲申，祈雨。	《宋史》卷四五，第874页。
景定四年（1263）	六月壬子，祈雨。	《宋史》卷四五，第885页。
景定五年（1264）	七月丙申，祈雨。	《宋史》卷四五，第888页。
咸淳二年（1266）	七月壬辰，祈雨。	《宋史》卷四六，第896页。
咸淳五年（1269）	七月庚申，祈雨。 九月丙午，祈晴。	《宋史》卷四六，第903页。

第十八章

宋代祭龙习俗的演变

龙是中国文化的重要象征，长期以来对龙的研究始终是一个古老而又常新的话题，有关研究成果也是层出不穷①。本节不是对龙的全面研究，而是仅就唐宋时期祭（祀）龙祈雨习俗的嬗变做一些探讨。

一、从设土龙到画龙

甲古文中有"惟庚炊有（雨）""其乍（作）龙于凡田，又雨？"等记载，据此裘锡圭先生认为："作龙的目的在为凡田求雨，可知所谓'龙'就是求雨的土龙。""看来，《淮南子·地形》注说商汤遭旱作土龙以致雨，可能是确有根据的。"②汉儒董仲舒提倡："以龙致雨"③并在《春秋繁露·求雨》详尽描述作五龙以求雨的过程，"四时皆以水日，为龙，必取洁土为之，结盖，龙成而发之"④。王充在批评董仲舒时亦指出："董仲舒申春秋之雩，设土龙以招雨，其意以云龙相致。《易》曰：云从龙，风从虎，以类求之，故

---

① 刘志雄、杨静荣：《龙与中国文化》，人民出版社1992年版；《中华第一龙——九五濮阳"龙文化与中华民族"学术讨论会论文集》，中州古籍出版社2000年版；《2000年濮阳龙文化与现代文明学术讨论会论文集》，中国经济文化出版社2003年版；吉成名：《中国崇龙习俗》，天津古籍出版社2002年版。
② 裘锡圭：《说卜辞的焚巫尪与作土龙》，《甲骨文与殷商史》，上海古籍出版社1983年版。
③ 董仲舒：《春秋繁露》卷一三《同类相动第五十七》，四部丛刊初编，上海书店1989年版。
④ 董仲舒：《春秋繁露》卷一六《求雨第七十四》。

设土龙，阴阳从类，云雨自至。"① 其后，用设土龙参与求雨活动遂被载入国家的祀典。"左氏传，龙见而雩，经典尚矣。汉仪，自立春至立夏，尽立秋，郡国尚旱，郡县各扫除社稷。其旱也，公卿官长以次行雩礼求雨，闭诸阳，衣皂，兴土龙，立土人，舞僮二佾，七日一变，如故事。"② 晋人郭璞注《山海经》"旱而为应龙之状，乃得大雨"时说："今之土龙本此，气应自然冥感，非人所能为也。"③ 因而用设土龙的方法参与求雨至隋唐时代已甚为普遍。"令人家造土龙。雨澍，则命有司报。"④"天大旱，里巷为土龙，聚巫以祷。"⑤ 大历九年（774），"京师旱，京兆尹黎幹作土龙祈雨，自与巫觋更舞"⑥。五代宋初仍延续这种祈雨法，"天福八年六月丙辰……遣供奉官卫延韬诣嵩山，投龙祈雨"⑦。宋真宗咸平二年（999）闰三月，旱。工部侍郎、知扬州魏羽上唐李邕《雩祀五龙堂祈雨之法》，宋真宗以为："此法前代所传，不用巫觋，盖防亵慢。可令长吏清洁行之。郡内有名山、大川、宫观、寺庙，并以公钱致祷。"遂颁诏于诸路。"其法以甲乙日，择东方地作坛，取土造青龙。长吏斋三日，诣龙所汲流水，设香案、茗菓、鲞饵，率群臣、乡老日再至祝酹，不得用音乐、巫觋，以致媟渎。雨足，送龙水中，余四方皆如之，饰以方色。大凡旱及建坛，取土之里数，器之大小，及龙之修广，皆取五行生成数焉。"⑧ 景德元年（1004）三月戊子，吴元扆"在定州凡五年，属久旱，州吏白召巫作土龙祈雨，元扆曰：'巫本妖民，龙止兽也。'"⑨

从文献上看，设土龙参与求雨活动至此似走向式微，其后用画龙取代土龙成为求雨方法的主要形式⑩。不过需要指出的是，虽然用土龙祈雨的方法

---

① 王充：《论衡》卷一六《乱龙篇》，四部丛刊初编，上海书店1989年版。
② 《晋书》卷一九《志第九·礼上》，中华书局2003年版，第597页。
③ 袁珂：《山海经校注》卷一四，巴蜀书社1996年版，第413、415页。
④ 《隋书》卷七《志第二·礼仪二》，中华书局2002年版，第128页。
⑤ 《新唐书》卷一三八《马璘传》，中华书局2003年版，第4618页。
⑥ 《资治通鉴》卷二二五"代宗大历九年六月癸未"条，中华书局1982年版，第7227页。
⑦ 《旧五代史》卷八一《晋书·少帝纪一》，中华书局1987年版，第1078页。
⑧ 《宋会要辑稿》礼一八之五，中华书局1997年版，第735页。
⑨ 《续资治通鉴长编》卷五六，第1232页。
⑩ 造土龙祈雨之法在金朝得到沿袭。《金史》卷三五《礼八祈禜》云："大定四年五月，不雨，命礼部尚书王竞祈雨……后十日不雨，乃徙市、禁屠杀、断伞扇、造土龙以祈。雨足则报祀，送龙水中。"《续文献通考》编纂者对此解释说："臣等谨按：祈雨仪，定于世宗大定四年，终金之世，并遵用之，不悉载。"又见《金史》卷一一，章宗泰和三年四月丁巳"敕有司祈雨，仍颁土龙法。"

延续时间长达数千年,但是直到唐玄宗时期,受祭祀的祈雨神依然是周秦以来的岳镇、海渎和诸名山大川、宫观寺庙,而没有土龙①。唐朝开元时期,"京都孟夏以后旱,则祈岳镇、海渎及诸山川能兴云雨者,于北郊,望而告之。(又祈社稷,又祈宗庙。每七日一祈。不雨,还从岳渎如初。旱甚,则修雩,秋分已后不雩,初祈后一旬不雨,即徙市、禁屠杀、断伞扇、造土龙。雨足则报祀。祈用酒脯醢,报用常祀,皆有司行事。已斋未祈而雨,及所经祈者皆报祀)"②。

图绘龙形于器物的做法,不论是从传说还是考古发现,其时间都可上溯相当久远。唐朝人张彦远在《叙画之源流》中说:"古先圣王,受命应箓,则有龟字效灵,龙图呈宝,自巢燧以来,皆有此瑞,迹映乎瑶牒,事传乎金册。"③ 近二十年来的考古发现亦表明在六千多年前的文物上已刻画有龙的图像④。宋人郭若虚总结的画龙法:"画龙者,折出三停(自首至膊,膊至腰,腰至尾也),分成九似(角似鹿、头似驼、眼似鬼、项似蛇、腹似蜃、鳞似鱼、爪似鹰、掌似虎、耳似牛也),穷游泳蜿蜒之妙,得回蟠升降之宜,仍要骏鬣肘毛,笔画壮快,直自肉中生出为佳也(凡画龙开口者易为巧,合口者难为功,画家称开口猫儿合口龙,言其两难也)"⑤。这大致就是经晋唐以来至宋定型的一种画龙范式。但是为祈雨画龙大致与佛教绘画有密切关系。

唐释道世撰《法苑珠林》卷六三对佛教画龙祈雨有详尽的描述:"如《大云轮请雨经》云:'佛言:若请大雨及止雨法,汝今谛听。其请雨……供养一切诸佛。复以净水置新瓶中,安置四维,随其财力办作种种食供养诸龙,复以香华散道场中,及与四面。法座四面,各用纯新净牛粪汁画作龙形,(《耶舍法师传》云:西国土俗,以牛能耕地出生万物,故以牛粪为净,梵王帝释及牛并立神庙以祠之,佛随俗情,故同为净)东面去座三肘已外,

---

① 参见陈学霖:《金宋史论丛》,香港中文大学出版社2003年版,第36页。
② 杜佑:《通典》卷一〇八,中华书局2003年5月版,第2808页。
③ 张彦远:《历代名画记》卷一,丛书集成初编本,人民民主出版社1963年版第1页。
④ 方酉生:《从考古发现的实物龙谈龙文化》,《2000年濮阳龙文化与现代文明学术讨论会论文集》,第103—104页。
⑤ 郭若虚:《图画见闻志》卷一《叙制作楷模》,人民美术出版社1963年版,第10页。

画作龙形，一身三头，并龙眷属；南面去座五肘已外，画作龙形，一身五头并龙眷属；西面去座七肘已外，画作龙形，一身七头并龙眷属。北面去座九肘已外，画作龙形，一身九头并龙眷属。……劝请一切诸佛菩萨怜愍加护，回此功德分施诸龙，若时无雨，读诵此经，一日二日，乃至七日，音声不断，亦如上法，必定降雨。"①

世俗用画龙祈雨大致始于唐玄宗时期。据唐人郑处诲《明皇杂录》记载："唐开元中，关辅大旱，京师阙雨尤甚，亟命大臣遍祷于山泽间，而无感应。上于龙池新创一殿，因召少府监冯绍正，令于四壁各画一龙。绍正乃先于西壁画素龙，奇状蜿蜒，如欲振跃。绘事未半，若风雨随笔而生。上及从官于壁下观之，鳞甲皆湿，设色未终，有白气若帘庑间出，入于池中，波涌涛汹，雷电随起，侍御数百人皆见。白龙自波际乘云气而上，俄顷阴雨四布，风雨暴作，不终日而甘霖遍于畿内。"② 元人汤垕说："唐画龙图，在浙东钱氏家，绢十二幅作一帧，其高下称是。中心画一龙头，一左臂，云气腾涌，墨浪如臂大，笔迹圆劲，沉着如印，一鳞如二尺盘大，不知当时用何笔如此峻利，上有吴越钱王大书曰：'感应祈雨神龙'，并书事迹。旧题作吴道子。要知是唐人无疑也。"③

由于唐朝用造土龙求雨甚为流行，因而画龙祈雨尚不能与之相比。随着雕版印刷术的推广和佛教的日渐世俗化，画龙祈雨法至宋代得到极大的推广。宋真宗景德三年（1006）五月旱，以《画龙祈雨法》，付有司刊行。"其法：择潭洞或湫渌林木深邃之所，以庚、辛、壬、癸日，刺史、守令帅耆老斋洁，先以酒脯告社令讫，筑方坛三级，高二尺，阔一丈三尺，坛外二十步，界以白绳。坛上植竹枝，张画龙。其图以缣素，上画黑鱼左顾，环以天鼋十星，中为白龙，吐云黑色，下画水波，有龟左顾，吐黑气如线，和金银朱丹饰龙形。又设皂幡，刎鹅颈血置盘中，杨枝洒水龙上，俟雨足三日，祭以一豭，取画龙投水中。"④ 此法或许与来自西州的僧人有关。据史载，景

---

① ［唐］释道世撰，周叔迦、苏晋仁点校：《法苑珠林》卷六三《祈雨篇第七十一·祈祭部》，中华书局2003年版，第1870—1871页。
② 郑处诲：《明皇杂录》卷下，中华书局1997年版，第27页。
③ 汤垕：《画鉴》。
④ 《宋史》卷一〇二《礼五》，中华书局1977年版，第2500页。

德元年（1004）七月六日，宋真宗对近臣说："近颇亢旱，有西州入贡胡僧，自言善咒龙祈雨，朕令于精舍中试其术，果有符应。事虽不经，然为民救旱，亦无避也。"① 将此语与景德三年（1006）在诏令中所云："或云画龙以祠，其术甚著，屡因骄亢，尝事祷祈，灵感遄臻，嘉澍来应，宜颁宇县，以祐蒸黎"② 相印证，似透露出受西州胡僧影响的一点消息。再把它与唐以来佛教祈雨法联系起来审视，也可以发现它们之间的相承因素。

其后，宋朝又有三次由官府颁行画龙祈雨法。

皇祐二年（1050）六月"颁祭龙祈雨雪诏"云："凡因祠祷，务竭精诚……遇愆雨雪，即严洁依古法祈求。祭龙法：先令一道士于坛上敕水解秽，少绕坛壝，然后祭龙，或无道士处，但焚香可也。"③ 是年八月十五日，"诏再颁先朝祈雨雪法，令所在置严洁处，遇愆旱即依法祈雨"④。

宋孝宗乾道四年（1068）大旱，八月六日，两浙安抚司以祭龙求雨法上报朝廷，"乞布之天下"。礼部为此向宋孝宗进言："皇祐颁降祈雨雪法册，无绘画龙等，惟广德军元解发印造到，内有绘画龙等样制。"⑤ 宋孝宗批准了礼部的请求，"下临安府镂板，以黄纸如法印造成册"，"颁降诸路州府军监县等，严加收掌，遇愆雨雪，精洁祈求"⑥。

《宋会要》礼四之一五至一七记述乾道四年（1168）所颁祭龙求雨的方法、仪式，分置坛法、画龙法、祭龙法、验雨法、赛龙法，甚为详尽，其中"画龙法""祭龙法"：

> 画龙法。取新净绢五尺，横界为二（三）节。于下节画水，水有波岸。水中画龟，左顾，口吐黑气，初如线形，引至二三寸，渐大，散作黑白云。又于中节画龙，龙色随日干，庚、辛日画作白龙，壬、癸日画作黑龙。若取张僧繇画盘龙样，尤佳也。龙口吐黑白气成云，黑色宜

---

① 《宋会要辑稿》礼一八之六，第735页。
② 《宋大诏令集》卷一五一《颁画龙祈雨法诏》，中华书局1997年版，第563页。
③ 《宋大诏令集》卷一五三《颁祭龙祈雨雪诏》，第570页。
④ 《宋会要辑稿》礼一八之一〇，第737页。
⑤ 王应麟记述"再颁先朝祈雨雪法"时注曰："即绘龙之法书目一卷"，《玉海》卷一〇二《开宝雩祀》，广陵书社2003年版，第1877页。
⑥ 《宋会要辑稿》礼一八之二一，第743页。

多。又于上节画天，用朱砂点十黑为天元龟星形，星中画黑鱼，亦左顾，勿令髻鬟太分明，亦勿令与龙所吐云气相接。其龙以金、银、朱砂和黄丹作色饰之，极令鲜明。

祭龙法。[先令一道士于坛上敕水解秽，然后祭龙。或无道士处，但焚香步虚，绕坛一匝可也。大意在屏嚣杂、断污触（浊）。]取新行（竹）二竿，各长七尺，竿头带少叶，植于坛上。（或无竹处，以苇及杨柳代之，尺数并依竹竿）。竿头各挂一皂幡，各长二尺四寸，取龙帧挂两竹之间。龙前置新席一，设俎豆、酒脯、时菓、名香，烧香以糖灰火，勿用炭。（龙畏炭也。亦勿用铁器，龙亦畏铁器也。）又取白鹅一只，（无鹅处以凫雁代之。）笼于坛南，以物束口，无令作声。又设祀官位于其南。自置坛后，应预祭官属、耆宿并执事者，并斋洁，绝荤辛、宴饮及吊丧问疾。祭日，以亥时集坛下，子时行事。坛之东西各设灯篝二，又于东南置（罍）洗。（如无罍洗，代以洁器。）宿（官）属、耆宿并陪位于白绳外。礼生引祀官至罍洗盥手毕，又引就位，再拜，尊酒，再奠，再拜。读祝文曰："维某年某月某朔某日，具位官（姓名），谨以清酌、脯羞、花菓、名香，荐舒雁之牲，敢告于里社神龙。某授命大君，来祈阴贶。伏以亢阳为沴，甘雨久愆，（祈雪即云嘉雪久愆。）虑害农功，莫遑夙夜。今则谋于龟筮，启此坛场，备荐吉蠲，用求灵应。伏望即日驾电驱风，（祈雪即云召雪驱风。）降为膏泽。至诚必报，无作龙羞。伏惟尚飨！"读文讫，祀官奠酒，再拜。授爵饮酒讫，又拜。执事者用新盘，不择瓷、漆、素铜、锡，但新洁者，取鹅于坛南，刀割其项，三分存一，勿令断。盘盛血，至于坛上，承之以俎。又以盘盛鹅身于坛南，取血奠之。奠讫，祀官再拜，陪位者并拜。又祝云："五日内雨足，（祈雪即云雪足。）当更赛谢。"又再拜，撤席，撤俎豆，唯留血盘于坛上。别添香火。又以大盆盛净水，以杨柳枝条略点水洒龙帧讫，置于水上。祀官并执事者俱出。至来日午时前，不得更令人至坛侧，常数十步遣人巡逻之。

淳熙十四年（1187）六月戊寅，又重申乾道四年所颁祭龙求雨的诏令："以久旱，班画龙祈雨法。"

这是迄今所见唐宋时期最为详细的"画龙祈雨法"资料。

唐宋之际由设土龙求雨向画龙祈雨嬗变的原因大致有三：其一，不论是设土龙还是画龙，在"象龙致雨之义"上没有本质的区别，但土龙之作按晋人郭璞的解释是取象远古真龙——"应龙"之意，其龙的状貌似是而非较为模糊："楚王马希范修长沙城，开濠毕，忽有一物，长十丈余，无头尾手足，状若土山，自北岸出，游泳水上，久之，入南岸而没，出入俱无踪迹，或谓之土龙，无几何而马氏亡。（出《稽神录》）""江陵赵姥以酤酒为业。义熙中，居室内忽地隆起，姥察为异，朝夕以酒酹之，尝见一物出，头似驴，而地初无孔穴。及姥死，邻人闻土下有声如哭，后人掘地，见一异物蠢然，不测大小，须臾失之，俗谓之土龙。（出《渚宫旧事》）"①，而画龙则取法汉晋以来集传说大成的"九似龙"（包括土龙），随着时间的推移，"九似龙"的象征符号意义明显地优于土龙形象。而且当画龙可以雕版印制后，其制作成本和难易程度，设土龙更无法与画龙相比。其二，自唐玄宗朝将祀龙纳入国家祀典，龙神的地位得以确立，龙不再仅仅只是阴阳从类以致雨的巫术象征工具，而是成为司水、司雨的主神。即如韩愈在《贺雨表》中所言"龙神效职，雷雨应期"②。甚至宋代还有人否认雨是"阴阳交感而成也"。袁文《瓮牖闲评》卷三云："夏间久旱，四方不免祈求而雨随至者，多是龙卷江河之水而上，非阴阳交感而成也，观徽宗政和七年夏大雨，有二鱼落殿中省厅屋上，其事见国史后补，雨中那得有鱼，此雨是江河之水为龙所卷而上，无疑矣。"因而龙与水的关系在唐宋时期被凸显出来。举凡江河湖海潭井池湫都被看做是龙的潜邸。朱熹说："龙，水物也。"③"作土龙"很难展现龙与水的关系，而画龙则可以极大地表现这种关系。唐宋画龙高手无不是"善画龙水""工画龙水"④"盖水为难画，故以龙表之，然所以画者，在水不在龙也"⑤。其三，说土龙往往与巫术联系在一起。宋朝对巫术一般是采取排斥

---

① 《太平广记》卷三七三《马希范》、卷四一八《江陵姥》，中华书局 2003 年版，第 2966、3402 页。
② 韩愈：《昌黎先生文集》卷四〇《贺雨表》，四部丛刊初编，上海书店 1989 年版。
③ 黎德靖编：《朱子语类》第一册，中华书局 1994 年版，第 23 页。
④ 郭若虚：《图画见闻志》卷四，纪艺下，杂画门，董羽、任从一，第 106、107 页。
⑤ 罗愿：《尔雅翼》卷二〇《蜼》，文渊阁四库本。

和禁止的政策①，宋真宗咸平年间在"诏有司祠雷师雨师内出李邕祈雨法"中就明确规定"不得用音乐、巫觋"。此后宋廷不再颁行作土龙求雨，大致是受实施排巫禁巫政策的影响。

二、从五龙到龙王

周秦之际因五方、五行学说，五龙已出现在祈雨活动中。前揭西汉董仲舒作土龙求雨实际上就已是按五龙来制作的：

> 以甲乙日为大苍龙一，长八丈，居中央。为小龙七，各长四丈。于东方。皆东乡，其间相去八尺，小僮八人，皆斋三日，服青衣而舞之……以丙丁日为大赤龙一，长七丈，居中央。又为小龙六，长各三丈五尺，于南方。皆南乡，其间相去七尺。壮者七人，皆斋三日，服赤衣而舞之……以戊己日为大黄龙一，长五丈，居中央。又为小龙四，各长二丈五尺，于南方。皆南乡，其间相去五尺，丈夫五人，皆斋三日，服黄衣而舞之……以庚辛日为大白龙一，长九丈，居中央。为小龙八，各长四丈五尺，于西方。皆西向，其间相去九尺，鳏者九人，皆斋三日，服白衣而舞之……以壬癸日为大黑龙一，长六丈，居中央。又为小龙[五]，各长三丈，于北方。皆北乡，其间相去六尺，老者六人，皆斋三日，衣黑衣而舞之。②

唐朝人欧阳询引《神农求雨书》亦云："春夏雨日而不雨，甲乙命为青龙，又为火龙东方，小童舞之。丙丁不雨，命为赤龙南方，壮者舞之。戊己不雨，命为黄龙（中央），壮者舞之。庚辛不雨，命为白龙，又为火龙西方，老人舞之。壬癸不雨，命为黑龙北方，老人舞之。如此不雨，潜处，阖南门，置水其外，开北门，取人骨埋之。如此不雨，命巫祝而曝之。曝之不

---

① 参见王章伟：《在国家与社会之间——宋代巫觋信仰研究》，香港中华书局2005年版，第266—278页。
② 董仲舒：《春秋繁露》卷一六《求雨第七十四》。

雨，神山积薪，击鼓而焚之。"欧阳询引《神农求雨书》没有说明其年代。但从宋人罗泌、祝穆在征引《神农求雨书》时分别置于董仲舒《春秋繁露》之后和《淮南子》之后，其成书年代大致不会早于汉代①。

由上可见汉代以五龙求雨已相当完备，但是祠祀五龙大致始于唐朝。"仲春兴庆宫祭五龙坛（五座，每座笾豆各八，簠簋俎各二也）。"②"司中、司命、风师、雨师、众星、山林、川泽、五龙祠等，及州县社稷、释奠为小祀。"③"《实录》贞元六年六月己酉，复祭五龙坛。初，开元中，每岁以二月祭之，有司行事著于新礼，自上元中（元年闰四月己卯）罢中小祀，其祭遂废。及是宰臣请复之，帝始以是日亲祭。"④ 自此以后祭五龙堂似升为中祀礼⑤，《宝庆四明志》所记《五龙堂》即是沿袭唐代的做法："唐刺史李伉以天寿院天井岁旱祷雨必应，有金线蜥蜴出而赴感，乃即开元宫建五龙堂，俾郡人咸便香火，且为记，以著灵异。……皇朝乾道四年，守张津以旧宇庳隘，乃移创于报恩光孝观之申地，即开元宫也。"⑥《宋会要》亦有明确的记载：

> 京城东春明坊五龙祠，太祖建隆三年自玄武门徙于此。国朝缘唐祭五龙之制，春秋常行其祀，用中祀礼。真宗大中祥符元年四月，诏修饰神帐。哲宗元祐四年七月赐额。先是熙宁二年八月，信州有五龙庙，祷雨有应，赐额曰"会应"，自是五龙庙皆以此名额云。徽宗大观二年十月，诏天下五龙神皆封王爵：青龙神封广仁王，赤龙神封嘉泽王，黄龙神封孚应王，白龙神封义济王，黑龙神封灵泽王。⑦

---

① 《艺文类聚》卷一〇〇，上海古籍出版社 1985 年版，第 1723 页。罗泌：《路史》卷三九。祝穆撰：《古今事文类聚》前集卷五《祷雨（喜雨附）》。
② 《通典》卷一〇六《礼六十六开元礼纂类一·序例上》，中华书局 2003 年版，第 2771 页；卷一一六，《礼七十六·开元礼纂类十一》，吉礼八《兴庆宫祭五龙坛》，第 2975—2977 页。
③ 《旧唐书》卷四三《职官志第二十三》，中华书局 1997 年版，第 1831 页。
④ 王应麟：《玉海》卷一〇一《唐五龙坛》，广陵书社 2003 年版，第 1846 页。
⑤ 参见日本学者金子修一《中国古代皇帝祭祀研究》，岩波书店 2006 年版。
⑥ 《宝庆四明志》卷一一，《宋元方志丛刊》第五册，中华书局 1990 年版，第 5128 页。
⑦ 《宋会要辑稿》礼四之一九，第 465 页。

五龙堂至北宋"缘唐祭五龙之制"仍为"中祀"①，五龙神的地位更是日趋显要。"五龙之祠于祀典为最重。"②"五龙血食于扬，肇自国初，而备严于今，屹然为一郡乞灵之地。"③

唐宋时期，"龙王"的祠祀取得了与五龙相侔的地位，这是中国祭龙习俗形成过程中一大变数。如果说五龙神是中国地道的本土神，那么龙王则是源自域外的"洋神"。"龙王"一词来源于印度，梵语作 N-ga，音译"那伽"。意思是蛇，所谓龙王者实际上就是蛇王④。传说中佛教创始人释迦牟尼诞生时，有难陀、跋难陀二龙王为其灌沐。"龙王为龙中威德特胜者，系对其眷属而称为'王'。"⑤宋人朱胜非说："西门豹传说河伯，而楚辞亦有河伯词，则知古祭水神曰河伯。自什（释）氏书入中土，有龙王之说，而河伯无闻矣。"⑥众所周知，佛教于两汉之际传入中国，隋唐时期达到鼎盛。龙王成为司雨之神大致也在唐朝。初见于魏晋时文献记述的龙王尚是作为西域异事⑦，至唐初佛教中的龙王已被广泛译介到中国。据不完全统计唐初僧人道世所撰《法苑珠林》提到龙王179次，释智升《开元释教录》收有41部有关龙王的经卷。《酉阳杂俎》《博异志》都载有海龙王在民间流传的故事。龙王传入中国，很快便与求雨活动联系在一起。前揭《法苑珠林》："又大云轮请雨经一卷，略要云：'佛告诸大龙王，我今当说昔从大悲云生如来所闻陁罗尼。过去诸佛已说威神。我今亦当随顺而说，利益一切诸众生故，怜愍与乐，于未来世，若炎旱时，能令降雨，若水涝时，亦令止息。'疫死险难皆得灭除，能集诸龙，能令诸天欢喜踊跃，能坏一切诸魔境界，能令众生具足安乐，而说咒曰……"⑧《开元释教录》收录龙王司雨的经卷有："龙王咒水浴经一卷，十八龙王神咒经一卷，请雨咒经一卷，止雨咒经一卷，傒水经

---

① 王应麟：《玉海》卷一〇二《熙宁太常祠祭总要》，第1879页。
② 真德秀：《西山先生真文忠公文集》卷四九《五龙堂祝文》。
③ 陈造：《江湖长翁文集》卷二一《维扬龙庙记》。
④ 季羡林：《中印文化关系论文集》，北京三联书店1982年版，第172页。
⑤ 中国佛教文化研究所编：《佛语佛源》，上海人民出版社1997年版，第77页。
⑥ 朱胜非：《秀水闲居录》，引自陶宗仪：《说郛三种》，上海古籍出版社1988年版，第1918页。又，赵彦卫《云麓漫抄》卷一〇云："《史记》西门豹传说河伯，而《楚辞》亦有河伯词，则知古祭水神曰河伯，自释氏书入中土，有龙王之说，而河伯无闻矣。"中华书局1996年版，第178页。
⑦ 周晓薇：《古代典籍中龙王及其文化意义》，《陕西师范大学学报》第34卷3期。
⑧ 《法苑珠林》卷六三《祈雨篇第七十一》。

一卷，龙王结愿五龙神咒经。"① 由于"龙王"也有司雨的功能，在唐宋之际便于中国的本土龙混合在一起受到民间和官方祭祀。台州天台县"峇山庙在县西五十里，本龙王祠，吴赤乌二年建"②。

明州奉化县乌潭，宋大中祥符间，"会岁大旱，乡人合道、释、巫觋鸣铙槌鼓以迎之，俄有小鳗如线跃立于岩壁间，随取而归，未出山而雨大至，岁则大熟。于是乡之父老相率为建祠宇，立龙王像，自是台、明之祷者，不远数百里骈集"③。北宋中后期的泗州也有龙王祠，强至撰有"泗州龙王祝文"④。不过，虽然"龙王"在唐宋之际已广为流传，但是作为司雨之神还不能与五龙神相提并论。直到宋徽宗大观二年（1108）封五龙神王爵以后，本土龙与印度龙王进一步融和，龙王祠庙遂成为祠龙祈雨的重要场所。会稽县"的耳潭龙王庙在县东北一十里"，山阴县"赞禹龙王庙在县南二里，铜井瑞泽龙王庙在县西七十里"，萧山县"白龙王庙在县东四十里"，上虞县"顺圣龙王祠，在县东八里"⑤；"余姚县鬼啸潭……傍有龙王祠，荣祷有应"⑥。徽州休宁县龙王庙在县南⑦，严州分水县紫龙王庙在县西南十五里，乃紫龙山之神⑧。但必须指出，宋徽宗大观年间封五龙王爵后，"龙王"既可指被封爵的龙王，同时亦指唐以后被中国百姓普遍接受来自佛教并已本土化的"龙王"。后者要成为有封爵的龙王仍需申请和批准。详见下文。

在五龙神向龙王的嬗变过程中，对龙的祭祀也随之有了新的变化。官府首次祭龙出现在唐玄宗时期，对此《文献通考》载道：

> 玄宗开元二年，诏祠龙池。右拾遗蔡孚献龙池篇，公卿以下一百三十篇。诏太常寺考其词，合音律者，为龙池乐章十首。又诏置坛及祠堂，每仲春将祭则奏之。十八年，有龙见于兴庆池，因祀而见也。敕太

---

① 释智升：《开元释教录》卷三。
② 陈耆卿：《嘉定赤城志》卷三一，《宋元方志丛刊》第七册，中华书局1990年版，第7524页。
③ 罗濬：《宝庆四明志》卷一四，第5185页。
④ 强至：《祠部集》卷三四。
⑤ 施宿等：《嘉泰会稽志》卷六，《宋元方志丛刊》第七册，第6806、6810、6812页。
⑥ 施宿等：《嘉泰会稽志》卷一〇，第6902页。
⑦ 罗愿：《新安志》卷四，《宋元方志丛刊》第八册，第7650—7651页。
⑧ 方仁荣、郑瑶同：《景定严州续志》卷九，《宋元方志丛刊》第五册，第4408页。

常卿韦绦草祭仪。绦奏曰："臣谨按周礼以副辜祭四方百物。"祭法曰："能出云为风雨者，皆曰神。"龙者四灵之畜，亦百物，能为云雨，亦曰神也。礼有公食，大夫飧之文，即生曰食，亦曰飧矣。其飧之日，合用仲春之月。《易》曰震为龙，震者，东方。春用事于二月也。飧之法，请用二月。有司筮日，池旁设坛，官致斋，设笾豆，如祭雨师之仪，以龙致雨也。其牲用少牢，乐用鼓钟，奏姑洗，歌南吕。郑玄云："风师、雨师及小祀用此乐，凡六乐者，三变而致鳞物。今享龙亦请三变，舞用帗舞，罇用散酒，以一献。"周礼曰："凡祭群小祀用之也。"诏从之。①

由朝廷为各地各种祠庙封赐官爵和庙号，似也始于唐代。唐僖宗乾符三年（876）为要册湫祠封侯似是现今看到的最早记录："要册湫，在宁州真宁县。按旧记，古有五池，今四竭，一在山之半，周一百六十步，溧注不益。凡岁旱，祈祷无不应，后人立祠其旁。乾符三年，封应圣侯。光化二年，进封普济王。"②

宋朝从建国之初即开始有系统地对祠庙进行封赐官爵和庙额的活动，"诸祠庙自开宝、皇祐以来，凡天下名在地志，功及生民，宫观陵庙、名山大川能兴云雨者，并加崇饰，增入祀典"③。神宗以后更是对封赐做制度化的整顿，元丰六年（1083），太常寺言："博士王古请自今诸神祠加封无爵号者，赐庙额，已赐庙者，加封爵。初封侯，再封公，次封王，先有爵位者，从其本号。妇人之神，封夫人，再封妃。其封号者，初二字，再加四字。神仙封号，初真人，次真君，如此，则锡命驭神，恩礼有序。"从之。（大观）四年封英灵顺济龙王为灵顺昭应安济王。

对祠庙封赐官爵和庙号④，一方面是为了打击非官方认可的所谓淫祠，另一方面则是"基于与为神祇塑像、建庙的信徒们同样的假设：神祇需要人类的承认，以便能够继续显灵"，"详定《九域图志》所言：'郡邑祠庙多出

---

① 《文献通考》卷九〇，《郊社考二十三·杂祠淫祠》，考822页。
② 《文献通考》卷九〇，《郊社考二十三·杂祠淫祠》，考822—823页。
③ 《宋史》卷一〇五《礼八》，第2561页。
④ 有关宋朝对各类神祠赐封的状况、原因、过程以及对民间祠庙的压制、社会阶层与庙记碑文，可参见韩森著，包伟民译：《变迁之神》，浙江人民出版社1999年版，第76—101页。

流俗，一时建置，初非有功烈于民者。请申敕礼官，纂修祀典，颁之天下，以仿先王之命祀。与图志实相表里。'从之。寻令：'礼部、太常寺修祀典，已赐爵及曾封爵者，为一等，功德显著无封额者，为一等，若民俗所建祠无功德，为一等，各系上尚书省参详可否；若两处庙号不同者，取一高爵为定。'从之"①。从以上的规定看出，赐封神祠的主要根据就是是否有"显著功德"，对于龙祠的封赐当然是看他能否及时"兴云雨"。

现存有大量宋朝地方官员上奏请封当地龙祠的文献，对此都有详尽陈述，为节省篇幅，现只举真德秀在知长沙县时向朝廷《申请息山龙王封爵状》，予以说明：

> 窃惟潭之为郡，负岳濒湖，山水秀异，神物之所窟宅。故南岳、大沩、道吾等山皆有龙湫，然相去数百里，致祷颇难。求其密迩城闉，灵迹彰灼者，莫息山潭若也。息山在郡城外之东南一里许，山下有潭，方可数亩，潭上旧有龙神祠。其水清澈，四时旱潦，未尝盈涸。按之图志，以为昔尝见龙浮水数十丈，后人铸铜筒泄水入城而汇于湘，筒水涌至则必雨，岁旱或坛而祷焉。五代晋时，有王真人锡者，以桂阳牙校至长沙，适值大疫，乃入息山，取潭水和药以施病者，全活甚众，则知兹山之潭有龙居之久矣。乾道戊子，帅臣尚书沈公介因旱致祷，沉索测之，竟莫知其底止。尔后本州每遇雨旸稍愆，随祷辄应。今年仲夏，守臣真某尝走祠下，以分龙得雨为祷，且与神约，即雨则缮其祠屋以报。未几，果雨，则既如约矣。乃仲秋癸巳，又以旱祷于神，用皇祐法置坛歃血，复与神约，即雨，则请爵号于朝。甲午遂雨，丙申又大雨，槁苗复苏，迄成中熟，其影响之应，未有速于此者。如南岳、大沩等山龙潭，皆已蒙朝廷赐之封爵，独息山潭近在城隅，昭灼若此，而乃祠宇弗治，爵号未颁，倘不以事实有请于朝，岂惟无以彰神龙之灵，慰邦人之望，而昔之与神约者，亦自食其言矣。除已增茸祠屋以答神休外，伏睹嘉定十五年正月庆宝赦文，应诸路州县境内有岳渎神祠，并仰长吏致祭，其有因雨旸水旱祈祷感应，实有惠利及民，灵迹显著者，保明奏

---

① 《文献通考》卷九〇，《郊社考二十三·杂祠淫祠》，考824页。

闻。须至申闻者。

右谨具申转运使衙,欲乞照前项敕条保明申奏,朝廷特赐封爵,或降庙额,庶几有以跻神之荣,而徼福于潭人。俾无旱干水溢之虞,诚非小补。①

另外《宋会要》礼二〇之二一对宋初真宗到南宋宁宗历代皇室为龙祠的赐封号、赐额情况有较系统的记载。在地域分布上,大致由于南方多泉、潭、井、池和多雨,"世所传岁大旱,祀龙而雨者多在湫潭间"②。故其封赐远远多于北方。而且所受封赐的龙祠的称谓有龙祠、龙神、五龙、龙王、龙女、龙母,说明至宋代本土龙文化与外来的佛教龙文化已融汇为一体。

宋代龙祠赐额、封爵一览

龙祠及所在地	赐庙额	封爵
镇戎军东山寨硖山朝那湫龙祠	灵泽〔天禧二年(1081)四月〕	泽民侯〔熙宁十年(1077)六月〕
海州朐县东海龙祠		灵德侯〔熙宁八年(1075)十月〕
陕州平陆县圣钟涡龙祠		润民侯〔熙宁十年(1077)六月〕
卢氏县九龙祠	普应〔熙宁四年(1071)〕	广泽、广应、广润、灵施、灵界、灵滋、显祐、显德、显霈〔崇宁五年(1106)十二月〕
平阳府(旧晋州)临汾县晋源乡龙子祠		灵济公〔熙宁八年(1075)十二月〕
安喜县大茂山总真洞龙神祠	昭泽〔政和五年(1115)〕	利泽候〔熙宁九年(1076)二月〕

① 真德秀:《西山先生真文忠公文集》卷一七,四部丛刊初编本。
② 毛滂:《东堂集》卷九《湖州武康县渊应庙记》。

续表

龙祠及所在地	赐庙额	封爵
东昌府高唐州恩县二股河龙女庙	[熙宁五年（1072）五月赐]	
湖州乌程县龙祠		显利侯庙[元丰三年（1080）]
越州山阴县秦望山圣井龙祠		灵惠侯[元丰三年（1080）]
静江府临桂县龙泉寺龙祠	灵源[崇宁元年（1102）九月]	渊侯[元丰五年（1082）十一月]
海州朐山县南山五龙祠		会应侯庙[元丰二年（1079）七月]
秦州成纪县南山龙泉五龙祠		会应[元祐五年（1090）六月]
河中府百丈岩龙祠		惠感公庙[绍圣四年（1097）十月]
雄州归信县易水龙祠	会应[元祐四年（1089）]	
楚州淮阴县洪泽镇龙祠	灵泽[元祐八年（1093）]	英济侯[乾道三年（1167）六月]
湖州武康县西响潭龙祠	渊应[元符三年（1100）五月]	
镇戎军三川寨龙女祠	灵祐[元符二年（1099）八月]	
（镇戎军）克胡寨龙女祠	灵泽[崇宁二年（1103）十月]	
龙州同庆县龙女潭神祠	惠应[崇宁二年（1103）十二月]	
峡州远安县清溪龙女祠	昭灵[大观二年（1108）四月] 灵贶[政和四年（1114）十二月改]	通惠夫人[政和四年（1114）十一月]
普州蟆颐潭龙女祠	德施[大观二年（1108）六月]	

续表

龙祠及所在地	赐庙额	封爵
成都府金水县赤面山龙女祠	惠泽〔政和二年（1112）十一月〕	润德夫人〔宣和三年（1121）八月〕
婺州浦江县仙姑龙女祠	宣惠〔政和四年（1114）三月〕	
资州磐石县龙祠	惠泽〔崇宁元年（1102）十二月〕	灵惠侯〔崇宁二年（1103）九月〕
孟州汜水县龙祠	昭佑〔大观四年（1110）三月〕	
福州怀安县龙祠	广施〔政和五年（1115）二月〕	
澧州石门县层山龙祠	善济〔崇宁元年（1102）十二月〕	
澧州澧阳县潺水龙祠	惠应〔崇宁二年（1103）七月〕	
舒州怀宁县九井龙祠	神济〔崇宁二年（1103）七月〕	仁赆侯〔政和三年（1113）四月〕 仁赆公〔宣和四年（1122）七月〕 丰济公〔宣和五年（1123）〕
鄂州江夏县石门山龙祠	嘉泽〔崇宁二年（1103）十二月〕	
衡州衡阳县石穴龙祠	惠济〔崇宁三年，1104〕	
华州华阴县车箱潭龙祠		丰润侯庙〔崇宁三年（1104）〕
华州华阴县黄神潭龙祠		广润侯〔崇宁三年（1104）〕
柳州融水县安灵潭龙祠	会应〔崇宁三年（1104）三月〕	安灵侯〔大观元年（1107）十二月〕

续表

龙祠及所在地	赐庙额	封爵
辽州辽阳县龙子谷白池龙祠	普济〔崇宁三年（1104）十月〕	
贺州临贺县垅井龙祠	惠济〔崇宁三年（1104）十一月〕	浸仁侯〔崇宁五年（1106）二月〕
连州桂阳县楞伽严龙祠	德润〔崇宁四年（1105）二月〕	
府州府谷县步陀村石沟龙祠	普济〔崇宁四年，1105〕	
成都府金堂县峡江龙祠	灵择〔崇宁四年（1105）七月〕	
真定府平山县西山二青龙祠		福应侯、利择侯〔崇宁四年（1105）〕
代州五台县北台池龙祠	殊应〔政和六年（1116）三月〕	丰择侯〔政和六年（1116）三月〕
霸州文安县钱塘龙祠	镇安〔大观元年（1107）四月〕	
颍州项城县焦氏台龙祠	敏应〔大观三年（1109）八月〕	
恭州州城龙祠	普施〔大观四年（1110）九月〕	
承州州城龙祠	时应〔大观四年（1110）九月〕	时应侯〔政和六年（1116）二月〕
遵义州州城龙祠	灵济庙〔政和二年（1112）十二月〕	
彭州九陇县汉光广惠龙祠		广惠侯〔政和三年（1113）十月〕
潭州宁乡县大沩山顶清潭龙祠	灵择〔政和五年（1115）八月十日〕	

续表

龙祠及所在地	赐庙额	封爵
兴国军大冶县龙角山浇潭龙祠	昭济庙［政和五年（1115）十一月］	
择州端氏县中崟山五龙祠		会应王庙［大观三年（1109）］
宜芳县黑龙神祠	灵惠［崇宁二年（1103）十二月］	
江宁府城西北黑龙神祠	普润［崇宁三年（1104）十一月］	
丰州城东白龙神祠	灵沛［大观二年（1108）六月］	
福津县赤砂湫龙神祠	祥渊［大观四年（1110）九月］	
复州宁济湖龙神祠	光应（宣和间）	
武乡县西位龙神祠	应感［宣和四年（1122）六月］	广泽侯［宣和四年（1122）六月］
衡州来阳县风伯潭龙王祠	灵择［宣和三年（1121）十一月］	渊灵侯［宣和三年（1121）十一月］
丽水县护堰龙神祠	协济［政和四年（1114）八月］	
明州象山县五龙祠	普济［建炎四年（1130）十月］	
云中府五台神龙庙		宣和六年五月封五龙母显慈顺应神妃为昭懿显慈顺应神妃；东台龙神仁济灵泽王为元应仁济灵泽王；西台龙神义济显济王为利应义济县泽王；南台龙神昭济惠泽王为享应昭济惠泽王；北台龙神灵济丰泽王、中台龙神崇济顺泽王为通应崇济顺泽王。

续表

龙祠及所在地	赐庙额	封爵
万州渔阳井龙女祠	灵惠〔绍兴十一年（1141）十月〕	昭济夫人〔绍兴十一年（1141）十一月〕
遂宁府小溪县东城外江堤龙女祠	通惠〔绍兴十七年（1147）八月〕	
嘉州夹江县平岗乡古迹龙女祠	灵懿〔绍兴二十一年（1151）十月〕	
楚州盐城县石臼岛龙祠	威济〔绍兴三十一年（1161）十一月〕	佑顺侯〔绍兴三十一年（1161）十一月〕
建康府城北黑龙神祠	孚泽〔绍兴三十年（1160）六月〕	
雅州名水县罗绳里白马泉龙神祠	灵济〔绍兴元年（1131）二月〕	龙渊择侯〔绍兴十年（1140）七月〕
常州武进县嘉山潭龙祠	善利〔绍兴七年（1137）八月〕	昭择侯〔绍兴十二年（1142）十月〕
（常州）六合县放生池龙神祠	慈济〔绍兴八年（1138）八月〕	
（常州）在城西惠泉龙神祠		善利侯〔绍兴八年（1138）十月〕
泰州海陵县仇湖龙神祠	灵济〔绍兴十年（1140）十二月〕	
泉州东湖龙神祠	福远〔绍兴十一年（1141）七月〕	
处州遂昌县石井龙神祠	博济〔绍兴十一年（1141）九月〕	
福州古田县羊角潭龙神祠	灵渊〔绍兴十三年（1143）十二月〕	
绵州彰明县百汇湫龙神祠	康济〔绍兴十五年（1145）四月〕	

续表

龙祠及所在地	赐庙额	封爵
临安府余杭县大柱山洞霄宫大条洞天龙神祠		善应侯［绍兴十七年（1147）七月］
延平府龙溪县虎跳潭龙神祠	丰泽［绍兴二十年（1150）六月］	
复州白雾潭龙神祠	灵滋［绍兴二十一年（1151）十月］	
复州苍林潭龙神祠	灵应［绍兴二十一年（1151）十月］	
石泉县雷洞龙神祠	灵应［绍兴二十四年（1154）十二月］	广润侯［绍兴（二）十九年（1149）二月］
眉州丹棱县	显济［绍兴二十四年（1154）五月］	
两当县乳洞山龙神祠	灵济［绍兴二十九年（1159）十二月］	
桂阳县大灵潭五龙神祠	显济［绍兴十四年（1144）八月］	
开江县盛山崇福宫五龙神祠	协应［绍兴二十九年（1159）二月］	
眉州青神县八龙神祠	慈济［绍兴二十八年（1158）六月］	
涪州龙王神祠	丰泽［绍兴三十年（1160）四月］	惠济侯［绍兴三十年（1160）四月］
达州明道县走马山龙王祠	惠济［绍兴十八年（1148）十一月］	
剑州武连县九龙神祠	善泽［绍兴二十三年（1153）六月］	
平江府吴江县顺济龙王庙	安惠［绍兴十五年（1145）七月］	

续表

龙祠及所在地	赐庙额	封爵
合州南岸龙女祠	利择〔乾道八年（1172）八月〕	
光化军小龙祠	威济〔隆兴元年（1163）二月〕	
西高州乐源县桃竹溪龙祠	洞渊〔隆兴二年（1164）八月〕	
潼川府横山龙祠	昭济〔乾道元年（1172）八月〕	
鄂州咸宁县潜潭龙祠	灵惠〔乾道九年（1173）闰正月〕	
福州闽县五龙祠	灵潭〔乾道三年（1167）闰七月〕	
饶州子城龙潭门外五龙祠	孚应〔乾道八年（1172）七月〕	
洋州兴道县龙神祠	灵泽〔乾道三年（1167）八月〕	
常州城西惠泉龙神祠		昭济善利侯〔乾道二年（1166）三月〕
忠州垫江县罗纹峡龙洞龙神祠	灵潭〔乾道二年（1166）八月〕	
襄阳府南漳县灵溪洞龙神祠	威济〔乾道四年（1168）三月〕	
襄阳府南漳县西溪洞龙神祠	兴泽庙〔乾道四年（1168）三月〕	
襄阳府襄阳县雾池龙神祠	灵泽〔乾道四年（1168）三月〕	
洋州兴道县湫水龙神祠	兴济〔乾道五年（1169）十一月〕	

续表

龙祠及所在地	赐庙额	封爵
梁山县落狗洞龙神祠	膏泽［乾道八年（1172）四月］	
归州五龙潭龙神祠	灵济［乾道九年（1173）四月］	
眉州青山县八龙神祠		封八龙神：善泽侯、善威侯、善应侯、善贶侯、善佑侯、善利侯、善庆侯、善阴侯［乾道二年（1166）八月］
江夏县八公山飞锡泉龙神祠		嘉泽侯［淳熙十四年（1187）八月］
难江县西游龙神祠	顺济［淳熙十年（1183）闰十一月］	
临安县牟山岩白龙神祠	显应［淳熙十六年（1189）］	
青田县黄澳源龙祠	潜应［淳熙十六年（1189）五月］	
汶川县滋茂池龙神祠		兴泽侯［淳熙十三年（1186）五月］
巴川县龙神祠	孚泽［淳熙十一年（1184）八月］	
怀安县山口镇灵顺昭应安济惠泽龙王祠	广祐［隆兴元年（1163）十月］	
彭山县石筒坝龙女祠	灵济［嘉定元年（1208）八月］	
昌化县永丰乡龙井龙神祠	昭应［嘉定九年（1216）九月］	
龙泉县龙神祠		敷泽侯［庆元三年（1197）六月］

续表

龙祠及所在地	赐庙额	封爵
新城县玉山乡龙神祠	灵惠［嘉定九年（1216）九月］	
临安府五大龙神祠	仁惠［嘉定四年（1211）十一月］	
成都府简县五龙神祠	灵惠［绍熙四年（1193）四月］	
洪州新建县吴城山龙祠		顺济侯，俗呼小龙［大中祥符六年（1013）］ 顺济王［熙宁九年（1076）七月］ 英灵顺济王［崇宁三年（1104）十月］ 灵顺昭应安济王［崇宁四年（1105）十一月］ 灵顺昭应安济惠泽王［宣和二年（1120）三月］
舒州怀宁县九井龙祠	神济［崇宁二年（1103）七月］	仁贶侯［政和三年（1113）四月］ 仁贶公［宣和四年（1122）七月］ 丰济公［宣和五年（1123）］
杭州（临安府）於潜县天目山龙祠	昭应［崇宁三年（1101）正月］	渊源侯［政和三年（1113）九月］ 渊源平施侯［绍兴十年（1140）十二月］ 灵济王［绍兴二十五年（1155）六月］ 灵济昭应王［绍兴二十九年（1159）］
处州丽水县北潭龙祠	普施［大观二年（1108）十一月］	渊应侯［大观三年（1109）］ 渊应昭惠侯［绍兴二十九年（1159）五月］

续表

龙祠及所在地	赐庙额	封爵
达州通川县明月潭龙祠	明惠［政和三年（1113）十二月］	显惠侯［政和五年（1115）十一月］ 显惠广济侯［乾道四年（1168）八月］
江陵府当阳县玉龙祠	灵施	感泽侯［政和五年（1115）十二月］ 感济丰泽侯［绍兴八年（1138）十月］
润州（镇江府）金坛县思湖白龙祠	灵济［崇宁四年（1105）八月］	嘉泽侯［大观二年（1108）十一月］ 敏应公［大观三年（1109）九月］ 昭泽敏应公、封龙母曰嘉惠夫人［绍兴三年（1133）八月］ 昭泽敏应神济公［绍兴二十六年（1156）七月］
苏州（平江府）常熟县海隅山白龙祠	焕灵［政和三年（1113）正月］	宁惠侯［政和五年（1115）十月］ 宣惠通济侯，仍封龙母慈懿夫人［绍兴二十二年（1158）八月］
信州上饶县金鸡山五龙祠	会应［熙宁十年（1077）八月］	仍封龙母为惠济夫人［熙宁十年（1077）八月］
广州南海龙王祠		其配明顺夫人封为显仁妃，长子封辅灵侯；次子封赞凝侯；女封惠佑夫人［宣和六年（1124）十一月］ 洪圣广利昭顺威显王［绍兴七年（1137）九月］

续表

龙祠及所在地	赐庙额	封爵
浏阳县道吾山龙神祠		敷侯［开禧二年（1206）九月］ 敷泽昭应侯［嘉定元年（1208）十二月］ 敷泽昭应灵显侯［嘉定十年（1217）十月］
钱塘县大雄山白龙神祠	敏应［嘉定八年（1115）五月］	显灵子济侯［嘉定八年（1115）五月］ 显灵孚济惠泽侯，特进封显灵惠济公［嘉定十年（1117）二月］ 显灵惠济广应公［嘉定十五年（1122）］

三、"真龙" 与拟人

不论是从土龙到画龙，还是由五龙神演变为龙王，龙的形象起初都是根据人们意念中的想象加以塑造和描绘。不过在祭龙祈雨嬗变过程中，值得注意的是出现了"真龙"替代物和龙王庙中的龙王塑像或画像具有拟人化倾向的两个新变化。先说"真龙"替代物。这个"真龙"就是蜥蜴。

对蜥蜴的解释，在先秦以降的文献中已多有歧义。宋人罗愿《尔雅翼》卷三十二《蜥蜴》概述云：

> 蜥蜴似蛇而四足，长五六寸，生草泽中。《尔雅》：蝾螈、蜥蜴、蝘蜓、守宫四名。转相解至陶隐居，以为其类有四种：形大，纯黄色者，名蛇医；其次似蛇医而小，形长尾，见人不动者，名龙子；小而五色，尾青碧可爱者，名蜥蜴；形小而黑，喜缘墙壁者，名蝘蜓，则与今所见似同。按《说文》及《字林》及《崔豹古今注》并以蝾螈为蛇医，而《说文》又云在壁曰蝘蜓，在草曰蜥易。蜥易守宫也。《方言》亦云：守

宫。秦、晋、西夏谓之守宫。……

不仅对蜥蜴的解释颇存歧义，而且在汉晋时期人们已把蜥蜴与传说中想象的龙联系起来。《汉书·东方朔传》已注意到"守宫（蜥蜴）"象龙无角，象蛇有足①。抱朴子曰："谓蜥蜴为神龙者，非但不识神龙，亦不识蜥蜴。"②但是把蜥蜴作为祈雨的象征龙，可能始见于唐代的文献。唐人段成式的《酉阳杂俎》云：

> 王彦威尚书在汴州之二年，夏旱，时袁王傅季玘过汴，因宴，王以旱为言。季醉曰："欲雨甚易耳，可求蛇医四头，十石瓮二枚，每瓮实以水，浮二蛇医，以木盖密泥之，分置于闹处，瓮前后设席烧香，选小儿十岁已下十余，令执小青竹，昼夜更击其瓮，不得少辍。"王如言试之，一日两夜雨大注。旧说龙与蛇师为亲家焉。③

此处所言的蛇医即是蜥蜴④，用蜥蜴祈雨的方法在唐代还主要是在民间流传，与此相应，蜥蜴也披上神的外衣，"蜥蜴有五色具者，亦云是龙，不可杀之，令人震死"⑤。入宋以后则受到朝廷的重视。宋真宗咸平年间，杨亿曾向宋真宗上书推荐蜥蜴祈雨法：

> 臣忽记忆往年在院供职日，适值岁旱，学士承旨宋白为臣言：今御史中丞魏庠三十年前，尝薄游关辅，寓居佛舍。会天久不雨，村民数千辈诣寺祈祷，僧有善胡法者，捕蜥蜴十数枚，置一瓮中，渍之以水，蒙之以杂树桑。取童男数人，衣青衣，青涂面及手足。人持柳枝，沾衣散洒，且祝曰："蜥蜴、蜥蜴，兴云吐雾，雨令霈沱，汝今归去。"如是者无昼夜，婴绕而言，明日大雨，远近皆足。臣潜疏于牍背，至是检阅得

---

① 《汉书》卷六五《东方朔传》，中华书局2002年版，第2843页。
② 引自李昉等：《太平御览》卷九四六《虫豸部三》，中华书局1963年版，第4199页。
③ 段成式著，方南生点校：《酉阳杂俎》前集卷之一一，中华书局1981年版，第109—110页。
④ 陈元靓：《岁时广记》卷二，《求蛇医》，蛇医即蜥蜴也。
⑤ 王焘：《外台秘要方》卷四〇。

焉。……知蜥蜴者，亦龙之类也。臣既获嘉应，敢不上言，干冒宸严，伏增战越云云。①

宋真宗对杨亿的上书颇感兴趣，据载大中祥符三年（1010）"内侍任文庆奉诏于茅山设醮，祷郭真人池，取双龙以归，长二寸许，鳞极细，腹如玳瑁，置手中仰覆无惧，中路风雨失一。五月，内出以示近臣，令文庆送还茅山，至华阳宫，投池中，俄于岸侧树上观二龙，一乃放还者，一乃所失者。六年五月，迎奉圣祖至谷熟县，于圣祖舟中幢节上得小龙二，如茅山池中，畜于禁中。己巳，方午，忽失一，守者求之不获，是夜闻雷声，有光如火照净阁。翼日，失者复至，即遣使送还茅山。"②宋真宗为此还特做《观龙歌》一首："四灵之长唯虬龙，虬龙变化故难同，三茅福地群仙宅，灵物潜形在此中。池内仙人驯扰得，至今隐现谁能测，乘云蠢动独标奇，行雨嘉生皆荷力。常人竞取暂从心，才出山楹兮无处寻，中使勤求深有意，欲献明庭兮陈上瑞。初献一龙朝魏阙，偶挹二龙离洞穴，人心龙心若符契，一去一住何神异，我睹真龙幸不惊，至诚祝龙龙好听，但祈风雨年年顺，庶使仓箱处处盈。"③显然这里所言的"虬龙"或小龙即是"蜥蜴"④。宋神宗熙宁十年（1077）四月壬寅，"内出蜥蜴祈雨法，试之果验"⑤。其后蜥蜴祈雨法得到广泛传播。

从上面的引述可以看出蜥蜴成为祈雨象征龙的原因，表面上是"其状既如龙，故祷雨用之"⑥，前面所引段成式、杨亿的记载时都表达了这种意思："旧说龙与蛇师为亲家焉。""知蜥蜴者，亦龙之类也。""旧说蜥易呕雹，盖龙善变，蜥易善易。"⑦但是实际上是与佛教、道教的推衍有很大关系。不论是杨亿"奏雨状"明言蜥蜴祈雨法是来自关辅地区的僧人，还是宋真宗在

---

① 杨亿：《武夷新集》卷一五《奏雨状》。
② 《文献通考》卷三一三《龙蛇之异》，考2456页。
③ 周应合：《景定建康志》卷四，真宗皇帝御制御书《观龙歌》，"宋元方志丛刊"第二册，第1366页。
④ 《宋史》卷四二七《程颢传》："茅山有池，产龙如蜥蜴而五色。"第12714页。
⑤ 《续资治通鉴长编》卷二八一，第6894页。《宋史》卷一〇二，第2502页。
⑥ 罗愿：《尔雅翼》卷三二《蜥蜴》。
⑦ 陆佃：《埤雅》卷一一《释虫·易》。

道教圣地茅山取龙（蜥蜴）致意，都表明了这一点。

唐人欧阳询《艺文类聚》卷九六引晋代葛洪《抱朴子》的记载："使者甘宗所奏西域事云，外国方士能神咒者，临川禹步吹气，龙即浮出，初出乃长十数丈，方士吹之，一吹则龙辄一缩，至长数寸，乃取著壶中，以少水养之。外国常患旱灾，于是方士闻有旱处，便赍龙往卖之，一龙直金数十斤，举国令敛以雇之直，毕乃发壶出龙著渊中，因复禹步吹之，长数十丈，须臾而雨四集矣。"这里所言西域"外国方士"当是指印度等地的佛教徒，当时人们既称其为方士，足见是把僧人视作巫觋。而且僧人玩弄的祈雨幻术，连动作（禹步）都与中原巫师的巫术类似①。但是佛教徒的祈雨幻术中可大可小的龙，若没有替代物也是无法表演和做法的，所以选择中国文化中貌状像龙的蜥蜴为替代物，应是合乎逻辑的推理。从祈雨幻术的"至长数寸，乃取著壶中，以少水养之"与唐代开始的蜥蜴祈雨法中"每瓮实以水，浮二蛇医，以木盖密泥之""捕蜥蜴十数枚，置一瓮中，渍之以水"，已透露出祈雨幻术向蜥蜴祈雨法演变的痕迹。南北朝以降至唐代，道教附会陶弘景在茅山创池养龙（蜥蜴），更是"乃取著壶中，以少水养之"的翻版。佛道推衍的蜥蜴祈雨法以及对蜥蜴的神龙化，虽然在唐宋逐渐得到推广，但是也遭到部分士人的质疑和批判。唐人韦绚《戎幕闲谈》曰："茅山龙池中，其龙如蜥蜴而五色。自昔严奉，贞观（元）中，敕取龙子以观，御制歌送归，黄冠之徒，竞诧其神，李德裕恐其惑世，尝捕而脯之，龙亦竟不能神也"。②宋代理学家程颢、张载和大文豪苏轼也持批评态度。"茅山有池，产龙如蜥蜴而五色。祥符中，尝取二龙入都，半途失其一，中使云飞空而逝，民俗严奉不懈，（程）颢捕而脯之。"③张载质疑说："今以蜥蜴求雨，枉求他，他又何道致雨。"④苏轼在《次韵孔毅甫久旱已而甚雨》一诗中亦嘲讽了蜥蜴祈雨的虚枉："今年旱势复如此，岁晚何以黔吾突。青天荡荡呼不闻，况欲稽首号泥佛。瓮中蜥蜴尤可笑，跂跂脉脉何等秩。阴阳有时雨有数，民是天民天自

---

① 《龙与中国文化》，第256页。
② 引自《御定渊鉴类函》卷四三七《鳞介部一·龙》。
③ 《宋史》卷四二七《程颢传》，第12714页。
④ 《张子全书》卷一四《性理拾遗》。

恤。"① 但是大理学家朱熹对蜥蜴吐雹却颇有几分相信，他说："伊川说：'世间人说雹是蜥蜴做，初恐无是理。'看来亦有之。只谓之全是蜥蜴做，则不可耳。自有是上面结作成底，也有是蜥蜴做底，某少见十九伯说亲见如此。（记在别录）十九伯诚确人，语必不妄。""蜥蜴形状亦如龙，是阴属。是这气相感应，使作得他如此。正是阴阳交争之时，所以下雹时必寒。今雹之两头皆尖，有棱道。疑得初间圆，上面阴阳交争，打得如此碎了。'雹'字从'雨'，从'包'，是这气包住，所以为雹也。"② 显然朱熹比他的前辈的认识有所退步。

其次再看龙王庙中的龙王塑像或画像出现拟人化的趋势。

富阳县"灵岩山，一名湖南山，在县南三十里，高八十丈，有仁惠龙王庙、宝山院（[释昙超，姓张氏。建元末，栖钱塘之灵苑山，夏尝讲经，有一老人来听，问其姓名，曰：我非人，乃龙也，居富春鹿山之下，昆弟五人，余处其长。迩者，乡民耕山，逼我居室，群龙怒闭膏雨，以害田稼，今累月矣。余不忍民之焦熬也，劝督群弟，执怒不从，闻师道行高妙，必能化伏。师曰：此庵亦要水，汝能为我致之乎？老人即于庵前抚掌，泉自涌出，今彼山有抚掌泉。师曰：汝发此心，佛何以加，今欲吾往，如何？龙曰：师能往彼，设坛戒众，然后浮舟观山之下，讲大云请雨经，则雨当降。……]）"③

"潼州白龙谷陶人梁氏，世世以陶冶为业……谷中故有祠曰白龙庙，盖因谷得名，灵响寂寂，不为乡社所敬。梁梦龙翁化为人来见曰：'吾有九子，今皆长立，未有攸处，分寄身于汝家窑下。前此陶甄时，往往致力，阴助于汝。'梁曰：'九窑之建，初未尝得一好器物，常以为念，何助之云！'龙曰：'汝一何不悟，器劣而获厚利，岂非吾儿所致耶？'梁方竦然起拜谢，龙曰：'汝苟能与之创庙，异时又将大获福矣。'许之而觉。即日呼匠治材，立新祠于旧址，塑老龙像正中坐，东西列九位以

---

① 苏轼：《苏东坡全集》前集卷一三，中国书店1986年版，第187页。
② 黎靖德编：《朱子语类》第一册，第24—25页，又见第35页。
③ 潜说友：《咸淳临安志》卷二七，《宋元方志丛刊》第四册，第3616页。

奉其子。迨毕工，居民远近和会，瞻礼欢悦，其后以亢阳祷祈雨，不移日而降。梁之生理益富于昔云。"①

秀州陈山显济庙："绍熙二年，李直养建新龙君、龙母二大殿，装龙君像，塑侍卫八躯，塑龙母、四龙王像，置供具，绘龙于壁，自庙门而下皆一新之。"②

"翟公逊大参汝文镇会稽，岁尝大旱，于便坐供张，命典谒者迎释迦佛及龙王像，与府丞同席，而自坐西向，盛具，乞雨于二像。明日，大雨霶霈。"③

《新建州境龙王祠记》："凡龙君之神在境内者，悉合而祠之，堂皇言言，貌像严严。或公或王，圭冕蝉联。"④

《柳州五龙王庙》："出涌金门入柳州，上有龙王祠。开禧中，帅臣赵羃重塑五王像，冕旒珪服毕具。其中三像，一模韩侂胄像，一模陈自强像，一模师择（一作苏师旦）像。时韩、陈犹在，台臣攻师羃（一作师旦）者，唯于疏中及师羃（一作师旦）自貌其像，不敢斥韩、陈云。至今犹存，未有易之者。过此皆不识三人者，恐未必以予言为信而易之。然师羃（一作师旦）论疏可考也。"⑤

上述第一条材料显系附会佛祖释迦牟尼降服诸龙王的故事⑥，但在附会中，龙王已被拟人化。第二条材料亦讲述的是一个拟人龙的故事，虽未言及龙王，但所塑老龙像大致与龙王像别无二致。第三至第五条材料与第六条材料联系起来考查，有理由可以确定龙王塑像或龙王画像与佛教寺庙和佛教画像中诸神像相似，这种拟人化的龙王特征显然直接是受佛教文化的影响。唐东都敬爱寺山亭院，"武静藏画。龙王面上蜥蜴及怀中所抱鸡尤妙"⑦，传说

---

① 洪迈：《夷坚志》支甲卷二《九龙庙》，中华书局1981年版，第725—726页。
② 徐硕：《至元嘉禾志》卷一二，《宋元方志丛刊》第五册，第4496页。
③ 郭彖：《睽车志》卷三。
④ 真德秀：《西山先生真文忠公文集》卷二四。
⑤ 叶绍翁：《四朝闻见录》卷一，中华书局1989年版，第32页。
⑥ 参见《龙与中国文化》，第256—259页。又《至元嘉禾志》卷二○《白龙潭记》第4563页有较为详细的描述。
⑦ 张彦远：《历代名画记》卷三，第139页。

唐朝吴道玄是画龙王像的高手，《宣和画谱》收录他的六幅龙王画像："天龙神将像一、摩那龙王像一、和修吉龙王像一、温钵罗龙王像一、跋难陀龙王像一、德义伽龙王像一。"① 朱熹说："如今祀天地山川神，塑貌像以祭，极无义理。"② 看来到南宋中后期以后寺庙中拟人化塑像已很普遍。

结　语

据以上所述，可得出三点认识：一是唐宋祭龙习俗嬗变的内在原因是与儒家天人感应学说的发展息息相关，而外在形式的变化则是随佛教文化与本土文化的不断交融而变化；二是唐宋祭龙习俗嬗变起始时间大致都发生在唐玄宗时期将祭龙纳入国家祀典之后，这与唐宋之际社会变革在时序上相吻合，它从一个侧面折射出唐宋之际社会变化的广度和深度；三是明清以来民间龙王庙的形制完成于唐宋的嬗变。

---

① 《宣和画谱》卷二，道释二，唐，吴道玄。丛书集成初编本，中华书局1983年版，第72—72页。另参见姜伯勤：《莫高窟隋说法图中龙王与象王的图像学研究》，《敦煌艺术宗教与礼乐文明》，中国社会科学出版社1996年，第125—152页；郑国：《丁观朋和他所摹宋张胜温[法界源流图卷]》，《文物》1983年5期。

② 黎靖德编：《朱子语类》第六册，第2290页。

第十九章

宋代仓储制度的发展与变化

引 言

过去讨论宋代救荒仓廪制度几乎全是围绕常平仓、义仓、广惠仓、社仓等专设救荒仓廪而展开，对非专设的救荒仓廪很少涉及。这样的研究带有一定的片面性，因为中国自古有仓廪制度以来，备荒与军储具有同等重要的地位，两者不可偏废。对此宋人有很清醒的认识。建隆四年（963）七月，宋太祖在督促各地长吏修复仓廪的诏令中首言："为国之计，足食是先。"这里所说足食是包括兵食和灾荒之年民有所食二层含义。雍熙二年（985）七月，宋太宗对宰臣说："国家储蓄，最是急务，盖以备凶年救人命也。"[①] 诏曰："存救之术，储廪是资，所以禳凶灾、防水旱也。……可令诸道转运使与所在长吏，共计度之，省察仓储，无令损败。"[②] 宋真宗大中祥符元年（1008）"诏江淮发运、转运司部内各留三年之储，以备水旱。先是，江淮米悉运送京师。至是，司天监言扬、楚之分，当水旱为沴，防患故也"[③]。这里令地方储蓄显然是泛指州县仓廪。仁宗时，张方平在《论京师军储事》中也说"今

[①] 《宋会要辑稿》食货五四之一。
[②] 《宋大诏令集》卷一八四《令转运使与长吏共计度积蓄诏》，第670页。
[③] 《续资治通鉴长编》卷七〇"大中祥符元年十二月甲辰"条，第1581页。

日之势,国依兵而立,兵以食为命,食以漕运为本。今仰食于官廪者,不惟三军,至于京城士庶以亿万计,大半待饱于军稍之余,故国家于漕事最急最重。……夫金帛轻货缓急易聚,至于粮馈非素为备,若因之以饥馑,倘别有不可预防之事,一旦阙误,岂可仓卒而致者,倘有不给,虽大圣智,其将何术以济,此国家安危之计也?"① 亦强调了在京师仓廪储蓄具有备军粮和备饥荒之功效。家安国《绍圣创都仓记》:"金城汤池,非粟谷不守;饥馑军旅,非食不救。水不藏海,散之江湖,此自竭之势也。百亩之农,尚知有囷箱之用,何万兵之府,连城之国,不能完大廪,务多积,以备凶荒水旱?"② "省仓以待廪赐,而凶年又资以贷振。"③ 宋高宗绍兴三十年(1160)"命户部于镇江、建康各别储米百万斛,以备水旱、助军食。其后镇江所储至九十五万余,建康所储至六十二万余。"④ "国家中兴,仿汉籴三辅以给中都,列置诸仓于城内外,岁受诸郡粟,其在仁和县东,三面距河则丰储仓也。仓自绍兴间置,乾道以丰储名更,嘉定尝一修治。初置仓时,议储百万斛,备水旱、佐军粮。"⑤ 由这些君臣议论和朝廷诏令来看,显然宋朝救荒仓廪并不仅限于常平、义仓、广惠仓、社仓等专设救荒仓廪,而是范围更广,可以说基本涵盖了宋代所有储蓄粮食的仓廪。因此要完整地讨论宋朝的救荒仓廪,就应突破目前只讨论专设救荒仓廪的模式,而把视角投向更广阔的非专设救荒仓廪,庶几才可以对宋代救荒仓廪制度得出接近实际的科学认识。

一、宋代的救荒仓廪

宋代的救荒仓廪,大致可分为五大类:1. 在京诸仓。2. 诸州县仓。3. 转般仓(大军仓)。4. 隶属中央官府的常平、义仓以及由地方临时设置具有常平义仓类似性质的平籴、平粜、州储、均籴、州济等仓。5. 民间组

---

① 《乐全集》卷二三。
② 《江阳谱别集》,引自《永乐大典方志辑佚》第五册,第3186页。
③ 王应麟:《玉海》卷一八四,元丰诸仓(宋朝二十三仓)四河运。
④ 《建炎以来系年要录》卷一八五"绍兴三十年夏四月乙丑"条。
⑤ 《咸淳临安志》卷九《丰储仓》。

织的社仓等①。这五类救荒仓廪中的后两类学界已有较多论述，本章从略。主要讨论前三类救荒仓廪。为了便于讨论问题，先简要介绍在京诸仓、诸州县仓、转般仓（大军仓）的建置情况。

京师内外大小二十五仓，"仓二十有五，掌九谷廪藏之事，以给官吏、军兵禄食之用。凡纲运受纳及封桩支用，月具数以报司农"②。二十五仓可分为三大类：转般仓、税仓和折中仓③。对此《文献通考》概述曰：

> 宋东京之制，受四方之运者，谓之船般仓，曰永丰、通济、万盈、广衍，（通济有四仓，景德四年改第三曰万盈，第四曰广衍）、延丰（旧广利，景德中改。大中祥符二年增第二）、顺成（旧常丰，景德中改）、济远（旧常盈，景德中改）、富国，凡十仓，皆受江淮所运，谓之东河，亦谓之里河；曰永济、永富二仓，受怀、孟等州所运，谓之西河；曰广济第一，受颍、寿等州所运，谓之南河，亦谓之外河；曰广积、广储二仓，受曹、濮等州所运，谓之北河。
>
> 受京畿之租者，谓之税仓。曰广济，受京东诸县；广积第一、左右骐骥、天驷监，凡三仓，受京北诸县；左天厩坊仓，受京西诸县（旧有义丰仓，大中祥符元年停）；大盈、右天厩二仓，受京南诸县。
>
> 受商人入中者，谓之折中仓，有里、外河二名。④

京师二十五仓所储粮食数额自宋初开始不断增长，"国初以来，四河所运粟，未有定制。至太平兴国六年，汴河岁运江淮米三百万石，菽一百万石；黄河粟五十万石，菽三十万石；惠民河粟四十万石，菽二十万石；广济河粟十二万石，凡五百五十万石，非水旱大蠲民租，未尝不及其数。至道初，汴河运米至五百八十万石，自是京城积粟盈溢。大中祥符初，至七百万

---

① 参见杨芳《宋代仓廪制度研究》首都师范大学2011年博士学位论文。
② 《宋史》卷一六五《职官五》。
③ 史继刚先生以为转般仓、税仓、折中仓即是宋朝的太仓，而否定张弓先生所谓："太仓在宋都汴梁，除太仓外，汴京还有三种仓：船般仓、税仓、折中仓"的说法。见氏著《宋代军用物资保障研究》第88页（西南财经大学出版社2000年版）。本文采纳此说。
④ 《文献通考》卷二五《国用考·漕运》，考244页。

石。"① 其后不断扩大，据权三司使张方平的统计，庆历五年（1045），"在京诸仓见在斛斗数，人粮一千三百万石。是时每月约支三十四万有余石计，可备二年"。到他"受命再领邦计"的至和二年（1055）有所下降："在京诸仓见在斛斗数，人粮八百万石，每月约支四十万石计，可备一年余八月。……自庆历及今通十年之比计，所亏耗五分之二。"② 其后王安石变法，京师所储又有新的增长。元丰七年（1084），周邦彦上《汴都赋》，其中描写京师仓廪云："若乃丰廪贯庡，既多且富，永丰、万盈、广储、折中、顺成、富国，星列而棋布。其中则有元山之禾，清流之稻，中原之菽，利高之黍，利下之稌，有虆有苢，有秔有秜，千箱所运，亿廪所露。入既伙而委积，食不给而红腐。如坻如京，如岗如阜。野无菜色，沟无捐瘠，捃拾狼戾，足以厌鳏夫与寡妇。备凶旱之乏绝，则有九年之预。"③ 及至北宋后期，汴河仓区自城东虹桥元丰仓，一直沿河到东水门里，加上陈州门里的麦仓子、州北夷门山、五丈河诸仓，"约共五十余所"，比北宋初增加一倍多④。

宋廷南渡以后，绍兴八年（1138）正式在临安（今杭州）建都。据《咸淳临安志》所载，临安城自南宋建立至宋度宗咸淳年间，曾先后建置的仓廪有：

省仓上界：在天水院桥北，即中兴初之南仓。绍兴十一年（1141），诏以省仓上界为名（中下界同）。仓凡三易，嘉熙间徙今处，为廒八，受浙右米。

省仓中界：在东青门外菜市塘，乾道三年（1167），创为丰储仓。五年易为中界，廒凡三十有七。以下止平籴仓，皆受浙右苗纲、经常、和籴、公田、桩积等米。

省仓下界：在东仓铺，创于绍兴八年（1138），旧址极广袤。景定三年（1262），朝廷给缗钱更修乃析三之二，建廒屋八十而垣，其余废屋地于外。

---

① 《文献通考》卷二五《国用考·漕运》，考 244—245 页。
② 《乐全集》卷二三《论京师军储》。
③ 吕祖谦编：《宋文鉴》卷七。王应麟《玉海》卷一八四《元丰诸仓》云："元丰元年七月二十五日丁酉，提点在京仓场所言，在京诸仓名宜改易，其延丰、永济、广积、广济第一仓依旧名，欲以延丰第二为元丰仓，永济第二为永丰仓，广积南仓为大盈仓，广济仓为广阜仓。从之。《神宗正史·职官志》司农寺总仓二十有四（《哲宗史》云：总仓二十有五，当考）。会要：京诸仓总二十三所"。
④ 周宝珠：《宋代东京研究》，河南大学出版社 1999 年版，第 188—190 页。

丰储仓：在仁和县侧仓桥东。绍兴初，徙仁和县治，以其址为北省仓。乾道五年（1169）更今名。景定四年（1263），以公田租浩瀚，诸仓不足以受，乃诏即丰储增创。刑部尚书兼检正洪焘莅其役。咸淳二年（1266）八月成，为廒百，厅事刻孝宗皇帝御书"匪懈"二大字为匾。

丰储西仓：在余杭门外左家桥北。淳熙七年（1180）创为廒五十有九。

端平仓：在余杭门外德胜桥东，端平元年（1234），浙漕赵与𰚾创，以储漕籴。嘉熙三年（1239），归之大农。莅以京局官而领于宰士如它仓。淳祐十二年（1252）、咸淳五年（1269），皆重修有水榭，匾曰："介然"，盖取太仓箴语，而并箴刻石其中，为廒五十有六。

淳祐仓：在余杭门内斜桥南。淳祐九年（1249），临安守赵与𰚾创，以储米之籴于帅司者，建置次第皆如端平仓。其后朝廷拨支赈粜及付农寺，以给诸军诸司。景定三年（1262），诏给缗钱重修，为廒百。

平籴仓：在仙林寺东。淳祐间临安守赵与𰚾创，以储临安之籴，今朝廷大农米皆入焉。

咸淳仓：在东青门内后军寨北。咸淳四年（1268），朝廷议建廪，增贮公田岁入之米……凡为廒百，为间五百有二，为米六百万石[①]。

广积仓：在艮山门内河东，设监支纳一员，大使一员，副使一员，攒典一员。

广丰仓：在艮山门内河西。

丰储西仓：在余杭门外佐家桥北，淳熙七年创，为廒五十有九。

如坻旧仓：在府治东北。如坻新仓，在旧仓西北[②]。

以上是北南宋在京诸仓的基本情况。下面再看诸州县仓。先说府州仓廪。府州仓一般称作都仓。但都仓有专称和泛称两种含义。专称是指州府设置输纳税粮米硕的仓廪。"都仓：州都仓旧名西版仓，闽王审知创子城外，皇朝熙宁二年拓丰乐门城为子城，仓乃在内。元祐四年建仓厅治敖庡，翼以旁屋，大小凡二百一十区。政和八年重修。建炎元年复修，列仓敖于两庑，

[①] 潜说友：《咸淳临安志》卷九。
[②] 《杭州府志》，引自《永乐大典方志辑佚》第二册，第600—601页。

凡三十八眼，以千文题其号。绍兴四年石甃两廊以便输纳（常平仓旧在仓内）。"① 吉州都仓，"在州之北。南唐李氏升元中置。天圣中，太守张仿重修。内有云积亭、储计亭"②。郴州"都仓五座，在都库之右，系每岁收六邑一司税粮米硕。又都仓，在州治西"③。有些州府的仓虽没标明都仓，但有都仓的性质。如严州"和丰仓，在府治东拱辰门内。乙巳年开设，置官二员：大使一员，副使一员。仓厫八座，岁纳属县秋租等项粮米"④，衢州"广盈东仓，在府治东，厫屋六座，共计二十五间，门屋三间。广盈西仓，在府治西。旧厫六座，共三十一间，新厫五座，共三十九间，门屋三间"⑤。建康府"广储仓，《景定志》曰：咸淳二年，马光祖重修建府城下仓，更名广储。《金陵志》曰：仓七厫，在南门里沙窝"⑥。湖州：永宁仓，"唐刺史李师悦增蘋洲土建名曰：永宁，见师悦神道碑。后更今名，即省仓也，嘉祐七年，知州事鲍轲重修。淳熙八年，知州事胡南逢重建。"⑦ 镇江大有仓，"宋置，在吕城镇。宋咸淳中，江浙发运司置，凡四十厫，受纳苏常公租，转输镇江转般仓，折运过淮。后隶浙西提刑司，谓之都仓尚管辖"⑧。无为军（濡须）军仓四所，"一在军衙东，建造年月不可考。一在报恩寺东，绍定元年沈景渊建，为屋三十九楹，名南仓，扁曰丰积。……一在嘉莲池西北、古冈之上，绍定三年季衍建，为屋五十五楹，名北新仓。一在朝宗门里"⑨。

泛称则是州府诸仓的总名。如杜孝严《都仓记》即是把瑞阳常平仓、军粮仓、马料仓合称为都仓："中为受官厅三楹，左右翼以常平厫凡十，其前限以修庑，榜曰常平仓门，先民也；出门而左为军粮厫三，重人也；出门而右为马料厫三，后畜也。凡廩之所容，各足以贮其岁受之数无缺事。然后亘以横廊，总以大门，榜以都仓，缭以周墙……"⑩ 又如合肥都仓，"在州衙东

---

① 《淳熙三山志》卷七，引自《宋元方志丛刊》第八册，第7852页。
② 《吉州郡志》，引自《永乐大典方志辑佚》第三册，第2011页。
③ 《郴州图经志》，引自《永乐大典方志辑佚》第四册，第2380页。
④ 《严州府志》，引自《永乐大典方志辑佚》第二册，第628页。
⑤ 《衢州府志》，引自《永乐大典方志辑佚》第二册，第926页。
⑥ 《江宁县志》，引自《永乐大典方志辑佚》第一册，第471页。
⑦ 《嘉泰吴兴志》卷八，引自《宋元方志丛刊》第五册，第4723页。
⑧ 《镇江志》，引自《永乐大典方志辑佚》第一册，第544页。
⑨ 《濡须志》，引自《永乐大典方志辑佚》第二册，第1008页。
⑩ 《瑞阳志》，引自《永乐大典方志辑佚》第三册，第1866页。

南三里武德坊岁丰桥南百余步宣威门里。省仓、常平仓、大军仓隶焉"①。

从这个意义来讲，州府仓廪是很广泛的。泉州府：（本）州东仓，"在子城内谯门之东，晋江县治之左，为敖十有四。庆元六年，守刘公颖增创敖七。嘉定元年，守倪公恩重建"。西仓，"在子城内之西，观察推官厅之右，为敖十有二。嘉定十一年，守真文忠公重建。淳祐元年，赵公溰修。……守司马公伋尝修二仓为屋，合四十楹，廊如屋之数"。军储仓，"绍定三年，令郑鼎新创，在厅事西偏"②。

洪州（南昌府）：南昌府常平仓，"旧在州衙西北一百五十步，今附惠民仓"③。惠民仓，"旧无，今在惠民门里。绍兴二十年，张帅澂建，受纳苗米，与大宁仓同，俗曰南仓云"。大丰仓，"旧在州衙西北二百二十步，今在大宁仓之东，系转运司收积诸州米"。大宁仓，"旧在州衙西北一里，今在思贤坊惠济门，即旧盐仓"。转般仓，"在旧城水门里章江寺后"。军粮仓，"在州城内近北"④。

建康府"盖昔之为仓者三：曰广济，曰常平，曰大军"⑤。

苏州（平江府）：府仓，"在饮马桥西"。常平仓，"在府仓内"。归仁仓、报功仓，"淳熙元年郡守韩彦古创建，专储年计，并在府仓内"⑥。南仓，"在子城西"。北仓，"在阊门侧"。"皆前后临流，每岁输税于南，和籴于北。以元丰三年计之所籴，无虑三十万斛，东南之计仰给于此，而农民赖官籴以平谷价，其利博哉"⑦。苗米仓，"在府衙东"。糯米仓，"在西门外"，并嘉定十五年（1222），守汪纲重修及添造⑧。

居于交通枢纽和主要产粮区的府州往往是中央派驻机构的所在地，所设仓廪也就不仅限于州县。如：

镇江：户部大军三仓，南仓"在范公桥东"，北仓，"在子城西，西仓在

---

① 《合肥新志》，引自《永乐大典方志辑佚》第二册，第969页。
② 《泉州府志》，引自《永乐大典方志辑佚》第二册，第1147页。
③ 《南昌志》，引自《永乐大典方志辑佚》第三册，第1499页。
④ 《南昌府志》，引自《永乐大典方志辑佚》第三册，第1502页。
⑤ 《金陵志》，引自《永乐大典方志辑佚》，第一册，第427页。
⑥ 《吴郡志》卷六《仓库场务》，引自《宋元方志丛刊》第一册，第733页。
⑦ 《吴郡图经续记》卷上《仓务》，引自《宋元方志丛刊》第一册，第647页。
⑧ 《宝庆会稽续志》卷一《仓》，引自《宋元方志丛刊》第七册，第7094页。

江津，岁久弗葺。嘉定壬申总领钱仲彪次第修盖，阅再期而三仓一新，积贮充创"。支移仓"绍兴七年，每上江粮运至镇江，冬则候潮闸占舟，而防折运纲兵亦复侵耗。运使向子諲乞置仓，以转般为名，诸路纲至，即令卸纳，从之"。大军仓"在程公下坝北，前临潮河，后枕大江，即旧转般仓也。……淳熙戊戌，郡守司马伋、总领叶翥、运副陈岘，三司同创。开禧初，郡守李大异增为五十四廒，纳储米六十余万石。……嘉定甲戌，郡守史弥坚念滨江积贮，最为利济，要须储蓄百万，以便转输。仓后隙地，尚可展拓……奉旨增盖廒宇二十座。以乙亥五月庚申鸠工，八月甲午竣事。"①

江宁府：大军仓，"在下水门内，北接广济仓，监官一员"。平籴仓，"隶转运司，嘉定八年，真公德秀创之。……嘉定十四年，岳珂复置，未久亦废。淳祐十二年舒滋复置"。还有制置司仓，古苑仓（太仓）、古太仓（苑仓）、古龙首仓、古东仓、古石头仓，创转般仓、创制司仓②。江宁县：制司仓，"《景定志》曰：制司米，旧附广济仓。咸淳元年四月，内即广储仓侧隙地令盖为敖四，前后屋共三十一间。又有小仓三所，曰东仓、西仓、中仓，并在南门里沙窝一带"③。

扬州：大军仓，"旧名北仓，在北门内。淳熙间帅守郑公兴裔修，并建门屋三楹，以大军券米贮焉。淮东总所专委监仓官一员，任责收支"。北新仓，"在崇德坊。嘉定十年，帅守崔公与之建。以桩管朝廷科降粮米，又名桩管仓。十三年，帅守郑公损增创廒屋"④。扬州（仪真）：转运司新仓，"三十七间，在天庆观西。十一间，嘉定八年运判王大昌建。二十一间，十一年运判方信孺建之"⑤。

苏州（平江府）：户部百万仓，"在阊门里，开禧三年创，以府职曹官兼，嘉定二年始命官专掌，以都司提领，宪司措置"⑥。

无为军（濡须）：运司丰裕仓，（东西二所）"在仓步门里，古盐仓基也。

---

① 《镇江志》，引自《永乐大典方志辑佚》第一册，第543—545页。
② 《景定建康志》卷二三《诸仓》，引自《宋元方志丛刊》第二册，第1686—1694页。
③ 《江宁县志》，引自《永乐大典方志辑佚》第一册，第471页。
④ 《宝祐淮扬志》，引自《永乐大典方志辑佚》第一册，第489、491页。
⑤ 《仪真志》，引自《永乐大典方志辑佚》，第一册，第512—513页。
⑥ 《宝庆会稽续志》卷一《仓》，引自《宋元方志丛刊》第七册，第7094页。

东仓，嘉泰元年时佐建，宝庆元年曾式中修，宝祐二年陆辇重修，为屋六十三楹。西仓，宝庆元年曾式中重修，为屋八十五楹。专一受纳本司两庄三圩课稻，以充司存百色支遣。自淳祐九年归之屯田，二仓亦成虚设，今为朝廷桩积仓及总所大军仓"。大军仓，"在县西北卧牛山之巅。开禧三年令李锜建，为屋五十五楹。嘉定十六年，黄辂添五楹。宝庆二年，胡焞添六楹。淳祐五年，孙立改造一十二楹。十一年，郝镇改造八楹，通甃地面。今为屋六十六楹"①。

省仓一般设在县一级，故也称县仓。元代《温州府志》："宋省仓，初在子城西南百步，后迁西北四十三步。自唐以郡赋为三分，其一为上供，其一为军储，其一留州支用，故有省仓、际留等仓，有铜朱印。政和四年十一月十三日降下。"②"省仓者，咸平四年始置。初诸邑输米悉趋都仓，至是大理寺丞马易从奏，诸郡外县合销粮草，令顺便受纳，于是敕各置仓。闽侯官、怀安以倚郭不置，余九县皆置（连江、永福，皆县内之西；福清，县门外之右；长乐，去县西半里；长溪，县之东南，罗源、宁德，皆在县东，建寇焚毁，其明年，罗源再创，宁德至绍兴二十八年乃更造；古田、闽清，皆在县侧。古田兵火后再创，闽清淳熙四年灾，明年更造）。其后水口、鸡菜两镇置寨，又分两仓，凡十一所。隆兴元年以连江民赴都仓输米便，自后科拨，岁止十仓……"③湖州：德清县省仓，"在天宝桥南"。安吉县：省仓、常平仓，"并在县治东"④。临汀省仓，"在鄞江门内。建炎间废于火，绍兴初重创，隆兴间郡守吴公南老重修，庆元初郡守赵公伯桧又修"⑤。潭州省仓，"旧在广照寺之东。故老相传，承平时，县有仓，储十六县米。自绍兴五年，知县李稙建省仓，在今谯楼内之西"⑥。永丰县省仓，"在县城内丞厅之后。初以报恩水浅涩，纲运多滞，乃置仓吉水县，名曰寄廒。岁久弊生。绍兴二十六年，邑白于州，遂罢寄廒，俾邑自任受领。未几，复如故。隆兴初，太

---

① 《濡须志》，引自《永乐大典方志辑佚》第二册，第 1008、1009 页。
② 《温州府志》，引自《永乐大典方志辑佚》第二册，第 682 页。
③ 《淳熙三山志》卷九《诸县仓库》，引自《宋元方志丛刊》第八册，第 7874 页。
④ 《嘉泰吴兴志》卷八，引自《宋元方志丛刊》第五册，第 4727 页。
⑤ 《临汀志·仓场库务》，引自《永乐大典方志辑佚》第二册，第 1313 页。
⑥ 《长沙志》，引自《永乐大典方志辑佚》第四册，第 2165 页。

守王佐复罢之，以县之苗盐上户一半归州仓，下户一半归县，知县魏希文乃创此仓"①。章贡：信丰县省仓，"在鼓楼下"。宁都县省仓，"在丞厅之西五步"。石城县省仓，"在县治之东一里许"。安远县省仓，"在县治之西庑"。龙南县省仓，"在县治之西五步"。瑞金县省仓，"在县治之左"。兴国县省仓，"在县门外之西偏"②。明州（庆元府）苗米仓文一员。奉化县仓，"城内县厅之西南。"慈溪县仓，"县西南三十步，旧屋十间，今存其二，一贮官兵俸料米，一贮义仓米。"定海县仓，"县城内。"③ 福建南平（延平）：省仓，"在州西子城。端平乙未，董守洪委郑佥循重修。"将乐县，"省仓，在县东北。"尤溪县，"省仓，在县衙西廊"④。

有些县仓虽没标明省仓，但有省仓的性质。如秀州华亭的济民仓，在华亭县，即今郡治西湖之东北，宋嘉祐八年（1163）建。李平作仓记曰："夫事有巨可遗而微可书者，抑有民忘其劳，犹以大为小者，其并见于秀州华亭之县仓乎！治平三年五月一日，予舣舟仓下，会老人植杖而言曰：'我邑岁输公租一十万有奇入于州，户苦之。近俾就藏僧寺客亭，人忧之。借粮贷种数加多，无定计，夙夜警，逻皂勤之，素无仓也。其谁敢议其仓者？'今仓城之初筑蔬圃，割湖地为敖十八，容受十二万，民自号济民仓，实济而悦之也。翁云：'自祖父来，脱五代汤火，沐浴膏泽，拭目观太平，逾百年为幸，民未识官仓，今见之，益以幸。'……"⑤ 琴川"顺民仓：在尉治之东。东临漕渠。治平二年，令向宗旦建（郎淑为之记），其屋南北西为列。绍熙四年，常平使者徐谊给钱修其西。庆元三年，丞傅良新其北，四年，令孙应时新其南。嘉熙元年，令王钥以比年仓米之余，散蓄塔院为非便，乃包东北旧址官废廨地入焉，增创敖屋十间，然后宽绰有余矣。"⑥ 溧水"永丰仓，在县西六十步。政和二年置，仓屋久圮不存。景定二年，知县潘峕之鼎新建造仓屋三

---

① 《永丰志》，引自《永乐大典方志辑佚》第三册，第 2023 页。
② 《章贡志》，引自《永乐大典方志辑佚》第三册，第 2036、2037 页。
③ 《宝庆四明志》卷三《仓库局院》，引自《宋元方志丛刊》第五册，第 5029 页；卷一四，第五册，第 5179 页；卷一六，第五册，第 5204 页；卷一八，第五册，第 5230 页。
④ 《延平志》，引自《永乐大典方志辑佚》第二册，第 1103 页。
⑤ 《松江郡志》，引自《永乐大典方志辑佚》第一册，第 410 页。
⑥ 《琴川志》卷一，引自《宋元方志丛刊》第二册，第 1161 页。

间。景定三年，知县廖由鼎新添建过一间，仓屋三间。"①

省仓、县仓之外，南宋时期县一级仓廪设置相当广泛。如：台州黄岩县所设仓廪就有米仓"在县治东二十步，庆元元年令卢永年重修"。常平仓，"在县治西庑，嘉定八年令胡衍重建"。天台县米仓，"在县东七步，助济仓在县西七步，嘉泰元年令丁大乐荣建"。续食仓，"在崇报院西，嘉泰三年令丁大荣建，今废。"仙居米仓，"在县东六步；麦仓在县仪门东；省仓常平仓在县仪门东"。宁海米仓，"在县西四十步"。县渚仓，"在县南七十五里"。港头仓，"在县东南一十五里，后省罢"②。

在京诸仓、诸州县仓之外，北宋时有转般仓。程大昌曾有专门的考论：

> 祖宗朝岁漕东南米六百万石，支京师一岁之用。故自真至泗置仓七所，转相灌注，由江达淮，由淮达汴，而于真州置发运司以总之。真虽川、广、荆、襄、江、淮、闽、浙水陆之冲，然初时置使之意不专为漕事，盖有权水旱、制低昂之策，存乎其间。若不使之该总诸路，则有无不肯相通，运动不行，故既分道，各有漕臣，而又总置发运之司，是其置官本意也。于是京师岁计止用六百万石，而发运司所储尝有一千二百万石，别有籴米可以籴一千二百万石，又在此七仓储米之外。每岁之春，拨发见米上供，至九月间，不待秋苗起催，而其年岁计六百万石已达中都矣。此六百万已足给用，而见粟犹有六百万，是嗣岁上供更有指准。设有水旱灾伤，蠲租折额亦未至乏供，则又以籴米之千二百万者转于他郡，籴贱而饶，积既有余，遂可斟量诸郡丰凶，而制其取予，如其年，两浙歉，江东、西丰，即籴诸江东、西以充浙额，却以江东、西贱价而责输于浙，浙既比本土得输贱价，而江东、西粒米狼戾，又可贸易成钱，不至甚贱伤农，所谓两利而交赡，法之美者也。至蔡京用事，创置直达纲，江船径达于淮而上沂于汴，转般仓由此遂废。因此向来籴本之可支两岁者，往资妄用。其后又取直达船供花石纲之用，余者方以运

---

① 《咸淳溧水志》，引自《永乐大典方志辑佚》第一册，第473页。
② 《嘉定赤城志》卷之七。

粮，自此不独规模尽废，而储蓄扫地矣。①

可见转般仓设置之初，充分考虑了"权水旱、制低昂之策"。南宋建立后，"以浙米直达两淮非便，又置转般于京口，朝省近因发运司与此仓子母相私，方改本司提领，而转收江西之纲"，但设仓的性质已有很大变化"转般仓，朝交而夕支，非积贮者。"②

又有大军仓，据时人范成大说："大军一仓，创于绍兴五年。"此后陆续在四总领所辖的地区建置。南宋大军仓大致分布于沿江汉及川陕边界一带。四川总所置于鱼关、兴元府、利州、兴州等地；湖广总所置于江州、荆南、襄阳、鄂州、江陵府等地；淮西总所置于建康府、太平州等地；淮东总所置于镇江、扬州等地。大军仓虽分布于四大总领所辖区，但名义上仍隶属户部，故又称"总领所户部大军仓"③。

二、州县仓在临灾救济中的作用

北宋时期州县仓在临灾救济中的作用主要表现在四个方面。

其一，《册府元龟》卷五〇二《邦计部·常平》载："贞观二年四月制，天下州县并置义仓。先是，每岁水旱，皆以正仓出给。"宋初亦有类似情况。景德三年（1006）四月，"侍御史、知杂王济言，伏睹国初，尝置义仓以备赈济。今义仓已废，每州郡小有水旱，朝廷即诏出太仓粟借贷农民，及稔岁复多蠲放，虑有损军食。今后如有赈贷，望本县置薄，以时理纳，庶获兼济。从之"④。具体情况可由下表管窥一斑。

---

① 《考古编》卷七《发运司》。
② 《黄氏日抄》卷七二《申提刑司乞申朝省修仓并乞免江西米入仓状》癸亥五月孙提刑任内。
③ 参见《宋代军用物资保障研究》，西南财经大学出版社 2000 年版，第 90 页。
④ 《宋会要辑稿》食货六八之三三。

时间	史实	出处
建隆二年（961）	十一月，诏以濠、楚民乏食，令长吏开仓赈贷。	《宋会要》食货六八之二八。
建隆三年（962）	正月，以扬、舒、滁、和、卢、寿、光、黄、濠、泗、楚、海、通、泰等十四州民乏食，令逐路长吏开仓赈给之。 六月，诏宿州发廪赈饥民。 十二月，蒲、晋、磁、隰、相、卫六州饥，诏所在发廪赈之。	《宋会要》食货六八之二八。
建隆四年（963）	二月，命使臣往澶、滑、魏、卫、晋、绛、蒲、孟等州，发廪赈饥民。	《宋会要》食货六八之二八。
乾德二年（964）	四月，灵武饥殍者甚众，以泾州官廪谷三万石赈之。	《宋会要》食货六八之二八。
乾德四年（966）	三月，淮南诸郡言江南饥民数千人来归，诏所在长吏发廪赈之。	《宋会要》食货六八之二八。
乾德六年（开宝元年，968）	正月，陕州集津镇、绛州垣曲县、怀州武陟县民饥，发廪以赈之。	《宋会要》食货六八之二八。
开宝四年（971）	二月，广南管内州县应乡村不接济人户，于省仓内量行赈贷。	《宋会要》食货六八之二八。
开宝六年（973）	二月，曹州民饥，诏运太仓米二万石往赈之。	《宋会要》食货六八之二八。
开宝七年（974）	正月，扬、楚等州开仓赈贷。 六月，河中府发廪粟三万石赈饥民。	《宋会要》食货六八之二八。
太平兴国二年（977）	四月，延州岁乏食，以仓粟二万斛贷与贫民。 六月，秦州开仓救急。	《宋会要》食货六八之二八。
太平兴国八年（983）	三月，同州言岁饥，发仓粟四万石赈之。	《宋会要》食货六八之二九。
雍熙二年（985）	四月，以江南数州去秋旱，虔、吉、洪、抚、饶、信等州将廪谷减价出粜。	《宋会要》食货六八之二九。

续表

时间	史实	出处
雍熙三年（986）	八月，剑州言谷贵，诏遣使以官粟赈饥民。	《宋会要》食货六八之二九。
雍熙五年（端拱元年，988）	正月，成都府部内比岁不稔，谷价翔贵，请发公廪赈粜，以济贫民。	《宋会要》食货六八之二九。
端拱二年（989）	八月，乾宁军言民饥，诏以官粟二万石赈之。	《宋会要》食货六八之二九。
淳化元年（990）	二月九日，登州岁饥，诏遣使发仓粟赈贷。 二月二十六日，深、冀州民饥，诏发仓粟贷之。 七月，洛阳等八县民饥，诏发仓粟赈之。	《宋会要》食货六八之二九。
淳化三年（992）	二月，汝州言岁饥，诏以官仓米贷之。	《宋会要》食货六八之三〇。
至道元年（995）	二月十七日，亳州、房州、光化军岁饥民乏食，诏遣使者分往发仓粟贷之。	《宋会要》食货六八之三〇。
咸平二年（999）	三月，河南、两浙诸州发仓廪赈贷饥民。 闰三月，筠州发廪赈贷。 四月，常、润先拨廪米五万石赈贫民，后更给五万石。	《宋会要》食货六八之三〇至三一。
咸平四年（1001）	闰十二月，河北路诸州发仓廪赈饥民。	《宋会要》食货六八之三一。
景德元年（1004）	九月，鄂州言民饥，诏开仓减价出粜以救之。	《宋会要》食货六八之三一。
景德二年（1005）	二月二日，襄、许、陈、蔡等州民饥，减价粜仓粟赈救。 三月，大名府饥，命转运司发廪赈救。	《宋会要》食货六八之三二。
景德三年（1006）	正月六日，开封府诸县，于近便出廪米赈救灾伤之民。	《宋会要》食货六八之三二。

其二，虽然从淳化三年、景德三年（1006）至天禧四年（1020）八月已在全国范围之内陆续建立常平仓[1]，但是基本上都分布在州县城，在没有设置常平仓的地区仍然主要是依靠州县仓。大中祥符九年（1016）六月，"令广州出廪米万石还官出粜，以济居民，谷贵故也。八月，令江淮发运司，岁留上供斛斗五十万石，以备赈济。九月，诏：如闻广南东西路物价稍贵……发官廪减价赈粜。十二月，诏：江南淮南诸州军谷价稍贵，人民阙食，其无常平仓处，令本路转运司以省仓斛斗除留准备外，接续出粜"[2]。天禧四年（1020）八月乙酉，"工部郎中姜遵言：陕西、利、夔等路州军多无常平仓，或岁歉赈粜，即发军粮，望令创置，量民数蓄谷。诏可"[3]。天圣四年（1026）十二月，"诏：诸处州军经春有斛斗价高处，虑人户失所，宜令京东、京西、河北、淮南转运司选官，将本处常平仓斛斗减价出粜，或无常平仓处，即以省仓斛斗，除留准备外，出粜以济贫民"[4]。

其三，常平仓自设立之初其主要功能是用于赈粜平抑物价。"淳化三年（992）六月辛卯，诏置常平仓，命常参官领之。岁熟增价以籴，岁歉减价以粜，用赈贫民，复旧制也。《宋会要》淳化三年六月，诏京畿大穰，物价至贱，分遣使于京畿四门置场，增价以籴，令有司虚近仓以贮之，命曰常平。"[5] 其后至神宗朝之前，常平仓基本延续了这种做法。

大中祥符二年（1009）二月辛丑，"分遣使臣出常平仓粟麦，于京城四面开八场，减价粜之，以平物价"。四月戊申，"诏司农寺，京师所粜常平仓粟，前诏虽已减价，可更斗减五钱。自是讫六月，凡粜九千余斛，京市物价以故稍平"[6]。

大中祥符五年（1012）春正月壬辰，"京城常平仓置七场，分粜米粮……令滑州出常平仓粟贱粜以赈穷乏"。二月戊申，"令定州出常平仓粟，贱粜以

---

[1] 天禧四年（1020）八月，"诏益、梓、利、夔、荆湖、广南路并置常平仓。"《玉海》卷一八四《淳化常平仓》。至此，正如南宋人董煟评论说："汉之常平止立于北边，李唐之时亦不及于江淮以南，本朝常平之法遍天下，盖非汉唐之所能及也。"《救荒活民书》卷一。
[2] 《宋会要辑稿》食货六八之三五。
[3] 《续资治通鉴长编》卷九六，第2212页。
[4] 《宋会要辑稿》食货六八之三七。
[5] 《玉海》卷一八四《淳化常平仓》，广陵书社2003年版，第3378页。
[6] 《续资治通鉴长编》卷七一，第1595、1604页。

惠民"①。

天禧元年（1017）二月庚午朔，"诏灾伤州军所粜常平仓谷，止收元籴价，其省仓斗不得过百钱"。辛巳，"发常平仓粟，置场十四，出粜以济贫民，京市物贵故也"②。

天禧四年（1020）二月癸未朔，"以淮南江浙谷贵民饥……发常平仓粟减直出粜以赈之"。"癸巳，令并、代、忻三州减直粜常平仓，以济饥民"。"辛丑，令唐、邓等八州发常平仓粟，减价出粜，以济贫民"③。

天禧四年（1020）闰十二月庚午，"诏京城置场十四，发常平仓粟贱粜以济贫民。时许、滑州入中粮储，行商辈运奔赴京师，谷食踊贵故也"④。

乾兴元年（1022）十二月，"京城谷价翔贵。戊申，出常平仓米，分十四场贱粜，以济贫民"⑤。

仁宗天圣元年（1023）四月壬寅，"诏徐州仍岁水灾，民颇艰食，已尝发常平仓及以种粮贷中下户"⑥。

景祐元年（1034）二月癸巳，"又诏开封府界出常平仓粟贷中等户以下，户一斛"⑦。

庆历二年（1042）八月壬申朔，"诏河南府、孟、郑、滑、陈、许、颍、蔡、邓、唐、隋等州发常平仓粟，以赈贫民"⑧。

庆历四年（1044）春正月，陕西谷价翔贵。丁丑，诏转运使出常平仓谷米，贱粜贫民⑨。

皇祐三年（1051）十二月癸巳，诏天下常平仓其依元籴价粜以济贫民，毋得收余利以希恩赏⑩。

皇祐五年（1053）秋七月乙巳，诏荆湖北路灾伤州军，先发常平仓以赈

---

① 《续资治通鉴长编》卷七七，第 1752、1755 页。
② 《续资治通鉴长编》卷八九，第 2039、2042 页。
③ 《续资治通鉴长编》卷九五，第 2179、2182、2183 页。
④ 《续资治通鉴长编》卷九六，第 2232 页。
⑤ 《续资治通鉴长编》卷九九，第 2305 页。
⑥ 《续资治通鉴长编》卷一〇〇，第 2320 页。
⑦ 《续资治通鉴长编》卷一一四，第 2663 页。
⑧ 《续资治通鉴长编》卷一三七，第 3288 页。
⑨ 《续资治通鉴长编》卷一四六，第 3533 页。
⑩ 《续资治通鉴长编》卷一七一，第 4120 页。

饥民①。

以上材料显示常平仓以赈粜为主的救荒功能,只是宋朝救荒的一种形式,"救荒有二名,一曰赈济,二曰赈粜。夫赈济者,皆老幼病患,无依倚、无经纪之人也。既抄劄姓名,审核给历,直计口食而供养之而已。……夫赈粜者,减价收钱而授米也"②。单靠赈粜对于临灾救济是很不够的。皇祐五年(1053)十二月,左司谏贾黯在建言重设义仓的奏疏中指出:"若谓已有常平仓足以赡给,则常平之设,盖以准平谷价,使无甚贵甚贱之伤。或遇凶饥,发以赈救,则既已失其本意,而常平之费,又出公帑,方今国用颇乏,所蓄不厚。近岁非无常平,而小有水旱,辄流离饿莩,起为盗贼,则是常平果不足仰以赈给也。"③ 然而义仓之设,在北宋时期置废反复有四次,乾德年间、庆历年间、熙宁、元丰间,三次置废时间长不过八年,绍圣元年复置后,一直维持到北宋灭亡④。所以北宋前期救荒中本应由义仓和常平仓承担的赈济功能,便多由州县仓来承担,如下表所示:

时间	史实	出处
大中祥符元年(1008)	六月,环、庆民饥,发廪粟贱粜以济之。	《宋会要》食货六八之三三。
大中祥符二年(1009)	二月庚寅,陕西旱,令发廪赈粜。	《长编》卷七一,第1593页。
大中祥符三年(1010)	八月甲子,淮南饥,减直粜廪米及赈贷贫民。	《长编》卷七四,第1685页。
大中祥符七年(1014)	二月,泰州、淮阳军言民饥,诏发官粟赈之。 三月,仪州言民饥,诏发官粟赈之。 十月,淮南饥,诏本路转运发运使发廪赈恤。	《宋会要》食货六八之三五。

---

① 《续资治通鉴长编》卷一七五,第4219页。
② 王柏:《鲁斋王文宪公文集》卷一五《述民志》。
③ 《续资治通鉴长编》卷一七五,第4243页。
④ 《玉海》卷一八四《宋朝义仓》,第3377页。

续表

时间	史实	出处
大中祥符八年（1015）	二月，令淮南路发廪粟为糜粥，以济饥民。 八月癸未，河中府、陕、同、虢州岁歉民流，发仓廪出粜及赈贷之。	《宋会要》食货六八之三五。《长编》卷八五，第1944页。
天禧元年（1017）	三月八日，卫州民饥，命发仓廪粟万石贷之。 四月十一日，赵州民饥，出廪粟万石赈之。 九月十五日诏京东西、陕西、河北灾伤州军，民阙麦种者，发官廪贷之。	《宋会要》食货六八之三五至三六。
乾兴（兴）元年（1022）	二月八日，苏、湖、秀州雨，坏民田，谷贵民饥，命出仓粟赈贷之。	《宋会要》食货六八之三七。
庆历二年（1042）	春正月庚戌，诏京西转运司速发省仓粟贷民，户二石。	《长编》卷一三五，第3213页。
庆历三年（1043）	十二月，大旱，河中、同、华等十余州军物价翔贵，饥民相率东徙。（韩）琦即选官分诣州县，发省仓赈之。	《长编》卷一四五，第3520页。
熙宁元年（1068）	七月，恩、冀州河决水灾，令省仓赐粟。	《宋会要》食货六八之三八。

《宋史》也说："诸州岁歉，必发常平、惠民诸仓粟，或平价以粜，或贷以种食，或直以振给之，无分于主客户。不足，则遣使驰传发省仓。"① 此外，由州县仓承担赈贷、赈济功能，是王安石变革常平仓为青苗法的重要原因。熙宁二年（1069）九月四日，制置三司条例司言："比年灾伤，赈贷多出省仓。窃以为省仓以待廪赐尚苦不足，而又资以赈贷，此朝廷所以难于施惠，而凶年百姓或不被上之德泽也。"② 这个事实有力地说明王安石变法前，省仓在救荒中所具有的非常重要的作用。

其四，虽然青苗法实施之初，明确规定在出售原常平、广惠仓本钱谷

---

① 《宋史》卷一七八《食货志·振恤》，第4335—4336页。
② 《宋会要辑稿》食货四之一六。

时，须留一定数量用于赈灾。熙宁三年（1070）五月丁未"诏青苗钱委诸路转运、开封府界提点、提举司，每年相度留钱谷，以备非时赈济出粜……"①但是所留粮谷毕竟有限，因而常常须有州县仓补充救济或直接调拨州县仓储粮。熙宁四年（1071）三月丁亥，"怀州灾伤最甚……止令转运司以省仓米赈贷"②。熙宁七年（1074）二月辛未，"河阳言连年灾伤，常平仓赈济斛斗不足，乞兼发省仓"③。熙宁七年五月甲辰，"真定灾伤，欲以常平及省仓陈谷五万石减价出粜"④。熙宁七年七月壬子，"延州乞发省仓白米三万石，粜与阙食人。从之"⑤。熙宁七年九月辛丑，"诏真定府路出省仓粮十五万石减价粜"⑥。熙宁七年十二月甲戌，"延州、保安军诸县民阙食，流移入州未止，出省仓米万石赈济。诏赐（府州）省仓粟二万石赈济，米三万石借贷"⑦。熙宁八年（1075）春正月戊戌，秦凤路转运判官刘定言："泾原路民阙食，常平米不足，乞借省仓渭州二万石，泾州、德顺军、镇戎军万石，许之。"⑧ 熙宁八年三月己亥，沂州、淮阳军灾伤特甚，"诏京东东路转运、提举司发常平钱、省仓米等第散给"⑨。熙宁八年冬十月辛丑，"诏江浙、淮南灾伤州军除用常平借贷兴利外，更赐上供米三十万石赈济，令体量安抚司均给措置"⑩。熙宁十年（1077）十二月癸卯，河北两路被水灾，流民所至，当行赈救，宜许于常平、省仓或封桩粮借支⑪。宣和六年（1124）十月二十七日，"诏浙西诸郡夏秋水灾……访闻常平司见官米斛数少，可于本路实有见在米或见起上供米内，截拨五七万石付提举常平官……务令实惠均及饥民"。十一月十七日，"诏河北、京东夏秋水灾，民户流移……随宜接济，

---

① 《续资治通鉴长编》卷二一一，第5131页。参见魏天安《关于常平法的几个问题·三、青苗法未否定常平旧法》，《宋史研究论丛》第八辑，河北大学出版社2007年版，第54—59页。
② 《续资治通鉴长编》卷二二一，第5367页。
③ 《续资治通鉴长编》卷二五〇，第6082页。
④ 《续资治通鉴长编》卷二五三，第6193页。
⑤ 《续资治通鉴长编》卷二五四，第6222页。
⑥ 《续资治通鉴长编》卷二五六，第6250页。
⑦ 《续资治通鉴长编》卷二五八，第6300页。
⑧ 《续资治通鉴长编》卷二五九，第6309页。
⑨ 《续资治通鉴长编》卷二六一，第6357页。
⑩ 《续资治通鉴长编》卷二六九，第6600页。
⑪ 《续资治通鉴长编》卷二八六，第7001页。

若常平、义仓不足，即发封桩应干斛斗赈给，令实惠及人（户）"①。

三、常平仓、义仓、州县仓的合流

常平仓、义仓制度虽始自汉唐，但其全面发展则是在宋代。而且在发展中出现了的一个新动向，即两者的合流，以及与州县仓的合流。先说义仓与州县仓的合流。义仓粮谷的来源与州县仓米谷的来源颇相近。乾德初义仓粮食的来源是各州属县于"两税每石别输一斗贮之"，至于如何贮之，史文没有明载。庆历元年（1041）复置义仓令主户于"夏秋正税外每一石别纳一斗，随常赋以入"②。这次复置明确要求："各州于邑择其便地，别置仓以贮之。"显然是与州县仓分开而贮。至第三次元丰元年（1078）再复置时，情况有了变化，即"诏应乡村民愿以所纳义仓粮就便纳县仓者，听"③，"仍听就县仓输，自是义仓入县仓矣"④。这种做法使得州县仓与义仓粮食混为一仓，在管理上人为地造成两者界限不分，为互相移用开了不好的头，是故及至绍圣元年（1086）第四次复置义仓时，就特别追加了"辙移用者，论如法"的规定。但是从此义仓名义上仍是专用做赈济，且有严法禁止，而实际生活中义仓被用作支移、上供、廪赐等便时有发生。如宋徽宗政和二年（1112），"省仓遇纳到正税米不即分拨义仓，转运司多以阙乏随时支遣"，因而臣僚"欲于绍圣本条内增修过一日不拨，监专杖一百，二日加一等，罪止徒一年。及因而他司移用并依已降指挥，依擅支法施行"。宋哲宗"诏令户部立法"⑤，不过这些法令徒具纸文，于是到南宋以后义仓便名存实亡，"义仓所储"往往"混于省仓"⑥。由于义仓置于省仓内，现存南宋地方志很少有有关义仓建置的记载。宁宗庆元四年，臣僚言：

---

① 《宋会要辑稿》食货六八之五六。
② 《宋会要辑稿》食货六二之一八。
③ 《续资治通鉴长编》卷二九五"元丰元年十二月丙午"，第7182页。
④ 《玉海》卷一八四《宋朝义仓》，第3377页。
⑤ 以上所引均见《宋会要辑稿》食货五三之一九至二二。
⑥ 袁燮：《絜斋集》卷一四《秘阁修撰黄公行状》。

州县受纳苗米，于法义仓米合于当日支拨，而因循于州用，不复拨还。人户纳苗稍及分数，例多折纳价钱，其带义仓钱并不许拨，此因纳苗而失陷义仓也。至如绍兴府人户就行在省仓送纳湖田米，其合纳义仓，多不催理，此因湖田纳米而失陷也。如淮浙盐亭户纳盐以折二税，其合纳义仓多是不曾拘催，此因纳盐而失陷也。

到嘉定时臣僚更是指出：

顷岁议臣有请计义仓所入之数，除负郭县就州输纳外，余令逐县置数自行收受，非惟革州郡侵移之弊，抑亦省凶年转般之劳。襄时州仓随苗带纳，同输一钞，今正苗输之州，义仓输之县，则输为两输，钞为二钞矣。襄时鼠雀之耗蠹，吏卒之需求，一切倚办于正税，而义仓不预焉。今付之于县，既无正税，独有此色，耗蠹、需求又不能免矣，于是议臣有请令人户义仓仍旧随正税，从便就州作一钞输纳，而州、县复有侵移之弊。①

因此，针对种种弊端时人予以严厉的抨击：

义仓米不留诸乡而入县仓，悉为官吏移用，始也县仓于民犹近取，后上三等户皆令输郡，则义米带入郡仓，转充军食，或资颁费，岂复还民，故遇凶年无以救民之死。②

所谓义仓者，取粟于民，还以赈之，固不可以不均。今也置仓入粟，止在州郡岁饥散给，而山泽僻远之民，往往不沾其利，其力能赴州就食者，盖亦鲜少，而况所得不足偿劳，流离颠沛有不可胜言者，此岂社仓之本意哉？③

夫何社仓转而县仓，民始不与，而为官吏之移用。县仓转而郡仓，

---

① 《文献通考》卷二一《市籴考二》，考213页。
② 《救荒活民书》卷二《义仓》。
③ 刘一止：《苕溪集》卷一四《转对奏状》（绍兴乙未）。

民益相远而为军国之资费，官知其敛，未知其散，民见其入，未见其出，此义仓之实政废矣。①

其次，再看常平仓与州县仓的合流。自景德三年（1006）常平仓开始在全国普遍建立伊始，其籴本主要是留用地方上供钱支出："以逐州户口多少，量留上供钱一二万贯，小州或二三千贯，付司农司系帐。三司不问出入，委转运使并本州委幕职一员专掌其事。每岁秋夏加钱收籴，遇贵减价出粜，凡收籴比市价量增三五文，出粜减价亦如之。所减不得过本钱，大率万户岁籴万石，止于五万石，或三年以上不经粜，即回充粮廪，别以新粟充数。"常平仓在初设时期"令有司虚近仓以贮之"②。大中祥符六年（1013），"以开封、祥符两县常平仓并为在京常平仓"。可知常平仓是与州县仓分置的。其仓的来源也与主要依赖正税输入的州县仓不同。但是从宋真宗以后由于与辽、西夏战事紧张，籴粮草成为州县仓的一个重要来源，"景德元年，内出银三十万付河北经度，贸易军粮。自兵罢后，凡边州积谷可给三岁，即止市籴。大中祥符初，连岁登稔，乃令河北、河东、陕西增籴靡限常数"。"仁宗留意兵食，发内藏库金帛以助籴者，前后不可胜数"。"神宗留意边备，务广储蓄"③。籴买粮草的种类繁多④，其中，置场和籴大致是州县仓与常平仓采取相近的一种做法。"诸州军逐年夏秋例各置场，和籴、入中诸般粮草准备军须"⑤。"州县各置一场，州委司户，县委主簿兼掌之，秋成之际，开场收籴，少增时价，以诱致之"⑥。"见今逐州和籴常平斛斗及省仓军粮，又籴封桩钱、上供米，名目不一。官吏各务趁办，争夺相倾，以此米价益贵"⑦。这样的做法就使州县仓与常平仓的属性开始有了相通之处。马端临总结和籴粮草的原因时说：

---

① 林駉：《古今源流至论》后集卷一〇《常平义仓》。
② 《文献通考》卷二一《市籴考二》，考 207 页。
③ 《文献通考》卷二一《市籴考二》，考 207 页。
④ 详见王曾瑜、朱家源：《宋朝的和籴粮草》，《文史》第 24 辑。
⑤ 《宋会要辑稿》食货三九之一五。
⑥ 《宋会要辑稿》食货四〇之四四。
⑦ 《东坡全集》卷五六《乞赈济浙西七州状》（元祐四年十一月初四日）。

按：古之国用，食租衣税而已，毋俟于籴也。平籴法始于魏李悝，然丰则取之于民，歉则捐以济民，凡以为民而已。军国之用，未尝仰此，历代因之。自唐始以和籴充他用，至于宋，而籴遂为军饷边储一大事。熙丰而后始有结籴、寄籴、俵籴、均籴、博籴、兑籴、括籴等名，何其多也。推原其由，盖自真宗、仁宗以来，西北用兵，粮储缺乏，遂以茶、盐、货物召商人入中，而奸商黠贾遂至低价估货，高价入粟，国家急仰军储，又法令素宽，致有此弊。后来惩其弊，所以只籴之于民，而不复堕商人之计。然至于计其家产而均敷之，量其蓄积而括索之，甚至或不偿其直，或强敷其数，则其为民病有不可胜言者。盖始也官为商所亏，终也民又为官所亏，其失一也。①

南渡后，军粮筹措更依赖市籴粮草，从中央到地方大都有别贮或桩管籴买米谷的仓廪，州县仓自然也包括在其中。

常平仓与州县仓合流的第二个表现是，自宋仁宗朝起，常平仓所储粮草屡屡被移作军饷之用，庆历四年（1044）七月二十九日，"诏天下常平仓本备救济贫民，不得别有支借，违者以违制论"②。可见被支借用作它途已不是个别地区的偶发事件，而是全国范围的普遍现象。由于战事吃紧，虽有明诏，但仍不能抑制其移用。嘉祐四年（1059）七月，朝廷不得已颁诏追加籴本，"诏天下常平仓多所移用而不足以支凶年，其令内藏库与三司共支钱一百万，下诸路助籴粜之"③。其后朝廷一方面三令五申严不得移用常平仓的法令，另一方面各地仍以各种借口移用，南宋以后更是如此："言者论恤民、备灾、储蓄之政，莫如常平、义仓……艰难以来，用度不足，或取以给军需，至于州县他费，因以侵用，比年往往销费殆尽"④，"缘蜀中常平窠名，自军兴皆以移用"⑤。下面举两个典型的议论。绍兴二十七年（1157），殿中侍御史王珪上言：

---

① 《文献通考》卷二一《市籴考二》，考208页。
② 《宋会要辑稿》食货五三之七。
③ 《宋会要辑稿》食货五三之八。
④ 《建炎以来系年要录》卷一三〇"绍兴九年秋七月辛丑"条，第2102页。
⑤ 《建炎以来系年要录》卷一九二"绍兴三十有一年九月丙子"条，第3217页。

> 臣窃见诸州郡，每岁输纳秋租，自装发纲运之后，仓廪一空，所存止有常平、义仓斛斗。军粮、吏俸及揍发上供不足之数，皆取给于此，所在成例，是名为常平，而专以备州郡急阙。至饥民艰食，则坐视而无以赈之，殊非立法之意。前日州军委官盘量，所欠动以数万计，其间如借兑耗折，虽责之分限补填，终不可得，亦恐见存之数，未必皆得其实也。近闻福建有贵粜之处，父老诉之州郡，冀欲赈济，而郡官占吝不发，米价顿增，人多困毙，此其意以欲留为州郡急阙之情而已。①

袁甫在《知徽州奏便民五事状》中论道：

> 臣闻常平、义仓之储，所以备凶荒也。平居为有用之备，则临事无缺用之忧。今乃不然，有储蓄之名，无储蓄之实。臣岁在己卯，贽贰雪川，本州常平、义仓正隶本厅掌管，阅视簿籍，米才数百斛，钱才数百缗而已。臣为之大骇，一州仓储，民命所系，空竭如此，缓急奈何？及夷考其故，乃知本州秋苗岁入止盈五万，正苗既已甚少，义仓自应不多，其常平、坊场等钱率以败阙为说。艰于催促，所入微矣，而支用何其伙也。若胥吏、若军兵、若散从，直月廪之数，取诸常平，使其尽出于公，固未甚害。其间托名差使，辄敢旁缘兑支，倅厅自开幸门，州郡亦复援例，其余官属皆有干求，由是纷然，不胜其众。蓄积本无几也，滥费其可堪乎。……常平使者，岁岁差官；州县寮属，时时复核。或以虚为实，或指东为西，上下交欺莫此为甚，安在其为储蓄之实乎。②

对此杨万里深刻地指出其中的原委：

> 今天下常平之粟不许他用，其法至重也。然有至重之法而无不用之实，何也？州县穷空，军人待哺，不幸而省仓无粟，则不得不支常平之

---

① 《建炎以来系年要录》卷一七七"绍兴二十有七年九月丙子"条，第2933—2934页。
② 袁甫：《蒙斋集》卷二。

粟矣。故常平之粟往往徒有其数耳。①

不过，必须指出，虽然移用常平仓储备的做法在宋代有愈演愈烈的发展态势，同时受到士大夫们强烈而又尖刻的抨击，但是宋政府始终把建置常平仓作为救荒之政的重要举措来倚重的政策，未曾改变过。现今所存宋代地方志记载仓廪部分，常平仓占据最显要位置就是明证。而且由于常平仓储粮平时被移用或挪用充作军需和官吏支出费用，及救荒之时，军储、州县仓又被调拨充作赈灾物资，这种以东墙补西墙的做法，在现实生活中已是司空见惯，并不妨碍救荒措施的正常进行，常平仓也就在一片指责声中继续维持前进，与宋朝的命运相始终。

常平仓与州县仓合流的第三个表现是，南宋时期常平仓与各地省仓在建置上渐趋合一。汀州省仓，"在鄞江门内。建炎间废于火，绍兴初重创，隆兴间郡守吴公南老重修，庆元初郡守赵公伯桧又修"。常平仓，"在省仓内"②。庐州合肥县"省仓、常平仓，为廒二十有四，为屋九十有九楹"③。泉州同安县仓"在北拱辰门内。旧常平居左，省仓居右"。德化县仓，"在大门内两旁，东曰仓，西曰常平仓，后并为常平仓。……复建省仓于西偏。外有一仓，在半林铺，距县七十里，以其地远，民艰于输送，遂置仓"。永春县，"常平、省仓，旧在大门内东廊，后改创义仓于西偏，有受纳亭。淳祐四年，令蒋有秋复建省仓于中门内"。惠安县，"常平仓，在县衙左（旧制在主簿厅东，省仓与常平仓对，盐仓邻）"④。夷陵县"常平仓，旧附州仓"⑤。绍兴府"府仓在饮马桥西，常平仓在府仓内"⑥。常平仓不仅与省仓相连、合建，而且所储粮草可以互相支用、互通有无。武陵县"省仓，在皇华坊。受苗则拨常平仓米来储之，以供水旱之赈济、赈粜及月支贫民之阙食者"⑦。朱熹曾批评常平仓与省仓相连的弊端，"某在浙东尝奏云：常平仓与省仓不

---

① 《诚斋集》卷六二《旱暵应诏上疏》（淳熙丁未七月十三日上）。
② 《临汀志》仓场库务，引自《永乐大典方志辑佚》第二册，第1313页。
③ 《合肥新志》，引自《永乐大典方志辑佚》第二册，第969页。
④ 《泉州府志》，引自《永乐大典方志辑佚》第二册，第1147—1148页。
⑤ 《夷陵志》，引自《永乐大典方志辑佚》第三册，第2158页
⑥ 《吴郡志》卷六《仓库场务》，《宋元方志丛刊》第一册，第733页。
⑦ 《武陵图经志》，引自《永乐大典方志辑佚》第四册，第2407页。

可相连，须是东西置立，令两仓相去远方可。每常官吏检点省仓，则挂省仓某号牌子，检点常平仓，则挂常平仓牌子。只是一个仓，互相遮瞒"①。朱熹的批评很形象地揭示了当时常平仓与省仓合流的事实。

其三，最后看常平仓与义仓的合流。常平仓与义仓的合流大致与王安石变法置专职常平官相关联。南宋人林駉说："景德之三年，诸路置仓有所积也。然增价以籴，分命使臣减价以粜，专命司农，随时遣用，未有定职。至熙宁以来，提举常平之官始定焉。"② 此处所言提举常平官即是指熙宁二年（1069）九月十二日，始置河北、陕西路提举常平广惠仓官，闰十一月，诸路差提举常平广惠仓兼管勾农田水利差役事。元祐年间反变法派罢之。绍圣以后又复置。南宋初一度不专设提举常平官。绍兴七年（1137）设主管常平官，十五年（1145）八月，常平司与茶盐司合并，通置提举常平茶盐官。专职常平官的主要职责是总领常平、义仓、免役等诸事。从正式设置专职常平官以后，常平、义仓连用的记载便在文献中开始出现。熙宁三年（1070）冬十月庚午，敕赐同学究出身徐布言："常平、义仓所畜大约不过一千三百余万，则不及唐五分之一。"③ 元祐元年（1086）十二月丙午，侍御史王岩叟言："臣以谓当随所在赈给之，而常平义仓所在，往往不多，殆无以继。"④ 南宋以后使用就更加频繁了。绍兴六年（1136）二月乙巳，"诸路固尝有旨许借常平义仓矣"⑤。绍兴十八年（1148）冬十月戊辰，"户部奏本府留米，及常平义仓，有欺隐者十二万余石"⑥ 绍兴二十四年（1154）四月戊申，"比岁州县，多侵用常平、义仓米"⑦。绍兴二十六年（1156）闰十月辛丑，"诸路常平义仓见管米数不多"⑧。淳熙八年（1181）春正月庚午，"乞依乾道九年例取拨常平义仓赈给"⑨。嘉熙三年（1239）九月辛卯，"诏诸路提举常平

---

① 《朱子语类》卷一〇六，中华书局1999年版，第2641—2642页。
② 林駉：《古今源流至论》后集卷一〇《常平义仓》。
③ 《续资治通鉴长编》卷二一六，第5255页。
④ 《续资治通鉴长编》卷三九三，第9576页。
⑤ 《建炎以来系年要录》卷九八，第1611页。
⑥ 《建炎以来系年要录》卷一五八，第2569页。
⑦ 《建炎以来系年要录》卷一六六，第2716页。
⑧ 《建炎以来系年要录》卷一七五，第2888页。
⑨ 《宋史全文》卷二七上。

司核所部州县常平义仓之储"①。常平仓、义仓事权的划一是两者合流最重要的表现。

宋高宗曾说："常平法自汉以来行之，乃是救荒之政。祖宗专用义仓赈济，最为良法。"② 按照宋人的分法，常平仓的功能以赈粜、赈贷为主，义仓的功能以赈济为主③，但这种界限在北宋后期已被打破，据乾道五年（1169）十二月二十四日，成都府潼川县夔州利州路安抚制置使兼成都军府晁公武言：

> 大观二年，知府席旦奏请成都府每岁粜米六万硕，近来转运司以无米应副三分之一，不足以赈惠贫弱，乞下四川，每年如米价稍贵，委逐州长吏体量，将义仓米依常平法减价出粜。至宣和五年，又准诏旨，成都府今后如遇米价踊贵，依席旦已得指挥，将义仓米减价出粜，收桩价钱，岁稔却行收籴。自此之后，间遇荒歉，缘义仓所收数少，赈惠不足。④

如果说这种打破在北宋后期还是局部现象，到南宋义仓用于赈粜之事便逐渐普遍。绍兴十二年（1142）三月二日，诏绍兴府旱伤秋苗，令于义仓米内支拨一万石置场出粜⑤。五月二十三日，诏衢州米贵，细民不易，将义仓米置场出粜一万硕⑥。有趣的是，绍兴二十四年（1154）九月四日，监登闻鼓院曾绂一面大谈常平法之惠政，一面却又说："义仓米贱则敛之于官，贵则散之于民，使农末皆利。"⑦ 显然把义仓与常平仓相混淆了，而这种混淆又恰恰说明常平仓与义仓功能合流已达到使部分官员难以区分的地步。绍兴二十八年（1158）九月二十五日，宋高宗针对大臣说"在法义仓米止许赈

---

① 《宋史全文》卷三三。
② 《建炎以来系年要录》卷九四"绍兴五年冬十月戊申"条，第1554页。
③ 关于常平仓和义仓的功能分工，王德毅先生已有所论述，详见《宋代灾荒的救济政策》，第41—45页。
④ 《宋会要辑稿》食货六八之六七。
⑤ 《宋会要辑稿》食货六八之六〇。
⑥ 《宋会要辑稿》食货五三之二四。
⑦ 《宋会要辑稿》食货五三之二五。

济,若行出粜,恐失预备。"明确表示可以按义仓所储三成出粜而不会损及其赈济功能,于是"诏令诸路常平司据州县所管义仓米,以十分为率,量行出粜,岁不得过三分。拘收价钱,次年籴还"①。至此,义仓出粜有了正式合法的依据。

四、常平仓 "贱籴贵粜" 功能在救荒仓廪中的广泛运用

宋代的常平仓、义仓虽然在其发展过程中逐渐偏离汉唐以来的功能取向,而受到时人的诟病,以为有名无实,不过这只是头痛医头,脚痛医脚的审视方法,如果把眼界放在宋代整个救荒仓廪制度的变化来审视,就会发现宋代专设的常平仓、义仓不够成功,但是常平的平籴功能,义仓临灾救济功能则得到前所未有的广泛运用。

常平仓"贱籴贵粜"功能在两宋特别是在南宋救荒仓廪中的广泛运用包括二层含义。

其一,常平仓是南宋自始至终的主要救荒仓种。宋高宗曾说:"常平法自汉以来行之,乃是救荒之政。"② 但是常平仓自北宋仁宗朝起,所储粮草屡屡被移作军饷之用的做法至南宋以后有愈演愈烈的发展态势,"言者论恤民、备灾、储蓄之政,莫如常平、义仓……艰难以来,用度不足,或取以给军需,至于州县他费,因以侵用,比年往往销费殆尽"③。"缘蜀中常平窠名,自军兴皆已移用"④。绍兴二十九年(1159),殿中侍御史王珪上言:"臣窃见诸州郡每岁输纳秋租,自装发纲运之后,仓廪一空,所存止有常平、义仓斛斗,军粮、吏俸及捧发上供不足之数,皆取给于此,所在成例,是名为常平,而专以备州郡急阙。"⑤ 对此杨万里深刻地指出其中的原委:"今天下常平之粟不许他用,其法至重也。然有至重之法而无不用之实,何也?州县穷空,军人待哺,不幸而省仓无粟,则不得不支常平之粟矣。故常平之粟往往

---

① 《宋会要辑稿》食货五三之二七。
② 《建炎以来系年要录》卷九四 "绍兴五年冬十月戊申" 条,第1554页。
③ 《建炎以来系年要录》卷一三〇 "绍兴九年秋七月辛丑" 条,第2102页。
④ 《建炎以来系年要录》卷一九二 "绍兴三十有一年九月丙子" 条,第3217页。
⑤ 《建炎以来系年要录》卷一七七 "绍兴二十有七年九月丙子" 条,第2933页。

徒有其数耳。"①

那么受到士大夫们严厉而又尖刻抨击的常平仓是否失去了应有的救荒功能呢？回答是否定的。因为：一、南宋政府始终把建置常平仓作为救荒之政的重要举措来倚重的政策未曾改变过。现今所存宋代地方志（主要是反映南宋记载仓廪部分），常平仓占据最显要的位置就是明证②。二、常平仓贮粮在宋高宗后期至宁宗朝时还有相当数量，比如：绍兴二十九年（1159），"户部言：秋成不远，欲预行储蓄收籴，以为赈贷之备，今科降本钱及取拨常平司作赈籴钱，令江、湖、浙西漕司选官置场，或就客贩增价收籴米，共二百三十万石，内浙西一百万石，并起赴镇江、平江府、常州，江东五十万石赴建康府、太平、池州，江西三十万石赴江州，湖南二十万石赴荆南，湖北三十万石赴荆南府、鄂、纯州，每石降本钱二千（一作十），西以关子茶引及银充其数。从之。"③ 宁宗庆元六年（1200），据诸路提举司申户部的常平仓与义仓储粮合计约四百万石，缗钱一百二十万④。这些数额仅比淳熙十五年（1188）南宋境内军粮"所有内外诸处申到今年见在（桩积）米数二件，总计六百七十九万余石"⑤略少一些。三、由于常平仓储粮平时被移用或挪用充作军需和官吏支出费用，及救荒之时，军储、州县仓又被调拨充作赈灾物资，绍兴二十七年（1157）十月二十九日，诏令四川制置司、总领所，并逐路转运、常平司，如常平钱米支用不足，则于宣抚司桩积钱米内量度取拨，赈济灾伤⑥。乾道七年（1171）正月二十二日，朝廷同意襄阳府乞从寄桩大军米内支降三万硕赈济的请求⑦。淳熙八年（1181）十二月十七日，诏镇江府以常平米赈济外，更于桩管米内取拨三万石贴助赈济⑧。淳熙十五年

---

① 《诚斋集》卷六二《旱暵应诏上疏》（淳熙丁未七月十三日上）。
② 详见《宋元方志丛刊》《永乐大典方志辑佚》有关宋代仓廪的记载。
③ 《建炎以来系年要录》卷一八二"绍兴二十有九年闰六月丁巳"条，第3033页。
④ 《救荒活民书》卷二。常平仓义仓申报数目往往与实际所储有一定距离，如"淳熙四年秋七月丙寅，尚书省言：'信州常平义仓米元申帐状，管九万三千余石，今以提举司申有六万八千余石，及至盘量止得一万二千九百余石，其余皆是虚数'。"（《宋史全文》卷二六上）。因此庆元六年（1200）的数据很可能比实际数字要少些。
⑤ 周必大：《周益公文集》卷一五一《桩积米数文字回奏》。
⑥ 《宋会要辑稿》食货六八之六一。
⑦ 《宋会要辑稿》食货六八之六八。
⑧ 《宋会要辑稿》食货六八之七七。

（1188）正月二十九日，诏建康府将所籴桩管米取拨二万石，赈济贫民①。绍熙四年（1193）二月二十九日，诏江陵府于桩管米内取拨七万石，将四万石充赈济之用，三万石赈粜②。庆元六年（1200）八月十九日，诏令建康府于赈粜桩管米内借拨十万石，专充赈粜③。可见这种用常平粮移作军需，又用军储充作赈灾之用的做法，在现实生活中已是司空见惯，并不妨碍救荒措施的正常进行。常平仓也就在一片指责声中继续维持前进，与宋朝的命运相始终。

其二，在南宋专设的常平仓之外，常平仓的"贱籴贵粜"功能则得到前所未有的广泛运用。有宋一代建立的救荒仓廪可谓名目繁多。据张文先生的研究，宋代救荒仓廪从地域和领属划分，全国性的有五种：常平仓、义仓、广惠仓、惠民仓、丰储仓；属于地方性的有二十四种：社仓、永利仓、赈粜仓、州济仓、平籴仓、平止仓、先备仓、平粜仓、平济仓、续惠仓、丰本仓、籴纳仓、广济仓、兼济仓、循环通济仓、济粜仓、州储仓、均惠仓、通济仓、均济仓、端平仓、出粜仓、节爱仓、通惠仓④。当然在此之外，从文献上还可检索到一些，比如：桩积仓⑤、助济仓⑥、济粜仓⑦、平价仓⑧等等。如果按设仓的目的和实际功能划分，上述仓大致可分为二大系统：常平仓系统和义仓系统。南宋后期人在归纳宋代救荒政策时，有说："朝廷荒政有三：一曰赈粜，二曰赈贷，三曰赈济，虽均为救荒而其法各不同，市井宜赈粜，乡村宜赈贷，贫乏不能自存者宜赈济。"⑨"州县赈民之法有三，曰济、曰贷、曰粜，济不可常，惟贷与粜为利可久。"⑩有说："救荒有二名，一曰赈济，二曰赈粜。夫赈济者，皆老幼病患、无依倚、无经纪之人也。既抄劄姓名，审

---

① 《宋会要辑稿》食货六八之八九。
② 《宋会要辑稿》食货六八之九四。
③ 《宋会要辑稿》食货六八之一〇一。
④ 张文：《宋朝社会救济研究》，第41—78页。
⑤ 阳枋：《字溪集》卷二《与绍庆太守论时政书》；《武陵图经志》，引自《永乐大典方志辑佚》，第2407—2409页。
⑥ 《赤城志》，引自《永乐大典方志辑佚》第二册，第937页。
⑦ 《台州府志》，引自《永乐大典方志辑佚》第二册，第948页。
⑧ 《新淦县志》，引自《永乐大典方志辑佚》第三册，第2018页。
⑨ 《宋会要辑稿》食货六八之九八。
⑩ 《宋史全文》卷三一"绍定元年八月"条。

核给历，直计口食，而供养之而已。……夫赈粜者，减价收钱而授米也。"①从宋代各类救荒仓廪的实施情况来说，各类仓廪的功能合流是北宋后期以来的一大趋势，亦即在不同程度上各类仓廪都兼具赈济、赈贷、赈粜功能。但是严格从设仓目的和各类仓实施的主要功能来说，赈贷、赈粜更多属于常平仓系统，而赈济则属于义仓系统。以此再来讨论张文先生所开列的各类救荒仓廪的归属。

广惠仓。始建于仁宗朝，起初其性质应属义仓系统：嘉祐二年（1057），"初，天下户绝田，官自鬻之。至是，枢使韩琦请留勿鬻，而收其租，别仓贮之，以赈穷乏"②。王安石变法期间，广惠仓与常平仓钱谷充作青苗法敛散之本，元祐年间短暂恢复，绍圣元年再废。"其户绝田土并行出卖，本仓见管钱斛拨入常平仓，所有赈济合行事，令户部检举元丰敕令，立法以闻。"③ 至此，以鬻户绝田而收其租赈穷乏的广惠仓完成了它的历史使命。及至南宋孝宗乾道年间在成都府复置和宁宗庆元元年（1195）在全国复置，其性质已变为常平仓系统，据袁说友《补籴蜀路十五州、创籴七州广惠仓米疏》，其中讲到广惠仓籴粜时云："三路七州共创籴米二万九百六十三石一斗九升六合二勺，每石价值不等，共约计籴本钱引一十一万二千八百七十九道四百六文、见钱三贯七百一文、三路粟七百三十三石七斗，庆元三年赈粜赈济支用过米粟，共一十一万九千六百三十石一斗六升七合。"④ 真德秀在《建宁府广惠仓记》云："初议用社仓法，谷贵时出以贷民，至秋责其入。既又虑其有督索之烦，均备之扰，或反以为病。于是祖常平敛散之旧，粜以夏，籴以秋。籴价视时之高下，而粜则少损焉。是冬条约成。"⑤ 显然南宋时期广惠仓的主要功能是赈贷与赈粜。

惠民仓。始建于宋太宗淳化年间，"令诸州惠民仓，遇籴稍贵，减价以

---

① 王柏《鲁斋王文宪公文集》卷一五《述民志》。
② 陈均：《皇朝编年纲目备要》卷一五："嘉祐二年秋八月，置广惠仓。"中华书局2006年版，第352页。
③ 《皇朝编年纲目备要》卷二四："绍圣元年九月，废广惠仓。"第588页。
④ 袁说友：《东塘集》卷九。
⑤ 真德秀：《西山先生真文忠公文集》卷二四。

粜贫民，每人不过一斛"①。其属于常平仓系统甚明。虽然咸平二年（999）在福建，天禧四年于荆、湖、川、陕、广南增置，但是随着天禧四年（1020）以后常平仓在全国普遍设置，惠民仓似即归属常平仓。因为此后文献再很少提及，及至南宋以后因地方官员的奏请，在一些地区才重新陆续复置。但仍属常平仓性质，如理宗绍定元年在潭州复置，"今拨缗钱一十万有奇，分下潭、湘十县，委令佐粜米，置惠民仓，乞比附常平法。从之"②。魏了翁《潭州惠民仓记》："粜之日自二月讫七月，正新陈未接，民苦贵籴而计口给券，视时直加损焉。"③

丰储仓。始建于绍兴二十六年（1156），"户部尚书韩仲通乞以上供米所余之数，岁桩一百万石，别廪贮之，遇水旱则助军粮，及减收粜，号丰储仓。壬午，诏从之。上曰：所储倘遇水旱，诚为有补，非细事也。"④"其后，又储二百万斛于镇江及建康。"⑤丰储仓的主要功能是为荒年提供军粮，但在用于救济百姓上它属于义仓系统，"专以待饥馑发散之用，则旱干水溢有所恃而不恐，诚为当今莫大之急务也"⑥。

以上是全国性仓种的功能归属，显然都贯穿了"贱籴贵粜"的常平功能。地方性仓种从文献记载和张文先生归纳的功能看，几乎清一色属于常平仓系统。如果从这些地方仓种设置的原因分析，大致可分为五个方面：

其一，因常平仓不能惠及广大乡村而设，社仓最具典型，前已述之，不赘。

其二，因常平仓储粮有限，为补其不足而设。桂阳先有常平仓，但是"常平之米有限，发廪不能供"，于是搏节经费，用多收米斛，"别置廒眼，以备春时平粜之用。仍令本路常平使者核实，视多寡以议赏罚"，号先备仓⑦。其后又建通惠仓，其原因依然是为补赈贷、赈粜仓廪之不足："本军

---

① 吕祖谦：《历代制度详说》卷八《荒政·制度》。《吕祖谦全集》第九册，浙江古籍出版社2008年版，第106页。
② 《宋史全文》卷三一"绍定元年八月"条。
③ 魏了翁：《重校鹤山先生大全文集》卷四三。
④ 熊克：《中兴小纪》卷三七"绍兴二十六年六月"条，第445页。
⑤ 《建炎以来朝野杂记》甲集卷一七《丰储仓（外路积粮）》，第389页。
⑥ 林之奇：《拙斋文集》卷六《上丞相论丰储仓事》。
⑦ 《桂阳志》，引自《永乐大典方志辑佚》第四册，第2385页。

旧有万石仓，又有节爱仓、先备仓，皆所以广赈恤也。然万石一仓，事关朝廷，非本军所得而专。止有节爱、先备二仓，可以岁续民食，往往局于所积，折于所粜，米尽仓空，殆成虚设，详究其弊，在于贵籴贱粜。夫籴不贵则伤农，粜不贱则伤民，二者难乎其两全也。嘉熙庚子，朱知军天锡，乃合二仓之额以通惠名之，计三千硕充数，分作两年粜籴，循环不已，以广生生无穷之惠，庶几不困税户，可济细民。申请于朝，获旨报可。"①

其三，针对常平仓被违法支借、挪用的弊端而设。富阳县建丰本仓时，就是有鉴于常平仓"陈新不易而腐败之，省察不时而吏蠹之，甚者他用不足潜易而空之，于是民无所赖矣"。所以"比岁守牧之贤者市粟筑仓储之别地，盖虑异时侵易，如常平义仓也"②。又如建康府所建平止仓也是出于同样的考虑，因此在须知中就明确规定："不许本府及诸司占借，以开异时无穷之害，事当谋始，不可不谨。"③

其四，为革除常平仓与州县仓相混的弊端而设。如宜春州储仓规约之一："本仓所贮米，系是别行储蓄，与州仓不相关涉，非遇水旱济粜，不可妄动。"④

其五，更多的地方救荒仓的设置与常平仓管理体制中过于集中的弊端分不开。如徽州平籴仓、明州平籴仓、兴化军平粜仓建仓的原因即是因为"虽常平有粟，然请于朝，告于部使者，率坐阻绝，赈恤不时。"⑤"常平置使自专一司，州县发敛皆禀命焉。虽河内有饥民，不容以便宜从事，此制置司所以自创平籴仓，盖有以也。"⑥"常平以使者典领，使者去民远，而不时发也，郡县去民近，而不敢发也，是仓属于郡，而不属于使者也，掌乎僧而不掌乎吏也，守以规约而不守以文法也，广先贤之遗意，辅常平之不及，不在兹乎?"⑦ 其他仓种大致也多是出于类似的原因，如建康府平止仓"撙节到钱一十五万贯，拨充循环籴本，更不申作朝廷之数，贱则籴，贵则粜，随粜随

---

① 《前桂阳府桂阳志》，引自《永乐大典方志辑佚》第四册，第2385—2387页。
② 程珌：《程端明公洺水集》卷七《富阳县创建丰本仓记》。
③ 周应合：《景定建康志》卷二三《城阙志四·诸仓》，《宋元方志丛刊》第二册，第1687页。
④ 《宜春志》，引自《永乐大典方志辑佚》第三册，第1844页。
⑤ 程珌：《程端明公洺水集》卷七《徽州平籴仓记》。
⑥ 罗濬：《宝庆四明志》卷六《制置使司平籴仓》，引自《宋元方志丛刊》第五册，第5062页。
⑦ 刘克庄：《后村先生大全集》卷八八《兴化军创立平粜仓记》。

籴,循环无穷,权既在我,米价自平,实为永久之利"①。"江西号粳稻之乡,然民无贮蓄,一遇俭岁,常平所储既尠,又必关白使者,待其符下每患不及事,公撙用度,凡厨传苞苴等事一切不为,既有余则储米几二万斛,名之曰州济仓。春夏籴贵则发以粜,秋冬收成,复积之如常平法。"② 李直节文《新创州济米仓记》:"岁或俭,州得自专发,此平其直,以济吾民。期谷贱,补其数,若能增益之,而又继以常平之廪,吾州其永济矣。"③ 徽州府"虽有常平及平籴仓,然必待报,不得专发"。所以,"太守宋济,别积米五千石",建端平仓"以贮之,米价微踊,亟以元直售民"④。

清人说:"汉耿寿昌为常平仓,至宋遂为定制。"⑤ 如果此说仅指常平仓在宋代的广泛建置,那还不够确切,因为到南宋后期常平仓多被移作他用,但是如果把"常平"功能在救荒仓廪中得到普遍推广的事实包括在内,说"至宋遂为定制"可视作确论。

从上面的论述不难看出,常平仓系统在宋代救荒仓廪中占据绝对的主导地位,那么是否就可以得出义仓系统没有什么发展的结论?回答是否定的。从表面形式来说,义仓在北宋几经周折直到后期才有所发展,但很快与州县仓合流,至南宋也与常平仓一样多处在名不副实的状态,但是征纳上户(富户)直接救济贫乏的"义仓"精神却在两个方面得到充分发展。一方面是通过加大"劝分"范围和力度的途径,从更广阔的层面实践"征纳上户"直接救济贫乏的精神;另一方面是利用国家的储蓄力量来主导临灾救济活动,这种国家的储蓄力量在北宋主要是通过州县仓的救济表现出来,南宋则是通过拨付大量的"桩管米",或"桩积米"来实现。由于前者涉及面较大,前文已有专门讨论,下面主要讨论"桩管米",或"桩积米"与南宋的临灾救济。

---

① 周应合:《景定建康志》卷二三《城阙志四·诸仓》,引自《宋元方志丛刊》第二册,第1687页。
② 真德秀:《西山先生真文忠公文集》卷四二《通议大夫宝文阁待制李公墓志铭》。
③ 《宜春志》,引自《永乐大典方志辑佚》第三册,第1842页。
④ 《徽州府志》,引自《永乐大典方志辑佚》第二册,第1048页。
⑤ 《御览经史讲义》卷二五《周礼》。

五、桩管米与南宋的临灾救济

前揭北宋时期州县仓在临灾救荒中发挥了重要作用，可是南渡后这种状况似有了很大改变，南宋宁宗时人董煟说："今州县有常平仓，有义仓，朝廷诸路又有封桩米斛，至于大军仓、丰储仓、州仓、县仓，皆不与焉。但赋敛繁重民间实无所蓄耳。然官之所蓄，又各有司存而不敢驯致积为埃尘，盍亦讲求古人凶年通财之义乎。"①董煟所言"至于大军仓、丰储仓""不与焉"，从南宋救荒实际来讲是不够确切的，因为这些仓在不同程度上都或多或少地参与了救荒活动。如绍兴十三年（1143）三月十八日，"诏令淮东总领吕希常于大军米内支三千石，量度分拨与镇江府，委官管押前去米价踊贵去处，减价出粜，仍令淮西总领吴彦璋契勘，本路如合出粜，依此施行"②。乾道七年（1171）正月二十二日，"利州观察使、知襄阳府韩彦直言：去岁秋苗不登，乞于本府寄桩大军米内支降三万硕赈济。从之"③。而丰储仓在设置之初就是为了"备水旱、助军粮"，绍熙二年（1191）二月六日，"诏：近日雪寒，细民不易，可令丰储仓支米五万石，令户部同临安府守臣措置，将城内外委系贫乏老疾之人计口赈济，务要实惠及民，具已赈济人数闻奏"④。开禧二年（1202）正月十一日，"诏：雪寒，细民不易，可于丰储仓支米五万石，令临安府守臣措置，将城内外委系贫乏老疾之人计口赈济，务要实惠及民，具已赈济人数闻奏。"⑤但说州仓、县仓不与，大致是符合事实的，目前确实很少发现征调州县仓的记录。"诸州郡每岁输纳秋租，自装发纲运之后，仓廪一空。"⑥"州县穷空，军人待哺，不幸而省仓无粟。"⑦此类情况大致是当时州县仓的真实写照。

由前揭还知道，常平仓、义仓在南宋常常被移用或挪用，救荒的实际功

---

① 《救荒活民书》卷一"国无九年之蓄"条。
② 《宋会要辑稿》食货六八之六〇。
③ 《宋会要辑稿》食货六八之六八。
④ 《宋会要辑稿》食货六八之九一。
⑤ 《宋会要辑稿》食货六八之一〇三。
⑥ 《建炎以来系年要录》卷一七七"绍兴二十有七年九月丙子"条，第2933页。
⑦ 杨万里：《诚斋集》卷六二《旱暵应诏上疏》（淳熙丁未七月十三日上）。

能大大减弱。一方面州县仓的救荒作用很有限，一方面常平仓、义仓的实际功能大大减弱，那么南宋的救荒之政如何维继？这就是董煟说的"朝廷诸路又有封桩米斛"。考诸史实，封桩米斛在南宋时期临灾救荒中所起的作用与北宋州县仓所起作用相比，可谓是有过之而无不及。封桩米斛在史料上一般称作"桩管米"，或"桩积米"。桩管米的起因直接与北宋初年收夺地方财权相关联，对此，马端临有精彩的议论。他说：

> 上供之名始于唐之中叶，盖以大盗扰乱之后，赋入失陷，国家日不暇给，不能考核，加以强藩自擅，朝廷不能制。是以立为上供之法，仅能取其三之一。宋兴，既已削州镇之权，命文臣典藩，奉法循理，而又承平百年，版籍一定，大权在上，既不敢如唐之专擅以自私，献入有程。又不至如唐之斁乱而难考，则虽按籍而索，锱铢皆入朝廷，未为不可。然且犹存上供之名，取酌中之数，定为年额，而其遗利则付之州县桩管。盖有深意，一则州郡有宿储，可以支意外不虞之警急；二则宽于理财，盖阴以恤民，承流宣化者，幸而遇清介慈惠之人，则上供输送之外，时可宽假以施仁；不幸而遇贪饕纵侈之辈，则那（郡）计优裕之余，亦不致刻剥以肆毒，所谓损上益下者也。呜呼仁哉！①

南宋初年虽然否定了北宋中后期的变法运动，但是变法运动大大加强中央支配地方财权的成果被南宋政权全盘承袭。这是南宋政权大量封桩米斛的前提条件。桩管米与北宋的封桩米斛相同点是都是朝廷所为，不同点是北宋的封桩米斛属地方为朝廷守财"系省""州郡有宿储"的性质，而南宋时的桩管米则是朝廷封存在地方应急的专用物资，非朝廷旨意，不得支用。南宋桩管米主要来源有二，一是承袭北宋以来封桩上供"遗利"，二是通过籴买，由这条途径封桩的米斛似多称作"桩积米"。先看前者。熊克《中兴小纪》卷三七，绍兴二十六年（1156）六月记丰储仓建立的经过时云：

> 户部尚书韩仲通乞以上供米所余之数，岁桩一百万石，别廪贮之，

---

① 《文献通考》卷二三《国用考一》，考228页。

遇水旱则助军粮及减收籴，号丰储仓。壬午，诏从之。上曰：所储，倘遇水旱，诚为有补，非细事也。

《宋史》卷一百六十五《职官五》述司农寺丰储仓所云：

> 初，绍兴以上供米余数桩管别廪，以为水旱之助，后又增广收籴。淳熙间，命右司为之提领，后以属检正，非奉朝廷指挥不许支拨。别置赤历，提领官结押，不许衮同司农寺收支经常米数。凡外州军起到桩管米，从司农寺差官盘量，据纳到数报本所桩管，监官、监门官遇考任满所属批书外，仍于本所批书，视其有无欠折，以定其功过。在外，则镇江、建康亦置仓焉。

这里所言南宋行在丰储仓桩管米的做法，其后在南宋境内得到广泛推广，朝廷在各地州县仓，各级司、所仓廪都储有大量的桩管米，用于备战备荒。下面依据《宋会要》食货的材料简略列表：

时间	桩管米所属仓	用途	资料出处
绍兴二十七年（1157）	十月二十九日，四川制置司、总领所，并逐路转运常平司于宣抚司桩积钱米内量度取拨。	赈济	六八之六一
绍兴二十九年（1159）	二月二十五日，临安府于行在桩积米内借拨。	赈粜	六八之六一
隆兴二年（1164）	八月二十八日，淮东见管米斛内支拨一万石措置。	赈济	六八之六二至六三
乾道七年（1171）	正月二十三日，襄阳府寄桩大军米内支降三万硕。	赈济	六八之六八
乾道七年（1171）	八月一日，江州见桩管朝廷米内逐急借允。	赈粜	六八之六九

续表

时间	桩管米所属仓	用途	资料出处
乾道七年（1171）	十月七日，饶州桩管米三万硕。	赈粜	六八之七一
淳熙二年（1175）	闰九月二十八日，淮东总领见桩管米斛内量行取拨。	减价出粜	六八之七四
淳熙二年（1175）	十月九日，建康府于桩管朝廷米内借米五万石。	赈济	六八之七四至七五
淳熙四年（1177）	九月二十一日，襄阳府见桩管朝廷米内取拨次等米一万五千石。	赈给归正贫民	六八之七六
淳熙五年（1178）	十一月二十三日，高邮军、楚州于高邮军桩管米内各支一万石，泰州于本州支一万五千石，通州、楚州并于镇江府赈粜米内各支一万五千石。	并充赈贷	六八之七六
淳熙六年（1179）	十二月二十四日，和州于本州桩积米内支借一万石。	赈贷	六八之七六
淳熙八年（1181）	十二月十七日，镇江府以常平米赈济外，更于桩管米内取拨三万石。	贴助赈济	六八之七七
淳熙八年（1181）	十二月十七日，江西旧有上供米一十四万石，见在诸州桩管，令逐州知、通认数。	赈粜	六八之七七
淳熙九年（1182）	正月十一日，镇江府于见桩管会子内取拨三万贯。	付淮南运判赵彦迪贴助赈济	六八之七八
淳熙九年（1182）	正月十一日，镇江府见桩管陈次米内支拨二万石。	通融赈济赈粜浙西州军	六八之七八
淳熙九年（1182）	正月二十六日，江州守臣于本州见桩管米内借拨一万石。	专充赈粜	六八之七八
淳熙九年（1182）	正月二十七日，京西常平司于见管常平米内借拨五千石。	通融赈粜	六八之七八

续表

时间	桩管米所属仓	用途	资料出处
淳熙九年（1182）	二月十二日，荆门军于见桩管米内支一千八百石，借拨三千石。	按续赈粜	六八之七八
淳熙九年（1182）	二月十三日，复州将见管湖广总领所籴到桩管米内支拨一千石。	补助本州赈济饥民	六八之七八
淳熙九年（1182）	三月十一月（日），德安府于桩管米内借拨三千石付江陵府，二千石付信阳军。	并充赈济	六八之七九
淳熙九年（1182）	三月二十五日，平江府于桩管米内支四千石。	常州赈济	六八之七九
淳熙九年（1182）	九月十七日，昌、合、普、资四州于四川总领新桩管钱引内支十万贯。	随宜给散	六八之七九
淳熙十年（1183）	十二月十五日，建康府于见桩管籴还米内支拨一万九千石。	赈济	六八之八二
淳熙十一年（1184）	正月二十七日，襄阳府见桩管米内借拨五千石。	专充赈粜	六八之八三
淳熙十三年（1186）	十二月二十二日，临安府于封桩库丰储仓支拨钱米。	赈济城内外贫乏老疾之人	六八之八四
淳熙十五年（1188）	正月二十九日，建康府将所籴桩管米取拨二万石。	赈济贫民	六八之八九
淳熙十六年（1189）	十一月十八日，四川总领所于阶、成、西和、凤州桩积陈次物斛内各借一万石拨隶利州路运司。	准备将来贷济阙食人户	六八之九〇
绍熙二年（1191）	三月二十二日，蕲州于见桩管米内取拨一万石。	赈济赈粜	六八之九一
绍熙四年（1193）	二月二十九日，江陵府于桩管米内部取拨。	七万石充赈济之用，三万石赈粜	六八之九四

续表

时间	桩管米所属仓	用途	资料出处
绍熙五年（1194）	二月十一日，建康府、太平州桩管米内各取拨四万石。	赈粜	六八之九五
庆元六年（1200）	八月十九日，令镇江府于转般仓桩管陈次米内借拨七万石。	内三万石专充赈济，四万石充赈粜	六八之一〇一
庆元六年（1200）	八月十九日，建康府于赈粜桩管米内借拨十万石。	专充赈粜	六八之一〇一
嘉泰四年（1204）	三月二十七日，抚州于本州今岁合发淮西总领所米内截拨七千石。	赈济使用	六八之一〇二
嘉定十二年（1219）	十二月九日，丰储仓所于桩管米内支拨二万石。	赴临安府遍置场赈济五日	六八之一〇八
（绍定）四年（1231）	二月九日，楚州于桩管米内支拨一万石。	赈济山西阙食人民	六八之一一〇

为了说明问题，下面仍然依据《宋会要》食货所载大致同时期有关常平义仓的救灾史实，以作比较，看看桩管米在南宋救荒中的作用。

绍兴六年二月一日，诏令江西转运司于去年上供米内支拨一万石，付本路帅司勘量灾伤轻重，与常平米相兼均俵，赈济支用。①

绍兴六年七月十八日，尚书省言：广西钦、廉、邕州缘去岁大水，即今米价踊贵，细民难（艰）食，欲令本路常平官体访，如委是诣实，即立便前去，及分委官属各躬亲遍诣逐州，取拨常平米斛赈济。如逐州所管数少，即于邻近州县那拨应副。②

绍兴七年二月十二日，尚书省言：镇江府、太平州居民遗火，细民无不暴露艰食，令李谟、张汇于常平、义仓米内各支拨二千石，分委兵

---

① 《宋会要辑稿》六八之五八。
② 《宋会要辑稿》六八之一二二。

官抄劄被火百姓贫乏之家，每家计口支食二升。①

绍兴二十七年十月二十九日，诏令四川制置司、总领所并逐路转运、常平司，各具管下州县有无旱伤闻奏，如有实被旱伤去处，仰支拨常平钱米赈济，或支用不足，即于存留旧宣抚司桩积钱米内量度取拨。②

绍兴二十八年八月二十七日，诏令吴璘同苏钦、许大英，将被水州军人户取拨常平司义仓米赈济，多方措置存恤，无令失所。③

绍兴二十九年二月二十五日，诏令逐处守臣于见管常平、义仓米内取拨二分，减市价二分赈粜，内临安府于行在桩积米内借拨。④

隆兴二年八月二十三日，诏临安府米价增贵，细民艰食，令常平出米二万石赈粜。⑤

乾道五年四月十五日，诏：应福建路有贫乏之家生子者，许经所属具陈，委自长官验实，每生一子，给常平米一石，钱一贯，助其养育，余路州军依此施行。⑥

乾道七年八月一日，诏江州……将见管常平义仓米斛四万四千余硕措置赈粜，如不足，即仰收籴客米，或尚阙少，仰于本州见桩管朝廷米内逐急借兑赈粜。⑦

淳熙七年九月十三日，诏：今岁江东州军亢旱，令本路提举常平司将所部州军应管常平义仓钱米通融宽数，支拨赈粜。同日，诏：镇江府以常平米赈济外，更于桩管米内取拨三万石贴助赈济。二十一日，诏饶州旱伤处，令本路提举将常平义仓钱米通融宽数支拨外，其淳熙六年桩留米尽行赈粜。二十三日，秀州守臣言：本州旱歉，见措置赈济，用米甚多，本州并诸县共有常义平仓米十五万余石，恐未足用，乞于本州旧桩管和籴米内支拨一十万石省……十二月，诏左藏南库支会子二十万贯，浙东路常平义仓钱内支一十万贯，付浙提举朱熹措置循环籴米，充

---

① 《宋会要辑稿》六八之一二三。
② 《宋会要辑稿》六八之六一。
③ 《宋会要辑稿》食货六八之一二四。
④ 《宋会要辑稿》六八之六一。
⑤ 《宋会要辑稿》六八之六二。
⑥ 《宋会要辑稿》六八之一二七。
⑦ 《宋会要辑稿》六八之六九。

一路赈济。①

淳熙九年正月二十七日，诏京西常平司于见管常平米内借拨五千石，于本路通融赈粜。②

七月六日，知隆兴府留正言：本路州军旱伤之甚，诸郡常平义仓米约有三十万余石，及漕司桩管米十万余石，通共四十万有余石，乞立价预行赈粜。从之。③

淳熙十二年二月四日，洋州见在常平斛斗不多，已移文利州路常平司，将金州余在钱银补洋州之不足。又于本司那拨钱引一千五百道，送洋州收粜，准备赈济。④

嘉熙三年九月辛卯，以江、湖、浙东、建、剑、汀、邵旱伤，诏诸路提举常平司核所部州县常平义仓之储，以备赈济。⑤

上引材料显示，宋理宗朝以前常平义仓在救荒额度、频率、范围上都略逊于桩管米的投入，其所以常平仓、义仓不如桩管米，很大的原因是常平仓义仓储粮没有桩管米丰厚。据记载，虽然宋政府在常平仓义仓投入的本钱相当可观，比如："绍兴二十九年科降本钱及取拨常平司作赈粜钱，令江、湖、浙西路漕司选官置场，或就客贩增价收粜米，共二百三十万石，内浙西一百万石，并起赴镇江、平江府、常州，江东五十万石赴建康府、太平、池州，江西三十万石赴江州，湖南二十万石赴荆南，湖北三十万石赴荆南府、鄂、纯州，每石降本钱二十，西以关子茶引及银充其数。从之。"⑥ 宁宗庆元六年（1200），据诸路提举司申户部的常平仓与义仓储粮合计约四百万石，缗钱一百二十万⑦。但这个数额与淳熙十五年（1188）南宋境内"所有内外诸处申到今年见在（桩积）米数二件，总计六百七十九万余石"⑧ 相比，还是

---

① 《宋会要辑稿》六八之七八。
② 《宋会要辑稿》六八之七八。
③ 《宋会要辑稿》六八之七九。
④ 《宋会要辑稿》六八之八四。
⑤ 《宋史全文》卷三三。
⑥ 《建炎以来系年要录》卷一八二"绍兴二十九年闰六月丁巳"条，第3033页。
⑦ 《救荒活民书》卷二《义仓》。
⑧ 周必大：《周益公文集》卷一五一《右丞相奉诏录六桩积米数文字回奏》。

逊色了许多。而且常平仓义仓申报数目往往与实际所储有一定距离，如："淳熙四年秋七月丙寅，尚书省言：信州常平义仓米元申帐状，管九万三千余石，今以提举司申有六万八千余石，及至盘量止得一万二千九百余石，其余皆是虚数。"① 因此庆元六年（1200）的数据很可能比实际数字还要少些。不仅如此，如前揭常平仓、义仓储粮被用作军粮的数额也相当庞大，这里再举两个数据："绍兴三十有一年五月丙申，后二日，遂发江西折帛、湖广常平米钱及末茶长短引，共一百四十余万缗，湖北常平义仓及和籴米六十三万石、料十万石，赴湖广总领所交收以备军用。"② "绍兴三十有一年冬十月壬子，殿中侍御史杜莘老言，四川见管常平义仓米六十二万石，乞依两淮湖广已得旨，令漕臣遣官核实，以备军食。从之。"③ 所以时人一再指出："今日常平义仓之储，虽有美名，本无实惠，不惟州县有侵借之患，而支拨至有淹延之忧。城邑近郊尚可少济，乡落少民瘅身从事。彼知官长、皂吏为何人，一旦藜藿不继，又安能扶持百里取籴于场，以活其已饿之莩哉！是有之与无，其理一也。"④

---

① 《宋史全文》卷二六上。
② 《建炎以来系年要录》卷一九〇，第3177页。
③ 《建炎以来系年要录》卷一九三，第3239页。
④ 《古今源流至论》后集卷一〇《常平义仓》。

第二十章

宋代黄河的管理与河患的防治

黄河是中国的第二大河流。黄河与中国历史的发展息息相关。它既培育了璀璨的民族文化,也给历史留下了诸多痛苦的记忆。宋徽宗时人任伯雨说:"黄河为中国患二千岁矣。""自古竭天下之力以事河者,莫如本朝。"① 验之史实,北宋一代河患之频繁,治河规模之浩大,不仅远过于汉唐,就是与金元明清相比也是非常突出的。目前有关北宋黄河决溢与治理方面的讨论,虽然已有相当多的成果②,但是大多数讨论的文章都是从研究黄河水系变化的角度有所涉猎而已,对北宋黄河泛滥与宋统治者的治理对策方面的研究还存在相当大的拓展余地。

一、治河对策及论争

面对上述严重的河患,如何治理黄河,就成为赵宋统治者一项重要的议事日程。早在太祖时期为消弭河患曾专门下诏求治河之策,开宝五年(972)

---

① 《历代名臣奏议》卷二五三《论黄河状》。
② (日)吉冈义信:《宋代黄河史研究》,御茶水书房1978年版;岑仲勉:《黄河变迁史》,中华书局2004年版;姚汉源:《中国水利发展史》,上海人民出版社2005年版;《黄河水利史述要》,黄河水利出版社2003年版;邹逸麟:《宋代黄河下游横陇北流诸道考》,《文史》第12辑,1982年,收入氏著《椿庐史地论稿》,天津古籍出版社2005年版;王颋:《黄河故道考辨》,华东理工大学出版社1995年版;黄光涛:《北宋黄河氾滥及治理之研究》,台湾《花莲师专学报》1976第8期。

六月诏曰：

> 近者澶、濮等州霖雨洊降，洪河为患，朕以屡经决溢，重困黎元，每阅前书，详究经渎。至若夏后所载，但言导河至海，随山浚川，未尝闻力制湍流，广营高岸。自战国专利，堙塞故道，小以妨大，私而害公，九河之制遂堕，历代之患弗弭。凡搢绅多士，草泽之伦，有素习河渠之书，深知疏导之策，若为经久，可勉重劳，并许诣阙上书，附驿条奏。朕当亲览，用其所长，勉副询求，即示甄奖。

诏书下后，太祖听说东鲁逸人田告著有《禹元经》十二篇，遂召田告，"询以治水之道，善其对，将授以官。告固辞父年老，求归奉养。诏从之"①。其后，多有治河奏书上闻朝廷。开宝六年（973）八月"草泽王德方上《修河利害》，特赐同学究出身"②。大中祥符五年（1012）正月戊戌，秘阁校理李垂上《导河形胜书》三篇并图③。"李渭字师望，其先西河人，后家河阳。……会河决滑州，天圣初（1023），上治河十策。"④《庆历河防通议》：书目一卷，庆历八年河决澶渊，诏有司防塞，屯田员外郎沈立督役，因考搜前志，询择时论，著为八议。沈立在商胡采摭大河事迹，古今利病，曰：河防通议。"⑤"治河者悉守为法。"⑥"宣和二年八月二十九日，《编类河防书》成，二百九十二卷。"⑦

吕大防说："本朝黄河持议者有三说，一曰回河，二曰塞河，三曰分水。"⑧吕大防所讲三说实际上是北宋治理黄河的主要对策或方案。吕大防讲三说之时正值元祐回河之争白热化之际，因而他把回河放在了首位。实际上北宋治河对策较早出台的是分水方案，而且随着时间的推移，三说往往是

---

① 《续资治通鉴长编》卷一三，第285页。
② 《宋会要辑稿》方域一四之二。
③ 王应麟：《玉海》卷二二，广陵书社2003年版，第445页。
④ 《宋史》卷三二六《李渭传》，第10528页。
⑤ 《玉海》卷二二，第449页。
⑥ 《宋史》卷三三三《沈立传》，第10698页。
⑦ 《玉海》卷二二，第450页。
⑧ 《宋会要辑稿》方域一五之一四。

相互交错。为了叙述方便，先说分水。

较早提出分水治河对策的是宋太宗时知开封司录参军事赵孚。太平兴国八年（980）五月，赵孚受诏行视黄河，"分南北岸按行，复遥堤以纾湍决。孚言治遥堤不如分水势，于是建议于澶、滑二州立分水之制"①；"宜于南北岸各开其一，北入王莽河以通于海，南入灵河以通于淮，节减暴流，一如汴口之法。其分水河，量其远迩，作为斗门，启闭随时，务乎均济。通舟运，溉农田，此富庶之资也。"②但这个分水方案因"时决河未平，重惜民力而寝焉"③。

宋真宗时，李垂在大中祥符五年（1012）和天禧四年（1020）分别上《导河形胜书》和言疏河利害，再次提出分水治河的方案：

> 臣请自汲郡东推禹故道，挟御河，较其水势，出大伾、上阳、太行三山之间，复西河故渎，北注大名西、馆陶南，东北合赤河而至于海。因于魏县北析一渠，正北稍西径衡漳直北，下出邢、洺、如《夏书》过泽水，稍东注易水、合百济、会朝河而至于海。大伾而下、黄、御混流，薄山障堤，势不能远。如是则载之高地而北行，百姓获利，而契丹不能南侵矣。

> 何以计之？臣请自卫州东界曹公所开运渠东五里，河北岸凸处，就岸实土坚引之，正北稍东十三里，破伯禹古堤，注裴家潭，径牧马陂，又正东稍北四十里，凿大伾西山，酾为二渠：一逼大伾南足，决古堤正东八里，复澶渊旧道；一逼通利军城北曲河口，至大禹所导西河故渎，正北稍东五里，开南北大堤，又东七里，入澶渊旧道，与南渠合。夫如是，则北载之高地，大伾二山胂股之间分酌其势，浚泻两渠，汇注东北，不远三十里，复合于澶渊旧道，而滑州不治自涸矣。④

对于赵孚和李垂的分水方案，近人岑仲勉先生评论其优劣时，以为两个

---

① 《宋史》卷二八七《赵安仁传》，第9655页。
② 《宋史》卷九一，第2259页。《长编纪事本末》卷一一《塞滑河》，第240—241页。
③ 《宋史》卷二八七《赵安仁传》，第9655页。
④ 《宋史》卷九一，第2261、2263—2264页。

方案，"可说是根本相同，不过垂从经义出发，赵孚从现实出发，垂拟分河作六支，都以渤海为出口点，赵孚拟分作两支，一向渤海，一向黄海。比较起来，赵孚的计划，比李垂的更为切实，可惜当时未有采用，后人也从不重视他的意见，真是英雄无用武之地了"①。

虽说像赵孚和李垂这样大手笔的分水方案因工程浩大而难以被采纳，但在实际治河过程中的局部环节，以分减水势缓解河患的做法却是屡试不爽。淳化四年（993）九月，"河决澶州，是岁，巡河供奉官梁睿上言：'滑州土脉疏，岸善隤，每岁河决南岸，害民田。请于迎阳凿渠引水，凡四十里，至黎阳合大河，以防暴涨。'"这个建言得到太宗的许可。五年（994）正月，"滑州言新渠成，太宗又案图，命昭宣使、罗州刺史杜彦钧率兵夫，计功十七万，凿河开渠，自韩村埽至州西铁狗庙，凡十五余里，复合于河，以分水势"②。大中祥符八年，开滑州小河，以分水势③。自神宗朝以后，回河之争迭起，其中存二股河以分流的做法颇得一些士大夫的赞同。如韩赞说："商胡决河，自魏到恩、冀、乾宁，入于海，今二股河自魏、恩东至于德、沧，入于海，分为二，则上流不壅，可以无决溢之患。"司马光说："西北之水，并于山东，故为害大，分则害小。"④ 范百禄说："审议事理，酾为二渠，分派行流，均减涨水之害，则劳费不大，功力易施。"⑤ 赵偁说："北流全河，患水不能分也；东流分水，患水不能行也。"许将说："若舍故道，止从北流，则虑河下已湮而上流横溃，为害益广。若直闭北流，东徙故道，则复虑受水不尽而被堤为患。窃谓宜因梁村之口以行东，因内黄之口以行北。"⑥

其次，回河。景祐元年、庆历八年（1048）二次在澶州横陇埽、商胡埽决口，河道向北迁移，形成历史上的第三次大改道。对这次大改道，其初宋廷欲塞堵决口，但因工程浩大，未及实施，"观文殿学士丁度等合奏修河利害曰：'天圣中，滑州塞决河，积备累年始兴役，今商胡工尤大，而河北岁

---

① 《黄河变迁史》，第364页。
② 《宋史》卷九一，第2260页。
③ 《宋会要辑稿》方域一四之六，第7548页。
④ 《宋史》卷九一，第2274、2278页。
⑤ 《宋史》卷九二，第2295页。
⑥ 《宋史》卷九三，第2304、2305页。

饥民疲，迫寒月，难遽就也。且横陇决已久，故河尚未填阏，宜疏减水以杀水势，俟来春先塞商胡。'从之。"于是，判大名府贾昌朝首次提出黄河北流动摇边鄙，请复京东故道。上言：

  按夏禹导河过覃怀，至大伾，酾为二渠，一即贝丘西南，《河渠书》称北过洚水至于大陆者是也。一即漯川，史说经东武阳，由千乘入海者是也。河自平原以北播为九道，齐桓公塞其八而并归徒骇。汉武帝时，决瓠子，久为梁、楚患，后卒塞之，筑宫其上，名曰宣房，复禹旧迹。至王莽时，贝丘西南渠遂竭，九河尽灭，独用漯川。而历代徙决不常，然不越郓、濮之北，魏、博之东。即今澶、滑大河，历北京朝城，由蒲台入海者，禹、汉千载之遗功也。

  国朝以来，开封、大名、怀、滑、澶、郓、濮、棣、齐之境，河屡决。天禧三年至四年夏连决，天台山傍尤甚。凡九载，乃塞之。天圣六年，又败王楚。景祐初，溃于横垄，遂塞王楚。于是河独从横垄出，至平原，分金、赤、游三河，经棣、滨之北入海。近岁海口壅阏，淖不可浚，是以去年河败德、博间者凡二十一。今夏溃于商胡，经北都之东，至于武城，遂贯御河，历冀、瀛二州之域，抵乾宁军，南达于海。今横垄故水，止存三分，金、赤、游河，皆已堙塞，惟出壅京口以东，大污民田，乃至于海。自古河决为害，莫甚于此。

  朝廷以朔方根本之地，御备契丹，取材用以馈军师者，惟沧、棣、滨、齐最厚。自横垄决，财利耗半，商胡之败，十失其八九。况国家恃此大河，内固京都，外限敌马。祖宗以来，留意河防，条禁严切者以此。今乃旁流散出，甚有可涉之处，臣窃谓朝廷未之思也。如或思之，则不可不救其弊。臣愚窃谓救之之术，莫若东复故道，尽塞诸口。按横垄以东至郓、濮间，堤埽具在，宜加完葺。其堙浅之处，可以时发近县夫，开导至恽州东界。其南悉沿邱麓，高不能决。此皆平原旷野无所院束，自古不为防岸以达于海，此历世之长利也。谨绘漯川、横垄、商胡三河为一图上进，惟陛下留省。①

---

① 《续资治通鉴长编》卷一六五"庆历八年十二月庚辰"条，第3976—3977页。

这个回河方案，后经朝廷遣郭劝、蓝元用等相度修复黄河故道，以为工程浩大"凡浚二百六十里一百八十步，役四千四百九十万四千九百六十工"，议虽上，未克实行①。皇祐元年（1049）三月，黄河合永济渠注乾宁军。三年七月，黄河又决大名府馆陶县之郭固口②。四年（1050）正月，"塞郭固而河势犹壅，议者请开流以披其势"。自此宋廷对开六塔河，欲约水入横垄故道，极感兴趣，因而一时在朝廷形成两种方案：一种主张恢复横垄故道（如贾昌朝）；一种主张纳河水入六塔河，然后引归横垄旧河（倡自李仲昌）。两种对策都是要挽回北流，复走京东故道，实际上可并归而为一。但这两种方案均遭到欧阳修的反对（详见后论）。叶梦得《石林燕语》卷八简约记其事云：

> 黄河庆历后，初自横陇，稍徙趋德、博，后又自商胡趋恩、冀，皆西流北入海。朝廷以工夫大，不复塞。至和中，李仲昌始建议，开六塔河，引注横陇，复东流。周沆以天章阁待制为河北都转运使，诏遣中官与沆同按视。沆言今河面二百步，而六塔渠广四十步，必不能容，苟行之，则齐与博、德、滨、棣五州之民，皆为鱼矣。时贾文元知北京，韩康公为中丞，皆不主仲昌议，而富韩公为相，独立欲行之。康公至以是击韩公。然北流既塞，果决，齐、博等州民大被害，遂窜仲昌岭南，议者以为韩公深恨。③

这次回河以六塔河狭小，不能容复决而宣告失败。

宋神宗继位后，面对北流、东流的大变局，朝臣们纷陈治河主张。《宋史·河渠志》概述曰：

---

① 《续资治通鉴长编》卷一六六"皇祐元年二月己卯"条，第3987页。《宋会要辑稿》方域十四之十八。

② 《续资治通鉴长编》卷一七〇"皇祐三年七月辛酉"条，第4096页。《宋史》卷九一，系事于二年七月辛酉。

③ 又《续资治通鉴长编》卷一八一"至和二年九月丙子"条在引欧阳修奏议后加按语："苏辙作修神道碑云：河决商胡，贾昌朝留守北京，欲开横垄故道，回河使东，有李仲昌者，欲导商胡入六塔河。诏两府、台谏集议。陈执中当国，主横垄议，执中罢去，而宰相复以仲昌之言为然。宰相，盖指富弼也。"第4374页。

神宗熙宁元年六月，河溢恩州乌栏堤，又决冀州枣强埽，北注瀛。七月，又溢瀛州乐寿埽。帝忧之。顾问近臣司马光等。都水监丞李立之请于恩、冀、深、瀛等州，创生堤三百六十七里以御河，而河北都转运司言："当用夫八万三千余人，役一月成。今方灾伤，愿徐之。"都水监丞宋昌言谓："今二股河门变移，请迎河港进约，签入河身，以纾四州水患。"遂与屯田都监内侍程昉献议，开二股以导东流。于是都水监奏："庆历八年，商胡北流，于今二十余年，自澶州下至乾宁军，创堤千有余里，公私劳扰。近岁冀州而下，河道梗涩，致上下埽岸屡危。今枣强抹岸，冲夺故道，虽创新堤，终非久计。愿相六塔旧口，并二股河导使东流，徐塞北流。"而提举河渠王亚等谓："黄、御河带北行入独流东砦，经乾宁军、沧州等八砦边界，直入大海。其近海口阔六七百步，深八九丈，三女砦以西阔三四百步，深五六丈。其势愈深，其流愈猛，天所以限契丹。议者欲再开二股，渐闭北流，此乃未尝睹黄河在界河内东流之利也。"

十一月，诏翰林学士司马光、入内内侍省副都知张茂则，乘传相度四州生堤，回日兼视六塔、二股利害。①

据此可知，当时有三种治河主张，即李立之创生堤御河；宋昌言欲闭北流、使河水专行东流；王亚则不赞成东流，以为北流对宋边防有利。从治河流向来看，李立之和王亚的主张即维护北流的既成事实，与宋昌言等人的观点相悖。在治河争议鹊起之时，王安石、宋神宗主持的变法活动也已逐渐展开，变法派与反变法的斗争也日渐公开激烈，但宋昌言回河东流的主张却得到了司马光与政敌王安石的赞同和支持。只是在具体如何实施上略有不同而已。也就是缓进与急进之分别。"时二股河东流及六分，（张）巩等因欲闭断北流，帝意向之。（司马）光以为须及八分乃可，仍待其自然，不可施功。王安石曰：'光议事屡不合，今令视河，后必不从其议，是重使不安职也。'庚子，乃独遣茂则。茂则奏：'二股河东倾已及八分，北流止二分。'张巩等亦

---

① 《宋史》卷九一《河渠一》，第 2274 页。

奏：'丙午，大河东徙，北流浅小。戊申，北流闭。'"①

大约与北流闭塞的同时，黄河又自其南四十里许家港东决，泛滥大名、恩、德、沧、永静五州军境。熙宁十年（1077）七月黄河又大决于澶州曹村。元丰元年（1078）四月，决口塞，诏改曹村埽曰灵平。五月，新堤成，闭口断流，河复归北。至此，第二次回河又以复归北流而告结束。"大抵熙宁初，专欲导东流。元丰以后，因河决而北。议者始欲复禹故迹。"神宗诏不堤塞，任其自然，惟加强固护治河堤防。

哲宗元祐二年（1087），回河议再起，当时知枢密院事安焘深以东流为是，欲闭北流，太师文彦博、中书侍郎吕大防皆主其说："三人者力主其议，同列莫能夺。""回河之役遂兴。"② 中书舍人苏辙、右仆射范纯仁则坚决反对回河之役。元祐三年（1088）十月庚子，三省、枢密院奏事延和殿，文彦博、吕大防、安焘等谓："河不东，则失中国之险，为契丹之利。"范纯仁、王存、胡宗愈则以虚费劳民为忧③，于是范纯仁、王存、胡宗愈、苏辙、曾肇、范百禄等反复论列回河之弊，及元祐四年（1089）正月己亥"乃诏罢回河及修减水河"④。但是尚书省、都水监仍不甘心，元祐四年（1089）四月再提回河之议："七月二十八日，初用都水议，令诸司保明回河云"，"诏以回复大河，置都提举修河司，调夫十万人"⑤。至元祐七年（1092）十月辛酉，黄河复故道。其间，虽有右谏议大夫范祖禹、中书侍郎傅尧俞、知颖昌府范纯仁、御史中丞苏辙等人极力上章反对，但并未能阻止回河工程的实施。绍圣元年（1094）十月丁酉，都水使者王宗望言："大河自元丰溃决以来，东、北两流，利害极大，频年纷争，国论不决，水官无所适从。伏自奉诏凡九月，上禀成算，自阚村下至栲栳堤七节河门，并皆闭塞。筑金堤七十里，尽障北流，使全河东还故道，以除河患。又自阚村下至海口，补筑新旧堤防，增修疏浚河道之淤浅者，虽盛夏涨潦，不至壅决。望付史官，纪绍圣以来圣

---

① 《宋史》卷九一《河渠一》，第 2278 页。
② 杨仲良：《皇宋通鉴长编纪事本末》卷一一一《回河上》，（阮元辑《宛委别藏》，江苏古籍出版社 1988 年版）第 3604 页。
③ 《宋史》卷九二《河渠二》，第 2291 页。
④ 《宋史》卷九二《河渠二》，第 2295 页。
⑤ 《续资治通鉴长编》卷四三二"元祐四年八月乙丑"条注，第 10433 页。

明独断，致此成绩。"① 但此次回河东流不及五年，至元符二年（1099）六月末"河决内黄口，东流遂断绝"②。于是第三次回河以失败告终，亦结束黄河北流、东流并存的大变局，黄河北流直到北宋灭亡而未改。

从皇祐年间至元符二年（1099）东流断绝，回河之争差不多历时近半个世纪，那么如何评价北宋的三次回河呢？先看主张回河东流者的动机，苏辙总结主回河东流的动机有三点："其一曰：御河堙灭，失馈运之利；其二曰：恩、冀以北涨水为害，公私损耗；其三曰：河徙无常，万一自虏界入海，边防失备。凡其所以荧惑圣聪，沮难公议，皆以三说借口。"③ 其中第三点是主回河说的核心所在。安焘的议论颇具代表性。

> 朝廷久议回河，独惮劳费，不顾大患。盖自小吴未决以前，河入海之地虽屡变移，而尽在中国；故京师恃以北限强敌，景德澶渊之事可验也。且河决每西，则河尾每北，河流既益西决，固已北抵境上。若复不止，则南岸遂属辽界，彼必为桥梁，守以州郡；如庆历中因取河南熟户之地，遂筑军以窥河外，已然之效如此。盖自河而南，地势平衍，直抵京师，长虑却顾，可为寒心。又朝廷捐东南之利，半以宿河北重兵，备预之意深矣。使敌能至河南，则邈不相及。今欲便于治河而缓于设险，非计也。④

元祐四年（1089）尚书省又重申了安焘的论点："大河东流，为中国之要险。自大吴决后，由界河入海，不惟淤坏塘泺，兼浊水入界河，向去浅淀，则河必北流。若河尾直注北界入海，则中国全失险阻之限，不可不为深虑。"⑤ 对于主回河东流者们的担忧，反对者们不止一次地根据史实进行了驳议：

---

① 《宋史》卷九三《河渠三》，第2307页。《续资治通鉴长编纪事本末》卷一一二《回河下》。
② 《宋史》卷九三《河渠三》，第2309页。《续资治通鉴长编》卷五一一"元符二年六月己亥"条注。
③ 《历代名臣奏议》卷二五〇，苏轼：《论开孙村河疏》第3286页。
④ 《宋史》卷九二《河渠二》，第2289至2290页。
⑤ 《宋史》卷九二《河渠二》，第2295页。

塘泺有限辽之名，无御辽之实。今之塘水，又异昔时，浅足以褰裳而涉，深足以维舟而济，冬寒冰坚，尤为坦途。如沧州等处，商胡之决即已淀淤，今四十二年，迄无边警，亦无人言以为深忧。自回河之议起，首以此动烦圣听。殊不思大吴初决，水未有归，犹不北去；今入海湍迅，界河益深，尚复何虑？藉令有此，则中国据上游，契丹岂不虑乘流扰之乎？

　　自古朝那、萧关、云中、朔方、定襄、雁门、上郡、太原、右北平之间，南北往来之冲，岂塘泺界河之足限哉。臣等窃谓本朝以来，未有大河安流，合于禹迹，如此之利便者。其界河向去只有深阔，加以朝夕海潮往来渲荡，必无浅淀，河尾安得直注北界，中国亦无全失险阻之理。且河遇平壤滩漫，行流稍迟，则泥沙留淤。若趋深走下，湍激奔腾，惟有刮除，无由淤积，不至上烦圣虑。①

　　既然反对者言之凿凿，为何主回河者还要一再坚持，并付诸实施？近人岑仲勉先生以为："东流比北流相对的不利，正所谓昭然若揭，可是宋人不明大势，没有了解前事之失，后事之师，只因孙村（在澶州）的地势低下，遇着夏、秋霖雨时候，潦水往往东出，哲宗刚刚即位，回河东流的建议又死灰复燃。这一回争执的论点，大概借国防为掩护。"②岑先生的这个看法过于简单，实际上在宋人看来，当时对宋王朝最大的威胁莫过于来自北方的辽朝，陶晋生先生在论及北宋朝野士人对辽朝的看法时指出："对于契丹的一般性的认识，即契丹能够采取中原文化的优点，以其军事力量为基础，建立强大的'北朝'，影响到宋人对于国际秩序的重新评估。他们认识到推翻现实的困难，因而转移其注意力到内政上去。在这种环境中，比较实际的人士持续不断地警告宋辽关系上的潜在危机，提醒巩固国防的必要。但是比较趋于理想的人士则逐渐忽略了这一危机，主张以德怀远。在这种背景下，若干人批评汉唐的武功，认为好大喜功不足为法。久而久之，对于德治的迷信终

---

① 《宋史》卷九二《河渠二》，第2296—2297页。
② 岑仲勉：《黄河变迁史》，第361页。

于形成了对于加强武备抵抗侵略的一个大障碍。"① 显然主回河东流者属于那些比较实际的人士持续地警告宋辽关系上的潜在危机,提醒巩固国防的必要。事实上,北宋统治者心里有着深深的恐辽症。虽然反对回流的人的驳论很有力,但没发生辽的入侵,并不等于说辽的威胁不存在,所以像王安石、司马光、文彦博这样的重臣和仁、英、神、哲(高太后)历朝君主都力主回河,并排除非议而付诸实施,不能用简单的一句话"宋人不明大势"来批评主东流者,也就是说应当看到他们其所以"逆地势、戾水性"一意主东流背后难言的历史隐情,对于主东流者来说,治河固然重要,但相对于事关国家根本安危的辽朝威胁而言,还是居于次要地位的,这即是安焘所说的"今欲便于治河而缓于设险,非计也"②。

再看塞河说。塞河分两种情况,一是在河决溢之时直接采取塞堵措施,这类塞河终北宋一代都是最基本的治河对策,并无多少不同意见。二是伴随主回河说,对是否堵塞北流产生的不同意见。如前所揭主回流者如贾昌朝、王安石、司马光、安焘、文彦博、吕大防等人都主张塞北流,自不必赘言,而反对塞北流的大臣自宋仁宗皇祐年间至徽宗朝初年人数似更为众多。元祐时"士大夫言不可塞者十有九,可谓众矣"③。下面举三个时期颇有代表性的言论以说明。

宋仁宗至和二年(1055)九月,欧阳修上疏曰:

> 且河本泥沙,无不淤之理。淤常先下流,下流淤高,水行渐壅,乃决上流之低处,此势之常也。然避高就下,水之本性,故河流已弃之道,自古难复。

> 又商胡初决之时,欲议修塞,计用梢芟一千八百万,科配六路一百余州军。今欲塞者乃往年之商胡,则必用往年之物数。至于开凿故道,张奎所计工费甚大,其后李参减损,犹用三十万人。然欲以五十步之狭,容大河之水,此可笑者。

---

① 陶晋生:《宋辽关系史研究》,台湾联经出版事业公司1986年版,第97—130页。
② 参见拙稿《北宋治河与边防》,载《宋夏史研究》,天津古籍出版社2006年版,第136—153页。
③ 范祖禹:《论回河状》,《历代名臣奏议》卷二五一,第3293页。

  大抵塞商胡、开故道，凡二大役，皆困国劳人，所举如此，而欲开难复屡决已验之故道，使其虚费，而商胡不可塞，故道不可复，此所谓有害而无利者也。

  若六塔者，于大河有减水之名，而无减患之实。今下流所散，为患已多，若全回大河以注之，则滨、棣、德、博河北所仰之州，不胜其患；而又故道淤涩，上流必有他决之虞，此直有害而无利耳，是皆智者之不为也。今若因水所在，增治堤防，疏其下流，浚以入海，则可无决溢散漫之虞。①

宋哲宗元祐五年（1090）范祖禹上书详论回河不便共计二十一条，前两条云：

  水性趋下，自祖宗以来，河决以次向西，此则地势东高西下，其理不疑。商胡故道，已行三十余年，堤防日增，如筑垣居水，淤填积久，其地必高，此不待见而可知，今北流千余里，欲使为平陆，故道千余里，欲使复为洪流，恐非人力之所能也。

  四渎者，天地所以节宣其气，如人之血脉，不可壅遏，今北流已九年，岂非天意有定，就下趋海，乃是地形顺便，今来回河，上违天意，下逆地理，骚动数路，几半天下，枉害兵民性命，空竭公私财力，投之洪流，不知纪极，非徒无益，更取患害。已上是河不可回之理。②

宋徽宗建中靖国元年（1101）春，左正言任伯雨奏：

  河为中国患，二千岁矣。自古竭天下之力以事河者，莫如本朝。而徇众人偏见，欲屈大河之势以从人者，莫甚于近世。臣不敢远引，只如元祐末年，小吴决溢，议者乃谲谋异计，欲立奇功，以邀厚赏。不顾地势，不念民力，不惜国用，力建东流之议。当洪流中，立马头，设锯

---

① 《宋史》卷九一《河渠一》，第2270、2271、2272页。
② 《历代名臣奏议》卷二五一，第3297页。

齿,梢刍材木,耗费百倍。力遏水势,使之东注,陵虚驾空,非特行地上而已。增堤益防,惴惴恐决,澄沙淤泥,久益高仰,一旦决溃,又复北流。此非堤防之不固,亦理势之必至也。

昔禹之治水,不独行其所无事,亦未尝不因其变以导之。盖河流混浊,泥沙相半,流行既久,迤逦淤淀,则久而必决者,势不能变也。或北而东,或东而北,亦安可以人力制哉!①

由上所论,反对塞北流的观点不外是:一、工程浩大,劳民伤财;二、不应逆地势、戾水性;三、北流已久,非人力可回。应当说就治河的本理而言,反对塞北流而回河的观点,更符合黄河水系在北宋时的变迁大势。而事实上三次回河努力的失败,本身已宣告了反对回河者们意见的正确和胜利,尤其是他们关心民瘼,尊重自然规律的精神值得肯定。

除上述三种治河对策外还有筑遥堤值得一提。《宋史·河渠志》对有关治遥堤有以下几条记载:"太祖乾德二年,遣使案行,将治古堤。议者以旧河不可卒复,力役且大,遂止;但诏民治遥堤,以御冲注之患。"太宗太平兴国八年(983),"河大决滑州韩村……诏发丁夫塞之。堤久不成,乃命使者按视遥堤旧址"②。真宗大中祥符七年(1014),"诏罢葺遥堤以养民力"。天圣七年(1029)十二月,高继密"请度河北岸,就高阜筑遥堤,并请于澶州分作两堤。诏龙图阁待制韩亿等议"③。这些都是向遥堤着眼的。后来南宋程大昌极力支持这一方案,主张弃田徙民,他说:"国朝乾德、兴国、祥符之间,三尝讲求遥堤。独兴国诏书为详,曰:河防旧以遥堤宽其水势,其后民利沃壤,咸居其中,河之盛溢,则罹其患,遂遣赵孚等条析堤内民籍税数,议蠲赋徙民,兴复堤利。圣意究知害源,锐意复古,千世一时也。"④

要之,北宋治河对策有两个显著特点,一是除一般防洪堵口外,主要是

---

① 《宋史》卷九三《河渠三》,第2310页。《历代名臣奏议》卷二五三,第3311页。
② 《宋大诏令集》卷一八一《河防·遣使按行遥堤诏》云:"近年以来河堤频决,坏庐舍,坏田亩,数郡被其灾。先是筑遥堤以遏,民利其膏沃,多种蓺居处其中,河涨即罹其患,宜令殿中御史柴城务、国子监丞赵孚、供奉官万彦恭、殿直郭载分往黄河南北岸,按行遥堤,有不完处,发丁男治之。"中华书局1997年版,第654页。
③ 《玉海》卷二二,第442页。
④ 参见《黄河变迁史》,第364页。程大昌撰:《禹贡后论》。

复遥堤和开分水河的方案，并以开分水河实施为多。而且这种分疏论——着眼于分泄洪水的方案，在中国古代治河方略演变中也较为突出；二是权衡政治、经济利益在治河对策中具有重要意义，如从国防角度实施的三次回河，又如仁宗、神宗时人为地放弃河北部分地区黄河沿岸埽的加固乃至决口，以换取京城周围的安全。这大致是导致北宋黄河决溢频繁，始终未能安定的重要原因之一[①]。

二、河防管理体制

北宋治河管理机制，可以仁宗嘉祐三年（1058）十一月设都水监为界，分做前后两个时期。前中期以中央官府遣使与地方各级官府协同治河，沿黄河中下游诸路转运使司，特别是河北转运使司占有很重要的位置，中后期则以都水监为主体，与路级监司合作治理河患。徽宗时期，河防之事权似又下放转运使司[②]。

（一）北宋前中期的治河管理机制

北宋前期官制延续了唐朝后期的制度："唐制，省、部、寺、监之官备员而已，无所职掌，别领内外任使，而省、部、寺、监别设主判官员额"[③]。入宋以后，"台、省、寺、监，官无定员，无专职，悉皆出入分莅庶务，故三省、六曹、二十四司，类以他官主判，虽有正官，非别敕不治本司事，事之所寄，十亡二三"[④]。这种状况反映在治理河患上亦是如此。尚书省工部虽有水部司，并无职掌，而三司盐铁部冑案掌修护河渠，也无明确的职事，"水部判司事一人，以无职事朝官充。凡川渎、陂池、沟洫、河渠之政，国朝初隶三司河渠案，后领于（都）水监，本司无所掌"[⑤]。因而对于河患的防

---

① 参见周魁一：《中国科学技术史·水利卷》，科学出版社2002年版，第192、203页。
② 有关宋代治理黄河管理机制，日本学者吉冈义信有比较全面和深入的研究，见氏著《北宋黄河史研究》，御茶之水书房1978年版。本文在此基础上做进一步地探讨。
③ 徐自明撰，王瑞来校补：《宋宰辅编年录校补》卷一，中华书局1986年版，第6页。
④ 《宋史》卷一六一《职官志（总序）》，第3768页。
⑤ 《宋会要辑稿》职官一六之三。

治，自太祖乾德二年（964），遣使案行，将治古堤始，中央主要是通过遣使的方式进行管理，每遇黄河决溢或出现险情之时，朝廷一般都会及时遣使筑堤或督役。为了叙述方便，先看《宋会要》方域一四所载的情况：

> 太宗至道三年正月，遣内臣往澶州沿河点检竹索，以官费甚多，吏或侵扰为奸，故令阅数裁减之。①
>
> 真宗景德元年九月二十九日，河决澶州横垱，命起居舍人、知制诰李宗谔驰往设祭。遣侍卫马军都指挥使、威德军节度使葛霸为澶州修河都总管，崇仪使张利涉，内殿崇班王怀昭副之。又遣使视决河漂溢之所，官给船济之，民乏食者，计口赈救。②
>
> 真宗大中祥符元年四月，遣中使四人分护郓、濮等州河堤，以驰道所历，谨备豫也。③
>
> 大中祥符五年八月，命东染院使秦义、开封府官寇弦乘传至郓州，按视河堤、城池，图上利害。④
>
> 大中祥符八年二月，命三司户部副使李及、西上閤门使夏守赟驰传诣滑州，与河（北）京西转运使议开减水河害。⑤
>
> 天禧三年六月，滑州河溢……诏光禄少卿薛颜，西上閤门使张昭远体量规画，仍与京东、京西、河北转运使会议，遣使具舟以济行者。又遣閤门祗候薛贻廓相度水口，以侍卫步军都虞候冯守信为滑州修河总管，兼知滑州。⑥
>
> 仁宗天圣元年五月，右谏议大夫、参知政事鲁宗道往滑州相度修塞河口功料。又遣太常博士李渭随宗道相视。时滑州计度修塞功料闻奏。又谓尝言修河利害，故遣之。⑦
>
> 天圣二年八月，遣度支员外郎、秘阁校理李垂，内殿崇班、閤门祗

---

① 《宋会要辑稿》方域一四之四。
② 《宋会要辑稿》方域一四之四。
③ 《宋会要辑稿》方域一四之五。
④ 《宋会要辑稿》方域一四之六。
⑤ 《宋会要辑稿》方域一四之六。
⑥ 《宋会要辑稿》方域一四之七至八。
⑦ 《宋会要辑稿》方域一四之一〇至一一。

候张君平同往滑、卫州相度水势及具合役功料数，画图以闻。①

庆历元年三月，诏：权停塞滑州横陇决河。初，遣内侍王克恭往议塞河，又遣三司户部副使杨吉与入内内侍省押班刘从愿继往规度其事。而克恭诣先治金堤，吉等言乘河北岁稔，请塞横陇为便。又下京东、河北转运司及都大巡河使臣，与知天雄军李迪议利害，而迪言功大不可就，请止修金堤以御下流。帝（仁宗）以为然，故有是诏。②

庆历八年七月，分遣内臣往河北、陕西、河东、京东、京西、淮南六路，劝诱进纳修河梢芟。③

是月，命翰林学士宋祁、入内内侍省内侍都知张永和往视商胡埽决河及覆计工料。④

从以上数条的记载来看，宋廷遣使既有朝廷命官又有内臣，且以内臣为多。他们被派往黄河决溢之处的主要职事有三：一是了解核实堵塞决口所需的工料数，二是调查按视河堤的完固情况，三是与地方官府会议，检视治堤修河方案。

遣使视察堵塞决口和筑固河堤、修河，只表明朝廷对治河的重视和更准确掌握黄河决溢的情况。而具体治理黄河的工作主要是沿河路级以下官府来完成。太祖建隆三年（962）九月，禁民伐桑枣为薪。又诏黄、汴河两岸，每岁委所在长吏，课民多栽榆柳，以防河决⑤。十月，诏："沿黄汴河州县长吏，每岁首令地分兵种榆柳，以壮堤防。"⑥乾德五年（967）正月，诏开封、大名府、郓、澶、滑、孟、濮、齐、淄、沧、棣、滨、德、博、怀、卫、郑等州长吏，并兼本州河堤使。盖以谨力役而重水患也⑦。开宝五年（972）正月重申建隆三年的诏令："应缘黄、汴、清、御等河州县，除准旧制种艺桑枣外，委长吏课民别树榆柳及土地所宜之木。"三月，又颁诏明确沿河州府

---

① 《宋会要辑稿》方域一四之一一。
② 《宋会要辑稿》方域一四之一六。
③ 《宋会要辑稿》方域一四之一六至一七。
④ 《宋会要辑稿》方域一四之一七。
⑤ 《续资治通鉴长编》卷三"建隆三年九月丙子"条，第72页。
⑥ 《宋会要辑稿》方域一四之一。
⑦ 《宋史》卷九一《河渠一》，第2257页。

"署使职以总领焉,宜委官联佐治其事。自今开封等十七州府,各置河堤判官一员,以本州通判充,如通判阙员,即以本州判官充"①。由此可见,至开宝五年(972),沿黄河州府一级治理黄河的管理体制已完全成型。真宗景德二年(1005)十月,令"沿河州军长吏、通判,自今任满,候水落乃得代还。又令沿河县令、主簿更互出视堤防"②。对于沿河州府县管理黄河的职能,宋廷有明确的规定:

> 淳化二年三月,诏曰:今岁时雨州(川)流暴涨,虑河堤脆薄之处,或有蛇鼠所穴,牛羊践履,岸缺成道,积水冲注,因而坏决,以害民田。宜委诸州河堤使、长吏以下及巡河主埽使臣经度行视,预图缮治。苟失备虑,或至坏隳,官吏当寘于法。③

> 天禧五年五月,诏:应沿河州军自今每岁检计管界河堤功料,委逐处长吏或通判、河堤官吏与都大巡河、本地分使臣躬亲详度,如是堤岸怯弱,河道湮塞,合行开浚、修筑,即连书以闻,不得复有减省功料以为劳绩,希求恩赏,违者寘深罪。④

这两道诏令表明,沿黄河州军府县管理黄河的主要职能有两项:一是维护破损河堤、开浚湮塞河道,二是检计河堤功料。

另据编于金代的河防令:"州县提举管勾河防官,每六月一日至八月终,每轮一员守涨,九月一日还职。""沿河兼带河防州县官,虽非涨月,亦相轮上提控。"⑤ 可知州县地方专职或兼职河防官还有"守涨"的职能。

仁宗天圣以后沿河州县幕职官亦参与管理黄河事宜。天圣元年(1023)六月,"鲁宗道言:'近奏郑州判官王述、前安利军判官葛湛充滑州职官,同管修河公事。今点检滑州奏状,幕职多出外县,不亲书名,欲乞特申戒约,并须同共商议,亲书文奏。如有功过,应干修河官,并与知州已下一例施

---

① 《宋史》卷九一《河渠一》,第 2257 页。《宋会要辑稿》方域一四之一,第 7546 页。
② 《宋会要辑稿》方域一四之四。
③ 《宋会要辑稿》方域一四之三。
④ 《宋会要辑稿》方域一四之一〇。
⑤ (元)沙克什:《河防通议·河议第一》,引金人所著《河防令》。

行。'从之"。"供奉官、阁门祗候、签书滑州事张君平言：签书州事兼管河堤，将来修塞河口功料，排备物料，分领役兵，伏缘往来隔河，恐失点检。况修河亦有都监名目，欲勉（免）签书州军，专令管勾河口。别命太常博士李渭为北作坊副使，充修河都监。"①天圣六年（1028）四月，"诏：澶、滑州签判职官，自今与知州、同判管河堤事"②。天圣七年（1029）正月，"滑州言：得殿中丞、签书节度判官厅公事花尹等状，尝准州牒守宿巡掌物料、堤埽。缘旧敕只有知州、同判，无职官防护条例，河防重难，深虑小人疎虞，一例负责，洎至任满，又无优奖。诏自今澶、滑州签判职官，候得替日与依知州、同判例施行"③。

沿河路级监司对黄河的管理，大致首见于端拱二年（989）。是年五月，滑州房村埽失火，焚烧一百七十余万竹木梢芟，为此，宋廷诏令："转运使督沿河州县官吏，常令分行部内埽岸积聚之物，有检视不谨，为水所败者，坐其罪。"④ 其后，沿河诸路转运使司渐次成为各自管辖路分管理黄河的主导机构，大中祥符八年（1015）二月，"命三司户部副使李及、西上阁门使夏守赟驰传诣滑州，与河（北）、京西转运使议开减水河害。先是，京西转运使陈尧佐等请于滑州开小河以分水势，河北转运使李士衡等言将为魏、博民患，请罢之。帝曰：各庇所部，非公也。故命及等覆视"⑤。虽然朝廷遣使协调京西、河北两路转运使在是否开滑州小河上的不同意见，但也透露出转运使在河防问题上具有很大的发言权。天圣五年（1027）九月八月（日），"诏：京西转运使洎滑州，自今每五日一次，具修河次第，修叠步数，堤岸平安，闻奏"⑥。八年（1030），"始诏河北转运司计塞河之备"⑦。

提点刑狱司初置于宋太宗淳化年间，简称宪司，主管一路刑狱及治安事务，也有监察官吏之责。北宋前中期时设时废。仁宗明道以后为常设机构，故在前期提点刑狱参与治河管理的记述不多，大中祥符三年（1010）五月，

---

① 《宋会要辑稿》方域一四之一一。
② 《宋会要辑稿》方域一四之一三。
③ 《宋会要辑稿》方域一四之一三。
④ 《宋会要辑稿》方域一四之三。
⑤ 《宋会要辑稿》方域一四之六。
⑥ 《宋会要辑稿》方域一四之一二。
⑦ 《宋史》卷九一《河渠一》，第2267页。

京西提点刑狱司上言，河阳高绅修黄河岸，以叶石累之，计省功巨万，颇为坚固。诏奖之①。八年（1015）七月，令京东路提点刑狱滕涉、常希古，与本路转运同定夺郓、濮州规置芟地久远利害②。这两条材料说明真宗朝沿河诸路提点刑狱已开始参与治河管理。至后期沿河诸路提点刑狱司也成为参与河防管理的重要机构。

管理河埽岸可说是宋代管理黄河最基础的工作，虽说州军长吏肩负着定时巡视河埽的职责，但并不属日常工作，且往往流于形式。而管理河埽岸主要是巡查埽场和每年常备的制埽功料不被破坏和盗窃。"河自大坯而下，多泛溢之患。岸有缺圮，则以薪刍窒塞，补薄增卑，谓之埽岸。每一二十里，则命使臣巡视。"③ 至迟在太宗淳化二年（991）已设有巡河埽使臣，是年三月诏令云："长吏以下及巡河主埽使臣，经度行视河堤，勿致坏隳，违者当寘于法。"④ 大中祥符八年（1015）四月，诏："沿河诸埽巡河使臣各给当直军士五人，监物料使臣各三人，并以本城充，自今不得辄差河清卒。"⑤ 制埽物料损烂，诸埽使臣就要"惧罪培填"⑥。

为加强对河埽制场和春料的保护，负责维持地方治安等职责的沿河州军都监、监押、巡检亦负有巡河的职责，大中祥符八年（1015）三月，令滑州都监、监押二员，每月更巡河上，提辖六埽修河物料。天禧元年（1017）十月，滑州监押、侍禁勾重贵，请求朝廷改变酬奖巡河使臣等官吏时，唯不及都监、监押的做法，得到允可，"自今替日与免短使"⑦。天圣二年（1024）八月"宰臣言，滑州修河物料，地理阔远，欲令本州相度添差巡检……"⑧

此外，还有修河都监，"况修河亦有都监名目"，天圣元年（1023）六月，"别命太常博士李渭为北作坊副使，充修河都监"⑨。

---

① 《宋会要辑稿》方域一四之五。
② 《宋会要辑稿》方域一四之七。
③ 张师正：《括异志》卷一，《大名监埽》。
④ 《宋史》卷九一《河渠一》，第2259页。《宋会要辑稿》方域一四之三。
⑤ 《宋会要辑稿》方域一四之七。
⑥ 《宋会要辑稿》方域一四之一五。
⑦ 《宋会要辑稿》方域一四之七。
⑧ 《宋会要辑稿》方域一四之一一。
⑨ 《宋会要辑稿》方域一四之一一。

(二）北宋中后期治河管理机制

宋仁宗嘉祐三年（1058）设立都水监，是北宋治河管理机制发生重大变化的一件大事，但在都水监设立之前，三司为加强对黄、汴等河堤的统辖，于皇祐三年（1051）五月请置河渠司"专提举黄、汴等河堤功料事。从之。命盐铁副使刘湜、判官邵饰主其事"。至和二年（1055）十二月，以殿中丞李仲昌都大提举河渠司①。河渠司隶属于三司，还不是专设治河机构。王安石说："朝廷以为天下水利领于三司，则三司事丛，不得专意，而河渠堤埽之类，有当经治而力不暇给，故别置都水监，此所谓修废官也。"②《宋史》说旧隶三司河渠案，嘉祐三年（1058）始专置监以领之③。"夫设官之本，因时有造，救弊求当，不常其制。然非专置职守，则无以责其任，非遴择才能，则无以成其效，宜修旧制，庶以利民。其置在京都水监，凡内外河渠之事，悉以委之，应官属及本司合行条制，中书门下裁处以闻。其罢三司河渠司，以御史知杂吕景初判监盐铁判官，领河渠司事杨佐同判，河渠司勾当公事孙琳、王叔夏知监丞事。"④

都水监的主要职能是防洪、防汛管理，并对沿河州县重要治河工程行使督导职能。嘉祐以后至熙宁变法时期，都水监在开二股河导河东流以闭塞北流，及疏浚黄河下游河道诸治河工程中起了主导作用。

在元丰改制以前，都水监的官员编制是：判监事一人，以员外郎以上充，同判监事一人，以朝官以上充；丞二人，主簿一人，并以京朝官充⑤。设置都水监后，为便于直接管理河埽之事，又在澶州置司，领黄河决堤改道后修治公事，称"外都水监丞司"简称"外监"。轮遣都水监丞一人出外治事。元丰改制后：

---

① 《宋会要辑稿》职官五之四二。
② 王安石：《论议·看详杂议·议曰废都水监》，载《临川先生文集》卷一〇二，四部丛刊初编本，上海书店1989年版。
③ 《宋史》卷一六五《职官五》，第3921页。
④ 《续资治通鉴长编》卷一八八"嘉祐三年十一月己丑"条，第4534页。
⑤ 《宋史》卷一六五《职官五》，第3921页。

置使者一人，丞二人，主簿一人。使者掌中外川泽、河渠、津梁、堤堰疏凿浚治之事，丞参领之。凡治水之法，以防止水，以沟荡水，以浍泻水，以陂池潴水……凡河防谨其法禁，岁计茭楗之数，前期储积，以时颁用，各随其所治地而任其责。……凡修堤岸、植榆柳，则视其勤惰多寡以为殿最。南、北外都水丞各一人，都提举官八人，监埽官百三十有五人，皆分职莅事；即干机速，非外丞所能治，则使者行视河渠事。①

元丰三年（1080）八月，宋廷根据中书吏房的报告，对都水监的职事、权限作了新的调整，强化了外监在管理黄河上的作用，将都水监的工作重点转向外监。

壬子，中书吏房言："权提点河北东路刑狱公事刘定言，都水职务，什九在外，而外监丞一员，所任繁重，谓宜轻之，则事均而易举。本房欲令外都水监丞南司治河阴县，旧都大司为治所，分怀、卫、西京、河阴、酸枣、白马四都大河事隶之。自黄河南岸上至西京河清县堤岸，下至白马县迎阳堤埽北岸；上至河阳北岸埽、下至卫州苏村西岸，共三十六埽。外都水监丞北司治北京金堤，旧都大司为治所，分澶、濮、金堤东流南、北两岸都大河事隶之。自黄河北岸上至澶州大吴埽，下至沧州盐山埽南岸；上至澶州灵平上埽，下至沧州无棣埽岸，共三十三埽。其御河上中下节，漳河两埽，滹沱河上下节，三河在黄河北岸以北，亦令北司管勾。其官吏军司等各中分之。都水监内外监丞旧共三员，今止令外都水监丞二员，分管南北两司。留监丞一员，与主簿同在本监。"从之。②

都水监设置后，作为专职的治河机构，收夺了原属沿河诸路转运使司的河防职事，元丰五年（1082）四月戊午，河北都转运司就曾抱怨说："都水监专

---

① 《宋史》卷一六五《职官五》，第3921—3922页。
② 《续资治通鉴长编》卷三〇七，第7468页。

领河事,平时措置,本司初不与闻,近岁决溢,则均任其责。今新旧埽崖废置闭塞之际,实系本路公私休戚,伏望许令本司同议,如不赐允从,乞免同坐。"为此,宋廷诏河防事免同坐,如转运司曲有沮坏,都水监按劾以闻①。都水监侵夺了转运使司的河防职事,但其运转并不理想,受到时人的批评,以为效率不高,重床迭架,事责不明,反不如转运使司领河防职事。元祐元年(1086)五月甲子,河北转运判官杜纯言:"河防旧隶本司,其决溢计之今日未尝加多,自置都水监,遣丞治水治专领,其决溢比之前日亦不加少。缘决溢之多寡,实不系置与不置别司。近添差都水使者一员治水,窃谓用材役民以备水患,事责同异,委有妨阙,请都水监不必分官专治,止可责成本司。既减外监官属,宜置本司属官二员,往来勾当。随事缓急,以时计置使副、判官互出临按,事责归一。其物料请如旧监,以他路所出之物应副。"②元祐四年(1089)二月己巳,苏辙上言亦论到:"昔嘉祐中,京师频岁大水,大臣始取河渠案置都水监。置监以来,比之旧案,所补何事?而大不便者,河北有外监丞,侵夺转运司职事。转运司之领河事也,凡郡之诸埽,埽之吏兵、储蓄,无事则分,有事则合。水之所向,诸埽趋之,吏兵得以并功,储蓄得以并用,故事作之日,无暴敛伤财之患,事定之后,除补其阙,两无所伤。自有监丞,据法责成,缓急之际,诸埽所有不相为用,而转运司始不胜其弊矣。"③ 当然,都水监运作所产生的这些弊端有多种原因,但最主要的恐怕还是与都水监难以统一治河事权,运作过程中受到多方牵制有关。元丰七年(1084)七月辛亥,大名府路安抚使王拱辰就曾指出:"凡干钱谷禀转运司,常平即提举司,军器、工匠即提刑司,埽岸物料、兵士即都水监。未尝有一敢专者。今应猝济民,逐官在远,须至一面先行,致违逐司条令,所以乞赐一不拘常制指挥。"④ 可见都水监设置后所产生的诸多弊端,根本原因是宋朝分化事权、互相制约的统治理念及办法所造成的。

前揭元祐四年(1089)二月,苏辙上言,还曾提及:"近岁,尝诏罢外监丞,识者韪之。既而复故,物论所惜。"不仅恢复外都水监丞,而且还于

---

① 《续资治通鉴长编》卷三二五,第7818页。
② 《续资治通鉴长编》卷三七七,第9163—9164页。
③ 《续资治通鉴长编》卷四二二,第10224—10225页。
④ 《续资治通鉴长编》卷三四七,第8327页。

当年七月丙子又复置外都水使者，令河北路转运使谢卿材兼领①。不过，自此以后，南北外都水监丞司事系由河北、京西漕臣及开封府界提点兼领，其都水事权复归转运使司。元符元年（1098）九月十九日，水部员外郎曾孝广言："今河事已付转运司，责州县共力救护北流堤岸，则北外都水丞别无职事，请并归转运司。"从之②。其后徽宗时期，南北外都水监丞司时复时罢，这一时期，黄河北流较为安顺，河患明显减少，这大致是外监职事大多转归漕臣的主要原因。

与都水监相关联的另一个治河专设机构是都大提举修河司。对于这个机构，史书记载颇为零散，目前虽然已有学者指出："仁宗庆历年间，黄河自商胡决堤，遂分北流、东流二道入海，水患成灾。朝廷先后设河渠司、都水监治理黄河。其下沿黄河南、北岸分段兴修水利处，则置都大提举修河司，因所在地而命名，分别总领所辖界分河埽修治等河事。如都大提举修塞北京第五埽决河司、都大提举大名府界金堤司、都大提举修闭曹村决口司等。至元丰三年黄河南岸分别在怀、卫州，西京河阴，酸枣，白马设四都大提举河事司，黄河北岸则设澶濮、大名府金堤、东流南岸、东流北岸四都大提举修河事司。元祐二年又复置都大提举修河司，元祐五年十月二日罢。"③但这里显然是把"都大提举修河司"作为北宋设置修河官职机构的泛称，笔者以为，从广义上讲，这种泛称也无不可，但严格地讲都大提举修河司应是一个专称，即专指庆历八年（1048）黄河第三次大改道后，仁宗、神宗、哲宗三朝为欲闭塞北流而回河东流置司修治河事。仁宗至和二年（1055）十月朝廷用李仲昌议导商胡入六塔河，"容得大河使导而东去"。戊子，知澶州、天平留后李璋为修河都部署，河北转运使、兵部郎中、天章阁待制周沆权同知澶州、都大管勾应副修河公事，宣政使、果州团练使、入内副都知邓保吉为修河钤辖，殿中丞李仲昌都大提举河渠司，内殿承制张怀恩为修河都监。壬

---

① 《续资治通鉴长编》卷四三〇，第10384页。《宋会要辑稿》方域一五之一三。《宋史》卷一六五《职官五》，第3922页。

② 《宋会要辑稿》方域一五之二〇。《宋史》卷一六五《职官五》则云："元符三年诏罢北外都水丞，以河事委之漕臣。"第3922页。

③ 龚延明：《宋代官制辞典·都大提举修河司》，中华书局1997年版，第374—375页。

辰,龙图阁直学士、给事中施昌言为都大修河制置使①。此处虽未明言修河司,但在嘉祐元年(1056)四月塞商胡北流入六塔河,溢不能容,壬申,殿中侍御史赵抃弹劾李仲昌时提到"其修河司李仲昌、张怀恩等"②,这是修河司之名首次出现。再次出现则在元祐二年(1087)十月丁亥,河北都转运使顾临等奏:"续准朝旨,以讲议河事所为名。近因都水使者王孝先奏,将讲议河事所与提举修河所并,以都大提举修河司为名。窃闻旧例,须是已有兴修去处,始立提举修河司总领其事。"③从此道奏议到元祐五年(1090)十月二日"罢都提举修河司"④,修河司存在了三年多,这三年多恰是宋廷第三次回河东流争论与实施时期。而在此期间反对回河东流的大臣,在反对回河的同时纷纷要求罢修河司,所以都大提举修河司应是宋廷专为闭塞北流而回河东流兴工修河所置,与临时设置的其他都大提举修河官有所区别。其他都大提举官在仁宗天圣时就已出现,而不是在设置都水监以后才有的。从天圣六年(1028)三月起,设置的都大提举官有:都大提举修护黄河堤岸;天圣七年(1029)十二月,都大巡护澶、滑州堤⑤;熙宁元年(1068)七月,都大提举恩冀深等州修葺河堤⑥;熙宁四年(1071)十二月,提举修塞北京第五埽决口;熙宁七年(1074)二月,都提举大名府界金堤⑦;元丰元年(1078)闰正月,提举修闭曹村决口所⑧;六月,都大主管巡护惠民河;二年(1079)十月,提举黄汴等河榆柳⑨;五年(1082)二月,提举河北黄河堤防司⑩;七年(1084)七月,提举救护阳武埽⑪。

另外,值得一提的两个修河机构:一是疏浚黄河司,神宗熙宁七年(1074)四月置。"差虞部员外郎范子渊都大提举疏浚黄河,自卫州至海口,

---

① 《续资治通鉴长编》卷一八一"至和二年十二月戊子、壬辰"条,第4385页。
② 《续资治通鉴长编纪事本末》卷四七《再修澶州决河》第1530页。
③ 《续资治通鉴长编》卷四〇六,第9883页。
④ 《宋会要辑稿》方域一五之一四。《续资治通鉴长编》卷四四九,第10779页。
⑤ 《宋会要辑稿》方域一四之一三。
⑥ 《宋会要辑稿》方域一四之二一。
⑦ 《宋会要辑稿》方域一四之二三。
⑧ 《宋会要辑稿》方域一五之一。
⑨ 《宋会要辑稿》方域一五之四。
⑩ 《宋会要辑稿》方域一五之八。
⑪ 《宋会要辑稿》方域一五之一〇。

卫尉寺丞李公义勾当公事。"①《宋史·河渠志》记其设置缘由说："（熙宁）六年四月，始置疏浚黄河司。先是，有选人李公义者，献铁龙爪扬泥车法以浚河。其法：用铁数斤为爪形，以绳系舟尾而沉之水，篙工急棹，乘流相继而下，一再过，水已深数尺。宦官黄怀信以为可用，而患其太轻。王安石请令怀信、公义同议增损，乃别制浚川杷。其法：以巨木长八尺，齿长二尺，列于木下如杷状，以石压之；两旁系大绳，两端碇大船，相距八十步，各用滑车绞之，去来挠荡泥沙，已，又移船而浚。"②铁龙爪与浚川杷的创制确是我国水利工程史上的一件大事。不过，铁龙爪与浚川杷的创制正值王安石变法期间，反变法派对王安石支持使用新式疏浚河道的工具，曾给以严厉的抨击。当然对于疏浚黄河来说，使用这种技术力量低下的新式工具，远远达不到疏浚泥沙的目的，但使泥沙沉淀减少则是不争的事实，反对派的抨击有点言过其实。

二是都大提举导洛通汴司，元丰二年（1079）二月二十一日始置，主管自任村沙谷口至汴口开运河五十一里，引伊洛水入汴河工程。设都大提举管一员，其余官吏有差。元丰三年（1080）五月二十二日，改称都提举汴河堤岸司。元丰八年（1085），诏提举汴河堤岸司隶属都水监③。

从前引材料可以看出，管理沿河诸埽（岸）成为都水监的主要职事之一。在北宋前期已有监埽、河埽使臣、都大巡河使臣，宋仁宗以后管理河埽岸比前期有所变化，变化之一是加强都水监对都大巡河使臣的管理事权，仁宗嘉祐三年（1058）闰十二月，河渠司勾当公事李师中上奏说："自来受三司牒，令行下诸州军文字，虽令指挥辖下州军，缘别无定式，致诸处都大巡河使臣及县邑多不申状，止行公牒。此于事体殊失轻重，以此亦难集事。乞指挥，自今都大巡河使臣及县邑应干河渠事并具申状。如州县有不应报事，或稽缓致误事者，许牒运司取勘，下都水监定夺。"监司言："缘已准诏置都水监，输（轮）知监臣公事孙琳赴澶州勾当河事。欲乞下转运司，指挥都大巡河使臣及县邑，如有应干河渠，并令供申。若州郡有不应报事，或稽缓致

---

① 《宋会要辑稿》职官五之四五。《续资治通鉴长编》卷二五二"熙宁七年四月庚午"条，第6149页。
② 《宋史》卷九二《河渠二》，第2282页。
③ 参见《宋代官制辞典》第375页。

误事，许申本监，乞取勘施行，所贵集事。检会朝廷指挥，沿黄、汴等河州军诸路埽修河物料、榆柳，并河清兵士不得擅有差借、役占及采斫修盖，令转运司、河渠司、提刑、安抚司、河渠司勾当公事臣僚、都大巡河使臣常切点检。今后稍有违犯，并仰取勘以闻。窃以都大巡河使臣各隶本州，不当与监司及省司一例，直行取勘州军官吏。自今乞只令具事申转运司，差官取勘。监司今相度，欲依师中所请。"① 从之。

变化之二是在沿河州府或分地段置都大河埽司。河埽司正称始见于元祐五年（1090）十一月戊子，刘挚建言转运司差官同河埽司检按官府括民间冒佃河滩地土，令其出租之事②。崇宁二年（1103）五月十八日，通直郎、都水使者赵霆札子云："契勘管埽岸文官，见今南北两丞地分，未有官员注授处甚多，盖缘文臣管埽岸事，下与巡河、监场为敌，上为都大埽司所统，凡举执事动有牵制……今相度，欲乞于大河应系置都大去处，各添文臣都大一员，仍令本监选举公勤廉干之人以充，使之表里相援，安心职守。"吏部取到都水监备元丰元年闰六月六日敕节文，黄河逐处都大并令本监不以文武官奏差。诏：今后都大并举文官③。这条材料说明二点，一是在北宋后期管理河埽的官职机构，在巡河使臣、监埽场官与都大河埽司之间，添差文官管理埽岸，而且元丰元年（1078）以前都大是由武臣充任，元丰元年（1078）以后则不限文武官，崇宁二年（1103）以后"都大并举文官"。二是前引元丰三年（1080）八月中书吏房重新确定南北外都水监丞职事、权限和地分时，所列举的旧都大司即是都大河埽司的简称，由此都大河埽司的设置，在元丰元年（1078）以前已经设置，而前期出现的都大巡河使臣，或许是都大河埽司的前身也未可知。机构的扩大，势必增加官吏数，元丰三年（1080）十二月，黄河见管夫小使臣一百六十余员④。元祐三年（1088）九月戊申，苏轼说："臣闻自孙村至海口，旧管堤埽四十五所，役兵万五千人，勾当使臣五十员，岁支物料五百余万。"⑤ 元祐六年（1091）春正月苏辙上奏说："北流

---

① 《宋会要辑稿》职官五之四二至四三。
② 《续资治通鉴长编》卷四五〇，第 10821 页。
③ 《宋会要辑稿》方域一五之二三至二四。
④ 《宋会要辑稿》方域一五之六。
⑤ 《续资治通鉴长编》卷四一四，第 10056 页。

横添四十五埽,使臣三十四员,河清兵士三千六百余人。"① 宣和四年(1122)七月,恩州累修立大河堤道,都水监以催促工料等事为名,"举辟文武官甚多,至于百二十余员"②。于此可见宋朝冗官之一斑。而诸河埽役使调配的小工等人数也很庞大,仅政和六年(1116)闰正月,工部奏知南外部都水丞公事张克懋状,契勘本司管下三十四埽,见阙四千七百七十人③,即可知加上北外都水监丞司,都水监常年役使的人员至少在一二万人之间。

还须指出的是,元丰改制以后,尚书省水部亦有了明确的职掌:"水部员外郎参掌沟洫、津梁、舟楫、漕运之事。凡水之政令,若江淮河渎、汴洛堤防决溢、疏导壅底之约束,以时检行而计度其岁用之物,应修固不如法者有罚,即因其规画措置能为民利则赏。"④ 显然,水部员外郎负有治理黄河诸项职责。

三、奖惩问责制

宋代的官员管理制度中有较完备的奖惩制度⑤。官员在任职期间,建有功绩和劳勋,或犯有罪过和失职,按规定朝廷应给以酬奖和责罚,对管理黄河的官员亦不例外。

(一)问责与酬奖

酬奖主要表现在四方面。

第一,修护河堤,别无疏虞。

真宗景德五(三)年(1006)十二月,诏:"沿黄河州军知州、知军、通判、令、佐等,在任三年,修护堤埽牢固,别无遗累,得替日免短使,依例磨勘,与家便差遣,令佐亦放选注家便官。"⑥ 大中祥符九年(1016)四

---

① 《续资治通鉴长编》卷四五四,第10897页。
② 《宋会要辑稿》方域一五之三〇。
③ 《宋会要辑稿》方域一五之二六。
④ 《宋会要辑稿》职官一六之三。
⑤ 参见朱瑞熙:《中国政治制度史》第六卷《宋代》,人民出版社1996年版,第679—687页。
⑥ 《宋会要辑稿》方域一四之五。

月，诏："自今沿黄河令佐三年，二年在本县地分修护河堤、埽岸，一年差出别县界，亦修护堤，并得牢固者，只免选注合入官，即不注家便。如三年内俱在本县地分修护河堤，别无疏虞，即依先降敕命施行。"① 神宗元丰二年（1079）九月二日，"前京西转运副使、屯田员外郎李南公减磨勘三年，余十一人迁官、减磨勘并升名次有差，以固护夫河南岸有劳也"②。五年（1082）十一月一日，"都水使者范子渊言：'昨被旨救护广武埽大河沦塌堤岸，赖官吏毕力营救，遂获安定，宜蒙恩赏，以劝后功。'诏：'转运副使向宗旦以下各减年、升名、赐帛有差。'"③ 哲宗元祐八年（1093）正月二十九日，吏部、工部言："河阳状论列中潬一岸在大河中，四面俱是紧急向著，而官吏有责无赏，实为未均，欲将本岸立为第三等向著推赏。从之。"④ 徽宗政和四年（114）经过夏秋涨水，河流上下并行中道，亦无泛溢紧急去处，埽岸平安。伏乞宣付史馆及称贺。诏送秘书省，许拜表称贺，官吏依条推恩。检会四年十一月七日，都水使者孟昌龄奏：检会崇宁四年（1105）大河安流推恩体例，本监使者、监、丞、主簿各转一官，人吏等第受赐⑤。六年十月十八日，诏孟昌龄、王仍，令学士院降诏奖谕，寇茂孙等六人各转一官，孟扩等十八人各减三年磨勘，贾镇等各减二年磨勘。以户部尚书孟昌龄奏，三山河桥经今涨水过，并无疏虞，其官吏委有劳效，乞行推赏故也⑥。

第二，顺利完成修河工程。

神宗熙宁七年（1074）十二月甲戌，诏虞部员外郎、权同管勾外都水监丞范子渊，殿中丞、权知都水监丞刘瑑，文思副使朱仲立，并迁一官，子渊落权字；司勋郎中、知都水监丞王令图等四人减三年磨勘；余减年、支赐有差。赏开清水镇直河及用浚川杷导河之劳也⑦。元丰二年（1079）九月丁卯，知都水监丞、主客郎中范子渊为金部郎中，升一任；同判都水监、入内东头供奉官、寄礼宾使、遥郡刺史宋用臣为寄六宅使、遥郡团练使，给寄资全

---

① 《宋会要辑稿》方域一四之七。
② 《宋会要辑稿》方域一五之五。
③ 《宋会要辑稿》方域一五之九。
④ 《宋会要辑稿》方域一五之一五。
⑤ 《宋会要辑稿》方域一五之二六。
⑥ 《宋会要辑稿》方域一五之二七。
⑦ 《续资治通鉴长编》卷一五八，第6301页。

俸；入内东头供奉官王修己等三十七人各进一官，功优者减磨勘年或指射差遣，选人循两资；余官减磨勘三年者九人，二年者五人；三司军大将等迁两资者五十六人，迁一资者八十一人，仍等第赐钱。以子渊、用臣首议导洛水入汴及筑堤捍河毕功，故优奖之，余皆董役有劳也①。哲宗元符元年五月二十七日，诏朝散大夫、试户部尚书吴居厚，朝散郎、权刑部侍郎周之道，并转一官，发运副使张商英减磨勘一年；淮南转运副使张元方赐帛。以修支河毕功故也②。

第三，抗洪抢险。

神宗元丰五年（1082）十一月戊寅朔，都水使者范子渊言："昨被旨救护广武埽大河沦塌堤岸，赖官吏奔走赴功，连夕暴露，毕力营救，遂获安定，宜蒙恩赏，以劝后功。"诏子渊具名以闻。后转运副使向宗旦以下各减年、升名、赐帛有差③。元丰六年（1083）三月二十三日，开封府界提点司言：阳武县尉、权知县张绛，昨黄河涨水注县，凡七处水决，绛身先劳苦，率众用命，救护县城，公私以济。乞不依常制，权知本县。诏：绛特改合入官，知阳武县④。元祐二年（1087）四月三日，内殿承制、知乾宁军张赴以大河涨急，护水有劳，降敕书奖谕，乃推恩官属七人⑤。

第四，减省功料、费用和人力。

景德二年（1005）十一月，以内殿崇班、阁门祗候钱昭晟为崇仪副使。昭晟计春料，擘画省功减费，亲自行视无虞，故有赏⑥。或许是为图求恩赏，官吏往往不从制埽修河实际需要而减省费用，以致影响了修河固堤的质量，故宋廷陆续颁发诏令禁止无故减省功料和费用。景德五年七月，诏自今修缮河堤，不得更减功料。是春，阳武、酸枣河堤使者以省功料为劳课，亟命选勤干者代之⑦。天禧四年（1020）五月，"诏：沿河州军，自今每岁令长

---

① 《续资治通鉴长编》卷三〇〇，第7297页。
② 《宋会要辑稿》方域一五之二〇。
③ 《续资治通鉴长编》卷三三一，第7966—7977页。
④ 《宋会要辑稿》方域一五之九。
⑤ 《宋会要辑稿》方域一五之一一。《续资治通鉴长编》卷四〇九"元祐三年四月己卯"条，第9963页。
⑥ 《宋会要辑稿》方域一四之四。
⑦ 《宋会要辑稿》方域一四之四至五。

吏与巡河使臣躬视堤岸，当浚筑者，备书以闻，勿复减省功料，以图恩奖，违者寘重罪"。九月，吕夷简言："景德二年诏：'沿黄、汴河春料检计河堤合使物料、人力，今后知州、通判、巡河使臣、令、佐，若能用心点检，逐年大段（段?）减剩得人功、物料，堤岸又得牢实，不至疏虞，与将在任减剩得功料，比附前界叙为劳绩，候得替到阙，特行酬奖。'臣今看详，伏恐沿河州军官吏因此诏条，每年多减功料数目，故得欲替叙为劳绩，以致堤岸渐至薄怯，致昨来河决滑州，倍费功力修塞。其景德二年十月九日敕命，今后更不行用。""诏审刑院、大理寺定夺，请如夷简所奏，从之。"① 五年五月，诏：应沿河州军自今每岁检计管界河堤功料，委逐处长吏或通判、河堤官吏，与都大巡河、本地分使臣躬亲详度，如是堤岸怯弱，河道堙塞，合行开浚修筑，即连书以闻，不得复有减省功料以为劳绩，希求恩赏，违者寘深罪②。但到了天圣四年（1026），宋廷又重申了以"修过功料"为酬奖重要依据的做法，"十二月，诏：滑州向下缘河埽岸，累降敕取责结罪文状，如埽口以后，常切修贴，不唯疏虞，尚虑官员、使臣不切用心固护，宜令接此春初，差夫兴修，预合固护，仍以修过功料进取进止"③。熙宁六年（1073）六月癸未，"都大提举河阳怀卫州界黄沁河岸、供奉官王亨减磨勘三年，广备指挥使、都水监都壕寨高超赐钱三万，以都水监王亨等献筑土供埽，月堤闭口，比修闭决口裁省功料故也。"④ 八年（1075）五月甲戌，"同判都水监、屯田员外郎侯叔献为度支员外郎，升一任。以都水监言，汴口自去秋河流退背，取水浅涩，度开浚当役五万五千人，而叔献亲帅二万人治之有成功故也"⑤。元丰五年（1082）四月十九日，诏："判都水监李立之理三司副使资序，干当官吏转官、支赐有差，赏相度新河裁省工力之劳也。"⑥

（二）问责与处罚

问责处罚多是针对因维护、检视河堤不当，或因黄河水涨时救护不力等

---

① 《宋会要辑稿》方域一四之九。
② 《宋会要辑稿》方域一四之一〇。
③ 《宋会要辑稿》方域一四之一一。
④ 《续资治通鉴长编》卷二四五，第5967页。
⑤ 《续资治通鉴长编》卷二六四，第6464页。
⑥ 《宋会要辑稿》方域一五之八。

而致黄河决溢。宋初的处罚是相当严厉的，太祖开宝四年（971）十一月，"河决澶渊，泛数州，官守不时言，通判姚恕弃市，知州杜审肇坐免"①。真宗景德元年（1004）二月，"诏：每岁遣使阅视黄、汴河堤，回日具委保以奏，异时有坏决，连坐其罪，修护渠各有官属，使者暂往，安可专责，自今罢之。"②从这条诏令可知，中央官府遣使巡河在景德元年二月前，与地方官员一道要对"异时有坏决"，负有连带责任，即"连坐其罪"的，同时也表明沿黄河州军官员平素立有责任书，即所谓"责结罪文状。"③仁宗庆历六年（1046）冬十月壬戌，"诏黄河诸埽官吏，如经大水抹岸，岁满并与远地官"④。神宗元丰元年（1078）十月十一日，"诏：韩村埽巡河、左班殿直武继宁追一官勒停，余官冲替，罚铜有差，坐大河以风雨溢岸，失于备预也"⑤。三年（1080）四月十九日，"前河北路转运副使陈知俭罚铜三十斤，前提点河北路刑狱韩正彦罚铜二十斤，坐河决曹村失备也"。五月十三日，"司农少卿、前知卫州鲁有阙罚铜二十斤，通州幕职官、汲县主簿、尉并冲替，巡河部役官追官勒停差替，并坐河溢失救护也"。六月二十五日，"御史满中行言'昨曹村河决，止坐都水监当任官，窃以河防坚固，非朝夕可致，量罪定罚，宜以供职久近为差。'诏：中书立到官日限法。"⑥元丰五年（1082）二月丙子，"诏：'前知澶州韩璹，都水监丞张次山、苏液，北外都水丞陈祐甫，判都水监张唐民，主簿李士良，都水监勾当公事钱曜、张元卿罚铜有差；大、小吴埽使臣各追一官勒停，澶州通判、幕职官、临河、濮阳县令佐并冲替；本路监司劾罪。'以去岁河决，不能救护提举也"⑦。六年（1083）三月一日，"诏：河北转运判官吕大忠罚铜三十斤，以黄河溢不即救护也"⑧。

庆历八年（1048）黄河第三次大改道后，宋廷屡兴修河工程，而工程失

---

① 《宋会要辑稿》方域一四之一。
② 《宋会要辑稿》方域一四之四。
③ 《宋会要辑稿》方域一四之一一。
④ 《续资治通鉴长编》卷一五九，第3847页。
⑤ 《宋会要辑稿》方域一五之四。
⑥ 《宋会要辑稿》方域一五之五。
⑦ 《续资治通鉴长编》卷三二三，第7791页。
⑧ 《宋会要辑稿》方域一五之九。

败后，参与修河的诸水官和地方官往往被责以重罚。嘉祐元年（1056）四月，李仲昌等塞商胡北流入六塔河失败后，朝廷对参与修六塔河工程的一批官员进行了处罚：六月辛酉，"降知澶州、修河都部署、天平留后李璋知曹州，河北转运副使、同管勾修河、司封员外郎燕度知蔡州，提举开封府界县镇公事、同管勾修河、度支员外郎蔡挺知滁州，修河都钤辖、北作坊使、果州团练使、内侍押班王从善为濮州都监，供备库副使张怀恩为内殿承制，提举黄河埽岸、殿中丞李仲昌为大理寺丞"①。而殿中侍御史赵抃以为责罚太轻，应从重处分，因此一再上章弹劾李仲昌等，再加上翰林学士胡宿的劾奏，同年八月丙寅，"宿尝奏河朔被水灾，滨、棣、德、博四州之民，皆归罪于李仲昌、张怀恩、蔡挺三人，乞斩此三人以谢河北，因进呈韩绛体量札子，仲昌、怀恩、挺卒坐重责"②。十一月甲辰，"降知澶州、枢密直学士、给事中施昌言为左谏议大夫、知滑州，天平留后李璋为邢州观察使，司封员外郎燕度为都官员外郎，北作坊使、果州团练使、内侍押班王从善为文思使，度支员外郎蔡挺追一官勒停，内殿承制张怀恩潭州编管，大理寺丞李仲昌英州衙前编管"③。哲宗元祐年间第三次回河，至元符二年（1099）六月末，河决内黄口，东流遂断绝。辛丑，左司谏王祖道请正吴安持、郑佑、李仲、李伟等之罪，投之远方。于是十月甲子，"郭知章罢中书舍人，以前官充集贤殿修撰、知和州；吴安持落宝文阁待制，降授朝散大夫、少府监、分司西京，陈州居住。鲁君贶罢司农少卿，以前官知均州；王森罢仓部郎中；梁铸罢工部员外郎；郑佑追所授恩赏，责授鼎州团练副使，筠州安置；李仲、李伟追所授恩赏，仲添差监永州在城酒税，伟添差监全州盐酒税，并候任满日，更不差人，俞瑾罢都水监丞；文及甫差知汉阳军；吕希纯责授舒州团练副使，道州安置；王令图、王宗望并追所授恩赏，其应缘恩赏转官所得恩例令所属追夺；黄偘等十六员并追所受恩赏，内窦讷仍令吏部与监当差遣：以元祐间主导河东流之议无功也"④。

---

① 《续资治通鉴长编》卷一八二，第4411页。
② 《续资治通鉴长编》卷一八三，第4439页。
③ 《续资治通鉴长编》卷一八四，第4456页。
④ 《续资治通鉴长编》卷五一七，第12307页。

四、北宋对黄河的治理

(一) 北宋治理黄河水患的技术

前揭北宋一代河患之频繁,治河规模之浩大,不仅远过于汉唐,就是与金元明清相比也是非常突出的。以下仅就治理黄河的技术和费用问题略作陈述。岑仲勉先生在《黄河变迁史》中辟专节讨论宋人治河的技术,提到四个方面,埽岸、浚川耙、治河责任的普及,河隄种树。这四个方面无疑基本概括了宋人治河技术的主旨,只是限于编书的体例,岑先生未能充分展开讨论,因而显得过于简略,对此笔者拟做补充和考实。

1. 对黄河水汛的系统认识

北宋时期经过多年防治黄河泛溢的经验,对黄河的涨落、汛期及洪水预报,已有较为科学的认识。先看 (元) 沙克什"以宋沈立汴本,及金都水监本汇合而成编"①的《河防通议》卷上《释十二月水名》对黄河涨落的形象描述:

> 黄河自仲春迄秋,季有涨溢,春以桃花为候,盖冰泮水积,川流猥集,波澜盛长;二月、三月,谓之桃花水,四月,陇麦结秀为之变色,故谓之麦黄水;五月,瓜实延蔓,故谓之瓜蔓水;朔方之地,深山穷谷,固阴冱寒,冰坚晚泮,逮于盛夏,消释方尽,而沃荡山石,水带矾腥,并流入河;六月,谓之矾山水,今土人常候夏秋之交,有浮柴死鱼者,谓之矾山水非也;七月、八月,荻薍花出,谓之荻苗水;九月,以重阳纪候,谓之登高水;十月,水落安流,复故漕道,谓之复漕水;十一月、十二月,断凌杂流,乘寒复结,谓之蹙凌水;立春之后,东风解冻,故正月谓之解凌水;水信有常,率以为准。(汴本与监本少异故两存之)

---

① 《四库全书总目》卷六九《史部·地理类二》,中华书局 1987 年版,第 611 页。

沈立生活于宋仁、英、神宗时代，"举进士，签书益州判官，提举商胡埽。采摭大河事迹、古今利病，为书曰：《河防通议》，治河者悉守为法"①。仁宗嘉祐元年（1056）四月癸酉，"权盐铁判官、屯田郎中沈立体量六塔河及北流河口利害以闻"②。可见宋人对水讯的系统归纳最迟不晚于宋仁宗朝。《宋史》编撰者将以下与沈立《河防通议》基本相一致的记载，即系于仁宗天圣年以前：

> 说者以黄河随时涨落，故举物候为水势之名：自立春之后，东风解冻，河边人候水，初至凡一寸，则夏秋当至一尺，颇为信验，故谓之"信水"。二月、三月桃华始开，冰泮雨积，川流猥集，波澜盛长，谓之"桃华水"。春末芜菁华开，谓之"菜华水"。四月末垄麦结秀，擢芒变色，谓之"麦黄水"。五月瓜实延蔓，谓之"瓜蔓水"。朔野之地，深山穷谷，固阴冱寒，冰坚晚泮，逮乎盛夏，消释方尽，而沃荡山石，水带矾腥，并流于河，故六月中旬后，谓之"矾山水"。七月菽豆方秀，谓之"豆华水"。八月菼薍华，谓之"荻苗水"。九月以重阳纪节，谓之"登高水"。十月水落安流，复其故道，谓之"复槽水"。十一月、十二月断冰杂流，乘寒复结，谓之"蹙凌水"。水信有常，率以为准。非时暴涨，谓之"客水"。③

以物候为水讯命名还不单纯表示各类水讯发生的季节和时间，而且对某些水讯的成因和特性也有深刻认识。以矾山水为例，发生于农历六月。其时，黄河冰雪消融，水流将含有较多腐殖质的表土携带而下，水中带有矾腥气味，故而得名。另外，"自立春之后，东风解冻，河边人候水，初至凡一寸，则夏秋当至一尺，颇为信验，故谓之'信水'"，表明宋人已能够根据初春信水的涨幅，预测七、八月伏秋大讯的涨幅，这是纯经验性的洪水长期预报④。

---

① 《宋史》卷三三三《沈立传》，第10698页。
② 《续资治通鉴长编》卷一八二，第4405页。
③ 《宋史》卷九一《河渠一》第2264—2265页。又：南宋理宗时人陈元靓所编《岁时广记》四卷引《水衡记》也有相同的记载。
④ 周魁一：《中国科学技术史·水利卷》，科学出版社2002年版，第43页。

对于黄河来说，由于河水含沙量高，水的容重大，并且河槽冲淤变化剧烈，因此水溜形态各异，对于河防工事的危害形式也有所不同。宋人对河势工情也有细致的总结：

> 其水势：凡移㳷横注，岸如刺毁，谓之"札岸"，涨溢逾防，谓之"抹岸"。埽岸故朽，潜流漱其下，谓之"塌岸"。浪势旋激，岸土上陨，谓之"沦卷"。水侵岸逆涨，谓之"上展"；顺涨，谓之"下展"。或水乍落，直流之中，忽屈曲横射，谓之"径㕤"。水猛骤移，其将澄处，望之明白，谓之"拽白"，亦谓之"明滩"。湍怒略渟，势稍汩起，行舟值之多溺，谓之"荐浪水"。水退淤淀，夏则胶土肥腴，初秋则黄灭土，颇为疏壤，深秋则白灭土，霜降后皆沙也。①

2. 埽法及埽岸

埽是中国特有的一种用树枝、秫节、草和土石卷制捆扎而成的水工构件，主要用于构筑护岸工程或抢险堵口。单个的埽又称为捆、埽由等，多个埽叠加连接构成的建筑物则称为埽工。埽工正式得名是在北宋初年，这一时期埽工已成为黄河修防的主要措施②。

有关北宋埽法，《宋史》和《长编》均有记述，只是侧重点不同而已。

先看《宋史·河渠志》的记述：

> 旧制，岁虞河决，有司常以孟秋预调塞治之物，梢芟、薪柴、楗橛、竹石、茭索、竹索凡千余万，谓之"春料"。诏下濒河诸州所产之地，仍遣使会河渠官吏，乘农隙率丁夫水工，收采备用。凡伐芦荻谓之"芟"，伐山木榆柳枝叶谓之"梢"，辫竹纠芟为索。以竹为巨索，长十尺至百尺，有数等。先择宽平之所为埽场。埽之制，密布芟索，铺梢，梢芟相重，压之以土，杂以碎石，以巨竹索横贯其中，谓之："心索。"卷而束之，复以大芟索系其两端，别以竹索自内旁出，其高至数丈，其

---

① 《宋史》卷九一《河渠一》，第2265页。
② 周魁一：《中国科学技术史·水利卷》，第331页。

长倍之。凡用丁夫数百或千人，杂唱齐挽，积置于卑薄之处，谓之"埽岸"。既下，以橛臬阂之，复以长木贯之，其竹索皆埋巨木于岸以维之，遇河之横决，则复增之，以补其缺。凡埽下非积数叠，亦不能遏其迅湍，又有马头、锯牙、木岸者，以蘷水势护堤焉。①

此段记述把筑隄防过程中的备料、取材、制埽、制埽岸以及施工都交代颇为清楚，而《长编》所载的制埽法则更为细致、形象，可补《宋史》的记载：

> 河入中国，行太行西，曲折由山间，则不能为大患。及出大伾，走东北赴海，更平地二千余里，禹迹既堙，河并为一，而特以隄防为之限。夏秋霖潦，百川众流之所会，时不免决溢之忧。然有司之所以备河者，亦益工矣。岸汩则易摧，故聚刍藁薪条枚，实石而缒之，合以为埽。凡埽之法，若高十丈，长百尺，其算以径围各折半，因之得积尺七千五百，则用薪八百围，（《史稿》作薪五百。）刍藁二千四百围。所谓苇索、心索、底篓、搭篓、箍首索、签桩、硪橛、拐橛、拽后橛，其多寡称所用。若大小广袤不同，则随时损益之，而亦视此为率焉。故凡置埽，必仞水之深，度岸之高，或叠二、叠三四。一埽之长，居岸二十步，则岸长或数百步，或千余步，埽坏辄牵连而去；又置埽以补救之，其费动为缗钱数万。凡埽初下水曰："扑岸"，居上而捍水曰"争高"，阙地置之以备水曰"陷埽"。埽实垫为亡所患，浮湍则危。其卷埽之器，则有制脚木、制木、进木、拒马，短长木篡、大小石篡、云梯、引橛、推梯、卓斧、绵索。其鼓旗所以利工作，而为号令之节也。凡度役事，负六十斤六十里为一工；土方一尺重五十斤，取土二十步外者一工，二十五尺上接邪高，皆折计之。水背向不常，则埽各从地而易。

李焘说他的这段记述是据国史本志，而李清臣《史稿》载埽法尤详，本

---

① 《宋史》卷九一《河渠一》，第 2265—2266 页。

志删取之①。现今李清臣《史稿》已佚,已无法考究"尤详"的埽法。不过,李焘的记述也足以使后人管窥宋人制埽的技术,应当说是弥足珍贵的,它明显比《宋史》的记载详尽了许多。沈括《梦溪笔谈》对庆历年以后塞澶州商胡埽决口有一具体描述,从中可了解宋人制埽堵塞决口的过程:

> 庆历中,河决北都商胡,久之未塞。三司度支副使郭申锡亲往董作。凡塞河决,垂合,中间一埽谓之"合龙门",功全在此。是时屡塞不合,时合龙门埽长六十步,有水工高超者献议,以谓"埽身太长,人力不能压,埽不至水底,故河流不断而绳缆多绝。今当以六十步为三节,每节埽长二十步,中间以索连属之,先下第一节,待其至底,方压第二、第三"。旧工争之,以为不可,云:"二十步埽不能断漏,徒用三节,所费当倍,而决不塞。"超谓之曰:"第一埽水信未断,然执必杀半,压第二埽止用半力,水纵未断,不过小漏耳,第三节乃平地施工,足以尽人力。处置三节既定,即止两节,自为浊泥所淤,不烦人功。"申锡主前议,不听超说。是时贾魏公帅北门,独以超之言为然,阴遣数千人于下流收漉流埽,既定而埽果流,而河决愈甚,申锡坐谪。卒用超计,商胡方定。②

据《宋史·河渠志》所载,仁宗时缘河诸州有四十五埽:"孟州有河南北凡二埽;开封府有阳武埽;滑州有韩、房二村、凭管、石堰、州西、鱼池、迎阳凡七埽,旧有七里曲埽,后废。通利军有齐贾、苏村凡二埽;澶州有濮阳、大韩、大吴、商胡、王楚、横陇、曹村、依仁、大北、冈孙、陈固、明公、王八凡十三埽;大名府有孙杜、侯村二埽;濮州有任村、东、西、北凡四埽;郓州有博陵、张秋、关山、子路、王陵、竹口凡六埽;齐州有采金山、史家涡二埽;滨州有平河、安定二埽;棣州有聂家、梭堤、锯牙、阳成四埽"③。

---

① 《续资治通鉴长编》卷一〇〇"天圣元年正月癸未"条,第2311—2312页。
② 《(元刊)梦溪笔谈》卷一一,文物出版社,1975年版,第19—21页。
③ 《宋史》卷九一,第2266页。

按《宋史》所记四十五埽系于天禧三年（1019）以后记事，而《玉海》卷二二则记有"天圣七年（1029）五月，高升、高继密上黄河诸埽图承明殿示辅臣议所行。"显然至迟在天圣七年（1029）以前黄河中下游沿岸已有四十五埽。其后黄河屡次改道和决溢，因而沿河置埽又有新的变化，宋神宗熙宁十年（1077）前后，据《熊本集》所载："沿河共管八十四埽。"[①] 元丰四年（1081）九月庚子，宋廷采纳李立之的建言："北京南乐、馆陶、宗城、魏县、浅口、永济、延安镇、瀛州景城镇，在大河两堤之间，乞相度迁于堤外。"分立东西两堤五十九埽。定三等向著：河势正著堤身为第一，河势顺流堤下为第二，河离堤一分里内为第三。退背亦三等：堤去河最远为第一，次远者为第二，次近一里以上为第三[②]。元祐四年（1089）正月，尚书左丞王存说由澶州孙村沿河两岸，去海口各六七百里，旧约五千（疑为十字笔误）余埽[③]。元祐六年（1091）苏辙上书曰："自来河北只管一河东西两岸而已，今为分水之故，添为两河东西四岸，内北流横添四十五埽。"[④] 政和六年（1116），单是南外都水监丞司管下三十四埽[⑤]，而对应的北外都水监丞司管下的埽数当与此相当。由此可见，北宋沿河埽的数额自仁宗天圣以后有较大变化，并无固定的统计，但从宋人的记述，大致平均在 10—20 里间当有一埽，当然因地势、淤淀和河道的宽狭不同，埽的实际分布也会是疏密有间。

3. 铁龙爪与浚川杷

铁龙爪与浚川杷是熙宁年间为疏浚黄河及汴河中泥沙淤积而创制的新工具。司马光较早记述铁龙爪与浚川杷的创制始末：

> 初，选人李公义建言，请为铁龙爪以浚河。其法用铁数斤为爪形，沉之水底，系绳，以船拽之而行。宦官黄怀信以为铁爪太轻，不能沉，更请造浚川杷。其法以巨木长八尺，齿长二尺列于木下，如杷状，以石

---

① 《续资治通鉴长编》卷二八二"熙宁十年五月庚午"条注。第6913页。
② 《宋史》卷九二《河渠二》，第2286—2287页。
③ 《续资治通鉴长编》卷四二一"元祐四年正月辛卯"条。第10192页。
④ 《续资治通鉴长编》卷四五四"元祐六年正月"条。第10879页。
⑤ 《宋会要辑稿》方域一五之二六。

压之，两旁系大缍，两端碇大船，相距八十步，各用革车绞之，去来挠荡泥沙，已，又移船而浚之。①

《宋史·河渠志》的记述略详于上：

> （熙宁）六年四月，始置疏浚黄河司。先是，有选人李公义者，献铁龙爪扬泥车法以浚河。其法：用铁数斤为爪形，以绳系舟尾而沉之水，篙工急棹，乘流相继而下，一再过，水已深数尺。宦官黄怀信以为可用，而患其太轻。王安石请令怀信、公义同议增损，乃别制浚川杷。其法：以巨木长八尺，齿长二尺，列于木下如杷状，以石压之；两旁系大绳，两端碇大船，相距八十步，各用滑车绞之，去来挠荡泥沙，已，又移船而浚。②

李焘依据《王安石日录》的记述与司马光、《河渠志》略同，同时记述了宋廷采用和推广此法的过程：

> 王安石言："以浚川杷浚黄河，自二十八日卯时至二十九日申时，凡增深九寸至一尺八寸，请以杷浚汴。"从之。上曰："果如此，即大省夫力、物料。"……王安石甚善其法，尝使怀信浚二股河，怀信用船二十二只，四时辰浚河深三尺至四尺四寸，水既趋之，因又宣刷，一日之间又增深一尺。怀信请以五百兵，二十日开六里直河，顺二股河水势，用杷浚治，可移大河令快。上许怀信所擘画。安石请令怀信因便相度天台等埽，作直河，用杷疏浚。上亦许之……他日又言："开直河一道，计省却九百万物料，三百万夫功。如怀信所造浚川杷，即处处危急可用。直河所以有不可开者，只为近水，开数尺即见水，施工不得。今但见水即以杷浚之，无不可使水趋直河去处。即一岁所省凡几百千万物料夫功。又汴河、广济河诸斗门减水河，自此更不须计工开浚，但制百千

---

① 《涑水记闻》卷一五，中华书局1989年版，第296页。
② 《宋史》卷九二《河渠二》，第2282页。

枚杷,永无浅淀也。"①

从现今的眼光看,铁龙爪与浚川杷的制作技术和工艺是极为原始的,但正如岑先生所言:"世界上任何机械,何尝不都是从最粗制而渐进为精美。明刘尧诲'治黄河议'所说'使各该州县各造船只,各置铁扒并尖铁锄、每遇淤浅,即用人夫在船扒浚。'下及近世的浚河机船,更何尝不是由浚川杷演变出来。"② 铁龙爪与浚川杷的创制确是我国水利工程史上的一件大事。不过,铁龙爪与浚川杷的创制正值王安石变法期间,反变法派对王安石支持使用新式疏浚河道的工具曾给以严厉的抨击。当然对于黄河来说,使用这种技术力量低下的新式工具,远远达不到疏浚泥沙的目的,但使泥沙沉淀减少则是不争的事实,反对派的抨击有点言过其实。

4. 造林治水

岑仲勉先生在提及河堤种树时说:"宋人一般已了解得植树来保护堤岸了。"③ 的确,从太祖时期起,宋王朝就一直重视种树护堤,建隆三年(962)十月诏:"沿黄、汴河州县长吏,每岁首令地分兵、种榆柳以壮堤防。"开宝五年(972)正月又下诏曰:"沿黄、汴、清、御河州县人户,除准先敕种桑枣外,每户并须创柳及随处土地所宜之木。量户力高低,分五等:第一等种五十株,第二等四十株,第三等三十株,第四等二十株,第五等十株。如人户自欲广种者,亦听。孤老、残患、女户、无男女丁力作者,不在此限。"④ 宋真宗时,谢德权提总京城四排岸,领护汴河兼督辇运,"植树数十万以固岸"⑤。天圣二年正月,"请下开封委令佐劝诱人户栽植桑枣榆柳,如栽种万数倍多,委提点司保明闻奏,各与升差使。"⑥ 宋徽宗重和元年(1118)三月己亥,诏:"滑州、濬州界万年堤,全藉林木固护堤岸,其广行种植,以壮地势。"⑦

---

① 《续资治通鉴长编》卷二四八"熙宁六年十一月丁未"条,第 6042—6043 页。
② 《黄河变迁史》,第 369 页。
③ 《黄河变迁史》,第 370 页。
④ 《宋会要辑稿》方域一四之一。
⑤ 《宋史》卷三〇九《谢德权传》,第 10166 页。
⑥ 《宋会要辑稿》食货六三之一七二。
⑦ 《宋史》卷九三《河渠三》,第 2315 页。

固护堤岸只是河堤种树的一种功能，其实河堤种树的更重要的功能是为筑修堤岸提供必需的物料①，前面说到制埽需要大量的物料，其中"伐山木榆柳枝叶谓之'梢'"就是重要的物料。但是由于对种植的榆柳管理不善，盗伐河堤榆柳的事情时有发生，以至猖獗不止。真宗景德元年（1004）九月，澶州横垅埽决溢，翌年十月，"又申严盗伐河上榆柳之禁"②。天圣七年（1029）七月，滑州言："缘军兵多西京邻兵，人规避重役，故意盗林木以就决配，依旧收管，若三犯即决配广南远恶州牢城。"从之③。当河道改迁后，原河堤上的榆柳就无人管理，更被盗掘、滥伐，哲宗时期苏轼说："自小吴之决，故道诸埽皆废不治，堤上榆柳，并根掘取，残零物料，变卖无余。"④

（二）治理黄河经费的来源与支出

从文献所载北宋治河工程来看，北宋前期修筑堤防，堵塞决口，是其主要的工程，其中规模较大的有天禧三年（1019）至天圣五年（1027）始完成的堵塞滑州决口。仁宗以后由于黄河改道，围绕回河，至神宗、哲宗两朝所实施的开六塔河、疏浚二股河、闭塞北流、修筑东流河堤、开沙河、引洛入汴等大的治河工程依次展开。除了应对黄河决溢和集中实施的大型治河工程外，平素固护沿河河堤是每年都要进行的，乾德五年（967）正月，宋太祖以河堤屡决，"遣使行视，发畿甸丁夫缮治。自是岁以为常，皆以正月首事，季春而毕"⑤。及至宋徽宗大观二年（1108），仍是"黄河调发人夫修筑埽岸，每岁春首，骚动数路"⑥。如此频繁而又浩大的治河工程，对北宋社会经济造成重大的影响。治河需要投入大量的人力和物力，这种投入分两种情况，一是每年定期定额，二是为应急塞堵决河或别兴修河工程。先说每年定期定额。这种情况如前揭所示始自乾德五年（967）一直延续到宋徽宗时期。哲宗元祐元年（1086）十一月二十三日的诏令亦说及"黄河年例春夫"⑦ 起初

---

① 参见江天健：《北宋河北路造林之研究》，《宋史研究集》第 32 辑，台湾兰台出版社 2002 年版。
② 《续资治通鉴长编》卷六一"景德二年十月己卯"条，第 1369 页。
③ 《宋会要辑稿》方域一四之一三。
④ 《续资治通鉴长编》卷四一四"元祐三年九月戊申"条，第 10056 页。
⑤ 《宋史》卷九一《河渠一》，第 2257 页。
⑥ 《宋史》卷九三《河渠三》，第 2311 页。
⑦ 《宋会要辑稿》方域一五之一一。

所发丁夫数额不等，如开宝三年（970）正月诏发近甸丁夫数万增治河堤，十二月又发二万人治堤①。大致到仁宗天圣时，每年征发的修河春夫达十万人。天圣八年（1030）十月，三门白波发运使文洎言："沿河诸埽岸物料内山梢，每年调河南、陕、府、虢、解、绛、泽州人夫，正月下旬入山采斫，寒节前毕。虽官给口食、缘递年采斫，山林渐稀，亦有一夫出钱三五千已上雇人采斫。今年所差三万五千人，内有三二家共著一丁应役之人，计及十万，往复千里已上。"②元祐六年（1091）九月辛亥，都水监言元祐七年（1092）春合差修河夫八万人③。哲宗元祐七年（1092）八月九日"诏：科夫除逐路沟河夫外，诸河防春夫每年以十万人为额"④。宋徽宗大观二年（1108）诏曰："河防夫工，岁役十万。"⑤可见北宋中后期每年春季调发十万人用于河防。

常年投入的物力，按《宋史》言："岁虞河决，有司常以孟秋预调塞治之物，梢芟、薪柴、楗橛、竹石、茭索、竹索凡千余万，谓之'春料'。"⑥这是一个大致的说法，实际上可能要比这个统计数字大的多。如端拱二年（989）五月，"滑州房村埽火焚竹木、梢芟百七十余万"⑦，一个房村埽即备有百七十余万。大中祥符元年（1008）十月甲午，王钦若等言："黄河水今岁上流多雨，虽时泛溢，正在中道，不临两岸，其堤防比常岁用度工役约省数百万。"⑧ 单节省即达数百万，其正常耗费量可想而知。而宣和五年（1123），中书省言："每年合应副广武埽四百万。"⑨ 那么，真宗天禧以后，北宋沿河常有45到80多个埽，其数字是可以想见的。当然同是"埽"也有紧慢之分，象房村埽、广武埽都属紧要埽，但每年预备"春料"大大超过千余万应是不成为问题的。前揭天圣八年（1030）十月，三门白波发运使文洎

---

① 《宋会要辑稿》方域一四之一。
② 《宋会要辑稿》方域一四之一四。
③ 《续资治通鉴长编》卷四六六，第11139页。
④ 《宋会要辑稿》方域一五之一四。
⑤ 《宋史》卷九三《河渠三》，第2312页。
⑥ 《宋史》卷九一《河渠一》，第2265页。
⑦ 《宋会要辑稿》方域一四之三。
⑧ 《续资治通鉴长编》卷七〇，第1569页。
⑨ 《宋会要辑稿》方域一五之三一。

言："近年计度迭增，新旧折腐实多，山梢旧每年止一二百万束，去年所及三百七十六万束，今年七百八千余万束，以至竹索、椿橛比旧数倍多，盖是计料之时，不以埽岸紧慢广作约束，度多不使用，积留枉耗，今计沿河诸埽使外物料，尚有二千五百万有余。"①"凡一埽岸，必有薪芟、竹楗、桩木之类数十百万，以备决溢。使臣始受命，皆军令约束"②。可见常备修河"春料"是巨大的。

再看应急堵塞决溢和从更广阔的意义上欲根治黄河之患的大型修河工程。这类工程投入的人力和物力绝不亚于前一种情况。雍熙元年（984）堵塞房村决河，用丁夫凡十余万，既塞复决，乃发卒五万人；天禧三年（1019）塞堵滑州天台山决口，遣使赋诸州薪石、楗橛、芟竹之数千六百万，发兵九万人治之；天禧四年（1020），滑州河塞复决，直至天圣五年（1027）历时九年，发丁夫三万八千、卒二万一千，缗钱五十万，凡费刍藁千六百二十万，他费不与焉；嘉祐元年（1056）六月戊寅"近计塞商胡，用薪苏千六百四十五万、工五百八十三万"③；熙宁八年（1075），"开沙河用工五十六万七千四百九十三、发卒一万人"④；元丰元年（1076），塞曹村决口，为日一百有九、丁三万，官楗作者无虑十万人，材以数计一千三百八十九万，费钱米合三十万⑤；元丰五年（1080），"修洛口广武埽，役兵千六十、夫万三千二百人，物料一百四十一万四千条束。鱼池兵工一万三百，夫工四万一千，物料六十一万八千条束"⑥；元丰六年（1081），"修武济山麓河堤及开直河、役兵四万六千七十人有奇，合费梢草、竹索为钱一十七万缗有奇"⑦；元祐四年（1089），"范百禄说修减水河，役过兵夫六万三千余人、计五百三十万工，费钱粮三十九万二千九百余贯、石、匹、两，收买物料钱七十五万三百余缗，用过物料二百九十余万条束"⑧。这些统计数据是见于记载的，还有

---

① 《宋会要辑稿》方域一四之一五。
② 张师正：《括异志》卷一《大名监埽》，四部丛刊续编本。
③ 《续资治通鉴长编》卷一八二，第 4414—4415 页。
④ 《续资治通鉴长编》卷二六五"熙宁八年六月己酉"条，第 6492—6493 页。
⑤ 《宋文鉴》卷七六，孙洙《澶州灵津庙碑》，中华书局 1992 年版，第 1103 页。
⑥ 《续资治通鉴长编》卷三三〇"元丰五年冬十月壬子"条，第 7947 页。
⑦ 《续资治通鉴长编》卷三三八"元丰六年八月庚子"条，第 8156 页。
⑧ 《续资治通鉴长编》卷四二二"元祐四年二月癸丑"条，第 10216 页。

一些大的治河工程并没有留下人力和物力的统计数据，而那些役兵夫数百、数千及上万人的中小工程更多。

虽然，治河工程次数多、规模大，但对北宋的国家财政造成的影响并不很大，这主要是因为，治河的人力主要由征发沿河诸州五百里之内的丁夫、或被称作"春夫"或被称作"黄河夫"[①]充当，部分地使用厢军和少数刺配犯人[②]。北宋中期以后向应征而不服役的丁夫征免夫钱[③]。征免夫钱大致始于神宗熙宁时期，苏辙说："祖宗旧制，河上夫役止有差法，原无雇法。始自曹村之役夫，功至重，远及京东西、淮南等路。道路既远，不可使民间一一亲行，故许民纳钱以充雇直。"[④]熙宁十年（1077）十一月乙卯诏："河北、京东西、淮南等路出夫赴河役者，去役所七百里以外愿纳免夫钱者，听从便，每夫止三百五百。"[⑤]元祐七年（1092）九月十四日，都水监言："准敕，五百里外方许免夫，自来府界黄河夫多不及五百里，缘人情皆愿纳钱免行，今相度欲府界夫不限地里远近，但愿纳钱者听"，从之[⑥]。大观二年（1108），"诏凡河堤合调春夫，尽输免夫之直，定为永法"，"可上户出钱免夫，下户出力充役"[⑦]。物料部分在国家财政上的支出也有限，虽然宋廷规定所需"春料""诏下濒河诸州所产之地，仍遣使会河渠官吏，乘农隙率丁夫水工，收采备用"，修造埽岸所需费用"皆有司岁计而无阙焉"[⑧]。但在实际操作上，有相当部分来自科税，而春料中重要的榆柳、竹，或从原始山林，或从"课民别树榆柳及土地所宜之木"中收采。大中祥符八年（1015）四月，"是月遣使滑州，与知州、通判同阅芟地，尽令刈送官场。七月，令京东路提点刑狱滕涉、常希古与本路转运同定夺郓、濮州规置芟地久远利害。九年正月，三门白波发运使言，沿河山林约采得梢九十万，计役八千夫一月，命发

[①] 《宋会要辑稿》方域一五之一五。
[②] 《宋会要辑稿》方域一五之二七。
[③] 参见汪圣铎：《两宋财政史》上册，中华书局1995年版，第238—241页。
[④] 《栾城集》卷四六《论雇河夫不便札子》，第1016页。
[⑤] 《续资治通鉴长编》卷二八五，第6988页。
[⑥] 《宋会要辑稿》方域一五之一五。
[⑦] 《宋史》卷一七五《食货志·和籴》，第4248页；卷九三《河渠志》，第2312页。
[⑧] 《宋史》卷九一《河渠一》，第2265页。

运使陈丽夫躬自临视，仍官给粮食，毕日即散"①。天禧三年（1019）九月，"三司请于开封府等县敷配修河榆柳杂梢五十万，以中等以上户秋税科折。从之"②。天圣二年（1024），宋仁宗曾说："草数重逾千万，此皆出于民力，不可枉致损烂。"③元丰七年（1084）十二月二十七日，京西转运司言："每岁于京西河阳差刈芟梢草夫，纳免夫钱，应副洛口买梢草，南路八州随、唐、房州旧不差夫，金、均、郢、邓、襄州丁多夫少者，欲敷纳免夫钱，河北州军兑还。从之。"④宣和五年（1023）八月十九日"每年合应副广武埽税（梢）草四百万束"⑤。

当然在依靠科税和采伐山林、芟地以备春料外，官府也市买春料，所谓"有司岁计而无阙焉"。至道三年（997）正月，遣内臣往澶州沿河点检竹索，以官费甚多，吏或侵扰为奸，故令阅数裁减之⑥。天圣二年（1024）八月，"京东转运使又奏，本部羡财十万贯，充修河支用"⑦。北宋中期以后，大规模的修河工程屡兴，官府用于修河的支出显然比前期有所增加，元丰元年（1078）六月十七日："诏都水监，应河埽物料于合应副路转运及开封府界提点司，取三年中一中数为额，委逐司管认，应副钱物，关本监计置。"七月十一日，镇安军节度推官、知澶州卫南县李夷白和买应急草，特循一资⑧。是年，十二月十八日，三司言："准送下判都水监宋昌言等奏，乞支钱二十万缗，分与开州（封）府界、河北路诸埽市梢草，未有钱物可给，欲支市易务界末盐钱十万缗，从三司拨付本监，依朝廷钱物例封桩。"⑨元丰二年（1079）四月，"诏司农寺出坊场钱十万缗赐导洛通汴司，增给吏兵食钱。内以二万缗给范子渊，为固护黄河南岸薪荛之费"⑩。元祐五年（1090）三月，

---

① 《宋会要辑稿》方域一四之七。
② 《宋会要辑稿》方域一四之八。
③ 《宋会要辑稿》方域一四之一一。
④ 《宋会要辑稿》方域一五之一〇。
⑤ 《宋会要辑稿》方域一五之三一。
⑥ 《宋会要辑稿》方域一四之四。
⑦ 《宋会要辑稿》方域一四之一一。
⑧ 《宋会要辑稿》方域一五之三。
⑨ 《宋会要辑稿》方域一五之四。
⑩ 《宋会要辑稿》方域一五之四。

以元丰封桩钱二十万充雇值①。哲宗绍圣元年（1094）十二月二十二日，权工部侍郎吴安持言："京西路转运使拖久年额梢草钱，计七十万贯有余，止称岁计窘乏及应副军储，无由办集，欲别赐钱物，或降度牒收买。"诏京东西转运司，自绍兴（圣）二年后合认诸埽年计梢额钱，并须依限数足②。以上举例说明转运司需定额向管理和主持治河的官司支付购买梢草等钱，以及临时拨钱用于应急之用，若有官员从羡财或和买购买梢草是受到鼓励奖谕的。另外，神宗以后多以支付度牒作为治河的费用，具体情况详见第十三章，鬻度牒。度牒一道在神宗熙丰时期折计钱数值一百三十贯，徽宗时期约值二百二十贯。以元祐八年（1093）一千五百道折计钱数，不足二十万贯，可见官府用于购买物料、雇值的钱数不大。

根据上述，由于治河人力原则上不需宋朝官府出资招募，官府只负担物料、口食等支费，这就使得宋朝财政上用于治河的开支不大，不占重要位置③。显然，治河的重负主要是由细民百姓承担。

---

① 《宋会要辑稿》方域一五之一四。
② 《宋会要辑稿》方域一五之二〇。
③ 参见汪圣铎《两宋财政史》，中华书局1995年版，506—608页。

第二十一章

宋代的兴修水利与防灾

宋代是我国水利建设发展史上的一个大发展时期。两宋朝野对水利建设在防灾中的重要地位有很深刻的认识，太宗至道时，度支判官陈尧叟、梁鼎上言："臣等每于农亩之业，精求利害之理，必在乎修垦田之制，建用水之法，讨论典籍，备穷本末。自汉、魏、晋、唐以来，于陈、许、邓、颍暨蔡、宿、亳至于寿春，用水利垦田，陈迹具在。……傅子曰：'命县于天，人力虽修，苟水旱之不时，则一年之功弃矣。水田之制由人力，人力苟修，则地利可尽也。'且虫灾之害又少于陆，水田既修，其利兼倍，与陆田不侔矣。上览奏，嘉之。"① 宋神宗时郏亶上书指出："天下之利，莫大于水田。"② 南宋时民间有"衣则成人，水则成田"的谚语流传③，而陈耆卿总结说："夫稼，民之命也。水，稼之命也。"④ 因而官府重视水利，不时发布农田水利的诏令，像王安石变法期间颁布的农田水利法，在历史上是极为突出的。而把兴修水利作为地方官吏考课黜陟的一个方面，也是宋官府重视水利建设的重要表现。熙宁二年（1069）五月，考课院提出"考校知县令课法"其中就有"及兴修水利，以利民田，能劝诱人户种植桑枣"，此为"劝课之

---

① 《续资治通鉴长编》卷三七"至道元年正月戊申朔"条，第806—807页。
② 范成大：《吴郡志》卷一九《水利上》，江苏古籍出版社1999年版，第284页。
③ 陈亮：《陈亮集》（增订本）卷四《问答下》，中华书局1987年版，第44页。
④ 《筼窗集》卷四《奏请急水利疏》，影印文渊阁四库全书本。

最"①。这样的规定为后世所继承，庆元时，对监司（转运、提点刑狱、提举常平）考较事件其中有"劝农桑（如增垦田亩，或创修堤防水利，或修整隳废，劝课载植桑、柘、枣之类）"的规定。而知州县令四善四最："三劝课之最：农桑垦殖，水利兴修。"②

由于各个地区的地形、地貌、气温、降雨量、湖泊分布的差别，人们对水利的客观要求和水利兴修的具体情况也很不一样。因此对宋代水利建设的论述不可能面面俱到，下面只能从治理水害和增强防旱功能的角度叙其大者。一是对黄河中下游的农田治理；二是南方农田水利包括南方圩田、湖田、围田及灌溉水利工程的修建与沿海海堰、海塘、海堤的修筑。

一、北宋黄河中下游的农田治理③

《宋史》称，北宋时期"民之灾患大者有四：一曰疫，二曰旱，三曰水，四曰畜灾。岁必有其一，但或轻或重耳"④。不论是水灾、旱灾，都与水利建设的良好与否关系密切。黄河中下游地区以旱地农业经济为主的特点，也决定了水利事业的发展成为农业的命脉。而从北宋黄河中下游地区农田治理、农田水利的实际运行来看，主要涉及对黄河、汴河及北方诸水的开发与利用，本文也相应从这几个方面对黄河中下游地区的农田治理加以探讨。

（一）灌溉型农田治理

北宋承五代之弊，黄河中下游地区的农田水利在宋初也呈现出一片萧条景象。太祖、太宗两朝，因宋廷主要是将执政重点放在国家的统一战争方面，尚无暇太多地顾及农业生产，因而农业生产的恢复还是比较缓慢的。尽管如此，宋初农田水利也有一定程度的恢复。如北宋初，三白渠（按：三白渠，北宋时也作郑白渠、泾渠）灌溉面积"不及二千顷"⑤。乾德年间，节度

---

① 《宋会要辑稿》职官五九之九。
② 《庆元条法事类》卷五，载《中国珍稀法律典籍续编》，黑龙江人民出版社2002年版。
③ 本小节由郭志安先生撰写。
④ 《宋史》卷四三一《邢昺传》，第12799页。
⑤ 《宋史》卷九四《河渠志四·三白渠》，第2346页。

判官施继业率泾阳县民以梢穰、笆篱、栈木截河为堰，壅水入渠，"缘渠之民，颇获其利。然凡遇暑雨，山水暴至，则堰辄坏。至秋治堰，所用复取于民，民烦数役，终不能固"①，"数敛重困，无有止息"②。之后，到淳化二年（991）秋，京兆泾阳县县民杜思渊上书朝廷指出："泾河内旧有石𥐚以堰水入白渠，溉雍、耀田，岁收三万斛。其后多历年所，石𥐚坏，三白渠水少，溉田不足，民颇艰食……乞依古制，调丁夫修叠石𥐚，可得数十年不挠。所谓暂劳永逸矣。"为此，朝廷遣将作监丞周约己等监护其役，但最终却因工程浩大，未能完工③。至道元年（995）正月，度支判官陈尧叟、梁鼎奏称："自汉、魏、晋、唐以来，于陈、许、邓、颍暨蔡、宿、亳至于寿春，用水利垦田，陈迹具在"④，"邓、许、陈、颍、蔡、宿、亳七州之地，有公私闲田，凡三百五十一处，合二十二万余顷，民力不能尽耕"。针对这一状况，皇甫选等人提议"若皆增筑陂堰，劳费颇甚，欲堤防未坏可兴水利者，先耕二万余顷，他处渐图建置"⑤，"望选稽古通方之士，分为诸州长吏，兼管农事，大开公田，以通水利"⑥，并提出了具体的实施办法："发江、淮下军散卒，给官钱市牛及耕具，导达沟渎，增筑防堰，每千人人给牛一头，治田五万亩，亩三斛，岁可得十五万斛，凡七州之间置二十七屯，岁可得三百万斛，因而益之不知其极矣。行之二三年，必可以置仓廪，省江、淮漕运，闲田益垦，民益饶足。"⑦朝廷令皇甫选于邓州募民垦耕，免征其赋税，并"令（皇甫）选等举一人，与邓州通判同掌其事。（皇甫）选与（何）亮分路按察"。但从最终的结果来看，这一修复农田的举措不久即停滞下来⑧。

---

① 《宋史》卷九四《河渠志四·三白渠》，第 2345 页。
② 《宋史》卷九四《河渠志四·三白渠》，第 2347 页。
③ 《宋史》卷九四《河渠志四·三白渠》，第 2345—2346 页。
④ 《续资治通鉴长编》卷三七"至道元年正月戊申"条，第 806—807 页；《宋会要辑稿》食货七之一，第 4892 页。
⑤ 《宋史》卷九四《河渠志四·三白渠》，第 2347 页；《宋会要辑稿》食货六一之八九，第 5904 页；《宋太宗实录》卷七将此事系于"至道二年四月"条，第 174—175 页。此从《宋史》、《宋会要辑稿》。
⑥ 《续资治通鉴长编》卷三七"至道元年正月戊申"条，第 807 页；《宋会要辑稿》食货七之一，第 4892 页。
⑦ 《宋会要辑稿》食货七之一，第 4892 页。
⑧ 《宋史》卷九四《河渠志四·三白渠》，第 2347—2348 页。

而在是年陈尧叟、梁鼎所上《郑白渠利害》中，他们也针对关中水利指出："按旧史……两渠溉田凡四万四千五百顷，今所存者不及二千顷，皆近代改修渠堰，浸隳旧防，繇是灌溉之利，绝少于古矣。郑渠难为兴工，今请遣使先诣三白渠行视，复修旧迹。"朝廷为此而遣大理寺丞皇甫选、光禄寺丞何亮前往勘察①。皇甫选、何亮二人勘验后回奏时也称，郑渠因年久失修、施工艰巨而不适修复，而"三白渠溉泾阳、栎阳、高陵、云阳、三原、富平六县田三千八百五十余顷，此渠衣食之源也，望令增筑堤堰，以固护之。旧设节水斗门一百七十有六，皆坏，请悉缮完。渠口旧有六石门，谓之'洪门'，今亦隳圮，若复议兴置，则其功甚大，且欲就近度其岸势，别开渠口，以通水道。岁令渠官行视，岸之缺薄，水之淤填，即时浚治。严豪民盗水之禁"。同时，吸取乾德年间施继业修治三白渠的教训，皇甫选、何亮等人建议"欲令自今溉田既毕，命水工拆堰木寘于岸侧，可充二三岁修堰之用。所役缘渠之民，计田出丁，凡调万三千人。疏渠造堰，各获其利，固不惮其劳也。选能吏司其事，置署于泾阳县侧，以时行视，往复甚便"。当时，著作佐郎孙冕总监三白渠，朝廷诏令孙冕依皇甫选等人所奏予以实施，并"自仲山之南，移治泾阳县"②，以便于工程的开展。

步入真宗朝之后，北宋黄河中下游地区的农田水利建设、水利工程的恢复也逐渐进入高潮时期。反映到法令中，宋廷对农田水利的建设和管理也是极为重视。如天圣初年，宋廷即下诏规定："州县长吏令佐，能劝民修起陂池沟洫之久废者，及垦辟荒田，增税及二十万以上，议赏。监司能督部吏经画，赏亦如之。"③而在天圣二年（1024）时，朝廷接受张君平等人的提议，对自开封府界至南京、宿州、亳州等地的沟河开浚做出了极为详细的规定，即"疏决利害八事"：

一、商度地形，高下连属，开治水势，依寻古沟洫浚之，州县计力役均定，置籍以主之。

---

① 《宋史》卷九四《河渠志四·三白渠》，第2346页。
② 《宋史》卷九四《河渠志四·邓许诸渠》，第2347页。
③ 《续资治通鉴长编》卷一九二"嘉祐五年七月壬寅"条，第4636—4637页。

二、施工开治后,按视不如元计状及水壅不行有害民田者,按官吏之罪,令偿其费。

三、约束官吏,毋敛取夫众财货入己。

四、县令佐、州守倅,有能效课部民自用工开治不致水害者,叙为劳绩,替日与家便官;功绩尤多,别议旌赏。

五、民或于古河渠中修筑堰堨,截水取鱼,渐至澱淤,水潦暴集,河流不通,则致深害,乞严禁之。

六、开治工毕,按行新旧广深丈尺,以校工力。以所出土,于沟河岸一步外筑为堤埒。①

……

由其内容可以看出,它对沟洫修治中官民的限制与约束、酬奖、惩罚乃至具体施工的环节,都做了极为详尽的操作规定。而天圣年间,耀州境内的云阳、三原、富平三县及京兆府的泾阳、高陵、栎阳三县"沿渠皆立斗门,多者置四十余所,以分水势,其下别开细渠,则水有所分,民无奔注之患"。不仅如此,宋廷还专门组织河北相州水工,前往关中的郑白渠"就摹古人作堰决渠之法,及观今人置斗门溉田之方",同时又规定今后云阳县民犯罪当配者,"令皆徙相州,教百姓水种陆莳之利"②。这种由宋廷出面而组织的观摩活动和法律规定,无疑也说明了郑白渠当时灌溉成就的显著和在北方地区治渠技术的领先地位。在黄河下游地区河流沿岸靠近水源的地方,水稻的种植也在逐步扩大。如天圣五年(1027)时,惠民河、京河、索河等河流所流经地区,沿岸"各为民间截水莳稻灌园",以至出现"惠民、京、索河水浅小"的现象③。在关中地区,围绕着对郑白渠等水利设施的建设,其成效也颇为显著。景德三年(1006),盐铁副使林特、度支副使马景盛陈关中河渠之利,建议朝廷修复郑渠、白渠水利,以复古制。朝廷所遣太常博士尚宾在巡视后奏称:"郑渠久废不可复,今自介公庙回白渠洪口直东南,合旧渠以

---

① 《宋史》卷九四《河渠志四·京畿沟渠》,第2343—2344页。
② 《续资治通鉴长编》卷一〇四"天圣四年八月辛巳"条,第2417—2418页。
③ 《宋史》卷九四《河渠志四·蔡河》,第2337页。

畎泾河，灌富平、栎阳、高陵等县，经久可以不竭。"最终，朝廷采纳其建议而施工，"工既毕而水利饶足，民获数倍"①，收到了极好的效果。但是，三白渠在得以修复后，再度出现颓废的迹象。

仁宗年间，黄河中下游地区的农田水利继续保持良好的发展态势。景祐元年（1034），河北转运使王沿指出，"怀、卫、磁、相等州，皆有水泉，可疏引以溉民田"②，并建议遣前获嘉县令西门峰、新知将陵县王良分往诸州规划，为朝廷所采纳。稍后，王沿招募民工"导相、卫、邢、赵水下天平、景祐诸渠，溉田数万顷"③。到景祐三年（1036）二月时，时任陕西都转运使的王沿又奏称："白渠自汉溉田四万顷，唐永徽中亦溉田万顷，今裁及三千余顷。盖官司因循，浸致堙废，请调兵夫修复之。"④朝廷采纳其建议并令他组织施工。此后，随着一系列恢复措施的实施，三白渠的灌溉功效逐步提高，到庆历七年（1047）时，叶清臣出知永兴军，曾率领当地百姓修浚三白渠，使其达到"溉田逾六千顷"⑤的规模。就其灌溉功效的恢复而言，其发展速度是较快的。

而在"田野加辟，独京西唐、邓间尚多旷土"的情形下，嘉祐五年（1060）时，知唐州事、比部员外郎赵尚宽"乃案图记，得召信臣故迹，益发卒复三大陂、一大渠，皆溉田万余顷。又教民自为支渠数十，转相浸灌"。经过这一措施的实施，以至当地荒田广为垦辟，竟出现了"四方之民来者云集"的喜人景象。而在此基础上，赵尚宽又进而"以荒地计口授之，及贷民官钱买牛"，从而在农业生产资金和土地等基本条件方面为民户回归农业提供了极大的便利和保障。等到三年之后，当地已呈现出一种"废田尽为膏腴，增户万余"⑥的农业繁荣景象。由此可见，仁宗朝年间，唐州的农田水利不仅逐渐得以恢复，而且也取得了重大突破，有效扭转了唐州原本"入草莽者十九"的萧条景况。正是在赵尚宽的带领之下，通过水利设施的恢复和

————

① 《宋史》卷九四《河渠志四·三白渠》，第2348页。
② 《续资治通鉴长编》卷一一四"景祐元年正月甲戌"条，第2660页。
③ 《宋史》卷三〇〇《王沿传》，第9959页。
④ 《续资治通鉴长编》卷一一八"景祐三年二月甲子"条，第2777页。
⑤ 《宋史》卷二九五《叶清臣传》，第9851页。
⑥ 《续资治通鉴长编》卷一九二"嘉祐五年七月壬寅"条，第4637页。

新工程的开发，从而使当地的农业生产环境大为改观。为此，朝廷仍令赵尚宽再任。而对于此期赵尚宽经营唐州的情况，王安石于其《新田诗序》中也多有记载与赞誉：

> 唐治四县，田之入于草莽者十九……尚书比部郎中赵君尚宽之来，问敝于民而知其故，乃委推官张君恂以兵士兴大渠之废者一，大陂之废者四，诸小渠陂教民自为者数十。一年，流民作而相告以归。二年而淮之南、湖之北操囊耜以率其妻子者，其来如雨。三年而唐之土不可贱取，昔之菽粟者多化而为秔。环唐皆水矣，唐独得岁焉。船漕车挽、负担出于四境，一日之间，不可为数，唐之私廪固有余。①

可见，原本荒芜的唐州，在经过了赵尚宽兴复水利、开垦荒田等一系列举措后，当地的种植结构竟由原来的旱作改为广植水稻，原本粮食严重不足、民户外流的落后地区转为粮食丰裕并可大量输出、民户归附之地，地值也因此而"不可贱取"。

在卫州，其水稻种植由来已久，"沙田多种稻，野饭殊脱粟"②。尤其是其境内的共城县，在前代的基础上，其所产优质稻米到北宋时仍是被作为贡品。随着仁宗朝时期其境内水利设施的修复，卫州境内农田灌溉面积有了较大幅度的增加，政府还将这种便利惠及民众，"使岁溉之外，与百姓共之"③。而在保州，大中祥符五年（1012）正月，朝廷曾诏令"保州稻田务累岁积谷未尝支用，虑经久腐败，令三司规度给遣"④，可见当地由稻田务所经营的水稻种植成效是颇为显著的。不仅如此，仁宗朝期间，为推动农田水利事业的发展，宋廷在政策上也多有改进和调整。如庆历三年（1043）九月，范仲淹在其《上仁宗条陈十事》中即建议，"臣请每岁之秋，降敕下诸路转运司，令辖下州军吏民各言农桑可兴之利、可去之害，或合开河渠，或

---

① 《临川先生文集》卷三八《新田诗序》。
② 梅尧臣：《宛陵集》卷二六《卫州通判赵中舍》，影印文渊阁四库全书本。
③ 范仲淹：《范文正公集》卷一三《贾昌龄墓志铭》，四部丛刊本。
④ 《续资治通鉴长编》卷七七"大中祥符五年正月丙申"条，第1752页。

筑堤堰陂塘之类，并委本州军选官计定工料，每岁于二月间兴役"①。这一倡议，因获得仁宗的支持而得以实施。而为鼓励和支持农田水利建设，庆历四年（1044）正月，朝廷也下诏明确规定："自今在官有能兴水利、课农桑、辟田畴、增户口，凡有利于农者，当议量功绩大小，比附优劣与改转或升陟差遣，或循资家便等第酬奖，即须设法劝课，不得却致扰民。其或陂池不修、桑枣不植、户口流亡之处，亦当检察，别行降黜，仍令转运使、提点刑狱常切纠举，无自旷慢……"②即在政策上，对官员兴复农田水利的活动予以奖励和支持。皇祐元年（1049）四月，左司谏钱彦远指出，近年以来诸路转运使、提点刑狱等官员"无劝导之实，污莱不辟，事失因循"，因此建议在诸州、军各置劝农司，"知州为长官，判官为佐官"，另设属官若干，"古之水利，后来残毁者，委自劝农官司多方设法劝课"③，年终则依据其水利建设的成效予以酬奖。

仁宗朝年间，开封府尉氏县也通过采取排泄积水的途径，将曾被惠民河淹毁的4800余顷肥沃农田恢复其正常生产，从而取得了"水涸地沃，亩率收一钟"④的效果。阎充国知霸州大城县时，县东南当黄河支水，"岁决注民田，泆漫为陂"。阎充国率民筑张光堤，"堤遂成，向之堤地复为良田，自是大河屡决不及雄、霸，堤之利也"，当地百姓称之为"阎公堤"。之后，朝廷命阎充国知永兴军将陵县，大城县却对其极力挽留，以至两县民众"至持白梃争相攀挽，吏以朝命谕之，累日方散去"⑤。同时，宋廷还对一些水利技术加以推广。如景祐初年，朝廷遣尚书职方员外郎沈厚载"出怀、卫、磁、相、邢、洺、镇、赵等州，教民种水田"⑥。嘉祐年间，提举常平史炤建议对陕南兴元府境内的山河堰加以修复，并"奏上堰法"⑦，也获得朝廷的认可而得以实施。总体而言，仁宗朝期间，不论是新兴水利工程的修建，还是对旧有水利设施的恢复，都逐渐达到一个新的高度。

---

① 《续资治通鉴长编》卷一四三"庆历三年九月丁卯"条，第3440页。
② 《宋会要辑稿》食货六三之一七九至一八〇，第6062页。
③ 《宋会要辑稿》食货六三之一八一，第6063页。
④ 宋祁：《景文集》卷三五《尉氏县吕明府创修泄水渠颂》，影印文渊阁四库全书本。
⑤ 《范忠宣集》卷一四《朝议大夫阎君墓志铭》。
⑥ 《宋史》卷一七三《食货志上一·农田》，第4164页。
⑦ 《宋史》卷九五《河渠志五·岷江》，第2377页。

英宗朝虽为时短暂，但期间黄河中下游地区的农田水利于仁宗朝基础上仍在进一步向前发展。治平年间，陕西永兴军即设有提举三白渠公事，"掌开濬三白渠以给关中灌溉之利焉"①，进一步加强了对关中地区水利的建设和监管。高赋继任唐州知州后，在其前任赵尚宽的基础上，进一步将唐州的农业发展推进到一个新的高度。当时，"州田经百年旷不耕，前守赵尚宽蕃垦不遗力，而榛莽者尚多"②，大量良田仍"与弃之无异"③。为此，高赋采取措施，"兴建水利，垦辟荒田，户口日增，民获安便"④。到熙宁元年（1068），宋廷在追赏高赋治理唐州的治绩时，也对其政迹给予了高度肯定："在唐凡五年，增户万一千三百八十，给田二万一千三百二十八顷，而山林榛莽之地，皆为良田，岁益税二万二千五百十七，作陂塘四十有四。"⑤

熙宁之前，宋廷虽陆续出台一些鼓励兴修农田水利的政策、措施，黄河中下游地区的农田水利也一度取得过不小的成效，但许多水利措施未能长久保持下去，以致不少农田水利工程也逐渐衰落下来。熙宁元年（1068），中书省在其上奏中对此即有着相应的反映："诸州县古迹陂塘，异时皆畜水溉田，民利数倍，近岁多所湮废。"⑥王安石在其熙宁元年（1068）所上《本朝百年无事札子》中也称："农民坏于徭役，而未尝特见救恤，又不为之设官以修其水土之利。"⑦而到熙宁年间，随着宋廷一系列推动农田水利政策的推出，则出现了"人人争言水利"⑧的良好形势。熙宁元年（1068）正月，因此前汾州西河泺被前陕西转运使王沿废为田后，当地民众深感不便，在知杂御史刘述的提请之下，"复汾州西河泺。（西河）泺旧在城东，围四十里，岁旱以溉民田，雨以潴水，又有蒲鱼、茭芡之利，可给贫民"⑨，即恢复了西河泺的灌溉功效。熙宁初年，陈知俭在其京西路提举常平广惠仓兼管勾农田

---

① 《宋会要辑稿》职官四二之二〇，第 3230 页。
② 《宋史》卷四二六《高赋传》，第 12703 页。
③ 范祖禹：《范太史集》卷四三《集贤院学士致仕高公墓志铭》，影印文渊阁四库全书本。
④ 《宋会要辑稿》食货六一之九六，第 5907 页。
⑤ 黄以周等辑注，顾颉刚点校：《续资治通鉴长编拾补》卷三上"熙宁元年六月辛亥"条，中华书局 2004 年版，第 100 页。
⑥ 马端临：《文献通考》卷六《田赋考六·水利田》，考 70，中华书局 1986 年版。
⑦ 《临川先生文集》卷四一《本朝百年无事札子》。
⑧ 《宋史》卷九五《河渠志五·河北诸水》，第 2369 页。
⑨ 《宋史》卷九五《河渠志五·塘泺沿边诸水》，第 2362 页。

水利差役事任上，即对唐代以来逐渐荒废的孟州济源内的千仓渠加以修复，"遂肆济源县种稻，募民兴复渠堰，民得种稻。向时亩为钱百余者，今几二千钱，则厚薄可见"①。

而随着王安石变法运动的开展，到熙宁二年（1069）十一月时，《农田水利利害条约》正式颁布实施。这一条约，对全国范围内兴修农田水利自诸多方面做出了详尽而明确的规定：

> 应逐县田土边迫大川，数经水害，或地势汙下，所积聚雨潦，须合修筑圩埠堤防之数〔类〕以障水患；或开导沟洫，归之大川，通泄积水；并计度阔狭高厚深浅各若干工料，立定期限，令逐年官为提举人户量力修筑开濬，上下相接……
>
> 应有开垦废田、兴修水利、建立堤防、修贴圩埠之类，工役浩大、民力不能给者，许受利人户于常平广惠仓系官钱斛内连状借贷支用，仍依青苗钱例，作两限或三限送纳。如是系官钱斛支借不足，亦许州县劝谕物力人出钱借贷，依例出息，官为置簿及催理。诸色人能出财力、纠率众户、创修兴复农田水利，经久便民，当议随功利多少酬奖。其出财颇多兴利至大者，即量财、才录用。
>
> ……
>
> 应知县县令能用新法兴修本县农田水利，已见次第，令管勾官及提刑或转运使本州长吏保明闻奏，乞朝廷量功绩大小与转官、或升任减年磨勘循资、或赐金帛令再任、或选差知自来陂塘圩埠堤堰沟洫田土堙废最多县分，或充知州通判，令提举部内兴修农田水利，资浅者且令权入……②

由上述《农田水利利害条约》的大体内容可以看出，北宋政府为鼓励全国范围内的农田水利建设，对农田建设中的诸多事项都做出了较为详尽的规定，这就包括官员的职责与酬奖、青苗钱的低息借贷和使用、政府作保劝谕

---

① 《济源县志》卷六《水利·千仓渠水利奏立科条碑记》。
② 此据《宋会要辑稿》食货一之二七至二八，第4801页；食货六三之一八四至一八六，第6064—6065页；并参考漆侠先生《王安石变法》（增订本），河北人民出版社2001年版，第264—265页。

富户出钱借贷，以及对兴修农田水利中功绩卓著的"诸色人"给予物质或官职奖励等。同月，宋廷也于诸路"各置相度农田水利官"，以此来保障水利条约的贯彻和实施。同时，政府也积极鼓励民间广兴水利，并为其提供便利，熙宁二年（1069）即诏称："民修水利，许贷常平钱谷给用。"① 也正是在政府这种政策的大力推动和引导下，一时间形成"四方争言农田水利，古陂废堰，悉务兴复"② 的局面。而在唐县境内，新建有黄池陂等水利工程，唐县的农田水利建设进一步保持其良好的发展态势。对黄池陂的修建，《广陵集》中对其筹建过程和功效有着较为详细的记载：

> （吴氏）家始来唐，唐多旷土。熙宁中，诏募民畜垦治废陂，复召信民〔臣〕、杜诗之迹。众惮其役之大烦，于是略睨莫敢举。夫人因其兄占田陂旁，慨然谓众曰："吾非徒自谋，陂兴，实一州之利，当如是作、如是成。"乃辟污莱，均灌溉，身任其劳，筑环堤以潴水，疏斗门以泄水。壤化为膏腴，民饭秔稻，而其家资亦累巨万。③

可见，黄池陂这一水利工程的修筑，直接推动了当地水利事业的发展，使百姓大获其利，也促进了该地水稻种植的推广。熙宁五年（1072）时，在提举京西常平陈世修的奏请下，宋廷于唐州引淮河水入东、西邵渠，"灌注九子等十五陂，溉田二百里"④。到徽宗政和年间，王璹在追忆京西路的农业发展时也称："本路唐、邓、襄、汝等州，治平以前，地多山林，人少耕殖；自熙宁中，四方之民辐凑开垦，环数千里并为良田。"⑤ 之所以形成这一局面，除了政策方面实施人口招徕等措施外，水利工程的恢复和修建，无疑也是其中一个至为关键的因素。熙宁四年（1071），程昉主修漳河，文彦博极力加以反对，声称漳河不在东边决口，就在西边决口，利害都一样，不必劳民伤财加以修治。对此，王安石则予以有力驳斥："若使水行地中，则有利

---

① 《宋史》卷九五《食货志五·河北诸水》，第2367页。
② 《宋史》卷三二七《王安石传》，第10545页。
③ 王令：《广陵集》附录《节妇夫人吴氏墓碣铭》，影印文渊阁四库全书本。
④ 《宋史》卷九五《河渠志五·河北诸水》，第2369页。
⑤ 《宋会要辑稿》食货七〇之二四，第6368页。

无害。"而漳河经过修治之后，民大获其利，漳河沿岸地区数十万人"经待漏院谢"，当地也免除了二三十年以来的水患，原武等三县的几千顷民田也由此而得以耕种并获得丰收①。而为更好地推动北方地区的农田水利建设，熙宁五年（1072）五月，朝廷在追论赵尚宽治理唐州农田水利之功时，神宗即称赞其"在唐州辟田疏水，招辑人户，殆无旷土"，并决定"宣布治状……以劝天下"，高赋也因在唐州等地"兴水利，事功甚多"②而被一并酬奖。

王安石变法期间，在黄河下游地区，尤其是汴河沿岸，利用黄河水而实施的农田灌溉活动更为活跃。早在熙宁元年（1068），秘书丞侯叔献即指出："汴（河）岸沃壤千里，而夹河公私废田，略计二万余顷，多用牧马。计马而牧，不过用地之半，则是万有余顷常为不耕之地。观其地势，利于行水。"因此，侯叔献建议："于汴河两岸置斗门，泄其余水，分为支渠，及引京、索河并三十六陂，以灌溉田。"朝廷令侯叔献与著作佐郎杨汲一同负责实施③。而为保障农田水利兴修的顺利、有效开展，在变法派的推动下，宋廷在法令、制度上也随时加以调整和改进。熙宁二年（1069）四月，宋廷采纳陈升之的建议："命权荆湖北路转运判官刘彝等八人于制置三司条例司，令分遣诸路相度农田水利、税赋科率、徭役利害。"④同年九月，宋廷置京东等路常平广惠仓，"欲量逐路钱物多少，选官分诣提举"，同时诏令"差官充逐路提举常平、广惠仓，兼管勾农田水利差役事"⑤，于是太常博士王广廉等数人受命分赴各地。

熙宁三年（1070）五月，经制置三司条例司提议，由司农寺"兼领田役水利事"⑥，"以常平新法付（司农）寺，始重其任焉"⑦。到同年七月，宋廷重申"诸路提举常平广惠仓兼相度农田差役事官"，并"依前降指挥，疾速计会监司州县相度利害以闻"⑧。该年八月时，同判司农寺吕惠卿也指出：

---

① 吕中：《宋大事记讲义》卷一五《浚河》，影印文渊阁四库全书本。
② 《续资治通鉴长编》卷二三三"熙宁五年五月壬辰"条，第5656页。
③ 《宋史》卷九五《河渠志五·河北诸水》，第2367—2368页。
④ 《宋会要辑稿》职官五之二，第2449页。
⑤ 《宋会要辑稿》食货六三之三，第6144页。
⑥ 《宋会要辑稿》食货六三之三至四，第6144页。
⑦ 《宋会要辑稿》职官二六之一，第2906页。
⑧ 《宋会要辑稿》职官四三之三，第3261页。

"比岁以来,累降诏旨访求农田利害中官司未有应令,继命辅臣经制其事,具为条约,付与诸路,使之推行皆有成法。"而对于并不履行这一职责的地方官吏,"如闻逐司自被朝旨,只是翻录行下,即未能用心讲求申明法意,晓谕州县责以成效,以故至今未有报应,虽数告谕催促,期以岁月,当行考察。及已有察访指挥,而所在官吏玩令如故",建议朝廷"将先降差官察访当行考察等指挥节次举行,继之以实,使人人知其不为空文,则令遵而事立矣。其行下逐司牒,一道随状缴进"①。对此,朝廷基本上都加以采纳。之后,朝廷分别派出使者至各地检视农田水利的兴建情况。

熙宁四年(1071)十月,提举京东常平仓王子渊奏称,本路内济州南李堰、濮州马陵泊等处,久为积水所占,经疏治后修复良田约四千二百余顷,"民间耕种所取菽麦约三二百万余硕";同时又修治曹、单等九州十三处沟洫、河道,"疏决畿内已来诸处逐年夏秋积潦,东入清河等处,遂入于海,无横流之虞"。王子渊还提议,诸路提举司宜以农田水利为首务,司农寺则对兴修农田水利工程的成效加以检查,"令遍牒诸路相度检计应系农田水利、沟洫、河道、堤岸、斗门之类,如系人户自备功力,趁农隙日合行兴修去处,依时检计,催督兴修。若合差人夫,并依元料夫工。合听朝旨差拨春夫者,具事状以闻,仍各具将来合行修著。望紧慢去处,并的确利害事状图籍申寺,才候下手日逐一供报赴寺"②。熙宁五年(1072),提举陕西常平沈披奏请修复京兆府武功县灌溉古迹六门堰,"于石渠南二百步傍为土洞,以木为门,回改河流"③,从而增加水利田三百四十里。同年八月,神宗、王安石君臣在探讨兴天下水利一事时,神宗也流露出对水利之事的极大关注:"灌溉之利,农事大本,但陕西、河东民素不习此。今既享其利,后必有继为之者。然三白渠为利尤大,兼有旧迹,自可极力兴修。"④ 该年十一月,权发遣都水监丞周良孺奉诏勘察陕西提举常平杨蟠所议洪口水利,"自石门以北已开凿二丈四尺,此处用堰约起泾水入新渠行,可溉田二万余顷……若更开渠至临泾镇城东,就高入白渠,则水行一十五里,灌溉益多,或不以功大为难

---

① 《宋会要辑稿》职官四二之六二,第3251页。
② 《宋会要辑稿》食货六三之一八七至一八八,第6066页。
③ 《宋史》卷九五《河渠志五·河北诸水》,第2369—2370页。
④ 《续资治通鉴长编》卷二三七"熙宁五年八月丁酉"条,第5771—5772页。

成，遂开渠直至三陷口五十余里，下接耀州云阳界，则所溉田可以三万余顷。虽用功稍多，然获利亦远"。为此，朝廷采纳了周良孺的建议："自石门创口至三陷口合入白渠，兴修差（杨）蟠、（侯）可提举。"① 熙宁六年（1073），在程昉的提议下，朝廷遣官疏导共城县旧河漕入三渡河，以之灌溉西垙稻田②。同年五月，朝廷也曾遣赞善大夫蔡朦修治永兴军白渠③。但从总体上来看，此后较长的时期内，三白渠水利的发展比较缓慢，并无实质性的重大突破。如熙宁七年（1074）时，在泾阳县令侯可的主持之下，"自仲山旁凿石渠，引泾水东南与小郑泉会，下流合白渠"，即对三白渠引泾水渠口进行修治，但最终却因"岁歉弛役"而未能顺利完工④。熙宁八年（1075）五月，右班殿直、勾当修内司杨琰提议，"开封、陈留、咸平三县种稻，乞于陈留县界旧汴河下口，因新旧二堤之间，修筑水塘，用碎甓筑成虚堤五步"⑤，从而取汴河清水入塘灌溉。熙宁九年（1076）八月，判都水监程师孟言，"臣昔提刑河东兼河渠事，本道有黄河矾山水，绛州正平有马壁谷水，劝民开渠溉田五百余顷，凡九州二十六县兴修田四千二百余顷，并修复旧田五千八百余顷（计万八千余顷）……迨今十七年，尚虑河东荒塉之田可引河以溉"，朝廷为之遣都水监丞耿琬前往检视⑥。熙宁时期，在宋廷农田水利政策的推动下，北方土地的开垦也由平原扩展到山谷地区，如唐、邓、襄、汝等州，"治平以前，地多山林，人少耕植。自熙宁中，四方之民辐凑开垦，环数千里并为良田"⑦。可见，此期随着变法运动的推行，京东路、陕西路、开封府等境内的农田水利建设也收到了良好的成效。

对于地方农户无力承担的水利工程，宋廷则通过政府出资、鼓励富户捐资或富户发放借贷、事后由地方政府监督农户进行偿还等多种途径予以支持。在农田水利建设的过程中，北宋政府多有资金的注入和技术方面的支

---

① 《宋会要辑稿》食货六一之一〇〇，第5909页。
② 《宋史》卷九五《河渠志五·河北诸水》，第2370页。
③ 《宋史》卷九五《河渠志五·河北诸水》，第2370页。
④ 李好文：《长安志图》卷下《渠堰因革》，影印文渊阁四库全书本。
⑤ 《续资治通鉴长编》卷二六四"熙宁八年五月乙酉"条，第6478页。
⑥ 王应麟：《玉海》卷二二《河防书》，影印文渊阁四库全书本。
⑦ 《宋会要辑稿》食货九之一三，第4954页。

持。熙宁五年（1072），神宗在与王安石谈论郑白渠水利工程的兴修时，王安石建议神宗"捐常平息钱，助民兴作"，神宗则回答称："纵用内帑钱，亦何惜也。"① 熙宁六年（1073）六月，朝廷明确诏令："自今灾伤年分，除于法应赈济外，更当救恤者，并豫计合兴农田水利工役人夫数及募夫工直，当赐常平钱谷，募饥民兴修。如系灾伤，辄不依前后敕赈济者，委司农寺点检奏劾以闻。"② 在黄河中下游农田水利的发展过程中，经由政府组织，北方地区也注重对南方水利技术的吸收和引进，如熙宁六年（1073）十月，朝廷即令李复、王谌前往川峡等地"募人分耕畿县荒地，以为稻田"③。由此可见，在农田水利的兴修问题上，变法派的立场还是颇为坚决的。为解决农田水利建设中的资金问题，熙宁八年（1075）十二月，朝廷曾下诏规定："应有开垦废田、兴修水利、建立堤防、修贴圩埠之类，工役浩大，民力所不能给者，许受利人户于常平仓系官钱斛内连状借贷支用，仍依青苗钱例，作两限或三限送纳，只令出息二分。如是系官钱斛支借不足，亦许州县劝诱物力人出钱借贷，依乡源例出息，官为置簿及时催理。"④ 而对于出资资助农田水利建设的民户，朝廷也不吝酬奖。如熙宁七年（1074），金州西城县县民葛德出私财资助长乐堰的修筑，"引水灌溉乡户土田"，即被授予本州司士参军⑤。熙宁八年（1075），司农寺也奏称："司士参军葛德出私钱修水利，已除司士参军，乞更酬奖。"最终，神宗下诏对葛德"赐度僧牒十"⑥。此外，在熙宁时期兴修农田水利的过程中，随着制度及操作措施的逐步完备，对修建水利中遭受损失的农户田地，政府也会尽力予以补偿。如熙宁五年（1072）正月，在俞希旦等人建议下，朝廷即规定："应兴水利处有合开决民田者，即以官田计其顷亩拨还田户。如无田可拨，即计田给直。"⑦

在熙丰时期农田水利建设的过程中，变法派与保守派之间的斗争也体现

---

① 《宋史》卷九五《河渠志五·河北诸水》，第2370页。
② 《续资治通鉴长编》卷二四五"熙宁六年六月己卯"条，第5966页。
③ 《续资治通鉴长编》卷二四七"熙宁六年十月丁丑"条，第6021页。
④ 《宋会要辑稿》食货六一之一〇〇，第5909页。
⑤ 《宋史》卷九五《河渠志五·河北诸水》，第2371页。
⑥ 《续资治通鉴长编》卷二六〇"熙宁八年二月己丑"条，第6348页。
⑦ 《宋会要辑稿》食货六一之九九，第5909页。

的尤为明显。熙宁二年（1069）十二月，直史馆、权开封府推官苏轼声称："天下久平，民物滋息，四方遗利，盖略尽矣。今欲凿空访寻水利……岂惟徒劳，必大烦扰。"① 熙宁三年（1070）正月，翰林学士范镇甚至在上奏中公然声称："乃者天雨土，地生毛，天鸣地震，皆民劳之象也。伏惟陛下观天地之变，罢青苗之举，归农田水利于州县，追还使者，以安民心，而解中外之疑。"② 可见，为阻挠青苗法、农田水利法的推行，范镇竟以所谓的"天变"来劝阻神宗、攻击新法。熙宁七年（1074）四月，司马光也对农田水利法大加攻击，声称自变法伊始，"六年之间，百度分扰，四民失业"，而"朝政缺失"之一即是朝廷"信狂狡之人，妄兴水利，劳民费财"③。面对保守派对农田水利诸如此类的攻击和污蔑，变法派推行水利新政的立场并未因此动摇和改变，并对保守派的破坏不时予以回击。如熙宁七年（1074）二月时，吴充奏请减省河北路河役，以免扰民。对此，王安石迅速予以有力回应。他指出："初，自（黄）河决遽调丁夫，不知（黄）河至今不塞，河北如何骚扰。调数万夫塞却（黄）河，致恩、冀数州皆免流亡，得良田耕垦，何名骚扰？塞滹沱河又出田几万顷，灌田四千余顷，纵未经打量，不知万顷实否，然亦须五六千顷，并淤到卤地亦自万顷。"④ 而为了引导地方官积极致力于兴修农田水利，朝廷对官员的酬奖制度也逐步完善。如到熙宁元年（1068）时，宋廷制定《守令四善四最》考课之法，对州县长吏的考课，以"农桑垦殖、水利兴修为劝课之最"⑤。熙宁四年（1071）六月，朝廷于诏书中称："诸州县当职官，如擘画兴修农田水利事……如能完复陂塘渠沟河，或导引诸水淤溉民田、修贴堤岸，或疏决积潦水害，或召募开垦久废荒田委堪耕种，令所属官司结罪以闻。千顷以上京朝官转一资，幕职州县官勘会功过，考第举主，转合入京朝官，或与循资，不拘名次指射优便差遣；五百顷以上，京朝官减三年磨勘，幕职官与循资……三〔百〕顷以上，京朝官减二年

---

① 《宋朝诸臣奏议》卷一一〇《上神宗论新法》，第1196页。
② 《宋朝诸臣奏议》卷一一一《上神宗论新法》，第1207页。
③ 《续资治通鉴长编》卷二五二"熙宁七年四月甲申"条，第6161—6164页。
④ 《续资治通鉴长编》卷二五〇"熙宁七年二月丙子"条，第6088页。
⑤ 《宋史》卷一六三《职官志三·吏部》，第3839页。

磨勘……二百顷以上，京朝官减一年磨勘，选人并与免选。合免选者，与指射家便官；百顷以上，理为劳绩。若只是兴修、开垦近岁损坏陂圩、沟河、荒田之类，比附上条顷亩，加一等酬奖。若功利殊常，自从朝廷旌擢。其已系创置增修功利及民者，委官司常行葺治，如至废坏，并当降黜。"① 熙宁八年（1075）九月时，宋廷也诏令，"诸当职官申请兴修农田水利，谓开修陂塘沟河、导引诸水淤溉民田，或贴堤岸疏决积潦永除水害，或召募开垦久废荒田之类，委堪耕种者，并先具利害、工料申提举司体访诣实，差官检覆。功利大者，知州交职事与以次官亲行检验，举修毕委本县次第保明申提举司本司，选差别州县官覆保按明申本司，本司保明申寺。如元系监司、提举司官擘画，即本司申寺，差邻路官计会，本州县官并覆按保明申寺"。同时，朝廷也明确规定了对官员兴复水利田的具体酬奖标准：

> 千顷与第一等酬奖，七百顷（与）第二等，五百顷与第三等，三百顷与第四等，一百顷与第五等。若擘画而不曾监修及监修而元非擘画，并堙塞废坏不满二十年而由旧功完复者，各降一等。其数少未应赏格者，委提举司保明给公据以任计酬奖。其功利殊常者，申寺奏裁。②

由以上这些规定可以看出，宋廷为推动地方兴修农田水利，在资金筹集、官员酬奖等方面，都逐步形成了一种较为详备的操作规程。熙宁九年（1076）十二月时，范子渊奏称："去岁（大名府许家港）大河几移，赖濬川杷得复故道，出民田数万顷。"在此，所谓的"出民田数万顷"，即是因黄河回归主流、排泄积水而获得的大量民田，此次督役官吏也获得朝廷的优厚酬奖③。

伴随着黄河中下游地区农田水利建设的迅速发展，反映到农业生产结构中，一个重要的变化就是水稻种植的进一步大力推广和种植面积的大幅度增加。早在北宋前期，汝州鲁山县令江翱针对辖区内"多旷土，连岁枯旱，艰

---

① 《宋会要辑稿》食货六一之九九，第 5909 页。
② 《宋会要辑稿》食货六一之一〇二，第 5910 页。
③ 《续资治通鉴长编》卷二七九"熙宁九年十二月癸未"条，第 6828 页。

食"的状况，自其家乡福建引进旱稻，"此稻耐旱，繁实可久蓄，宜高原……邑人多种之，岁岁足食"①。真宗朝年间，西门氏在商州商洛县令任上时，"渭水经邑可溉，而民不知用，公亲相地形，率并水居人为圩堰沟塍，使之殖稻，教以灌引蓄泄之法，刻其法于石，田岁增溉，皆为沃野，民赖以无饥"②。即使是连接蕃境的保安军等地，为实施军队屯田，也专门设立稻田务，朝廷也注意责令当地官员督责其农作③。仁宗朝时，张士逊判许州期间，也自襄、汉地区招募农户前往许州，教授许州当地的农民种植水稻，最终竟使当地出现了"压塍霜稻报丰年，镰响枷鸣野日天"④的繁荣景象。皇祐年间，原本"士人不习水田之利"的孟州河阳县，在陈襄担任知县期间，民众在其带领下也大力尝试水稻的种植并获得成功，"河阳人大享其利"⑤。而据朱弁《曲洧旧闻》记载，京西路内的洛阳地区，"洛下稻田亦多"⑥，可见在洛阳周围也是有着较多的稻田分布的。另外，陕西路内的长安周围，因其地势的不同，也形成了"高原种菽粟，陂泽满粳稻"⑦的农业耕作景象。熙丰年间，伴随着农田水利事业的迅速发展，尤其是在汴河沿岸等地区，水稻的种植面积更是大为增加。熙宁二年（1069），开封府界都官员外郎侯叔献即倡议在汴河沿岸广种水稻："沿（汴）河两岸沃壤千里……观其地势利于行水，最宜稻田。欲望于汴河南岸稍置斗门，泄其余水，分为支渠，乃引京、索河并二十六陂水以灌之，则环畿甸间岁可以得谷数百万以给兵食。"⑧但是，这一倡议的提出，随即遭到苏轼等人的强烈反对，如苏轼即称"汴水浊流，自生民以来不以种稻。秦人之歌曰：'泾水一石，其泥数斗，且溉且粪，长我禾黍'，何尝言长我粳稻耶"⑨？司马光也称"决汴水以种稻……道

---

① 江少虞：《宋朝事实类苑》卷二三《江翱》，上海古籍出版社1981年版，第283页。
② 刘挚：《忠肃集》卷一三《赠谏议大夫西门公墓志铭》，中华书局2002年版，第262页。
③ 《续资治通鉴长编》卷七七"大中祥符五年正月癸未"条，第1750—1751页。
④ 《景文集》卷二三《湖上见担稻者》。
⑤ 《古灵集》卷二五《附录·先生行状》。
⑥ 朱弁：《曲洧旧闻》卷三《和尚稻》，中华书局2002年版，第127页。
⑦ 《栾城集》卷二《季氏园》，影印文渊阁四库全书本。
⑧ 《宋会要辑稿》食货七之一九，第4901页。
⑨ 苏轼：《东坡全集》卷五一《上皇帝书》，影印文渊阁四库全书本。

路之人，共所非笑"①。尽管存有如苏轼、司马光等人的这种反对意见，但此后水稻种植却仍然逐步在汴河沿岸等北方地区推广开来。在京西路境内，熙宁三年（1070）十二月，经京西转运司提议，"许州长社等县有牧马草地四百余顷，先为不堪牧放，权听人租佃。今相度可收入官，决邢山溴河石限等水溉种稻田"②，即在京西路局部范围内实现了由旱作种植向水稻种植的转变。而汝州则更是"汝阴土沃民夥，有鱼稻之饶"③。同时，为了更好地管理和推广稻田耕作，北宋政府还在"南暨襄、唐，西及渑池，北逾大河"④的广大区域内普遍设立稻田务，由此也可见宋廷对水稻种植的重视。此外，在河东路、永兴军路、河北路等地，其稻田的分布虽不如京西路等汴河沿岸数量多、规模大，但也有一定范围的水稻种植。如对于汾河谷地中的水稻种植，梅尧臣曾对其盛加赞誉，"频官吴越饱秔稻，况住南阳多水田。北登太行入汾曲，正获穮稌秋风前"⑤，即将汾河谷地水稻收获的情形与吴越、南阳并提，可见在梅尧臣看来，当地的水稻种植也是颇具规模的。而在并州境内的晋祠，反映到欧阳修的描绘下，其水稻种植也是呈现出一片"稻花漠漠浇平田"⑥的繁荣景观。元丰初年，朝廷也相继任命阎士良、张利一、薛向、韩绛等人在保州、定州等地利用塘泊引水植稻⑦。

据《文献通考》记载，自熙宁三年（1070）至熙宁九年（1076），开封府界及诸路所兴建水利田共 10793 处，灌溉农田达 361178 顷有余⑧。对于这一时期的水利田分布，《宋会要》则转引《中书备对》记载，有着更为详细的统计⑨：

---

① 《历代名臣奏议》卷二一六六《乞罢条例司常平使疏》。
② 《续资治通鉴长编》卷二一八 "熙宁三年十二月癸未"条，第 5311 页。
③ 《栾城集》卷三〇《崔公度知颍州》。
④ 《宋史》卷一七四《食货志上二·赋税》，第 4212 页。
⑤ 《宛陵集》卷五六《送谢师厚太博通判汾州》。
⑥ 欧阳修：《欧阳修全集》卷二《晋祠》，中华书局 2001 年版，第 27 页。
⑦ 《续资治通鉴长编》卷二九三 "元丰元年十月壬寅"条，第 7146 页。
⑧ 《文献通考》卷六《田赋考六·水利田》，考 70 页。
⑨ 《宋会要辑稿》食货六一之六八至六九，第 5893—5894 页。

区域	路分	水利田数（处）	水利田面积（亩）
黄河中下游地区	开封府界	25	1574929
	河北西路	34	4020904
	河北东路	11	1945156（内官地 27）
	京东东路	71	884938（内官地 28550）
	京东西路	106	1709176
	京西南路	727	1155879
	京西北路	283	2180266
	河东路	114	471981
	永兴等军路	19	135391
	秦凤等路	113	362779（内官地 162953）
江南地区	梓州路	11	90177
	利州路	1	3130
	夔州路	274	85466
	成都府路	29	288387
	淮南西路	1761	4365110
	淮南东路	523	3116051
	福建路	212	302471
	两浙路	1980	10484842
	江南东路	510	1070266
	江南西路	997	467481
	荆湖北路	233	873330
	荆湖南路	1473	115114
	广南西路	879	273889
	广南东路	407	59773

而杨德泉等先生则对熙丰年间北方地区灌溉型水利田的分布范围进行了极为详细的统计，认为当时"北方较大的则有开封府界中牟县曹村水涨，京东西汴河沿岸，汴南诸水，京、索、金、氾、洛、蔡、惠民、广济等河，房家、

黄家、孟王等陂及附近其他三十六陂，许州邢山溴水、石限等河，济阴县古堤河，共城县三渡河旧河槽，金州西城县长乐堰，唐州东西邵渠、马仁陂及九字等十五陂，襄州古淳河陂堰，京东梁山泊、张泽泊，济州南李堰，濮州马陵泊，河北诸州黄河、滹沱河、胡芦河、御河、无棣河、二股河、清水镇河、鱼肋河、秦河、新河、沙河，西起太行东至海滨的缘边塘泊，河东汾水、丹河、晋祠水利，永兴军万年县灞、浐河，郑白渠，武功县六门堰，邠州石门堰至云阳、泾阳白渠之间泾水堤堰，耀州漆水堤，秦凤路渭水中上游、洮水流域等。北方灌溉工程的地理分布比南方更为广泛"。当时灌溉面积的一半之多、垦田的绝大多数都分布于北方地区①。客观而言，熙丰年间北方地区的水利田分布固然较为广泛，但杨德泉等先生这种对北方水利田在全国农田中所占比例的估计未免偏高。

元丰年间，从总体上讲，随着北宋内外政策重心的转变，修建农田水利的力度较之熙宁年间已有所减弱，但毕竟仍在一定程度上继续有所发展。如反映到朝廷的政策中，宋廷在元丰元年（1078）四月的诏令中即称，"开废田、兴水利、建立堤防、修贴圩埠之类，民力不能给役者，听受利民户具应用之类，贷常平钱谷，限二年两料输足，岁出息一分"②，即在资金方面仍坚持为民户提供一定的便利和保障，在农田水利政策上也是对熙宁年间的一种继承与延续。

元祐期间，"朝廷方务省事，水利亦浸缓矣"③，从而在水利建设的力度上较之熙丰时期已大为减弱。元祐四年（1089）二月，朝廷下诏规定："今后应濒（黄）河州县积水占田处，在任官能为民擘画沟洫，疏导退出良田二百顷以上者，并委所属保明以闻，到部日与升半年名次；每增一百顷，递升半年名次；及千顷以上者，比类取旨酬赏；功利大者，仍取特旨。"④ 元祐七年（1092）四月，宋廷在所制定的县令考课制度中规定，"农桑垦殖、野无

---

① 杨德泉、任鹏杰：《论熙丰农田水利法实施的地理分布及其社会效益》，载《中国历史地理论丛》1988年，第一辑。
② 《宋会要辑稿》食货六三之一八八，第6066页。
③ 《宋史》卷九五《河渠志五·河北诸水》，第2374页。
④ 《续资治通鉴长编》卷四二二"元祐四年二月丙辰"条，第10221页；《宋会要辑稿》食货六三之一八九，第6067页。

旷土，水利兴修、民赖其用为劝课之最"①。在熙宁年间的基础上，元祐时期虽进一步从制度上明确了对官员疏泄积水、恢复农田的酬奖办法，但从整体规模上而言，此期的农田水利建设却较熙丰时期大为逊色，不可同日而语。绍圣二年（1095）七月，户部尚书蔡京在其上奏中也就元祐旧党废除青苗法而指出："自元祐废罢以来，兼并得纵，农渐失业，向之所积，支用殆尽，以至于今未之复也……伏乞下有司检会熙宁、元丰青苗条约，参酌增损，适今之宜立为定制以幸天下。"②应当说，青苗法的废除，也是造成元祐年间水利事业衰退的一个重要方面。徽宗朝时期，逐渐复行熙丰水政，从而在农田水利建设上获得进一步的发展。建中靖国元年（1101）十一月，徽宗即降敕书："熙宁、元丰中，诸路专置提举官，兼领农田水利，应民田堤防灌溉之利，莫不修举。近多因循废弛，虑岁久日更隳坏，命典者以时检举推行。"③ 崇宁二年（1103）三月，蔡京也指出，"熙宁初，修水土之政，元祐例多废弛"，为此倡议"如荒闲可耕，瘠卤可腴，陆可为水，水可为陆，陂塘可修，灌溉可复，积潦可泄，圩埠可兴，许民具陈利害"。而其所需资金、人力，则是"或官为借贷，或自备工力，或从官办集"④，并依据水利的兴修情况，对相关官员予以官职酬奖。而到该年十月，"有司请推广元丰水政"⑤。也正是在这一思想的指导下，徽宗朝时期，朝廷将农桑垦殖、水利兴修作为官员考课之最⑥。崇宁三年（1104）十月，有关臣僚在奏章中也称："元丰官制，水之政令，详立法之意，非徒为穿塞开导、修举目前而已，凡天下水利，皆在所掌……愿推广元丰修明水政。"⑦ 以此为契机，继熙丰时期之后，徽宗朝也逐渐在全国范围内发起了一场兴修水利的新高潮。大观四年（1110）九月，经户部提议，朝廷下诏："自今应命官或诸色人陈述农田水利，令本州日下开具申部，从本部置籍。如可兴修，令所属依绍圣条法一

---

① 《续资治通鉴长编》卷四七二"元祐七年四月甲戌"条，第11271页。
② 《宋会要辑稿》食货五之一六，第4854页。
③ 《宋史》卷九五《河渠志五·河北诸水》，第2374页。
④ 《宋史》卷九五《河渠志五·河北诸水》，第2374页。
⑤ 《玉海》卷二二《河防书》。
⑥ 戴建国点校：《庆元条法事类》卷五《职制门二·考课格·知州县令四善四最》，黑龙江人民出版社2002年版，第70页。
⑦ 《宋史》卷九五《河渠志五·河北诸水》，第2375页。

面兴条，提举官因巡历所至，询访讲究施行。所贵地无遗利。"① 徽宗朝年间，陈守向也于上奏中曾建议，"宗室财用，以黄河退滩地、淮浙围田及常平赡学所不取者充"②。

在修复北方水利的过程中，此期最为显著的即是对三白渠的大规模改造。徽宗初年，关中水渠"多因循废弛"③，三白渠也是"溉田之利，名存而实废者十居八九"。自大观二年（1108）九月起，在永兴军提举常平使者赵佺的筹措下，再次开始了对三白渠渠首的大规模改建，从而使泾渠北与石渠相连，东南则与故渠相接，导水势顺流入三白渠。这一工程，至大观四年（1110）九月始告完工。据蔡溥《开修洪口石渠题名记》称，在此番修复中，当时自泾水上流沿山麓开凿石渠多达 3141 尺，上宽 14 尺，下宽 12 尺，渠深随山势而变，最深处达 38 尺，先后施工量达 490866 工。期间开南、北两渠，各长 100 尺和 150 尺。同时，又修复土渠 3978 尺，"土渠北自石渠口，东南与故渠接"，导水势入三白渠。经此次大力修复，三白渠灌溉能力显著提高，"一昼一夜所溉田六十顷，周一岁可二万顷"，而大观四年（1110）时三白渠的灌溉面积竟已达 35090 余顷④。程民生先生在其《论宋代陕西路经济》一文中指出，汉代的 44500 余顷按大亩计约合 3077620 市亩，宋代的 35093 顷则约合 3158370 市亩，比汉代多出八万余市亩⑤。这一灌溉规模，是要大大超越唐代高宗永徽年间的最高峰一万多顷的，徽宗也欣然为之赐名"丰利渠"，"宋之丰利渠功大而利久"⑥。可见，北宋三白渠在其发展中也经历了几多起伏。这种农田水利的逐步恢复和兴盛，成为促进关中农业大发展的一个有力的关键因素，也成为徽宗朝期间黄河中下游农田水利建设中的一大亮点。政和七年（1117）七月，提点京畿刑狱公事王本曾称，在其此前任提举京畿常平时，"根括诸县天荒瘠卤地，开修水田引水种稻，逐年所收土利不少。将引水不利之地一万二千余顷并置图籍拘管入稻田务，召人承佃

---

① 《宋会要辑稿》食货六三之一九二，第 6068 页。
② 杨时：《龟山集》卷三五《忠毅向公墓志铭》，影印文渊阁四库全书本。
③ 《宋史》卷九五《河渠志五·三白渠》，第 2374 页。
④ 《长安志图》卷下《渠堰因革》。
⑤ 程民生：《论宋代陕西路经济》，载《中国历史地理论丛》1994 年第 1 期。
⑥ 《长安志图》卷下《渠堰因革》。

数内已佃五千三百余顷。蒙朝廷立定赏格,已足激劝,尚虑逐县令佐不切奉行,却致荒废。欲乞朝指〔旨〕,比附盐事司开垦碱地赏格推赏"①,获得朝廷的准许。等到宣和年间,"为监司、守令者,虽有劝农之名而不考其实;为提举常平、县丞者,虽有农田水利之职而不举其事"②,农田水利的治理也就逐渐趋于衰败。至于钦宗年间,虽也曾于靖康元年(1126)八月诏令"命官在任兴修农田水利,依元丰赏格,千顷以上,该第一等,转一官,下至百顷,皆等第酬奖;绍圣亦如之。缘政和续附常平格,千顷增立转两官,减磨勘三年,实为太优"③,依元丰、绍圣旧格之类鼓励农田水利建设,但已根本无法扭转北方农田经营总体上的衰落。

此外,在北宋黄河中下游地区农田水利事业的发展中,碾硙(即水磨)加工业对水利灌溉的影响,也是值得关注的一个重要方面。在中国古代,作为一种重要的农业产品加工工具,碾硙在社会经济生活中扮演着重要的角色,北宋时期也不例外。而与碾硙所密切关联的,即是因碾硙而带来的巨大经济利益,"水磨之法,置车轮于水中,轴高丈余,设板使轴上出以置硙,硙石两层,上层四周悬之,使不复动,水从高下卸激轮,则硙旋转如风,能济千人食"④。也正因经济利益的驱动,北宋政府对碾硙的设立与控制也是较为严格的,政府通过对碾硙加工粮食、茶叶等农产品的控制而从中获取丰厚的经济收入;但从另外一方面来看,对碾硙的设置与管理如果没有一种有效的制约、监管机制,过多碾硙的设立自然也会严重干扰和破坏河流的流量甚至走势,进而影响河流水上运输和农田水利灌溉事业的正常运行。而从北宋社会发展的实际来看,统治者在协调碾硙业与漕运、农田水利等方面的关系时,也是要首先保证航运和灌溉用水,碾硙业经营则相对次要。关于这一原则,在北宋政策、法律的制定与士大夫的言论中,都有着诸多相应的规定和反映。例如,早在至道二年(996),朝廷即在知怀州许衮的建议下,废除丹河上水磨两盘,并令上汜河所存留水磨"与减放一半课额"。在这一事件中,宋太宗的立场也是极为鲜明的:"川谷通流,浇溉畎亩,乃农田之急务

---

① 《宋会要辑稿》食货六一之一〇六,第5912页。
② 《宋会要辑稿》食货六三之一九五,第6070页。
③ 《宋史》卷九六《河渠志六·东南诸水上》,第2391页。
④ 《关中金石志》卷五《栖禅寺修水磨记》。

也,岂可以水磨微细课入妨百姓之利哉?"① 熙宁六年(1073)五月,宋廷也专门下诏:"创水硙、碾、碓有妨灌溉民田者,以违制论,不以去官赦降原减,官私容纵亦如之。"② 可见,宋廷针对因设置碾硙而妨碍农田灌溉所制定的惩罚还是较为严厉的。早在庆历四年(1044)十月,大臣燕度即对关中地区碾硙的设置给农业生产所带来的危害多有批评,认为关中地区"亦有臣僚擘画浇灌者,然州县鲜能访寻水势,疚心农务",以致当地频遭旱灾,"屡遭饥馑,百姓流移,军储不集"。进而,燕度指出:"华州渭南知县曹公望尝引敷水灌田甚广,民间颇称利便,却闻有人为妨私家水磨,遂讼于官……似此尽为豪势之家占为碾硙之利,而州县厌见乎讼,不敢尽心计画。"③ 为此,燕度即建议以农田灌溉为重,尽毁私家碾硙。而针对碾硙设立给漕运业所造成的障碍,元祐元年(1086)闰二月,右司谏苏辙曾在上奏中指出:"近岁京城外创置水磨,因此汴水浅涩,阻隔官私舟船。"苏辙认为,汴河上水磨的设立,其危害远远大于它所带来的水磨茶收益,因而提议对水磨加以废罢④。而在此前,刘挚也曾对河流上加工磨茶碾硙的设置给予批评:"伏见京师所置水磨茶场,前后累有臣僚论列,乞行寝罢,尚未蒙指挥……磨河之水,下流壅散,浸潴民田,被害者数邑。闻去年已被省税矣,臣疑所得未必能当所失",因此建议废罢水磨茶场"以通商贾……以免农民水害"⑤。最终,朝廷接受苏轼、刘挚等人的建议,至元丰八年(1085)时,"诏在京水磨茶场废罢,其结绝官物等,令户部措置施行"⑥。绍圣二年(1095),宋廷"兴复元丰水磨,推行京畿茶法"⑦,但在户部建议下,诏令"差提举茶场水磨官兼提举汴河堤岸,专管干自洛至府界调节汴水、应副茶磨,不得有妨东南漕运"⑧。绍圣四年(1097),又于长葛、郑州等处京、索、溴水河,增磨

---

① 《宋会要辑稿》食货七之三至四,第4893页。
② 《续资治通鉴长编》卷二四五"熙宁六年五月戊申"条,第5950页。
③ 《宋会要辑稿》食货六一之九三,第5906页。
④ 《续资治通鉴长编》卷三七〇"元祐元年闰二月辛亥"条,第8938—8939页;《栾城集》卷三七《乞废官水磨状》。
⑤ 《续资治通鉴长编》卷三七〇"元祐元年闰二月辛亥"条,第8937—8938页。
⑥ 《宋会要辑稿》食货三〇之二五至二六,第5317页。
⑦ 《宋会要辑稿》食货三〇之三三,第5321页。
⑧ 《宋会要辑稿》食货三〇之二七,第5318页。

261所，"用汴水极为要便"①。这种做法，虽使宋廷的茶利收入大有增加，但其对汴河灌溉和航运却影响很大。元符元年（1098）六月，哲宗、曾布君臣在讨论汴河漕运受阻之因时，曾布即称："大约茶磨费水，最为汴流之患。"②

（二）淤灌型农田治理

所谓淤灌，即是将利用水分浸润田地和利用淤泥肥田的浑水灌溉相结合的一种灌溉方式。具体来说，淤灌又可细分为山区引雨洪和平原引浑水两种方式③。在北宋时期的黄河中下游地区，直接或间接利用黄河水而进行的淤灌活动，也是这一时期黄河中下游水利治理中的一大特色。在黄河中下游河道治理的过程中，在黄河流水自上游及中游携带大量富含有机质的泥沙顺流而下的前提条件下，利用黄河中下游地带的自然条件，一方面人们主动借助黄河水决水放淤，进行淤田、淤灌的活动，这是将对黄河干、支流的治理与利用有效结合的一种重要手段，是一种能动的、变害为利的淤田、淤灌方式和途径。对此，沈括于《梦溪笔谈》中也称，"凡大河、漳水、滹沱、涿水、桑乾之类悉是浊流，今关陕以西水行地中不减百余尺，其泥岁东流皆为大陆之土，此理必然"④，说的即是这一道理。另一方面，黄河、汴河、漳河等沿岸地带的盐卤地经河水泛滥所形成的淤田，也应属于淤田范畴中的一种，这则是一种被动式的淤田。而在对黄河等河流淤田、淤灌开发与利用的实践过程中，北宋民众也往往是将这两种手段和方式结合加以利用的。

所谓"（黄）河之所行，利害相半，盖水来虽有败田破税之害，其去亦有淤厚宿麦之利"⑤，指的即是黄河泛滥后形成大量淤田这种情况。而在引用黄河水进行淤田或淤灌时，因存在着"夏则胶土肥腴，初秋则黄灭土，颇为疏壤，深秋则白灭土，霜降后皆沙"⑥的季节差异，客观上就要求必须准

---

① 《宋会要辑稿》食货三〇之三三，第5321页。
② 《续资治通鉴长编》卷四九九"元符元年六月壬寅"条，第11888页。
③ 郑连第等主编：《中国水利百科全书·水利史分册》，中国水利水电出版社2004年版，第73页。
④ 沈括著，金良年点校：《梦溪笔谈》卷二四《杂志一·海陆变迁》，上海书店出版社2003年版，第199页。
⑤ 《宋史》卷九二《河渠志二·黄河中》，第2293页。
⑥ 《宋史》卷九一《河渠志一·黄河上》，第2265页。

确把握引水淤田或淤灌的时机。而在北宋时期，人们对这一规律已经有了明确的认识和掌握。因此，在黄河、汴河等河流沿岸地区，人们一般是在夏季来开展引水淤田或淤灌的。而纵观北宋的发展历史，在利用黄河中下游及其支流而进行的淤田活动中，它也有一个从局部范围内进行、小规模开展到普遍推开、大范围兴起的转变，而这一转变是以王安石变法的出现为界，可以划分为前后两个不同的阶段。

早在王安石变法兴起之前，北宋民间和官府即已开始逐步在小范围内展开对黄河干流及其支流淤田的开发与利用。如景德年间，李防在知应天府任上，曾"凿府西障口为斗门，泄汴水，淤旁田数百亩，民甚利之"①。乾兴元年（1022）二月，"（范）讽先知平阴县，会（黄）河决王陵埽，水去而土肥，阡陌不复辨，民数争，不能决。（范）讽为手书，分别疆里，民皆持去，以为定券，无复争者"②。由此可见，此次经黄河决口而形成的淤田，其土质的肥沃程度较之淤积前已大有提高，并因对淤田的争夺而引发民讼。又如，庆历七年（1047）时知沧州郭劝在其上奏中也谈到，天圣六年（1028）时，沧州境内"（黄河）潦涝，管内无（棣）、饶安、临津、乐陵、盐山等五县民田甚多，皆被水占，不曾耕种，所有业主逃移，虽有归心，奈以养种不得，无由复业。及至年限外，他人射为己业，然不曾耕种，每岁只以水灾被诉，破却二税"。而究其根源，则是豪强乘水灾之机，占有逃亡人户的土地，"只为河淤肥浓，指望将来水退，悉为良田，倍获子利"。这样，大量灾民无法回到农业生产上来，对北宋政府而言也是极为不利的。为此，郭劝即建议："应系黄河等灾伤逃户田土，见在水下，虽有人请射，未曾耕种、未纳税数，如本主归业，委州县勘会，不以年岁远近，并却给还。内有水退出地土耕种，已纳税数，兼该年限者，不在给还。诏送三司、省司看详，欲下京东、京西、河北、陕西转运司指挥，沿黄河州军依劝所奏外，仍乞自今后如有似此黄河积水流移人户田土，虽是限满未来归业，未许诸色人请射，直候将来水退，其地土堪任耕种日，与依敕限许令本户归业。如限满不来，即许

---

① 《宋史》卷三〇三《李防传》，第 10039 页。
② 《续资治通鉴长编》卷九八"乾兴元年二月戊辰"条，第 2275 页。

诸色人请射为主，供输税赋。"对于郭劝的这一建议，朝廷予以认可①。庆历七年（1047），知邓州富弼也曾称："自来经水田土，十倍肥浓，耕凿之功，不甚劳力，但能布种在地，便有厚获之望。"②此说虽不免对淤田功效有夸大的成分，但也无疑在一定程度上反映出淤田之利。总体而言，在王安石变法之前，北宋内部对黄河淤田的开发和利用，虽然也取得了一定的成效，但不论是就其规模，还是就其所涉及的范围而言，其整体水平还是较为有限的。相对来说，真正大规模地来利用黄河水源开展淤田，则是随着王安石变法的开始而出现。

熙宁二年（1069）八月时，中书省即奏称："黄河北流今已于〔淤〕断，所有恩、冀以下州军，黄河退背田土顷亩不少，深虑权豪之家与民争占；及有元旧地主，因水荒出外未知归，请诏河北转运司：应今来北流闭断后，黄河退背田土并未得容人请射及识认指占，听候朝廷专差朝官往彼，与本处当职官同行标定，讫收接请状，纽定租税，均行给受。"③由此可见，为避免豪强因利益所驱而霸占淤田引发纠纷，在对淤田重新进行分配的过程中，也往往需要政府介入其中加以干预。毫无疑问，这种黄河断流后所形成的田地，其面积自当不在少数。而如前所揭，伴随着熙宁二年（1069）十一月《农田水利利害条约》的颁布实施，以此为契机，全国范围内兴修水利的高潮逐渐兴起，利用黄河干流及其支流水源进行淤田的活动也逐步进入高峰期，尤其是黄河下游地区，更是成为开展淤田活动的中心地区。这一结果的出现，是与以宋神宗、王安石为首的变法集团的积极提倡和推动、政策上的大力支持密不可分的。熙宁二年（1069）十一月，秘书丞侯叔献称："汴（河）岸沃壤千里，而夹河公私废田，略计二万余顷，多用牧马。计马而牧，不过用地之半，则是万有余顷常为不耕之地。观其地势，利于行水。"因此，侯叔献建议沿汴河两岸设置斗门，引汴河之水，"分为支渠，及引京、索河并三十六陂，以灌溉田"④。对此，朝廷任命侯叔献提举开封府界常平，并以著作佐郎杨汲同提举，一同实施侯叔献的这一倡议。而从其最终的结果来看，据

---

① 《宋会要辑稿》食货六一之六〇，第5889页。
② 《宋朝诸臣奏议》卷一〇五《上仁宗乞拨河北逃田为屯田》，第1133页。
③ 《宋会要辑稿》食货一之二七，第4801页；食货六三之一八三，第6064页。
④ 《宋史》卷九五《河渠志五·河北诸水》，第2367页。

《宋史》等史籍记载，在侯叔献、杨汲的率领下，"行汴水淤田法，遂酾汴流涨潦以溉西部，瘠土皆为良田"①，二人也因此分别获得朝廷十顷淤田的赏赐。

熙宁三年（1070）二月，制置三司条例司曾奏称："同判都水监张巩等相度，得中牟县界曹村创置水㳽一座，遇涨水时任其自流，比之修斗门大省费，又更灌二十余里民田，都计五十余里，（淤民田）约千有余顷。"②而为了鼓励民户积极参与到淤田和兴修农田水利活动中来，宋廷在政策上也适时加以调整。如熙宁三年（1070）四月时，针对河北路境内怀州、赵州民间因"虑起立粳稻米水税"而多不愿兴修水利的现象，在河北路常平广惠仓皮公弼的建议下，朝廷规定在河北东路、陕西路内，"人户今来创新修到渠堰引水溉田种到粳稻，并只令依旧管旧税，更不增添水税名额"③。熙宁五年（1072）六月，在宋神宗、王安石君臣的谈话中，王安石即指出，"北流不塞，占公私田至多……昨修二股（河），费至少而公私田皆出，向之泻卤，俱为沃壤，庸非利乎"④。王安石在此所说的"向之泻卤，俱为沃壤"之田，即为经过黄河水淤积的田地。熙宁五年（1072），程昉导引漳河、洺河水淤地"凡二千四百余顷"⑤。同年十月，因组织淤田之功，宋廷令知都水监丞侯叔献理提点刑狱资序，周良孺"与升一任"⑥。是年十一月，都水使者范子渊也称，自大名府到乾宁军之间跨十五州，"（黄）河徙地凡七千顷"⑦，朝廷在其建议下募人耕租，诏令河北转运司专差朝臣同司职官"同立标识，方许受状定租给授"⑧。《宋史》等史籍中亦载，熙宁六年（1073）夏，侯叔献在王安石的支持下引汴河水淤灌开封府界闲田的过程中，"（汴河）水既数放，或至绝流"⑨，足见当时引水淤田规模之大。同年八月，程昉欲引水淤

---

① 《宋史》卷三五五《杨汲传》，第 11187 页；《太平治迹统类》卷一三《神宗任用王安石》。
② 《宋会要辑稿》食货六一之九七，第 5908 页。
③ 《宋会要辑稿》食货六一之九八，第 5908 页。
④ 《宋史》卷九二《河渠志二·黄河中》，第 2282 页。
⑤ 《宋史》卷九五《河渠志五·河北诸水》，第 2369 页。
⑥ 《续资治通鉴长编》卷二三九"熙宁五年十月辛丑"条，第 5821 页。
⑦ 《续资治通鉴长编》卷三三一"元丰五年十一月丙戌"条，第 7971 页。
⑧ 《文献通考》卷四《田赋考四·历代田赋之制》，考 59。
⑨ 《宋史》卷九三《河渠志三·汴河上》，第 2324 页。

溉漳河旁田地，"王安石以为长利，须及冬乃可经画"①。同年十一月，同判都水监侯叔献、权发遣监丞俞充、知主簿刘璃各升一任，权提点开封府界诸县镇公事吴审礼、刘淑各减磨勘二年，"并以兼提举淤田有劳也"②。熙宁七年（1074）正月，程昉也曾奏称："沧州增修西流河堤，引黄河水淤田种稻，增灌塘泊，并深州开引滹沱水淤田，及开回胡卢河，并回滹沱河下尾。"③该年六月，河北东路察访司曾孝宽建议，"乞自本司差官同安抚、转运司相度沧州三塘及缘界河经黄河填汙地募人种木"④。同月月末，都水监在其上奏中指出，鉴于熙宁二年（1069）以来北京大名府界内黄河频繁决溢而冲毁民田，因而建议"乞下外监丞司相度，候霜降水落，将清水镇河闭断，筑缕河堤一道，遮栏涨水，使大河复循故道，别无走移壅遏之患。及退出民田数万顷，民得耕种"⑤，获得朝廷的应允而得以实施。同年，宋廷在招募河北强壮兵的过程中，还曾以塘泊河淤之田"募民耕，户两顷，蠲其赋"⑥。熙宁八年（1075）四月，都大提举黄、御等河公事程昉建议，"乞自滹沱、葫芦两河引水淤溉滹沱南岸魏公、孝仁两乡瘠地万五千余顷，自永静军双陵道口引河水淤溉北岸曲淀等村瘠地万二千余顷，并俟明年兴工"⑦，获得朝廷的准许。同月，管辖京东淤田李孝宽提议，"矾山涨水甚浊，乞开四斗门，引以淤田"，也获宋廷批准。由此可以想象，其淤田的范围和规模应当是相当大的。该年闰四月，提举淤田司奏称"去年淤田五千六百余顷"，其提举官也因此而得到了减磨勘三年的奖赏⑧。是年五月，"诏提举出卖解盐张景温，相度碱地可淤溉处以闻"⑨。是年六月，在神宗、王安石君臣等人探讨北方沿边屯军军粮时，王安石"言俵籴事，以为非特岁漕百万石，比今法可省六七十万贯钱，又可榷河北入中价。河北大河无事，诸河又已循道，所出地及

---

① 《宋史》卷九五《河渠志五·河北诸水》，第2370页。
② 《续资治通鉴长编》卷二四八"熙宁六年十一月乙丑"条，第6050页。
③ 《宋史》卷九五《河渠志五·河北诸水》，第2371页。
④ 《续资治通鉴长编》卷二五四"熙宁七年六月庚午"条，第6206页。
⑤ 《续资治通鉴长编》卷二五四"熙宁七年六月丙申"条，第6218页。
⑥ 《宋史》卷一九〇《兵志四·乡兵一》，第4711页。
⑦ 《续资治通鉴长编》卷二六二"熙宁八年四月戊寅"条，第6400页。
⑧ 《续资治通鉴长编》卷二六三"熙宁八年闰四月乙未"条，第6426页。
⑨ 《续资治通鉴长编》卷二六四"熙宁八年五月辛未"条，第6462页。

淤田至多，即岁增出斛斗不少。既遇斛斗贵，住籴即百姓米无所籴，自然价减。是虽有住籴之名，而实须有物可籴。府界淤田岁须增出数百万石，民食有限，物价须岁加贱俵籴转之。河北非惟实边，亦免伤农"。这一建议，也获得了神宗等人的认同①。可见，王安石的这一主张，即是提倡通过对河北境内黄河退滩地、淤田的开发利用，从而减轻边境运粮的负担。该年八月，知河中府陆经奏称，"管下淤官私田约二千余顷"②，朝廷为此而责令司农寺勘验是否属实。是年九月，提举出卖解盐张景温提议，"陈留等八县碱地可引黄、汴河水淤溉"。之后，淤田司在勘验后称这些地区当兴工役引水淤田，朝廷诏令次年差夫兴役③。同月，西京左藏库副使王鉴也于上奏中称，开封府界近京牧地及淤田甚多，如广种榆柳，则较对外租佃收益更丰。朝廷采纳了王鉴的提议，"令（王）鉴同左藏库副使霍舜举提举"④。

熙宁九年（1076）五月，朝廷任命判都水监程师孟"兼权都大提举京东、西淤田"⑤。是年八月，程师孟奏称："窃见累岁淤京东、西咸卤之地，尽成膏腴，为利极大，尚虑河东路犹有荒瘠之田，可引天河淤溉。"于是，朝廷遣都水监丞耿琬前往河东路开展淤田⑥。同月，朝廷稍后"命权同判都水监刘瑾提举卖修置清汴材木、兼卫州界运河同管勾，外都水监丞范子渊同提举卫州界运河、兼卖河北淤田及材木等事，都水监丞耿琬兼同都大提举京东、西淤田"⑦。而到十月时，据外都水监丞范子渊奏称，"今年北京新堤第五、第六埽水于许村港漫散，其二股河浅澱，寻差官用濬川杷于二股河上下疏濬，夺过水势，却归二股河行流，兼退滩内民田数万顷，尽成膏腴"⑧，可见因疏导水势而退出的田地数量也是相当可观的。熙宁十年（1077）六月，程师孟等人"引河水淤京东、西沿汴（河）田"，得淤田达九千余顷，朝廷分别对其予以酬奖，"权判都水监程师孟减磨勘一年，监丞耿琬三年，管勾

---

① 《续资治通鉴长编》卷二六五"熙宁八年六月戊申"条，第6489页。
② 《宋史》卷九五《河渠志五·河北诸水》，第2372页。
③ 《续资治通鉴长编》卷二六八"熙宁八年九月癸未"条，第6572页。
④ 《续资治通鉴长编》卷二六八"熙宁八年九月乙丑"条，第6560—6561页。
⑤ 《续资治通鉴长编》卷二七五"熙宁九年五月癸未"条，第6736页。
⑥ 《续资治通鉴长编》卷二七七"熙宁九年八月庚戌"条，第6779—6780页。
⑦ 《续资治通鉴长编》卷二七七"熙宁九年九月己巳"条，第6783页。
⑧ 《续资治通鉴长编》卷二七八"熙宁九年十月丁酉"条，第6800页。

官霍翔与有官亲属一名指射差遣，余推恩有差"①。而据《黄氏日抄》记载，宋神宗时，都水监侯叔献"闵东南六路转输之苦，引矾水溉畿内瘠卤，成淤田四十万顷以给京师"②。而熙宁年间，俞充担任都水监丞任内，"提举沿汴（河）淤泥溉田，为上腴者八万顷"③。

元丰元年（1078）二月，都大提举淤田司建议，"京东、西淤官私瘠地五千八百余顷，乞依例差使臣等管勾"④，为朝廷批准。同年六月，京东体量安抚黄廉称："澶州及京东、河北淤官地皆上腴，乞募客户，依其土俗私出牛力，官出种子分收，选晓田利官两员诣京东、河北计会，转运、提举二司及逐县令佐相度，招募客户自今秋营种，并下司农寺详定条约。"这一建议获得朝廷的准许而得以实施，宋廷同时令转运司选官，"如系牧地，即今〔令〕提点刑狱司选差"⑤。到该年七月，管勾外都水监丞、殿中丞耿琬兼提举河北淤田水利司，"仍自今罢置淤田一司"⑥。这种机构设置上的变动，也表明宋廷淤田活动的开展较之熙宁年间已开始放缓。元丰二年（1079）十二月，在都大提举淤田司的建议之下，"诏开封府界牧地可耕者为官庄"⑦，这些改为官庄的牧地，无疑也是以备淤田司淤田之用。元丰二年后，随着导洛通汴工程的实施，加之王安石变法运动渐趋低迷，熙丰时期曾大规模开展的淤田活动逐渐趋于衰落，但仍有所开展。如元丰五年（1082）十月，朝廷曾命宣义郎张元方"相度措置淤咸地"⑧。

对于变法派这种大兴淤田的举措，保守派则是极力加以阻挠。熙宁二年（1069），刘挚即针对变法派大兴水利的成效大为批评："其间又求水利也，则民劳而无功；又淤田也，则费大而不效。"⑨ 熙宁四年（1071）三月，冯京

---

① 《续资治通鉴长编》卷二八三"熙宁十年六月壬辰"条，第6924页。
② 黄震：《黄氏日抄》卷九一《书侯水监行状》，影印文渊阁四库全书本。
③ 《宋史》卷三三三《俞充传》，第10701页。
④ 《续资治通鉴长编》卷二八八"元丰元年二月甲寅"条，第7045页。
⑤ 《续资治通鉴长编》卷二九〇"元丰元年六月癸卯"条，第7085页；《宋会要辑稿》食货二之五，第4813页。
⑥ 《续资治通鉴长编》卷二九〇"元丰元年七月甲午"条，第7101页。
⑦ 《续资治通鉴长编》卷三〇一"元丰二年十二月壬子"条，第7331页。
⑧ 《续资治通鉴长编》卷三三〇"元丰五年十月丙寅"条，第7957页。
⑨ 《忠肃集》卷三《分析第二疏》，第57页。

更是诬称"府界既淤田，又行免役，作保甲，人极劳弊"①，即自力役角度对淤田活动加以攻击。同年五月，王安石也曾指出，"前此枢密院言淤田役兵多走死，至一指挥但有军员五人归营者。又言府界营妇举营诉于提点刑狱，乞放淤田兵士"，而实际情况却是"淤田兵士走死多处不及三厘"。朝廷追查此事，却是枢密院得自于曾孝宽等人的传言②。保守派为污蔑、阻挠淤田活动的进行，其故意夸大其辞的做法由此也可见一斑。如文彦博等人，即以淤田劳民伤财、所淤之田土薄而地力短、收益有限为由，极力反对淤田活动的开展。熙宁四年（1071）十二月，苏轼在其上奏中也称："汴水浊流……今欲陂而清之，万顷之稻必用千顷之陂，一岁一淤，三岁而满矣。陛下遂信其说，即使相视地形。万一官吏苟且顺从，真谓陛下有意兴作，上糜帑廪，下夺农时，堤防一开，水失故道，虽食议者之肉，何补于民？"③苏轼又称："数年前……方樊〔矾〕山水盛时，放斗门，则河田坟墓庐舍皆被害。及秋深水退而放，则淤不能厚，谓之蒸饼淤。"④针对保守派对淤田的攻击，神宗也曾谈到："中人视麦者，言淤田甚佳，有未淤不可耕之地，一望数百里。独枢密院以淤田无益，谓其薄如饼。"而王安石则更是明确指出，即使是有些地段所淤之土过于稀薄，"固可再淤，厚而后止"⑤，"但当令次年更淤，有何所害"⑥？并对漳河等沿岸的淤田成效大为肯定："漳河淤地，名为沃壤……河北西路惟漳河南北最是良田。"⑦可见，针对保守派反对淤田的污蔑性言论，神宗、王安石等变法派也是给予了相应的回击，并未因此而放缓淤田活动的开展。不仅如此，为有力回击保守派污蔑之辞，神宗也多次派内侍到外察访。如熙宁五年（1072）九月，朝廷即责令检正中书刑房公事沈括"相视开封府界以东沿汴（河）官私田可以置斗门引汴水淤溉处以闻"⑧。神宗本人也曾称，"大河源深流长，皆山川膏腴渗漉，故灌溉民田，可以变斥

---

① 《宋史》卷九五《河渠志五·河北诸水》，第2369页。
② 《续资治通鉴长编》卷二二三"熙宁四年五月乙未"条，第5423页。
③ 《宋朝诸臣奏议》卷一一〇《上神宗论新法》，第1196页。
④ 《东坡全集》卷一〇四《井河》。
⑤ 《宋史》卷九五《河渠志五·河北诸水》，第2368页。
⑥ 《续资治通鉴长编》卷二二三"熙宁四年五月乙未"条，第5423页。
⑦ 《包拯集》卷七《请将邢洺州牧马地给人户依旧耕佃·第一章》。
⑧ 《续资治通鉴长编》卷二三八"熙宁五年九月壬子"条，第5796页。

卤而为肥沃。朕遣中使往取淤土亲自尝之，极为细润"①，"视之如细面"②，"一寺僧言旧有田不可种，去岁以淤田故遂得麦"③，即经过引用黄河浊水放淤之后，原有的大片碱卤之地已变为相当肥沃的良田，充分肯定了淤田活动的成效和可行性，从而也有力回击了文彦博等保守派对淤田活动的种种非难。熙宁七年（1074）正月，针对提举河北路常平等事韩宗师对程昉导漳河、滹沱河水淤田的攻击，王安石则予以有力回应，"程昉淤田……今检定到出却好田一万顷，又淤却四千余顷好田"，并认为程昉修治漳河"除去百姓三二十年灾害"④。同年十一月，知谏院邓润甫奏称，"淤田司引（黄）河水淤酸枣、阳武县田，已役兵四五十万，后以地下难淤而止。相度官吏初不审议而妄兴夫役，乞加黜罚"，宋廷"诏差府界提点蔡确究实以闻"。其后，蔡确回奏称原检计、按覆官所奏并不属实，朝廷为此责令开封府对相关官员予以追究⑤。在宋廷大力推行淤田的政策下，反对淤田的一些官员也受到朝廷的惩处。如元丰三年（1080）二月时，提点永兴军等路刑狱、驾部员外郎王孝先针对朝廷淤田活动的开展，指出淤田营田司自熙宁七年（1074）至熙宁十年（1077）费钱十五万五千四百余缗，而随即王孝先即被责令改知邠州，这无疑是朝廷针对其抨击淤田言行的一种惩戒⑥。

原有的碱卤之地经过淤灌之后，不仅可使土壤的肥力大为改善，甚至可以改变土地的种植结构。所有这些，都会促进其亩产量或经济效益的显著提高，淤田的地价也自然随之迅速提升。受淤田之利的吸引，民户也多愿购买淤田，或请求官府代为淤田，或部分资财较雄厚者自行开展淤田。如熙宁四年（1071）八月时，朝廷即令司农寺规划汴河两岸所淤官陂、牧地、逃田等，"召人请射租佃"⑦。熙宁五年（1072）二月，知都水监丞公事侯叔献等人也建议，"见淤官田，今定赤淤地每亩价三贯至二贯五百，花淤地价二贯五百至二贯。见有七十余户，乞依定价承买，欲作三年限输纳，仍于次年起

---

① 《续资治通鉴长编》卷二九五"元丰元年十二月甲辰"条，第7180页。
② 《宋会要辑稿》食货六一之六九，第5894页。
③ 《续资治通鉴长编》卷二二一"熙宁四年三月戊子"条，第5370页。
④ 《续资治通鉴长编》卷二四九"熙宁七年正月甲子"条，第6074页。
⑤ 《续资治通鉴长编》卷二五八"熙宁七年十一月壬寅"条，第6290页。
⑥ 《续资治通鉴长编》卷三〇二"元丰三年二月壬寅"条，第7352页。
⑦ 《续资治通鉴长编》卷二二六"熙宁四年八月庚午"条，第5506页。

税。其有愿添钱或近限输纳者,即不以投状先后给之。其续淤官地亦乞依此"①,获得朝廷的同意。由此可见,虽然淤田的价格较高,但利益所驱,民众仍是普遍愿意购买。该年闰七月,漳河、洛河附近数十人"经待漏谢朝廷与开河出美田三四百里",王安石也称"漳河一淤凡数千顷"②。熙宁六年(1073),阳武县民邢晏等364户称,"田沙咸瘠薄,乞淤溉,候淤深一尺,计亩输钱,以助兴修",即表明民众甚至愿意出资请求朝廷代为淤田,朝廷最终则是无偿为其代淤③。熙宁八年(1075),宋廷在废除黄河沿岸的诸多牧马监后,"诸监既废,淤田司请广行淤溉,增课以募耕者","自是利入增多"④。该年十月,都大提举淤田司倡议,"诸牧地乞从本司淤溉,除留牧马外,募人增课承佃,以给群牧司岁费,余钱封桩买马"⑤,被朝廷批准。由此可以看出,通过对牧地的淤溉和租于民户耕种,朝廷以由此而获得的收益来购买马匹,也在一定程度上扭转了牧监经营凋敝的局面。而在开封等一些原本不能植麦的地方,经淤田后也开始了小麦的种植。到元丰三年(1080)时,朝廷进而命太常博士路昌衡、秘书丞王得臣与逐路转运司、开封府界提点司"按租地,约三年中价以定岁额"⑥。所有这些都表明,熙丰时期,人们已开始能动地对黄河灌溉之利加以充分利用。而据杨德泉等先生统计,北宋黄河中下游淤田活动的开展,遍及京畿、京西东、河北、永兴军等路,而其中较为集中于泾渭下游与黄河之间的朝邑、同州、解州、河中府,以及黄河沿岸的安昌、澶州、酸枣、阳武,汴河沿岸的中牟、祥符、陈留、雍邱、商丘诸地。此外,在汾水、滹沱河、漳河、清水河、沙河、新河等沿岸地区,也有数量不等的淤田分布。同时,杨德泉等先生认为,熙丰时期的淤田面积约达2500万亩左右,占当时水利田总规模的25%上下⑦。这一淤田比例的估计,恐怕有些偏高。但可以肯定的是,熙丰时期淤田的成效、规模确实是

---

① 《续资治通鉴长编》卷二三〇"熙宁五年二月壬子"条,第5586页。
② 《续资治通鉴长编》卷二三六"熙宁五年闰七月辛亥"条,第5729页。
③ 《宋史》卷九五《河渠志五·河北诸水》,第2370页。
④ 《宋史》卷一九八《兵志十二·马政》,第4941页。
⑤ 《续资治通鉴长编》卷二六九"熙宁八年十月甲午"条,第6596页。
⑥ 《宋史》卷一九八《兵志十二·马政》,第4942页。
⑦ 杨德泉、任鹏杰:《论熙丰农田水利法实施的地理分布及其社会效益》,载《中国历史地理论丛》1988年第1期。

相当显著的。

熙丰时期之后，随着元祐期间王安石变法的绝大多数改革措施被废除，黄河中下游地区的淤田活动也由此而步入低谷。反映到史籍中，对此期北宋淤田也鲜有记载。元祐三年（1088）十一月时，户部侍郎苏辙也曾指出，黄河所行之地，"利害相半，夏潦涨溢，侵败秋田，滨（黄）河数十里为之破税，此其害也。涨水既去，淤厚累尺，宿麦之利，比之它田，其收十倍；寄居邱冢，以避淫潦，民习其事，不甚告劳，此其利也"①。元祐五年（1090），范祖禹在其上奏中也称，"北流虽有决溢……濒河之民，虽被水害，然亦有填淤肥美及渔采之利"②。但伴随着"绍述"时期的到来，这一局面在一定程度上也开始有所改观。绍圣元年（1094）十二月，三省言："黄河新堤外退出良田，招诱人归业，已差左朝请郎王奎前去措置。访闻退出河淤地上各有主名，不必更遣专使。"③绍圣二年（1095）三月，在工部奏请之下，朝廷规定："诸黄河弃堤、退滩地上堪耕种者，召人户归业，限满不来，立定租税，召土居五等人户结保，通家业地相委保承佃，每户不得过二顷论。如盗耕退复田法，追理欺隐，税租外其地并给，告人仍给赏。"④ 元符二年（1099）十一月，朝廷诏令："河北路黄河退滩地应可耕垦，并权许流民及灾伤第三等以下人户请佃，与免租税三年。""如官员并吏人及有力之家请佃及官司给与者，各徒二年。"⑤ 由此可见，在某种程度上，政府对民间的淤田活动在政策上也是予以一定鼓励和保护的。但从总体上来讲，其成效毕竟有限，与熙丰年间轰轰烈烈的淤田局面无法相提并论。

伴随着北宋淤田活动的逐步开展，其技术、方法及经验也不断改进。如杨汲在淤田过程中即在原来大面积泛淤的基础上加以改进，运用"随地形筑堤，逐方了当，以此免潦浸之患，遂有成功"⑥之法，即根据土地地形走势的不同而将准备所淤之田划分成若干小块，依次进行淤田，防止因河水的失

---

① 《续资治通鉴长编》卷四一六"元祐三年十一月甲辰"条，第10114页。
② 《范太史集》卷一七《乞罢回河状》。
③ 《宋会要辑稿》食货六一之六一，第5890页。
④ 《宋会要辑稿》食货六三之一八九，第6067页。
⑤ 《续资治通鉴长编》卷五一八"元符二年十一月壬辰"条，第12337—12338页。
⑥ 《续资治通鉴长编》卷二六四"熙宁八年五月甲戌"条，第6464页。

控而引发泛滥,从而获得了重大成功。这也表明,随着淤田活动的进行,人们在淤田的技术和方法上也在逐步改进和提高。在长期引用黄河水进行淤灌的过程中,人们也逐渐总结出一些比较科学的经验,并将其进一步应用到淤灌活动之中。例如,人们已逐步认识到,在不同的节气中淤灌,黄河水中所富含的淤泥土质大不相同:"水退淤澱,夏则胶土肥腴,初秋则黄灭土,颇为疏壤,深秋则白灭土,霜降后皆沙也。"① 而在北宋北方地区淤田活动的开展中,除却这种大规模的引用黄河水、汴河水所实施的淤田外,在一些山区,也存在着借助于当地山谷等地形条件所进行的淤田活动。如熙宁九年(1076)八月,权判都水监程师孟即称:"臣昔提点河东刑狱兼河渠事,本路多土山高下,旁有川谷,每春夏大雨,众水合流,浊如黄河。矾山水俗谓之天河水,可以淤田。绛州正平县南董村旁有马壁谷水,劝诱民得钱八百缗,买地开渠,淤瀽田五百余顷,其余州县有天河水及泉源处,亦开渠筑堰,皆成沃壤。凡九州二十六县,共兴修田四千二百余顷,并修复旧田五千八百余顷,计万八千余顷。嘉祐五年毕功,攒成《水利图经》二卷,付州县遵行,迨今十七年。近闻南董村田亩旧直三两千,所收谷五七斗,自灌淤后其直三倍,所收至三两石。今权领都水淤田,窃见累岁淤京东、西咸卤之地,尽成膏腴,为利极大,尚虑河东路犹有荒瘠之田,可引天河淤溉。乞委都水监选差官往与农田水利司并逐县令佐检视,有可淤之处,具顷亩功料以闻,俟修毕,差次酬赏。"这一建议为朝廷所接受,宋廷为此遣都水监丞耿琬前往河东路经营淤田②。从这一记载来看,在较长的时期内,在河东路绛州正平县等地一直在开展着这种谷水淤田的活动,且其规模也颇为可观。而在程师孟的建议下,朝廷也将这一做法进而推广到河东路境内其他地区。熙宁年间,都水监丞侯叔献监理引汴河水淤田之际,"汴水暴至,堤防颇坏陷,将毁,人力不可制"。侯叔献"相视其上数十里有一古城,急发汴堤注水入古城中,下流遂涸,急使人治堤陷,次日古城中水盈,汴流复行,而堤陷已完矣,徐塞古城所决,内外之水平而不流,瞬息可塞"③。可见,由于侯叔献救护措

---

① 《宋史》卷九一《河渠志一·黄河上》,第 2265 页。
② 《续资治通鉴长编》卷二七七"熙宁九年八月庚戌"条,第 6779—6780 页。
③ 《梦溪笔谈》卷一三《机智·侯叔献治汴堤》,第 120 页。

施的得当，从而保证了淤田的顺利开展。而在并不适宜的季节，宋廷也会停止淤田活动的开展，并能采取一定措施来保护农田。如元丰元年（1078）闰正月，朝廷即曾诏令，"候河水稍浑闭口，毋得沙损京东民田"①。

同时，也不可否认，在引用黄河等河水开展淤灌的过程中，如果选择的时机不当、措施失误，也会造成徒劳无功，或冲毁农田，或阻碍漕运。而当此之际，保守派势力往往会抓住每一次时机，对淤田活动大加污蔑、肆意攻击。如熙宁七年（1074）十一月，知谏院邓润甫在其上奏中即称，"淤田司引河水淤酸枣、阳武县田，已役兵四五十万，后以地下难淤而止"，建议追究相关官员妄兴夫役之罪。朝廷在派遣开封府界提点蔡确勘查后，对最初检覆不实的有关官员给予了惩处②。同月，同知谏院范百禄称："向者，都水监丞王孝先献议，于同州朝邑县界畎黄河淤安昌等处碱地。及放河水，而碱地皆高原不能及，乃灌注朝邑县长丰乡永丰等十社千九百户秋苗田三百六十余顷。"为此，朝廷遣朝臣予以勘验后，鉴于王孝先"因淤田约水不住，坏民田苗，乞候将来酬奖日取旨"，并下诏蠲被水户夏税③。熙宁八年（1075）七月，朝廷在其诏令中也称，"闻开封府界雍丘等县今岁放水淤田地，分其未淤处清水，占压民田"，即是因淤田过程中分流清水的失误而致使民田受损。熙宁年间，侯叔献、杨汲因引黄河水淤田而受到朝廷的奖赏，而反对派则攻击侯、杨二人"引河水淤田，决清水于畿县、澶州间，坏民田庐塚墓，岁被其患，他州县游〔淤〕田类如此，而朝廷不知也"④。由此不难看出，在引黄淤田、引黄淤灌的具体实施过程中，如措置不当，也会适得其反，不仅难以收到淤田、淤灌的成效，反而会引发对周围田地的冲毁，即"决（黄）河淤田，而平原沃壤反有浸灌之害"⑤。正因如此，保守派即抓住王安石变法过程中淤田活动的一些失误而大做文章，攻击其"所遣新法使者，多刻薄小人，急于功利，遂至决河为田，坏人坟墓室庐膏腴之地，不可胜纪"⑥，其

---

① 《宋会要辑稿》方域一五之一，第7546页。
② 《续资治通鉴长编》卷二五八"熙宁七年十一月壬寅"条，第6290页。
③ 《续资治通鉴长编》卷二五八"熙宁七年十一月丁未"条，第6291页。
④ 彭百川：《太平治迹统类》卷一三《神宗任用安石》，江苏广陵古籍刻印社1981年版。
⑤ 《范太史集》卷四四《资政殿学士范公墓志铭》。
⑥ 邵伯温：《邵氏闻见录》卷一一，中华书局1983年版，第118页；赵善璙：《自警编》卷九《议论反复》，影印文渊阁四库全书本。

间不乏污蔑之辞。熙宁七年（1074），提举河北常平等事韩宗师也弹劾程昉在导滹沱河水淤田的过程中，"堤坏水溢，广害民稼"①，以此来对变法活动和变法派加以污蔑和攻击。对于北宋时期开展的淤田活动，甚至连南宋的朱熹也曾评论称："神宗时行淤田策，行得甚力。差官去监那个水，也是肥。只是未蒙其利，先有冲颓庐舍之患。"② 另外，淤田活动的开展，如时机不当，也会给漕运带来重大影响。熙丰年间，为大力推行淤田之举，有时甚至也不惜牺牲部分漕运的利益。如熙宁六年（1073）六月，都水监丞侯叔献请求引汴河水淤开封府界闲田，"水既数放，或至绝流，公私重舟不可荡，有阁折者"③，神宗也称"汴水比忽减落，中河绝流，其注下处才余一二尺许。访闻下流公私重船，初不豫知放水淤田时日，以故减剥不及，类皆阁折损坏，致留滞久，人情不安"④。熙宁八年（1075）四月，鉴于"矾山涨水颇浊，可用以淤"，在管辖京东路淤田李孝宽的建议下，"候矾山水至，开四斗门引水淤田，权罢漕运三二十日"⑤。

二、南方农田水利及其灌溉工程⑥

（一）江东地区圩田的建造

宋代抗旱防涝的圩田、湖田、围田主要分布在江南东路包括今天的江苏西南部、皖南和浙江江西一隅。这三种农地，都是疏排湖水、溪水，围堤耕种而成，在江东、淮南多称圩田，在浙西多称围田，在浙东多称湖田。名称虽然不同，却都是同一类型的农地。而且，浙西的围田、浙东的湖田有时也被称为圩田，江东、淮南的围田有时也被称为围田或湖田⑦。长江自安庆而下折向东北，到江苏境内而东下，因而才有江东一词。源自皖南的皖山、黄

---

① 《文献通考》卷六《田赋考六·水利田》，考70。
② 黎靖德编，王贤星点校：《朱子语类》卷二《理气下·天地下》，中华书局1999年版，第31页。
③ 《宋史》卷九三《河渠志三·汴河上》，第2324页。
④ 《续资治通鉴长编》卷二一五"熙宁六年六月甲申"条，第5967页。
⑤ 《续资治通鉴长编》卷二六二"熙宁八年四月戊辰"条，第6398页。
⑥ 本节参考了漆侠师《宋代经济史》上册第87—111页，经济日报出版社1999年版。
⑦ 梁庚尧：《南宋的农地利用政策》，台湾友坤有限公司1977年版，第131页。

山、九华山以及源自茅山的诸水，向北或西北流，不是潴为许多湖泊，就是直接注入大江，潴为湖泊的也流入江中。与江东路隔江相望的淮南西路，其源自英山、霍山、潜山诸水，也向南流注入湖泊或大江中。这样，在沿江和近湖自然形成低洼地。所谓"圩田"，就是在沿江和近湖自然形成的低洼地中建立起来的。南宋著名诗人杨万里对"圩田"的解释是"江东水乡，堤河两涯而田其中，谓之'圩'。农家云：'圩者，围也。内以围田，外以围水。'盖河高而田反在水下，沿堤通斗门，每门疏港以溉田，故有丰年而无水患。"①

大致在唐朝后期至五代十国，圩田、湖田已开始兴修，北宋建立后，在相当长一段时间并没有大规模推进，现在材料显示太宗时的诗人滕白有"周遭圩岸缭山城，一眼圩田翠不分。"②的诗句，真宗时直到宋仁宗庆历以后，才有新的进展。仁宗庆历间，守平江范仲淹上奏曰："江南应有圩田，每一圩，方数十里，如大城中有河渠，外有门闸，旱则开闸，引江水之利；潦则闭闸，拒江水之害。旱涝不及，为农美利。又浙西地卑，常苦水沴，虽有沟河可以通海，惟时开导则潮泥不得而堙之。虽有堤塘可以御患，惟时修固则无摧坏。臣知苏州日，点检簿书，一州之田，系出税者三万四千顷，中稔之利，每亩得米二石至三石，计出米七百余万石。东南每岁上供之数六百万石，乃一州所出。臣询访高年，则云曩时两浙未归朝廷，苏州有营田军四，都共七八千人，专为田事。导河筑堤，以减水患，于时民间钱五十文籴白米一石。自皇朝一统，江南不稔则取之浙右，浙右不稔则取之淮南，故慢于农政，不复修举，江南圩田，浙西河塘，大半隳废，失东南之大利。"③范仲淹的上奏表明圩田的修建在庆历以前多已隳废。沈括在《万春圩图记》亦有相似的记载："江南大都皆山也，可耕之土皆下湿厌水濒江，规其地以堤而蓺其中，谓之圩。芜湖县圩之大者，唯荆山之北，土豪秦氏世擅其饶，谓之秦家圩。李氏据有江南，置官领之，裂为荆山、黄春、黄池三曹，调其租以给赐后宫。本朝以属芜湖县，租还大农。太平兴国中，江南大水，圩吏欧阳某

---

① 《诚斋集》卷三二《圩丁词十解序》。
② 陈景沂：《全芳备祖》后集卷二〇，文渊阁四库全书景印本。
③ 《范文正公全集》《政府奏议》卷上《答手和诏条陈十事》，第180页。

护圩不谨，圩以废。废且八十年，其间数欲治之，辄为游说所格。有司藏其议，一车不能载。"①

这种状况在仁宗庆历以后有很大改观。庆历三年（1043），范仲淹主持庆历新政，其执政纲领的第六项"厚农桑"，即欲重新兴修包括圩田的农田水利事业。虽然庆历新政只有一年多时间就失败了，但兴修圩田并未因此而中断，而且取得了不小的成绩。譬如嘉祐六年（1061）修建的芜湖"万春圩"："其为博六丈，崇丈有二尺，八十四里以长夹堤之脊，列植以桑，为桑若干。万圩中为田千二百七十顷，取天地日月山川草木杂字千二百七十，名其顷。方顷而沟之，四沟浍之为一区，一家之浍可以舫舟矣。隅落部伍直曲相望皆应法度，圩中为通途二十二里，以长北与堤会其衺，可以两车，列植以柳，为水门五。……圩既成，天子赐其名曰：万春。"万春圩有很好的抗旱防涝功能："后四岁，郡国十八大水，江浙汉沔间所在泛人庐舍流徙，皆以万计，宣、池之间圩之沉者千余区，而万春独屹然藩其一方，群小圩皆恃以无毁。"②正因为有很强的抗旱防涝功能，万春圩充分地表现出它的优越性。据张问所写的《张颙墓志铭》，万春圩计1270顷，"岁得米八十万斛"，每亩平均产量六斛二斗。北宋末年的贺铸，在元祐八年（1093）写成的《题皖山濒江田舍》一诗云："一溪春水百家利，二顷夏秧千石收。"③亩产量达到五石。无怪乎受到诗人们的赞誉："圩田岁岁续逢秋，圩户家家不识愁。夹路垂柳一千里，风流国是太平州。"④"宣升接境古高圩，多稼连云号上腴。"⑤

圩田既抗旱防涝，又能为官府带来巨大的税收利益，故而宋统治者从北宋中后期到南宋都积极投入很大资金营建圩田。北宋徽宗政和年间曾有一次建造圩田的高潮，马端临说圩田"多起于政和以来"⑥。绍兴元年（1131），"诏宣州、太平州守臣修圩，议修圩官赏罚。诏修圩钱米及贷民种粮并于宣

---

① 沈括：《长兴集》卷九。
② 沈括：《长兴集》卷九。
③ 贺铸：《庆湖遗老诗集》拾遗《题皖山北濒江田舍·丙子四月赋》。
④ 杨万里：《诚斋集》卷三四《题广济圩》。
⑤ 岳珂：《玉楮集》卷七《夏旱三首之二》。
⑥ 《文献通考》卷六《湖田围田》。

州常平义仓米拨借"。乾道九年（1173），"诏户部侍郎叶衡核实宁国府太平州圩岸。五月，衡言：宁国府惠民化成旧圩四十余里，新增筑九里余。太平州黄州镇福定圩周回四十余里，延福等五十四圩，周回一百五十余里，包围诸圩在内。芜湖县圩岸大小不等，周回总约二百九十余里，通当涂圩岸共约四百八十余里，并皆高阔壮实，濒水一岸，种植榆柳，足捍风涛。询之农民实为永利，于是诏奖谕。"①

圩田集中于江南东路的太平州、宣州、宁国府等地。其中宣城圩田最多，共179所，化成、惠民都是大圩，联接起来圩长达80余里。芜湖有万春、陶新、政和、独山、永兴、保城等圩，为长达145里。当涂广济圩93里有余，坐落在石臼湖中的永丰圩周围84里。大江以北的无为军也有圩田，如庐江杨柳圩圩长50余里，无为县则有嘉城圩，但远不能与江东相比。圩田有官私之分，私圩有童家圩、焦圩等，规模远不如官圩。每圩较小的不过有田三五百亩。而官圩就很不相同了，像万春圩有田1270顷，永丰圩980顷，建康新丰圩有田950余顷，化成圩水陆地880顷。这样大的圩田，私家是无法营建的，只有官府才可为之。如嘉祐六年（1061）修万春圩"又四十日而成，凡发县官粟三万斛、钱四万，岁出租二十而三总为粟三万六千斛，菰蒲桑枲之利，为钱五十余万"②。

必须指出，南宋时期随着土地兼并的高涨，豪强大量侵占圩田，加之征收租额过重，"大抵南渡后，水田之利富于中原，故水利大兴，而诸籍没田募民耕者，皆仍私租旧额，每失之重。输纳之际，公私事例迥殊，私租额重而纳轻，承佃犹可；公租额重而纳重，则佃不堪命。州县胥吏与仓库百执事之人，皆得为侵渔之道于耕者也"③。到孝宗以后圩田隳废日渐严重，其抗旱防涝的功能也丧失殆尽④。

浙东湖田。自钱塘江北岸自杭州至南岸绍兴、明州一带，有许多湖泊，"湖高于田丈余，田又高海丈余，水少则泄湖溉田，水多则泄田中水入海"。绍兴府的鉴湖周围358里，明州的广德湖也很大，都能溉田几千顷以上，给

---

① 《文献通考》卷六《圩田水利》。
② 沈括：《长兴集》卷九《万春圩图记》。
③ 《宋史》卷一七三《食货上一·农田》。
④ 参见王瑞明：《宋代水利田利害辨》，《邓广铭教授百年诞辰纪念论文集》，中华书局2008年版。

这里抗旱防涝的高产稳产创造了极为有利的条件。为使这些湖泊发挥其灌溉技能，北宋政府在开始时是严禁盗湖为田的。"明、越之境，皆有陂湖，大抵湖高于田，田又高于江海。旱则放湖水溉田，涝则决田水入海，故不为灾。本朝庆历、嘉祐间，始有盗湖为田者，三司使切责漕臣甚严。政和以来创为应奉，始废湖为田，自是两州之民岁被水旱之患。"① 南宋初年明州守臣李光奏请："乞行废罢尽复为湖，如江东西之圩田，苏、秀之围田，皆当讲究兴复。诏逐路转运司相度闻奏。""乾道五年，守臣张津言：东钱湖容受七十二溪，方圆广阔八百顷，傍山为固，迭石为塘八十里。自唐天宝三年，县令陆南金开广之，国朝天禧元年郡守李夷庚重修之，中有四闸七堰，凡遇旱潦开闸放水溉田五十万亩，比因豪民于湖塘浅岸渐次包占，种植菱荷，障塞湖水。绍兴十八年，虽曾检举约束，尽罢请佃，岁久菱根蔓延，渗塞水脉，致妨蓄水，兼塘岸间有低塌处，若不淘浚修筑，不惟寖失水利，兼恐塘埂相继摧毁。乞候农隙，趁时开凿，因得土修治埂岸，实为两便。从之。"②

（二）以太湖流域为中心的两浙路的水利工程

以太湖流域为中心的两浙路，主要是指夹在长江与浙江之间、东临大海的地区，它包括苏州、杭州、常州、温州、台州、越州、秀州、明州、湖州等。这里是宋代农业最发达、水利事业最突出的一个地区。该地区的水利设施自汉唐以来，特别是五代吴越、南唐诸国的建设，到宋朝统一时亦有较好的基础，初步建立了一套水利系统。宋代两浙地区的水利工程主要是防潮堤、漕渠、防水渠等以灌溉为目的，包括湖水、陂湖、塘堰、渠水及上下水的各种水利设施。

---

① 马端临：《文献通考》卷六《田赋考六水利田·湖田围田》。
② 《宋史》卷九七《河渠七·东南诸水下》。

两浙地区的重要水利工程[①]

A. 江南：天目山·太湖水系

名称	所在及规模	修建时间
南湖（上湖下湖）东郭堰	杭州余杭 同旧县东南	宣和五年（1123）知县江峡修
北湖 千秋堰	余杭北三里 同上东南二里	景德中令章得一复修
西湖	钱塘县西	元祐五年（1090）苏轼浚湖筑堤绍兴九年（1139）置厢兵200人浚湖
临平湖	仁和临平山东南五里	绍定中筑永和塘
沙河塘	钱塘南五里	
钱塘（防海大塘）	钱塘南	后梁开平四年（910）钱镠筑
海塘（淡塘河）	盐官仁和界，长124里	嘉定十二年（1219）修，捍海古塘护盐灶
运河（上塘）	杭州北门至镇江江口，长641里	淳化元年（990）废京口等七堰
溇港	吴江至乌程36里，长兴24里	元丰以前筑，绍熙间知州王回以石改修

B. 江苏南：松江水系

名称	所在及规模	修建时间
运河长堤（挽路）	吴江东	庆历二年（1142）知州蔡杭增修松江长堤，治平五年（熙宁元年，1068）易以石
长桥	吴江东36座桥	庆历八年（1148）筑
常熟24浦，昆山12浦	常熟、昆山	天禧、景祐间；政和末，赵霖开36浦
常丰闸	海盐北40里	嘉祐元年（1056）令李惟几筑，闸一乡底堰30余

[①] 本表编自（日）斯波信义著，方健、何忠礼译《宋代江南经济史研究》，江苏人民出版社2001年版，第218—236页。原著表中列有宋以前修建的水利设施和年代以及资料来源，本节一概删节。

续表

名称	所在及规模	修建时间
顾会浦	华亭西北	庆历二年（1042）章岷开
青龙江	华亭	崇宁二年（1103）开浚，宣和二年（1120）赵霖修
白鹤江	华亭	嘉祐中韩正彦开
柘湖18港	华亭南	绍兴十一年（1141）筑堰捍海潮
白茆浦	常熟东	景祐元年（1034）知州范仲淹浚
华亭茆	华亭	宣和元年（1119）筑围田
至和塘	苏州治至昆山70里	至道二年（996）议筑，至和二年（1055）邱与权筑
芦沥浦	海盐	熙宁六年（1073）傅肱重开

C. 江苏南·旧中江水系

名称	所在及规模	修建时间
江东古河	燕（芜）湖至锁（镇）江	宣和七年（1125）开浚
银林5堰	溧阳东	元祐中单锷议开5堰，苏轼主其议。政和、宣和间卢宗冤死浚江东古河
固城湖 石臼湖 丹阳湖	溧水西南90里 同上40里 同上西	宣和七年（1125）废湖为圩田
赤山湖（峰岩湖） 百岗堰	句容西南30里溉九乡田千余顷 赤山湖堰	庆历三年（1043）知府叶某刻水则于石柱
玄武湖（后湖）	江宁北2里，溉田百顷	天禧中复为陂塘，熙宁八年（1075）王安石开十字河，请为田，后废为圩田
金坛运河	金坛至荆溪70里	理宗端平中开堰通运河
练湖	丹阳北	淳熙（淳化？）钱良臣复，绍圣易置斗门。绍兴间更浚湖之为田者，景定中修筑岸埂

续表

名称	所在及规模	修建时间
长荡湖	溧阳东南30里旧有81浦口,所存二十七	单锷云上接滆湖而运河有功,下达荆溪而震泽无害
芙蓉湖	武进东55里	元祐中开堰置闸废为天
上百渎 下百渎	宜兴西南57里 宜兴东北60里	单锷议开百渎 同上

D. 钱塘江、瓯江上游水系

名称	所在及规模	修建时间
城内二渠	处州丽水城内	庆元中知州赵善坚开
通济堰	同丽水西55里,48派溉田2000顷	明道中重修,乾道中范成大重修置堤阀四十九,立水则
洪塘	同丽水西50里	开禧中邑人筑
云水渠	同龙泉北应奎坊,溉田数十顷	靖康初知州姚珏筑
蒋溪堰	同龙泉西5里,溉田30顷	靖康初知州姚珏筑
胡公堤	同遂昌南50步	元祐中龙图张根筑
石室堰	衢州西安南20里,溉田370顷	南宋中丞张应麟筑
杨公河	同西安城内濠水	乾道中知州何辅浚
西湖	严州建德西南门外	靖康元年(1126)为放生池,景定二年(1261)筑堤
古渠	同淳安城内	熙宁九年(1076)知州何友直修
绣湖	同义乌西150步,周9里,溉田15顷	大观三年(1109)知县徐秉哲筑堤以通往来。景定五年(1264)修
淳溪堤(周公堤)	同武义南	乾道三年(1167)令周必达筑
长安堰	同武义西2里,溉田100顷	庆元四年(1198)邑人高世、叶之成修

续表

名称	所在及规模	修建时间
东湖堰 西湖堰 椒湖堰	同浦江西南 3 里 同浦江西南 10 里 同浦江南 35 里	天圣初邑人钱侃筑 大观二年（1108）修 政和元年（1111）尚书钱遹修
蜀野塘	同武义南蜀山下，周 10 里，溉田 300 顷	淳熙十三年（1186）邑人王槐筑塘、斗门、窦
叶亚塘	同金花、溉田数百顷	潘好古筑
东藕塘	同金华赤松乡，广 3 顷余溉田甚博	淳熙中有之
流庆陂	同金华，溉田数十顷	邑人余彦诚修
官塘	杭州新城北 5 里，堰水溉田 8 顷多，180 户	咸平二年（999）、景德三年（1006）重修
元丰塘	于潜长安乡	元丰三年（1080）民崔某修
九澳	新城	咸平二年（999）、景德三年（1006）重修

E. 浙江东·北部

名称	所在及规模	修建时间
海塘 北海塘 后海塘 后海塘 余姚海堤（莲花塘、后海塘） 定海石塘（后海塘）	萧山至定海 500 里 萧山东北 20 里，长 1090 丈 山阴北 40 里，长 6120 丈 会稽东北 80 里，长 3711 丈 慈溪至上虞 140 里镇海东北	庆历—咸淳屡修 咸淳中修新塘（万柳塘） 嘉定六年（1213）守赵彦琰修 隆兴中吴芾加修，蓄水溉田 庆历七年（1047）令谢景初筑堤，庆元二年（1196）令施宿筑堤 4200 丈 庆历七年（1047）王安石筑，淳熙十年（1183）令唐叔翰修 602 丈
健阳塘	宁海健跳所城外长 500 丈	端平中重建
浙东运河（旧浦阳江）	西兴至曹娥长 200 里	乾道三年（1167）浚西兴沙河，嘉定十四年汪纲浚运河

续表

名称	所在及规模	修建时间
上虞运河	梁湖坝至通明坝	嘉泰元年（1203）筑通明坝、清水闸、孟宅闸
玉山斗门 朱储斗门	山阴北 18 里 山阴东北 20 里，溉田 2119 顷	嘉祐三年（1058）以石治斗门八
镜湖	山阴南 3 里	大中祥符、庆历年间民盗湖为田，熙宁中复为湖，立石碑
湘湖	萧山西 2 里，周 80 里，溉田数千顷	政和二年（1112）令杨时筑堤溉田千余顷，淳熙十一年（1184）令顾冲作均水约束
落星湖	萧山西 25 里，溉田百余顷	熙宁中以高田 38 顷置围田 19，嘉泰间湖利遂废
白马湖（石姥湖）	萧山西 14 里，溉田 100 余顷	绍兴中有湖田 30 顷献入宫观之议，不许
烛溪湖（明塘湖）	余姚东北 18 里，上原溉田 950 顷	宣和初令汪冕修斗门，庆元五年（1199）令施宿复旧
夏盖湖	上虞西南 40 里，周 105 里，有 36 沟，溉田 130 顷	熙宁中民盗湖，元祐中、绍兴二年（1132）复湖，绍兴二年改为田者 130 顷
黄山湖		
鱼浦湖（白马湖）	余姚西北 60 里，溉田 40 顷，放水塘 400 步	政和初废为田，绍兴中复湖
汝仇湖	县西北 40 里，周 30 里，土门 6	湖内籍田 7 顷，绍兴二年（1132）废为湖
西溪湖	上虞西南 3 里，溉田 20 顷	令戴延兴筑，庆历中为学田
县湖	诸暨西北 3 里	淳熙元年（1174）知县何侨重修
东堤	新昌东	知县林安宅筑，宝祐、咸淳修

续表

名称	所在及规模	修建时间
李家堰	慈溪西南65里	元祐中张弘浚沟置堰
行春碶 乌金碶 积渎碶	鄞西南 鄞西南 鄞西南	元祐六年(1091)、嘉定重修 同上 嘉定十七年(1224)重修
广德湖	鄞西12里，溉田400顷	政和八年(1118)邑人楼异请为田，后湖废
东钱湖（唐西湖，又称万金湖）	鄞东30里，周80里，溉田500顷	天禧元年(1017)、庆历八年(1048)重修，嘉祐中置碶闸，淳熙四年(1177)、嘉定七年(1214)、宝庆二年(1226)、淳祐二年(1242)重浚
九里堰塘	鄞西北郊	宋吴潜重开
育王碶	鄞东南	宝庆间育王寺筑
江塘	鄞老界乡、鄞塘乡	宝祐中吴潜筑
仁湖	奉化东北10里	绍兴中置为湖
凤浦 沈窖湖	定海西北溉田260顷	淳熙九年(1182)开掘
百步溪	台州临海西北60里	淳熙中令陈居安凿，便舟运
官河	同黄岩东南1里，长130里，分9河，各20里，支泾936，分为200余埭，11闸，溉8乡田7100顷	旧有土埭土堰，元祐中提刑罗氏始置闸，绍兴、淳熙重修
常丰、清浑二闸	黄岩东隅	元祐中罗适置，便舟运
新河	黄岩北5里	开禧二年(1206)里人杜思齐开
淮河	宁海东北，引舟入渠，通百货	元祐六年(1091)重修
大溪	宁海西40里	元祐中罗适凿
城内河	温州永嘉城内	淳熙四年(1177)知州韩某浚

续表

名称	所在及规模	修建时间
城内水则	同上	元祐三年（1088）立
南塘（石塘）	永嘉大南门外，长100里，通闸	淳熙十四年（1187）知州沈枢筑
陆家南北埭	永嘉6郡	乾道二年（1166）筑
泄露埭	同上	同上
平水东西埭	永嘉茅山西	绍兴二十四年（1154）筑
赵公塘	乐清东西两溪上	熙宁令管滂筑石塘
赵公塘		绍兴十四年（1144）令赵敦临筑东西塘
刘公塘	乐清稀门外，长50里，通州城	绍兴初令刘默筑
刘家埭	瑞安南社乡	元丰中筑，乾道二年（1166）重修
丁湾埭（周田埭）	瑞安涨西乡，长300余丈，溉田300顷	崇宁三年（1104）重修，淳熙以来屡修屡坏，嘉泰初里人用石筑
龙兴埭 思济埭 浦西埭	瑞安来喜乡溪头 同上 同上	古有土埭，溉29、45都田，嘉定初改筑
石冈斗门	瑞安韩田、帆游、崇泰、清泉乡，支河84，溉田2000顷	元丰间令朱素重筑，绍兴、乾道、淳熙重修
塔山斗	瑞安集善乡	大中祥符间筑，元丰元年（1078）里人修
万全塘	平阳北至瑞安，长35里	旧为土塘，绍兴中里人倡筑铺石，淳熙中以石更造
万全海塘	同溉3乡田4万余顷	乾道间以土石更造
阴均大埭	平阳金舟乡，溉9、10、11、21、23、45都田	嘉定元年（1208）令汪继良筑土堰
沙塘斗门	平阳6郡、溉田4000顷	绍兴三年（1133）太常博士吴蕴古筑
江口斗门	平阳9都	端平三年（1236）令林宜孙筑

上述水利工程的功能因地势地理环境不同,可分为两类,一是蓄水于溪流沿岸的大小陂湖,利用相互的水位差来连接塘渠,如临安府《于潜县志》所载就有很细致的描述:"潜环境皆山,非泽国比。水之源,自天目、眉山、宣秋岭而发者,皆自北而南;由获柳芦岭而发者,皆自西而东;由横塘顶山而发者,皆自东而西,逶迤曲折至县南七里,始合而下,紫溪直西则与唐山水合而下至乐延,又合湖之源下至印渚,汇于桐江。邑山多田寡水,行乎两山之间,凡濒溪低平之地皆有田,俗所谓大源田,外则倚山历级而上者,水皆无及,其所资以灌溉者,浅涧断溜,而岁雨时若,其稔几于大源,一有旱暵,拱手待槁。所藉以为民命者,惟大源田,而为田之寿脉者,塘堰是也。合六乡计之,大小堰约计三百二十,捺又七十所,分并不常,而为塘者十有一焉。疏瀹潴蓄之有方,则著于邵公塘堰之叙,导决先后之有节,则具于晁公八捺之法。"①

二是排积涝,"浙西六州之地平江最为低下,六州之水注入太湖,太湖之水流入松江,接青龙江,东入于海。而平地势自南直北至常熟县之半,自东止昆山县地西南之半,水与太湖、松江水面相半,皆是诸州所聚之水泛滥其中,平江之地虽下于诸州,而濒海之地特高于他处,谓之堰身。堰身之西,又与常州地形相等,东西与北三面势若盘盂,积水南入注乎其中,所以自古沿海、环江开凿港浦者,藉此疏导积中之水"②。故把平原地势较低与江水湖泊水面相近的低洼地中的积水,通过泾渎港汊排泄于江海。这是从五代至宋代,南方人民与水争地、改造低洼地的一个主要手段:"钱氏有国时故事,起长安堰至盐官,彻清水浦入于海,开无锡莲蓉河、武进庙堂港,常熟疏泾、梅里入大江;又开昆山七耳、茜泾、下张诸浦,东北道吴江;开大盈、顾汇、柘湖,下金山小官浦以入海,自是水不为患。"③ "昔人于常熟之北开二十四浦疏而导之扬子江,又于坤山东开一十二浦而纳之海,两邑大浦凡三十有六,而民间私小径(泾)港不可胜数,皆所以决壅滞而防泛溢也……"④

---

① 潜说友:《咸淳临安志》卷三九《山川十八》,於潜县(水捺附)。
② 杨士奇等:《历代名臣奏议》卷二五三《水利》:"政和六年四月,安抚赵霖上平江水利策。"
③ 《宋史》卷三四八《毛渐传》。
④ 《宋会要辑稿》食货六一之一一三。

以上仅是对两浙路灌溉水利的统计，实际上南宋时期除两浙路外，在福建、江西等地塘堰小型水利，或拦河流下游引灌，或拦山溪分灌，或筑山塘水库，或于溪流直入江海的河口处设闸以节宣拦潮等，形式繁杂，数量极多，所谓"不啻千万数"。几乎每县都有。南宋淳熙元年（1174）修治江南东路十州军四十三县水利，共修陂塘沟洫22451所，可以灌溉44242顷，受益户148760。宁宗时，江州曾修陂塘数千所[①]。

（三）福建路"木兰陂"水利工程的兴修

福建路山多田少，一向有"八山一水一分田"之说。依地势的不同，福建一般分作上四州（建、南剑、汀州和邵武军）、下四州（福、泉、漳州和兴化军），上四州"山谷延衺""环邑皆山"，农田多建在山中，其灌溉主要是靠天雨水和人工"导泉""汲引"，其水利工程难有大的施展空间，而下四州有滨海平原，背后山间溪水奔流入海，面向大海则又有海潮侵袭之虞。故这些滨海平原上的水利建设就以一潴二防为主。所谓潴，即是把奔流到海的溪水潴存起来，所谓防，就是筑成阻御海潮的堤防。譬如长乐县"滨海，山浅而泉微，故潴防为特多，大者为湖，次为陂、为圳，埠海而成者为塘，次为堰，毋虑百五十余所，每岁蓄溪涧，虽不泄涓滴，亦不足用，必时雨滂澍，乃获均洽"[②]。

在近海边兴修陂塘，自唐以来就已开始，宋代则更有所发展。其中最著名的水利工程是在莆田县修建的木兰陂。木兰陂是横截源自永春、德化、仙游的一条河流，"集三百六十涧，总而为一，故有无穷之流，断大川之流，析而为二，故有无穷之泽"。工程始于宋英宗治平元年（1064），"始则钱氏之女，用十万缗，既成而防决，次则林氏之叟复以十万缗，未就而功靡。钱氏吐愤，遂从曹娥以游。林叟衔冤，徒起精卫之忿。"直到熙宁八年（1074），因朝廷推行农田水利法，在全国大兴水利建设，侯官人李宏应诏，在僧人冯智日的帮助下，重新勘察地形水势，把陂址改择在水道宽、流水缓、溪床布有大块岩石的地方，经过8年的苦心营建，至北宋元丰六年

---

① 姚汉源：《中国水利发展史》，上海人民出版社2005年版，第375页。
② 《淳熙三山志》卷一六《版籍类七·水利》。宋元珍稀方志丛刊·甲编。

（1083），终于大功告成。"于是依竹为堤，功成不爽。镵石为楗，以为御；距楗为障，以为潴。壅川之陂，循南以济。相其高下，厘为三洫。使无偏注，行五十余里，达于海濒。海为四斗门，以御蓄泄。凡溉田万顷，使邦无旱暵、饥馑之虞。"木兰陂修建成功后为当地人民的农业生产提供了重要保障。到南宋时经过近百年的"山岳之摧""江海之注"，"绍兴一十八年之秋，陂失故道，由北岸而东奔重渊，如勺鱼鳖，焉依三衢"。于是在当地官员的率领下"日夜从事，九旬而成"。又恢复了它昔日的风采，"此水为多，画一邦之利；此利为溥，使万井生灵"①。木兰陂工程一面蓄水，一面防潮，在我国水利史上占有重要的一席之地。

（四）沿海地区筑塘捍海，"与海争地"

宋代东南沿海地区，常有海潮、海啸发生和侵袭，给沿岸数十里的人民生活和农业生产造成很大危害。因而防止海潮侵袭是沿海水利建设的首要任务。

宋代防止海潮侵袭的办法主要是继承唐代以来的筑堤或筑塘。当时已有了土塘、柴塘、木龙装石塘、石塘等各类材料的堤塘。堤塘从北往南各沿海州郡的捍海堤和海塘的兴建情况大致如下：

通州、楚州沿海自唐朝以来有捍海堰，东距大海，北接盐城，长达一百二十四里，"遮护民田，屏蔽盐灶，其功甚大"②。经唐末五代至宋朝仁宗时，"堰久废不治，岁患海涛冒民田"。天圣四年（1026），"监西溪盐税范仲淹言于发运副使张纶，请修复之。纶奏以仲淹知兴化县总其役。难者谓涛患息，则积潦必为灾。纶曰：'涛之患十九，而潦之灾十二，获多亡少，岂不可乎？'役既兴，会大雨雪，惊涛汹汹，且至役夫散走，旋洿而死者百余人。众哗言堰不可复。诏遣中使按视，将罢之。又诏淮南转运使胡令仪同仲淹度其可否，令仪力主仲淹议，而仲淹寻以忧去，犹为书抵纶，言复堰之利。纶表三请，愿身自总役，乃命纶兼权知泰州。筑堰自小海寨东南至耿庄，凡一百八十里。而于运河置闸纳潮水以通漕。逾年堰成，流通归者二千六百余

---

① 郑樵：《夹漈遗稿》卷二《重修木兰陂记》。
② 《宋史》卷九七《河渠七》，2394 页。

户，民为纶立祠。"①

泰州捍海堰重修后，造福一方，"遂使海濒沮洳泄卤之地，化为良田"。其后又不断维修，但每次修筑"必请朝廷大兴工役，然后可办"。因此，淳熙八年（1181），提举淮南东路常平茶盐赵伯昌建议："今后捍海堰如有塌损，随时修葺，务要坚固，可以经久。"他的建议得到朝廷的批准②。

仁宗庆历八年（1048），知通州王丝帅民众筑通州捍海长堤，"通人岁苦海潮，流亡者众。君作长堤以捍之"③。

仁宗至和元年（1054），沈兴宗在通州海门兴修了捍海长堤。"既堤北海七十里以除水患，遂大浚渠川以酾取江南以灌义宁等数乡之田。"④

在两浙路，北宋仁宗时，吴及在秀州华亭，缘海筑堤百余里，"得美田万余顷，岁出谷数十万斛"⑤。乾道年间，知秀州华亭县邱崈重修捍海堰。"捍海堰废且百年，咸潮岁大入，坏并海田，苏、湖皆被其害。崈至海口，访遗址，已沦没。乃奏创筑，三月堰成。三州舄卤，复为良田。"⑥ 乾道八年（1172），丘崈建言："兴筑捍海塘堰今已毕工，地理阔远，全藉人力固护。乞令本县知佐兼带主管塘堰职事，系衔秩满，视有无损坏，以为殿最。仍令巡尉据地分巡察。"宋廷在诏奖丘崈的同时，"令所筑华亭捍海塘堰，趁时栽种芦苇，不许樵采。"淳熙九年（1182），"又命守臣赵善悉发一万工，修治海盐县常丰闸，及八十一堰坝，务令高牢，以固护水势，遇旱可以潴积。"⑦

杭州钱塘江挟海潮为杭人患，自唐朝开始修筑捍海塘，"造竹落、积巨石，植以大木，隄岸既成，久之乃为城邑聚落。"随着时间的推移，"潮水衝突不常，隄岸屡坏"，至宋真宗大中祥符以后，历朝都不断维修，"随损随治"，其中大中祥符九年（1016）、景祐年间、庆历初、绍兴十年（1140）都

---

① 《续资治通鉴长编》卷一四"天圣四年八月丁亥"条，范仲淹：《范文正公全集》卷一一《张纶神道碑铭》，《宋史》卷四二六《张纶传》。
② 《宋史》卷九七《河渠七》，2394页。
③ 范仲淹：《范文正集》卷一四《权三司盐铁判官尚书兵部员外郎王君墓表》。
④ 王安石：《临川先生文集》卷八二《通州海门兴利记》。《宋史》卷三三四《沈起传》："知海门县，县负海地瘠，间岁海潮至，冒民田舍，民徙以避，弃其业，起为筑堤百里，引江水灌溉其中，田益辟，民相率以归，至立祠以报。"
⑤ 郑獬：《郧溪集》卷二一《吴及墓志铭》。
⑥ 《宋史》卷三九八《邱崈传》。
⑦ 《宋史》卷九七《河渠七》，第2415页。

有较大规模的修筑。"自是百余年间屡修屡坏焉。"嘉熙二年（1238）"秋，潮由海门捣月塘头，日朘月削，民庐僧舍坍四十里"。翌年六月，"诏赵與㦲除端明殿学士、知临安府，任责修筑。與㦲奏先于傍近筑土塘，为救急之术，然后于内筑石塘。……日役殿步司官兵五千五百余人，并募夫工及修江司军兵三千余人，已贴立石仓夹植桩笆版木，昼夜运土填筑，自水寺寺之下，江家桥之上，近江港口筑坝一，南北长一百五十丈，自团围头石塘近江筑捺水塘一，长六百丈；自六和塔以东一带石堤，添新补废四百余丈，越三月，毕工，水复其故。"①

庆历七年（1047），余姚县令谢景初"筑自云柯至上林为堤二万八千尺"。北宋末年，汪思温修复了余姚海堤："县濒海，旧有堤六十里，除水患，岁久圮坏，民之垫于海者，呻吟相属也。众举公力复之。堤成，而七乡并海之田、桑麻粳稌之饶其故。"②南宋庆元二年（1196），施宿继谢景初之后"筑自上林以及兰风，为堤四万二千余尺"③。其修造功绩被世人称之为："百年之害，一日尽除。去岁他邑告歉，而此独丰，海田几于倍入，明效大验。"④

温州也有捍海堤的修筑。宁宗嘉定元年（1208）汪惠为平阳令，"建埭八十丈于阴均，障海潮，潴清流，又造石门于山之麓，以时启闭，以防涨溢"⑤。从这项工程看，有外防海潮、内潴清流，与木兰陂具有同样的功能。黄度"为温州瑞安县尉，邑濒海，潮坏民田，筑塘以捍之"⑥。

清人翟均廉考订历代正史、方志等文献，著《海塘录》一书，现据是书卷三，建筑一，制成宋朝修筑（杭州一带）海塘一览，聊备参考。

---

① 《咸淳临安志》卷三一《捍海塘》。
② 孙觌：《鸿庆居士集》卷三七《汪思温墓志铭》。
③ （元）柳贯：《待制集》卷一七《海堤录后序》。
④ 楼钥《攻媿集》卷五九《余姚县海堤记》。
⑤ 杨简《慈湖遗书》卷二《永嘉平阳阴均堤记》。
⑥ 袁燮：《絜斋集》卷一三《龙图阁学士通奉大夫尚书黄公行状》。

纪年	公元	筑海塘事例
大中祥符五年	1012年	转运副使陈尧佐议修钱塘江堤。
大中祥符七年	1014年	发运使李溥修筑江塘，用竹笼桩木以捍潮势。
大中祥符九年	1016年	知杭州马亮修江岸成。
天圣四年	1026年	侍御史方谨请修钱塘江岸。
景祐三年	1036年	知杭州俞献卿筑堤数十里。
庆历四年夏六月	1044年	（杭州）郡守杨偕转运使田瑜筑堤二千二百丈。
（庆历）六年	1046年	漕臣杜杞筑钱塘堤。
政和二年	1112年	兵部尚书张阁请修（杭州）江塘。从之。
（政和）五年	1115年	知杭州李偃请筑汤村等岸。诏命刘既济修治。
宣和四年十月	1122年	以铁符十道镇盐官县海塘。
绍兴十年	1140年	（临安）招填捍江军额。
（绍兴）十四年	1144年	临安府修钱塘江岸。
（绍兴）二十年	1150年	修石堤（见玉海）。
（绍兴）二十二年	1152年	置修江司遂修六和塔。
绍兴末	1161年	转运使及临安府修钱塘石岸。
乾道七年	1171年	帅臣沈夏复增修石堤。
乾道九年	1173年	诏临安府增筑江塘。
淳熙元年	1174年	命有司治（临安）江岸。
（淳熙）四年	1177年	筑盐官海塘。
嘉定十二年	1219年	盐官海涨浙西诸司条具筑捺之策。
嘉定十五年	1222年	命浙西提举刘垕筑盐官土塘。
庆元中		浙江塘坏，捍江指挥使任班率兵修筑。
嘉熙二年	1238年	知临安府赵与欢筑江港口坝一道，近江筑捺水塘六百丈。
宝祐二年十二月	1254年	监察御史陈大方请修筑江塘（临安）。
宝祐三年十一月	1255年	监察御史李衢请稽捍江兵额，令随时修补江塘。

筑堤防海潮，这是沿海人民"与海争地"修建的一种水利工程，其次，有将海潮退后形成细泥淤地改造为涂田的第二种"与海争地"的水利工程。

涂田必须筑围，以防海潮，同时也需要清水，以改造咸卤。如台州有"亡僧新围高潮涂田"，"为五百二十二亩有奇"，"潴水之所一百三十七亩有奇"。据《嘉定赤诚志》记载，台州临海县涂田为24771亩，黄岩县11811亩，宁海县686亩，再加上临海县新围田5621亩，总计达42882亩，占泰州垦田总数2628283亩的1.6%，可见成绩相当可观。第三种"与海争地"的办法，是以陂塘灌注沿海的盐碱地，使之成为稻田，即海田。如福建莆田县"有陂唐五所胜寿、西街、大和、屯前、东塘，自来积水关注下沿海盐地一千顷为田，八千余家耕种为业"。而且用这种办法改造的"海田"，比两浙路的涂田规模还大。以福建"海田"为例，就有1230顷有奇。这种海田已类似围海造田了①。

此外，宋人对海潮发生的原因在唐朝人的基础上有了较为科学的新认识。余靖在《海潮图序》中以自己的亲身观察，对唐朝卢肇有关海潮发生原因的观点做了新的解释，其文云：

  古之言潮者多矣。或言如橐籥翕张；或言如人气呼吸，或云海鳅出处，皆亡经据。唐世卢肇著《海潮赋》以谓日入海而潮生，月离日而潮大，自谓极天人之论，世莫敢非。予尝东至海门，南至武山，旦夕候潮之进退，弦望视潮之消息，乃知卢氏之说，出于胸臆，所谓盖有不知而作者也。

  夫阳燧取火于日，阴鉴取水于月，从其类也。潮之涨退，海非增减，盖月之所临，则水往从之；日月右转，而天左旋，一日一周，临于四极，故月临卯酉则水涨乎东西，月临子午则潮平乎南北，彼竭此盈，往来不绝，皆系于月，不系于日。何以知其然乎？夫昼夜之运，日东行一度，月行十三度有奇，故太阴西没之期，常缓于日三刻有奇，潮之日缓其期，率亦如是。自朔至望，常缓一夜潮，自望至晦，复缓一昼潮。若因日之入海，激而为潮，则何故缓不及期常三刻有奇乎？

  肇又谓月去日远，其潮乃大，合朔之际，潮始微绝，此固不知潮之准也。夫朔望前后，月行差疾，故晦前三日潮势长，朔后三日潮势极

---

① 详见漆侠师：《宋代经济史》，第109—111页。

大,望亦如之,非谓远于日也。月弦之际,其行差迟,故潮之去来,亦合沓不尽,非谓近于日也。盈虚消息,一之于月,阴阳之所以分也。夫春夏昼潮常大,秋冬夜潮常大,盖春为阳中,秋为阴中,岁之有春秋,犹月之有朔望也。故潮之极涨,常在春秋之中,涛之极大,常在朔望之后。此又天地之常数也。①

"潮之涨退,海非增减,盖月之所临,则水往从之",其认识已很接近现代的解释。

---

① 《武溪集》卷三《海潮图序》。

第二十二章
宋代社会救济机构的设置与发展[1]

社会救济是国家和社会通过对国民收入的分配、再分配，对社会成员因各种原因导致的生活困难予以物质援助的社会安全制度。内容包括六个方面：社会救济的主体是国家和社会；社会救济的对象是所有社会成员；社会救济的目标是最基本生存；社会救济的手段是对国民收入进行分配和再分配；社会救济的媒介是物质；社会救济的功能是保障社会安全。从救济对象的角度区分，它包括三个方面：对灾荒人群的救济，对社会贫困人口与弱势群体的救济，对社会特殊群体的救济[2]。

对社会特殊群体如皇室宗亲、官员、士子的救济具有优恤性质，不同于其他人群救济。对灾荒人群的救济具有灾情的突发性、局部的集中性和"救急"的临时性。灾荒出现以后，民众恐慌心理度大，政府如不能及时疏导安抚，就可能出现混乱局面，所以它考验各级政府和官员的应变能力。而全国范围内的、经常性的对贫弱人群救济的实施程度如何，则更能体现政府的现实关怀。一定程度上这也是社会发展与进步的标志。两宋时期，尤其是北宋，社会救济机构的设置与发展在历史上是比较突出的。

---

[1] 本章由杨小敏先生撰稿。
[2] 张文：《宋朝社会救济研究》，西南师范大学出版社2001年版，第4页。

一、宋徽宗以前社会救济机构的设置情况

作为仁政的体现，也是为了稳定社会秩序的需要，自然灾害发生以后，情势紧急，从中央到地方的相关各级政府部门和人员都要快速做出反应，积极投身到灾害的防范和对灾民的救助活动中去。对老弱病残、无家可归、无人赡养、无力葬埋的贫弱人群的救助，是项常年性、长期性的工作。就宋代而言，这项工作的开展历史比较长，但大规模展开却是在宋徽宗时代蔡京执政以后，此前的工作，发展规模不大。

首先看收养机构。徽宗以前主要是福田院。蔡京当政以后更多的收养机构名称为居养院。居养院始于唐之悲田、福田院①。《事物纪原》卷七《州郡方域部》载：贫子院：《事始》曰：开元二十二年（734），断京城乞儿，官置病坊，给廪食。亦为悲田院，或曰养病院。记之为其所始。按《唐会要》曰：开元五年（717），宋璟、苏颋奏，悲田院养病，从长安以来置使专知。所称悲田，乃关释教，此是僧尼职掌。至二十三年（735），乃分置于诸寺。推长安中初置使之文，则知其前有矣。而《事始》所记乃给廪食所始，谓兹事之起于此者，非也。宋朝又因之，以僧院名福田，今亦曰悲田也②。可见，居养院的前身悲田、福田院，在唐代，起初是京城一些寺院的僧尼主动承担了养济病患、乞儿的责任，后来政府派专人管理，并支与一定数量的廪食，由于此工作与佛教、寺院关系紧密，所以起名为悲田、福田院。北宋沿用其名称和职掌，最早也只设置于京师，有东、西二所，仍名福田院，主要收养"老疾孤穷丐者"③。英宗即位前规模很小，"给钱粟者才二十四人"。"英宗命增置南、北福田院，并东、西各广官舍，日廪三百人。岁出内藏钱五百万给其费，后易以泗州施利钱，增为八百万。又诏：'州县长吏遇大雨雪，蠲僦舍钱三日，岁毋过九日。著为令。'"④ 神宗即位以后，熙宁二年（1069），因为大雪，京师寒冻，于是下诏扩大收养人数。闰十一月二十五日，诏："京

---

① 《宋会要辑稿》食货六〇之一。
② 高承：《事物纪原》卷七《贫子院》。
③ 《宋史》卷一七八《食货志上六》，第 4338 页。
④ 《宋史》卷一七八《食货志上六》，第 4338—4339 页。

城内外值此寒雪，应老疾孤幼无依乞丐者，令开封府并拘收，分擘于四福田院住泊，于见今额定人数外收养，仍令推判官、四厢使臣依福田院籍贯看验。每日特与依额内人例支给与钱赈济，无令失所。至立春后天气稍暖日申中书省住支。所有合用钱于左藏库见管福田院钱内支拨。"① 英宗将福田院由两个增加到四个，收养的人数由二十四人扩大到每院三百人，福田院的经费五百万由内藏库出。神宗时，收养人数不变，只有在特殊天气如寒冻异常的情况下，才临时增加救助人数，但神宗时的救助经费从内藏库改为左藏库了，也就是由天子的私藏转为朝廷财务支出。这一细微变化，似乎可以这样理解：神宗以前的救济行为更多地体现皇帝的"仁民"行为，而神宗以后更多地体现的是政府行为。当然，这以后，出内藏救济孤贫的"仁政""善举"还是经常有的。

地方上虽有救助贫弱的行为，但与后来建立专门机构实施救助相比，还有一段差距。如元丰元年（1078）十二月二十五日，知太原府韩绛言："在法，诸老疾自十一月一日州给米豆，至次年三月终止。河东地寒，与诸路不同，欲乞本路州县于九月以后抄札，自十月一日起支，至次年二月终止；如米豆有余，即至三月终。"从之②。

就总体上来说，神宗时代的社会救助还是很不尽如人意。四福田院仅仅一千二百人的限额根本无法满足贫弱人群的需要，而且让畿县需救助的对象到开封府来接受救助，也是不现实的。开封府和畿县的情况是这样，地方上就可以想象。元祐二年（1087）十二月二十日范祖禹上书，对皇帝的临时救助行为和政府的救助现状提出了自己的看法。他首先称赞大寒天气下，皇帝出禁中钱十万贯以赐贫民，是"尧舜之仁也"，接着说："国朝祖宗以来……每遇大雨雪，则放公私房钱，以至粜米卖炭，散钱，死者则赐钱瘗埋，惠及存殁。"又说："朝廷自嘉祐以前，诸路有广惠仓，以救恤孤贫；京师有东、西福田院，以收养老幼废疾。至嘉祐八年十二月，又增置城南、北福田，共为四院……然每院止以三百人为额，臣窃以为京师之众，孤穷者不止千二百

---

① 《宋会要辑稿》食货六〇之三。
② 《宋会要辑稿》食货六〇之三；《宋会要辑稿》食货六八之一二八中，"元丰元年"作"熙宁九年"，《宋史》卷一七八《食货志上六》也作"熙宁九年"，第4339页。

人。又朝廷每遇大冬盛寒，则临时降旨救恤，虽仁恩溥博，然民已冻馁死损者众。"范祖禹认为："今每岁收养与临时救济，二者等为费用。不若多养之为善也。"办法就是：

> 宜于四福田院增盖官屋，以处贫民，不限人数，并依旧法收养。委左右厢提举使臣每至冬月，多设方略救济，或给米豆，设糜粥，不必专散见钱，其使臣存活到人数，书为课绩，量与酬奖，死损多者，亦立殿罚。如四厢使臣提举难遍，即委吏部临时更选差使臣四员，相兼提举，量与添给，仍理为重难短使。存活死损殿最亦依四厢使臣法。其天下广惠仓，窃虑州县不以为急，乞更申明成法，每岁以时举行，委逐路监司丁宁，行下所属州县，及因巡历案视，或于逐州别差官点检，使知朝廷挂意。令官吏用心振恤，须要实惠及贫民，不得轻易以为末事。畿内诸县亦乞令擘画官屋，依京师收养，无令远者聚于都下，重立条禁，以绝主掌支散之人减刻之弊。……每岁用系省钱一二万缗，于租赋之入，无异海水之一勺，而饥穷之人，日得食钱之资，升合之米，则不死矣。①

元符年间，居养救济制度有了一定发展。元符元年（1098）九月二日，根据监察御史蔡蹈的建议，下诏："开封府依旧敕，每岁冬月巡视京城冻馁者，吏部差待阙小使臣同职员画地分赈赡毕，付福田院据实数申户部。"十月八日，按照详定一司敕令所之请，面向地方州县下诏："鳏寡孤独贫乏不能自存者，州知、通、县令、佐验实，官为养之，疾病者仍给医药，监司所至，检察阅视。应居养者以户绝屋居，无户绝者以官屋居之。及以户绝财产给其费，不限月分，依乞丐法给米豆。若不足者以常平息钱充。居居养而能自存者罢。"② 此间，地方州县较多地建立了居养院。如慈溪县居养院，县

---

① 范祖禹：《太史范公文集》卷一四《乞不限人数收养贫民札子》，《宋集珍本丛刊》，线装书局2004年版，第24册第229—230页。
② 《宋会要辑稿》食货六〇之三。《宋会要辑稿》食货六八之一二九。《续资治通鉴长编》卷五〇三"元符元年九月壬午条"载：详定一司敕令所言："鳏寡孤独贫乏不得自存者，知州、通判、县令、佐验实，官为居养之；疾病者仍给医药。监司所至检察阅视，应居养者，以户绝屋居，无户绝以官屋居之；及以户绝财产给其费，不限月分，依乞丐法给米豆，阙若不足者以常平息钱充。已居养而能自存者罢。"从之。第11976页。

东南二里，元符元年（1098）建①。奉化县居养院，县东北，元符二年（1099）六月建②。定海县居养院，县东一百三十五步，元符二年（1099）建③。象山县居养院，建中靖国元年（1101）四月以百姓缪贵户绝屋为之。崇宁四年（1105）十月以地里遥远，移县东一百五十步④。

其次看救治病患的机构。对于疾病患者的救治，仁宗时代做得就比较好。"先是，仁宗在位，哀病者乏方药，为颁《庆历善救方》。知云安军王端请官为给钱和药予民，遂行于天下。尝因京师大疫，命太医和药……又蠲公私僦舍钱十日。令太医择善察脉者，即县官授药，审处其疾状予之，无使贫民为庸医所误，夭阏其生。"⑤元祐年间，苏轼知杭州，看到杭州作为一个水陆交通的大都会，来往客商多，遇到疾病，在异域他乡人生地不熟，无法得到及时的救治，于是筹集一部分结余经费，又自掏腰包，建立了病坊，专门收治无人照料的病患。《宋史·苏轼传》载：元祐四年（1089），苏轼拜龙图阁学士、知杭州。"既至杭，大旱，饥疫并作。轼请于朝，免本路上供米三之一，复得赐度僧牒，易米以救饥者。明年春，又减价粜常平米，多作饘粥药剂，遣使挟医分坊治病，活者甚众。轼曰：'杭，水陆之会，疫死比他处常多。'乃哀羡缗得二千，复发囊中黄金五十两，以作病坊，稍畜钱粮待之。"⑥苏轼当时给病坊起名"安乐"，雇僧人主持。并且向朝廷提出申请，给予僧人一定的回报。崇宁年间，始统一命名"安济坊"。《咸淳临安志》载："养济院，一在宝胜院，一在艮山门外。又有善化坊四所。先是守苏文忠公尝于城中创置病坊，名曰安乐，以僧主之，仍请于朝，三年医愈千人，乞赐紫衣并度牒一道。诏从之。崇宁元年八月，诏诸路置安济坊。二年五月，两浙运司遂援苏公之说以请，仍改病坊为安济。"⑦关于医治病人之数，

---

① 《宝庆四明志》卷一六《慈溪县》，《宋元方志丛刊》，中华书局1990年版，第5205页。
② 《宝庆四明志》卷一四《奉化县》，《宋元方志丛刊》，第5197页。
③ 《宝庆四明志》卷一八《定海县》，《宋元方志丛刊》，第5230页。
④ 《宝庆四明志》卷二一《象山县》，《宋元方志丛刊》，第5263页。
⑤ 《宋史》卷一七八《食货志上六》，第4338页。
⑥ 《宋史》卷三三八《苏轼传》，第10812页。
⑦ 《咸淳临安志》卷八八《恤民》，《宋元方志丛刊》，第4174页。《宋史》卷一九载：崇宁元年（1102）八月"辛未，置安济坊养民之贫病者，仍令诸郡县并置"，第364页。

《宋会要》有两处记载，一处记载与此不同①。但这些资料可以说明的是，宋徽宗之前，在京城和地方州县，存在零星的救治患者的机构。

再次看葬埋机构漏泽园。漏泽园建立之前，真宗"天禧中，于京畿近郊佛寺买地，以瘗死之无主者。瘗尸，一棺给钱六百，幼者半之；后不复给，死者暴露于道。嘉祐末，复诏给焉"②。神宗元丰二年（1079）三月，令畿县拨出荒地将开封府僧寺寄留的棺柩掩埋。《宋会要》记其事曰："诏开封府界僧寺旅寄棺柩，贫不能葬，岁久暴露，其令逐县度官不毛地三五顷，听人安葬，无主者官为瘗之，民愿得钱者，官出钱贷之，每丧毋过二千，毋收息。又诏提举常平等事陈向主其事，以向建言故也。后向言在京西禅院均定地分，收葬遗骸。天禧中，有敕书给左藏库钱，后因臣僚奏请裁减，事遂不行。今乞以户绝动用钱给瘗埋之费。六月，向又乞选募僧守护，量立恩例。并从之。葬及三千以上，度僧一人，三年与紫衣、师号，更令主管三年，愿再任者，准此。"③徐度对此也有记载。他说："漏泽园之法，起于元丰间。初，予外祖以朝官为开封府界使者，常行部，宿陈留佛祠，夜且半，闻垣外汹汹，若有人声。起烛之，四望积骸蔽野，皆贫无以葬者，委骨于此。意恻然哀之，即具以所见闻，请斥官地数顷以葬之，即日报可。神宗仍命外祖总其事，凡得遗骸八万余，每三十为坎，皆沟洫什伍为曹，序有表，总有图，规其地之一隅以为佛寺，岁轮僧寺之徒一人，使掌其籍焉。外祖陈氏名向，字适中，睦州人。……"④

---

① 《宋会要辑稿》食货六〇之四载：崇宁二年"五月二十六日，两浙转运司言：'苏轼知杭州日，城中有病坊一所，名安乐。以僧主之，三年医愈百人，与紫衣。乞自今管勾病坊僧，三年满所医之数，赐紫衣□□□牒各一道。'从之。仍改为安济坊。"另外《宋会要辑稿》食货六八之一三〇载：崇宁二年"五月二十六日，两浙转运司言：'苏轼知杭州日，城中有病坊一所，名安乐。以僧主之，三年医愈千人，与紫衣。乞自今管勾病坊僧，三年满所医之数，赐紫衣与祠部牒各一道。'从之。仍改为安济坊。"周煇《清波别志》卷上载："苏文忠公（轼）知杭州，以私帑金五十两助官缗，于城中置病坊一所，名安乐，以僧主之，三年医愈千人。后两浙漕臣申请，乞自今管干病坊僧，三年满所医之数，赐紫衣及祠部牒一道。从之。仍改为安济坊。"丛书集成初编本，中华书局1985年，第127页。故当以千人为是。

② 《宋史》卷一七八《食货志上六》，第4338页。

③ 《宋会要辑稿》食货六八之一二八。《宋史》卷一七八《食货志上六》载："初，神宗诏：'开封府界僧寺旅寄棺柩，贫不能葬，令畿县各度官不毛地三五顷，听人安厝，命僧主之。葬及三千人以上，度僧一人，三年与紫衣；有紫衣，与师号，更使领事三年，愿复领者听之。"第4339页。

④ 徐度撰，朱凯、姜汉椿整理：《却扫编》卷下，《全宋笔记》三编（十），大象出版社2008年版，第174页。

张邦炜先生对徐度"漏泽园之法起于元丰间"的说法，和顾炎武"漏泽园之设起于蔡京，不可以其人而废其法"① 的说法，均提出了质疑，指出这两种说法虽不无道理，但并不确切②。不过可以肯定的是，漏泽园这一名称是在蔡京当政时确定的。

从以上叙述可以看出，宋徽宗即位以前，北宋政府对于居无所、病无医、葬无地的贫民还是采取了一些救助措施，但总体上看，并非全国性地、全面铺开，即使到了神宗和哲宗时代也是如此。

二、蔡京当政期间社会救济机构的快速发展

蔡京当政期间，社会救济制度的推行力度之大，在古代历史上是罕见的，标志就是居养院、安济坊、漏泽园的普遍建立和发展。

（一）居养院、安济坊、漏泽园的建立和发展

史载：

> 崇宁初，蔡京当国，置居养院、安济坊。给常平米，厚至数倍。差官卒充使令，置火头，具饮膳，给以衲衣絮被。州县奉行过当，或具帷帐，雇乳母、女使，靡费无艺，不免率敛，贫者乐而富者扰矣。三年，又置漏泽园。初，神宗诏："开封府界僧寺旅寄棺柩，贫不能葬，令畿县各度官不毛地三五顷，听人安厝，命僧主之。葬及三千人以上，度僧一人，三年与紫衣……"至是，蔡京推广为园，置籍，瘗人并深三尺，毋令暴露，监司巡历检察。安济坊亦募僧主之，三年医愈千人，赐紫衣、祠部牒各一道。医者人给手历，以书所治瘥失，岁终考其数为殿最。诸城、砦、镇、市户及千以上有知监者，依各县增置居养院、安济坊、漏泽园。道路遇寒僵仆之人及无衣丐者，许送近便居养院，给钱米

---

① 顾炎武著，黄汝成集释，栾保群、吕宗力校点：《日知录集释》卷一五《火葬》，上海古籍出版社2006年版，第902页。

② 张邦炜、张惫：《两宋时期的义冢制度》，见漆侠、胡昭曦主编《宋史研究论文集》，河北大学出版社1996年版，第271—285页。

救济。孤贫小儿可教者，令入小学听读，其衣襕于常平头子钱内给造，仍免入斋之用。遗弃小儿，雇人乳养，仍听官观、寺院养为童行。宣和二年，诏："居养、安济、漏泽可参考元丰旧法，裁立中制。应居养人日给粳米或粟米一升，钱十文省，十一月至正月加柴炭，五文省，小儿减半。安济坊钱米依居养法，医药如旧制。漏泽园除葬埋依见行条法外，应资给若斋醮等事悉罢。"①

这段资料概述了蔡京当政以来居养院、安济坊、漏泽园的创制、发展过程。分述如下：

1. 居养院

崇宁元年（1102）七月，蔡京任右仆射，接着成立了讲议司，系统研讨和推广各项制度。而社会救济制度作为仁政的一部分，很快便开展了起来。救助贫弱方面，就是在京师和地方先后建立了居养院。《东都事略》卷一〇载：崇宁元年（1102）"八月辛未，开封府置居养院"。《宋史》卷一九《徽宗本纪》载：崇宁元年（1102）九月戊子，京师置居养院以处鳏寡孤独，仍以户绝财产给养②。但崇宁四年（1105）前，京师居养院的数量应该不多。崇宁四年（1105）十月六日，徽宗诏曰："京师根本之地，王化所先，鳏寡孤独与贫而无告者，每患居养之法施于四海而未及京师，殆失自近及远之意。今京师虽有福田院，所养之数未广，祈寒盛暑穷而无告及疾病者，或失其所，朕甚悯焉。可令开封府依外州法，居养鳏寡孤独及置安济坊，以称朕意。"③可见此前开封府的居养院数量并不多，主要是福田院。而地方居养院却在原有基础上进一步发展起来。如昌国县居养院，旧在县东北一百八十步，皇朝崇宁元年（1102）十一月置，政和二年（1112）七月移置县北二百九十步④。居养院之名称至崇宁五年（1106）始统一。十月九日，淮东提举

---

① 《宋史》卷一七八《食货志上六》，第4339—4340页。
② 《宋史》卷一九《徽宗本纪》，第365页。陈均编，许沛藻、金园、顾吉辰、孙菊园点校：《皇朝编年纲目备要》卷二六载：八月"置居养院。以处鳏寡孤独。寻诏以户绝财产给其费，不限月数；依乞丐法给米豆，如不足，即支常平司钱；遗弃小儿仍雇人乳养"，第664页。
③ 《宋会要辑稿》食货六〇之四；食货六八之一三〇至一三一。
④ 罗濬等撰：《宝庆四明志》卷二〇《昌国县》，《宋元方志丛刊》，第5247页。

司言，安济坊、漏泽园并已蒙朝廷赐名，其居养鳏寡孤独等亦乞特赐名称，以昭惠泽。"户部契勘已降都省批状，京西北路提举司申请以居养院称呼。诏依所申，以居养院为名。诸路准此。"①

京师居养院后来在收养鳏寡孤独不能自存之人之外，冬天还收养流浪乞丐。大观元年（1107）闰十月，诏："在京遇冬寒，有乞丐人无衣赤露，往往倒于街衢，其居养院止居鳏寡孤独不能自存之人，应遇冬寒雨雪有无衣服赤露人，并收入居养院，并依居养院法。"②

对于因自然灾害如水灾等造成的孤遗及小儿等也要求就近由居养院收养。如大观二年（1108）八月十九日，工部言：邢州巨鹿县水，该县官私房屋等尽被湮浸，诏："见在人户如法赈济，如有孤遗及小儿并侧近居养院收养。"③"候有人认识，及长立十五岁听从便。"④

虽然自大观三年（1109）以后，对于居养人的待遇有所削减，但如果遇到灾荒寒冻等，政府还是要求地方官员不拘条例，及时赈济。如政和元年（1111）正月二十九日，诏：居养鳏寡孤独等人，昨降指挥并遵守元符令，自合逐年依条施行。不须闻奏听旨外，如遇歉岁或大寒，合别加优恤。若须候闻奏得旨施行，窃恐后时，仰提举司审度施行讫奏，诸路依此⑤。政和四年（1114）四月十八日，新知颍昌府崔直躬言："朝廷以居养、安济惠济鳏寡孤独，欲冬月遇寒雪异常，许权不限数支讫闻奏。"从之⑥。

对于因寒冻临时寄居于居养院的流浪人的居住时限，有时可根据实际情况随时延长。政和五年（1115）二月十七日，诏：居养院见居养，居合止此月二十日住罢，可更展限十日⑦。而对于冬天流落到某地方的"僵仆之人"，地方政府有责任派人员及时送往居养院进行救济。如果本人不愿去居养院，就将其遣送出境，对遣而不还的人，地方官员要及时发现，及时处置。政和八年（1115）七月十二日，诏：诸州县镇寨及乡村道路，遇寒月，过往军民

---

① 《宋会要辑稿》食货六八之一三二；食货六〇之五。
② 《宋会要辑稿》食货六〇之五。
③ 《宋会要辑稿》食货六〇之五；食货五九之八。
④ 《宋会要辑稿》食货五九之八。
⑤ 《宋会要辑稿》食货六〇之六；食货六八之一三四。
⑥ 《宋会要辑稿》食货六〇之六。
⑦ 《宋会要辑稿》食货六〇之六。

有寒冻僵仆之人地分，合干人即时扶昇送近便居养院，量给钱米救济，不愿入院者浑遣出界，遣而不还者，委令佐及本地方当职官觉察，监司巡历所至点检①。

2. 安济坊

居养鳏寡孤独的机构，即居养院，元符年间各地建立的比较多，但救治病患的机构即安济坊更多的是在崇宁年间建立的。崇宁元年（1102）八月辛未，置安济坊养民之贫病者，仍令诸郡县并置②。十一月辛卯，置河北安济坊③。定海县安济坊与居养院相邻，崇宁元年（1102）建。久而皆圮，嘉定十四年（1221），令赵玼夫重建安济院④。昌国县安济院，县东北一百八十步，皇朝崇宁二年（1103）八月建，政和二年（1112）七月移建县北二百九十步⑤。慈溪县安济坊，县东南二里，崇宁二年（1103）建⑥。明州府安济坊的建立，史载：安济坊，西门里，崇宁二年（1103）令置安济坊，以养病者。本府以大观元年（1107）闰十月始建⑦。奉化县安济坊，县东北五里，崇宁二年（1103）九月建⑧。象山县安济坊，县东一百五十步。皇朝崇宁三年（1104）六月建⑨。

3. 漏泽园

宋徽宗时代，漏泽园由开封府界推广至地方州县。崇宁三年（1104）二月三日，中书言："州县有贫无以葬或客死暴露者，甚可伤恻，昨元丰中神宗皇帝尝诏府界以官地收葬枯骨。今欲推广先志，择高旷不毛之地置漏泽园。凡寺观寄留辄柩之无主者，若暴露遗骸悉瘗其中，县置籍，监司巡历检

---

① 《宋会要辑稿》食货六○之七。
② 《宋史》卷一九《徽宗本纪》，第364页。《皇朝编年纲目备要》卷二六载：崇宁元年"八月，置安济坊。以处民之有疾病而无告者。初，令诸郡置之，寻复推行于县"，第664页。
③ 《宋史》卷一九《徽宗本纪》，第365页。《宋会要辑稿》食货六○之三载：徽宗崇宁元年"十一月十日，河北都转运司言：'乞县置安济坊，令佐提辖。'从之"。
④ 《宝庆四明志》卷一八《定海县》，《宋元方志丛刊》，第5230页。
⑤ 《宝庆四明志》卷二○《昌国县》，《宋元方志丛刊》，第5247页。
⑥ 《宝庆四明志》卷一六《慈溪县》，《宋元方志丛刊》，第5205页。
⑦ 《宝庆四明志》卷三《安济坊》，《宋元方志丛刊》，第5023页。
⑧ 《宝庆四明志》卷一四《奉化县》，《宋元方志丛刊》，第5197页。
⑨ 《宝庆四明志》卷二一《象山县》，《宋元方志丛刊》，第5263页。

察。"从之①。

《宝庆四明志》载："漏泽园，崇宁三年（1104），以人物繁庶，贫无以葬，寄留僧舍或委弃道旁，令州责之县，选有常住僧管干择地，以常平钱置。……本府以崇宁三年置于城南柳亭院，僧主之。"②

慈溪县漏泽园，县西南三里，崇宁三年建③。定海县漏泽园，县西一里一百八十步，崇宁三年建④。昌国县漏泽园，县北一里，崇宁三年四月建⑤。象山县漏泽园，县东北三里，崇宁三年六月置⑥。奉化县漏泽园，县西北十里，崇宁四年二月建⑦。

《咸淳临安志》卷八八载：漏泽园，钱塘、仁和两县管下共一十二所。先是，崇宁三年二月，诏诸州择高旷不毛之地置漏泽园，凡寺观寄留槥椟之无主者，若暴露遗骸，悉瘗其中，各置图籍，立笔记识，仍置屋以为祭奠之所，听亲属祭飨，著为令。其在临安府者，中更多故，率为官私占佃。绍兴十四年（1144），诏临安府措置漏泽园，遂下钱塘、仁和县，悉行拘收，为藩篱以限之，选僧二名主管，月给常平钱五贯，米一石，瘗及二百人者申朝廷，赐紫衣，既又有旨，令诸路州军一体措置施行，仍委常平司检察⑧。

到崇宁四年（1105）的时候，各地居养院、安济坊、漏泽园基本上均已建立起来。北宋政府也一再强调各级政府部门要认真推行。如五月乙丑，徽宗诏曰："民为邦本，本固邦宁，天下承平日久，民既庶矣，而养生送死尚未能无憾，朕甚悯焉。今鳏寡孤独既有居养之法，若疾而无医则为之置安济坊，贫而不葬则为之置漏泽园。朕之志于民深矣，监司守令奉行毋忽。"⑨崇宁五年（1106）九月二日，徽宗又下诏，曰："居养院、安济坊、漏泽园

---

① 《宋会要辑稿》食货六〇之四。《宋史》卷一九载：崇宁三年二月丁未，置漏泽园，第368—369页。
② 《宝庆四明志》卷三《漏泽园》，《宋元方志丛刊》，第5023页。
③ 《宝庆四明志》卷一六《慈溪县》，《宋元方志丛刊》，第5205页。
④ 《宝庆四明志》卷一八《定海县》，《宋元方志丛刊》，第5230页。
⑤ 《宝庆四明志》卷二〇《昌国县》，《宋元方志丛刊》，第5247页。
⑥ 《宝庆四明志》卷二一《象山县》，《宋元方志丛刊》，第5263页。
⑦ 《宝庆四明志》卷一四《奉化县》，《宋元方志丛刊》，第5197页。
⑧ 《咸淳临安志》卷八八《恤民》，《宋元方志丛刊》，第4175页。
⑨ （宋）王称：《东都事略》卷一〇《徽宗本纪》，《宋史资料萃编》第一辑，文海出版社1979年版，第206页。

以惠天下穷民。比尝申饬，闻稍就绪，尚虑州县怠于奉行，失于检察，仁泽未究。仰提举常平司倍加提按，毋致文具灭裂，城寨镇市户及千以上，有知监者，许依诸县条例增置，务使惠及无告，以称朕意。"①

大观年间，居养院、安济坊、漏泽园制度得到很大发展。政和年间，这些制度却在一定程度上遭到破坏。政和元年（1111）十一月十九日，尚书省言：居养院、安济坊、漏泽园，比来提举常平司官全不复省察，民之无告，坐视不救，甚失朝廷惠养之意。诏："自今居养、安济、漏泽园事，转运、提刑盐香司并许按举。在京委御史台弹奏。"② 十二月二十四日，诏："居养、安济，仁政之大者，方冬初寒宜务收恤。诸州郡或弛废，当职官停替，开具供申，并令开封府依此检察"。③ 政和六年（1116）十月十八日开封府尹王革言：本府令每岁冬月，吏部差小使臣于都城里外，救寒冻倒卧，并拘收无衣赤露乞丐人，送居养院收养。会到吏部所差当短使人即无酬奖，惟已经短使再差或借差及三月以上减一年半，两月以上减一年，一月以上减半年磨者，止是短使专法。本府别无立定酬赏。欲今后应救济无遗阙，除省部依短使酬赏外，管勾四月以上特减二年磨勘，不及四月者，以管勾过月日比附省部短使，依减年酬赏。从之④。

（二）居养院、安济坊、漏泽园的管理

居养院、安济坊、漏泽园的设置，就地域范围讲，遍及京师及地方州县市镇城寨；就涉及的财物讲，有房屋、土地、衣食、医药等；就救助对象讲，是老弱病残、鳏寡孤独及其他需要救助的人员。要管理好这些事务，需要很多部门和人员的参与。

---

① 《宋会要辑稿》食货六〇之五。
② 《宋会要辑稿》食货六〇之六。
③ 《宋会要辑稿》食货六〇之六。
④ 《宋会要辑稿》食货六〇之六至七。《宋会要辑稿》选举二五之一五载：（政和六年）十月十八日，开封尹王革奏："检承本府令每岁冬月，吏部差小使臣于都城里外，救济寒冻倒卧，并拘收无衣赤露乞丐人，送居养院收养，契勘都诸厢地分阔远，其所差使臣于三冬寒月昼夜往来救济，事务繁重，取会到吏部所差使臣系合当短使人，即无酬奖，欲乞今后应救济无遗缺，除省部依短使酬赏外，管勾四月以上，特减二年磨勘，不及四月者，以管勾过月日比附省部短使减年酬赏。"诏依。

1. 参与救助的机构和人员

从中央到地方，参与救助的机构和人员，涉及面很广。如京师居养院，涉及吏部和户部。吏部派出人员赈济，户部拨出和审核经费支出。元符元年（1098）九月二日，诏："开封府依旧敕每岁冬月巡视京城冻馁者，吏部差待阙小使臣，同职员画地分赈赡毕，付福田院，据实数申户部。"① 地方知州、通判、县令、佐，路级监察人员、常平提举官等都要加入到对救助对象的管理服务中，而最基层的则是保正长等。具体执行的主要是僧人及其他雇佣人员。元符元年（1098）十月八日，"诏鳏寡孤独贫乏不能自存者，州知、通、县令、佐验实，官为养之，疾病者仍给医药。监司所至检察阅视，应居养者以户绝屋居，无户绝者以官屋居之，及以户绝财产给其费，不限月分，依乞丐法给米豆。若不足者以常平息钱充"②。崇宁元年（1102）八月二十日，"诏置安济坊。先是，权知开封府吴居厚奏：'乞诸路置将理院，兵马司差拨剩员三人、节级一名，一季一替，管勾本处应干事件，并委兵马司官提辖管勾，监司巡按点检。所建将理院宜以病人轻重而异室处之，以防渐染。又作厨舍，以为汤药饮食人宿舍，及病人分轻重异室，逐处可修居屋一十间以来，令转运司计置修盖。'于是有旨仍依，赐名"③。

2. 对各类档案和服务人员的管理

在各类救助机构中，档案的设置必不可少。包括被救助人员档案、服务人员档案、各项费用支出档案等。档案资料一方面是对救助工作力度、绩效大小检查的依据，如对被救治患者设立档案，可以检查医官救治的数量和质量。档案的建立和健全，也可以防止和监察救助过程中的贪污舞弊等行为，另一方面也是联系救助人员亲属的依据。徽宗崇宁三年（1104）二月四日，中书省言："诸以漏泽园葬瘗，县及园各置图藉，令厅置柜封锁，令替移，以图籍交授，监司巡历，取图籍点检。应葬者，人给地八尺，方砖二口，以元寄所在及月日、姓名，若其子孙、父母、兄弟，今葬字号，年月日悉镌记砖上，立峰记识如上法。无棺柩者官给，已葬而子孙亲属识认，今乞改葬

---

① 《宋会要辑稿》食货六〇之三。
② 《宋会要辑稿》食货六〇之三。
③ 《宋会要辑稿》食货六〇之三。

者，官为开葬，验籍给付。军民贫乏，亲属愿葬漏泽园者听指占葬地，给地九尺。无故若放牧悉不得入，仍于中疆置屋以为祭奠之所，听亲属享祭追荐，并著为令。"从之①。

由于全国性地推广救助制度，救助人数迅速扩大，服务人员的劳动强度和负担也大大增加，这就一方面需要增加服务人员，一方面也要求增加这些人员的劳动报酬。崇宁四年（1105）十二月十九日，兴元府言："窃惟朝廷置居养院，惠养鳏寡孤独，及置安济坊，医理病人，召有行业僧管勾外，有见管簿历，自来止是令厢典抄转收支，难责以出纳之事。今欲乞差军典一名，除身分月粮外，与比附诸司书手文字，军典每月添支米、酱菜钱一贯文，有犯，依重禄法，并于常平钱米支给，所有纸笔之用，量行支破。其外县差本县手分一名，兼管抄转收支，一年一替。如蒙施行，乞下有司颁降诸路常平仓司施行。"② 其请求得到批准。大观元年（1107），真定府要求增加工作人员。八月二十七日，真定府言："居养院、安济坊两处所管出纳官物，并日逐抄转簿历及供报文字，委是繁多，若共差军典一名，显见两处勾当不前。伏望各差军典一名，并添支钱米等，并乞依已得指挥。"从之。诸路依此③。

3. 救济机构的经费来源

居养院、安济坊、漏泽园等机构的经费来源有以下几部分：一是户绝财产；二是常平息钱；三是个人捐助。个人捐助随意性大，不稳定。就政府而言，首先是户绝财产，若户绝财产支出不够，则拨用常平息钱。崇宁元年（1102）九月六日，诏：鳏寡孤独应居养者，以户绝财产给其费，不限月，依乞丐法给米豆。如不足，即支常平息钱④。崇宁二年（1103），怀州申请安济坊费用用常平钱支付，户部因此重申先用户绝财产，若不足，再支用常平钱的规定。四月六日，户部言："怀州申，诸路安济坊应干所须并依鳏寡乞丐条例，一切支用常平钱斛。看详欲应干安济坊所费钱物，依元符令，并以

---

① 《宋会要辑稿》食货六〇之四。
② 《宋会要辑稿》食货六八之一三一。
③ 《宋会要辑稿》食货六〇之五。
④ 《宋会要辑稿》食货六〇之三。

户绝财产给其费。若不足，即以常平息钱充，仍隶提举司管勾。"从之①。由于户绝财产数量少，有时还会被各种势力所侵吞，所以，在居养院、安济坊、漏泽园快速发展之时，其经费来源和制度保障还是常平钱。《嘉泰会稽志》讲道："崇宁中，始取以充学校养士之费也。而居养院、安济坊、漏泽园，至于花石应奉，皆于此取。……建炎初，四方所积犹以亿万计，会复罢提举司，所积颇为诸司侵取。"②给事中孙觌乞复常平疏曰："臣伏见神宗皇帝修讲常平之政，置提举官行其法于天下。尔时钱谷充斥，府州大县至百万，小县犹六七十万，贯朽粟陈不可胜校。臣又闻役法初行，取宽剩钱不得过二分，以备水旱，至元丰八年计所积有三千余万贯石。……崇宁中，始取充学校养士，居养、安济、漏泽园等费，政和以来，又取以供花石应奉之资，横费三十年，所丧十八。"③孙觌此奏，是在指责蔡京当政以来，对常平钱的浪费和徽宗君臣的肆意挥霍，但从中可以看出常平钱在推动宋代社会救助制度发展中的积极作用。政和七年（1117）七月四日，成都府路提举常平司言：准敕，成都府路提举常平司所请，居养院孤贫小儿，内有可教导之人，欲乞入小学听读，本司遵奉施行外，所有逐人衣服襕鞾，欲乞于本司常平头子钱内支给置造，仍乞与免入斋之用。诏依。余路依此④。可见，常平钱是居养院、安济坊、漏泽园存在的经济基础。

（三）居养院、安济坊、漏泽园的奖惩措施

为了很好地贯彻推行居养院、安济坊、漏泽园制度，北宋政府制定了许多奖惩管理办法。如崇宁四年（1105）十二月二十八日的诏书，就对救治安济坊病人的医生的管理考核做出明确规定。而且对京城、京畿及外路奉行救济制度的情况，随时进行检察监督。诏曰："自京师至外路皆行居养法，及置安济坊，犹虑虽非鳏寡孤独，而癃老疾废，委是贫乏，实不能自存，缘拘文遂不与居养，朕甚悯焉。可立条委当职官审察诣实，许与居养，速著文行下。其安济坊医者，人给手历，以书所治疗瘥失，岁终考会人数，以为殿

---

① 《宋会要辑稿》食货六〇之三至四。
② 沈作宾修，施宿等撰：《嘉泰会稽志》卷三《提举司》，《宋元方志丛刊》，第6762页。
③ 孙觌：《鸿庆居士集》卷二七《给事中上殿乞复常平札子》。
④ 《宋会要辑稿》食货六〇之七。

最，仍立定赏罚条格。或它司奉行不谨，致德泽不能下究，外路委提举常平司，京畿委提点刑狱司，常切检察。外路仍兼许他司分巡，皆得受许（诉）。都城内仍许御史台纠劾。"①

对于弄虚作假和敷衍塞责者，则予以惩罚。崇宁五年（1106）八月十一日，诏：诸漏泽园、安济坊，州县辄限人数，责保正长以无病及已葬人充者，杖一百，仍先次施行。二十一日，尚书省言："新差江南西路转运判官祖理奏，窃见漏泽园，州县奉行尚或灭裂，埋瘗不深，遂致暴露，未副陛下所以爱民之意。望诏访州县，凡漏泽园收瘗遗骸，并深三尺。或不及三尺而致暴露者，宜令监司觉察按劾以闻。"从之②。

对于奉行制度好、表现突出的官吏进行奖励升迁，反之，则予以降职处罚。《旧城里左厢居养院提辖使臣左班殿直杨宁可转一官制》曰："敕具官某：朕置居养院以处鳏寡孤独之民，法令既备，尚虑有司便文自营，命官按视，惟汝奉行勤恪，民得所归，至于欢呼感激。朕甚嘉之，擢进厥官，以为能吏之劝，往嘉懋勉，嗣有宠褒。可。"③江东溧阳县将居养所屋宇隔截分为八室，使男女异处，不相杂扰④。徽宗肯定了溧阳县的这一做法，知县转两官升迁。"鳏寡孤独，王政所先，条令虽具，施行在人。溧阳县分为八室，男女异处，各得其所，宜在褒劝。其知县特转两官，候任满日与堂除差遣。"制曰："敕具官某：朕闵鳏寡孤独之民，困穷无告，广建居养所以安集之。有司供亿，事为之制。朕之抚绥斯民亦已勤矣，顾条令虽具，而施行在人。惟尔究宣德意，分治室庐，男女异居，各得其所。设施之美，达于朕闻。不有褒升，何以示劝？进官三等，时乃异恩。俟其终更，别加除擢。往服朕命，无替恪勤。可。"⑤而蒋迪因为经理安济坊不称职被降官。制曰："敕具官某：朕置安济坊以疗疾病之民，法令既备，尚虑有司奉行不虔，命官按视，惟尔弛慢失职，达于朕闻，宜黜厥官，仍加冲罢，以昭示训惩，为群吏

---

① 《宋会要辑稿》食货六八之一三一；食货六〇之四。
② 《宋会要辑稿》食货六八之一三一、一三二。
③ 慕容彦逢：《摛文堂集》卷七《旧城里左厢居养院提辖使臣左班殿直杨宁可转一官制》。
④ 《摛文堂集》卷一〇《理会居养院札子》。
⑤ 《摛文堂集》卷七《通直郎李亘可转两官御批》。

之戒。可。"①

蔡京推行的居养院、安济坊、漏泽园制度，由于州县奉行过当，不免率敛，故而"贫者乐而富者扰矣"。然而，这在一定程度上正反映出制度推行中的"抑富济贫"思想和对社会财富再分配的实践。

《中吴纪闻》卷五载："崇宁中，有旨：州县置居养院以存老者；安济坊以养病者；漏泽园以葬死者。吴江邑小而地狭，遂即县学之东隙地，以次而为之。时以诸生在学，而数者相为比邻，谓之生老病死。"② 此说不免有讥讽成分，却证明了全国范围推行了社会救济制度。洪迈《夷坚志》之《优伶箴戏》讲了这样一个故事：

> 又尝设三辈为儒、道、释，各称诵其教。儒曰："吾之所学，仁义礼智信，曰五常。"遂演畅其旨，皆采引经书，不杂媟语。次至道士，曰："吾之所学，金木水火土，曰五行。"亦说大意。末至僧，僧抵掌曰："二子腐生常谈，不足听。吾之所学，生老病死苦，曰五化。藏经渊奥，非汝等所得闻，当以现世佛菩萨法理之妙为汝陈之。盍以次问我。"曰："敢问生。"曰："内自太学辟雍，外至下州偏县，凡秀才读书，尽为三舍生。华屋美馔，月书季考，三岁大比，脱白挂绿，上可以为卿相。国家之于生也如此。"曰："敢问老。"曰："老而孤独贫困，必沦沟壑。今所在立孤老院，养之终身。国家之于老也如此。"曰："敢问病。"曰："不幸而有病，家贫不能拯疗，于是有安济坊，使之存处，差医付药，责以十全之效。其于病也如此。"曰："敢问死。"曰："死者人所不免，唯穷民无所归，则择空隙地为漏泽园，无以敛，则与之棺，使得葬埋，春秋享祀，恩及泉壤。其于死也如此。"曰："敢问苦。"其人瞑目不应，阳若恻悚然。促之再三，方蹙额答曰："只是百姓一般受无量苦。"徽宗为恻然长思，弗以为罪。③

---

① 《摛文堂集》卷六《城南厢安济坊提辖使臣左班殿直蒋迪可降一官冲替》。
② 龚明之撰，孙菊园校点：《中吴纪闻》卷五《生老病死》，上海古籍出版社 1986 年版，第 112 页。
③ 洪迈撰，何卓点校：《夷坚志》夷坚支乙卷第四，中华书局 1981 年版，第 823 页。

这个故事同样在讥刺蔡京的居养院、安济坊、漏泽园制度，但它却正好从一个侧面说明了蔡京推行社会救助制度力度之大和受众之广。这是此前此后的统治者所没有做到的。

政和六年（1116）正月五日，知福州赵靖言："鳏寡孤独居养、安济之法，自崇宁以来，每岁全活者无虑亿万，乞诏有司岁终总诸路全活之数，宣付史馆。"从之①。撇开赵靖夸大其辞和阿谀奉承之嫌，则可看出当时制度推行的成效。朱熹《书廖德明仁寿庐条约后》有这样一段话，他说："匹夫单行而遇疾病，无有妻孥之养，亲旧之托，与夫室庐枕席之具，医药食饮之须，则其舆曳驱驰，暴露饥渴而转于沟壑也必矣。……国朝受命，覆冒区宇，涵育黎元，百有余年。至于崇宁、大观之间，功成治定，惠泽洋溢，隆盛极矣。而上圣之心犹轸一夫之不获，始诏州县立安济坊、居养院，以收恤疾病癃老之人，德至渥矣。中以多虞，不无废缺。"②可见朱熹对宋徽宗时代的这一仁政举措大为赞赏，而对其后的废缺，不无惋惜。

蔡京推行居养院、安济坊、漏泽园制度，将原先相对临时的、规模较小的救助机构发展成为经常性的、规模庞大的救助机构。救助点从中央的京师、京畿直到地方的市镇城寨乃至偏远的乡村都布散开来，救助对象和范围扩大了。大观元年（1107）三月十八日，诏："居养鳏寡孤独之人，其老者并年五十以上，许行收养。诸路依此。"③而且，居养院居养的对象并不仅限于鳏寡孤独，对贫乏不能自存的人员都要加以救助。救助机构的管理开始规范化，有一套监督激励的奖惩制度。从京师的开封府尹到路级的提举常平司、提点刑狱司官员，地方州县的知州、通判、县令、佐再到乡村的保正长，都要对居养院、安济坊、漏泽园的管理负责。监察机构御史台和提举常平司、提点刑狱司均有权监督制度推行情况和受理百姓投诉。而居养院、安济坊、漏泽园等内部的管理也很规范。经费出纳有账目，被救助人员的接收、救治和死亡原因、时间、年龄、葬埋时间等都有记录。崇宁三年

---

① 《宋会要辑稿》食货六〇之六。
② 朱熹：《晦庵先生文集》卷八三《书廖德明仁寿庐条约后》，《宋集珍本丛刊》，线装书局2004年版，第59册第113页。
③ 《宋会要辑稿》食货六〇之五。

（1104）十二月初一日所立的《虢州卢氏县漏泽园记》①就详细阐述了当时设置漏泽园的意义、管理办法、人员以及监督措施等。对医生救治安济坊病人的要求很高，以致出现冒名顶替、弄虚作假的情况。陆游开禧元年（1205）所做《书安济法后》一文从一个侧面反映了这种情况。"当安济坊法行时，州县医工之良者惮于入坊，越州有庸医曰林彪，其技不售，乃冒法代它医，造安济，今日傅容当来，则林彪也，明日丁资当来，又林彪也，又明日僧宁当来亦林彪也，其治疾亦时效，遂以起家，然里巷卒不肯用，比安济法罢，林彪已为温饱家矣。年八十余乃终。"②而且，制度的制定和推行体现出人性化、科学化的一面。如，虽然具体规定了救助对象被救助的期限，但若遇到特殊天气，如寒冻异常，则适当延长救济时间，灵活处理。再比如，在安置救济对象的居住房屋时，将健康者和疾病者分开安置；将重病者和病情轻微者分别安置，以防止互相传染和方便救治。有些地方官员细心周到，如溧阳县将居养院房屋隔成数间，男女异处，方便人性。蔡京的社会救助制度对南宋乃至明清影响很大。虽然南宋的制度推广有地方化、市场化的趋势，但毫无疑问，南宋居养院、养济院、慈幼局、安济坊、漏泽园制度承继了北宋后期的制度，并延续至明清时期。如绍兴十五年（1145）六月二十三日，"潭州言：崇宁间推行漏泽园，埋瘗无主死人，所降条格：棺木、絮、纸、酒、仵作行下工食钱，破砖镌记死人姓名、乡贯，以千字文为号，遇有识认，许令给还。每年三九春冬醮祭。缘逐件条格烧毁不存，乞明降指挥施行。于是户部言：今欲下诸路州县，如委系无主，即于常平司钱内量行支给，仍每人不得过三贯文省，如法埋瘗。无令合干人作弊科扰，并令本司常切不住检察。如违，亦仰按治施行"③。

当然，专制制度下，向上负责的体制弊端，往往使许多好事情在执行过程中走样变形。居养院、安济坊、漏泽园制度推行中，也有这样那样的不足，因而受到人们的指责和批判。如奉行过当，奢侈浪费。一些地方官员在推行制度时搞面子工程，浪费财力和人力。再如应付了事，敷衍塞责。州县

---

① 详见三门峡市文物工作队编《北宋陕州漏泽园》，文物出版社1999年版，第390—391页。
② （宋）陆游《渭南文集》卷二五《书安济法后》，四部丛刊初编本。
③ 《宋会要辑稿》食货六〇之九至一〇。

官吏为了避免责罚或得到奖励升迁，往往规定基层完成收养人数数额。为了应付上级规定，基层便虚报、谎报数字。但是，我们还应看到因人废事这一弊端。当蔡京在相位之时，其制度推行力度就大，而且有些投机分子不免投其所好，奉行过当，偏离本意。但当蔡京下台以后，其制度也和其人处境一样，被横加指责或者被废弃。如大观三年（1109）四月二日，当蔡京罢相前夕，徽宗手诏说居养、安济、漏泽制度"闻诸县奉行太过，甚者至于设供张、备酒馔，不无苛扰。其立法禁止，无令过有姑息"①。大观四年（1110）还裁并了一些救助机构。宣和元年（1119）五月九日，诏："居养、安济等法，岁以寖隳……可令诸路监司、廉访使者分行所部，有不虔者劾之，重寘于法。"② 宣和二年（1120）六月十九日，诏："居养、安济、漏泽之法，本以施惠困穷，有司不明先帝之法，奉行失当。如给衣被器用、专雇乳母及女使之类，皆资给过厚，常平所入，殆不能支。天下穷民饱食暖衣，犹有余时，而使军旅之士廪食不继，或至逋逃四方，非所以为政之道。可参考元丰惠养乞丐旧法，裁立中制。应居养人日就粳米或粟米一升，钱十文省，十一月至正月加柴炭钱五文省，小儿并减半。安济坊钱米依居养法，医药如旧制。漏泽园除葬埋依见行条法外，余三处应资给若斋醮等事悉罢。吏人公人员额，及请给酬赏，并令户部右曹裁定以闻。"③ 七月三日，诏：在京乞丐人，大观元年闰十月依居养法指挥更不施行④。十四日，户部将大观元年（1107）八月制定的外路州军居养院、安济坊各置军典一名的规定，改为按照崇宁四年（1105）的规定，居养、安济共置一名，而且旧的酬赏规定也取消⑤。十月，又将大观元年三月制定的"居养鳏寡孤独之人，其老者并年五十以上许行收养"的规定废止，按照元丰、政和令，"诸男女年六十为老"⑥。宣和六年（1124）十二月以后，蔡京落致仕。宣和七年（1125）四月十一日，尚书省言："冬寒，倒卧人更不收养。乞丐人倒卧街衢，辇穀之下，千

---

① 《宋会要辑稿》食货六〇之五。
② 《宋会要辑稿》食货六〇之七。
③ 《宋会要辑稿》食货六〇之七。
④ 《宋会要辑稿》食货六〇之七。
⑤ 《宋会要辑稿》食货六〇之七。
⑥ 《宋会要辑稿》食货六〇之七。

目所视，人所嗟恻。圣明在上，深所仁悯，立居养以救其困。所费至微，而惠泽至深，合行修复。"从之①。如果我们将上述政策的出台和蔡京的政治生涯联系起来，则可清晰地看到，这些政策的变化均与其在位与否密切相关。关于这一现象，金中枢先生在其《宋代几种社会福利制度——居养院、安济坊、漏泽园》②一文中有详细阐述。

宋徽宗时期，蔡京推行的居养院、安济坊和漏泽园制度无疑是中国历史上空前的社会救助制度。正是蔡京将社会救助活动规模化、制度化了。《老学庵笔记》卷二载："崇宁间初兴学校，州郡建学，聚学粮，日不暇给。士人入辟雍，皆给券，一日不可缓，缓则谓之害学政，议罚不少贷。已而置居养院、安济坊、漏泽园，所费尤大。朝廷课以为殿最，往往竭州郡之力，仅能枝梧。谚曰：'不养健儿，却养乞儿。不管活人，只管死尸。'盖军粮乏，民力穷，皆不问，若安济等有不及，则被罪也。其后少缓……"③这条资料反映出，虽然在制度的推行中有这样那样的弊端，但其意义不可抹杀。正是蔡京强有力的推动才有了其制度的快速向前发展。而且，就其存在的弊端而言，也绝非蔡京一人所为和所能为。下面这段资料也从另一角度让我们看到了蔡京推行上述制度的意义和成效，以及蔡京应该承担的责任。"徽宗召天下道术之士，海陵徐神翁亦至。神翁好写字与人，多验。蔡京得'东明'二字，皆谓东明乃向日之方，可卜富贵未艾。后京贬死潭州城南五里外东明寺，比之六贼，独免诛戮。或谓以其当轴时，建居养、安济、漏泽，贫有养，病有医，死有葬，阴德及物所致。其然乎？当是时，有司观望，奉行失当，于居养、安济，皆给衣被器用，专雇乳母及女使之类，资给过厚，常平所入，殆不能支，致侵扰行户。宣和初，复诏裁立中制，未几遂废。"④

---

① 《宋会要辑稿》食货六〇之七。
② 见《宋史研究集》第十八辑，"国立"编译馆1988年版，第171—186页。
③ 陆游撰，李剑雄、刘德权点校：《老学庵笔记》卷二，中华书局1979年版，第27页。
④ 周辉撰，刘永翔校注：《清波杂志校注》卷二，中华书局1994年版，第74—75页。

三、南宋时期社会救济机构的发展

(一) 南宋初期零星的社会救济机构

北宋末年,居养院、安济坊、漏泽园制度遭到一定程度的破坏。南宋初年,金戈铁马,政局动荡。宋高宗自顾不暇,不可能有精力和财力推行社会救助制度。"高宗南渡,民之从者如归市。既为之衣食以振其饥寒,又为之医药以救其疾病;其有陨于戈甲、毙于道路者,则给度牒瘗埋之。若丐者育之于居养院;其病也,疗之于安济坊;其死也,葬之于漏泽园,岁以为常。"① 这一叙述明显有美化宋高宗的意思,而下面的叙述则较真实。"绍兴以来,岁有水旱,发常平义仓,或济或粜或贷,如恐不及。然当艰难之际,兵食方急,储蓄有限,而振给无穷,复以爵赏诱富人相与补助,亦权宜不得已之策也。"② 所以,南宋社会救济制度的发展是需要一段时间的。不过,南宋初年,零星的救济活动还是开展着,救济机构也在建立着。列举如下:

高宗建炎元年(1127)六月十三日,诏:"京师物价未平,致鳏寡孤独不能自存之人艰食,除开封府依法居养外,令留守司检察如法居养。如钱物不足,具合用数申留守司支降。"③

建炎四年(1130)十月三日,高宗下诏对各地流移到行在的老弱之人,支给米、钱赈济,死亡者委诸寺僧行收瘗,计数给赐度牒。

绍兴元年(1131)十二月十四日,通判绍兴府朱璞言:"绍兴府街市乞丐稍多,被旨令依去年例日下赈济。今乞委都监抄札五厢界应管无依倚流移病患之人,发入养济院,仍差本府医官二名看治,童行二名煎煮汤药,照管粥食。将病患人拘籍,累及一千人以上,至来年三月一日,死不及二分,给度牒一道;及五百人以上,死不及二分,支钱五十贯以上;二百人以上,死不及二分,支钱二十贯。并令童行分给所有医官医治。遇病患人痊愈,分数

---

① 《宋史》卷一七八《食货志上六》,第 4340 页。
② 《宋史》卷一七八《食货志上六》,第 4340 页。
③ 《宋会要辑稿》食货六〇之七至八。

比类支给。若满一千人，死不及一分，特与惟恩。如有死亡之人，欲依去年例，委会稽、山阴县尉，各于城外踏逐空闲官地埋葬。仍委踏逐官点检，无令暴露。其养济院及外处方到未曾入院病患死亡之人，去年召到僧宗华收敛，雇人抬舁出城掩瘗。令县尉监视，置历拘籍，每及百人，次第保明，申朝廷给降度牒。"诏每掩瘗及二百人，与给度牒一道。余依所乞①。

绍兴二年（1132）正月二十四日，都省言："昨驻跸绍兴府，每遇冬寒，例行赈救。今移跸临安府，春初偶雨雪频并，并街市不无寒饿之人，窃虑枉有死损。"诏临安府委两通判并都监分头措置应干事件，并依绍兴府已得指挥施行②。三月二十六日中书门下省言：临安府赈养乞丐人，三月一日已行放散，各无归所。诏临安府更赈养一月，候麦熟取旨罢③。闰四月三日，临安府言：被旨，乞丐人更赈养一月，合至四月二十九日满。诏更展一月④。

绍兴三年（1133）正月二十六日，诏令临安府两通判体认朝廷惠养之意，行下诸厢地分都监，将街市冻馁乞丐之人尽行依法收养。仍仰两通判常切躬亲照管，毋致少有死损。如稍有灭裂，所委官取旨，重作施行。仍日具收养人数以闻⑤。

绍兴四年（1134）二月十九日，尚书省言："养济乞丐，自来系遇冬寒收养，至春暖放散。即无立定放散月日，诏令本府约度日限以闻，本府乞欲支散至二月终住支。"从之⑥。十月二十八日，临安府言："昨来已蒙朝廷依绍兴府已得指挥，于户部支降钱米，令本府置院赈养乞丐之人。续蒙朝廷依常平乞丐法，每人日支米一升，小儿减半，今来合依例赈给。"诏依年例养济，仍日具人数以闻⑦。

绍兴六年（1136）十一月二日，诏令临安府，自今月十一日为始，依年例养济施行（其后每岁降诏并同此劄）。二十二日，诏：天气寒凛，令平江

---

① 《宋会要辑稿》食货六〇之八；食货六八之一三八。
② 《宋会要辑稿》食货六〇之八；食货六八之一三八。
③ 《宋会要辑稿》食货六〇之八；食货六八之一三八至一三九。
④ 《宋会要辑稿》食货六〇之八；食货六八之一三九。
⑤ 《宋会要辑稿》食货六〇之八；食货六八之一三九。
⑥ 《宋会要辑稿》食货六〇之八；食货六八之一三九。
⑦ 《宋会要辑稿》食货六〇之八；食货六八之一三九。

府子细抄劄，乞丐依临安府已降指挥赈济①。

绍兴七年（1137）闰十月十九日，诏：天气寒凛，贫民乞丐令建康疾速踏遂舍屋，于户部支拨钱米，依临安府例支散。候就绪日，申取朝廷指挥为始收养②。

从上可知，至少在绍兴八年（1138）前，南宋对贫弱无靠、鳏寡孤独的救助更多地局限于绍兴府、临安府、平江府、建康府等主要城市。

随着南宋统治的稳固，社会救济制度也日渐正规，全国范围的救助点和救济机构建立了。绍兴十三年（1143）九月十五日，高宗曰："诸处有癃老废疾之人，可依临安府例，令官司养济，此穷民之无告者，王政之所先也。"③十月十四日，因有臣僚请求行下临安府、钱塘、仁和县，踏逐近城寺院，充安济坊。遇有无依倚病人，令本坊量支钱米养济，轮差医人一名，专切看治，所用汤药，太医熟药局关请。或有死亡，送旧漏泽园埋殡。于是，户部言："今欲乞行下临安府，并诸路常平司，仰常切检察所部州县，遵依见行条令，将城内外老疾贫乏不能自存及乞丐之人，依条养济，每有病人，给药医治。如奉行灭裂违例，即仰按治，依条施行。"从之④。十一月八日，南郊赦：老疾贫乏不能自存及乞丐之人，依法籍定姓名，自十一月一日起支米豆养济，至次年三月终。病者给药医治。访闻州县视为文具，不曾留意，监司亦不检察，致多失所，甚非惠养宽恤之意。仰提举司及州县当职官，遵依条法指挥，多方存恤养济，其有病患，亦仰如法医治，不得灭裂⑤。此后，高宗在位期间，又多次发布类似的赦令⑥。

绍兴十四年（1144）十二月己卯，命诸郡收养老疾贫乏之民，复置漏泽园，葬死而无归者⑦。十二日，宰执百僚贺雪，高宗宣谕曰："天下穷民，宜加养济。……令诸路常平官严切约束州县，如法奉行，其所用米斛，并仰于常平诸色米内前期取拨桩备，依时给散，务要实及贫乏，毋令少有失所。仍

---

① 《宋会要辑稿》食货六〇之八；食货六八之一三九。
② 《宋会要辑稿》食货六〇之八至九；食货六八之一三九。
③ 《宋会要辑稿》食货六〇之九；食货六八之一三九。
④ 《宋会要辑稿》食货六〇之九；食货六八之一四〇。
⑤ 《宋会要辑稿》食货六〇之九；食货六八之一四〇。
⑥ 《宋会要辑稿》食货六〇之九。
⑦ 《宋史》卷三〇《高宗本纪》，第562页。

令逐路监司同共觉察。"① 绍兴十五年（1145）十一月，户部员外郎边知白上奏，论钱塘、仁和二县养济院苟简灭裂，乞申严行下②。绍兴十六年（1146）十一月，高宗诏复先朝居养院、安济坊、漏泽园等制③。

绍兴十四年（1144）十二月三日，针对旧有漏泽园被侵占的事实，户部员外郎边知白请求朝廷下令收回。边知白言："伏观陛下惠恤穷民，院有养济，给药，惟恐失所，岁所存活，不可数计。独死者未有所处，往往散瘗道侧，实为可悯。居养、漏泽，盖先朝之仁政也，后来漏泽园地多为豪猾请佃。不惟已死者衔发掘之悲，而后死者失掩埋之所。欲乞首自临安府及诸郡，凡漏泽及园悉使收还，以葬死而无归者。……"④ 高宗诏令临安府先次措置，申尚书省行下，诸路州军一体施行。十三日，临安府言欲下钱塘、仁和县，拘收官私见占佃元旧漏泽园，"每处选募僧人二名，主管收拾埋瘗。及二百人，核实申朝廷，支降紫衣一道，逐处月支常平钱五贯、米一硕赡给僧人，委逐县知、佐检察，不得因缘科率骚扰"。高宗诏令诸路州军仿临安府已行事理一体措置施行，仍令常平司检察⑤。但直到绍兴十六年（1146），漏泽园制度并不完善。十一月五日，高宗宣谕辅臣曰："居养、安济、漏泽，先帝之仁政，居养、安济已行之矣，惟漏泽未曾措置，宜令条具添入。"十日，南郊赦："贫乏乞丐已约束，如法养济，其死而无归者，旧法置漏泽园藏瘗，已指挥令诸州依仿临安府措置，访闻尚有未就绪去处，可令诸路常平司疾速检举措置施行，无致暴露。"⑥ 地方郡县有些官吏对漏泽园制度的推行并不热心，户部为此不得不申严条法。绍兴十八年（1148）八月十九日，臣僚言：郡县立漏泽园以惠天下，死亡者各得其所，州县奉行灭裂，所属监司全不检举。……户部言：……今乞下诸路常平司检照见行条法指挥，下所属州县遵守施行。若有违戾去处，按治，依法施行。从之⑦。

---

① 《宋会要辑稿》食货六〇之九。
② 《建炎以来系年要录》卷一五四"绍兴十五年十一月丁未"条，影印文渊阁四库全书，第 327 册第 153 页。
③ 刘时举：《续宋编年资治通鉴》卷六"绍兴十六年十一月癸酉"条。
④ 《宋会要辑稿》食货六〇之九。
⑤ 《宋会要辑稿》食货六〇之九。
⑥ 《宋会要辑稿》食货六〇之一〇。
⑦ 《宋会要辑稿》食货六〇之一〇。

南宋的社会救助制度建立以后，同样面临如何持久下去、如何消除弊端的问题。绍兴十六年（1146）十二月十四日，给事中段拂言："望申饬有司，讲明居养、安济、漏泽之政，酌中措置，令可久行，务使实惠均被远迩。"①十九年（1149）十一月二十八日，权发遣秀州郭瑊言，在救济困穷的过程中，州县守令不能遵承圣训，以广实惠，致使有些人贪心救济钱财，巧为舞弊。"然往往有充作饥贫，巧为计嘱，得以与籍，而困穷无告，却或弃遗。望申严守令，究心检察，庶几惠及鳏寡，且无虚费。"诏令户部检坐见行条法，申严行下②。一些官员的不负责任为其他人从中牟利提供了便利，损害了贫民的利益。绍兴二十七年（1157）九月二十九日，提举两浙西路常平茶盐公事朱倬言：比见郡县之间，自冬继春，所给乞丐钱米，例皆付之胥吏，遂使狡猾者数口之家皆预支请，而贫窭无以自存者及见弃遗。请求"每岁抄劄，委州县长吏令在郡邑者责之社甲首、副，在村落者责之保正、副长，结罪保明，使无遗滥"③。十月十八日，高宗针对救助过程中，救助钱粮被侵占的现象，宣谕辅臣曰："近日理会支乞丐人钱米，第所用钱米数目不少，闻官司不留意，多被胥吏辈冒名支请，真实乞丐人未必皆得。又诸路州郡支常平米赈济，往往止及城下，其外县乡村亦皆不及，甚非发政施仁之道。可与措置，革去奸弊，务要实惠及民。"④

如北宋一样，常平司仍然是负责社会救济的最主要部门。偶尔在无常平钱米的情况下，为了保障救济，可另行支拨救济经费。如绍兴十五年（1145）闰十一月六日，户部言：京西常平司开具诸州军府已拘收措置修盖到漏泽园地段，及召募僧人，每月支破常平钱米管看，内有随州信阳军并无常平钱米支给。请求下京西常平司，如委有见阙常平钱米去处，于系省钱米内支拨应副施行。从之⑤。

---

① 《宋会要辑稿》食货六〇之一〇。
② 《宋会要辑稿》食货六〇之一〇；食货六八之一四三。
③ 《宋会要辑稿》食货六八之一四四。
④ 《宋会要辑稿》食货六〇之一一；食货六八之一四四至一四五。
⑤ 《宋会要辑稿》食货六〇之一〇。

(二) 南宋社会救济制度走向成熟

南宋时期，官府所办的社会救助机构的名称更多，居养院、安济坊、漏泽园以外，还有养济院、实济院、安养院、广惠院、利济院、安乐庐等等。许多救助机构制定了更为细致的规约，以便救助活动能长期展开。救助机构章程的完善，是社会救济制度走向成熟的表现之一。

庆元府广惠院：庆元府原有养济院一区，矮屋三数间，后废为马厩，名实俱亡。宝祐四年（1156），吴潜判庆元军府事。宝祐五年（1257）正月，于府治明州"并省酒务，得弊屋一区，亟加缮葺，且增创新楹，合前后共一百五间"，建立了广惠院。"聚城内外鳏寡孤独、喑聋跛躄之将沟壑者使居焉。"以三百人为额，大口月给米六斗、钱十千，中口四斗、七千，小口三斗、五千。所费皆不取于郡之经常，庶几其可以久也①。由于淳祐（1241—1252）初，柄国者立为厉禁，"常平义廪之储有司不得擅发"②。所以广惠院"仍拨田亩，以充养赡"。其管理是"专委官提督"，"每五十人置一甲头，且以三百人为率，总为六甲。专募一行者，以供洒扫之职，仍总以六甲之权"③。

广惠院对养济者的入院条件、钱粮支给、院内管理等作了明确规定。规式如下：一、凡有艺业，自能手趁，曾经过犯不律之人，并不许存留，如觉察得知，一例坐罪；一、或有不思冻馁之无归，一时饱暖，恃长凌幼，恃强凌弱，搅众败群者，仰管院行者指名从公申举，轻则从提督官戒约，重则解府逐出，永不存留；一、每一大口，月给米六斗、钱一十贯，一小口五岁以上月给米三斗、钱五贯，十岁以上月给米四斗、钱七贯，十五岁以上从大口给；一、每甲择稍强壮者充火头，量增日给，如或偷窃减剋，即时申举，从提督官解府断逐，仰甲头、行者严行监董；一、监董行者能自勤谨，仰提督官会计度牒之直，以三年为限，每月于见管钱内，令（另）项拨桩若干，待及三年，收买度牒，付其披剃，披剃后愿留则留，不愿留则别踏逐人管干，

---

① 《开庆四明续志》卷四《广惠院记》，《宋元方志丛刊》，第 5971 页。
② 《开庆四明续志》卷四《广惠院记》，《宋元方志丛刊》，第 5971 页。
③ 《开庆四明续志》卷四《广惠院记》，《宋元方志丛刊》，第 5972 页。

所有度牒钱亦照前例拨桩,庶可责其公心干置;一、甲头责其钤束火头,责其造办饭食,于日给之外,每名贴支钱五百文;一、所给之钱,专充收买薪菜盐酱之属,冬月不许各人偷爬炭火有妨造办,每日酉牌打灭厨下火种,不许存留引惹风烛;一、粪土仰甲头五日一次出卖,候卖到钱均给诸房油火,有余则桩积一处,逐旋收买布草,夏则造为罩子,冬则添买绵絮,造为布被,或买纸被,计口分给。其有故不爱惜、争夺损坏者,量拘日给之钱修整;一、管院行者,月支食米一石,盐菜钱十五贯文①。

建康府作为南宋的留都,其城内前后建立的救助机构比较多。

养济院:"养济院在宋兴寺,嘉定五年黄公度创,今为居养院。"② 按照黄度的叙述,府城旧有养济院,前守臣钱良臣始为之,规模不大,收养不多。黄度"遂于城南、北创两养济院,为屋舍百间,每院各度一僧掌之,所养贫民以五百人为额,春夏则稍汰去。每岁用米一千五百斛,其千斛取办于常平,五百斛从府仓耗米挪拨,费钱二千缗,则取诸安抚司惠民药局息钱。出纳稽核,选僚吏以董之。又得废寺曰宋兴,择僧住持总督其事,取民产之没于官者,为田五百九十亩,山地等五百十有九亩以供亿。僧徒又捐千缗,就寺置质库,计其所赢,每三岁买祠牒,度营干有劳行者一人为僧,嗣掌两院事务。凡穷民寒则为之衣,病则予之药,殁则为之葬埋,条画区处,粗为周悉"③。宝祐五年(1257),马光祖增葺居养院,"备其器用,优其衣食,广其收养"④。

安乐庐:二所,皆马光祖所立。一在北门高阳楼侧,宝祐四年(1256)所创也;一在御街西、醋库后,开庆元年(1259)所迁也。马光祖守当涂日,仿照真德秀在潭州所行,创建安乐庐,主要收留救治过往行旅及军队病囚。其建康府北门安乐庐"择僧看守,命医诊视,钱粮成料给之仓库,汤药随证取之官局,床榻器具一一齐备,庖湢沐浴各有其所,高明整洁,务使至者如归"⑤。规式如后:一、军民在路遇疾,往往客店户恶其扰人,又虑传

---

① 《开庆四明续志》卷四《广惠院记》,《宋元方志丛刊》,第5972页。
② 《景定建康志》卷二三《庐院》,《宋元方志丛刊》,第1702页。
③ 《景定建康志》卷二三《庐院》,《宋元方志丛刊》,第1702—1703页。
④ 《景定建康志》卷二三《庐院》,《宋元方志丛刊》,第1703页。
⑤ 《景定建康志》卷二三《庐院》,《宋元方志丛刊》,第1703页。

染，多是不肯安着。本府已告示城内外客店户并军巡地方，遇有经过人病患，仰即时具状，经提督官随即押下，差医人诊视给药医治。一、诸司及邻郡传送到过军等应有不测病患，仰防押人即时具状，经提督厅押下医治，仍仰元押人同共看视监管。一、两狱或有罪因不测病患，亦仰推狱具申本府取判押下医治，仍责本牢狱子同共看视监管。一、病人入庐，即时差当月医官诊视脉息证候，其合用药饵，经提督厅点对批历，赴安抚司药局支请，责付医人并看守僧如法煎煮服饵。一、病人入庐，合用粥米，已置历成料关请，每病人一名日支白米一升、柴炭钱三百，按日支给。若病重不食者，仰分明闻凿；其病愈能食之人，请提督官契勘量添半升，勿令失饱伤饱反致成疾。其专典等人减剋作弊，全在提督官觉察。钱米料尽，接续申关。病愈之人无力可归者，计其远近量给钱米，津送出庐。一、病人入庐，应有随身行李什物，仰专典即时对众上簿收寄，令病人押字，候痊可出庐日，照数给还取领。一、病民有疾势危笃及病证奇异，非见成圆散可以治疗者，仰医人审细处方，别收买药材修合，其当月医人不能办者，提督官申来，或唤上全行，或请名医同共诊视。一、病人在庐，仰看守僧加意监督火头煎药煮粥，粥不许冷，药不许生。本府不测差人点撞，如不留意，并加责罚。一、病人或有瘫癞、疮疡、恶疾、臭秽不堪亲近之人，却不许入东西两厢，合移入别房医治。一、安乐庐在城北门内高阳楼街，坐落东南路，自五龙真圣庙街入西北路，自笪桥一直取高阳楼街入。一、安乐庐屋共用过钱六万一千一百三十一贯一百九十五文，米三十一石七斗二升五合①。因为北门高阳楼侧安乐庐比较偏僻，开庆元年（1259），马光祖又在御街西、醋库后建另一安乐庐，规模更大，设施更为完备，旧庐与之并存，各取其便。

慈幼庄：在阜桥。嘉定十年（1217），江东转运司真德秀创置，马光祖增添月给。嘉定十年（1217）二月，真德秀奏："在法，诸灾伤遗弃小儿，官司给钱雇人乳养，以卖户绝田宅钱充，而措置一事合隶常平，今江东提举司与建康隔远，奉行难于遍及，申请待报，必是稽违，恐失朝廷幼幼之意。"请求"将本司拘到诸州县没官田产措置，召人租佃，立为一庄，专以慈幼为名，计其岁入委官掌管，月支钱米，雇人乳养。凡有遗弃小儿，即时责邻保

---

① 《景定建康志》卷二三《庐院》，《宋元方志丛刊》，第1703—1704页。

勘会，见得遗弃分明，再行委官审实附籍，给历头与收养之家，每月支钱壹贯文、米陆斗，至五岁止；其无人收养者，所属官司召募有乳妇人寄养，月给一同，至七岁止；其欲以为己子或有人转觅者听从其便，仍从官司给据。其抱养之初，襁褓未备，则以钱两贯文给之。其病患者听自陈，给与药费，死亡者支钱一贯文，即时除籍。或丰年遗弃稀少，支用有余，则储蓄以备荒岁赈给"。为了防止慈幼庄田产"日后官吏或移为他用"，真德秀将江东转运司见管没官田产开具详细明细，并且"乞札下本司照会，容勒碑纪载，永永遵守"。朝廷同意了真德秀的请求，并且规定了具体的实施办法和支付幼儿费用的数目①。

实济院：隶转运司。宝祐六年（1258）二月江南东路计度转运副使余晦创建。"收养无告之民，以一百名为额，每名月支米六斗，盐菜钱一十五贯文，柴钱五贯文，按旬给散。且委通直郎、本司主管文字洪穟专提其纲，受给抱关皆分兵吏职之。一岁通计米七百五十硕，钱二万五千贯文十七界。"其经费来源有二，一为赈惠解库之利息钱，一为运司辖下芜湖县寄纳仓耗剩米②。

其他从略。

南宋社会救济制度走向成熟的另一标志就是除了常平司承担社会救助的主要任务以外，转运司及个人也更多地承担起了社会救助的责任。这点在后面将会述及。

（三）制约南宋社会救济制度发展的因素

高宗绍兴年间建立起来的社会救助机构，受各种因素影响，其发展并非持久，而是时有破坏、中断、恢复。如嘉泰三年（1203）十一月庚寅，复置福田居养院，命诸路提举常平司主之③。其制约因素大致有经费和人事两个主要方面。如黄度在创建建康府养济院以后，就担心"其时改岁，迁来者不继，则所拨钱米或遂中辍，所置屋庐渐至颓毁"，请求圣旨"行下建康府及

---

① 《景定建康志》卷二三《庐院》，《宋元方志丛刊》，第1705—1706页。
② 《景定建康志》卷二三《庐院》，《宋元方志丛刊》，第1706页。
③ 《宋史》卷三八《宁宗本纪》，第735页。《续宋编年资治通鉴》卷一三载：嘉泰三年十一月"庚寅，复置福田居养院"。

江东安抚、常平司，常切遵守，所给钱米，每岁照数取拨，毋得辄废，庶几德泽深长，与国同久"。并且特别强调了养济院的经费来源并无不当。"贴黄：常平米系每岁给养孤老米内分拨，药息钱系药局收到，即非解发官司等处钱，柴芦于建康府公使库岁计柴内支取，并无侵公私去处。"①

第一，经费。巧妇难为无米之炊。社会救济机构的建立和维持，需要经费的支持。刘宰《真州居养院记》叙述了真州旧居养院毁于火以后，提举常平官汪梓和真州司法刘宰前后恢复之不易。记曰："居养院以处老疾无告者，其来远矣。真之旧址在宁江门之西百步。火于淳熙间，因废不治。地近阛阓，有力者请于官，转为民居。庆元初，朝请大夫汪公梓提举常平，踵故事，下州择废地，得故盐仓基之西北隅，编茅织苇，架以散材，为屋十有六间。茅苇经岁辄坏，岁支常平钱葺治，不满三十缗，而乾没者过半，敝漏库湿，壮者强者居之，惧不免死，谓老疾何！某备数法掾之明年，道过之，归而惕然曰：'常平非吾可专，而出纳吾事也，可置弗问？'会计使与总饷者互委籴事，得市例余资二百五十六缗，欲撤而新之，顾资少不给用。时省郎韩公挺适自提举常平来领漕事，亟以白之。公曰：'某志也。'即给以木大小百有九十，又以请于通判、主管常平事郑公炤，公亦忻然助之，得钱百三十缗有奇。经始于庆元六年二月朔，鸠工于附月之望。屋之数不加其旧，而广高倍之。屋西视三隅特隘，以时直给其地之主，辟地可五尺，而四围翼然缭以周墙余四十丈。工以数计凡六百二十有一，工役之庸、砖瓦竹木之直，视公家所给，悉增三之一。门之东西为屋各二，翼以二厦。其西择老成道民居之，使时其启闭，以令阍者。东为阍者之居，又东为厨，而井在焉。分两庑为八，以便其私。合中堂为一，以处义聚者。窗户床笫各称其所。其事略已备矣，然犹有憾焉。曰居曰养，非可偏废。今居之有其地矣，养之者可无其资欤？尝营其资矣而卒弗遂。……"②真州居养院经过刘宰的努力，是建立起来了，但其经费相当短缺，如果没有其他渠道筹措经费，这样的居养院是难以支撑长久的。即便起初经费充足，若没有严格管理，仍然会被侵吞挪用。《宋史》卷三九二载，赵汝愚长子赵崇宪，提举江西常平兼权隆兴府及

---

① 《景定建康志》卷二三《庐院》，《宋元方志丛刊》，第1703页。
② 刘宰：《漫塘文集》卷二〇《真州居养院记》，《宋集珍本丛刊》，第72册第333页。

帅漕司事，迁转运判官仍兼帅事。"初，汝愚捐私钱百余万创养济院，俾四方宾旅之疾病者得药与食，岁久浸移为它用。崇宪至，寻修复，立规约数十条，以愈疾之多寡为赏罚。弃儿于道者，亦收鞠之。"① 但到赵汝愚之孙赵必愿绍定六年（1233）知台州时，这里的养济院已几经兴废，名存实亡。于是在旧址又重新创建养济院②。

  第二，人事。社会救济机构的建立，毕竟是人的活动，所以，除了政府的政策以外，相关官吏的态度和思想认识对于机构的建立和健康发展至关重要。吉水县居养院的建立就体现了这一点。程珌记叙了其舅父之次子黄闶创建此院之经过。"闶为吉水丞，一日书来告，曰：庐陵八邑，其七皆有居养院，吉水独无之。凡鳏寡孤独者、老者、疾者，率棲寄浮屠氏，结草为庐，风日不蔽，且浮屠氏亦厌苦之，相与请于闶。闶葺常平廪，偶有羡材，又有屋之籍于官者，亟白之令。令黄君闻而乐之，共白于常平使者。乃度地于县之（南），为屋十楹，日赡二十人，而使者又岁给常平五十斛，以备溢额之病而无归者，别为屋以居之，名安乐院。自是生有以养，疾有以药，没有以藏矣。愿有以记之。"黄闶的积极态度和县令、常平使者的支持促成了居养院的创建。但能否持久，则取决于继任者的态度。程珌对此有些担心，他深有感触地说："顾予每见州县间惠利之事，不难于为，而难于久。往往为者代去，来者不享，则一切影灭矣。不特居养一事而已也。"③ 谯令宪，字景源，也是一位热心社会救助活动的官员。宁宗时，其知江州，真德秀述其事迹曰："居养院久圮，公命徙置城北，一新之。嫠妇、孤儿别为屋以处，括绝产置僦舍，敛其租入以给之。寒而薪，死而箕，皆定条画，为久远计，故其法迄今不废。"④ 黄䇓，字子耕，隆兴分宁人。知台州时，在州府临海"为济粜仓，为抵当库，葬民之栖寄暴露者为棺千五百。置养济院，又创安济坊以居病囚，皆自有子本钱，使不废。故叶适谓䇓条目建置，忧民如家"⑤。

---

① 《宋史》卷三九二《赵汝愚传附子崇宪》，第11992页。
② 赵必愿：《养济院创置修复本末序》，见林表民编《赤城集》卷一八，影印文渊阁四库全书本，第1356册第773—774页。
③ 程珌：《程端明公洺水集》卷一一《吉水县创建居养院记》，《宋集珍本丛刊》，第71册第98页。
④ 真德秀：《西山先生真文忠公文集》卷四四《谯殿撰墓志铭》，《宋集珍本丛刊》，第76册第484页。
⑤ 《宋史》卷四二三《黄䇓传》，第12643页。

《赤城志》详细记载了黄䓹创建养济院等的情况。

养济院，在中津桥南，旧在资圣寺下，嘉定四年（1211）黄守䓹徙今地。内有坊二：曰安老、慈幼，屋总二十楹。䓹尝以钱置官民田一十二顷有奇，地山园一顷一十六亩有奇。岁可得谷一千七百石有奇，钱七十九贯有奇。又岁以千缗给他费，度可赡百口。废疾者纵不入，亦量给之，日用什物各有差，提督官吏、典直卒及医职，皆具尝自为之记，且请于朝，如济粜仓法云。

安济坊，在司理院后。嘉定四年黄守䓹建。先是病囚无所栖，止散之城楼、祠宇、若僧庐三门，数有死者，黄乃为此以处之。卧坐百用皆具。监临、典直以下一如养济法。米盐药饵，取之赃罚钱。冬给衾与薪炭。

漏泽园，在城东法安院侧。初奉旨建，嘉定四年（1211）黄守䓹重新之①。

上面提到的黄阅、谯令宪、黄䓹等人，在任职期间，能够究心于百姓疾苦，多方筹集经费，建立救助机构，对于南宋社会救济制度的发展无疑起到了积极的推动作用。

（四）南宋私人资助对社会救济制度的推动

在对贫弱鳏寡开展的救助活动中，政府无疑扮演着重要和主导的角色。然而，私人出资捐助，参与对贫弱人群的救济，是对政府救济活动的辅助，一定程度上可以推动政府社会救济活动的向前发展，尤其是私人在救济活动中对救济经费的使用和管理，对政府来说，有一定的借鉴意义。淳熙十年（1183）三月甲戌，宣教郎、直徽猷阁、主管台州崇道观朱熹所作《江西运司养济院记》记载了江南西路转运司养济院的创建、发展概况。该养济院在隆兴府（南昌）城东崇和门内，"转运副使吴郡钱公某之所为，而判官嘉禾丘公□、毗陵尤公袤之所徙也"②。它的创立主要是为了救治往来豫章的四

---

① 陈耆卿：《嘉定赤城志》卷五，《宋元方志丛刊》第7320页。
② 朱熹：《晦庵先生文集》卷七九《江西运司养济院记》，《宋集珍本丛刊》，第59册第24页。

方宾旅。其创建经过是：乾道九年（1173），转运副使吴兴人芮辉（一作"烨"）① 离任之日留私钱百万，以诿后人，"称贷贸易，收其赢以市药物，给病者"。淳熙五年（1178），转运判官开封人赵汝愚"复以私钱百四十万买田东关罗舍，病者又得以食"。淳熙七年（1180），钱佃任转运副使，通过与时已任吏部侍郎的芮辉和赵汝愚的协商，创立了养济院。钱佃"请所留钱益以己资百三十万买田长定，而又创为此院延庆、崇和两门之外，使病者有以居焉"。"诊治有工，药石有剂，其不可疗者亦予椟楼以葬。职掌之人皆赋以禄，俾供厥事。又专属僚吏以时行视而课督之。"②"盖三公所捐，皆四方之聘币不以入于家者，合之为钱三百七十万，所买三墅为田千有一百十一亩，岁入租为谷九百八十二斛有奇。其详则书之牍，藏之有司。而院之戒令、纠禁亦书而揭之堂上。"钱佃又将此事上报朝廷，"诏下施行如章"③。钱佃离任后，丘公某、尤袤二公踵至，对钱佃所为感叹不已，"然犹以院在门关之外，惧夫病者之有所不便医药也，乃相门内，得故归德佛舍之废址而迁焉。凡增屋十有八间，并得故僧田十顷，又市钟陵、灌城两墅之田七十亩，岁收谷三百余斛，钱五万有奇，以充入之。盖自是以来，病而无归者多赖以全

---

① 关于此人为芮辉还是芮烨，记载有异。李心传撰，徐规点校《建炎以来朝野杂记》甲集卷一七《公使库》载："时芮国器侍郎、赵子直丞相相继为江西漕，凡四方之聘币，皆不入于家，斥其资置养济院于南昌，以养贫者。"中华书局 2000 年版，第 395 页。按照《宋会要辑稿》食货五八之一五记载，当为芮辉（字国瑞）。芮辉为芮烨弟，兄弟二人同登绍兴十八年（1148）进士第。芮烨字仲蒙，一字国器。按照周必大所作《祭芮国器祭酒文》，可知芮烨（国器）去世于乾道八年（1172），而据其所作《祭芮国瑞尚书文》，知芮辉（国瑞）去世于淳熙九年（1182）。见《周益公文集》卷三八，《宋集珍本丛刊》第 49 册。《吴兴备志》卷一一引《吴郡志·南昌府志》载：芮辉字国瑞，乾道中提举浙西常平，除江西运判。影印文渊阁四库全书本，第 494 册第 394 页。《吴郡志》卷七载：芮辉乾道六年（1170）八月除江西运判。《宋元方志丛刊》，第 744 页。陆心源辑撰《宋史翼》卷一三载：芮辉"乾道初提举浙西常平，六年转江西转运判官。……辉抵任，却四方聘币，斥其资置南昌养济院，以恤贫者。以廉节称。淳熙二年以朝散大夫提刑浙东，四年以职事修举除直显谟阁，召为秘书少监，五年为国子祭酒兼国史院编修，俄以吏部侍郎同修国史。……累官兵部尚书"。中华书局1991 年版，第 138—139 页。
② 《晦庵先生文集》卷七九《江西运司养济院记》，《宋集珍本丛刊》，第 59 册第 24 页。
③ 《晦庵先生文集》卷七九《江西运司养济院记》，《宋集珍本丛刊》，第 59 册第 24 页。《宋会要辑稿》食货五八之一五至一六载：淳熙九年（1182）"十二月十二日，新知婺州钱佃言：'臣前知隆兴府，于城外置养济院一所，收养贫病无依之人。先是，漕臣芮辉以俸钱千缗，合药以济病者，赵汝愚以俸钱千四百缗，买田以给病者食。臣又益以千缗，增置长定一庄，仍创造屋一区，差人看守。轮遣医工诊视，日给口食资饵，委官提督，首尾九年，如得就绪。恐后来官吏或不究心，便致废坏。乞诏本路漕臣常切提督，所有钱物不许移用。'从之。"

活，不幸死者亦瞑目，而无所憾焉"①。此养济院，前后五人相为终始，历时十年，成之不易。尤为可贵的是，"盖崇宁之制，凡安济坊、漏泽园之政，皆领属常平使者，其有旷阙，非将漕主计者之忧也。今职其事者或不能及，而五君子者，乃能汲汲乎。其职之所不必为，至出义钱以辑成之。虽其先后来去之不齐，而其闵恻之深，计虑之远，泯然若出于一人之心。而手自为之，其制愈修而愈密，其惠益增而益厚"②。可见，只要心系百姓，无论是否职责所当，均可造福人民。芮辉等人，虽为公职人员，但他们捐私俸养济病患、创建养济院，仍可视为私人的救助活动，对于推动南宋政府和民间社会救助活动的发展，均有积极作用。尤其是他们投资捐助养济院以后，所采取的一种市场投资行为，对于壮大养济院的经济实力，以院养院，对以后政府和民间的社会救济活动的开展有借鉴意义。

---

① 《晦庵先生文集》卷七九《江西运司养济院记》，《宋集珍本丛刊》，第59册第24—25页。
② 《晦庵先生文集》卷七九《江西运司养济院记》，《宋集珍本丛刊》，第59册第25页。

第二十三章

宋代政府对疾疫的防治[①]

一、宋代政府对疾疫的认识及态度

疾疫流行带来的社会问题,迫使宋代政府、医学家和官僚士大夫对疫病的成因进行积极的探索,以便为政府治理提供合适的途径和依据。

(一) 宋代政府对疫病病因认识的变化及态度

宋代皇帝、政府、官僚士大夫对疫病的认识及其变化,可以从雍熙元年(984)宋太宗与赵普的一段对话以及宋神宗时期张方平的奏章中看出。

雍熙元年,河东路岚州(今山西岚县)献一角兽,徐铉等以为祥。宋太宗认为:"珍禽奇兽,奚益于事。方内人宁,风俗淳厚,此乃为上瑞耳。"他对宰相赵普说:"今岁西成,四方大稔,人民亦无疾疫,皆上天垂佑所致,当与卿等力行好事,以答天意。"[②] 这是宋代皇帝首次将国家统治与疫病流行联系在一起,反映了宋代皇帝开始用儒家"仁政"思想来认识疾病。端拱元年(988)春正月丙子,宋太宗作《东郊藉田诗》赐近臣,再次表达了宋

[①] 本章编自韩毅先生的博士后研究工作报告《政府治理与医学发展:宋代医学诏令及相关问题研究》第四章,编写时有删节。

[②] 《续资治通鉴长编》卷二五"雍熙元年九月"条,第587页。

代最高统治者关于国家统治与疫病关系的认识。他认为："国之上瑞，惟丰年尔。自累岁登稔，人无疾疫，朕求治虽切，而德化未洽，天贶若是，能无惧乎？"①公开将疫病救治与儒家教化联系在一起。在这种思想的指导下，邢昺于景德二年（1005）明确地将疫病列为宋代四大自然灾害之首。"民之灾患大者有四：一曰疫，二曰旱，三曰水，四曰畜灾。岁必有其一，但或轻或重耳。"②

如果说宋太宗对疫病的认识是从儒家伦理教化的角度来考虑的话，熙宁八年（1075）以后宋代皇帝对疫病的认识则发生了显著的变化，政府直接将疫病与农民暴动紧密地联系在一起。疫病的救治与否，成为维护国家政权稳定的重要标志。熙宁八年三月己亥，宋神宗《赈恤沂州淮阳军御批》清楚地表达了这种思想：

> （熙宁八年三月）己亥，上批："沂州、淮阳军灾伤特甚，百姓不惟阙食，农乏谷种，田事殆废，粮食绝望，纠集为盗，实可矜悯。若不优加赈恤，恐转致连结群党，难于擒捕，陷溺良民，投之死地。可速指挥。"遂诏京东东路转运、提举司发常平钱、省仓米等第散给，及贷以和买绢钱；孤贫户听差待阙得替官就乡村依乞人赈济；道殣无主，官为收瘗之。③

在宋神宗看来，如果对各种灾害包括疫病赈恤不当，必将会引起民众的暴乱。对于统治阶级来说，这是他们最不愿意看到的。

宋代最高统治者认识上的这一转变，在官僚士大夫中也有所反映。熙宁七年（1074），王安石对淳化四年至五年（993—994）发生在川峡地区的王小波、李顺起义的原因给予了新的解释，他认为："王小波自以饥民众，不为官司所恤，遂相聚为盗。而史官乃归咎般取蜀物上供多而致然。不知般取

---

① 《续资治通鉴长编》卷二九"端拱元年春正月丙子"条，第 646 页。
② 《宋史》卷四三一"邢昺传"，第 12799 页。又见《续资治通鉴长编》卷六七"景德四年冬十一月辛巳"条，第 1507 页。
③ 《续资治通鉴长编》卷二六一"熙宁八年三月己亥"条，第 6357 页。

孟氏府库物以上供，于饥民有何利害！"① 认为政府对一切自然灾害包括疾病救济的不当是造成宋初四川地区农民起义的根本原因，将责任归咎于政府。熙宁十年（1077）冬十二月，张方平在给宋神宗的奏折中也提出"且饥疫之后，所在盗贼蜂起"②的主张，将疫病流行与国家政权稳定紧密地联系起来。王安石、张方平的认识和态度，明显地跟此前宋太宗、邢昺的看法不同，他们是将疫病作为重要的政治问题来看待的。元祐元年（1086）春正月庚戌，侍御史刘挚给朝廷的奏章，同样反映了宋统治阶级高层官员对疫病发生后社会问题的担忧：

> 今自去冬以来，都无雨雪，畿甸及京东、西近而易知也，陕西、河北、江、淮之远，有人来者，臣每询访，皆云"大旱"。则被灾之地，可谓广阔，百姓一岁之命，惟赖麦尔，麦不登则民饥，民饥则盗贼必起，又疾疫相承而作，天下之势，诚可大忧，非小小灾异，乃上帝警告以劝圣虑也。③

可见，疫病流行后政府若不及时采取救济措施将引起民变的观点，成为北宋中期以后宋代君臣的普遍看法。

在医学知识方面，宋代政府对疫病病因、病症也积累了一定的经验。如元丰元年（1078）十二月十八日，中书言："奏诏开封府司录司及左右军巡院刑狱皆本府公事，而三司诸寺监等凡有禁系，并送三院，系囚猥多，难以隔讯。又盛暑疾气熏染，多死亡。官司各执所见，吏属苦于咨禀，因缘留滞，动涉岁时，深为未便。"④ 南宋绍兴十二年（1142）五月六日，知大宗正事、权主奉濮安懿王祠事士会言："行在睦亲宅趁赴朝参，南班宗室元系一十七员，今止有一十三员。后来虽申取指挥，令士街等赴行在趁赴朝参。又缘士街等并以病免，今相度，欲乞据见阙员数于绍兴府行司南班宗室内选择循中规矩、别无疾病可以趁朝参之人，具名申取朝廷指挥。仍乞今后遇有行

---

① 《续资治通鉴长编》卷二四九"熙宁七年正月癸亥"条，第6072页。
② 《续资治通鉴长编》卷二八六"熙宁十年冬十二月甲essed"条，第7008页。
③ 《续资治通鉴长编》卷三六四"元祐元年春正月甲辰"条，第8718页。
④ 《宋会要辑稿》职官二四之六，第2895页。

在睦亲宅赴朝之宗室事故，准此施行，庶免逐时紊烦。"宋高宗"从之"①，立即采纳士会有关"别无疾病可以趁朝参之"的建议，防止因病人接触而引发感染。

宋代皇帝和政府官员对疫病的认识主要集中在"既病防染"和"未病先防"方面，尽管表达方式有所不同，但在本质上是相同的，那就是如何通过疫病救治来维护国家政权的稳定，如何通过组织疫病救治减少社会动乱者企图发展宗教组织的机会。为了防止这种局面的发生，宋代政府不得不改变自己的统治方式，而普通民众在付出了无数的生命代价后，也不得不改变自己的生存模式，从而使国家和民众、个人、社会从不同的角度联合应对与预防疫病变为可能。

（二）宋代官修医学著作对疫病病因的解释

宋太宗年间，政府主持修撰的第一部医学方书著作——《太平圣惠方》，开始从气候学、环境地理学的角度对疾病的病因给予了解释。关于霍乱、痢疾，《太平圣惠方》认为是"由人温凉不调，阴阳清浊二气有相干乱，其乱在于肠胃之间"，主要"因过饮食而变发"，"心腹疼痛"、"吐利俱发"、"头热疼痛体疼"是它的最大特点②。关于伤寒病，《太平圣惠方》卷八《伤寒叙论》认为"伤于四时之气，皆能为病"，其根本原因在于"春时应暖而反大寒，夏时应热而反大冷，秋时应凉而反大热，冬时应寒而反大温"和"土地寒热温凉高下不同"所致。伤寒同热病、风温病、阴毒等疾病在特征上有相似之处，因此在治疗时要格外小心，否则"若错医疗，祸如反掌"③。

可见，宋代政府对疫病病因的解释主要集中在"时气说"方面，因而对季节变化与疫病流行的关系给予了详细的探讨。宋徽宗年间，北宋政府颁布"次年运历"和"十二月令"④，用"五运六气"说解释和预防疾病。

---

① 《宋会要辑稿》职官二○之二六，第 2833 页。
② 王怀隐等：《太平圣惠方》卷四七《霍乱论》，人民卫生出版社 1959 年版，第 1432 页。
③ 《太平圣惠方》卷八《伤寒叙论》，第 211 页。
④ 《宋大诏令集》卷一二六至一三三《典礼·明堂》，第 435—470 页。

（三）宋代地方官员和医家对疫病病因的解释

在政府的重视下，一些派到地方的行政官员，对因受瘴气侵袭而导致传染病流行或死亡的情况多有留意和记载。一些官员经过长期的观察，认为瘴气是形成疫病的主要原因，从而形成了宋代医学史上著名的"瘴气说"。如宋神宗年间长期担任地方官的沈括说："漳州界有一水，号乌脚溪，涉者足皆如墨，数十里间水皆不可饮，饮皆病瘴，行人皆载水自随。"① 方勺也记载江南西路虔州（今江西赣州）的瘴疫，是饮水有毒所致，并告诉人们鉴别毒水的方法。《泊宅篇》卷中载："予管勾常平，季点到邑，皆留数日，亦无他苦。大抵此地惟水最毒，常以铜盆贮水，须臾铜色微黑"②，此即为毒水，饮用后将引发瘴疾。

关于南方地区的瘴疫，一些地方官员进行了积极的探索。李璆字西美，开封人，政和年间进士，绍兴四年（1134）以集英殿修撰知吉州（今江西吉安），累迁徽猷阁直学士、四川安抚制置使③。在长期为官的过程中，他经过仔细的观察，认为南方地区瘴疠的发生是地理气候条件所致。在《瘴疟论》中，他指出："炎方土薄，故阳燠之气常泄，濒海地卑，故阳湿之气常盛。而二者相薄，此寒热之疾，所由以作也。"又说："余观岭南瘴疾证候，虽或不一，大抵阴阳各不升降，上热下寒者十盖八九。"在瘴疠的治疗上，他反对用发表药为和下剂，主张用温法，常用生姜附子汤、治瘴七枣汤、附子汤、小柴胡汤，灸中脘、三里、大椎或第五椎，强调用"常山"，"欲除根本，非常山不可也"④。因此，常山、黑漆等药材在宋代常常用来治疗瘴疾。

张致远，福建延平人，宣和三年（1121）进士，除两浙路转运判官，改广南东路转运判官，绍兴五年（1135）以显谟阁待制知台州，著有《瘴疟论》⑤。在该书中，他认为："岭南，地偏而土薄，无寒暑正气。阳常泄，故

---

① 沈括著，胡道静校正：《梦溪笔谈》卷二四《杂志一》，上海古籍出版社1987年版，第777页。
② 方勺撰，许沛藻点校：《泊宅编》卷中，中华书局1997年版，第82页。
③ 《宋史》卷三七七《李璆传》，第11654页。
④ （宋）李璆、张致远辑，（元）释继洪纂修，郭瑞化、马湃点校：《岭南卫生方》卷上《李待制瘴疟论》，上海科学技术出版社2001年版，第1—5页。
⑤ 《宋史》卷三七六《张致远传》，第11627页。

冬多暖。阴常盛，故春多寒。阳外而阴内，阳浮而阴闭。故人多病，多内寒而外热，下寒而上热"，是形成瘴疫的主要原因。他赞同李璆治疗瘴疫的方法，主张用正气散、姜附汤、五苓散、理中汤、七枣汤，与瘴药相配合，善后用黄芪建中汤、大养脾丸①。

北宋医学家王棐，认为南方瘴疫形成的主要原因是："今观方书之说，皆谓南方天气温暑，地气郁蒸，阴多闭固，阳多发泄，草木水泉，皆禀恶气，人生其间，元气不固，感而为病，是为之瘴。"他将南方瘴疫分为三种类型：冷瘴、热瘴和哑瘴。他指出了北人和南人之间的差异，"凡往来岭南之人，无不病且危殆，何也"②？

南宋时期，周去非提出广南西路瘴疫流行的病因，认为："南方凡病，皆谓之瘴，其实似中州伤寒。盖天气郁蒸，阳多宣泄，冬不闭藏，草木水泉，皆禀恶气。人生其间，日受其毒，元气不固，发为瘴疾。轻者寒热往来，正类病疟，谓之冷瘴。重者纯热无寒，更重者蕴热沉沉，无昼无夜，如卧灰火，谓之热瘴。最重者，一病则失音，莫知所以然，谓之痖瘴。冷瘴未必死，热瘴久必死，痖瘴治得其道，间亦可生。冷瘴以疟治，热瘴以伤寒治，痖瘴以失音伤寒治，虽未可收十全之功，往往愈者过半。"③ 范成大《桂海虞衡志》亦认为广南西路邕州（今广西南宁）的瘴疫也是与当地水土恶有关。淳熙元年（1174）五月二十九日，正奉大夫、右丞相、兼枢密院使、兼太子少傅钱象祖认为："臣等即具知禀回奏外，窃惟比岁以来，飞蝗为灾，遍及江浙，陛下每睹变异，忧形词色。盖自权臣首祸，轻起兵端，南北生灵肝脑涂地，冤愤之气充塞穹壤，其散为疠疫，化为蝗蝻，理或有之。"④ 说明了宋代已认识到戾气是疫病形成的重要原因之一。

宋代政府、地方官员和医家对疫病病因的解释主要集中在"时气说"、"瘴气说"、"五运六气"说和"戾气说"四个方面，他们对疫病种类的划分以及如何有效地治疗疫病的建议，为后代政府提供了借鉴。

---

① 《岭南卫生方》卷上《张给事瘴疟论》，第6—7页。
② 《岭南卫生方》卷上《〈指迷方〉瘴疟论》，第8—9页。
③ 周去非著，杨武泉校注：《岭外代答》卷四《风土门·瘴》，中华书局1999年版，第152—153页。
④ 《宋会要辑稿》职官七八之五三，第4202页。

二、从医学诏令看宋代政府对疫病的应对措施

在中国古代传统的疫病救助体系中,历代政府发挥了救灾责任主体的作用。尽管历史上各种疫病的流行前后有所变化,但由政府组织和出面应对各种疫病成为中国古代国家的传统。美国著名历史学家麦克尼尔(William. McNeil)在《瘟疫与人——传染病对人类历史的冲击》(Plagues and Peoples)一书中指出:"流行病传染模式的变迁,过去和现在一直都是人类生态上的基本地表,值得更多的关注。"① 在中国古代社会,儒家"天人感应"思想和政府的责任意识以及社会上褒扬爱民国君、谴责虐民国君的价值观念,使得中国历史上历代政府从一开始就成为各种疫病救治的责任主体。张涛在《中国传统救灾体系刍议》一文中,认为政府"在整个体系中扮演了制度制定与推广、财政支付与兜底、检查与监督的重要角色"②。由于疾疫问题对社会的巨大影响,宋朝成功应对疫病的医疗观念和实践也必然会深刻地影响着后世的政府。

受国家职能和实际行政能力等多重因素的影响,宋代国家更多的在制度上对疫病救疗提供法律的依据和实际的指导。据余新忠的研究,元明清时期,"国家政策开始逐渐转向消极"③。相比而言,宋代国家政策在疫病救治方面非常主动和积极。从960年到1279年,宋政府颁布的关于疫病应对方面的医学诏令共有187条。其中北宋政府发布118条,占整个诏令的63%;南宋政府发布69条,占整个诏令的37%。总体上来看,北宋政府在疫病发生时能够采取较为积极的措施加以救治,并注重平时的预防和宣传。南宋前期,政府对疫病流行虽然较为重视,但政府在疫病应对方面的措施大为减弱,基本继承了北宋的措施而未有大的技术创新。宋代医学诏令关于疫病应对的内容,主要有以下几个方面(参见表1)。

---

① [美]麦克尼尔著,杨玉龄译:《瘟疫与人类——传染病对人类历史的冲击》,天下远见出版股份有限公司1998年版,第362页。
② 张涛:《中国传统救灾体系刍议》,载《中国社会科学院院报》2006年3月9日。
③ 余新忠:《清代江南的瘟疫与社会——一项医疗社会史的研究》,中国人民大学出版社2003年版,第250页。

表 1　宋代医学诏令关于疫病应对的主要内容

序号	医学诏令所反映的政府应对疫病情况	北宋	南宋	分类合计	分类百分比
1	派医、赐药、颁方和赏赐医书	40	11	51	27.3%
2	财政拨款、发放粮食、度牒和减免租赋	17	16	33	17.5%
3	建立国家管理机构、医院和临时救济机构	16	7	23	12.2%
4	选派官吏访闻、督察和信息反馈	10	10	20	10.6%
5	罪己、祭祀、运历和封神	10	10	20	10.6%
6	政绩考察	7	8	15	8.0%
7	传染源和疫病隔离	6	3	9	4.8%
8	军队疫病的应对	6	1	7	3.7%
9	动物疫病的应对	5	0	5	2.7%
10	改革风俗、控制巫医和决狱	1	2	3	1.6%
合计		118	69	187	100%

从上表来看，宋代政府对疫病的应对主要包含了十个方面的内容，既有疫病流行时期的临时应急措施，也有平时的预防措施。其着眼点在于尽可能地使疫病后灾民避免饥寒失所，稳定社会秩序和恢复灾后生产。从形式上来看，有些是继承了前代的制度，有些则是宋代新出现的。从机构的设立和运作来看，宋代官方医学机构和临时救治机构有专门的经费来源，官方机构和地方机构配合密切。从参与救治人员的组成来看，宋代皇帝和官僚士大夫是疫病救治的主体，尤其是官僚士大夫，大多深受儒家伦理道德的影响，在追求自己私利的同时，也多顾及地方社会和国家的利益。下面选其大者加以叙述。

（一）派医诊治、赏赐药物

由皇帝直接发布诏令派医诊治和赐药颁方，是宋代政府应对疫病最主要的措施之一。宋政府在这方面发布的诏令有 51 条，占整个诏令的 27.3%；其中北宋时期政府颁布的诏令有 40 条，南宋时期有 11 条。疾病带来的高死亡率和对社会统治秩序构成的严重挑战，给宋代皇帝和政府带来了强大的压力，迫使皇帝和政府对发生的各种疫病给予重视，并积极参与和组织了对疫病的应对①。从政府发布的诏令来看，宋代皇帝和政府在这方面采取的措施主要有：一是命令政府医学机构翰林医官院（局）、太医局等派遣医学人员前往疫病流行区巡诊，向朝廷汇报疫情流行情况并提出应对建议；二是向疫病流行地区赐药；三是注重对各种疫病的预防，积极向地方州县发放官修本草著作和医方著作。通过这些措施，宋政府一方面宣扬了儒家仁政爱民、体恤民众的思想，另一方面也确立了国家在整个社会秩序方面的权威统治。但是，宋代皇帝和政府对疫病的救治又是分层次的。从疫病救治的对象看，国家医学机构首先关注的是皇亲，其次是中央各部和军队，再次是广大民众，最后是各种牲畜；从疫病救治的地区看，国家医学机构首先关注的是京城，其次是军营，然后是经济发达的地方诸路州县；从皇帝的重视及所发挥的实际作用来看，北宋和南宋政府在疫病应对方面表现出了很大的不同。

1. 京城地区

北宋首都开封（今河南开封）和南宋行在临安（今浙江杭州），是全国人口最为密集和流动最为频繁的地区，疫病曾数次发生和流行，引起大批人口死亡。因此，宋代皇帝和政府对京城地区发生的疫病给予了特别的关注。淳化三年（992）五月，开封发生"大热"，"疫死者甚众"。疫病发生后，宋政府对这次疫病很快作出了反应。五月戊申，宋太宗诏："太医署良医视京城病者，赐钱五十万具药，中黄门一人按视之。"②《宋会要》亦载："太宗淳化三年五月，诏以民多疾疫，令太医局选良医十人，给钱五十千，为市药之宜，分遣于京城要害处，听都人之言病者，给以汤药。扶疾而至者，即珍（诊）视，仍遣内侍一人按行之。"③让太医署派医巡视、诊治病人，赐钱五十万作为药费，并派中黄门一人作为朝廷代表监督医治情况。淳化四年（993）秋，京西路和开封一带发生大水，"或霖潦作沴，或疠疫为灾"④。水灾和疫病的同时发生，引起了宋太宗对宰相李昉及参知政事贾黄中、李沆等

---

① 韩毅：《疫病流行的时空分布及其对宋代社会的影响》，载《科学研究月刊》2006年第10期，第71—73页。又见朱瑞熙、王曾瑜等主编《宋史研究论文集》（第十二辑），上海人民出版社2008年版，第497—526页。
② 《宋史》卷五《太宗本纪二》，第89页。
③ 《宋会要辑稿》职官二二之三五，第2877页。
④ 《续资治通鉴长编》卷三六"淳化五年八月"条，第794页。

的批评：

> 上（太宗）以阴阳愆伏，罪由公府，切责宰相李昉及参知政事贾黄中、李沆曰："卿等盈车受俸，岂知野有饿殍乎？"昉等惭惧拜伏。黄中出，语人曰："当时但觉宇宙小一身大，恨不能入地尔。"①

宋太宗对这次疫病的关注，我们可以从淳化五年（994）兵部员外郎田锡的奏疏中得到验证。田锡说："臣伏闻去岁或霖潦作沴，或疠疫为灾，陛下忧劳太切，勤俭过中，乃至进菲薄之膳羞，御补浣之服饰，又复发廪减储，以馈济众，损民抑理，以粟爵人。"② 可见，宋太宗对开封疫病的流行是相当重视的，并采取了派医诊治、赐药、罪己、减膳、赈济、发放粮食等措施。淳化五年（994）六月，"京师旱疫"，宋太宗立即"分遣医官煮药给病者"③，"遣太医和药救之"④。

咸平六年（1003），京城开封发生疫病，五月癸丑宋真宗"分遣内臣赐药"⑤。景德元年（1004）六月壬午，开封一带"暑甚"，宋真宗诏"罢京城工役，遣使赐渴者药"⑥。

天圣元年（1023）京师大疫，宋仁宗"命太医和药"⑦。皇祐元年（1049）京师开封发生大疫，宋仁宗"命太医和药"，拿出贵重药材"通天犀"作为药物：

> 尝因京师大疫，命太医和药，内出犀角二本，析而视之。其一通天犀，内侍李舜举请留供帝服御。帝曰："吾岂贵异物而贱百姓？"竟碎之。又蠲公私僦舍钱十日。令太医择善察脉者，即县官授药，审处其疾

---

① 《续资治通鉴长编》卷三四"淳化四年九月"条，第753页。
② 《续资治通鉴长编》卷三六"淳化五年八月"条，第794页。
③ 《宋史》卷五《太宗本纪二》，第94页。
④ 《宋史》卷六二《五行志一下》，第1370页。又见《文献通考》卷三〇四《物异考十》，中华书局1986年版，第2396页。
⑤ 《宋史》卷七《真宗本纪二》，第122页。
⑥ 《宋史》卷七《真宗本纪二》，第124页。
⑦ 《宋史》卷一七八《食货志上六·振恤》，第4338页。

状予之，无使贫民为庸医所误，夭于其生。①

是年秋七月己未，宋仁宗下诏允许诸州"岁市药以疗民疾"②。至和元年（1054）春正月，"汴京疫"。正月壬申，宋仁宗再次碎"通天犀"，和药以疗民疫：

> （至和元年）春正月辛未，诏京师大寒，民多冻馁死者，有司为瘗埋之。壬申，碎通天犀，和药以疗民疾。时京师大疫，令太医进方，内出犀牛角二本，析而观之，其一通天犀也。内侍李舜卿请留供帝服御，帝曰："吾岂贵异物而贱百姓哉。"立命碎之。③

犀角，即犀牛角，宋太祖开宝六年至七年（973—974）编辑的《开宝本草》认为犀角"味苦、咸、酸，寒、微寒，无毒。主百毒蛊疰，邪鬼，瘴气，杀钩吻、鸩羽、蛇毒，除邪，不迷惑魇寐。疗伤寒，瘟疫，头痛，寒热，诸毒气。久服轻身骏健"④。犀角最大的特性是本身具有强烈的寒凉特性，中医学上常用来治疗"热如火，烦闷，毒入心中，狂言乱语"等症状，是治疗温热病的一味重要药物。嘉祐五年（1060）京师民疫，五月戊子朔宋仁宗"选医给药以疗之"⑤。又"诏京师大疫，贫民为庸医所误死者甚众，其令翰林医官院选名医于散药处参问疾状而给之"⑥。宋仁宗在疫病救治中拿出贵重药材救民疫的做法，深得后世史家的赞誉。如《钦定康济录》卷三认为："君之民，散于国；君之宝，藏于库。无宝不失其为令主，爱民则世称为圣君。仁宗深恤抱疾之众，不宝通天之犀，其识鉴岂不可与抵璧投珠之圣主共

---

① 《宋史》卷一七八《食货志上六·振恤》，第4338页。
② 《宋史》卷一一《仁宗本纪三》，第227页。又见《续资治通鉴长编》卷一六"皇祐元年秋七月己未"条，第4009页。
③ 《续资治通鉴长编》卷一七六"至和元年春正月壬申"条，第4248页。
④ （宋）卢多逊、李昉等撰，尚志俊辑校：《开宝本草》卷一五《禽兽部·兽中》，安徽科学技术出版社1998年版，第313页。
⑤ 《宋史》卷一二《仁宗本纪四》，第245页。
⑥ 《续资治通鉴长编》卷一九一"嘉祐五年五月戊子朔"条，第4622页。

垂万世哉。"①

元祐八年（1093），开封有疫病流行的迹象，鉴于"在京军民，难得医药"，四月壬申宋哲宗发布《差医人散药诏》，让开封府查访，令太医局派医生前往班直、军营、坊巷诊治，药钱从封椿钱内支付。宋哲宗《差医人散药诏》：

> 访闻近日在京军民，难得医药。令开封府体访，如委是人多病患，可措置于太医局选差医人，就班直军营、坊巷，认地分诊治，本府那官提举合药，并日支食钱，于御前寄收封椿钱内等第支破，候患人稀少即罢。②

绍圣元年（1094）闰四月，"京师疫，洛水溢，太原地震，河北水"，四月庚申（九日），宋哲宗诏："访闻在京军民疾病者众，令开封府关太医局取熟药疗治。逐厢使臣、学生并给钱有差。"③闰四月十二日，三省言："京师疾疫"，宋哲宗随后"诏太医局、熟药所即其家诊视，给散汤药"④。同时，又"发京都粟振之"⑤。

元符三年（1100）京师发生疫病，三月二十一日宋徽宗"诏以太医局生，差医生分诣间巷医治"⑥，三月二十三日"诏以疾疫，令太医局差医生分诣间巷医治"⑦。大观二年（1108），西京洛阳（今河南洛阳）发生疫病。三月二十日，宋徽宗发布《依近例治疗西京城内外民庶疾疫诏》，让合剂局研制救疗药物，对西京地区的疫病加以救治。为了防止疫病向京城开封蔓延，宋政府派遣使臣到开封城内外散药，积极做好预防准备：

---

① （清）陆曾禹：《钦定康济录》卷三下《临事之政计二十·十六视存亡以惠急需》，影印文渊阁四库全书本，第 663 册第 349—350 页。
② 《宋大诏令集》卷二一九，第 843 页。又见《续资治通鉴长编》卷四八三，第 11488 页。
③ 《宋会要辑稿》职官二二之三八，第 2879 页。
④ 《宋会要辑稿》职官二七之一五、一六，第 2944 页。
⑤ 《宋史》卷一八《哲宗本纪二》，第 340 页。
⑥ 《宋会要辑稿》职官二二之三八，第 2879 页。
⑦ 徐松辑，陈智超整理：《宋会要辑稿补编》，中华书局 1992 年版，第 813 页。

> 诏：西京城内外日近民庶疾疫稍多，虑阙医药，有失治疗。宜下有司依近例疾速修合，应病汤药，差使臣管押医人自三月末旬后于京城内外遍到里巷看诊给散。要拯救疾苦，仍速施行。①

但在该诏发布后不仅，疫病随即传播到京城开封（今河南开封）。三月三十日，宋徽宗发布《大观库支钱一万赴开封府就差散药诏》，从大观库支钱一万贯作为药费，派使臣到京城各地散药，积极对开封疫病加以救治；对疫死之家因贫穷不能埋葬的，由政府拨钱掩埋：

> 诏：令大观库支钱一万赴开封府，令就差散药，使臣并逐厢地分使臣每日量数支给。应死亡贫乏不能葬者，人给钱两贯，小儿一贯。②

政和三年（1113）七月十五日，陕西运判陈建奏："窃见利州路文、龙二州系缘边州郡，所管外镇寨不少，相去州县三二百里，各有民居寨户及商旅往还。并他州县有外镇，相去州县地远。设遇有疾病之人，本处无医药，往往损失者众。乞应州县外镇寨有置官处，并许于本州县取买熟药出卖。"宋徽宗"从之"③。由此可见，派医巡诊、赐方散药、掩埋尸体是北宋时期政府常常用来应对疫病的措施。

南宋绍兴十六年（1146）夏六月，行都临安（今浙江杭州）发生疫病。六月二十一日，宋高宗发布《差医官诣临安府城内外看诊诏》：

> 诏：方此盛暑，切虑庶民阙药服饵，令翰林院差医官四员，遍诣临安府城内外看诊，合用药仰户部行下合剂局应副，置历支破，依例支给食钱。仍于本部辖下差拨担药兵士二名。候秋凉日住罢。每岁依此。④

---

① 《宋会要辑稿》食货五九之七，第5842页。
② 《宋会要辑稿》食货五九之七，第5842页。
③ 《宋会要辑稿》职官二七之二一，第2947页。
④ 《宋会要辑稿》职官三六之一〇六，第3123页。

绍兴二十六年（1156）夏，临安疫，"高宗出柴胡制药，活者甚众"①。

淳熙八年（1181）夏四月，临安府大疫，"禁旅多死"，宁国府（今安徽宣城）"民疫死者尤众"。四月十一日，宋孝宗发布《诊视军民疾疫诏》，对临安的疫病加以救治：

> 诏：军民多有疾疫，令医官局差医官巡门诊视，用药给散。殿前司十二人，马军司二人，步军司七人，临安府内外诸厢界二十人，各日支食钱。所有药饵，令户部行下利剂局应副。仍各置历抄转医过人数日具以闻。②

四月十八日，宋孝宗发布《临安府作大冢丛葬遗弃骸骨诏》，对疫病中死亡的尸体加以掩埋：

> 诏：临安府于府城四门外相视隙地，作大冢各一所，每处委僧十人、童行三十人，凡遗弃骸骨，不问新旧，并行收拾丛葬。棺检之具并僧行食钱，令本府量行支给。仍出榜禁戢，今后如有发去旧冢之人，依掘冢法科罪。以是岁多疾疫，已降指挥广差医官救疗。死者尚众，缘地主利于得钱，往往发旧改新，是致骸骨遗弃，不复收瘗，故有是命。③

嘉定二年（1209）三月，两浙西路发生疫病，三月庚申宋宁宗"命浙西及沿江诸州给流民病者药"④。同年"都城疫"⑤，三月丁巳宋宁宗发布《赈济临安病人殡葬亡者御笔》，从内藏库划拨十万贯钱作为掩埋尸体的费用：

> 御笔：访闻都城疾疫流行，细民死者日众，朕甚悯焉。官司抄札诊候，虑多文具，虽已委官措置，可更选差一二员相与协济。临安府委通

---

① 《宋史》卷六二《五行志一下》，第1370页。
② 《宋会要辑稿》食货五八之一四，第5828页。
③ 《宋会要辑稿》食货五八之一四，第5828页。
④ 《宋史》卷三九《宁宗本纪三》，第752页。
⑤ 《续编两朝纲目备要》卷一一《宁宗》，中华书局1995年版，第205页。

判稽考医药，所有药材疾速科拨见钱付铺户收买，毋令减克。其有病死无力殡瘗，于内藏库拨钱一十万贯，别差官抄札，畀以棺椁。诸路州县或有疾疫去处，令监司守令叶心赈济，务在实惠及民，副朕恻怛之意。①

在疫病救疗中，宋政府派遣医官一二人参与临安府的救济，并划拨赈济资金收买药材。同时，政府还划拨十万贯钱作为病死之家无力掩埋的经费。尽管目前尚不清楚这次疫病究竟是何种疾病，但疫病持续的时间较长，一直到嘉定三年（1210）时仍在流行。嘉定三年四月十二日，中书门下省奏："临安府城内外细民因病或致阙食，实为可悯，理宜给济。"宋宁宗发布《赈济临安府病民诏》："令丰储仓取拨民三千石，付临安府给散病民，仰守臣措置选差通练诚实官属分明支借，毋容吏奸，以亏实惠，仍开具支散过实数申尚书省。"②从丰储仓划拨三千石粮食作为赈济费用。

2. 全国诸路

对于地方诸路州县发生的疫病，宋政府主要采取了派医诊治、赐药、拨钱、公布药方、减免赋税等措施。如大中祥符三年（1010）陕西民疫，四月乙卯宋真宗"遣使赍药赐之"③。

明道初年（1032—1033）发生在江南地区的大旱和疫病，是北宋时期流行范围较广的一次疫病，波及南方大部分州县。关于这次疫病的起因，"往者明道初，虫螟水旱，几遍天下。始之以饥馑，继之以疾疫，民之转流死亡，不可胜数"④。从宋仁宗的诏令来看，这次疫病带来的后果十分惨重，"先是，南方大旱，种饷皆绝，人多流亡，困饥成疫气，相传死者十二三。官虽作粥糜以饲之，然得食辄死，村聚墟里几为之空"⑤。明道二年（1033）六月，陕西路发生饥疫，"是岁，诸道旱蝗疾疫，关中尤甚"⑥。九月，梓州路（今四川一带）发生"旱疫"⑦。疫病分布的范围较广。明道二年（1033）

---

① 《宋会要辑稿》食货五八之二七，第5834页。
② 《宋会要辑稿》食货五八之二八，第5835页。
③ 《宋史》卷七《真宗本纪二》，第143页。
④ 《宋史》卷二九四《苏绅传》，第9812页。
⑤ 《续资治通鉴长编》卷一一二"明道二年二月"条，第2605页。
⑥ 《续资治通鉴长编》卷一一二"明道二年六月"条，第2626页。
⑦ 《续资治通鉴长编》卷一一三"明道二年九月"条，第2637页。

三月，专政十一年之久的刘太后病死，宋仁宗亲政。江南地区大范围流行的旱灾和疫病，受到了刚刚亲政的宋仁宗的重视。从明道二年二月至景祐元年四月（1031—1034），宋仁宗先后发布了数道诏令对全国范围内的疫病采取应对措施：

> （明道二年二月）庚子，诏淮南、江南民被灾伤而死者，官为瘗埋，仍祭酹之。先是，南方大旱，种饷皆绝，人多流亡，困饥成疫气，相传死者十二三，官虽作粥糜以饲之，然得食辄死，村聚墟里几为之空。①
>
> （明道二年），诏督郡县开廪以济之，发徒以瘗之。②
>
> （明道二年六月）庚辰，诏开封府界、京东西、河北、河东、陕西蝗，其除民田租，仍免差官检覆，亟令改之。③
>
> （明道二年六月）戊子，诏以旱蝗作沴，去尊号中"睿圣文武"四字，告于天地宗庙，令中外直言阙政。（李埴《十朝纲要》：京东西、河东、陕西蝗，食草木殆尽。《宋朝会要》：诏曰："比年以来，蝗旱作沴，郡国交奏，日月相仍，岂朕德之不明，将天时之适尔？夙夜循省，咎实在予。乡缘大礼之成，勉徇群公之请，增予以'睿圣'之号，加予以'文武'之称，内惟菲凉，非所堪克，其去'睿圣文武'四字，仍择日告于天地宗庙，仍令中外各直言极谏。"）④
>
> （明道二年九月）辛卯，诏梓州路仍岁旱疫，令转运使亲按所部民，蠲其租。⑤
>
> （明道二年十二月）己酉，诏开封府界、京东西、河北、河东、陕西、江南、两浙、荆湖北路，贫民流移而遗弃幼老不能自存者，所在官司收养之，勿令失所。⑥
>
> （明道二年十二月）甲寅，诏开封府及京东西、淮南、江东、河北、

---

① 《续资治通鉴长编》卷一一二"明道二年二月庚子"条，第2605页。
② 蔡襄撰，陈庆元、欧明俊、陈贻庭校注：《蔡襄全集》卷三五《右班殿直监慈湖都铁冶务程君墓志铭》，福建人民出版社1999年版，第769—770页。
③ 《续资治通鉴长编》卷一一二"明道二年六月庚辰"条，第2622页。
④ 《续资治通鉴长编》卷一一二"明道二年六月戊子"条，第2627页。
⑤ 《续资治通鉴长编》卷一一三"明道二年九月辛卯"条，第2637页。
⑥ 《续资治通鉴长编》卷一一三"明道二年十二月乙酉"条，第2647页。

河东路，明道二年以前流民去乡里者，限一年令归业，仍蠲赋役一年，限满不至者，听人请佃之。①

（景祐元年四月）丁巳，诏灾伤之民死而不能收敛者，官为埋瘗，仍祭酹之。②

从上述宋仁宗的诏令中可以看出，宋仁宗本人对这次疫病救治给予了足够的重视与关注，并采取了掩埋尸体、减免租赋、下罪己诏、赐药、划拨粮食、让官府收养遗弃幼老不能自存者等措施。庆历八年（1048）二月南方疫，宋仁宗拿出名贵药材"通天犀"，"命太医和药赐疫者"③。皇祐元年（1049）河北发生疫病，二月戊辰宋仁宗"遣使颁药"④；七月己未，宋仁宗"诏诸州岁市药，以疗民疾"；十一月丙申，宋仁宗针对河北疫情再次下诏，规定"河北被灾民八十以上笃疾不能自存者，人赐米一石、酒一斗"⑤。嘉祐二年（1057）八月己酉，宋仁宗诏："每岁赐诸道节镇、诸州钱有差，命长吏选官和药，以救民疾。"⑥

宋神宗时期对疫病防治中派医诊治和赏赐药物也极为重视。熙宁九年（1076）九月，宋神宗诏："太医局合治瘴药三十种，遣使臣赍付安南行营总管司。"⑦ 熙宁十年（1077），广南西路"大热，病瘴者多，方屯兵未解，官吏将校，染病者甚多"。六月丁酉，宋神宗发布《选差医学三人赴桂州手诏》，对广南西路驻军中发生的疫病加以应对：

（熙宁十年六月）丁酉，手诏："今岁岭外大热，病瘴者多。方屯兵未解，官吏、将校在彼者众，深虑难于医药，枉致死伤。医官院选差医学三人，赐绢五十匹，遣赴桂州，委赵卨分擘差使，候及一年差替，经

---

① 《续资治通鉴长编》卷一一三"明道二年十二月甲寅"条，第2648页。
② 《续资治通鉴长编》卷一一四"景祐元年四月丁巳"条，第2674页。
③ 《玉海》卷六三《艺文·庆历善救方》，江苏古籍出版社、上海书店1987年版，第1197页。
④ 《宋史》卷一一《仁宗本纪三》，第226页。
⑤ 《宋史》卷一一《仁宗本纪三》，第227页。
⑥ 《宋史》卷一二《仁宗本纪四》，第241页。
⑦ 《宋会要辑稿》职官二二之三七，第2878页。

略司具所愈人数保明闻奏。"①

让翰林医官院选派医学三人前往桂林给官吏、将校诊视瘴疾,并延长赵卨的换任时间,令广南西路经略司统计治愈的人数。元丰元年(1078)四月二十一日,宋神宗诏:"太医局选医生十人给官局熟药,秉驿诣曹村决河,医治见役兵夫。"②元丰六年(1083),应两浙路转运副使许懋的请求,正月戊戌宋神宗发布《四厢使臣各辖太医生二人诏》:"太医生八人,四厢使臣各辖二人,凡商旅与穷独被病者,录名医治,会其全失为赏罚法。人月支合药钱二千。"③《宋会要》职官二二之三八亦载:"诏太医局选医生八人,令四厢使臣各辖二人,凡商旅与穷独被病者,录名医治,会其全失为赏罚法,人月支合药钱二千。从两浙转运副使许懋请也。"④

宋哲宗、宋徽宗时期,政府对疫病的预防较为重视。除颁布"十二月令"和《政和圣剂经》《政和圣剂总录》外,宋政府大量向各地颁赐药物。元祐七年(1092)八月,宋哲宗"遣中使赐修河官兵特支茶药"⑤。元祐八年(1093)四月壬申,宋哲宗发布《差医人散药诏》:

> 诏曰:访闻日近在京军民难得医药,令开封府体访,如委是人多病患,可措置于太医局选差医人就班直军营、坊巷,分认地分诊治,本府差官提举。合药并日支食钱,于御前寄收封椿钱内等第支破。患人稀少即罢。(《哲宗御集·医治军民病患诏》一道:"访闻日近在京军民多有不安,难得医药,令开封府体访,如委是人多病患,可措置于太医局差医人就班直军营、坊巷,分认地分,看候医治。仍于吏部选差小使臣一十人,分头关押医治,本府差官提举,所有合药并官员医等日支食钱,于御前寄收封桩钱内等第支破。候患人稀少即罢,速与施行。"元祐八

---

① 《续资治通鉴长编》卷二八三"熙宁十年六月丁酉"条,第6926—6927页。
② 《宋会要辑稿》职官二二之三七,第2878页。
③ 《续资治通鉴长编》卷三三二"元丰六年正月戊戌"条,第8004页。
④ 《宋会要辑稿》职官二二之三八,第2879页。
⑤ 《续资治通鉴长编》卷四七六"元祐七年八月"条,第11337页。

年四月二十六日下。)①

绍圣元年（1094）四月九日，宋哲宗诏："访闻在京军民疾病者众，令开封府关太医局取熟药疗治。逐厢使臣、学生并给钱有差。"② 元符三年（1100）三月二十一日，宋徽宗"诏以太医局生，差医生分诣闾巷医治"③，让太医局选派医生前去为民治病。八月戊戌，宋徽宗发布《州县委官监视医人遍诣闾巷给药诏》："诏诸路应岁赐药钱处，遇民疾时，州县委官监视医人遍诣闾巷，随其脉给药。"④ 明确规定，如果地方发生疫病，各路派官监视医生给民治病和散药。

南宋绍兴七年（1137）建康（今江苏南京）疫盛，七月二十四日宋高宗诏："建康府内外居民病患者，令翰林院差官四员分诣看诊。其合用药，令户部药局应副，仍置历除破。如有死亡，委实贫乏，令本府量度给钱助葬，仍具已支数申尚书省除破。"⑤绍兴八年（1138）秋七月甲申，宋高宗"以建康疫盛"，"遣医行视，贫民给钱，葬其死者，命疏决滞狱"⑥。

隆兴二年（1164）冬，两浙东、西路（今浙江）发生水灾，"淮甸流民二三十万避乱江南，结草舍遍山谷，暴露冻馁，疫死者半，仅有还者亦死"⑦。南宋政府在得知两淮疫疠盛行的情况后，采取了紧急救治措施，隆兴元年（1163）五月二十八日宋孝宗诏："令户部行下所属，将今岁合发三衙官兵暑药目下计置津发。先期差官，趁末伏以前到军前。枢密院差使臣一员管押，去都督府差官给散。其行在诸军夏药，亦合勘量修制支散。以都省言：'和剂局逐年所支三衙官兵夏药二十余万贴，军身既已在外，切虑本局循例，就此支付本寨，理宜措置。'故有是命。"⑧ 又"赈药剂四万贴"⑨。但

---

① 《续资治通鉴长编》卷四八三"元祐八年四月壬申"条，第 11488 页。
② 《宋会要辑稿》职官二二之三八，第 2879 页。
③ 《宋会要辑稿》职官二二之三八，第 2879 页。
④ 《宋会要辑稿》食货五九之六，第 5841 页。
⑤ 《宋会要辑稿》食货五九之二九，第 5853 页。
⑥ 《宋史》卷二八《高宗本纪五》，第 531 页。
⑦ 《宋史》卷六二《五行志一下》，第 1370 页。
⑧ 《宋会要辑稿》职官二七之六七，第 2970 页。
⑨ 《宋会要辑稿》食货五九之四一，第 5859 页。

疫病仍然随着流民很快传染到了两浙路,"是岁,浙东西水灾,民大饥疫"①,两浙西路湖州(今浙江湖州)"时水旱之余,疾疫大作,道殣相属"。疫病流行给两浙路带来了"饥民疫者尤众"②的惨状,宋孝宗随即"诏郡邑振济,选郎官察之"③。乾道元年(1165),疫病仍旧在两浙西路临安(今浙江杭州)、常州(今江苏常州),两浙东路绍兴府(今浙江绍兴)和归安县(今浙江归安)一带流行。隆兴乾道之际疫病大流行,也引起了官僚士大夫的关注,这一时期的文献中出现了大量"浙西大疫"④"都下大疫"⑤的记载。楼钥详细地记载了这一时期疫病流行带来的惨状:

> 自完颜亮入寇,于今四年,天下不得休息,杀伤不可胜纪。疾疫者殆无虚日,官爵不足以充赏,钱谷不足以为用。内外急迫,上下煎熬,而议者不深维大计,惟空言以永虚誉,抵巇而要利权,国何赖焉?⑥

从绍兴三十一年(1161)完颜亮南侵到乾道元年(1165),疫病同战争一样,造成了大批人口的死亡,甚至连地方政府的官位都出现了空缺。乾道元年(1165)二月十九日,宋孝宗发布《诊视医治临安府饥民诏》,派医诊治临安饥民,令合剂局发给救病药物:

> 诏:临安府见行赈济饥民,访闻其间多有疾病之人,窃虑阙药服饵,令医官局于见赈济去处,美处各差医官二员,将病患之人诊视医治。其合用药于合剂局取拨,仍日具医治过人并用过药数申尚书(省)。⑦

---

① 周必大:《周益国公文集》卷三四《直敷文阁致仕鲁公峦墓志铭》,影印文渊阁四库全书,第 1147 册第 371—374 页。
② 《宋史》卷六二《五行志一下》,第 1370 页。
③ 周必大:《周益国公文集》卷三四《直敷文阁致仕鲁公峦墓志铭》,影印文渊阁四库全书。
④ 洪迈:《夷坚志支戊》卷二《孙大小娘子》,《续修四库全书》第 1265 册,上海古籍出版社 2002 年版,第 610 页。
⑤ 楼钥:《攻媿集》卷九〇《直秘阁知扬州薛公行状》《丛书集成新编》第 64 册,新文丰出版公司 1985 年版,第 439—440 页。
⑥ 楼钥:《攻媿集》卷九二《观文殿学士钱公行状》,《丛书集成新编》第 64 册,第 445—449 页。
⑦ 《宋会要辑稿》食货六〇之一四,第 5871 页。

四月二十二日，宋孝宗发布《临安府疾病残废等人展限给散粥药养济诏》，散药赈济：

> 诏：临安府城内外见今养疾饥民，已降指挥展至四月终。访闻其间多有疾病残废等人，深虑难以一概便行在罢。令姜诜、薛良朋、韩彦古同本府通判、漕司属官各一员遍诣散粥及病坊去处，公共措置，躬亲拣点，将委实疾病残废、癃老羸弱、鳏寡孤独不能自存、见在病坊之人，更展限半月给散粥药养济。①

四月二十二日，宋孝宗还发布了《医治流民疾疫诏》，让翰林医官院派医八人前往临安城内外看诊，"随证用药"，让户部从合剂局划拨药品。其他州县也按临安的救济办法实行，驻泊医官、良医负责救治，州药钱从合药钱内支付，县镇药钱从杂收钱内支给：

> 诏：两浙州军去岁水涝，流移阙食人颇众，朝廷措置赈粜，存济甚多。比因疫气传染，间有死亡，深可悯怜。可令行在翰林院差医人八员，遍诣临安府城内外，每日巡门体问看诊，随证用药。其药令户部于合剂局应副。在外州军亦仰依法，州委驻泊医官、县镇选差善医之人，多方救治，药钱于逐州岁赐合药钱内、县镇于杂收钱内支给，务要实惠及民。并仰接续给散夏药，候秋凉日住罢。从中书、门下省请也。②

宋孝宗对该诏的执行非常重视，特意地强调"务要实惠及民"，并将散药的措施持续到夏秋时节。五月六日，宋孝宗发布《支给官钱埋瘗两浙死亡饥民诏》，让地方官员检察，划拨官钱作为埋瘗费用：

> 诏：两浙路诸州县饥民多有疾疫，理宜矜恤。除下逐州守臣措置医治外，如有死亡遗弃在路之人，亦仰委官同巡尉检察，支给官钱埋瘗，

---

① 《宋会要辑稿》食货六〇之一四，第5871—5872页。
② 《宋会要辑稿》食货六八之一二六，第6316页。又见食货五九之四二，第5859页。

不得令狼藉道路。①

五月二十三日，宋孝宗发布《放临安府全家患病贫民房钱一月诏》，减贫民房钱一月：

> 诏：临安府内外有全家患病贫民，令本府差官抄劄，予放房钱一月，毋治失实作弊。②

3. 南方瘴疫流行地区

对于南方地区发生的瘴疫，宋政府主要采取了派医官诊治、赐避瘴药、调整官员换任时间、颁布药方等措施。

北宋时期，政府已经认识到季节变化与瘴气流行的关系，并要求上任官员严格按照时令来确定上任时间，以避开瘴疫发作强盛的时节。咸平元年（998）二月，广南东路转运使康戩言："新、恩、循、梅四州瘴有毒，请于江南州县官中就选知州。"宋真宗"诏流内铨选荆湖、福建人注本州官，令知州事"③。景德四年（1007）四月癸酉，宋真宗"诏岭南官除赴以时，以避炎瘴"④。大中祥符元年（1008）正月己巳，宋真宗"诏黎、雅、维、贸四州官以瘴地二年一代"⑤。同时，政府还积极赏赐避瘴药，如大中祥符二年（1009）九月甲戌，宋真宗"遣使赐戎、泸军民辟瘴药"⑥。大中祥符三年（1010）正月，宋真宗"诏以泸州三月即苦瘴毒，如戎人尚未顺，量留兵陇其险路。令孙正辞、侍其旭、李怀思、史崇贵自三月领兵分屯近郡，又遣使以辟瘴药驰赐之"⑦。

宋仁宗景祐三年（1036）二月甲子，宋政府"以广南兵民苦瘴毒"，置

---

① 《宋会要辑稿》食货六八之一二六，第6316页。又见食货五九之四二，第5859页。
② 《宋会要辑稿》食货六三之二四，第5998页。
③ 《宋会要辑稿》职官四七之三，第3419页。
④ 《宋史》卷七《真宗本纪二》，第133页。
⑤ 《宋史》卷七《真宗本纪二》，第135页。
⑥ 《宋史》卷七《真宗本纪二》，第141页。
⑦ 《宋会要辑稿》兵一〇之三，第6920页。

"医药"①。庆历四年（1044）四月，宋政府派遣军队前往湖南镇压当地少数民族的反抗，时"方夏瘴热，罹疾者众"，造成大批军士的死亡。这次因瘴疠而对行军作战造成的影响，使宋仁宗对瘴气与疫病流行的关系有了深切的认识。四月甲午，宋仁宗谓辅臣曰："前调发军士，往湖南捕捉蛮贼，方夏瘴热，罹疾者众，宜令医官院遣医学一员，驰往诊视之"②，调查因瘴疠爆发而造成的死亡情况。庆历六年（1046）四月甲寅，宋仁宗"遣使赐湖南戍兵方药"③。六月夏，宋仁宗还惦记着此事，认为"官军久戍南方，夏秋之交，瘴疠为虐，其令太医定方和药，遣使给之"④。

宋神宗元丰二年（1079）四月十七日，广南西路经略司奏："宾州瘴疠，加以兵火之后，难得官愿就，乞差殿中丞吴巚知宾州。"宋神宗"从之"⑤。

南宋绍兴三十二年（1162）八月十三日，知沅州秦杲奏："卢阳、黔阳、麻阳三县各接猺獠生界，及接广南系水土恶弱瘴烟之地，县令任满循两资。今乞比照本州幕职官与改合入官，或止依判司任满该磨勘，与减举主二员。"吏部勘当："欲将三县县令依见行赏格推赏，如任满得替应磨勘改官人，任内不曾透漏蛮贼五人以上入界，即与依本州判司减举主二员，不愿减主者听与循资。"宋高宗"从之"⑥。

乾道四年（1168）五月二十六日，尚书省奏："勘会二广州军多系荒僻瘴疠之地，无人愿就，有久阙守臣去处。"宋孝宗"诏令诸路监司、帅臣依吏部破格外，于见任得替、待阙寄居官初任通判及第二任知县资序人内选辟，申朝廷给降付身"⑦。淳熙四年（1177）十二月四日，知赣州彭演奏："赣之为州，在江西之极南，实与岭南接境。龙南、安远二县瘴疠之气，视岭南他州县殆甚焉。乞将龙南、安远二县县令从邻县梅州程乡及惠州河源县例，许以举主二员，改合入官。仍许通用前任举主及免职司。或前任已有举主三员，亦并候三年终满，别无公私过犯，许提刑及守臣照改官状犯入己赃

---

① 《宋史》卷一〇《仁宗本纪二》，第201页。
② 《续资治通鉴长编》卷一四八"庆历四年四月甲午"条，第3574页。
③ 《宋史》卷七《真宗本纪二》，第221页。
④ 《宋史》卷四九三《蛮夷传》，第14184页。
⑤ 《宋会要辑稿》职官四七之一四，第3425页。
⑥ 《宋会要辑稿》职官四八之三六，第3473页。
⑦ 《宋会要辑稿》职官四七之三五，第3435页。

甘当同罪体式，连衔保奏，亦与改官。盖前任举主至于三员以上，即其人才必有可取；而本任之内并无公私过犯，其余莅官律己亦有足称。又令宪司、守臣连衔责其保任，则非出于一人之私意，而其言亦不苟矣。若京朝官以上任知县者，亦乞仿此优立赏格，庶几士夫欣慕而来，务修职业，以期荣进。"宋孝宗"诏如京朝官愿就之人，候三年任满与转一官，更减二年磨勘"①。淳熙七年（1180）二月癸未朔，宋孝宗颁诏"置广南烟瘴诸州医官"②。

绍熙元年（1190）五月二日，知赣州郑汝谐奏："龙南、安远两县最为烟瘴之地，自裁减赏典之后，无人肯就。照得惠州河源县令只用举主两员改合入官，今龙南、安远去河源县界止二三百里，欲乞并与减举主二员，或职司一员。如注京官知县，与转一官，庶早得人管干县事。"吏部"欲将两县如系选人注授，候任满无过犯，从旧法任内有举主三员与改合入官。龙南县如系京官知县，于新格减二年磨勘，仍占射差遣一次上；安远县于新格减三年磨勘，仍占射差遣一次上。乞各更与减一等磨勘"，宋光宗"从之"③。绍熙三年（1192）闰二月二十四日，权知沅州刘珪奏："窃见沅州烟瘴之气，人多疾病，缘无良医诊治，拱手待毙，深可怜悯。乞依靖州例，差明脉医官一员充驻泊。"宋光宗"从之"④，派遣医官驻泊。绍熙三年（1192）七月七日，宰执进呈吏部勘当到赣州龙南县难以废罢，留正奏云："龙南有瘴，旧来只用两纸文字，所以有人愿就。后来朘削赏典几尽，故多阙官。"宋光宗曰："岂可有无赏，与尽复典赏。"⑤

嘉定九年（1216）四月二日，臣僚言："二广气候恶弱，西广尤甚，今资格之合入县令者，必不肯深入瘴烟之地。今欲使文臣之为令者，不惮深入，以惠吾民，惟有减举员以示激劝耳。试以东广言之，循州之长乐、兴宁，新州之新兴，皆许用两纸常员荐状改官；梅之程乡只用一剳；南恩之阳春满考不用举状。今率是文臣之选人注授，往往皆能律己爱民，以希改秩，此已行之明验也。岂有行之广东而广西最僻绝之地，独不得援此为比乎？此

---

① 《宋会要辑稿》职官四八之二〇，第3465页。
② 《宋史》卷三五《孝宗本纪三》，第672页。
③ 《宋会要辑稿》职官四八之四三，第3477页。
④ 《宋会要辑稿》职官三六之一二五，第3134页。
⑤ 《宋会要辑稿》职官四八之四三，第3477页。

觇二广守臣亦有以此为裕民五事之献者,融州守臣赵善淇乞以怀远邑令比附阳春、河源推赏,柳州守臣郑肃乞以马平、柳城、洛容比附东广诸邑推赏,皆乞量与减员。广西诸邑合减举员处颇多,如象之武仙、昭之立山、高之信宜、雷之徐闻、化之石城等邑,皆毒务(雾)熏蒸,民生窭悴,户口萧疏,不可不择人任抚安之寄。若推东广减员之令以示激劝。于选人恩数不为泛滥,而遐方小民实均被不赀之施。乞令广西诸司条具诸邑之最恶弱、久阙官去处申上,量与裁减荐员,以为作邑者之劝,庶几少苏岭海无告之民。"宋宁宗"从之"①。

综上所述,派医诊治、赏赐药物救治是宋代皇帝和政府在疫病应对中采取的最主要的医学措施,它有效地控制了疫病的流行和蔓延,极大地宣传了儒家仁政思想和国家权威统治,对整个社会关注疫病起了积极地导向作用。

(二)民间新经验方的积累与应用

在疫病防治的过程中,民间老百姓也积累了大量的宝贵经验,如认识到泉水可以有效地防治疾病。其疗效作用得到政府的许可后,又被以"封神"的形式加以神圣化。大中祥符元年(1008)二月,醴泉"出蔡州汝阳县凤源乡,有疾者饮之皆愈"。相州永安县韩陵山牧童掊地得泉,深尺余,汲取不竭,饮者宿疾皆愈。天禧二年(1018)九月乙酉,钱暧献《醴泉赋》,得到宋真宗的重视,诏"赐及第"②。天禧二年闰四月丁未,宋真宗谓辅臣曰:"营卒初睹龟,建真武祠,今泉出其侧,有疾者饮之多愈。"甲寅,命王钦若建观,名祥源。十月辛卯成,题曰:"爰有神泉,涌兹福地,甘如饮醴,美可蠲痾。"宋仁宗时再次重建,改为"醴泉"③。

(三)尸体掩埋与病源隔离

人的尸体如不及时掩埋,极易传染病毒,特别是疫病流行时期的尸体,更易于成为重要的传染源,中国历代政府极为重视对尸体的掩埋。然而在灾

---

① 《宋会要辑稿》职官四八之二二、二三,第2466—2477页。
② 《宋会要辑稿》方域一三之二,第7531页。
③ 《宋会要辑稿》方域一三之二,第7531页。又见《续资治通鉴长编》卷九一"咸平二年闰四月辛亥"条,第2111—2112页。

荒和战乱之年，由于尸体太多和政府权力的弱化，大量的尸体来不及安葬，从而引发大疫。范行准在《中国预防医学思想史》一书中认为："要想避免传染病的蔓延，在预防接种未发明以前，与病人的隔离，虽然觉得有点消极，但不能不说是最彻底的预防法。"①

关于对人类疫病传染源的认识及其采取的措施，宋代医学诏令也有所反映。这方面的诏令有9条，占整个应对疫病诏令的4.8%；其中北宋时期政府颁布的诏令有6条，南宋时期有3条。从这些诏令来看，政府通常采取的措施主要有：一是建立官办医疗机构如安济坊、居养院等，隔离病人，阻断传染源，并划拨钱粮、度牒和土地作为官办医疗机构的日常经费和掩埋尸体之用；二是建立和完善漏泽园制度，及时掩埋尸体，组织和动员社会各阶层，如地方州县官员、僧人、犯人等，施送棺材，掩埋疫死病人尸体。在宋人看来，"掩骼埋胔注谓惧死气逆生气，此又关民疾苦者之要务也"②。尽管掩埋尸体、建立漏泽园是政府从体恤民众的角度来考虑的，但快速掩埋尸体客观上也减少了由尸体传播病毒、病菌的机会，这是因为尸体是病毒和细菌借以大量繁殖的最主要载体。处理尸体，即是切断疾疫流行的一个重要渠道。关于疫病的传染性问题，秦朝就设有"疠迁所"集中隔离麻风病患者，并写入秦律以法律方式强制执行，这是世界上最早由政府立法强制实施的隔离措施，而"疠迁所"亦应是世界上最早的政府强制隔离患者的麻风病隔离地③。自汉代以后，对病人隔离的记载大量见诸于历史文献。元始二年（2），"郡国大旱，蝗，青州尤甚，民流亡"，汉政府规定："民疾疫者，舍空邸第，为置医药"④，此可视为对病人实行隔离措施的最早记录。至迟到晋朝，则已成为制度。萧齐时，太子长懋等人曾设立了专门的病人隔离机构——六疾馆，以隔离收治患病之人。唐代则是由僧人开设乞丐养病坊，以隔离收治患者。从宋代开始，出现大量官办养病机构，都有隔离病患的作用。

宋代，政府每于灾害过后必招募僧人掩埋尸体，以防止疫病的进一步扩

---

① 范行准：《中国预防医学思想史》，华东医务生活社1953年版，第29页。
② 徐元杰：《楳埜集》卷九《与袁守札》，影印文渊阁四库全书本，第1181册，第739页。
③ 王旭东、孟庆龙：《世界瘟疫史——疫病流行、应对措施及其对人类社会的影响》，中国社会科学出版社2005年版，第135页。
④ 《汉书》卷一二《平帝本纪》，第353页。

散。乾德三年（965）正月甲戌，宋太祖发布《收瘗伪蜀将士诏》，令所在州县迅速掩埋尸体：

> 蜀中自弔伐以来，有伪将士死于兵刃者，暴露原野，深所愍悼。况春气方至，掩骼是时。其令所在州县官吏，速与收瘗。①

宋太祖的诏令尽管有统治阶级体恤民众的思想，但宋政府已经认识到季节变化与尸体腐烂之间的关系。

宋太宗淳化四年（993），王小波、李顺在今四川发动起义。淳化五年（994）起义被平定后，宋政府迅速采取措施掩埋尸体。至道元年（995）二月甲申，宋太宗发布《瘗剑南峡路遗骸诏》：

> 昨者巴蜀之间，寇盗蜂起，俶扰天纪，斩艾生民。既罹于锋镝，又因以饥馑，转死沟壑，轻去邱园，天灾流行，饿殍相望。迨予闻听，深用矗伤。方属阳春布和，品物滋茂，宜推掩骼之旨，用伸罪己之心。应剑南、峡路管内州县，无主骸骨弃掷原野者，仰所在官吏，分遣收瘗。②

从"阳春布和，品物滋茂，宜推掩骼之旨"来看，政府已经认识到春季最容易导致尸体腐烂和疾病传播。七月丙辰，宋太宗发布《收瘗遗骸诏》：

> 顷者盗起巴雍，民罹涂炭。自王师之弔伐，及凶党之剪除，蠢兹编氓，或陷非命。金革之用，盖不得已，沟壑转徙，可胜道哉！既遇祸于兵锋，遂暴骨于原野，朕为之父母，深切痛伤。宜征掩骼之文，用表葬枯之惠，庶营魂之有托，免行路之兴嗟。自前战阵亡殁，及饥馑疾疫至死，无主收瘗，并令所在州府，捃拾埋殡，仍遣使致祭，以致朕哀痛之意焉。③

---

① 《宋大诏令集》卷二二二，第859页。
② 《宋大诏令集》卷二二二，第859页。
③ 《宋大诏令集》卷二二二，第859页。

可见，及时掩埋尸体能有效地防治疫病的形成与蔓延。

明道二年（1033）二月，南方大旱，种饷皆绝，人多流亡。流民"困饥成疫气，相传死者十二三"。由于政府救疗方法的不当，"官虽作粥糜以饲之，然得食辄死，村聚墟里几为之空"。大旱、饥饿和疫病的同时发生，给淮南路、江南东路（今安徽东部、江苏南部）和江南西路（今江西大部）造成了严重的影响，使得当地的人口大量死亡。这次疫情造成的后果异常惨烈，大量尸体无人掩埋。腐败的尸体不仅有伤儒家教化，而且也可能成为新的疫病的传染源。在这种情况下，政府不得不出面掩埋，并加以祭祀。二月庚子，宋仁宗诏："淮南、江南民被灾伤而死者，官为瘗埋，仍祭酹之。"①六月，宋仁宗再次"诏督郡县开廪以济之，发徒以瘗之"②。让郡县开仓放粮，对疫病之人加以救治，并组织犯人瘗埋尸体。

至和元年（1054）春正月，京师开封府大旱，饥疫相作。辛未，宋仁宗"诏京师大寒，民多冻馁死者，有司为瘗埋之"③，让有关机构掩埋尸体。

北宋熙宁年间，开封发生疫疾，贫者不能葬。宋神宗下诏划拨专门的土地用于埋葬死者："诏开封府界僧寺旅寄棺柩，贫不能葬，令畿县各度官不毛地三五顷，听人安厝，命僧主之。"并制定了详细的奖励措施："葬及三千人以上，度僧一人，三年与紫衣；有紫衣，与师号，更使领事三年，愿复领者听之。"④

南宋端平元年（1234），宋蒙联合灭金。端平二年（1235），蒙古分三路大军南侵，宋蒙战争爆发。战争期间，南宋成都府路、梓州路、夔州路、利州路、京西南路、荆湖北路、淮南西路、淮南东路等地先后发生疫病，造成大批军民死亡。淳祐四年（1244）二月癸酉，宋理宗下诏"出封桩库缗钱各十万，命两淮、京湖、四川制司收瘗频年交兵遗骸，立为义冢"⑤。《宋史全文》卷三三《宋理宗三》亦载："出封桩库十七界楮币各十万付京湖、四川、

---

① 《续资治通鉴长编》卷一一二"明道二年二月庚子"条，第2605页。《文献通考》卷三〇一《物异考七》、卷三〇四《物异考十》，考2377、2396页。
② 《蔡襄全集》卷三五《右班殿直监慈湖都铁冶务程君墓志铭》，第769—770页。
③ 《续资治通鉴长编》卷一七六"至和元年春正月壬申"条，第4248页。
④ 《宋史》卷一七八《食货志上六·振恤》，第4339页。
⑤ 《宋史》卷四三《理宗本纪三》，第829页。

两淮制置司，收瘗频年交兵遗骸。"① 淳祐七年（1247）六月戊申，宋理宗诏："旱势未释，两淮、襄、蜀及江、闽内地，曾经兵州县，遗骸暴露，感伤和气，所属有司收瘗之"②。六月己酉，宋理宗发布《收瘗遗骸诏》："旱势日甚，怛于朕怀。变不虚生，厥有攸致。两淮、襄、蜀尝经贼入，江、闽内郡间因寇作，遗骸暴露，感伤和气，令所属州县收瘗之。"③

宋代，政府在疫病隔离方面采取了积极的措施，并取得显著的成效。熙宁九年（1076），赵抃在越州（今浙江绍兴）创立病坊，对患病之人实行隔离治疗。其起因是当年春天，越州大疫，"为病坊，处疾病之无归者。募僧二人，属以视医药饮食，令无失所恃。凡死者，使在处随收瘗之"④。元祐四年（1089），苏轼在杭州设立"安乐坊"⑤，隔离防病机构有了进一步发展。北宋后期，宋徽宗下诏在各地建安济坊，专门收留病人，安济坊实际上演变成为隔离病人的医院⑥。崇宁三年（1104），宋政府在各地设立漏泽园，以掩埋因贫困无以安葬的无主尸体，减少疫病的播散。南宋以后，政府继承了北宋时期的做法，各地均效仿这一制度，普遍建立漏泽园。据梁其姿、甄志亚的研究，由于官员贪污和经费短缺，南宋时期病坊、漏泽园的运作出现了很大的弊病⑦。绍定四年（1231）姑苏（今江苏苏州）春疫，七月吴渊"创济民一局，为屋三十有五楹，炮泽之所，修和之地，监临之司，库廪庖湢，炉碪鼎臼，翼然井然，罔不毕具"⑧。南宋时期对患伤寒等传染病死亡者实行隔离和火葬的措施，有利于防止疫病的扩散。洪迈《夷坚丁志》卷一五载："江吴之俗，指伤寒疾为疫厉，病者气才绝，即殓而寄诸四郊，不敢时刻留。临川民张珪死，置枢于城西广泽庵。庵僧了悫夜闻扑索有声，起而伺，则张枢中也。既不敢发视之，隔城数里，无由得言，但拱手而已，良久声息。迟

---

① 《宋史全文》卷三三《宋理宗三》，第2254页。
② 《宋史》卷四三《理宗纪三》，第838页。
③ 《宋史全文》卷三四《宋理宗四》，第2277—2278页。
④ 《元丰类稿》卷一九《越州赵公救灾记》，四部丛刊初编缩编本，第187册，第154页。
⑤ 《续资治通鉴长编》卷四三五"哲宗元祐四年甲午"条，第10496页。
⑥ 冯汉镛：《祖国中古时代的医院——安济坊》，载《医学史与保健组织》1958年第2期。
⑦ 梁其姿：《宋元明时期地方医疗资源初探》，《中国社会历史评论》第3卷，中华书局2001年版，第17—18页；甄志亚主编：《中国医学史》，人民卫生出版社1991年版，第191页。
⑧ 吴渊：《退庵先生遗集》卷一《济民药局记》；陈起编：《江湖小集》卷七一，影印文渊阁四库全书本，第1357册，第547页。

明奔告，其家亦不问。至秋，将火葬。"① 尽管洪迈的记载具有神魔、鬼怪色彩，但从中可以看出南宋时期江南地区对患伤寒病死者实行隔离和火葬措施。火化病尸，直接减少了病体传染源继续传染的几率。

然而，政府在医学上一些有利于防止疫病隔离的做法，在道德上却遭到了南宋士大夫的批判。朱翌在《猗觉寮杂记》卷下中认为："江南病疫之家，往往至亲者皆绝迹，不敢问疾，恐相染也。药饵食饮，无人主张，往往不得活。此何理也，死生命也。何畏焉？使可避而免，则世无死者矣。然此事其来已久。晋《王彪之传》云，永和末多疾疫。旧制，朝臣家有时疫，染易三人以上者，身虽无疾，百日不得入宫。国家且如此，况民间乎！此令一下，至今成风，不仁哉。"② 朱熹也认为在强调避疫的同时，更应该加强"恩义"教化。在《偶读漫记》中，朱熹指出：

> 俚俗相传，疫疾能传染，人有病此者，邻里断绝，不通讯问，甚者虽骨肉至亲，亦或委之而去，伤俗害理，莫此为甚。或者恶其如此，遂著书以晓之，谓疫无传染，不须畏避。其意甚善矣，然其实不然，是以闻者莫之信也。予尝以为，诬之以无染而不必避，不若告之以虽有染而不当避也。盖曰无染而不须避者，以利害言也；曰虽染而不当避者，以恩义言也。告之以利害，则彼之不避者，信吾不染之无害而已，不知恩义之为重也。一有染焉，则吾说将不见信，而彼之避也，唯恐其不速矣。告之以恩义，则彼之不避者，知恩义之为重而不忍避也。知恩义之为重而不忍避，则虽有染者，亦知吾言之无所欺，而信此理之不可违矣。抑染与不染，似亦系乎人心之邪正，气体之虚实，不可一概论也。吾外大父祝公，少时邻里有全家病疫者，人莫敢亲。公为煮粥药，日走其家，遍饮病者而后归。刘宾之官永嘉时，郡中大疫，宾之日遍走视，亲为诊脉，候其寒温，人与药饵，讫事而去，不复盥手，人以为难。后皆无恙云。③

---

① 《夷坚丁志》卷一五《张硅复生》，中华书局1981年版，第666页。
② 《猗觉寮杂记》卷下，《笔记小说大观》第6册，江苏广陵古籍刻印社1983年版，第55页。
③ 《晦庵先生朱文公文集》卷七一《偶读漫记》，朱熹撰，朱杰人、严佐之、刘永翔主编：《朱子全书》第24册，上海古籍出版社、安徽教育出版社2002年版，第3417页。

从南宋理学家反对避疫的态度来看，宋政府可能颁发过有关疫病期间隔离病人和避疫的诏令。尽管该措施不合理学家标准，但显示了当时避疫风气的普遍和盛行。南宋理学家对疫病的认识及其态度，昭示了南宋以后中国传染病防控措施中具有进步意义的"隔离""避疫"措施的倒退和转型。

尽管很长时间内人们将疾疫的发生归因于瘟神作怪或阴阳失序，但随着时代的进步，人们还是逐渐认识到疾疫发生与公共卫生之间的关系，从而开始重视公共卫生事业。如南宋真德秀在泉州任职期间，看到泉州城内水沟湮阏岁久，"淤泥恶水，停蓄弗流，春秋之交，蒸为疠疫，州人病之，匪一日矣"，乃作《开沟告诸庙祝文》，命人清理沟渠[①]。又如吴芾于乾道二年（1166）知隆兴府（今江西南昌），当地"旧有豫章沟，比久湮塞，民病途潦"。吴芾认为："沟洫不通，气郁不泄，疫疠所由生也。"亟命疏浚，民得爽垲以居[②]。

由此可见，宋政府在疫病救治过程中采取的施送棺木、掩埋尸体的做法，一方面稳定了民心，宣扬了儒家仁政教化；另一方面也起到阻断传染源、防止疫病进一步扩散的目的。南宋时期，政府和地方官员已经认识到公共卫生条件的改善才是防治伤寒最根本、最有效的措施，其中饮用水的净化和公共卫生尤为关键。尽管疫病的平息有其自然的规律，但宋政府在这方面的举措值得肯定。

结　语

从疫病流行和宋代政府颁布的应对诏令中可以看出：在疫病流行时期，皇亲、各级官吏、军队以及普通民众在政府的不同重视与关注下得到了不同程度的救治。宋代逐步确立了以政府为主导的疫病应对体系，它使各级政府逐步介入并承担疫病应对的职责，从而改变了宋以前应对疫病主要以社会力量为主的局面。国家在疫病应对过程中，扩大了政府的职能，部分转化了政府的理念，是宋代政府强化地方统治的一个重要组成部分。政府在应对疫病

---

① 《西山先生真文忠公文集》卷四八《开沟告诸庙祝文》，上海商务印书馆1937年版，第873页。
② 《晦庵先生朱文公文集》卷八八《龙图阁直学士吴公神道碑》，《朱子全书》第24册，第4113页。

的过程中，更多的干预了民众生活，从而使国家的力量深入到传统官府从未到达的层次。本章的研究表明：宋代皇帝的重视与支持，政府医学机构的参与与组织，经济财政方面的救助与租赋蠲免，新型医学知识在疫病救治中的引入，官吏政绩的考核以及疫病后对社会秩序的重构，是宋代政府在疫病应对中采取的主要措施。

在宋代的疫病救治体系中，政府医学机构发挥了显著的作用。北宋时期，为了保障各种疫病救治措施的有效实施，政府先后建立了一些官办机构，以一种较为积极的姿态全面地介入疫病救治，对各种流行的疫病采取了较为积极的应对措施。在疫病流行时期，翰林医官院（局）负责贯彻执行政府政策，派遣医官、良医、太医局医学生前往诊治、赐药、颁方。太医局负责教育、培养医学生，并肩负收集医方，按疫病种类配制各种药方，编辑医学著作等。合剂局（后更名为熟药所、惠民局）则按太医局药方制药，为翰林医官院（局）准备赏赐药物。北宋时期政府在疫病应对方面取得如此成效，与这些机构的有效参与、配合是分不开的。南宋时期，太医局的数次罢废，影响到政府机构疫病救治效果的发挥。

在宋代的疫病救治体系中，对医学知识的重视与引入，客观上促进了宋代医学的发展与转型。北宋时期在政府的重视下，本草学、方书学著作的编修成为社会时尚，尤其是官修医学方书著作，如《太平圣惠方》《雍熙神医普救方》《庆历善救方》《皇祐简要集众方》《太平惠民合剂局方》《政和圣剂总录》等被政府引入疫病救治，并发挥了显著的作用。如开宝八年（975）五月，宋太祖在《商人赍生药度岭者勿算诏》中公开宣称，原先医学知识比较匮乏的岭南地区在政府的重视和努力下，方药逐渐占据了主导地位，"诏商人以生药度岭者免算"①。《东都事略》卷二载："诏曰：岭表之俗，疾不呼医。自皇化（《长编》卷一六注作'王化'）攸及，始知方药。商人赍生药度岭者，勿算。"② 北宋中后期，随着政府对疫病预防的重视，政府和医学界对疾病病因的探讨非常兴盛，促进了宋代医学领域内温病学、伤寒学、本草学、医方学和运气学说等的兴盛。如官修医学方书著作《太平圣惠方》《政

---

① 《续资治通鉴长编》卷一六"开宝八年五月"条，第340页。
② 王称：《东都事略》卷二，《丛书集成三编》第96册，新文丰出版公司1996年版，第778页。

和圣剂总录》等，在每一方剂的前面专门有大量的篇幅介绍疾病的病因。

总之，从政府颁布的医学诏令中可以看出：宋代政府对疫病救治采取了积极的应对政策，与国家关系密切的社会群体在政府的关注下得到了不同程度的治疗。宋代皇帝的重视、政府机构的配合、国家医学制度的规范和经济财政方面的救助，使疫病在宋代得到了有效的控制。尤其是宋政府将官修的医学著作引入疫病救治，极大地促进了宋代医学的发展与转型。应该说，这是历史的一个进步。

第二十四章

宋代的救灾防灾思想

一、北宋对汉唐救荒防灾思想的继承与发展

吕祖谦总结历代荒政时指出:"大抵荒政统而论之,先王有预备之政,上也;使李悝之政修,次也;所在蓄积有可均处,使之流通,移民移粟,又次也;咸无焉,设糜粥最下也。"从救荒防灾思想的角度来说,吕祖谦所讲荒政的后两项主要是救灾措施,可以不论。宋代对前代救灾防灾思想的继承大致表现在储蓄救荒和损有余补不足。先说储蓄救荒思想。储蓄救荒又可分成两部分,藏粮于民和建制义仓的思想。

对于储蓄救荒,北宋君臣都有比较清醒的认识,雍熙二年(985)秋七月,宋太宗对宰相说:"国家以百姓为本,百姓以食为命,故知储蓄最为急务。"[①] 宋神宗时,为鼓励民众储蓄,用儒家经典阐发储蓄的重要性:

> 古之丰年,皆有露积,以为收入,故其《诗》曰:"曾孙之庾,如坻如京",于是乎求千仓以处之,万车以载之。乃厚赐农夫而休息之,故其《诗》曰:"黍稷稻粱,农夫之庆"。如此则虽有水旱,民不狼狈,以其有素备也。今夫刺地而耕者遍于阡陌,岁或大收则未尝盖畜,或糜

---

① 《续资治通鉴长编》卷二六,第596页。

而为酒醴，委其余以食犬彘。水旱之来，于是乎鸟惊兽骇。弱者委骨乎沟壑，而强者转而为盗贼，此由刺史、县令不务教民以储畜之过也。今秋实以登，亩皆倍入，其许公上之赋与终岁之食，及夫宾客、祭祀、送死、养生、吊庆之具外，皆聚之囷窖，无得妄费。其令郡县常察其不率者，庶乎家给人足以强富，视天下西成之日，亦当有以劳赐尔之勤也。①

"国无九年之蓄，曰不足；无六年之蓄，曰急；无三年之蓄，曰国非其国也。三年耕，必有一年之食；九年耕，必有三年之食；以三十年之通，虽有凶旱水溢，民无菜色，然后天子食，日举以乐。"② 这段儒家经典有关储蓄的论述是宋代士大夫们论述储蓄救荒重要性时所经常要强调的。譬如庆历三年（1043），余靖在乞宽租赋防盗贼疏中云："以古者三年耕必有一年之蓄，九年耕必有三年之蓄，无三年之蓄，曰国非其国。故虽尧水汤旱，民无菜色者，有备灾之术也。"③ 根据电子版文渊阁四库本的检索，从汉唐以来，广泛引用这段论述作为论证储蓄的重要性是从北宋中期开始的。

欧阳修是北宋诗文革新的旗手，也是著名的政论家。欧阳修从水旱乃是不因人的意志为转移而年年岁岁都必然发生的自然现象的科学认识，对储蓄救荒的必要性和重要性作了深刻的阐释：

> 何谓不量天力之所任？此不知水旱之谓也。夫阴阳在天地间腾降而相推，不能无愆伏，如人身之有血气，不能无疾病也。故善医者不能使人无疾病，疗之而已。善为政者，不能使岁无凶荒，备之而已。尧、汤大圣，不能使无水旱，而能备之者也。古者丰年补救之术，三年耕必留一年之蓄，是凡三岁，期一岁以必灾也。此古之善知天者也。今有司之调度，用足一岁而已，是期天岁岁不水旱也，故曰不量天力之所任，是以前二三岁连遭旱蝗而公私乏食，是期天之无水旱，卒而遇之，无备故也。④

---

① 郑獬：《郧溪集》卷八《戒谕天下广储蓄诏》。
② 《礼记注疏》卷一二《王制·冢宰》。
③ （明）杨士奇等：《历代名臣奏议》卷二四三，第3202页。
④ 欧阳修：《欧阳修全集》卷六十《原弊》。

宋代义仓之建立也是仿隋朝的做法，所本的原理即是古人"夫水旱之灾，虽尧、汤有所不免，今不思所以备灾之术，而岁幸年谷之熟，则是求出于尧、汤之所不可必者也"，"取之以时而藏之于民，下足以备凶灾，而上实无所利焉"①。"盖义仓者，良法也，始自隋长孙平建议，曰：'古者三年耕，有一年之积，九年耕，有三年之储。虽有水旱，人无菜色，皆由劝导有方，蓄积先储。'故历世行之以为利焉"②。值得注意的是，宋人立义仓已明确打着损有余补不足的旗号。景祐中，集贤校理王琪上疏论道："明道中，最为饥歉，国家欲贷饥民，则兵食不足，故民有流转之患。是时，兼并之家出粟数千硕即补官，是岂以爵为轻欤，特爱民济物，不获已而为之尔。孰与夫乘岁之丰收，羡余之人，于天下之广，为无穷之利，岂不大哉！且兼并之家占田常广，则义仓所入常多，中下之家占田常狭，则义仓所入常少。及水旱赈给，则兼并之家未必待此而济，中下之民实先受其赐矣。损有余补不足，天下之利也。"由于义仓粮食是从赋税增加数额中获取，因而受到兼并之家的抵制，"事下有司，会议者异同而止"，"已而众论纷然，以为不便，遂诏第令上三等户输粟，寻复罢"③。这种情况从乾德年以后曾因相同的原因出现数次反复。

虽然损有余补不足在义仓的建立过程中受到阻碍，实行的较为艰难，但这是宋代士大夫最重要的救荒防灾思想之一。宋代常平仓的建立固然是继承汉唐以来的做法，但宋人特别强调其损有余补不足的精神，而且与摧抑兼并，赈济贫乏联系起来。景祐二年（1035），御史中丞杜衍《乞详定常平制度疏》曰：

> 臣闻农者国之本，不可不劝其业。谷者民之命，不可不为之储。盖岁有丰凶，谷有贵贱，计本量委，欲及其时，散滞取赢，宜究其术。前志曰："欲人务农，人有所利，粟有所归。"谓官以法收之也。今豪民富家乘时贱收，拙业之人旋致罄竭。及稼事不兴，小有水旱，则稽货不

---

① 《续资治通鉴长编》卷一七五"皇祐五年十二月"条，第4242页。
② 《续资治通鉴长编》卷四八四"元祐八年五月丁丑朔、戊寅"条，第11492页。
③ 《续资治通鉴长编》卷一三三"庆历元年九月乙亥"条，第3183页。

出，须其翔踊，以谋厚利。农民贵籴，才充口腹，往复受弊，无复穷已。虽劝课之官，家至日见，亦奚益于事哉。《管子》曰："令有缓急，物有轻重，人君不治，则蓄贾游市，乘人不给，百倍其利矣。"又曰："万室之邑，必有万锺之藏，藏镪千万；千室之邑，必有千锺之藏，藏镪百万。"由此言之，则平籴常平之制，其来久矣，非始于汉宣之世也。……此法之设，盖以抑兼并，惠贫弱，苟行之必信，守之必坚，本息渐增，则公私获利矣。①

杜衍关于重建常平仓制度的建议，当时虽未得到采纳和实行，但是这个建议实际上是王安石改革常平仓制度的先河。

北宋杰出思想家李觏也有专门的论述："《易·系辞》曰：'何以聚人曰财。理财正辞，禁民为非曰义。'财者，君之所理也，君不理，则蓄贾专行而制民命矣，上之泽于是不下流，而人无聊矣。此平籴之法有为而作也。管仲行于齐，李悝行于魏，耿寿昌行于汉，国不失实，人获其利。自晋迄隋，时或兴废，厥闻未昭。唐天宝中，天下平籴，殆五百万斛，兹全盛之事也。大宋受命将百年矣，谷入之藏，所在山积，平籴之法，行之久矣。盖平籴之法行，则农人秋粜不甚贱，春籴不甚贵，大贾蓄家不得豪夺之矣。而官之出，息常十一二，民既不困，国且有利，兹古圣贤之用心也。"李觏一生著述颇丰，涉及儒家思想的方方面面，而贯穿其全部学术思想的鲜明特色，是他在《上孙寺丞书》中所说的"以康国济民为意"。他在《潜书》《礼论》《平土书》《富国策》《强兵策》《安民策》《庆历民言》《周礼致太平论》等系列文章中，首次系统提出变革社会、富国强兵的主张。这些主张与后来王安石变法思想的诸多方面都不谋而合，若单就理论论说而言，李觏的思想则更加系统而有条理。出身于社会下层的李觏，对农村的真实生活有较多的了解。他发现在宋朝商品经济发展的条件下，农民与市场的联系日益紧密，谷物价格对农民生活产生了多方面的影响，并对此提出不同于传统的新见解："古人有言曰：'谷甚贱则伤农，贵则伤末。'谓农常粜而末常籴也，此一切之论也。愚以为贱则伤农，贵亦伤农。贱则利末，贵亦利末。"为什么谷价

---

① 《宋朝诸臣奏议》卷一一七，第1153页。

贵贱都伤农呢？李觏认为农民在收获粮食以后，由于"具服器""营昏丧"、缴纳赋税、偿还借贷等急需现金，纷纷大量出售谷物，"粜者既多，其价不得不贱。贱则贾人乘势而阁之"，"故曰：敛时多贱，贱则伤农而利末也"。新谷出售后，农民储备的粮食不够，便又不得不向市场购买，购买者一多，粮价"不得不贵，贵则贾人乘势而闭之"，"故曰种时多贵，贵亦伤农而利末也"①。从而超越了前人对谷物价格与农业生产关系的认识，具有积极的社会意义。

宋代常平仓建立后不长时间就因去乡村远、数量少和吏缘为奸等弊端而名存实亡，于是宋神宗熙宁时期王安石正是从损有余补不足的精神出发，实行以"去其疾苦，抑兼并，便趋农"为主旨的变法运动，把汉代以来的常平仓法提高到一个前所未有的高度。王安石的政治思想深受孔孟以来儒家正统派的影响，推崇孟子的"仁政"思想是王安石进行变法的重要理论基础。宋神宗熙宁八年（1075）颁行《三经新义》，四库馆臣以为："皆本王安石经说，三经：书、诗、周礼也。……然则三经义中惟周礼为安石手著矣。"② 因此可以说，在某种程度上讲，王安石新法直接受到《周礼》荒政思想的影响，其中青苗法、农田水利法、方田均税法、免役法，在精神实质上与《周礼》荒政十二项中的散利、薄征、弛力、舍禁绝大多数内容都不是为救荒而救荒，也不是仅仅在于临灾时提供紧急的救援，而是要改善广大民众的生存环境，使之具有抵御自然灾害的能力。因此可以说，在某种程度上，王安石新法中的青苗法、农田水利法、方田均税法、免役法，与《周礼》荒政十二项中的散利、薄征、弛力、舍禁在精神实质上是相一致的。有关王安石变法的内容前面已有论述，故不赘述。

二、吕祖谦对南宋荒政理论的推动

南宋荒政理论的发展与理学家们的积极推动分不开。南宋初期彻底否定王安石变法，王安石的新学虽然仍占据着官学的位置，但已明显显现出式微

---

① 《李觏集》卷一六《富国策》第六。
② 《四库全书总目》卷一九《经部·礼类一》，中华书局1987年版，第149—150页。

的发展趋势，理学便由此得到发展的机会，至宋孝宗统治时期则进入鼎盛阶段。楼钥说："乾道、淳熙间，儒风日盛，晦庵朱公在闽，南轩张公在楚，而东莱吕公讲道婺女，是时以学问著述为人师表者相望，惟三先生，天下共尊仰之。"① 吕祖谦和朱熹均积极倡导推行荒政，只是吕祖谦的推动主要表现在理论的建构上，而朱熹则是在行动上积极实践，并在朝野上下奔走，大力呼吁，造成强大的声势（前面已有详论）。吕祖谦的理论建构主要是撰写《历代制度详说》和阐发《周礼》荒政思想。吕祖谦把荒政列为《历代制度详说》十三门之一，制度篇叙述历代荒政条目：饥旱、祷旱、蠲放、降损、赈恤、缓刑、流移、移用、仓人、疾疫、火灾、水灾、捕蝗、劝分、平籴、常平、广惠仓、青苗、义仓、惠民仓、蔽匿、不赈救等的由来和变化，并列举重要史实为证。以为"荒政制度不可考，及至成周自大司徒以荒政十有二聚万民，其详又始错见于六官之书"，表明荒政之说主要始自《周礼》。"祥说篇"条理分析历代荒政之得失："大抵荒政统而论之，先王有预备之政，上也；使李悝之政修，次也；所在蓄积有可均处，使之流通，移民移粟，又次也；咸无焉，设糜粥，最下也。虽然如此各有差等，有志之士随时理会便其民。"最后总结说："大抵天下事，虽古今不同，可行之法，古人皆施用得遍了。今但则举而措之而已。……今所论荒政，如平籴之政条目尤须讲求，自李悝平籴，至汉耿寿昌为常平仓，元帝以后，或废或罢，到本朝遂为定制。仁宗之世，韩魏公请罢鹭没官之田，募人承佃为广惠仓，散与鳏寡孤独。庆历、嘉祐间，既有常平仓，又有广惠、广济仓赈恤，所以仁宗德泽洽于民，三仓盖有力。至王荆公用事，常平、广济量可以支给，尽槖转以为钱，变而为青苗，取三分之息，百姓遂不聊生。广惠之田卖尽，虽得一时之利，要之竟无根柢。元祐间虽复，章惇又继之，三仓又坏，论荒政者不得不详考。"② 吕祖谦的荒政制度详说是《周礼》问世以后首次对历代荒政得失给以系统全面的总结。

其次，阐释《周礼》荒政思想的微言大义。北宋中期以来，宋儒一反汉唐章句式的注经方法而为义理的方法，对儒家经典的微言大义进行阐释。此

---

① 《攻媿集》卷五五《东莱吕太史祠堂记》。
② 《历代制度详说》卷八。

风延及南宋方蔚为大观，对《周礼》的阐释亦是如此。据《四库全书总目》所收汉唐至宋对《周礼》注解著述主要是在南宋。譬如王与之《周礼订义》八十卷所引诸家释《周礼》的著作就很能说明问题。"与之字次点，乐清人。淳祐二年六月，行在秘书省准敕访求书籍，牒温州宣取是编。知温州赵汝腾奏进，特补一官，授宾州文学，后终于通判泗州。此本省牒、州状、都司看详及敕旨均录载卷首。盖犹宋本之旧。前有真德秀序，作于绍定五年壬辰；下距进书时十年；又有赵汝腾后序，作于嘉熙元年丁酉，下距进书时六年。故汝腾奏称素识其人。又称德秀殁后，与之益删繁取要，由博得约，其书益精粹无疵也。所采旧说凡五十一家，然唐以前仅杜子春、郑兴、郑众、郑元、崔灵恩、贾公彦等六家，其余四十五家则皆宋人，凡文集语录无不搜采。"① 是书集吕祖谦的议论作为其注解《荒政》的总论云：

> 吕氏曰：荒政十有二，其目须当详讲。一曰散利、二曰薄征，此两者荒政之始，散利是发公财之已藏者，薄征是减民租之未输者。已藏者既发之，未输者又薄之，荒政之大纲既举矣。三曰缓刑、四曰弛力，缓刑谓民迫于饥寒，不幸而有过失，缓其刑辟以示哀矜之意；弛力者，平时用民之力，岁不过三日，今则当用者，亦弛之不用，所以休息百姓。五曰舍禁，平时所谓山虞林衡皆有所掌，至荒政则彻去藩篱，恣民取之。六曰去几，平时关防皆有几察，荒岁必要百物流通，使天下商旅出于其市，此救荒之要术。七曰眚礼，此则专理会荒政，凡礼文之可省者省之，如有币无牲之类。八曰杀哀，凡是丧纪之节，一皆减损，所谓不以死伤生，专理会荒政。九曰藩乐，时和岁丰，所以与民共乐，乐民之乐，亦当忧民之忧，所以荒岁不乐。十曰多昏，凶荒之年，多是匹夫匹妇不能自保，所以杀礼而多昏，使男女自相保之义。十有一曰索鬼神，靡神不举，并走群望之类是也。十有二曰除盗贼，前面说缓刑，此说除盗，此便是经、权皆举处，既与民共忧，不幸民有过，固可哀矜，至于奸人亦有伺变窃发者，凶荒之岁，民心易动，一夫叫唤，万夫皆集，所以必以除盗贼终之，此止乱之道。大抵圣人之经，盖通万世而可行者，

---

① 《四库全书总目》卷一九《经部·礼类一》，第152页。

其条目皆止于此。然周礼之书，六官分职，合之则有总，散之则有所司，其关节脉理皆自相应，只去大司徒上看未尽，若遍考六官，则荒政秩序可见。且如散利须考大府、天府、内府，凡掌财赋之官，如薄征须考九职、九赋、九贡，如缓刑须考司寇、士师所掌之刑，它莫不然参观遍考，然后可知。①

于此可见吕祖谦对《周礼》荒政思想的阐释深受时人的推崇。

叶时主要仕宦于宁宗、理宗两朝，所著《礼经会元》四卷"其书括周礼以立论……其大旨醇正，多能阐发体国经野之深意"②。对"荒政"的阐释有云：

先王荒政以散利为急，盖古者，三年耕必余一年之食，九年耕必余三年之食，预为先备以为散利之地，故尧有九年之水，汤有七年之旱，民无菜色者，备先具也。是以周人有仓人掌粟入之藏，有余则藏之，以待凶而颁之，旅师则聚野粟，平颁其兴积，施其惠。遗人掌县都之委积，以待凶荒，皆先为之备也。后世如梁之移民河东，汉人之就食蜀汉，亦得周人移民就谷之意。发仓廪以振贫民，遣使以振贷无种食者，亦得周人赒民施惠之意，然皆可暂而不可常也。独一常平、义仓之法，有仓人藏粟，旅师聚粟，遗人委积之政，诚可以为荒政散利之助，而后人不能遵守其法，而推广其意，常平义仓之名存而实废，卒有水旱之变，国胡以相恤哉！上无以散其利，下无以聚其民，则有去而为盗贼者矣。盗贼方兴，乃相与讲求其弭盗之策，甚者，必重法立威，以求胜之，不思礼义生于富足，盗贼起于贫穷，周人荒政以除盗贼居其末，盖亦甚不得已也。郑氏谓急其刑而除之，则失之矣。且周人非不除盗贼也，在司稽则执市之盗贼，以徇且刑之；在士师则掌邦贼邦盗之成；在朝士则凡盗贼杀之无罪；在司厉则掌贼盗之任器货贿；在掌囚则守盗贼，在掌戮则搏盗贼；在司隶则帅其民而搏盗贼；在环人则谍贼。然此

---

① 《周礼订义》卷一六。又见宋吕乔年编《丽泽论说集录》卷四。
② 《四库全书总目》卷一九《经部·礼类一》，第151页。

非凶荒之时，其除之必急，固宜也。凶年盗贼盖亦饥寒所迫耳，何后世不求所以救凶荒之政，而徒求其所以胜盗贼之术欤？然则欲除盗贼者当如何？曰：自散利始。①

叶时对《周礼》荒政十二个要点之间的内在逻辑做了深刻的诠释。对于古代统治者来说，讲求荒政固然与其具有最基本的救死扶伤的人道主义关怀精神和情怀分不开，但为防止农民饥荒之时作乱或起义，巩固其统治，乃是荒政更重要的目的所在。是故所谓"欲除盗贼者当如何？曰：自散利始"，足以说明平素足民储蓄在荒政的初始与结局之间诸多环节中是最为核心的要素，由此叶时也把古代储蓄备荒思想提高到一个新的理论高度。

其三，赵汝愚《宋朝诸臣奏议》、祝穆《古今事文类聚》、章如愚《群书考索》、林駉《古今源流至论》、方仁荣、郑瑶《景定严州续志》等史乘、类书、方志开始专门设置"荒政"条目。宋宁宗朝嘉泰年间还出现了讲求荒政的专门著作：董煟《救荒活民书》。据是书原序可知："困处闾阎，熟睹民间利病，与夫州县施行之善否，心口相誓，异时获预从政，愿少摅活民之志。于是编次历代荒政，厘为三卷。上卷考古以证今，中卷条陈今日救荒之策，下卷则备述本朝名臣贤士之所议论施行，可鉴可戒、可为矜式者，以备缓急观览，名曰：救荒活民书。"这部书实开中国古代荒政文献之滥觞，明清时期撰写的《荒政要览》《荒政汇编》多以是书为蓝本，而清人俞森编纂《荒政丛书》亦将编自是书的《救荒全法》置于丛书之首。

三、朱熹的救荒思想

（一）富贫相恤的救荒思想

朱熹是中国历史上的杰出思想家，他的荒政思想是中国古代荒政思想的重要组成部分，因而受到学者们的关注。目前对朱熹荒政思想的研究已在两

---

① 《礼经会元》卷二。

个方面取得相当的进展,一是有关朱熹竭力推行的社仓思想①,二是有关朱熹以安民、恤民为主旨的救荒思想②。但这两方面还不是朱熹荒政思想的全部。前面已论及朱熹的以社仓和安民、恤民等为主的荒政举措,在此不必重复,下面主要讲朱熹未雨绸缪的救荒思想、贫富相恤的救荒思想。

有关未雨绸缪的救荒思想。朱熹曾对弟子多次说过:"尝谓为政者当顺五行,修五事,以安百姓。若曰赈济于凶荒之余,纵饶措置得善,所惠者浅,终不济事"③;"若待他饥时理会,更有何策?东边遣使去赈济,西边遣使去赈济,只讨得逐州几个紫绫册子来,某处已如何措置,某处已如何经画,元无实惠及民";"到赈济时成甚事!"④所以他特别强调救荒的前期准备。这有三层含义:一是"只有储蓄之计",如大力推广社仓和积极推进劝官之制:"颁布劝农文,劝谕筑堰岸,申谕耕桑榜,推广星子知县王文林种桑之法。"⑤ 二是及早讲求修水利。"赈济无奇策,不如讲水利。"⑥ "因说赈济,曰:'平居须是修陂塘始得。到得旱了赈济,委无良策。'"⑦ 三是及早准备可以用作籴粜的米本。朱熹曾用现身说法,向弟子讲述他在南康任职时筹措米本的一些做法。

> 然下手得早,亦得便宜。在南康时,才见旱,便划刷钱物,库中得三万来贯,准拟籴米,添支官兵。却去上供钱内借三万贯籴米赈粜。早时籴得,却粜钱还官中解发,是以不阙事。旧来截住客舡,籴三分米。至于客舡不来,某见官中及上户自有米,遂出榜放客船米自便,不籴客舡米。又且米价不甚贵。⑧

---

① 冯柳堂:《中国历代民食政策史》,上海商务印书馆1934年初版,第97—101页。梁庚尧:《南宋的社仓》,《宋代社会经济史论集》(下),台湾允晨文化实业股份有限公司出版1997年版。张全明:《试论朱熹的社仓制》,《华中师大研究生学报》1987年第1期。
② 邹枋:《朱熹的救荒论与经界论》,《建国月刊》(南京)第10卷第1期,1934年。贾玉英、赵文东:《略论朱熹的荒政思想与实践》,《河南大学学报》第41卷第5期,2001年9月。
③ 《朱子语类》第七册,第2716页。
④ 《朱子语类》第七册,第2643页。
⑤ 《朱熹年谱长编》,第649页。
⑥ 《朱子语类》第七册,第2643页。
⑦ 《朱子语类》第七册,第2640页。
⑧ 《朱子语类》第七册,第2640页。

关于贫富相恤的救荒思想。黄榦在为朱熹所写的行状中说:"先生视民如伤,至奸豪侵扰细民、挠法害政者,惩之不少贷。由是豪强敛戢,里间安靖。"① 说"里间安靖"不免有溢美之嫌,但朱熹在推行荒政之时却极重视贫富相恤。《朱子语类》曾记述这样一段对话:

> 直卿言:"辛幼安帅湖南,赈济榜文只用八字,曰:'劫禾者斩,闭粜者配。'"先生曰:"这便见得他有才,此八字,若做两榜,便乱道。"②

很显然,朱熹颇为赞同辛弃疾把贫者的劫禾与富户的闭粜联系起来加以调理整治的救荒思路。然朱熹虽然赞同,但以为"只是粗法"③。朱熹追求的是人人各遂其所生的社会蓝图④,贫富相恤正是实现这种蓝图的途径之一。而贫富相恤的中心思想是启动和建立完备的民间救济机制。而朱熹为此作出了巨大的努力,这表现在两方面:一是积极推进民间社仓制的建立。黄榦在《袁州萍乡县西社仓絜矩堂记》中就综采其师的思想阐发设置社仓的社会意义:

> 榦闻之师曰:絜,度也;矩,所以为方也。……富者田连阡陌而余梁肉,贫者无置锥而厌糟糠,非方也。社仓之创,辍此之有余,济彼之不足,絜矩之方也。君子之道,必度而使方者,乾父坤母,而人物处乎其中,均禀天地之气以为体,均受天地之理以为生,民特吾兄弟,物特吾党与,则其林然而生者,未尝不方也。⑤

梁庚尧先生在《南宋的社仓》一文中较详尽地论述了由于朱熹数弟子们不懈努力,社仓制度至宋理宗时已遍行南宋全国,成为仓储制度中不可缺少的一环了。南宋社仓所以能继续发展,保持其扶助农民的功用,这应该是一

---

① 《朱熹年谱长编》,第 1469 页。
② 《朱子语类》第七册,第 2717 页。
③ 《朱子语类》第七册,第 2717 页。
④ 参见梁庚尧《宋代社会经济史论集》下册,《中国历史上民间的济贫活动》。
⑤ 黄榦:《勉斋先生黄文肃公文集》卷一七《宋集珍本丛刊》第 67 册,第 716 页。

个重要的因素；而社仓的民间组织性质之所以能够维持不辍，是与有一批宗奉理学仁政思想的士人在家乡主持各项事业，造福乡里分不开。如在镇江府金坛县设立社仓的刘宰，刘宰于举进士之后，入仕十余年，以不乐仕进，归隐乡里，买田百亩以自给，在家乡中联结乡人，设社仓，倡义役，修桥补路，普及医药常识，遇灾荒则设粥局赈济灾民。"儒家思想便是在这种社会结构中，转化成为社仓此一制度，而发挥其稳定社会的力量。"①

二是在饥荒严重之时，发动民间自救是不可或缺的。淳熙八年（1181）朱熹上言："缘绍兴府今年饥荒极重，官司虽已不住措置粜济，窃缘钱米不多，终是不能均济，惟有蠲除税租，禁止苛扰，激劝上户，最为急务，譬如救焚拯溺不可迟缓……"② 富户或称上户在灾荒时愿意提供大量米谷用以赈济或赈粜，这与相当的人想要获得政府的旌赏有关。宋代官府为了劝谕富家赈粜或赈济，悬有赏赐官爵的赏格，"至于劝谕富民发廪粜济，亦是圣朝不爱官爵以救民命，颁下赏格极于酬厚，以故富民观感视效，始肯竭其困仓累岁之积以应公上"③。当然也有不为官爵而是出于有人饥己饥之心，"此心但欲济邻里，身外浮名非所希"④，即出于一种仁爱怜悯之心。对于朱熹来说，前者是他充分利用官府的激劝政策，因而为了能使更多的富户、上户加入贫富相恤的行列，多次上疏要求朝廷及时兑现劝谕的"推赏"或"推恩"措施，以免"失信本人，无以激劝来者"，"欲乞不候诸司保明，早依元降赏格推恩"，"以闻其去年本路所奏合推赏人，则乞特诏有司直与推赏，给降告命付之本州，令守臣唤上当厅祇受，不须更令官司保明，徒为文具"⑤。至于后者则是朱熹推广儒家的"仁心""仁者"思想的结果。所谓"蒙其惠者虽知其然，而未必知其所以然也"⑥，这个所以然者即如度正体会朱熹的思想所言："人与物并生于天地之间，同于一理，均于一气。故君子以为人者，同胞之兄弟；而物者，相与之侪辈也。视之如兄弟，则必亲之，而有相友之

---

① 《宋代社会经济史论集》，第 467—468 页。
② 《朱文公文集》卷二一《乞赈粜赈济合行五事状》。
③ 《朱文公文集》卷二二《辞免直秘阁状一》。
④ 《湖山集》卷四《癸巳岁邑中大歉三七侄捐金散谷以济艰食因成三十韵以纪之》。
⑤ 《朱文公文集》卷一七《乞推赏献助人状》；卷一六《缴纳南康任满合奏禀事件状》《乞借拨官会给降度牒及推赏献助人状》。
⑥ 《朱文公文集》卷七九《建宁府建阳县长滩社仓记》。

义焉；视之如侪辈，则必爱之，而无暴殄之失焉。知此则知所以为仁，知所以为仁，则知所以仁民爱物矣。"① 贫富相恤与推广社仓的原始本意别无二致，只是一个行在灾荒发生之前，一个行在灾荒发生之后。

(二) 禳弭救荒思想

朱熹曾对他的弟子说过这样的话："而今救荒甚可笑。自古救荒只是两说：第一感召和气，以致丰穰，其次只有储蓄之计。若待他饥时理会，更有何策？"② 把感召和气以致丰穰作为救荒措施，在朱熹看来比储蓄备荒还要重要。

朱熹所谓感召和气，以致丰穰，是自古以来救荒之一说，其渊源至迟可以上溯到商周时代。在那时，先民们相信在自然界中有一个支配自然万物的最高主宰者"天帝"，认为一切灾害和饥荒都是天帝有意降罚于人间，卜辞中记载的"庚戌卜贞，帝其降堇"；《尚书·微子篇》中的"天毒降灾荒"就反映了那种以为水、旱、饥馑，都是天帝降罚的思想观念，从而要想免除灾害，就只有祷禳于天帝③。春秋战国以降，随着万物有灵观念的发展和"天人合一"思想的日渐成熟、演化，"禳弭论"成为古代救荒思想中不可或缺的组成部分。朱熹的禳弭救荒思想即是对前人的继承，同时也打着很深的时代烙印。

要了解朱熹的禳弭救荒思想，首先应先明了朱熹对天人合一、天人感应思想的发展。众所周知"天人之际，合而为一"是汉儒董仲舒特别强调的一个哲学命题，但至北宋理学形成时期，张载、程颢等人却不满意这个命题对天与人关系的解释，张载说："天人异用，不足以言诚；天人异知，不足以尽明。"④ 程颢则说："天人本无二，不必言合。"⑤ 朱熹集理学之大成，自然

---

① 傅增湘编《宋代蜀文辑存》卷七六《巴川社仓记》，北京图书馆出版社 2005 年版，第六册第 292 页。
② 《朱子语类》第七册，第 2643 页。
③ 参见邓拓《中国救荒史》，北京出版社 1998 年版，第 192—197 页。安德明：《天人之际的非常对话》，中国社会科学出版社 2003 年版，第 12—25 页。
④ 《正蒙·诚明篇第六》，《张载集》，中华书局 1978 年版，第 20 页。
⑤ 《河南程氏遗书》卷第六，《二程集》，中华书局 1981 年版，第 81 页。

发扬张、程之说："天人一物，内外一理，流通贯彻，初无间隔。"① 显然程朱理学在天人观上有了进一步的发展。李泽厚先生用简略的语言指出汉儒与宋儒之间关于"天人"关系的哲学分野："前者是宇宙论即自然本体论，后者是伦理学即道德形而上学。前者的'天人合一'是现实的行动世界，'生生不已'指的是这个感性世界的存在、变化和发展（循环）；后者的'天人合一'则是心灵的道德境界，即将伦理作为本体与宇宙自然相通而合一。它把'天人合一'提到了空前的哲学高度。"②

如前所述，秦汉以降在天旱之时已开始举行祭祀苍龙祷求下降霂霖，龙成为官方祭祀的神。入宋以后则正式祭龙求雨并陆续册封龙神为王，如宋太宗太平兴国二年，诏封湫神普济王为显圣王③。《宋史·礼志五》载真宗咸平二年（999）旱，李虚上《祈雨法》云："以甲乙日择东方地作坛，取土造青龙。长吏斋三日，诣龙所，汲流水，设香案、茗果、粢饵，率群吏、乡老日再至祝酹，不得用音乐、巫觋。雨足，送龙水中。"据今存《宋会要》记载，从宋神宗至宋孝宗，宋廷册封各地洞、潭、渊、池为龙女、龙子、龙王及公、侯和为祠庙赐匾额多达178次④。那么，朱熹是如何看待龙神之类超自然的力量的呢？为了说明问题，先看以下两段相关材料。

有弟子问龙行雨之说：

> 曰："龙，水物也。其出而与阳气交蒸，故能成雨。但寻常雨自是阴阳气蒸郁而成，非必龙之为也。'密云不雨，尚往也'盖止是下气上升，所以未能雨。必是上气蔽盖无发泄处，方能有雨。横渠《正蒙》论风雷云雨之说最分晓。"⑤

先生谓一僧云。问："龙行雨如何？"曰："不是龙口中吐出。只是龙行时，便有雨随之。刘禹锡亦尝言，有人在一高山上，见山下雷神龙

---

① 《朱文公文集》卷三八《答袁机仲别幅》。
② 《中国古代思想史论》，人民出版社1986年版，第320页。
③ 《续资治通鉴长编》卷一八，第407页。
④ 《宋会要辑稿》礼二〇之六一至八三。
⑤ 《朱子语类》第一册，第23页。

鬼之类行雨。此等之类无限，实要见得破。"①

又南剑邓德喻尝为一人言："尝至余杭大涤山中，常有龙骨，人往来取之。未入山洞，见一阵青烟出。少倾，一阵火出。少顷，一龙出，一鬼随后。"大段尽人事，见得破，方是。不然，不信。②

有关蜥蜴做雹。

伊川说："世间人说雹是蜥蜴做，初恐无是理。"看来亦有之。只谓之全是蜥蜴做，则不可耳。自有是上面结作成底，也有是蜥蜴做底，某少见十九伯说亲见如此。（记在别录）十九伯诚确人，语必不妄。

又，此间王三哥之祖参议者云：尝登五台山，山极高寒，盛夏携绵被去。寺僧曰："官人带被来少。"王甚怪之。寺僧又为借得三两条与之。中夜之间寒甚，拥数床绵被，犹不暖。盖山顶皆蜥蜴含水，吐之为雹。少间，风雨大作，所吐之雹皆不见。明日下山，则见人言，昨夜雹大作。问，皆如寺中所见者。

又，《夷坚志》中载刘法师者，后居隆兴府西山修道。山多蜥蜴，皆如手臂大。与之饼饵，皆食。一日，忽领无限蜥蜴入庵，井中之水皆为饮尽。饮干，即吐为雹。已而风雨大作，所吐之雹皆不见，明日下山，则人言所下之雹皆如蜥蜴所吐者。

蜥蜴形状亦如龙，是阴属。是这气相感应，使作得他如此。正是阴阳交争之时，所以下雹时必寒。今雹之两头皆尖，有棱道。疑得初间圆，上面阴阳交争，打得如此碎了。"雹"字从"雨"，从"包"，是这气包住，所以为雹也。③

先生曰："……邵又言：'蜥蜴造雹。'程言：'雹有大者，彼岂能为之？'……有一妻伯刘丈，（小字注：致中兄）。其人甚朴实，不能妄语，云：'尝过一岭，稍晚了，急行。忽闻溪边林中响甚，往看之，乃无，

---

① 《朱子语类》第一册，第36页。
② 《朱子语类》第一册，第35页。
③ 《朱子语类》第一册，第24—25页，又见第35页。

止蜥蜴在林中，各把一物如水晶。看了，去未数里，下雹。'此理又不知如何。造化若用此物为雹，则造化亦小矣。"①

以上所引材料表明，朱熹在认识寻常风雷云雨等自然现象的形成时，尚能够秉承北宋中期张载、沈括较先进的自然观给以接近科学的解释，但是囿于阴阳五行解释天象的陈说，对传说中的"龙行雨""蜥蜴造雹"等又深信不疑，这是他诚信超自然力的存在，因而大力倡导、推行禳弭救荒思想的认识根源。

禳弭救荒主要是通过对某种超自然力量的祈求来减少、消除灾害。祈求的方式则表现为各种祭祀山林川泽丘陵、风雨神的活动来实现。因而了解朱熹对鬼神的论述对理解朱熹的禳弭救荒思想是必要的。

> 神，伸也，鬼，屈也。如风雨雷电初发时，神也；及至风止雨过、雷住电息，则鬼也。
>
> 鬼神不过阴阳消长而已。亭毒化育，风雨晦冥，皆是。在人则精是魄，魄者鬼之盛也；气是魂，魂者神之盛也。精气聚而为物，何物而无鬼神！
>
> 鬼神只是气。屈伸往来者，气也。天地间无非气。人之气与天地之气常相接，无间断，人自不见。人心才动，必达于气，便与这屈伸往来者相感通。②

朱熹用"气"的理论解释了鬼神的合理存在及与人相感通的关系。在朱熹"气"的理论中，"气"包括物质和精神两部分，"气"是理的载体，"气也者，形而下之器也，生物之具也"，"是以人、物之生……必禀此气然后有形"③。"气"有动静，而"理"则无形无状，无动静可言。但理存在于气之中，气是可以动静的，气对理来说，是理乘载搭寓其上的运动体，这样一

---

① 《朱子语类》第一册，第35页。
② 《朱子语类》第一册，第34页。
③ 《朱文公文集》卷五八《答黄道夫》。

来，理虽然无动无静，但因乘载在动静的气，就有了相对的动静①。所以风雨雷电的运行和息止只是"气"的动静表现而已，但鬼神属阴阳消长，与人的精气，或言人心是相感通的。因而对风、雨、雷神的祭祀，就是人对鬼神的崇敬和诚心。朱熹对弟子说：

> "祭如在，祭神如神在。"此是弟子平时见孔子祭祖先及祭外神之时，致其孝敬以交鬼神也。……祭外神，谓山林溪谷之神能兴云雨者，此孔子在官时也。虽神明若有若亡，圣人但尽其诚敬，俨然如神明之来格，得以与之接也。……然则神之有无，皆在于此心之诚与不诚，不必求之恍惚之间也。②
>
> 祈雨之类，亦是以诚感其气。③

但对祭祀对象、祭祀仪式，朱熹恪守自商周以来形成的严格的上下尊卑等级，即要求人世间的社会秩序同自然秩序一一相对应，"即《祭法》中所谓'祭时、祭寒暑、祭日、祭月、祭星、祭水旱'者。如此说，则先祭上帝，次禋六宗，次望山川，然后遍及群神，次序皆顺"④。严格遵守礼法等级和秩序，分清君臣、州县官与百姓祭祀之对象不同。

> 叔器问："天子祭天地，诸侯祭山川，大夫祭五祀，士庶人祭其先，此是分当如此否？"曰："也是气与他相关。如天子则是天地之主，便祭得那天地。若似其他人，与他人不相关后，祭个甚么？如诸侯祭山川，也只祭得境内底。……"⑤

正因为朱熹恪守礼法，不愿越雷池一步，因而对不遵守礼法的祭祀行为持严厉的批评态度。

---

① 陈来：《宋明理学》，辽宁教育出版社1991年版，第167页。
② 《朱子语类》第二册，第620页。
③ 《朱子语类》第六册，第2292页。
④ 《朱子语类》第五册，第1997页。
⑤ 《朱子语类》第六册，第2291页。

如今祀天地山川神，塑貌像以祭，极无义理。①

又问："如杀孝妇，天为之旱，如何？"曰："这自是他一人足以感动天地。若祭祀，则分与他不相关，如何祭得？"又问："人而今去烧香拜天地之类，恐也不是"。曰："天只在我，更祷个甚么？一身之中，凡所思虑运动，无非是天。""……某在南康祈雨，每日去天庆观烧香。某说，且谩去。今若有个人不经州县，便去天子那里下状时，你嫌他不嫌他？你须捉来打，不合越诉。而今祈雨，却如何不祭境内山川？如何便去告上帝？"②

这是对不按礼法而祭祀的行为的批评，而对于那些"今之为吏者""所敬畏崇饰而神事之者，非老子、释氏之祠，则妖妄淫昏之鬼"更是痛斥不已，慨叹其由此导致了"人心之不正，风俗之不厚，年谷之不登，民生之不遂"，"比年郡多水旱、札瘥之变"③。因而朱熹在地方为官时为正人心，厚风俗，诚心敬意祈祷当地山川雷雨之神，为百姓召和气，禳弭灾，"昔守南康，缘久旱，不免遍祷于神。"④

《奏南康军旱伤状》云：

自六月以来，天色亢阳，缺少雨泽，田禾干枯。本军恭依御笔处分，严禁屠宰，精意祈禳，及行下逐县，精加祈祷……遍诣寺观神祠及诸潭洞，建坛祭祀请水，精加祈祷雨泽。

《再奏南康军旱伤状》又云：

照对本军管属星子、都昌、建昌三县管下诸乡，自春夏以来，雨泽少愆，寻行祈祷，于五月中旬已获感应，稍稍沾足，遂至高下之田皆已布种。至六月上旬以来，又阙雨泽，及遍诣管属灵迹、寺观、神祠，诸

---

① 《朱子语类》第六册，第 2290 页。
② 《朱子语类》第六册，第 2291—2292 页。
③ 《朱文公文集》第七九《鄂州社稷坛记》。
④ 《朱子语类》第一册，第 53 页。

处渊潭取水，建置坛场，依法册祭龙及修设醮筵，禁止屠宰，精加祈祷……①

当然，实际生活中"精加祈祷"往往"未获感应""并无感应"，那就只好如实上报所受灾伤之状。一当有所感应，则自是欣喜有加。《朱熹年谱长编》记庆元五年（1199）八月"考亭、陈昭远大旱祈雨，甘泽普降，有诗唱酬"：

《朱文公文集》卷九《甘泽应祈一苏焦槁皆昭远致政宣义丈及仲卿诸友昼夜精虔不出道场之力而昭远大惠诗反以见属非所敢当辄依高韵和呈以见鄙怀并简同诸兄友》："精祷由来未浃辰，如何嘉澍便遄臻？诚通幽隐知无间，喜动龙天信有因。适叹悀焚千亩尽，忽惊滂润一时均。谁云化育流行妙，只属乾坤不属人。"

同上，《谨次陈昭远丈龙洲乡社高韵并呈诸兄友》："几年乡社醉班荆，此日祠坛喜落成。误许俗书轻染污，急传佳语颂登平。年半已荷天垂庆，人杰还欣地炳灵。不信邻村是尘境，请看绿水锁红亭。"②

从这两首唱酬之诗，不难看出朱熹因其至诚祷雨而得雨泽后的喜悦心情。

自商周以来，有关感召和气，以致丰穰，亦即禳除灾害的方式除了上述祭祀、精祷山川鬼神，对风雷云雨之神乃至宇宙主宰者的祈求而外，另一个重要方式是对人的行为，特别是对统治者行为的调整。诚如前揭秦汉以降随着天人感应观念的发展以及与阴阳五行说结合，那种认为人类社会的一切行为，皆可影响自然的秩序，导致天象的变化，而自然的一切变化也都对应着人世间的所有活动的思想愈益受到社会的普遍认同。因而，禳除灾害多指向帝王失德、吏治败坏以及社会道德沦丧等行为和现象。朱熹有关这方面的弭

---

① 《朱文公文集》卷一六。
② 束景南：《朱熹年谱长编》下册，华东师范大学出版社 2001 年版，第 1373 页。

灾思想，主要见于他的四个奏札《辛丑延和奏札一》《论灾异札子》《奏推户御笔指挥二事状》《乞修德政以弭天灾变状》以及《辞免直秘阁状》等。这几篇奏札表达了三层意思。

一是劝谕皇帝畏天敬诚弭灾以达到"正君心"和"为政以德"的目的。《论灾异札子》云：

> 臣窃思惟间者以来，灾异数见，秋冬雷雹，苦雨伤稼，山摧地陷，无所不有，皆为阴盛阳微之证。陛下虽尝下责躬之诏，出敢谏之令，而天心未豫，复有此怪，亦为阴聚包阳不和而散之象。……圣王遇灾而惧，修德正事，故能变灾为祥，其效如此。伏愿陛下视以为法，克己自新，早夜思省。举心动念，出言行事之际，常若皇天上帝临之在上，宗社神灵守之在旁，懔懔然不复敢使一毫私意萌于其间，以烦谴告。而又申敕中外大小之臣，同寅协恭，日夕谋议，以求天意之所在而交修焉，则庶乎灾害日去而福禄日来矣。①

"正君心"是朱熹追求治世、治道的大根本，"天下事有大根本……正君心是大本"②。"天下之大务，莫大于恤民；恤民之本，又在人君正心术以立纪纲。"③"正君心"就要从畏天敬诚做起，"不复敢使一毫私意萌于其间"，否则上天就会"谴告"，降灾害于人间。在这里朱熹的禳弭救荒思想与他的民本思想一脉贯通。

二是以弭灾直言朝政阙失，希望改革弊政以召和气。

宋孝宗淳熙八年（1181），因灾异而诏求天下直言。朱熹上奏札指出，宋孝宗即位近二十年虽然"夙兴夜寐，畏天恤民，诚敬宽仁，格于上下，宜其天心"，但是"二十年之间，水旱、盗贼略无宁岁"，究其原因"推迹前事以深求之意者"：

---

① 《朱文公文集》卷一四。
② 《朱子语类》第七册，第2679页。
③ 黄榦：《朝奉大夫文华阁待制赠宝谟阁直学士通议大夫谥文朱先生行状》，《朱熹年谱长编》下册，第1469页。

德之崇者，有未至于天欤？业之广者，有未及于地欤？政之大者，有未举，而其小者无所系欤？刑之远者或不当，而其近者或幸免欤？君子或有未用，而小人或有未去欤？大臣或失其职，而贱者或窃其柄欤？直谅之言罕闻，而谄谀者众欤？德义之风未著，而污贱者骋欤？货赂或上流，而恩泽不下究欤？责人或已详，而反躬有未至欤？夫必有是数者，然后足以召灾而致异。

指陈朝政阙失不是目的，"而实采其说，以革前日之弊，则于应天之实，所补不细"才是目的①。如何革除弊政呢？朱熹在《乞修德政以弭天变状》中以为，首先"独有断自圣心，沛然发号。深以侧身悔过之诚，解谢高穹，又以责躬求言之意，敷告下土。然后君臣相戒，痛自省改，以承皇天仁爱之心，庶几精神感通，转祸为福"，其次"则唯有尽出内库之钱，以供大礼之费，为收籴之本，而诏户部无得催理旧欠，诏诸路漕臣遵依条限，检放税租，诏宰臣沙汰被灾路分州军监司守臣之无状者，遴选贤能，责以荒政，庶几犹足以下结民心，消其乘时作乱之意"。最后朱熹警告说，如果不修德政，"臣恐所当忧者，不止于饿殍，而在于盗贼；蒙其害者，不止于官吏，而止及于国家也"②。这篇奏札以感召和气，令统治者悔过自新而禳弭灾害的方式充分表达了朱熹为民请命，切实推行荒政以惠泽百姓的意愿。

三是亡羊补牢，未为晚矣。也就是说在朱熹看来，感召和气，以致丰穰应是救荒弭灾的根本。换言之，当天子、臣属、百姓其心皆圣，阴阳相和，自然就不会有灾异发生，但在人世间，私欲不尽，天理还不畅明时，精祈祷，敬鬼神往往难以感通上苍，毕竟灾荒频仍。这时，唯一的补救措施，"莫若宽其税赋，弛其逋负，然后可以慰悦其心而感召和气也"③。因而朱熹在地方任官时，在很大程度上，借感召和气"以免谴告"，来为自己大力推行荒政开道："凡请朝，言无不尽。官物之检放、倚阁、蠲减、除豁、带纳，如秋苗、夏税、木炭、月桩、经总制钱之属，各视其色目为之条奏，或至三

---

① 《朱文公文集》卷一三《辛丑延和奏札一》。
② 《朱文公文集》卷一七。
③ 《朱文公文集》卷一六《奏推广御笔指挥二事状》。

四,不得请不已;并奏请截留纲运,乞转运、常平两司发钱米充军粮,备赈济,申严邻路断港遏籴之禁;选官吏授以方略,俾视境内,具知荒歉分数,户口多寡,蓄积虚实,通商劝分,多所全活。其设施次第,人争传录以为法。"① 这也成为朱熹一生追求"丰穰"治世的一个缩影。

要之,在科学昌明的今天,回过头来看八百多年前的禳弭救荒思想,确实感到有点"荒唐"和"愚昧",但它又实实在在地存在于那个远去的时代,而且是被当时的人们所笃信。我们没有理由以现在的标准去衡量过去的"愚昧",或者轻易地否定曾在历史上起过不可替代的进步作用的思想和行为。同时,透过历史的"愚昧",也使我们认知到,即便是如朱熹这样的伟大思想家,他依然不能超越时代给予的历史条件,人类对世界的认识是永无止境的。

朱熹生前未能使理学居于官学,死后到宋理宗时得到极大褒扬,取代王安石新学成为官方认可的主流思想。理宗淳祐四年(1244),朱熹的再传弟子、巴川人阳枋给四川广安军守赵汝虞《上广安赵守弭旱十事》,把朱熹感召和气以救荒的思想运用到广安救荒活动中,后以榜文的形式召告社会各阶层,这在宋代文献中似不多见,故将榜文全文录于下:

> 窃见本军旱暵逾常,祈禳未应,稻苗已槁,岁事可忧。当使修已省愆自责,兴利除害外,尚虑曰官曰吏,若士若民,旧染入深,未知悔悟,是致天怒未解,雨泽愆期。今具合行悔惧十条,揭榜市曹,发下县镇,张挂晓谕。庶远近通知,上下改革,共回天意。
>
> 一、当使深自悔惧,思年谷不登,则无以措其治。凡从前苛政之害民者,已即扫去,善政之利民者,已即举行;讼狱淹滞者,已为疏决;冤抑无告者,已为伸理。求直言以达幽隐,平斗斛以便供输。又将思赈穷之策,求弭盗之方。徭役不兴,赋敛从薄,官则进贤能而退凡庸,吏则用循良而斥贪刻。当使加之廉谨俭约,教诲抚字,庶几可以感召和气而格天心。

---

① 黄榦:《朝奏大夫文华阁待制赠宝谟阁直学士通议大夫谥文朱先生行状》,《朱熹年谱长编》下册,第1469页。

一、士大夫当深自悔惧，思年谷不登，则无以振吾职。凡从前政事烦扰，务去以便民；号令峻迫，务弛以宽民。职教化者，悯三纲五常之尽斁，而念念修明；敛财贿者，念民膏民脂之已竭，而勤勤宽恤；居幕府者，慨然兴怀，而振起条章法制之坏；司犴狱者，恻然动心，而哀矜桎梏捶楚之伤。筦库之士，念一镪一粒出于民而毋欺；其出入民社之家，思一饮一食得之民，而深切其抚摩。自州而县，自县而镇，检身戢吏，惩忿窒欲，庶几可以感召和气而来天眷。

一、吏胥当深自悔惧：思年谷不登，则无以効吾役。凡从前欺公罔上之心，害民益己之习，贪惏黩货之念，宜一切洗濯。思巧法伤人，终遭凶祸，而发仁心；思害众成家，终非长久，而生畏心；思横取悖入，终必破败，而守常心；毋徇权势、毋害善良、毋欺困弱、毋党凶盗。自吏而胥，自胥而徒，相告相戒，相勉相率。庶几可以感召和气而免天殃。

一、为士者当深自悔惧，思年谷不登，则无以成吾道。凡从前言语动作，或不合于圣贤措置云为，或有负于名教，宜一切省察。入则实孝父母，出则实悌长上，兄弟实用其爱敬，朋友实用其诚信。实欲仁民，实欲爱物，毋盘游、毋逸乐，毋言尧舜而行市人，毋外衣冠而中木石。父以诏子，兄以诏弟，勤勤勉勉，俯仰无愧。庶几可以感召和气而致天休。

一、为农者当深自悔惧，思年谷不登，则无以力吾耕。凡从前播种耕凿，或不本于神农；长养敛藏，或不尊于司啬。不昏作劳欤，不服田亩欤？布帛菽粟狼戾，而不知检欤；暑雨祈寒，怨嗟而不悔欤？不则仰不知事父母，俯不知育妻子，疾病不相救，守望不相助，穷困不相赒。饱食暖衣，逸居无教，致此大戾。宜一切惩创，迁善远罪，庶几可以感召和气而回天意。

一、百工之事当深自悔惧，思年谷不登，则无以利吾器。凡从前侈美华丽之奇，苟简固陋之习，宜一切荡涤。冶者精镕冶而革去朽钝，陶者精埏埴而毋事苦窳。攻皮必坚，攻木必良，切磋必易，斵削必善。毋售粗以为精，毋饰恶以为良。毋卤莽而苟目前，毋灭裂以欺后日。陶冶砖埴，金木皮色，更相劝勉，更相表率。庶几可以感召和气而弭天灾。

一、行商坐贾当深自悔惧，思年谷不登，则无以为吾资。凡从前饰伪售假以为良图，机计巧算以为能事者，宜一切悔艾。毋事丰息、毋窥厚利、毋欺权衡、毋诈度量、毋变乱真假、毋移易白黑、毋乘人之急、毋要时之艰、毋聋瞽昏痴、毋笼罩拙讷。由城郭而郊野，由郊野而道途，务相劝告，务相禁止。庶几可以感召和气而消天变。

一、道释者流当深自悔惧，思年谷不登，则无以遂吾学。凡从前相愿诸佛而心不诸佛，冠衣老子而行不老子，宜一切动悟。毋懒惰睡眠而不勤礼诵，毋放纵畜养而不顾因缘，毋佛前偃蹇而恬不以为罪，毋寺观赌博而憸不知其非。毋薄人供施、毋强人庄严、毋贪货财、毋嗜酒肉。自禅而律，自观而觉，更加警省，更相启导。庶几可以感召和气而逭天谴。

一、军禁之士当深自悔惧，思年谷不登，则无以足尔之食。凡从前放肆暴横之习，钞掠扫荡之心，宜一切改图。思地无民则我宁独存？民无食则我宁独活？毋谓天高地厚、毋谓鬼远神幽、毋谓世道终不清、毋谓王法终不行、毋掠人货物、毋毁人屋室、毋伐人林木、毋驱人牛羊。使田野安居则尔之糇粮自丰，市井完聚则尔之饮食自足。老者语壮，智者诲愚，断自于今，循循率率。庶几可以感召和气而息天怒。

一、游手之徒当深自悔惧，思年谷不登，则无以营汝之生。凡从前不事产业而营营趋末之心，不勤农桑而断断射利之习，宜一切自觉。夙兴夜寐，以聚百谷；劳筋苦骨，以就百事。毋尚赌博，毋盟偷盗。毋嬉游以仰食，毋安坐而糜财。贩夫贩妇，发公平心。屠沽樵渔，生慈爱想。明者语闇，觉者训蒙，朝夕思惟，昼夜记忆。庶几可以感召和气而免天罚。①

以上榜文表明理学在理宗朝不仅上升为主导思想，而且迅速推进至基层社会，成为社会各阶层的行动指南。理学感召和气的思想把灾荒与社会成员的行动、行为紧密联系起来，这样做固然有些"荒诞不经"，但它在大灾来临之时，能够从一个侧面团结和号召社会各阶层人员共同抗击灾荒应当说有

---

① 阳枋：《字溪集》卷九《广安旱代赵守榜文》。

一定的积极意义。

四、董煟《救荒活民书》中的仓储救荒思想①

《救荒活民书》，作者董煟，字季兴，鄱阳（今属江西）人。光宗绍熙四年（1193）进士，初调筠州新昌尉，再调成都，后历知应城、瑞安、辰溪县等地。《救荒活民书》是中国历史上第一部荒政专著。《救荒活民书》分为三卷，上卷是"考古以证今"，选录上古到南宋淳熙九年（1182）历代有关荒政和救荒的文献资料，并进行了评论；中卷是"条陈今日救荒之策"，即提出救荒的具体办法；下卷是"备述本朝名臣贤士之所议论，施行可为法戒者"，辑录宋朝各家对荒政的言行，作为赈灾救荒的指导。还有"拾遗"一卷。《救荒活民书》内容丰富，具有很强的实用性。因此，在南宋中期便开始颁行各路，对当时的赈灾救荒起到了重要作用，也对后世的荒政产生了深远的影响。

（一）救荒要藏富于民、用之于民

董煟指出，水旱霜蝗等天灾历代都会发生，是难以避免的，"水旱霜蝗之变何世无之"，但是如果救荒无策，"则民有流离饿莩转死沟壑之患"②。救荒要讲求策略，而设仓储粮，预备灾荒是至关重要的。《礼记·王制》曰："国无九年之蓄曰不足，无六年之蓄曰急，无三年之蓄曰国非其国也。三年耕，必有一年之食；九年耕，必有三年之食。以三十年之通，虽有凶旱水溢，民无菜色，然后天子食，日举以乐。"可见仓储在备荒救灾中的重要意义。

董煟认为仓储救荒最重要的是要"藏富于民"，使百姓有一定的积蓄，才增强抵御灾害的能力。要实现"藏富于民"，就要求统治者平时宽政薄赋，实行仁政，如《周礼》中所谓的那样要"散利""薄征"③。再者，还要求统

---

① 本小节由杨芳先生撰写。
② 《救荒活民书》自序。
③ 《救荒活民书》卷一。

治者取于民时要有度，"有余则取"，"不足则与"。《曾巩救灾议》载："夫王者之富，藏之于民。有余则取，不足则与，此理之不易也。故曰百姓足，君孰与不足；百姓不足，君孰与足？盖百姓富贵而国独贫，与百姓饿殍而上独能保其富者，自古及今未有之也。……是故古者有二十七年耕，有九年之蓄，足以备水旱之灾，然后谓古者二十七年耕，有九年之蓄，足以备水旱之灾，然后王者政之成。……"① 国家的富强在于百姓有储积，只有公私都有储积，才能抵御灾害，维护国家长治久安。如果国家只一味向百姓索取，就会造成国家富有而百姓困的局面。"国以民为本，民以食为天"，"王者以得民为本"②。可见，百姓有所储积，才能增强自救能力；统治者有爱民之心，恤民之心，使百姓休养生息、安居乐业，才能得到百姓的拥护。

　　董煟强调国家储积是为备荒，并在百姓需要的时候施予他们，而不是为储积而储积。"古称九年之蓄者盖率土臣民通为之计，固非独丰廪庾而已，后代失典籍备虑之意，忘先王子爱之心，所蓄粮储惟计廪庾，不知国富民贫，其祸尤速。"③ 他坚决反对官府只知聚敛，而吝于发廪造成仓粮浪费的行为。"今州县有常平仓，有义仓，朝廷诸路又有封桩米斛，至于大军仓、丰储仓、州仓、县仓皆不与焉。但赋敛繁重，民间实无所蓄耳。然官之所蓄又各有司存而不敢发，驯致积为埃尘，盖亦讲求古人凶年通财之义乎。"④ "近世救荒，有司鄙吝，不必尽发常平之粟。至于丰储、广惠等仓，以往往久不支动，化为埃尘。"指出国家如果在灾荒之时吝于发廪，则会招致祸乱。"唐太宗谓王珪曰：'开皇十四年大旱，隋文帝不许赈给而令百姓就食山东，比至末年，天下储积可供五十年，炀帝恃其富饶，侈心无厌，卒亡天下。但使仓廪之积，足以备凶年，其余何用哉？'"蓄积本是为了备荒，隋文帝聚敛财富不舍得抚恤百姓，最终造成隋炀帝骄奢淫逸而终亡天下的结局，对此，董煟评论说："蓄积藏于民为上，藏于官次之，积而不发者又其最次。"⑤ 明确指出官府只知聚敛，吝于发廪是救荒中最不可取的。

---

① 《救荒活民书》卷三《救荒杂说》。
② 《救荒活民书》卷一。
③ 《救荒活民书》卷一。
④ 《救荒活民书》卷一。
⑤ 《救荒活民书》卷一。

因此，救荒首要的就是要公私都有所储积，更重要的是"藏富于民"，百姓要有储积；国家设仓积谷的目的是为备荒，并在灾荒之时毫不吝惜地"用之于民"。只有这样才能国富民强，抵御灾害，维持社会安定。

（二）充分发挥常平仓、义仓、社仓的救荒作用

《救荒活民书》中涉及了宋代的常平仓、义仓、社仓、丰储仓、广惠仓、州仓、县仓等仓廪，在各类仓廪中，董煟重点强调了常平仓、义仓、社仓的救灾作用。

常平仓的基本职能是平抑物价，救助灾荒。正如董煟所说："常平之法，专为凶荒赈籴，谷贱则增价而籴，使不害农；谷贵则减价而，使不病民。谓之常平者。此也。"① 《救荒活民书》中，董煟多次提到常平仓在救荒中的重要意义，称赞宋代常平法："本朝常平之法遍天下，盖非汉唐所能及也。"② 在董煟看来，常平仓的救助灾荒的作用是不可替代的。"常平和籴救荒实政。"③ 他在谈到汉元帝时罢盐铁、常平时强调说："盐铁可罢，常平不可罢。"在董煟列举的各种救灾措施中，常平居首，可见其重要性。为强调常平仓的平抑物价与赈灾作用，他还列举苏轼救荒之例："昔苏轼论救荒大计，全在广籴常平斛斗，若乘艰食之际，便行减价出粜，平准在市米价，则人皆受赐，亦可免流移之灾，此外更无长策。若巡门俵米、拦街散粥，终无救于饥馑，其俵散之利所及者狭，不如出粜之利所及者广也"。指出常平仓在"艰食之际"的平准物价比"巡门俵米""拦街散粥"等救济办法使灾民受利更广泛，是救助灾荒的长久之策。常平仓的基本职能主要是通过赈籴与赈粜来完成的，"常平法，本无岁不籴，无岁不粜。上熟籴三而舍一，中熟籴二，下熟籴一，此无岁不籴也；小饥则发小熟之敛，中饥则发中熟之敛，大饥则发大熟之敛，此无岁不粜也"④。赈籴是赈粜的基础，是为赈粜做准备的，常平仓只有在平时有充足的粮食储备，才能在谷价高涨，粮食紧缺时有粮可粜，发挥平抑粮价的作用。常平仓粜籴官府要做到"不抑价"，要利用市场

---

① 《救荒活民书》卷二《常平》。
② 《救荒活民书》卷一。
③ 《救荒活民书》卷一。
④ 《救荒活民书》卷二《常平》。

来调节粮米价格，而不是政府单纯放粮赈济和强行抑制粮米价格。即所谓"常平令文，诸粜籴不得抑勒，则米价随时低昂，官司不得禁抑可知也"①。"官司籴时，不可藉数定价，须视岁上中下熟，一依民间实直，宁每计升高于时价一二文以诱其来。"② 常平仓在收购粮食时宁可按市场价格高一二文收买以鼓励农民出售，决不能按不合实际的官定价格收买。董煟批评常平仓收购定额太死，收成不好时也强行收购；闹饥荒时不调出，收成好时不收购，使仓谷日久腐烂，达不到调节物价的目的。他建议按年成丰歉逐年流动仓谷，出陈易新。遇灾州县不应拘泥常平仓本钱"不许挪用"的规定，可将其用于收成好的州县购粮谷以赈灾民，事后再拨还原仓。饥荒之年，如果常平无米，则截留上供米减价出粜，而将粜到之钱起发上京③。由于宋朝常平仓只设置在城郭，使得乡村之人无法得到常平仓的救助。他指出常平仓的弊端在于不能遍及乡村，"然出粜之时，亦须遍及乡县村落之民，不可止及城郭游手而已"④，建议"仿富弼青州监散米豆之法，变通而行之"，而"水脚之费""搬运之折"于所粜之米中"每升增于官中所定之价一文，以充上件廪费"。

常平仓的赈籴、赈粜作用虽然广泛而长久，但毕竟是有限的。大饥之年，即便常平低价粜米，许多贫民百姓也无钱籴米，而且常平仓对乡村的救助作用也是相当有限的。因此，在这种情形下，还要充分发挥义仓的赈济作用。

义仓主要职能是在灾荒时用于赈济。董煟说："义仓，民间储蓄以备水旱者也。"⑤ 义仓是在隋朝出现的。隋文帝开皇五年（585），依照工部尚书长孙平的奏请，在诸州"劝课当社，共立义仓"⑥。北宋于建隆四年（963年）三月，"令诸州于所属县各置义仓，自今官中所收二税，每石别输一斗贮之，以备凶歉给与民人"⑦。此后义仓时兴时废。关于宋代义仓谷的来源，董煟记载说："绍圣著令诸县义仓斛斗收五合，即元丰旧法也。大观初，乃令增

---

① 《救荒活民书》卷二《不抑价》。
② 《救荒活民书》卷二《常平》。
③ 《救荒活民书》卷二《常平》。
④ 《救荒活民书》卷二《赈粜》。
⑤ 《救荒活民书》卷二《义仓》。
⑥ 《隋书》卷二四《食货》。
⑦ 《宋会要辑稿》食货五三之一九。

斗收一升，以备赈荒，至今行之。"① 可见，宋代义仓谷多则收取二税的百分之十，少则百分之五，定额较低，负担较轻。董煟反对将义仓置于州县的做法，因为饥民分布于乡间，不大可能到州郡来领取赈济粮食，而且义仓之米常转充军粮等用。对官府把持义仓粮食，存而不发的行为，董煟严厉斥责："义仓，民间储蓄，以备水旱者也。一遇凶歉，直当给以还民，岂可吝而不发，发而遽有德色哉！"② 董煟还对义仓赈济的其他一些弊病进行了批评："抄劄之时，里正乞觅，强梁者得之，善弱者不得也；附近者得之，远僻者不得也；胥吏里正之所厚者得之，鳏寡孤独疾病无告者未必得也。""赈济所以救饥民者，多以支米为便，不知支米最为重费，弊仵又多，不系沿流及产米去处，般运极为费力，往往夫脚与米价相等，更有在路减窃拌和之弊……"③ 他建议在诸乡建仓贮米，"县籍其数，主以有年德之辈"，灾荒时"还以赈民"；每乡委有信义的土户及官员一名为提督赈济官，每都择有声望、公正干炼之人为监司，"县道委令监里正分围抄劄，不许邀阻"；义仓赈济时，米钱兼支，因地制宜，视情况而定，这样才能避免弊端，物尽其用，发挥其救荒功能。

针对常平仓、义仓不能遍及乡里、常被侵吞挪用、发廪程序复杂等弊病，董煟建议在乡村建立社仓。社仓之制，一般认为创自朱熹，实际在朱熹创设社仓稍前，魏掞之已有类似做法，在建宁府建阳县长滩铺设仓，以谷贷民④。《宋史》也称："诸乡社仓自掞之始。"⑤ 朱熹设立社仓后，使社仓得到了推广。董煟认为："社仓乃公私储积，救济小民使兼并者无所肆其侵渔之心，傥天下郡邑诸乡能行之，为利甚薄。"他还详细列举了《崇安社仓条约》《金华县仓规条》《清江县社仓规约》，认为："社仓规约虽不同，使天下郡邑皆能钦此意以行之，虽有水旱，民不困乏矣。"⑥ 充分肯定了社仓在乡村中的备荒救灾作用。

---

① 《救荒活民书》卷二《义仓》。
② 《救荒活民书》卷二《义仓》。
③ 《救荒活民书》卷二《义仓》。
④ 《救荒活民书》拾遗《朱熹社仓奏请》。
⑤ 《宋史》卷四五九《魏掞之传》。
⑥ 《救荒活民书》拾遗。

（三）救灾中各地、各类仓储要相互配合、互相通融

宋代的仓储制度比较完备，仓廪的类型多样，分工也更为明确。平时及灾荒发生时，常平仓、义仓等备荒仓储要充分发挥各自的职责，但灾情严重时，各地、各类仓储的互相配合，互通有无是非常重要的。董煟说："通融有无，真救荒良法。"而通融有无的方法有公有私："公曰：支拨官廪，借免内库，如假军储以救民饥者是也。""私曰：劝人发廪，劝人籴贩，劝人商贾贩钱，贩米归乡，共济乡人者是也。"① 这里讨论的主要是公家的通融有无。如"水旱，先发常平赈粜，义仓赈济，度其不足，则预觅度牒、借内库钱于丰熟去处循环籴粜以济民。"饥荒年份，常平米不足时，也可发省仓米、上供米、朝廷桩管米、府州仓米等进行赈济。"熙宁七年正月，河阳灾伤，常平仓赈济斛斗不足，乞兼发省仓。""大中祥符诏，江淮发运司岁留上供米五千石以备饥年赈济。"②

董煟对在灾荒之时，各地、各仓储的相互援助予以充分肯定。"国朝建隆元年，遣户部郎中沈伦使吴，越，归，奏扬泗饥民多死，郡中军储尚百余万斛可贷于民，至秋复收新粟。有司沮伦曰：'今以军储赈饥民，岁若荐饥恶，所收取孰任其咎？'帝以难伦，伦曰：'国家以廪粟济民自当召和乐而致丰年，岂复有水旱耶？'帝即命发廪贷民。煟曰：圣主所为，其英谋睿断，自有出人意表者，敬观太祖皇帝不惑群议，发军储以救民饥，真得通融有无，以陈易新之术。"③"淳熙九年，常州无锡饥，臣僚奏，乞令提举司速急于平江府通融支常平斗斛，或借拨别邑米前去接续赈恤，得旨于平江府朝廷桩管米内支三千石接续赈济。又乾道元年，浙西被水，臣僚言：'太平州芜湖见桩管常平米一十六万石，未有支使，圣旨令临安府于内取拨五万石、平江府常州三万石、湖秀各二万石、镇江府一万石，仰逐州旧下差官押发人船前去般取，专充赈粜，不得他用，其粜到钱逐项桩管，秋成收籴拨还。'此则孝宗诚知通融之术，今日宜当举行之。"④ 他认为这不仅是救助灾荒的重

---

① 《救荒活民书》卷二《通融有无》。
② 《救荒活民书》卷一。
③ 《救荒活民书》卷一。
④ 《救荒活民书》卷二《通融有无》。

要策略，也是各地、各仓之间通融有无，以陈易新重要途径。

董煟批评各地、各类仓不相通融的做法，"有无相济，真救荒之良法，今州县各司其民，官司各司其职，莫肯通融，异县贮贮，不恤邻邑，哀哉！"①"春秋之时诸侯窃地专封，然同盟之国犹有救患分灾之义，未尝遏籴也。今之郡县不知本原，但不容米下河出界，回视春秋列国为有愧矣。"②他认为，天下一家，各地有丰有歉，邻邑之间要互通有无，未受灾地区要对受灾地区伸出援助之手；如果此地之米不许出境，他处之米不许入境，一旦饥荒，即环视壁立，无告籴之所。"今州县有常平仓，有义仓，朝廷诸路又有封桩米斛，至于大军仓、丰储仓、州仓、县仓，皆不与焉。"③他认为在灾荒之时，"封桩米斛"、大军仓、丰储仓、州仓、县仓除供国家经费之外，也有备凶年的职能，饥荒之时也要配合常平仓、义仓尽到赈灾的义务。

总之，灾荒时节，政府开义仓、常平仓等备荒仓储进行赈济、赈粜，如果有不足，则由州县、监司逐级上报朝廷，陈乞截留上供米斛，支借省仓、州县仓、朝廷桩管米等充赈济、赈粜、赈贷之用。同时，丰稔之地不能遏籴、闭籴，各地应该通融有无，互相援助。

结 论

综上所述，董煟的仓储救荒思想主要体现在以下方面：救荒首要的是统治者平时要"散利""薄征"，"藏富于民"，百姓有一定的蓄积才能增强抵御灾害的能力；国家储积是为备荒，灾荒时要毫不吝惜地给予百姓，"取有余""补不足"才能得到百姓的拥护。常平仓、义仓是专用于备荒赈灾的仓储，要充分发挥它们平抑物价、赈济灾荒的作用。同时也倡导在乡村建立社仓，加强乡村的救荒能力。灾荒发生时，各类仓储要互相配合，互通有无，协力救灾。《救荒活民书》不仅是历代备荒、救荒经验和思想的总结，也是董煟自身救荒实践经验的总结。《救荒活民书》包含丰富的内容，有较强的实用性，对当时的赈灾救荒起到了重要作用，也对后世的荒政产生了深远的影响。

---

① 《救荒活民书》卷一。
② 《救荒活民书》卷一。
③ 《救荒活民书》卷一。

第二十五章

结　　论

根据以上二十四章的叙述，对宋代自然灾害与荒政可以从四个方面得出十五点认识：

一、宋代的自然灾害

第一，对于自然灾害灾种的描述和分类，宋代与现今有相同之处，也有不同之处。相同之处是古今发生的自然灾害灾种，作为自然运动的一种现象，不因人类时间的流逝而改变。宋代发生的自然灾害灾种，也在现今同样不断重复发生着，即：水灾、旱灾、蝗灾、地震、地质灾害（山摧、泥石流、地陷）、风灾、雹灾、海啸（海溢、海侵、海潮、风潮、咸潮、海冰、海雾、赤潮）、寒冻（霜冻）、鼠害和疫灾等。因而宋代乃至更早时代对自然灾害灾种的称谓至今也大致相仍不改。

不同之处则在于对自然灾害种类的划分，宋代与现今有不同的认识。现代主要从气象、生物、环境、地质、海洋的角度来认识和分类自然灾害。如将水灾、旱灾、风灾（飓风、沙尘暴、风霾）、雹灾（雨雹、冰雹、雷雹）、雪灾，归为气象灾害；将蝗灾、虫灾、鼠兽鸟害、畜疫，归为生物灾害；将沙尘暴、水土流失，归为环境灾害；将地震、山崩、滑坡、泥石流等，归为地质灾害；将风暴潮灾包括海啸、潮灾、海浪、赤潮、海冰、海水入侵等，归为海洋灾害。这种划分有时也不是固定不变的，一般的说，水涝、暴雨、寒冻、风、雪冰、雹灾害和旱灾是由气候变化和水文变化所造成，但由风害导致的沙暴，河湖海岸线崩坍，河流改道，湖泊的变化，由气候原因所造成的冰川、雪崩，由干旱和风沙所导致的沙漠化、冻土等，仍属地质灾害范围①。

宋人对自然灾害现象的分类和解释主要是从自然灾害现象与人和社会的关系，根据五行、阴阳学理论进行划分。元朝人编著的《宋史》，其取材主要是来自宋人所修的国史，《宋史·五行志》将自然与社会变异现象按照水、火、木、金、土分成五类：灾沴、灾眚、妖祥、变怪、灾凶。这五类灾害是水、火、木、金、土失性的表现。具体划分大致是：灾沴包括水灾、恒寒、雨雹、霜雪、雷电、蝗、疫等；灾眚包括火灾、恒燠；妖祥包括木冰、霖雨、鼠害；变怪包括旱灾；灾凶包括饥馑、大风（飓风、沙尘暴、风霾）、螟虫、地震等。

宋代是一个自然灾害频发、高发的历史时期，据不完全统计，北宋各类自然灾害发生1113次，南宋发生825次，合计1928次。其中，明确记载死亡人数逾万人者，或有骨肉相食、积尸满野相类记载的特大灾情23次；明确记载死亡逾千人者，或毁坏农田数万顷，或受灾面积"数百里""赤地千里"，或流民数万，或灾害发生后官府有较大赈灾措施的大灾情48次；明确记载死亡人数逾百人，或灾情发生在两路以上者，或损田数百顷，或毁坏民居、仓库、官署等千区以上，或雹如卵，数县乃至一二十州县受灾，或六级以上、七级以下强烈地震灾害的严重灾情249次。

第二，在宋代文献关于自然灾害的记述中，都城及其周围地区记载最为详尽，如北宋都城东京开封和南宋都城临安的气象、地质资料远非其他地区可以比拟，凡《宋史·五行志》所载水、旱、蝗、风、雹、寒发生时的空间地名不详者，一般即可理解为是发生在京畿地区的；宋代文献记载各地灾害多集中在经济财税发达或国防重地地区，北宋大致以河北、京西、京东、陕西、两浙、淮南、江东、湖南、湖北等地为主，南宋则主要是两浙、淮南、江南、湖南、湖北等地区。今传文献对宋代经济欠发达地区或较为偏远地区的灾种、灾情的记载，应有较大的缺漏，这些地区发生自然灾害数量少，不

---

① 参见李鄂荣、姚清林：《中国地质地震灾害》，湖南人民出版社1998年版，第93页。

应是风调雨顺的代名词，而只是没有被记载下来的一种反映而已。宋理宗朝嘉定年（1208）以后，由于《宋史》和《文献通考》记载失于简略，也直接影响到对南宋晚期七十年左右灾情的了解，所以这一时期的灾情记载是极不完整的，有很大的缺失。还有一种情况使得文献缺载灾情，即当政者有意营造盛世局面，而人为地回避"天谴"，如徽宗初登基"有司方言祥瑞，郡国地震，多抑而不奏。"① 据此可以得出一个重要的结论，即任何人对宋代自然灾害发生的频率和次数的统计，只是一个相对的参考数据，换句话说，现有的所有统计，只是见于文献不完全的记录，并不是两宋时期自然灾害的真实情况的反映，只是搜集的可信资料越多，距离真实情况越近而已。

第三，若按灾害的破坏程度而言，上述统计与宋人的认识大致相同。宋真宗时邢昺曾说："民之灾患，大者有四：一曰疫，二曰旱，三曰水，四曰畜灾。岁必有其一，但或轻或重耳。四事之害，旱暵为甚，盖田无畎浍，悉不可救，所损必尽"。邢昺平素注重从农民中间汲取有关灾患的知识，"田家察阴晴丰凶，皆有状候，老农之相传者率有验，昺多采其说为对"②。他对灾害的分类和分析应是符合当时的实际情况。不过，从有宋一代灾害对社会生活的影响整体情况来看，水灾（主要是黄河、长江泛溢、海潮）在致人民生命财产方面的威胁最直接也最大，其次是疾疫，再次是地震，而造成人民背井离乡和饿殍遍野的饥荒，则主要是旱灾所致。两宋时期见于记载的饥荒年份，共计195年，其中发生在三个州至一路较大范围的饥荒年，计58年。

二、宋代荒政政策与制度

第四，中唐以来至宋前期，儒佛道三教合流，中国古代思想史发展达到了一个新阶段，特别是儒、道"损有余、补不足"思想，对宋代实施荒政具有重要影响。宋前中期建立较为完备的常平仓制度，贯穿的宗旨即是春秋战国以来的平准、轻重理论。北宋中期以后，《周礼》荒政思想日益引起宋代

---

① 《宋史》卷六七，第1486页。
② 《宋史》卷四三一《邢昺传》，第12799页。《续资治通鉴长编》卷六七"景德四年十一月辛巳"条，是以宋真宗引邢昺的口气说出相类的话："民之灾患大约有四，一曰人疫，二曰旱，三曰水，四曰牛瘴，必岁有其一，但或轻或重耳。四事之害，旱暵为甚，盖田无畎浍，悉不可救，所损必尽。"

最高统治者和朝野士人的重视,并得到有力的传播和推广。王安石变法,既是一场社会变革运动,同时也是我国历史上统治阶级利用国家政权,第一次全面推进荒政的有益尝试。王安石新法中的青苗法、免役法、方田均税法、农田水利法、保甲法等新法措施,就是对《周礼》散利、薄征、驰力、缓刑、去盗贼等救荒之政的新发展。也因此可以说王安石变法把周秦汉唐以来以临灾救济和时断时续的常平、义仓等为主要内容的救荒之政,提高到作为国家大政方针重要组成部分的新阶段。南宋以后王安石变法虽然遭到了否定和批判,但是王安石变法所体现出的儒、道"损有余、补不足"精神,仍然得到继承和发扬,不同的只在于王安石是用国家的力量推行"荒政",其宗旨是"摧抑兼并,振济贫乏"。到南宋更多的则是朝野士人本着"贫富相济"的理念在地方和民间,以自己的实际行动推演"荒政"。像在南宋产生重大影响的朱熹"社仓法",就是直接导源于王安石新法中的"青苗法"。而且,常平仓的平籴功能,在南宋官府和民间的仓廪制度中,也得到了广泛的运用。但值得注意的是,"劝分"由北宋以劝诱自愿为主,过渡到南宋的强制"劝诱",是南宋统治者运用国家权力推行荒政的另一种表现形式,比赤裸裸的"摧抑兼并"隐晦了许多,但在体现"损有余、补不足"的精神实质上,则是殊途同归。南宋时期儒家的荒政思想随着理学的发展得到极大的推广,谈论荒政几乎成了一项专门的学问。宋宁宗朝嘉泰年间(1201—1204)董煟所著讲求荒政的专门著作《救荒活民书》,实开中国古代荒政文献之滥觞,明清时期撰写的《荒政要览》《荒政汇编》多以是书为蓝本,而清人俞森编纂《荒政丛书》亦将编自是书的《救荒全法》置于丛书之首。

第五,宋朝的荒政措施或制度,完全创新的很少,基本是延续和继承周秦汉唐而来。正如吕祖谦所说:"大抵天下事,虽古今不同,可行之法,古人皆施用得遍了。今但则举而措之而已。"宋朝虽然在救荒措施、制度上没有更多的创新,但宋朝比周秦汉唐救荒有两点重要进步:一是使各种救荒措施系统化、制度化。南宋人吕祖谦把"荒政"列为《历代制度详说》十三门之一,制度篇叙述历代荒政条目:饥旱、祷旱、蠲放、降损、赈恤、缓刑、流移、移用、仓人;疾疫、火灾、水灾;捕蝗、劝分、平籴、常平、广惠仓、青苗、义仓、惠民仓、蔽匿、不赈救等的由来和变化,并列举重要史实为证。这是吕祖谦根据文献对周秦汉唐实施过的诸多荒政措施首次进行系统的总结，这些措施或实行于某一阶段，或零星出现在某一区域，或属重大措施却时断时续，即具有特殊和不固定的特点。宋朝的贡献则将这些出现在近两千年中的特殊措施和不固定的制度集中会于一朝，使之固定化、规范化、有序化。如吕祖谦说："今所论荒政，如平籴之政条目尤须讲求，自李悝平籴，至汉耿寿昌为常平仓，元帝以后，或废或罢，到宋朝遂为定制。"① 清人也说："汉耿寿昌为常平仓，至宋遂为定制。"② 董煟在《救荒活民书》中对宋朝救荒措施：常平、义仓、劝分、禁遏籴、不抑价、检旱、减租、贷种、恤农、遣使、弛禁、鬻爵、度僧、治盗、捕蝗、和籴、存恤流民、劝种二麦、通融有无、借贷内库、赈济、赈贷、赈粜等得失的评议，从一个侧面可以窥视宋代荒政措施对前代的继承和发展之一斑。二是在周秦汉唐救荒基础上所实施的募饥民、流民隶军籍（所谓的养兵政策）、宽减饥民"强盗"死罪；募富民出钱粟，酬以官爵，推广"劝分"救荒；以粟易蝗，颁行"捕蝗令""捕蝗条列"；以工代赈；"既病防染""未病先防"；以及北宋中后期至南宋不断改进的社会救济制度，对缓和当时的社会矛盾，起了积极的作用，也是宋代荒政进步的重要表现。

第六，宋朝建立了较为完备的救灾、减灾制度：救灾主要是临灾和灾后的救助措施，可分为赈济、赈贷和赈粜。赈济主要是在灾歉时对贫乏无助之人的救助措施，但这里所言的贫乏无助之人有两层含义，一是城乡贫困户及鳏寡孤独病残人群；二是大灾、特大灾年导致流离失所的流民。这里也包括有一定资产的城乡中下户。赈贷一般多是在灾害发生后的恢复阶段，在这一阶段如是冬春青黄不接之际，受灾民众的生产和生活难以为继而需要救助。其救助对象"专及中等之户，与夫农民耕夫之无力者"③。赈粜是通过平抑粮价达到救助灾民的一种方法，亦即常平法的基本职能。其对象主要是家中无粮食积蓄的下层民众。赈济、赈贷和赈粜的粮食来源，属中小灾的，一般由州级路级地方官府主持，从常平仓和义仓调拨粮食，或置场籴买。大灾、特大灾则主要由中央官府调集粮食和筹措资金。

---

① 《历代制度详说》卷八。
② 《御览经史讲义》卷二五《周礼》。文渊阁四库全书景印本。
③ 董煟：《救荒活民书》卷二《赈贷》。

减灾是对乡村主户受灾农田减免租税。包括诉灾制度和检旱制度。诉灾制度是宋朝广大乡村灾民获得救助的必要程序。宋代诉灾制度虽承袭唐五代，但有两个新变化：一是唐代由里正诉于县的制度，至五代北宋有了变化，即诉灾者是由受灾农户直接诉于县。二是唐代自下而上申诉自然灾害灾种包括"旱涝、霜雹、虫蝗"，到宋代则不以灾种为诉灾的主要对象，而是将灾种附于诉灾时限之内。唐宋之间诉灾由灾种向时限的变化，大致与唐中叶赋税制度由以人丁为主的租庸调法，变为以田亩为主的两税法密切相关。又如检田、检放，又称作检旱，是宋代减灾中的一项重要措施。宋代的检旱制度在承袭唐五代的基础上，不仅制度、程序更加细致完备，而且灾伤检放的规模和数量远非前代可以相比。在宋神宗朝之前减免租税没有严格的灾伤"分数"，神宗朝以后减免租税大致以"七分"灾伤为率，南宋高宗以后减免租税则以"五分"灾伤为主。

抄劄是北宋中期至南宋在救灾、减灾和社会救济活动中普遍实行的一种类似现今社保中的排查、核实、登录制度。从其"抄劄姓名，审核给历，直计口食"的过程而言，实际上就是一种比较科学的赈灾户口调查登记制度。抄劄制度调查登记对象不仅包括遭遇大灾、特大灾害，如水灾、疾疫、地震之后，失去基本生活资料，不分有无产业，嗷嗷待哺，需要救死扶伤的男女老幼全部人口，而且包括水灾、疾疫、地震之后和旱蝗灾情延续过程中，生活、生存受到影响，需要赈济、赈贷、赈粜、减免租税的某村、某乡、某县或某州的男女老幼全部人口和所有财产。因而宋代在丁簿、五等丁产簿、税账、保甲簿等户口统计系统之外，还存在一个登记全部人口的赈灾户口统计系统。

第七，宋朝自仁宗朝起，为收养鳏寡孤独不能自存之人，在都城开封设置东西福田院。神宗以后陆续建置居养院、安济房。居养院，是在福田院的基础上改造和扩大的；安济坊，则是与现代救治病患的医院相仿的机构。宋徽宗时期，蔡京主政，社会救济制度有较大发展，他把此前设置于京师地区和部分地区的救济机构，运用国家的行政力量向全国推广。宋政府又设置了漏泽园，即将宋神宗时协助寺院妥善安葬死尸的做法制度化。大观、政和期间，居养院、安济坊、漏泽园等得以广泛设立于全国主要的州县。更下令："诸城、砦、镇、市户及千以上有知监者，依各县增置居养院、安济坊、漏泽园。道路遇寒僵仆之人，及无衣丐者，许送近便居养院，给钱米救济。孤贫小儿可教者，令入小学听读，其衣襕于常平头子钱内给造，仍免入斋之用。遗弃小儿，雇人乳养，仍听宫观寺院养为童行。"① 无论从哪个角度上讲，这都是值得大书特书的历史成就，是宋代文明进步的重要体现。宋徽宗时期的多项社会救济制度，在南宋亦得到发展，现存宋代地方志在记载南宋南方各地居养院、安济坊、漏泽园的建置和发展情况时，往往都将其缘起追溯至宋徽宗大观、政和年间。

南宋荒政有一个突出的措施是，自高宗以降，历朝都编有督责官吏遵奉朝廷宽恤诏令的文件汇编。这些宽恤诏令，虽不完全都是针对救荒所发，但是以救荒为主，则是无疑的。马端临说："宋以仁立国，蠲租已责之事，视前代为过之，而中兴后尤多。州郡所上水旱、盗贼、逃移，倚阁钱谷，则以诏旨径直蠲除，无岁无之，殆不胜书。"②

第八，黄河水患从汉唐的相对"安静"到晚唐五代开始频发，入宋以后至北宋灭亡，平均两年就有一次大的泛溢，给黄河中下流域的广大民众的生产、生活及生命财产造成了巨大的损害。北宋官民在治理黄河方面付出的不懈努力可圈可点。其中对黄河水汛较为科学的系统认识、围堵决口埽法和埽岸的改进、疏浚淤泥工具铁龙爪与浚川杷的创制、以植树造林加固河堤，以及河政管理等在我国古代治理黄河史上做出了积极贡献，并占有重要地位。

三、 宋代荒政实效蠡测

第九，宋代官府与民间社会力量在救荒中所起的作用因其灾情程度不同而有很大的不同。董煟说："小饥则劝分发廪，中饥则赈济、赈粜，大饥则告朝廷截上供、乞度牒、乞鬻爵、借内库钱为粜本。"③ 董煟的总结符合宋朝救荒的实际情况。民间社会力量的救助或救济主要是在中小灾情发生时能够起到比较大的作用。宋代民间社会力量分成两部分，一部分是由官府组织

---

① 《宋史》卷一七八《食货志·振恤》，第4339页。
② 《文献通考》卷二十七《国用考五·蠲贷》，考261页。
③ 董煟：《救荒活民书》卷三。

的"劝分"活动,"劝分"是宋官府通过以官职、优惠价格、免役等条件为号召,鼓励或激励富民、士人、商贾等有力之家将储积的粮食拿出来赈济、赈贷和赈粜灾民的一种救荒补助办法。这一劝诱性质的活动从宋初至宋神宗再至南宋以后,经历了一个由自愿、不完全强迫到官府完全强制的过程。南宋朱熹为代表的士大夫和士人阶层在乡村推行"社仓",或设粥局等方式救助灾民或饥民,其设置过程中亦不时有地方官府的身影,具有民办官助性质。另一部分则是由士人阶层和富裕民户构成的"公心好义之士",属纯民间的救助,如杨万里所记类似四川绵竹人李发从绍兴六年(1136)起,三十年间不懈救助乡里,"至是枚举其人,至二百七万一千三百有奇;斛计其粟,至一万四百六十有奇"① 的例证还可以举出一些,但是在救荒赈济活动中,这部分"公心好义之士"的作为不会有太大的空间和作用,因为主动出钱出粮赈荒与被强制出钱出粮赈荒本质上没有太大的区别,最后都会被纳入官府的主导之下,"劝富室以惠小民,损有余而补不足,天道也,国法也。富者种德,贫者感恩,乡井盛事也"②。在中、大灾荒的救济方面,中央官府和各级地方官府无疑是居于主导地位的,尽管其间也可看到"公心好义之士"的身影。董煟所说"中饥"使用的赈济、赈粜,即是依靠义仓和常平仓。而"大饥"则需"告朝廷截上供、乞度牒、乞鬻爵、借内库钱为粜本",也就是需动用国家仓廪的储粮和国库的资金。

　　就官方应对大灾能力而言,南宋较北宋有所提高,主要表现是朝廷中央财政控制、调集粮食的范围和数额,都比北宋中期以来有更进一步的扩大和增加。而从民间自救抗击灾害的能力方面讲,南宋比北宋有较大的下降,其原因有三,一是土地日益集中,贫富分化,四等户五等户除口粮外很少有蓄积,而占总人口近四成的客户连温饱都难以保障,更何谈储蓄;二是粮食商品化程度提高,使得三等户以上人家多将余粮投放市场,从而缺少必备的储藏数;三是自宋神宗朝王安石变法以后,中央财政不断侵夺地方财权,至南宋时期地方财政已被搜刮所剩无几,而地方财政的匮乏又促使地方官府不断

---

① 杨万里:《诚斋集》卷七六《广汉李氏义概堂记》。
② 黄震:《黄氏日抄》卷七八《(咸淳七年)四月十三日到州请上户后再谕上户榜》,文渊阁四库全书景印本。

搜刮民间，不仅"古者刻剥之法，本朝皆备"①，而且不断生成新的苛捐杂税，"供输之外，赡养良难"②。前两点虽然是北南宋共有的特征，但是相较而言，南宋比北宋有过之而无不及。

宋代专用救荒粮食的储备，仁宗嘉祐以后"诸路常平、广惠仓略计可及千五百万以上贯石"③。熙宁三年（1070）冬十月庚午，勅赐同学究出身徐布言："常平、义仓所畜大约不过一千三百余万，则不及唐五分之一。"④ 这两个数据是宋朝专用救荒储粮见于统计的最高数据。由于常平仓、义仓储粮平时常被移用或挪用充作军需和官吏支出费用，及救荒之时，军储、州县仓又被调拨充作赈灾物质。加之，宋代粮食商品化、社会化程度已进入一个比较高的阶段。一当遭遇灾害时，宋地方官府又常常临时置场籴买粮草，或令灾区周边州路调集粮食以便通融有无，故宋朝常平等救荒粮仓储粮虽比唐代少了许多，但是实际支付能力并未降低。

第十，宋代救荒、救济城乡、区域很不平衡，灾荒时期，城镇往往比乡村能够得到较多实惠的救助，这主要是由于乡村交通不便、乡民居住分散、稀少，不宜集中，以及分散救助成本过高所致，而官府设置的救荒救济机构如常平仓、义仓、居养院、安济坊、漏泽园一般都设在城镇，使得广大农业劳动者难以得到实际救助。这既是王安石推行"常平新法"（青苗法）的主要原因之一，也是南宋朱熹等人推动建制"社仓"的初衷。宋朝救荒还存有许多盲区，即偏远和经济落后的地区，不仅得不到中央官府的救助，而且连灾情都不能上达于朝廷，这些盲区主要集中在川峡、两广的大部分地区，福建、荆湖南北、陕西、河东部分边远地区。

宋代救荒中有一突出问题，即救助不及时，使救荒实效大打折扣。朱熹说："若待他饥时理会，更有何策？"⑤ 南宋人王闻礼说："救荒莫若预，绍熙

---

① 黎靖德编：《朱子语类》卷一一〇，第2708页。
② 《陈傅良先生文集》卷四四《桂阳军劝农文》，浙江大学出版社1999年版，第563页。
③ 引自漆侠：《王安石新法校正》《王安石变法》（增订本），河北人民出版社2001年版，第261—262页。
④ 《续资治通鉴长编》卷二一六，第5255页。
⑤ 《朱子语类》第七册，中华书局标点本，第2643页。

末,费数十百万而人相枕死如故者,行之晚也。"① 救助不及时的主要原因大致有三点,一是诉灾、检旱、抄劄、常平和义仓管理等制度和程序繁琐,层层申报、层层检查、批准,延误及时救助时间;二是官员有意讳报灾情,待被朝廷得知再行救助,已不能及时救助;三是常平仓、义仓储粮平素准备不足,临时抱佛脚,从其他地区调集粮食,救荒粮食到位,已失去最佳救助时间。一般地讲,灾后因救助不及时,宋朝在发生严重和大的自然灾害年度时,大约死亡人数在10万人以上,而在特大自然灾害年份里,死亡人数可达数十万,甚至在百万人以上。至于骨肉相食、人肉贱卖的悲惨景象也在所难免。即使侥幸没有死亡的灾民,又会形成规模不等的流民潮,构成了严重的社会问题。

第十一,在中央集权制日趋强化的宋代,各级官府在救灾救荒过程中的重要作用无疑是无可替代的。特别是直接承担组织救灾的地方官员的表现,能与否、勤与否,对于能否及时救济灾民和取得实绩的多寡就显得尤为关键,所谓"成也萧何,败萧何"是也。在宋代整个救荒过程中,大多数平庸的官员都是奉行上级官府的指令和事关考核政绩,能够按部就班的从事救灾工作,但一般不会积极主动承担义务和职责,特别是非常时期,往往显得被动和不敢越雷池一步。只有少数很有作为的官员在常规的救灾活动中,或采取灵活机动而又切实可行的工作方法,使得灾民能够得到及时而实惠的救助;或用自己的俸禄、田产赈济灾民,表率一方,从而推进民间的自救;或是面临大灾大难,表现出大智大勇,视民如伤,以果敢有力的行政组织才能,使灾伤损失减少到最低点,从而最大限度地保护民众的生命财产,像皇祐初富弼青州安置流民、熙宁年间赵抃越州救灾,挽救生灵数十万,是宋代地方官员救荒的典范。

宋代地方官员对于受灾后民众的诉灾和检旱检田过程中,存在严重的瞒报和不实现象,使得宋代减免租税的政策难以落到实处。虽然宋政府采取了很多措施加以纠正和规范,但效果并不明显,究其根源在于宋政府对于财税的巨大追逐。租税在以农业立国的古代既是国家财政的主要来源,也是统治

---

① 叶适:《水心文集》卷一七《运使直阁郎中王公墓志铭》,《叶适集》,中华书局1983年版,第324页。

阶级维护和稳定社会秩序的基础，所以在放免与攫取租税之间，宋朝从地方到中央都不能不更看重对租税的攫取，正如马端临引致堂胡氏所议论的："前代著令曰：'凡言放税者，不得过四分。每有水旱许诉灾伤，或下赦令尽蠲之。'而有司征督如故，农氓不谕，乃有'黄纸放，白纸催'之谣。盖不知令甲之文也。是则赦令行一时之恩，以收人心；令甲著永久之制，恐失财赋。阴行虐政，阳行惠泽，岂先王之用心哉。三司吏不肯释除逋负，非独其利在焉，亦以在上之意，吝于与，而严于取也。此百姓膏肓之病也。"① 这段议论深刻地揭示了一时放免租税的恩赦之令，与恐失财赋的永久之制之间，所存在的不同利害关系以及不可跨越的巨大鸿沟。这就是地方官员诉灾瞒报和检旱检放不实现象层出不穷的根源所在。

第十二，如果说州县地方官员是救荒的具体组织者，那么胥吏、乡役则是救荒活动的具体承担者。从诉灾、检田、抄劄到掌控常平、义仓平粜发放粮食等多个环节无不是由胥吏、乡役负责具体的事务。宋代救荒政策的是否公平、公正得到落实，在很大程度上是由他们的行为决定的。总体来讲，承担救荒的胥吏、乡役大都为乡村豪强大户、富裕农民所把持，"贿赂公行""欺公罔上""徇权势""欺困弱"是"吏缘为奸"的主要特征。胥吏与豪强、官府相互勾结、沉瀣一气。诉灾不实、检田不实、抄劄不实、赈济不实，"强梁者得之，善弱者不得也。附近者得之，远僻者不得也。胥吏、里正之所厚者得之，鳏寡孤独疾病无告者未必得也"②。腐败的吏治使得宋的救荒政策在很大程度上难以惠及真正的贫弱灾民和饥民。如宋神宗时吕大忠所言，每岁侥幸因灾伤所免的租税达三二百万之巨，就是豪强与胥吏、乡役勾结攫取国家赈灾实惠的真实写照。这样的后果，既损害国家的财政税收，又让实际应该得到减免或救助而未得到减免或救助的贫弱灾民和饥民雪上加霜，等待他们的命运，不是尸填沟壑，就是流移他乡。

---

① 马端临：《文献通考》卷三《田赋考三·历代田赋之制》，考52页。
② 董煟：《救荒活民书》卷二《义仓》，第15页。

四、荒政与宋朝社会

第十三，宋人虽然仍用五行说来讲自然灾异现象，但有识之士已开始摒弃汉唐以来将天变与人事牵强附会的理论，宋代大史学家郑樵和宋元之际大史学家马端临都以汉唐以来显而易见的史实，驳斥了以自然现象附会人类社会中祸乱与祥瑞的不实之论。他们的驳论从一个侧面说明，宋代少数先进的士大夫对自然灾害现象的发生有了较为理性的认识。不过，不可否认，这种理性还是有相当局限的。他们虽然反驳了自然灾害是对人类社会的一种天谴，但是对于自然灾害发生的原因，仍然没有走出战国秦汉以来形成的阴阳变化、五行交替学说的窠臼。而在宋代激烈的政治斗争中，"天谴论"始终是在野政治力量和执政者反对派使用的重要手段。"天谴论"的发展对于宋代荒政发展具有积极促进作用，它既可在某种程度上约束居于权力顶峰的皇帝的所作所为，亦可提升最高统治者对救荒迫切性、重要性的认识，从而在客观上达到重视荒政建设的目的。需要特别指出的是，理宗淳祐年间阳枋给余玠所写的榜文《上广安赵守弭旱十事》，把朱熹"感召和气"以救荒的思想运用到广安救荒活动中，召告社会各阶层：当使、士大夫、吏胥、士人、农、工、商、兵、僧人道徒、游手，"旧染入深，未知悔悟，是致天怒未解，雨泽愆期。今具合行悔惧十条，揭榜市曹，发下县镇，张挂晓谕。庶远近通知，上下改革，共回天意。"[①] 这个榜文把古代"天谴论"由警示君主和宰臣为主推衍至社会各阶层，从一个侧面表明"感召和气"在宋代社会中的巨大影响力，和儒家文化天人感应学说的进一步发展。

当人们在超强的自然力面前无能为力或不足与之抗衡之时，就会转向敬畏和祈求神灵。宋代荒政在集周秦汉唐以来救灾救荒救济诸多方法措施大成取得了巨大历史进步的同时，但总体上尚不足以减轻大自然的破坏力所造成的痛苦，因而运用现今看来颇具迷信色彩的禳弥方法也有长足的发展。诸如祈雨、祈晴、祈雪，祭上帝、祭六宗、祭圣贤、祭天地、祭山川、祭河渎、祭醮神、祭河神、祭寺院、祭宫观等，成为宋代官府和民间救荒重要的祈

[①] 阳枋：《字溪集》卷九《广安旱代赵守榜文》，文渊阁四库全书景印本。

求、贿赂神灵的慰藉措施。其中，尤值得注意的是，唐宋祭龙祈雨嬗变所展现的三点启示：一是唐宋祭龙习俗嬗变的内在原因是与儒家天人感应学说的发展息息相关，而外在形式的变化则是随佛教文化与本土文化的不断交融而变化；二是唐宋祭龙习俗嬗变起始时间大致都发生在唐玄宗时期将祭龙纳入国家祀典之后，这与唐宋之际社会变革在时序上相吻合，它从一个侧面折射出唐宋之际社会变化的广度和深度；三是明清以来民间龙王庙的形制完成于唐宋的嬗变。

第十四，如果把在抄劄制度基础上建立起来的宋代赈灾户口统计系统与宋代其他户口统计系统，如丁簿、五等丁产簿、税账、保甲簿等比较，就会发现一个值得思考的经济现象。从编制户口统计系统的目的来看，除了赈灾户口统计系统外，其他都是为国家和地方官府课税、科差、治安、征役等提供劳动力依据。概括地说，就是为国家和各级官府"取之于民"服务，而赈灾户口统计系统则相反，是为国家和各级官府为救助民众提供人口依据，带有一定的"养民"和"回馈"色彩。体现了国家与其基本成员在平素与危难时期两者之间的一种互动的社会保障关系。从户口统计按财产家业划分取民和养民户等来看，两者之间又出现一个悖论：在为国家和各级官府"取之于民"服务的户口统计系统中，民户承担的义务大小是随着户等由低向高递增，即户等越高承担的义务越多，而在赈灾户口统计系统中，民户所受救助赈济的程度恰好相反，户等越高得到的救助或资助就越少。"大率中产之家与贫乏之家，其为缺食而仰给于官则一，尝闻其言率多怨怼曰，吾薄产之家，岁输秋夏二税以报国家，今吾田荒不种，无所得食，而国家止济无产之家耶。"[①] 中产以上家庭不仅"无所得食"，"不系赈救"，而且还要被"劝分"，出粮帮助各级政府赈济贫民。这只是问题的一个方面，另一方面这种状况又深刻体现了中唐以来土地制度、赋役制度变化的社会现实，即土地占有者向国家上供税赋，而无土地或少有土地的直接生产者向土地占有者缴纳田租，因而当灾荒发生时，无助的直接生产者得到国家的特别赈济，不仅是

[①] 戴栩：《浣川集》卷四《论抄劄人字地字格式札子》，文渊阁四库全书本，第1176册，第716页。

切实保障他们的基本生活权益的人道主义善政，所谓"宋之为治，一本于仁厚"①，自然是虚夸之词，其实也是为了最大限度保障宋代社会延续和再生产对劳动生产力的基本需要。

第十五，宋代荒政在中国古代史上取得巨大进步，荒政成为统治者标榜推行仁政的主要标识，但宋朝毕竟是一个由军阀集团建立的专制独裁政权，它的施政方针首要是维护和巩固政权，维护少数既得利益集团的利益。对于宋代统治者来说，讲求荒政固然与其具有最基本的救死扶伤的人道主义关怀精神和情怀分不开，但为防止农民于饥荒之时作乱或起义，巩固其既有的统治秩序，乃是荒政更重要的目的所在。是故所谓"欲除盗贼者当如何？曰：自散利始"，足以说明平素足民储蓄在荒政的初始与结局之间诸多环节中是最为核心的要素，但实际上，却正好相反，如司马光在给宋仁宗上的奏疏中曾深刻指出的："夫府库金帛皆生民之膏血，州县之吏鞭挞其丁壮、冻馁其老弱，铢铢寸寸而聚之。今以富大之州，终岁之积，输之京师，适足以供陛下一朝恩泽之赐，贵臣一日饮宴之费。陛下何独不忍于目前之群臣，而忍之于天下之百姓乎？夫以陛下恭俭之德，拟乎唐虞，而百姓穷困之弊均于秦汉，秦汉竭天下之力以奉一身，陛下竭天下之力，以资众人，其用心虽殊，其病民一也。"② 这里的"以资众人"中的"众人"，即是与皇权共治天下的士大夫群体。其实，翻检宋代文献中有关君臣讨论实施救荒措施的互动史实中，防"盗贼"，"弭盗"，往往是"危言耸听"中最常用的词汇。而在救荒储粮与军政储粮上，宋朝始终把后者摆在最为重要的位置上，军政优于荒政是不言而喻的，关于此前辈学者已多有论列，不赘③。另外，权衡政治、经济利益在治理黄河对策中具有重要意义，如从阻遏契丹的角度所实施的三次回河，又如仁宗、神宗时人为放弃河北部分地区黄河沿岸埽的加固乃至决口，以换取京城周围的安全。这大致是导致北宋黄河决溢频繁，始终未能安定的重要原因之一。换句话说，宋代一些大的水灾不仅是天灾，也与出于政

---

① 《宋史》卷一七八《食货·役法上六·振恤》，第4335页。
② 司马光：《仁宗论理财三事乞置总计使》，赵汝愚编：《宋朝诸臣奏议》卷一〇二《财赋门·理财中上》，上海古籍出版社1999年版，第1094页。
③ 参见王曾瑜、朱家源：《宋朝的和籴粮草》，《锱铢编》，河北大学出版社2006年版，第427页；（日）斯波义信：《宋代江南经济史研究》（中译本），江苏人民出版社2001年版，第258页。

治考量而由人为因素所致有很大的关系。

过去受以阶级斗争为纲的影响，把包括宋代在内的古代史上统治阶级的慈善事业统称为粉饰太平和剥削阶级的虚伪，这类看法在今天已不足以同日语。但是现今的研究也不能从一个极端走向另一个极端，无视社会现实而片面夸大对宋代社会救济制度实际功效的赞誉。如前揭"损有余、补不足"一直是儒、道两家追求的理想，也是有理想有作为的士大夫精英们行政积极践行的。但是古今社会中"有余"与"不足"间反差不仅未能缩小，而且差距日益扩大。两宋社会贫富分化始终处于不断扩大的趋势中，统治阶级的小恩小惠相对于需要救济的贫弱人群而言只是杯水车薪而已。范祖禹说："朝廷自嘉祐以前，诸路有广惠仓以救恤孤贫，京师有东西福田院以收养老幼废疾。至嘉祐八年十二月，又增置城南北福田，共为四院，此乃古之遗法也。然每院止以三百人为额，臣窃以为京师之众，孤穷者不止千二百人，又朝廷每遇大冬盛寒，则临时降旨救恤，虽仁恩溥博，然民已冻馁死损者众……国家富有四海，每岁用系省钱一二万缗，于租赋之入，无异海水之一勺，而饥穷之人，日得食钱之资，升合之米，则不死矣。此乃为国者所当用王政之所先也。"①

徽宗时期，宋朝社会救济制度得到较大发展，对此，时人又是怎样看待的呢？当时有一处教坊伶人演出的杂剧有很形象地描绘：

> 又尝设三辈为儒道释，各称诵其教。儒曰："吾之所学，仁、义、礼、智、信，曰五常。"遂演畅其旨，皆采引经书，不杂媟语。次至道士，曰："吾之所学，金、木、水、火、土，曰五行。"亦说大意。末至僧，僧抵掌曰："二子腐生常谈，不足听。吾之所学，生、老、病、死、苦，曰五化，藏经渊奥，非汝等所得闻。当以观世佛菩萨法理之妙为汝陈之。盍以次问我。"曰："敢问生？"曰："内自大学辟雍，外至下州偏县，凡秀才读书者尽为三舍生，华屋美馔，月书季考，三岁大比，脱白挂绿，上可以为卿相。国家之于生也如此。"曰："敢问老？"曰："老孤

---

① 范祖禹《太史范公文集》卷一四《乞不限人数收养贫民札子》十二月二十日，宋集珍本丛刊第24册，第4—5页。

独贫困,必沦沟壑。今所在立孤老院,养之终身。国家之于老也如此。"曰:"敢问病?"曰:"不幸而有病,家贫不能拯疗,于是有安济坊,使之存处,差医付药,责以十全之效,其于病也如此。"曰:"敢问死?"曰:"死者人所不免,唯穷人无所归,则择空隙地为漏泽园,无以敛,则与之棺,使得葬埋,春秋享祀,恩及泉壤。其于死也如此。"曰:"敢问苦?"其人瞑目不应,阳若恻悚然。促之再三,乃蹙额答曰:"只是百姓一般受无量苦。"徽宗为恻然长思,弗以为罪。①

这处带有讽刺意味的杂剧,揭示了一个很简单的道理,即在看到宋朝社会慈善事业发展不断进步的同时,还要看到天下"只是百姓一般受无量苦"的社会现实。

---

① 洪迈:《夷坚志》支乙卷第四《优伶箴戏》,中华书局1981年版,第823页。

附　录

宋代自然灾害编年

宋太祖 （960—976 在位）

建隆元年（960）十月，棣州河决，坏厌次、商河二县居民庐舍、田畴。十月，蔡州太霖雨，道路行舟。（大名府）临清县雨雹伤稼①。夏，相、金、均、房、商五州，鼠食苗②。

建隆二年（961）元月至五月商州有鼠害③。五月到九月，濮州、澶州、曹州、绛州、华州陆续发生蝗和蚄蚜虫害④。京师夏旱，冬又旱⑤。七月，义川、云岩二县大雨雹⑥。是岁，宋州汴水溢。孟州河溢，坏堤。蔡州大霖雨，坏道路行舟。襄州汉水涨溢数丈⑦。

建隆三年（962）春，延、宁二州雪盈尺，沟洫复冰，草木不华。丹州雪二尺⑧。京师春夏旱。河北大旱，霸州苗皆焦仆。又河南河中府、孟、泽、

---

① 《宋史》卷六一，第1319页；卷六五，第1420页；卷六二，第1345页。
② 《文献通考》卷三一四，考2465页。
③ 《宋史全文》卷一。
④ 《文献通考》卷八八，考806页；卷三一四，考2463、2464页。
⑤ 《宋史》卷六六，第1438页。
⑥ 《宋史》卷六二，第1345页。
⑦ 《文献通考》卷二九六，考2343页。
⑧ 《宋史》卷六二，第1341页。

濮、郓、齐、济、滑、延、隰、宿等州，并春夏不雨①。夏四月乙未，赵、卫二州旱。五月甲子，幸相国寺祷雨。癸未，命使检河北诸州旱。甲申，复幸相国寺祷雨。乙酉，齐、博、德、相、霸五州自春不雨，以旱减膳撤乐②。六月己亥，德音减京畿及河北诸州死罪以下囚，旱故也。七月辛巳，遣给事中刘载等十一人，按行河北诸州旱田③。七月，兖、济、德、磁、洺五州有螽生。真定府深州螟虫生④。九月庚戌，夜，（吴越）所在地震，响如雷⑤。是岁，河北、陕西、京东诸州旱、蝗，河北尤甚，悉蠲其租⑥。

建隆四年（乾德元年，963，十一月改元为乾德元年），京师夏秋旱，又怀州旱⑦。夏四月甲申，以旱，分命使遍祷京城祠庙，是夕雨⑧。六月己亥，澶、濮、曹、绛蝗，命以牢祭⑨。七月，怀州蝗生⑩。八月，齐州河决⑪。九月，徐州水损田⑫。冬，京师旱⑬。

乾德二年（964）正月，京师旱。夏，不雨。冬无雪⑭。三月癸丑，春夏霖雨，则大溢害稼。夏四月戊申，诏诸州长吏视民田旱甚者，即蠲其租，勿俟报⑮。四月，相州螟虫食桑。阳武县雨雹。宋州宁陵县风雨雹伤民田⑯。扬州广陵扬子等县潮水害民田⑰。五月，赵州昭庆县有蝗，东西四十里，南北二十里。是夏，河南、河北、陕西诸州皆蝗⑱。五月，扬州暴风，坏军营

---

① 《宋史》卷六六，第 1438 页。
② 《宋史》卷一，第 11 页。《续资治通鉴长编》卷三，第 67 页。
③ 《续资治通鉴长编》卷三，第 69、70 页。
④ 《文献通考》卷三一四，考 2463 页。
⑤ 范坰、林禹：《吴越备史》卷四。
⑥ 《续资治通鉴长编》卷三，第 77 页。
⑦ 《宋史》卷六六，第 1438 页。
⑧ 《续资治通鉴长编》卷四，第 88 页。
⑨ 《宋史》卷一，第 14 页。《续资治通鉴长编》卷四，第 95 页。
⑩ 《宋史》卷六二，第 1355 页。
⑪ 《宋史》卷六一，第 1319 页。
⑫ 《宋史》卷六一，第 1319 页。
⑬ 《宋史》卷六六，第 1438 页。
⑭ 《宋史》卷六六，第 1438 页。
⑮ 《续资治通鉴长编》卷五，第 125 页。
⑯ 《宋史》卷六二，第 1355、1345 页。
⑰ 《文献通考》卷二九六，考 2343 页。
⑱ 《文献通考》卷三一四，考 2463 页。

舍仅百区①。六月辛未，河南北及秦诸州蝗，惟赵州不食稼②。六月，潞州风雹③。六月，是月，河北、关西诸州蝗④。七月，泰州山水暴涨，坏居民庐舍数百区，牛畜死者甚众⑤。七月，同州郃阳县雨雹害稼。八月，肤施县风雹霜害民田⑥。是岁，河南府、陕、虢、麟、博、灵州旱，河中府旱甚⑦。

乾德三年（965）二月，全州大雨水。四月，尉氏、扶沟二县风雹，害民田，桑枣十损七八⑧。六月，扬州暴风，坏军营及城上敌棚⑨。七月，诸路有蝗。淄州民韩赞断手指以祭⑩。七月，蕲州大雨水，坏居民庐舍。开封府河溢阳武，塞县门。河中府、孟州并河涨，孟州坏潬军营、民舍数百区。河中坏石台百余步，澶州河坏堤毁护岸石百八十步。又溢于郓州，坏民田。泰州湖溢，损盐城县民田。淄州济水并清河溢，害邹平、高苑县民田⑪。

乾德四年（966）春、夏，京师不雨，江陵府、华州、涟水军旱⑫。四月，（郓州）东阿县河溢，损民田数百顷。澶州观城县河决，坏居民庐舍，注大名。又滑州灵河县堤坏，水东注卫南县境及曹州南华县城⑬。七月，郑州荥泽县河南北堤坏。八月，宿州汴水溢，坏堤。淄州清河水溢，坏高苑县城，溺数百家及邹平县田畴、民舍。泗州淮溢，衡州大雨水月余⑭。闰八月乙丑，曹州言河水汇入南华县，坏民庐舍。己巳，澶州言河水汇入卫南县界，民登丘阜以避之。癸未，郓州言黄河水入界⑮。

---

① 《文献通考》卷三〇六，考 2407 页。
② 《宋史》卷一，第 17 页。
③ 《宋史》卷六二，第 1345 页。
④ 《续资治通鉴长编》卷五，第 128 页。
⑤ 《文献通考》卷二九六，考 2343 页。
⑥ 《宋史》卷六二，第 1345 页。
⑦ 《宋史》卷六六，第 1438—1439 页。
⑧ 《宋史》卷六一，第 1319 页；卷六二，第 1345 页。
⑨ 《文献通考》卷三〇六，考 2407。
⑩ 《文献通考》卷三一四，考 2463 页。
⑪ 《文献通考》卷二九六，考 2343 页。
⑫ 《宋史》卷六六，第 1439 页。
⑬ 《文献通考》卷二九六，考 2343—2344 页。
⑭ 《文献通考》卷二九六，考 2344 页。
⑮ 《续资治通鉴长编》卷七，第 177 页。

乾德五年（967）正月，京师旱。秋，复旱①。夏秋以来，水旱为沴②。卫州黄河泛溢，毁州城，没溺者众，城中水深五尺③。

乾德六年（968，十一月改元为开宝元年），六月，州府二十三大雨水，江河泛溢，坏民田、庐舍④。七月，泰州潮水害稼。八月，集州霖雨河涨，坏民庐舍及城壁、公署⑤。

太祖开宝二年（969）闰五月戊申，水自延夏门瓮城入，穿外城两重注城中，城中大惊扰。上幸长堤观焉，水口渐阔，北汉缘城设障，为王师所射，障不得施。俄有积草自城中飘出，直抵水口而止，王师弩矢不能彻，北汉人因得施功，水口遂塞。六月丙戌，漳水泛溢，坏浮桥。七月癸酉，汴水决宋州夏邑县⑥。八月，真定府冀磁州蝗⑦。这一年，北方青、蔡、宿、淄、宋州水及雹害夏苗。真定府、澶、滑、泽、博、洺、齐、颍、蔡、陈、宋、亳、宿、许州水，害秋苗⑧。

开宝三年（970）春夏东京开封旱。邠州夏旱⑨。六月，汴水决宋州宁陵县⑩。是年，郑、澶、郓、淄、济、虢、蔡、解、徐、岳州水灾，害民田⑪。

开宝四年（971）六月，汴水决宋州谷熟县济阳镇。黄河多处泛溢，先是在郓州河，后又在汶、清，注东阿县及陈空镇，坏仓库、民舍。郑州河决原武县，蔡州淮及白露、舒、汝、庐、颍五水并涨，坏庐舍、民田。七月癸丑，汴水决宋州宋城县。是月，青、齐州水伤田。这一年，黄河、汴河、淮河都有泛溢⑫。

开宝五年（972）春，京师旱，冬又旱⑬。五月，京师雨，连旬不止。河

---

① 《宋史》卷六六，第 1439 页。
② 《续资治通鉴长编》卷八，第 195 页。《东都事略》卷二《本纪二》。
③ 《文献通考》卷二九六，考 2344 页。
④ 《宋史》卷六一，第 1319 页。
⑤ 《宋史》卷六一，第 1319—1320 页。
⑥ 《续资治通鉴长编》卷一〇，第 223、227、230 页。
⑦ 《文献通考》卷三一四，考 2463 页。
⑧ 《文献通考》卷二九六，考 2344 页。
⑨ 《宋史》卷六六，第 1439 页。
⑩ 《续资治通鉴长编》卷一一，第 247 页。
⑪ 《宋史》卷六一，第 1320 页。
⑫ 《宋史》卷六一，第 1320 页。《续资治通鉴长编》卷一二，第 267、270、273 页。
⑬ 《宋史》卷六六，第 1439 页。

决澶州濮阳县，河南、河北诸州皆言大雨霖，绛、和、庐、寿州大水。六月，河又决开封府阳武县之小刘村，宋州、郑州并汴水决。忠州江水涨二百尺①。这一年以水涝为主。

开宝六年（973）六月，郓州河决杨刘口，怀州河决获嘉，颍州淮浿水溢，淹民舍、田畴甚众。七月，贝州历亭县御河决。单、濮州并大雨水，坏州廨、仓库、军营、民舍。是秋，大名府、宋、亳、淄、青、汝、澶、滑州并水，伤田②。冬，京师旱③。

开宝七年（974），京师春夏旱；冬，又旱。河南府、晋、解州夏旱，滑州秋旱④。四月，卫、亳州水，泗州淮暴涨，入城，坏居民五百家。相州安阳黄河涨溢，坏居民庐舍数百区⑤。十一月丁亥，秦、晋旱⑥。

开宝八年（975）春，京师旱⑦。五月，东京开封大雨水。濮州河决郭龙村。六月，澶州河决顿丘县，沂州大雨，水入城，坏居舍、田苗⑧。十月，广州飓风起，一昼夜雨水二丈余，海为之涨飘失舟⑨。是岁，关中旱甚，发生饥荒⑩。

开宝九年（太平兴国元年，976）三月，京师大雨水。秋又霖雨，淄州水害田⑪。四月，宋州大风，坏甲仗库、城楼、军营、民舍，凡四千五百九十六区⑫。

宋太宗（976—997年在位）

太平兴国二年（977），东京开封春旱。道州春夏霖雨不止，平地水二丈

---

① 《文献通考》卷二九六，考2344页。
② 《文献通考》卷二九六，考2344页。
③ 《宋史》卷六六，第1439页。
④ 《宋史》卷六六，第1439页。
⑤ 《文献通考》卷二九六，考2344页。
⑥ 《宋史》卷三，第43页。
⑦ 《宋史》卷六六，第1439页。
⑧ 《宋史》卷六一，第1320页。
⑨ 《文献通考》卷三〇六，考2407页。
⑩ 《宋史》卷六六，第1439页。
⑪ 《文献通考》卷二九六，考2344页。
⑫ 《文献通考》卷三〇六，考2407页。

余。六月，磁州有黑虫群飞，食桑；夜出昼隐，食叶殆尽①。孟州河溢，坏温县堤七十余步、郑州坏荥泽县宁王村堤三十余步；又涨于澶州，坏英公村堤三十步。开封府汴水溢，坏大宁堤，浸害民田。忠州江涨二十五丈。兴州江涨，毁栈道四百余间。管城县焦肇水暴涨，逾京水。濮州大水，害民田凡五千七百四十三顷。颍州颍水涨，坏城门、军营、民舍②。七月，复州蜀汉江涨，坏城及民田、庐舍。集州江涨，泛嘉川县③。永定县大风雹害稼④。七月，邢州巨鹿、沙河二县步屈虫食桑麦殆尽⑤。秋七月乙丑，澶州言，河决顿丘，滑州言，河决白马，道州言，大水坏民庐舍。己酉，汴水溢，坏开封大宁堤，浸民田害稼⑥。闰七月，卫州蝻虫生⑦。

太平兴国三年（978），京师春夏旱⑧。五月，怀州河决获嘉县北注。又汴水决宋州宁陵县境。六月，泗州淮涨入南城，汴水又涨一丈，塞州北门⑨。十月，滑州灵河已塞复决⑩。

太平兴国四年（979）三月，河南府洛水涨七尺，坏民舍。泰州雨水害稼，宋州河决宋城县。卫州河决汲县，坏新场堤。八月，梓州江涨，坏阁道、营舍。九月，澶州河涨，郓州清、汶二水涨，坏东阳县民田。复州沔阳县湖圌涨，坏民舍、田稼⑪。冬，京师旱⑫。另外，曹、郓、淄三州亦遭水灾⑬。

太平兴国五年（980），京师夏秋旱⑭。四月壬辰，诏壅汾河晋祠水灌太

---

① 《宋史》卷六六，第1439页。《文献通考》卷三一四，考2344页。
② 《宋史》卷六一，第1320—1321页。又《续资治通鉴长编》卷一八，第406页、《宋会要辑稿》瑞异三之一"六月"作"七月"。
③ 《宋史》卷六一，第1321页。
④ 《宋史》卷六二，第1346页。
⑤ 《文献通考》卷三一四，考2464页。
⑥ 《续资治通鉴长编》卷一八，第407、409页。
⑦ 《文献通考》卷三一四，考2463页。
⑧ 《宋史》卷六六，第1439页。
⑨ 《宋史》卷六一，第1321页。
⑩ 《宋史》卷六一，第1321页。
⑪ 《宋史》卷六一，第1321页。
⑫ 《宋史》卷六六，第1439页。
⑬ 《续资治通鉴长编》卷二〇，第466页。
⑭ 《宋史》卷六六，第1439页。

原故城①。是月，冠氏、安丰二县风雹②。五月，京师连旬雨不止③。颍州颍水溢，坏民庐舍④。徐州白沟河溢，入州城。七月，复州江水涨，毁民舍，堤塘皆坏⑤。潍州蚜蚄虫食稼殆尽⑥。

太平兴国六年（981），京师春夏旱⑦。七月，河南府宋州蝗⑧。丙申朔，延州言大水溢入城，坏官寺民舍千六百区。河中府、鄜州皆言大水。庚午，宁州言大水⑨。九月，高州大风，坏廨宇、民舍五百区⑩。是岁，河中府河涨，陷连堤，溢入城，坏军营七所、民舍百余区。鄜、延、宁州并三河水涨，溢入州城：鄜州坏军营，建武指挥使李海及老幼六十三人溺死，延州坏仓库、军民庐舍千六百区，宁州坏州城五百余步，诸军营、军民舍五百二十区⑪。

太平兴国七年（982）春，京师旱。孟、虢、绛、密、瀛、卫、曹、淄州旱⑫。二月庚午，诏开封府：近者蝗旱相仍，民多流徙，宜设法招诱，并令复归。三月辛酉，唐州言北阳县蝗生，飞鸟数万食之皆尽⑬。三月，京兆府渭水涨，坏浮梁，溺死五十四人⑭。宣州霜雪害桑稼⑮。四月，耀、密、博、卫、常、润诸州水害稼⑯。己酉，大名府言蝗生。五月庚申，陕州言蝗

---

① 《续资治通鉴长编》卷二一，第475页。
② 《宋史》卷六二，第1346页。
③ 《宋史》卷六五，第1421页。
④ 《续资治通鉴长编》卷二一系事于六月丙子，第475页。
⑤ 《宋史》卷六一，第1321页。
⑥ 《文献通考》卷三一四，考2464页。
⑦ 《宋史》卷六六，第1439页。
⑧ 《宋史》卷四，第66页。
⑨ 《续资治通鉴长编》卷二二，第493、494页。
⑩ 《文献通考》卷三〇六，考2407页。
⑪ 《宋史》卷六一，第1321页。
⑫ 《宋史》卷六六，第1439页。
⑬ 《续资治通鉴长编》卷二三，第512、515页。
⑭ 《宋史》卷六一，第1321页。
⑮ 《宋史》卷六二，第1341页。
⑯ 《宋史》卷六一，第1321页。

生①。太平州雨雹伤稼②。五月，芜湖县雨雹伤稼③。六月，均州涢水、均水、汉江并涨，坏民舍，人畜死者甚众。又河决临邑县。汉阳军江水涨五丈④。齐州逮捕临邑尉王坦等六人，系狱未具，一夕，大风雨坏狱户，王坦等六人并压死⑤。七月，大名府御河涨，坏范济口。南剑州、江州水涨，坏居人庐民舍一百四十余区。京兆府咸阳县渭水涨，坏浮梁，工人溺死五十四人。七月，郓州阳谷县螟虫生⑥。八月，琼州飓风，坏城门、州署、民舍殆尽⑦。九月癸丑，邠州言蝗食稼⑧。九月，梧州江水涨三丈，入城，坏仓库及民舍。十月，河决怀州武陟县，害民田⑨。十月，岳州田鼠食稼⑩。

太平兴国八年（983）五月，相州风雹害民田⑪。河大决滑州房村，径澶、濮、曹、济诸州，浸民田，坏居民庐舍，东南流入淮。六月，陕州河涨，坏浮梁；又永定涧水涨，坏民舍、军营千余区。河南府澍雨，洛水涨五丈余，坏巩县官署、军营、民舍殆尽。谷、洛、伊、瀍四水暴涨，坏京城官署、军营、寺观、祠庙、民舍万余区，溺死者以万计。又坏河清县丰饶务仓库、军营、民舍百余区。雄州易水涨，坏民庐舍。郦州河水涨，溢入城，坏官寺、民舍四百余区。荆门军长林县山水暴涨，坏民舍五十一区，溺死五十六人。八月，徐州清河涨丈七尺，溢出，塞州三面门以御之……是夏及秋，开封、浚仪、酸枣、阳武、封丘、长垣、中牟、尉氏、襄邑、雍丘等县河水害民田⑫。九月，宿州睢水涨，泛民舍六十里。太平军飓风，拔木，坏廨宇民舍千八十七区。十月，雷州飓风，坏廪库、民舍七百区⑬。

太平兴国九年（984，十一月改元为雍熙元年）夏，京师旱。秋，江南

---

① 《续资治通鉴长编》卷二三，第520页。
② 《续资治通鉴长编》卷二三，第521页。
③ 《宋史》卷六二，第1346页。
④ 《宋史》卷六一，第1321页。
⑤ 《宋史》卷六五，第1421页。
⑥ 《文献通考》卷二九六，考2344页；卷三一四，考2463页。
⑦ 《文献通考》卷三〇六，考2407页。
⑧ 《续资治通鉴长编》卷二三，第527页。
⑨ 《宋史》卷六一，第1321页。
⑩ 《宋史》卷四，第69页；卷六五，第1432页。《文献通考》卷三一四作"十一月"。
⑪ 《宋史》卷六二，第1346页。
⑫ 《宋史》卷六一，第1321—1322页。
⑬ 《文献通考》卷二九六，考2344页；卷三〇六，考2407页。

大旱①。七月，泗州蝝虫食桑②。七月，嘉州江水暴涨，坏官署、民舍，溺死者千余人。八月，延州南北两河涨，溢入东西两城，坏官寺、民舍。淄州霖雨，孝妇河涨溢，坏官寺、民舍，漂溺人畜。澶州河涨，坏民田。孟州河涨，断浮梁，损民田。雅州江水涨九丈，坏民庐舍，新州江涨入南寨，坏军营③。白州飓风，坏州廨、民舍④。

雍熙二年（985）四月，天长军蝝虫食苗⑤。秋七月，鼎州言江水溢害稼。朗江溢，害稼⑥。江南灾旱甚⑦。八月，京师大霖雨⑧。瀛、莫州大水，损民田⑨。冬，京师旱⑩。南康军大雨雪，江水冰，胜重载⑪。

雍熙三年（986）春正月戊寅，沂州蝗⑫。六月，寿州大水⑬。秋七月癸巳，阶州言福津县有大山自龙帝峡飞来，壅白江水，逆流高十余丈，坏民田数百里⑭。七月，濮州鄄城县有蛾，蝗自死⑮。八月，京师大霖雨⑯。冬，京师旱⑰。

雍熙四年（987）冬，京师旱⑱。

端拱元年（988）二月，博州水害民田。三月，霸州大雨雹杀麦苗。五月，英州江水涨五丈，坏民田及庐舍数百区。闰五月，郓州风雪伤麦。润州

---

① 《宋史》卷六六，第1439页。
② 《文献通考》卷三一四，考2463页。
③ 《文献通考》卷二九六，考2344页。
④ 《文献通考》卷三〇六，考2407页。
⑤ 《文献通考》卷三一四，考2463页。
⑥ 《续资治通鉴长编》卷二六，第597页；《宋史》卷六一，第1322页。
⑦ 《续资治通鉴长编》卷二六，第596页。
⑧ 《宋史》卷六五，第1421页。
⑨ 《宋史》卷六一，第1322页。
⑩ 《宋史》卷六六，第1439页。
⑪ 《宋史》卷六二，第1341页。
⑫ 《续资治通鉴长编》卷二七，第602页。
⑬ 《宋史》卷六一，第1322页。
⑭ 《续资治通鉴长编》卷二七，第621页。
⑮ 《宋史》卷六二，第1351页。
⑯ 《文献通考》卷三〇三，考2390页。
⑰ 《宋史》卷六六，第1439页。
⑱ 《宋史》卷六六，第1439页。

雨雹伤麦。七月，磁州漳、滏二水涨①。

端拱二年（989），东京开封自五月至十一月旱情较重。七月，施州蚜蚄虫生，害稼②。是岁，河南、莱、登、深、冀旱甚，民多饥死③。

淳化元年（990），正月至四月，不雨，京师民饥。河南、凤翔、大名、京兆府、许、沧、单、汝、乾、郑、同等州旱④。四月，郓州中都县螟虫生⑤。六月，许州大风雹，坏军营、民舍千一百五十六区。鱼台县风雹害稼⑥。秦州陇城县大雨，坏官私庐舍殆尽，溺死者百三十七人⑦。吉州大雨，江涨丈三尺，漂坏民田、庐舍。蕲州黄梅县堨口湖水涨，坏民田、庐舍都尽。江州江水涨二丈八尺。七月，洪州江水涨，坏州城三十堵及民庐舍二千余区，漂二千余户。孟州河涨⑧。七月，单州砀山县蝗。曹州济阴县有蝗自北来，飞亘天，有声。淄、澶、濮州、乾宁军有蝗，沧州蝗螟虫食苗，棣州飞蝗自北来，害稼。是月，开封、陈留、封丘、酸枣、鄢陵旱。八月，是月，京兆长安八县旱。冬十月，是月，乾、郑二州、河南寿安等十四县旱。是岁，开封、大名管内及许、沧、单、汝、乾、郑等州，寿安、长安、天兴等二十七县旱。深、冀二州、文登、牟平两县饥。曹、单二州有蝗，不为灾⑨。

淳化二年（991）春，京师大旱⑩。闰二月，是月，鄄城县蝗，河水溢⑪。三月，亳州螟虫生，遇雨而死。己巳，以岁蝗旱祷雨弗应，手诏宰相吕蒙正等：朕将自焚，以答天谴。翌日而雨，蝗尽死⑫。四月，京兆府河水涨，坏咸阳县浮梁，漂舰十七。陕州河涨，坏大堤及五龙祠。六月乙酉，汴水溢于浚仪县，坏连堤，浸民田。辛卯，又决于宋州宋城县，博州大霖雨，

---

① 《宋史》卷六一，第 1322 页。
② 《文献通考》卷三一四，考 2464 页。
③ 《宋史》卷六六，第 1439 页。
④ 《宋史》卷六六，第 1439 页。
⑤ 《文献通考》卷三一四，考 2463 页。
⑥ 《宋史》卷六二，第 1346 页。
⑦ 《宋史》卷六五，第 1421 页。
⑧ 《宋史》卷六一，第 1322 页。《文献通考》卷二九六，考 2344 页。
⑨ 《文献通考》卷三一四，考 2463 页；《宋史》卷五，第 85—86 页；卷六二，第 1355 页。
⑩ 《宋史》卷六六，第 1439 页。《续资治通鉴长编》卷三二，第 713 页。
⑪ 《宋史》卷五，第 87 页。
⑫ 《文献通考》卷三一四，考 2463 页。《宋史》卷五，第 87 页。《续资治通鉴长编》卷三二，第 713 页。

河涨溢，坏民庐舍八百七十区。亳州河水溢，东流泛民田，坏庐舍①。五月，名山县大风雨，登辽山圮，壅江水逆流，入民田，害稼②。六月，是月，楚丘、鄄城、淄川三县蝗③。淄、澶、濮州、乾宁军，并蝗生。七月，沧州螟虫食苗，棣州有飞蝗自北来，害稼④。七月，齐州明水涨，坏黎济寨城百余堵，许州沙河溢，雄州唐河水涨，害民田殆尽。嘉州江涨丈八尺，溢入州城，毁民舍。复州蜀、汉二江水涨，坏民田、庐舍。九月，卬州蒲江等县山水暴涨，坏民舍七十区，死者七十九人。是秋，荆南北路江水注溢，浸田亩甚众⑤。十一月己酉，幸建隆观、相国寺祈雪。是岁，大名、河中、绛、濮、陕、曹、济、同、淄、单、德、徐、晋、辉、磁、博、汝、兖、虢、汾、郑、亳、庆、许、齐、滨、棣、沂、贝、卫、青、霸等州旱⑥。

淳化三年（992）春，京师大旱⑦。三月，商州霜，花皆死⑧。五月己酉，以旱遣使分行诸路决狱⑨。五月，雅州名山县大风雨，登辽山圮，壅江水逆流，入民田坏稼⑩。六月甲申，京师有蝗起东北，趣至西南，蔽空如云翳日。飞蝗自东北来，蔽天，经西南而去。是夕，大雨，蝗尽死⑪。七月，贝、许、沧、沂、蔡、汝、商、兖、单等州，淮阳军、平定彭城军蝗，蛾抱草自死⑫。七月，河南府洛水涨，坏七里、镇国二桥。又山水暴涨，坏丰饶务官舍、民庐，死者二百四十人⑬。是月，许、汝、兖、单、沧、蔡、齐、贝八州蝗⑭。九月，京兆府大雪害苗稼⑮。十月，上津县大雨，河水溢，坏

---

① 《文献通考》卷二九六，考2344页。《续资治通鉴长编》卷三二，第716页。
② 《宋史》卷六七，第1488页。
③ 《宋史》卷五，第87页。
④ 《文献通考》卷三一四，考2463页。
⑤ 《文献通考》卷二九六，考2344页。
⑥ 《宋史》卷五，第88页。《宋史》卷六六，系冬复大旱以下事于三年，第1439页。
⑦ 《文献通考》卷三〇四，考2396页。
⑧ 《宋史》卷六二，第1345页。
⑨ 《宋史》卷五，第89页。
⑩ 《文献通考》卷三〇二，考2387页。
⑪ 《宋史》卷五，第89页。《续资治通鉴长编》卷三三将此事系于六日庚申，见第737页。
⑫ 《宋史》卷六二，第1355页。
⑬ 《宋史》卷六一，第1323页。
⑭ 《宋史》卷五，第90页。
⑮ 《宋史》卷六二，第1341页。

民舍，溺者三十七人①。

淳化四年（993）二月，江、淮、两浙、陕西，比岁旱灾，民多转徙，颇恣攘夺，抵冒禁法②。二月，商州大雪，民多冻死③。夏，京师不雨，河南府、许、汝、亳、滑、商州旱④。五月戊申，溪水泛溢，侵许州民田⑤。六月，陇城县大雨，牛头河涨二十丈，没溺居人、庐舍。七月，京师大雨，十昼夜不止，朱雀、崇明门外积水尤甚。军营、庐舍多坏。九月，澶州河水涨，冲陷北城，坏居民、庐舍、官署、仓库殆尽，民溺死者甚众。梓州元武县涪江涨二丈五尺，壅决，流入州城，坏官私庐舍万余区，溺死者甚众。是秋，自七月初雨，至是不止，泥深数尺，朱雀、崇明门外积水尤甚，往来浮罂筏以济，壁垒、庐舍多坏，民有压死者，物价涌贵，近甸秋稼多败，流移甚众⑥。陈、颍、宋、亳、许、蔡、徐、濮、澶、博州霖雨，秋稼多败。十月，澶州河决西北，流入御河，浸大名府城。知州赵昌言雍城门，御之⑦。

淳化五年（994）六月，京师旱⑧。秋，开封府、宋、亳、陈、颍、泗、寿、邓、蔡、润诸州雨水害稼⑨。六月，是月，都城大疫。是年，宋亳数州牛疫死过半。官借钱，令就江淮市牛⑩。

至道元年（995）四月甲辰，京师大雨雷电，道上水数尺。五月，虔州江水涨二丈九尺，坏城，流入深八尺，毁城门⑪。

至道二年（996）春夏，京师旱。冬无雪⑫。五月辛丑，令开封府判官杨徽之等三人按行管内诸州民田，旱甚者蠲其租及徽之等上所蠲租数⑬。六月，

---

① 《宋史》卷六一，第1323页。
② 《续资治通鉴长编》卷三四，第745页。
③ 《宋史》卷六二，第1341页。
④ 《宋史》卷六六，第1439页。
⑤ 《续资治通鉴长编》卷三四，第749页。
⑥ 《宋史》卷六一、六五，第1323、1421页。《续资治通鉴长编》卷三四，第753页。
⑦ 《文献通考》卷二九六，考2345页。又见《宋会要辑稿》瑞异三之一。
⑧ 《宋史》卷六六，第1439页。
⑨ 《文献通考》卷二九六，考2345页。
⑩ 《宋史》卷一七三，第4159页。
⑪ 《宋史》卷六一，第1323页。
⑫ 《宋史》卷六六，第1439页。
⑬ 《续资治通鉴长编》卷三九，第832页。

亳州、宿、密州蝗生，食苗①。河南府言瀍、涧、洛三水涨，坏镇国桥②。七月，长葛、阳翟二县有螟虫食苗。历城、长清等县有蝗③。七月甲寅，青州言益都县蝗生④。是月，建州溪水涨，溢入州城内，坏仓库、民舍万余区。郓州河水涨，坏连堤四处。广南诸州并雨水。宋州河决谷熟县。闰七月，陕州河涨，漂大树，坏浮梁，失连舰⑤。丁亥，单州言大雨，水淹没管内诸县民田，苗稼尽死⑥。八月，潮州飓风，坏州廨、营寨，漂刀鱼舟⑦。八月辛丑，密州言蝗不为灾⑧。九月十九日未时，永兴、环州、庆州、延州、清远军、隰州，同日同时六处地震，塌损城墙，毁坏庐舍，在处州府不敢不奏，所属转运不敢不申。洎灵州送粮草回来，死者十有余万⑨。……京兆府地昼夜十二震⑩。十月，潼关西、灵、夏、环、庆等州地震，城郭庐舍多坏⑪。

至道三年（997）三月，太宗逝世，赵恒即位，是为宋真宗，是年江南频年多疾疫⑫。

宋真宗（997—1022年在位）

咸平元年（998），京畿春夏旱。又江浙、淮南、荆湖四十六军州旱⑬。七月庚午，宁化军汾水涨，坏北水门，山石摧圮，军士有压死者⑭。

咸平二年（999）春，京师旱甚。又广南西路、江、浙、荆湖及曹、单、

---

① 《宋史》卷六二，第1355页。
② 《宋史》卷六一，第1323页。
③ 《宋史》卷六二，第1355页。
④ 李若水：《宋太宗实录》卷七八，甘肃人民出版社2005年版，第183页。
⑤ 《文献通考》卷二九六，考2345页。
⑥ 《宋太宗实录》卷七八，第187页。
⑦ 《文献通考》卷三〇六，考2407页。
⑧ 《宋史》卷五，第99页。
⑨ 《续资治通鉴长编》卷四一"至道三年七月丙寅"条，第870页。
⑩ 《宋太宗实录》卷七九，第195页。
⑪ 《文献通考》卷三〇一，考2382页。
⑫ 《宋史》卷六二，第1370页。
⑬ 《宋史》卷六六，第1440页。
⑭ 《宋史》卷六七，第1488页。

岚州、淮阳军旱①。七月庚寅，陕州灵宝县暴雨，崖圮压居民，死者二十二户②。秋七月癸巳，蠲淮阳军田租十之三，旱故也。壬寅，陈尧叟自广南使还，上言：西路诸州旱③。九月，常州地震，坏鼓角楼、罗务、军民庐舍甚众④。九月八日，淮南地震⑤。冬十月庚戌朔，两浙、荆湖旱。癸酉，杭州旱⑥。十二月戊午（初九）前，邢州地屡震，城堞摧圮⑦。是年九月至翌年三月，淮南地震，江南地震尤甚。

咸平三年（1000）春，京师旱。江南频年旱歉，多疾疫⑧。三月，梓州江水涨，坏民田⑨。三月辛丑夜，秦州大泽县三阳砦大雨，崖摧，压死者六十二人⑩。四月丁巳，京师雨雹，飞禽有陨者⑪。五月，河决郓州王陵埽⑫。六月甲辰，河决郓州王陵埽，浮钜野入淮、泗，水势激悍，侵迫州城。己酉，免益州民今年夏税。先是，河决，灌济、泗，郓州城中常苦水患，至是，大雨弥月，积潦益甚⑬。六月，宋真宗以两浙灾疫，深所轸念，命三馆检讨灵迹以闻。于是遣使遍祭其山川祠庙，为民祈福。两浙大饥，民疫死⑭。七月，洋州汉水溢，民有溺死者⑮。八月辛亥，以京东水灾，遣太子中舍张舒、供奉官、阁门祗候张禧诣诸道，遍加安抚。九月丁酉，遂、果、阆三州遭水灾⑯。是岁，畿内、江南、荆湖旱⑰。

---

① 《宋史》卷六六，第 1440 页。《续资治通鉴长编》卷四四，第 933、934 页。
② 《宋史》卷六七，第 1488 页。
③ 《续资治通鉴长编》卷四五，第 956、957 页。
④ 《宋史》卷六七，第 1483 页。
⑤ 《续资治通鉴长编》卷四六，第 1004 页。
⑥ 《续资治通鉴长编》卷四五，第 965、967 页。
⑦ 《中国地震历史资料汇编》，第 110 页。
⑧ 《宋史》卷六六，第 1440 页。
⑨ 《宋史》卷六一，第 1324 页。
⑩ 《宋史》卷六七，第 1488 页。
⑪ 《宋史》卷六二，第 1346 页。
⑫ 《宋史》卷六一，第 1324 页。
⑬ 《续资治通鉴长编》卷四七，第 1018、1019 页。
⑭ 《续资治通鉴长编》卷四七，第 1019 页。
⑮ 《宋史》卷六一，第 1324 页。
⑯ 《续资治通鉴长编》卷四七，第 1023、1026 页。
⑰ 《宋史》卷六，第 113 页。

咸平四年（1001）正月，秦州成纪县山摧，压死六十余人①。京畿正月至四月不雨②。三月丁丑，京师及近畿诸州雪损桑③。六月，京师大雨，漂坏庐舍，积潦浸路④。丁巳，东川民田为江水所泛⑤。七月，同州洿谷水溢夏阳县，溺死者数十人⑥。八月丙子，京师暴风⑦。九月，庆州地震者再⑧。

咸平五年（1002）二月，雄、霸、瀛、深、沧州，乾宁军水溢害民田。六月，京师大雨，漂坏庐舍，民有压死者，积潦浸道路，自朱雀门东抵宣化门尤甚，皆注惠民河，河复涨溢，军营多坏⑨。是秋，霖雨作沴，近畿诸处水潦为灾。侍御史知杂事田锡云："臣伏睹去秋以来，霖雨作沴，近畿诸处水潦为灾。"⑩

咸平六年（1003）二月己卯，以京东、淮南水灾，遣使赈恤贫民，疏决狱讼⑪。四月甲申，京师暴雨雹，如弹丸⑫。九月戊戌，白沟河溢，害民田。十一月癸巳，环州灾旱⑬。

景德元年（1004）正月丙申夜，京师地震。辛丑，京师地再震。癸卯，夜复震。丁未，夜又震。屋宇皆动，有声，移时方止。癸丑，冀州地震。二月戊寅，益、黎、雅州地震。三月，邢州地震不止。四月丙辰，邢州地震不止。己卯，夜，瀛州地震。五月，邢州地复震不止。十一月壬子，日南至，京师地震。癸丑，石州地震⑭。

三月戊子，定州属久旱。夏四月壬午，诏北面诸州军休役兵，赐衣服、

---

① 《宋史》卷六七，第1488页。
② 《宋史》卷六六，第1440页。
③ 《宋史》卷六二，第1341页。
④ 《文献通考》卷三〇三，考2390页。
⑤ 《续资治通鉴长编》卷四九，第1064页。
⑥ 《宋史》卷六一，第1324页。
⑦ 《文献通考》卷三〇六，考2407页。
⑧ 《宋史》卷六七，第1483页。《续资治通鉴长编》卷四九，第1072页。
⑨ 《文献通考》卷二九六，考2345页。
⑩ 《咸平集》卷一《上真宗论拣选强壮失信》（咸平六年三月上）。
⑪ 《续资治通鉴长编》卷五四，第1180页。
⑫ 《宋史》卷六二，第1346页。
⑬ 《续资治通鉴长编》卷五五，第1212、1216页。
⑭ 《文献通考》卷三〇一，考2382页。

缗钱有差，以岁旱，大热故也①。京师夏旱，人多喝死②。闰九月戊辰，诏户部判官工部员外郎李防、右正言直史馆张知白等，分诣江南东西路理系囚，访民疾苦，祠境内山川，旱故也③。九月，宋州汴水决，浸民田，坏庐舍。河决澶州横陇埽④。是岁，江南东西路饥，陕、滨、棣州蝗害稼，命使振之⑤。

景德二年（1005）二月甲申，江、浙、荆湖旱，遣使乘传祠其境内山川⑥。六月乙未，京东诸州螟虫生⑦。六月乙未，宁州山水泛溢，坏民舍、军营，多溺死者⑧。八月，福州海上有飓风，坏屋舍⑨。九月庚戌，以淮南旱歉，诏转运司疏理管内系囚⑩。壬戌，解州盐池夏秋霖雨，有妨种盐，故老相传，唐朝每遇水灾，必遣使告祭，乃不为害。故上特亲署祝文往祷。十月己卯、丙戌，京东水灾⑪。

景德三年（1006）正月丁未，倚阁京东西淮南水灾州军逋租⑫。夏，京师旱⑬。六月甲午，汴水暴涨。乙未，是日，应天府又言：河决南堤，流亳州，合浪宕河东入于淮⑭。八月，德、博州蝝生⑮。八月，青州大雨，坏鼓角楼门，压死者四人⑯。青州山水坏石桥⑰。

景德四年（1007）三月甲寅夕，京师大风，黄尘蔽日，自大名府历京

---

① 《续资治通鉴长编》卷五六，第 1232、1235 页。
② 《宋史》卷六六，第 1440 页。《宋会要辑稿》瑞异二之二一。
③ 《续资治通鉴长编》卷五七，第 1262 页。
④ 《宋史》卷六一，第 1324 页。《续资治通鉴长编》卷五七，第 1258 页。
⑤ 《宋史》卷七，第 127 页。《文献通考》卷三一四"蝗"作"虫"，考 2463 页。
⑥ 《续资治通鉴长编》卷五九，第 1316 页。
⑦ 《宋史》卷六二，第 1356 页。
⑧ 《宋史》卷六一，第 1324 页。《续资治通鉴长编》卷六〇。
⑨ 《文献通考》卷三〇六，考 2407 页。
⑩ 《续资治通鉴长编》卷六一，第 1364 页。
⑪ 《续资治通鉴长编》卷六一，第 1367、1369、1370 页。
⑫ 《续资治通鉴长编》卷六二，第 1383 页。
⑬ 《宋史》卷六六，第 1440 页。
⑭ 《续资治通鉴长编》卷六三，第 1408 页。又《宋史》卷六一，第 1324 页；《文献通考》卷二九六"六月"作"七月"，考 2345 页。
⑮ 《宋史》卷六二，第 1356 页。
⑯ 《宋史》卷六五，第 1421 页。
⑰ 《宋史》卷六一，第 1324 页。

畿，害桑稼。唐州尤甚①。六月，郑州索水涨，高四丈许，漂荥阳县居民四十二户，有溺死者。邓州江水暴涨，南剑州山水泛溢，漂溺居人②。七月丙戌，益州地震。己丑，渭州瓦亭寨地震者四③。秦州成纪县崖圮，压死居民④。己巳，巩县西南积雨，河溢，漂露丘冢⑤。河溢澶州，坏王八埽。渭州瓦亭砦早霜伤稼⑥。八月丙午，横州言水涨，坏营舍⑦。九月，陈州宛丘县、郓州东阿、须城二县蝗⑧。是岁，雄州、安肃、广信饥。宛丘、东阿、须成县蝗，不为灾⑨。

大中祥符元年（1008）六月，开封府尉氏县惠民河决⑩。

大中祥符二年（1009）二月庚寅，陕西旱。四月壬辰，河北旱。五月辛未，陕西旱歉⑪。三月，代州地震。五月庚辰，代州地震⑫。京师春夏旱。河南府及陕西路、潭、邢州旱⑬。五月，雄州螨虫食苗⑭。七月乙亥，京东徐、济、淄、青、兖等七州水。八月甲午，京城西积水坏民田⑮。是月，无为军大风雨拔木，坏城门、营垒、民舍，压溺千余人。凤州大水，漂溺居民⑯。九月，无为军城北暴风雨，昼晦不可辨，拔木，坏城门、营垒、民舍，压死千余人。遣内侍张景宣驰驿恤视，坏屋者无出来年夏租，压死者家赐米一斛，无主者官瘗之⑰。戊午，秦州长道县水，漂溺民。甲子，汴水涨溢，

---

① 《文献通考》卷三〇六，考 2407 页。
② 《宋史》卷六一，第 1324 页。又见《续资治通鉴长编》卷六五"景德四年六月己亥、乙卯"条，第 1462、1464 页。
③ 《文献通考》卷三〇一，考 2382 页。《续资治通鉴长编》卷六六，第 1476、1485 页。
④ 《宋史》卷六七，第 1488 页。
⑤ 《续资治通鉴长编》卷六六，第 1471 页。
⑥ 《宋史》卷六一，第 1324 页。卷六二，第 1345 页。
⑦ 《续资治通鉴长编》卷六六，第 1480 页。
⑧ 《文献通考》卷三一四，考 2463 页。
⑨ 《宋史》卷七，第 135 页。
⑩ 《宋史》卷六一，第 1324 页。
⑪ 《续资治通鉴长编》卷七一，第 1593、1601、1608 页。
⑫ 《宋史》卷六七，第 1484 页。
⑬ 《宋史》卷六六，第 1440 页。
⑭ 《宋史》卷六二，第 1356 页。
⑮ 《续资治通鉴长编》卷七二，第 1625、1629 页。
⑯ 《文献通考》卷二九六，考 2345 页。
⑰ 《文献通考》卷三〇六，考 2407 页。

自京至郑州，浸道路。十月庚寅，许州积水害民田，盖惠民河不谨堤防，每岁决坏①。是月，兖州霖雨害稼。京畿惠民河决坏民田②。

大中祥符三年（1010），京师夏旱，江南诸路、宿州、润州旱③。

大中祥符四年（1011）五月庚寅，京兆府旱④。六月甲子，开封府言祥符县有飞蝗⑤。六月甲子，江淮南水灾民饥。七月己丑，诏河北滨、棣州水潦为患⑥。是月，江、洪、筠、袁州江涨，害民田，坏州城。七月，河南府及京东蝗生，食苗叶⑦。七月戊子，镇、昌、眉州并地震。七月，真定府地震，坏城垒⑧。八月，开封府祥符、咸平、中牟、陈留、雍丘、封丘六县蝗生⑨。八月，河决通利军，大名府御河水溢，合流坏府城，害民田，人多溺死者。九月，河溢于孟州温县，苏州吴江泛溢，坏民庐舍。十一月，楚、泰州潮水害田，民多溺死⑩。十二月乙巳，诏楚、泰等州民为湖水害稼者，给复其租，没溺者人赐千钱、米一斛⑪。是岁，畿内蝗⑫。

大中祥符五年（1012）春正月癸酉，苏州言水灾⑬。是月，河决棣州聂家口⑭。四月戊申，雄、霸州民因水坏田，艰食者多捕鱼自给，官复收其市算，诏特除之⑮。五月戊辰朔，诏礼部权停今年贡举，上以江淮两浙路稍旱，即水田不登，乃遣使就福建取占城稻三万斛，分给三路，令择民田之高仰者

---

① 《续资治通鉴长编》卷七二，第 1632、1633、1636 页。
② 《文献通考》卷二九六，考 2345 页。
③ 《宋史》卷六六，第 1440 页。
④ 《续资治通鉴长编》卷七五，第 1722 页。
⑤ 《续资治通鉴长编》卷七六，第 1726 页。
⑥ 《续资治通鉴长编》卷七六，第 1627、1730 页。
⑦ 《宋史》卷六一，第 1324 页，卷六二，第 1356 页。
⑧ 《宋史》卷八，第 149 页；卷六七，1484 页。《续资治通鉴长编》卷七六，第 1729 页。
⑨ 《文献通考》卷三一四，考 2463 页。
⑩ 《文献通考》卷二九六，考 2345 页。
⑪ 《续资治通鉴长编》卷七六，第 1743 页。
⑫ 《宋史》卷八，第 150 页。
⑬ 《续资治通鉴长编》卷七七，第 1749 页。
⑭ 《文献通考》卷二九六，考 2345 页。
⑮ 《续资治通鉴长编》卷七七，第 1762 页。

莳之，盖旱稻也①。八月庚戌，淮南旱②。七月，庆州淮安镇③山水暴涨，漂溺居民④。八月丙辰，京师雨雹⑤。九月，建安军大霖雨，害农事⑥。

大中祥符六年（1013）春正月辛丑，倚阁庐、寿、和、泗州所逋去年秋税，以水灾故也。六月，保安军积雨，河溢，浸城垒，坏庐舍。判官赵震溺死，又兵民溺死，凡六百五十人。十一月甲午，以水潦免滨、棣州牛税一年⑦。

大中祥符七年（1014）六月，泗州水溢，害民田。河南府洛水涨，秦州定西寨山水暴涨，有溺死者。八月甲戌，河决澶州大吴埽⑧。十月，滨州河溢于安定镇⑨。

大中祥符八年（1015）春正月壬午朔，缘河、江、淮，两浙民田经水灾者，悉蠲其税⑩。七月丙辰，以诸州牛疫，免牛税一年⑪。

大中祥符九年（1016）秋，京师旱。大名府、澶州、相州旱⑫。是岁，六月，京畿、京东西、河北路蝗蝻继生，弥覆郊野，食民田殆尽，入公私庐舍。七月，过京师，群飞蔽空，延至江、淮南，趋河东及霜寒始尽。飞蝗之过京城也，上方坐便殿阁中御膳，左右以告，上起临轩仰视，则蝗势连云障日，莫见其际。上默然还坐，意甚不怿，乃命撤膳，自是圣体遂不康⑬。七月丙辰，开封府祥符县蝗附草死者数里。癸亥，以畿内蝗下诏戒郡县。八月丙子，令江、淮发运司留上供米五十万以备饥年。磁、华、瀛、博等州蝗不

---

① 《续资治通鉴长编》卷七七，第1764页。
② 《宋史》卷八，第150页。
③ 《续资治通鉴长编》卷七八，七月乙未作"怀安"。
④ 《文献通考》卷二九六，考2345页。
⑤ 《宋史》卷六二，第1346页。
⑥ 《宋史》卷六五，第1421页。
⑦ 《长编》卷八〇，第1814页；卷八一，第1852页。《宋史》卷六一，第1325页。
⑧ 《文献通考》卷二九六，考2345页。《续资治通鉴长编》卷八三，第1892页。
⑨ 《文献通考》卷二九六，考2345页。
⑩ 《续资治通鉴长编》卷八四，第1911页。
⑪ 《宋史》卷八，第158页。《续资治通鉴长编》卷一八五。
⑫ 《宋史》卷六六，第1440页。
⑬ 《续资治通鉴长编》卷八八，第2020—2021页。

为灾。九月甲寅，雨。督诸路捕蝗。戊辰，青州飞蝗赴海死，积海岸百余里①。九月丁未，命辅臣分祈天地、庙社、神祠、宫观、佛寺，旱故也。冬十月戊寅，京东、淮南蝗旱②。

六月，秦州独孤谷水涨坏长道县盐官镇城桥及官廨、民舍二百九十五区，溺死六十七人。七月，延州洎定、平安、远寨门、栲栳四寨山水泛溢，坏堤城。九月，雄、霸州界河泛溢。利州水漂栈阁万二千八百间③。十一月癸丑，果州水灾④。十二月，大名、澶、相州并霜害稼⑤。

天禧元年（1017）二月，开封府、京东、西、河北、河东、陕西、两浙、荆湖百三十州军蝗蝻复生，多去岁蛰者。和州蝗生卵如稻粒而细⑥。五月己未，诸路蝗，食苗。诏遣内臣分捕，仍命使安抚。五月庚戌，京东西、河北、陕西、江南、两浙遭旱⑦。六月戊寅，陕西、江淮南蝗，并言自死。（江淮大风多吹蝗入江海，或抱草木僵死）。是岁，诸路蝗⑧。

天禧二年（1018）五月壬戌朔，登州仍大旱歉。十二月丁酉，同、耀、邠、宁、泾、原、渭、华、虢、陇州及河中府永乐、虞乡二县旱歉⑨。

天禧三年（1019）六月，河决滑州城西南，漂没公私庐舍，死者甚众，历澶州、濮、郓、济、单至徐州，与清河合，浸城壁，不没者四板⑩。七月丙寅，滑州自今月三日雨五昼夜未止，河水增涨北岸，逼州城。八月乙未，徐州言：河决，水大至，城不没者四版。十二月辛亥，淮南转运使言，宿亳等十六州军仍岁旱⑪。

天禧四年（1020）春，利州路旱。夏，京师旱⑫。六月，河复决滑州城

---

① 《宋史》卷八，第161页。
② 《续资治通鉴长编》卷八八，第2014、2023页。
③ 《宋史》卷六一，第1325页。《文献通考》卷二九六作"一千八百间"，考2345页。
④ 《续资治通鉴长编》卷八八，第2029页。
⑤ 《宋史》卷六二，第1345页。
⑥ 《宋史》卷六二，第1356页。《宋会要辑稿》瑞异三之四〇。
⑦ 《续资治通鉴长编》卷八九，第2060页。
⑧ 《宋史》卷八，第162、164页；卷六一，第1356页。
⑨ 《续资治通鉴长编》卷九二，第2115、2130页。
⑩ 《宋史》卷六一，第1325页。
⑪ 《续资治通鉴长编》卷九四，第2160、2164、2175页。
⑫ 《宋史》卷六六，第1440页。

西北隅①。七月，京师连雨弥月。甲子夜大雨，流潦泛溢，民舍、军营圮坏太半，多压死者，自是频雨，及冬方止②。

天禧五年（1021）五月，襄州凤林镇道侧涌起，高三尺许，长三丈，阔八尺，知州夏竦以闻③。冬十月癸卯朔，诏蠲开封府、京东西、淮南、两浙水灾州军民租④。

宋仁宗（1022—1063 在位）

宋真宗乾兴元年（1022，二月宋真宗逝世，赵祯即位，是为宋仁宗）二月，苏、湖、秀州雨，坏民田⑤。十月，京东、淮南水灾⑥。

天圣元年（1023）四月壬寅，徐州仍岁水灾，民颇艰食⑦。五月丙辰，大雨雹⑧。天下水旱，蝗生，河决⑨。

天圣二年（1024）八月辛未，开封府言：阳武等一十三县大旱，伤苗⑩。

天圣三年（1025）八月丙寅，陕西旱灾⑪。十一月辛卯，襄州汉水害民田⑫。

天圣四年（1026）六月丁亥，剑州、邵武军大水，坏官私庐舍七千九百余区，溺死者百五十余人。庚寅，京师大雨震雷，平地水数尺⑬。"建州邵武军大水，坏官舍四十余间，民舍三千八百余间，溺死者五十余人。十六日，京师自申时至夜大雨雷电，达明方止，平地水数尺，坏官私舍宇，被压溺死者数百人。自京而西及巩洛以来，悉罹水患。时京师民居舍宇墙垣率多摧坏，于街巷，权盖舍宇居住。二十二日，侯官县界洪水坏沿溪居民舍宇，溺

---

① 《宋史》卷六一，第 1325 页。
② 《宋史》卷六五，第 1421 页。《续资治通鉴长编》卷九六，第 2206 页。
③ 《文献通考》卷三〇二，考 2387 页。
④ 《续资治通鉴长编》卷九七，第 2255 页。
⑤ 《宋史》卷六五，第 1422 页。
⑥ 《文献通考》卷二九七，考 2347 页。
⑦ 《续资治通鉴长编》卷一〇〇，第 2320 页。
⑧ 《宋史》卷六二，第 1346 页。
⑨ 《东都事略》卷六四《谢绛传》，第 382 册，406 页。
⑩ 《文献通考》卷三〇四作八年，恐系笔误，应为八月，考 2396 页。
⑪ 《续资治通鉴长编》卷一〇三，第 2387 页。
⑫ 《续资治通鉴长编》卷一〇三，第 2392 页。
⑬ 《宋史》卷六一，第 1325 页。《文献通考》卷三〇三，考 2390 页。《东都事略》卷五。

死者甚众。二十三日，行庆关言，氾河水泛涨，冲注关城，溺死军马不少。时孟州氾水县尉刘文蔚溺死，父母妻男共七口。又氾水漂失盐、酒、税务官物，监官借职冯益儿女皆溺死"①。是月，河南府、郑州大水②。秋七月乙巳，初，汴水大涨，众汹汹忧京城，乃用枢密院奏，敕八作司决陈留堤及城西贾陂岗地泄之于护龙河。八月庚辰，免京西被水灾民牛税③。九月，京东、江淮、两浙、福建诸州军雨水坏民庐舍④。十月乙酉，京山县山水暴涨，漂死者众，县令唐用之溺焉⑤。是岁，汴水溢，决陈留堤，又决京城西贾陂入护龙河，以杀其势⑥。

天圣五年（1027）三月，襄、颍、许、汝等州水。三月戊申，秦州地震⑦。夏秋，（京师）大旱⑧。五月，是月，京畿旱。五月戊辰，磁州虫食桑。七月丙午，邢、洺州蝗。甲寅，赵州蝗，不食苗。是岁，京兆府旱蝗⑨。七月庚戌，诏以大暑，自今不御前殿，终月。初，王曾等言夏秋大旱，毒气中人⑩。是岁，陕西同、华等州旱，蚜蚄虫食苗。十一月丁酉朔，以陕西旱蝗，减其民租赋⑪。

天圣六年（1028）五月乙卯，河北、京东蝗⑫。七月壬子，江宁府、扬真润三州江水溢，坏官私庐舍。是月，雄、霸州大水。八月甲戌（永兴军）临潼县山水暴涨，民溺死者甚众。是月，河决楚王埽⑬。

天圣七年（1029）六月，河北大水，坏澶州浮梁⑭。十月丙午，京师

---

① 《宋会要辑稿》瑞异三之一。
② 《宋史》卷六一，第1325页。
③ 《续资治通鉴长编》卷一〇四，第2412、2415页。
④ 《文献通考》卷二九七，考2347页。
⑤ 《宋史》卷六一，第1325页。
⑥ 《宋史》卷六一，第1325页。
⑦ 《宋史》卷九，第183页。《续资治通鉴长编》卷一〇五，第2493页。
⑧ 《宋史》卷六一，第1325页；卷六六，第1440页。
⑨ 《宋史》卷九，第183页。《文献通考》卷三一四，考2464页、考2463页。
⑩ 《续资治通鉴长编》卷一〇五，第2443页。
⑪ 《宋史》卷九，第184页。《宋会要辑稿》瑞异三之四〇。
⑫ 《续资治通鉴长编》卷一〇六，第2473页。《宋会要辑稿》瑞异三之四〇。
⑬ 《宋史》卷六一，第1326页。
⑭ 《宋史》卷六一，第1326页。

地震①。

天圣八年（1030），本年度似未见有灾情记载。

天圣九年（1031）十月十二日，中书门下言，广东经略、转运使等言，潮州海阳潮涨，推流屋舍、田苗，死失人口②。

明道元年（1032）三月戊戌，江淮之间，仍岁旱暵③。虫螟水旱，几遍天下。始之以饥馑，继之以疾疫，民之转流死亡，不可胜数④。

明道二年（1033）二月庚子，南方大旱，种饷皆绝，人多流亡，困饥成疫气，相传死者十二三，官虽作粥糜以饷之，然得食辄死，村聚墟里几为之空⑤。七月庚辰，开封界、京东、西、河北、河东、陕西蝗⑥。九月辛卯，梓州路仍岁旱疫⑦。

景祐元年（1034）春正月甲戌，诏募民掘蝗种，给菽米。是岁，开封府、淄州蝗⑧。六月乙卯，开封府、淄州蝗，诸路募民掘蝗子万余石⑨。闰六月甲子，泗州淮、汴溢。七月，澶州河决横陇埽。八月庚午，洪州分宁县山水暴发，漂溺居民二百余家，死者三百七十余口⑩。九月丁酉，范仲淹知睦州，不半岁，徙苏州。州比大水，民田不得耕种。淹疏五河，导太湖注之海。冬十月辛酉，自河决横垄，而德、博以来皆罹水患⑪。

景祐二年（1035），大水坏缘边八州军堤岸⑫。

景祐三年（1036）六月庚戌，河北久旱，遣使诣北岳祈雨⑬。六月，虔、

---

① 《宋史》卷九，第187页。
② 《宋会要辑稿》食货六八之三八。
③ 《续资治通鉴长编》卷一一一，第2580页。
④ 《宋史》卷二九四，《苏绅传》，第9812页。
⑤ 《续资治通鉴长编》卷一一二，第2605页。
⑥ 《文献通考》卷三一四，考2463页。
⑦ 《续资治通鉴长编》卷一一三，第2637页。
⑧ 《宋史》卷一〇，第197，199页。
⑨ 《文献通考》卷三一四，考2463页。《宋会要辑稿》瑞异三之四〇。
⑩ 《宋史》卷六一，第1326页。
⑪ 《续资治通鉴长编》卷一一五，第2699，2703页。
⑫ 《续资治通鉴长编》卷一二〇：景祐四年（1037）闰四月癸未，以河北屯田司都监崇仪副使杨怀敏为北作坊副使、同管勾屯田公事，右侍禁、閤门祗候何九龄为左侍禁，前年大水坏缘边八州军堤岸，而怀敏等修治有劳，特迁之。第2829页。
⑬ 《续资治通鉴长编》卷一一八，第2790页。

吉诸州久雨，江溢，坏城庐，人多溺死①。

景祐四年（1037）十二月二日丙夜，京师地震，移刻乃止。定襄同日震，至五日不止。坏庐寺、杀人畜，几十之六。大河之东，弥千五百里，而及都下②。十二月甲申，忻、代、并三州言："地震坏庐舍，覆压吏民。忻州死者万九千七百四十二人，伤者五千六百五十五人，畜牧死者五万余；代州死者七百五十九人；并州千八百九十人。知忻州祖百世、都监王文恭、监押高继芳、石岭关监押李昊并伤，而前忻州监押薛文昌、并州阳兴寨监押苗整皆死。"诏赐百世、整及文昌之家钱各十万，文恭、继芳、昊各五万，其军民死伤者皆赐有差。自是河东地震，连年不止，或地裂泉涌，或火出如黑沙状，一日四五震，民皆露处③。十二月甲子，京师地震④。丙辰，京师地震⑤。

冬，雷，地震，星象数变⑥。

宝元元年（1038）春正月乙卯，河东地大震裂，涌水，坏屋庐、城堞，杀民畜几十万，历旬不止⑦。正月庚申，并、忻、代三州地震。（地大震裂，涌水，坏屋庐城堞，杀民畜几十万，历旬不止。会忻州地震出火，郓国屋□，焚荡几尽，郡人昼夜哭不已。）⑧ 益州路自夏至秋不雨，两蜀大旱⑨。十二月甲子，京师地震⑩。

建州自正月雨，至四月不止，溪水大涨，入州城，坏民庐舍，溺死者甚众⑪。

---

① 《宋史》卷六一，第1326页。
② 《续资治通鉴长编》卷一二〇，景祐四年（1037）十二月壬辰，直史馆叶清臣上疏，第2844页。
③ 《续资治通鉴长编》卷一二〇，第2841页。《宋史》卷六七、卷一〇，压死人数作"三万二千三百六人，伤五千六百人"，第1484页，第203页。
④ 《宋史》卷六七原有"十二月甲子，京师地震"，是年十二月无甲子，恐有误，第1484页。
⑤ 王称：《东都事略》卷五，仁宗纪、李埴：《皇宋十朝纲要》卷五。是年十二月无丙辰。
⑥ 《中国地震历史资料汇编》，第117页。
⑦ 《续资治通鉴长编》卷一二一，第2851页。
⑧ 《中国地震历史资料汇编》，第117—118页。
⑨ 《文献通考》卷三〇四，考2396页。
⑩ 《宋史》卷六七，第1484页。
⑪ 《宋史》卷六一，第1326页。

宝元二年（1039）六月癸酉，曹、濮、单三州蝗①。

宝元三年（1040），（二月改元为康定元年）九月甲寅，滑州大河泛溢，坏民庐舍②。

庆历元年（1041）三月，汴流不通③。

庆历二年（1042）三月乙卯，诏河北比岁积雨坏道涂。其堑官路两旁阔五尺深七尺，民田各于封界阔三尺深五尺，以泄水潦，限半年毕工④。

庆历三年（1043）京师自春至夏不雨。遣使诣岳渎祈雨⑤。五月己丑，春夏以来，旱势至广⑥。五月九日，忻州地大震⑦。十一月壬辰，淮南、江、浙经春少雨，麦田半损，蝗蝻复生。十二月，是冬大旱。河中、同、华等十余州军物价翔贵，饥民相率东徙。是岁，河北降赤雪，河东地震，五六年不止，谏官孙甫推《洪范五行传》及前代变验，上疏曰："……忻州赵分，地震六七年。每震，则有声如雷，前代地震，未有如此者也。"⑧

庆历四年（1044）春，京师及诸路久不雨⑨。春，淮南旱蝗，京师飞蝗蔽天⑩。三月乙丑，江、淮以南，今春大旱，至有井泉枯竭、牛畜瘴死、鸡犬不存之处，九农失业，民庶嗷嗷⑪。丙寅，遣内侍两浙、淮南、江南祠庙祈雨⑫。五月戊寅，诏淮南比年谷不登，今春又旱蝗，其募民纳粟与官，以备赈贷⑬。

庆历五年（1045），（宝元初—庆历五年四月丁亥朔）自宝元初，定襄地

---

① 《宋史》卷六二，第1356页。《宋会要辑稿》瑞异三之四一。《文献通考》卷三一四作"宝元元年"，考2463页。
② 《宋史》卷六一，第1326页。
③ 《宋史》卷六一，第1326页。
④ 《续资治通鉴长编》卷一三五，第3227页。
⑤ 《宋史》卷六六，第1440页。《文献通考》卷三〇四，考2396页。
⑥ 《续资治通鉴长编》卷一四一，第3380页。
⑦ 《宋史》卷六七，第1484页。
⑧ 《续资治通鉴长编》卷一四五，第3511、3520、3518页。
⑨ 《文献通考》卷三〇四，考2396页。
⑩ 《文献通考》卷三一四，考2463页。《宋会要辑稿》瑞异三之四一。
⑪ 《续资治通鉴长编》卷一四七，第3554页。
⑫ 《宋史》卷六六，第1440页。
⑬ 《续资治通鉴长编》卷一四九，第3612页。

震，坏城郭，覆庐舍，压死者以数万人。殆今十年，震动不已……①七月十四日，广州地震②。八月庚午，荆南府、岳州地震③。十二月癸丑，监察御史包拯还自契丹，上言："……况河北、河东同时地震，变异如是，不可不惧。……"④ 是岁，地震雄、霸、沧、登，旁及荆湖，幅员数千里。虽往日定襄之异，未甚于此⑤。

庆历六年（1046）二月戊寅，青州地震。三月庚寅，登州地震，岠嵎山摧，自是震不已，每震，则海底有声如雷。五月甲申，京师地震⑥。六月丙寅，开封府久旱，民多喝死⑦。七月丁亥，河东大雨，坏忻、代等州城壁⑧。九月庚寅，伊、洛暴涨，漂庐舍，海水入台州，杀人民，浙江溃防，黄河溢埽⑨。九月辛卯，知青州叶清臣言登州地震不止，请增屯禁军，以防兵寇之变。从之。……

十月甲戌，上谓辅臣曰："山东连岁地震，又有巨木浮海而出，宜防未然之变。其下登州严饬武备，仍具所蓄兵械名数以闻。"御史中丞张方平言："臣伏见诸路地震，自荆湖、川峡、山东、河北、河东、陕西至于岭表，相继未止。比者忻州地震，于后兵难，及今适定，此际登、莱山崖摧圮，灾异所示，恐不徒然。"⑩是岁，京东、两河地震，登、莱尤甚⑪。

庆历七年（1047）三月癸巳，自冬讫春旱暵未已，五种弗入，农失作业⑫。

庆历八年（1048）六月乙亥，河决澶州商胡埽。是月，恒雨⑬。七月甲

---

① 《中国地震历史资料汇编》，第 119 页。
② 《宋史》卷六七，第 1484 页。
③ 《宋史》卷一一，第 220 页。《文献通考》卷三〇一作"七月己卯"，考 2383 页。
④ 《续资治通鉴长编》卷一五七，第 3810—3811 页。
⑤ 《中国地震历史资料汇编》，第 120 页。
⑥ 《宋史》卷六七，第 1484 页。
⑦ 《续资治通鉴长编》卷一五八，第 3831 页。
⑧ 《宋史》卷六五，第 1423 页。
⑨ 《续资治通鉴长编》卷一五九，第 3846 页。
⑩ 《续资治通鉴长编》卷一五九，第 3848 页。
⑪ 《中国地震历史资料汇编》，第 121 页。
⑫ 《续资治通鉴长编》卷一六〇，第 3865 页。
⑬ 《宋史》卷六一，第 1326 页。

寅，卫州频降大雨，并怀州一带山河水入城，诸军出城走避，数月绝食①。八月己丑，河北、京东西水灾②。是岁，河北大水③。

皇祐元年（1049）二月甲戌，河北黄、御二河决，并注于乾宁军，河朔频年水灾④。八月，诸路奏大水⑤。

皇祐二年（1050）六月丙子，比年以来，阴渗过甚，水坏城郭，地复震动，大河决溢，沉溺者众⑥。是月，盱江大水，龙安其东南乡，盖灾之所自始，视其山破坏如击瓮，盍泄所畜，百源一道，且怒且斗，斩大树，潴大屋当之者，父母妻子回面相失，不得其尸以敛。于是有去平而就高，以避其复来者⑦。夏六月乙亥，信州大水。夜漏半，水破城，灭府寺，包民庐居⑧。八月己巳，诏水灾州军令逐路转运司体量蠲减租税以闻⑨。是月，深州大雨，坏民庐舍⑩。十一月丁酉夜，秀州地震，有声自北起如雷⑪。是岁，镇定复大水，并边尤被其害⑫。

皇祐三年（1051）春正月乙亥，诏两浙水灾州军四等以下户税特与倚阁⑬。三月前，恩、冀诸州旱⑭。五月庚戌朔，诏恩、冀等州旱，其令长吏精虔祷雨，决系囚无或淹滞，仍令转运司体量今年夏税以闻⑮。五月二十六日，南方州军连年疾疫瘴疠，一州有死十余万人⑯。"乃者……淮汝以西，关陕以东，数千里之间罹于水忧者，甚则溺死，不甚则流亡……略计百万

---

① 《宋会要辑稿》瑞异三之二。
② 《续资治通鉴长编》卷一六五，第3965页。
③ 《宋史》卷六一，第1326页。
④ 《宋史》卷六一，第1326页。
⑤ 《续资治通鉴长编》卷一六七，第4013页。
⑥ 《续资治通鉴长编》卷一六八，第4046页。
⑦ 李觏：《李觏集》卷二四《回向院记》，第262页。
⑧ 王安石：《信州兴造记》，《王文公文集》卷三五，上海人民出版社1974年版，第414页。
⑨ 《续资治通鉴长编》卷一六九，第4057页。
⑩ 《宋史》卷六五，第1422页。
⑪ 《宋史》卷六七，第1484页。《宋史》卷一二作"闰十一月丙寅"，第230页。
⑫ 《宋史》卷六一，第1326页。
⑬ 《续资治通鉴长编》卷一七〇，第4077页。
⑭ 《宋史》卷六六，第1441页。
⑮ 《续资治通鉴长编》卷一七〇，第4091页。
⑯ 王焘撰，（宋）林亿等补：《外台秘要方》《外台秘要方札子》。

人"①。七月辛酉，河决馆陶县郭固口。八月，汴河绝流②。十二月戊寅朔，诏环州向以风雹霜旱之灾，蕃部阙食，其贷弓箭手种粮③。

皇祐四年（1052）八月癸未，京城大风雨，民庐摧圮，至有压死者④。是月，鄜州大水，坏军民庐舍⑤。九月戊申，镇、定等路水灾⑥。

皇祐五年（1053）冬十月丁巳，诏：以蝗旱，令监司谕亲民官上民间利害⑦。自春涉夏，蝗旱为灾⑧。建康府蝗⑨。

皇祐六年（至和元年，1054）正月，京师大雪，贫弱之民冻死者甚众⑩。二月庚子，诏治河堤民有疫死者，蠲户税一年，无户税者，给其家钱三千⑪。

至和二年（1055）正月二十一日，赵抃云："又去冬连今春，京东西路及陕右、川蜀诸郡，旱暵不雨，麦苗焦死，民既艰食，寇攘必兴。"⑫三月丁丑，畿内旱⑬。四月甲午，遣官祈雨⑭。四月乙卯，许、汝、郑等处蝗蝻复生⑮。三十日，赵抃云："自去冬今春夏以来，京东、河北连接畿甸不雨，既久，麦苗焦死，物价涌贵，秋田复无所望，流民饿殍充满道路，亢旱已甚，疫疠渐兴，人心彷徨，忧畏不宁。"⑯

至和三年（嘉祐元年，1056），欧阳修云："又闻两浙大旱，赤地千里，国家运米仰在东南，今年灾伤若不赈济，则来年不惟民饥，国家之物亦自阙供，此不可不留心也。"⑰夏四月壬子朔，李仲昌等塞商胡北流，入六塔河，

---

① 《宋朝诸臣奏议》卷一二七。刘敞《上仁宗论修商胡口》，第1396页。
② 《宋史》卷六一，第1326页。
③ 《续资治通鉴长编》卷一七一，第4119页。
④ 《宋史》卷六五，第1422页。
⑤ 《宋史》卷六一，第1326页。
⑥ 《续资治通鉴长编》卷一七三，第4171页。
⑦ 《宋史》卷一〇二，第235页。
⑧ 《续资治通鉴长编》卷一七五，第4238页。
⑨ 《宋史》卷六二，第1356页。《宋会要辑稿》瑞异三之四一。
⑩ 《宋史》卷六二，第1342页。
⑪ 《宋史》卷一二，第236页。
⑫ 《赵清献公文集》卷六《奏疏论灾异乞择相》。
⑬ 《续资治通鉴长编》卷一七九，第4324页。
⑭ 《宋史》卷六六，第1441页。
⑮ 《续资治通鉴长编》卷一七九，第4332页。
⑯ 《赵清献公文集》卷七《奏状论久旱乞行雩祀》。
⑰ 《欧阳修全集》卷一一〇《再论水灾状》。

隘不能容，是夕复决，溺兵夫、漂刍槁不可胜计①。五月丁未，昼夜大雨。乙亥，雨坏太社太稷坛，自五月京师大雨不止，逾月，水冒安上门关，折坏官私庐舍数万区，城中系桄渡人②。六月，京师及京东西、河北水潦，害民田。雨坏社稷坛及官私庐舍数万区，城中系桄渡人。七月，京东西、荆湖北路水灾，淮水自夏秋暴涨，环浸泗水城③。是岁，夏雨霖，京师大水，坏城及水窗以入诸军营房、社稷诸祠坛墙并被浸损，都人压溺，系桄以居，而诸路皆奏江、河决溢，而河北尤甚④。是岁，诸路江、河决溢，河北尤甚，民多流亡⑤。

嘉祐二年（1057）二月十七日夜，雄、霸等州地震⑥。三月戊戌，淮水自夏秋暴涨，浸泗州城⑦。四月二十一日，雄州又言幽州地大震，大坏城郭，覆压者数万人⑧。五月丁未，书（昼）夜大雨。六月乙亥，雨坏太社太稷坛。八月，河北缘边久雨，濒河之民多流移⑨。十一月己卯，河北大水，民乏食⑩。

嘉祐三年（1058）七月癸巳，夔州路旱饥。七月，京索、广济河溢，浸民田⑪。八月丁未，京西比岁旱⑫。

嘉祐四年（1059）五月，雷雹、地震⑬。

嘉祐五年（1060）三月壬子，蝗、涝相仍⑭。五月己丑，京师地震⑮。

---

① 《续资治通鉴长编》卷一八二，第4400页。
② 《文献通考》卷二九七，考2347页。《宋会要辑稿》瑞异三之二。
③ 《文献通考》卷二九七，考2347页。《宋史》卷六一，系事于嘉祐二年，第1327页。
④ 《宋会要辑稿》瑞异三之二，又见《宋朝诸臣奏议》卷三〇范镇《上仁宗论彗出主兵乞速定大议（七）》，第295页。
⑤ 《文献通考》卷二九七，考2347页。
⑥ 《宋会要辑稿》瑞异三之三四。
⑦ 《续资治通鉴长编》卷一八五，第4473页。
⑧ 《宋会要辑稿》瑞异三之三四。
⑨ 《宋史》卷六五，第1422页。
⑩ 《续资治通鉴长编》卷一八六，第4494页。
⑪ 《宋史》卷六一，第1327页。
⑫ 《宋史》卷一二，第243页；《续资治通鉴长编》卷一八七，第4519页。
⑬ 《宋史》卷六二，第1351页；卷六二，五行一下，校勘记（六）云：按编年顺序，本条应移置上文"嘉祐四年"之前，第1373页。
⑭ 《宋史》卷一二，第245页。
⑮ 《宋史》卷六七，第1484页。

梓州路夏秋不雨①。七月，苏、湖二州水灾②。

嘉祐六年（1061）七月乙酉，泗州淮水溢③。是月，河北、京西、淮南、两浙、江南东西淫雨为灾。闰八月，京师久雨。是岁频雨，及冬方止④。

嘉祐七年（1062）春旱。三月甲子，罢春燕，以久旱故也⑤。六月，代州大雨，山水暴入城。七月，窦州山水坏城，河决北京第五埽⑥。

嘉祐八年（1063。四月宋仁宗逝世，赵曙即位，是为宋英宗。）九月十二日，司马光云："臣窃闻京西、陕西两路，自夏末以来殊少雨泽，秋田丰稔者所收不过五分，枯旱之处所得尤薄，而官司或务为聚敛，民有诉旱者不肯受接，道路嗷嗷，颇多怨讟，已有流移就食他方者。"⑦

宋英宗 （1063—1067 在位）

治平元年（1064）春，京师逾时不雨。郑、滑、蔡、汝、颍、曹、濮、洺、磁、晋、耀、登等州，河中府、庆成军旱⑧。闰五月十五日，司马光云：以开封府界、京东、京西、河北、河东、陕西、西川等路自去冬少雪，今春少雨。麦田已无所收，昨得五月十三日雨，方种秋田，自后又经一月无雨，萌芽始生，随复焦槁，农民嗷嗷，大率无食，弃去乡里，流离道路，顾妻卖子，以接糇粮⑨。六月八日，庆州言怀安镇河水泛涨，摧东山三百步，居民压溺而没者四十余家。京师自夏历秋，久雨不止，摧真宗及穆、献、懿三后陵台⑩。七月，庆、许、蔡、颍、唐、泗、濠、楚、庐、寿、杭、宣、鄂、

---

① 《宋史》卷六六，第 1441 页。
② 《宋史》卷六一，第 1327 页。
③ 《宋史》卷六一，第 1327 页。
④ 《宋史》卷六五，第 1422 页。《续资治通鉴长编》卷一九四"秋七月乙酉丙戌"条。
⑤ 《宋史》卷六六，第 1441 页。
⑥ 《宋史》卷六一，第 1327 页。
⑦ 司马光：《传家集》卷二八《乞体量京西陕西灾伤札子》。
⑧ 《宋史》卷六六，第 1441 页。
⑨ 《传家集》卷三一《乞罢修感慈塔札子》。
⑩ 《宋会要辑稿》瑞异三之二。《宋史》卷六五，第 1422 页。

洪、施、渝州、光化军水①。八月丁巳，以上供米三万石赈宿、亳州水灾饥民②。陈、许、颍、亳等州水灾，遂致骨肉相食，积尸满野③。九月，陈州水灾④。

治平二年（1065）春，不雨⑤。八月庚寅，大雨。辛卯，地涌水，坏官私庐舍，漂杀人民畜产，不可胜数。乙未，江淮之水或溢或涸。京畿东南十有余州，庐舍沉于深渊⑥。

治平三年（1066）十月前，地震河东、陕西⑦。

宋神宗（1067—1085 在位）

治平四年（1067。正月宋英宗逝世，赵顼即位，是为宋神宗。）八月己巳（二十四日），京师地震。九月二十七日，潮州地大震，拆裂泉涌，压覆两县寺观、居民舍屋，并本州楼阁营房等，士民军兵僧道死者甚众⑧。冬十月丙午，漳、泉诸州地震。戊申，建州、邵武兴化军地震⑨。冬十月庚戌，陕西霜旱⑩。

熙宁元年（1068）七月，恩、冀州河决水灾⑪。秋，霸州山水涨溢，保定军大水，害稼，坏官私庐舍、城壁，漂溺居民。河决恩、冀州，漂溺居民⑫。七月甲申，河北地大震，坏城郭、屋室，瀛州为甚。是日，再震，民讹言大水且至，惊欲出走。谏议大夫李公肃之为高阳关路都总管安抚使、知瀛州事，使人分出慰晓，讹言乃止。是日大雨，公私暴露，仓储库积，无所

---

① 《宋史》卷六一，第 1327 页。《宋会要辑稿》瑞异三之三。
② 《续资治通鉴长编》卷二〇二，第 4901 页。
③ 《续资治通鉴长编》卷二〇四"治平二年三月己丑"条，司马光语，第 4954 页。
④ 《宋史》卷六一，第 1327 页。
⑤ 《宋史》卷六六，第 1441 页。
⑥ 《续资治通鉴长编》卷二〇六，第 4984、4985 页。又见《宋会要辑稿》瑞异三之三。
⑦ 《中国地震历史资料汇编》，第 124 页。
⑧ 《宋会要辑稿》瑞异三之四。
⑨ 《宋史》卷一四，第 267 页。《文献通考》卷三〇一均作："秋，漳、泉、建州、邵武、兴化军等处皆地震，潮州尤甚，地裂泉涌，压覆州郭及两县屋宇，士民军兵死者甚众。"，考 2328 页。
⑩ 《宋史》卷一四，第 267 页。
⑪ 《宋会要辑稿》瑞异三之四。
⑫ 《宋史》卷六一，第 1327 页。

覆冒。公开示便宜，使有攸处①。七月甲申，京师地震。乙酉，又震。大雨。辛卯，以河朔地大震，命沿边安抚司及雄州刺史候辽人动息以闻。赐压死者缗钱，京师地再震②。七月二十八日，同提点广东刑路、刑狱公事王咸服奏：潮州地震未止，今又再震，欲委本州知州为军民祈福，建置道场，以慰安民心。上批：可指挥广东、福建转运司应有地震未已州军，并令所在长吏精严祈祷③。河北州军第大震。是岁，自秋距冬，河北地震，而缘边尤甚，至有声如雷而动，移时累刻不止者。诏经地震压死贫民，令都转运司勘会，给钱有差，无骨肉者，官为殡埋。又诏差厢军五千人赴河北都转运司，葺治本路地震摧损城壁楼橹等工役。熙宁元年，河北霖雨地震，城壁皆压。发卒数十万治之④。七月，望都，连旬大雨，水深三丈，地震累月不息⑤。八月壬寅，京师地震⑥。甲辰，又震。是月，须城、东阿二县地震终日，沧州清池、莫州亦震，坏官私庐舍、城壁。是时，河北复大震，或数刻不止，有声如雷，楼橹、民居多摧覆，压死者甚众⑦。八月，冀州大雨，坏官私庐舍城壁⑧。九月戊子，莫州地震，有声如雷。十一月乙未，京师及莫州地震⑨。十二月癸卯，瀛州地大震。丁巳，冀州地震。辛酉，沧州地震，涌出沙泥、船板、胡桃、螺蚌之属。是月，潮州地再震。是岁，数路地震，有一日十数震，有逾半年震不止者⑩。自秋距冬河北地震而缘边尤甚，至有声如雷而动，移时累刻不止者⑪。

熙宁二年（1069）八月，河决沧州饶安，漂溺居民，移县治于张为村。泉州大风雨，水与潮相冲泛溢，损田稼，漂官私庐舍⑫。

---

① 曾巩：《南丰先生元丰类稿》卷一八《瀛州兴造记》。
② 《宋史》卷一四，第269页。赵汝愚《宋朝诸臣奏议》卷四二，钱凯《上神宗论地震》第429页。
③ 《宋会要辑稿》瑞异三之三五。
④ 《宋会要辑稿》瑞异三之三四，引《清夜录》。
⑤ 《中国地震历史资料汇编》，第127页。
⑥ 《宋史》卷一〇四，第269页。
⑦ 《宋史》卷六七，第1484页。
⑧ 《宋史》卷六五，第1422页。
⑨ 《宋史》卷一〇四，第269页。
⑩ 《宋史》卷六七，1485页。
⑪ 《宋会要辑稿》瑞异三之三四。
⑫ 《宋史》卷六一，第1327页。

熙宁三年（1070），诸路旱。六月，畿内旱。八月，卫州旱①。庚申，陕西秋旱。庚午，卫州极旱。丙寅，以久旱御崇政殿，疏决系囚，杂犯死罪以下，第降一等，杖笞释之。诏闻长安、同、华等州秋旱特甚，已有流民往京西路就食②。十二月癸未，陕西境内，流移之民，道路相望，询访闾里，皆云今夏大旱，禾苗枯瘁，河、渭以北，绝无所收③。

熙宁四年（1071）二月辛巳，京东自濮州至河北旁边，大风异常，百姓惊恐。四月癸亥，京师大风霾④。秋七月甲午，两浙水灾⑤。八月，是月，河溢澶州曹村。九月丙戌，郓州州界有黄河决水入故道⑥。冬十月，是月，河溢卫州王供埽⑦。刘挚云："伏念大河之北，自戊申以来，地大震，水大溢，民大失职，离乡内徙，空虚塞下至于今三年，而地震未已"⑧。

熙宁五年（1072）二月壬子，浙西水灾⑨。五月，北京自春至夏不雨⑩。六月丙子，畿县及辅郡民被旱灾。河溢北京夏津⑪。是秋，濠、寿二州被水⑫。九月丙寅，华州少华山前阜头峰越八盘岭及谷，摧陷于石子坡。东西五里、南北十里，溃散坟裂，涌起堆阜，各高数丈，长若堤岸。至陷居民六社，凡数百户，林木、庐舍亦无存者。并山之民言：数年以来，峰上常有云，每遇风雨，即隐隐有声。是夜初昏，略无风雨，山上忽雾起，有声渐大，地遂震动，不及食顷而山摧⑬。是岁，河北大蝗⑭。

熙宁六年（1073）四月，河北诸路蝗⑮。九月戊申，润州旱甚。冬十月

---

① 《宋史》卷六六，第1441页。
② 《续资治通鉴长编》卷二一四，第5199、5203、5202页。《宋会要辑稿》瑞异二之二一。
③ 《续资治通鉴长编》卷二一八，第5312页。
④ 《文献通考》卷三〇六，考2407页。
⑤ 《续资治通鉴长编》卷二二五，第5477页。
⑥ 《续资治通鉴长编》卷二二六，第5510、5511页。
⑦ 《续资治通鉴长编》卷二二七，第5535页。
⑧ 《忠肃集》卷六《论备契丹奏》，第131页。
⑨ 《续资治通鉴长编》卷二三〇，第5586页。
⑩ 《宋史》卷六六，第1441页。
⑪ 《续资治通鉴长编》卷二三四，第5692、5693页。
⑫ 《续资治通鉴长编》卷二四二，熙宁六年夏四月乙酉，上批："闻濠、寿二州去秋被水，今春乏食，可令监司体量以闻。"，第5902页。
⑬ 《宋史》卷六七，第1488页。
⑭ 《续资治通鉴长编》卷二四一，第5888页。《宋会要辑稿》瑞异三之四一。
⑮ 《宋史》卷六二，第1356页。《宋会要辑稿》瑞异三之四一。

甲戌，常、润二州岁旱民饥①。是岁，江宁府飞蝗自江北来②。

熙宁七年（1074）自春及夏，河北、河东、陕西、京东西、淮南诸路久旱③。夏，开封府界及河北路蝗④。六月，熙州大雨，洮河泛溢。陕州大雨，漂溺陕、平陆二县⑤。七月癸卯，陕西路亢旱。七月壬子，中书奏，自应天至淮以南有蝗，已得旨差官监捕。是月，开封府界提点司言咸平县有鹳鹆食蝗蝻⑥。八月庚寅，诏："河北旱灾，民方艰食，惟河防急切及修城，许量调春夫，余并权罢一年。"环庆安抚司言，熟户大旱阙食，乞贷庆州粮七万石、环州三万石。从之⑦。九月，诸路复旱。时新复洮河亦旱，羌户多殍死⑧。冬十月癸巳，诏赐淮南路常平米二万石下淮南西路提举司，易饥民所掘蝗种⑨。

熙宁八年（1075）春正月己未，去岁夏秋旱，羌户殍死者众⑩。二月甲戌，上批：闻河东路旱灾，百姓多流入外界⑪。四月，潭、衡、邵、道诸州江水溢，坏官私庐舍⑫。夏，鄜州、泾州雨雹⑬。夏，吴越大饥疫，死者过半。（赵）抃尽救荒之术，疗病埋死，而生者以全。下令修城，使得食其力⑭。四月，真定府大旱⑮。闻四月壬子，诏闻永兴等路亢旱，其令转运司访名山灵祠，委长吏精祷。甲寅，又诏：闻真定府界旱甚，其令孙固亲祷名山灵祠⑯。六月辛卯朔，上批：闻淮南旱甚，其令转运司委州军长吏祷名山

---

① 《续资治通鉴长编》卷二四七，第6011、6020页。
② 《宋史》卷六二，第1356—1357页。《宋会要辑稿》瑞异三之四一。
③ 《宋史》卷六六，第1441页。《宋会要辑稿》瑞异二之二一。
④ 《宋史》卷六二，第1356页。《宋会要辑稿》瑞异三之四一。
⑤ 《文献通考》卷二九七，考2347页。《宋会要辑稿》瑞异三之四作"五月二十八日大雨漂溺陕、平陆二县"。
⑥ 《续资治通鉴长编》卷二五四，第6220、6222、6227页。
⑦ 《续资治通鉴长编》卷二五五，第6242页。
⑧ 《宋史》卷六六，第1441页。
⑨ 《续资治通鉴长编》卷二五七，第6282页。
⑩ 《续资治通鉴长编》卷二五九，第6324页。
⑪ 《续资治通鉴长编》卷二六〇，第6338页。
⑫ 《宋史》卷六一，第1327页。
⑬ 《宋史》卷六二，第1346页。
⑭ 《宋史》卷三一六，《赵抃传》，10324页。
⑮ 《宋史》卷六六，第1441页。
⑯ 《续资治通鉴长编》卷二六三，第6446、6451页。

灵祠。壬子，诏淮南、两浙、江南、荆湖路转运司具旱灾州军以闻①。八月癸巳，募民捕蝗易粟②。秋七月甲子，虔州江水涨，坏州城军营。七月壬申，诏京东路监司各具有飞蝗州军及所扑灭，所害田苗分数以闻③。八月，淮南、两浙、江南、荆湖等路旱④。八月，淮西蝗，陈、颍州蔽野⑤。癸巳，诏有蝗处委县令佐亲部夫打扑。如地里广阔，分差通判、职官、监司提举。仍募人得蝻五升或蝗一斗，给细色谷一升；蝗种一升，给粗色谷二升，给价钱者，依中等实直。仍委官视烧瘗。乙未，手诏闻陈、颍州蝗蝻所在蔽野，初无官司督捕，致重复孳生⑥。九月丙寅，御史蔡承禧言：今岁江、淮大旱，畿甸蝗蝻，苗谷不登。九月癸酉，大名府大河衍溢，坏民田多者六十村，户至万七千，少者九村，户至四千六百⑦。十一月己未朔，诏倚阁辰、沅州今年秋税。以察访蒲宗孟言二州夏旱故也⑧。十一月，潮州海阳、潮阳二县飓风、海潮，害民田稼⑨。

熙宁九年（1076）春，越州大疫⑩。夏，开封府畿、京东、河北、陕西蝗⑪。五月，京（荆）湖南路地生黑虫，化蛾飞去。全州生黑虫食苗，黄雀来食之，皆尽⑫。六月壬子，淮甸、两浙、江东西、湖南、北州县，仍岁旱蝗，陂泽竭涸，野无青草，人户流散，穷荒极敝⑬。七月庚申，关以西蝗蝻、蚜蚄生⑭。八月，河北、京东、京西、河东、陕西旱⑮。九月丙子，上批：开封府界诸县遭旱人户所纳秋色苗税，可第等疾速量与蠲减⑯。

---

① 《续资治通鉴长编》卷二六五，第6484、6497页。
② 《宋史》卷一〇五，第288页。
③ 《续资治通鉴长编》卷二六六，第6522、6524页。
④ 《宋史》卷六六，第1441页。
⑤ 《文献通考》卷三一四，考2463。《宋会要辑稿》瑞异三之四一。
⑥ 《续资治通鉴长编》卷二六七，第6543—6544、6545页。
⑦ 《续资治通鉴长编》卷二六八，第6561—6562、6569页。
⑧ 《续资治通鉴长编》卷二七〇，第6619页。
⑨ 《文献通考》卷三〇六，考2407页。
⑩ 《南丰先生元丰类稿》卷一九《越州赵公救灾记》。
⑪ 《宋会要辑稿》瑞异三之四一。
⑫ 《文献通考》卷三一四，考2463页。
⑬ 《续资治通鉴长编》卷二七六，第6758页。
⑭ 《宋史》卷一五，第291页。
⑮ 《宋史》卷六六，第1441页。
⑯ 《续资治通鉴长编》卷二七七，第6785页。

熙宁十年（1077）春，诸路旱①。三月壬申，诏州县捕蝗②。夏，鄜州雨雹，秦州大雨雹③。五月癸亥，两浙旱蝗，米价踊贵，饿死者什五六④。七月，河决曹村下埽，澶渊绝流，河南徙。又东汇于梁山张泽泺，凡坏郡县四十五，官亭、民舍数万⑤，田三十万顷，洺州漳河决，注城。大雨水，二丈河、阳河水湍涨，坏南仓，溺居民。沧、卫霖雨不止，河泺暴涨，败庐舍，损田苗⑥。秋七月，诏三司蠲江宁府等州军民秋税之半，余倚阁。以江东转运司言民因疫疠失耕种也⑦。

元丰元年（1078）六月十七日，苏辙云：（南京商丘）"淫雨不节，水潦横溃，荏菽禾黍，鞠为污泽"⑧。冬十月壬子，大河以风雨溢韩村埽岸⑨。十一月乙酉，又诏闻京西、河北、陕西诸路自冬无雪，并边山田麦苗已旱，令转运司访名山灵祠，委长吏祈祷⑩。是岁，章丘河水溢，坏公私庐舍、城壁，漂溺民居。舒州山水暴涨，浸官私庐舍，损田稼，溺居民⑪。

元丰二年（1079）春，河北、陕西、京东西诸郡旱⑫。二月庚申，诏诸路方春阙雨，虑生蝗蝻害田，其令河北、陕西、京东西等路监司，常戒州县扑灭，毋致滋生⑬。四月庚戌，广西春旱特甚。其令安抚、转运司访名山灵祠祈祷⑭。九月丁丑，河北并边州县被水⑮。

元丰三年（1080）三月己丑，手诏：旱气日甚，夏秋之田卒将被灾，宜

---

① 《宋史》卷六六，第1441页。
② 《宋史》卷一〇五，第293页。
③ 《宋史》卷六二，第1346页。
④ 《续资治通鉴长编》卷二八二，第6906页。
⑤ 《宋史》卷六一，第1327页。彭百川：《太平治迹统类》卷一二《神宗圣政》、《皇朝编年纲目备要》卷二〇均作"三十八万家"，第487页。
⑥ 《宋史》卷六一，第1328页。《续资治通鉴长编》卷二八三：系事于六月乙亥。"是月，河复溢卫州王供［四年十月河溢王供］溢怀州黄沁、溢卫州汲县上下埽、溢滑州韩村，遂大决澶州曹村。"
⑦ 《续资治通鉴长编》卷二八三，第6941页。
⑧ 《栾城集》卷二六《南京祭神文》。
⑨ 《续资治通鉴长编》卷二九三，第7151页。
⑩ 《续资治通鉴长编》卷二九四，第7166页。
⑪ 《宋史》卷六一，第1328页。
⑫ 《宋史》卷六六，第1441页。
⑬ 《续资治通鉴长编》卷二九六，第7213页。
⑭ 《续资治通鉴长编》卷二九七，第7232页。
⑮ 《续资治通鉴长编》卷三〇〇，第7301页。

择日再遣官恳祷天地、宗庙、社稷。丁未，诏开封府界、京东西、河北、河东、陕西等路久苦旱灾，近虽沾润，未至优渥。四月，深虑刑狱或有冤留，上干和气。可诸路分委监司，在京遣中书刑房检正官，督遣系囚。庚戌，西北诸路久旱①。六月丁巳，京东西路提点刑狱司言：缘澶州吴村堤都水监丞司开决水口，致大河水流入濮州，枯河行流，下接横垄口已下，濮、郓州修贴堤道②。秋七月庚午，澶州孙村、陈埽及大吴、小吴埽河决。甲戌，利路雨水，溪江泛涨，漂流民田，物价增长，民未安居③。八月辛卯朔，潍州白浪河，每岁淹浸护城堤岸。八月丁未，开封府奏畿县夏旱，甚者十分，其次不减七分，已节次检放。今秋农有望，而民力未充，其残欠税租，乞赐倚阁。从之④。

元丰四年（1081）春正月甲午，权发遣北外都水丞陈佑甫言：滹沱河自熙宁八年以后，泛滥深州诸邑，为患甚大⑤。四月，澶州临河县小吴河溢，北流漂溺居民⑥。五月庚寅，河决小吴埽，已全夺过大河。己亥，大名府路管下州县被水。癸卯，河决澶州，注入御河，恩州极危⑦。是月，淮水泛涨⑧。六月，河北蝗。戊午，诏河北诸郡蝗蝻渐炽，可专委东路提举官李宜之督捕。癸未，诏命提点开封府界诸县镇公事杨景略、提举开封府界常平等事王得臣，分诣诸县提举捕蝗⑨。六月，邕州飓风，坏城楼、官私庐舍。七月甲午，夜，泰州海风作，继以大雨，浸州城，坏公私庐舍数千间。又通州静海县大风雨，毁官私庐舍二千七百六十三楹。润州丹阳县大风雨，溺居民毁庐舍。丹徒县大风潮，飘荡沿江庐舍，损田稼⑩。七月，泰州海风驾大雨，

---

① 《续资治通鉴长编》卷三〇三，第7372、7381、7383页。
② 《续资治通鉴长编》卷三〇五，第7431页。
③ 《续资治通鉴长编》卷三〇六，第7438、7439页。
④ 《续资治通鉴长编》卷三〇七，第7452、7464页。
⑤ 《续资治通鉴长编》卷三一一，第7534页。
⑥ 《文献通考》卷二九七，第2347页。
⑦ 《续资治通鉴长编》卷三一二，第7574、7576页。
⑧ 《文献通考》卷二九七，考2347页。
⑨ 《续资治通鉴长编》卷三一三，第7583、7595页。
⑩ 《文献通考》卷三〇六，考2407—2408页。

漂浸州城，坏公私舍数千楹①。秋，开封府界蝗②。十二月，是岁，秦州大雨，坏庐舍。凤翔府、凤、阶州饥，河北水③。

元丰五年（1082）秋，阳武、原武二县河决，坏田庐④。

元丰六年（1083）三月戊戌，黄河涨水，注阳武县，凡七处水决。秋七月丙午，湖北路渠阳县治所基址卑下，近复遭水患。冬十月庚子，汴水添涨，其京西四斗门分减不退，以致开决堤岸⑤。

元丰七年（1084）六月，青田县大水，损田稼。甲午，蔡州所部水灾特甚⑥。七月，河北东西路水，北京馆陶水，河溢入府城，坏官私庐舍。甲辰，伊洛暴涨，冲注城中军营。大名府元城埽河抹岸，决横堤，破城。丁未，河南府被水灾，自大内天津桥堤堰、河道、城壁、军营、库务等皆倾坏。辛亥，大名府河水暴至，北京数十万众号叫求救。乙卯，雄州拒马河溢破，两输长沙河口⑦。八月，赵、邢、洺、磁、相诸州河水泛溢，坏城郭、军营。是年，相州漳河决，溺临漳县居民。怀州黄、沁河泛溢，大雨水，损稼，坏庐舍、城壁。磁州诸县镇，夏秋漳、滏河水泛溢。临漳县斛律口决，坏官私庐舍，伤田稼，损居民⑧。庚午，洺州水灾，漂浸公私庐舍⑨。

元丰八年（1085。三月，宋神宗病逝，赵煦继位，是为宋哲宗）（京师）旱⑩。

宋哲宗 （1086—1100 在位）

元祐元年（1086）夏四月己丑，淮南旱甚，物价踊贵⑪。辛卯，府界诸

---

① 《宋史》卷六五，第 1422 页。《宋会要辑稿》瑞异三之四。
② 《宋史》卷六二，第 1356 页。《宋会要辑稿》瑞异三之四二。
③ 《续资治通鉴长编》卷三二一，第 7755 页。
④ 《宋史》卷六一，第 1328 页。
⑤ 《续资治通鉴长编》卷三三四，第 8038 页；卷三三七，第 8115 页；卷三四〇，第 8191 页。
⑥ 《续资治通鉴长编》卷三四六，第 8316 页。
⑦ 《续资治通鉴长编》卷三四七，第 8323、8324、8327、8333 页。
⑧ 《宋史》卷六一，第 1328 页。
⑨ 《续资治通鉴长编》卷三四八，第 8344 页。
⑩ 《文献通考》卷三〇四，考 2396 页。
⑪ 《续资治通鉴长编》卷三七四，第 9057 页。

路久旱，夏苗灾伤。四月己亥，右谏议大夫孙觉言："去冬以来，天久亢旱，无大雨泽，麦已不收，春种失时，人方阙食。"① 四月己酉，三省言诸路久旱②。秋七月己未，保州言河水泛溢，浸及先皇坟地③。甲申，淮南自六月大雨，淮水泛溢，泗宿亳三州大水，夏田既已不收，秋田亦复荡尽④。十一月壬午，河北、京东西、淮南等路水灾，楚、海、泗、宿、亳五州水灾最甚⑤。十二月戊戌，华州郑县小敷谷山崩，伤居民⑥。是岁，北边州郡多被水灾⑦。

元祐二年（1087），知潞州梁焘上奏。曰：臣伏见去冬苦寒，今秋大旱，被灾之民如卧焦灼⑧。淮南春夏大旱，民间乏食。流徙道路⑨。夏四月辛卯，诏："时雨久愆，旱灾甚广，可自今月十一日后，避正殿，减常膳，仍于诏内深责予躬，庶几修省，以消天变。自冬迄夏，旱暘为虐，四方之内，被灾者广，生民嗷嗷，无所告劳。"⑩冬，京师大雪连月，至春不止，久阴恒寒，罢上元节游幸，降德音诸道⑪。

元祐三年（1088）秋，诸路旱，京西、陕西尤甚⑫。冬，频雪，民苦寒，（京师）多有冻死者⑬。

元祐四年（1089）春，京师及东北旱，罢春燕⑭。春，陕西、河北地震⑮。二月己巳，今内自畿县，外及诸路，率皆旱暵⑯。夏秋霖雨，河流泛

---

① 《续资治通鉴长编》卷三七四，第9066页；卷三七五，第9087页。
② 《续资治通鉴长编》卷三七六，第9114页。
③ 《续资治通鉴长编》卷三八二，第9300页。
④ 苏辙：《栾城集》卷三九《言淮南水潦状》，第871页。
⑤ 《续资治通鉴长编》卷三九二，第9544、9545页。
⑥ 《宋史》卷一〇七，第323页。
⑦ 《续资治通鉴长编》卷四〇七，元祐二年十一月甲戌，9903页。
⑧ 《历代名臣奏议》卷二四五，第3222页。
⑨ 《栾城集》卷三九《言淮南水潦状》，第870页。
⑩ 《续资治通鉴长编》卷三九八，第9703页。
⑪ 《宋史》卷六二，第1342页。
⑫ 《宋史》卷六六，第1441页。
⑬ 《救荒活民书》卷三《吕公著赈济》。
⑭ 《宋史》卷六六，第1441页。
⑮ 《宋史》卷六七，第1485页。
⑯ 《续资治通鉴长编》卷四二二，第10229页。

涨①。邹浩云：（颖昌府）"春夏旱，至五月甲申大雨，穷晨夕不止，凡三日。距府北多广陂，实受西北群山之水，水既骤集，不得泄。于是南注府城，逻卒驰告，方欲土长葛门，而水败门入矣。惟是南北斗起若长堤，约水而西，又薄子城，势益怒不可遏，遂决鄢陵门以出，故庐室之在东北隅者，率以漂败，其水所不到则雨为之害焉，民之压溺水死者甚众。闻老人谓建邦以来，未之有也。"②十一月初四日，苏轼云："浙西七州军，冬春积水，不种早稻，及五六月水退，方插晚秧，又遭干旱，早晚俱损，高下并伤，民之艰食，无甚今岁。"③是岁，浙西有风水之灾④。

元祐五年（1090）（京师）旱⑤。二月辛丑，诏三省、枢密院，去冬愆雪，今未得雨，外路旱暵阔远⑥。辛丑，以旱罢修黄河。癸卯，祷雨岳渎。夏四月丁巳，诏以旱避殿减膳⑦。苏辙言"去冬无雪，今岁春夏时雨绝少，二麦不收，秋种未入，旱势阔远，岁事可虑。"⑧十一月壬申，秀州嘉兴县民数千诣县诉水灾⑨。戊子，二十一日、二十二日、二十三日皆连昼夜大风雨，二十四日雨稍止，至夜复大雨⑩。

元祐六年（1091）浙西秋大水。秋七月己巳，翰林学士承旨、兼侍读苏轼言：伏见浙西诸郡二年灾伤，而今岁大水。苏、湖、常三郡水通为一，农民栖于丘墓，舟楫行于市井。父老皆言耳目未曾闻见，流殍之势甚于熙宁。臣闻熙宁中，杭州死者五十余万，苏州三十余万，未数他郡⑪。十一月，颍州汝阴县旱伤，稻苗全无⑫。

元祐七年（1092）五月壬子，浙西饥疫大作，苏、湖、秀三州，人死过

---

① 《宋史》卷六一，第1328页。
② 《道乡先生邹忠公文集》卷二五《义斋记》。
③ 《苏轼文集》卷三〇《乞赈济浙西七州状》。
④ 《续资治通鉴长编》卷四五一，元祐五年十一月壬午，苏轼语，第10837页。
⑤ 《文献通考》卷三〇四，考2396页。
⑥ 《续资治通鉴长编》卷四三八，第10554页。
⑦ 《宋史》卷一七，第330页。
⑧ 《栾城集》卷四二《为旱乞罢五月朔朝会札子》。
⑨ 《续资治通鉴长编》卷四五〇，第10816页。
⑩ 《续资治通鉴长编》卷四五一，第10832页。
⑪ 《续资治通鉴长编》卷四六一，第11028页。
⑫ 《苏轼文集》卷三三《奏淮南闭籴状》。

半①。九月己酉，兰州、镇戎军、永兴军言地震②。十月庚戌朔，环州地再震③。冬，凉州地大震④。

元祐八年（1093）自四月雨至八月，昼夜不息，畿内、京东西、淮南、河北诸路大水⑤。秋，旱⑥。是岁，福建、两浙海风驾潮，害民田⑦。

绍圣元年（1094）春，（京师）旱⑧。夏四月丙午，以旱诏恤刑。四月壬寅朔、二十六日丁卯，苏辙云：汝州军州"自春徂夏，旱饥为苦，莽麦殄悴，禾未出苗"⑨。七月，京畿久雨，曹、濮、陈、蔡诸州水，害稼⑩。秋，苏、湖、秀等州海风，害民田⑪。

绍圣二年（1095）十月二十九日，河南府地震。十一月三十日，河南府又震⑫。是岁，苏州自夏迄秋地震⑬。

绍圣三年（1096），江东大旱，溪河涸竭⑭。三月戊戌夜，剑南东川地震。九月己酉，滁州、沂州地震⑮。

绍圣四年（1097）夏，两浙旱⑯。九月辛亥，左司谏郭知章言：两浙岁旱，淮南又不全稔，乞下本路监司按视。如须赈给，即早行措置⑰。

元符元年（1098）东南旱⑱。五月癸亥，泾原久旱⑲。七月壬申夜，京

---

① 《续资治通鉴长编》卷四七三，第11296页。
② 《续资治通鉴长编》卷四七七，第11377页。
③ 《宋史》卷六七，第1485页。
④ 《中国地震历史资料汇编》，第133页。
⑤ 《宋史》卷六一，第1328页。《宋会要辑稿》瑞异三之四至五。
⑥ 《宋史》卷六六，第1441页。
⑦ 《文献通考》卷三〇六，考2408页。
⑧ 《宋史》卷六六，第1441页。
⑨ 《栾城后集》卷一九《汝州谢雨文》。
⑩ 《宋史》卷六一，第1328页。
⑪ 《文献通考》卷三〇六，考2408页。
⑫ 《宋会要辑稿》瑞异三之三七。
⑬ 《宋史》卷六七，第1485页。《宋史》卷一八作"十月辛卯"。
⑭ 《宋史》卷六六，第1441页。
⑮ 《宋史》卷六七，第1485页。《宋会要辑稿》瑞异三之三七。
⑯ 《宋史》卷六六，第1441页。
⑰ 《续资治通鉴长编》卷四九一，第11646页。
⑱ 《宋史》卷六六，第1442页。
⑲ 《续资治通鉴长编》卷四九八，第11852页。

师地震。云阴蔽天，地震良久①。九月辛亥，京师雨久不止，拱圣第六营在安上门，营中水至三尺五寸。壬子，北京在澶州大河涨溢，溺民田宅②。冬十月乙亥朔，水灌解池。解州盐池为水所冲注。丁酉，河北、京东路州县有潲，黄河涨水，淹溺人户田庐，多致失所③。十一月己酉，齐、郓、滨、沧等州大被水患，为害甚远④。

元符二年（1099）春，京畿旱⑤。春正月，是月，河溢博州堂邑埽，下入博、郓等州地分流行⑥。夏四月丙戌，京城久愆雨泽，诸路亦颇旱干⑦。五月辛亥，广信城北鲍河，夏秋山雨暴涨，倒流入城，淹浸草场，漂荡舍屋及堡寨⑧。六月，久雨。陕西、京西、河北大水，河溢，漂人民，坏庐舍⑨。己亥，河决内黄口，东流断绝⑩。是岁，两浙苏、湖、秀等州尤罹水患⑪。

元符三年（1100。正月宋高宗逝世，赵佶即位，是为宋徽宗）正月，黄山地震，"休宁、太原县民三人来浴，凌晨水变赤如流丹，惊相视，不敢发言。顷之，地势倾动，波沸涌，声如雷，屋舍皆震"⑫。五月十一日，河北水灾，啮地千里，荡室庐，汩牛马，老弱转徙，箱筥锜釜，筚辂篮缕，号泣道路⑬。五月己巳，太原府又震⑭。

---

① 《宋史》卷六七，第1485页。
② 《续资治通鉴长编》卷五〇二，第11954、11956页。
③ 《续资治通鉴长编》卷五〇三，第11969、11982页。
④ 《续资治通鉴长编》卷五〇四，第11999页。
⑤ 《宋史》卷六六，第1442页。
⑥ 《续资治通鉴长编》卷五〇五，第12046页。
⑦ 《续资治通鉴长编》卷五〇八，第12107页。
⑧ 《续资治通鉴长编》卷五一〇，第12137页。
⑨ 《宋史》卷六一，第1328页。《续资治通鉴长编》卷五一二，秋七月乙巳、庚戌。
⑩ 《续资治通鉴长编》卷五一一，第12170页。
⑪ 《宋史》卷六一，第1328页。
⑫ 《中国地震历史资料汇编》，第135页。
⑬ 李新：《跨鳌集》卷一九《上皇帝万言书》。
⑭ 《宋史》卷六七，第1486页。

宋徽宗（1100—1125 在位）

建中靖国元年（1101），衢、信等州旱①。十二月辛亥，太原府、潞、晋、隰、代、石、岚等州、苛岚、威胜、保化、宁化军地震。弥旬，昼夜不止，坏城壁、屋宇，人畜多死。自后有司方言祥瑞，郡国地震，多抑而不奏②。是岁，江、淮、两浙、湖南、福建旱。京畿蝗③。淮阳军岁大疫④。

崇宁元年（1102）春正月丁丑，太原等十一郡地震，诏死者家赐钱有差⑤。是岁，江、浙、熙、河、漳、泉、潭、衡、郴州、兴化军旱⑥。是岁，京畿、京东、河北、淮南蝗⑦。

崇宁二年（1103）春，河内久旱，越三月⑧。诸路蝗，令有司酺祭⑨。

崇宁三年（1104），是岁，诸路蝗⑩。崇宁三年、四年，连岁大蝗，其飞蔽日，来自山东及府界，惟河北尤甚⑪。

崇宁四年（1105）五月，京师久雨。又自七月至九月所在霖雨伤稼；十月，始霁⑫。连岁大蝗，其飞蔽日，来自山东及府界，惟河北尤甚⑬。

崇宁五年（1106），本年度尚未发现较大灾情记载。

大观元年（1107）夏，京畿大水。河北、京西河溢，漂溺民户⑭。六月，

---

① 《宋史》卷六六，第 1442 页。
② 《文献通考》卷三〇一，考 2383 页。《宋史》卷六七作"十一月辛亥"是月无辛亥，误。
③ 《宋史》卷一九，第 363 页。
④ 《宋史》卷三四五《邹浩传田昼附》，第 10959 页。
⑤ 《宋史》卷一九，第 363 页。《宋会要辑稿》瑞异三之三七。
⑥ 《宋史》卷一九，第 366 页。
⑦ 《宋史》卷一九，第 366 页。
⑧ 《送沐涧到雨感应记》，《宋代石刻文献全编》第三册，北京图书馆出版社 2004 年版，第 762 页。
⑨ 《宋史》卷六二，第 1357 页。《宋会要辑稿》瑞异三之四二。
⑩ 《宋史》卷一〇九，第 371 页。
⑪ 《宋史》卷六二，第 1357 页。《宋会要辑稿》瑞异三之四二至四三。
⑫ 《宋史》卷六五，第 1423 页。
⑬ 《文献通考》卷三一四，考 2463 页。《宋会要辑稿》瑞异三之四二至四三。
⑭ 《宋史》卷六一，1328 页。

京师大水，河北、京西河决①。十月，苏、湖水灾②。己巳，京师大雨雹③。十月辛酉，苏州地震④。是岁，秦凤旱⑤。

大观二年（1108），淮南、江东西诸路大旱，自六月不雨，至于十月⑥。秋，黄河决，陷没邢州钜鹿县⑦。

大观三年（1109），是岁，江淮大旱。自六月不雨至于十月⑧。江淮、荆、浙、福建旱⑨。江东疫⑩。

大观四年（1110）夏，邓州大水，漂没顺阳县⑪。

政和元年（1111）夏四月丁巳，以淮南旱，降囚罪一等，徒以下释之⑫。

政和二年（1112），本年度尚未发现较大灾情记载。

政和三年（1113）是岁，江东旱⑬。从去年冬，蜀无雪，迄夏五月雨不濡土，民始告病，宰吏揣恐⑭。

政和四年（1114），是岁，旱。诏赈德州流民⑮。

政和五年（1115）六月，江宁府、太平、宣州水灾。八月，苏、湖、常、秀诸郡水灾⑯。

政和六年（1116）八月，两浙水⑰。

政和七年（1117）六月，诏曰：熙河、环庆、泾原路地震经旬，城砦、关堡、城壁、楼橹，官私庐舍，并皆摧塌，居民覆压死伤甚众，而有司不以

---

① 《皇朝编年纲目备要》卷二七，第692页。
② 《宋史》卷六一，第1328页。
③ 《宋史》卷六二，第1347页。
④ 《宋史》卷二〇，第379页。《宋会要辑稿》瑞异三之三七。
⑤ 《宋史》卷二〇，第379页。
⑥ 《宋史》卷六六，第1442页。《宋史全文》卷一四均作三年。
⑦ 《宋史》卷六一，第1328页。
⑧ 《宋史全文》卷一四。
⑨ 《宋史》卷二〇，第383页。
⑩ 《宋史》卷六二，第1370页。
⑪ 《宋史》卷六一，第1329页。
⑫ 《宋史》卷二〇，第386页。
⑬ 《宋史》卷二一，第392页。
⑭ 《宋龙洞碑》，《宋代石刻文献全编》第二册，第893页。
⑮ 《宋史》卷六六，第1442页。
⑯ 《宋史》卷六一，第1329页。
⑰ 《皇朝编年纲目备要》卷二八，第716页。

闻，其遣官按视之①。秋七月壬辰，熙河、环庆、泾原地震旬日。管下城寨、关堡、城壁、楼橹、官私庐舍并皆摧塌，居民覆压死伤甚众②。诸郡多蝗，既□□□食竹木之叶，牛羊之毛且尽，民惧而祷之，故环庙数十里蝗不敢入③。是岁，瀛、沧州河决，沧州城不没者三版，民死者百余万④。

政和八年（1118），（十一月改元重和）夏，江、淮、荆、浙诸路大水，民流移，漂溺者众。泗州坏官私庐舍⑤。秋七月，东南大水，遣使赈之⑥。

宣和元年（1119），二月，诏汝、颍、陈、蔡州饥民流移，常平官勒停。五月，大雨，水骤高十余丈，犯都城，自西北牟驼冈连万胜门外马监，居民尽没。前数日，城中井皆浑，宣和殿后井水溢，盖水信也。至是，诏都水使者决西城索河堤杀其势，城南居民冢墓俱被浸，遂坏藉田亲耕之稼。水至溢猛，直冒安上、南熏门，城守凡半月。已而入汴，汴渠将溢，于是募人决下流，由城北入五丈河，下通梁山泺，乃平。十一月，东南州县水灾⑦。秋，淮南旱⑧。十一月戊辰，遣监察御史周武仲察访淮南。先是臣僚上言：淮东大旱，下户流离，康衢之间百钱卖一儿，斗粟易一女，父不能保子，夫不能保妻，而部使者安坐略不介意，而武仲有此命⑨。

宣和二年（1120），是岁，淮南旱⑩。

宣和三年（1121），是岁，诸路蝗⑪。

宣和四年（1122）十二月戊戌，德州有京东西来流民不少⑫。北方用兵，雄州地大震⑬。

---

① 《宋史》卷六七，第1486页。
② 《宋会要辑稿》瑞异三之三七。
③ 《（兴化军）祥应庙记》，《宋代石刻文献全编》第四册，第647页。
④ 《宋史》卷六一，第1329页。
⑤ 《文献通考》卷二九七，考2347页。
⑥ 《皇朝编年纲目备要》卷二八，第722页。程俱：《北山集》卷三四《延康殿学士中大夫提举杭州洞霄宫信安郡开国侯食邑一千七百户食实封一百户赠正奉大夫王公行状》。
⑦ 《宋史》卷六一，第1329页；卷六六，第1442页。
⑧ 《宋史》卷六六，第1442页。
⑨ 《宋史全文》卷一四。
⑩ 《宋史》卷二二，第407页。
⑪ 《宋史》卷二二，第409页；卷六二，第1357页。《宋会要辑稿》瑞异三之四二。
⑫ 《宋史》卷六一，第1329页。
⑬ 《宋史》卷六七，第1486页。徐梦莘：《三朝北盟会编》卷七，引《北征纪实》。

宣和五年（1123）夏，秦凤路旱。是岁，燕山府路旱①。十二月，是月，京师地震②。

宣和六年（1124）正月，京师连日地震，宫殿门皆动有声③。春，东都地震。后三月又震，宫殿门皆动，有声。既而兰州地及山之草木，悉没入地，而山下麦苗乃在山上。驿书闻朝廷，徽祖为之侧席。……会遣右司郎中黄潜善按视回，乃没其实，以不害闻④。常州夏旱⑤。秋，京畿恒雨。河北、京东、两浙水灾，民多流移⑥。是岁，京师、河东、陕西地大震⑦。

宣和七年（1125，十二月宋徽宗禅位，赵桓即位，是为宋钦宗）七月己亥，熙河路地震，有裂数十丈者。兰州尤甚。陷数百家，仓库俱没。河东诸郡或震裂⑧。

宋钦宗（1125—1127在位）

靖康元年（1126）正月望，夜，大风起西北，有声，吹沙走石，尽明日乃止。二月戊申，大风起东北，扬尘翳空。三月己巳，夜五更，大风乍慢乍急，声如叫怒⑨。四月，京师大雨，天气清寒。又自五月甲申至六月，暴雨伤麦，夏行秋令⑩。十一月丁亥，大风发屋折木。闰十一月甲寅，大风起北方，雪继作，积数尺，连夜不停⑪。

靖康二年（1127），（四月北宋灭亡。五月赵构在北宋南京商丘登基，是为宋高宗，建元建炎元年）正月丁酉，大雪，天寒甚，地冰如镜，行者不能

---

① 《宋史》卷六六，第1442页。
② 《宋史全文》卷一四。《历代名臣奏议》卷三〇七，杨万里奏作"五年十月"。
③ 《宋史》卷六七，第1486页。
④ 岳珂：《桯史》卷一五《黄潜善》，第179页。
⑤ 孙觌：《鸿庆居士集》卷二二《常州资圣禅院兴造记》。
⑥ 《宋史》卷六一，第1329页。
⑦ 《中国地震历史资料汇编》，第138页。
⑧ 《宋史》卷六七，第1486页。
⑨ 《文献通考》卷三〇六，考2408页。
⑩ 《宋史》卷六五，第1423页。
⑪ 《文献通考》卷三〇六，考2408页。

定立。是月乙卯，车驾在青城，大雪数尺，人多冻死①。正月己亥，天气昏瞪，狂风迅发，竟日夜。西北阴云中如有火光，长二丈余，阔数尺，民时时见之。庚戌，大风雨。二月乙酉，大风折木，晚尤甚。三月丁酉，风霾。己亥，大风②。三月，金人围汴京，城中疫死者几半③。四月庚申朔，大风吹石折木。辛酉，北风益甚，苦寒④。

宋高宗（1127—1162在位）

建炎二年（1128）正月戊戌，长安地大震⑤。春，东南郡国水⑥。六月，京师、淮甸大蝗⑦。七月辛丑，诏以春霪夏旱，飞蝗为沴，命监司郡守条政事之未便于民者⑧。八月庚午，令长吏修酺祭⑨。

建炎三年（1129），五月（临汀）不雨至于七月，苗将就槁⑩。

建炎四年（1130），本年度尚未发现较大灾情记载。

绍兴元年（1131）六月，浙西大疫，平江府以北，流尸无算。秋冬，绍兴府连年大疫，官募人能服粥药之劳者，活及百人者度为僧⑪。秋，绍兴府、湖州螟。浙东西郡国螟多为谷灾⑫。行都雨，坏城三百八十丈。是岁，婺州雨，城坏⑬。

绍兴二年（1132）闰四月，徽、严州水害稼⑭。常州大旱⑮。台州螟⑯。

---

① 《宋史》卷六二，第1343页。
② 《宋史》卷六七，第1473、1470页。
③ 《宋史》卷六二，第1370页。
④ 《文献通考》卷三〇六，考2408页。
⑤ 《宋史》卷六七，第1486页。
⑥ 《宋史》卷六一，第1329页。
⑦ 《宋史》卷六二，第1357页。
⑧ 《建炎以来系年要录》卷一六，第340页。
⑨ 《宋史》卷六二，第1357页。《宋会要辑稿》瑞异三之四三。
⑩ 《临汀志》，《永乐大典方志辑佚》第二册，第1451页。
⑪ 《宋史》卷六二，第1370页。
⑫ 《文献通考》卷三一四，考2464页。
⑬ 《宋史》卷六五，第1423页。
⑭ 《文献通考》卷二九七，考2347页。
⑮ 《宋史》卷六六，第1442页。
⑯ 《文献通考》卷三一四，考2464页。

绍兴三年（1133）二月十一日，自正月元日至今近四十日，阴云晦昧，阳光不舒，加以连雨，旦暮不已，细民告病。如此，是为阴盛于阳，非天地和平之气也①。四月，旱，至于七月；帝蔬食露祷，乃雨②。秋七月己巳，诏以久旱，令两浙宪臣行所部虑囚。丙子，以久旱，诏诸路监司分按州县，亲录囚徒，以察冤滞③。七月丙子，泉州水三日，坏城郭、庐舍④。七月，四川霖雨，至于明年正月⑤。七月，是月，四川霖雨、地震⑥。八月甲申，地震，平江府、湖州尤甚⑦。八月，行在所地震，未几，有金虏寇淮甸之役⑧。

绍兴四年（1134）三月己未，（临安）大雨雹伤稼⑨。六月，淫雨害稼，苏、湖二州为甚⑩。四川地震⑪。

绍兴五年（1135）三月，霖雨，伤蚕麦，行都雨甚⑫。五月，浙东西旱五十余日⑬。六月，江东、湖南旱。秋，四川郡国旱甚⑭。六月辛亥，以旱乞分委侍从官等遍走群祀祈雨泽。甲寅，自五月丙子不雨，今越四旬⑮。秋七月丙申，言者论今岁亢旱滋久，荒歉日广，民穷盗起，深可为虑⑯。秋，西川郡国水⑰。九月，雨至于明年正月⑱。冬十月庚子，江浙、荆湖旱⑲。十一月丁酉，江西旱伤最甚⑳。

---

① 《宋会要辑稿》瑞异三之五。
② 《宋史》卷六六，第1442页。
③ 《建炎以来系年要录》卷六七，第1130、1133页。
④ 《宋史》卷六一，第1329页。
⑤ 《宋史》卷六五，第1423页。
⑥ 《宋史》卷二七，第506页。
⑦ 《宋史》卷六七，第1486页。
⑧ 杨万里：《诚斋集》卷六二《上寿皇论天变地震书》。
⑨ 《宋史》卷六二，第1347页。
⑩ 《宋史》卷六五，第1423页。
⑪ 《宋史》卷六七，第1486页。
⑫ 《宋史》卷六五，第1423页。
⑬ 《宋史》卷六六，第1442页。
⑭ 《宋史》卷六六，第1442页。
⑮ 《建炎以来系年要录》卷九〇，第1501、1504页。
⑯ 《建炎以来系年要录》卷九一，第1525页。
⑰ 《宋史》卷六一，第1329页。
⑱ 《宋史》卷六五，第1423页。
⑲ 《建炎以来系年要录》卷九四，第1551页。
⑳ 《建炎以来系年要录》卷九五，第1578页。

绍兴六年（1136）春正月甲午，江、湖、福建、浙东旱①。二月乙巳，右谏议大夫赵霈言："去秋旱伤，连接东南，今春饥馑，特异常岁，湖南为最，江南次之，浙东、福建又次之。"② 五月，久雨不止③。秋七月己巳，翰林学士朱震言：湖南去岁大旱，民多流亡，今夏又复旱④。夔、潼、成都郡县及湖南衡州皆旱⑤。六月乙巳，夜，地震自西北，有声如雷，余杭县为甚⑥。冬，饶州雨水，坏城四百六十余丈⑦。是岁，钦、廉、邕州大水⑧。是岁，四川疫⑨。

绍兴七年（1137）春，旱七十余日。六月，又旱，江南尤甚⑩。秋七月癸酉，以旱祷于天地、宗庙、社稷。癸未，以久旱命中外臣庶实封言事⑪。八月，是月，诸路大旱，江、湖、淮、浙被害甚广⑫。

绍兴八年（1138）三月，积雨，至于四月，伤蚕麦，害稼。六月丙辰，大雨雹⑬。

绍兴九年（1139）六月，旱六十余日，有事于山川⑭。丁丑，临安府、秀州旱⑮。

绍兴十年（1140），本年度尚未发现较大灾情记载。

绍兴十一年（1141）七月，旱。戊申，有事于岳、渎。乙卯，祷雨于圜丘、方泽、宗庙。庚子，临安旱⑯。

绍兴十二年（1142）三月，旱六十余日。秋，西京、淮东旱。十二月，

---

① 《建炎以来系年要录》卷九七，第1606页。
② 《建炎以来系年要录》卷九八，第1611页。
③ 《宋史》卷六五，第1423页。《宋史》卷六五，第1423页。
④ 《建炎以来系年要录》卷一〇三，第1679页。
⑤ 《宋史》卷六六，第1442页。
⑥ 《宋史》卷六七，第1486页。
⑦ 《文献通考》卷二九七，考2347页。
⑧ 《建炎以来系年要录》卷一一一"绍兴七年六月戊申"条，第1806页。
⑨ 《宋史》卷六二，第1370页。
⑩ 《宋史》卷六六，第1442页。
⑪ 《宋史》卷二八，第531页。
⑫ 《建炎以来系年要录》卷一一三，第1836页。
⑬ 《宋史》卷六二，第1347页；卷六五，第1423页。
⑭ 《宋史》卷六六，第1442页。
⑮ 《建炎以来系年要录》卷一二九，第2093页。
⑯ 《宋史》卷二九，第550页；卷六六，第1442页。

是岁初，陕西连岁不雨，至是泾、渭、灞、浐皆竭，五谷焦槁，秦民无以食，争西入蜀，川陕宣抚郑刚中以誓书所禁，不敢纳，皆散去饿死。其壮者北人多买为奴婢，郡邑荡然矣①。

绍兴十三年（1143）二月甲子，雨雹伤麦。七月庚午、壬申，雹害稼②。（安成）是岁（绍兴十三年）适大旱③。

绍兴十四年（1144）五月丙寅，婺州水。乙丑，兰溪县水侵县市。丙寅中夜，水暴至，死者万余人④。六月乙未，江浙、福建同日大水。建州水冒城而入，俄顷深数丈，公私庐舍尽坏，溺死数千人。严州水暴至，城不没者数板。衢、信、处、婺等州民之死者甚众⑤。

绍兴十五年（1145），本年度尚未发现较大灾情记载。

绍兴十六年（1146）秋七月己巳，岭南州县多不雨，而广之清远，韶之翁源，英之真阳三邑尤苦鼠害，虽鱼、鸟、蛇皆化为鼠，数十为群，禾稼为之一空焉⑥。

绍兴十七年（1147），本年度尚未发现较大灾情记载。

绍兴十八年（1148）是夏，浙东西、淮南、江东旱。绍兴府大旱⑦。六月辛亥朔，浙西积水之患，平江为甚。积水之处，皆昔日膏腴之地⑧。八月，绍兴府、明、婺州水⑨。十有二月乙卯朔，绍兴饥民有渡江者。时，明、越、秀、润、徽、婺、饶、信州皆旱，民多流散⑩。

绍兴十九年（1149），常州、镇江府旱⑪。大旱饥，谷石五千二百足钱⑫。

绍兴二十年（1150），本年度尚未发现较大灾情记载。

---

① 《文献通考》卷三〇四，考2396页。《建炎以来系年要录》卷一四七，第2373页，据洪迈《夷坚乙志》。
② 《宋史》六十二，第1347页。
③ 王庭珪：《卢溪先生文集》卷二《寅陂行》。
④ 《宋史》卷六一，第1330页。
⑤ 《建炎以来系年要录》卷一五一，第2440页。
⑥ 《宋史全文》卷二一下。
⑦ 《宋史》卷三〇，第568页；卷六六，第1442页。
⑧ 《建炎以来系年要录》卷一五九，第2585页。
⑨ 《宋史》卷六一，第1330页。
⑩ 《建炎以来系年要录》卷一五八，第2572页。
⑪ 《宋史》卷六六，第1442页。
⑫ 叶适：《水心文集》卷一二《石庵藏书目序》，《叶适集》，第203页。

绍兴二十一年（1151）夏，襄阳府大雨十余日①。四月辛卯，上谓大臣曰："钱塘江石岸毁裂，每潮水漂涨，民不安居，其令漕司同本府修治。"②

绍兴二十二年（1152），淮甸水③。五月，是月襄阳大水，平地丈五尺，汉水冒城而入。六月辛巳，淮东被水，民多转往淮西④。

绍兴二十三年（1153），浙东大旱，衢州饥，民啸聚⑤。金堂县大水⑥。六月大雨，坏军垒、民田⑦。己卯，是日潼川大水，涪江涨。庚辰，沅江武陵涨水，四面奄至，坏城，人方惶骇争保城西牛头山寺，山趾大溪桥坏，水大至，平地丈五尺，人之死者甚众⑧。秋七月，光泽县大雨，溪流暴涌，平地高十余丈，人避不及者皆溺，半时即平⑨。壬辰，平江府、湖、秀州被水。十月丁丑，宣州大水，其流泛溢至太平州。圩田为水所坏⑩。

绍兴二十四年（1154），浙东、西旱⑪。九月乙丑，临安、平江、湖、秀四州低下之田多为积水浸灌⑫。

绍兴二十五年（1155），本年度尚未发现较大灾情记载。

绍兴二十六年（1156），淮宋之地，将秋收。粟稼如云，而蝗虫大起，翩飞蔽天，所过田亩，一扫而尽⑬。夏，行都又疫。高宗出柴胡制药，活者甚众⑭。

绍兴二十七年（1157）冬十月辛酉，诏四川诸司察旱伤州县⑮。镇江、建康、绍兴府、真、太平、池、江、洪、鄂州、汉阳军大水⑯。吴、越大水、

---

① 《宋史》卷六五，第1423页。
② 《建炎以来系年要录》卷一六二，第2636页。
③ 《宋史》卷六一，第1330页。
④ 《建炎以来系年要录》卷一六三，第2659、2660页。
⑤ 汪应辰：《汪文定公集》卷二三《显谟阁学士王公墓志铭》。
⑥ 《宋史》卷六一，第1330页。
⑦ 《宋史》卷六五，第1423页。
⑧ 《建炎以来系年要录》卷一六四，第2687页。
⑨ 《宋史》卷六一，第1330页。
⑩ 《建炎以来系年要录》卷一六五，第2691、2701页。
⑪ 《宋史》卷六六，第1442页。
⑫ 《建炎以来系年要录》卷一六七，第2728页。
⑬ 洪迈：《夷坚志》支甲卷一，《护国大将军》，中华书局1981年版，第719页。
⑭ 《宋史》卷六二，第1370页。
⑮ 《宋史》卷三一，第588页。
⑯ 《宋史》卷六一，第1330页。

地震①。

绍兴二十八年（1158）六月丙申，是日，嘉陵江水溢入兴州城，坏栈道。利州大安军皆被水②。兴、利二州及大安军大雨水，流民庐，坏桥栈，死者甚众。九月，江东、淮南数郡水。浙东、西沿江海郡县大风水，平江、绍兴府、湖、常、秀、润为甚③。七月壬戌，平江府大风雨驾潮，漂溺数百里，坏田庐④。

绍兴二十九年（1159）二月，旱七十余日。秋，江、浙郡国旱⑤。七月，盱眙军、楚州金界三十里，蝗为风所堕，风止，复飞还淮北⑥。秋，浙东、江东西郡县螟⑦。七月戊戌，是晚福州大雨，沟浍皆盈，湖水因之冒城而入，侯官县民田颇为所坏。闽、侯官、怀安三县坏田庐，官吏不以闻，宪臣樊光远坐黜⑧。

绍兴三十年（1160）春，阶、成、凤、西和州旱。秋，江、浙郡国旱，浙东尤甚⑨。十月，江浙郡国螟蟓⑩。五月辛卯，畿县於潜、临安，湖州安吉等三县山水暴出，漂民庐，坏田桑，人溺死甚众⑪。

绍兴三十一年（1161）八月，建始县大水，流民庐，死者甚众⑫。十月，是月，成都府路旱⑬。

绍兴三十二年（1162。六月宋高宗禅位，赵眘即位，是为宋孝宗。）四月，淮水溢数百里，漂民田庐，死者甚众。四月，是月大雨，淮水溢数百里，漂溺庐舍，人畜死者甚众⑭。六月中旬，霖雨累日，浙西州郡以山水发

---

① 《宋史》卷三八二《曾几传》，第 11768 页。
② 《建炎以来系年要录》卷一七九，第 2972 页。
③ 《宋史》卷六一，第 1330 页。
④ 《文献通考》卷三〇六，考 2408 页。
⑤ 《宋史》卷六六，第 1442 页。《文献通考》卷三〇四，考 2397 页。
⑥ 《宋史》卷六二，1357 页。《宋会要辑稿》瑞异三之四三作"复飞还淮南"。
⑦ 《文献通考》卷三一四，考 2464 页。
⑧ 《建炎以来系年要录》卷一八三，第 3044 页。
⑨ 《宋史》卷六六，第 1442 页。
⑩ 《文献通考》卷三一四，考 2464 页。
⑪ 《文献通考》卷二九七，考 2347 页。
⑫ 《宋史》卷六一，第 1330 页。
⑬ 《宋史全文》卷二三。
⑭ 《文献通考》卷二九七，考 2347 页；《建炎以来系年要录》卷一九九，第 3367 页。

洪,坏庐屋舟楫,而人被其害①。六月,江东、淮南北郡县蝗,飞入湖州境,声如风雨;自癸巳至于七月丙申,遍于畿县,余杭、仁和、钱塘皆蝗。丙午,蝗入京城。八月,山东大蝗。癸丑(是年八月无"癸丑",恐有误),颁祭酺礼式②。周必大云:"七月丙申朔,先天节假,连日蜚蝗,自宣、湖入临安界,绵亘数十里,所过赭其山,而不甚害稼。江浙间三十余年前尝有之。"③八月,浙东、西州县大风水,绍兴、平江府、湖州及崇德县为甚④。七月十三日夜,临安府地震,自东北而来⑤。七月戊申,大风拔木。温州大风,坏屋覆舟⑥。

宋孝宗（1162—1189 在位）

隆兴元年（1163）三月,霖雨。行都坏城郭三百三十余丈⑦。五月,是月,成都地震三⑧。江、浙郡国旱,京西大旱⑨。七月,大蝗。乙巳,以旱蝗、星变,诏侍从、台谏、两省官条上时政阙失⑩。八月丙子,以飞蝗、风水为灾,避殿减膳⑪。八月壬申、癸酉,飞蝗过都,蔽天日。徽、宣、湖三州及浙东郡县害稼。九月,京东大蝗,襄、随尤甚,民为乏食⑫。丙子,以飞蝗、风、水为灾,避殿减膳。是岁,以两浙大水、旱蝗,江东大水,悉蠲其租⑬。十月丁丑（是年二、四、六月有丁丑,当为六月）,地震。六月甲寅（是年六月无甲寅,当为七月）又震⑭。

---

① 《建炎以来系年要录》卷二〇〇,第 3391 页。《宋会要辑稿》瑞异三之五。
② 《宋史》卷六二,第 1357 页。《宋会要辑稿》瑞异三之四三。
③ 《周益公文集》卷一六四,《龙飞录》。
④ 《宋史》卷六一,第 1330 页。
⑤ 《宋会要辑稿》瑞异三之三八。《宋史》卷三三,第 618 页;卷六七,第 1470 页。
⑥ 《文献通考》卷三〇六,考 2408 页。
⑦ 《宋史》卷六五,第 1423 页。
⑧ 《宋史》卷三三,第 623 页。
⑨ 《宋史》卷六六,第 1443 页。
⑩ 《宋史》卷三三,第 624 页;卷六二,第 1357 页。
⑪ 《宋史》卷三五,第 624 页。
⑫ 《文献通考》卷三一四,考 2463 页。《宋会要辑稿》瑞异三之四四。
⑬ 《宋史》卷三三,第 625 页。
⑭ 《宋史》卷六七,第 1487 页。

隆兴二年①（1164）春正月（甲寅），是月，福建诸州地震②。台州春旱，兴化军、漳、福州大旱，首种不入。自春至于八月，甲申，温州大旱，草根木实俱尽。孝宗大惊曰：温州荒耶③。夏，余杭县蝗④。五月丁未，蝗⑤。七月，平江、镇江、建康、宁国府、湖、常、秀、池、太平、庐、和、光州、江阴、广德、寿春、无为军、淮东郡皆大水，浸城郭，坏庐舍，圩田、军垒，操舟行市者累日，人溺死甚众。越月，积阴苦雨，水患益甚，淮东有流民⑥。冬，淮甸流民二三十万避乱江南，结草舍遍山谷，暴露冻馁，疫死者半，仅有还者亦死。是岁，浙之饥民疫者尤众。两淮疫疠盛行，赈药剂四万贴。是岁，浙东西水灾，民大饥疫⑦。

　　乾道元年（1165）（乾道初）（池州）江左大旱蝗，流民襁负相属⑧。二月，大雪。庚寅夜，雹⑨。行都及越、湖、常、润、温、台、明、处九郡寒，败首种，损蚕麦⑩。三月，暴寒，损苗稼⑪。六月，常、湖州水坏圩田⑫。六月，淮西蝗⑬。行都及绍兴府饥，民大疫。浙东西亦如之⑭。

　　乾道二年（1166）正月，淫雨至于四月。夏寒，江、浙诸郡损稼，蚕麦不登⑮。四月，是月除浙西围田，以其壅水害民田故也⑯。六日，诏淫雨为沴，有伤农稼⑰。五月癸卯朔壬子，闻南山地陷，围数十丈，深倍之，下浊

---

① 《文献通考》卷三〇四误作三年，考2397页。
② 《宋史》卷三三，第625页。
③ 《宋史》卷六六，第1443页；叶适：《水心文集》卷一七《刘子怡墓志铭》，《叶适集》，第333页。
④ 《宋史》卷六二，第1357页。《宋会要辑稿》瑞异三之四四。
⑤ 《宋史》卷三三，第626页。
⑥ 《宋史》卷六一，第1330页。《宋会要辑稿》瑞异三之六。
⑦ 《宋史》卷六二，第1370页。《宋会要辑稿》食货五九之四一。周必大：《周益公文集》卷三四《直敷文阁致仕鲁公訔·墓志铭》。
⑧ 《西山先生真文忠公文集》卷四三《宋通直范君墓志铭》。
⑨ 《宋史》卷六二，第1343、1348页。
⑩ 《宋史》卷六五，第1424页。
⑪ 《宋史》卷六二，第1343页。
⑫ 《宋史》卷六一，第1330页。
⑬ 《宋史》卷六二，第1357页。《宋会要辑稿》瑞异三之四四。
⑭ 《宋史》卷六二，第1371页。
⑮ 《宋史》卷六五，第1424页。
⑯ 《宋史全文》卷二十四下。
⑰ 《宋会要辑稿》瑞异三之七。

水，四傍之田皆偾裂，水泉涌出，他山亦然。其地在永和南五里①。八月丁亥，温州大风，海溢，漂民庐、盐场、龙朔寺，覆舟溺死二万余人，江滨骴骼尚七千余②。九月，是月温州水灾③。九月丙午，地震自西北方④。十月一日，诏温州近被大风驾潮，淹死户口，推倒屋舍，失坏官物，其灾异常⑤。

乾道三年（1167）春，四川郡县旱，至于秋七月。绵、剑、汉州、石泉军尤甚⑥。五月丙午，泉州大雨，昼夜不止者旬日⑦。六月，庐、舒、蕲州水，坏苗稼，漂人畜。七月己酉，临安府天目山涌暴水，决临安县五乡民庐二百八十余家，人多溺死。八月，湖、秀州、上虞县水，坏民田庐。时积潦至于九月，禾稼皆腐。江东山水溢，江西诸郡水，隆兴府四县为甚⑧。淫雨，江、浙、淮、闽禾、麻、菽、麦、粟多腐⑨。冬十月，是月，成都府路旱，诏降僧牒四百道充籴本措施赈济⑩。八月，江东郡县螟螣，淮浙诸路多以青虫食谷穗为灾⑪。是岁，江东西、湖南北路蝗⑫。

乾道四年（1168）四月，阴雨弥月⑬。夏四月壬辰朔，是月雷州水⑭。五月乙丑，邛州安仁县荒旱⑮。夏六月，旱。时，襄阳、隆兴、建宁亦旱。八月，诏颁皇祐祀龙法于郡县⑯。七月壬戌，衢州大水，败城三百余丈，漂民庐、孳牧，坏禾稼。诸暨县大水，害稼。江宁、建康府水⑰。八月一日，

---

① 《周益公文集》卷一六六《闲居录》。
② 《宋史》卷六一，第1330页。
③ 《宋史全文》卷二四下。
④ 《宋史》卷六七，第1487页。
⑤ 《宋会要辑稿》食货六八之一二六。
⑥ 《宋史》卷六六，第1443页。
⑦ 《宋史》卷六五，第1424页。
⑧ 《宋史》卷六一，第1330—1331页。
⑨ 《宋史》卷六五，第1424页。《宋会要辑稿》瑞异三之八。
⑩ 《中兴两朝圣政》卷四六，第521页。
⑪ 《文献通考》卷三一四，考2464页。
⑫ 《宋史》卷三四，第642页。
⑬ 《宋史》卷六五，第1424页。
⑭ 《宋史全文》卷二五上。
⑮ 《宋史》卷三四，第643页。
⑯ 《宋史》卷六六，第1443页。
⑰ 《宋史》卷六一，第1331页。

雷州旱因飓风发作，海潮暴涨，淹浸东南乡居民，其水直至东南城门①。十二月壬子，石泉军地震三日，有声如雷，屋瓦皆落，时绵竹有冤狱云②。是岁，饶、信亦水③。

乾道五年（1169）夏秋，淮东旱，盱眙、淮阴为甚④。七月丁巳，建宁府瑞应场大漈、山枣等山暴水涌出，漂民庐，溺死甚众⑤。是岁夏秋，温、台州凡三大风，水漂民庐，坏田稼，人畜溺死者甚众。黄岩县连遭风水，淹损屋宇、田稻、农畜，被水大小口计二万七千四十一口。郡守王之望陈岩省不以闻，皆黜削⑥。

乾道六年（1170）夏，浙东、福建路旱。温、台、福、漳、建为甚⑦。五月，五月连雨六十余日。寒伤稼⑧。平江、建康、宁国府、温、湖、秀、太平州、广德军及江西郡大水，江东城市有深丈余者，漂民庐，湮田稼，隳圩堤，人多流徙⑨。秋，浙西、江东蝗虫为害⑩。光州黑鼠伤稼⑪。

乾道七年（1171）春，江西东、湖南北、淮南、浙、婺、秀州皆旱。夏秋，江、洪、筠、潭、饶州、南康、兴国、临江军尤甚，首种不入。冬，不雨⑫。是岁，湖南、江东西路旱⑬。是岁，浙右水灾⑭。

乾道八年（1172）四月，四川阴雨七十余日⑮。五月，赣州、南安军山水暴出，及隆兴府、吉、筠州、临江军皆大雨水，漂民庐，坏城郭，溃田害稼。六月壬寅，四川郡县大雨水，嘉、眉、邛、蜀州、永康军及金堂县尤

---

① 《宋会要辑稿》瑞异三之九。
② 《宋史》卷六七，第1487页。
③ 《宋史》卷六一，第1331页。
④ 《宋史》卷六六，第1443页。
⑤ 《宋史》卷六一，第1331页。
⑥ 《宋会要辑稿》瑞异三之九；《宋史》卷六一，第1331页。
⑦ 《宋史》卷六六，第1443页。
⑧ 《宋史》卷六五，第1424页。
⑨ 《宋史》卷六一，第1331页。
⑩ 《文献通考》卷三一四，考2464页。
⑪ 《宋会要辑稿》食货六八之六九。
⑫ 《宋史》卷六六，第1443页。
⑬ 《宋史》卷三四，第652页。
⑭ 《攻媿集》卷八七《少师观文殿大学士鲁国公致仕赠太师王公行状》。
⑮ 《宋史》卷六五，第1424页。

甚，漂民庐，决田亩①。六月丙辰，惠州飓风，坏海舰三十余，时枢密院调广东经略司水军四舰，覆其三，死者百三十余人②。夏，行都民疫，及秋未息。江西饥民大疫。隆兴府民疫，遭水患，多死③。是岁，隆兴府、江、筠州、临江、兴国军大旱④。

乾道九年（1173）五月戊午，建康、隆兴府、严、吉、饶、信、池、太平州、广德军水，漂民居，坏圩湮田，分水县沙塞四百余亩，采石流民多渡江。六月，湖北郡县水⑤。婺、处、温、台、吉、赣州、临江、南安诸军、江陵府皆久旱，无麦苗⑥。秋，吉、赣州、临江、南安军皆有螟⑦。十一月辛亥，臣僚言："访闻今岁旱伤非特浙东被害，如江西诸州例皆阙雨，禾稻不收，而赣、吉二州尤甚。江东之太平、广德，淮西之无为军、和州，多是先被水患，继之以旱，自今民以艰食其间。"⑧ 是岁，浙东、江东西、湖北旱⑨。隆兴府鼠害稼，千万为群甚于螟蝗⑩。

淳熙元年（1174）浙东、湖南郡国旱，台、处、郴、桂为甚。蜀关外四州旱⑪。七月壬寅、癸卯，钱塘大涛风，决临安府江堤一千六百六十余丈，漂居民六百三十余家。仁和县濒江二乡坏田圃⑫。十二月戊辰，地震自东北方⑬。

淳熙二年（1175）夏，建康府霖雨，坏城郭⑭。七月十四日，建因连雨淹浸寨屋一千一百余家；二十八日镇江水⑮。秋，江、淮、浙皆旱。绍兴、

---

① 《宋史》卷六一，第1331页。
② 《文献通考》卷三〇六，考2408页。
③ 《宋史》卷六二，第1371页。
④ 《宋史》卷三四，第654页。
⑤ 《宋史》卷六一，第1331页。
⑥ 《宋史》卷六六，第1443页。
⑦ 《文献通考》卷三一四，考2464页。
⑧ 《宋史全文》卷二五下。
⑨ 《宋史》卷三四，第656页。
⑩ 《文献通考》卷三一四，考2465页。
⑪ 《宋史》卷六六，第1443页。
⑫ 《宋史》卷六一，第1331页。
⑬ 《宋史》卷六七，第1487页。
⑭ 《宋史》卷六五，第1424页。
⑮ 《宋会要辑稿》瑞异三之一一至一二。

镇江、宁国、建康府、常、和、滁、真、扬州、盱眙、广德军为甚①。秋，浙江、淮郡县间有螟害②。

淳熙三年（1176）五月，淮浙积雨损禾麦③。夏，常、昭、复、随、郢、金、洋州、江陵、德安、兴元府、荆门、汉阳军皆旱④。八月，淮北飞蝗入楚州、盱眙军界，如风雷者逾时，遇大雨皆死，稼用不害⑤。八月辛巳，台州大风雨至于壬午，海涛溪流合激为大水，决江岸，坏民庐，溺死者甚众。癸未，行都大雨水，坏德胜、江涨、北新三桥及钱塘、余杭、仁和县田，流入湖、秀州，害稼。浙东西、江东郡县多水，婺州、会稽、嵊、广德军建平三县尤甚⑥。九月，久雨妨稼⑦。九月十七日，婺州水⑧。是岁，京西、湖北诸州、兴元府、金、洋州旱⑨。

淳熙四年（1177）春，襄阳府旱，首种不入⑩。五月甲子，进呈盱眙军报淮北岸多有蝗虫，此间却仍岁丰稔，修德与不德之验昭著如此⑪。秋，昭州螟⑫。五月庚子，建宁府、福、南剑州大雨水至于壬寅，漂民庐数千家。己亥夜，钱塘江涛大溢，败临安府堤八十余丈。庚子，又坏堤百余丈。明州濒海大风，海涛败定海县堤二千五百余丈、鄞县堤五千一百余丈，漂没民田⑬。六月乙巳，夜，福州福清县、兴化军大风雨，坏官舍、民居、仓库及海口镇，人多死者⑭。九月丁酉、戊戌，明州大风雨驾海涛，败钱塘县堤三百余丈；余姚县溺死四十余人，败堤二千五百六十余丈；败上虞县堤及梁湖

---

① 《宋史》卷六六，第1443页。
② 《文献通考》卷三一四，考2464页。
③ 《宋史》卷六五，第1424页。
④ 《宋史》卷六六，第1443页。
⑤ 《宋史》卷六二，第1358页。《宋会要辑稿》瑞异三之四五。
⑥ 《宋史》卷六一，第1331页。
⑦ 《文献通考》卷三〇三，考2391页。
⑧ 《宋会要辑稿》瑞异三之一二。
⑨ 《宋史》卷三四，第662页。
⑩ 《宋史》卷六六，第1443页。
⑪ 《宋史全文》卷二六。
⑫ 《文献通考》卷三一四，考2464页。
⑬ 《宋史》卷六一，第1332页。《宋会要辑稿》瑞异三之一二。
⑭ 《文献通考》卷三〇六，考2408页。

堰及运河岸；定海县败堤二千五百余丈；鄞县败堤五千一百余丈①。

淳熙五年（1178）常、绵州、镇江府及淮南、江东西郡国旱，有事于山川群望②。昭州荐有螟螣③。六月戊辰，古田县大水，漂民庐，圮县治市桥。闰月己亥，阶州水，坏城郭。乙巳，兴化军及福清县及海口镇大水，漂民庐、官舍、仓库，溺死者甚众④。建康府雨雹者再⑤。八月，淮东通泰楚高邮黑鼠食禾，田无遗穗，淮民大饥。时江陵府十五里外，群鼠以千万计，蔽塞通逵，其色黑白青黄相杂，与人并行，为车马所践死者不可胜计，凡三月乃息⑥。

淳熙六年（1179）衡、永、楚州、高邮军旱⑦。三月，是月，高邮军、通泰等州，去年以田鼠为灾，田谷绝收，命赈之⑧。夏，衢州水。秋，宁国府、温、台、湖、秀、太平州水，坏圩田，乐清县溺死者百余人⑨。冬，南康军地震有声⑩。十一月，鄂州大风，覆舟溺人甚众⑪。是岁，和州旱⑫。

淳熙七年（1180）二月，江陵府大风，焚溺岸舟，死者尤众⑬。五月戊戌，分宜县大水，决田害稼⑭。秋，永州螟⑮。秋九月，新安岁大旱，廪无余积，民无宿藏，人心皇皇⑯。是岁，二浙、江东西、湖北、淮西伤旱⑰。

淳熙八年（1181）夏四月丙辰，以临安疫，分命医官诊视军民。行都大

---

① 《宋史》卷六一，第1332页。《宋会要辑稿》瑞异三之一二。
② 《宋史》卷六六，第1443页。
③ 《文献通考》卷三一四。
④ 《宋史》卷六一，第1332页。《宋会要辑稿》瑞异三之一二将福州福清县及海口镇兴化军水系于七月二十一日。
⑤ 《宋史》卷六二，第1348页。
⑥ 《文献通考》卷三一四，考2465页。
⑦ 《宋史》卷六六，第1443页。
⑧ 《宋史全文》卷二六下。
⑨ 《宋史》卷六一，第1332页。
⑩ 《中国地震历史资料汇编》，第147页。
⑪ 《文献通考》卷三〇六，考2408页。
⑫ 《宋史》卷三五，第671页。
⑬ 《文献通考》卷三〇六，考2408页。
⑭ 《宋史》卷六一，第1332页。《宋会要辑稿》瑞异三之一三系此事于七日十二日。
⑮ 《文献通考》卷三一四，考2464页。
⑯ 吴儆：《竹洲文集》卷一〇一《相公桥记》。
⑰ 《宋史全文》卷二六下。

疫，禁旅多死。宁国府民疫死者尤众①。五月，久雨败首种②。壬辰，严州大水，漂浸民居万九千五百四十余家，垒舍六百八十余区。绍兴府大水，五县漂浸民居八万三千余家，田稼尽腐，渔浦败堤五百余丈，新林败堤通运河③。夏五月，蜀旱，冬，民饥④。（高邮）大旱，千里如赭，民无所食，强者思为盗，弱者束手待尽⑤。七月，不雨至于十一月。临安、镇江、建康、江陵、德安府、越、婺、衢、严、湖、常、饶、信、徽、楚、鄂、复、昌州、江阴、南康、广德、兴国、汉阳、信阳、荆门、长宁军及京西、淮郡皆旱⑥。七月乙巳，旱蝗星变。秋，江州螟⑦。是岁，徽、江二州亦水⑧。

淳熙九年（1182）夏五月，不雨，至于秋七月。江陵、德安、襄阳府、润、婺、温、处、洪、吉、抚、筠、袁、潭、鄂、复、恭、合、昌、普、资、渠、利、阆、忠、涪、万州、临江、建昌、汉阳、荆门、信阳、南平、广安、梁山军、江山、定海、象山、上虞、嵊县皆旱⑨。六月，是夏，饶州饥，命赈之⑩。六月，滁州全椒县、和州历阳、乌江县蝗。乙卯，飞蝗过都遇大雨，堕仁和界芦荡茅穗。七月，淮甸大蝗，真、扬、泰州窖扑蝗五千斛，余郡或日捕数十车，群飞绝江，堕镇江府，皆害稼（令淮浙郡国捕除）⑪。八月庚子，淮东、浙西蝗。壬子，定诸州官捕蝗之罚⑫。

淳熙十年（1183）春正月丁丑，命州县掘蝗⑬。六月，蝗遗种于淮、浙，害稼⑭。五月，信州霖雨自甲戌至于辛巳。大水入城，沉庐舍、市井。襄阳府大水，漂民庐，盖藏为空。江东、浙东数郡亦水。八月辛酉，雷州大风激

---

① 《宋史》卷六二，第1371页。
② 《宋史》卷六五，第1424页。
③ 《宋史》卷六一，第1332页。
④ 度正：《性善堂稿》卷一一《华藏义冢记》。
⑤ 陈造：《江湖长翁文集》卷二一《孙宰轩亭记》。
⑥ 《宋史》卷六六，第1443—1444页。
⑦ 《文献通考》卷三一四，考2464页。
⑧ 《宋史》卷六一，第1332页。
⑨ 《宋史》卷六六，第1444页。
⑩ 《宋史全文》卷二七上。
⑪ 《文献通考》卷三一四，考2463页。《宋会要辑稿》瑞异三之四五。
⑫ 《宋史》卷三五，第678页。
⑬ 《宋史》卷三五，第679页。
⑭ 《宋史》卷六二，第1358页。《宋会要辑稿》瑞异三之四五。

海涛，没濒海民舍，死者甚众。八月，福州大霖雨自乙未至于九月乙丑。吉州亦如之。九月乙丑，福、漳州大风雨，水暴至，长溪、宁德县濒海聚落、庐舍、人舟皆漂入海。漳城半没，浸八百九十余家。丁卯，吉州龙泉县大水，漂民庐，坏田亩，溺死者众①。六月，旱，至于七月，江淮、建康府、和州、兴国军、恭、涪、泸、合、金州、南平军旱②。是岁，京西、金、洋州、南平、荆门、兴国、广德军、江陵、建康、镇江、绍兴、宁国府旱③。

淳熙十一年（1184）三月甲午，上津、洵阳旱④。四月，不雨至于八月。兴元府、吉、赣、福、泉、汀、漳、潮、梅、循、邕、宾、象、金、洋、西和州、建昌军皆旱。兴元、吉尤甚。冬，不雨至于明年二月⑤。四月，淫雨。戊寅，建康府、太平州大雨霖⑥。和州水，湮民庐，坏圩田。五月丙申，阶州白江水溢，决堤圮城，浸民庐、垒舍、祠庙、寺观甚多。建康府、太平州水。六月甲申，处州龙泉县大雨，水浸民舍，坏杠梁，汇田害稼。七月壬辰，明州大风雨，山水暴出，侵民市，圮民庐，覆舟杀人⑦。七月，是月以泉、福州、兴化军饥，诸州水，兴元府旱，并命赈之⑧。十一月十八日，镇江府水⑨。是岁，江西诸州旱⑩。

淳熙十二年（1185）五月庚寅，地震⑪。辛卯，福州地震。五月、六月皆霖雨⑫。六月，婺州及富阳县皆水，浸民庐，害田稼。八月戊寅，安吉县暴水发枣园村，漂庐舍、寺观，坏田稼殆尽，溺死千余人。郡守刘藻不以闻，坐黜。是岁，鄂州自夏徂冬，水浸民庐⑬。七月二十四日，近日漳、汀

---

① 《宋史》卷六一，第1332页；卷六五，第1424页。
② 《宋史》卷六六，第1444页。
③ 《宋史》卷三五，第681页。
④ 《宋史》卷三五，第681页。
⑤ 《宋史》卷六六，第1444页。
⑥ 《宋史》卷六五，第1424页。
⑦ 《宋史》卷六一，第1332—1333页。
⑧ 《宋史全文》卷二七上。
⑨ 《宋会要辑稿》瑞异三之一四。
⑩ 《宋史》卷三五，第683页。
⑪ 《宋史》卷六七，第1487页。
⑫ 《宋史》卷六五，第1424页。
⑬ 《宋史》卷六一，第1333页。

二州地震特甚。（宋孝宗语）① 九月六日，湖州安吉县、台州临海县水②。淮水冰，断流。是冬大雪自十二月至明年正月，或雪、或霰、或雹、或雨，冰冱尺余，连日不解。台州雪深丈余，冻死者甚众③。

淳熙十三年（1186）五月三日，建宁府松溪、政和县水；淹没人家，淤塞田亩，瑞应场淹死者不下千人，被伤者不下二千家④。秋，利州路霖雨，败禾稼秔稑，金、洋、阶、成、岷、凤六州亦如之⑤。

淳熙十四年（1187）春，都民、禁旅大疫。浙西郡国亦疫⑥。三月辛未，汀州水，漂百余家、军垒六十余区⑦。五月，旱。六月戊寅，有事于山川群望。班画龙祈雨法。甲申，帝亲祷于太乙宫。七月己酉，大雩于圜丘，望于北郊，有事于岳、渎、海，凡山川之神。时，临安、镇江、绍兴、隆兴府、严、常、湖、秀、衢、婺、处、明、台、饶、信、江、吉、抚、筠、袁州、临江、兴国、建昌军皆旱。越、婺、台、处、江州、兴国军尤甚。至于九月乃雨⑧。七月，仁和县蝗⑨。丙辰，命临安府捕蝗⑩。秋，江州、兴国军螟⑪。

淳熙十五年（1188）舒州旱⑫。五月，淮甸大雨水，淮水溢，庐、濠、楚州、无为、安丰、高邮、盱眙军皆漂庐舍、田稼，庐州城圮。荆江溢，鄂州大水，漂军民垒舍三千余，江陵、常德、德安府、复、岳、澧州、汉阳军水。戊午，祁门县群山暴汇为大水，漂田禾、庐舍、冢墓、桑麻、人畜什六七，浮胔甚众。余害及浮梁县⑬。（扬州）雨自五月至六月，清河溢，隳城

---

① 《宋会要辑稿》瑞异三之三八。另，清漳：淳熙十二年，地震，门坏，守黄启宗重建七间，去中亭及翼楼，揭州额于楼前楹。（《清漳志》，引自《永乐大典方志辑佚》第二册，第1153页。）
② 《宋会要辑稿》瑞异三之一四。
③ 《宋史》卷六二，第1343页。
④ 《宋会要辑稿》瑞异三之一四。
⑤ 《宋史》卷六五，第1424页。
⑥ 《宋史》卷六二，第1371页。
⑦ 《宋史》卷六一，第1333页。
⑧ 《宋史》卷三五，第686页；卷六六，第1444页。
⑨ 《宋史》卷六二，第1358页。《宋会要辑稿》瑞异三之四五。
⑩ 《宋史》卷三五，第687页。
⑪ 《文献通考》卷三一四，考2464页。
⑫ 《宋史》卷六六，第1444页。
⑬ 《宋史》卷六一，第1333页。

千丈①。六月，建宁、隆兴府、袁、抚州、临江军水圮民庐。七月，黄岩县水败田潴。番易湖溢番易县，漂民舍、田稼，有流徙者②。八月，隆兴府、抚州、临江军被水③。十月十五日，湖北路诸州沿江湖水泛涨，居民田亩多被淹浸④。

淳熙十六年（1189。二月宋孝宗禅位，赵惇即位，是为宋光宗）正月二十二日，襄阳府楚州今岁大水，贫乏阙食民户一万四百余家⑤。四月戊子，天水县大雨雪伤麦⑥。是月，西和州霖雨，害禾麦。五月，浙西、湖北、福建、淮东、利西诸道霖雨⑦。四月甲戌，绍兴府新昌县山水暴作，害稼湮田，漂民庐。五月丙辰，沅、靖州山水暴溢至辰州，常德府城没一丈五尺，漂民庐舍。汀州大水，浸民庐千五百余家，溺死三千人。分宜县水。丁巳，阶州白江水溢，浸城市民庐。六月庚寅，镇江府大雨水五日，浸军民垒舍三千余。辛卯，潼川府东南二江溢，决堤毁桥，浸民庐，涪城、中江、射洪、通泉、郪县没田庐⑧。七月，阶、成、凤、西和州霜，杀稼几尽⑨。秋，温州螟⑩。

宋光宗 （1189—1194 在位）

绍熙元年（1190），重庆府、蕲、池州旱⑪。春，久阴连雨至于三月。夏，阶、成、岷、凤四州霖雨伤麦⑫。十二月，建宁府大雪深数尺。查源洞

---

① 《水心文集》卷一〇八，《华文阁待制知庐州钱公墓志铭》，《叶适集》，中华书局1983年版，第344页。
② 《宋史》卷六一，第1333页。《宋会要辑稿》瑞异三之一四。
③ 《宋会要辑稿》瑞异三之一四。
④ 《宋会要辑稿》瑞异三之一五。
⑤ 《宋会要辑稿》瑞异三之一五。
⑥ 《宋史》卷六二，第1343页。
⑦ 《宋史》卷六五，第1424页。
⑧ 《宋史》卷六一，第1333页。《宋会要辑稿》瑞异三之一六。
⑨ 《宋史》卷六二，第1345页。
⑩ 《文献通考》卷三一四，第2464页。
⑪ 《宋史》卷六六，第1444页。
⑫ 《宋史》卷六五，第1425页。

寇张海起，民避入山者多冻死①。

绍熙二年（1191）正月，行都大雪，积沍河冰厚尺余，寒甚。是春，雷雪相继，冻雨弥月。正月戊寅，大雨雹，震雷电以雨，至二月庚辰，大雪连数日。是月庚寅朔，建宁府大风、雨雹，仆屋杀人②。二月，赣州霖雨，连春夏不止，坏城四百九十丈，圮城楼、敌楼凡十五所③。三月癸酉，大风雨雹，大如桃李实，平地盈尺，坏庐舍五千余家，禾麻蔬果皆损，瑞安县亦如之，坏屋杀人尤甚。秋，祐川县大风雹，坏粟麦④。三月，宁化县涟水溢庐舍、田亩，溺死二十余人⑤。春，涪州疫死数千人⑥。四月，福建路霖雨，至于五月⑦。五月，真、扬、通、泰、楚、滁、和、普、隆、涪、渝、遂、高邮、盱眙军、富顺监皆旱，简、资、荣州大旱⑧。五月戊申，建宁州水。己酉，福州水，浸附郭民庐。怀安、侯官县漂千三百余家，古田、闽清县亦坏田庐。庚午，利州东江溢，坏堤、田、庐舍。汉州雒县、石泉军龙安县水。辛未，潼川府东、南江溢。六月戊寅，又溢，再坏堤桥，水入城，没庐舍七百四十余家，郪、涪、射洪、通泉县汇田为江者千余亩。七月癸亥，嘉陵江暴溢，兴州圮城门、郡狱、官舍凡十七所，漂民居三千四百九十余，一万九千二百九口。潼川、崇庆府、绵、果、合、金、龙、汉州、怀安、石泉、大安军、鱼关皆水。时上流西蕃界古松州江水暴溢，龙州败桥阁五百余区，江油县溺死者众⑨。七月，高邮县蝗至于泰州⑩。七月，利州久雨，伤种麦。癸亥，兴州暴雨连日。八月，行都久雨⑪。十二月壬寅，资、简、普、荣四州及富顺监旱。是岁，阶、成、西和、凤四州及淮东旱⑫。

---

① 《宋史》卷六二，第 1343 页。
② 《宋史》卷六二，第 1343、1348 页。
③ 《宋史》卷六五，第 1425 页。
④ 《宋史》卷六二，第 1348 页。
⑤ 《宋史》卷六一，第 1333 页。《宋会要辑稿》瑞异三之一七将此事系于四
⑥ 《宋史》卷六二，第 1371 页。
⑦ 《宋史》卷六五，第 1425 页。
⑧ 《宋史》卷六六，第 1444 页。
⑨ 《宋史》卷六一，第 1333—1334 页。《宋会要辑稿》瑞异三之一七。
⑩ 《宋史》卷六二，第 1358 页。《宋会要辑稿》瑞异三之四六。
⑪ 《宋史》卷六五，第 1425 页。
⑫ 《宋史》卷三六，第 702 页。

绍熙三年（1192）夏，鄂、扬、和州大旱。秋，简、资、普、荣、叙、隆、富顺监亦大旱①。四月、五月，四川旱②。五月，江东、湖北路连雨。常德府大雨彻昼夜，自壬辰至于庚子。宁国府、池州、广德军自己亥至于六月辛丑朔，雨甚，祁门县至于庚戌③。五月壬辰，常德府大雨水，浸民田庐。乙未，潼川府东、南江溢，后六日又溢，浸城外民庐，人徙于山。己亥，池州大雨水连夕，青阳县山水暴涌，漂田庐杀人，盖藏无遗，贵池县亦水。庚子，泾县大雨水，败堤，圮县治、庐舍。六月辛丑，建平县水，败堤入城，漂浸民庐。甲戌，祁门县水。七月壬申，天台、仙居县大水连夕，漂浸民居五百六十余，坏田伤稼。襄阳、江陵府大雨水，汉江溢，败堤防，圮民庐，没田稼者逾旬。复州、荆门军水，亦如之，镇江府三县水，损下地之稼④。七月壬申，天台、仙居二县大雨连旬。淮西路、镇江、襄阳府皆害禾麦。八月，普州雨害稼⑤。九月丁未，和州陨霜连三日，杀稼。是月，淮西郡国稼皆伤⑥。

绍熙四年（1193）春，淮西牛大疫死⑦。四月，霖雨，至于五月，浙东西、江东、湖北郡县坏圩田，害蚕、麦、蔬、稑，绍兴、宁国府尤甚。镇江府大雨，自辛未至于丙子，淮西郡县自丙子至于戊寅⑧。四月，上高县水，浸二百余家。五月壬申、癸酉，奉新县大雷雨水，漂浸八百二十余家。五月辛未、丙子，镇江府大雨水，浸营垒六千余区。戊寅，安丰军大水，平地三丈余，漂田庐、丝麦皆空。是月，诸暨、萧山、宣城、宁国县大水，坏田稼。禾稼冲倒百有余里。广德军属县水害稼。筠州水浸民庐。戊寅，进贤县水，圮百二十余家。六月丙申，兴国军水，池口镇及大冶县漂民庐，有溺死者。戊戌，靖安县水，漂三百二十余家。是夏，江、赣州、江陵府亦水⑨。

---

① 《宋史》卷六六，第1444页。
② 《宋史》卷三六，第703页。
③ 《宋史》卷六五，第1425页。
④ 《宋史》卷六一，第1334页。
⑤ 《宋史》卷六五，第1425页。
⑥ 《宋史》卷六二，第1345页。
⑦ 《文献通考》卷三一一，考2442页。
⑧ 《宋史》卷六五，第1425页。
⑨ 《宋史》卷六一，第1334页。《宋会要辑稿》瑞异三之一八。

七月，兴化军海风，害稼①。七月乙酉，丰城县水。壬午，临江军水，皆圮民庐。丁亥，新淦县漂浸二千三百余家。八月辛丑，隆兴府水，圮千二百七十余家。吉州水，漂浸民庐及泰和县官舍。自夏及秋，江西九州三十七县皆水②。八月半闻蜀中大震，墙屋往往倾摧③。秋，南岳祝融峰山自摧。剑门关山摧④。十月己酉，夜，地震。庚戌，夜，地又震⑤。十一月初一至初二，乌思藏连续地震⑥。绵州大旱，亡麦。简、资、普、渠、合州、广安军旱。江、浙自六月不雨至于八月。镇江、江陵府、婺、台、信州、江西、淮东旱⑦。是岁，兴化军大风激海涛，漂没田庐尤多⑧。

绍熙五年（1194。七月宋光宗退位，赵扩即位是为宋宁宗）春，浙东、西自去冬不雨，至于夏秋。镇江府、常、秀州、江阴军大旱。庐、和、濠、楚州为甚。江西七郡亦旱⑨。夏四月壬寅，以久不雨，命大理、三衙、临安府及两浙决系囚，释杖以下⑩。五月辛未，石埭、贵池、泾县皆水，圮民庐，溺死者众。是月，泰州大水。七月乙亥，行都大风，拔木坏舟甚众。绍兴府、秀州大风驾海潮，害稼。秋，明州飓风驾海潮，害稼⑪。七月壬申，慈溪县水，漂民庐，决田害稼，人多溺死。乙亥，会稽、山阴、萧山、余姚、上虞县大风驾海涛，坏堤伤田稼。八月辛丑，钱塘、临安、新城、富阳、於潜县大雨水，余杭县尤甚，漂没田庐，死者无算。安吉县水，平地丈余。平江、镇江、宁国府，明、台、温、严、常州，江阴军皆水。是秋，武陵县江溢，圮田庐甚众⑫。八月，霖雨，畿县，浙东、西皆害稼。九月，雨，至于十月癸巳，大雨三昼夜不止，江东西、福建郡县皆苦雨⑬。八月，楚、和州

---

① 《文献通考》卷三〇六，考 2408 页。
② 《宋史》卷六一，第 1334—1335 页。《宋会要辑稿》瑞异三之一八。
③ 《朱文公文集》卷一四《经筵留身面陈四事札子》，第 211 页。
④ 《宋史》卷六七，第 1488 页。
⑤ 《宋史》卷三六，第 706 页。
⑥ 《中国地震历史资料汇编》，第 151 页。
⑦ 《宋史》卷六六，第 1444 页。
⑧ 《宋史》卷六一，第 1335 页。《宋会要辑稿》瑞异三之一八。
⑨ 《宋史》卷六六，第 1444 页。
⑩ 《宋史》卷三六，第 708 页。
⑪ 《宋史》卷六一，第 1335 页。《文献通考》卷三〇六，考 2408 页。
⑫ 《宋史》卷六一，第 1335 页。《宋会要辑稿》瑞异三之一八。
⑬ 《宋史》卷六五，第 1425 页。

蝗①。十月甲戌，行都大风，拔木②。十二月，临安府南高峰山自摧③。是岁，两浙、淮南、江东西路水旱④。

宋宁宗（1194—1224在位）

庆元元年（1195）正月，霖雨。二月，又雨。至于三月，伤麦。五月，霖雨。七月，雨，至于八月⑤。四月戊辰，临安大疫，出内帑钱为贫民医药、棺敛费，及赐诸军疫死者家⑥。五月二十四日，九江大雨五昼夜，江流暴溢，鸡犬畜产悉皆漂荡⑦。六月壬申，台州及属县大风雨，山洪、海涛并作，漂没田庐无算，死者蔽川，漂沉旬日。至于七月甲寅，黄严县水尤甚。常平使者莫漳以缓于振恤坐免。七月，临安府水⑧。八月，是月，都城水。台、严、湖州被水灾⑨。

庆元二年（1196）六月壬申，台州暴风雨，驾海潮，坏田屋⑩。八月，行都霖雨五十余日⑪。六月辛未，台州黄严县大雨水，有山自徙五十余里，其声如雷，草木、冢墓皆不动，而故址溃为渊潭。时临海县清潭山亦自移⑫。秋，浙东郡国大水⑬。

庆元三年（1197）二月戊辰，雪。己巳，雹。四月乙丑，雨雹，大如杯，破瓦，杀燕爵⑭。三月，行都及淮、浙郡县疫⑮。潼、利、夔路十五郡

---

① 《宋史》卷六二，第1358页。《宋会要辑稿》瑞异三之四六。
② 《文献通考》卷三〇六，考2408页。
③ 《宋史》卷六七，第1488页。
④ 《宋史》卷三七，第718页。
⑤ 《宋史》卷六五，第1425页。
⑥ 《宋史》卷三七，第719页。
⑦ 洪迈：《夷坚志》支戊卷四《德化鸳兽》，第1079页。
⑧ 《宋史》卷六一，第1335页。
⑨ 《续编两朝纲目备要》卷四，第64页。
⑩ 《文献通考》卷三〇六，考2408页。
⑪ 《宋史》卷六五，第1425页。
⑫ 《宋史》卷六七，第1489页。
⑬ 《宋史》卷六一，第1335页。
⑭ 《宋史》卷六二，第1348页。
⑮ 《宋史》卷六二，第1371页。

旱，自四月至于九月，金、蓬、普州大旱①。秋，浙东萧山、山阴县、婺州、浙西富阳、盐官、淳安、永兴县、嘉兴府皆螟②。

庆元四年（1198）。本年度尚未发现较大灾情记载。

庆元五年（1199）五月，行都雨，坏城。夜压附城民庐，多死者。六月，浙东、西霖雨，至于八月③。秋，台、温、衢、婺水，漂民庐，人多溺死④。十二月，是岁，信、饶、江、抚、严、衢、台州，建昌、兴国军及广东诸州大水⑤。

庆元六年（1200）四月，旱。五月辛未，祷于郊丘、宗社。镇江府、常州大旱，水竭。淮郡自春无雨，首种不入，及京、襄皆旱⑥。五月庚午，严州霖雨连五昼夜不止⑦。五月，建宁府、严、衢、婺、饶、信、徽、南剑州及江西郡县皆大水，自庚午至于甲戌，漂民庐，害稼⑧。九月，东北地震。十一月甲子，地震东北方⑨。十二月，是岁，建宁府、徽、严、衢、婺、饶、信、南剑州水⑩。是岁，建康府、常、润、扬、楚、通、泰、和州、江阴军旱⑪。

嘉泰元年（1201）五月，旱。浙西郡县及蜀十五郡皆大旱⑫。是岁，浙西、江东、两淮、利州路旱⑬。

嘉泰二年（1202）春，旱，至于夏秋⑭。四月庚寅，雨雹伤稼。六月庚子，大风雹而寒⑮。六月，福建路连雨至于七月。丁未，大风雨为灾⑯。七月丙午，上杭县水，圮田庐，害稼，民多溺死。建安县漂军民庐舍百二十

---

① 《宋史》卷六六，第1445页。
② 《文献通考》卷三一四，考2464页。
③ 《宋史》卷六五，第1425页。
④ 《宋史》卷六一，第1335页。
⑤ 《续编两朝纲目备要》卷五，第95页。《宋史全文》卷二九上。
⑥ 《宋史》卷六六，考1445页。
⑦ 《宋史》卷六五，第1425页。
⑧ 《宋史》卷六一，第1335页。
⑨ 《宋史》卷六七，第1487页。
⑩ 《续编两朝纲目备要》卷六，第107页。
⑪ 《续编两朝纲目备要》卷六，第107页。
⑫ 《宋史》卷六六，第1445页。
⑬ 《宋史》卷三八，第731页。
⑭ 《宋史》卷六六，第1445页。
⑮ 《宋史》卷六二，第1349页。
⑯ 《宋史》卷六五，第1425页。

余，山摧，覆民庐七十七家，溺压死者六十余。丁未，长溪县漂民庐二百八十余家，古田县漂官舍、民庐甚众，溺死者二百七十。剑浦县圮三百五十余家，死者亦众①。七月庚午，大雩于圜丘，祈于宗社。浙西、湖南、江东旱，镇江、建康府、常、秀、潭、永州为甚②。十二月，是岁，建宁府、福、汀、南剑、泸州水③。是岁，邵州旱④。浙西诸县大蝗，自丹阳入武进，若烟雾蔽天，其堕亘十余里，常之三县捕八千余石，湖之长兴捕数百石。时浙东近郡亦蝗⑤。

嘉泰三年（1203）四月，江南郡邑水害稼⑥。五月，行都疫⑦。

嘉泰四年（1204）四月，赈恤江西州县水旱⑧。五月，不雨，至于七月。浙东西、江西郡国旱⑨。十月十二日，洋州灙水河暴涨，其水发源在北山谷中，属真符县化洽乡第十都十六都一带，沿流人家被水，漂荡屋宇、水砲、什物之类，流入汉江，真符县界漂损一十七户，化洽乡七十七家被水⑩。

开禧元年（1205）夏，浙东、西不雨百余日。衢、婺、严、越、鼎、澧、忠、涪州大旱⑪。秋七月癸未，以旱诏大理、三衙、临安府，两浙州县及诸路决系囚⑫。冬十月甲子，汀州守臣陈铸以岁旱，图瑞禾来献，诏夺一官。是岁，江浙、福建、二广诸州旱⑬。七月，利路郡县霖雨害稼。闰月，盱眙军阴雨，至于九月，败禾稼⑭。九月丙戌，汉、淮水溢，荆、襄、淮东郡国水，楚州、盱眙军为甚，圮民庐，害稼⑮。十月，行都淫雨，至于明年

---

① 《宋史》卷六一，第1335页。
② 《宋史》卷六六，第1445页。
③ 《续编两朝纲目备要》卷七，第130页。
④ 《宋史》卷三八，第733页。
⑤ 《文献通考》卷三一四，考2463页。《宋会要辑稿》瑞异三之四六。
⑥ 《宋史》卷六一，第1335—1336页。
⑦ 《宋史》卷六二，第1371页。
⑧ 《续编两朝纲目备要》卷八，第144页。
⑨ 《宋史》卷六六，第1445页。
⑩ 《宋会要辑稿》瑞异三之一九。
⑪ 《宋史》卷六六，第1445页。
⑫ 《宋史》卷三八，第738页。
⑬ 《宋史全文》卷二九下。
⑭ 《宋史》卷六五，第1425页。
⑮ 《宋史》卷六一，第1336页。

春。① 十二月，是岁，两淮、京西、湖北诸州水②。

开禧二年（1206），南康军、江西、湖南北郡县旱③。

开禧三年（1207）夏秋，久旱，大蝗群飞蔽天，浙西豆粟皆既于蝗④。六月初二，蝗虫蔽野，屡伤禾黍⑤。秋七月乙酉，比者郡邑间被大水，加以飞蝗为孽⑥。是岁，浙西旱蝗⑦。江、浙、淮郡邑水，鄂州、汉阳军尤甚⑧。

嘉定元年（1208）夏，旱⑨。闰四月二十六日，颁《闵雨求言诏》："自去岁以来，蝗蝻为灾，冬既无雪，春又不雨，以至于今陂泽扬尘，种未入土，夏且半矣。"⑩五月，浙江⑪大蝗。乙丑，以飞蝗为灾减常膳。夏，淮甸大疫，官募掩骼及二百人者度为僧。是岁，浙民亦疫⑫。七月，又醮，颁醮式于郡县。壬戌，以飞蝗为灾⑬。

嘉定二年（1209）夏四月，旱。首种不入⑭。夏四月乙丑，诏诸路监司督州县捕蝗。五月丁酉，以旱诏诸路监司决系囚，劾守令之贪残者。己未，以旱诏群臣上封事。庚申，祷于天地、宗庙、社稷，是岁旱蝗⑮。五月辛丑，申命州县捕蝗⑯。五月己亥，连州大水，败城郭百余丈，没官舍、郡库、民庐，坏田亩聚落甚多。六月辛酉，西和州水，没长道县治、仓库。利州、成州、阆州、遂宁皆水。丙子，昭化县水，没县治，漂民庐。成州水，入城，圮垒舍。同谷县及遂宁府、阆州皆水⑰。六月乙酉，又祷，至于七月乃雨。

---

① 《宋史》卷六五，第1425—1426页。
② 《续编两朝纲目备要》卷八，第153页。
③ 《宋史》卷六六，第1445页。
④ 《宋史》卷六二，第1358页。《宋会要辑稿》瑞异三之四六。
⑤ 《栝苍金石志》《甘泉惠应庙勅牒碑》，《宋代石刻文献全编》第三册，第834页。
⑥ 《续编两朝纲目备要》卷一○，第183页。
⑦ 《宋史全文》卷二九下。
⑧ 《宋史》卷六一，第1336页。
⑨ 《宋史》卷六六，第1445页。
⑩ 楼钥：《攻愧集》卷四二。
⑪ 《文献通考》卷三一四，考2463页。《宋会要辑稿》瑞异三之四六均作"江浙"。
⑫ 《宋史》卷三九，第750页；卷六二，第1371页。
⑬ 《宋史》卷三九，第750页；卷六二，第1358页。《宋会要辑稿》瑞异三之四六。
⑭ 《宋史》卷六六，第1445页。
⑮ 《宋史全文》卷三○。
⑯ 《宋史》卷三九，第752页。
⑰ 《宋史》卷六一，第1336页；《文献通考》卷二九七，考2348页。

浙西大旱，常、润为甚。淮东西、江东、湖北皆旱①。六月辛未，飞蝗入畿县②。夏，都民疫死甚众。淮民流江南者饥与暑并多疫死③。七月壬辰，台州大风雨激海涛，漂圮二千二百八十余家，溺死尤众④。八月二十九日，台州临海县管下沿海地名章安、碓头一带，枕近海门，边江居民屋宇多有被水漂流及倒损淹死人命去处，溺死共三百一十七户，倒塌、淹浸共一千九百六十六户⑤。是岁，诸路旱蝗⑥。

嘉定三年（1210）三月，阴雨六十余日。五月淫雨至于六月，首种多败，蚕麦不登⑦。四月甲子，新城县大水。五月，严、衢、婺、徽州，富阳、余杭、盐官、新城、诸暨、淳安大雨水，溺死者众，圮田庐、市郭，首种皆腐。行都大水，浸庐舍五千三百，禁旅垒舍之在城外者半没。西湖溢，濒湖民居皆圮⑧。八月癸酉，大风连日，大木皆拔，折禾穗，堕果实，上露祷，至于丙子乃息。后御史朝陵于绍兴府，归奏风坏陵殿宫墙六十余所，折陵木二千余株⑨。八月，是月，临安府蝗⑩。是岁，临安、绍兴府、严、衢州大水⑪。

嘉定四年（1211），资、普、昌、合州旱⑫。七月二十三日，庆元府慈溪县金州乡洪水发作，冲损民屋陆种，淹死人民计二百六十六家⑬。八月，山阴县海败堤，漂民田数十里，斥地十万亩⑭。八月，霖雨，至于九月⑮。真德秀云：“近岁以来，旱蝗频仍，饥馑相踵。”⑯

嘉定五年（1212）春，淫雨，至于三月，伤蚕麦。五月庚戌，严州水。

---

① 《宋史》卷六六，第1445页。
② 《宋史》卷六二，第1358页。《宋会要辑稿》瑞异三之四七。
③ 《宋史》卷六二，第1371页。
④ 《宋史》卷六一，第1336页。
⑤ 《宋会要辑稿》瑞异三之二四至二五。
⑥ 《宋史》卷三九，第754页。
⑦ 《宋史》卷六五，第1426页。
⑧ 《宋史》卷六一，第1336页。
⑨ 《文献通考》卷三〇六，考2408页。
⑩ 《宋史》卷三九，第754页。《宋会要辑稿》瑞异三之四七。
⑪ 《续编两朝纲目备要》卷一二，第226页。
⑫ 《宋史》卷六六，第1445页。
⑬ 《宋会要辑稿》瑞异三之二五。
⑭ 《宋史》卷六一，第1336页。
⑮ 《宋史》卷六五，第1426页。
⑯ 《西山先生真文忠公文集》卷二《辛未十二月上殿奏札一》。

六月丁丑，台州及建德、诸暨、会稽县水，坏田庐。十一月，雨雪积阴，至于明年春①。

嘉定六年（1213）春，淫雨至于二月。丁亥，雨雪集霰②。四月，行都地震③。夏，江、浙郡县多雨雹害稼④。五月，不雨，至于七月。江陵、德安、汉阳军旱⑤。五月，阴雨经日。辛酉，严州霖雨。六月戊子，绍兴府大风雨，浙东、西雨，至于七月⑥。六月丙子，严州淳安县长乐乡山摧水涌⑦。六月丁丑，淳安县山涌暴水，陷清泉寺，漂五乡田庐百八十里，溺死者无算，巨木皆拔。丁亥，於潜县大水。戊子，诸暨县风雷大雨，山涌暴作，漂十乡田庐，溺死者尤多。钱塘县、临安、余杭、於潜、安吉县皆水。洪水泛，遂至淹没民田，冲倒屋宇，道路不通，民居被浸，雨势未止，民情皇皇⑧。六月，严州及临安、绍兴、湖州属县皆水⑨。闰九月己丑，诏湖北监司、守令振恤旱伤⑩。九月己丑，诏湖北监司、守令，赈恤旱伤⑪。十二月，余姚县风潮，坏海堤，亘八乡⑫。是岁，两浙诸州大水⑬。

嘉定七年（1214）六月辛丑，以旱命诸路州军祷雨⑭。六月，浙郡蝗⑮。九月，阴雨，至于十月，害禾麦⑯。

嘉定八年（1215）春，旱，首种不入⑰。三月乙亥，以旱命诸路州县祷

---

① 《宋史》卷六一，第1336页；卷六五，第1426页。
② 《宋史》卷六五，第1426页。
③ 《宋史》卷六七，第1487页。
④ 《宋史》卷六二，第1349页。
⑤ 《宋史》卷六六，第1445页。
⑥ 《宋史》卷六五，第1426页。
⑦ 《宋史》卷六七，第1489页。
⑧ 宋史卷六一，第1336页。《宋会要辑稿》瑞异三之二六。
⑨ 《文献通考》卷二九七，考2348页。
⑩ 《宋史》卷三九，第759页。
⑪ 《宋史全文》卷三〇。
⑫ 《文献通考》卷三〇六，考2408页。
⑬ 《宋史全文》卷三〇。《续编两朝纲目备要》卷一三，第247页。
⑭ 《宋史》卷三九，第760页。
⑮ 《宋史》卷六二，第1358页。《宋会要辑稿》瑞异三之四七。
⑯ 《宋史》卷六五，第1426页。
⑰ 《宋史》卷六六，第1445页。

雨。丙戌，释江、淮阙雨州郡杖以下囚①。四月，飞蝗越淮而南，江、淮郡蝗食禾苗，山林草木皆尽。乙卯，飞蝗入畿县。己亥，祭醊，令郡有蝗者如式以祭。自夏徂秋，诸道捕蝗者以千百石计，饥民竞捕，官出粟易之②。五月庚申，大雩于圜丘，有事于岳、渎、海，至于八月乃雨。江、浙、淮、闽皆旱，建康、宁国府、衢、婺、温、台、明、徽、池、真、太平州、广德、兴国、南康、盱眙、安丰军为甚。行都百泉皆竭，淮甸亦然③。五月，行都久不雨，百川皆竭，淮甸亦如之④。八月丁未，权罢旱伤州县比较赏罚。是岁，两浙、江东西路旱蝗⑤。

嘉定九年（1216）春正月辛巳，罢诸路旱蝗州县和籴及四川关外科籴⑥。二月辛亥，东、西川地大震四日⑦。三月乙卯，（东西两川）又震。甲子，（东西两川）又震。马湖夷界山崩八十里，江水不通。丁卯，（东西两川）又震。壬申，（东西两川）又震⑧。五月，浙东蝗。丁巳，令郡国醊祭。五月，行都及绍兴府、严、衢、婺、台、处、信、饶、福、漳、泉州、兴化军大水，漂田庐，害稼⑨。六月，大雨霖二十余日，浙东西郡县为灾⑩。六月乙未，黎州山崩⑪。六月辛卯，西川地震。壬辰，（西川）又震。乙未，（西川）又震。黎州山崩。冬十月癸亥，西川地震。甲子，（西川）又震⑫。是岁，荐饥，官以粟易蝗者千百斛⑬。

嘉定十年（1217）二月庚申，地震自东南⑭。三月，连雨至于四月。十

---

① 《宋史》卷三九，第762页。
② 《宋史》卷六二，第1358页。《宋会要辑稿》瑞异三之四七。
③ 《宋史》卷六六，第1445页。
④ 《文献通考》卷三〇二，考2387页。
⑤ 《宋史》卷三九，第762、763页。
⑥ 《宋史》卷三九，第763页。
⑦ 《宋史》卷六七，第1487页。
⑧ 《宋史》卷三九，第763、764页。
⑨ 《宋史》卷六一，第1336页；卷六二，第1358页。
⑩ 《文献通考》卷三〇三，考2391页。
⑪ 《宋史》卷三九，第763页。
⑫ 《宋史》卷三九，第763、764页。
⑬ 《宋史》卷六二，第1358页。《宋会要辑稿》瑞异三之四七。
⑭ 《宋史》卷六七，第1487页。

月，霖雨败稼①。四月，楚州蝗②。六月辛未，东川大水③。七月，不雨，帝日午曝立，祷于宫中④。冬，浙江涛溢，圮濒江庐舍，覆舟，溺死甚众。蜀、汉二州大江没城郭⑤。

嘉定十一年（1218）六月戊申，武康、安吉县大水，漂官舍、民庐，坏田稼，人畜死者甚众⑥。六月，霖雨，浙西郡县尤甚⑦。六月，湖州水⑧。秋，不雨，至于冬，淮郡及镇江、建宁府、常州、江阴、广德军旱，蔬麦皆枯⑨。

嘉定十二年（1219）五月，地震。六月，西川地震⑩。六月辛巳，西川地震，太白昼见⑪。六月，霖雨弥月⑫。畿县、盐官县海失故道，潮汐冲平野三十余里，至是侵县治，庐州、港溇及上下管、黄湾冈等盐场皆圮。蜀山沦入海中，聚落、田畴失其半，坏四郡田，后六年始平⑬。

嘉定十三年（1220）冬，无冰雪。越岁，春暴燠，土燥泉竭⑭。

嘉定十四年（1221）正月乙未，夜，地震，大雷。五月丙申，西川地震⑮。浙、闽、广、江西旱。明、台、衢、婺、温、福、赣、吉州、建昌军为甚⑯。明、台、温、婺、衢蟊螣为灾⑰。建康府大水⑱。是岁，沔、成、

---

① 《文献通考》卷三〇三，考 2391 页。
② 《宋史》卷六二，第 1358 页。《宋会要辑稿》瑞异三之四七。
③ 《续编两朝纲目备要》卷一五，第 284 页。
④ 《宋史》卷六六，第 1445 页。
⑤ 《文献通考》卷二九七，考 2348 页。
⑥ 《宋史》卷六一，1337 页。
⑦ 《宋史》卷六五，1426 页。
⑧ 《续编两朝纲目备要》卷一五，第 285 页。
⑨ 《宋史》卷六六，第 1445 页。
⑩ 《宋史》卷六七，第 1487 页。
⑪ 《宋史》卷四〇，第 773 页。
⑫ 《宋史》卷六五，第 1426 页。
⑬ 《宋史》卷六一，第 1337 页。
⑭ 《宋史》卷六三，第 1385—1386 页。
⑮ 《宋史》卷六七，第 1487 页。
⑯ 《宋史》卷六六，第 1446 页。
⑰ 《文献通考》卷三一四，考 2464 页。
⑱ 《宋史》卷六一，第 1337 页。

阶、利州水①。

嘉定十五年（1222）三月丁巳，诏江西提举司赈恤旱伤州县②。五月不雨至七月，赣州大旱③。秋，赣州螟④。七月，绍兴水，衢、婺、徽、严暴流，与江涛合，圮田庐，害稼⑤。七月，浙东、西霖雨为灾⑥。九月癸丑，大震雨雹⑦。

嘉定十六年⑧（1223）五月，江、浙、淮、荆、蜀郡县水，平江府、湖、常、秀、池、鄂、楚、太平州、广德军为甚，漂民庐，害稼，圮城郭、堤防，溺死者众。鄂州江湖合涨，城市沉没，累月不泄。是秋，江溢，圮民庐。余杭、钱塘、仁和县大水。福、漳、泉州、兴化军水坏稼十五六⑨。五月，霖雨，浙西、湖北、江东、淮东尤甚。八月，大风雨害稼⑩。五月，不雨，岳州旱⑪。秋，永、道州螟⑫。八月二十八日，江南路自五六月间，霪雨不止，江河山溪之水，一时暴涨，居民多遭巨浸，低田率皆淹没。今建康濒江之圩田茫然与江混而为一，不复可见畦町，而太平州圩田埂埠虽存，坍损实多，荡然几与江湖无异，至于宁国之宣城、广德之建平、池之铜陵，凡曰圩田，大率相似⑬。武陵县水涝为诊，荡民田庐⑭。秋，大风拔木害稼⑮。

嘉定十七年（1224。八月，宋宁宗逝世，赵昀即位，是为宋理宗。）五月，福建大水。漂水口镇民庐皆尽，侯官县甘蔗砦漂数百家，人多溺死。建宁府没平政桥，入城，南剑州圮郡治、城楼、郡狱、官舍，城坏，民避水楼

---

① 《续编两朝纲目备要》卷一六，第299页。《宋史全文》卷三〇。
② 《宋史全文》卷三〇。
③ 《文献通考》卷三〇四，考2397页。
④ 《文献通考》卷三一四，考2464页。
⑤ 《文献通考》卷二九七，考2348页。
⑥ 《宋史》卷六五，第1426页。
⑦ 《宋史》卷六二，第1349页。
⑧ 《宋史》卷六六作十五年，第1448页。
⑨ 《宋史》卷六一，第1337页。
⑩ 《宋史》卷六五，第1426页。
⑪ 《文献通考》卷三〇四，考2397页。
⑫ 《文献通考》卷三一四，考2464页。
⑬ 《宋会要辑稿》瑞异三之二八。
⑭ 《永乐大典方志辑佚》第四册，第2405页。
⑮ 《文献通考》卷三〇六，考2408页。

上者皆死。乙卯,建昌军大水,城不没者三板,漂民庐,圮官舍、城郭、桥梁,害稼①。七月二日,闽中诸郡因五月二十一日积雨之后,溪流暴涨,为灾特甚。自建宁、南剑以至福州水口,沿溪居民荡然一空。福之城中西南两门水高七尺以上,侯官县甘蔗寨漂流数百家,多有溺死者。南剑冲突尤甚,水势直至郡治,城楼、邮亭、司理院狱,悉皆淹浸类毁。城中人家初见水来,尽挈笼仗上楼,未几与楼俱去,诚可悯念。市西地名铁冶岭一带,皆为弥漫之所,建宁平政桥最为高处,水没其上,汹涌入城,即此而观,则其它城外低下去处,及诸外县被害可知②。秋,福州飓风大作,坏田损稼。冬,鄂州暴风,坏战舰二百余。寿昌军坏战舰六十余,江州、兴国军亦如之③。

宋理宗 (1224—1264 在位)

宝庆元年(1225)五月,沿淮旱蝗,连岁薄收④。七月,滁州大水⑤。

宝庆二年(1226)。本年度尚未发现较大灾情记载。

宝庆三年(1227)。本年度尚未发现较大灾情记载。

绍定元年(1228)。本年度尚未发现较大灾情记载。

绍定二年(1229)五月,成都、潼川路岁旱民歉⑥。天台、仙居县大水⑦。九月丁卯,台州水⑧。

绍定三年(1230)夏六月,福建(闽县)不雨,至于七月,遍走群祀,未效⑨。福建蝗⑩。

---

① 《宋史》卷六一,1337 页。
② 《宋会要辑稿》瑞异三之三二。
③ 《文献通考》卷三〇六,考 2408 页。
④ 《宋季三朝政要笺证》卷一,第 20 页。
⑤ 《宋史全文》卷三一。
⑥ 《宋史》卷四一,第 791 页。
⑦ 《宋史》卷六一,第 1337 页。
⑧ 《宋季三朝政要笺证》卷一,第 37 页。高斯得《耻堂存稿》卷一《直前奏事》[原注淳祐十二年七月尝以秘书少监兼侍立官]。
⑨ 《闽中金石志略·鼓山请雨记》,《宋代石刻文献全编》第四册,第 430 页,又见第四册,第 662 页。
⑩ 《宋史》卷六二,第 1358 页。《宋会要辑稿》瑞异三之四七。

绍定四年（1231），沿江水灾①。七月丙戌，建、剑之间秋霜害稼。湖、秀、严、徽春霜损桑，水潦为沴②。

绍定五年（1232）闰九月癸丑，诏诸路监司体量旱歉州县，依条检放，察守令之贪廉仁暴以闻③。

绍定六年（1233）三月壬子，雨雪。丙辰，大雨雹。六月，归德连日暴雨，平地水数尺，军士漂没甚众。十二月丁酉，襄汉被水④。

端平元年（1234），本年度尚未发现较大灾情记载。

端平二年（1235），本年度尚未发现较大灾情记载。

端平三年（1236）三月辛酉，蕲州大雨水，漂民居。是年，英德府、昭州及襄、汉江皆大水⑤。七月戊申，二浙诸郡雨水为沴，禾稼害于垂成⑥。

嘉熙元年（1237）夏，建康府旱。饶、信州水⑦。

嘉熙二年（1238）七月，武城蝗自北来，蔽映天日，有崔四者行田而仆，其子寻访，但见蝗聚如堆阜，拨视之，见其父卧地上，为蝗所埋，须发皆被啮尽，衣服碎为筛网，一时顷方苏⑧。浙江溢⑨。

嘉熙三年（1239），旱⑩。三月甲午，诏：春事已深，膏泽未洽，深虑旱暵为虐，靡神不宗，一雨应期，方慰农望，风霾为沴，朕甚惧焉。自三月二十四日避正殿，损常膳，仍令中外臣僚讲求时政，引用正人，招集流民，捍御外侮，弭灾召和，以称朕意。五月己亥朔，江潮为沴。七月戊辰朔，诏诸路提举常平司下所部州县，募人捕蝗，给米易之。九月辛卯，江湖、浙东、建、剑、汀、邵旱伤⑪。

---

① 《宋史》卷六一，第1337页。
② 《宋史全文》卷三二。
③ 《宋史全文》卷三二。
④ 《宋史》卷六二，第1349、1344页；《宋季三朝政要笺注》卷一，第64页。
⑤ 《宋史》卷六一，第1337页。
⑥ 《宋史全文》卷三二。
⑦ 《宋史》卷六一，第1337页；卷六六，第1446页。
⑧ 周密：《癸辛杂识》别集卷下《武城蝗》，第276页。
⑨ 《宋史》卷六一，第1337页。
⑩ 《宋史》卷六六，第1446页。
⑪ 《宋史全文》卷三三。

嘉熙四年（1240）六月甲午朔，江、浙、福建大旱、蝗①。杜范云："遂有旱蝗之变，以至尸骸遍野，相食成风。"②"旱饥，京辅为甚，田野小人龁糠粃以延旦暮之命，糠粃不足，取草木根实以继之，根实又不足，弱者则殣于道、填于壑矣，所至秽积，无异毙兽。强者未甘饥死，而相食之风盛行，始不过刲剔遗骴，以赡枵腹，甚则不待气绝，已施行利刃，又甚则生致而烹之，虽其子而且忍焉。哀哉！此何等气象，而见于畿辅之间也。"③ 秋七月乙丑，诏："今夏六月恒旸，飞蝗为孽，朕德未修，民瘼尤甚，中外臣僚其直言阙失毋隐"④。建康府蝗⑤。

淳祐元年（1241），本年度尚未发现较大灾情记载。

淳祐二年（1242），徐鹿卿云："比者畿甸旱暵，赤地千里，不惟河流断绝，而井泉且枯矣。"⑥ 五月，两淮蝗⑦。绍兴府、处、婺州水⑧。

淳祐三年（1243）。本年度尚未发现较大灾情记载。

淳祐四年（1244）。本年度尚未发现较大灾情记载。

淳祐五年（1245）七月癸巳朔，（临安）旱。辛丑，镇江、常州亢旱。常、润大旱⑨。

淳祐六年（1246）六月丙午，以祷雨，诏中外决系囚，杖以下释之。臣僚言："旱势可虑，乞分命臣僚遍祷群望，仍令有司疏决淹狱，及下诸路劝谕富家接济细民，以弭盗贼。"从之⑩。

淳祐七年（1247）正月戊寅，建宁、邵武诸郡被水⑪。旱⑫。三月庚午，祈雨。六月戊申，旱势未释⑬。十月癸未，严州旱。甲寅，镇江府旱。十二

---

① 《宋史》卷四二，第820页。
② 杜范：《杜清献公集》卷一二《经筵已见奏札》（辛丑十一月）。
③ 杜范：《杜清献公集》卷一一《辛丑四月直前奏札》。
④ 《宋史》卷四二，第820页。
⑤ 《宋史》卷六二，第1359页。《宋会要辑稿》瑞异三之四七。
⑥ 《清正存稿》卷二《壬寅进故事》。
⑦ 《宋史》卷六二，第1359页。《宋会要辑稿》瑞异三之四七。
⑧ 《宋史》卷六一，第1337页。
⑨ 《宋史》卷四三，第833页《宋史全文》卷三四。
⑩ 《宋史全文》卷三四。
⑪ 《宋史全文》卷三四。
⑫ 《宋史》卷六六，第1446页。
⑬ 《宋史》卷四三，第837、838页。

月庚寅，近畿旱①。

淳祐八年（1248）。本年度尚未发现较大灾情记载。

淳祐九年（1249）三月癸酉朔，衢、信州旱②。严州水患③。

淳祐十年（1250），严州水④。

淳祐十一年（1251）闽、广及饶州旱⑤。王柏云："辛亥之秋，婺当大歉。"⑥八月甲辰，汀州山水暴至，漂人民。九月，江陵水。是年，江、浙多水，饶州亦水⑦。

淳祐十二年（1252）六月，建宁府、严、衢、婺、信、台、处、南剑州、邵武军大水，冒城郭，漂室庐，死者以万数⑧。六月以来，饶州、衢、婺、台、处、严陵、建宁、南剑、邵武诸州同时大水，败坏官寺、屋庐，流杀人民以千万计，父老咸谓数十百年所无此，非小变也⑨。信州（饶州）"郡再有水，水高与城等，怀襄之祸尤烈于前，城复坏，水平城如踞斯啮，东北隅以南一带弥望几无一甓，非复畴曩之城矣"⑩。

宝祐元年（1253）六月戊申朔，江、湖、闽、广旱。庚申，祈雨⑪。七月，温、台、处、信、饶州大水⑫。

宝祐二年（1254）。本年度尚未发现较大灾情记载。

宝祐三年（1255）五月辛酉，嘉定大雨雹，与叙南同日地震⑬。是岁，蜀地震⑭。

宝祐四年（1256）。本年度尚未发现较大灾情记载。

① 《宋史全文》卷三四。
② 《宋史全文》卷三四。
③ 《宋史全文》卷三四，宋理宗四淳祐十年（1250）"九月戊寅，诏去岁严州水患田租其悉蠲之"。
④ 《宋史》卷六一，第1337页。
⑤ 《宋史》卷六六，第1446页。
⑥ 《鲁斋集》卷一五《述民志》。
⑦ 《宋史》卷六一，第1337页。
⑧ 《宋史》卷六一，第1337—1338页。
⑨ 高斯得：《耻堂存稿》卷一《直前奏事》原注"淳祐十二年七月"。
⑩ 《上饶志》，引自《永乐大典方志辑佚》第三册，第1762页。
⑪ 《宋史》卷四三，第848页。
⑫ 《宋史》卷六一，第1338页。
⑬ 《宋史》卷四四，第855页。
⑭ 《宋史》卷六七，第1487页。

宋理宗宝祐五年（1257）。本年度尚未发现较大灾情记载。

宝祐六年（1258）夏四月庚辰朔，诏："自冬徂春，天久不雨，民失东作，自四月一日始，避殿减膳，仰答谴告。"①

开庆元年（1259）三月，滁州水灾②。五月己未，婺州水，漂民庐。是岁，滁、严州水。③

景定元年（1260），高斯得云："庚申以来，大水为灾，浙西之民死者数百千万，继以连年旱暵，田野萧条，物价大翔，民命如线，景象急迫，至此极矣。"④

景定二年（1261）六月乙巳，近畿被水，安吉为甚⑤。浙东水⑥。秋七月暴雨，仁安山洪流迸出，决湖趋江，湖涸遂芜。（西湖在城西南）⑦ 八月，浙右水涝⑧。九月辛酉，上曰："湖、秀二郡，被水最甚。"⑨

景定三年（1262）二月，临安安吉、嘉兴属县水涝，溺死颇众⑩。八月，两浙蝗⑪。九月，蝗蝻得雨不为灾⑫。

景定四年（1263）。本年度尚未发现较大灾情记载。

景定五年（1264）。（是年十月，赵禥继位，是为宋度宗。）本年度尚未发现较大灾情记载。

宋度宗（1264—1274在位）

咸淳元年（1265）。本年度尚未发现较大灾情记载。

---

① 《宋史》卷四四，第861—862页。
② 《宋季三朝政要笺证》卷三，第244页。
③ 《宋史》卷六一，第1338页。
④ 《历代名臣奏议》卷三一三。《耻堂存稿》卷一《彗星应诏对事》。
⑤ 《宋史全文》卷三六。
⑥ 《宋史》卷六一，第1338页。
⑦ 《新定续志》，引自《永乐大典方志辑佚》第二册，第615页。
⑧ 《宋季三朝政要笺证》卷三，第280页。
⑨ 《宋史全文》卷三六。
⑩ 《宋史全文》卷三六。
⑪ 《宋史》卷六二，第1359页。《宋会要辑稿》瑞异三之四七。
⑫ 《宋季三朝政要笺证》卷三，第294页。

咸淳二年（1266）。本年度尚未发现较大灾情记载。

咸淳三年（1267）。本年度尚未发现较大灾情记载。

咸淳四年（1268）。本年度尚未发现较大灾情记载。

咸淳五年（1269）。本年度尚未发现较大灾情记载。

咸淳六年（1270）。本年度江南大旱①。

咸淳七年（1271）五月甲申，诸暨县大水，漂庐舍。是月，重庆府江水泛溢者三，漂城壁，坏楼橹②。夏五月以来，嘉定府城（地）震者三。七月壬午，嘉定府城地震者再③。

咸淳八年（1272）。本年度尚未发现较大灾情记载。

咸淳九年（1273）。本年度尚未发现较大灾情记载。

咸淳十年（1274。七月度宗逝世，赵㬎继位），庐州旱，长乐、福清二县大旱④。三月，庐州水。四月，绍兴府大雨水。八月癸丑，大霖雨，天目山崩，水涌流，安吉、临安、余杭民溺死者亡算⑤。（是月）临安府水，安吉、武康县水⑥。十月己巳，闽中地震⑦。

恭帝 （1274—1276 在位）

德祐元年（1275）三月乙亥，闽中地复大震⑧。六月庚子，是日，四城迁徙，流民患疫而死者不可胜计，天宁寺死者尤多⑨。

---

① 《宋史》卷六六，第1446页。
② 《宋史》卷六一，第1338页。
③ 《宋史》卷四六，第908页；卷六七，第1487页。
④ 《宋史》卷六六，第1446页。
⑤ 《宋史》卷四七《瀛国公纪》，第922页；卷六一，第1338页。
⑥ 《宋史》卷六一，第1338页。
⑦ 《宋史》卷四七《瀛国公纪》，第923页。
⑧ 《宋史》卷四七《瀛国公纪》，第927页。
⑨ 《宋史》卷六二，第1371页。

宋端宗 （1276—1278 在位）

景炎元年（1276。五月，赵昰继位）闰三月，数月间，城中疫气薰蒸，人之病死者，不可以数计[①]。

景炎二年（1277）。本年度尚未发现较大灾情记载。

帝昺 （1278—1279 在位）

祥兴元年（1278）。（五月，赵昺继位。）本年度尚未发现较大灾情记载。

祥兴二年（1279）。（二月，南宋亡。）本年度尚未发现较大灾情记载。

[①] 《宋史》卷六二，第 1371 页。

主要征引书目及参考文献

一、古籍（以引用先后为序）

李焘：《续资治通鉴长编》，中华书局 2004 年版。
脱脱：《宋史》，中华书局 1977 年版。
欧阳修撰，李逸安点校：《欧阳修全集》，中华书局 2001 年版。
宇文懋昭：《大金国志校证》，中华书局 1986 年版。
脱脱：《辽史》，中华书局 1983 年版。
庄绰撰，萧鲁阳点校：《鸡肋编》，中华书局 1983 年版。
彭乘著，孔凡礼点校：《墨客挥犀》，中华书局 2002 年版。
王应麟：《玉海》，广陵书社 2003 年版。
马端临：《文献通考》，中华书局 1986 年版。
徐松辑：《宋会要辑稿》，中华书局 1997 年版。
罗愿：《新安志》，《宋元方志丛刊》，中华书局 1990 年版（以下同）。
赵汝愚编：《宋朝诸臣奏议》，上海古籍出版社 1999 年版。
陈师道：《后山谈丛》，《全宋笔记》，大象出版社 2006 年版（以下同）。
李心传：《建炎以来系年要录》，丛书集成初编本，中华书局 1983 年版（以下同）。
田锡：《咸平集》，景印文渊阁四库全书本，台湾商务印书馆 1986 年版（以下同）。

王称：《东都事略》，景印文渊阁四库全书本。
李觏：《李觏集》，中华书局1981年点校本。
王安石：《王文公文集》，上海人民出版社1974年版。
彭百川：《太平治迹统类》，广陵书社1990年版。
陈均：《皇朝编年纲目备要》，中华书局2006年版。
苏辙撰，曾枣庄、马德富点校：《栾城集》，上海古籍出版社1990年版。
邹浩：《道乡先生邹忠公文集》，《宋集珍本丛刊》第31册，线装书局2004年版（以下同）。
吕陶：《净德集》，景印文渊阁四库全书本。
李新：《跨鳌集》，景印文渊阁四库全书本。
曾布：《曾公遗录》，《全宋笔记》。
方勺：《泊宅编》，中华书局1983年版。
李幼武：《宋名臣言行录》续集，景印文渊阁四库全书本。
楼钥：《攻媿集》，景印文渊阁四库全书本。
佚名：《宋史全文》，景印文渊阁四库全书本。
洪迈：《夷坚志》，中华书局1981年版。
马蓉等点校：《永乐大典方志辑佚》，中华书局2004年版。
高斯得：《耻堂存稿》，景印文渊阁四库全书本。
佚名撰，王瑞来笺证：《宋季三朝政要笺证》，中华书局2010年版。
方仁荣、郑瑶：《景定严州续志》，《宋元方志丛刊》。
张唐英：《蜀梼杌》，《全宋笔记》。
陈耆卿：《赤城志》，《宋元方志丛刊》。
范仲淹：《范文正公文集》，四部丛刊初编本。
郭祥正：《青山续集》，景印文渊阁四库全书本
王十朋：《宋王忠文公文集》，《宋集珍本丛刊》第43册。
黄裳：《演山先生文集》，《宋集珍本丛刊》第24册。
郑侠：《西塘先生集》，《宋集珍本丛刊》第24册。
张邦基：《墨庄漫录》，中华书局2002年版。
魏泰：《东轩笔录》，中华书局1997年版。
黄淮、杨士奇等编：《历代名臣奏议》，上海古籍出版社1989年版。

苏轼撰，孔凡礼点校：《苏轼文集》中华书局1986年版。
苏颂撰，王同策等点校：《苏魏公文集》，中华书局1988年版。
王得臣：《麈史》，上海古籍出版社1986年版。
杨时：《龟山先生全集》，《宋集珍本丛刊》第29册。
孙觌：《鸿庆居士集》，景印文渊阁四库全书本。
王庭珪：《卢溪先生文集》，《宋集珍本丛刊》第34册。
叶适：《叶适集》，中华书局1983年版。
汪应辰：《汪文定公集》，《宋集珍本丛刊》第46册。
真德秀：《西山先生真文忠公文集》，《宋集珍本丛刊》第75册。
张栻：《新刊南轩先生文集》，《宋集珍本丛刊》第60册。
吴儆：《竹洲文集》，《宋集珍本丛刊》第46册。
度正：《性善堂稿》，景印文渊阁四库全书本。
陈造：《江湖长翁文集》，《宋集珍本丛刊》第60册。
陆九渊撰，钟哲点校：《陆九渊集》，中华书局1980年版。
杜范：《杜清献公集》，《宋集珍本丛刊》第78册。
徐鹿卿：《清正存稿》，景印文渊阁四库全书本。
曾巩：《南丰先生元丰类稿》，《宋集珍本丛刊》第10册。
朱松：《韦斋集》，《宋集珍本丛刊》第40册。
张耒：《张右史集》，《宋集珍本丛刊》第29册。
华镇：《云溪居士集》，《宋集珍本丛刊》第28册。
文同：《丹渊集》，景印文渊阁四库全书本。
汪藻：《浮溪集》，景印文渊阁四库全书本。
王安石：《临川先生文集》，四部丛刊初编本。
韩琦：《安阳集》，《宋集珍本丛刊》第6册。
赵抃：《赵清献公文集》，《宋集珍本丛刊》第6册。
司马光：《传家集》，景印文渊阁四库全书本。
王栐：《燕翼诒谋录》，中华书局1981年版。
周应合：《景定建康志》，《宋元方志丛刊》。
沈括：《（元刊）梦溪笔谈》，文物出版社1975年版。
刘挚撰，裴汝诚、陈晓平点校：《忠肃集》，中华书局2002年版。

罗濬：《宝庆四明志》，《宋元方志丛刊》。
王令：《广陵先生文集》，《宋集珍本丛刊》第17册。
岳珂：《桯史》，中华书局1981年版。
周必大：《周益公文集》，《宋集珍本丛刊》第48册。
周密：《癸辛杂识》，中华书局1997年版。
钱俨：《吴越备史》，景印文渊阁四库全书本。
苏舜钦：《苏舜钦集》，上海古籍出版社1981年版。
徐梦莘：《三朝北盟会编》，上海古籍出版社1987年版。
陆游：《入蜀记》，景印文渊阁四库全书本。
陆游：《老学庵笔记》，中华书局1979年版。
邵博：《邵氏闻见后录》，中华书局1983年版。
王明清：《投辖录》，景印文渊阁四库全书本。
刘敞：《公是集》，《宋集珍本丛刊》第9册。
杜大珪：《名臣碑传琬琰之集》，景印文渊阁四库全书本。
祝穆：《古今事文类聚》，景印文渊阁四库本。
王焘撰，林亿等补：《外台秘要方》，景印文渊阁四库全书本。
蔡絛：《铁围山丛谈》，中华书局1983年版。
徐硕：《至元嘉禾志》，《宋元方志丛刊》。
李濂撰，周宝珠、程民生点校：《汴京遗迹志》，中华书局1999年版。
晁说之：《嵩山文集》，景印文渊阁四库全书本。
李壁：《王荆公诗注》，景印文渊阁四库全书本。
陈襄：《古灵先生文集》，《宋集珍本丛刊》第8—9册。
范纯仁：《范忠宣集》，景印文渊阁四库全书本。
罗大经：《鹤林玉露》，中华书局1983年版。
石介：《徂徕石先生文集》，中华书局1984年版。
文彦博：《文潞公文集》，《宋集珍本丛刊》第5册。
胡渭：《禹贡锥指》，景印文渊阁四库全书本。
《宋大诏令集》，中华书局1962年版。
朱熹：《五朝名臣言行录》，四部丛刊本。
包拯撰，杨国宜校注：《包拯集校注》，黄山书社1999年版。

司马光：《涑水记闻》，中华书局 1989 年版。

傅泽洪：《行水金鉴》，景印文渊阁四库全书本。

杨仲良：《皇宋通鉴长编纪事本末》，北京图书馆出版社 2003 年影印宛委别藏本。

洪迈：《容斋随笔》，中华书局 2005 年版。

朱熹：《朱文公文集》，四部丛刊初编缩本

范祖禹：《太史范公文集》，《宋集珍本丛刊》第 24 册。

董煟：《救荒活民书》，珠丛别录本，百部丛书集成，台北艺文印书馆 1966 年印行。

杨万里：《诚斋集》，《宋集珍本丛刊》第 53—55 册。

周淙：《乾道临安志》，浙江人民出版社 1983 年版。

晁补之：《鸡肋集》，景印文渊阁四库全书本。

窦仪等编：《（重详定）宋刑统》，法律出版社 1999 年版。

王钦若等：《册府元龟》，中华书局 1956 年版。

王之望：《汉滨集》，景印文渊阁四库全书本。

刘宰：《漫塘文集》，《宋集珍本丛刊》第 72 册。

魏了翁：《重校鹤山先生大全文集》，《宋集珍本丛刊》第 76 册。

舒璘：《舒文靖集》，景印文渊阁四库全书本。

黄榦：《勉斋先生黄文肃公文集》，《宋集珍本丛刊》第 67 册。

李攸：《宋朝事实》，丛书集成初编本。

刘攽：《彭城集》，景印文渊阁四库全书本。

蔡襄撰，吴以宁点校：《蔡襄集》，上海古籍出版社 1996 年版。

孙梦观：《雪窗集》，景印文渊阁四库全书本。

晁说之：《景迂生集》，景印文渊阁四库全书本。

黎靖德编：《朱子语类》，中华书局 1994 年版。

王柏：《鲁斋王文宪公文集》，续金华丛书。

王巩：《随手杂录》，《全宋笔记》。

戴栩：《浣川集》，景印文渊阁四库全书本。

陈旉：《农书》，丛书集成初编。

唐仲友：《帝王经世图谱》，景印文渊阁四库全书本。

洪遵：《翰苑群书》，景印文渊阁四库全书本。
董仲舒：《春秋繁露》，四部丛刊初编，上海书店1989年版。
王充：《论衡》，四部丛刊初编，上海书店1989年版。
房玄龄：《晋书》，中华书局2003年版。
袁珂：《山海经校注》，巴蜀书社1996年版。
魏徵：《隋书》，中华书局2002年版。
欧阳修：《新唐书》，中华书局2003年版。
司马光：《资治通鉴》，中华书局1982年版。
薛居正：《旧五代史》，中华书局1987年版。
脱脱：《金史》，中华书局2002年版。
萧嵩：《大唐开元礼》，景印文渊阁四库全书本。
张彦远撰，秦仲文、黄苗子点校：《历代名画记》，人民美术出版社1963年版。
郭若虚：《图画见闻志》，人民美术出版社1983年版。
郑处诲：《明皇杂录》，中华书局1997年版。
汤垕：《画鉴》，人民美术出版社1983年版。
李昉等：《太平广记》，中华书局2003年版。
韩愈：《昌黎先生文集》，四部丛刊初编，上海书店1989年版。
罗愿：《尔雅翼》，景印文渊阁四库全书本。
欧阳询：《艺文类聚》，上海古籍出版社1985年版。
罗泌：《路史》，景印文渊阁四库全书本。
杜佑：《通典》，中华书局2003年版。
罗浚：《宝庆四明志》，《宋元方志丛刊》。
陶宗仪：《说郛三种》，上海古籍出版社1988年版。
赵彦卫：《云麓漫钞》，中华书局1996年版。
释智升：《开元释教录》，《大正新修大藏经》第55册《目录部》台湾新文丰出版公司1983年版。
释道世撰，周叔迦、苏晋仁点校：《法苑珠林》，中华书局2003年版。
强至：《祠部集》，景印文渊阁四库全书本。
施宿等：《嘉泰会稽志》，《宋元方志丛刊》。

毛滂：《东堂集》，景印文渊阁四库全书本。
班固：《汉书》，中华书局2002年版。
李昉等：《太平御览》，中华书局1963年版。
段成式：《酉阳杂俎》，中华书局1981年版。
陈元靓：《岁时广记》，景印文渊阁四库全书本。
杨亿：《武夷新集》，《宋集珍本丛刊》第2册。
陆佃：《埤雅》，景印文渊阁四库全书本。
《御定渊鉴类函》，景印文渊阁四库全书本。
郭彖：《睽车志》，景印文渊阁四库全书本。
徐硕：《至元嘉禾志》，《宋元方志丛刊》。
叶绍翁：《四朝闻见录》，中华书局1989年版。
《宣和画谱》，丛书集成初编本。
洪适：《盘洲文集》，《宋集珍本丛刊》第45册。
吴曾：《能改斋漫录》，上海古籍出版社1979年版。
黄震：《黄氏日抄》，景印文渊阁四库全书本。
李元纲：《厚德录》，丛书集成初编本。
黄庭坚撰，刘琳、李勇先、王蓉贵点校：《黄庭坚全集》，四川大学出版社2001年版。
王珪：《华阳集》，景印文渊阁四库全书本。
李之仪：《姑溪居士之集》，《宋集珍本丛刊》第26册。
袁燮：《絜斋集》，景印文渊阁四库全书本。
曹彦约：《昌谷集》，景印文渊阁四库全书本。
欧阳守道：《巽斋文集》，景印文渊阁四库全书本。
陈傅良撰，周梦江点校：《陈傅良先生文集》，浙江大学出版社1999年版。
徐自明撰，王瑞来校补：《宋宰辅编年录校补》，中华书局1986年版。
宋祁：《景文集》，景印文渊阁四库全书本。
程珌：《程端明公洺水集》，《宋集珍本丛刊》第71册。
徐经孙：《宋学士徐文惠公存稿》，《宋集珍本丛刊》第83册。
李心传：《建炎以来朝野杂记》，中华书局2000年点校本。

孙逢吉：《职官分纪》，景印文渊阁四库全书本。

何薳：《春渚纪闻》，中华书局1983年版。

叶梦得：《避暑录话》，《全宋笔记》。

章甫：《自鸣集》，景印文渊阁四库全书本。

崔豹：《古今注》，四部丛刊三编，上海书店1985年版。

车若水：《脚气集》，景印文渊阁四库全书本。

郑獬：《郧溪集》，《宋集珍本丛刊》第15册。

熊克：《中兴小纪》，福建人民出版社1985年版。

刘时举：《续宋编年资治通鉴》，景印文渊阁四库全书本。

佚名、汝企和点校：《续编两朝纲目备要》，中华书局1995年版。

（汉）孔安国传，（唐）陆德明音义，孔颖达疏：《尚书注疏》，《十三经注疏》，中华书局1983年版。

（汉）郑玄注，（唐）陆德明音义，贾公彦疏：《周礼注疏》，《十三经注疏》，中华书局1983年版。

王安礼：《王魏公集》，《宋集珍本丛刊》第19册。

陈师道：《后山先生集》，《宋集珍本丛刊》第28册。

林駉：《古今源流至论》，景印文渊阁四库全书本。

梁太济、包伟民：《宋史食货志补正》，杭州大学出版社1994年版。

吕祖谦：《吕祖谦全集》，浙江古籍出版社2008年点校本。

刘一止：《苕溪集》，《宋集珍本丛刊》第34册。

刘克庄：《后村先生大全集》，四部丛刊初编本，上海书店1989年版。

周去非撰，杨武泉校注：《岭外代答校注》，中华书局1999年版。

张师正：《括异志》，四部丛刊续编本。

陈亮：《陈亮集》（增订本），中华书局1987年版。

陈耆卿：《筼窗集》，景印文渊阁四库全书本。

谢深甫编，戴建国点校：《庆元条法事类》，《中国珍稀法律典籍续编》，黑龙江人民出版社2002年版。

梅尧臣：《宛陵先生集》，景印文渊阁四库全书本。

范纯仁：《范忠宣集》，景印文渊阁四库全书本。

黄以周等辑注，顾吉辰点校：《续资治通鉴长编拾补》，中华书局2004

年版。

吕中：《宋大事记讲义》，景印文渊阁四库全书本。

国家图书馆善本金石组编：《宋代石刻文献全编》，国家图书馆出版社2003年版。

赵善璙：《自警编》，景印文渊阁四库全书本。

沈括：《长兴集》，景印文渊阁四库全书本。

郑樵：《夹漈遗稿》，景印文渊阁四库全书本。

柳贯：《待制集》，景印文渊阁四库全书本。

潜说友纂修：《咸淳临安志》，《宋元方志丛刊》。

吕祖谦编，齐治平点校：《宋文鉴》，中华书局1992年版。

梁克家纂修：《淳熙三山志》，《宋元方志丛刊》。

谈钥纂修：《嘉泰吴兴志》，《宋元方志丛刊》。

范成大纂修：《吴郡志》，《宋元方志丛刊》。

朱长文纂修：《吴郡图经续记》，《宋元方志丛刊》。

张淏纂修：《宝庆会稽续志》，《宋元方志丛刊》。

马光祖修、周应合纂：《景定建康志》，《宋元方志丛刊》。

胡榘修、方万里、罗濬纂：《宝庆四明志》，《宋元方志丛刊》。

袁甫：《蒙斋集》，景印文渊阁四库全书本。

阳枋：《字溪集》，景印文渊阁四库全书本。

袁说友：《东塘集》，景印文渊阁四库全书本。

吕祖谦：《历代制度详说》，景印文渊阁四库本。

林之奇：《拙斋文集》，景印文渊阁四库全书本。

高承：《事物纪原》，景印文渊阁四库全书本。

徐度：《却扫编》，景印文渊阁四库全书本。

顾炎武：《日知录集释》，岳麓书社1994年版。

慕容彦逢：《摛文堂集》，景印文渊阁四库全书本。

周煇：《清波杂志》，中华书局1994年版。

吴潜修、梅应发：《开庆四明续志》，《宋元方志丛刊》。

林表民编：《赤城集》，景印文渊阁四库全书本。

翟均廉：《海塘录》，景印文渊阁四库全书本。

永瑢等：《四库全书总目》，中华书局1965年版。
吕乔年：《丽泽论说集录》，景印文渊阁四库全书本。
王与之：《周礼订义》，景印文渊阁四库全书本。
章如愚：《群书考索》，景印文渊阁四库全书本。
叶时：《礼经会元》，景印文渊阁四库全书本。
张载撰，章锡琛点校：《张载集》，中华书局1978年版。
程颢、程颐：《二程集》，中华书局1981年标点本。
李埴：《皇宋十朝纲要》，续修四库全书本。
傅增湘编：《宋代蜀文辑存》，北京图书馆出版社2005年版。
钱若水撰，燕永成点校：《宋太宗实录》，甘肃人民出版社2005年版。
韩维：《南阳集》，景印文渊阁四库全书本。
孙武仲等：《三孔先生清江文集》，《宋集珍本丛刊》第16册。
江少虞：《宋朝事实类苑》，上海古籍出版社1981年版。
陈邦瞻：《宋史纪事本末》，中华书局1977年版。
陈克撰，刘俊文译注：《折狱龟鉴译注》，上海古籍出版社1988年版。

二、现代著述（以引用先后为序）

竺可桢：《中国近五千年来气候变迁的初步研究》，载《考古学报》1972年第1期，后收入《竺可桢文集》，科学出版社1979年版。
李鄂荣、姚清林：《中国地质地震灾害》，湖南人民出版社1998年版。
程民生：《宋代地域经济》，河南大学出版社1992年版。
顾宏义：《宋朝方志考》，上海古籍出版社2010年版。
（英）迈克尔·阿拉贝著，李欣译：《洪水》，上海科学技术文献出版社2006年版。
（英）迈克尔·阿拉贝著，马晶译：《气候变化》，上海科学技术文献出版社2006年版。
周魁一：《中国科学技术史·水利卷》，科学出版社2002年版。
王颋：《黄河古道考辨》，华东理工大学出版社1995年版。
（英）迈克尔·阿拉贝著，张镌译：《干旱》，上海科学技术文献出版社2006年版。

谢毓寿、蔡美彪主编：《中国地震历史资料汇编》第1卷，科学出版社1983年版。

左鹏：《宋元时期的瘴疾与文化变迁》，《中国社会科学》2004年第1期。

程遂营：《唐宋开封的气候和自然灾害》，《中国历史地理论丛》2002年第1期。

程民生：《中国北方经济史》，人民出版社2004年版。

龚延明：《宋代官制辞典》，中华书局1997年版。

王晓龙：《宋代提点刑狱司制度研究》，人民出版社2008年版。

邓小南主编：《政绩考察与信息渠道——以宋代为中心》，北京大学出版社2008年版。

（日）仁井田陞：《唐令拾遗》，长春出版社1989年版。

陈明光：《唐宋田赋的"损免"与"灾伤检放"论稿》，《中国史研究》2003年第2期。

刘志雄、杨静荣：《龙与中国文化》，人民出版社1992年版。

《中华第一龙——1995濮阳"龙文化与中华民族"学术讨论会论文集》，中州古籍出版社2000年版。

《2000年濮阳龙文化与现代文明学术讨论会论文集》，中国经济文化出版社2003年版。

吉成名：《中国崇龙习俗》，天津古籍出版社2002年版。

裘锡圭：《说卜辞的焚巫尪与作土龙》，《甲骨文与殷商史》，上海古籍出版社1983年版。

陈学霖：《金宋史论丛》，香港中文大学出版社2003年版。

方酉生：《从考古发现的实物龙谈龙文化》，《2000年濮阳龙文化与现代文明学术讨论会论文集》。

王章伟：《在国家与社会之间——宋代巫觋信仰研究》，香港中华书局有限公司2005年版。

（日）金子修一：《中国古代皇帝祭祀研究》，岩波书店2006年版。

季羡林：《中印文化关系论文集》，三联书店1982年版。

中国佛教文化研究所编：《佛语佛源》，上海人民出版社1997年版。

周晓薇：《古代典籍中龙王及其文化意义》，《陕西师范大学学报》2005年第3期。

姜伯勤：《莫高窟隋说法图中龙王与象王的图像学研究》，《敦煌艺术宗教与礼乐文明》，中国社会科学出版社1996年版。

郑国：《丁观朋和他所摹宋张胜温［法界源流图卷］》，《文物》1983年第5期。

刘子健：《刘宰和赈饥》，《两宋史研究汇编》，台湾联经出版社事业股份有限公司2005年版。

淮建利：《宋代厢军研究》，中州古籍出版社2007年版。

王德毅：《宋代灾荒的救济政策》，台湾商务印书馆1970年版。

张文：《荒政与劝分：民间利益博弈中的政府角色——以宋朝为中心的考察》，《中国社会经济史研究》2003年4期。

张文：《宋朝民间慈善活动研究》，西南师范大学出版社2005年版。

王曾瑜：《宋朝卖官述略》，《史学集刊》2006年第4期。

汪圣铎：《两宋财政史》，中华书局1995年版。

漆侠：《王安石变法》（增订本），河北人民出版社2001年版。

张邦炜、张忞：《两宋时期的义冢制度》，见漆侠、胡昭曦主编《宋史研究论文集》，1994年年会编刊，河北大学出版社1996年版。

梁庚尧：《南宋的社仓》，《宋代社会经济史论集》，台湾允晨文化实业股份有限公司出版1997年版。

梁庚尧：《南宋的农村经济》，新星出版社2006年版。

（日）吉冈义信：《宋代黄河史研究》，御茶水书房1978年版。

岑仲勉：《黄河变迁史》，中华书局2004年新1版。

姚汉源：《中国水利发展史》，上海人民出版社2005年版。

《黄河水利史述要》，黄河水利出版社2003年版。

邹逸麟：《宋代黄河下游横陇北流诸道考》，《文史》第12辑，1982年，收入氏著《椿庐史地论稿》，天津古籍出版社2005年版。

黄光涛：《北宋黄河氾滥及治理之研究》，台湾《花莲师专学报》1976年第8期。

陶晋生：《宋辽关系史研究》，台湾联经出版事业公司1986年版。

朱瑞熙：《中国政治制度史》第六卷《宋代》，人民出版社1996年版。

江天健：《北宋河北路造林之研究》，《宋史研究集》第32辑，台湾兰台出版社2002年版。

冯柳堂：《中国历代民食政策史》，上海商务印书1934年初版。

梁庚尧：《南宋的社仓》，《宋代社会经济史论集》（下），台湾允晨文化实业股份有限公司出版1997年版。

张全明：《试论朱熹的社仓制》，《华中师大研究生学报》1987年第1期。

邹枋：《朱熹的救荒论与经界论》，《建国月刊（南京）》第10卷第1期，1934年

贾玉英、赵文东：《略论朱熹的荒政思想与实践》，《河南大学学报》2001年第5期。

吴松弟：《中国人口史·第三卷辽宋金元时期》，复旦大学出版社2000年版。

束景南：《朱熹年谱长编》，华东师范大学出版社2001年版。

邓拓：《中国救荒史》，北京出版社1998年版。

安德明：《天人之际的非常对话》，中国社会科学出版社2003年版。

李泽厚：《中国古代思想史论》，人民出版社1986年版。

陈来：《宋明理学》，辽宁教育出版社1991年版。

三、部分宋代灾害史及荒政研究论著索引（以发表年代为序）

邓拓：《中国救荒史》，商务印书馆1937年版。

陈高佣编：《中国历代天灾人祸表》，上海国立暨南大学1939年。

谢毓寿、蔡美彪主编：《中国地震历史资料汇编》，科学出版社1987年版。

中国社科院历史研究所编：《中国历代自然灾害及历代盛世农业政策》，农业出版社1988年版。

宋正海主编：《中国古代重大自然灾害和异常年表总集》，广东教育出版社1992年版。

张兰生主持编绘：《中国自然灾害地图集》，科学出版社1992年版。

张波：《中国农业自然灾害历史资料方面观》，《中国科技史料》1992年

第 3 期。

张波等编：《中国农业自然灾害史料集》，陕西科技出版社 1994 年版。

李向军：《中国救灾史》，广东人民出版社、华夏出版社 1996 年版。

高文学主编：《中国自然灾害史·总论》，地震出版社 1997 年版。

张建民、宋俭：《灾害历史学》，湖南人民出版社 1998 年版。

张剑光：《三千年疫情》，南昌，江西高校出版社 1998 年版。

孟昭华编著：《中国灾荒史记》，中国社会出版社 1999 年版。

复旦大学历史地理研究中心编：《自然灾害与中国社会历史结构》，复旦大学出版社 2001 年版。

华文煜：《宋代之荒政》，《经济统计季刊》第 1 卷第 4 期，1932 年。

邹枋：《朱熹的救荒论与经界论》，《建国月刊》第 10 卷第 1 期 1934 年 1 月。

黄源瀞：《朱子在籍在官之救荒概略及其评议》，《国专月刊》第 1 卷第 1 期，1935 年。

李向军：《宋代荒政与〈救荒活民书〉》，《沈阳师范学院学报》1993 年第 4 期。

康弘：《宋代灾害与荒政述论》，《中州学刊》1994 年第 5 期。

贾玉英、赵文东：《略论朱熹的荒政思想与实践》，《河南大学学报》2001 年第 5 期。

张文：《季节性的济贫恤穷行政：宋朝社会救济的一般特征》，《中国史研究》2002 年第 2 期。

张文：《对流民的救济与安置、宋朝社会控制的实践途径》，《西南师大学报》2002 年第 2 期。

王红：《北宋三次回河东流失败的社会原因探讨》，《河南师大学报》2002 年第 2 期。

李蔚：《西夏自然灾害简论》，《国家图书馆学刊》2002 增刊。

王培华等：《1238－1368 年华北地区蝗灾的时聚性与重现期及其与太阳活动的关系》，《社会科学战线》2002 年第 4 期。

张文：《两宋赈灾救荒措施的市场化与社会化进程》，《西南师范大学学报》2003 年第 1 期。

刘旭东：《略论两宋时期自然恶化的人为因素》，《西南师大学报》2003

年第 2 期。

郭文佳：《宋代幼儿生养与求助述论》，《烟台大学学报》2003 年第 3 期。

袁冬梅：《对宋代黄河水灾原因的分析》，《乐山师范学院学报》19 卷第 9 期，2004 年 9 月。

林文勋：《宋代富民与灾荒救济》，《思想战线》2004 年第 6 期。

郭文佳：《论宋代灾害救助程序》，《求索》2004 年第 9 期。

李华瑞、王海鹏：《朱熹的禳弭救荒思想述论》，《中国农史》2004 年第 3 期。

谭元敏：《宋代福利救济制度论析》，《边疆经济与文化》2004 年第 10 期。

郭文佳：《简论南宋的幼儿生养与救助》，《商丘师范学院学报》2004 年第 1 期。

邱云飞：《从救灾体制方面看宋朝社会内部"相对稳定性"的原因》，《洛阳大学学报》2005 年 3 期。

石涛：《北宋地方灾害评估系统》，《山西大学学报》2005 年 1 期。

丁建军、郭志安：《宋代依法治蝗述论》，《河北大学学报》2005 年 5 期。

杨世利：《宋朝以工代赈述论》，《中州学刊》2005 年 3 期。

郭文佳：《董煟〈救荒活民书〉的价值与历史地位评议》，《商丘师范学院学报》2005 年第 4 期。

杨果、陈曦：《宋元江汉平原的洪涝灾害及其成因、影响初探》，《湖北省社会主义学院学报》2005 年第 3 期。

陈广恩：《关于元朝赈济西北灾害的几个问题》，《宁夏社会科学》2005 年第 3 期。

黄鸿山：《元代常平义仓研究》，《苏州大学学报》2005 年第 4 期。

李瑾明：《宋代社会救济制度的运作和国家权力——以居养院制的变迁为中心》，《中国史研究》2005 年第 3 期。

谭书龙：《宋代官办慈善机构管理初探》，《社会科学辑刊》2005 年第 4 期。

吴业国：《宋代官办慈善事业述论》，《南都学坛》2005 年第 1 期。

朱德明：《南宋时期浙江慈善医疗机构考述》，《医学与社会》2005年第9期。

张文：《民间慈善：妇女参与社会活动的有效途径——立足于宋朝的考察》，《西南师范大学学报》2005年第3期。

段惠青：《宋朝医疗救济初探》，《中州学刊》2005年第3期。

郭文佳：《常平仓与宋代灾荒救助》，《商丘师范学院学报》2006年第6期。

郭文佳：《论宋代老人的救助政策》，《理论学刊》2006年第9期。

郭文佳：《宋代流民与流民救助》，《烟台大学学报》2006年第1期。

庄华峰、书龙：《宋代江南地区慈善事业研究》，《安徽史学》2006年第6期。

许秀文、阎荣素：《论宋代义仓》，《河北学刊》2006年第5期。

朱琳：《宋代荒政的历史考察和经济分析》，《安徽农业科学》2007年第8期。

王淳航：《北宋水旱灾时空分布及相关问题浅析》，《大众科学》2007年第18期。

杨晓红：《灾异对宋代社会的影响》，《云南社会科学》2007年第5期。

邱云飞：《两宋瘟疫灾害考述》，《医学与哲学》（人文社会医学版）2007年第6期。

袁冬梅：《宋代江南地区疾疫成因分析》，《重庆工商大学学报》2007年第4期。

孙春芳、耿扬：《略论宋代的弭灾与"因灾罢相"》，《殷都学刊》2007年第3期。

豆霞、贾兵强：《论宋代义庄的特征与社会功能》，《华南农业大学学报》2007年第3期。

陈燕萍：《宋代公共卫生治理的法律措施述略》，《沧桑》2007年第4期。

陈燕萍：《宋代的医事组织与疾疫防治的法律措施》，《浙江档案》2007年第6期。

韩毅：《宋代的牲畜疫病及政府的应对——以宋代政府诏令为中心的讨

论》，《中国科技史杂志》2007年第2期。

刘婷玉：《论宋代官方的慈幼救助措施》，《山东省农业管理干部学院学报》2007年第2期。

郭文佳：《宋代乞丐囚徒救助论略》，《商丘师范学院学报》2007年第1期。

谭景玉：《宋代乡村行政组织在救灾中的作用》，《广西社会科学》2007年第1期。

许秀文：《浅议南宋社仓制度》，《河北学刊》2007年第4期。

廖寅：《官民合办：南宋时期湖南乡村社会保障事业初探》，《学术论坛》2007年第5期。

丘云飞：《中国灾害通史·宋代卷》，郑州大学出版社2008年版。

徐小梅：《宋朝江西地方官员与士人的救灾活动》，《江西师范大学学报》2008年第5期。

郭九灵：《宋代义仓论略》，《华北水利水电学院学报（社科版）》2008年第3期。

张新宇：《试论宋代漏泽园公墓制度的形成原因和渊源》，《四川大学学报》2008年第5期。

郭文佳：《宋代地方医疗机构与疾疫救治》，《求索》2008年第8期。

秦枫、汪婕：《唐宋时期脆弱群体的社会救助研究——以残疾人群体为例》，《黑龙江史志》2008年第14期。

韩毅：《宋代西藏的地震灾害及其应对措施》，《中国藏学》2008年第3期。

赵宏欣：《宋代政府对贫困人群的社会救助》，《内蒙古农业大学学报》2008年第2期。

金蓓蕾：《南宋时期自然灾害分析和减灾救荒》，《太原城市职业技术学院学报》2008年第2期。

丁雨晴、庄华峰：《略论传统社会保障中的以工代赈——以宋代长江下游圩区为中心》，《安徽广播电视大学学报》2008年第1期。

石涛：《北宋政府减灾管理投入分析》，《中国经济史研究》2008年第1期。

潘春燕：《宋代火灾与消防述论》，《乐山师范学院学报》2008年第1期。

黄英：《试论宋朝政府的预防性与辅助性慈幼措施》，《内江师范学院学报》2008年第5期。

邱云飞、孙良玉：《宋代农业自然灾害史论》，《安徽农业科学》2009年第7期。

郭志安：《北宋黄河水患与河北农业生产条件的恶化》，《保定学院学报》2009年第6期。

傅振宇：《宋代文人士大夫与荒政变革》，《黑龙江史志》2009年第21期。

张俊峰：《灾异说与王安石变法的失败》，《信阳农业高等专科学校学报》2009年第1期。

张釜：《宋代地震灾害及其救治措施》，《乐山师范学院学报》2009年第8期。

张新宇：《漏泽园砖铭所见北宋末年的居养院和安济坊》，《考古》2009年第4期。

郭志安：《论北宋河患对农业生产的破坏与政府应对——以黄河中下游地区为例》，《中国农史》2009年第1期。

陈曦：《宋代荆湖北路的水神信仰与生态环境》，《湖北社会科学》2009年第9期。

胡金明等：《隋唐与北宋淮河流域湿地系统格局变迁》，《地理学报》2009年第1期。

郭志安：《北宋黄河治理弊病管窥》，《中州学刊》2009年第1期。

王艳：《北宋汴渠水利工程考》，《安徽农业科学》2009年第2期。

戴庞海、陈峰：《北宋政府治理黄河的主要措施》，《华北水利水电学院学报》2009年第3期。

李华瑞：《劝分与宋代救荒》，《中国经济史研究》2010年第1期。

郭文佳：《论宋代政府赈灾的资金来源》，《中州学刊》2010年第1期。

金强：《军事屯田背景下北宋西北地区生态环境变迁》，《古今农业》2010年第1期。

张维：《宋代地震及官方赈济政策研究》，《四川地震》2010年第2期。

程佩：《北宋黄河泥沙的淤积及其危害问题初探》，《郑州航空工业管理学院学报》2010年第2期。

郭志安：《略论北宋黄河水患下的河北水环境变迁》，《保定学院学报》2010年第2期。

张田芳：《浅析北宋对秦陇林业的开发》，《兰州工业高等专科学校学报》2010年第3期。

张雨潇等：《气候变迁在宋代经济重心南移中的影响》，《河南社会科学》2010年第3期。

张福运：《宋代荒政思想初探》，《江西财经大学学》2010年第3期。

王楠：《宋代祈雨考》，《河南广播电视大学学报》2010年第3期。

武玉环：《论金朝的防灾救灾思想》，《史学集刊》2011年第3期。

武玉环：《金代的防灾救灾措施述论》，《吉林大学社会科学学报》2011年第4期。

方世勇：《从水灾防治看辽代的赈恤机制》，《重庆科技学院学报（社会科学版）》2011年第5期。

李华瑞：《北宋荒政的发展与变化》，《文史哲》2010年第6期。

苏兆翟：《北宋河政探析——以黄河为例》，《菏泽学院学报》2011年第1期。

汪志国：《宋元时期安徽自然灾害探析》，《古今农业》2011年2期。

张全明：《南宋时期疫灾的时空分布及其特点》，《浙江学刊》2011年2期。

孔祥军：《宋代广惠仓研究》，《金陵科技学院学报（社会科学版）》2011年第3期。

姚培锋、陈国灿：《南宋时期江浙城市的贫困救助》，《浙江学刊》2011年第4期。

龚胜生、刘卉：《北宋时期疫灾地理研究》，《中国历史地理论丛》2011年第4期。

李华瑞：《宋代救荒中的检田制度》，《安徽师范大学学报社会科学版》2011年第5期。

陈国灿：《论南宋城市的官方救助体制》，《江海学刊》2011年第5期。

李华瑞：《宋代的捕蝗与祭蝗》，《山西大学学报（哲学社会科学版）》

2011 年第 6 期。

孙爱贞：《北宋陕西路自然灾害状况及原因分析》，《丝绸之路》2011 年第 12 期。

蒋金玲：《辽代自然灾害的时空分布特征与基本规律》，《东北师大学报》2012 年第 3 期。

董煜宇：《从"天圣令"看北宋政府水旱灾害应对管理》，《科学与管理》2012 年第 4 期。

杨芳：《试论宋代义仓的设置与运营》，《中国农史》2012 年第 2 期。

黎志刚：《宋代民间借贷与灾荒救济》，《思想战线》2012 年第 3 期。

张文：《中国宋代乡村社会保障模式的三层结构》，《学术月刊》2012 年第 4 期。

张文：《宋朝乡村社会保障思想研究——以〈救荒活民书〉为中心》，《苏州大学学报》2012 年第 4 期。

杨小敏：《盛世情结与宋徽宗时代的社会救济》，《兰州学刊》2012 年第 2 期。

魏尧排：《蔡京对宋代社会保障制度的创新及不足》，《重庆电子工程职业学院学报》2012 年第 2 期。

王浩禹、杨瑞璟：《宋代军民抚恤制度述论》，《中华文史论丛》2012 年第 4 期。

宋代自然灾害地名对照表

（以收录本书稿"自然灾害年表"出现地名为主①）

三　画

三界镇	浙江嵊县北
於潜县	浙江临安县西於潜镇
下沚江口	湖南洞庭湖滨，汉寿、
（沚一作芷）	沅江间
大仪镇	江苏扬州市西北
大名府	河北大名县
大安军	陕西宁强大安镇
大冶县	湖北大冶县
大泽县	甘肃天水市北
万　州	四川万县市
弋　阳	江西弋阳县
上　闸	河南邓县南
上　饶	江西上饶市
上　津	湖北十堰市
上　虞	浙江上虞县
上元县	江苏南京市境
上杭县	福建上杭县
上津县	湖北十堰市郧西县上津镇
上高县	江西上高县
上海镇	上海市
山　阴	浙江绍兴市
千　乘	山东广饶
广　州	广东广州市
广　信	广西梧州、封开一带
广安军	四川广安市北
广德军	安徽广德桃州镇
广德湖	浙江宁波市西
广陵县	江苏省扬州市广陵县
义　川	湖北汉川县
卫　州	河南汲县

---

① 此表参考了《中国通史》第五册，附《宋代地名表》。

卫　南	河南滑县东	贝　州	河北清河县境
		牛头山	云南陆良县

四　画

		长　平	山西高平县西北
丰　州	陕西府谷县北	长　安	陕西西安市
丰城县	江西丰城市南	长宁军	四川珙县
开　州	四川开县	长兴县	浙江长兴县
开化县	浙江开化县	长安镇	浙江海宁市西
开封府	河南开封市	长林县	湖北荆门县西北
天　兴	陕西凤翔县	长垣县	河南新乡市长垣县
天水县	甘肃天水市	长清县	山东济南市长清区
天长军	安徽天长县	长葛县	河南长葛市
天目山	浙江天目山	长道县	甘肃礼县东北长道镇
天台山	浙江天台县北	长溪县	福建霞浦南
天台县	浙江天台县	仁和县	浙江杭州市
天雄军	河北大名县	化　州	广东化州县
无为军	安徽无为县	公　安	湖北公安县
韦　城	河南滑县东南	分　水	浙江桐庐北分水江
云　岩	陕西宜川县西北云岩镇	分宜县	江西分宜县
云安军	四川云阳县	丹阳县	江苏丹阳县
云顶山	四川金堂县境云顶山	凤　州	陕西凤县东北
太平州	安徽当涂县	凤　林	浙江遂安县东南
太平郡	安徽当涂县	凤林镇	浙江省江山市凤林镇
太平军	福建仙游县东北	凤凰山	杭州市境
太原府	山西太原市	凤翔府	陕西凤翔
历　阳	安徽和县	乌江县	江苏扬州市
历亭县	山东武城县东北旧城	文登县	山东文登市
历城县	山东济南市历城区	六　合	江苏六合县
巨鹿县	河北巨鹿县	六　安	安徽六安县
中江县	四川德阳市	邓　州	河南邓县
中牟县	河南郑州市中牟县	巴　州	四川巴中县

双　流	四川双流市	归　德	河南商丘市
		代　州	山西代县

五　画

		仙居县	浙江仙居县
玉　田	河北玉田县	白　水	湖北枣阳境白水
正平县	山西新绛西南	白　石	浙江杭州市境
古田县	福建古田县东北古田旧县	白　马	河南滑县东旧县
邛　州	四川邛崃市	白　州	广西玉林市博白县
石　州	山西离石县	瓜　洲	江苏扬州市南
石泉军	四川北川县西治城	瓜步口	江苏六合县东南
石埭县	安徽石台县东北广阳镇	处　州	浙江丽水西
龙　州	四川平武县东南	乐清县	浙江温州市
龙　阳	湖南汉寿	兰　州	甘肃兰州市旧皋兰
龙　岩	福建龙岩	兰溪县	浙江兰溪县
龙　泉	浙江龙泉县	汀　州	福建长汀县
龙川县	广东龙川县	汉　州	四川广汉市
龙安县	四川安县东北	汉　源	四川剑阁东
平　定	山西平定县	汉阳军	湖北汉阳境
平　陆	山西平陆县	宁　乡	湖南宁乡县
平江府	江苏苏州市	宁　州	甘肃宁县
平政桥	福建松溪县东南	宁　国	安徽宁国县
平海军	福建泉州市	宁化县	福建宁化县
东　川	剑南东川简称	宁化军	山西宁武县西南之宁化故城
东　京	河南开封市	宁海县	浙江宁海
东平府	山东东平县	宁陵县	河南宁陵县
东阳县	浙江东阳市	宁德县	福建宁德县
东阿县	山东东阿县	永　州	湖南零陵县
北　京	河北大名县	永　春	福建永春县
北阳县	河南北阳县	永　新	江西永新县
归　州	湖北秭归县	永乐县	山西芮城县西南永乐镇
归　安	浙江吴兴市	永兴军	陕西西安

永兴县	湖南永兴县	光化军	湖北光化境
永安军	河南巩县南	光泽县	福建光泽县
永定县	福建永定县	延州	陕西延安市
永济县	山西永济市	华山	陕西境华山
永济河	河北省境卫河	华州	陕西华县
永康县	浙江永康市	华亭	上海市松江县
永康军	四川灌县	华容	湖南华容市
台州	浙江临海县	华容军	湖南岳阳市
		伊川	河南伊川县
		行庆关	河南荥阳市区西北

六 画

邢州	河北邢台市	全椒县	安徽滁州
巩县	河南巩县	合江	重庆合江区
老溪	四川阆中县西	合州	重庆合川区
吉州	江西吉安市	合肥	安徽合肥市
吉阳	广东厓县境	会昌	江西会昌县
西京	河南洛阳市	会稽	浙江绍兴市
西和州	甘肃西和县西	邠州	陕西彬县
戎州	四川宜宾市	名山县	四川名山县
厌次	山东省惠民县	齐州	山东济南市
达州	四川达县	齐冒镇	河南信阳市境
成州	甘肃成县	庆州	甘肃庆阳市
成纪县	甘肃静宁县治平乡境内	庆元府	浙江宁波市
成都府	四川成都市	庆成军	山西万荣县荣河村
成德军	河北正定市	安乡	湖南安乡县
扬州	江苏扬州市	安化	湖南安化县
同州	陕西大荔县	安州	湖北安陆市
同谷县	甘肃成县	安阳	河南安阳市
曲阜县	山东曲阜市	安邑	山西运城安邑镇
当涂	安徽当涂县	安肃	河北徐水县
光州	河南潢川县	安丰军	安徽寿县西南

安仁县	湖南郴州市	阳翟县	河南禹州市
安吉县	浙江安吉县	阶　州	甘肃武都县东
安庆府	安徽安庆市	导　江	四川灌县东
安国镇	河北安国市	牟平县	山东烟台市牟平区
江　山	浙江江山县		
江　州	江西九江市		**七　画**
江　原	四川崇州市东南	寿　州	安徽寿县
江宁府	江苏南京市	寿　安	河南宜阳县
江安州	四川泸州市	寿　阳	山西寿阳县
江阴军	江苏江阴市	寿　张	山东东平西南
江油县	四川平武县东南	寿　昌	浙江建德市南
江陵府	湖北江陵市	寿　春	安徽寿县
汤　阴	河南汤阴县	辰　州	湖南沅陵县
汝　州	河南临汝县	辰　阳	湖南汉寿县
池　州	安徽池州市贵池区	进贤县	江西进贤县
池　阳	安徽池州市贵池区	赤　山	湖南沅江东北洞庭湖滨
池口镇	安徽贵池区西北	芜　湖	安徽芜湖市
并　州	山西太原市	花靥镇	安徽寿县西北
许　州	河南许昌市	芦　沟	北京市桑干河
祁　州	河北安国市	苏　州	江苏苏州市
祁门县	安徽祁门县	严　州	浙江建德梅城镇
兴　州	陕西略阳	巫　峡	四川巫山巫峡
兴　国	江西兴国	均　州	湖北均县西北
兴元府	陕西汉中市	连　州	广东连县
兴仁府	山东曹县西北	扶　沟	河南扶沟县
兴化军	福建莆田市	抚　州	江西抚州市
兴国军	湖北阳新县	扬子县	江苏仪征市
阳　曲	山西阳曲县	吴　兴	浙江吴兴
阳武县	河南原阳县	吴　县	江苏苏州市
阳谷县	山东聊城阳谷县	岚　州	山西岚县北

秀　州	浙江嘉兴市	宋城县	河南商丘市南
利　州	四川广元	怀　州	河南沁阳县
佑川县	四川岷县东南	怀　安	四川金堂县境
余　杭	浙江临安市东旧余杭	怀安军	四川金堂县东南
余姚县	浙江余姚县	怀远军	安徽安远县
邹平县	山东邹平县	忻　州	山西忻县
谷熟县	河南商丘南	社木寨	湖南常德市东
沣　州	湖南丰县	灵　丘	山西灵丘县
沅　江	湖南沅江市	灵　州	宁夏灵武市西南
沅　州	湖南黔阳西南黔城镇	灵河县	河南滑县西南
沅　陵	湖南沅陵县	灵宝县	河南灵宝市
沔　州	陕西略阳县	陇　州	陕西陇县
沔阳县	湖北沔阳县	陇城县	甘肃天水市秦安县城东
庐　山	江西境庐山	陈　州	河南淮阳市
庐　州	安徽合肥市	陈　留	河南开封市境
庐　陵	江西吉安市	陈桥驿	河南开封市北陈桥镇
沙　市	湖北沙市境	邵　州	湖南邵阳市
沙　尾	广东潮州市境	邵武军	福建邵武市
沙河县	河北沙河市	邰阳县	陕西武功县
沂　州	山东临沂县	鸡距泉	河北保定市附近
汾　水	陕西境汾河	纯　州	湖南岳阳市
汾　州	山西汾阳市		
汾　阴	山西万荣县西北	八　画	
沧　州	河北沧县		
汲　县	河南卫辉市	青　州	山东益都
汴　河	河南境汴河故道	青　城	四川灌县南
汴梁（东京）	河南开封市	青　溪	浙江淳安县境
沁　水	山西沁水县	青龙镇	上海市青浦县北
沉远泺（泊）	河北保定市北	青田县	浙江青田县
宋　州	河南商丘市南	青阳县	安徽青阳县
		青居山	四川南充县南

青野原	甘肃徽县南	禹　州	河南禹县
青强店	四川剑门关南	金　州	陕西安康县
奉化县	浙江奉化市	金　陵	江苏南京市
奉新县	江西奉新县	金　堂	四川金堂县东南
武　昌	湖北鄂城市	钓鱼山	钓鱼城，四川合川东，三面临江
武　陵	湖南常德市		
武冈军	湖南武冈市	肤施县	陕西延安市宝塔区
武平县	福建武平县	鱼台县	山东济宁市鱼台县
武安军	湖南长沙市	京　兆	陕西西安市
武进县	江苏武进县	京山县	湖北京山县
武康县	浙江德清县西千秋镇	府　州	陕西府谷县
武陟县	河南焦作市武陟县	郑　州	河南郑州市
环　州	甘肃庆阳市环县	郑　县	陕西华县
英　州	广东英德县	单　州	山东单县
英德府	广东英德县	沭　阳	江苏沭阳县
枝　江	湖北枝江市	河　内	河南沁阳县
杭　州	浙江杭州市	河　阳	河南孟县
拒马河	河北涞水县、易县境拒马河	河　间	河北河间县
果　州	四川南充市北	河中府	山西永济县西
昌　州	四川大足县	河南府	河南洛阳市
明　州	浙江宁波市	河清县	河南洛阳市孟津县
忠　州	四川忠县	泸　州	四川泸州市
忠武军	河南许昌市	泗　州	江苏盱眙县东北
盱眙军	江苏盱眙县	泾　州	甘肃泾川县北
固　安	河北固安县	泾　县	安徽泾县
岷　州	甘肃岷县	泽　州	山西晋城市
和　州	安徽和县	沱　江	四川境沱江
岳　州	湖南岳阳市	泥沽海口	河北塘沽县南
岳　阳	湖南岳阳市	定　州	河北定县
岳阳军	湖南岳阳市	定　远	安徽定远县

定　海	浙江宁波市镇海区	荆门军	湖北当阳县
定　襄	山西省忻州市定襄县	荆南府	湖北江陵市
宛丘县	河南淮阳县	茶陵军	湖南茶陵县
房　州	湖北房县	荣　州	四川荣县
郓　州	山东东平县	荥阳县	河南荥阳市
建　州	福建建瓯市	荥泽县	河南广武县
建　安	福建建瓯市	茗　山	四川安岳西
建平县	安徽郎溪县	南　京	河南商丘市南
建宁府	福建建瓯市	南　恩	广东阳江市
建宁军	福建建瓯市	南　岭	广东与江西、湖南交界处
建安军	江苏仪征县真州镇		大庾等五岭的统称
建阳城	福建建阳市	南平军	重庆南川市
建始县	湖北建始县	南华县	山东菏泽县西北李庄集
建昌军	江西南城县	南安军	江西大庾县
建康府	江苏南京市	南剑州	福建南平市
建德县	安徽东至县北秋浦	南康军	江西星子县
孟　州	河南孟县	南雄州	广东南雄市
陕　州	河南陕县	相　州	河南安阳市
绍　兴	浙江绍兴市	查源洞	福建浦城县西北
绍兴府	浙江绍兴市	柳　州	广西柳州市
绍熙堰	自扬州北至淮水，南至于江，堰约六七百里	临　川	江西临川市
		临　汀	福建长汀县
		临　安	浙江杭州市
九　画		临　清	山东临清县
春　州	广东阳春	临　海	浙江临海市
封丘县	河南封丘县	临　颍	河南临颍县
赵　州	河北赵县	临　淮	江苏盱眙县
政和县	福建南平市	临　淄	山东淄博市东临淄
荆　山	湖北境荆山	临江军	江西清江县
荆　州	湖北江陵市	临安县	浙江临安县

临邑县	山东临邑县	剑　门	四川剑阁县北
临潼县	陕西省西安市临潼区	剑　州	四川剑阁县
临漳县	河北临漳县	剑门关	四川剑阁县东北剑门关
咸　平	河南开封通许县	剑浦县	福建南平市
咸　阳	陕西咸阳市	胙　城	河南延津县
砀山县	安徽砀山县	朐　山	江苏连云港市境
郢　州	湖北钟祥	饶　州	江西波阳县
昭　州	广西平乐	饶风关	陕西石泉县西
昭庆县	河北隆尧县	兖　州	山东兖州市北
昭化县	四川广南县西南昭化镇	施　州	湖北恩施土家族苗族自治州
峡　州	湖北宜昌市境	闽　县	福建福州市
幽州（辽南京）	北京市	闽清县	福建闽清县
虹　县	安徽泗县	洞庭湖	湖南境洞庭湖
贵　州	广西贵县	洋　州	陕西洋县
贵　溪	江西贵溪市	洪　州	江西南昌市
贵池县	安徽贵池县	洵　阳	陕西旬阳县
重　庆	四川重庆市	洺　州	河北永年县东旧永年
复　州	湖北天门县	洛　阳	河南洛阳市
钦　州	广西钦州市	洛　州	河南洛阳市
顺阳县	河南邓州市	济　州	山东巨野县
保　州	河北保定市	济　南	山东济南市
保安军	陕西志丹县	济　源	河南济源县
保定军	河北省文安县	济阳镇	河南夏邑县济阳镇
信　丰	江西信丰县	济阴县	山东定陶县定陶镇西
信　州	江西上饶市西北	宣　州	安徽宣城市
信丰山	江西赣州市境	宣城县	安徽宣城市
信阳军	河南信阳市	祝融峰	湖南衡山县西
泉　州	福建泉州市	眉　山	四川眉山县
侯官县	福建福州市西北侯官镇	眉　州	四川眉山
须城县	山东泰安市东平县	贺　州	广西贺县

绛　州	山西新绛县	顿丘县	河南清丰县
		虔　州	江西赣州市
十　画		恩　州	河北省清河县
秦　州	甘肃天水市	钜　野	山东巨野县
泰　山	山东境泰山	钱塘县	浙江杭州市西
泰　和	江西泰和县	铅山县	江西铅山县
泰　州	江苏泰州市	射洪县	四川射洪县
恭　州	重庆市	郫　县	四川郫县
莱　州	山东掖县	徐　州	江苏徐州市
莫　州	河北任丘市	翁源县	广东韶关市
夏　州	陕西横山县西	高　平	山东高平县
夏阳县	陕西颌阳县东南黄河西岸	高　州	广东茂名市
夏邑县	河南夏邑县	高　邮	江苏高邮市
原　州	宁夏固原市	高　苑	山东高青县
原武县	河南新乡市原阳县	亳　州	安徽亳县
叙　州	四川宜宾市	唐　州	河南唐河县
袁　州	江西宜春市	唐　河	河北境唐河
莫　州	河北任丘市	剡　县	浙江嵊县西
晋　州	山西临汾市	剡　溪	浙江曹娥江上游
萧　山	浙江萧山县	益　阳	湖南益阳市
桂　州	广西桂林市	益　州	四川成都市
郴　州	湖南郴县	益都县	山东青州市
桐　庐	浙江桐庐县	资　州	四川资中县
桃　源	湖南桃源县	浦　城	福建浦城县
盐官县	浙江海宁市西南盐官镇南	涟水军	江苏涟水县
真　州	江苏仪征市	浚　州	河南浚县东南
真　定	河北正定市	浚仪县	河南开封市西北
真阳县	广东英德县	润　州	江苏镇江市
真符县	陕西洋县东真符村	海　州	江苏连云港市
郪　县	四川治县	海口镇	福建海清市

海盐县	浙江海盐市	崇德县	浙江桐乡市崇福镇
朗　州	湖南常德市	崇仁镇	福建建阳市境
宾　州	广西宾阳县	铜陵县	安徽铜陵县
容　州	广西容县	馆陶县	河北馆陶县
阆　州	四川阆中市	商　县	陕西商县
祥符县	即浚仪县，河南开封市西北	商　河	山东商河县
陵　州	四川仁寿县	商　州	陕西商县
通　州	江苏南通市	清远县	广州清远市
通泉县	四川射洪县东南杨溪镇附近	清泥河	湖北襄阳西北，东流入汉水
诸暨县	浙江诸暨市	涿　水	河北涿县西
邕　州	广西南宁市	渠阳县	湖南靖县渠河东岸
		渑池县	河南渑池县
		淮　宁	河南淮阳县

十一画

		淮　安	江苏淮阴市境
黄　州	湖北黄冈市	淮　阴	江苏淮安市
黄岩县	浙江台州市黄岩区	淮阳军	江苏邳县西旧县
黄梅县	湖北黄梅县	淳　安	浙江淳安
曹　州	山东菏泽市南	凉　州	甘肃武威市
萧　县	安徽萧县	涪　州	重庆市涪陵区
梧　州	广西梧州市	涪城县	四川郪县
鄄城县	山东菏泽市鄄城县	浮梁县	江西浮梁县
乾　州	陕西咸阳市乾县	淀山湖	江苏苏州市东南
乾宁军	河北沧州市青县	深　州	河北深县西南
梅　州	广东梅县	梁山军	重庆梁平县
梓　州	四川三台县	梁山泊	山东东平西南
常　州	江苏常州市	淄　州	山东淄博市南
常德府	湖南常德市	淄川县	山东淄博市淄川区
常熟县	江苏常熟市	宿　州	安徽宿县
鄂　州	湖北武昌市	密　州	山东诸城市
崇　安	福建武夷山市	尉氏县	河南尉氏县
崇庆府	四川崇庆县		

随　州	湖北随州		湘潭县	湖南湘潭市
隆　州	山西祁县北		渠　州	四川渠县
隆兴府	江西南昌市		渠　江	四川境渠江
绵　竹	四川绵竹市		温　州	浙江温州市
绵　州	四川绵阳市		温　江	四川成都市温江区
巢　州	安徽境巢湖		温　县	河南温县
			滑　州	河南滑县东旧县
			渝　州	四川重庆市

十二画

琼　州	海南岛海口市		湑　水	源出陕西佛坪
越　州	浙江绍兴市		滁　州	安徽滁县
棣　州	山东惠民县		道　州	湖南道县
彭　山	四川彭山县		遂　州	四川遂宁市
彭　州	四川彭县		遂　安	浙江淳安县西
博　州	山东聊城市		遂　城	河北徐水县西
惠　州	广东惠州市		遂宁府	四川遂宁市
雅　州	四川雅安市		普　州	四川安岳县
雄　州	广东南雄市		富阳县	浙江富阳县
雄　州	河北雄县		富顺监	四川富顺县
辉　州	河南辉县市		登　州	山东蓬莱市
集　州	四川南江县		婺　州	浙江金华市
循　州	广东龙川县			
舒　州	安徽安庆市		## 十三画	
番阳县	江西鄱阳县		瑞安县	浙江瑞安县
象　山	浙江象山县		鄢　陵	河南省鄢陵县
象　州	广西象州		蓝山县	湖南蓝山县
颍　州	安徽阜阳市		蓬　州	四川仪陇东南
颍　河	河南、安徽境颍河		蒲江县	四川成都市蒲江县
湖　阳	河南唐河南湖阳镇		楚　州	江苏淮安市
湖　州	浙江吴兴市		楚丘县	山东成武县西南
湘　阴	湖南湘阴县		雷　州	广东海康县境

虞乡	山西永济市虞乡镇	福津县	甘肃武都县东
鉴湖	浙江绍兴市南	滨州	山东滨州市
睦州	浙江建德市梅城镇	窦州	广东信宜市
睢阳	河南商丘市南	缙云	浙江缙云县
鼎口	鼎江在汉寿入沅江处		
鼎州	湖南常德市	**十四画**	
蜀州	四川崇州市	静戎军	河北徐水市
嵊广	浙江嵊州市	静江府	广西桂林市
筠州	江西高安县	静安镇	江苏南京市西北
简州	四川简阳市	嘉川	四川广元市东
解州	山西运城解州镇	嘉山	河北定县西
解县	山西运城西南解州	嘉州	四川乐山市
解池	山西运城市东	嘉定	四川乐山市
靖州	湖南怀化市	嘉兴县	浙江嘉兴市
靖安县	江西靖安县	嘉兴府	浙江嘉兴市
新乐县	河北新乐南旧县	嘉陵江	陕西、甘肃、四川境嘉陵江
新州	广东新兴	鄞县	浙江鄞县
新昌	浙江新昌	蔡州	河南汝南县
新城	浙江富阳西	蔡河	河南上蔡东南，连接颍河及惠民河
新淦县	江西新干县		
新安	河南新安县	酸枣县	河南延津县
雍邱县	河南杞县	磁州	河北磁县
鄜州	陕西富县	管城县	并入河南郑州市
廉州	广西合浦	衡州	湖南衡阳市
慈利	湖南慈利	韶州	广东韶关市
慈州	山西吉县	滹沱河	河北境滹沱河
福昌	河南伊阳西	漳州	福建漳州市
福安	福建福安市	潍州	山东潍坊市
福州	福建福州市		
福清县	福建福清市		

十五画

蕲　州	湖北蕲春
蓟　州	湖北蓟春南
熙　州	甘肃临洮县
横　州	广西横县横州镇
樊　城	湖北襄樊市
镇　州	河北正定市
镇　江	江苏镇江市
镇戎军	甘肃镇原
镇南军	江西南昌市
德　化	福建德化
德　州	山东德州市
德　清	浙江德清
德安府	湖北安陆县
虢　州	河南灵宝县东
褒　信	河南息县包信镇
潮　阳	广东汕头市潮阳区
潮　州	广东潮安县
潭　州	湖南长沙市
潭飞磜	福建宁化县南
潼川府	四川三台县
潦　落	广东惠阳境

十六画

燕山府	北京市
霍　山	山西霍县西南
霍　丘	安徽霍丘县
冀　州	河北冀县
黔　州	四川彭水县
黎　州	四川汉源县北清溪镇
衡　州	湖南衡阳市
歙　州	安徽歙县
歙　县	安徽歙县
潞　州	山西长治市
澧　口	澧水入洞庭湖处
澶　州	河南濮阳市附近
澶　渊	河南濮阳市附近
澧　州	湖南澧县
澧　阳	澧州治澧阳，湖南澧县
隰　州	山西隰县

十七画

徽　州	安徽歙县
襄　州	湖北襄樊市
襄阳府	湖北襄樊市
襄邑县	河南睢县
濮　州	山东鄄城县北
濮阳县	河北濮阳县
濠　州	安徽凤阳县

十八画

藕　塘	安徽定远县东
黟　县	安徽黟县
魏　州	河北大名县
魏　县	河北魏县
魏　城	四川绵阳市东北

十九画

瀛　州	河北河间县

二十画

醴　州　　陕西乾县
礵鼓山　　山东临沂县境
耀　州　　陕西耀县
灌　口　　四川灌县

二十一画

夔　州　　四川奉节县

霸　州　　河北霸县
赣　州　　江西赣州市

二十三画

麟　州　　陕西神木市东北

二十四画

衢　州　　浙江衢县

人名索引

（按姓氏笔画排列）

丁 度 673
丁 资 792
丁 翊 428
丁大乐 637
万 钟 590
上官均 249
马 伋 633
马 亮 771
马光祖 30　632　801　802
马易从 635
马景盛 720
马端临 27　345　350　411　648
　　　　662　756　879　883　884
王 仍 697
王 古 607
王 旦 3　233　414　557
王 丝 769
王 亚 676
王 巩 407
王 存 677　707
王 回 759
王 充 596
王 阮 73
王 观 509
王 杞 373
王 佐 515　491　636
王 亨 699
王 罕 383
王 纶 423　500
王 坦 53　299　896
王 述 686
王 沿 415　470　502　511　721
王 炎 542
王 革 785
王 柏 967
王 奎 751

| 人名索引 | 1007 |

王 钥 636
王 美 50
王 济 425　455
王 浒 373
王 宣 230
王 珪 649　654
王 标 377　542
王 速 249
王 铁 342
王 陶 428
王 璹 726
王 著 573
王 淮 165　344　410
王 谌 730
王 琪 340　844
王 森 701
王 觌 248　254
王 棐 814
王 曾 145　910
王 谦 491
王 鹗 369
王 隙 370
王 槐 762
王 鉴 746
王 缙 533
王 蔺 495　522　542
王 端 778
王 蕃 230
王 震 490
王 璠 542

王 融 427
王 穆 424
王大昌 634
王广渊 428
王广廉 431　727
王之望 944
王与之 848
王小波 810　835
王子渊 728
王子舆 501
王日休 373
王从善 701
王文林 851
王文恭 241　912
王本曾 738
王令图 697　701
王尧臣 436
王师愈 520
王汝励 424
王安石 4　20　176　247　250
　　　　263　324　327　330　331
　　　　335　336　338　340　341
　　　　342　359　434　435　447
　　　　463　499　508　530　644
　　　　652　657　676　680　689
　　　　694　708　709　722　724
　　　　725　726　727　728　730
　　　　760　762　810　846
王孝先 693　744　753
王志航 3

王余渡 486
王怀正 546　547
王若讷 426　511
王叔夏 689
王岩叟 261　404　503　512　652
王禹偁 3　262　576
王宗望 74　677
王居正 405
王咸服 218　920
王拱辰 691
王钦若 404　711　833
王修己 698
王祖道 701
王卿月 506　521
王继恩 576
王崇拯 398　483
王得臣 200　548　750　925
王景温 369
王道恭 427
王嗣宗 58
王嘉锡 366　407
王德方 671
王德毅 2
井亮采 429　367
元　玘 252
韦　绚 623
尤　袤 350　806
长孙平 869
文　洎 711
文及甫 701

文彦博 251　436　677　680　726
　　　 748　749
方　勺 287
方　腊 4
方　滋 488　515　533
方　谨 771
方仁荣 850
方仲旬 426
邓云特 2
邓保吉 692
邓润甫 749　753
孔平仲 558
孔嗣宗 431
艾仲孺 424　478
石昼问 529
卢　宗 760
卢　秉 512
卢　琰 478
卢　肇 772
卢昭华 424
叶　时 849　850
叶　适 448　805
叶　蠹 634
叶　衡 756
叶之成 761
叶宗谔 369
叶梦得 378　382　385　386　553
　　　 675
叶清臣 216　721　914
田　伦 348

田　告 671				
田　佐 348				
田　瑜 121	771			
田　锡 212	274	300	818	903
史　炤 723				
史　睿 423				
史弥坚 634				
史弥远 5				
史崇贵 830				
丘　崈 419				
丘处机 7				
包　拯 65	215	253	914	
冯　泌 366	417			
冯　拯 393	425	546		
冯　楫 370				
冯　檝 369	438			
冯康国 185				
冯智日 767				
司马伋 634				
司马光 4	68	149	150	176
235	245	265	282	306
319	330	331	338	359
398	447	456	673	676
680	707	708	731	733
734	744	745	746	748
749	750	886	918	
司马倬 518				
皮公弼 744				
边知白 798				
邢　昺 46	262	810	811	875

邢中和 146	579			
权邦彦 586				
成　肃 423				
毕士安 576				
毕仲游 441				
吕　陶 246	260	261		
吕大防 154	384	671	677	680
吕大忠 391	700	883		
吕元钧 260				
吕正己 505				
吕令问 419				
吕夷简 426	699			
吕师愈 530				
吕希纯 701				
吕忻己 373				
吕昭问 373				
吕祖谦 324	350	447	842	846
847	848	849	876	877
吕惠卿 384	385	727		
吕景初 689				
吕蒙正 140	195	325	560	575
898				
吕颐浩 370	453	459	528	
吕景初 428				
朱　弁 733				
朱　服 236				
朱　素 765				
朱　倬 799				
朱　翌 838				
朱　震 937				

朱　璞 795
朱　熹 5　264　346　347　348
　　　349　350　389　393　400
　　　403　317　324　405　408
　　　447　453　491　492　519
　　　541　542　554　566　572
　　　573　602　624　626　651
　　　652　754　791　806　838
　　　847　850　851　853　854
　　　855　857　858　860　861
　　　862　870　876　880　881
　　　884
朱友直 424
朱光庭 429
朱仲立 697
朱胜非 605
朱致知 507
乔行简 18
乔彦柔 476
任　班 771
任元渥 367
任伯雨 249　670　681
向　均 517
向　经 438
向　澹 373
向士俊 373
向子諲 634
向宗旦 636　697　698
华文煜 2
庄　绰 8　266　287　317

刘　平 426
刘　述 724
刘　攽 396
刘　定 428　429　431　481　645
刘　拯 74　429
刘　昱 424
刘　鄷 132　771
刘　彦 517
刘　恢 245
刘　珪 832
刘　珙 373
刘　载 137　367　422　477　537
刘　挚 184　218　695　740　747
　　　811　921
刘　航 583
刘　烨 426
刘　宰 349　377　383　448　853
　　　804
刘　淑 745
刘　敞 65　231　244　304
刘　湜 689
刘　楚 145　470
刘　照 423
刘　颖 633
刘　颜 529
刘　豫 79
刘　默 765
刘　瑜 697　745　747
刘　彝 437
刘　藻 86　949

刘子健 2	孙　固 583　922
刘子翼 369	孙　觉 927
刘文蔚 62　910	孙　琳 689　694
刘汉凝 425	孙　觌 260　336　788
刘永证 427	孙正辞 830
刘安世 285	孙延寿 368　432
刘孝韪 489　517	孙观国 489
刘承颜 427	孙应时 636
刘敏士 534	孙梦观 402
刘惟简 429　483	麦克尼尔 815
刘清之 373	芮辉（烨）807　808
米元章 553	花　尹 687
江　翱 732	严　登 424
江　溥 373	苏　过 191
江嗣宗 327	苏　轼(苏东坡) 8　73　154　155
汤　垕 599	240　258　264　286　308
宇文彬 288	381　385　396　404　429
安　焘 677　678　680	459　463　623　695　710
许　兖 739	731　733　734　759　760
许　将 673	778　837　868　928
许　懋 826	苏　颂 155　395
许宗寿 268　285　321　480	苏　液 367　416　700
阳　枋 884　863	苏　寀 428
孙　升 179　184	苏　颋 775
孙　立 635	苏　辙 70　154　155　247　248
孙　永 428	259　261　285　476　677
孙　冲 425	678　691　695　707　713
孙　聿 387	740　751　928　929
孙　甫 215　913	苏次参 387　389　437
孙　述 381	苏舜钦 215

杜 杞 771			李 垂 671	672	673		
杜 纯 691			李 绎 277				
杜 范 267	966		李 珏 387	388			
杜 衍 332	844		李 复 730				
杜 睿 423			李 顺 810	835			
杜少陵 8			李 祐 368				
杜孝严 632			李 恒 407				
杜审肇 700			李 海 52	298	895		
杜思齐 764			李 邕 597				
杜思渊 718			李 焘 705	706	708		
杜彦钧 673			李 常 484				
杜莘老 669			李 偃 771				
杜继儒 500			李 扈 855				
李 及 687			李 维 526	530			
李 中 428			李 绶 428				
李 允 427			李 赓 427				
李 平 636			李 道 424				
李 发 542			李 渭 671	687	688		
李 光 342	758		李 椿 492				
李 伟 73	701		李 溥 771				
李 佑 432	434		李 觏 330	331	845	846	
李 仲 251	701		李 璋 701				
李 昪 491			李 璆 813	814			
李 防 142	423	742	904	李 遹 424			
李 沆 817	818		李 錡 635				
李 宏 767			李 瞻 369	370			
李 纲 370	529	538	559	李 衢 128	771		
李 昊 214	912		李士良 700				
李 迪 425			李士衡 556	687			
李 崞 405			李大异 634				

李不古 407				
李公义 694				
李公肃 919				
李心传 342	343	463		
李立之 676	699	707		
李汉赟 423				
李成象 423				
李夷白 714				
李夷庚 758				
李师中 694				
李师悦 632				
李仲昌 66	245	305	675	692
689	693	701	916	
李向军 2				
李行简 425				
李孝纯 483				
李孝宽 745	754			
李希逸 481				
李怀岊 830				
李若拙 576				
李泽厚 855				
李宗质 373				
李宜之 925				
李承之 283	428			
李绍祖 369				
李重睿 425				
李通微 423				
李继迁 2				
李继捧 2				
李崇矩 422				
李清臣 249	705	706		
李舜举 818				
李曾伯 565				
李德明 2				
李德裕 623				
杨　亿 621	622			
杨　可 143				
杨　后 5				
杨　汲 727	743	744	751	753
杨　时 763				
杨　佐 689				
杨　偕 771				
杨　琰 461	729			
杨　覃 478	424			
杨　蟠 728				
杨士奇 360				
杨万里 542	650	654	755	
杨日严 366				
杨安国 330				
杨继卿 425				
杨景略 200	548	925		
杨瑰宝 504				
杨虞仲 494				
杨德泉 735	736	750		
杨徽之 141	900			
杨璨宝 429	431			
吴　及 769				
吴　伦 348				
吴　充 731				
吴　苪 528	762	839		

吴　伸 348			余新忠 815		
吴　玠 485			余彦诚 762		
吴　渊 837			邹　枋 2		
吴　曾 473	474		邹　浩 381	928	
吴　儆 457			辛弃疾 519	852	
吴　潜 764			怀　峤 277		
吴　璘 289			汪　纲 633	762	
吴世长 366			汪　梓 804		
吴安持 251	701	715	汪　冕 763		
吴龟年 518			汪　惠 770		
吴序宾 370	399		汪　赟 373		
吴审礼 745			汪继良 765		
吴居厚 786			汪辅之 429		
吴南老 635	651		沙克什 702		
吴彦璋 661			沈　立 671	703	
吴蕴古 765			沈　伦 871		
岑仲勉 672	679	702 709	沈　枢 765		
岑象求 429	431	504	沈　披 728		
邱　崈 769			沈　该 487		
邱云飞 3			沈　括 450	706	741 748 755
何　侨 763			857		
何　亮 719			沈　度 516		
何　郯 198	550		沈兴宗 769		
何　辅 761			沈景渊 632		
何士宗 273	365		完颜亮 5	828	
何友直 761			宋　江 4		
何正仲 492			宋　祁 562		
余　玠 884			宋　俭 2		
余　晦 803			宋　璟 775		
余　靖 146	771	843	宋　藻 489		

人名索引

宋太宗(赵炅) 2 3 6 10 14
　　17 21 325 326 327
　　355 361 394 809 817

宋太祖(赵匡胤) 1 3 6 7 10
　　17 325 326 327

宋仁宗(赵祯) 3 6 17 23 129
　　134 178 227 260 328
　　329 330 331 338 339
　　340 351 355 402

宋宁宗 5 6 17 135 211
　　342 344 345 356 364

宋孝宗(赵昚) 5 6 17 23 30
　　135 178 211 344 349
　　356 402 403

宋英宗(赵曙) 6 329 330 338
　　339

宋钦宗(赵桓) 4 6 17 130

宋度宗(赵禥) 6 7 17 135

宋帝昺 7

宋神宗(赵顼) 2 3 4 6 10
　　17 20 129 130 134
　　178 227 283 322 330
　　334 335 338 340 351
　　355 358 359 447 810
　　811

宋恭帝 7

宋真宗(赵恒) 2 3 6 9 10
　　17 19 22 46 227
　　232 262 300 326 328
　　361 394

宋哲宗(赵煦) 4 6 17 178
　　338 339 356

宋高宗(赵构) 1 4 5 6 11
　　17 23 78 79 105
　　178 237 289 341 343
　　344 356

宋理宗(赵昀) 5 6 17 29 135
　　343 344 345 394

宋端宗 7 17

宋徽宗(赵佶) 2 4 6 10 16
　　17 31 134 178 221
　　227 338 339 340 341
　　361 364 384 392

宋正海 2

宋用臣 697

宋昌言 676 714

张　文 2

张　弘 764

张　巩 258 676

张　存 366

张　传 427

张　仿 632

张　问 269 483 756

张　运 534

张　构 522

张　均 492

张　纶 768

张　英 425

张　松 516

张　昊 510

张　咏 424			张元方 698	747
张　忞 493			张元卿 700	
张　波 2			张公济 382	
张　询 483			张文昱 556	
张　绅 426			张方平 216	279　627　630　811
张　荣 327				914
张　竑 492			张世亨 541	
张　阁 771			张帅澄 633	
张　炳 477			张兰生 2	
张　津 604	758		张永德 427	
张　珪 837			张邦炜 780	
张　载 623	854	857	张邦献 541	
张　栻 327	346		张师舆 541	
张　根 761			张师德 426	
张　涛 507	815		张同之 507	
张　浚 587			张齐贤 422	
张　焘 428			张次山 700	
张　渚 327			张应麟 761	
张　维 583			张怀恩 692	693　701
张　舒 423	902		张利一 734	
张　詠 435			张利用 425	
张　廓 426	527		张希一 428	
张　意 480			张君平 687	719
张　澈 374			张知白 142	904
张　禧 423	902		张建民 2	
张士安 426	427		张邦荣 369	466
张士逊 424	733		张剑光 2	
张大经 492			张彦远 598	
张子思 580			张致远 813	
张子颜 374	521		张唐民 700	

张崇浚 366	陈尧佐 546　564　687　771
张商英 698	陈尧叟 393　413　423　500　716
张景光 513	718　719　902
张景温 745　746	陈尧咨 577
陆　游 792	陈执中 455
陆九渊 231	陈师道 30　378
陆秀夫 1　5	陈守向 738
陈　岘 492　634	陈丽夫 714
陈　建 821	陈佑甫 925
陈　经 428	陈知俭 700
陈　荐 428	陈居安 764
陈　垓 350	陈弥作 373
陈　造 265　453　454	陈俊卿 520
陈　符 373	陈逢辰 373
陈　寅 373	陈洪进 2
陈　粟 424	陈祐甫 71　700
陈　确 373	陈耆寿 388
陈　铸 957	陈耆卿 121　716
陈　靖 426　527	陈高俌 2
陈　敷 569	陈傅良 541
陈　襄 247　263　733	邵　饰 689
陈　夔 370	邵　晔 509
陈士楚 522	邵　博 326　327
陈大方 771	苗　整 214　912
陈升之 427　727	范　讽 480　742
陈长孺 504	范　晔 28
陈从易 424	范　雍 268
陈孔硕 497	范　镇 731
陈正同 487	范子仪 452
陈世修 726	范子渊 235　693　697　698　714

	732	746			竺可桢 9			
范百禄 673	677	711	753		侍其旭 830			
范成大 30	638	761	814		岳　飞 5			
范仲淹 63	262	327	383	391	金中枢 794			
	449	722	755	756	760	金哀宗 5		
	768					金宣宗 5		
范行准 834					周　仪 424			
范纯仁 249	677				周　约 366	407		
范纯粹 431					周　沆 692			
范祖禹 246	406	677	681	750	周　纲 369			
	776	777	887		周　起 277	479	527	510
林　旦 512					周　秘 528			
林　特 720					周　谊 484			
林　彪 792					周之道 698			
林　湜 590					周去非 9	23	814	
林　駉 652	850				周世宗 1	376		
林安宅 763					周必大 202	941		
林谊孙 765					周必达 761			
欧阳询 603	604	623			周邦彦 630			
欧阳修 148	234	248	260	263	周约己 718			
	456	680	734	843	916	周驰实 426		
欧阳粲 367					周应合 30			
郏　亶 716					周良孺 728	729		
罗　泌 604					周武仲 471	933		
罗　适 764					周惇颐 28			
罗　愿 620					京　镗 344	493	494	
罗大经 250					郑　佑 701			
罗全略 373					郑　侠 130	151	263	359
罗彦辅 529					郑　河 526			
尚　宾 720					郑　肃 833			

郑 炤 804					赵 离 826			
郑 著 373					赵 俣 261	673		
郑 鼎 633					赵 涯 633			
郑 巽 526	530				赵 昰 7			
郑 瑶 850					赵 昺 5	6	7	
郑 樵 26	884				赵 竑 5	6		
郑 獬 218					赵 惇 6			
郑义宝 267					赵 鼎 159	587		
郑文宝 273	477				赵 善 427	761		
郑处诲 599					赵 普 325	575	809	
郑刚中 311					赵 靖 791			
郑兴裔 634					赵 霆 695			
郑汝谐 832					赵 震 160	288	301	907
郑余懿 427					赵 霈 937			
郑佥循 636					赵 燉 503			
郑良嗣 462					赵 霖 759	760		
郑康佐 344					赵 瞻 266			
单 锷 761					赵与欢（與懽）128	770	771	
宗 泽 185					赵与筹 631			
孟 扩 697					赵子潇 487	488		
孟昌龄 697					赵不己 370			
孟昭华 2					赵不比 373			
赵 开 514					赵不息 542			
赵 扩 6					赵不流 521			
赵 抃 148	235	263	351	440	赵公迥 373			
	451	512	693	701	837	赵令良 290	312	437
	882	916				赵必愿 805			
赵 孚 672	673	682			赵永年 373			
赵 况 423	500				赵弘殷 6			
赵 佺 738					赵师罩 522	542		

赵师锡 366	407				柳庭俊 407				
赵汝适 23					钟　詠 349				
赵汝愚 360	374	804	805	807	钟离瑾 427	479			
850					段　拂 799				
赵汝滕 848					段　煜 511				
赵伯言 769					段成式 621	622			
赵伯桧 635	651				皇甫选 718	719			
赵伯涣 521					侯　可 729				
赵邵亢 428					侯　陟 50	422			
赵尚宽 721	722	724	727		侯日成 537				
赵珌夫 782					侯叔献 699	727	733	743	744
赵彦俞 466	491	492			745	747	749	752	753
赵彦琰 762					754				
赵彦瑞 515	516				俞　充 745	747			
赵崇宪 804					俞　森 850				
赵敦临 765					俞　瑾 701				
赵善括 373	535				俞希旦 730				
赵善悉 769					俞献卿 771				
赵善淇 833					施　浦 534				
郝　镇 635					施　宿 770				
荣宗范 423	500				施昌言 693				
胡　振 373					闻人大雅 373				
胡　宿 571	580	701			姜　诜 372	505			
胡　焞 635					姜　遵 426	641			
胡令仪 768					娄　宿 222				
胡仰之 373					洪　迈 266	379	407	790	837
胡坚常 373	516				838				
胡宗愈 416	677				洪　适 433	457			
胡南逢 632					洪　焘 631				
查　道 267	501				洪　皓 443				

人名索引 1021

洪　遵 373　490	802　805　839　848　959
祖百世 214　912	夏　竦 366　480　529　534　909
祝　穆 604　850	夏守赟 687
姚　珏 761	顾　冲 763
姚　铉 413	顾　临 693
姚　恕 700	顾炎武 780
贺　铸 756	柴成务 576
秦　杲 831	晁　迥 526　530　577
秦　桧 5　344　588	晁公武 653
班　固 28	晁以道 454
袁　文 602	晁补之 439
袁　甫 444　650	晁舜之 366　407
袁公修 349	晁端彦 395
袁说友 657	钱　佃 807
都　絜 487　488	钱　侗 762
耿　秉 521	钱　俶 2
耿　诜 424	钱　暖 833
耿　琬 729　746　747　752	钱　通 762
耿　缓 425	钱　镠 759
莫　漳 955	钱　曜 700
索　湘 252	钱中孚 262
贾　易 431　5014	钱公辅 458
贾　镇 697	钱仲彪 634
贾　黯 643	钱良臣 492　506　518　760
贾似道 5　344　524	钱昭晟 698
贾昌朝 64　260　674　680	钱彦远 723
贾黄中 817　818	钱象祖 814
贾象之 426	钱穆甫 554
真德秀 5　205　265　295　402	徐　布 652　881
406　608　633　634　657	徐　宁 387

徐　度 779	780			
徐　谊 495	636			
徐　铸 485				
徐　衡 417				
徐大观 373				
徐安民 565				
徐秉哲 761				
徐神翁 794				
徐鹿卿 968				
翁蒙之 373				
留　正 520	668	832		
高　升 707				
高　世 761				
高　绅 425				
高　觐 427				
高　赋 724	727			
高　餗 427				
高子溶 523				
高太后 4	338			
高文学 2				
高志宁 427				
高继芳 214	912			
高继勋 529				
高继密 707				
高斯得 99	174	365	968	
郭　立 502				
郭　劝 253	675	742		
郭　赘 576				
郭　逵 430	481			
郭　瑊 799				
郭　璞 597				
郭文佳 3				
郭申锡 428				
郭若虚 598				
郭知章 156	504	701	929	
郭祥正 122				
席　益 30	288	369	378	
唐　珣 433	489			
唐　阅 372				
唐　璟 515				
唐仲友 491	570			
凌　策 425				
陶晋生 679				
黄　阅 805	806			
黄　钧 30	378			
黄　度 770	803			
黄　辂 635				
黄　偲 701				
黄　淮 360				
黄　廉 235	251	284	442	747
黄　静 514				
黄　榦 348	349	384	852	
黄　罾 805	806			
黄　震 525	530			
黄　澄 541				
黄　霰 373				
黄师旦 529				
黄好谦 416				
黄怀信 694				
黄庭坚 476				

黄源澂 2				
黄潜善 220	934			
梅　询 556				
梅尧臣 734				
曹　仪 426				
曹　珣 426				
龚茂良 373	374	490	533	
龚鼎臣 428				
龚德兴 536				
盛　度 426				
常希古 366	713			
崔直躬 782				
康　戬 830				
康德舆 66				
章　甫 554				
章　岷 760				
章　棪 481				
章如愚 850				
章得象 427				
商守拙 486				
阎士良 251	734			
阎充国 452	723			
阎承翰 257				
阎贻庆 259				
梁　焘 154	927			
梁　象 424				
梁　鼎 716	718	719		
梁　铸 701				
梁　颢 423				
梁从政 429				
梁其姿 837				
梁周翰 574				
梁庚尧 852				
寇　准 556				
寇茂孙 697				
扈　称 438				
彭　演 831				
彭文宝 423				
彭思永 442				
蒋　迪 788				
蒋　彝 368				
葛　湛 686				
葛　德 730				
董　述 373				
董　洪 636				
董　煟 326	351	355	358	360
	362	363	380	382	385
	388	402	405	407	435
	463	464	472	475	499
	532	540	551	559	560
	661	850	866	867	868
	869	871	872	876	877
	879				
董仲舒 596				
韩　亿 426	511			
韩　挺 804				
韩　绛 339	409	427	431	483
	584	701	734	776	
韩　赞 427	673			
韩　璹 700				

韩　庶 426	傅　容 792
韩　维 358　428	傅尧俞 677
韩　琦 268　279　280　321　436	傅传正 399
480　580　644	舒　亶 479
韩　援 577	舒　璘 382　389
韩　愈 602	释道林 598
韩　缜 484	鲁　訔 372
韩　璜 369	鲁有阙 700
韩　赞 891	鲁君贶 701
韩正彦 700　760	鲁宗道 61　686
韩世忠 8	曾　布 741
韩仲通 658	曾　会 423　500
韩肖胄 568	曾　惇 371　372　535
韩忠彦 75　258　452	曾　慥 299
韩宗师 754	曾　肇 677
韩持国 8	曾孝广 691
韩彦古 372　633	曾孝宽 745　747
韩彦直 489　661	温宗贤 262
韩彦质 374　493	游九言 374
景兴宗 369　370	富　弼 280　321　351　385　386
程　昉 251　460　726　729　744	439　455　472　869　882
745　749	谢　绛 233
程　珌 805	谢　商 546　547
程　颐 446	谢　谔 373
程　颢 463　623　854	谢应瑞 539
程大昌 637　682	谢深甫 591
程民生 3　738	谢景初 762　770
程师孟 729　746　752	谢毓寿 2
程君济 425	谢德权 709
程叔达 372	强　至 606

人名索引 1025

蓝元用 675
蒲尧佐 373
蒲宗孟 531　923
楼　异 764
楼　钥 249　561　562　847
雷守臣 366　407
甄志亚 837
裘锡圭 596
虞　策 285　513
虞允文 488
路昌衡 750
鲍　轲 632
满中行 700
窦　讷 701
赫治清 2
蔡　抗 759
蔡　京 4　338　339　340　737
　　　775　780　781　788　789
　　　791　792　793　794
蔡　挺 245　305　701
蔡　确 235　749　753
蔡　溥 738
蔡　蹈 380　777
蔡　朦 729
蔡君谟 8
蔡承禧 152　923
蔡美彪 2
蔚　信 425
裴　庄 423　478
僧　宁 792

廖　由 637
谯令宪 805　806
熊　克 342　662
翟　绂 489
翟　思 395
翟守素 139
翟均廉 770
蕲怀德 425
樊光远 371
樊知古 273　500
黎　幹 597
滕　白 755
滕　甫 359
滕　涉 713
滕达道 441
潜说友 30
潘好古 762
潘岂之 636
潘惟吉 423
燕　度 701　740
薛　向 583　734
薛　奎 426
薛　映 268　423
薛　斐 373
薛　徽 535
薛文昌 214　912
薛良朋 542
薛叔似 590
薛昌朝 366
薛映言 277

霍舜举 746
戴达先 373
魏 伟 3
魏 羽 597
魏了翁 379　658
魏丕信 4
魏希文 636
魏掞之 346　870

后　记

本书作为国家社科基金重点项目，是在 2010 年申请成功的，但是这部书稿从开始搜集资料到撰写完成，却陆陆续续写了十年时间。当要付梓之时还是感到些许的仓促。不论是从资料的丰富性，还是从内容的宽广度而言，书稿限于体例，荒政或称救荒防灾多是从中央和地方政府的角度加以论述，大致只涉及到宋代自然灾害史、救荒防灾史很小的一部分，而且书稿的撰写基本采取传统的叙事方式，难免有堆砌史料之嫌，许多问题没有来得及深入思考，许多资料还没有来得及认真梳爬，仓促付梓内心不免忐忑不安。因而书稿只能算做一个阶段性的、有待继续深入研究的习作。

书稿讨论的荒政或称救荒防灾均是针对自然灾害，不包括人为的火灾及战争导致的灾难，于此特别申明。

书稿部分章节选自我的学生郭志安、杨小敏、杨芳所作博士学位论文和韩毅博士后出站报告中的相关内容，他们也是后来新增加的课题组成员，这是需要特别说明的。具体撰写内容是：郭志安：第六章《宋代黄河中下游水患对北方经济的破坏》，第二十一章《宋代的兴修水利与防灾》中的"一、北宋黄河中下游的农田治理"；杨小敏：第二十二章《宋代社会救济机构的设置与发展》；韩毅：第二十三章《宋代政府对疾疫的防治》；杨芳：第二十四章《宋代的救荒防灾思想》中的"四、董煟《救荒活民书》中的仓储救荒思想"。

在写作过程中，曾得到赫治清、李世愉先生的帮助和指教，王曾瑜先生通看了初稿并给以鼓励，葛金芳、虞云国、戴建国、程民生、陈峰、杜建录诸位先生对书稿大纲提出了建设性的修改意见，课题结项时又承蒙匿名评审专家对书稿作了细致而中肯的批评，研究生纪雪娟、朱义群、孙方圆、李森、刘冲、尚平、杨小敏、程皓、杨芳、杨瑞军、李枫丹、徐榴、徐丽丽、刘晨虹、尤婵婵等帮助校对书稿、制作地名对照表做了大量工作，刁培俊先生在百忙中为本书制作人名索引，在此一并向他们表示感谢。

作　者

2013 年 12 月 1 日